儒學文獻通論 上

舒大刚 主编

国家出版基金资助项目
教育部人文社会科学重点研究基地重大项目

海峡出版发行集团
福建人民出版社
THE STRAITS PUBLISHING & DISTRIBUTING GROUP

《儒学文献通论》

主　编　舒大刚

副主编　杨世文　李冬梅　王小红　张尚英

撰　著

第一编　舒大刚

引言　舒大刚

第二编

舒大刚　第一章、第十一章、第十四章之第一节、第二节

金生杨　第二章

王小红　第三章

李冬梅　第四章、第十四章之第三节前半

夏微　第五章

潘斌　第六章、第七章、第八章、第十三章之第一节至第五节

田君　第九章

张尚英　第十章

霞绍晖　第十二章

詹勇　第十三章之第六节

刘平中　第十三章之第七节

汪舒旋　第十五章

李东峰　第十六章、第十四章之第三节后半

彭华　第十七章

第三编　李　梅

第四编　杨世文

目　　录

第一编　儒学文献的源与流

第二编　经学文献

儒學文獻通論

上

目録

目
录

目
录

儒學文獻通論　上

目录

第三编　儒论文献

儒學文獻通論　上

目录

第四编　儒史文献

目
录

引　言

第一节　儒学文献研究的意义

儒学是以经典传授为依托的学术，也是以历史文献为教典的学派。中国是文明古国，也是文献大国，自有书契以来，世生哲人，代有典籍，传说三皇五帝时代已有"三坟五典、八索九丘"，然时代久远，文献沦落，内容无考。自伊殷人，有典有册；及乎周世，郁郁乎文。降而春秋，是生仲尼，上律天时，下袭水土，祖述尧舜，宪章文武；删订《诗》、《书》，修起《礼》、《乐》，赞说《易》玄，笔削《春秋》；述天道，陈人文，训迪家国，化成天下——此即孔子所创行的"六经"教化，为中国所独有。"《诗》以道志，《书》以道事，《礼》以道行，《乐》以道和，《易》以道阴阳，《春秋》以道名分"（《庄子·天下》）——举凡天道性命之理、家国天下之政、人伦教化之原、事父事君之规，孔子无不精思而博闻，备陈而广说，以体天地之心，用立生民之极。儒学就是以经典教育为特征、也以经典阐释为途径的学术流派，儒学的发展演变以及儒学影响中国历史的过程，也是儒家文献不断增长、不断更新的过程。本书以儒学文献为研究对象，系统探讨其产生、发展、演变之过程，研究其渊源、流别、类型和体系，并选择要籍评析其价值和意义，以为今来治斯学者之参考。

我们之所以从事这一课题研究，其意义当然是与中国儒学本身的历史意义和现实价值密切相关的。关于儒学的历史意义和当代价值，笔者曾在《儒藏总序》中有所表述，基本代表了我们对这一问题的思考，现逐录于下，以求正于方家：

儒学是中国的。2500 多年前，中国的孔子集虞、夏、商、周优秀文化之大成，总《诗》、《书》、《礼》、《乐》、《易》、《春秋》为"六经"，树"仁义"、"诚信"之高标，垂"中庸"、"忠恕"之宏法，创立儒学，垂教万世。儒学生于斯，长于斯，昌盛于斯，亦曾一度衰微于斯，而又复兴于斯。两千多年来，儒学是引导中国文化走向辉煌的指南北斗，是铸造中国文化特质的规矩准绳，是中国文化之门、中国文化之蕴，对中国政治、经济、社会和文化各个方面都产生了重大影响，促成了中国人特有的世界观、价值观和思维方式的形成。她是中华民族精神的核心，是中国传统文化的主干和灵魂。在国际范围内，人们一提起中国文化，首先想到的无疑就是孔子，就是他所创立的儒学。要深入研究中国文化，欲准确地了解中国历史，不认识孔夫子，不研究儒学，就不能得其门而入焉。

儒学是东方的。古代东方，北起朝鲜半岛，东至日本列岛，南到印支半岛、南亚诸国，伴随着儒家"偃武修文"、"睦近徕远"外交方略的实施，东亚各国"成均馆"（朝鲜）、"大学寮"（日本）、"国子监"和"国学院"（越南）等文教机构的设置，大批"遣隋使"、"遣唐使"的派遣，儒学早已融入东方社会，成为东方各个国家、各个民族共同的思想体系和价值观念之重要部分；东方各国的政治家、思想家、学问家，或以儒学治世，或据经书立说，与中华学人一道共同丰富和发展了儒学的理论和思想，也共同推动着儒学对社会和学术的深刻影响。因此国际"汉学界"在讨论东方社会文化时，无不异口同声地称之为"儒家文化圈"。

儒学又是世界的。儒学作为"四大文明古国"之一的中国文化之主干，不仅影响了东方，而且也辐射于世界。就古代而言，先秦儒学是西方学者公认的世界文化"轴心时代"的主流思想，是古代东方思想文化的源头活水。儒学是开放性的，在历史发展演进的长河中，儒学不断以其"海纳百川"、"集杂为醇"的包容姿态，融合涵摄了各种外来文化与文明，与时并进，日新其德，使思想之源长新，学术之树常青。儒学在历史上是不断兼容并包各家学术进行自我创新的历史，是中国文化生生不息的历史，是人类文化宝库日新月异的历史，也是不断辐射和影响世界的历史。她的经典和理论也曾西涉流沙，远渡重洋，对近代思想启蒙和现代文明的形成产生过不可忽视的影响。在当今世界文化格局中，她又作为 13 亿中国人和数千万海外华人和侨胞共同的文化背景，倡导"以和为贵"、"和而不同"的和平共处哲学，卓尔屹立于基督教文明与伊斯兰文明之间，以其"立己立人，达己达人"、"己所不欲，勿施于人"的忠恕精神，化解各种矛盾，调停地区冲突。

儒学是历史的。在尊崇儒术的时代，儒学不仅是中国古代的学术，而且也几乎是中国学术的古代，她涵摄并影响了中国文化，与古代中国文化的各个方面结下不解之缘。殷墟甲骨文有"儒"与"丘儒"之官，《周礼》有"师儒"之职，儒者以其特有的"德行道艺"和知识技能，在殷商和西周就已发挥着重要作用。至春秋时期，孔子正式创立了有经典、有理想、有纲领也有徒众的儒家学派，儒家作为一个具有系统学术思想的学派正式登上了历史舞台。孔子卒后，孔门弟子散游四方，"六艺"之学风行天下，催生了诸子学派，促成了百家争鸣。从这个意义上讲，没有孔子就没有儒家，没有儒家也就没有周秦学术。继而汉武帝"罢黜百家，表章（彰）六经"，儒家经典教育与研究影响了中国两千余年的教育、选举和文化。可以说，中国的古代史就是儒学影响中国的历史，没有儒学便没有古代中国的教育，也就没有古代中国的学术，也就不会有如此辉煌灿烂的中国文化。人类不可能生活在没有历史的真空之中，对于逝去的昨天，对于先贤的遗产，我们应该以回顾、反观、总结与传承，至少是温情理解的姿态，在历史继承的基础上进行创新，用富有民族特色的创新来丰富历史、美化生活。作为与中国历史水乳交融的儒学，当然不能游离于当今国人甚至全人类的历史继承和文化建设之外。

儒学又是现实的。孔子说："殷因于夏礼，所损益可知也；周因于殷礼，所损益可知也。其或继周者，虽百世可知也。"（《论语·为政》）中国是文明古国，她的"古"不在于曾经拥有，而更在于历史传统的一直延续，优秀文化的一直继承和弘扬。由殷可以见夏，由周可以观殷；后世之"继周者"，有秦、有汉、有晋、有唐、有宋、有元、有明、有清，其民族则有华夏、有"四裔"，有汉族、有少数民族，然而只要是在华夏文化圈内崛起，只要是在中华大地上立国，无论愿意不愿意、主动或被动，都必然打上儒学文化的烙印。综观古今历史，无一例外。即使是少数民族入主中原，也必将被中原固有文化所征服、所融合。如果说在春秋战国时期还存在"以夏变夷"和"以夷变夏"的争论的话，那么自秦汉以后两千余年的中国史，无论谁来当皇帝坐天下，就毫无例外地是以"华化"或"汉化"为主流的多民族融合。五胡十六国是这样，辽、夏、金是这样，蒙古族建立的元朝也是这样，满族建立的清朝更是如此。其原因也许有多种多样，但其中以儒学为主体的华夏文化代表了人性的根本追求，代表了当时的先进文化，代表了各族文化发展的共同方向，则是其得到普遍认同的最深层、最根本的原因。特别是儒家从理论上将这一文化总结出来，建立起尧、舜、禹、汤、文、武、周公、孔子的"道统"体系，形成虞、夏、商、周、秦、汉、魏、晋、隋、唐等"正统"观念，并从教育上、实践上宣传和推广开来，从而形成了以儒学为核心的华夏文明的感召力和吸引力。尽管有些观念在今天已显得陈腐和落后，但它是千百年来维系国家统一、加强民族团结的精神力量，更是激起"人生自古谁无死，留取丹心照汗青"之豪情的潜在动力。今天，即使我们已经跨入世界文化大融合、大交汇的全球化时代，瞬息万变、不可捉摸的世界局势，曾使传统文化被世俗化（甚至庸俗化）的社会和多元化（甚至诡异化）的思想所困厄，以至于一些人曾一度产生过摆脱文化传统"束缚"的想法。然而事实反复证明，具有生命力的文化传统是不能摆脱的，儒学对新世纪、新世界的作用和影响仍然是不可低估、不容忽视的。她已呈现出与时俱进、历久弥新之势。随着中国的和平崛起、综合国力的不断提高，中华民族的精神面貌也将焕然一新，中华民族的传统文化和中国人既有的价值观念也正在得到重新审视，儒学这一古老学科必将焕发出壮丽的青春，儒家思想也将一如既往地作用于当今的世界。

儒学是理论的。儒家是一个阵容庞大的学术群体，儒学是一个内涵丰富的思想体系，她集哲学、政治、伦理、社会、教育以及其他文化思想观念为一体，是中国精神、中华文化的集中体现。其"太极生两仪，两仪生四象"（《易大传》）的命题，构成了中国人的宇宙模式和世界观。"过犹不及"、"中正"、"中庸"（孔子）的辩证思维，形成了中国人高超的思维方式和处世哲学。"仁义礼智信"（孔子、孟子、董仲舒）的五常之教，成了中国人做"新民"、立"新德"（《大学》）的指导思想。追求和平、讲究秩序的理论，成了中国人建立和谐社会、实现文明生活的理想模式。"载舟覆舟"（孔子）的君民关系论和"民贵君轻"（孟子）的"民本"思想，成了历代志士仁人反对专制集权、追求"仁政德治"的思想武器。"始乎为士，终乎为圣人"（荀子）的修身模式，构成了中国人终生向往的理想人格和修身之道。"己欲立而立人，己欲达而达人"、"己所不欲，勿施于人"（孔子）的"忠恕"精神，成了中国人建立和谐人际关系的有效法宝。这一切的一切，都经儒家的提倡、推广，逐渐融入了中国的民族精神之中，支撑着这个民族生存、发展、繁衍，创造和丰富着自己灿烂的文化和文明。儒家经典是中国思想的源头活水，儒家思想是中华精神的思想宝库。我们只要不愿重过"从人到猿"的生活，当然就不会拒绝这份珍贵遗产的滋养。

儒学尤其是实践的。儒学是修身之学、实践之学，伦理道德学说构成了儒家学说的核心和灵魂。儒家重视思想教育，注重个性修养和道德情操，提倡"舍生取义"、"杀身成仁"、"以天下为己任"，强调道德责任感和历史使命感。它有时上究"天人"之际，下探"心性"之微，形上无象，玄之又玄，但更多的时候是在讲究"博学"、"慎思"，同时，特别强调"笃行"。它的"仁"便是要"爱人"，"义"便是要行而得宜，"礼"本身就是行为规范，"智"便是要知晓"仁义"之道而慎守弗失（孟子），"信"便是要言而行之（孔子）。儒家非常重视"五伦"教育，将其定义为人伦之始、政治之本。"五品"之教首倡于尧舜之《典》，"五教"之义复申于《左传》、《孟子》，《中庸》更将其奉为"天下之达道"。在儒家看来，五伦不顺，将伦理倒错，人将不人；五教推行，则社会和谐，政治清明。儒家成功地将个人的品德修养与国家的治理安定紧密地结合起来，把道德主体的能动作用与社会的道德感化力量有机地融为一体，从而使道德规范的约束功能与知耻自觉的自律机制更好地相辅相成。《大学》之书将"明明德"、"新民"、"止于至善"和"格物"、"致知"、"诚意"、"正心"、"修身"、"齐家"、"治国"、"平天下"等定义为修"大道"、闻"大义"的"三纲领八条目"，设为儒者奉行不贰的大纲大法，更是儒家力行躬践哲学的集中体现。儒学正是以其理论与实践结合，个体修养与群体利益结合、道德修养与政治事业结合的学术思想，形成了中华民族"自强不息"、"厚德载物"、"仁义道德"、"民胞物与"、"孝亲敬老"、"崇德尊贤"、"诚实忠信"、"见义勇为"、"文明理性"、"公平正直"等优秀品德，这是她有别于宗教神学的根本之处。

总之，儒学作为历经两千五百余年发展的系统学术，已成为中华民族共有的精神家园和血脉灵根，也成了人类文化的共同遗产和财富。她既是中国的，也是东方的和世界的；既是历史的，也是现实的；既是理论的，也是实践的。尽管儒学作为古代的一种意识形态和文化体系，也存在不太适应现代社会的内容；特别是两千年间专制君主的利用与歪曲，也使其带上了某些落后的成分。但是，我们无论是要认识中国，还是要研究世界；无论是要研究历史，还是要服务现实；无论是要探讨理论，还是要躬行实践，在古今学术中，儒学都位居首选，理当研究和弘扬。这就是她在历经了无数风风雨雨、艰难磨炼之后，仍能像凤凰涅槃一般不断地获得新生的缘由所在。儒学在今天即使已经失去了从前"塞乎天地，横乎四海，施诸后世而无朝夕，放诸四海而无不准"（曾参）的无所不包、无所不能的地位，但若要认真地研究和认识中国，特别是面对当今世界经济全球化、政治多极化、文化多样化的局面，我们华夏胄裔若想参与全球文化对话，重建人类文明新秩序，检点一下自己的历史文化库存，并衡之当今世界发展的具体需求，在古今学术中，除了以儒学为核心的传统文化，似乎也没有其他更好的选择。

然而，由于历史的原因，特别是"西学东渐"大潮下导致的"中学"迷失，"疑古过勇"带来的文化虚无主义，以至于"儒学在哪里"、"儒学为何物"、"儒学有什么"、"儒学研究从何着手"之类不该存在的问题，在儒学诞生和宏大之地的中国却成了严重"问题"。儒家著作或灭于劫灰，或毁于人祸，或流失于重洋之外，或散佚于荒榛之中。其所存者，亦分散于群籍，杂厕于"四部"，未能得到有效的清理和利用。人们常常会感到：要研究孔子而不知孔子资料何在，欲研究儒学却不见儒学文献全貌，欲研究经学却不知何经可信、何书可读。至于在吸收儒学与经学研究现有一切成果的基础上，作更高层次、更高水平的研究，并促进儒学尽快现代化、现实化，则大有无所措手之感。究其原因，皆因近百年儒学传统的丢失，尤在于儒学迄今未有自己的文献集成，甚至也没有一部完整的目录，没有方便的入门途径所致。当然，这也缘于我们从事历史文献研究的工作者，至今没能写出一部综合性儒学文献研究著作，使其缺乏必要的学理支撑之故。

要摆脱儒学研究的这一隔世感与陌生感，确立儒学的本位意识，为儒学研究提供方便法门和有效途径，全面调查、搜集和整理儒学文献，建构完备的儒学文献资料库和儒学文献著录体系，就是十分必要的和迫切的。这就是我们提出要进行儒学文献研究的原因所在。

第二节　总体框架和主要内容

要正确评估儒学的历史价值，重新展示儒学的现实意义，特别是要揭示儒学研究门径，促进儒学的现代发展，就有必要对历代儒学成果进行系统归纳与总结，对儒学文献进行系统调查与研究。本课题的总体任务，就是要在全面调查研究儒家文献总体状况的基础上，对历史上曾经有过的儒学文献，特别是对儒家的思想性、哲学性、历史性文献，从内容和形式、存佚和真伪等方面，进行系统考察，重建儒学文献特别是儒家学术文献的分类体系，揭示研究儒家思想的方便门径。

一、总体框架

本书总体框架大致包括以下四个方面：

首先探讨儒学文献源流。概述儒学文献的发生、发展、衍变与现状，分析其类别和特征。该部分重点在于历时的考察，摸清儒学文献的数量、种类，揭示儒学文献的消长轨迹和衍变规律，建立儒学文献的本位体系，构建儒学文献的系统框架。从前由于儒学被批判、被打倒，儒学文献也被肢解了。在一般人心目中，儒学作为一个整体学派已经不复存在，孔夫子也成了"空夫子"，儒学文献没有系统的整体，而只是从事其他学术研究（如哲学史、思想史、语言学、文献学等）时取材的杂乱无章的历史资料，儒学自身发生、发展以及儒学的流派与师承、思想与体系，特别是儒学自家的文献的统计与分析、著录与研究，似乎都成了可有可无的事情。本课题的实施，首先就是要确立"儒学"的主体、"儒学文献"发展的主线，用文献为原料或构件，重树儒学的本体和本位意识，构建反映儒学自身发展、变化的历史，表现儒家自己思想和理论体系的文献体系。让儒学重新成为一个整体，立体地屹立在世人面前，使人们触目可见，伸手可触，抽架可读，开卷有益。

其次是对儒学文献的分类研究。对反映儒学发展史、构成儒家思想内涵和学术成就的文献，进行分类研究和系统概述。主要有以下三大方面：

"经学文献"：经典是儒家思想的源头活水，是儒学的根基，也是中国学术文化的基石，同时古今聚讼也最多。对本类文献的研究，主要精力集中在传统目录的"经部"，旨在追索儒学产生和发展的文献根源，探讨经典体系的产生与流变，研究其原生、衍生和不断获得再生、新生的过程。在具体执行过程中，分经研究各经文献的历史和现状，揭示其理论意义和学术价值。尤其要吸收现有研究成果，特别是出土文献与传世文献互证研究的成绩，对历来蒙在经典文献上的诸多尘埃进行清扫，以冀还原经典文献的本来面目，重显经学文献的经典地位。

"儒论文献"：该部分系对儒家理论著作的研究，重点在于研究传统目录"子部"中的儒家文献，兼及其他各类中以"论"的形式出现的文献。该类文献是在儒家经学文献影响下产生的理论性著述，其中包括有儒学原理、礼乐教化、仁政德治、伦理道德等方面的内容，是儒家经学入世化的理论产物。本类研究，将综合介绍儒家子学文献的类型和种类，分类揭示其构成和内涵，为从事儒家专题思想研究提供分类指南。

"儒史文献"："儒史"即儒学史，系指记载和反映儒学发生、发展及其流派衍变历史的文献资料，包括儒林传记、学案渊源、学校教育、选举科考、儒者轶事、礼乐制度和儒林掌故等，是研究儒学历史的宝贵史料。特别是其中的"学案"体和"渊源"体文献，对清理儒学发展的师承和源流，对精要地了解儒学诸家的心得和成就，最为方便有用。本部分即充分发掘此类资料的思想史、哲学史价值，揭示其分布状况和使用途径。

通过以上研究，树立儒学完整的文献形态，在古典儒学与当代学人之间，搭建起可亲可感的联络桥梁和对话平台；澄清儒学文献的一些"问题"，恢复儒家经典的历史地位；根据儒学文献的类型和儒家思想研究的需要，对儒学文献进行分类著录，揭示儒学研究的方便法门，为儒学向纵深发展、促进儒学现代化，提供坚实的文献学基础。

二、主要内容

《儒学文献通论》一书将对儒家文献从学术史和文献学、目录学、史料学的角度进行系统全面的研究，它包括对儒学文献的全面调查、鉴别、分类和编目，要完成好这一任务，将综合运用古典文献学、目录学、版本学以及儒学史、经学史等知识，并参考佛教、道教文献的分类经验和方法。只有在上述综合研究开展得比较充分的前提下，才能对儒学文献特别是儒家思想学术及史料文献进行综合的较为深入的研究。为此，特设下列子课题：

一、儒学文献的调查与统计。根据传统目录及目录学知识，对历史上曾经出现过的儒学文献进行初步调查和统计。儒学在历史上虽然居于学术思想的统治地位，但其文献却一直没有得到独立、系统和完整的著录，除了朱彝尊《经义考》曾对儒家经学著作有所著录外（先秦至清初），至今还没有一部专门的包含儒学各类文献的目录著作。因此，现在要调查和统计儒学文献的数量与种类，还没有现成方便的捷径可走，只有重新老老实实地进行收集和整理。这项工作主要是为进行系统的儒学文献分类研究提供原始素材。

二、儒学文献的分类研究。由于儒学文献至今没有专门的系统目录，因此时下还没有适合儒学并适应儒学文献实际的著录体系。本子课题将在对儒学文献作系统调查、统计的基础上，通过对文献内容和体例的具体分析和归纳，构建新的儒学文献分类体系。在此宏观构架之下，又重点对儒家的思想学术文献进行分类探索，形成儒家哲学、儒家思想和儒学历史等专题的文献著录系列。

三、儒学文献通论。此乃本课题的最终成果，也是此项研究的核心内容，在以上分项研究的基础上，分别对各类儒学文献进行系统概述。内容主要由四编构成：

第一编"儒学文献的源与流"，是对儒学文献发展衍变史的综合研究。儒士虽然源起殷周之际，但儒家之成为学派，则必自孔子"六经"教育始。春秋时期已有"儒书"（《左传》）之称，《汉书·艺文志》述儒者之事曰："游文于'六经'之中，留意于仁义之际，祖述尧舜，宪章文武，宗师仲尼"，故凡称道"六经"，论说仁义，尊崇尧舜文武，师法仲尼孔子的文献，若子夏之述《易传》（非今传《子夏易传》）、弟子之辑《论语》、《三朝记》，皆为早期之儒学文献。随着儒家学派的发展和变迁，儒学文献也随之而衍变而增多，历代的文献收藏与整理，儒学文献毫无例外地首当其冲。探明儒学文献之源流、衍变，则可知儒学演进之轨迹，一部中国儒学史亦尽在其中矣。本编共分四章，第一章《先秦儒家及其早期文献》，考述了儒家的诞生和儒学文献的早期形态。第二、三章《儒学文献的发展与流变》，首先概述了儒学发展的四种形态（子学、经学、理学、新学）和八个时期，既而对中国儒学文献进行了历时性考述，特别是对各个时期儒学文献新体裁、新类型的产生，进行了重点揭示。第四章《儒学文献的研究与分类》，回顾和论述了历代学人整理研究儒学文献的状况，并提出了新的分类设想。

第二编"经学文献"，是对历代儒者阐释和研究经典的经学文献进行的研究。孔子依据记载"先王之陈迹"的"旧法世传之史"（《庄子》），经过"论次"、"修起"和"赞述"，形成了"六经"，中国的"儒家经典"便正式产生了。孔子"以诗书礼乐教，弟子盖三千焉"（《史记》），经学教育也就出现了。自"仲尼没而微言绝，七十子丧而大义乖"，驯致诸子竞起，各持一端以自好，各骋一说以取容，于是而有经学文献的产生。自汉武帝设立"五经博士"、"置弟子员"，各以专经、师说教授弟子，于是乃有经学流派的出现。自此以后，在中国儒学史上，大师辈出，流派众多，文献激增，汗牛充栋，从而构成了人类文化史上最为壮观辉煌而且规模宏大的经学文献体系。

本编共分十七章，首章概述了"'十三经'与'经部'文献"，回顾了儒家"经""传"的形成及"十三经"结集过程，也讨论了经学文献的类型。以下各章按《十三经》和《四书》分类，专经介绍各类文献的发展和流变，包括《周易》、《尚书》、《诗经》、《周礼》、《仪礼》、《礼记》、《三礼》总义、《乐经》、《春秋》（下分《春秋》、《左传》、《公羊》、《穀梁》和《三传》总类）、《孝经》、《尔雅》、《四书》等；此外，还对"群经总义"、"谶纬"、"石经"和"出土文献"等儒学文献，设立专章予以考察。各类文献皆考其渊源，详其流变，审其体类，计其多寡，明其分布，总其要归；每类还评其要籍，揭其优劣。本编是整个中国经学历史及其成就的文献展示。

第三编"儒论文献"，是关于儒家理论文献亦即子学著作的研究。儒者重在经学传授，但也主张"学"、"思"结合，举一反三。自孔子阐"六艺"而启民智，登"杏坛"以开私学，于是学术下移，思想由之以启，百家因之而兴，诸子随之争鸣。其依于元典而有所论说者，则创为经学文献；其重在理论发挥者，则衍为子学文献，本编则谓之"儒论文献"。如《曾子》、《子思子》、《公孙尼子》、《孟子》、《荀子》等皆是。《七略》、《汉书·艺文志》既以"六艺略"处"经学文献"；复于"诸子略"另立"儒家类"以纪"儒论"文献。汉武帝"罢黜百家，表章六经"，于是经学独盛而子学稍衰。东汉以后，降及六朝，及至唐世，经学盛而义理微，玄言昌而著述寡，因此这个时期儒家诸子文献，不如经学文献发达。及于宋明，儒者以理说经，以论自立，以"六经"注我，亦以义理相尚；诸儒讲明心性，穷究天理，于是"理学"、"心学"大盛，"语录"、"言行录"、"渊源录"勃兴，儒家说理文献遂于经学文献外，别立一大宗矣。以其有别于依经立传之经学文献，故以"儒论文献"概之。

本编对经学文献之外的儒家诸子著作的发生和发展史进行了系统考察，分析了这些文献的类型和内涵，对现存儒论文献进行了新的分类。大致有：子学期的"儒家类文献"、理学期的"性理类文献"、主论政事的"政治类文献"、专讲礼乐教化的"礼教类文献"以及其他内容的"杂论类文献"。每类文献，都对其产生、流传、衍变、分布等状况，进行了较为全面的寻源溯流式的探讨。每类文献，还择其精要者，进行个案研究，揭示其思想内涵和学术价值。熟审本编，可得儒家思想史、哲学史史料学之大概知识。

第四编"儒史文献"，是关于儒学历史资料的研究。有人即有史，有学即有学术史。孔子传道授业之时，已有《孔子弟子》之籍；孔子事君尽忠，则有《孔子三朝》之记。及司马迁撰《史记》，更为孔子设有"世家"，给孔门弟子以及其他大儒设有专门的"列传"。至东汉、六朝，随着各地先贤传、耆旧传的修撰，儒家圣人和贤达的传记也因之产生。至于宋代以后，更有专纪儒家学术流派的"学案"和按年纪录名儒生平事迹的"年谱"，儒学史资料从不同角度得到充分保存。然而，由于儒学文献自古没有独立著录，儒学史资料一直杂厕于"四部"之中，得不到独立显现，其史料价值也未能充分利用。

本编首先追述了儒学史文献在历史上的发生和发展状况，然后分"孔孟史志类"、"学案源流类"、"教育与科举类"、"正史儒传类"、"儒林别传类"、"名儒年谱类"、"礼乐制度类"等章节，分别对各类文献的内容和结构、体系和价值，进行了深入细致的考察，也对其中特别重要的儒学史料，进行了系统评说和导读，足可起到儒学史史料学的作用。

以上四编，互相配合，互相补充，共同完成对历史上儒学文献的综合概述和系统分类，为儒学文献著录体系的建立、儒学资料的分类研究、儒家思想与学术的专题探讨，提供参考，共同完成"儒学文献学"、"儒学目录学"与"儒学史料学"等任务。

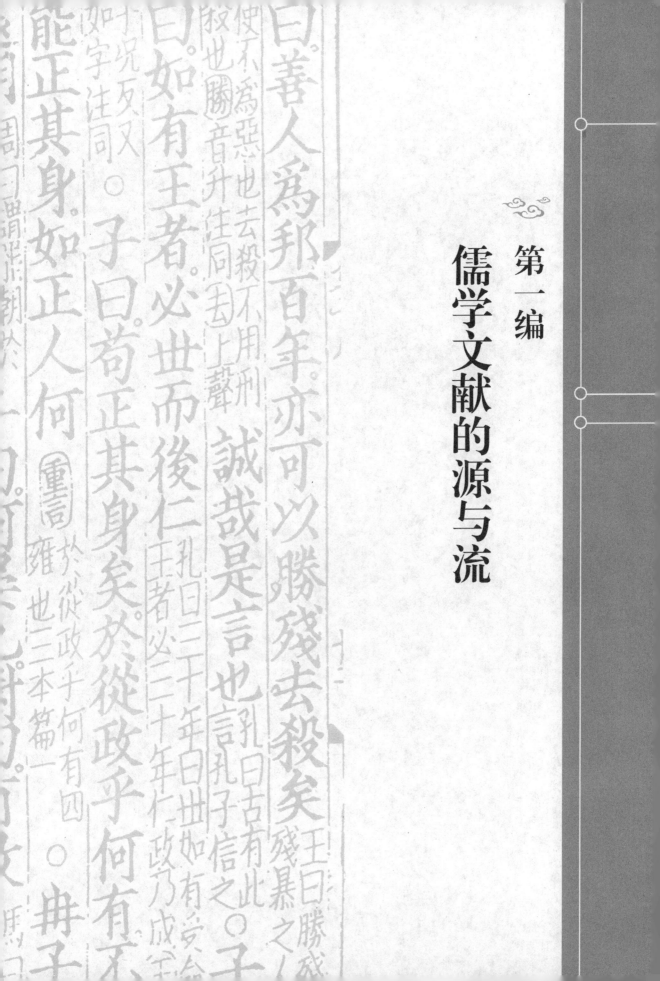

第一编

儒学文献的源与流

第一章　先秦儒家及其早期文献

第一节　儒家及儒学文献的诞生

儒家本是以经典为教、以圣人为法的学派，故儒学文献的产生实与儒家的诞生同步。

关于"儒"的起源，近世异说纷纭，莫衷一是。其最有影响者，乃章太炎、胡适和徐中舒三先生之说。章氏以"儒之名盖出于需。需者，云上于天，而儒亦知天文、识旱潦"。故"儒本求雨之师，故衍化为术士之称"。[①] 而胡、徐二氏皆以为"儒"起源于殷世，是祭司或神职人员。[②] 诸氏所说，其或持之有故，言之成理，但却不是我们这里要重点讨论的"儒家"。章氏曾区别"儒有三科，关达、类、私之名"，达名的"儒"概指一切"术士"；类名的"儒"指"知礼乐射御书数"者；私名的"儒"则指"助人君顺阴阳明教化"者。所析也不无道理，但是此种区别恐怕是在儒学盛行之后才能有的，并非原始状态的儒，不足以说明儒家的起源。所有这些，都不是本书需要讨论的对象，我们姑且存而不论。

我们这里要讨论的"儒"，乃是孔子创立的有经典、有纲领、有徒众的儒

---

① 章太炎：《国故论衡·原儒》，1910 年初版于日本东京，1915 年收入《章氏丛书》，上海右文社铅印本。所引见上海古籍出版社陈平原导读本，2003 年。

② 胡适：《说儒》，《中央研究院历史语言研究所集刊》第 4 卷第 3 期，1934 年12 月，后收入《胡适论学近著》，商务印书馆，1936 年；徐中舒：《甲骨文中所见的儒》，《四川大学学报》（哲学社会科学版）1975 年第 4 期，收入《徐中舒历史论文集》下册，中华书局，1998 年。

家学派。他们不仅仅是一种职业，也不仅仅是一类人群，而是有思想、有理论、有追求、有传授的学派。《庄子·渔父》评论儒家说："性服忠信，身行仁义，饰礼乐，选人伦①，上以忠于世主，下以化于齐民，将以利天下。"这样有思想主张（"性服忠信"）、有行为风范（"身行仁义"）、有文化追求（"饰礼乐"）、有学术重心（"选人伦"），并且有特定的社会功能（"上忠""下化""利天下"）的学派，必自孔子开始，在此之前是不曾有的。

关于孔子所创立的儒家学派，《汉书·艺文志·诸子略》也有非常精辟的评述：

> 儒家者流，盖出于司徒之官，助人君顺阴阳明教化者也。游文于六经之中，留意于仁义之际，祖述尧舜，宪章文武，宗师仲尼，以重其言，于道最为高。

班固这里也说：儒家的功能是帮助人君顺应天地之道（"顺阴阳"）、宣明道德教化（"明教化"）；儒家所研习的经典是"六经"，儒家宣扬的纲领是"仁义"，儒家所推崇的圣人是尧、舜，儒家所效法的榜样是文王和武王，儒家的创教祖师则是孔子。这些都是非常明白准确的，也就是说，必兼此数义才是真正的儒家，也才是我们这里要讨论的"儒学"，这显然与以上诸位所言有根本性区别。

什么是"文献"呢？关于"文献"一词，比较明确的记载即是《论语·八佾》："子曰：夏礼，吾能言之，杞不足征也；殷礼，吾能言之，宋不足征也，文献不足故也。足，则吾能征之矣。"郑玄注："献，犹贤也。我不以礼成之者，以此二国之君文章、贤才不足故也。"以"文章"释"文"，"贤才"释"献"。朱熹《集注》："文，典籍也。献，贤也。"亦以"文"是指文字记录资料，"献"指贤达之士的口述资料。这种解释是对的。

如果追溯更早一点的文献，《逸周书·商誓》也有"文"、"献"对举的用法："王若曰：告尔伊旧何父……几耿肃执，乃殷之旧官人，序文……及太史比、小史昔，及百官里居献民……"

此处"序文"和"献民"实已含"文献"之义。"序文"即文字记录，犹《尚书》中的"有册有典"。"献民"即贤人，犹《尚书》中的"多士"。《逸周书》述殷遗老多称"献民"，上引同篇有"百姓献民"，《度邑篇》有"维王克殷，国君诸侯乃厥献民"云云；《作洛篇》有"俘殷献民，迁于九毕"，孔晁

---

① 选，整齐。选人伦，犹言齐之以礼。《诗经·齐风·猗嗟》"清扬婉兮，舞则选兮"，笺曰："齐于礼乐也。"《逸周书·常训》："民群居而无选。"

注："献民，士大夫也"，亦即贤者。《逸周书》相传是孔子删《书》之余，那么，《逸周书》关于"序文"和"献民"对举的用例就应当是"文献"一词的最早出处了①。

孔子说杞、宋"不足征"，盖因"文献不足"，亦即缺少足够的"序文"和"献民"的缘故，也就是缺乏文字资料（即"典册"）和口述资料（即"多士"）。郑玄解"二国之君文章、贤才不足"，与《逸周书》"序文及献民"的情形颇为一致，故朱子解"文"为典籍、"献"为贤者也是合理的。不过，随着历史的发展，文明的不断进步，特别是文字记录工具和材料的不断改进和丰富，起初还由贤者所传诵的口述知识（即"献"）也渐渐地笔之于竹帛而转换成"文"了，于是后世"文献"一词也就专指文字资料了。

马端临《文献通考·自序》："昔夫子言夏殷之礼，而深慨'文献之不足征'，释之者曰：'文，典籍也；献，贤者也。'生乎千百载之后，而欲尚论千百载之前，非史传之实录具存，何以稽考？儒先之绪言未远，足资讨论，虽圣人亦不能臆为之说也。"② 将"文"解为"史传"记载，"献"解为"儒先"议论。又自叙其书著述体例说："凡叙事则本之经史，而参之以历代会要以及百家传记之书，信而有证者从之，乖异传疑者不录，所谓'文'也。凡论事，则先取当时臣僚之奏疏，次及近代诸儒之评论，以至名流之燕谈、稗官之纪录，凡一话一言可以订典故之得失，证史传之是非者，则采而录之，所谓'献'也。其载诸史传之纪录而可疑，稽诸先儒之论辩而未当者，研精覃思，悠然有得，则窃著己意附其后焉，命其书曰《文献通考》。"可见，《文献通考》之所以命名即在于取材，其取之于经史、传记的"叙事"性语言则谓之为"文"；其取之当时奏疏和后世评论的"论事"之言则谓之为"献"，作者自己的考订则谓之"通考"。该书从内容上来说，虽然有叙事、论事之别，但从著述引录的文本资料上来讲，却都是文字资料了。故明永乐时期纂修囊括天下图书的大型类书《永乐大典》，最初即命名为《文献大成》，其所录无疑都是文字资料。本编所谓"文献"亦同此例，也是针对儒学诸家的文字资料而言的。

班固说儒家"盖出于司徒之官"，涉及儒家的起源，当然也关系到我们对儒家文献早期状态的探讨，故这里有深入论说之必要。司徒是掌教化之官。

———————

① 郭齐以为"献即人"是一种古老的用法。郑玄以"贤"释"献"不确。参其所著《经书"献"字新诠》（未刊稿）。

② 马端临：《文献通考》卷首，中华书局影印原商务印书馆缩印本，1986 年。按：文渊阁《四库全书》本"何以稽考"作"可以稽考"。本书所提及《四库全书》均指文渊阁本，行文中或简称"四库本"。

《尚书·舜典》载:"帝曰:契,百姓不亲,五品不逊。汝作司徒,敬敷五教,在宽。""五品"即五伦;"五教"即"父义、母慈、兄友、弟恭、子孝"。可见中国上古教育始于人伦,这也是后世儒家始终坚持的方向。

此外,中国虞、夏、商、周四代的"养老"传统也与教育有关。《礼记·王制》:

> 有虞氏养国老于上庠,养庶老于下庠;夏后氏养国老于东序,养庶老于西序;殷人养国老于右学,养庶老于左学;周人养国老于东胶,养庶老于虞庠。虞庠在国之西郊。

《孟子·滕文公上》:"庠者,养也;校者,教也;序者,射也。夏曰校,殷曰序,周曰庠;学则三代共之。"因此,汉唐儒者注"上庠"、"下庠","东序"、"西序","右学"、"左学"曰:"皆学名也。"四代之人养老于学,即是发挥这些"国老"、"庶老"余热,以其知识育人,培养下一代。这也是孔子所谓"夫孝,德之本,教之所由生"的上古实例。"养老"既可以使"老有所养",也可以使"幼有所教",其实是两全其美、各得其利的事情。

《荀子·法行》:"孔子曰:'君子有三思,而不可不思也。少而不学,长无能也;老而不教,死无思也;有而不施,穷无与也。是故君子少思长则学,老思死则教,有思穷则施。"①《荀子·宥坐》也引孔子说:"幼不能强学,老无以教之,吾耻之。"杨倞注:"无才艺以教人也。"《礼记·学记》"古之教者家有塾",郑玄注:"古者,仕焉而已者,归教于闾里。朝夕坐于门,门侧之堂谓之塾。"以上所引,都视教学为老年的事业,益证四代"养国老"、"养庶老"皆施教胄子之事,非徒颐养天年。

与养老传统配套的是三代系统的学校制度,上引虞、夏、商、周的"庠"、"序"、"学"、"校"即其证。西周时代,在政治上固然是"礼乐征伐自天子出"②,而执行"礼乐教化"其实也是"天子命之教然后为学"③ 的。周代"学在官府",从天子到诸侯,从中央到地方,都曾经建有各级各类学校,其教育权都由官府所掌控。

《礼记·王制》:"大学在郊,天子曰辟雍,诸侯曰泮宫。"④ 天子的学校

---

① 又见《孔子家语·三恕》。

② 《论语·季氏》。

③ 《礼记·王制》。

④ 何为"辟雍",何为"泮宫",吕思勉《古学制》曰:"大学虽在郊,犹作池以环之,称为辟雍;诸侯减其半以示诎于天子,而称之为泮宫也。"(载吕思勉《燕石续札》)陆佃《礼象》说:"辟雍居中,其南为成均,北为上庠,东为东序,西为瞽宗。"(王应麟《玉海》引)

叫"辟雍"，诸侯的学校叫"泮宫"。又《学记》说："古之教者，家有塾，党有庠，术（遂，乡也）有序，国有学。"郑玄注：《周礼》五百家为党，万二千五百家为遂，党属于乡，遂在远郊之外。"① 大夫之家有"塾"，族党有"庠"，乡遂有"序"，中央学校则叫"学"（或"太学"）。

周代作为行政制度层面的设官分职，设有"司徒之官"兼掌教育。"司徒"金文作"司土"，《尚书·牧誓》、《梓材》有"司徒、司马、司空"等职，以司马掌军队兵马，司空掌工程建筑，而以司徒掌土地人民。《周礼·地官·司徒》说："惟王建国，辨方正位，体国经野，设官分职，以为民极。乃立地官司徒，使帅其属，而掌邦教，以佐王安扰（安也）邦国。"《周礼》说周代之制，六官（天官、地官、春官、夏官、秋官、冬官）之中，地官司徒即是"掌邦教"的。其中地官的最高长官大司徒即是最大的掌教者，无异于"总教官"，由他率领各乡的师长对万民执行教化："教官之属：大司徒，卿一人；小司徒，中大夫二人；乡师，下大夫四人。"郑玄注："师，长也。司徒掌六乡，乡师分而治之。"他们教民的内容则有被称为"乡三物"的"六德"、"六行"、"六艺"：

> （乡大夫）以乡三物教万民而宾兴之。一曰六德：知、仁、圣、义、忠、和；二曰六行：孝、友、睦、姻、任、恤；三曰六艺：礼、乐、射、御、书、数。②

"六德"属于政治品质；"六行"属于伦理品行；"六艺"则属于知识技能。乡大夫既以此三种品德和知识教训万民，复以此三种品德为标准来推荐优秀人才。郑玄注说："物，犹事也。兴，犹举也。民三事教成，乡大夫举其贤者能者，以饮酒之礼宾客之，既则献其书于王矣。"又具体解释"六德"说："知，明于事；仁，爱人以及物；圣，通而先识；义，能断时宜；忠，言以中心；和，不刚不柔。"又解"六行"说："善于父母为孝，善于兄弟为友，睦亲于九族，姻亲于外亲，任信于友道，恤振忧贫者。"又解"六艺"说："礼，五礼之义；乐，六乐之歌舞；射，五射之法；御，五御之节；书，六书之品；数，九数之计。"既重政治品质，又重伦理道德，还注意知识传授，当时教育似乎已经非常全面了。

---

① 《周礼·地官·大司徒》："令五家为比，使之相保；五比为闾，使之相受；四闾为族，使之相葬；五族为党，使之相救；五党为州，使之相赒；五州为乡，使之相宾。"郑注："闾二十五家，族百家，党五百家，州二千五百家，乡万二千五百家。"

② 《周礼·地官·大司徒》。

如果说大司徒、乡大夫的主要职责还在于治，亦即"掌建邦之土地之图与其人民之数，以佐王安扰邦国"的话，那么在《周礼》中还专设有执行教化的师氏和儒官。大司徒"以本俗六安万民：一曰媺（美）宫室，二曰族（同族相聚）坟墓，三曰联兄弟，四曰联师儒，五曰联朋友，六曰同衣服"。这是说要因应乡国传统风俗来训教万民，让他们室家完善，冢墓相聚，服饰相同，兄弟相和，师儒同功，朋友相助。郑玄注："师儒，乡里教以道艺者。同师曰朋，同志曰友。"师儒是教以德行道艺的老师，朋友则是共同学习的同学和同志。

《周礼·天官》述太宰之职说："以九两系邦国之民：一曰牧，以地得民；二曰长，以贵得民；三曰师，以贤得民；四曰儒，以道得民；五曰宗，以族得民；六曰主，以利得民；七曰吏，以治得民；八曰友，以任得民；九曰薮，以富得民。""九两"即九种团结和凝聚人民的职能，而以自身贤德训导万民的"师"和以自己博学教育万民的"儒"即在其中。郑玄注："师，诸侯师氏，有德行以教民者；儒，诸侯保氏，有六艺以教民者。""师"是有德行的人，是德育、政治教员；"儒"有六艺，是知识、技能教员。

这些"师""儒"要执行好教育任务，必然要有教材，此即早期的"师儒文献"。《礼记·王制》讲司徒"造士"之法，说："乐正崇四术，立四教，顺先王《诗》、《书》、《礼》、《乐》以造士。春秋教以《礼》、《乐》，冬夏教以《诗》、《书》。王大子、王子、群后之大子、卿大夫元士之适子，国之俊、选，皆造焉。"这里称"先王《诗》、《书》、《礼》、《乐》"，表明是先王遗留下来的文献。这些文献当时曾经是作为一个称职的士大夫所必须讲读和进修的。晋作"三军"，谋元帅，赵衰推举郤縠说："臣亟闻其言矣，说《礼》、《乐》而敦《诗》、《书》。《诗》、《书》，义之府也；《礼》、《乐》，德之则也；德、义，利之本也。"① 此话说于鲁僖公二十七年，当公元前633年，下距孔子出生83年。说明当时已经将是否熟读《诗》、《书》、《礼》、《乐》作为衡量一个将帅是否优秀的标准了，益证其曾为师儒"造士"的教科书。晋为唐叔之后，唐叔当年在授民授疆土时也接受了这些"先王"之典籍，是十分自然的事情。

不仅晋有，而且自称为"南蛮"的楚国也有。《国语·楚语》载楚庄王（前613—前590年在位）使士亹傅大子葴，士亹请教于申叔时，叔时曰："教

---

① 《左传·僖公二十七年》，中华书局影印，阮元校刻《十三经注疏》本，1980年。

之《春秋》，而为之耸善而抑恶焉，以戒劝其心；教之《世》，而为之昭明德而废幽昏焉，以休惧其动；教之《诗》，而为之道广显德，以耀明其志；教之《礼》，使知上下之则；教之《乐》，以疏其秽而镇其浮；教之《令》，使访物官；教之《语》，使明其德，而知先王之务用明德于民也；教之《故志》，使知废兴者而戒惧焉；教之《训典》，使知族类、行比义焉。"这里，在《左传》、《礼记·王制》里说的《诗》、《礼》、《乐》三类文献外，又增加《春秋》、《世》、《令》、《语》、《故志》、《训典》六种。韦昭注："以天时纪人事，谓之《春秋》。"《春秋》即编年史。又注："《故志》，谓所记前世成败之书。""《世》，先王之世系也。"即以前世成败、历史故实、世系传承为教的历史教科书。又注："《令》，先王之官法时令也。"——属于法令性质；"《语》，治国之善语"；"《训典》，五帝之书也。"——斯二者，则与《左传》、《王制》中的《书》无别。可见，《国语》教太子的内容与"乐正崇四术"以《诗》、《书》、《礼》、《乐》造士的内容基本相同，而且还多出历史类（《春秋》《故志》）和法令类（《令》）文献。申叔时说这番话，也前于孔子出生四五十年。

不过，这些文献都还未经过孔子整理，只能算是"师儒文献"，而不能叫作儒家经典或儒学文献，只可视为儒学文献的原生状态或儒家经典的原始依据，真正"儒学文献"必至孔子修定"六经"、创立儒家学派而后产生。

当学在官府时期，只有王官才有记录文献、掌管文献和研究文献的权利，《礼记·中庸》曰："非天子，不议礼，不制度，不考文。""考文"即研究文献。然而春秋战国时代，由于王纲解纽，"礼坏乐崩"，导致"礼乐征伐自诸侯出"，甚至"自大夫出"、"陪臣执国命"① 的现象不断发生。《左传·昭公十七年》载孔子语："天子失官，学在四夷。"可见自从西周末年周天子的地位下降，学术已从王官所掌而下移于远方小国了。《论语·微子》说鲁君无道，礼坏乐崩，"大师挚适齐，亚饭干适楚，三饭缭适蔡，四饭缺适秦，鼓方叔入于河，播鼗武入于汉，少师阳、击磬襄入于海"。则又是乐师自诸侯国而流播于外地甚至草野了。《左传·昭公二十六年》载王子朝之乱，"王子朝及召氏之族……奉周之典籍以奔楚"。明确记载了周天子的典籍文献随着叛臣的外流传播到蛮夷荆楚之地了。孔子正是根据这些下移的"学术"和外传的"典籍"，经过删定整理，才形成了经典性的文献——"六经"。

孔子之整理儒学文献，在传世文献中首见于《庄子》。《庄子·天运》

---

① 《论语·季氏》。

篇说：

> 孔子谓老聃曰："丘治《诗》《书》《礼》《乐》《易》《春秋》六经，自以为久矣，孰知其故矣；以奸者七十二君，论先王之道而明周召之迹，一君无所钩用。甚矣夫！人之难说也！道之难明邪？"老子曰："幸矣子之不遇治世之君也！夫'六经'，先王之陈迹也，岂其所以迹哉！今子之所言，犹迹也。夫迹，履之所出，而迹岂履哉！"①

又《天道》篇说：

> 孔子西藏书于周室。子路谋曰："由闻周之征藏史有老聃者，免而归居，夫子欲藏书，则试往因焉。"孔子曰："善。"往见老聃，而老聃不许，于是繙"十二经"以说。老聃中其说曰："大谩，愿闻其要。"孔子曰："要在仁义。"②

《天运》篇称孔子"治《诗》、《书》、《礼》、《乐》、《易》、《春秋》'六经'"，《天道》篇称孔子"繙《十二经》以说"，都表明孔子与"六经"或"十二经"产生过联系。前者称"《六经》，先王之陈迹"，其中有"先王之道"和"周、召之迹"；后者说："十二经"的宗旨"要在仁义"。说明孔子研治和翻说的经典，原是以先王史籍为依据，而又贯之以"仁义"思想了，这正是"旧史"被孔子经典化的特征。前者的"六经"明指为"《诗》《书》《礼》《乐》《易》《春秋》"；后者的"十二经"虽然不明所指，但是与前者有"先王之道"一样，后者也是有"仁义"思想的，可见"六经"、"十二经"都是儒家经典，所以我们说，儒学文献必自孔子而后始。

出土文献郭店战国竹简《六德》也说："观诸《诗》、《书》则亦在矣，观诸《礼》、《乐》则亦在矣，观诸《易》、《春秋》则亦在矣。"也是将《诗》、《书》、《礼》、《乐》、《易》、《春秋》并举，连排列顺序也与《庄子》所述一致，说明"六经"的结集和删定应在战国以前就已经完成了。

《庄子·天下》篇又说："其明而在数度者，旧法世传之史，尚多有之。其在于《诗》、《书》、《礼》、《乐》者，邹鲁之士搢绅先生，多能明之。《诗》以道志，《书》以道事，《礼》以道行，《乐》以道和，《易》以道阴阳，《春秋》以道名分。其数散于天下而设于中国者，百家之学时或称而

---

① 《庄子注》卷五，文渊阁《四库全书》本。
② 陆德明：《经典释文》云："'十二经'，说者云：《诗》、《书》、《礼》、《乐》、《易》、《春秋》六经，又加'六纬'，合为'十二经'也。一说云：《易》上下经并'十翼'为十二。又一云：《春秋》十二公经也。"廖平曰："大'六艺'、小'六艺'也。"

道之。"

这里明确道出了"旧史"向"六经"、"六经"向"诸子"的转变过程。其中"旧法世传之史",即相当于《左传》、《礼记·王制》中所说的《诗》、《书》、《礼》、《乐》,《国语》中所说的《春秋》、《令》、《语》、《故志》、《训典》等等,其主要特色在于"史",亦即老聃所讥讽的"先王之陈迹",是历史的记录,其于现实政治只有借鉴价值,还不具备明显的指导意义。

"六经"虽然原有所本,但是其原生态只是"史",没有思想,没有系统,也就没有灵魂,不能便称为"经";而"邹鲁之士"所明的《诗》、《书》、《礼》、《乐》,已非"旧史",而是有宗旨、有思想的经典,即可以"道志"、"道事"、"道行"、"道和"、"道阴阳"和"道名分"了,其对于历史资料虽然有保存价值,但对于现实生活更具有指导意义了,这在孔子"治六经"(或"缵十二经")之前是不具备的,至少是不明显不充分的。

同理,儒者"顺阴阳明教化"的功能,虽然原本是周官司徒的职掌,但那时只是设官分职,纵然曾经施行过,也只是行政命令,而没有形成系统的思想、明确的纲领和固定的徒众。司徒之官虽然有可能是"儒者"职能的远源,却不是开创儒家学派的直接宗师。作为学术派别的"儒家",是在天子"失官"即不能修举司徒"教化"职能后,由孔子修废起弊、立教传道才形成的。班氏"儒家者流盖出于司徒之官"云云,亦只是就其职能远有所袭而言的,并不能说司徒之官就是儒家。

第二节 孔子与"六经"的关系

今文家以为圣人所作为"经",贤者所述为"传"。"六经"称"经"当然只有孔子才能作,故学人或有主"孔子作'六经'"说者,以为《诗》、《书》、《礼》、《乐》、《易》、《春秋》举皆孔子所创作。

古文家则不然,他们认为夫子自道"述而不作,信而好古","六经"皆史,"六经"皆先王之旧典,故他们只承认孔子对"六经"有继承和整理的功劳,而没有创作的功劳。近世疑古毁经,乃彻底否定孔子与"六经"有任何关系,孔夫子遂成"空夫子"。

金景芳坚持孔子修定"六经"的传统说法,认为:"孔子编著'六经'的方法是不一样的。他对《诗》、《书》是'论次',对《礼》、《乐》是'修起',对《春秋》是'作',对《易》则是诠释。"又说:"'论'是去取上事,'次'

是编排上事"，"'修起'则是由于'礼坏乐崩'，孔子努力搜讨，把它们修复起来"。"至于《春秋》，则无论《史记·孔子世家》，或是《孟子·滕文公下》都说是'作'，可无疑义。孔子作《易大传》当然是诠释《易经》的"。① 斯言也，可谓要言不烦，能中肯綮。

孔子"论次《诗》《书》，修起《礼》《乐》"之事，明见于司马迁《史记》。他在《史记·儒林列传序》说："夫周室衰而《关雎》作，幽厉微而礼乐坏，诸侯恣行，政由强国。故孔子闵王路废而邪道兴，于是论次《诗》《书》，修起《礼》《乐》。适齐闻《韶》，三月不知肉味。自卫返鲁，然后乐正，《雅》《颂》各得其所。"②

司马迁又在《史记·孔子世家》说："孔子之时，周室微而《礼》《乐》废，《诗》《书》缺。追迹三代之《礼》，序《书传》，上纪唐虞之际，下至秦缪，编次其事。曰：'夏礼吾能言之，杞不足征也。殷礼吾能言之，宋不足征也。足，则吾能征之矣。'观殷夏所损益，曰：'后虽百世可知也，以一文一质。周监二代，郁郁乎文哉。吾从周。'故《书传》《礼记》自孔氏。"③ 是《书》、《礼》二经师说皆经孔子而后成。

又说："孔子语鲁太师：'乐其可知也。始作翕如，纵之纯如，皦如，绎如也，以成。''吾自卫反鲁，然后《乐》正，《雅》、《颂》各得其所。'古者《诗》三千余篇，及至孔子，去其重，取可施于礼义，上采契、后稷，中述殷周之盛，至幽厉之缺，始于衽席，故曰'《关雎》之乱以为《风》始，《鹿鸣》为《小雅》始，《文王》为《大雅》始，《清庙》为《颂》始'。三百五篇孔子皆弦歌之，以求合《韶》《武》《雅》《颂》之音。《礼》《乐》自此可得而述，以备王道，成六艺。"是《诗》、《乐》亦经孔子而后定。

孔子之论《诗》、《书》、《礼》、《乐》，还多见于《论语》和《礼记》诸书。如"在齐闻《韶》"见于《论语·述而》。"自卫反鲁然后《乐》正"见于《论语·子罕》。"子语鲁太师乐，曰：'乐其可知也'"、"周监于二代"并见《论语·八佾》。此外，《论语》还有孔子"兴于《诗》，立于《礼》"（《泰伯》）；"不学《诗》无以言"，"不学《礼》无以立"（《季氏》）；"夏礼吾能言之，而杞不足征也"，"殷礼吾能言之，而宋不足征也"（《八佾》）；"《书》云：

孝乎唯孝，友于兄弟，施于有政"（《为政》）等言论。都表明孔子与《诗》、《书》、《礼》、《乐》有千丝万缕的联系。他对《诗》、《书》、《礼》、《乐》下过工夫，有过论次和修起，是十分自然的事情。近年发表的《上海博物馆藏战国楚竹书》有《孔子诗论》，即保留了孔子解《诗》说《诗》的遗篇断简，就是孔子删《诗》说《诗》的证据。①

孔子修《春秋》之事，传世文献首见于《孟子》。《孟子·离娄下》："晋之《乘》，楚之《梼杌》，鲁之《春秋》，一也。其事则齐桓、晋文，其文则史，孔子曰：'其义则丘窃取之矣。'"又《滕文公下》："昔者禹抑洪水而天下平，周公兼夷狄、驱猛兽而百姓宁，孔子成《春秋》而乱臣贼子惧。"

司马迁《史记·儒林列传序》："西狩获麟，（孔子）曰'吾道穷矣'。故因史记作《春秋》，以当王法。其辞微而指博，后世学者多录焉。"至于《史记·太史公自序》引董仲舒说，更是明确地将《春秋》定为孔子所作。

孔子与《易》的关系最为纷挐，然《史记·孔子世家》载："孔子晚而喜《易》，序《彖》、《系》、《象》、《说卦》、《文言》。读《易》，韦编三绝。曰：'假我数年，若是，我于《易》则彬彬矣。'"

马王堆出土帛书《要》篇亦记："夫子老而好《易》，居则在席，行则在囊。子赣曰：'夫子他日教此弟子曰：德行亡者，神灵之趋；智谋远者，卜著之繁，赐以此为然矣。以此言取之，赐勉行之为也。夫子何以老而好之乎？'夫子曰：'君子言以矩方也……《尚书》多疏矣，《周易》未失也，且又（有）古之遗言焉。予非安其用也。……夫《易》，刚者使知惧，柔者使知刚，愚人为而不妄，贱人为而去诈……'子赣曰：'夫子亦信其筮乎？'子曰：'吾百占而七十当……《易》，我后其祝卜矣，我观其德义耳也。'"②都表明孔子晚年喜欢《易经》，到了"居则在席"、"行则在囊"、"韦编三绝"的地步。但他对《易经》的爱好是与相信"占筮"术数的"祝卜"不同的，他是"观其德义"，"刚者使知惧，柔者使知刚"，得到人生的启迪而已，明确表现了义理的取向。今传《易大传》所谓《易》"立天之道曰阴与阳，立地之道曰柔与刚，立人之道曰仁与义"，皆是这种"贵其德义"的风格的体现。

可见，正是孔子修定"六经"，将记载"先王之陈迹"的"旧法世传之

① 《孔子诗论》，见马承源主编：《上海博物馆藏战国楚竹书》（一），上海古籍出版社，2001年。

② 廖名春：《马王堆出土帛书周易经传释文》之五《要》，见杨世文等主编《易学集成》第三册，四川大学出版社，1998年。

史"，改造成讲"仁义"、贵"德义"的经典，从而实现了"旧史"（或"师儒文献"）向"儒学文献"（即"六经"）的转变和升华。前述《庄子·天下篇》"《诗》以道志，《书》以道事，《礼》以道行，《乐》以道和，《易》以道阴阳，《春秋》以道名分"语，应当是经过了转化过程的。应当说，"六经"所依据的材料原本具有一定的教化功能，但原书系原始史料，教化作用不太明显，也不很系统。其能明显地起到教化作用并成为传世经典，端赖孔子的修订和阐释。虽然"六经"原文并非孔子新创，但是"六经"义理，却是孔子新创的，就文本而言是"述而不作"，就义理而言则是"作而非述"，孔子于"六经"是既"述"且"作"、亦"述"亦"作"，故今文家说"孔子作'六经'"乃就其义理而言，古文家说"孔子删'六经'"乃就其史料而言，都各有所据，也各自成理，但也都不很全面，应当修正互补。

孔子既修"六经"，复以"六经"教学，于是形成了有经典、有思想的儒家学派。《史记·孔子世家》载："孔子以《诗》《书》《礼》《乐》教，弟子盖三千焉，身通六艺者七十有二人。如颜浊邹之徒，颇受业者甚众。""六艺"即"六经"。又说："是以鲁自大夫以下皆僭离于正道，故孔子不仕，退而修诗书礼乐，弟子弥众，至自远方，莫不受业焉。"

这些弟子背负"六经"，口诵《诗》、《书》，推尊孔子，宣扬"仁义"，于是儒家学派便正式诞生了。由于孔子奉行"有教无类"的教学原则，在首批儒生中成分不免复杂，不仅有贵族、平民子弟，也有君子、小人的成分，还有旧儒（为人执丧祭之礼）与新儒（崇奉仁义之道）的异趋，孔子诫子夏说："汝为君子儒，无为小人儒。"正是就这一实际情况而言的。

孔子将旧时"师儒文献"的"旧史"，经过修订改造、灌注"仁义"精神而成为"六经"；又因孔子推行"六经"教育，造就"三千弟子"、"七十二贤人"，从而创立和形成了儒家学派。信奉"六经"、称说《诗》、《书》的人于是被称为"儒家"，而儒家所诵习的文献又被称为"儒书"。

"儒书"之称始自春秋末年。《左传·哀公二十一年》：鲁人与齐人战，齐人嘲鲁人："唯其'儒书'，以为二国忧。"杜预注"儒书"为"周礼"。哀公二十一年当公元前 474 年，是时孔子已卒 5 年。孔子以"周礼"断"六经"，故"儒书"亦可代指"周礼"。"儒书"即儒者之书，亦即以周代礼仪制度为特征的儒学文献。可见，时至春秋末年，中国不仅正式诞生了儒家，出现了儒学文献，而且也有了"儒书"这一名词。故"儒学文献"远因"旧史"之绪，近承"师儒"所传，至春秋末年又经孔子删修，乃正式成为经典。世之学人欲述"儒学文献"者，其必自春秋末年始也。

第三节　儒家经典文献的内容与功能

自孔子修定成"六经"而有儒学文献，自孔子以"六经"行教而有儒家学派；自孔子"六经"广泛传播、儒家学派广泛活动，友教诸侯，为王者师，于是儒学文献便突破服务儒家学派的范围，进而具有淑世济人的社会功能和历史影响；自汉武帝"罢黜百家，表章六经"，在全国实施经学教育，儒学文献于是成为觉世牖民、移风易俗、塑造人格、影响政治，并进而成为奠定民族习性、规范文化特征的强大精神力量。

这些效益的获得，当然是与历代统治者提倡和历代儒者努力有关，也与"六经"自身的内涵和功能有关。

首先，"六经"是记"史"之文。孔子尝曰："吾欲托之空言，不如见诸行事之深切著明也。""六经"非如宗教经典只是圣心独运的空言垂教之文，而是依据"旧法世传之史"整理而成的"以史为教"的经典。《春秋》中虽有孔子寄托的"仁义"（或称"王心"），但是"其事则齐桓晋文，其文则史"①，故老子曰："夫'六经'，先王之陈迹也。"（《庄子·天运》）此为先秦儒家所共知共识。后儒不知，创为"六经皆史"之说，并且矜为后人的特识独造之见，亦何不学之甚！"六经"以史为教，以先王经验为说，故前此之历史赖之以存，后此之智慧由是而开。柳诒徵曰：

> 孔子者，中国文化之中心也，无孔子则无中国文化。自孔子以前数千年之文化，赖孔子而传；自孔子以后数千年之文化，赖孔子而开。

> 即使自今以后，吾国国民同化于世界各国之新文化，然过去时代之与孔子之关系，要为历史上不可磨灭之事实。故虽老子与孔子同生于春秋之时，同为中国之大哲，而其影响于全国国民，则老犹远逊于孔，其他诸子更不可以并论。②

今人要了解我国上古之历史文化，明确古代学术的思想渊源，固舍群经而莫由取裁。然而近世以来，猥曰"儒家仅先秦诸子之一，至汉代乃取得'独尊'地位"云云。殊不知，儒家是先秦诸子中最早的学派，而且孔子也是

---

① 《孟子·离娄下》。

② 柳诒徵：《中国文化史》上册第二十五章《孔子》，中国大百科全书出版社，1987年重版。

诸子百家的导师和先驱，这个地位就是孔子删定"六经"的伟业决定的，这是讲中国学术史者不可也不能忽略的。

其次，"六经"是载"道"之具。"六经"虽皆"旧史"，但也是先民关于天地万物和人伦社会的经验总结，其中蕴涵有"先王之道"、"成败之迹"，特别是经过孔子"论次"、"修起"和"笔削"、"阐扬"后，其中的"仁义"思想和"德义"精神得到充分凸显，"经"就成了载"道"之书，也成了问"道"之津。

汉儒翼奉说："臣闻之于师曰：天地设位，悬日月，布星辰，分阴阳，定四时，列五行，以视（示）圣人，名之曰'道'。圣人见道然后知王治之象，故画州土，建君臣，立律历，陈成败，以视贤者，名之曰'经'。贤者见经然后知人道之务，则《诗》、《书》、《易》、《春秋》、《礼》、《乐》是也。"①"六经"就是圣人认识"道"的记录，包括天地之位、日月之行、阴阳之变、四时之运、五行之德等自然之道，也包括行政区划、君臣职守、声律历法和古今成败等王者之治。"六经"就是天道、地道和人道的总汇。

《汉书·儒林传序》也说："古之儒者，博学乎'六艺'之文。六学者，王教之典籍，先圣所以明天道、正人伦、致至治之成法也。"也是这个意思。

其三，"六经"是言"知"之籍。"六经"总体所载无非"道"，但是各书所言又有分殊，每一经又有自己侧重的知识重心。前引《庄子》即云："《诗》以道志，《书》以道事，《礼》以道行，《乐》以道和，《易》以道阴阳，《春秋》以道名分。"《史记·滑稽列传序》引"孔子曰：'六艺于治一也。《礼》以节人，《乐》以发和，《书》以道事，《诗》以达意，《易》以神化，《春秋》以义'"。

《荀子·儒效篇》："《诗》言是，其志也；《书》言是，其事也；《礼》言是，其行也；《乐》言是，其和也；《春秋》言是，其微也。"

《春秋繁露·玉杯》："君子知在位者之不能以恶服人也，是故简'六艺'以赡养之。《诗》、《书》序其志，《礼》、《乐》纯其美，《易》、《春秋》明其知。六学皆大而各有所长，《诗》道志，故长于质；《礼》制节，故长于文；《乐》咏德，故长于风；《书》著功，故长于事；《易》本天地，故长于数；《春秋》正是非，故长于治人。"

综合以上诸家所论，即是：《诗》乃抒情文学，故长于真情实感；《书》乃历史记录，故长于明事纪功；《礼》乃行为规范，故长于制度文明；《乐》

---

① 《汉书·翼奉传》。

乃音乐作品，故长于和乐盛美；《易》讲天地阴阳，故长于运数变化；《春秋》讲是非名分，故长于社会治理。"六经"各司其职，各行其是，各从一个侧面讲明一个方面的道理，共同完成塑造"仁义"之士、博雅君子的任务。

其四，"六经"是施"教"之典。《中庸》说："天命之谓性，率性之谓道，修道之谓教。"儒家认为，人类追求真善美的理论依据除了历史经验而外，还有来自天道自然等外在规律在起作用。但是，人性之美虽然天成，而自知其性却由教生，故特别注重经典教育。孔子曰："君子学道则爱人，小人学道则易使。"故"以《诗》《书》《礼》《乐》教"，于是树之风声，以立民极，垂为万世师表。后儒沿波，教泽广布，"六经"的教育功能得到极大的发挥，中华民族的民族性也由此得到重塑和规范。

《礼记·经解》述"六经"之教的效果说：

> 入其国，其教可知也：其为人也，温柔敦厚，《诗》教也；疏通知远，《书》教也；广博易良，《乐》教也；絜静精微，《易》教也；恭俭庄敬，《礼》教也；属辞比事，《春秋》教也。

"六经"内容各有专主，故其功能也各有区别，而教化也就各呈效验。善一人以善一家，善一家以善一族，善一族以善乡邦；再由乡邦以达于国、由国以达之天下。求诸师，求诸经，明于性以知于天，明于经以适乎道矣！这就是中国儒家觉世牖民的教化途径。儒学训导，虽教施于内，而其实效却显见于天下万国，这都是经典文献所起到的奇效和显功。

其五，"六经"乃致"化"之源。孔子主"性相近，习相远"，孟子主"性本善"，荀子主"人性恶"，但都主张推行社会教化、实现移风易俗，而"礼乐政刑"与经典教育则是必由之路。无论出于"学道易使"、"闲邪存诚"的考虑（孔子），或是出于恢复"四端"以致"良知"的诱导（孟子），或是出于"化性起伪"的礼乐防设（荀子），儒家各派都不否认"六经"教化的作用，荀子所谓"始乎读经，终乎读礼"，最后成为圣人的教育模式，仍为儒家各派所共同遵守。

汉人言理重视"五行"，因为"五行"为事物之本、万化之源；汉人言治重视"五常"，因为"五常"为人性之本、教化之基。"六经"也正好具有对"五行"之理和"五常"之教的揭示和赞助功能。《汉书·艺文志序》说：

> "六艺"之文，《乐》以和神，仁之表也；《诗》以正言，义之用也；《礼》以明体，明者著见，故无训也；《书》以广听，知之术也；《春秋》以断事，信之符也。五者，盖五常之道，相须而备，而《易》为之原。

"六经"与"五行"、"五常"互相匹配，从而实现了儒家经典教化的最高境界，使"六经"功能得到充分发挥。聪明的统治者就是要发现"六经"的这些功能，善加利用，广泛推广，以诱导百姓，从而实现人类文明、天下大治，驯致雍容和睦的儒化境界。《隋书·经籍志序》曰："夫经籍也者，机神之妙旨，圣哲之能事，所以经天地，纬阴阳，正纪纲，弘道德，显仁足以利物，藏用足以独善。学之者将殖焉，不学者将落焉；大业崇之，则成钦明之德，匹夫克念，则有王公之重。其王者之所以树风声，流显号，美教化，移风俗，何莫由乎斯道！……遭时制宜，质文迭用，应之以通变，通变之以中庸；中庸则可久，通变则可大。其教有适，其用无穷，实仁义之陶钧，诚道德之橐籥也。其为用大矣，随时之义深矣，言无得而称焉，故曰：'不疾而速，不行而至。'今之所以知古，后之所以知今，其斯之谓也。""六经"从人类历史的记录，进而成为人类知识的教材、人类文明的政典了。

这样一来，"六经"的功能就突破了一家一派、一时一世的范围，进而具有了大道之源、知识之府、化民成俗、流传万世的普世价值和永恒意义了。儒学文献就是在这些价值和意义的发现和实现中，得到了更进一步的丰富和发展。

综上所述，尧舜已设司徒之官掌教化，首重人伦教育。殷周之际，学在官府，乐正崇四术，修四教，"顺先王《诗》、《书》、《礼》、《乐》以造士"；司徒以"乡三物"教国子，举"六德"，修"六行"，传"六艺"，皆是以"先王"为法，以"旧史"为教。自孔子据"先王之道"和"先圣格言"的"旧法世传之史"，经过"论次"、"修起"和"赞述"，完成了"旧史"向经典的过渡，于是《诗》、《书》、《礼》、《乐》乃贯穿了"仁义"思想，成为"载道"之具。孔子晚年又依据鲁国史记修成《春秋》，制定"一王大法"；又"晚而喜《易》"，为之《彖》、《象》、《系辞》、《说卦》、《文言》，以阐天地运行、"阴阳"变化之义，从而完成了最早的儒家文献——"六经"的制作。犹之乎儒家诞生于先秦，儒学经典也粗成于先秦，而其关键则在于孔子。

第二章　儒学文献的发展与流变（上）

第一节　儒学的发展与分期

　　文献盛衰与学术变迁相抑扬，欲述儒学文献之流变与繁盛，必先明儒学盛衰变化之历史。中国儒学经历了 2500 年，历史悠久，变化多端，兴微继绝，各呈意态。四库馆臣叙述中国经学变迁过程，将其分为“两学”、“六变”，以概括两千年经学之演变之阶段及其特色。两学即“汉学”与“宋学”。馆臣认为，汉学主明经典，“学有根底”；宋学主明义理，“具有精微”。各有所长，也各有所短，应当各取所长：“夫汉学具有根底，讲学者以浅陋轻之，不足服汉儒也；宋学具有精微，读书者以空疏薄之，亦不足服宋儒也。消融门户之见而各取所长，则私心祛而公理出，公理出而经义明矣！”[①]

　　两学之中，又按其时势变化、学术升降，分为六个时期：首先是两汉恪守“师承”，专明“诂训”的“经学”时代，其中又有“今文”、“古文”之分，“内学”、“外学”之别。其次是魏晋至北宋的“杂学”时代，其间有王弼、王肃对汉师法、家法的怀疑，“玄学”的兴起；南北朝分庭抗礼，出现“南学”与“北学”的对立；又有孔颖达、贾公彦作“义疏”对南学、北学的统一，以及啖助、赵匡、孙复、刘敞冲破旧学而标新立异。第三个时期是程、朱继起，创立“独研义理”、“务别是非”的“理学”时代。第四个时期自宋末至明初，“理学”定于一尊，儒者恪守程传朱说，无所创新。第五个时期，自明正德、嘉靖以后，王阳明等人冲决程、朱之学，“各抒心得”，创立“心

---

　　① 永瑢等：《四库全书总目》卷一《经部总叙》，中华书局，1983 年。

学"。第六个时期是清初，诸儒针对王学末流"空谈臆断"，主张"博雅"、"征实"，出现了考据学派。①

馆臣所分"汉学"、"宋学"，提纲挈领、要言不烦，若犀角分水，厘然区别，深有见地；然而"六变"之法，斩头去尾，前不见先秦学术，后不及清学主体，未为全面。其所分第二期，自魏晋至北宋，时越八百余年（黄初至庆历），总以一"杂"字概之，时势之升降，学术之分划，举皆不明。因此馆臣的"两学"、"六变"分法，亦非良法。

晚清皮锡瑞《经学历史》另出新意，其书按照朝代的更迭，参以学术之变迁，将经学历史分为十个时期：一曰"经学开辟时代"（春秋）；二曰"经学流传时代"（战国）；三曰"经学昌明时代"（西汉）；四曰"经学极盛时代"（后汉）；五曰"经学中衰时代"（魏晋）；六曰"经学分立时代"（南北朝）；七曰"经学统一时代"（隋唐）；八曰"经学变古时代"（两宋）；九曰"经学积衰时代"（元明）；十曰"经学复盛时代"（清朝）。② 皮著将时代变迁、学术隆污结合起来，弥补了馆臣所分的严重不足；而且前有"开辟"、"流传"两个时代（即先秦），使儒学远有渊源可寻，也突出了儒学创立和初盛的历史实际；后有"复盛"阶段，突出了儒学在清代的转型和隆兴，首尾俱全，重点突出，不失为一种全面系统的分期方法。但是此法将学术变迁与朝代更迭紧紧结合，分期不免过分细碎；而且由于时代原因，皮氏又不及看见儒学在20世纪的命运，因此他的分法，今天看来也是不全面的。

我们取馆臣之"两学"、皮氏之"十期"，谨将中国儒学历史分为"四学"、"八期"。就学术形态而言，儒学在历史上曾经经历了四次大的变迁，即"子学"、"经学"（即"汉学"）、"理学"（即"宋学"）、"新学"（20世纪），是即"四学"。作为处于国学至尊地位的"经学"始自西汉，其前儒家皆"子学"，儒学虽然是百家中的"显学"，但仍为子家之一种。讲明"义理"、别白"是非"是"理学"的主要特征，此一特征自宋儒始，亦以宋儒昌。元、明学者承此，虽然崇朱、崇陆有别，而究乎"义理"、"心性"则一，故无论"洛学"、"闽学"、"陆学"、"王学"，皆可以"理学"概之。清代则是"汉""宋"相杂，而以"经学"胜的时代。

及乎20世纪，西学东渐，国学式微，虽有国粹派对传统的艰苦守候、新儒家对儒学的大力振兴，但更多的是新学派对儒学的批判。这一时期主流学

① 永瑢等：《四库全书总目》卷一《经部总叙》。
② 皮锡瑞：《经学历史》，周予同注释本，中华书局，1959年。

者的普遍风气是：研"经"而不崇道，评孔却不尊孔，有经解而无经学，有儒学却无儒家。

20世纪，在运用出土文献考证旧史、引入新方法来解释古籍方面，具有其特别的创获。但是，20世纪的儒学（含经学）研究，已经不是先秦时期自由而理性的"子学"，也不是两汉尊经崇道的"经学"，与以前各个时期学术都判然有别，因而也就自成其特殊的时代风尚，故可以称之为"新学"。

至于这四种学术形态在历史上的变化，又经历了八个时期。其主要情形是将皮氏"十期"略加归并，合"开辟"、"流传"为"先秦"时期，并"变古"、"积衰"为宋明时期，另加上清以后的"20世纪"，于是形成："先秦"、"两汉"、"魏晋"、"南北朝"、"隋唐五代"、"宋元明"、"清"及"20世纪"等"八期"。若将"学"与"时"匹配，大致而言，先秦为"子学"时期，两汉、魏晋、南北朝、隋唐五代为"经学"（含玄学、南学、北学、义疏学）时期，宋元明为"理学"时期，清代为"汉""宋"（即"经学"与"理学"）并行时期，20世纪则为"新学"时期。我们即按"四学"、"八期"的分法，略述中国儒学的历史变迁如次。

一、"子学"时期：周秦

如前所述，儒家学派是孔子创立的，儒家经典也是孔子删修的。孔子依据"旧史"修定而成"六经"，总结"先王之道"而形成"仁义"思想，执"六艺"以教弟子，据"仁义"以说诸侯，从而形成了"游文于六经之中，留意于仁义之际"的声势浩大的儒家学派。儒家学派创自孔子，儒学文献也修自孔子，此乃人所共知的历史事实，已详前编，兹不赘论。此处所欲述者，乃孔子身后战国时事也。

司马迁曰："自孔子卒后，七十子之徒散游诸侯，大者为师傅卿相，小者友教士大夫，或隐而不见。故子路居卫，子张居陈，澹台子羽居楚，子夏居西河，子贡终于齐。如田子方、段干木、吴起、禽滑釐之属，皆受业于子夏之伦，为王者师。"[1]

以上所说即是在孔子身后孔门弟子传播儒家经典、宣扬儒家教化的情形。由于儒者们长期不懈地在诸侯国、士大夫之间和民间努力传播学术，讲授"六艺"，民智为之大开，学派因之竞起，于是形成了春秋战国时期"百家争

---

① 《史记·儒林列传》。

鸣"的局面。这一时期，风气大转变，思想大解放，智慧大开发，学派大涌现，处士横议，新说迭出，一大批思想家和口谈游说之士，周游四方，游说诸侯，中国学术出现了第一个繁荣时期。儒家学派也在这种互相辩难、互相影响的新学术风气中得到进一步发展，蔚为学术中心和思想正宗，儒家学派也迎来了第一个自由争鸣、飞速发展的高峰时代。

《礼记·中庸》曰："非天子，不议礼，不制度，不考文。"又《礼记·王制》也说："乐正崇四术，立四教，顺先王《诗》、《书》、《礼》、《乐》以造士。"可见早期文化教育只限于官学内部，民间无得而闻焉。至春秋时期，"《礼》《乐》废，《诗》《书》缺"，于是孔子乃"论次《诗》《书》，修起《礼》《乐》"，并"以《诗》《书》《礼》《乐》教"，形成"弟子盖三千焉，身通六艺者七十有二人"①的强大学派，这个结局不是坐等而致的，也不是时势自然形成的，而是孔子努力促成的结果。之后，又有孔子弟子"散游诸侯"，传播"六经"，宣扬"仁义"，于是《诗》、《书》、《礼》、《乐》、《易》、《春秋》乃广泛传于民间，"仁义"学说也才成为社会讨论的热门话题，也才逐渐成为社会普遍接受的道德律条，民间智慧也才得以开启和提升，儒家以外的"诸子"也才得以形成和产生。诸子之称引《诗》、《书》端赖于孔子，诸子之评说"仁义"也是针对于孔子，甚至诸子百家之形成和出现，也是孔子儒家有以开导之、启发之也。孔子者，儒家之宗师；而儒家者，又诸子之先导也！儒家非仅诸子中的一家而已，孔子也非仅儒家之先师而已；儒家在诸子中实处于导夫先路的地位，孔子也在诸子中实处于先知先觉的地位，换句话说：孔子也是诸子百家的先师。

继孔子七十子之后，战国时期也出现了一批大师和名儒，如田子方、段干木、吴起、禽滑釐，都是子夏的弟子。而墨翟、惠施、公孙龙、庄周、韩非等，也都受到过儒家"六艺"之学的影响。同时，也因诸子并兴，儒家成了众矢之的，特别是在战国初期遭到了墨家、杨朱的进逼，天下学人不归杨即从墨，甚至造成儒学式微、不绝若线的状况。

战国时期儒家仍然是当代"显学"，但内部也出现了分化，韩非揭示说："孔、墨之后，儒分为八"，"有子张之儒，有子思之儒，有颜氏之儒，有孟氏之儒，有漆雕氏之儒，有仲良氏之儒，有孙氏之儒，有乐正氏之儒"。这些不同来历的"儒"各有见解、互相歧异，"取舍相反不同，而皆自谓真孔"（《韩非子·显学》）。战国晚期，孟子、荀子者出，乃"辟杨墨"（孟子）、"非十二

---

① 《史记·孔子世家》。

子"（荀子），使儒家学术在论战中得到丰富、发展和推广，逐渐恢复了"显学"的地位。韩非曰："天下显学，儒墨而已。"是其明证。

在战国时期的诸侯王中，儒家也有不少知音。初期的魏文侯，师事子夏，友交田子方、段干木、吴起诸人，著有《孝经传》和《魏文侯》6篇。中期的滕文公、梁惠王、齐威王等，对儒家大师孟子表现出极大的兴趣和礼敬。末期的齐宣王，尚好文学之士，稷下学宫复盛，儒家学者在其中被奉为座上宾。齐襄王时，荀卿则"最为老师"，"三为祭酒"。① 可是诸侯力争，沦于战国，天下大势，重于耕战，故强调"仁义礼乐"的儒家学术，在战国时期并未得到真正的重视和遵用。

特别是秦国，自秦孝公任用商鞅变法后，形成了重视功利，菲薄《诗》、《书》，蔑弃仁义，贱视儒者的国策和传统。在秦国，儒学于焉不振，风俗于是大坏，忠孝仁义视为蛊毒，父子兄弟不相亲爱。秦政统一天下，又不思更改，反施暴虐，秦始皇三十四年（前213）、三十五年，相继制造了野蛮的"焚书坑儒"等文化毁灭事件，使儒学遭到第一次沉重的打击，儒家经典也遭到灭顶之灾。

司马迁描述战国至秦统一的儒学史说："是时独魏文侯好学。后陵迟以至于始皇，天下并争于战国，儒术既绌焉，然齐鲁之间，学者独不废也。于威、宣之际，孟子、荀卿之列，咸遵夫子之业而润色之，以学显于当世。及至秦之季世，焚《诗》《书》，坑术士，'六艺'从此缺焉。"②

"焚书坑儒"使文献被烧，儒士被杀，"六经"残破，百家消亡。特别是"偶语《诗》《书》者弃市。以古非今者族"的禁令，更是阻止了儒学的正常发展，儒家顿时从"显学"陷入"禁学"的境地，几于劫灭而式微。

处于"子学"阶段的先秦儒家，虽然先于其他诸子而生，却又备受诸子攻击驳难；虽然身居"显学"，却还没有取得"独尊"地位。他们一方面"散游诸侯，大者为师傅卿相，小者友教士大夫，或隐而不见"，有的甚至还"为王者师"，地位不可谓不尊。但另一方面，他们提出的理论又常常被诸子当成靶子，受到批驳。墨子针对儒家的天命、仁爱、礼乐、丧祭等观念，针锋相对地提出"非命"、"兼爱"、"节用"、"非乐"、"节葬"等学说，还著《非儒篇》专门批评儒家提倡的"古言古貌"的文化观念。与孔子同时的晏子，也批评"儒者滑稽而不可轨法"，孔子"繁登降之礼"，"累世不能殚其学，当年

---

① 《史记·孟子荀卿列传》。
② 《史记·儒林列传》。

不能究其礼"。① 道家鼻祖老子《道德经》的最后形成，几乎全是针对儒家仁义学说的反命题："大道废，有仁义"，"六亲不和，有孝慈"，"失道而后德，失德而后仁，失仁而后义，失义而后礼。夫礼者，忠信之薄而乱之首"。提倡"绝圣弃智"、"绝仁弃义"。道家后期代表庄周，在他的《庄子》书中，也对儒者和孔子极尽讽刺讥评之能事。法家认为仁义不足以治世，商鞅著《六虱》，认为儒家的礼乐、诗书、孝慈、诚信、仁义、贞廉，是必使"国贫"、"至削"的害虫②。韩非著《五蠹》，以为"仁义辨智，非所以持国也"；又说："先王之仁义，无益于治。"（《韩非子·显学》）

诸侯各国注重耕战，不重仁义，"儒术既绌焉"③。特别是在与儒家极端立异的杨朱学派的"为我"之学和墨家学派的"为公"之学盛行的战国后期，儒家学说更是举步维艰，孟子不得不发出警告说："圣王不作，诸侯放恣，处士横议，杨朱、墨翟之言盈天下。天下之言，不归杨则归墨……杨墨之道不息，孔子之道不著。"④ 正是当时儒家处境的生动写照。加之儒家内部不太团结，甚至互相攻讦，互相撤台，就连一代大儒荀子也对子张、子夏、子游、子思、孟子等正宗儒家，展开了猛烈抨击，甚至斥其为"贱儒"、"略法先王而不知其统"！⑤ 这无疑也削弱了儒家自身的力量。

战国时期的诸子争鸣，虽然在一定程度上体现了学术民主的气氛，使儒家在与诸家的论辩中进一步完善和提高自己的理论构建，也更加广泛地传播了自家学术；但是这种八面受敌、内部纷争的状态，也大大影响了儒家学说的整合与凝聚，战国时期的儒家未曾统一，内部常常处于"诸子并争"的状态，因此他"助人君顺阴阳明教化"的淑世济人功能，未能得到充分显现。

二、"经学"时期：两汉—隋唐五代

儒学作为统一的思想学术真正地影响整个社会实开始于汉代，亦即所谓"经学"时期。

"经学"时期的特点，是将儒家元典文献当成圣经来推崇、信奉、研究和学习，这种风格是从汉代开始的，故又称"汉学"。汉学风格即"经学"一直影响中国社会，尤以汉至唐最为突出。这一时期，时间跨度很长，家法林立，

---

① 《史记·孔子世家》。

② 《商君书·六虱》。

③ 《史记·儒林列传》。

④ 《孟子·滕文公下》。

⑤ 《荀子·非十二子》。

风格各异，存在"今文"、"古文"之异，"郑学"、"王学"之别，"玄学"、"佛道"之杂，"南学"、"北学"之分，但其总体特征，仍然是解经释传、分章析句，依经立义、据经言事，经典仍然是人们获取思想智慧的源泉，故统称之为"经学"时期。

（一）两汉

儒学本乎天道，而天道载于六经；仁义根于人心，而人心见乎六艺。尽管遭到秦朝打击，一段时间儒学暂时处于沉寂状态。但是任何具有生命力的事物，只要遇到合适机会，就会马上焕发出无限生机、发挥其巨大作用的。儒学也是如此，只要统治者不专横地迫害它，人们对儒家经典的研习，就会如春风中的离离原上草一样，悄然兴起，甚至渐渐地绿遍大地。

秦末农民起义，陈涉反对暴秦，建立张楚政权而称王，于是"鲁中诸儒"、"缙绅先生"都抱着"礼器"去投奔于他，孔子后人孔甲也投奔义军，"为（陈）涉博士，卒与俱死"。陈涉起于匹夫，出生微贱，不过"瓮牖绳枢之子、甿隶之人，而迁徙之徒，才能不及中人，非有仲尼、墨翟之贤，陶朱、猗顿之富"①，他只是"驱瓦合適戍，旬月以王楚，不满半岁竟灭亡，其事至微浅"，可是这些讲究等级名分、追求圣贤之道的儒生们，却要去追随他，甚至不惜为之抛头颅、洒热血，其原因何在呢？司马迁揭示得好：乃因"秦焚其业，积怨而发愤于陈王也"②。谁反对儒学、抛弃仁义，谁就会亡国丧邦；谁反对暴政、提倡仁义，谁就会得到拥护归顺——正所谓"得道多助，失道寡助"。秦政、陈涉分别以自己的实践，为这条铁的定律添加了第一个注脚。

紧接着是三年"楚汉战争"，还在刘邦刚刚战胜项羽、兵围曲阜时，"鲁中诸儒"就迫不及待地"讲诵习礼，弦歌之音不绝"了。汉初定天下，"于是诸儒始得修其经学，讲习大射乡饮之礼"③。虽说鲁国是"圣人遗化好学之国"，但是儒学合乎人心、顺乎世运，也是其得到人们真心皈依的主要原因。

汉初，陆贾以儒术说高祖，晓以"马上可以得天下，马上不可以治天下"之理，并为之撰写探讨"秦所以亡，汉所以兴及古今成败之国"经验教训的《新语》，使汉朝这位并不喜欢儒生的开国皇帝渐渐对儒学改变了看法。特别是叔孙通制作《汉礼仪》，使汉高祖初尝礼法之美和为帝之尊，于是叔孙通官至奉常，参加共定礼仪的弟子也"咸为选首"，且令高祖有"喟然兴学"之

① 贾谊：《过秦论》，《史记·秦始皇本纪》引。

② 《史记·儒林列传》。

③ 《汉书·儒林传》。

叹。可是由于汉初所封诸侯大都出自草莽英雄，他们既得天下，便生野心，于是相继反叛，烽烟再燃；刘邦因天下"尚有干戈"，忙于"平定四海"，终生"未遑庠序之事"。

孝惠、高后时，公卿如绛、灌、樊哙之属"皆武力功臣"。孝文帝时，始在中央设博士官，儒者"颇登用"，但文帝"本好刑名之言"，儒者未获大用。孝景帝即位，也"不任儒"，当时颇具实权的窦太后"又好黄老术"，斥儒家经典为"司空城旦书"。整个文景之世，实行的都是黄老"无为政治"，因此"诸博士具官待问，未有进者"①。

汉家儒学正式复兴，是从汉武帝时开始的。史称："至孝武皇帝，然后邹、鲁、梁、赵，颇有《诗》、《礼》、《春秋》先师，皆起于建元（前140—前135）之间。"②《汉书》述汉初儒学传授曰："汉兴，言《易》自淄川田生；言《书》自济南伏生；言《诗》，于鲁则申培公，于齐则辕固生，燕则韩太傅；言《礼》，则鲁高堂生；言《春秋》，于齐则胡毋生，于赵则董仲舒。及窦太后崩，武安君田蚡为丞相，黜黄老刑名百家之言，延文学儒者以百数，而公孙弘以治《春秋》为丞相，封侯，天下学士靡然乡（向）风矣。"③

传《易》的田生，本为齐田氏，汉初高帝徙山东大族入关中，田生亦徙居杜陵，号杜田生。申公与刘交等曾受学于荀卿弟子浮丘伯，文帝时为博士。伏生故为秦博士，其传《书》在文帝时。辕固生、韩婴传《诗》，则俱在景帝时。高堂生传《礼》，在文帝时。胡毋生、董仲舒传《春秋》，则在武帝时。

建元五年（前136），好尚黄老的窦太后去世，崇尚儒术的武安君田蚡为丞相，于是黄老刑名百家之言遭到黜退，儒者得以进用，公孙弘就是以能治《春秋》而位至丞相的，于是"天下学士靡然乡风矣"，儒学复兴的春天已然到来。

西汉前期，是诸子并兴，而重于黄老的时代，而儒家文献的复出和经学的初步传授，又为董仲舒完成儒学的改造、汉武帝制定"表章六经"的国策，奠定了基础。董仲舒将阴阳家、法家、名家甚至道家的一些思想引入儒学，著《天人三策》、《春秋繁露》、《玉杯》等文，集先秦、秦汉之际思想之大成。尤其是他倡导"大一统"思想，顺应了汉武帝时代的客观形势，故深得最高统治者赏识。他适时建议："诸不在六艺之科、孔子之术者，皆绝其道，勿使

---

① 《汉书·儒林传》。
② 刘歆：《移太常博士书》，见《汉书·楚元王传·刘歆》。
③ 《汉书·儒林传》。

并进。"获得汉武帝首肯，于是"卓然罢黜百家，表章六经"①，并且废弃文帝所设杂有诸子百家之学的"传记博士"，特置尊崇孔氏儒学的"五经博士"，专掌儒家经典及顾问应对。

元朔五年（前124），武帝采纳公孙弘、董仲舒等建议，为博士置弟子员50人，免除其徭役；郡国县道邑有好文学、敬长上、肃政教者，由郡国守相荐举至京师，得受业如弟子——这是中央官学向"弟子"传授"六经"的开始。每岁举行考试，能通一艺以上者，可补文学掌故缺，其优秀者可以为郎中——这是根据士人对"六经"的熟练程度获得不同仕进机会的开始。从此结束了学术界长达数百年的百家纷争的局面，使诸子之学重新回归到"六艺"之学，也使儒家思想成为当时正统的思想，完成了对中国学术文化发展趋势的重大调整，同时也开启了儒术经世的新篇章。

孝宣起于经生，高才好学，幼通《论语》、《孝经》，长受《诗》于东海澓中翁，热心儒术。为统一经义，还于甘露三年（前51）令诸儒讲"五经"同异于石渠阁，太子太傅萧望之等平奏其议，宣帝临阁称制，论定经义。

元成之际，贡禹、薛广德、韦贤、匡衡等，并以儒术迭为宰相。是时，复增大太学，弟子扩员至3000人。其他官吏，也多用经学之士。汉代儒生进身，除了博士弟子外，还有孝廉等途径。《汉书·儒林传赞》："自武帝立'五经'博士，开弟子员。设科射策，劝以官禄，讫于元始，百有余年，传业者浸盛，枝叶蕃滋，一经说至百余万言，大师众至千余人。盖禄利之路然也。"由于利禄之途大开，儒学风气转盛，相继出现了两汉时期"经学昌明"和"经学极盛"的盛况。

西汉时期，"今文经学"占统治地位，先后设有以"五经"家法为教的"十四博士"。西汉前期还出现了如楚元王、河间献王、鲁恭王那样的提倡儒学的诸侯王，他们对发现、收藏和推广"古文经学"卓有贡献。哀平之际，谶纬之学泛滥；而此时由于刘歆等人的大力表彰，古文经学也从民间、秘府步入庙堂，欲与今文经学争正统、分席位。惜因王莽末年之乱，典籍被焚，儒学暂时受到打击。

东汉光武中兴，收集经牒秘书，捆载二十余辆，输之雒阳。光武是太学生出身，雅好儒术，投戈讲艺，息马论道，常至夜分乃寐。于是鸿儒硕士，再度云会京师。东汉也立"五经博士"，各以家法教授：《易》有施、孟、梁丘、京氏；《书》欧阳、大小夏侯；《诗》齐、鲁、韩；《礼》大小戴；《春秋》

---

① 《汉书·武帝纪赞》。

严、颜，凡十四博士，西京宣帝最盛时的博士阵容，再度重现于东汉之世矣。

孝明帝时，亲临辟雍，拜"三老"、"五更"，横经问道，诸儒执经问难于前，冠带缙绅之人，圜桥门而观听者盖亿万计。当时虽是介胄武夫，期门羽林之士，皆能通章句；匈奴亦遣子入学。孝章还仿宣帝故事，大会诸儒于白虎观，考详诸家同异，亲临称制，其讨论成果则由班固整理成《白虎通义》。后又为功臣子孙、四姓末属别立校舍，抡选高才以受其业。儒学传授的规模，再达历史的新高。

东汉是今文经学与古文经学并行的时代，在朝诸儒所讲以及太学所教，皆今文也；在野之士研习，私家学术传授，则皆古文也。汉代今文经学最著名的大师，西汉有董仲舒，东汉有何休。二人皆以善治《公羊》胜，董仲舒著作集为《春秋繁露》，何休所著则有《公羊春秋解诂》，皆传于世。《后汉书》本传称，何休"为人质朴讷口，而雅有心思，精研六经，世儒无及者……乃作《春秋公羊解诂》，覃思不窥门十有七年。又注训《孝经》、《论语》、风角七分，皆经纬典谟，不与守文同说"①。《公羊春秋》是今文经学最重要的经典，西汉董仲舒的《春秋繁露》是汉代公羊学的代表作，班固笔录整理的《白虎通德论》将公羊学理论法典化，何休的《公羊解诂》则又对汉代公羊学进行了总结，理论体系更加完整。清代今文学复兴，甚至借之实行改制，所依据的理论，就以何休《解诂》为多。

东汉儒学最为后人称道，被誉为"汉学正宗"的，是以贾（逵）、马（融）、许（慎）、郑（玄）为代表的所谓古文经学，而又以郑玄集其大成。据《后汉书》本传称，郑玄周旋于当时诸经学名家之间，转益多师，博通今古，遍注群经，旁及天文、历算、纬候之学，著述达百万余言，成一代大儒。范晔评论说："自秦焚六经，圣文埃灭。汉兴，诸儒颇修艺文；及东京，学者亦各名家。而守文之徒，滞固所禀，异端纷纭，互相诡激，遂令经有数家，家有数说，章句多者或乃百余万言，学徒劳而少功，后生疑而莫正。郑玄括囊大典，网罗众家，删裁繁诬，刊改漏失，自是学者略知所归。"② 皮锡瑞也说："郑君博学多师，今、古文道通为一，见当时两家相攻击，意欲参合其学，自成一家之言，虽以古学为宗，亦兼采今学以附益其义。学者苦其时家法繁杂，见郑君闳通博大，无所不包，众论翕然归之，不复舍此趋彼。"又说："于是郑《易注》行而施、孟、梁丘、京之《易》不行矣；郑《书注》行

---

① 《后汉书·儒林列传·何休》。
② 《后汉书·郑玄传赞》。

而欧阳、大小夏侯之《书》不行矣；郑《诗笺》行而鲁、齐、韩之《诗》不行矣；郑《礼注》行而大、小戴之《礼》不行矣；郑《论语注》行而齐、鲁《论语》不行矣。"①"郑学"一统时代的威势，于此可见一斑。

（二）魏晋南北朝

郑玄之学行世，博士家法遂趋衰亡，中国经学进入"郑学"时代。郑玄之学，既是汉学极盛的标志，也是汉学衰落的转折点。"郑学"诞生之时，正值建安丧乱之际，时代巨变也带来了学术的转型。荆州宋衷、司马徽、王粲、刘表诸儒，固守所谓纯粹的"贾马之学"（即"古文学"），自标新学，与"郑学"对垒。随后王肃之学崛起，乃正式取代"郑学"。王肃借助与司马氏集团的姻亲关系，暂时取得了学术上的统治地位。他遍注群经，用今文家的观点攻郑玄的古文说，用古文家的观点驳郑玄的今文说，其所注《尚书》、《诗经》、《三礼》、《左传》以及其父王朗《易传》皆立于学官，设置博士。在西晋时代，"王学"占据了官学的统治地位。

"郑学"兴而两汉今文家法薪尽火灭，无有传人；西晋末年战乱起，又导致两汉今文经学文献的最终消亡。永嘉之乱后，《易》亡梁丘、施氏、高氏；《书》亡欧阳、大小夏侯；《齐诗》在魏已亡，《鲁诗》不过江东；《韩诗》虽存，无传之者；孟、京《易》亦无传人；《公》、《穀》虽存若亡。

东晋南渡，经学格局再次得到调整："晋元帝修学校，简省博士，置《周易》王氏（弼），《尚书》郑氏（玄），《古文尚书》孔氏（伪孔安国传），《毛诗》郑氏，《周官》、《礼记》郑氏，《春秋左传》杜氏（预）、服氏（虔），《论语》、《孝经》郑氏，博士各一人。"② 东晋太学和国学所设博士，除增加新出的魏晋人成果（如王弼《周易注》、《古文尚书》孔传、《春秋左传》杜氏、服氏）外，基本上回到以"郑注"为本的时代，但却没有今文经学的成果。皮锡瑞指出："晋所立博士，无一为汉十四博士所传者，而今文之师法遂绝。"③正谓此也。

南北朝时期，形成"南学"、"北学"，北学仍守汉儒，特别是"郑学"，"南学"则崇尚魏晋以来形成的"玄学"经注。《北史·儒林传》谓："大抵南、北所为章句，好尚互有不同。江左，《周易》则王辅嗣（弼），《尚书》则孔安国，《左传》则杜元凯（预）。河洛，《左传》则服子慎（虔），《尚书》、

---

① 皮锡瑞：《经学历史》五《经学中衰时代》。
②《晋书·荀崧传》。
③ 皮锡瑞：《经学历史》五《经学中衰时代》。

《周易》则郑康成（玄）、《诗》则并主毛公（毛亨）。《礼》则同遵于郑氏（玄）。南人约简，得其英华；北学深芜，穷其枝叶。"南北朝时期儒学双水并流，学术既各有渊源，学风也因地而异。南北学风的不同，既有学术传统上的差别，也有学术好尚的异趣。《世说新语·文学篇》载褚裒与孙盛论南北学风不同，褚说："北人学问，渊综广博。"孙曰："南人学问，清通简要。"可与《北史》互证。清人赵翼《廿二史札记》①、近人刘师培《南北学派不同论》②，对此都有专门论说。

不过需要指出的是，南北学术之异，只是就大体而言。实际上南学中有北学，北学中亦有南学，南北学术不断交流，最终趋向融合。特别是南北朝后期，南方儒学北传，北方学者中出现了刘炫、刘焯等兼通南学的大儒。南北兼容、南学胜出成为当时学术大趋势。因此，唐初儒学统一既是时代政治的必然选择，也符合南北学术发展的内在理路。

魏晋南北朝儒学发展，具有一显著特征，即是家学与地方之学十分繁荣。陈寅恪在《崔浩与寇谦之》文中说："东汉以后学术文化，其重心不在政治中心之首都，而分散于各地之名都大邑。是以地方之大族盛门乃为学术文化之所寄托。中原经五胡之乱，而学术文化尚能保持不坠者，固由地方大族之力，而汉族之学术文化变为地方化及家门化矣。故论学术，只有家学之可言，而学术文化与大族盛门常不可分离矣。"六朝时期，政治颓败，社会凋敝，但学术文化仍绵延不绝。究其原因，正在于学术通过家学相传，历久不绝，民族文化得以不坠。朝代虽多改换，门第却一脉相承；疆土虽分南北，学术却南北互通。因此，政局虽动荡不已，门阀却如汪洋中之一个个岛屿，屹然不动，这与他们自觉地运用经学来维系其较高的学术地位和文化品位具有一定关系。

（三）隋唐时期

隋唐在初步完成政治上的统一后，继续调整学术文化，特别是整顿南北朝时期就形成的儒、释、道三教并行而又互争的状况，逐渐形成三教并存而又以儒为主的共生格局，让不同学术思想和宗教文化共同完成对世道人心的维系任务。实现这一政略的重要措施，就是大力推行学校教育和科举制度，而教育和科举的教材和内容则是儒家经典和儒家思想。

---

① 赵翼：《廿二史札记》卷一五《北朝经学》、《南朝经学》，王树民校点本，中华书局，1984年。

② 刘师培：《南北学派不同论》，见《刘申叔遗书》，宁武南氏校印本，1934年；江苏古籍出版社1997年重印本。

在教育上，隋文帝首先提倡开办学校、推行儒学教化。史称，"隋文膺期篡历，平一寰宇，顿天网以掩之，贲旌帛以礼之，设好爵以縻之，于是四海九州强学待问之士，靡不毕集焉"——由于政府实行优惠的鼓励政策，天下能够执讲待问的先生和好学刻苦的学子，都云集于京师长安了。隋文帝下诏在全国开办各类学校，自"京邑达乎四方，皆启黉校"，于是各地"讲诵之声，道路不绝"。自从东汉末年战乱，儒家教化受到冲击以来，直至此时，儒学教育才得以全面恢复，史称："中州之盛，自汉魏以来，一时而已。"① 可惜由于隋文帝对儒学教化始取终弃，继起的隋炀帝也是先治后乱，导致了隋朝短祚，儒家的经典教育在隋朝未见大效。

唐朝代兴，广立学宫，大倡儒教。高祖"武德元年十一月四日，诏皇族子孙及功臣子弟，于秘书外省别立小学。贞观五年以后，太宗数幸国学、太学，遂增筑学舍一千二百间。国学、太学、四门亦增生员。其书、筹等各置博士，凡三千二百六十员。其屯（当作'七'）营、飞骑，亦给博士，授以经业。"对功臣贵族子弟，实行最全面的教育。从而也吸引和影响了周边国家和部族君长，唐代教育出现了有史以来最繁盛的景象："已而，高丽、百济、新罗、高昌、吐蕃诸国酋长，亦遣子弟，请入国学。于是国学之内，八千余人。国学之盛，近古未有！"②《旧唐书》还载："是时四方儒士，多抱负典籍，云会京师。……济济洋洋焉，儒学之盛，古昔未之有也！"③

唐代学校门类齐全，较前大为普及。《新唐书》述唐代京师学校类别和规模曰："凡学六，皆隶于国子监。国子学，生三百人……太学，生五百人……四门学，生千三百人……律学，生五十人；书学，生三十人；算学，生三十人。"此外，还有州县的地方学校："京都学，生八十人；大都督、中都督府、上州各六十人，下都督府、中州各五十人，下州四十人。京县五十人，上县四十人，中县中下县各三十五人，下县二十人。"另外，在京师还设有二馆，也兼做教育机构："凡馆二：门下省有弘文馆，生三十人；东宫有崇文馆，生二十人。"④ 等等。当然，还得加上遍布乡邑村寨的书院和私塾。

这些学校，除了从事儒家经学教育（如国学、太学、四门学、州县学等）外，还要从事法律、数学、文学、书法和艺术等专业训练。大唐的教育事业，

① 《北史·儒林传序》。

② 《唐会要》卷三五《学校》，中华书局，1955年。

③ 《旧唐书·儒学传上·序》。

④ 《新唐书·选举志》。

真可谓史无前例，"古昔未有"，名副其实地居于当时世界的首位，举世无双。周边各国和各族，如高丽、百济、新罗、高昌、吐蕃等国的君王，都纷纷将自己的子弟派来留学，长安俨然成了当时东方各国的"教育中心"。

隋唐时期的选官制度，结束了魏晋以来重视门第血统的"九品中正"制，改行重视考察知识和文彩，特别是对儒家经典熟悉程度的"科举制"。《新唐书》曰："唐制，取士之科，多因隋旧。然其大要有三：由学馆者曰生徒，由州县者曰乡贡，皆升于有司而进退之。其科举之目，有秀才，有明经，有俊士，有进士，有明法，有明字，有明算，有一史，有三史，有开元礼，有道举，有童子。而明经之别，有五经，有三经，有二经，有学究一经，有三礼，有三传，有史科——此岁举之常选也。其天子自诏者曰制举，所以待非常之才焉。"① 唐代选官人才的来源有二：一是学校培养的"生员"，二是州县考试选送的"贡生"。到达京师后，再分科举行考试，科目有：秀才、明经、俊士、进士、明法、明字、明算、史科、道举等等，为了网络人才，真是曲尽其妙。

这些教育和考试，都以儒家经典传授为主体。为了使教学和考试有一个统一标准，唐代还制订了标准儒学教材。唐太宗令颜师古考订"五经"文字异同，撰著《五经定本》；令孔颖达主持，统一南北经说的分歧，撰《五经正义》，颁行天下。令学宫以此教授，科举以此阅士，于是唐代经学在统一的经本（《五经定本》）、统一的经说（《五经正义》）下进行。这种状态在唐朝持续了两百余年，甚至延续到北宋初年，影响及于整个古代中国。

不过，唐代中后期儒学发展也面临着重大的转折。汉代经学存在着两个最大的问题：一是支离烦琐，二是缺乏义理深度，这些问题在唐代依然存在。班固《汉书》指出：一部经典往往说至百余万言，解释"曰若稽古"四个字就用了数万言，可见经学的繁琐程度。另外，汉唐经生对经典的阐释，往往热衷于章句训诂的考辨，纠缠于名物制度等细枝末节，而不注意对儒学思想的阐发，因此经学实际上等同于文字学、文献学。相反，南北朝以来得到迅猛发展的佛教、道教，在经过数百年的改造、发展后，已经建立起了一整套系统的心性理论，大有与儒学争夺思想阵地的趋势。无论是出于"日新其德"的需要，还是出于对"以夷变夏"的恐惧，都迫使中国古代知识分子不得不再作思考，更增进境，以便维系儒学永远不变的正统思想的地位。

所以从中唐开始，就出现了一股儒学革新的新风，吹拂着儒学研究和经

---

① 《新唐书·选举志》。

学传授的阵地，也引起了受儒学支配的其他文化领域（如文学、史学、哲学等）的革命。这既是儒学对外来挑战的回应，也是中国文化特别是中国儒学"生生不息"自身不断发展的必然结果。此后在文学上出现了"新文学"，以独孤及、梁肃、韩愈等为首倡，克服六朝以来声律对偶、四声八病、雕琢文句，片面追求形式美的毛病，提倡"文以载道"，力追"六经"、《史》、《汉》之文，掀起了"古文运动"。在史学上则有"新史学"，以萧颖士、刘知幾为代表，力图破除自迁、固以来形成的纪传表志、实录记事的"正史"格局，远师《春秋》笔法，别嫌疑，明是非，于是"编年盛而褒贬义例之说兴"。在经学上也形成了"新经学"，"凡新经学皆与古文家师友渊源相错出，力排唐初以来章句之经学，而重大义"①，如啖助、赵匡、陆质之徒治《春秋》，不仅排斥汉魏以来师说家法，而且"考三家长短，缝绽漏阙"②，打通"三传"隔阂，直探圣人本意。在思想上也提出"新哲学"亦即"道统"学说，以韩愈、李翱为代表，超越汉魏以来末学曲说乃至经师家法，直追孔孟，以探讨其义理、心性之本源，重建尧舜禹汤文武周公孔孟的道统体系。

总而言之，中唐以后的儒学，意在摆脱旧经学（含玄学、南学、北学）以经典为本位的旧贯，回归孔孟探讨义理之微、人性之真为本位的传统。"五代"则是这一风气的延续，这股涓涓细流，经过两百余年的发展，至北宋终于结出了"理学"之硕果，完成了唐人总结和统一前代经学、更新和开启后世理学的任务。

三、"理学"时期：宋、元、明

与"经学"时期以经典为本位不一样的是，"理学"则是以"天理"（或天道）为本位，这种学术思潮正式形成于宋代，故又称"宋学"。其时代实含元、明及清代之新宋学。

（一）宋朝

宋世修文，好尚儒术。宋太祖"黄袍加身"伊始，即增修后周时期的国子监及学舍，"修饰先圣十哲像、画七十二贤及先儒二十一人像"③。自是之后，又增多黉舍、添加生员额数，选聘名儒为师，举行释奠、幸学、讲经等

① 蒙文通：《序史学散篇》，见《蒙文通文集》第三卷《经史抉原》，巴蜀书社，1995 年。

② 《新唐书·儒学中·啖助传》。

③ 马端临：《文献通考》卷四二《学校》。

活动，这些在宋代都史不绝书。宋真宗咸平四年（1001），"诏州县学校及聚徒讲诵之所，并赐《九经》"①，让标准化的经典及释义文献得到更广泛的普及，儒学教育也获得更好的教材。仁宗又"命郡县建学"；神宗"熙宁以来，其法浸备"，史称宋代"学校之设遍天下，而海内文治彬彬矣"②。

靖康南渡，虽是偏安，时有战乱，但重学尊儒之风未改。绍兴十三年（1143）七月，国学大成殿告成，奉安庙像。翌年二月，国子司业高闶请皇帝临幸国学，上从之，并诏："偃革息民，恢儒建学，声明丕阐，轮奂一新。请既方坚，理宜从欲。将款谒于先圣，仍备举于旧章。"绍兴十五年（1145），高宗帝又作《先圣及七十二子赞》，《序》曰："朕自睦邻息兵，首开学校，教养多士，以遂忠良。"③ 在干戈抢攘之际，仍表达对儒学、对孔圣的礼敬和重视。

这些重学尊儒措施，无疑极大地推动了儒学的传播和发展。宋代文化，继承和发展了中唐以来"新文学"、"新史学"、"新经学"和"新哲学"的思潮，逐渐形成了宋代自己的学术风范和重大成就。新文学，至北宋形成盛极一时的"古文运动"，产生了一批文学宗匠。新史学，则掀起了古史研究和重修热潮，出现司马光《资治通鉴》、苏辙《古史》、刘敞《通鉴外纪》等一批史学名著。新经学和新哲学，则促成了宋代以义理探究为特征的"理学"亦即"宋学"的正式诞生。宋学所要解决的问题以及讨论的主题，较前代都有所变化：在理论方面，建立了新的儒学心性论，以抗衡佛、道二教的挑战；在经学方面，舍弃繁琐的章句注疏，直探经典的本义，重视对儒学义理的体系构建和阐发；并对儒家经典展开辨疑，清除其中的"伪经"、"伪说"，所有这些方面，都已经由中唐儒者发其端，至宋儒而达于极至。

宋代新儒学在学术形态、学风取向以及治学方法方面，都与此前的汉唐经学有很大的区别，学者对此多有论述。简单地说，汉儒治经重章句训诂之学，而且注重师法、恪遵家法，代代相传，无所移易。唐代前期编修的诸经正义、注疏，承袭了汉代以来的训诂章句之学，仍然遵守汉学传统。宋儒则大多趋向于义理探索，而不太重视名物训诂，皮锡瑞《经学历史》所谓"经学变古"，即指宋学变汉学之"古"。宋学的出现，既是对时代课题的回应，又是中唐以来经学发展的必然结果。

①　《宋史·真宗纪》。
②　《宋史·选举志》。
③　《宋史·礼志十七》。

北宋学风的明显转变，始于真宗、仁宗之际，特别是庆历（1041—1048）时期，清儒全祖望论曰："有宋真、仁二宗之际，儒林之草昧也。当时濂洛之徒方萌芽而未出，而睢阳戚氏（同文）在宋，泰山孙氏（复）在齐，安定胡氏（瑗）在吴，相与讲明正学，自拔于尘俗之中。亦会值贤者在朝，安阳韩忠献公（琦）、高平范文正公（仲淹）、乐安欧阳文忠公（修），皆卓然有见于道之大概，左提右挈，于是学校遍于四方，师儒之道以立，而李挺之、邵古叟辈，其以经术和之，说者以为濂洛之前茅也。"① 全祖望这里提到的人物，都是当时儒学复兴运动的重要角色。他们有的是政治改革的鼓吹者与推行者，有的则以讲学为主、倡导儒学革新，以新教学方法与教学内容育人。韩琦、范仲淹、欧阳修诸人相继在朝廷中担任要职，他们一方面致力于改革时弊，整顿政治，将儒家经世致用思想付诸实践；另一方面，他们本人也是当时名儒，他们的儒学观点、经学取向对于普通士子无疑具有表率作用，其中范仲淹是这批人物中的核心。

不由注疏、不惑传注，以己意说经，注重个人心得，提倡经世致用，创立新理论，形成新学派，已经是庆历之际学者的共同学术取向。全祖望论曰："庆历之际，学统四起，齐、鲁则有士建中、刘颜夹辅泰山而兴；浙东则有明州杨、杜五子，永嘉之儒志、经行二子；浙西则有杭之吴存仁，皆与安定湖学相应；闽中又有章望之、黄晞，亦古灵一辈人也；关中之申、侯二子，实开横渠之先；蜀有宇文止止，实开范正献公之先，筚路蓝缕，用启山林。"② 此后欧阳修、司马光、王安石、三苏父子、程颢程颐兄弟以及南宋的张栻、朱熹、陆九渊、陈亮、叶适、魏了翁、真德秀等等接踵继起，蔚为大儒；形成洛学、朔学、新学、蜀学、闽学、心学、婺学、湖湘学、浙东学等著名学派，成为宋学的代表。

儒学由先秦发展到汉唐，已经由贴近现实生活、充满创造精神的思想，逐渐变成一种典册上的学问——"经学"。唐代科举制度确立以后，汉唐注疏被作为考生应试的标准，不允许渗入自己的思想、理解和看法，儒学经世致用的主流方面被严重压抑。北宋初期以来虽然有所转变，但是多数经师、儒生沿袭汉唐以来的流弊，沉浸在章句训诂、雕虫篆刻的学风中，而忽视经学的经世致用价值。当时的科举考试，进士以诗赋、策论定去取，诸科试帖经、

① 全祖望：《庆历五先生书院记》，见《鲒埼亭集·外编》卷一六，《四部丛刊》本。
② 《宋元学案》卷首《宋元儒学案序录》，中华书局，1986年。

墨义，注重的是华辞丽藻、记诵文句，脱离实际。因此，许多学者、士大夫在各自的改革主张中，都强烈呼吁恢复原始儒学的经世传统。通过贡举改革，"经术"应当"经世务"的观念深入人心，成为宋代学者士大夫的共识。

此外，在"宗经"与"重道"的问题上，宋儒重视对经典中蕴涵的"圣人之道"的发掘和阐发，程颐说："学礼义，考制度，必求圣人之意。"① 在处理经典文本与圣人之道关系的问题上，一方面强调文本的重要性，另一方面又主张"以心明经"，在"典册"之外去寻求"圣人之心"。如程颐既强调"圣人之道传诸经，学者必以经为本"②，又认为："思索经义，不能于简策之外脱然有独见，资之何由深、居之何由安？非特误己，亦且误人也。"③ 陆九渊主张读经应先"理会文义"④，又反对沉迷于章句，主张应求其"血脉"。朱熹认为圣人所讲的"道"、"理"皆在经典之中："圣人千言万语，只是说个当然之理，恐人不晓，又笔之于书。自书契以来，二典、三谟、伊尹、武王、周公、箕子、孔、孟都只是如此，可谓尽矣。"⑤ 因此经典是通向"圣人之道"的桥梁，学者应当通过经典去"明道"、"明理"。

但是，学者不应当抱着经典不放。朱熹说："经之于理，亦犹传之于经。传所以解经也，既通其经，则传亦可无。经所以明理也，若晓得理，则经虽无亦可。"⑥ 又说："经之有解，所以通经，经既通，自无事于解；借经以通乎理耳，理得则无俟乎经。"⑦ 朱熹此说颇有庄子得鱼忘筌、王弼得意忘象之意，反映了他对经、道关系的基本认识。在他看来，经典是载道的工具，经典固然重要，但"道"、"理"才是根本，学者不可为解经而解经，而应以"明道"、"明理"为目的。

宋儒处理经典与传注的关系也是如此。朱熹说："圣人言语，本自明白，不需解说，只为学者看不见，所以做出批注，与学者省一半力。若批注上更看不出，却如何看得圣人意出？"⑧ 注经并非目的，而是为了弄清"圣人言

① 杨时：《二程粹言》卷上，文渊阁《四库全书》本。

② 程颐：《为太中作试汉州学生策问》之二，见《二程文集》卷九，文渊阁《四库全书》本。

③ 杨时：《二程粹言》卷上。

④ 陆九渊：《象山语录》，见《象山集》卷一。

⑤ 黎靖德编，王景贤校点：《朱子语类》卷一一，中华书局，1986年。

⑥ 黎靖德编，王星贤校点：《朱子语类》卷一〇三。

⑦ 黎靖德编，王星贤校点：《朱子语类》卷一一。

⑧ 黎靖德编，王星贤校点：《朱子语类》卷一九。

语"不得已要做的事情。传注的目的在于通经，只要通经的目的达到了，传注的有无并不重要。总之，宋儒大都认为，读书、穷经必须始终围绕"求道"这个中心，不然，就是无用的"俗学"。如果"不去这上理会道理，皆以涉猎该博为能"，难免流入"俗学"。

两宋学术以"理学"为大宗，理学以明道为宗，故又称"道学"。但在宋代学术思想史上，并非理学（道学）独行天下。宋学有很多学派，有的偏重于事功，如荆公学派（新学）、金华学派（婺学）、永嘉学派、永康学派（浙东学）；有的偏重于义理，如伊洛学派、考亭学派（闽学）、象山学派（心学）、南轩学派（湖湘学）。还有偏重于史学（朔学）、文学（蜀学）者。但重事功者并不排斥义理，重义理者也不排斥事功，讲史学、文学也不脱离社会现实。宋代事功派与义理派也有过争论：事功学派认为宋代的严重社会危机与道德性命之学（性理之学）的盛行有关，故对此发起激烈批判。义理之学的重点则是思考宇宙本体以及个人修养等问题，对于社会现实问题的思考没有事功学派那么紧迫。事功之学与义理之学的争论，需要从多方面进行分析。一是当时严重的社会危机迫使士人阶层思考救国之策，而对于同样的现实问题，他们可能出现不同的对策；二是人们对于经世致用的内容、方式、途径持有不同的认识。义理之学并非不讲经世致用，而是主张先"治心"，试图通过先对道德人心的改善来解决社会危机；而事功之学也并非不谈道德性命，但是他们更喜欢直接面对社会危机来发议论、求对策，而将道德性命视为相对次要的问题。

南宋理学诸子中，学术最广博、体系最严密、对后期封建社会影响最大的是朱熹。他一生接收数百名弟子，编著了大量书籍，其数量之巨，在中国历史上并不多见。他吸取了周敦颐的"太极"阴阳论、二程的"天理"论、张载的"气"论以及佛、道二家的精髓，加以融会贯通；克服了张载、二程体系中的矛盾性和两重性，构筑了以"理气论"、"心性论"、"格物致知论"为核心的哲学体系。他不仅在更大的领域里丰富、发展了中国古代儒学内容，而且对这些范畴辨析精详，特别是探索了这些范畴之间的联系，把古代哲学提高到一个新阶段。他的这套学说，经由他的门人、再传弟子、私淑弟子及其他后儒的热心传播，在晚宋及元代逐渐产生全国性影响并长期占据中国儒学的中心地位。

（二）元朝

元代是程朱理学全面走入正统的时代，儒学在元朝同样受到最高统治者的褒崇。

第二章　儒学文献的发展与流变（上）

· 47 ·

元中统二年（1261）九月，"王鹗请于各路选委博学老儒一人，提举本路学校。特诏立诸路提举学校官，以王万庆、敬铉等三十人充之"①。之后，学校越办越多，地方每年须将办学数量逐级上报，作为政绩来考核。至元二十四年（1287）立国子学，设博士、助教，制订学制，明确规定："凡读书必先《孝经》、《小学》、《论语》、《孟子》、《大学》、《中庸》，次及《诗》、《书》、《礼记》、《周礼》、《春秋》、《易》。"② 于是形成上有国子学，下有路、府、州、县儒学，以及蒙古字学、医学、阴阳学等，遍及全国范围的教育体系，儒学教育是其中的主干。元朝的书院也很活跃，书院以讲授儒家思想为中心，或以讲学相标榜。当时一些著名的理学家如吴澄、金履祥、许衡等，都曾在这类书院中讲过学。南方的理学家在宋亡之后不愿出仕元朝，也大都退居书院，以讲学为业。

其选人之制，亦渐仿宋人而实行之："元初，太宗始得中原，辄用耶律楚材言，以科举选士；世祖既定天下，王鹗献计、许衡立法，事未果行。至仁宗延祐年间（1314—1320），始斟酌旧制而行之。取士以德行为本，试艺以经术为先。士褎然举首应上所求者，皆彬彬辈出矣。"③ 如此所述，是亦儒家传统方法和内容，乃对汉唐旧制的因袭。

元朝全面推行科举考试，距其入主中原已经五十余年，但是推行儒学教育却几乎是元政权的一贯之策。有元国祚不长，其初期得宋、金之遗献遗贤，如元好问、姚枢、赵复、王谔、赵孟頫、许衡、吴澄、程钜夫诸人，皆俨然有大儒气象，他们通过居家讲学或学校传授，首开元代儒学之局。特别是赵复其人，对朱子之学传入北方、最终取得统治地位功劳最大。皮锡瑞谓："北人虽知有朱夫子，未能尽见其书，元兵下江、汉，得赵复，朱子之书始传于北。姚枢、许衡、窦默、刘因辈翕然从之。于是元仁宗延祐定科举法，《易》用朱子《本义》，《书》用蔡沈《集传》，《诗》用朱子《集传》，《春秋》用胡安国《传》。"④ 于是朱子之学遂成为北方正宗矣。蒙古贵族通过他们接触到以朱子为代表的儒学，从而有助于蒙古族的汉化，也有助于朱子"理学"成为中国儒学的正宗；但相对于汉唐经学的精深，宋代理学的多样，元世则远有不及。

---

① 《元史·世祖纪一》。
② 《元史·选举一·学校》。
③ 《元史·王鹗传》。
④ 皮锡瑞：《经学历史》九《经学积衰时代》。

随着儒学在蒙古贵族中的传播，儒学经典开始大量地被译成蒙古族的语言，像《孝经》、《论语》、《贞观政要》、《资治通鉴》、《大学衍义》等，当时都有蒙古语译本。

（三）明朝

明朝自开国之君朱元璋开始即重视儒家伦理和儒学教化的提倡，儒学在明代又获得新的发展，从朱子理学进而遭替为阳明心学。

史称："明太祖起布衣，定天下，当干戈抢攘之时，所至征召者儒，讲论道德，修明治术，兴起教化，焕乎成一代之宏规。虽天禀英姿，而诸儒之功，不为无助也。"[1] 一批浙东儒生，如朱升、宋濂、刘基诸人，都早早地被他罗致帐下，参与谋议。至正十六年（1356）七月朱元璋被"诸将拥立"为吴国公；九月"如镇江，谒孔子庙，遣儒士告谕父老，劝农桑"[2]，表现出对儒家圣贤的礼敬和对儒学之士的重用。夺取天下之后，又恢复科举考试，"制科取士，一以经义为先。网罗硕学，嗣世承平，文教特盛，大臣以文学登用者，林立朝右"[3]。儒学在明代又得到了进一步发展。

明初儒学，承宋元之绪，以程朱理学为正统。朱元璋曾在宫室两庑遍书宋儒真德秀的《大学衍义》，以备"朝夕观览"。他远到曲阜参祭孔庙，赞扬"仲尼之道，广大悠久，与天地相并"[4]。洪武十七年（1384）规定：乡、会试《四书》义以朱熹《集注》，经义以程颐、朱熹等注解为准，程朱之学由是全方位成为官方学术。明成祖朱棣也提倡程朱理学，命胡广等采摘宋儒120家著作，编成《性理大全》，阐发理学观点；又命纂辑《四书大全》、《五经大全》，作为士人应试科举者的必读之书，皆是以程朱注义为本。史称："明初诸儒，皆朱子门人之支流余裔，师承有自，矩矱秩然。"[5]

大体而言，明代儒学的发展约经历了三个阶段：

明初诸帝，继续提倡程朱理学，作为官方学术和王朝的统治思想，明初著名儒学家有宋濂、方孝孺、曹端、薛瑄、吴与弼、胡居仁等。至明弘治、正德年间，王阳明上承宋儒程颢、陆九渊的心学，倡导"心外无理"的心学，又称"王学"，一度广为流行，其中以浙中、江右王门的影响最大。到明万历

① 《明史·儒林传序》。
② 《明史·太祖本纪》。
③ 《明史·儒林传序》。
④ 《明史·礼志四·圣师》。
⑤ 《明史·儒林传序》。

以后，商品经济发展，社会开始转型，朱学和王学都不再能控制社会人心，各种学说又陆续兴起。

明末国势日衰，继之以亡。士人痛定思痛，痛诋理学或心学之空疏误国，遂另辟治学的新径，重新检讨宋明学术，一时诸说并立，名家辈出，思想界再次形成"百家争鸣"。晚明经学研究出现一些新动向，逐渐抛弃空谈心性之学，转向考订注疏，朝"弃宋复汉"的方向发展，成为清代汉学考据的先声。从学术自身发展的内在理路看，明初独尊程朱之学，永乐时又抄袭宋元人成果编纂《四书》、《五经大全》，于是尽废古注疏。人们倾力于"八股"、"讲章"之学，对征实的经学却十分荒疏。嘉靖、隆庆以后，杨慎等人号为博雅，在著书时常常引据古说以驳难宋儒。至明末，钱谦益倡言古注疏之学。之后由明入清的一批硕儒，将此风极力扩煽，渐成气候。方以智著《通雅》、顾炎武著《音学五书》，训诂音韵之学于是开始萌芽。顾炎武尤通经术，作《五经同异》、《左传杜解补正》诸书，并在《日知录》中力辟宋以来空言说经之非，倡言"含经学无理学"，提倡教学者宜教读汉、唐人注疏。黄宗羲作《易学象数论》，辨宋人图书学之谬。王夫之也深于经学，于"五经"皆有撰述，其所考论，往往与后来汉学家暗合；又著《说文广义》，实为清人治许书的先导。顾、黄、王三贤，虽然学术宗旨都崇宋学，但是做学问时却能兼采汉唐，不废古注疏，实事求是，实为清代朴学之先声。

四、"汉""宋"并行时期：清

清代是"汉学"与"宋学"并行的时代。一方面，清朝的官方意识、科举考试和官学教育，仍然维持元明以来程朱理学独尊的格局，清人的正统思想依然是"宋学"的。另一方面，在民间、崖壁山野和学人书斋中，却推崇自明末清初以来形成的朴学风格，他们崇尚许郑、讲究征实，于是超越宋学而回归到笃实厚重的"汉学"阶段。

清代学术的发展，亦大体经历了三个阶段：

从清初到康熙、雍正时期，继平定各地反叛武装后，为了巩固中央集权统治，程朱理学再次作为官方学术得到提倡。但清代理学家多承宋明绪余，殊少新创。清初科举考试，仍沿明制，以"四书五经"为考试内容，以程朱等理学家的疏解为标准。康熙帝颁布"圣谕十六条"，以简明扼要的语言宣布了一代政教纲常，其中贯穿着浓郁的理学家的社会政治观点，明确规定"黜异端以崇正学（理学）"，并且包含着"敦孝弟以重人伦"，"笃宗族以昭雍睦"等伦常观。雍正帝又据此补充发挥，号为《圣谕广训》，"意取显明，语多质朴"①，全国各地乡村定期宣讲，力求普及于"群黎百姓"，家喻户晓，以维持封建的统治秩序。以君臣、父子、夫妇、兄弟、朋友"五伦"为核心的伦常观，逐渐成为普及全民的意识形态，影响深远，程朱理学于是在清代成为官方哲学和全社会的统治思想。

但在清代学术研究领域，与宋学对立的汉学却也得到前所未有的发展，并且愈益臻于"显学"地位。清代汉学，主要是指回归到以考订辨释经书本义为指归的古文经学。广义的汉学，还包括了历史、音韵、文字、训诂、金石等诸多领域中的考据之学。汉学注重实证，因而又被称为朴学。清代汉学自清初顾炎武开其端，中经阎若璩、胡渭等人的推扬，至乾隆、嘉庆时期，惠栋、戴震、钱大昕发扬光大，迄段玉裁、王念孙、王引之等达到极盛。

清代朴学的鼎盛时期是乾嘉汉学，主要分为吴、皖二派："吴派"创自惠周惕，以惠栋为代表；"皖派"创自江永，以戴震为代表。乾嘉汉学家继承古代经学家考据训诂的方法，加以条理发挥，治学以依经立注为主，为论以汉儒经说为宗，学风朴实严谨，不尚空谈。

以探讨古音、古训为主的"小学"，则是乾嘉汉学的阶梯和主要研究对象，通过古字古音以通古训，通古训然后明经义，是其共同的学术主张和学术理路。张之洞曰："自小学入经学者，其经学可信；自经学入史学者，其史学可信；自经学史学入理学者，其理学可信；以经学史学兼辞章者，其辞章有用；以经学史学兼经济者，其经济成就远大。"② 可以说是整个清代汉学家的共同信念，也是清代学者取得成就的经验之谈。

清代中后期，沉寂近两千年的今文经学再度兴起。今文经学在汉代曾盛极一时，魏晋以后已成绝响，到了清中叶后又开始受到学者的关注，蔚为新兴学派，对思想界产生了深远影响。这是因为嘉庆以后，以治古文经为特征的汉学渐趋繁琐而衰落，而议政革新之风日渐兴起，今文公羊学既可以在经学领域开辟学术研究的新境界，又可以在政治生活中成为托古改制的工具，于是今文经学逐渐受到人们重视而得以复苏。庄存与、刘逢禄、宋翔凤等开风气于前，中经龚自珍、魏源等人的发展，到晚清有廖平、康有为、梁启超诸人而成一大气候。他们以《公羊》学为变法张本，倡言"托古改

---

① 清雍正：《圣谕广训序》，见《圣谕广训》卷首，文渊阁《四库全书》本。
② 张之洞：《书目答问》附录二《国朝著述诸家姓氏略》，范希曾补正本，上海古籍出版社，1983 年。

制"，驯致疑古惑经，掀起中国近代思想界的革命。可是随着"戊戌变法"的失败，传统儒学在西学东渐的狂飙突进之下，不得不暂时隐退于历史舞台。

五、"新学"时期：20世纪

20世纪是"新学"的世纪，儒学研究迥异于前。此期在宗旨上、方法上和内容上，都与传统儒学大异其趣，故可概称为"新学"。

由于列强进逼，西学东渐，中华民族信守了两千余年的核心价值体系摇摇欲坠，中国人民固有精神家园也随之分崩裂析，孔庙被拆，书院转制，尤其是清末民初全盘吸收西方教育体制，新中国成立后又引入前苏联的教育体制，儒家经学被从教学计划中删除，儒家思想在学术领域里被批判。从此之后，中国教育界很难看到儒家经学那熟悉的身影，中国学术史上也再没有儒家圣贤的地位。在所有学科设置、图书分类和项目管理体系中，都没有中国儒学的目录和地位！这真是两千余年来历史文化之大变局！历观近百年的儒学研究，我们可以大致分为五派：一是"疑古派"，二是"反孔派"，三是"新儒家"，四是"儒教派"，五是"研孔派"。

首先看"疑古派"。应该说"疑古"在中国历史上是古已有之，因为文献在流传过程中，难免产生讹误和出现伪托，因此对史料的必要审察和甄别是从事科学研究的必经阶段，也是首要阶段，故孔子犹及见"史之阙文"，"信以传信，疑以传疑"。孟子说："尽信书则不如无书。"他对于《武成》，仅信其二三策而已。刘歆《七略》、班固《汉书·艺文志》，都对先秦和西汉托名之书，一一予以指证。后世儒人，也多致其疑，王充《论衡》撰《问孔》、《刺孟》之论，刘知幾《史通》著《疑古》、《惑经》之篇。及乎宋儒，怀疑精神更是甚嚣尘上，日甚于古，对《尚书》、《诗经》、《周礼》、《孝经》等经典的作者时代和篇章真伪，都进行过考辨，提出过怀疑。明末及清人，实证精神更为笃厚，特别是在对《古文尚书》及《孔传》的辨伪方面，成绩尤显。但是无论是经学时代的辨伪，或是理学时代的惑经，甚至是晚清今文家的"非古"，他们的目的是要去掉不真实的伪经，重建可信的儒学，维护神圣的孔教，以便创造更合乎现实的儒理。即使如遍疑古史、证伪群书的崔述，犹以"六经"为可信，故他据以证伪的根本方法即是以"六经"为证即所谓"考信乎六艺"，其辨伪名著也命名为《考信录》。以打倒伪古文经为职志的一代经师廖平和改革家康有为，虽然痛斥刘歆、糠秕"新学"，但其目的也是要建立无所不包的"孔教"，以"托古改制"

来推行改良。

20 世纪的"疑古派"在学术发展史上，在解放思想、开辟新路上自有其重要贡献，这一点应该肯定，但是他们的疑古有时过了头。在他们眼中，几乎无书不伪，无史可述，造成了古代历史文化的空白，这是其负面影响。顾颉刚在《古史辨·自序》中说："我们推倒古史的动机，固是受了《孔子改制考》的明白指出了上古茫昧无稽的启发。"① 他们说"六经"或为旧史，或为晚出，与孔子素无干系。在他们眼中，孔夫子成了"空夫子"，经典成了杂乱无章的旧史料。

其次是"反孔派"②。20 世纪初期，一批深受西学影响而又急欲救亡图强的知识分子掀起的"新文化运动"，对孔子以后的儒家进行了有史以来最激烈的批判。他们鄙视仁义、抛弃礼乐、非毁诗书、批判圣贤，视儒学为一切腐朽落后的总代表，恨不得将儒家经典"拉杂摧烧之，当风扬其灰"！陈独秀发表一系列激烈批孔文章，认为孔教与民主根本对立，不适于现代生活，他还认为："孔教与帝制，有不可离散之因缘。康有为等定孔教为国教，就是为了复辟帝制。"③ 吴虞则说："孔二先生的礼教讲到了极点，就非杀人不成功，真是残酷极了！"④ 由于他骂得彻底，被胡适誉为"只手专打孔家店的老英雄"。鲁迅则在《狂人日记》中指出中国古书"每页都写着'仁义道德'的历史"，"从字逢里看出字来，满篇都写着两个字是'吃人'！"他还认为："孔夫子之在中国，是权势者们捧起来的。""孔夫子曾经计划过出色的治国方法，但那都是为了治民众者，即权势者设想的方法，为民众本身的却一点也没有。"⑤ 胡适也猛烈抨击儒家的"三纲五伦"，说："古时的'天经地

① 顾颉刚：《古史辨·自序》，载《古史辨》第一册，上海古籍出版社，1982年重版，第 42 页。

② 此节参考羊涤生：《儒学在 20 世纪的历史命运及在新世纪的展望》，见《2008 年第一届世界儒学大会论文集》（山东曲阜）。

③ 陈独秀：《驳康有为致总统总理书》，见《独秀文存》卷一，安徽人民出版社，1987 年。

④ 吴虞：《儒家主张阶级制度之害》，原载《新青年》1917 年 6 月 1 日 3 卷 4 号，后收入《吴虞文录》卷上，黄山书社 2008 年重印。

⑤ 鲁迅：《在现代中国的孔夫子》，1935 年 4 月 29 日用日文发表于日本《改造月刊》，同年 7 月译成中文，刊载于东京的《杂文月刊》，题为《孔夫子在现代中国》；后收入《且介亭杂文二集》，1937 年上海三闲书屋初版；又收入《鲁迅全集》第六卷，人民文学出版社。

义'，现在变成废话了。"① 钱玄同甚至提出"废孔学，不可不先废汉文"的主张。②

第三是"新儒家"。"新文化运动"使儒学作为统治学说的时代宣告终结，甚至儒学作为民族文化的主干地位也遭到怀疑和抛弃。此后，严格意义上以"游文于六经之中，留意于仁义之际"③ 为特色的传统儒家实际已经不复存在。但在一片"打倒孔家店"的声浪之中，仍有梁漱溟等揭起了儒学复兴的旗帜，成为"现代新儒家"的前驱。随后，经熊十力、马一浮、张君劢以及冯友兰、贺麟等学人的不懈努力，在 20 世纪完成了传统儒学的创造性转化。

现代新儒学的发展共经历了三个阶段：一是从 20 世纪 20 年代初至 40 年代末，这是现代新儒学的开创期。主要代表人物有马一浮（1883—1967）、梁漱溟（1893—1988）、熊十力（1885—1968）、张君劢（1886—1969），以及冯友兰（1895—1990）、贺麟（1902—1992）等。此期活动的领域在中国大陆。其讨论的主要议题是中学和西学的优劣问题，他们坚信中国文化必将复兴于新的世纪。

二是从 20 世纪 50 年代初到 70 年代初。中华人民共和国成立后，现代新儒学在中国大陆已经失去了生存空间，只有迁移到香港、台湾等地延续其生命。与大陆"文化大革命"背道而驰的是，在此期间港台新儒学却发展得比较迅速，达到了它的成熟期。主要代表人物有牟宗三（1909—1995）、唐君毅（1909—1978）、徐复观（1903—1982）、方东美（1899—1977）、钱穆（1895—1990）等。此期主要活动区域在中国台湾、香港，在世界一些主要国家和地区有很大影响。他们最具影响的活动是共同签署和发表了《为中国文化敬告世界人士宣言》，即"中国文化宣言"，让世人不得不对中国文化刮目相看。

三是从 20 世纪 70 年代至 80 年代，这是现代新儒学的复兴期。从 1980年起，后现代主义思潮流行，认为西方实证主义、科学主义、实用主义等片面强调工具理性，忽视价值理性和对人的终极关怀，有损于人类幸福和长久发展。20 世纪 60 年代后期以来，日本、"东亚四小龙"经济的迅猛发展，引起了"儒家资本主义"概念的流行。于是，现代新儒学进入了一个新的发展

---

① 胡适：《实验主义》，发表于《新青年》1919 年 4 月 15 日 5 卷 4 期；又收入《胡适文集》第二册，北京大学出版社，1998 年。

② 钱玄同：《中国今后的文字问题》，发表于《新青年》1918 年 4 月 15 日 4 卷 4 期。

③ 《汉书·艺文志·诸子略》"儒家类序"。

和融会阶段。此期主要代表人物有杜维明（1940—　）、刘述先（1934—　）、成中英（1935—　）、蔡仁厚（1930—　）等。以上是第三代新儒家，主要活动区域在中国香港、台湾以及美国。与此同时，在中国大陆对于孔子和儒家的理性研究也逐步兴起。

第四是"孔教派"。此派从观念上讲，往前可以追溯到明末西方传教士大量进入中国后而引起的中西文化和信仰之争，但"孔教"一词的正式提出却是20世纪初廖季平、康有为、陈焕章等人。廖氏出于对孔子的尊大，正式发表《孔经哲学发微》，提出以孔教统天下一切学术；康氏则感于维新变法失败、西学大量东渐，以为是中国缺乏宗教信仰所致，发表《以孔教为国教配天议》，宣扬以孔教为国教，使"人心有归，风俗有向，道德有定，教化有准，然后政治乃可次第而措施"；其弟子陈焕章等人起而和之，成立孔教学会和孔教学院，于是"孔教"成为一时热门话题。至80年代，任继愈再提儒教问题，其弟子李申更撰著《中国儒教史》、《儒学与儒教》、《中国儒教论》等系列专著，将这一讨论推向深入。儒教问题在海外也有热烈争论，至今未有定论，其观点也是多种多样。他们认为，儒学具有宗教性，具有超越性和终极性，也具有其他宗教性因素，在中国历史上起了宗教的作用。也有人认为儒教与其他宗教不同，只是道德教、人文教，肯定儒学仍然有现代意义。当然也有人认为儒学是封建社会的宗教，已经成了博物馆的历史收藏物，否定儒学仍然有现代意义。

第五是"研孔派"。由于20世纪儒学普遍受到批判，在儒学信仰难以坚持的情况下，部分学人转而对儒学作客观的学术研究。从前章太炎述清学曰："多忌，故歌诗文史椠；愚民，故经世先王之志衰。家有智慧，大凑于说经，亦以纾死，而其术近工眇踽善矣！"（《检论·清儒》）"研孔派"的形成正与之相似，不过不是"说经"而是"说史"了。这一派中，老一代学人如蒙文通、白寿彝、金景芳、张岱年等先生，大多走过"由经学而史学"的道路，他们早年在儒家经学、孔学、易学以及宋明理学等领域，都曾经有精深的造诣。随着经学学科的退出历史舞台以及近代教育的转型，这批学植深厚的专家学人，不得不将精力转入纯历史的或儒学史、经学史的研究，角色也从当初的信孔、尊孔转入研孔，他们即使是在史无前例的"文化大革命"中也不忘为孔子和儒学说几句公道话。党的十一届三中全会后，从1979年开始，在中国大陆逐渐形成研孔高潮。1985年在中华孔子研究所（中华孔子学会的前身）成立会上张岱年宣布："盲目尊孔的时代已经过去了，盲目批孔的时代也过去了，现在应以实事求是的科学态度研究孔子，和以孔子为代表的中国传统文化。"仿佛以此为标志，研孔文章日益涌现，研究专著越来越多，特别是具有老革命家、教育家双重身份的匡亚明先生，出版了《孔子评传》，其书以翔实的史料、严密的逻辑、新颖的见识、深刻的分析，从正面塑造了孔子这位品德高尚的伟大思想家、教育家和政治家的形象，实开启当代正面儒学研究之先声。此后同类的著作有：综合性的如赵吉惠等《中国儒学史》、《中国儒学辞典》，刘蔚华等《中国儒学思想史》，庞朴主编《中国儒学》等；专题专经性研究，则有金景芳《学易四种》、《孔子新传》（合著），刘起釪《尚书学史》，朱伯崑《易学哲学史》等，对儒家经学及其思想进行了深入的研究和总结。

特别是 20 世纪后期，一批年轻学人登上学术舞台，在专门学术史研究方面做出更可喜的成绩，出版了姜广辉主编《中国经学思想史》、廖名春等《周易研究史》、洪湛侯《诗经学史》、赵伯雄《春秋学史》、林忠军《象数易学发展史》（一、二）、姜林祥和王钧林等多卷本《中国儒学史》等等，真是异军突起，斐然可观。这些著作既是对儒家学术史的研究，也是儒学学科整体形态的呈现，为儒学学科的恢复提供了历史支撑，也为儒学研究"春天"的到来廓清了迷雾。

值得一提的是，在 20 世纪，先秦儒学文献出土最多，而且也最受重视并得到充分研究，解决了部分历史悬案，填补了许多历史空白，也纠正了许多因过分"疑古"或过分"信古"导致的错误认识。如长沙马王堆汉墓出土帛书《周易》经传，可以解决《易经》早期传本多样性（《序卦》系统和"八宫卦"系统）问题、《易传》形成下限（至迟战国）问题、孔子与《易经》关系（"晚而喜《易》"）问题。安徽阜阳双古堆出土竹简《周易》，可以帮助认识卦画形成的阶段性问题。河北定县出土汉简《儒家者言》（双古堆亦有出土），可以加深对世传《孔子家语》、《孝经》等真伪的认识。四川青川出土秦牍《仪礼》，有助于解决《仪礼》早期传播区域和个别文字校勘等问题。湖北荆门郭店出土楚简，可以校补《礼记》部分篇章，还可以大量补充子思以下、孟子以前儒家诸子文献的断档空缺。上海博物馆所藏《战国楚竹书》，可以大量补充战国时期《诗》学、《易》学以及儒家诸子学文献。最近清华大学入藏的战国竹简，则有可能使《古文尚书》问题和《乐经》以及其他古史问题得到解谜。所有这些，本书第二编第十七章将有专门记述，此处不再赘述。

第二节　先秦时期的儒学文献

孔子曰："人能弘道，非道弘人。""六经"虽然是"载道"之具，具有

"施教"功能，可以达到"致化"的境界，但是"六经"文本仍然是"旧史"，是"先王之陈迹"。其中的"道"、"教"虽然已经由前人寄寓其中了，但它们要服务现实、获得新生，还得有人来揭示和阐扬。历代儒者关于这些价值和意义阐扬的成果，便构成了解经释经的"传"和"记"。孔子创立儒家学派，推行私人教学，由此开启了智慧，形成了诸子。诸子争鸣，著书立说，自名其高，产生了一大批"百家"子书。儒家学者也不例外，他们在经解文献之外，言道言治，说人谈天，别立文字，另成专著，于是儒家诸子文献便产生了。夫子行教，传道授业，弟子兴起，耳聆笔记，以成言行之录；后儒沿袭，记师授，传学统，更是繁乎著述，于是又有儒学史文献的出现。

这样一来，儒学文献便从单纯的"六经"，发展成解释"六经"的传记、阐扬儒理的诸子和记述儒林事迹的史籍，儒学文献也从"以史为教"的单一状态，发展而为兼包圣道王功、人伦教养、家事国政乃至师传渊源、学术文化等内容的庞大载体了。

第一个发展儒学文献的当数孔子。孔子既成"六经"，复以"六经"传教，口授心传，形成了系统的思想，也笔录成文献，这就是早期儒家的经解文献。《史记》称孔子"晚而喜《易》，序《彖》、《系》、《象》、《说卦》、《文言》"。[①]《汉书》也说："（夫子）盖晚而好《易》，读之韦编三绝，而为之传。"[②] 这些"传"经汉人选编，形成"十翼"，与《易经》合编而成《周易》。其未入选者还有多种，或见于子史称引，宋儒清人辑入《孔子集语》"论易"；或传于《易》师，转入别派，长沙出土马王堆"帛书《周易》"部分（即《二三子》、《衷》、《要》、《缪和》、《昭力》之属）即属此类。

孔子于《礼》功在"修起"，然而随时解释，也斐然成章，汉儒择取以成两戴《礼记》，其中与《仪礼》对应各篇，十之九得之孔门所传。《礼记·杂记下》还载："恤由之丧，哀公使孺悲之孔子学士丧礼，《士丧礼》于是乎书。"哀公于公元前494—前467年在位，时当孔子（前551—前479）晚年，孔子于哀公十一年（前483）才结束周游列国的历程自卫返鲁，四年后即去世。是《士丧礼》成书已在垂暮之年，自然不属于中年时期"以诗书礼乐教"的事情了。

又如，《史记·仲尼弟子列传》："曾参……孔子以为能通孝道，故授之业，作《孝经》。"是孔子在"六经"之外另有《孝经》。郑玄《六艺论》说：

---

① 《史记·孔子世家》。

② 《汉书·儒林传序》。

第二章　儒学文献的发展与流变（上）

"孔子以'六艺'题目不同，指意殊别，恐道离散，后世莫知根源，故作《孝经》以总会之。"① 故纬书载孔子言："吾志在《春秋》，行在《孝经》。"

凡此等等，不胜枚举，是皆孔子传经过程中产生的新文献，虽属"次生文献"，但是都属于第一代儒家所作，仍属于第一代儒学文献。

儒学文献第二代的产生，则在于孔子弟子。孔门弟子三千，高徒七十有二，他们之中或得孔子真经，恪守而勿失，此为传经之儒；或得孔子仁义精神，举一反三，别加发挥，侈大其辞，另成一家，于是又形成第二代儒学文献。后儒沿波，各相矜尚，其有论说，皆笔之于书，著之于录，于是又形成第三代、第四代，以至于百代之儒学文献。

《汉书·儒林传序》述孔子卒后春秋战国时期儒家诸子曰：

> 仲尼既没，七十子之徒散游诸侯，大者为卿相师傅，小者友教士大夫，或隐而不见。故子张居陈，澹台子羽居楚，子夏居西河，子贡终于齐。如田子方、段干木、吴起、禽滑釐之属，皆受业于子夏之伦，为王者师。是时，独魏文侯好学。天下并争于战国，儒术既黜焉，然齐鲁之间学者犹弗废，至于威、宣之际，孟子、孙卿之列咸遵夫子之业而润色之，以学显于当世。

儒学文献正是在儒家学派的转相传授中得到丰富和繁衍的。孔子弟子中传经最著名的当数子夏，而产生经学文献最多的也以子夏为最。自《诗》、《易》、《礼》、《春秋》，子夏皆有撰述，故汉人有说："《诗》《书》《礼》《乐》定自孔子，发明章句始于子夏。"② 宋儒洪迈尝考其事曰：

> 孔子弟子，惟子夏于诸经独有书，虽传记杂言未可尽信，然要为与他人不同矣。于《易》则有传。于《诗》则有序，而《毛诗》之学，一云子夏授高行子，四传而至小毛公；一云子夏传曾申，五传而至大毛公。于《礼》则有《仪礼·丧服》一篇，马融、王肃诸儒多为之训说。于《春秋》，所云"不能赞一辞"，盖亦尝从事于斯矣。公羊高实受之于子夏，穀梁赤者，《风俗通》亦云子夏门人。于《论语》，则郑康成以为仲弓、子夏等所撰定也。后汉徐防上疏曰："《诗》《书》《礼》《乐》定自孔子，发明章句始于子夏。"斯其证云。③

---

① 郑玄：《六艺论》，见邢昺《孝经注疏》玄宗《孝经序》疏引，阮元校刻《十三经注疏》本。

② 《后汉书·徐防传》。

③ 洪迈：《容斋随笔·续笔》卷一四《子夏经学》，中华书局，2005年。

按：《子夏易传》见于《隋书·经籍志》所引梁阮孝绪《七录》及陆德明《经典释文》。子夏作《诗序》，说见郑玄《诗谱》、王肃《家语注》及陆德明《经典释文》。其中说子夏以《诗》授高行子说，见陆德明《经典释文》引徐整说；子夏以《诗》授曾申说，见陆玑《毛诗草木虫鱼疏》。子夏作《丧服传》，说见贾公彦《仪礼正义·丧服》疏。"公羊高受之于子夏"，说见徐彦《春秋公羊传疏》何休序疏引戴宏说；穀梁亦子夏弟子，说见杨士勋《春秋穀梁传》范宁序疏引。说《论语》"郑康成云仲弓、子夏等所撰定"，亦见陆德明《经典释文》所引。

据陆氏《经典释文》："《尔雅》……《释诂》一篇，盖周公所作。《释言》以下，或言仲尼所增，子夏所足，叔孙通所益，梁文所补。"此外，《上海博物馆藏战国楚竹书》中之《孔子诗论》，论者以为当为"卜子诗论"。可知，子夏于《诗》、《礼》、《易》、《春秋》、《论语》皆有传授，也皆有著述，对《尔雅》成书也有贡献。其为创作儒学第二代文献之最突出者，亦可知矣。

又加以"五经久远，圣意难明"，而见仁见智，"各有异说"。[1]《韩非子》说："孔、墨之后，儒分为八，墨离为三。"三家之墨，辞相倍谲；八家之儒，各持异端。《汉书·艺文志序》云："仲尼没而微言绝，七十子丧而大义乖，故《春秋》分为五，《诗》分为四，《易》有数家之传。战国从（纵）横，真伪分争，诸子之言，纷然殽乱。"战国时期，是孔子"微言"中绝，儒学"大义"殊乖的时期，然而经师异说，处士横议，也是儒学文献大量激增的时代。

《汉书·艺文志》所述诸经传说殊方，《诗》与《易》皆汉代事，唯《春秋》传说文献自战国已经呈现出繁荣景象。《汉书·艺文志》又云：孔子既修《春秋》，"（左）丘明恐弟子各安其意，以失其真，故论本事而作传……及末世口说流行，故有《公羊》、《穀梁》、《邹》、《夹》之《传》"[2]。于是《春秋》一经而有《左传》、《公羊传》、《穀梁传》、《邹氏传》、《夹氏传》五种传说，此即"《春秋》分为五"。《汉书·艺文志》"春秋家"有《左氏传》30卷、《公羊传》11卷、《穀梁传》11卷、《邹氏传》11卷、《夹氏传》11卷（有录无书），自《邹》、《夹》以下皆不传（或无书），内容不详，然其为说经之文，举可知也。

---

① 《后汉书·徐防传》。
② 《汉书·艺文志·六艺略》"春秋类序"。

儒学文献，经过春秋末战国初的发展，逐渐呈现出从说经文献向说理文献的转变。《史记·十二诸侯年表》又叙其事说：

　　（孔子）论史记旧闻，兴于鲁而次《春秋》，上记隐，下至哀之获麟，约其辞文，去其烦重，以制义法，王道备，人事浃。七十子之徒口受其传指，为有所刺讥襃讳挹损之文辞不可以书见也。鲁君子左丘明惧弟子人人异端，各安其意，失其真，故因孔子史记具论其语，成《左氏春秋》。铎椒为楚威王傅，为王不能尽观《春秋》，采取成败，卒四十章，为《铎氏微》。赵孝成王时，其相虞卿上采《春秋》，下观近势，亦著八篇，为《虞氏春秋》。吕不韦者，秦庄襄王相，亦上观尚古，删拾《春秋》，集六国时事，以为八览、六论、十二纪，为《吕氏春秋》。及如荀卿、孟子、公孙固、韩非之徒，各往往捃摭《春秋》之文以著书，不可胜纪。

《汉书·艺文志》"春秋家"于《左氏》、《公羊》、《穀梁》、《邹》、《夹》外，尚有《铎氏微》3 篇、《虞氏微传》2 篇（赵相虞卿），自《邹》、《夹》以下皆不传；"儒家类"有《孙卿子》33 篇、《孟子》11 篇、《公孙固》1 篇、《虞氏春秋》15 篇；"杂家类"有《吕氏春秋》诸书，而《公孙》、《虞氏》之书皆不存。

《左氏春秋》乃以史事解说《春秋》，尚属《春秋》之传。《吕氏春秋》乃掇集解书诸子而另成著述者，并非依经立传。至于"往往捃摭《春秋》之文以著书"的荀卿、孟子、韩非等人著作，更是思想独具、内容独立的子学著作，已经远远不是传统的《春秋》经解矣。《汉书·艺文志》将《公孙固》、《虞氏春秋》著在《诸子略》的"儒家类"，并在"《公孙固》一篇"下自注："十八章，齐闵王失国，问之，固因为陈古今成败也。"在《虞氏春秋》下注："虞卿也。"史谓虞卿"上采《春秋》，下观近世，曰《节义》、《称号》、《揣摩》、《政谋》，凡八篇，以刺讥国家得失，世传之曰《虞氏春秋》"。[①] 可见都是子书之流，非复解经之书。《史记》所言"春秋类"文献的变迁，实际展示了从"旧史"、"经书"向诸子类著作的过渡。

儒家诸子著作，当然也是首起于记载孔子言行的《论语》。《汉书·艺文志》著录《古文论语》21 篇、《齐论语》22 篇、《鲁论语》20 篇，序云："《论语》者，孔子应答弟子、时人及弟子相与言而接闻于夫子之语也。当时弟子各有所记。夫子既卒，门人相与辑而论纂，故谓之《论语》。"

_____

　　① 《史记·平原君列传》。

《论语》的资料，有的来源于孔子与弟子和当时人的应答，有的是得于弟子之间互相转述其闻于孔子的言论，有直接，有间接，但是都是关于孔子的，也基本上是亲闻于孔子的。

至其编者，班固以为"孔子门人"，郑玄以为仲弓、子游、子夏；柳宗元以为曾子弟子，程颐以为曾子及有子弟子。不管《论语》为谁所编，都距孔子去世不远，其属于第一代儒家子学文献无疑。

儒家第二代子学文献当然是孔门弟子编撰的。据《汉书·艺文志》"诸子略"① 著录，有《子思》23 篇，《曾子》18 篇，《漆雕子》13 篇，《宓子》16 篇。子思名伋，孔子孙，为鲁缪公师；曾子名参；漆雕子名开；宓子名不齐，都是孔子门生或裔孙。这些儒家早期的子学著作，原书早佚，但是《子思子》尚传《中庸》等 4 篇于小戴《礼记》，梁沈约说：《礼记》"《中庸》、《表记》、《坊记》、《缁衣》皆取《子思子》"②；《曾子》亦存 10 篇于《大戴礼记》中，故清人阮元取《大戴礼记》以"曾子"为题的 10 篇文献注之，题为《曾子注释》。

《汉书·艺文志》所录儒家第三代子学著作，有：《景子》3 篇，《世子》21 篇，《魏文侯》6 篇，《李克》7 篇，《公孙尼子》28 篇，《芈子》18 篇。据班氏自注：《景子》内容乃"说《宓子》语，似其弟子"；世子"名硕，陈人也，七十子之弟子"；而魏文侯，则"受经于子夏"；李克亦"子夏弟子，为魏文侯相"；公孙尼子，也是"七十子弟子"；芈子"名婴，齐人，七十子之后"。都属于儒家第三代传人。诸家书亦佚，唯《公孙尼子》尚传《乐记》1 篇。③

先秦儒家最知名的子学著作，乃是孟轲"与万章之徒序《诗》《书》，述仲尼之意"而成的《孟子》7 篇（《汉书·艺文志》著录 11 篇，含内篇 7、外篇 4，赵岐去外篇，今唯传内 7 篇）；以及"嫉浊世之政，亡国乱君相属……于是推儒、墨、道德之行事兴坏，序列著数万言"④ 的《荀子》（《汉书·艺文志》著录《孙卿子》33 篇，实 32 篇，即今传《荀子》）。先秦儒学子书，至

① 《汉书·艺文志·诸子略》著录第一种"儒家类"著作是"《晏子》八篇"。按：晏子相齐景公，与孔子同时，为孔子所敬。子曰："晏平仲善与人交，久而敬之。"然其书多晏子智慧事迹，尚谦尚俭，近于墨家，与儒者异趋，不当入"儒家"，《四库全书总目》移入"史部·传记类"。

② 《隋书·音乐志》引沈约语。

③ 《隋书·音乐志》引沈约语："《乐记》取《公孙尼子》。"

④ 《史记·孟子荀卿列传》。

《孟子》、《荀子》二书而达于极至；即以后世论，其思精语确、斐然成章，亦无有出其右者。

《汉书·艺文志》"论语类"还著录有《孔子家语》27卷、《孔子三朝》7篇、《孔子徒人图法》2卷，都是关于孔子、孔府和孔门事迹的记录，属于儒学史料文献，也是中华史书传记类文献的鼻祖和滥觞。

关于《孔子家语》，颜师古注："非今所有《家语》。"表明唐代所传《家语》已非《汉书·艺文志》著录之本。原因是魏晋王肃曾经为《家语》作注，并且用《家语》与所作《圣证论》相印证以攻郑玄，后世学人遂以今传本为王肃伪造。

《礼记·乐记》："昔者舜作五弦之琴，以歌《南风》。"郑玄注："其词未闻。"孔颖达《疏》："案《圣证论》引《尸子》及《家语》难郑云：'昔者舜弹五弦之琴，其辞曰："南风之薰兮，可以解吾民之愠兮；南风之时兮，可以阜吾民之财兮。"郑云其辞未闻，失其义也。'今案，马昭云：'《家语》王肃所增加，非郑所见。'又《尸子》杂说，不可取证正经，故言未闻也。"

王柏《家语考》甚至认为有"古《家语》"、"后《家语》"和"今《家语》"的区别。中间经历了五次变化："一变于秦，再变于汉，三变于大戴，四变于小戴，五变于王肃。"他依据孔猛《后序》谓，孔子卒后，当时公卿、大夫、士及诸弟子"悉集录夫子之言，总名之曰《家语》"。后有识者"采其精要简明者，集为《论语》"，"其余者存于《家语》"。这种《家语》虽不"纯全"，但是仍为"先秦古书"，是为"古《家语》"。孔猛《后序》又说，当秦昭王时，荀卿入秦，昭王问儒术，荀卿"以《孔子家语》及弟子言，参以己论献之"，是为第一次被杂糅，"《家语》为之一变矣"。汉兴，"高堂生得《礼古经》五十六卷、经七十篇、记百三十一篇"，注云："七十子及后学所记。"王柏说这就是"《家语》之遗"，此即"后《家语》"。汉宣帝时，戴德删其繁为85篇，是为《大戴礼记》；戴圣又删为46篇，是为小戴《礼记》。剩下部分仍然叫《家语》，传在民间。班固《汉书·艺文志》著录的《孔子家语》27卷，卷与篇都不与后世所传者同，故颜师古注云："非今所有《家语》。"汉成帝时，孔子第13世孙衍上书言："戴圣近世小儒，以《曲礼》不足，乃取《孔子家语》杂乱者，及子思、孟轲、荀卿之书以裨益之，总名曰《礼》。遂除《家语》本篇，是灭其原而存其末也。"于是，《礼记》成而《家语》又几于亡矣"。最后他得出结论说："《论语》者，古《家语》之精语也；《礼记》者，后《家语》之精语也。"至于宋代所传的"今之《家语》十卷，凡四十有四篇"，他认为是"王肃杂取《左传》、《国语》、《荀》、《孟》、'二戴'之绪余，混乱精粗，割裂前后，织而成之"（《鲁斋集》卷九）。

王柏的结论有些武断，但他说《家语》有"古"、"后"、"今"之别，却是事实。他承认"古《家语》"是"先秦古书"，也就是承认在先秦时期已经有大量记载孔子言行的资料，也是历史的真实事情。1973 年，河北定县八角廊西汉墓出土的竹简《儒家者言》，内容与今本《家语》相近。1977 年，安徽阜阳双古堆西汉墓也出土了篇题与《儒家者言》相应的简牍，内容同样和《家语》有关。这些考古发现说明，今本《孔子家语》是有来历的，是源于先秦成于西汉的孔子事迹资料，对研究孔子和孔门弟子及古代儒家思想具有重要参考价值。

关于《孔子三朝记》，又称《三朝记》、《三朝》。颜师古注："今《大戴礼》有其一篇。盖孔子对鲁哀公事也。三朝见公，故曰《三朝》。"师古说《孔子三朝记》只有一篇保存于《大戴礼记》中，其实不确。

《史记·五帝本纪》"诸侯咸来宾从。而蚩尤最为暴，莫能伐"。《索隐》引刘向《别录》云："孔子见鲁哀公问政，比三朝，退而为此记，故曰《三朝》。凡七篇，并入《大戴记》。"《艺文类聚》引刘歆《七略》："孔子三见哀公，作《三朝记》七篇，今在《大戴礼》。"① 《三国志·蜀志·秦宓传》："昔孔子三见哀公，言成七卷。事盖有不可嘿嘿也。"裴松之注："刘向（歆）《七略》曰：'孔子三见哀公，作《三朝记》七篇，今在《大戴礼》。'臣松之案：《中经簿》有《孔子三朝记》八卷，一卷目录，余者所谓七篇。"三处引刘向、刘歆语，都说《孔子三朝记》七篇都在《大戴礼记》中。裴松之又说荀勖《晋中经簿》有《孔子三朝记》8 卷，是其书至晋犹存别行本。向、歆父子亲见其书，裴松之亲见著录，必不误也。王应麟又具体指出《三朝》在《大戴记》中的篇名。《困学记闻》卷五："《孔子三朝》七篇……《大戴礼记·千乘》、《四代》、《虞戴德》、《诰志》、《小辨》、《用兵》、《少闲》，凡七篇。"（又见《汉艺文志考证》）清人王聘珍《大戴礼记解诂》，于《目录》各篇之下，分别注明"此于《三朝记》为第几"。前代文献每引《三朝记》，亦见于上述篇中。② 如《史记·五帝本纪》"蚩尤最为暴"臣瓒曰："《孔子三朝记》曰

---

① 《艺文类聚》卷五五《杂文部一·经典》引，上海古籍出版社，1982 年。
② 《文选》卷一班固《东都赋》"愀然意下，捧手欲辞"注："《孔子三朝记》曰：'孔子受业而有疑，捧手问之，不当避席'不见于《大戴》所载七篇之中，《大戴记》当有脱略。"王应麟《汉艺文志考证》："《史记》、《汉书》、《文选》注所引谓之《三朝记》，《尔雅》疏张揖引《礼三朝记》，皆此书也。"亦未尽然。

'蚩尤，庶人之贪者'。"《索隐》即指出："今此注见《用兵篇》也。"[1]《春秋穀梁传注疏》卷一一："《三朝记》云：'周衰，天子不班朔于天下。'"[2] 此文亦见《用兵》，只"周衰"二字为引者所加。邢昺《尔雅注疏》郭璞序疏："《礼三朝记》哀公曰：寡人欲学小辩以观于政，其可乎？孔子曰：《尔雅》以观于古，足以辩言矣。"引文见《小辨》，文字略有节略。《汉书·武帝纪》元光元年"北发渠搜"臣瓒曰："《孔子三朝记》云'北发渠搜，南抚交阯'。"按：引文见《少闲》，唯"南抚"在"北发"前。注家称引《三朝》，而见于《用兵》、《小辨》、《少闲》各篇，说明《孔子三朝记》七篇确实还在《大戴礼记》之中。

历考七篇之文，内容皆孔子对哀公之言，是记孔子三朝于哀公时所问对，为记录孔子言行之书。王聘珍说："此七篇亦七十子后学所记，原在《古文记》二百四篇之中，故大戴采而录之。"[3] 知其为孔子七十子后学作品。今有清人洪颐煊校录传经堂本（见《书目答问》）。

记载孔子与鲁哀公问答的文献，《大戴礼记》还有《哀公问五义》、《哀公问于孔子》，皆记孔子晚年对鲁哀公之事。

关于《孔子徒人图法》。这是对孔子弟子的图像和说明，其书不存。先秦时期有许多称说孔子弟子的资料，现可考者，一是孔府所藏《弟子籍》。《史记·仲尼弟子列传》太史公曰："学者多称七十子之徒，誉者或过其实，毁者或损其真，钧之未睹厥容貌，则论言弟子籍，出孔氏古文近是。"[4] 今本《孔子家语》有《七十二弟子解》，录76人，当即《弟子籍》之类文献的遗存。朱彝尊说："所谓《徒人图法》者，殆即《家语》所云《弟子解》、《史记》所云《弟子籍》也。"[5] 就其文字部分言之，诚然也。

二即《图法》。《汉书》所录《孔子徒人图法》是一种，文翁建石室亦刻

---

① 按：《汉书·高帝纪》"祭蚩尤于沛庭"臣瓒注引《孔子三朝记》云云，颜师古："瓒所引者同是《大戴礼》，出《用兵篇》，而非《三朝记》也。"是其不知《用兵》即《三朝记》文。沈钦韩《汉书疏证》谓其"未见《大戴记》也"，亦不确。师古已知臣瓒所引见《大戴礼·用兵篇》，非不见《大戴记》也。

② 《春秋穀梁传注疏》卷一一"文公十六年""夏五月，公四不视朔"疏，阮元校刻《十三经注疏》本。

③ 王聘珍《大戴礼记解诂》（中华书局，1983年）"目录"《千乘》篇题下注。

④ 王鸣盛《十七史商榷》（中国书店，1987年）卷五《弟子籍》："太史公……然则是孔安国所得鲁共王坏宅壁中取出书也。"又：郑玄"《弟子籍》则有注"。说明其书东汉犹存。

⑤ 朱彝尊：《经义考》卷二二一，文渊阁《四库全书》本。

有一种《文翁石室图》（又称《文翁礼殿图》），图72人，其图至唐犹存，《新唐书·艺文志》有著录。据沈钦韩《汉书疏证》说："七十二弟子旧有图法，皆出壁中者矣。"看来也是孔家旧物。故梁元帝《金楼子·职贡图序》说："尼丘乃圣，犹有图人之法。"似乎在孔子时已经流传。司马迁也说学者评论孔门弟子，因"未睹厥容貌"，故"毁"、"誉"过当，似乎《孔子徒人图法》还具有写真价值。孔子尝曰："吾以言取人，失之宰我；以貌取人，失之子羽。"孔门曾以形貌言语审察弟子，亦可知矣。贾谊《新书》有审容貌以观人的《容经篇》，馆臣谓"《容经篇》并敷陈古典，具有源本"①，其亦孔氏之遗法也邪？

司马迁撰《史记》，亦得力于此类文献。他以《弟子籍》和《徒人图》为基础，参以其他书传所录，遂成《仲尼弟子列传》。他说："余以弟子名姓文字悉取《论语》弟子问并次为篇，疑者阙焉。"王应麟已经发现："《史记》自子石以上三十五人，显有年名及受业闻见于书传；其四十有二人，无年及不见书传。《家语》此例，唯有三十七人。"说明事迹详尽的，是因为见于《家语》类书传，为司马迁所补；其事迹无考的，则因不见于《家语》类书传，无可补充之故。

又《史记》立传的弟子"七十有七"，《家语》所录"七十有六"；公良孺、秦商、颜亥、叔仲会4人，《家语》有事迹，《史记》阙然；自公伯寮、秦冉、鄡单三人《家语》不载，而别有琴牢。而且弟子事迹的记载也互有出入，如《家语》说："颜回，鲁人，字子渊，少孔子三十岁。年二十九而发白，三十一早死。"按此年岁，颜回死时孔子年六十一岁。但是据《论语》和《史记》，孔子儿子伯鱼五十岁，先孔子卒，卒时孔子且七十。《论语》载颜回死时，颜路请子之车以为之椁，子曰："鲤也死，有棺而无椁。"可见孔鲤实先颜回而卒，鲤死孔子已六十九，回死必在七十以后，不得云六十一也。

凡此之类，表明《史记》撰录已经依据其他文献有所校正，有所补充；同时也证明，先秦时期存在多种孔子弟子的记录资料，此亦司马迁"学者多称七十子之徒"之证也。

这些类型的文献，即儒家经典、经说经解、儒家子书和儒学史料，构成了早期儒家著作的基本范式，也支撑了先秦儒学文献的整体局面，奠定了后期儒学文献的基本框架。

《汉书·艺文志》"儒家类"著录先秦至西汉儒学子书"五十三家、八百

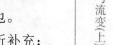

---

① 永瑢等：《四库全书总目》卷九一《新书》提要。

三十六篇"，其中32家属于周秦作品，比"表章六经"尊崇儒术的汉代还要多，这还不包括不见于著录而为后世考古发掘所发现的出土文献。周秦时期的儒学文献，除少量保存下来外（《易大传》、《左传》、《公羊传》、《穀梁传》等），大多已经亡佚（如《邹氏传》、《夹氏传》、《漆雕子》、《宓子》等），个别的则因收录于其他著作而曲折地得到流传（如《易大传》收录于《周易》，《曲礼》、《祭法》、《祭义》、《冠义》、《昏义》、《乡饮酒义》、《射义》、《燕义》、《聘义》等，及诸子《子思子》、《曾子》、《公孙尼子》部分篇章收录于《礼记》；《劝学》、《当染》、《尊师》、《孝行》等则收录于《吕氏春秋》等），得以零星保存。后儒对散见的儒家诸子文献有所辑遗，以宋儒汪晫《曾思二子全书》、清儒冯云鹓《圣门十六子书》、阮元《曾子十篇注释》、洪颐煊《经典集林》、马国翰《玉函山房辑佚书》等最为集中。

有的先秦儒学文献，甚至是在埋藏于地下多年后才被发现，而复见天日、重登学术舞台的。如：汉景帝末，鲁共王坏孔子宅，从壁中得《古文尚书》（较今文多16篇）、《古文礼记》（较今文多39篇）、《古文论语》、《古文孝经》（较今文分多4章）等（《汉书·艺文志》、《刘歆传》）；宣帝时，河内女子发老屋，得《易》之《说卦传》、《序卦传》、《杂卦传》及《古文泰誓》，皆是。

晋代，从汲冢出土战国魏墓竹简，除《纪年》13篇外，还有《易经》2篇，与传世的《周易》上下经同；《易繇阴阳卦》2篇，与《周易》略同，繇辞则异；《卦下易经》1篇，似《说卦》而异；《公孙段》2篇，其内容乃是公孙段与邵涉论《易》；《国语》3篇，言楚晋事；《名》3篇，似《礼记》，又似《尔雅》；《论语师春》1篇，书《左传》诸卜筮，师春似是造书者姓名，大多属于儒学文献；此外还有《穆天子传》15篇，纪周穆王西游见西王母事。①据杜预说，《纪年》记事与《春秋》多合而辞则异，证明记录春秋时事确有多种文献和笔法，今本《春秋》确曾经过孔子修订；《师春》所记与《左传》上下次序相同，说明《左传》成书甚早。②

汉代和晋代的出土文献有的在当时得到整理和传授，故保存下来了（如孔壁《礼记》多保存于《大戴礼记》中，汲冢《纪年》、《穆天子传》也流传至今），但是大多数没有留传下来，得而复失，留为永憾。

---

① 《晋书·束皙传》。

② 杜预：《春秋左传集解·后序》，孔颖达《正义》本，阮元校刻《十三经注疏》本。

出土先秦儒学文献最多的是 20 世纪，而且也最引起重视，得到最充分研究。如，河北定县出土之《儒家者言》；马王堆出土之《春秋事语》、《五行》及帛书易传《二三子问》、《系辞》、《昭力》、《缪和》、《要篇》；① 郭店出土之《缁衣》、《鲁穆公问子思》、《穷达以时》、《五行》、《唐虞之道》、《忠信之道》、《成之闻之》、《尊德义》、《性自命出》、《六德》各 1 篇，《语丛》4 篇；② 上海博物馆收藏战国楚竹书《孔子诗论》、《缁衣》、《性情论》，③《民之父母》、《从政》、《昔者君老》、《鲁邦大旱》、《子羔》、《容城氏》，④《恒先》、《中弓》、《彭祖》，⑤《采风曲目》、《逸诗》、《昭王毁室》、《昭王与龚之脾》、《柬大王泊旱》、《内豊》、《相邦之道》、《曹沫之陈》，⑥《竞内建之》、《鲍叔牙与隰朋之谏》、《季康子问于孔子》、《姑成家父》、《君子为礼》、《弟子问》、《三德》、《鬼神之明·融师有成氏》⑦ 等等，此皆学术史上之盛事，也是一大幸事，为先秦儒学文献又续得重要之一脉。

最近学人披露，清华大学接受到一批（2388 枚）从香港购入的战国竹简的捐赠，其内容相当丰富，内有若干佚失的儒家文献（如《古文尚书》等）。据悉，"在清华简中发现多篇《尚书》，都是秦火以前的写本，其中有些篇如《金滕》《康诰》等，文句与传世本多有差异，甚至有的篇题也不相同。或虽见于传世本，但后者是伪古文。如清华简中发现有《傅说之命》，即先秦不少文献引用的《说命》，和今天流传的《说命》伪古文不是一回事。更多的则是前所未见的佚篇，不见于传世本《尚书》，有待于今后进一步整理和研究，它们对于上古史研究的重大意义难于估计。此外，清华简中还发现一种类似《竹书纪年》的编年体史书，所记事件上起西周，下至战国前期，与传世文献《春秋》《左传》等对比，有不少新的内涵，并记载许多缺载的史实。此外又有类似《国语》的史书，类似《仪礼》的礼书，与《周易》有关的书等，都是两千余年中无人见过的，可谓琳琅满目，令人目不暇及"。⑧ 其具体内容尚

---

① 廖名春：《马王堆出土周易经传释文》，见杨世文等主编：《易学集成》第三册，四川大学出版社，1998 年。

② 荆门市博物馆：《郭店楚墓竹简》，文物出版社，1998 年。

③ 马承源主编：《上海博物馆藏战国楚竹书》（一），上海古籍出版社，2001 年。

④ 马承源主编：《上海博物馆藏战国楚竹书》（二），上海古籍出版社，2002 年。

⑤ 马承源主编：《上海博物馆藏战国楚竹书》（三），上海古籍出版社，2003 年。

⑥ 马承源主编：《上海博物馆藏战国楚竹书》（四），上海古籍出版社，2004 年。

⑦ 马承源主编：《上海博物馆藏战国楚竹书》（五），上海古籍出版社，2005 年。

⑧ 刘国忠：《清华简保护及研究情况综述》，载《中国史研究动态》2009 年第 9 期。

第二章　儒学文献的发展与流变（上）

待整理发布。我们满怀信心地期待，随着清华简的研究和公布，先秦儒学文献必将得到进一步丰富。

这些出土简帛，有的可以校正传世文献之讹误，有的可以补充传世文献之不足，有的还可弥补子思、曾子之后，孟子、荀卿之前儒家文献的缺环，都十分珍贵难得。当然，若就在历史上产生影响论，仍然以传世儒学文献最为重大，也最为重要。

"六经"是儒家文献之元典，也是儒学思想的源头。孔子既成"六经"，复"以诗书礼乐教"，有三千弟子、七十贤者，形成了以"游文于'六经'之中，留意于仁义之际"为特征的儒家学派。孔氏"六经"，"其文则史，其义则丘窃取之"，孔氏以史为教，而又归心德义，故必加以口头阐说和主观发挥，乃得凸显。师弟子间传道授业，解经释典，又形成了解释"六经"之义的次生型文献，即经解经说，如"《易》大传"、"《诗》论"、"《礼》记"、"《书》传"、"《春秋》传"之类。

孔子开办私学，官学下移，开启民智，产生思想，诱发和促成诸子百家的产生。儒家诸子在与百家论辩和争论中，互相影响，各自吸取，在经典之外，又撰著了一批"祖述尧舜，宪章文武"、"助人君顺阴阳、明教化"的理论性文献，即《子思子》、《曾子》、《公孙尼子》、《孟子》、《荀子》等儒家诸子类著作。

师弟讲授，时君问政，嘉言懿行，时有篡录；门人著籍，言貌视听，亦见乎书。于是在经解、诸子书之外，又产生了记载儒林言行的历史资料性著作，《孔子家语》、《孔子三朝记》、《孔子徒人图法》、《弟子籍》等文献于是乎兴。

总之，孔子将"旧史"经典化，也是孔子使经典儒学化。是孔子推行的经典培育了儒学，也是孔氏儒学促成了文献的激增和扩展，儒家文献中的经典、经说、诸子、传记，都在先秦时期得到产生和初步发展。儒家文献由史而经，又由经而传，再由传而子，复由子而传记的发展历程，是中国儒学的特有现象，也是中国文化发展运行的特有轨迹。

第三节　秦朝的儒学文献

秦朝是儒学文献第一个蒙难期，也是中国文献史上第一厄。

一、焚书坑儒

贾谊《过秦论》批评说："秦王怀贪鄙之心，行自奋之智，不信功臣，不亲士民，废王道，立私权，焚文书而酷刑法，先诈力而后仁义，以暴虐为天下始。……孤独而有之，故其亡可立而待。"[1] 虽然贾氏对秦始皇的批评可能有些夸大，但是"焚书坑儒"事件对儒学却是一次残酷打击，对儒学文献也是一次严重的毁损。《史记·秦始皇本纪》详记其事说："史官非秦记皆烧之。非博士官所职，天下敢有藏《诗》、《书》、百家语者，悉诣守、尉杂烧之。有敢偶语《诗》、《书》者弃市。以古非今者族；吏见知不举者与同罪。令下三十日不烧，黥为城旦（4 年徒刑）。所不去者，医药卜筮种树之书。"次年，又因侯生、卢生非议始皇，"于是使御史悉案问诸生，诸生……犯禁者四百六十余人，皆阬（坑）之咸阳"。"焚书坑儒"对儒学的打击，至少有三个方面：

一是使儒学文献遭到历史上第一次灭顶之灾。焚书的对象非常明确，一是史书，凡《秦记》以外的列国史书皆烧之，而《秦记》又十分落后，没有纪年，于是造成"战国无史"的局面。二是关于《诗》、《书》。民间收藏"《诗》《书》百家语"和"偶语《诗》《书》"者都是被重点打击、处以重刑的对象。三是所不焚毁的书籍，只有《秦记》、医药书、卜筮书、种植之书。于此可见，秦焚书的重点是非秦史书和儒家著作，因此司马迁说"'六艺'从此缺焉"。至于有心存古的人，也只有将经典壁藏起来，以待来日甚至来人了。如孔鲋之藏"六经"传记[2]，伏生之藏《尚书》，颜芝之藏《孝经》，俱是。

二是儒生的被杀，使儒学群体锐减。有人以《本纪》所载坑儒事件的起因是方士侯生、卢生非议始皇，而文献记此事又称"焚诗书，坑术士"（《史记》），遂以为秦所坑者仅方士而已。其实非也。首先，《说文》曰："儒，柔也，术士之称也。"儒即术士，术者礼、乐、射、御、书、数也，非仅方术之称。其二是从焚书令明令禁止"私藏"和"偶语"的乃是《诗》、《书》，而非方术和方书。其三，秦始皇欲长生不老，迷信神仙，对方士大为优待，如何肯尽坑之呢？因此，"坑术士"必为坑儒生无疑。

---

① 贾谊：《新书·过秦论》下，又见《史记·秦始皇本纪》"太史公曰"引。

② 《孔丛子》卷中《独治》："陈余谓子鱼曰：'秦将灭先王之籍，而子为书籍之主，其危矣。'子鱼曰：'顾有可惧者，必或求天下之书焚之，书不出则有祸。吾将先藏之以待其求，求至，无患矣。'"

　　三是使儒学自"显学"降为"禁学"。战国之世，天下显学二：一为墨，一为儒，故文献有"孔墨之徒属遍天下"之称。秦令"藏《诗》、《书》、百家语者，悉诣守、尉杂烧之"、"偶语《诗》《书》者弃市"、"以古非今者族"，从前载道明智的经典著作而今成了取祸的"司空城旦书"（窦太后语）了，在这样严厉的禁令之下，谁还敢冒险去读？史载刘邦同父少弟楚元王刘交"少时尝与鲁穆生、白生、申公俱受《诗》于浮丘伯"。浮丘伯是荀卿门人，与李斯为同门友，出身不可谓不正，他在民间的聚徒讲学，也因秦的禁令而不得不解散："及秦焚书，各别去。"①李斯同门友尚且不得私相传授，其他儒者的处境可想而知。这无疑将造成儒学传授的断层，所以后来从孔壁发现先秦古文经书，就已无人能够识读矣。

　　关于秦焚书是否造成儒学文献的缺失，历史上曾经有不同看法。一说"六经"不缺。《资治通鉴》卷七："非博士官所职，天下有藏《诗》、《书》百家语者，皆诣守尉杂烧之。"胡三省注："秦之焚书，焚天下之人所藏之书耳，其博士官所藏则故在。项羽烧秦宫室，始并博士所藏者焚之。此所以后之学者咎萧何不能于收秦图书之日并收之也。"郝经《续后汉书》卷六五上："至于坑戮，儒学几乎熄矣。然而秦博士之所掌二帝三王之典籍犹存；及项籍入咸阳，一炬而尽，祸尤酷于秦人。"都认为秦所焚书只是民间所藏，博士官所藏还在咸阳宫中，只因项羽一炬乃尽为焦土，而怪罪萧何入关取秦图籍时不能将儒学文献一并取走。图书的价值在传不在藏，秦不能广传其书以便保存，却实行学术垄断、思想钳制，最终导致学术与文献俱毁，这本是罪魁祸首，论者却怪罪于在干戈扰攘之际未能及时抢救文献的萧何头上，真是是非颠倒，本末倒置！

　　况且萧何并非不收儒学图籍，汉世犹多行"中书"或"中古文"，屡见于《汉书》。《汉书·艺文志》："刘向以中《古文易经》校施、孟、梁丘经，或脱去'无咎'、'悔亡'，唯费氏经与古文同。"颜师古曰："中者，天子之书也。言中，以别于外耳。"是《周易》有"中古文"。《汉书·艺文志》"尚书类"："刘向以中古文校欧阳、大小夏侯三家经文，《酒诰》脱简一，《召诰》脱简二"。又《汉书·儒林传》："世所传《百两篇》者，出东莱张霸……成帝……以中书校之，非是。"颜师古曰："中书，天子所藏之书也。"是《尚书》亦有"中古文"或"中书"。《汉书·艺文志》所录"古文"，其来于民间或孔壁者，皆明著来源，唯皇家原有所藏则直呼"中书"或"中

----

①　《汉书·楚元王传》。

古文"①。刘邦起于泗上亭长，出于下层，这些皇家才有的"中书"、"中古文"从何而来？其非萧何取自秦廷而何！

王应麟说："召平、董公、四皓、鲁两生之流，士不以秦而贱也；伏生、浮丘伯之徒，经不以秦而亡也；万石君之家，俗不以秦而坏也。《剥》之终曰：'硕果不食。'阳非阴之所能剥。"②儒学乃人间正道、仁义为世法真理，虽然受此重创，但天理所在，人心所向，也不是秦政所可彻底泯灭得了的。故儒家经学在经过秦火之后，仍然能够凤凰涅槃，春风原草，获得新生，也是"天命不绝、斯文在兹"的作用罢了！

二、关于《乐经》亡佚问题

秦始皇"焚书"之举，无疑是中国历史上消极影响最大的文化毁灭事件。司马迁说"六艺从此缺焉"，六艺即"六经"，"六经"因秦焚书而"缺"，那么"六经"到底"缺"什么呢？一以为"书缺其篇"，一以为"经缺其书"。"书缺其篇"者，如百篇《尚书》仅传29篇之类是也；"经缺其书"者，则莫如《乐经》亡佚为甚。

班固说："古者以《易》、《书》、《诗》、《礼》、《乐》、《春秋》为'六经'，至秦燔书，《乐经》亡，今以《易》、《书》、《诗》、《礼》、《春秋》为'五经'。"③沈约也说："秦代灭学，《乐经》残亡。"（《隋书·音乐志》引）但是也有人以为"乐"本无经，不存在亡与不亡的问题；又以为《乐》本附《诗》，因汉人传经，重词不重曲，故《诗》行而《乐》亡。到底《乐经》有无？《乐经》因何而无传？就是值得考察的问题了。对此，本书第二编有专章

---

① 王充《论衡·正说》："至孝景帝时，鲁共王坏孔子教授堂以为殿，得百篇《尚书》于墙壁中。武帝使使者取视，莫能读者，遂秘于中，外不得见。至孝成皇帝时，征为《古文尚书》学，东海张霸案百篇之序，空造百两之篇，献之成帝。帝出秘百篇以校之，皆不相应。于是下霸于吏。吏白霸罪当至死，成帝高其才而不诛，亦惜其文而不灭，故百两之篇传在世间者。传见之人则谓《尚书》本有百两篇矣。"是以"中古文"为孔壁古文之遗。但是《汉书》明载孔壁《古文尚书》并非百篇，只比今文28篇多16篇，实止44篇，故王充之说误。且《汉书·艺文志》对孔壁或民间所得古文皆明著来源。如"礼类"云"《礼古经》者，出于鲁淹中"；"孝经类"称今文《孝经》各家"经文皆同，唯孔氏壁中古文为异"；又"《论语》古二十一篇，出孔子壁中，两《子张》"；"小学类"《史籀篇》"与孔氏壁中古文异体"等等。唯原中秘藏书则径称"中古文"，二者判然有别。
② 王应麟：《困学纪闻》卷一，中华书局，1959年。
③ 《太平御览》卷六〇八引《白虎通》，中华书局，1960年。

讨论，兹不深论，这里只谈谈秦火是否导致《乐经》亡佚的问题。

何为《乐经》？《汉书·艺文志》"六艺略"有"乐类"，记载："六国之君，魏文侯最为好古。孝文时得其乐人窦公，献其书，乃《周官·大宗伯》之《大司乐》章也。"① 有人以为这就是《乐经》，明儒张凤翔"辑述《周礼·大司乐》以下诸官而为之注，末以《小戴礼·乐记篇》附焉"，题曰《乐经集注》2卷②；清儒张照引"《乐经》曰：'以乐德教国子：中、和、祇、庸、孝、友'"③ 云云，即出此《大司乐》章。说明自汉至清都有人将《大司乐》视为《乐经》。

不过，《乐经》作为一部经典，《大司乐》章显然并不全面，汉人于是纷纷补撰《乐记》或《乐经》。至武帝时，河间献王乃"与毛生等共采《周官》及诸子言乐事者，以作《乐记》"。此《乐记》当然包括了《大司乐》章，也杂采了诸子文献。后来由河间内史王定传给王禹，王禹在成帝时献其书24卷。《隋书·经籍志》又谓"常山王、张禹，咸献《乐书》"。刘向校书，另得《乐记》23篇，与王禹所奏不同，据沈约说，此篇乃取自《公孙尼子》；而常山王、张禹之书不得其传。

《汉书·王莽传》载：元始四年"立《乐经》"。《隋书·经籍志》也有"《乐经》四卷"，而不著撰人。考东汉鲍邺已引"《乐经》曰：十二月行之，所以宣气丰物也。"④ 王应麟《汉艺文志考证》又说："《三礼图》云：旧图引《乐经》云：黄钟磬云云。《周礼·磬氏》疏：案《乐》云：磬前长三律二尺七寸，后长二律尺八寸。与《三礼图》所引同。"据《隋书·经籍志》"《三礼图》九卷，郑玄及后汉侍中阮谌等撰"，则《乐经》在东汉曾广为学人所引。

---

① 颜师古注引桓谭《新论》云："窦公，年百八十岁，两目皆盲，文帝奇之，问曰：'何因至此？'对曰：'臣年十三失明，父母哀其不及众技，教鼓琴。臣导引，无所服饵。'"齐召南《汉书考证》："按窦公事见正史，必得其实。但桓谭言'百八十岁'则可疑也。魏文侯在位三十八年而卒，时为周安王十五年。自安王十五年计至秦二世三年，即已一百八十一年矣。又加高祖十二年、惠帝七年、高后八年，而孝文始即帝位，则是二百零八年也。窦公在魏文侯时已为乐工，则其年必非甚幼，至见文帝，又未必即在元年，则其寿盖二百三四十岁矣，谓之百八十岁，可乎？"按：有可能在高帝时；或是在"得其乐人窦公"下缺"后人"之类文字。

② 陆元辅说，见朱彝尊：《经义考》卷一六七引。

③ 张照：《回奏乐律札子》，见《皇朝通典》卷六七。

④ 鲍邺，东汉章帝时人，其《奏乐事》在建初二年（77年），见《后汉书》卷九十《律历志上》注引。

这些《乐经》也许都采录了先秦文献，但不一定就是儒家原本《乐经》。①

王充《论衡·超奇篇》说："阳成子长作《乐经》、扬子云作《太玄经》，造于（助）[眇]思，极窅冥之深，非庶几之才不能成也。孔子作《春秋》，二子作两经，所谓卓尔蹈孔子之迹，鸿茂参贰圣之才者也。"又《对作》："阳成子张作《乐》，扬子云造《玄》，二经发于台下，读于阙掖，卓绝惊耳，不述而作，材疑圣人，而汉朝不讥。"阳成子长，姓阳成，名衡，字子长（又作子张），曾经补《史记》、撰《乐经》，俱佚。王莽所立《乐经》博士和东汉以下诸儒所引《乐经》，也许就是阳成衡所撰，并非先秦旧籍。

汉儒将《乐经》圈定于文字性说明，也是不够全面的。最早的《乐经》也可能还包括配于《诗》、演于《礼》的乐谱。如《乐记》"故歌者，上如抗，下如队，曲如折"，到《汉书·艺文志》就著录有"《河南周歌诗》七篇，《河南周歌声曲折》七篇；《周谣歌诗》七十五篇，《周谣歌诗声曲折》七十五篇"，即是有歌诗，有曲调（即所谓"声曲折"）。《乐经》若有乐谱，当似"声曲折"一类，抑或更早期的记谱法，如以宫商角徵羽五声记谱、以十二律吕记谱、《礼记·投壶》所载鼓谱等，其性质当是半靠字符谱录，半靠师弟子代代相传。即使有说明文字，亦如河间献王、公孙尼子等《乐记》，都为后师所撰。

孔子自云："吾自卫反鲁，然后乐正，《雅》、《颂》各得其所。"（《论语·子罕》）《史记·儒林列传》亦称，孔子"修起《礼》《乐》"，是其存在整理《乐经》的事实，而且《乐经》就是《雅》、《颂》，在《诗经》之中。蒙文通说：孔子"正《诗》即所以正乐，则乐非亡也"。② 又《孔子世家》说："三百五篇孔子皆弦歌之，以求合《韶》《武》《雅》《颂》之音。"《诗经》三百零五篇，皆有曲可以弦歌，而且《韶》、《武》、《雅》、《颂》就是"正《乐》"的标准。班固有"称乐则法《韶》、《武》"（《汉书·儒林传序》）之说，《韶》是舜之乐，《武》是周之乐，孔子"谓《韶》：'尽美矣，又尽善也。'谓《武》：'尽美矣，未尽善也。'"（《论语·八佾》）说明孔子所"正"之《乐》即是

---

① 《西京民报》1936 年 12 月 12 日第四版《乐经·旬邑古庙发现竹简，飞云洞中只余今文》载，明末清初文平人发现蝌蚪文《乐经》，后经译释而成楷体，"全书共三册，每册约百页……首卷前句为帝曰（即指黄帝），下为师曰（乐师名吕），再下为孔子、颜子解释等等"。《乐经》当亦汉人所造。

② 蒙文通：《经学抉原》"焚书第二"，蒙默整理：《蒙文通文集》第三卷《经史抉原》，巴蜀书社，1995 年，第 59 页。

《诗经》的演奏本，并以《韶》、《武》为最高准则。①

由孔子"正乐"观之，孔子的《乐经》，其主体亦即《韶》、《武》和《诗经》三百篇之曲调等类。《左传》载季札"观乐"，鲁国乐师为之遍歌《风》、《雅》、《颂》，皆《诗经》篇目，证明当时《诗》、《乐》本是一体。明刘濂曰："余谓《乐经》不缺，《三百篇》者《乐经》也，世儒未之深考耳。"又说："惟所谓《诗》者，以辞义寓于声音，附之辞义，读之则为言，歌之则为曲，被之金石弦管则为乐，《三百篇》非《乐经》而何哉？"② 可见，当时的《乐经》与《诗经》是密切相关的。

朱载堉也论《乐》与《诗》关系："臣尝闻臣父曰：《乐经》者何？《诗经》是也。《书》不云乎：'帝曰：夔，命汝典乐，教胄子，直而温，宽而栗，刚而无虐，简而无傲。诗言志，歌永言，声依永，律和声。八音克谐，无相夺伦，神人以和。'夔曰：'于，予击石拊石，百兽率舞。'此之谓也。迄于衰周，《诗》、《乐》互称，尚未歧而为二。故孔子曰：'吾自卫反鲁，然后《乐》正，《雅》、《颂》各得其所。'又曰：'师挚之始，《关雎》之乱，洋洋乎盈耳哉。'此称《诗》为《乐》也。孟子曰：齐景公'召大师曰："为我作君臣相说之乐。"盖《征招》、《角招》是也。其《诗》曰："畜君何尤。"畜君者，好君也'。此称《乐》为《诗》也。秦政坑儒灭学之后，礼乐崩坏。汉初制氏世在乐官，但能纪其铿锵鼓舞，而不能言其义；齐、鲁、韩、毛但能言其义，而不知其音。于是《诗》与《乐》始判而为二。魏、晋已降，去古弥远，遂谓《乐经》亡。殊不知《诗》存则《乐》未尝亡也。"③ 即是就此而言的。李东阳《麓堂诗话》："《诗》在六经中别是一教，盖六艺之《乐》也。"吴汝纶也说："《乐》以《诗》为本，《诗》以《乐》为用。《诗》与《乐》相为表里者也。"④ 俱主《诗》、《乐》一体说。因此，从文本上看，《乐经》实有曲谱

---

① 《周礼·大司乐》大师"教六诗，曰风、曰赋、曰比、曰兴、曰雅、曰颂。"《礼记·乐记》载："子赣见师乙而问焉曰：'赐闻声歌各有宜也，如赐者宜何歌也？'师乙曰：'乙贱工也，何足以问所宜？请诵其所闻，而吾子自执焉：宽而静、柔而正者，宜歌颂；广大而静、疏达而信者，宜歌大雅；恭俭而好礼者，宜歌小雅；正直而静、廉而谦者，宜歌风；肆直而慈爱者，宜歌商；温良而能断者，宜歌齐。'"大师所教"六诗"即《诗经》之六义；师乙所答"六歌"，亦在《诗经》之中。《内则》说："十有三年，学《乐》诵《诗》，舞勺"俱是《乐》、《诗》合一之证。

② 刘濂：《乐经元义》，见《律吕精义·内篇五》引。

③ 朱载堉：《乐律全书》卷一七，文渊阁《四库全书》本。

④ 吴汝纶：《诗乐论》，见《清儒学案》卷一八九，人民出版社，2010年。

和词章两类，曲谱即宫商律吕之类；词章即《诗经》三百篇之类。

夷考载籍，与《诗经》、音乐曲谱相联系的《乐经》尚广泛流传于秦、汉之间。① 李斯《谏逐客书》："《郑》、《卫》、《桑间》、《昭》、《虞》、《武》、《象》者，异国之乐也。今弃击瓮叩缶而就《郑》、《卫》，退弹筝而取《昭》《虞》。"（《史记·李斯列传》）《桑间》、《昭》、《虞》、《武》、《象》皆乐名；《集解》引徐广曰："昭，一作韶。"《昭》即《韶》。《韶》、《虞》皆舜乐。说明《韶》、《武》等乐，在秦始皇坑焚前的秦国固有保存和演奏，它们又保存和流传到汉代。

《汉书·礼乐志》："孝惠二年，使乐府令夏侯宽备其箫管，更名曰《安世乐》。高（祖）庙奏《武德》、《文始》、《五行》之舞；孝文庙奏《昭德》、《文始》、《四时》、《五行》之舞；孝武庙奏《盛德》、《文始》、《四时》、《五行》之舞。《武德舞》者，高祖四年作，以象天下乐已行武以除乱也。《文始舞》者，曰本舜《招舞》也，高祖六年更名曰《文始》，以示不相袭也。《五行舞》者，本周舞也，秦始皇二十六年更名曰《五行》也。《四时舞》者，孝文所作，以示天下之安和也。"

何妥说："汉高祖庙奏《武德》、《文始》、《五行》之俤。当春秋时，陈公子完奔齐，陈是舜后，故齐有《韶》乐。孔子在齐闻《韶》，三月不知肉味是也。秦始皇灭齐，得齐《韶》乐。汉高祖灭秦，《韶》传于汉，高祖改名《文始》，以示不相袭也。《五行俤》者，本周《大武》乐也，始皇改曰《五行》。及于孝文，复作四时之俤。"（《隋书·儒林列传》）可见，孔子时的《韶》、《武》在秦汉时仍传，只是改名为《文始》、《五行》而已，其曲调并未失传。

《汉书·成帝纪》："（匡衡）又言：'郊柴飨帝之义，埽而祭，尚质也。歌《大吕》，舞《云门》，以竢天神；歌《太簇》，舞《咸池》，以竢地祇。'"《后汉书·孔僖列传》："元和二年春，帝东巡狩，还过鲁，幸阙里，以太牢祠孔子及七十二弟子，作'六代之乐'。"李贤注："黄帝曰《云门》，尧曰《咸池》，舜曰《大韶》，禹曰《大夏》，汤曰《大濩》，周曰《大武》。""六代之乐"即黄帝、尧、舜、禹、汤、武之乐。说汉代尚存"六代"之乐，或有些夸大（何焯《义门读书记》就怀疑："按《前书》，秦时惟余《韶》、《武》，安得经新莽之乱尚备此乐？云'六代'者，史仍一时之夸饰也。"），但是成帝时尚有《韶》、《武》，则是没有怀疑的。

---

① 王国维：《汉以后所传周乐考》，见《观堂集林》卷二，上海古籍书店 1983年影印《王国维遗书》本。

正由于旧乐尚存，故汉代还可以举行"乡饮酒礼"和"大射礼"。《史记·孔子世家》："鲁世世相传以岁时奉祠孔子冢，而诸儒亦讲礼乡饮大射于孔子冢。"又《儒林列传》："故汉兴，然后诸儒始得修其经艺，讲习大射乡饮之礼。"举行大射礼、乡饮酒礼，是必须演奏音乐的，《仪礼·乡饮酒礼》就明确规定："工歌《鹿鸣》、《四牡》、《皇皇者华》"，"笙入堂下，磬南北面立，乐《南陔》、《白华》、《华黍》"，"乃间歌《鱼丽》，笙《由庚》，歌《南有嘉鱼》，笙《崇丘》，歌《南山有台》，笙《由仪》"；"乃合乐《周南·关雎》、《葛覃》、《卷耳》，《召南·鹊巢》、《采繁》、《采苹》"云云。又《大射仪》"乃歌《鹿鸣》三终"；"乃管《新宫》三终"；"乐正命大师曰：奏《狸首》，间若一"云云。

以上所举篇题，除个别系"佚诗"、"笙诗"外，其他都是今传《诗经》的篇目，说明《诗经》有曲可奏可歌，亦表明迟至汉世《诗经》都还有曲调以供演奏。如果准《史记》孔子"修起《礼》、《乐》"，使"《雅》、《颂》各得其所"之用例，这些工歌、笙歌、间歌的内容，无疑也属于当年孔子所"修起"的内容（即《乐经》）了，可见它们在汉代仍然保存并演奏着，并未因秦焚而亡佚。《汉书·艺文志·六艺略》"乐类"所录《雅歌诗》4篇、《雅琴赵氏》7篇（名定，渤海人）、《雅琴师氏》8篇（名中，东海人，传言师旷后）、《雅琴龙氏》99篇（名德，梁人），孔子"弦歌《雅》、《颂》"，此其《雅》乐之孑遗者乎？

《汉书·王褒传》又载，汉宣帝神爵元年（前61），王褒作《中和》、《乐职》、《宣布》诗，皇帝于是"选好事者令依《鹿鸣》之声习而歌之"。《鹿鸣》之乐至汉宣帝时犹存，还被用来配王褒的歌词演唱。王应麟《玉海》还引："《晋志》（《晋书·乐志》）：杜夔传旧雅乐四曲：一曰《鹿鸣》，二曰《驺虞》，三曰《伐檀》，四曰《文王》，皆古声辞。"[1]《鹿鸣》、《驺虞》、《伐檀》、《文王》皆《诗经》篇名。杜夔字公良，东汉末人，汉灵帝时以知音为雅乐郎；后以世乱奔荆州，荆州牧刘表令与孟曜为汉主合雅乐；后归曹操，掌大乐。时至三国时期，仍然有人传奏《诗经》部分篇目的乐曲。同时，上述资料还告诉我们，《乐经》还是可以配合礼仪活动进行演奏的，在何种情况下演奏什么乐，是有一定规定和说明的，这也应当是《乐经》的内容之一。故四库馆臣说，"其（《乐经》）仪节备于《礼》"。

由上述文献我们得知，《乐经》实在应当包括四大部分：讲乐官设置和音

---

① 王应麟：《汉艺文志考证》"雅歌诗四篇"注，文渊阁《四库全书》本。

乐制度的内容，如《大司乐》；讲具体的乐曲和歌词的，如"律吕"和《诗经》等；讲音乐演奏场合和制度的，如《仪礼》、《礼记》中讲"工歌"、"师奏"的文献；讲音乐原理和乐教功能的，如公孙尼子的《乐记》、《王禹记》、"刘向记"等。因此，如果我们今天要钩稽《乐经》踪迹的话，就当取《大司乐》以明其大纲，考"律吕"、《诗经》以明其本体，辨《礼》中奏乐文献以详其用，聚《乐记》等文献以讲明乐教之理。

既然孔子所"修起"的《乐》即《韶》、《武》和"《诗》三百"的曲调，《韶》、《武》传于秦汉，更名《文始》、《五行》；从前孔子"皆弦歌之"的"《诗》三百"曲调，其中部分篇目在汉代还广为诸儒所演奏，当然《乐经》亡佚就不可能纯粹归咎于秦火了。

秦始皇焚书，是不是于《乐经》毫无所损呢？则又非也。秦禁"《诗》、《书》百家语"，故有关《诗经》的解说，已所存无几；《诗》之本经，也是因讽诵在人口，才得以流传。完全可以想象，原附《诗经》却不便于讽诵的曲调（即所谓《乐经》），当然就未能完整地保存和传播开来。由于汉立"五经博士"无《乐经》，关于《乐》的义理，因无师说便无人知晓了。

无论是秦皇，还是汉武，他们都是沉湎于音乐的人，不会连《乐经》的演奏都不要了，前举汉世诸庙之演奏《文始》、《五行》、乡饮礼、大射礼之"笙歌"、"工歌"、"间歌"，乃至三国杜夔所传"四曲"，皆是其例。这些都说明《乐经》在汉世尚存，只是不传于博士而行于乐工而已。

《汉书·艺文志》说："汉兴，制氏以雅乐声律，世在乐官，颇能纪其铿锵鼓舞，而不能言其义。"正是仅传其技、不得其义的表现，此孔子所以要慨叹："乐云乐云，钟鼓云乎哉！"儒家所重之"乐"，端在于义理，西汉制氏已不能知，徒记铿锵鼓舞，于教何益？这也许是"乐"至汉世不立博士的原因之一吧？

《四库全书总目》经部"乐类小序"："沈约称'《乐经》亡于秦'，考诸古籍，惟《礼记·经解》有'乐教'之文，伏生《尚书大传》引'辟雍舟张'四语，亦谓之《乐》，然他书均不云有《乐经》。（《隋书·经籍志》：'《乐经》四卷。'盖王莽元始三年所立；贾公彦《考工记·磬氏疏》所称'乐曰'，当即莽书，非古《乐经》也。）大抵《乐》之纲目具于《礼》，其歌词具于《诗》，其铿锵鼓舞之节则传在伶官。汉初制氏所记，盖其遗谱，非别有一经为圣人所手定也。"除不承认《乐经》"别有一经"存在，不符历史事实外，其他所言基本准确。

王国维又以为，古代存在诗家和乐家所传二个不同系统的《诗经》："诗、乐二家，春秋之季已自分途。诗家习其义，出于古师儒，孔子所云言诗、诵诗、学诗者，皆就其义言之；其流为齐、鲁、韩、毛四家。乐家传其声，出于古太师氏，子贡所问于师乙者，专以其声言之；其流为制氏诸家。"王国维还考证出诗家之诗与乐家之诗在顺序、分篇等方面的不同之处有四条。不过二者虽然有此分别，其为诗、乐合一的体制则是一致的。

王国维还说："诗家之诗，士大夫习之，故《诗》三百篇至秦汉具存。""乐家之诗，惟令人世守之，故子贡时尚有风、雅、颂、商、齐诸声，而先秦以后仅存二十六篇，又亡其八篇。且均被以雅名，汉魏之际仅存四五篇，后又易其三。迄永嘉之乱，而三代之乐遂全亡矣。"① 钱钟书《谈艺录》也说："诗、词、曲三者，始皆与乐一体。而由浑之划，初合终离。"② 不过，秉承于师儒之传的诗家并非不传乐者也，不特孔子曾经以"三百篇""皆弦歌之"，即使至秦汉之际也还是《诗》、《乐》并提、"六经"共论的。故王氏之说，可以解决《诗》、《乐》是否一体的问题，还是不能说明诗存乐亡的原因。

从功能上看，由于《乐》之歌词备于《诗》，其节度备于《礼》，《诗》、《礼》存而《乐经》不亡，《诗》教、《礼》教行而《乐》教亦在其中矣。从文献上看，《大司乐》录于《周礼》，"三百篇"之词载在《诗经》，其曲调则掌于乐官，其义理则记于《乐记》而隶在《礼记》，故《诗》、《礼》存而乐教文献不缺也。何况，《乐经》所载既然是黄帝、尧、舜、禹、汤、武等"六代"古乐，必不完全合乎当代人胃口，观魏文侯"听古乐唯恐卧"，即可见一般。《乐经》中具有现实意义和悦情价值的部分，已经转变成时乐新舞演奏于庙堂和乡饮、大射等各种场合，人们的现实需求已经得到满足，至于完整的《乐经》，无之不觉缺陷，有之反觉多余。这样一来，又还有谁去在意《乐经》是否存在呢？可见，《乐经》不亡于"秦焚"，也不亡于"项火"，而是亡于对儒家新经典体系的选择，甚至是亡于人们的淡漠与疏忽之间。

然而，乐者，《诗》之韵律、《礼》之节奏，《乐经》亡而《诗》失其声调、《礼》失其铿锵。《诗》失声调，故只余文辞徒诵，而乏歌唱音律之美；《礼》失铿锵，故只余繁节冗文，而无和声演奏之乐。后世之治《诗》者遂徒详其名物训诂，治《礼》者又徒演其虚文枯仪，又岂能尽得周公"制礼作乐"、孔子"修起《礼》、《乐》"和乐盛美之初衷呢？论者有曰："自三代之治

---

① 王国维：《汉以后所传周乐考》，见《观堂集林》卷二，《王国维遗书》本。
② 钱钟书：《谈艺录》（补订本），中华书局，1984年，第27页。

既往，而《乐经》亡矣，《乐经》亡则《礼》素而《诗》虚，是一经缺而三经不完也。"① 岂不然哉？因此，为重兴儒家乐教精神，恢复儒家"六经"体系，将散见各处的乐教文献汇集起来（如清李光地《古乐经传》之所为），加以整理研究，仍然是必要的。

三、"六艺"残缺

至于秦焚书使"书缺其篇"，则章章可考。王充《论衡·书解》说："汉兴，收'五经'，经书缺灭而不明，篇章弃散而不具。"造成这一状况的原因则端赖秦火之"赐"。如《易经》本因"卜筮之书"不焚，但也只是六十四卦经文部分得以保全，其余传文"十翼"却有佚篇。《尚书》百篇，孔鲋、伏生皆有壁藏，但是战乱之后伏生仅得28篇，孔府也只剩44篇。《礼经》也是如此，王充《论衡·正说》："至孝宣皇帝之时，河内女子发老屋，得逸《易》、《礼》、《尚书》各一篇，奏之。宣帝下示博士，然后《易》、《礼》、《尚书》各益一篇，而《尚书》二十九篇始定矣。"据说，《易》之所增乃《说卦》、《序卦》、《杂卦》，《尚书》所增即《泰誓》，它们之入诸经正编迟至西汉中叶才最后完成。即使是便于记诵的《诗经》也不例外，据刘歆说，当时传《诗经》者"一人不能独尽其经，或为《雅》，或为《颂》，相合而成"。都因《诗》篇有残，《诗》说不明之故。

此外，秦焚书使《诗》、《书》的经说损失独多。《史记》说秦禁书对象是"《诗》、《书》、百家语"，似乎即《诗经》、《尚书》和诸子百家著作；可是，王充《论衡·书解》却说："秦虽无道，不燔诸子，诸子尺书文篇具在，可观读以正说，可采掇以示后人。"可见，秦焚书不包括"诸子百家"著作。那么"《诗》、《书》、百家语"应当作何解释呢？

根据史实，窃以为此处的"百家语"应当是解说《诗》、《书》的诸家文献。"《书》以道事"，《尚书》所说皆古事，诸儒读之据以"以古非今"，正在禁令之科："以古非今者族。""《诗》以道志"，儒者治《诗》，用以讽谏，孔子曰："《诗》可以兴，可以观，可以群，可以怨。"故秦令特别禁之。秦"焚书令"是对已有的"《诗》、《书》、百家语"要焚掉；"禁书令"又说"偶语《诗》《书》者弃市"，这是不许产生新的"《诗》、《书》、百家语"。可见《史记》所说"《诗》、《书》、百家语"即是诸儒关于《诗》、《书》的解说文献。

从汉代以来传世文献、后世出土文献的内容，也可以发现先秦儒学文献

---

① 　陈旸：《乐书》卷一二〇《琴操》，文渊阁《四库全书》本。

独以《诗》、《书》之说最少。先秦《易》说，既有传世的"十翼"，又有马王堆出土帛书《易传》。《春秋》说，则有所谓《左氏》、《公羊》、《穀梁》、《邹氏》、《夹氏》"五传"。《礼》说，则有"百三十篇"之《记》，后世编为大小戴《礼记》。《乐》说，则有《乐记》等等。司马迁说："《书》传《礼》记自孔氏。"说明当年孔氏既有"《礼》记"，也有"《书》传"，可是汉世传下来的却只有《礼记》，而无《书传》（汉代只传伏生《尚书大传》一种），其非佚散而何？

《诗经》之说，在汉世亦少之又少，唯传齐、鲁、韩《诗》，而无先秦《诗》说，即毛氏之《传》也是起于汉武之世，虽存旧说，但却不是先秦文献的直接记录，其数量也远比《礼记》为少。今天出土战国竹书，上博简有《孔子诗论》、清华简有大量《书》说，原因是入葬于战国时期，未经秦火。王充有"或言'秦燔诗书'者，燔《诗经》之书也，其经不燔焉"[①] 之说，已经悟及秦人所燔"诗书"即是"说《诗》之书"，但无视"《诗》、《书》、百家语"的结构，忽略"《书》说"则不全面。

范文澜认为李斯建议焚书，乃是"孙（荀）氏之儒"对"孟氏之儒"实施的打击，考之《史记》信然。《史记·孟子荀卿列传》称，孟轲"与万章之徒序《诗》《书》，述仲尼之意"，而作《孟子》7篇，可见"称说《诗》《书》"、"以古非今"正是"孟氏之儒"的看家本领。李斯出自荀门，其所建议，当然要打击异己，因此与"孙氏之儒"对立的"孟氏之儒"（亦即"称说《诗》、《书》"之儒）就成了主要对象。

综上数证，秦所焚"《诗》、《书》、百家语"，其为解说《诗》、《书》的诸儒经解，亦可知矣。

四、秦朝的文化建设

秦朝对儒学的政策肯定是以打击为主，但是秦的一些文化措施，客观上对儒学文献的保存和传播也曾经起到过一些积极作用。据学人考证，其作用略有以下数端：

一是首设博士官，客观上为儒学保留了人才。博士官虽然在战国初鲁国、魏国都已出现，但在中央政府设置博士却始于秦朝，故班固《汉书·百官公卿表序》径曰："博士，秦官。"[②] 龚道耕揭示说："秦用李斯为相，亦尊儒

---

① 《论衡·正说》。
② 《汉书·百官公卿表序》。

术，置博士七十人……当经籍道息之际……抱持'六艺'以待汉兴者，皆秦之博士诸生也。"① 又说："秦之为功于文学者二事：一则置博士官，掌通古今，为汉代设学官之始。其时《诗》、《书》、百家语在民间者虽焚，而博士所职者自若……一则初作小篆、隶书"云云。② 后来为汉制礼仪的叔孙通、传《尚书》的伏生，都是秦朝博士。秦朝的博士制度客观上为汉的儒学复兴储备了师资。

其二是秦博士也有著述传世。《汉书·艺文志》著录"《羊子》四篇、百章。"自注："故秦博士。"又黄疵亦"著书传世，又为《秦歌诗》"，但此类情况殊属凤毛麟角，不可多得。

其三是吕不韦招集门客编纂杂家性质的《吕氏春秋》，其中收录《劝学》、《当染》、《尊师》、《孝行》等篇，部分保存了儒学文献。

其四，龚道耕还说：秦人"初作小篆、隶书"，推行"书同文"政策，改变了周宣王时史籀"大篆"的繁重、六国文字的"异形"，这两种字体在中国流传数千年，对文化学术传授和发展推动极大。另一方面，李斯作《仓颉篇》、赵高作《爰历篇》、胡毋敬作《博学篇》，以课学僮，开启了"小学"科目，成为后世经学的重要内容。

当然，秦朝的这些文化政策主观上并不是专为儒学设，它对儒学的积极作用只是客观的、间接的；从主观上讲，秦朝对儒学的打击、破坏居多。

第四节　汉代的儒学文献

汉代是儒家经典复出，儒学文献类型增多，并最终形成体系的时期。兹分西汉、东汉两个时期叙述。

一、西汉

汉代儒学复兴政策的正式推行是从汉武帝时期开始的，但儒学之所以能够复兴，又以儒学文献的大量复出为其前提条件，故讲两汉儒学不得不首先

①　龚道耕：《经学通论》"经学沿革略说二"，民国十五年（1926）成都薛崇礼堂刻本；又见李冬梅编：《龚道耕儒学论集》，四川大学出版社，2010年。

②　龚道耕：《中国文学史略论》卷二，成都民国间刻本；又见李冬梅编：《龚道耕儒学论集》。

关注汉惠帝"除挟书律"的举措。秦始皇焚书，儒家文献唯《易》在卜筮而不焚，《诗》以便于记忆而诵在人口。汉初，文献稀少，"唯有《易》卜"，惠帝四年（前191）乃"除挟书之律"，于是散在民间、藏在崖壁的文献才慢慢复出。郝经《续后汉书》卷六五上："孝惠四年，始除挟书律。残门余士，祛箱解禁，排蓬荜，振埃烬，掇拾断烂而出焉。"如颜芝所藏《孝经》，即于是时由其子贞献于朝廷。

孝文皇帝时，原秦博士济南伏生能读《尚书》，文帝派遣晁错前往聆受《尚书》。当时《尚书》"初出于屋壁，朽折散绝"，"时师传读而已"，没有义理；"《诗》始萌芽"，也无人传授；"天下众书往往颇出，皆诸子传说"，真正对儒家经典精通的人寥寥无几。文帝为了保存文献，对诸子之说"犹广立于学官，为置博士"。《论语》、《孝经》、《孟子》、《尔雅》也在"广立"之中，得置于博士专掌。不过当时朝廷大臣以儒学出身的殊少，"在汉朝之儒，唯贾生（谊）而已"①，这当然形不成儒学复兴和儒学文献撰著的新气候。

经过七八十年积累，直到汉武帝时，经学传授都还很初级："当此之时，一人不能独尽其经"，须经数人"相合而成"。至宣帝时，《尚书》"《泰誓》后得，博士集而读之"，乃能粗通；《周易》的《说卦》以下3篇（含《序卦》、《杂卦》），也于此时为河内女子所发现。所以元朔五年（前124）汉武帝诏书还说："礼坏乐崩，书缺简脱，朕甚闵（悯）焉。"② 当时自然谈不上经典的完整性，刘歆说："离于全经，固已远矣。"诚为当时事实。

武帝于是"建臧（藏）书之策，置写书之官"，于是汉代又出现了一次文献发现的高潮。除儒家典籍纷纷出现外，"下及诸子传说"，"皆充秘府"（《汉书·艺文志》）。故此期儒学文献的特色，主要在于儒家遗书的发现。

（一）逸经的发现

首先是孔壁古文。

秦焚书时，孔鲋将《诗》、《书》藏于壁中，至"武帝末，鲁共（恭）王坏孔子宅，欲以广其宫，而得《古文尚书》及《礼记》、《论语》、《孝经》凡数十篇，皆古字也。共王往入其宅，闻鼓琴瑟钟磬之音，于是惧，乃止不坏。孔安国者，孔子后也，悉得其书，以考二十九篇，得多十六篇。安国〔家〕

---

① 刘歆：《移太常博士书》，见《汉书·楚元王传·刘歆》。
② 《汉书·武帝纪》。

献之，遭巫蛊事，未列于学官"。① 刘歆也说："及鲁恭王坏孔子宅，欲以为宫，而得古文于坏壁之中，《逸礼》有三十九、《书》十六篇。天汉之后，孔安国［家］献之，遭巫蛊仓卒之难，未及施行。"② 恭王即刘余，这批书中有《尚书》、《礼记》（又称《逸礼》）、《论语》、《孝经》，都是用秦统一文字前的战国文字书写，故称"古文"。孔安国尽得其书，以今文比较读之，《古文尚书》比当时通行的今文多出 16 篇；《古文礼记》据说有 131 篇；《古文论语》有两篇《子张》；《古文孝经》则分 22 章，比通行本多分出 4 章。孔安国家献其书，遇巫蛊之祸，未得立于学官，于是只藏于中秘而已。

其次是民间古文。

汉代诸侯王中多有爱好学问之人，其中尤以楚元王交、河间献王德、鲁恭王余、淮南王安为最有影响，他们收集民间古籍，初步整理和传播儒学等文献，居功甚伟。

元王交是刘邦同父异母的少弟，秦末与穆生、白生、申公俱从荀卿弟子浮丘伯习《诗》，及秦焚书，相与别去。汉既立，交为楚王，卒谥元。交以旧时同学穆生、白生、申公为侯国的中大夫，相与讲论经学。高后时，浮丘伯在长安，元王遣子郢客与申公俱卒业。文帝时，闻申公为《诗》最精，又用为博士；元王好《诗》，诸子皆读《诗》。申公始为《诗传》，号《鲁诗》；元王亦继之作《诗》传，号曰《元王诗》，是汉代最早的《诗》学文献之一。

淮南王安是刘邦少子淮南厉王长的儿子。其为人"好读书鼓琴，不喜弋猎狗马驰骋，亦欲以行阴德拊循百姓，流誉天下"③。他曾"招致宾客方术之士数千人，作为《内书》二十一篇、《外书》甚众；又有《中篇》八卷，言神

① 见《汉书·艺文志》。按：此次获书，《楚元王传》附《刘歆传》载刘歆《移太常博士书》："及鲁恭王坏孔子宅，欲以为宫，而得古文于坏壁之中，《逸礼》有三十九、《书》十六篇。"王充《论衡·正说》："至孝景帝时，鲁共王坏孔子教授堂以为殿，得百篇《尚书》于墙壁中。武帝使使者取视，莫能读者，遂秘于中，外不得见。"《逸礼》或说 131 篇，刘歆说 39 篇。郝经《续后汉书》卷六五上："孔安国又献《古礼经》七十篇，《周官》六篇，《记》百三十一篇。《礼经》即《仪礼》，《周官》《周礼》也。至刘向，总得《记》二百十四篇。戴德删其烦重为八十五篇，戴圣又删为四十七篇。建武以来，曹充习庆氏学，传其子褒，撰《汉礼》。郑众传《周官经》，马融传小戴学，增入《月令》《明堂位》二篇，共四十九篇，今《礼记》也。"与《汉书》所载又异，此姑存疑。

② 刘歆：《移太常博士书》，见《汉书·楚元王传·刘歆》。

③ 《史记·淮南衡山列传·淮南王安》。

仙、黄白之术，亦二十余万言"，今存《淮南子》（又称《淮南鸿烈》）一书。"时武帝方好艺文，以安属为诸父，辩博善为文辞，甚尊重之"①。淮南王还令善为《易》者9人，撰著《淮南道训》2篇，号为《淮南九师说》。

鲁恭王余是景帝之子，本好为宫室，曾因扩建宫室而从孔壁中得古文经书，成为历史文献的重大发现者，于是在文化史上留下记忆，已见上述，兹不赘叙。

河间献王德亦景帝子。史称他"修学好古，实事求是"，爱好文献，每"从民得善书，必为好写与之，留其真，加金帛赐以招之，繇是四方道术之人，不远千里，或有先祖旧书，多奉以奏献王者，故得书多与汉朝等"。当时淮南王安"亦好书"，但是安所好乃道家、神仙、方术、文学之流，"所招致率多浮辩"；与安不一样的是，"献王（德）所得书皆古文先秦旧书，《周官》、《尚书》、《礼》、《礼记》、《孟子》、《老子》之属，皆经、传、说、记，七十子之徒所论"，几乎都是儒家文献。他还在自己的王国中设立儒学官职，"其学举'六艺'，立《毛氏诗》、《左氏春秋》博士"；还"修礼乐，被服儒术，造次必于儒者"。因此"山东诸儒，多从而游"②。可见，《周官》、《尚书》、《礼》、《礼记》、《孟子》等"古文先秦旧书"，皆献王所得，而且都曾经献于天子，藏在秘府。他还在楚国设置了传授《毛诗》、《左传》的博士。郝经还说：献王"得《礼古经》五十六篇于鲁淹中，及孔氏学七十篇，与《明堂阴阳》、《王史氏记》，皆七十子后学者所记，多天子、诸侯、卿大夫之制，愈于后苍等推'士礼'而致于天子之说，置不用，亡之"③。可见《礼记》的许多篇章也是献王所得，其于儒学文献的发现、保存与流传，确有重大贡献。

再次是中秘古文。

西汉图书收藏，日渐丰富，刘歆《七略》谓："外则有太常、太史、博士之藏，内则有延阁、广内、秘室之府。"④ 儒学文献也逐渐丰富了起来。

成帝河平三年（前26年）"秋八月乙卯晦，日有蚀之。光禄大夫刘向校中秘书，谒者陈农使使求遗书于天下"⑤。《汉书·艺文志》亦说："成帝时，以书颇散亡，使谒者陈农求遗书于天下；诏光禄大夫刘向校经传、诸子、诗赋，步兵校尉任宏校兵书，太史令尹咸校数术，侍医李柱国校方技。每一书

---

① 《汉书·淮南衡山济北王传·淮南王安》。
② 《汉书·景十三王传》。
③ 郝经：《续后汉书》卷六五上，文渊阁《四库全书》本。
④ 《汉书·艺文志序》颜师古注引刘歆《七略》。
⑤ 《汉书·成帝纪》。

已，向辄条其篇目，撮其指意，录而奏之。会向卒，哀帝复使向子侍中奉车都尉歆卒父业，歆于是总群书而奏其《七略》，故有《辑略》，有《六艺略》，有《诸子略》，有《诗赋略》，有《兵书略》，有《术数略》，有《方技略》。"这是中国历史上第一次由政府组织的大规模古籍整理活动。这次整理，不仅编著了第一部目录学著作《七略》，而且还发现了许多藏在中秘不为人知的经典，开启了经学研究的新课题和新方向。从孔壁发现的《古文尚书》、古文《逸礼》；河间献王所得而献进的"古文先秦旧书"《周官》（即《周礼》）、《毛诗》、《左传》等，都是此时再次得到发现和提倡的，从而掀起了"古文经学"运动。

史称：刘歆校秘书，见古文《春秋左氏传》"大好之"。歆从共同校定秘书的丞相史尹咸、丞相翟方进"受学"，"质问大义"。《左氏传》多古字古言，当时民间传者有鲁国桓公、赵公、贯公和胶东庸生，但都只"传训故而已"，未当成经典，也未形成义例和师说。刘歆治《左氏》的方法，是"引传文以解经，转相发明，由是章句义理备焉"，也就形成了一套解释《左传》的义例。刘歆以为："左丘明好恶与圣人同，亲见夫子；而公羊、穀梁在七十子后，传闻之与亲见之，其详略不同。"① 认为左丘明接近夫子，他的书是非常宝贵值得推崇的。

当时"五经博士"《易》只有施、孟、梁丘三家，《书》只有欧阳、大小夏侯三家，《诗》只有齐、鲁、韩三家，《仪礼》后氏学，《春秋》公羊、穀梁二传，皆今文经学。哀帝时，刘歆"欲建立《左氏春秋》及《毛诗》、《逸礼》、《古文尚书》，皆列于学官"，以尊古文。哀帝令刘歆与"五经博士"讲论其义，诸博士以"《尚书》为备"，说伏生所传28篇配"二十八宿"②，并无残缺；《左传》乃史书，"不传《春秋》"；《周礼》又无来历师说，因此"不肯置对"。刘歆于是移书责让太常博士，批评他们"信口说而背传记，是末师而非往古"；"保残守缺，挟恐见破之私意，而无从善服义之公心。或怀妒嫉，不考情实，雷同相从，随声是非"。（刘歆《移太常博士书》）博士怨恨，罗织罪名，攻击刘歆，于是掀起了经学史上旷日持久的"今古文经学"之争。

从西汉初年到西汉末年，儒家的经典文献都已经渐次复出和结集完毕。《易》本卜筮之书不焚，其《说卦》以下3篇至宣帝时得以补足；汉惠帝"除

_____

① 刘歆：《移太常博士书》，见《汉书·楚元王传·刘歆传》。
② 王充：《论衡·正说》："或说《尚书》二十九篇者，法（日）斗、七宿也。四七二十八篇，其一日斗矣，故二十九。"

挟书律"时，颜贞进献其父芝所藏18章本《孝经》；《书》28篇，文帝时由秦博士伏生所传，初得梗概；《诗》以讽诵在人口，传而不绝，文、景、武、宣时，已经有齐、鲁、韩三家之传，河间献王又传《毛诗》古文；《礼》（又称《士礼》或《仪礼》）自文、景时由高堂生、后苍所传，并滋生成解释礼意的"记"若干篇；《春秋》"公羊学"由胡毋生、董仲舒所传，宣帝时又立"穀梁学"博士，河间献王还传"左氏学"。汉武帝末年，从孔壁又得《古文尚书》（比伏生本多出16篇）、《逸礼》39篇以及《古论语》、《古文孝经》各书。为便于诸经的保存和研究，文帝时已经为《论语》、《孝经》、《孟子》、《尔雅》设置博士。景、武之时，河间献王从民间收得"古文先秦旧书"《周官》（即《周礼》）、《毛诗》、《古礼经》、《礼记》、《孟子》等书。这些文献或传于民间儒生，或掌于太学博士，后来又从不同渠道汇集到中央藏书处，成了构成"十三经"的文本依据。

（二）经学文献的产生

汉代除发现和收集已有儒学文献特别是儒家经典文献外，汉儒还撰著和产生了一大批新型的儒学文献。

首先是经解和经说。如前所述，真正意义上的"经学"，亦即将经典当成神圣的经书来崇奉阐释的学术，是从汉代开始的。匡衡《上成帝疏》："臣闻'六经'者，圣人所以统天地之心，著善恶之归，明吉凶之分，通人道之正，使不悖于其本性者也。故审'六艺'之指，则天人之理可得而和，草木昆虫可得而育，此永永不易之道也。"① 将"六经"视为"天地之心（即道）"、"善恶之归（终极标准）"、"吉凶之分（界限）"、"人道之正（正确道路）"，而且又不违背人类和事物的本性；通过学习"六经"，就可以懂得"天人之理"（自然和人类社会的原理），使万事万物各随其性，得到发育和成就。

在汉人看来，"六经"是人类知识的源泉，也是治理人类社会的指南。人若希望获得知识，过文明而有品味的生活，就必须博学于"六艺"，详究乎经义。特别是统治者如果需要造就有规矩、有能力、有品行的继承人的话，就必须实施经学教育；文帝时置《诗经》博士、景帝时又置《春秋》博士，至武帝立"五经博士"，并置博士弟子50员，皆此用意。而经本旧史，要完成教化的功能，执教者也必须详细讲解经书含义，以便学人掌握，这就是"师说"，因此汉人的解经说经文献陡然突增，并蔚为大观。

刘歆称汉代经学"先师皆出于建元之间"。建元（前140—前135）是汉

---

① 《汉书·匡衡传》。

武帝即位后第一个年号。自从汉武帝立"五经博士",诸博士各以师说教授,"师说"一旦记录下来,便为后代传经的博士所遵守,此类文献《汉书·艺文志》有著录,即诸经之"传"。后来,转相传授,又于某师之下另成家法,这些家法记录下来,又形成新的经解文献,即"章句"是也。于是西汉诸经既有"师说",又有"家法"。

西汉经学博士初立之时,众博士各以家法教授,不敢轻背师说,故学术严谨,矜于著述,文献也就不多。据《汉书·儒林传赞》:武帝初立"五经博士"时,《书》、《礼》、《易》、《春秋》四经都只各立一家:《书》欧阳氏,为汉初伏生所传;《礼》后氏,为后苍所传;《易》杨氏,为田何三传弟子杨何所传;《春秋》唯《公羊传》,这是其各守师说、学无分歧的阶段。唯《诗经》当时就有三家(即齐、鲁、韩"三家诗"):文帝时已有鲁申公、燕韩婴,景帝时又立齐辕固。至宣帝时,不仅《诗》学博士有三家,其他诸经也都各自形成家法教授了,如《易》有施、孟、梁丘、京氏;《书》有欧阳、大夏侯、小夏侯;《礼》有大戴、小戴;《春秋》公羊学中又有严、颜二博士,"五经"凡十四博士,这是其家法分立、异说纷出的阶段。另外,汉代还在民间流行费直《易》和高相《易》,属于古文经系统,没有立于学官。

西汉儒家经学文献的产生也大致循此一路径演绎,大致分出师说、家法两大类别。据《汉书·儒林传》,如《易》学文献:汉初第一代《易》学家是田何,何传王同、周王孙、丁宽、服光,"皆著《易传》数篇";于是《艺文志》载《易传》周氏 2 篇、服氏 2 篇、王氏 2 篇、丁氏 8 篇(《丁宽传》:"[宽]作《易说》三万言,训诂举大谊而已,今《小章句》是也。")王同传《易》于杨何,武帝时为博士,他是汉代第一位《易》学博士,也是武帝时唯一的《易》博士,《汉书·艺文志》著录有杨氏《易传》2 篇。自此以前皆"师说"。

杨何的师叔丁宽传《易》田王孙,王孙授施雠、孟喜、梁丘贺,三者同门却各自异说,"由是《易》有施、孟、梁丘之学"(《汉书·儒林传》)。三家之学宣帝时立为博士,《艺文志》亦著录《章句》"施、孟、梁丘氏各二篇"。此外,京房从孟喜别传弟子焦延寿(赣)受《易》,言灾异,房授殷嘉(又作段嘉)、姚平、乘弘,皆为郎、博士,"由是《易》有京氏之学",《艺文志》亦载《易孟氏京房》11 篇、《灾异孟氏京房》66 篇、《京氏段嘉》12 篇。以上皆"家法"。

此种情况,《尚书》尤为明显:齐伏生(名胜)首传《尚书》于济南张生、欧阳生,《汉书·艺文志》于《书》学文献,首著《传》41 篇,顾实

《汉志讲疏》以为"此即《尚书大传》也"。《四库全书总目》："乃胜之遗说，而张生、欧阳生等录之也。"是《尚书大传》即第一代"师说"。

《汉书·儒林传》又说：欧阳生字和伯，"事伏生，授倪宽"，"宽授欧阳生子，世世相传，至曾孙高子阳，为博士"，"由是《尚书》世有欧阳氏学"。又说：夏侯胜祖先夏侯都尉"从济南张生受《尚书》，以传族子始昌，始昌传胜"；"胜传从兄子建"；"胜至长信少府，建太子太傅"，"由是《书》有大、小夏侯之学"。于是《汉书·艺文志》著录《尚书》文献，于《传》下有《欧阳章句》31卷、《欧阳说义》2篇、《大小夏侯章句》各29卷、《大小夏侯解故》29篇。此即"家法"。

《诗经》文献，汉初已有齐、鲁、韩、毛之分，前三家文、景、武时立于博士，《毛诗》则河间献王立为博士。于是《诗》有《鲁故》25卷、《韩故》36卷、《韩内传》4卷、《韩外传》6卷、《毛诗故训传》30卷，此皆"师说"。后来三家皆各传弟子，弟子各自为学，如《鲁诗》有韦、张、唐、褚之学，故又有《鲁说》28篇；《齐诗》有后苍、孙氏之学，故有《齐后氏故》20卷、《齐后氏传》39卷，《齐孙氏故》27卷、《齐孙氏传》28卷，以及《齐杂记》18卷，是皆"家法"。

《春秋》文献，除《左传》、《公羊》、《穀梁》、《邹氏》、《夹氏》、《铎氏微》（楚太傅铎椒）、《虞氏微》（赵相虞卿）这些先秦传说外，还有《公羊外传》50篇、《穀梁外传》20篇等，是为汉博士"师说"。又有《左氏微》2篇、《张氏微》（张苍）10篇等《左传》"师说"。及《公羊》一家中又有严、颜之学的分野，故又有《公羊章句》38篇、《公羊杂记》83篇、《公羊颜氏记》11篇等出现；宣帝立《穀梁春秋》，于是又有《穀梁章句》33篇产生，此类盖皆"家法"也。

《论语》有古、齐、鲁三种，而齐、鲁为博士所传，故"汉兴，有齐、鲁之说"。传《齐论》者，"昌邑中尉王吉、少府宋畸、御史大夫贡禹、尚书令五鹿充宗、胶东庸生，唯王阳名家"，故传《齐说》29篇；"传《鲁论》者，常山都尉龚奋、长信少府夏侯胜、丞相韦贤、鲁扶卿、前将军萧望之、安昌侯张禹，皆名家。"（《汉书·艺文志》）其中安昌侯最后出，故得传于世，文献有《鲁夏侯说》21篇、《鲁安昌侯说》21篇。传《齐论》的王吉之子王骏亦传《鲁论》，又有《鲁王骏说》20篇。

《孝经》文献，经有今古文二种，唯今文18章为长孙氏、博士江翁、少府后苍、谏大夫翼奉、安昌侯张禹所传，故有《长孙氏说》2篇、《江氏说》1篇、《翼氏说》1篇、《后氏说》1篇、《安昌侯说》1篇，等等。大概是文字浅显的缘故,《论语》、《孝经》的师说和家法之分不甚明显。

在西汉时期,诸经(特别是今文经)皆因有师说而有专经之学,有专门之学才能获得博士的设立,因立博士也才有经学文献的产生,《汉书·艺文志》所录"传"、"说"、"章句"大多由是而起。当然,在博士传、说、章句之外,西汉尚有许多其他诸家的文献,却不在此列。

如《易》家:除《易》博士的文献外,还有师事周王孙的《蔡公传》2篇、《诗》博士韩婴《韩氏传》2篇,以六甲法解《易》阴阳的《古五子》18篇,淮南王刘安"聘明《易》者九人"以道家观点解《易》的《淮南道训》2篇(号《九师说》),以及以《易》理杂说灾异的《古杂》80篇、《杂灾异》35篇、《神输》5篇、图1篇,还有传《梁丘易》的五鹿充宗《略说》3篇,等等。

如《书》家:除《书》博士传、章句外,尚有刘向、许商二家的《五行传记》(前者11卷、后者1篇),《逸周书》71篇,汉宣帝时石渠阁论经时产生的《尚书》类《奏议》42篇等。

其他诸经也大致类此。不过,西汉经学传习虽然比较普遍,但是人们不以著述为业,故经学文献仍然以博士所传为主,而且数量也不是很大。

比较"传""说"(或"记")与"章句"两类文献,前者多先师遗说、先秦旧法,故文多简劲;后者则末师之繁文衍说。前者如《韩诗外传》、《尚书大传》;后者则如小夏侯《尚书》"左右采获……牵引以次章句,具文饰说",其后学秦恭《尚书章句》"增师法百万言"(《汉书·儒林传》),"能说《尧典》,篇目两字之说至十余万言,但说'曰若稽古'三万言"(《汉书》注引桓谭《新论》),当时即被斥为"章句小儒,破碎大道"(《汉书·眭两夏侯京翼李传》)。

(三) 儒论文献

汉代"经学"不只是对儒家经典进行阐释,还用以指导生活、规划政治。如董仲舒"以《春秋》断狱",平当"以《禹贡》治水",夏侯胜"以《洪范》察变",王式"以《诗三百》当谏书",诸儒治经皆可融入生活,"治一经得一经之益"[①],这是汉代经学的特色。这种"通经致用"的风格,也促成了儒学文献的多样化产生,或者使许多文献都打上了儒学特征,这无疑使儒学文献在种类上和数量上都得到进一步扩展。

汉代有许多以经义来解释当代礼制和服务现实生活的文献,如"礼类",有引礼意以讲明堂制度的:《明堂阴阳》33篇、《明堂阴阳说》5篇;引礼意以言封禅制度的:《古封禅群祀》22篇、《封禅议对》19篇、《汉封禅群祀》

---

① 皮锡瑞:《经学历史》三《经学昌明时代》。

36 篇。《春秋》类有：《公羊董仲舒治狱》16 篇，都是依据经学思想来论述汉代当世问题的作品。

至于"本《诗》、《书》、《礼》、《乐》之际"，祖述仲尼，根据儒学原理来议事论政，在行政事务中"润饰以儒术"，更成汉代一大特色。汉家首开以儒术论事先河者，当数陆贾。

史载，汉初定天下，陆贾为太中大夫，对高祖刘邦"时时前说称《诗》《书》"，高祖骂之："乃公居马上而得之，安事《诗》《书》？"陆贾曰："居马上得之，宁可以马上治之乎？且汤武逆取而以顺守之，文武并用，长久之术也。昔者吴王夫差、智伯极武而亡；秦任刑法不变，卒灭赵氏①。乡（向）使秦已并天下，行仁义，法先圣，陛下安得而有之？"高祖不怿而有惭色，乃谓陆生曰："试为我著秦所以失天下，吾所以得之者何，及古成败之国。"陆生乃粗述存亡之征，凡著 12 篇，每奏一篇，高帝未尝不称善，左右呼万岁，号其书曰《新语》。②

《新语》是汉家第一部子书，也是第一部儒学理论著作。书中建议高祖提倡"儒学"、重振伦理："孔子曰：'在至德要道，以顺天下。'言德行而其下顺之也。"③ 书凡 12 篇，"大旨皆崇王道，黜霸术，归本于修身用人。……余皆以圣贤为宗，所援据多《春秋》、《论语》之文"④，是典型的儒家者言。

继之而有作者，如娄敬、贾山、孔臧、贾谊、河间献王刘德、董仲舒、倪宽、公孙弘、终军、吾丘寿王、庄助、臣彭、李步昌、桓宽、刘向、扬雄等人，蔚为儒家诸子之大观。诸人之书，或因儒经以阐儒理，或引儒典以论政事，皆汉儒之理论著作。今略举数事以明之：

《汉书·艺文志》著录《贾谊》58 篇，原本已佚，据今传《新书》犹可考其宗旨，《时变》批评秦始皇："麋六国，兼天下"，"然不知反廉耻之节、仁义之厚，信并兼之法，遂进取之业，凡十三岁，而社稷为墟"。其他"如青史氏之记具载《胎教》之古礼；《修政语》上下两篇，多帝王之遗训；《保傅篇》、《容经篇》并敷陈古典，具有源本。其解《诗》之《驺虞》、《易》之'潜龙''亢龙'，亦深得经义"⑤。

---

① 《史记索隐》案："韦昭云'秦伯翳后，与赵同出非廉，至造父，有功于穆王，封之赵城，由此一姓赵氏。"
② 《史记·郦生陆贾列传》。
③ 《新语·慎微》。
④ 永瑢等：《四库全书总目》卷九一《新语》提要。
⑤ 永瑢等：《四库全书总目》卷九一《新书》提要。

又有《董仲舒》123 篇，原本亦已散佚。《汉书·董仲舒传》谓："仲舒所著，皆明经术之意，及上疏条教，凡百二十三篇。而说《春秋》事得失，《闻举》、《玉杯》、《蕃露》、《清明》、《竹林》之属，复数十篇，十余万言，皆传于后世。"其说《春秋》的"数十篇"文献，今传有《春秋繁露》83 篇；其"上疏条教"的 123 篇则多佚，① 然据《史记》、《汉书》董仲舒传所载《天人三策》，其中提出："天不变，道亦不变"；"《春秋》大一统者，天地之常经，古今之通谊也"；"臣愚以为诸不在六艺之科孔子之术者，皆绝其道，勿使并进"等等，更是事关中国儒学复兴、汉家国是的大事。

汉家帝王论政也受儒学影响，发诏论事，也每每援据儒术。《汉书·艺文志·诸子略》的"儒家类"著录《高祖传》13 篇，班氏自注："高祖与大臣述古语及诏策也。"其书虽佚，但列入儒家，宗旨可知。高祖曾有《手敕太子》②："吾遭乱世，当秦禁学，自喜谓读书无益。洎践祚以来，时方省书，乃使人知作者之意。追思昔所行，多不是。"章樵注："帝不事《诗》、《书》，及陆贾奏《新语》，未尝不称善，正与此敕同意。"是其过而能改，贵而向学。

《汉书·艺文志》又有《孝文传》11 篇，自注："文帝所称及诏策。"《汉书·儒林传》称文帝时儒者文士"颇登用"，又说："然孝文本好刑名之言。"然其"所称及诏策"却叙在儒家，是亦不废儒家之教。

西汉又有一种学术讨论的儒家文献，类似后世"辩论集"。有关于经义的，如《石渠奏议》；有关于政事的，如《盐铁论》等。

《石渠奏议》是汉宣帝时进行经学研讨的论集。《汉书·宣帝纪》甘露三年（前 51）三月："诏诸儒讲五经异同，太子太傅萧望之等平奏其议，上亲称制临决焉。乃立梁丘《易》、大小夏侯《尚书》、《穀梁春秋》博士。"《三辅故事》："石渠阁，在未央殿北，藏秘书之所。"据说，阁为萧何所建，初为收藏从秦廷所得图籍，后又是讲学之所，汉宣帝时的许多经学讲习活动即于此处举行。《汉书·刘向传》："会初立《穀梁春秋》，征更生（刘向）受《穀梁》，讲论五经于石渠。"甘露三年，因"五经"异说，不相统一，于是令诸博士会聚石渠阁讨论以定一是，大臣条奏其议，谓之《奏议》，请宣帝裁决。

参加人员：《易》家有施雠、梁丘临；《书》欧阳学有欧阳地余、林尊，

① 刘咸炘："董仲舒所著书与其说《春秋》之书，《汉书》本传分别言之者，今已混而为一矣。"是今本《春秋繁露》中亦有《董仲舒》的部分篇章。见《校雠述林·子书原论》，《推十书》本，成都古籍书店，1996 年。

② 章樵：《古文苑》卷一○，题注："《汉书·艺文志》：《高祖传》十三篇。固自注：'高祖与大臣述古语及诏策也。'此编或居诏策之一。"

大夏侯学有周堪，小夏侯学有张山拊、假仓；《诗》鲁学有韦玄成、张生、薛广德；《礼》后氏学有萧望之、闻人通汉、小戴学戴圣等。① 韦玄成与太傅萧望之并治《鲁论》，并受诏"条奏其对"，以供皇帝裁决。这次讨论内容非常广泛，《汉书·艺文志》著录诸经《议奏》者：《书》类《议奏》42 篇，班固自注："宣帝时石渠论。"《礼》类《议奏》38 篇，自注："石渠。"《春秋》类《议奏》39 篇，自注："石渠论。"《论语》类《议奏》18 篇，自注："石渠论。"

这次讨论的结果，似乎并没有起到统一异说的作用，而是增立了新经学博士：《易》梁丘学、《书》大小夏侯学、《春秋》穀梁学，使经学内部更加分歧，但也繁荣了学术。特别是这些诸经《议奏》实开后世学术论集之先河。东汉建初四年（79）：章帝"下太常，将、大夫、博士、议郎、郎官及诸生、诸儒会白虎观，讲议'五经'同异，使五官中郎将魏应承制问，侍中淳于恭奏，帝亲称制临决，如孝宣甘露石渠故事，作《白虎议奏》"。② 即受此举之启发。可惜这些《议奏》皆失传，唯《石渠议礼》唐时尚存，杜佑《通典·礼部三三》间有引录，清人马国翰、洪颐煊均有辑本 1 卷。

《盐铁论》题汉桓宽撰，实为汉代另一次以经学讨论政事的论文集。汉昭帝始元六年（前 81），诏郡国举贤良文学之士，问以民所疾苦，这些来自民间的贤良文学皆请罢盐铁榷酤，于是与御史大夫桑弘羊等展开了辩论，"当时相诘难，颇有其议文"。至宣帝时，汝南桓宽乃"推衍盐铁之议，增广条目，极其论难，著数万言，亦欲以究治乱、成一家之法焉"（《汉书·公孙刘田王杨蔡陈郑传赞》），此即《盐铁论》。《汉书·艺文志》著录桓宽《盐铁论》60 篇，其书俱在。"其著书之大旨，所论虽食货之事，而言皆述先王，称六经，故诸史皆列之儒家"③。

（四）汉人"仿经"

汉儒除了注释经书、引证经书外，还初开"仿经"之作。汉人的仿经之作主要有两种：一是师经典之意而成著述者，如司马迁之撰《史记》；二是师经典体例而拟作经书者，如扬雄之撰《太玄》和《法言》。

《汉书·艺文志》的"《春秋》类"有《太史公》130 篇。《太史公》即今之《史记》，史书却入于《六艺略》"春秋类"，原因何在？前贤颇以为当时史书太少，故作附录处理，其实不然。其著书动机，见于司马谈告诫司马迁：

---

① 分见《汉书·刘向传》及《薛广德传》、《韦玄成传》、《儒林传》。
② 《后汉书·肃宗孝章帝纪》。
③ 永瑢等：《四库全书总目》卷九一《盐铁论》提要。

"孔子修旧起废，论《诗》《书》，作《春秋》……自获麟以来四百有余岁……史记放绝。今汉兴……余为太史而弗论载，废天下之文史，余甚惧焉，汝其念哉！"唐人已揭示说："《史记》者，汉太史司马迁父子之所述也，迁知以承五百之运，继《春秋》而纂是史，其褒贬核实，颇亚于丘明之书。"（司马贞《索隐序》）正是指此而言。可见《史记》即《春秋》事业的仿效和拓展，初衷本不在于写史。后来他的外孙杨恽就是通过读《史记》进而治《春秋》学的。①

《汉书·艺文志》"儒家类"著录"扬雄所序"38篇，自注："《太玄》十九、《法言》十三、《乐》四、《箴》二。"今《太玄》、《法言》尚存，《乐》佚而无考，《箴》则唯存《州箴》12首、《官箴》16首。班固《汉书·扬雄传赞》载："（雄）以为经莫大于《易》，故作《太玄》；传莫大于《论语》，作《法言》；史篇莫善于《仓颉》，作《训纂》；箴莫善于《虞箴》，作《州箴》。"可见扬雄所撰诸书皆仿经之作。

汉人的仿经作品，前一类最为成功，因《史记》只是师法孔子作《春秋》之意，却不以续作《春秋》自居，体例也不受限制而有创新，虽有褒善贬恶之实，却不以褒贬自傲，故《汉书·艺文志》仍然将其叙在《六艺略》的"《春秋》类"下。后者亦即扬雄所作诸书乃刻意模仿经典，不仅因"非圣僭拟"而备受批评，而且在体例语词也极力模仿，亦步亦趋，缺乏创新，令人生厌。扬雄在世时，即有"诸儒或讥以为雄非圣人而作经，犹《春秋》吴楚之君僭号称王，盖诛绝之罪也"（《汉书·扬雄传赞》）的批评，其情其景盖可知矣。后世有隋朝的王通，也是遍仿"六经"，造作《王氏续六经》，亦大受明贤讥评，故其书不久即失传了。

（五）谶纬文献

最后，西汉还出现了一种特殊的文献即"谶纬"，虽然谶纬既不是经也不是传，但是它们论说的却是儒家之事，亦属于儒学文献范畴。张衡曰："图谶成于哀平之际。"后世亦谓"纬起哀平"，从西汉哀平之际始，纬书便大兴，风行于东汉，历南朝的消长，至隋朝而熄灭。当时有所谓"七经纬"、"七经谶"之称。《后汉书·樊英传》"七纬"李贤注说："七纬者，'易纬'《稽览图》、《乾凿度》、《坤灵图》、《通卦验》、《是类谋》、《辨终备》也；'书纬'《璇玑钤》、《考灵耀》、《刑德放》、《帝命验》、《运期授》也；'诗纬'《推度灾》、《记历枢》、《含神务》也；'礼纬'《含文嘉》、《稽命征》、《斗威仪》也；

---

① 《汉书·杨恽传》："恽母司马迁女也，恽始读《太史公记》，颇为《春秋》。"《太史公记》即《史记》。

'乐纬'《动声仪》、《稽耀嘉》、《汁图征》也；'孝经纬'《援神契》、《钩命决》也；'春秋纬'《演孔图》、《元命包》、《文耀钩》、《运斗枢》、《感精符》、《合诚图》、《考异邮》、《保乾图》、《汉含孳》、《佑助期》、《握诚图》、《潜潭巴》、《说题辞》。"举凡《易》、《书》、《诗》、《礼》、《乐》、《春秋》、《孝经》，皆有纬书（《论语》亦有）。此外还有《河图》、《洛书》等文献。此类谶纬文献详见本书第二编第十五章介绍。

另有人以为"七经"有《论语》无《孝经》。《后汉书·张纯传》"乃案七经谶、明堂图"，李贤注："谶，验也。……'七经'谓《诗》、《书》、《礼》、《乐》、《易》、《春秋》及《论语》也。"清代目录学家姚振宗谓："张纯哀平间为侍中，王莽时至列卿，其所案《七经谶》，为前汉时所有可知。"（《汉书艺文志拾补》）此类书籍内容神怪不经，然亦有先世经师遗说与传闻之辞在焉，时存古义，亦不可忽视。

（六）儒学文献的数量

从数量上看，西汉儒学文献呈现出了首次繁荣景象。《汉书·艺文志》"六艺略"载：《易》13家、《书》9家、《诗》6家、《礼》13家、《乐》6家、《春秋》23家、《论语》12家、《孝经》11家，又有"通古今文字"的"小学"著作10家，凡六艺103家、3123篇，皆经学文献。此外，"诸子略"又著录"儒家"文献53家、836篇。共156家、3959篇。

不过需要指出的是，这些文献不完全是汉代产生的，而是包括了先秦文献在内，如"六艺略"有40种、"诸子略·儒家类"有31种，都不属于汉代。《汉书·艺文志》所录汉代作品共95种，但是这个目录又不是西汉文献的全目，只是班固在刘歆《七略》基础上损益（"入三家，出重十一篇"）而形成的；刘歆《七略》又是整理成帝时皇家藏书后的结果，其他未入藏或未经整理者，当然就不在此列。如汉末出现的《七经纬》36种及《七经谶》等就不在此列；班固批评的"说五字之文至于二三万言"的现象、桓谭所指"秦近君能说《尧典》，篇目两字之说至十余万言，但说'曰若稽古'三万言"等，此类文献，《汉书·艺文志》均未见著录。

姚振宗《汉书艺文志拾补》"六艺"部分补录：《易》13家14部，附见2家2部；《书》8家8部，附见2家4部；《诗》7家8部，附见2家2部；《礼》16家19部；《乐》3家3部，附见1家1部；《春秋》24家28部，附见4家4部；《论语》2家3部；《孝经》5家6部，附见1家1部；"小学"2家2部，附见1家1部；附"谶纬"11家11部：凡六艺9种80家91部、附录1种11家11部，综91家102部、附见13家15部。"诸子略"补"儒家者流"8 家 11 部。① 在《汉书·艺文志》之外又得 128 部。

西汉的儒学文献最突出的特征有六：一是由于"除挟书之律"、"广开献书之路"政策推行，使因秦焚书而处于隐匿状态的儒家文献次第出现，奠定了儒家"十三经"的基础。二是由于博士官各以"家法"教授，出现了反映诸经"师说"、"家法"的传说、章句。三是由于"罢黜百家"政策的实行，汉人以儒术润饰吏事，引经论事，据经言理，"皇帝诏书，群臣奏议，莫不援引经义，以为据依"②，儒家思想遍布"六略"，儒学文献的范围也因之得到扩展。四是由于儒家经典崇高地位的确立，也引得仿拟儒经的著述产生，如师《春秋》之意而作《史记》，仿《周易》体例而作《太玄》，仿《论语》体例而作《法言》，就是其中最突出的成果。至于在"国史"中系统地总结儒学史料，撰著"儒林传记"，也由《史记》做出了榜样，使儒学历史得到系统保存和流传。其五是出现了"谶纬"类文献，此类文献介乎经学与神学之间，虽然总体特征是迷信的、怪诞的，但也多少保留了先儒旧说和部分经典法语。六是数量出现初盛。班氏《汉书·艺文志》著录"六艺"文献 95 种，姚氏《拾补》补录 128 种，两项相加共有 223 部之多。比之后代固然不足，但是衡以前世（周秦 71 种），不亦多乎！所有这些，既是西汉儒学文献的基本现象和主要特征，也是西汉儒者对于中国儒学文献的重大贡献。

二、东汉

（一）今古文并行

东汉是今文经学与古文经学相杂的时代。自前汉哀平之际刘歆掀起今古文之争以来，整个东汉都处于今古文对立、互相争胜的状态。具体而言，东汉官方学术仍然维系西汉以来"今学"独盛的格局，今文经学是居于统治地位的官方学术，古文经学则处于民间自由传诵的状态。

《后汉书·儒林列传》载："昔王莽、更始之际，天下散乱，礼乐分崩，典文残落。及光武中兴，爱好经术，未及下车，而先访儒雅，采求阙文，补缀漏逸。先是四方学士多怀协图书，遁逃林薮。自是莫不抱负坟策，云会京师，范升、陈元、郑兴、杜林、卫宏、刘昆、桓荣之徒，继踵而集。于是立《五经》博士，各以家法教授，《易》有施、孟、梁丘、京氏，《尚书》欧阳、大小夏侯，《诗》齐、鲁、韩，《礼》大小戴，《春秋》严、颜，凡十四博士。"

---

① 姚振宗：《汉书艺文志拾补》例言，见中华书局重印《二十五史补编》本（第二册）。

② 皮锡瑞：《经学历史》三《经学昌明时代》。

"建武五年，乃修起太学"，置博士弟子员额。①

以上所举"十四博士"，完全是汉宣帝时的翻版，都是今文经学的教官。他们所资以教育弟子的，也一仍旧贯，"各以家法教授"，亦即继承和传扬今文家的说法，不敢越雷池一步。这种状况贯穿整个东汉时期。

可是，古文经学自刘歆提倡以来，经过数十年发展，学术笃实，实事求是，已经气象粗具、规模初成，出现了一批富有成就的学者大师。上举光武帝时"继踵而集"于京师的"学士"，可视为东汉经学的始师，其中除范升（习孟氏《易》）、刘昆（习施氏《易》）、桓荣（习欧阳《尚书》）是今文学家外，陈元（传《费氏易》）、郑兴（传《左传》、《周礼》）、杜林（传《古文尚书》）、卫宏（传《毛诗》、《古文尚书》）等，都是古文经学家，比今文经学家还多一位，势力已自不小。光武时有韩歆、陈元与范升辩论，古文经《左传》终得立于学官，旋因师亡而罢。但是古文经学家研究经典的势头并未衰减，而是更有势力，更有成就。

今文经学家，由于受西汉末兴起的谶纬神学的污染，逐渐趋向神秘、繁琐、分歧和空疏，越来越失去其在学术界的支配力和主导力。至章帝时，贾逵为古文经争立官学地位，虽有今文家李育出来反对，此时，今文学者不仅与古文为敌，而且内部也互相立异，莫衷一是。范晔批评说："汉兴，诸儒颇修艺文，及东京学者，亦各名家。而守文之徒，滞固所禀，异端纷纭，互相诡激，遂令经有数家，家有数说，章句多者或乃百余万言，学徒劳而少功，后生疑而莫正。"② 为平息今文经学内部分歧，章帝不得不仿石渠阁会议先例，"大会诸儒于白虎观，考详同异"，章帝"亲临称制"。由于分歧太多，争论"连月乃罢"。有趣的是，总结这次讨论成果的人却是古文经学家班固（撰《白虎通义》）。这次事件越益显现出今文家的空疏和古文家的笃实，章帝于是诏博士弟子"高才生受《古文尚书》、《毛诗》、《穀梁》、《左氏春秋》"，于是古文学者"虽不立学官，然皆擢高第为讲郎，给事近署"（《后汉书·儒林列传序》）③。

---

① 《后汉书·儒林列传序》。

② 《后汉书·郑玄传论》。

③ 《后汉书·贾逵传》载：贾逵以博通五经、"尤明《左氏传》、《国语》"，"拜为郎，与班固并校秘书，应对左右"；"肃宗立，降意儒术，特好《古文尚书》、《左氏传》，建初元年，诏逵入讲北宫白虎观、南宫云台。帝善逵说，使出《左氏传》大义长于二传者"，"书奏，帝嘉之"，"令逵自选《公羊》严、颜诸生高才者二十人，教以《左氏》"；八年，"乃诏诸儒各选高才生，受《左氏》、《穀梁春秋》、《古文尚书》、《毛诗》，由是四经遂行于世"。"皆拜逵所选弟子及门生为千乘王国郎，朝夕受业黄门署。学者皆欣欣羡慕焉"。

研习古文经者也可以获得仕进机会，此乃古文经学取得的实质性胜利。

（二）文献收藏与数量

文献和学术从来都是互动的，东汉儒学的繁荣，也带来了文献的充盈。《后汉书·儒林列传序》："初，光武迁还洛阳，其经牒秘书载之二千余两。自此以后，参倍于前。"隋牛弘亦称："肃宗亲临讲肄，和帝数幸书林，其兰台、石室、鸿都、东观，秘牒填委，更倍于前。"（《隋书·牛弘传》）

兰台是秘书机构，有令史、校书郎，掌书劾奏、印信、文书，贾逵、班固、班昭、杨终都曾任兰台令史或校书郎。石室是收藏秘密文献之处，东汉的谶纬、河图洛书等，皆收藏于此。鸿都是洛阳城一个门名，汉灵帝于此置学，亦有图书。东观是最大藏书处，也是东汉修撰国史的地方。此外，还有辟雍、太学，都是国学，亦有大量藏书。宣明，殿名，是皇家讲论学术之处。

《后汉书》说光武初，转运文献的车辆有"二千余两"，后来经过收集已经"参倍于前"，就是六七千余辆了。可惜历经战乱，都已散佚无存。《儒林列传序》说："及董卓移都之际，吏民扰乱，自辟雍、东观、兰台、石室、宣明、鸿都诸藏，典策文章，竞共剖散。其缣帛图书，大则连为帷盖，小乃制为縢囊。及王允所收而西者，裁七十余乘，道路艰远，复弃其半矣。后长安之乱，一时焚荡，莫不泯尽焉。"可载六七千辆的图书收藏，经东汉末董卓之乱，京都西迁时，已经只剩七十余辆；再到王允转运到达长安，又只得其半；及长安之乱，则"一时焚荡"尽罄了。

东汉藏书，设有"校书郎"整理、编目，史谓"东观及仁寿阁集新书，校书郎班固、傅毅等典掌焉；并依《七略》而为书部"[①]。"书部"即藏书目录。蔡邕《七意》（即《志》）、袁山松《后汉书》都有《艺文志》，所载亦即东汉所藏文献，惜皆失传。范蔚宗（晔）欲载经籍而未成，司马彪"八志"又不著艺文，遂使一代文献之盛况，无以确考。

直到清代补撰正史诸志之风起，才有学人"取蔚宗本史所载，及书之见存于今代、引证于古书、著录于别史，及藏书家所录者"[②]，各为补撰后汉《艺文志》，如钱大昭《补续汉书艺文志》（简称"钱志"）、侯康《补后汉书艺文志》（"侯志"）、顾櫰三《补后汉书艺文志》（"顾志"）、姚振宗《后汉书艺

---

① 《隋书·经籍志序》。
② 邵晋涵：《补续汉书艺文志序》，见《二十五史补编》第二册。

文志》（"姚志"）、曾朴《补后汉书艺文志并考》（"曾志"）等。① 诸家所考，皆东汉当代人的著述，虽然不能反映兰台、石室藏书情况，却可以考见东京一代著述之一斑。其著述体例，或遵《七略》（如"曾志"），或取"四部"（钱志、侯志、顾志、姚志）；或为全录，或有缺佚（"侯志"仅及子部小说家），但是各志都有"经部"（或"六艺略"）著录经学著作、有"子部·儒家"（或"子兵略"）著录儒学诸子。我们通过这些"补志"仍然可以考见和统计汉儒的研究成果。兹将五家补志所录经学与儒家文献数量，表列于次，以见一斑。

表1-2-1 五家补志著录儒学文献对照表

	钱大昭《补续汉书艺文志》	侯康《补后汉书艺文志》	顾櫰三《补后汉书艺文志》	姚振宗《后汉书艺文志》	曾朴《补后汉书艺文志并考》
易学文献	17	11（无术）	33（三国）	14（无术）	11（无术）
书学文献	19	15	21	19	16
诗学文献	14	17	32	23	17
礼学文献	30	29	49	35	34
乐类文献	入子书	2	39（含曲）	18	
春秋文献	55	48	80	56	55
论语文献	10	9	24	10	15
孝经文献	6	6	16	7	7
尔雅（小学）	4	34	39	27	33
孟子文献	4				
五经总论	16（说文）	8	16	13	
谶纬文献	27	20		25	20
儒家文献	26	27（注11）	28	23	32
总　计	228	226	377	270	240

　　列表大致可见诸家所录东汉儒学文献数量，不过诸家所录资料来源、取舍标准、上下起讫、归类分隶，都不尽统一，所以统计数据，差异较大。如同名为"后汉志"，"钱志"、"顾志"都上录西汉末、下讫三国时，跨度比其他三志为长；又如《乐》类文献，诸家只记文字性记述，"顾志"却揽入乐谱

———————————

　　① 钱大昭《补续汉书艺文志》、侯康《补后汉书艺文志》、顾櫰三《补后汉书艺文志》、姚振宗《后汉书艺文志》、曾朴《补后汉书艺文志并考》，俱见《二十五史补编》第二册。

舞曲；如《易》类文献，或仅叙传说，或滥及数术别传，如此统计，数量自然不一。历考诸家体制，以"姚志"、"曾志"为最善，不仅有录有考，信而有征，而且取舍谨慎，不事增饰。但因"姚志"取"四部"，"曾志"采《七略》，资料分隶不一，故数量也未能一致，要之以"姚志"270种最为近古。

需要指出的是，前汉儒籍既有当时收藏目录为据，又有清儒《拾补》为凭，总共才有223种。后汉儒书，在缺乏当时藏书目录的情况下，后人仅靠掇拾传记和文献引述、后世著录的资料，点点滴滴，集腋成裘，已得270余种之多，而且，《汉书·艺文志》所录，兼包先秦；后汉著述，仅及当代。两者相较，岂不是学术繁荣、经学隆盛之效乎？

（三）文献质量

从学术质量来看，前汉虽然奠定了中国经学的基础，决定了中国经学的基本走向，但多在制度层面，如"罢黜百家，表章六经"；设"五经博士，置弟子员"等等。在文献层面，也只有收拾经典元本（西汉虽然只是主传"五经"，但是"十三经"文献已具），初立经教规模（如"各以家法教授"、产生"传"、"说"、"训诂"、"章句"等解经体例），至于取得经学研究成果，流传后世，为人所遵者，还不是很多。西汉流传下来的儒学作品，只有伏生《尚书大传》（今残）、毛亨《毛诗诂训传》、韩婴《韩诗外传》等经学著作，陆贾《新语》、贾谊《新书》、董仲舒《春秋繁露》、桓宽《盐铁论》、扬雄《法言》等子学著作，司马迁《史记》等史学著作，虽然都是精品，却为数不多。后来进入《十三经注疏》的西汉注解，唯有《毛诗诂训传》一家而已。

东汉则不然。诸儒著述不仅在当时有影响，而且许多著作还流传后世，在中国学术史上一直发挥着巨大作用。如：

何休"覃思不窥门十有七年"撰成《公羊春秋解诂》，祖述自董仲舒、胡毋生以来传统，秉承李育、羊弼等师说，将《公羊》学理论系统化，总结出"五始"、"三科"、"九旨"、"七等"、"六辅"、"二类"、"七缺"等科条，特别是"黜周王鲁"、"三世"等理论，对《公羊》学理论的提高具有里程碑式的意义，为唐徐彦修《春秋公羊传注疏》所尊。

还有郑玄博采今古文诸家，所注《毛诗传笺》、《周礼注》、《仪礼注》、《礼记注》被唐人所修诸经《正义》尊为经典注本，成为详尽疏解的对象。

另有赵岐《孟子章句》，系统揭示《孟子》一书"包罗天地，揆叙万类，仁义道德，性命祸福，粲然靡所不载"① 之内容，大大提升了《孟子》的意

---

① 赵岐：《孟子题辞》，见《孟子章句》卷首，阮元校刻《十三经注疏》本。

义和价值。其书除"多明训诂名物"的汉学风格外，重在"笺释文句"，阐发经典大义，为后世"口义"、"讲义"树立了榜样。北宋尊崇《孟子》，宋真宗令孙奭等人别撰义疏，诸人"仍据赵注为本"①，今传《十三经注疏》中《孟子正义》注文为赵岐《章句》。东汉经解之入《十三经注疏》者，一共有六种之多（何休《公羊解诂》、郑玄《诗》及"三礼"《注》、赵岐《孟子注》），几占丛书之半，于此可见后汉儒者成就之大，贡献之多。

特别是号称"五经无双"的许慎所撰的《说文解字》，更是精通经学而又超越经学兼具广泛文化价值的学术巨著。东汉今文学家因不知古文，据隶体解经，"巧辞邪说"，制造"马头人为长，持十为斗，虫者屈中也"等曲说；当时廷尉说律，也闹出"止句为苟"等笑话。许慎依据古文、小篆，分析文字形体音义，撰著探讨文字本义的《说文解字》。其书 15 卷、133441 字，举凡"《六艺》群书之诂，皆训其意；而天地、鬼神、山川、艸木、鸟兽、蚰虫、杂物、奇怪、王制、礼仪、世间人事，莫不毕载"②。既是解释经典文字的工具，也是备载各类知识的"百科全书"。

此外，许慎又"以'五经'传说臧否不同，于是撰为《五经异义》"（《后汉书·许慎传》），系统记录和评判当时诸家的经说，特别是考订了今古文的分歧所在，客观上保存了汉代今古文经学的异说，为后世认识和研究汉代经学提供了非常重要的资料。

（四）古文胜而今文衰

东汉时期，虽然今文在官方一直处于优势地位，但在文献方面，情形却是相反的。古文经学成果文献无论是数量还是质量，都较今文大胜一筹，今天流传下来的东汉文献，也以古文经学最多，且最有价值。整个东汉学术，实可用"今文得于势而拙于文，古文则劣于势却优于文"来概括，今文学家虽然独享清要尊崇的官方资源，却并没有产出相应的学术成果；古文学家虽然岩处野居，却尽得万世之文采风流。比较今古文二家异同，乃可理解其成果悬殊之原因。龚道耕以为，"比而观之，今古学家，其不同者有五"：

> 丁宽说《易》，惟举大义；申公传《诗》，疑者则阙，今文家大率如此；古文晚出，字多奇异，欲明义理，必资训诂，故杜（子春）、郑（兴、众）、谢（曼卿）、卫（宏）、贾（逵）、服（虔），说经之作，皆以"训诂"、"解诂"、"解谊"题名；郑玄之于杜、郑，亦以发疑、正读赞

---

① 孙奭：《孟子音义序》，见《孟子正义》卷首，阮元校刻《十三经注疏》本。
② 许冲：《上〈说文解字〉书》，见《说文解字》卷一五下。

之。是今文明大义，古文重训诂，一也。

《后汉书·儒林传》所载经生，惟任安兼通数经，景鸾兼治《齐诗》《施易》，余皆以一经著称；古文则贾（逵）、马（融）、许（慎）、荀（爽），皆并通“五经”，其余通一二经者，尤指不胜屈。是今文多专经，古文多兼经，二也。

今文家讲明师法，不尚著述，《范书》所载，如牟长、伏恭、薛汉、张匡，仅定章句；洼丹、景鸾、赵晔、杜抚，略有著书；古文则郑、贾、马、荀，遍注群经，其余注一二经者尤众。是今文守章句，古文富著述，三也。

今文如孙期、张驯，兼治古学者甚鲜；古文则郑兴、尹敏、贾逵，皆先治今文，后治古学；明章以后，兼通今古者尤众。是今文多墨守，古文多兼通，四也。

《范书》载今文学家三十余人，大率治经之外，无所表见；古文家则桓（谭）、卫（宏）、许（慎），撰著博通；张（衡）、马、崔（瑗）、蔡（邕），尤工词赋。是今文多朴学之儒，古文多渊雅之士，五也。观其同异所在，而东汉以后今蹶古兴之故，可思矣。①

龚氏总结的今古文区别有五条：一是“今文明大义，古文重训诂”——“大义”非不重要，但是过分讲究就成了空疏玄谈；训诂则实事求是，笃实深厚。二是“今文多专经，古文多兼经”——专经易陷于拘促，发展不开；兼经则路数宽广，学问越做越大。三是“今文守章句，古文富著述”——章句只限于分文析句，照本宣科；古文家遍注群经，自然著述宏富。四是“今文多墨守，古文多兼通”——今文“墨守”今学，不知古义；古文家“兼通”今古之学，可收互补之效。五是“今文多朴学之儒，古文多渊雅之士”——“朴学”非不好，迂腐之为弊；渊雅诚可贵，文采自然生。第一（“训诂”）、二（“兼经”）、四（“兼通”）是治学方法，古文家明于训诂乃学问笃实，根基深厚；兼通群经乃知识渊博，“五经”互证；博通今古乃能兼取所长，意趣横生。第三（“著述”）和第五（“渊雅”）乃效果，有优秀的学识和方法，才能有富于著述、文章渊雅的效果。

据《后汉书》载，贾逵“父徽从刘歆受《左氏春秋》，兼习《国语》、《周官》，又受《古文尚书》于涂恽，学《毛诗》于谢曼卿，作《左氏条例》二十一篇”，是典型的古文经学世家。“逵悉传父业。弱冠能诵《左氏传》及‘五

———————————

① 龚道耕：《经学通论》“经学沿革略说四”。

经'本文"，既继承父业，还博通诸经。"以大夏侯《尚书》教授"；"虽为古学，兼通五家《穀梁》之说"，既明古学，又明今文《尚书》和《穀梁》学。史载逵"尤明《左氏传》、《国语》，为之《解诂》五十一篇"；"帝善逵说，使发出《左氏传》大义长于二传者。逵于是具条奏之，曰'臣谨摘出《左氏》三十事尤著明者'"云云；"逵数为帝言《古文尚书》与经传《尔雅》诂训相应。诏令撰欧阳、大小夏侯《尚书》古文同异。逵集为三卷，帝善之。复令撰齐、鲁、韩《诗》与《毛氏》异同"，是逵又明于今古文所以异同之故。"并作《周官解故》"，是其又长于礼经。"逵所著经传义诂及论难百余万言；又作诗、颂、诔、书、连珠、酒令凡九篇"，是其于经学、文学兼有所长。故"学者宗之，后世称为通儒"。

张衡"少善属文，游于三辅，因入京师，观太学，遂通《五经》，贯六艺"。史又说"衡善机巧，尤致思于天文、阴阳、历算。常耽好《玄经》"；"遂乃研核阴阳，妙尽璇玑之正，作浑天仪，著《灵宪》、《算罔论》，言甚详明"，是其于"五经"外，又善天文、历法和《太玄》。"著《周官训诂》"，"又欲继孔子《易》说《彖》、《象》残缺者，竟不能就"。"所著诗、赋、铭、七言、《灵宪》、《应间》、《七辩》、《巡诰》、《悬图》凡三十二篇"，是又长于文学者。

荀爽号称"荀氏八龙，慈明无双"，亦"著《礼》、《易传》、《诗传》、《尚书正经》、《春秋条例》，又集汉事成败可为鉴戒者，谓之《汉语》。又作《公羊问》及《辨谶》，并它所论叙，题为《新书》。凡百余篇"。

马融"博通经籍"，著述则兼及群经、诸子和文学："著《三传异同说》。注《孝经》、《论语》、《诗》、《易》、'三礼'、《尚书》、《列女传》、《老子》、《淮南子》、《离骚》；所著赋、颂、碑、诔、书记、表奏、七言、琴歌、对策、遗令，凡二十一篇。"

蔡邕"少博学，师事太傅胡广。好辞章、数术、天文，妙操音律"，是又从文学、天文，向数术、韵律拓展。"其撰集汉事未见录以继后史，适作《灵纪》及《十意》；又补诸列传四十二篇"，是于"正史"有所补撰。"所著诗、赋、碑、诔、铭、赞、连珠、箴、吊、论议、《独断》、《劝学》、《释诲》、《叙乐》、《女训》、《篆艺》、祝文、章表、书记，凡百四篇，传于世"。

郑玄先"受业师事京兆第五元先，始通《京氏易》、《公羊春秋》、《三统历》、《九章算术》。又从东郡张恭祖受《周官》、《礼记》、《左氏春秋》、《韩诗》、《古文尚书》"，已经是今古文兼治的学者。史称玄"以山东无足问者，乃西入关，因涿郡卢植，事扶风马融"，以古文为倚归。"时任城何休好《公羊》学，遂著《公羊墨守》、《左氏膏肓》、《穀梁废疾》。玄乃发《墨守》、针《膏肓》、起《废疾》。休见而叹曰：'康成入吾室，操吾矛，以伐我乎！'"其著述深通今古文异同之奥，故能入木三分，令何休折服。"凡玄所注《周易》、《尚书》、《毛诗》、[《周礼》]、《仪礼》、《礼记》、《论语》、《孝经》、《尚书大传》、《中候》、《乾象历》；又著《天文七政论》、《鲁礼禘祫义》、《六艺论》、《毛诗谱》、《驳许慎五经异义》、《答临孝存周礼难》，凡百余万言"。其书摒弃门户，兼采古今，折中去取，各从所长，创立了非今非古、熔古铸今的一代"郑学"。①

东汉古文儒者富于著述，遍注群经，这是今文经学家所无法企及的，也是西汉诸儒无法想象的，这是经学在经过了西汉以来 250 余年发展后出现的新气象，当然也是东汉诸儒努力耕耘的结果。我们细审五家"补志"，就会明显地发现，东汉古文家著述十分繁富，今文家的著述却甚寥寥。

姚振宗《后汉书艺文志》显示：《易》类，今文施氏《易》1 家 1 部，孟氏《易》2 家 2 部，京氏《易》2 家 3 部，古文费氏《易》却有 6 家 6 部，是其他 3 家的总和。

《书》类，今文欧阳《尚书》5 家 6 部，古文家却有 11 家 12 部，是今文家的两倍。

《诗》类，今文《齐诗》3 家 4 部，《韩诗》5 家 8 部，古文《毛诗》却有 8 家 11 部，也是今文两家之和。

《礼》类，《周礼》9 家 11 部，《仪礼》3 家 6 部，《礼记》9 家 11 部，不仅古文《周礼》远超《仪礼》，而且《仪礼》注释中最有价值者也是古文家之作（如郑玄《仪礼注》）。

《春秋》类，《左氏》学 19 家 33 部，《公羊》学 8 家 12 部，《穀梁》学 1 家 1 部，古文《左氏》学也是两家总和的两倍，等等。

如果说经部著述还有可能是受两家不同的治学特点，亦即龚道耕所谓"今文守章句，古文富著述"影响的话，在其他文献（如子部和史部）领域，也是以古文家作品居多。如：

桓谭"遍习'五经'"，"尤好古学"，"非毁俗儒"，"反对谶纬"，撰著《新论》。

王充"好博览而不守章句"，撰"疾虚妄，贵实诚"，崇"鸿儒"，非"俗

---

① 以上引文，并见《后汉书》贾逵、张衡、荀爽、蔡邕、马融、郑玄诸家本传。

儒"的《论衡》。

王符"少好学，有志操，与马融、窦章、张衡、崔瑗等友善"；由于为人耿介，仕途不畅，"乃隐居著书三十余篇，以讥当时失得，不欲章显其名，故号曰《潜夫论》"；"其指讦时短，讨谪物情，足以观见当时风政"。

仲长统"少好学，博涉书记，赡于文辞"，"每论说古今，及时俗行事，恒发愤叹息，因著论，名曰《昌言》，凡三十四篇、十余万言"。

徐幹"聪识洽闻，操翰成章，笃行体道，委谢荣宠"，"著《中论》，成一家言，辞义典雅，足传于后"。①

以上皆古文家，不闻今文家有此类著述也。就连白虎观议礼，本来意在统一今文各家内容的分歧，可是最终执笔撰成《白虎通义》的人不是今文学家，而是"博贯载籍，九流百家之言无不穷究"，"学无常师，不为章句"的古文家班固！可见古文日盛而今文益衰矣。

（五）经学"小统一"

值得注意的是，东汉末年中国经学进入了"小统一"的时代。这个统一，有经本的统一，也有经说的统一。

首先是经文的统一，以蔡邕等校刊《熹平石经》为标志。由于早期文献传播都靠手抄，易生讹误，故校正和统一经文、经说的工作始终是儒者们的重要功课。如刘向典校中秘，即以"中古文《易》"校"施、孟、梁丘经"，以"中古文《书》"校"欧阳、大小夏侯《尚书》"，还以《古文孝经》校颜贞所献今文，"以十八章为定"，从而实现了西汉时代经书文献的基本统一。可是后世流传又滋讹误，特别是诸博士在经说上既然"各以家法教授"，为了争强好胜，其在经文上也必然出现互异现象。

及东汉党锢之祸，真儒被废，学术荒弛，"章句渐疏，多以浮华相尚"（《后汉书·儒林列传序》），于是经典异同之争又起。汉灵帝时宦者李巡就揭露："诸博士试甲乙科，争第高下，更相告言；至有行赂，定兰台漆书经字以合其私文者。"（《后汉书·吕强传》附）《儒林列传序》亦载："党人既诛，其高名善士多坐流废，后遂至忿争，更相言告；亦有私行金货，定兰台桼（漆）书经字，以合其私文。"这种现象当然不能允许，于是李巡、蔡邕等人建议整理经文、统一文字。

《吕强传》说李巡"乃白帝，与诸儒共刻'五经'文于石。于是诏蔡邕等正其文字，自后'五经'一定，争者用息"。

---

① 以上诸家，皆见《后汉书》诸人本传，徐幹事见郝经《续后汉书》本传。

《蔡邕传》亦谓：议郎"邕以经籍去圣久远，文字多谬，俗儒穿凿，疑误后学。熹平四年（175），乃与五官中郎将堂溪典、光禄大夫杨赐、谏议大夫马日䃅、议郎张驯、韩说、太史令单扬等，奏求正定'六经'文字，灵帝许之。邕乃自书册于碑，使工镌刻，立于太学门外"。

《儒林列传序》亦载："熹平四年，灵帝乃诏诸儒正定'五经'，刊于石碑……树之学门，使天下咸取则焉。"

这次石刻规模宏大，立于太学门外。李贤《后汉书注》引陆机《洛阳记》说："太学在洛城南开阳门外，讲堂长十丈、广（二）〔三〕丈，堂前石经四部，本碑凡四十六枚，西行：《尚书》、《周易》、《公羊传》，十六碑存，十二碑毁。南行：《礼记》十五碑，悉崩坏。东行：《论语》三碑，二碑毁。《礼记》碑上有谏议大夫马日䃅、议郎蔡邕名。"

据此，则所刻经有：《尚书》、《周易》、《公羊传》、《礼记》、《论语》五经，而据《隋书·经籍志》著录，尚有《鲁诗》、《春秋》二者，共为七经。是为《熹平石经》，为中国石经刊刻之始。① 此刻校出名儒，书由蔡邕，可谓双美，学术价值和艺术价值都很高，影响很大，起到了经本文字的统一和规范作用："于是后儒晚学，咸取正焉。及碑始立，其观视及摹写者，车乘日千余辆，填塞街陌。"（《后汉书·蔡邕列传》）将经书这么大规模地刻于石碑，实为一代壮举，中外所无。

后来仿此制者，有三国曹魏齐王芳，正始（240—249）年间，诏诸儒虞松等考正"五经"，令邯郸淳②、钟会等以古文、小篆、八分三体书之，刻于

---

① 自王应麟以下至顾炎武、冯登府等人皆主是说。然又有石经始于王莽、始于灵帝光和六年二说。题名江藩《经解入门》卷二《历代石经源流》引明徐世溥《榆墩集》云："孝平元始元年，王莽命甄丰摹古文《易》、《诗》、《左传》于石，此石经初刻也。章帝命杜操增摹《公羊》、《论语》古文，而释以章草，此石经再刻也。灵帝光和六年，命胡毋敬、崔琼、张昶、师宜官以古文八分刻《易》、《书》、《鲁诗》、《仪礼》、《左传》于太学讲堂，此石经三刻也。"以下才是熹平四年刻石事。赵崡《石墨镌华》亦谓："汉灵帝光和六年刻石'五经'文于太学讲堂，此石经初刻也。蔡邕以熹平四年……此石经再刻也。"又将初刻定为光和六年。今按：胡毋敬非东汉人；又熹平在前，光和在后，《水经注》卷一六《谷水》，于《熹平石经》曰："东汉灵帝光和六年，刻石镂碑载'五经'立于太学讲堂前，悉在东侧。蔡邕以熹平四年，与五官中郎将堂豀典……求正定'六经'文字，灵帝许之……今碑上悉铭刻蔡邕等名。"是则光和六年为《熹平石经》刻成之时，《水经》后文乃追叙前事。二氏不知，反以光和在前、熹平在后，其说显然不足为据。

② 顾炎武《石经考》，如据卫恒《书势》以为《三字石经》非邯郸淳所书。

石碑，是为《正始石经》，当时仅成《尚书》、《春秋》二种。

《熹平石经》和《正始石经》在历史上影响很大，一时间成为经典范本，也成了书法名帖。《隋书·经籍志》说："后汉镌刻'七经'，著于石碑，皆蔡邕所书；魏正始中，又立《三字石经》，相承以为'七经'正字。"① 又于"小学类"目录著录：《一字石经周易》1 卷、《一字石经尚书》6 卷、《一字石经鲁诗》6 卷、《一字石经仪礼》9 卷、《一字石经春秋》1 卷、《一字石经公羊传》9 卷、《一字石经论语》1 卷，及《三字石经尚书》9 卷、《三字石经尚书》5 卷、《三字石经春秋》3 卷。"一字石经"即熹平石经，"三字石经"即正始所刻。唐代学校教育和科举选士的"书学"选试，都以"石经"为模仿的法帖。大历时张参撰《五经文字》，其《序例》云："今制国子监置书学博士，立《说文》、《石经》、《字林》之学，举其文义，岁登下之。"新、旧《唐书》亦载：书学博士 2 人，学生 30 人，"以《石经》、《说文》、《字林》为专业，余字书兼习之"。② 又载："凡书学，《石经》三体限三岁，《说文》二岁，《字林》一岁。"③ 皆其证明。

其次是经说的统一，以郑玄博采今古，遍注群经为标志。如前所述，汉世经学有师法与家法之分，家法自师法分出，"前汉重师法，东汉重家法"④。东汉置"五经"十四博士，亦"各以家法教授"（《后汉书·儒林列传序》），弃"师说"而讲"家法"。可是到了后期，"太学试博士弟子，皆以意说，不修家法"（《后汉书·徐防传》），于是又在"家法"外生出"臆说"，异说纷出，连"家法"也不遵了。皮锡瑞描述这一状态说："然师法别出家法，而家法又各分颛家；如干既分枝，枝又分枝，枝叶繁滋，浸失其本；又如子既生孙，孙又生孙，云礽旷远，渐忘其祖。是末师而非往古，用后说而舍先传；微言大义之乖，即自源远末分始矣。"由于"经有数家，家有数说"，必致"学徒劳而少功，后生疑而莫正"（《后汉书·郑玄传·论》）。流弊所及，于经典的探究、大道的讲明，殆将永无澄清之日！

于是郑玄起而"括囊大典，网罗众家，删裁繁芜，刊改漏失，自是学者略知所归"（《后汉书·郑玄传·论》）。郑玄初诣太学，受业京兆第五元先，始通京氏《易》、《公羊春秋》，皆今文也。又从东郡张恭祖受《周官》、《礼

---

① 《隋书·经籍志》"经部·小学类序"。
② 《旧唐书·职官三》。
③ 《新唐书·选举二》。
④ 皮锡瑞：《经学历史》四《经学极盛时代》。

记)、《左氏春秋》、《韩诗》、《古文尚书》，则古今皆治也。后西入关从扶风马融受业，乃专意于古文经学。玄于群经皆有注释：

表1-2-2　郑玄群经著述表

书　目	卷　数	存　佚
周易注	12	残，有宋王应麟、清惠栋、丁杰、臧庸辑本
古文尚书注	9	佚，有清王鸣盛、孙星衍、黄奭、袁钧辑本
毛诗笺	20	今存
周礼注	12	今存
仪礼注	17	今存
礼记注	20	今存
春秋左传注	未成，以与服虔为服氏	佚，有马国翰辑本
孝经注	1	佚，有严可均、臧庸辑本
论语注	10	残，有宋翔凤、马国翰辑本及罗振玉影印唐写残本
孟子注	7	佚

　　郑玄所注诸经，大概"宗古文而兼用今文"。其《戒子益恩书》云："念述先圣之元意，思整百家之不齐。"① 是不专守今古文某派，更不专守其中一家。如他注《尚书》用古文，而又注伏生《大传》，是于《书》兼今古也。注《诗》宗《毛传》，如有不同，即下己意，多本"三家诗"（陈奂《毛诗郑笺考征》）。玄本习《小戴礼》，后以古经校之，取其义长者（陆德明《经典释文·序录》），是其于《礼》亦兼今古。说《春秋》也是杂用三传，不苟从一（徐彦《公羊疏》）。注《论语》本以张侯的《鲁论》为主，而又校以《齐》、《古》。又针对何休难《左传》而作《针膏肓》，针对临硕难《周礼》而作答书，这是申古文经以驳今文家。又对许慎《五经异义》也有《驳》书，又是其申今以驳古。

　　郑玄所注兼采今古，包括众善，于是结束今古文纷争，经说得到初步统一，令学徒后生不再"劳而少功"、"疑而莫正"了，范宁有"仲尼之门不能过也"之赞（《后汉书·郑玄传论》）。又兼郑玄一生遭逢党锢，以著述授徒为业，门徒众多，至于数千，著名的郗虑、崔琰、国渊、任嘏、赵商、张逸、刘熙、宋均，并有作为；郑玄死后，弟子撰其答问"五经"之说，作《郑志》8篇，以拟《论语》。传其学者，"专以郑氏家法"，自是中国经学进入了"郑学"时代。从此以后，经学只有"郑学"和"非郑学"两派，而不再有今古之别矣。

----

　　① 《后汉书·郑玄传》。

（六）儒史文献及其他

我们还需要指出的是，前汉儒学文献的数量，是包括了"六艺"《春秋》类的史学文献（部分是儒学史）在内的，而以上后汉文献的统计却没有包含史学文献。我们审察五家目录，其史部（"曾志"称"传记志"）仍然包括了许多儒学史资料，如：

荀爽《汉语》（集汉事成败可为鉴戒者）；

胡广《百官箴》48 篇；

卫宏《汉旧仪》4 卷；

卫宏《中兴仪》1 卷；

马伯第《封禅仪记》；

曹褒《汉新定礼》150 篇；

蔡邕《独断》2 卷（考证礼制、解释名物）。

以上皆有关礼乐制度和文明教化者。

又如，东汉一代崇尚节义，爱好高行，各地于是兴起了编纂地方乡贤传记之风，于是以"耆旧传"、"名德传"、"先贤传"、"逸民传"命名的文献，也相继而生，这无异于儒学人物的类传。如：《冯翊耆旧序》、《扶风耆旧序》、《沛国名德赞》、赵岐《三辅决录》7 卷、袁汤《陈留耆旧传》、郑谨《巴蜀耆旧传》、赵谦《巴蜀耆旧传》、祝龟《汉中耆旧传》、王商《巴蜀耆旧传》、崔瑗《南阳文学官志》、仲长统《兖州山阳先贤传赞》1 卷、圈称《陈留耆旧传》2 卷，以及曹大家、马融、刘熙诸人的《列女传》等等，所记多是具有儒言儒行之人。

郝经曾说："汉之儒学，几于三代之际矣。故学道为汉室元气，与治体污隆，所以包举宓犠氏之先，统承仲尼氏之后，而垂万世之绪者也。虽中更黄老之异，申韩之惨，文赋之浮，王霸之杂，继以恭显之谗，新莽之篡，戚宦之乱，党锢之祸；而正臣义士，不负所学，拥卫宗社，矫矫岳岳，力与天争，继之以死。当建安末，犹有郑玄、服虔敷畅经旨；卢植、赵岐正色立朝；孔融仗节死义，诸葛亮委身存汉。如董卓之暴，曹操之奸，倾天下，倒四海，却立睥睨，沥涎饮食，不敢遂取，儒效也。"[①] 东汉名儒注重气节修养，学行品德，脍炙人口，感天泣地，于是有关他们的别传、专传、杂传等，风行一时。如名儒张纯、樊英、李郃、李固、马融、郑玄、陈寔、郭泰、徐穉、蔡邕、王允、赵岐、孔融、祢衡、司马徽，等等，皆各有别传，这无疑是后世

---

① 《续后汉书》卷六五上。

兼顾学术、行谊的"评传体"之先声。

仅以上所举儒学史文献，即已经达 36 种之多。至于班固为纠正司马迁《史记》"是非颇谬于圣人"、"先黄老而后六经"之失，而撰成的《汉书》，将儒家学说推尊为"助人君顺阴阳明教化"、"于道最为高"（《汉书·艺文志》）的学术，其论事评人都以儒家"仁义"理念为评判标准，是一部十足的儒家史学著作。《汉书》还继承《史记》传统设《儒林传》和大儒专传，对前汉经学传授、儒学兴盛状况，都原原本本地予以记录；还增列《艺文志》，将西汉所存和汉人所撰的著作，一一予以记录，儒学文献是其中重要内容，就此而言，《汉书》也是比较完整的儒学史著作。

由于东汉人善于属文，诗赋文章，斐然成章，故从汉末开始，就已经有人将个人文章汇集一处，形成"别集"。《隋书·经籍志》说："'别集'之名，盖汉东京之所创也。自灵均（屈原）已降，属文之士众矣，然其志尚不同，风流殊别，后之君子，欲观其体势，而见其心灵，故别聚焉，名之为'集'。辞人景慕，并自记载，以成书部。"

如前所述，东汉许多儒者"繁于著述"、"尤工词赋"，"多渊雅之士"，他们不仅有经学著作、子学著作，而且还有不少政论、文赋、理论文章，其中也贯穿浓厚的儒家精神。如：

桓谭："所著赋、诔、书、奏二十六篇。"

班彪："所著诗、赋、书、记、奏事九篇。"

夏恭："著赋、颂、诗、《励学》二十篇。"

冯衍："所著赋、诔、铭、说、《问交》、《德诰》、《慎情》、书、记、说、自序、官录、说策五十篇。"

杜笃："所著赋、诔、吊、书、赞、七言、《女诫》及杂文凡十八篇，又著《明世论》十五篇。"

崔骃："所著诗、赋、铭、颂、书、记、表、《七依》、《婚礼》、《结言》、《达旨》、《酒警》，合二十一篇。"

李尤："所著诗、赋、铭、诔、颂、《七叹》、《哀典》，凡二十八篇。"（以上并见《后汉书》诸人本传）等等。

余嘉锡曾说："秦汉诸子即后世之文集。"（《古书通例》）反言之，后之别集，即古之诸子也。刘咸炘尝感叹："子书萌芽于春秋，盛行于战国，而衰于东汉。"[1] 东汉虽不以子书称胜（犹有王充《论衡》、王符《潜夫论》、徐幹

① 刘咸炘：《校雠述林·子书原论》。

《中论》诸名著），但是东汉产生的这些"别集"，无疑可以当作"子书"观之，足与当时盛行的经说经解相辅相成，一道反映出东汉诸儒的学术思想和学术成就，儒家"别集"也就成为一种继子书而起的新文献形态，一起构成汉代儒学文献的盛大景观，这是东汉时期儒林的新气象、新贡献。

归纳起来，东汉儒学文献的特征有五：首先，今文经学虽然仍居官方学术统治地位，但其文献却已寥寥；相反古文经学却十分发达，古文家成果丰富，成为东汉经学的主要著述群体。其次，东汉学人著述质量普遍很高，多流传后世成为经典性文献，如何休《公羊春秋解诂》，郑玄《周礼注》、《仪礼注》、《礼记注》、《毛诗传笺》，赵岐《孟子章句》，都是《十三经注疏》所尊崇的优秀注本，东汉著作约占整个《十三经》旧注之半；至于班固《白虎通义》和许慎《说文解字》、《五经异义》，也是研究经学史、语言学史的经典著作。三是东汉学人学识渊博，文章尔雅，斐然成章，产生了"别集"这种新型文献体式。四是儒学史文献逐渐发达。东汉儒者学识、气节俱高，儒生们服务社会、维持世教的自觉意识凸显，记录和表彰这些名贤的文献层出不穷，如各地"先贤传"、"耆旧传"、"名德传"以及一些大儒名师的"别传"，都在东汉涌现出来。五是儒学文献数量大增。在没有当时藏书目录支撑的情况下，后人仅凭史传所及和现存图书，就已经钩稽出东汉儒者经学、子学著作 270余种，超过了《汉书·艺文志》及其补编关于西汉文献的著录。此外，还有数量可观的儒学史著作和规模庞大的儒家"别集"。所有这些，都是东汉儒学文献的新景象。

第五节　魏晋南北朝的儒学文献

魏晋南北朝时期，政治腐败，干戈频兴，篡乱相乘。前后历经数百年，而太平统一时间不到十分之一。纷乱的世局当然不利于主张"仁义"、"忠信"、"礼乐"、"文明"的儒学之传播和发展，两汉以来积累的经学家法、文章尔雅，几至扫地罄尽；能守儒家之经术学业者，盖寥寥焉。

鱼豢《魏略》称，正始之中诏议圜丘大典，当时"二万余"郎官及司徒属吏，能"应书与议者略无几人"，"四百余"朝堂公卿以下的朝官，"能操笔者未有十人！"[1] 及至晋世，又崇尚玄言、典章荒废："有晋始自中朝，迄于

————————
[1] 《三国志·魏书·王肃传》注引。

江左，莫不崇饰华竞，祖述虚玄。摈阙里之典经，习正始之余论，指礼法为流俗，目纵诞以清高。遂使宪章弛废，名教颓毁。"（《晋书·儒林传序》）《周书·儒林传序》也说当时之士"雕虫是贵，魏道所以凌夷；玄风既兴，晋纲于焉大坏！"《南史》说，南朝诸帝，除梁武帝萧衍出身儒士，尚知崇尚儒术外，其他诸朝虽保留"国学"建制，但是"徒取文具"、"倚席不讲"，"乡里莫或开馆，公卿罕通经术"（《南史·儒林传序》）。

北方各朝，"五胡十六国"之主，唯尚武力，贱视文雅。直到元魏，才有所扭转。道武拓跋珪初定中原，"便以经术为先"，明元帝拓跋嗣又设"教授博士"；太武帝拓跋焘"兴太学"、"举才学"，"于是人多砥尚，儒林转兴"。及至孝文帝元宏立，更是"笃好坟典，坐舆之间，不忘讲道"，诏营国学，树小学于四门，大选儒生，以为小学博士，"于是斯文郁然，比隆周汉"，"天下承平，学业大盛"，"横经著录，不可胜数！"（《魏书·儒林传序》）相比之下，似乎南朝士夫，反不如北朝贵胄。焦循《国史儒林文苑传议》曰："正始以后，人尚清谈。迄晋南渡，经学盛于北方，大江以南，自宋及齐，遂不为儒林立传。梁天监中，渐尚儒风，于是《梁书》有《儒林传》。《陈书》嗣之，仍梁所遗也。魏儒学最盛！"似乎南北朝时期儒学欠发达，文献也无可观者。

不过，儒学乃"助人君顺阴阳明教化"之学，纵处乱世，又何可尽废？孔广森说："北方戎马，不能屏视月之儒；南国浮屠，不能改经天之义。"[1]相反的是，由于门阀士族力量和势力的大肆膨胀，强调"君君、臣臣、父父、子子"等级秩序的儒学在某些领域还有所加强。虽然官方国学不振，一些高门望族为了维持本族高贵地位不坠，在特殊政治特权和经济实力之外，也比较注意加强礼法家风和家学传统，使东汉以来出现的累世经学、世代公卿的传统得到延续，世家大族与书香门第在在而有，儒学传统、经学传授就转化成家族学术被顽强地坚持下来了。因此，学人谓魏晋南北朝时期"学术尚有传统，人物尚有规仪，在文化大体系上，亦多创辟"，非无据也。这一时期，儒学文献仍然在数量上有大幅度增长。

---

① 孔广森：《戴氏遗书序》，戴震《戴氏遗书》卷首，清乾隆间曲阜孔继涵微波榭刻本。按："视月之儒"语出《世说新语·文学》："北人看书，如显处视月；南人学问，如牖中窥日。"刘孝标注："学广则难周，难周则识闇，故如显处视月。学寡则易核，易核则智明，故如牖中窥日也。"本谓"北学"博杂而不精，此泛称北方儒学也。

一、文献数量

魏晋南北朝的历史文献，本来当时都有目录记载，可因时代久远，文献散佚，现在已经不可得而详矣。如三国魏郑默的《中经簿》、西晋荀勖的《中经新簿》、南朝王俭的《七志》、阮孝绪的《七录》，都是反映当时藏书的优秀书目，可惜于今不存，无法详考了。唐人所修《隋书·经籍志》、五代修《旧唐书·经籍志》部分保留了六朝著述情况，于中尚可考见一斑。但斯二者分别是隋炀帝时和唐玄宗时的皇家藏书目录，既纪当世，亦包前代，但是却不是当时人著述的全部总目。

清人所补目录，于三国，则有侯康《补三国志艺文志》（"侯志"）、姚振宗《三国艺文志》（"姚志"）；于晋，则有丁国钧《补晋书艺文志》（"丁志"）、文廷式《补晋书艺文志》（"文志"）、秦荣光《补晋书艺文志》（"秦志"）、吴士鉴《补晋书经籍志》（"吴志"）、黄逢元《补晋书艺文志》（"黄志"）；于南朝宋，则有聂崇岐《补宋书艺文志》（"聂志"）；于南齐，则有陈述《补南齐书艺文志》（"陈志"）；于《隋书》，则有张鹏一《隋书经籍志补》（仅及北朝。"张志"）；于《南史》、《北史》，则有徐崇《补南北史艺文志》（"徐志"）。补志所录，主要针对当代，虽然零珪断璧，尚可弥补正史诸志之不足。今将各志儒学文献数量，综合登录于次：

表 1-2-3　三国儒学文献录

	易类	书类	诗类	礼类	乐类	春秋	论语	孝经	小学	五经	谶纬	儒家	儒史	总计
侯志	24	7	15	21	2	29	10	14	25	5	14	31	28	225
姚志	25	7	14	18	16	24	9	13	20	14	16	34	24	234

表 1-2-4　晋代儒学文献录

	丁志	文志	秦志	吴志	黄志
易类	55	58（汲冢）	85（汲冢）	48	29
书类	13	15	18	10	12
诗类	21	31	33	18	18
礼类	64	80	84	43	52
乐类	4	12	9	4	6
春秋	62	67	78	41	50
论语	41	40	47	38	36
孝经	17	15	21	21	13

	丁　志	文　志	秦　志	吴　志	黄　志
小学	23	27	38	22	28
五经	5	7	10	8	6
孟子	1		1		1
儒子	40	43	40	35	34
儒史					
总计	346	395	464	288	285

表 1-2-5　南北朝儒学文献录

	隋志 （通计亡书）	张补隋志 （魏齐周）	聂补宋书志	陈补南齐志	徐志（北朝）	徐志（南朝）
易类	69（94）	9	8	14	11	14
书类	33（41）	5	1	3	8	6
诗类	39（76）	4	11	3	14	10
礼类	136（211）	20	31	21	29	37
乐类	42（46）	4	5	1	10	3
春秋	97（130）	17	4	4	21	14
论语	29（69）附《尔雅》12（14）	6	3	6	6	15
孝经	18（59）	11	4	8	14	13
小学	108（135）	6	6	2（62）	17	9
五经	34（37）	8	1		14（144）	8（129）
儒子	62（67）	6			2	
儒史	18	1	7		3	1
总计	697（979）	97	81	62	149	130

从数量上看，三国仅 45 年，有儒学著作 230 种左右（年均 5 部）；两晋 154 年，按"秦志"计有 464 种（年均 3 部）；南北朝 169 年，仅仅以补录《南史》和《北史》人物著述为限的"徐志"，尚有儒学著作 279 种（年均 1.6 部）。南朝宋 59 年产出 81 种（年均 1.3 部）；南齐 22 年产出 62 种（年均约 3 部）。

如果将《隋书·经籍志》（据梁"阮录"、隋"四部目录"编成）所录与张氏"补隋志"（北朝魏齐周）相加为 1076 种，去掉《隋书·经籍志》通录前代 90 余种为 984 种，均以魏晋南北朝的 370 年，年均产出儒学著作约 2.6 部。

这些数量显示，魏晋南北朝年产儒学文献，比"经学昌明"的西汉（200年产出223部，年均1.1部）和"经学极盛"的东汉（195年产出270部、年均1.3部）的平均值都还要高。前人概以"经学中衰"来概括这一时期，似乎有欠公允，魏晋六朝在儒学史上的地位应当重新评估。

二、古文独盛，今文放绝

从经学传授和诸家著录文献内容的派别看，这一时期是古文经的一统天下。如果说东汉是今文经占据官学地位、古文经基本上还是在民间流传的话，那么到了魏晋南北朝时期，今文经学就彻底地退出了历史舞台。

《易》学，西汉和东汉官方所立博士，皆施、孟、梁丘、京氏四家今文《易》；古文《易》费氏、高氏只在"行于人间，而未得立"。后汉时，陈元、郑众皆传费氏学；马融、郑玄、荀爽皆为之传注；三国王肃、王弼"并为之注"，于是费氏大兴。魏晋时期郑玄注、王肃注相继立于学官，今文式微。历经西晋末年的永嘉之乱，晋室东迁，今文遂无人问津，《隋书·经籍志》称："梁丘、施氏、高氏，亡于西晋；孟氏、京氏，有书无师。"南朝梁、陈将郑玄注和王弼注"列于国学"；北齐"唯传郑义"；至隋，王弼注"盛行"而"郑学浸微"。故《隋书·经籍志》所录《易》类著作69部（通计亡书94部）中只有京氏、孟氏《章句》各一种而已，其余都属费氏《易》学。

《尚书》学，东西汉所传皆伏生"二十九篇"系统的欧阳、大小夏侯之学；孔壁古文未立学官。东汉杜林始为《古文尚书训》，马融又为之《传》，至郑玄作《注》，从而形成较为系统的《古文尚书》之学；王肃继之，又为新注，传于西晋，但都只是与今文相同的29篇，孔壁多得的16篇古文因无传人，后世渐废。"及永嘉之乱，欧阳、大小夏侯《尚书》并亡"，今文之学遂不传。至东晋，豫章内史梅赜献《古文尚书孔传》58篇，以为孔安国所作，较时行郑注为多。梁、陈二朝"所讲有孔、郑二家"；北朝"齐唯传郑义"；至隋"孔、郑并行，而郑氏甚微"（《隋书·经籍志》）。《隋书·经籍志》所录西汉旧注，唯刘向《五行传论》11卷而已，其余皆孔融、郑玄以下旧《古文尚书》注本，及梅赜所献《古文尚书孔传》系统。

《诗经》学，自汉初到东汉皆传齐、鲁、韩三家今文，古文家毛公所传《诗诂训传》并未立于中央学官。东汉谢曼卿、卫宏皆传《毛诗》；郑众、贾逵、马融"并作《毛诗传》"；及"郑玄作《毛诗笺》"，《毛诗》遂大行于世。三国魏时，"《齐诗》已亡"；西晋"《鲁诗》又亡"；"《韩诗》虽存，无传之者"。整个两晋南北朝时期，"唯《毛诗郑笺》独立"。《隋书·经籍志》所录除《韩诗》22 卷（薛氏章句）、《韩诗翼要》10 卷（汉侯苞传）、《韩诗外传》10 卷、《韩诗谱》2 卷、《诗神泉》1 卷（赵晔撰）5 种外，其余 39 部（通计亡书 96 部）都是《毛诗》系统的文献。

《礼》类，虽"三礼"并传，但也是因为有古文家郑玄为之作优秀注解之缘故。特别是古文经《周礼》，一改在西汉受批评、东汉受冷落的局面（东汉仅马融、郑玄两家），此期陡增至 15 部，是其得到特别青睐的标志。

《春秋》学，两汉都立《公羊》颜、严及《穀梁》学博士，《左传》只在东汉初短暂得立。但《左传》以其文华事富，逐渐引起人们重视，东汉"诸儒传《左氏》者甚众"。章帝永平中，治《左传》有成绩者，"擢为高第为讲郎"。贾逵、服虔并为《左传》训解，到曹魏时，《左传》已经大行于世。西晋时，杜预又作《左氏春秋经传集解》（号称"杜注"）。《穀梁传》有范宁所作《集解》。于是"杜注"、"范解"与何休《公羊解诂》、服虔《左传注》并立于晋代"国学"。至隋，"杜氏盛行，服义及《公羊》、《穀梁》浸微"。《隋书·经籍志》所录《左传》家著述 40 余种，在 97 部《春秋》文献（通计亡书 130 部，含《春秋经》、《三传》通论、《左传》、《公羊》、《穀梁》、《国语》等类）中占绝对多数。

唯《孝经》、《论语》有些例外，魏晋南北朝流行的《孝经》和《论语》经本是今文本；但是二者的注文，却是倾向古文学的郑玄注。《孝经》汉初传颜贞所献今文 18 章；孔壁《古文孝经》22 章，只在孔府内部流传，东汉卫宏、许慎各有论说。东汉郑众、马融，并为《古文孝经注》，但佚而不传。郑玄《孝经注》，亦今文本也。至魏晋时，王肃声称得孔安国《古文孝经孔传》，遂与郑注并传于国学。梁末战乱，《孔传》亡佚。"陈及周齐，唯传郑氏"。至隋，王劭、刘炫等又得《孔传》，讲于民间，后遂与郑注并立于学。但是"儒者喧喧，皆云炫自作之，非孔旧本"。《隋书·经籍志》所录仅刘炫本《古文孝经孔传》一种，其他皆今文《孝经》之注。此外，北朝魏孝文帝下令以鲜卑语"译《孝经》之旨，教于国人"，于是《隋书·经籍志》又著录有《国语孝经》。

《论语》，西汉传《齐论》、《鲁论》，皆今文；后又从孔壁得《古论》。安昌侯张禹本讲《鲁论》，后参考《齐论》成一新校本，号"张侯论"。东汉郑玄以"张侯论"为基础，"参考《齐论》、《古论》而为之注"，遂成一通行之本。后来曹魏陈群、王肃、周生烈"皆为义说"；玄学家何晏"又为集解"，于是此本流行而"《齐论》遂亡"。《隋书·经籍志》著录郑注以下各家《论语》文献，皆出郑玄新订之本。

该类中《隋书·经籍志》又著录《孔丛》7 卷（孔鲋撰）、《孔子家语》

21卷（王肃解），皆王肃从孔子后裔所得而予以表彰者。又有《孔志》10卷（梁刘被撰）、《孔子正言》20卷（梁武帝撰），皆搜集和解说孔子言行者也，惜此二书皆不传。

三、子学不竞，家训勃兴

此期的儒家诸子文献，新产生的文献甚少，其有影响者更为鲜见。《隋书·经籍志》所录儒家子书62部（通计亡书67部），多半是前代旧书（26部），其中关于《孟子》的注本4部、扬雄《法言》和《太玄》注本5部。魏晋南北朝人自己撰著的子学著作，几乎一部不存。其中有一特别的现象是，家训和女教之书较多，除曹大家《女诫》1卷外，还有《诸葛武侯集诫》2卷、《众贤诫》13卷、《女篇》1卷、《女鉴》1卷、《妇人训诫集》11卷、《娣姒训》1卷、《贞顺志》1卷，凡8部，这是前所没有的现象，惜多不传。

此期，"家训"这一著述进入成熟态，其代表著作为颜之推《颜氏家训》。颜氏是颜回的后代，历世兹久，世生贤达。颜延之少孤，贫居陋巷，而好读书，无所不览，文章之美，冠绝当时。颜见远，之推祖，博学有志行。颜协，之推父，少以器局称，博涉群书，工于草隶飞白。《颜氏家训·文章篇》自谓："吾家世文章，甚为典正，不从流俗。"颜之推字介，颜回35代孙。颜氏世善《周官》、《左氏》学。之推早传家业，不尚虚谈，精习《礼传》，博览群书，无不该洽。历南朝梁、陈，入北齐，至周、隋，著有文集30卷、《颜氏家训》20篇，"并行于世"①。其《颜氏家训》"述立身治家之法，辩正时俗之谬，以训诸子孙"②。"古今家训以此为祖"③。是书《隋书·经籍志》不著录，《新唐书·艺文志》、《宋史·艺文志》俱作7卷，今本乃止2卷。以"其书大抵于世故人情深明利害，而能文之以经训，故《新唐书·艺文志》、《宋史·艺文志》俱列之儒家"④。颜氏善教子孙，故颜氏一门人才特盛。及乎唐世，颜师古、颜游秦以经学史学见长，固称专门；颜杲卿、颜真卿之气节风骨，亦耀千秋。至其子孙之为郎为卿、为学士侍读者，更不下数十百人。名德、著述、学业、文翰，英英济济，钟于一门，辉映儒林，当世谓之"学家"。孔氏之外，一族而已。

---

① 《北齐书·颜之推传》。
② 晁公武：《郡斋读书志》卷三上《颜氏家训》提要。
③ 陈振孙：《直斋书录解题》卷一○《颜氏家训》解题。
④ 永瑢等：《四库全书总目》卷一一七《颜氏家训》提要。

四、"类传"炽盛，"别传"昌大

魏晋南北朝时期史学取得长足进步，历史书籍不断增多，终于摆脱作为"经学"附庸的状况而取得自己独立的位置。晋秘书监荀勖《中经新簿》创立"四部"法，丙部即录史记、旧事、皇览簿、杂事。后世继之，莫不于四部之中专设"史部"，位置也从丙升乙，皆是史学壮大之表现，儒史文献也于其中得到发展。

首先，在前代区域人物传记影响下，此期"先贤传"、"耆旧传"等文献较前更为发达。据《隋书·经籍志》等文献所载：

其志耆旧者，则有陈寿《益部耆旧传》14卷、失名《续益部耆旧传》2卷、失名《四海耆旧传》1卷、苏林《陈留耆旧传》1卷、王基《东莱耆旧传》1卷、刘彧《长沙耆旧传赞》3卷、习凿齿《襄阳耆旧记》5卷；

其怀先贤者，则有魏明帝《海内先贤传》4卷、失名《先贤集》3卷、刘义庆《徐州先贤传》1卷及《赞》9卷、范瑗《交州先贤传》3卷、失名《诸国清贤传》1卷、大司农白褒《鲁国先贤传》2卷、张方《楚国先贤传赞》12卷、周斐《汝南先贤传》5卷、陈英宗《陈留先贤像赞》1卷、失名《济北先贤传》1卷、《庐江七贤传》2卷、谢承《会稽先贤传》7卷、钟离岫《会稽后贤传记》2卷、失名《会稽先贤像赞》5卷（作贺氏撰，4卷）、陆凯《吴先贤传》4卷、失名《零陵先贤传》1卷、张胜《桂阳先贤画赞》1卷，等。

其次，"类传"也出现了繁荣景象。

在刘向《列女传》启发下，此期人物"类传"甚多：

其志高士者，则有嵇康《圣贤高士传赞》3卷、皇甫谧《高士传》6卷和《逸士传》1卷、张显《逸民传》7卷、虞盘佐《高士传》2卷、孙绰《至人高士传赞》2卷；

志士林者，则有辅国将军张隐《文士传》50卷、袁宏《名士传》3卷、失名《海内士品》1卷；

志妇女者，则有曹植《列女传颂》1卷、缪袭《列女传赞》1卷、项原《列女后传》10卷、皇甫谧《列女传》6卷、綦毋邃《列女传》7卷、杜预《女记》10卷、失名《美妇人传》6卷；

志童子者，则有王琰之《童子传》2卷、刘昭《幼童传》10卷；

志知己者，则有梁元帝《怀旧志》9卷、卢思道《知己传》1卷；

志忠良者，则有梁元帝《忠臣传》30卷和《显忠录》20卷、钟岏《良吏传》10卷；

志世家者，则有《王朗王肃家传》1卷、《太原王氏家传》23卷、裴松之《裴代家传》4卷、王褒《王氏江左世家传》20卷、失名《孔氏家传》5卷；

其三，是"孝子传"增多。

由于魏晋南北朝时期孝道得到特别提倡和表彰，因此专记孝行的"孝子传"也勃然兴起。如徐广《孝子传》3 卷、王韶之《孝子传赞》3 卷、萧广济《孝子传》15 卷、郑缉之《孝子传》10 卷、师觉授《孝子传》8 卷、宋躬《孝子传》20 卷、失名《孝子传略》2 卷、梁元帝《孝德传》30 卷、失名《孝友传》8 卷。

其四，是儒林"别传"盛行。

由于魏晋以来推行九品中正制，品人评士，必备行状，故专人"别传"数量大胜于前。三国时期，边让、荀彧、邴原、刘廙、桓阶、杨彪、任嘏、管宁、何晏、毋丘俭、诸葛亮、陆绩、虞翻、钟会母，皆有"别传"；晋朝的"别传"更多，"丁志"著录有 150 余种，"秦志"著录有 176 种，举凡王弼、王粲、嵇康、荀勖、谢安、周处、陆机、王祥、王导、顾恺之、左思、郭璞、向秀等儒林人士，皆有"别传"。

其五，是出现了儒学史专著。

这一时期出现儒林人物专传向专著的过渡。除正史儒林传外，还有刘绍《先圣本记》10 卷、《曾参传》1 卷、《孔子弟子先儒传》10 卷、《孔子赞》1卷（"秦志"）、《四科传》4 卷（"秦志"）、《蜀文翁学堂像题记》2 卷、常景《儒林传》（《魏书》、《北史》本传）等。

五、"义疏"兴起

为便于对经典名物、义理进行反复周致的阐释，此期还产生了新的经解体式——义疏体。

义疏体的兴起，实为魏晋南北朝时经学、玄学与佛学互相作用的产物。汉代经学古文重训诂，今学贵章句；训诂重字词，章句明义理。郑玄笺《毛诗》，兼释《毛传》，已得由训诂而通义理之趣。及至南北朝，北方崇尚"郑学"，注经守汉学家法，重训诂章句；南方采郑学、王学，兼重玄学，注书好阐发哲学思想，讲论性命义理。是时，玄学既行，佛教又盛。玄学崇尚清谈，好为玄理；佛教聚众讲经，爱撰"经疏"讲章。此一时期，三教常有辩论，在论战中，儒家也汲取佛徒预撰讲义的方法，自撰"经疏"。《梁书·武帝本纪》："制《涅槃大品》、《净名》、《三慧》诸经义记复数百卷。临览余闲，即于重云殿及同泰寺讲说。"此其预撰讲义，讲说佛经。又"造《制旨孝经义》、《周易讲疏》，及《六十四卦》、《二系》、《文言》、《序卦》等义……凡二百余卷……天监中，则何佟之、贺玚、严植之、明山宾等复述《制旨》云云。《隋书·经籍志》："《周易系辞义疏》一卷，梁武帝撰。"此《义疏》即上述

"《二系》、《文言》、《序卦》等义"。皇帝讲授尚且预为义疏，其他儒者可想而知。正是在经学、玄学和佛学的三重作用下，儒家讲经也预撰起讲义来，于是这种既注明经典词义，又讲明章节段落乃至字里行间大义的新解经体——义疏，便应运而生了。

"义疏体"又有"讲义"、"义疏"或"疏义"等名目。"义疏"意为疏通其义，一般是讲解经传的记录或者预为的讲稿，故又称"讲疏"。"义疏"或"讲疏"，不仅要解释经典词义、串讲句子、总括章节旨趣、申说全篇大意，而且还要对当时依据的权威旧注进行疏通和证明。"义疏"的出现，是经学从单纯注释向注释、考据、义理、发挥四位一体过渡的重要标志，对后代儒家经典及其他文献诠释方式的改进产生了极大影响。唐代的《五经正义》（或《九经正义》）和宋代结集的《十三经注疏》等，都是在南朝"义疏体"基础上发展完成的。①

表1-2-6　《隋书·经籍志》与《旧唐书·经籍志》所载南北朝"义疏"一览表

序	类　别	书　目	卷　数	作　者	出　处	备　考
1	周易类	周易义疏	19（又作20）	刘瓛	隋志	宋明帝集群臣讲
2		周易讲疏	26	齐永明时	同	国学所讲
3		周易讲疏	35	萧衍	同	梁武帝
4		周易讲疏	16	褚仲都	同	五经博士
5		周易义疏	14	萧子政	同	
6		周易讲疏	30	张讥	同	
7		周易义疏	16	周弘正	同	
8		宋群臣讲易疏	20	张该等	旧志	
9		周易大义	20	萧衍	同	梁武帝
10		周易大义疑问	20	萧衍	同	梁武帝
11		周易文句义疏	20	萧衍	同	梁武帝
12		周易讲疏	13	何妥	同	
13		周易讲疏	16	褚仲都	同	
14		周易文句义疏	24	陆德明	同	

---

①　关于"义疏体"的研究，有牟润孙《论儒释两家之讲经与义疏》第二章《儒家最早之经疏》；日本桥本秀美《南北朝至初唐义疏学研究》、乔秀岩《义疏学衰亡史论》（日本白峰社，2001年。乔秀岩实与桥本秀美为同一人）。详参周大璞《训诂要略》、冯浩菲《中国训诂学》。

序	类 别	书 目	卷 数	作 者	出 处	备 考
15	尚书类	尚书义疏	10	费甝	隋志	国子助教
16		尚书义疏	30	蔡大宝	同	萧詧司徒
17		尚书义疏	7	失名	同	
18		尚书述义	20	刘炫	同	国子助教
19		尚书疏	20	顾彪	同	
20		尚书义疏	10	巢猗	旧志	
21		古文尚书大义	20	任孝恭	同	
22		尚书文外义	30	顾彪	同	
23		尚书义疏	20	刘焯	同	
24	诗经类	毛诗义疏	20	舒瑗	隋志	
25		毛诗义疏	28	沈重	同	
26		毛诗义疏	11	失名	同	萧岿,散骑常侍
27		毛诗义疏	29	失名	同	
28		毛诗义疏	10	失名	同	
29		毛诗义疏	11	失名	同	
30		毛诗义疏	28	失名	同	
31		毛诗述义	40	刘炫	同	
32		毛诗章句义疏	40	鲁世达	同	
33		毛诗义疏	5	张氏	旧志	
34	周礼类	周官礼义疏	40	失名	隋志	
35		周官礼义疏	10	失名	同	
36		周官礼义疏	9	失名	同	
37		周礼义疏	40	沈重	旧志	
38	仪礼类	仪礼疏见	2	失名	隋志	
39		仪礼义疏	6	失名	同	
40	礼记类	礼记新义疏	20	贺玚	同	
41		礼记义疏	3	雷肃之	同	
42		礼记义疏	99	皇侃	同	
43		礼记讲疏	48	皇侃	同	
44		礼记义疏	40	沈重	同	

序	类　别	书　目	卷数	作者	出处	备　考
45	礼记类	礼记义疏	38	失名	隋志	
46		礼记疏	11	失名	同	
47		礼记大义	10	萧衍	同	梁武帝
48		礼记义疏	50	皇侃	旧志	
49		礼记义疏	40	熊安生	同	
50		礼记义证	10	刘方	同	
51	春秋类	春秋左氏传述义	40	刘炫	隋志	
52		春秋公羊疏	12	失名	同	太学博士
53	孝经类	孝经义疏	18	萧衍	同	梁武帝
54		孝经义疏	3	李玉文	同	皇太子
55		孝经义疏	5	萧子显	同	天监八年
56		孝经义疏	1	赵景韶	同	
57		孝经讲疏	6	徐孝克	同	
58		孝经义疏	3	皇侃	旧志	
59		孝经义疏	5	萧纲	隋志	梁简文帝
60		孝经述义	5	刘炫	旧志	
61	论语类	论语义疏	10	褚仲都	隋志	
62		论语义疏	10	皇侃	同	
63		论语义疏	8	失名	同	
64		论语讲疏文句义	5	徐孝克	同	
65		论语义疏	2	张冲	同	
66		论语义注图	12	失名	同	

六、《礼》学文献昌盛

南朝经学最突出的特点是《礼》学繁盛，成就也最为显著。皮锡瑞曰："南学之可称者，惟晋、宋间诸儒善说礼服。"① "礼服"即礼制丧服。南朝普遍实行的"世族门阀"制度，"礼"是维系门阀等级的有力法宝；而血缘的亲疏远近就成了门阀制度下利益合理分配的必要准绳。

① 皮锡瑞：《经学历史》五《经学中衰时代》。

三国魏明帝景初元年（237），惧犬师老迈，《礼》学无传，于是特别诏令选郎吏修习"三礼"："昔先圣既没，而其遗言余教，著于六艺；六艺之文，《礼》又为急，弗可斯须离者也。……方今宿生巨儒，并各年高，教训之道，孰为其继？……其科郎吏高才解经义者三十人，从光禄勋（高堂）隆、散骑常侍（苏）林、博士（秦）静，分受'四经'、'三礼'，主者具为设课试之法。"①

这一传统延及南朝，儒者也非常重视《礼》学研究与讲习。朱熹说："六朝人多精于礼，必竟当时此学，自专门名家。朝廷有礼事，便用此等人议之，如今刑法官专用试法人。"②

由前表根据各志的统计也可看到，《隋书·经籍志》与"张志"著录《礼》类著作达231种，是诸经中最多的，这些著作大部分出自南朝儒生之手。南朝自刘宋时已经有著名《礼》学家雷次宗，明于《三礼》，元嘉时他曾在"四学"中以《三礼》授徒，曾为皇太子及诸王讲授《丧服经》，《礼》学成就与郑玄不相上下，有"雷氏学"之称；同时的何承天也以《礼》学知名，宗郑玄而斥王肃，先撰《礼论》800卷，后经删减，以类相从，订为300卷行世。萧齐的《礼》学家，其在于官学者则有王俭，史书称俭"长《礼》学，谙究朝仪，每博议，证引先儒，罕有其例"③。他秉承汉儒传统，著《古今丧服集记》、《礼义答问》等书，对朝中的礼仪也多有议定。其在私学者，则有刘瓛，史称其"儒学冠于当时"，"所著文集，皆是《礼》义，行于世"④。继之而起的萧梁，不仅经学家精于《礼》学，连著名思想家范缜，也"博通经术，尤精《三礼》"⑤。至于如崔灵恩、贺玚、何佟之、司马筠、沈峻、皇侃、沈洙、郑灼、戚衮、贺德基等人，以《礼》学名家者甚众。特别是徐勉，他受诏制撰五礼，卷帙达120帙、1176卷、8039条，堪称一代《礼》学大典。南朝诸儒的《礼》学成果也直接影响后世，唐代多次制订礼法，《贞观礼》、《开元礼》皆其大者；史学家杜佑又撰《通典·礼典》，篇卷最为繁重，所述唐初礼乐舆服仪注，大体上承袭南朝而来，观其所引晋、宋以下礼议200余

---

① 《三国志·魏书·高堂隆传》。

② 朱子语，见真德秀《西山读书记》卷二四引。王应麟《困学纪闻》卷五引作："六朝人多精于礼，当时专门名家有此学，朝廷有礼事，用此等人议之，唐时犹有此意。"

③ 《南齐书·王俭传》。

④ 《南齐书·刘瓛传》。

⑤ 《梁书·范缜传》。

篇，即可知矣。

古代经学，《礼》学最是具有普世价值，上自朝廷，下迄民庶，无不在"礼"的规范下生活。内中又以"丧服"制度，通乎上下。故南朝诸儒之《礼》学研究，又特别集中在对于《仪礼·丧服传》的阐释或"五服"（丧服）制度的研究和制定上。《隋书·经籍志》所录"丧服"类文献达 72 种，占《礼》类文献 136 部（通计亡书 211 部）三分之一还强。对于《丧服》的注解，先秦相传只有子夏《传》（附经而行），西汉有戴德《丧服变除》，东汉也有马融、郑玄、刘表 3 家；至魏晋南北朝，却突增至 78 种，这不能不说是这个时期经学的特有现象。综考各家目录得 78 种，现罗列如次：

表 1-2-7　三国及南朝丧服注疏表

序号	书　目	作　者	出　处	备　考
1	《丧服要记》1 卷	（蜀）蒋琬	《隋书·经籍志》	
2	《丧服要记》1 卷	（魏）王肃	同	
3	《丧服经传注》1 卷	（魏）王肃	同	
4	《丧服变除图》5 卷	（吴）射慈	同	
5	《丧服要集》2 卷	（晋）杜预	同	唐志作《要集议》3 卷
6	《丧服经传注》1 卷	（晋）袁准	同	
7	《丧服仪》1 卷	（晋）卫瓘	同	
8	《丧服要记》2 卷	（晋）刘逵	《经义考》	
9	《丧服要纪》6 卷	（晋）贺循	《隋书·经籍志》	又作《丧服要说》10 卷
10	《丧服谱》1 卷	（晋）贺循	同	
11	《集注丧服经传》1 卷	（晋）孔伦	同	
12	《丧服谱》1 卷	（晋）蔡谟	同	
13	《丧服要略》1 卷	（晋）环济	同	
14	《凶礼》1 卷	（晋）孔衍	同	
15	《丧服变除》1 卷	（晋）葛洪	同	
16	《丧服经传注》1 卷	（晋）陈铨	同	一作《丧服纪》1 卷
17	《丧服要问》6 卷	（晋）刘德明	《经义考》	
18	《丧服释疑》20 卷	（晋）刘智	同	
19	《丧纪礼式》卷数不明	（晋）杜龚	补晋志	
20	《集注丧服经传》1 卷	（宋）裴松之	《隋书·经籍志》	
21	《丧服》31 卷	（宋）庾蔚之	同	又有"要纪"

序号	书　目	作　者	出　处	备　考
22	《丧服世要》1卷	（宋）庾蔚之	《经义考》	
23	《丧服集议》10卷	（宋）费沈	同	
24	《略注丧服经传》1卷	（宋）雷次宗	《隋书·经籍志》	
25	《丧服杂记》20卷	（晋）伊氏	《经义考》	
26	《丧服注》卷数不明	（晋）周续之	同	
27	《集注丧服经传》2卷	（宋）蔡超	《通志·艺文略》	
28	《丧服纪》2卷	（宋）蔡超	《旧唐书·经籍志》	
29	《丧服经传注》1卷	（宋）刘道拔	《隋书·经籍志》	
30	《丧服要问》2卷	（宋）张耀	《经义考》	
31	《丧服传》1卷	（宋）裴子野	《隋书·经籍志》	
32	《丧服难问》6卷	（宋）崔凯	《经义考》	
33	《丧服古今集记》3卷	（齐）王俭	《隋书·经籍志》	
34	《丧服图》1卷	（齐）王俭	同	
35	《丧服图》1卷	贺游	同	
36	《丧服图》1卷	崔逸	同	
37	《集解丧服经传》2卷	（齐）田僧绍	同	《旧唐书·经籍志》有《丧服纪》
38	《丧服经传义疏》5卷	（齐）司马献	同	
39	《丧服世行要记》10卷	（齐）王逡	同	又作《丧服五代行要纪》5卷
40	《丧服经传义疏》2卷	（齐）楼幼瑜	同	
41	《丧服经传义疏》1卷	（齐）刘瓛	同	
42	《丧服经传义疏》1卷	（齐）沈麟士	同	
43	《丧服答要难》1卷	（齐）袁祈	同	
44	《丧服义疏》2卷	（梁）贺玚	同	
45	《丧服治礼仪注》9卷	（梁）何胤	同	
46	《丧服经传义疏》1卷	（梁）何佟之	同	
47	《丧服文句义疏》10卷	（梁）皇侃	同	一无"疏"字
48	《丧服答问目》13卷	（梁）皇侃	同	
49	《丧服集解》卷数不明	（梁）伏曼容	同	
50	《丧服仪》卷数不明	（梁）庾曼倩	同	

序号	书　目	作　者	出　处	备　考
51	《凶礼仪注》479卷	（梁）严植之	《湖北通志》	
52	《丧服义疏》卷数不明	（陈）顾越	《补南北史艺文志》	
53	《丧服义》10卷	（陈）谢峤	《隋书·经籍志》	
54	《丧礼五服》7卷	（宋）袁宪	同	
55	《丧礼抄》3卷	（宋）王隆伯	同	
56	《丧服义》3卷	（陈）张冲	《经义考》	
57	《丧服经传义疏》4卷	（陈）沈文阿	《旧唐书·经籍志》	
58	《丧服发题》2卷	（陈）沈文阿	同	
59	《丧服要记注》5卷	（宋）谢徽	同	
60	《丧服义抄》3卷	失名	《隋书·经籍志》	
61	《丧服经传隐义》1卷	失名	同	
62	《丧服要略》2卷	失名	同	
63	《丧服制要》1卷	徐氏	同	
64	《丧服记》10卷	王氏	同	
65	《丧服五要》1卷	严氏	同	
66	《驳丧服经传》1卷	卜氏	同	
67	《丧服疑问》1卷	樊氏	同	
68	《丧服祥禫杂议》29卷	失名	同	
69	《丧服杂议故事》21卷	失名	同	
70	《戴氏丧服五家要记图谱》5卷	失名	同	
71	《丧服君臣图仪》1卷	失名	同	
72	《五服图》1卷	失名	同	
73	《五服图仪》1卷	失名	同	
74	《丧服礼图》1卷	失名	同	
75	《五服略例》1卷	失名	同	
76	《丧服要问》1卷	失名	同	
77	《丧服假宁制》3卷	失名	同	
78	《论丧服决》1卷	失名	同	

除对儒家礼书经典研究外，南北朝人曾经将儒家礼乐思想引入社会生活，分别为君臣、父子、六亲、九族等群体，养生、送死、吊恤、贺庆等活动，

第二章　儒学文献的发展与流变（上）

讨论和制订了各种礼仪规范。唐、虞、夏、商有所谓"三礼",西周有《周官》宗伯所掌"五礼"(吉、凶、宾、军、嘉),但经秦朝坑焚之祸,遗书莫见。西汉,则有叔孙通定《朝仪》,汉武帝制定祀汾阴后土仪、封禅仪,汉成帝初定"南北郊仪",粗具"节文"。后汉,又使曹褒定《汉仪》,"是后相承,世有制作",但似乎都没有南北朝时期丰富和繁多。

据《隋书·经籍志》"史部"所载,"仪注"之书 59 部、229 卷,通亡书合 69 部、3094 卷,其中只有卫宏(字敬仲)《汉旧仪》4 卷(梁有卫敬仲《汉中兴仪》1 卷)属东汉人所作,《大汉舆服志》1 卷(魏博士董巴撰)为研究前代制度。除此之外,自《晋新定仪注》40 卷(晋安成太守傅瑗撰)以下 68 部,皆魏晋南北朝人的作品。

这些礼仪之书,涉及面十分广泛,内容丰富,自朝廷、东宫,至家庭、社区,皆有制度,咸入仪轨。其关于朝廷的则有牛弘《隋朝仪礼》100 卷;皇室生活的则有鲍行卿《皇室仪》13 卷;太子生活的则有张镜《宋东宫仪记》23 卷、萧子云《东宫新记》20 卷;士大夫生活的则有徐爰《家仪》1卷、李穆叔《赵李家仪》10 卷(《七录》作 1 卷)。

关于朝廷大典的则有无名氏《封禅仪》6 卷,关于"五礼"的则有明山宾《梁吉礼仪注》10 卷和《吉仪注》206 卷(《七录》作 6 卷)、贺瑒《梁宾礼仪注》9 卷、严植之《凶仪注》479 卷(《七录》作 45 卷)、陆琏《军仪注》190 卷(《七录》作 2 卷)、司马聚《嘉仪注》作 112 卷(《七录》作 3 卷);关于死后命谥的亦有何晏撰《魏晋谥议》13 卷。

甚至连言谈举止、书信往来的礼数也都有具体规定,关乎前者则如无名氏《言语仪》1 卷;关于后者则有《内外书仪》4 卷(谢元撰)、《书仪》2 卷(蔡超撰)、《书笔仪》21 卷(谢朓撰)、《书仪》10 卷(唐瑾撰);还根据性别和宗教,分出《妇人书仪》8 卷(无名氏撰)、《僧家书仪》5 卷(释昙瑗撰),等等。

在人们对魏晋南北朝的学术文化产生"玄言"、"清谈"的印象时,殊不知此期儒者们还撰有这么多"礼学"和"礼仪"著作,看来在通脱清高之中,魏晋南北朝中人也不缺乏文质彬彬、中规中矩的世俗生活,此不可不知也。

七、学术争鸣

南朝经学,思想比较活跃,朝廷虽确立了名家名注作为读经的标准,但是这并未限制和禁锢人们的自由思考和学术争鸣。东汉末年,"郑学"兴起,结束今古文的纷争，学人知所归趋；然而紧接的却是王肃的"王学"与之立异，取代"郑学"成为西晋时的标准教材。继而"玄学"兴起，不仅不独尊"郑学"、"王学"，甚或对儒家经典也大胆有所取舍，他们尚"易玄"而重名理，取老庄而尚玄言，汉学的经学窠臼于焉得以解脱。永嘉之后，"王学"又熄，东晋所立博士实兼"郑学"和"玄学"。及至南学与北学对峙，更是各有好尚，不相统一，于是学人得以自由思考，学术呈现诸家争鸣，是这一时期儒学研究的主要特点。龚道耕曾论魏晋经学曰：

> 自中朝以及江左，经学之弊，略有数端。一曰尚浮虚而忽训诂。如谢万、韩康伯之注《易》，孙绰、李充、郭象之注《论语》，皆说以清谈是也。一曰工排击而罕引申。如顾夷之《周易》难王（肃），关康之又申王难顾；孙毓评《毛诗》异同而朋于王（肃）；陈统又难孙氏；以及《礼》之争王、郑（玄），《左氏》之争服（虔）、杜（预）是也。一曰废家法而矜私智。如刘兆作《春秋调人》七万言，陈邵《评周礼异同》，范宁注《穀梁》，义有不通，即加驳难是也。一曰好摭拾而鲜折衷。如杜预《左氏》，攘贾、服之文；郭璞《尔雅》，袭樊、孙之注；及张璠二十二家之《周易》，江熙十三家之《论语》是也。盖两汉经学，至此一变矣。①

所谓"尚虚浮"而"贵清谈"，即崇尚清通简要的"玄学"；"工排击而罕引申"，即学术的自由争鸣；"废家法而矜私智"，即贵有心得而贱保守，这些都是学术民主、自由思考的表现。唯有"好摭拾而鲜折衷"，前者捃摭他说以为己有，实乃抄袭，为人不齿；后者则是集众家以为一书，客观上具有保存诸家经说、会通诸说异趣的作用。龚氏所举张、江二书外，尚有《周易马郑二王四家集解》10卷、《周易荀爽九家注》10卷、《周易杨氏集二王注》5卷、《集马郑二王解》10卷，实为"集解"，皆有利于折中比较。

西汉时期经学的纷争，多存于师法，形于讲授，其有重大分歧，多由皇帝出面组织讨论，以便调停（如西汉石渠阁、东汉白虎观议礼等），而不贵立异，更没有互相攻讦的著述。刘歆争立古文经博士，今文诸家"不肯置对"；刘歆移书让太常博士，博士攻击歆"颠倒五经"、坏乱师法，只有攻击而不说理。东汉韩钦、陈元等与范升争立《左传》博士，只有条奏而无著述。及贾逵承诏撰"《左氏传》大义长于二传者"三十余事，及"撰欧阳大小夏侯尚书古文同异"，许慎之撰《五经异义》，始有辨析异说的著述。

---

① 龚道耕：《经学通论·经学沿革略说六》。

继之者何休，撰《春秋左氏膏肓》10 卷、《春秋穀梁废疾》3 卷、《春秋汉议》13 卷、《春秋公羊墨守》14 卷，始系统讨论《三传》异同优劣，挑起《春秋》学之持久讨论。郑玄起而与之为敌，针锋相对撰《针膏肓》、《发墨守》、《起废疾》、《驳何氏汉议》2 卷。服虔亦撰《春秋左氏膏肓释痾》10 卷、《春秋汉议驳》2 卷、《春秋塞难》3 卷。《隋书·经籍志》还载有孔融《春秋杂议难》5 卷、王朗《春秋左氏释驳》1 卷，是皆有关《春秋》学的辩论与对决。

在"王学"与"郑学"立异时期，诸儒的互相论难、自由讨论更趋炽烈。王肃既遍注"群经"以取代"郑注"，复撰《圣证论》以系统驳斥郑学，又于诸经义例再兴辩难，专门论战文献蔚然蜂起。在《尚书》领域，王肃有《尚书驳议》5 卷，盖驳郑注也。《隋书·经籍志》还载梁有《尚书义问》3 卷，自注："郑玄、王肃及晋五经博士孔晁撰。"当为晋孔晁条列郑注、王注之异。又有《尚书释问》4 卷，题为"魏侍中王粲撰"（依此文义似是王粲就郑王二家异同进行的答辩。可是王粲乃汉末曹魏时人，如何可能与晋博士论战？）考《旧唐书·经籍志》（简称"旧志"或"唐志"）乃作《尚书释问》4 卷，"王粲问，田琼、韩益正，郑玄注"，原来是王粲向郑注问难，田琼、韩益维护郑注，而对王问作出的答辞。又有《尚书王氏传问》2 卷、《尚书义》2 卷（范顺问，吴太尉刘毅答），是又当时学人质疑王注，而刘毅出来作答。此《尚书》驳辩争议之状况。

其在《诗经》学领域，则有王肃《毛诗义驳》8 卷、《毛诗奏事》1 卷、《毛诗问难》2 卷，乃驳郑笺。晋长沙太守孙毓撰《毛诗异同评》10 卷，乃评郑、王二家注，而党于王；又有晋徐州从事陈统撰《难孙氏毛诗评》4 卷，又对孙毓展开质疑。

在《易》学领域，《隋书·经籍志》载"《周易问难》二卷，王氏撰；《周易问答》一卷，扬州从事徐伯珍撰"。"王氏"当即王肃，"问难"当即向郑注发难；是王氏问而徐氏答之。及王弼注《周易》，尽弃象数而言义理，又杂以老庄，故扬州刺史顾夷（字悦之）等有"难王弼《易》义四十余条"，《隋书·经籍志》著录"《周易难王辅嗣义》一卷"是也。关康之闻之，又"申王难顾，远有情理"①。至王俭、颜延年以后，复扬此抑彼，互诘不休，《易》学遂成为争论之国，至唐修《正义》专取弼注而后熄。

其他如《论语》，《隋书·经籍志》著录梁有"《论语难郑》一卷（梁有

---

① 《南史·隐逸上》。

《古论语义注谱》一卷）"、"《论语难郑》一卷"，非议郑玄《论语注》。其于《周礼》，东汉已有临硕难《周礼》而郑玄答之；至晋又有司空长史陈劭《周官礼异同评》12卷、孙略《周官礼驳难》4卷；《隋书·经籍志》还载：梁有《周官驳难》3卷，"孙琦问，干宝驳，晋散骑常侍虞喜撰"，是孙琦、干宝、虞喜又曾经就《周礼》事设为问对，著书论难矣。

至于龚氏所云"《礼》之争王、郑（玄），《左氏》之争服（虔）、杜（预）"，又关涉王学、郑注之优劣，服注、杜解之相袭，事颇繁复，兹不赘论。

八、新出文献，真伪杂呈

魏晋南北朝时期，儒学文献也有新的发现，其中有元典也有传注，在当时学术界震动很大，对后世儒学的发展也影响甚巨，不可忽视。

首先是汲冢书。

西晋太康初，汲郡人从魏襄王墓（一说魏安釐王墓）中发现数十车竹简，都是先秦古书。经束晳等人整理，共得书17种、75篇，其中发现有先秦的一批儒家典籍，对此上列"文志"、"秦志"都做了著录：

表1-2-8　汲冢出土遗书表

序号	类别	书　目	篇卷	内　　　容	出　　处
1	易类	《易经》	2	与《周易》上下经同	《晋书·束晳传》
2		《易繇阴阳卦》	2	与《周易》略同，繇辞则异	同
3		《卦下易经》	1	似《说卦》而异	同
4		《公孙段》	2	公孙段与邵涉论《易》	同
5	春秋类	《纪年》	13	记夏以来至周幽王为犬戎所灭，以事接之，三家分，仍述魏事，至安釐王之二十年，盖魏国之史书	同
6		《国语》	3	言楚晋事	同
7		《梁丘藏》	1	先叙魏之世数，次言丘藏金玉事	同
8		《生封》	1	帝王所封	
9		杂书	19	《周食田法》、《周书》、《论楚事》、《周穆王美人盛姬死事》	
10	礼类	《名》	3	似《礼记》，又似《尔雅》	

序号	类别	书 目	篇卷	内 容	出 处
11		《论语师春》	1	书《左传》诸卜筮，师春似是造书者姓名	
12		《琐语》	11	诸国卜梦妖怪相书	
13	诸子类	《缴书》	2	论弋射法	
14		《大历》	2	邹子谈天类	
15		《穆天子传》	5	言周穆王游行四海，见帝台、西王母	
16		《图诗》	1	画赞之属	
17		其他	7	简书折坏，不识名题	

以上凡 17 种（一作 16 种），当时曾经过整理收藏于晋之秘府，其目录亦载于荀勖《中经新簿》之末。中经战乱，《竹书纪年》、《古文琐语》二书至隋犹存；又经唐宋，诸书均佚，内容俱不可考矣。据列表显示，其中《易》类 4 种，属于纯然的儒学文献；《礼》类的《名》，与《礼记》、《尔雅》相似；《春秋》类的《纪年》，可与《春秋》互相补充。《晋书·束晳传》曾述《纪年》与儒家文献的异同说：

> （《竹书纪年》）大略与《春秋》皆多相应。其中经传大异，则云"夏年多殷"；"益干启位，启杀之"；"太甲杀伊尹"；"文丁杀季历"。自周受命至穆王百年，非穆王寿百岁也。幽王既亡，有共伯和者摄行天子事，非二相共和也。

这些都与传世儒经的记载有异，也与儒家提倡的古史观不同。不过，据杜预所记，《纪年》与《春秋》经有许多异同之处，正好证明了《春秋》曾经经过孔子的修订；所记与《左传》多同，而与《公羊》、《穀梁》大异，则又证明《左传》乃古史，二传为经师口说。至于《论语师春》的内容，"上下次第及其文义，皆与《左传》同"，则又证明《左传》成书在战国以前。

杜氏还说："其著书文意，大似《春秋经》，推此足见古者国史策书之常也。文称'鲁隐公及邾庄公盟于姑蔑'，即《春秋》所书'邾仪父'，未王命，故不书爵，曰仪父，贵之也。又称'晋献公会虞师伐虢，灭下阳'，即《春秋》所书'虞师、晋师灭下阳'，先书虞，贿故也。又称'周襄王会诸侯于河阳'，即《春秋》所书'天王狩于河阳'，以臣召君，不可以训也。"杜预又说："诸若此辈甚多，略举数条，以明国史皆承告据实而书时事，仲尼修《春秋》，以义而制异文也。"又指出《竹书纪年》的异文："又称'卫懿公及赤翟战于洞泽',疑'洞'当为'泂',即《左传》所谓荧泽也。'齐国佐来献玉磬、纪公之甗',即《左传》所谓宾媚人也。"经杜预考察,《纪年》"诸所记多与《左传》符同,异于《公羊》、《穀梁》,知此二书近世穿凿、非《春秋》本意审矣。虽不皆与《史记》、《尚书》同,然参而求之,可以端正学者"。

杜预又指出,汲冢书中"又别有一卷,纯集疏《左氏传》卜筮事,上下次第及其文义皆与《左传》同,名曰《师春》。师春,似是抄集者人名也"①。这些都是非常宝贵的资料,足可破后世"孔子不修《春秋》"、"《左传》乃刘歆伪造"之谬说。可惜《纪年》后来失传,今天只有辑校之本矣。

其次是《古文尚书》、《古文孝经》及其《孔传》。

这一时期儒学文献的另外两件大事,一是发现《古文尚书》及《孔传》,二是发现《古文孝经》及《孔传》。《古文孝经》与《古文尚书》都出自孔子壁中,《史记》、《汉书》都有记载,来历明确。但是这批古文当时并未立于学官,只藏在秘府,并无传人。至东汉,卫宏、许慎都传《古文孝经》,但也只有口说,并无传注文献;许冲在献其父慎所撰《说文解字》时,乃据口说"谨撰《古文孝经传》一篇进上"②。至于《古文尚书》,后汉扶风、杜林传之,同郡贾逵为之作"训",马融作"传",郑玄亦为之"注"。不过《隋书·经籍志》明确说:"然其所传,唯二十九篇,又杂以今文,非孔旧本,自余绝无师说。"也就是说,《古文尚书》直到东汉也只有与今文相同的 29 篇有训,其他多出的各篇并无师说。

至魏晋时期,王肃从孔猛家得《孔子家语》,并为之"解",还作《后序》一篇,录《孔安国传》和孔衍《上书》,这时才首次提到孔安国作"传"的事。孔衍上书说:"时鲁恭王坏孔子故宅,得古文科斗《尚书》、《孝经》、《论语》,世人莫有能言者。安国为之今文读,而训传其义。"又《孔安国传》:"孔安国字子国……天汉后,鲁恭王坏夫子故宅,得壁中诗书,悉以归子国,子国乃考论古今文字,撰众师之义,为古文《论语训》十一篇、《孝经传》二

---

① 杜预:《春秋左传集解·后序》,阮元校刻《十三经注疏》本。

② 按,许冲作《古文孝经说》一事,学者多忽略,侯康、姚振宗补《三国艺文志》并无著录,盖阙。康有为《新学伪经考·汉书艺文志辨伪下》说:"然《志》不云有孔氏说,而许叔重遣子冲《上说文疏》,并上《孝经孔氏古文说》,则歆又伪作《孔氏孝经古文说》。"康以《孔氏古文说》为刘歆伪造,又曲解许冲《进表》中"撰著一篇"一句,不可取。清顾櫰三《补后汉书艺文志》著录"许慎《古文孝经注》一卷",差可。

篇、《尚书传》五十八篇，皆所得壁中科斗本也。"①

不过，这只是王肃的说法，后世从各类文献中，看不出当时有这三部孔安国作的"传"。《隋书·经籍志》就说："晋世秘府，所存有《古文尚书》经文，今无有传者。"《古文尚书》之所以"无人传者"，就因为它没有人作传注，无法形成师说。经过西晋末年"永嘉之乱"，西汉以来立于博士的"欧阳、大小夏侯《尚书》并亡"，由西汉伏生传下来的今文师说，只剩下"刘向父子所著《五行传》"了，今文家法几乎完全消亡。此时博士所传，只有郑玄《尚书注》，郑注本是依据《古文尚书》的，但是参考了今文师说，而且也只有与今文相同的 29 篇。

到了东晋，豫章内史梅赜始得相传是孔安国所作的《古文尚书传》"奏之"。当时尚阙《舜典》一篇，直到齐建武中（495—498），"吴姚方兴于大桁市得其书，奏上"，该本"比马、郑所注多二十八字，于是始列国学"。这个本子的《尚书孔传》总共 58 篇，传文也简明通顺，故甫一面世即为多人信从。南朝梁、陈国学所讲《尚书》，"有孔、郑二家"。北朝"齐代，唯传郑义"；"至隋，孔、郑并行，而郑氏甚微"（以上并《隋书·经籍志》）。到了唐初修《尚书正义》，全用《古文尚书孔传》为本，郑玄注就彻底消失了。

值得表彰的是，《隋书·经籍志》又著录《尚书逸篇》2 卷，谓"出于齐、梁之间，考其篇目，似孔壁中书之残缺者"。从前面所述"晋秘府"所藏的"《古文尚书》经文"，到南朝齐、梁间发现的"孔壁残缺"的《尚书逸篇》，说明南朝确有一部《古文尚书》存在，可惜当时无人研究，后世也不传其本。

《古文孝经孔传》在南朝曾得到广泛流传。《隋书·经籍志》说："梁代，安国及郑氏二家，并立国学"。后来"安国之本亡于梁乱，陈及周、齐唯传郑氏"。可是到了隋朝，"秘书监王劭于京师访得《孔传》，送至河间刘炫。炫因序其得丧，述其议疏，讲于人间，渐闻朝廷，后遂著令，与郑玄并立"。不过当时"儒者喧喧，皆云炫自作之，非孔旧本"。该本《孔传》在唐玄宗时曾与郑注一起引起极大争议，后遂失传，北宋初已经不见踪影了。清乾隆时，从日本传回一本，说是孔安国的《古文孝经传》，不过学者多致怀疑。

《古文尚书》在宋代曾引起吴棫和朱熹等人怀疑，后经梅鷟、阎若璩、惠栋、王鸣盛等人举证，定为晚出伪书；《孔子家语》也被证明是经过王肃伪纂的成果。《孔安国传》所提到的《论语孔传》，也有沈涛撰《论语孔注辨伪》

---

① 王肃：《孔子家语解》，上海文化书社，1933 年；中州书画社影印本。

疑之。看来所谓《孝经》、《尚书》、《论语》三种孔安国"传"，都是有问题的，其来源和训说都不无可疑之处。至于乾隆时从日本传来的《古文孝经孔传》，更被学人斥为"伪中之伪"。

不过，《古文尚书孔传》因被孔颖达据以作《正义》，风行中国达 1400 多年，其真伪还可争议，但是其影响中国的学术和历史却是客观事实，不容抹杀。其书可能是伪的，其影响却是真的，这是我们讲此期儒学文献时不能忽略的大事要事。

九、优质注疏，下惠"唐学"

自郑玄"囊括大典，包罗今古"，学人治学乃摆脱家法师说之囿，视野日益开阔；王肃虽然批郑，但其杂采古今，遍习群经，风格实与郑氏相同。继之而起的"玄学"进而杂采老庄，援道入儒，实为儒学界之一重要革命。及佛学大兴，冲决世网，说有谈空，思入缥缈，于是魏晋之人进入自由思维、个性独立之新时代矣。

在魏晋时期，国祚日短，政权多变，统治相对松散，专制相对薄弱，故思想之禁锢、学术之独裁，也就相对淡薄。在经学、玄学与佛学的交互作用下，学术自由，真情发抒，新说日生，新智日启。其治经也，尊重传统、注重章句者固然不无人在，而抛却旧规、别开生面者则实繁有徒。诸如以道解儒，援释入儒，三教并修者，更相援成一时风气。魏晋南北朝时期的经学著述，不仅在数量上超越前代，而且在质量上也毫不逊色，从现今保存的经学著作来看，多为创新之作，也多为传世之作，被收录入《十三经注疏》之中。

当郑学、王学酣战之际，何晏、王弼为代表的玄学家异军突起，用玄学理论注解儒家经典，突破汉学训诂传统，不拘泥章句字义，而改以重视经典义理，绕过汉人以章句通经典的烦琐方式，改从义理着手发挥注者本人见解。何晏之《论语集解》，王弼之《周易注》及《周易略例》等等，遂成一时玄学化经注之佳品。孔颖达谓：汉儒注《易》，"大体更相祖述，非有绝伦"，"唯魏世王辅嗣之注，独冠古今"。[1] 故其在作《周易》疏时，"专崇王注，而众说皆废"[2]。

其不以玄学治经，而又能脱却汉学窠臼，广采博综，自出机杼以能成一代名著者，则有西晋杜预和东晋范宁。

---

① 孔颖达：《周易正义·序》，阮元校刻《十三经注疏》本。

② 孔颖达：《周易正义》卷首，阮元校刻《十三经注疏》本。

杜预（222—284）字元凯，曾任镇南大将军，以平吴功封当阳侯。他博学多才，自称有"《左传》癖"，著《春秋左传集解》和《春秋释例》。他崇《左传》而贬《公》、《穀》，斥空言而重实证。他批评："古今言《左氏春秋》者多矣……大体转相祖述，进不成为错综经文以尽其变，退不守丘明之《传》。"自我标榜说："预今所以为异，专修丘明之《传》以释经，经之条贯，必出于《传》。《传》之义例，总归诸凡。推变例以正褒贬，简二《传》而去异端，盖丘明之志也。"① 他克服了《公》、《穀》离经言理，随文解义、信口腾说、穿凿附会等缺点，发明用传附经，以史解经，经传互证，经失互补，必使言不虚发，理必有据。又依据传文以归纳通例，总结出《左传》的"五十凡"，纲举目张，信而有征。还广泛吸收服虔等人研究成果，参考众家谱例作《春秋释例》，与新出土汲冢《竹书纪年》相印证，从而完成最精密完备的《春秋左传集解》，使该书成为古今冠绝的《左传》注本。

范宁（339—401）字武子，其经学代表作是《春秋穀梁传集解》。范氏所治《穀梁》本为今文，但他却偏重古文学风，特别是偏向郑学，注经方法则与杜预略同，对杜氏《集解》特别推崇。他批判玄学家"王、何蔑弃典文，不遵礼度，游辞浮说，波荡后生"，其罪大于桀、纣。他视《春秋》为"不易之宏轨，百王之通典"，"成天下之事业，定天下之邪正，莫善于《春秋》"。遍习《三传》，视野开阔，指出："《左氏》艳而富，其失也巫；《穀梁》清而婉，其失也短；《公羊》辩而裁，其失也俗。"故立志研习《穀梁》，通解《春秋》，借以扶持名教而对抗玄风。在注解方法上，主张"凡传以通经为主，经以必当为理"，重在通经明理。对各家经注，"择善而从"，故郑玄、何休、服虔、许慎、杜预等诸家，凡有可取，必广征博采，兼收并蓄。其书采用"集解"体广辑诸说，《自序》云："于是乃商略名例，敷陈疑滞，博示诸儒同异之说。……乃与二三学士及诸子弟，各记所识，并言其意。……今撰诸子之言，各记其姓名，名曰《春秋穀梁传集解》。"② 见其工作乃有二事：一是将"二三学士及诸子弟""所识"汇集在一起，对《穀梁》进行新解，此即《集解》内涵所在；二是"商略名例"，即讨论《穀梁》的体裁，归纳和总结《穀梁》义例，此即《隋书·经籍志》所录范宁《春秋穀梁传例》1卷，亦即杨

① 杜预：《春秋序》，见《春秋左传注疏》卷一，阮元校刻《十三经注疏》本。
② 范宁：《春秋穀梁传序》，见《春秋穀梁传注疏序》，阮元校刻《十三经注疏》本。

疏所谓"范氏别为《略例》一百余条是也"①。从此,《穀梁》家乃有义例精通、训诂明备之详解。

除杜、范外,还有皇侃等人在运用"义疏"体裁方面,也做出了令人振奋的成就。侃"少好学,师事贺场,精力专门,尽通其业。尤明'三礼'、《孝经》、《论语》,为兼国子助教,于学讲说,听者常数百人"②。著有《丧服文句义》10卷、《丧服问答目》13卷、《礼记讲疏》99卷(《旧唐书·经籍志》作100卷)、《礼记义疏》48卷(《旧唐书·经籍志》作50卷)、《孝经义疏》3卷、《论语疏》10卷,皆"见重于世,学者传焉"。

北朝的经学领域,也是人才济济、经师众多。如徐遵明、卢景裕、熊安生、刘焯、刘炫,乃其著者。徐遵明是北魏后期经学宗师,他遍读《孝经》、《论语》、《毛诗》、《尚书》、《三礼》、《春秋》等,手撰《春秋义章》。北齐经学诸生,多出自于徐氏门下:卢景裕从之受郑玄《周易》注,卢传权会,权会传郭茂,其后治《易》者,多出郭茂之门。其《尚书》学传于李周仁、张文敬、李铉、权会等人。《三礼》学则传李铉,李铉传于刁柔、熊安生,安生再传孙灵晖等,其后习礼者多是安生门人。《春秋》采用服虔注,大行于河北,传习者亦多出自徐门。

出自徐门再传的熊安生是北齐经学大师,门下弟子多达千余人,其中著名的有马荣伯、刘焯、刘炫等。安生通"五经",尤精《三礼》,著《周礼义疏》20卷、《礼记义疏》40卷。治经不拘一格,广征博采,兼综南北,著述形式采用南朝"义疏体",注经方式颇类皇侃。所作《礼记义疏》除据郑玄注外,还广引《春秋》、《穀梁》、《尚书》、《大戴礼》、《周易》等书,并且援引《老子》之义疏通《礼记》。博而不杂,广而有要,于混同南北、促进经学统一,与有力焉。

安生弟子刘焯(字士元)、刘炫(字光伯)也是卓有建树的经学家。《隋书》本传称:刘焯"优游乡里,专以教授著述为务,孜孜不倦,贾、马、王、郑所传章句,多所是非;《九章算术》、《周髀》、《七曜历书》十余部,推步日月之经,量度山海之术,莫不核其根本,穷其秘奥。著《稽极》十卷、《历书》十卷、《五经述议》,并行于世"③。《旧唐书·经籍志》又著录其《尚书

① 按:范宁《春秋穀梁略例》原书佚,而内容散在杨士勋《疏》中。《四库提要》:"又自序有'商略名例'之句,《疏》称宁'别有《略例》(十)[百]余条',此本不载。然注中时有'《传例》曰'字,或士勋割裂其文,散入注疏中欤?"

② 《梁书·皇侃传》。

③ 《隋书·刘焯传》。

义疏》20 卷，可见著述之富。

史称"刘炫聪明博学，名亚于焯，故时人称二刘焉。天下名儒后进，质疑受业，不远千里而至者，不可胜数。论者以为数百年已来博学通儒，无能出其右者"①。自荐曰："《周礼》、《礼记》、《毛诗》、《尚书》、《公羊》、《左传》、《孝经》、《论语》，孔、郑、王、何、服、杜等注，凡十三家，虽义有精粗，并堪讲授。《周易》、《仪礼》、《穀梁》，用功差少。史子文集，嘉言美事，咸诵于心。天文律历，穷核微妙。至于公私文翰，未尝假手。"② 可谓博极四部，才高八斗。著有《论语述议》10 卷（按，《旧唐书·经籍志》作《论语章句》20 卷）、《春秋攻昧》10 卷（《旧唐书·经籍志》作 12 卷，又有《春秋归过》3 卷）、《五经正名》12 卷（《旧唐书·经籍志》作 15 卷）、《孝经述议》5 卷、《春秋述议》40 卷（《旧唐书·经籍志》作 37 卷）、《尚书述议》20 卷、《毛诗述议》40 卷（《旧唐书·经籍志》作 30 卷）、《注诗序》1 卷、《算术》1 卷。当时有"信都刘士元（焯）、河间刘光伯（炫），拔萃出类，学通南北，博极今古，后生钻仰；所制诸经议疏，搢绅咸师宗之"③ 之说。

王弼和韩康伯《周易注》、何晏《论语集解》、杜预《春秋左传集解》、范宁《穀梁集解》、郭璞《尔雅注》，以及东晋梅赜所献《古文尚书孔传》，都被后人收入《十三经注疏》作为本注。而皇侃、沈文阿、熊安生、刘焯、刘炫等人《义疏》，又为唐代撰修《五经正义》提供了重要蓝本。

据孔颖达诸书《序》，《尚书正义》、《毛诗正义》皆据北学刘焯、刘炫二家《义疏》（或《述议》）；《礼记正义》以南学皇侃为主，而以北学熊安生为辅；《春秋左传正义》以北学刘炫为主，南学沈文阿为辅。由此观之，《十三经注疏》有六家经注出于南朝人之手，而唐撰诸经《正义》，又皆依本南北朝人旧时"义疏"改编，是此期经学成果，实有大功德于唐人，亦有重要贡献于儒学也。

① 《隋书·刘焯传》。
② 《隋书·刘炫传》。
③ 《北史·儒林传序》。

第三章　儒学文献的发展与流变（下）

第六节　隋唐五代的儒学文献

一、文献数量

隋唐五代的文献几经聚散，大起大落现象十分严重。隋炀帝好尚文学，喜欢藏书，"下诏献书一卷，赉缣一匹，一二年间，篇籍稍备"①，其"嘉则殿书三十七万卷"。这些藏书，只于北周所藏有所继承，南朝藏书最富的梁元帝则自焚其书，没有流传到隋代。可惜经隋末战乱，至"武德初，有书八万卷"，几乎损失五分之四；李世民平定盘踞于洛阳的王世充，又"得隋旧书八千余卷"。这些图书运往长安，溯黄河西上，"经砥柱，舟覆，尽亡其书"②，隋嘉则殿藏书几乎没有留到唐代的。唐朝前期，经魏徵等人尽力收集，到唐玄宗开元时期，文献又达于极盛，当时编有《群书四部录》200卷，《新唐书·艺文志》称"藏书之盛，莫盛于开元"，入其著录者53915卷（《旧唐书·经籍志》作51852卷），然只有隋世藏的七分之一；其中"唐之学者自为之书者"又有28469卷③，一半以上还是唐人自己的作品，可见前代文献毁损之严重。这些新聚起来的图书，不幸又遭"安禄山之乱，尺简不藏"（《新唐书·艺文志》）。唐中叶，经元载、苗发、郑覃等人努力，至文宗开成初，四部书

---

① 《隋书·牛弘传》。
② 《新唐书·艺文志》。
③ 《宋史·艺文志》。

至 56476 卷（《旧唐书·经籍志》），数量超过开元之时，"分藏于十二库"。可是又遇"黄巢之乱，存者盖尟"。及晚唐昭宗、哀宗时期，国势日颓，即使有所搜求，但"及徙洛阳，荡然无遗矣"（《新唐书·艺文志》）。隋唐藏书，真可谓"三盈三虚"矣，特别是六朝文献传存者稀。五代时期，后唐、孟蜀，尚能收集图书、校刊经籍，虽处乱世，儒家经典仍然得到传播；但是创造性著述，却无闻焉。

《旧唐书》据"开元盛时四部之书"（即《群书四部录》）编制《经籍志》，共录经部 575 部、6241 卷，子部儒家类 28 部、776 卷，其中有儒学著作 603 部。开元《群书四部录》以外唐人著述，《旧唐书·经籍志》只"据所闻，附撰本传；其诸公文集，亦见本传"。欧阳修编《新唐书》，又据唐末文献情况撰成《艺文志》，共著录经部 597 部、6145 卷，儒家类 92 部、791 卷，共有儒籍 689 部。

《旧唐书·经籍志》和《新唐书·艺文志》之中，到底有多少隋唐文献？两志外，又还有多少未录之书？朱彝尊《经义考》又做了汇录。今验其书，凡隋唐五代人所撰《易》类著作 56 部、《书》类著作 36 部、《诗》类著作 35部、《周礼》类著作 3 部、《仪礼》类著作 6 部、《礼记》类著作 10 部、《春秋》类著作 65 部、《论语》类著作 10 部、《孝经》类著作 19 部、《孟子》类著作 3 部，凡隋唐五代所撰经学著作 240 部左右。加上《经义考》未录的儒家诸子文献 64 部（此据《新唐书·艺文志》、《旧唐书·经籍志》为 21 部），共计 300 余种。

自隋开国（581）到后周换代（960），前后 380 年，拥有儒学著作年均不到 1 部，这比之魏晋南北朝年均 2.6 部（370 年总计 980 部）自然不及，说明隋唐五代人不贵此道，故于儒学著作撰著不多。但是，这一时期却在儒学与经学领域做了不少重大事情，留下不少重要成果，如定经本、撰义疏、刊石经、雕监版等等，对经学的统一和传承都起到过非常重要的作用，影响了此后 1400 多年中国学术的发展进程，则不可不知也。

二、经学统一

唐代经学最大特色在于统一。《北史·儒林传序》说："自永嘉之后，宇内分崩，礼乐文章，扫地将尽。……自正朔不一，将三百年，师训纷纶，无所取正。"隋文帝时曾经广招儒学之士，令其讲习："顿天网以掩之，贲旌帛以礼之，设好爵以縻之，于是四海九州，强学待问之士，靡不毕集焉。"隋文帝乃"整万乘，率百僚，遵问道之仪，观释奠之礼"，虚心与儒学大师讲论学术。于是"博士罄悬河之辩，侍中竭重席之奥，考正亡逸，研核异同，积滞群疑，涣然冰释"。而且还"超擢奇儁，厚赏诸儒"，于是"齐鲁赵魏，学者尤多，负笈追师，不远千里，讲诵之声，道路不绝"。可是这只是表面上的热闹，加上隋朝短祚，远未实现经学内部各派各宗消除分歧、达致统一。史载隋炀帝时曾经举行科举考试，众博士考官却久久不能评阅试卷，原因就是"师训纷纶，无所取正"。

唐代是一个大一统的时代，统一的政治局面必然企盼一种统一的文化；唐代又是一个以科举取士的时代，统一命题、统一考试，必然需要一个统一的教材和标准的评阅答案。不仅南北朝时期"好尚不同"、"师训纷纶"的状况不适合现实，就是两汉时期今文古文之争、师法家法之异也不能适应于此时了。于是，学术的统一工作就提到了议事日程。

首先，在大的文化方略上，唐代虽然"三教"并兴，但是唐太宗明确规定要归本儒术。他曾吸取南朝君臣沉溺玄学和佛教而丧邦失国的教训，对大臣们说："梁武帝君臣惟谈苦空，侯景之乱，百官不能乘马；元帝为周师所围，犹讲《老子》，百官戎服以听，此深足为戒。朕所好者，唯尧舜周孔之道，以为如鸟有翼，如鱼有水，失之则死，不可暂无耳。"[①]

其次，是在儒学内部的各流派之间搞统一。史载："太宗又以经籍去圣久远，文字多讹谬，诏前中书侍郎颜师古考定《五经》，颁于天下，命学者习焉。"是为《五经定本》。又载："又以儒学多门，章句繁杂，诏国子祭酒孔颖达与诸儒撰定《五经》义疏，凡一百七十卷，名曰《五经正义》，令天下传习。"[②]

颜师古"考定五经"意在使本经文字标准化，准确化；孔颖达等人撰著《五经正义》，意在为汉以来的经说制订标准说法。这两件事的完成，对总结前代经学成就，形成统一的时代新风，都事关重大，也非常成功。

（一）颜师古校定《五经定本》

南北朝分裂，不仅经解有众家之说，而且经本文字也有异家之传。加上南北异区，音读罕同；辗转传抄，鲁鱼难免。陆德明在陈朝任国子博士时，乃总括五经六籍之异同，撰《经典释文》，"古今并录，括其枢要，经注毕详，训义兼辩"[③]，对《易》、《书》、《诗》、《三礼》、《三传》、《孝经》、《论语》、

---

① 引见《资治通鉴》卷一九二《唐纪八·太宗文武大圣大广孝皇帝上之上》，又《贞观政要》卷六有类似记载。

② 《旧唐书·儒学上》。

③ 陆德明：《经典释文·自序》，宋刻本，上海古籍出版社1984年影印。

《尔雅》、《老》、《庄》等经典文字的古今异形、南北异音、各家异释、诸本异文，都进行了记录，它不仅是不同注音释义的汇编，也是不同版本异文的罗列。不过，《经典释文》虽然保存资料丰富，却只有列异之力，而无认同之功。对经本文字的校正和统一，至唐颜师古等人方得以完成。

颜师古字籀，颜之推孙。父思鲁，"以学艺称"。师古"少传家业，博览群书，尤精诂训，善属文"。太宗时为秘书少监之职，"专典刊正"，当时所有奇书难字、众所共惑者，师古皆"随宜剖析，曲尽其源"。曾在任太子承乾师傅时，撰《汉书注》，"解释详明，深为学者所重"①。又撰有《匡谬正俗》8卷、《急就章注》1卷，皆文字精深的功夫。他之校订"五经"，新旧《唐书》本传皆有载。《旧唐书》说："太宗以经籍去圣久远，文字讹谬，令师古于秘书省考定五经。师古多所厘正，既成，奏之。太宗复遣诸儒重加详议，于时诸儒传习已久，皆共非之。师古辄引晋、宋已来古今本，随言晓答，援据详明，皆出其意表，诸儒莫不叹服。于是兼通直郎、散骑常侍，颁其所定之书于天下，令学者习焉。"此事《贞观政要》也有记录："贞观四年，太宗以经籍去圣久远，文字讹谬，诏前中书侍郎颜师古于秘书省考定'五经'。"②《旧唐书·太宗纪》贞观七年亦载："十一月丁丑，颁《新定五经》。"《新定五经》即《五经定本》。

唐太宗统一"五经"文字的工作进行得非常谨慎，一是委托之人"博览群书，尤精诂训"，撰有多部训诂注释的名著；二是校订既成，复令"诸儒""重加详议"；三是颜师古再度答辩。历时三年，在经过了颜师古的精心校勘、诸儒详议、师古再答辩后，才将其"所定之书"颁于天下，"令学者习焉"。不过，当时汉、魏石经原本和拓片俱存，不知颜师古何以不用来校勘。似乎到大历中，人们才意识到《石经》的校勘价值，张参《五经文字》，"乃取汉蔡邕《石经》、许慎《说文》、吕忱《字林》、陆德明《释文》，命孝廉生颜传经抄撮疑互，取定儒师，部为一百六十"③，《石经》对统一经本文字的作用再次得以显现。

（二）孔颖达等人撰修《五经正义》

有了《五经定本》作为经书文字的统一标准，下一步的统一工作是解经释经的经说了。如前所述，以政府力量来进行经说的统一审正工作，自汉已

---

① 《旧唐书·颜师古传》。
② 吴兢：《贞观政要》卷七《崇儒学》。
③ 《崇文总目》卷一《小学类上》，《丛书集成初编》本。

经开始了。西汉宣帝时有"石渠阁会议",东汉章帝时有"白虎观会议",都意在消除分歧以加强经学内部统一,可是这两次讨论都只在官学内部(即今文经学)进行,至于古文经学乃至其他诸家的成就却不在考虑之列,这当然是不全面的;两次讨论都只有取舍而无兼容,采取诸儒讨论、大臣奏议、皇帝临决的方式,看似民主,却没有将众家异说兼收并容。东汉郑玄,遍注群经,兼采今古,实弥补了"石渠"、"白虎"之不足,将今文古文、师说家法的优秀部分都统统吸收过来,具有"囊括大典,包容众家"的气度,所以取得了成功,但出于一家私学,也只实现"小统一"。

儒学在经过魏晋南北朝发展演变后,又形成了"郑学"与"王学"、"玄学"与"经学"、"南学"与"北学"的分歧,出现了名目繁多的传注、义疏,经学领域仍然是说解各异,学者莫知所归。随着南北交往的加强,特别是南北学人声气相通,互相学习和吸收,在南北朝后期,"南学"与"北学"之间的分歧也在不断缩小,逐渐出现合一趋势。如产生并流行于南朝的《周易》王弼注、《古文尚书孔传》、《春秋左传》杜预集解、《古文孝经孔传》等,北朝名儒刘焯、刘炫亦甚服膺,并为之撰写"义疏",讲于民间,这就促进了北方儒者对南学的了解,也促进了南学的北传。及至隋唐大统一的政治局面形成,以及全国性教育和考试制度的实施,最终促成了历史上更大规模的经义统一。这一工作,由唐太宗命令孔颖达等人完成了。

关于《五经正义》修撰过程,前引《旧唐书·儒学上》只说:"(太宗)又以儒学多门,章句繁杂,诏国子祭酒孔颖达与诸儒撰定《五经》义疏,凡一百七十卷,名曰《五经正义》,令天下传习。"似乎其书功成一役,在太宗朝和孔颖达在世时已经"令天下传习"了。考之于史,其书并非一蹴而就。

《唐会要》记:"贞观十二年(638),国子祭酒孔颖达撰'五经'义疏一百七十卷,名曰《义赞》,有诏改为《五经正义》。太学博士马嘉运每掎摭之,有诏更令详定,未就而卒。永徽二年(651)三月十四日,诏太尉赵国公长孙无忌及中书门下及国子三馆博士弘文学士:'故国子祭酒孔颖达所撰《五经正义》,事有遗谬,仰即刊正。'至四年(653)三月一日,太尉无忌、左仆射张行成、侍中高季辅及国子监官先受诏修改《五经正义》,至是功毕,进之。诏颁于天下,每年明经依此考试。"① 可见其书经过贞观十二年承太宗诏修撰,再经马嘉运批驳后"更令详定,未就而卒",永徽二年高宗令长孙无忌等"刊

① 《唐会要》卷七七《贡举下·论经义》,上海古籍出版社校点本,1991年。

正"，四年修改"功毕"才"颁于天下"等四段过程。从贞观十二年至永徽四年，前后共历15年，不可谓不谨慎。

修撰《五经正义》主要有两大功德：一是排除经学内部的家法师说等门户之见，于众学中择优而定一尊，从而结束自西汉以来的各种纷争；二是摒弃南学与北学的地域偏见，兼容百氏，融合南北，将西汉以来的经学成果尽行保存，使前师之说不致泯灭，后代学者有所钻研。

《周易》，西汉的施、梁丘、高氏之学，都已亡于西晋；京氏、孟氏流于灾祥，学者不传。南朝传王弼《周易注》，北朝则传郑玄注。郑氏讲爻辰象数，未脱汉易窠臼；王氏详玄学义理，相比之下，王注义例明备，"独冠古今"，故孔颖达疏《易》选用王注。

《尚书》，欧阳、大小夏侯之学都亡于永嘉之乱，魏晋及北朝尊用郑《注》。东晋梅赜献《尚书孔传》，号称古文，篇章比郑《注》为多，时人不知其伪，大行于南朝；后来隋代"二刘"也研习孔《传》。孔颖达初习郑氏《尚书》，后从刘焯传孔义，认为"其辞富而备，其义弘而雅"①，遂以孔《传》为圭臬。

《诗经》，齐诗亡于曹魏，鲁诗亡于西晋，韩诗虽存而无传人，南北朝时期唯毛诗郑笺独行于世，孔颖达《正义》以此为本。

《礼》本有《仪礼》、《周礼》、《礼记》三经之别，但是《仪礼》、《周礼》为制度仪文，缺乏义理，亦少文采，《礼记》则事文义理兼具，因此《三礼》之中独取《礼记》；关于《礼记》注文南朝已有多种，当时南北通行的都是郑注，《正义》遂以为本。

《春秋》亦有公羊、穀梁、左氏三家之传，其中公、穀空言说经，不及左氏事富文美，因此以《左传》附经。孔颖达历考汉晋训解，大多杂取公、穀，为例不纯，唯西晋杜预集解，"专取丘明之传以释孔氏之经"，尊经重本，"子应乎母，以胶投漆"②。更重要的是杜氏为《左传》总结有"五十凡例"，补充了左氏在三传中义理贫乏之不足，与仅重文字训诂的各家传注不可同日而语。见解最高，体例最善，故于众解，独取杜氏。

以上是孔颖达对于"五经"及其注本的选择。之所以选这些注本为"本注"，也基本上是继承和承认南北朝的经学旧贯，是对南北所传经典注本的正式承认。只不过，孔颖达等人抛弃郑玄依据真古文作的《尚书注》，却有思虑

---

① 孔颖达：《尚书正义·序》，阮元校刻《十三经注疏》本。
② 孔颖达：《春秋左传正义·序》，阮元校刻《十三经注疏》本。

未周之嫌。

接下来是撰写"义疏",义疏体是经注并释,既要疏通经文的微言大义,也要证明注文的正确和深意;特别是作为以官方名义撰修的义疏,既要阐明正学,也要兼顾他说,驳正异论。如果说前一个程序(即选经定注)只是选择功夫的话,后一个程序就需要论述和证明了。不过,孔颖达等人也在前代文献中找到了可供依凭的底本。孔颖达《五经正义》各书《序》曾详记其事:

《周易》,"江南义疏十有余家,皆辞尚虚玄,义多浮诞",《正义》"以辅嗣(王弼)为本,去其华而取其实"(《周易正义·序》),取其合乎孔子思想、与王弼注并行不悖的说法,著为定论。

《尚书》,南北朝时"其为正义者,蔡大宝、巢猗、费甝、顾彪、刘焯、刘炫等,其诸公旨趣,多或因循,帖释注文,义皆浅略,惟刘焯、刘炫最为详雅"(《尚书正义·序》),遂依"二刘"义疏为本,而删其狂傲和虚华。

《毛诗》,"近代为义疏者,有全缓、何胤、舒瑗、刘轨思、刘丑、刘焯、刘炫等。然焯、炫并聪颖特达,文而又儒……今奉敕删定,故据以为本"(《毛诗正义·序》)。

《礼记》,当时"其为义疏者,南人有贺循、贺玚、庾蔚[之]、崔灵恩、沈重(宣)、皇(甫)侃等;北人有徐遵明、李业兴、李宝鼎(即李铉)、侯聪、熊安生等。其见于世者,唯皇、熊二家而已。……今奉敕删理,仍据皇氏以为本;其有不备,以熊氏补焉"(《礼记正义·序》)。

《春秋左传》,"其为义疏者,则有沈文阿、苏宽、刘炫。……刘炫于数君之内,实为翘楚。……今奉敕删定,据以为本;其有疏漏,以沈氏补焉"(《春秋左传正义·序》)。

可见六朝时期诸儒所撰"义疏"对唐修《正义》起到了奠基和蓝本的作用。

《五经正义》文字达500余万,要完成如此浩大的文化工程,还得有一个强大的学术团队:如参修《周易正义》的有颜师古、司马才章、王恭、马嘉运、赵乾叶、王琰、于志宁等;参修《尚书正义》的有王德昭、李子云;参修《毛诗正义》的有王德昭、齐威等;参修《礼记正义》的有朱子奢、李善信、贾公彦、柳士宣、范义頵、张权等;参修《春秋正义》的有谷那律、杨士勋、朱长才等。参修者都是当时儒学第一流人才,颜师古自不必说,其他如:司马才章传家学,通五经,为国子助教;王恭精三礼,并私撰《义证》,

"甚为精博"；马嘉运兼通儒释二教，"尤善论难"，高宗朝为国子博士，侍讲殿中；谷那律淹贯群书，被褚遂良称为"九经库"；朱子奢少习《左传》，善属文，为中书舍人；杨士勋、贾公彦都是《春秋》学、《礼》学专家，杨后来独撰《春秋穀梁传疏》，贾独撰《周礼》、《仪礼》二疏，与《五经正义》一并成为《十三经注疏》中《九经正义》的组成部分。其余诸君也都以学问官至国子、太学、四门学的博士或助教。① 《五经正义》之编纂群体，确是英才荟萃，通儒咸集，这就保证了《正义》的学术质量和学术品格。

《五经正义》的编撰方法是：首先列出经文、注文，接着串讲经文大意，然后疏通注文，且广引诸家，说明注文之所以然，维护注文的优势地位，使其成为唯一可信、唯一正确，也唯一优秀的注本。如《诗经·周南·关雎》"窈窕淑女，君子好逑"句。

《毛传》："窈窕，幽闲也。淑，善；逑，匹也。言后妃有关雎之德，是幽闲贞专之善女，宜为君子之好匹。"

《郑笺》："怨耦曰仇，言后妃之德和谐，则幽闲处深宫，贞专之善女，能为君子和好众妾之怨者。言皆化后妃之德，不妒忌，谓三夫人以下。"

《正义》首先串讲经文："性行和谐者是后妃也。后妃虽说（悦）乐君子，犹能不淫其色，退在深宫之中，不亵渎而相慢也。后妃既有是德，又不妒嫉，思得淑女以配君子，故窈窕然处幽闲贞专之善女，宜为君子之好匹也。以后妃不妒忌，可共以事夫，故言宜也。"

再疏通《毛传》："窈窕者，谓淑女所居之宫形状窈窕然，故《笺》言幽闲深宫是也，《传》知然者，以其淑女已为善称，则窈窕宜为居处，故云幽闲，言其幽深而闲静也。扬雄云'善心为窕，善容为窈'者，非也。'逑，匹。'《释诂》文。孙炎云：'相求之匹'，《诗》本作逑，《尔雅》多作仇，字异音义同也。又曰：'后妃有关雎之德，是幽闲贞专之善女，宜为君子之好匹'者，美后妃有思贤之心，故说贤女宜求之状……"

以下接着又疏证《郑笺》（下略）。

《正义》有说有证，层次清楚，释义分明，繁而有要，齐全周详。因此，贞观十二年（638）刚撰成时，太宗就下诏表彰："卿等博综古今，义理该洽，考前儒之异说，符圣人之幽旨，实为不朽。"② 二十二年（648）孔颖达死后，于志宁为他撰写《墓志》，称赞《正义》是"万古之仪型，一

---

① 以上引文，俱见新、旧《唐书》儒林传及诸人本传。
② 《旧唐书·孔颖达传》。

代之标的"①。

《五经正义》为了说明注文，往往旁征博引古籍和前贤解说，体大思精，资料至为丰富。如上引为释《毛传》文，引及《尔雅·释诂》、扬雄和孙炎之说。而在疏证前一句"关关雎鸠，在河之洲"的《毛传》时，也引证《尔雅》中的《释诂》、《释鸟》、《释水》诸篇及《五经定本》、"俗本"《毛诗》等书，兼及郭璞、陆玑、扬雄、许慎、李巡诸说，还参证《诗经》的《江有渚》、《兼葭》、《谷风》、《采蘩》等篇中《毛传》、《郑笺》的解释，既解决了"是什么"，还论证了"为什么"，还附带地保存了他人之说（"怎么样"）。反复周致，论证详明，达到了维护"本注"、统一经说、兼存异说之目的。

人们既可以利用《五经正义》来研习"五经"，求得"甚解"，从这个意义上来说，《五经正义》是教科书，是标准的权威的经解；同时，由于《五经正义》引证繁富，无形中又保存了大量古代文献和经师旧说，在古书佚散十分严重的情况下，人们也可以通过《五经正义》来窥探汉晋以下的经学异说，研究两汉以及魏晋经学的经学历史。从这个意义上来讲，《五经正义》又是旧说府库、资料宝藏。有此一编，不仅可以"通经"，而且可以"通史"，还可以巡览异说，达到恢复经学旧貌的效果。《五经正义》既作为标准范本嘉惠于来学，也作为旧说渊薮有功于前贤。

不过，如此浩繁的工作要做好委实不易，更不可能无瑕可摘。《五经正义》甫一修成，就被马嘉运攻击，"每掎撼之"（《唐会要》卷七七），"至相讥诋"（《新唐书·孔颖达传》）。贞观十六年（642），唐太宗仍令孔颖达负责审订。审定工作异常缓慢，直到贞观二十二年（648）孔颖达去世时也未能完成。高宗永徽二年（651）再令长孙无忌等复审，四年（653）审毕进上，高宗诏颁《五经正义》于天下，"每年明经，依此考试"。唐玄宗开元二年（714）诏："自今以后贡举人等，宜加勖勉，须获实才。如有《义疏》未详，习读未遍，辄充举送，以希侥幸，所由官并置彝宪。"② 也将详悉《义疏》作为贡举人等具有实才真学的起码条件。

《五经正义》工程浩大，出自众手，失误自然难免。尽管经过孔颖达和长孙无忌等人前后两次审定，至今仍然还存在有不合理的措辞。如：《尚书·舜

———————

① 于志宁：《大唐故太子右庶子孔公碑铭》，见《全唐文》卷一四五，中华书局，1983年。

② 唐玄宗：《选学师严贡举诏》（开元二年四月），见《册府元龟》卷五〇引，中华书局，1989年。

典》"扑作教刑"下，孔颖达《正义》称鞭刑"大隋造律方始废之"；《吕刑》"宫辟疑赦"下，孔颖达《正义》称"大隋开皇之初始除男子宫刑"等。《正义》是唐代官修，却称胜国为"大隋"，实在不合体制，原因是《尚书正义》系以"二刘"疏本为据，而修撰诸儒又失于删削的缘故。

不过，《五经定本》及《五经正义》颁布，确实标志着唐初最终完成了南北儒学的统一。正如马宗霍《中国经学史》所说："自《五经定本》出，而后经籍无异文；自《五经正义》出，而后经义无异说。每年明经依此考试，天下士民奉为圭臬。盖自汉以来，经学统一，未有若斯之专且久也！"

三、经学统一的余响

唐五代经学统一以《五经定本》和《五经正义》为代表，也最为典型。后来沿着这一路子衍生的还有五件大事，亦不可不言及：一是《九经正义》之形成，二是李鼎祚《周易集解》之编纂，三是唐玄宗御注《孝经》及元行冲等疏，四是《开成石经》、《蜀石经》之校刊，五是五代十国的后唐和蜀国的《九经》雕印。

（一）《九经正义》

唐人在孔颖达等人《五经正义》基础上，益以贾公彦《周礼注疏》、《仪礼注疏》，杨士勋《春秋穀梁传注疏》，徐彦《春秋公羊传注疏》，以成《九经正义》。

贾公彦，洺州永年（今属河北）人。《旧唐书》载其师事礼学大家张士衡，成为当时最优秀的《三礼》学学人。曾参加孔颖达《五经正义》修撰，永徽中官至太学博士。当时名臣唐璿、名儒李玄植，俱从公彦习礼。子大隐，以明于礼学而官至礼部侍郎。《新唐书》公彦本传谓其"撰次章句甚多"[①]。《新唐书·艺文志》则著录：贾公彦《礼记正义》80卷，又《周礼疏》50卷、《仪礼疏》50卷，另有《孝经疏》5卷、《论语疏》15卷。是一个博学多通，富于著述的名儒。

《礼记正义》，当是贾氏参加孔颖达组织的《五经正义》之一，而《孝经》、《论语》二疏则已失传。其《周礼》、《仪礼》二疏，则是他独立完成的，至今仍存于《十三经注疏》中。《周礼注疏》，《旧唐书》本传说是《周礼义疏》50卷；晁公武《郡斋读书志》著录为40卷，合并为12卷。《仪礼注疏》，《旧唐书》作《仪礼义疏》40卷，《郡斋读书志》作50卷，盖亦卷帙分合不

---

① 《旧唐书·儒学上》、《新唐书·儒学上》。

同，内容并无差别。

董逌《藏书志》评《周礼注疏》："公彦此疏，据陈邵《异同评》及沈重《义》为之，二书并见《新唐书·艺文志》，今不复存。"[①] 晁公武则说："世称其发挥郑学，最为详明。"[②] 四库馆臣亦谓："公彦之疏亦极博核，足以发挥郑学。朱子语录称：'《五经疏》中《周礼疏》最好。'盖宋儒惟朱子深于礼，故能知郑贾之善云。"[③] 此书乃选定郑玄《周礼注》为"本注"，而据陈邵、沈重之书撰成。《新唐书·艺文志》、《旧唐书·经籍志》皆著录：《周官论评》12卷，傅玄评，陈邵驳；沈重《周礼义疏》40卷，当即贾氏所依之本。

《仪礼注疏》也是以郑玄注为本，而以齐人黄庆、隋人李孟悊义疏增删而成。贾氏《自序》："《仪礼》所注，后郑（玄）而已。其为章疏，则有二家，信都黄庆者，齐之盛德；李孟悊者，隋曰硕儒……二家之疏，互有修短。"于是"择善而从，兼增己义。仍取四门助教李玄植详论可否"[④]。是《仪礼》之《疏》也有依据，而且还增加了自己的见解。不过，朱子却说："《仪礼疏》说得不甚分明。"[⑤] 真乃成书虽易，而专精为难。

杨士勋、徐彦二氏撰《公羊》、《穀梁》疏。《公羊》学和《穀梁》学在汉代是讲《春秋》学的主流，因为这二书专讲《春秋》的义例笔法和微言大义。《左传》则主要是讲春秋时期的史实，甚至讲史实也不是专就《春秋》经讲，有经有而传无者，也有经无而传有者，可见《左传》自是一部可以独立存在的书。汉末人谓"《左传》不注《春秋》"，并非不注，而是不主亦不专于经而已。

如果核以《孟子》所录孔子之言："其事则齐桓晋文，其文则史，其义则丘窃取之也。"则《左传》讲的正是"齐桓晋文"之事，是"史"；而《公》、《穀》才讲的是孔子之"义"，似乎《公》、《穀》二传才是孔子的用意所在。汉代讲经学致用，初以《公羊》，后增《穀梁》，就在于《公》、《穀》二传可以见孔子之思想用意也。

郑玄曰："《左氏》善于礼，《公羊》善于谶，《穀梁》善于经。"① 晋代儒宗贺循极言："《左氏》之传，史之极也，文采若云月，高深若山海！"② 晋人王接以为："《左氏》辞义赡富，自是一家书，不主为经发。《公羊》附经立传，经所不书，传不妄起，于文为俭，通经为长。"③ 前引范宁则有"《左氏》艳而富，其失也巫；《穀梁》清而婉，其失也短；《公羊》辩而裁，其失也俗"之评。唐代韩愈也说："《春秋》谨严，《左氏》浮夸。"④ 说明《三传》各有专主，或主史事，或主义理，正好可以互相发明，互相补充。

不过，孔子说过："我欲托之空言，不如见之行事之深切著明也。"可见他也不主空言立教，而是借史言义，寓意于史的。在夫子当时，鲁国史册俱在，时代也无非近代和当代，人们对其本事并不陌生，因此孔子删修殊无本末备载的必要；又加有些史事涉及尊者长者，当时不便明言，故孔子只须条目纲领式地提到，措辞或明或暗，褒贬或显或隐，人们读了也自然可以理解。可是当孔子死后，人们没有鲁史本末作为背景，要想读懂纲目式的《春秋》就难乎其难了；于是便出现了望而生训、穿凿附会，"弟子人人异言"的现象。左丘明对此有所忧惧，于是据鲁史以作《左传》。《左传》就是讲《春秋》的本事，言文而事富，一部春秋时代的历史便跃然纸上，孔子《春秋》的褒贬讥刺之所以然，也明白无误地呈现出来了，这是孔子"见诸行事"的妙用所在。因此，从重视征实的东汉时代开始，《左传》便悄然勃兴，并且长盛而不衰。唐人爱好文学，重视史学，于"春秋三传"之中特重《左氏》，故孔颖达修《五经正义》用《左传》来代表《春秋》经，这也是时代好尚使然。但是，由于《左传》太过文饰，人们又发现它所记之史事未必实，所成文章也过于浮华了。

《春秋》既有"三传"，就不宜取一而弃二；《公》、《穀》既然代表孔子思想，主于垂训，就不能抛其"义"而只叙其事。故萧颖士明确提出"三传"不可偏废："仆不揆，顾尝有志焉思欲依鲁史编年，著《历代通典》……于《左传》取其文，于《穀梁》师其简，于《公羊》得其核。综'三传'之能事，标一字以举凡，扶孔、左而中兴"⑤ 云云。自中唐以后，研治《春秋》

---

① 郑玄：《六艺论》，见范宁《春秋穀梁传序》疏引，阮元校刻《十三经注疏》本。

② 《北堂书钞》卷七五引"贺子云"，中国书店，1989年。

③ 《晋书·王接传》。

④ 韩愈：《进学解》，见《别本韩文考异》卷一二，文渊阁《四库全书》本。

⑤ 萧颖士：《赠韦司业（述）书》，见《文苑英华》卷六七八。

者渐有综三传而合论之趋势。啖助、赵匡、陆质之"集《三传》之善以说《春秋》"① 固无论矣（详下）。三子之外，尚有冯伉（撰《三传异同》3 卷）、刘轲（撰《三传指要》15 卷）、韦表微（撰《春秋三传总例》20 卷）、陈岳（撰《春秋折衷论》30 卷，论"三传"异同 300 余条）、姜虔嗣（撰《三传纂要》20 卷）、李氏（开元中人，撰《三传异同例》13 卷）等人皆是。② 《左传》已有《正义》，《公》、《穀》二传不能独缺，于是徐彦、杨士勋又为之补撰义疏，亦学有必然矣。

杨士勋撰《春秋穀梁传注疏》。本书今存 20 卷。两《唐书》并有著录，只是卷数一作 12 卷（《新唐书·艺文志》），一作 13 卷（《旧唐书·经籍志》），盖分合不同而已。③ 四库馆臣说："士勋始末不可考。孔颖达《左传正义序》称'与故四门博士杨士勋参定'，则亦贞观中人。"④ 《新唐书·艺文志》亦载：《春秋正义》36 卷（孔颖达、杨士勋、朱长才奉诏撰）。以士勋为《春秋左传正义》主撰人之一。《宋史·艺文志》于《穀梁注疏》外，又著录杨士勋《春秋公穀考异》5 卷。是其于《左传》、《公羊》、《穀梁》皆有著述（按，朱睦㮮《授经图义例》著录《春秋公羊传疏》28 卷，说是"杨士勋撰"，则误），兼长于《春秋三传》。

杨士勋《穀梁注疏》采用范宁《集解》为"本注"。盖自汉瑕丘江公受《穀梁春秋》及《诗》于鲁申公，申公受《诗》于浮丘伯，浮丘伯者，荀子弟

---

① 陆淳：《春秋集传纂例》卷一"赵氏损益义第五"："赵子（匡）曰：'啖先生集《三传》之善以说《春秋》，其所未尽，则申己意，条例明畅，真通贤之为也！'"

② 按：前于此者有东汉贾逵（以《左》难二传）、何休（主《公》难二传）、郑玄（主《左》难何氏），而皆偏于一家；魏韩益（撰《春秋三传论》10 卷，不明其旨）、潘叔度（撰《春秋经合三传》10 卷，将《三传》与经合一）、胡讷（撰《春秋三传评》10 卷，主于《穀》），非如唐人《三传》平议也。

③ 齐召南《春秋穀梁传原目考证》于"春秋穀梁传隐公第一"下云："《隋志》：范宁《集解》十二卷、《例》一卷，《唐志》：杨士勋《穀梁疏》十二卷。是范注、杨疏皆十二卷也。以陆德明《经典释文》推之，十二公各自为卷。知后人以卷帙繁重，乃分为二十，故原目十二，与今书不符也。"（《四库全书》本《穀梁传注疏》）其说甚有理。今按，《郡斋读书志》赵希弁《附志》已著录为"二十卷"（卷五上），是南宋已分。《天禄琳琅书目》两次著录（卷一、卷七）"二十卷"本，谓为"监本"，并曰："《朝野杂记》云：'监本书籍，绍兴末年所刊。'是书于钦宗以上讳皆阙笔，而皇瑗瑗字乃孝宗讳，全书不阙。盖绍兴监本也。"可见分 20 卷始于绍兴末监版。陈振孙《直斋书录解题》仍作"十二卷"。是其书 12 卷、20 卷两行于世。

④ 永瑢等：《四库全书总目》卷二六《春秋穀梁传注疏》提要。

子也。《穀梁传》亦从荀子传来，至汉乃著于竹帛。瑕丘江公武帝时与董仲舒论《春秋》于上前，江公讷于口，而丞相公孙弘又助董生，于是汉初《公羊春秋》立为博士。武帝子卫太子在受《公羊春秋》的同时，尝私问《穀梁》义而善之。宣帝闻其祖卫太子好《穀梁》说，于是令当时传《穀梁》学的蔡千秋与《公羊》家讲论，宣帝善《穀梁》义，令选郎官十人从蔡千秋学；蔡卒，又召瑕丘江公之孙为博士，称"博士江公"。又诏刘向研习《穀梁》，欲以助之。十郎官学成后，宣帝乃令"五经"名儒和太子太傅萧望之等会于石渠阁，大议《穀梁》、《公羊》异同，萧望之等多从《穀梁》，于是《穀梁》学遂兴。东汉仍立《穀梁》博士。但是《穀梁》朴质，又未能及时谶纬化，文不及《左传》而神不及《公羊》，故自东汉以下，《穀梁》远不及《左传》和《公羊》二学显赫。

其为《穀梁》作传注者，西汉有尹更始。他曾从蔡千秋学，同时又受《左氏传》，"取其变理合者以为章句"（《汉书·儒林传》），此即《隋书·经籍志》据阮氏《七录》所录《春秋穀梁传》15卷，"汉谏议大夫尹更始撰，亡"。后世传人，时断时续，亦略有注释。南朝宋范宁说，"《左氏》则有服、杜之注，《公羊》则有何、严之训。释《穀梁传》者，虽近十家"①，但是率皆肤浅。杨士勋《疏》："近十家者，魏晋已来注《穀梁》者，有尹更始、唐固、糜信、孔演、江熙、程阐、徐仙民（邈）、徐乾、刘瑶、胡讷之等，故曰近十家也。"

杨氏所举十家，多见《经典释文》（有段肃《穀梁传》12卷、无刘兆）。而考之《隋书·经籍志》，南北朝《穀梁》学著作除此十家外，还有段肃（撰书14卷）、孔君揩（撰书5卷）、薄叔玄（有《问穀梁义》3卷）等，合共才十三家。而《隋书·经籍志》所录《左传》学著作37种、《公羊》学著作22种，都比《穀梁》著述为多。

《穀梁》学著作不仅数量短少，而且质量亦差。范宁批评："虽近十家，皆肤浅末学，不经师匠，辞理典据既无可观，又引左氏、公羊以解此传，文义违反，斯害也已。"杨士勋释："范不云注二传得失，直言注《穀梁》肤浅末学者，旧解以为服、杜、何、严皆深于义理，不可复加，故不论之。以注《穀梁》者皆不经师匠，故偏论之。"《公羊》学自西汉董仲舒、东汉何休，都进行了非常精到的研究和阐释，体系严密，理论系统，几乎无瑕可指。《左传》有东汉贾逵、服虔的注解，西晋杜预《集解》、《释例》，义理与训诂兼

---

① 范宁：《春秋穀梁传序》，阮元校刻《十三经注疏》本。

备。唯有《穀梁》传说无此渊源，其中差可称优秀者，只有范宁《集解》一书了。文中子谓："范宁有志于《春秋》，征圣经而诘众传。"① 王应麟说："盖杜预屈经以申传，何休引纬以汩经，惟宁之学最善。"② 赵鹏飞亦说："麟笔一绝而三家鼎峙……及何休、杜预之注兴，则又各护所师。……惟范宁为近公，至于论三家，则均举其失曰：失之诬、失之俗、失之短。不私其所学也。其师之失，亦从而箴之，故穀梁子之传，实赖宁为多。"③ 齐召南也说："按《穀梁》一书，文清义约……晋范宁《集解》出，遂与何休、杜预鼎立并垂，后世言《穀梁》者，未有外于范注者也。"④ 陆德明《经典释文》"《穀梁》用范宁注"，可见杨氏取范氏《集解》为"本注"，自是当时共识。

不过，由于南北朝没有人为范氏《集解》作义疏，因此杨士勋作《疏》时没有可依凭的旧作，百事草创，自然难工。郝经批评说："（孔）颖达为左氏经传作疏，而不取公、穀氏，其同僚杨士勋疏之，遂行于世。然其学终莫能通，而圣人之意散，一王之统分，真是之旨终惑而莫能解。"⑤ 四库馆臣也说："其书不及颖达书之赅洽，然诸儒言《左传》者多，言《公》、《穀》者少，既乏凭藉之资；又《左传》成于众手，此书出于一人，复鲜佐助之力。详略殊观，固其宜也。"⑥

而齐召南又尝述其好："唐杨士勋疏虽稍肤浅，然于范注多所匡正。如桓十七年'葬蔡桓侯'，疏谓'三传无文，各以意说'；庄二十三年'祭叔来聘'，注谓'祭叔是名'，疏不全依；三十一年'齐侯来献戎捷'，疏两载别注及徐邈之说；僖元年'公子友获莒挐'，疏讥注不信经；传四年'许男新臣卒'，疏谓'范氏之注上下多违'；哀十二年'用田赋'，疏引《孟子》以纠范注，较之《左氏》、《公羊义疏》曲为杜、何偏护者不同。盖《穀梁》晚出，得监《左氏》、《公羊》之失，范宁又承诸儒之后，于是非为稍公，宋晁说之已尝论及。惟士勋平易近理，刊削繁言曲说，较各经疏家，亦为文清义约，顾未有称之也者。士勋以后，诸儒解《穀梁》者益稀。"⑦ 晁说之原话是："《穀梁》晚出于汉，因得监省左氏、公羊之违畔而正之……至其精深远大者，

① 王通：《中说》卷二"天地篇"。
② 王应麟：《困学纪闻》卷七。
③ 赵鹏飞：《春秋经筌·自序》，文渊阁《四库全书》本。
④ 齐召南：《穀梁传注疏》跋语，文渊阁《四库全书》本。
⑤ 郝经：《春秋三传折衷序》，见《陵川集》卷二八。
⑥ 永瑢等：《四库全书总目》卷二六《春秋穀梁传注疏》提要。
⑦ 齐召南：《穀梁传注疏》跋语。

真得子夏之所传欤？范宁又因诸儒而博辩之，申穀梁之志也，其于是非亦少公矣。"①《穀梁》能匡《左传》、《公羊》之失，是《春秋》之功臣；范宁能申《穀梁》之说，是《穀梁》之功臣；杨氏对"范注"或申或补，特别是突破了《五经正义》"疏不破注"的窠臼，对范氏不当之处又有所匡正，其又为范宁之诤友矣，实属难得！

徐彦撰《春秋公羊传注疏》。本书《文献通考》作 30 卷，今传 28 卷，而首尾俱全，或谓彦本以经文并为 2 卷，别冠于前；后人又散入传中，故少此 2 卷。可备一说。

徐彦此疏《新唐书·艺文志》、《旧唐书·经籍志》不载，《崇文总目》始著录，曰："不著撰人名氏。援证浅局，出于近世。或云徐彦撰。皇朝邢昺等奉诏是正，始令太学传授，以备《春秋》三家之旨。"② 董逌《广川藏书志》："世传徐彦撰，不知何据，然亦不能知其定出何代？意其在贞元、长庆后也。"③ 馆臣考证说："考疏中'郲之战'一条，犹及见孙炎《尔雅注》完本，知在宋以前；又'葬桓王'一条，全袭用杨士勋《穀梁传疏》，知在贞观以后；中多自设问答，文繁语复，与邱光庭《兼明书》相近，亦唐末之文体，董逌所云不为无理。故今从逌之说，定为唐人焉。"④ 有人以徐彦为北朝徐遵明，盖未深考也。

其书体例亦是疏体，取何休《公羊解诂》为"本注"加以疏释。不过，与其他注疏志在"解经""疏注"、"经注无有，疏亦不言"的做法不同，本书还以问答体的形式，专就《公羊》学重要问题拟为问对，自作解答，大似老师宿儒的讲章。如卷首"春秋公羊经传解诂隐公第一，何休"下，徐疏拟有二十个问题：

> 问曰："《左氏》以为鲁哀十一年夫子自卫反鲁，十二年告老，遂作《春秋》，至十四年经成。不审《公羊》之义，孔子早晚作《春秋》乎？"
> 答曰："《公羊》以为哀公十四年获麟之后得端门之命，乃作《春秋》。至九月而止笔。《春秋说》具有其文。"
> 　问曰："若《公羊》之义，以获麟之后乃作《春秋》，何故太史公……
> 叹曰：是余罪也夫。昔西伯拘羑里演《易》，孔子厄陈蔡作《春秋》……

---

① 晁说之：《三传说》，见《景迂生集》卷一二，文渊阁《四库全书》本。
② 《崇文总目》卷二。
③ 董逌：《广川藏书志》，见陈振孙《直斋书录解题》卷三引，文渊阁《四库全书》本。
④ 永瑢等：《四库全书总目》卷二六《春秋公羊传注疏》提要。

案《家语》，孔子厄于陈蔡之时当哀公六年，何言十四年乃作乎？"答曰：
"孔子厄陈蔡之时，始有作《春秋》之意，未正作，其正作犹在获麟之后
也。……"

问曰："若《左氏》以为夫子鲁哀公十一年自卫反鲁，至十二年告
老，见周礼尽在鲁，鲁史法最备，故依鲁史记修之以为《春秋》。《公羊》
之意，据何文作《春秋》乎？"答曰："案闵因叙云：昔孔子受端门之命，
制《春秋》之义，使子夏等十四人求周史记，得百二十国宝书，九月经
立。《感精符》、《考异邮》、《说题辞》具有其文。以此言之，夫子修《春
秋》，祖述尧舜，下包文武，又为大汉用之训世，不应专据鲁史，堪为王
者之法也。故言据百二十国宝书也。……"

问曰："若然，《公羊》之义，据百二十国宝书以作《春秋》，今经止
有五十余国，通戎夷宿潞之属仅有六十，何言百二十国乎？"答曰："其
初求也，实得百二十国史，但有极美可以训世，有极恶可以戒俗者，取
之；若不可为法者，皆弃而不录。是故止得六十国也。"

问曰："《春秋说》云：《春秋》设'三科九旨'，其义如何？"答
曰："何氏之意，以为三科九旨正是一物，若总言之谓之三科，科者段
也。若析而言之，谓之九旨，旨者意也。言三个科段之内，有此九种
之意。故何氏作《文谥例》云：'三科九旨者，新周、故宋，以《春
秋》当新王，此一科三旨也。'又云：'所见异辞，所闻异辞，所传闻
异辞，二科六旨也。'又：'内其国而外诸夏，内诸夏而外夷狄，是三
科九旨也。'"

似此之类，凡二十个问题。其他各章，也大致如此。皆公羊家关于《春
秋》专题常识，是阅读《春秋公羊传》必当了解的问题，这也是徐疏的一种
创新。齐召南谓："《公羊疏》……其文与孔颖达《春秋正义》、杨士勋《榖梁
疏》体式稍殊，发明甚少。"是亦不善于发现人之美善者也。

唯是杨《疏》、徐《疏》撰时皆前无所承，故草创难周，正待后儒来提高
完善。惜乎宋初诸儒，唯知校雠，未能提升，他们只取二书配成《九经正
义》，于其实质内容并无提高，是为憾事。

（二）李鼎祚撰《周易集解》

如前所述，孔颖达《周易正义》以王弼注为"本注"，重在阐发义理玄
言，其所统一者义理之学也。然而《易》有"圣人之道四焉：辞、象、变、
占"。汉《易》重象数，"四道"得其三；王弼主义理，舍"象、变、占"而
独言其"辞"。南北朝时期，郑玄《易》与王弼《易》并行，象数、义理各得

其所。至孔颖达独取王而弃郑，于是王氏《易》兴而汉《易》遂亡。《周易正义》之统一，只有去取而无兼容，大量汉学师说被抛弃在外，并未在熔铸的基础上实现真正的经说统一，不能真正厌服学人之心。于是，在《正义》撰成百余年后，李鼎祚再撰专辑汉学成果的《周易集解》。

李鼎祚，两《唐书》及蜀中志乘皆无传。据清刘毓崧考证，鼎祚为唐开元时人，籍贯资州盘石（今四川资中）。安史之乱，玄宗入蜀，鼎祚献《平胡论》，后召为左拾遗。肃宗乾元元年（758）上书，以山川阔远，请割泸、普、渝、合、资、荣六州地置昌州，从之。后充内供奉，曾辑梁元帝及陈乐产、唐吕才书，以推演六壬五行，名《连珠集》（又名《连珠明镜式经》）10卷，上之于朝。其撰《周易集解》，于代宗朝上之。①

该书10卷，采用"集解"体，专门收录汉《易》遗说。李氏自序其宗旨曰："自卜商入室，亲授微言，传注百家，绵历千古……唯王、郑相沿，颇行于代。郑则多参天象，王乃全释人事。且《易》之为道，岂偏滞于天、人者哉？……臣少慕玄风，游心坟籍，历观炎汉，迄今巨唐，采群贤之遗言，议三圣之幽赜，集虞翻、荀爽三十余家。刊辅嗣之野文，补康成之逸象。各列名义，共契玄宗。先儒有所未详，然后辄加添削，每至章句，金例发挥。"盖宗郑学而辟王氏。其修撰体例，乃在于辑录；只有在先儒"未详"处，乃有自己的"添削"，有所"发挥"。

关于其所引"三十余家"名氏，《中兴书目》曾举："集子夏、孟喜、京房、马融、荀爽、郑康成、刘表、何晏、宋衷、虞翻、陆绩、干宝、王肃、王辅嗣、姚信、王廙、张璠、向秀、王凯冲、侯果、蜀才、翟玄、韩康伯、刘瓛、何妥、崔憬、沈驎士、卢氏、崔觐、孔颖达等凡三十余家，附以《九家易》、《乾凿度》，凡十七篇。其所取荀、虞之说为多。"② 这些作者的原书，今天已经全部佚亡，我们要了解其遗说遗言，端赖此书的保存。晁公武《郡斋读书志》曰："《隋书·经籍志》所录《易》类六十九部，于今所有，五部而已。关朗《易》不载于目，《乾凿度》自是纬书，焦赣《易林》又属卜筮，子夏书或云张弧伪为。然则《隋志》所录，舍王弼书，皆未得见也。独鼎祚所集诸家之说，时可见其大旨。"（卷一上《李氏集解》提要）

---

① 刘毓崧：《周易集解跋》，见《通义堂集》卷一，又见余嘉锡《四库提要辨证》卷一引。

② 《中兴书目》，见朱彝尊：《经义考》卷一四引。

《中兴艺文志》谓："李鼎祚《易》宗郑康成，排王弼。"① 今核其书，实亦不废王弼之说。《自序》谓："其王氏《略例》，得失相参，采菁采菲，无以下体。仍附经末，式广未闻。"又将《序卦传》散置各卦之首，并解及《十翼》传文，是亦未尝偏废于"辞"也。孔颖达从"义理《易》"角度统一《易》学经说，李鼎祚从"象数《易》"角度统一《易》学。若说唐代的《易》学统一，当合孔氏《正义》、李氏《集解》二者，方始完成，若缺其一，皆不足以言统一也。

（三）唐玄宗《孝经御注》及元行冲等《孝经御注疏》

《孝经》从汉代开始即是童蒙教材，至唐代则是学校教育和科举考试人人当习的"兼经"，普及面非常广泛。《孝经》本来只有1800字左右（今文1798字，古文1872字），而且明白如话，没有太多可供发挥的玄言和秘奥。但是《孝经》也有古今二本（今文为秦末颜芝所藏，其子贞所献，18章；古文出自孔壁，22章），解说也有异家之传。唐玄宗说："近观《孝经》旧注，踳驳尤甚。至于迹相祖述，殆且百家；业擅专门，犹将十室。"② 特别是今文《孝经郑注》与古文《孝经孔传》的争论，自魏晋南北朝以来，就没有中断过。

开元七年（719），玄宗因《郑注》、《孔传》问题，"令儒官详定所长，令明经者习读"。刘知幾主"行孔废郑"，以为《郑注》非郑玄所作，"言语鄙陋，固不可示彼后来、传诸不朽"；而"《孔传》本出孔氏壁中，语其详正，无俟商榷"。司马贞意见则相反，以为《孔传》"非但经文不真，抑且传习浅伪"；《郑注》"其注纵非郑氏所作，而义旨敷畅，将为得所"。当时二派互争不下，玄宗下诏《郑注》、《孔传》"依旧并行"。③

为了结束《孝经》的"百家"、"十室"之争，唐玄宗于开元十年（722）、天宝二年（743）两度注解《孝经》，是为"御注《孝经》"。又命元行冲撰《孝经御注疏》，该书后经宋人邢昺改纂，成为留存于《十三经注疏》之中的汉唐古注疏。玄宗诏曰："化人成俗……实在于《孝经》。朕……先为注释，寻亦颁行。犹恐至赜难明，群疑未尽，近更探讨，因而笔削……宜付所司，颁示中外。"④ 《旧唐书》载：天宝三载（744），诏"令天下家藏《孝经》一

① 《中兴艺文志》，见朱彝尊：《经义考》卷一四引。
② 唐玄宗：《御制孝经序》，阮元校刻《十三经注疏》本。
③ 《唐会要》卷七七《议经义》。
④ 唐玄宗：《颁重注孝经诏》，见《唐会要》卷七七《议经义》。

本"。除了"颁示中外"外，玄宗还御书八分，刻《孝经》并注于石碑，立于太学，是即《石台孝经》。《孝经》御注行，而孔、郑二家传注并废，汉以来《孝经》的歧说纷争，至此得以止息。

（四）"石经"校刊

在雕版印刷术发明以前，保证经典传播具有相对准确、相对统一的方法，即是刊刻"石经"。历史上最知名的"石经"刊刻有：一、东汉的《熹平石经》（共 7 种，蔡邕书），二、魏《正始石经》（2 种，卫宏等书，俱见前），三、《开成石经》（唐文宗时刻，共 12 种，郑覃等校），四、五代《蜀石经》（孟蜀至北宋，共 13 种并注，毋昭裔等）。此后，北宋嘉祐年间曾于开封刻《嘉祐石经》（2 体，8 种），南宋高宗曾手书《石经》刻于杭州，清乾隆时亦刻《十三经》，立于北京国子监。宋以后的石经都是在雕版印刷术发明之后进行的，只有宣扬和普及儒家经典的功能，版本和校勘价值都不及前四次重要。

据《隋书·经籍志》和《新唐书·艺文志》、《旧唐书·经籍志》著录，汉魏石经至隋唐时还有实物（部分）①、拓本（全帙）保存。《隋书·经籍志》载："后汉镌刻《七经》……魏正始中，又立（一）《〔三〕字石经》……贞观初，秘书监臣魏徵始收聚之，十不存一。其相承传拓之本犹在秘府。""小学类"备录汉、魏《石经》拓本名目（详前）。《旧唐书·经籍志》亦录：《今字石经易（篆）》3 卷、《今字石经尚书》5 卷、《今字石经郑玄尚书》8 卷、《今字石经毛诗》3 卷、《今字石经仪礼》4 卷、《今字石经左传经》10 卷、《今字石经公羊传》9 卷、《今字石经论语》2 卷（蔡邕注）。及《三字石经尚书古篆》3 卷、《三字石经左传古篆书》13 卷。所谓"今字石经"，即《隋书·经籍志》所录《一字石经》，熹平本，隶书；所谓"石经古篆"，实乃古文、篆、隶，亦即《隋书·经籍志》所录《三字石经》。

这些《石经》树立后，曾经对校文字、一经文、息纷争起到过非常重要的作用。史书称《熹平石经》既立，"使天下咸取则焉"（《后汉书·儒林传序》）；或又说"后儒晚学咸取正焉"（《后汉书·蔡邕传》）；或又称"自后'五经'一定，争者用息"（《后汉书·吕强传》附）。可是在重视文学艺术的唐人眼中，这些出自书法名家的石经拓片，其高妙的书法艺术反而掩盖了版本价值，观《隋书·经籍志》、《旧唐书·经籍志》将其列在"小学类"，与诸家书法作品（如《秦石刻》、《古今篆隶杂字体》、《篆隶杂体书》等）同列，

① 见前引《隋书》。又《魏书·冯熙传》、《洛阳伽蓝记》卷三"报德寺"条。

即可知矣。唐人并没有把它们当成经典古本用以校勘"五经"文字，颜师古撰《五经定本》就没有用石经校勘，"诸儒"质疑《定本》时，他答辩引用的是"晋宋以来古本"，却置更早的石经古本不顾。① 直至唐末，才有郭京用石经校勘《周易》，获得许多创获，② 那是后话了。不过在中唐后，当学人猛省"石经"的妙用后，却接连创造了两大丰碑，刊刻了规模更大的《开成石经》和《蜀石经》。

《开成石经》刻于唐文宗开成年间。《唐会要》载：大和七年（833）十二月，"敕于国子监讲堂两廊创立《石壁九经》并《孝经》、《论语》、《尔雅》"，共 159 卷；《字样》49 卷。③ 此刻始于大和，历四年成于开成二年（837），故称"开成石经"。《旧唐书·文宗纪》载：开成二年冬十月，"宰臣判国子祭酒郑覃进《石壁九经》一百六十卷……依后汉蔡伯喈（邕）刊碑，列于太学，创立《石壁九经》"。

此刻虽称"九经"，实为 12 种。朱彝尊《经义考》细列"唐国子学石经"子目：《易》9 卷，《书》13 卷，《诗》20 卷，《周礼》10 卷，《仪礼》17 卷，《礼记》20 卷，《春秋左氏传》30 卷，《公羊传》10 卷，《穀梁传》10 卷，《论语》10 卷，《孝经》1 卷，《尔雅》2 卷。④ 顾炎武《金石文字记》还记录 12 经字数：计 65252 字。⑤ 当时已经刻成 12 部经书，⑥ 只是没有"十二经"之称罢了。

---

① 刘传莹论陆德明《经典释文》罕引石经，以为南人轻视北学所致："陆氏原文未必不引石经，如《易》'先心'一条、《诗·绿竹》一条，并引石经。但《释文》创始陈后主元年，成书时尚未入隋，石经远在洛阳，无由目睹，偶有引用，不过得诸拓本，正恐难全。且时南北异学，门户之见，元朗岂能自免？即其《叙录》止称宋齐旧本，不及河北，意之从违，俱露言表。至于用隶代文，讥为两失，虽论音读，而篆隶相承，石经已然（见《五经文字》）。室中之戈，固隐寓之矣。"（刘传莹《汉魏石经考》卷下《陆释文不引石经说》，见《历代石经研究资料辑刊》第一册，光绪十二年刊本，北京图书馆出版社影印）。然汉魏石经非北人所刻，南人无由轻视之。

② 晁公武：《郡斋读书志》郭京《周易举正》提要："京自称家藏王、韩手札《周易》及《石经》，校正一百三十五处、二百七十三字。"

③ 《唐会要》卷六六《国子监》。

④ 朱彝尊：《经义考》卷二八八《唐国子学石经》。

⑤ 顾炎武：《金石文字记》卷五，文渊阁《四库全书》本。

⑥ "开成石经"今天仍然矗立在西安陕西博物馆。但是除上述十二经外，还有《孟子》，此乃清人补刻，并非唐代旧物。范希曾《书目答问补正》"唐石经"："《孟子》七卷，为清初陕西巡抚贾汉复所刻。"（上海古籍出版社，1983 年）

《开成石经》立石 114 块，两面刻字，共 228 面，其中一面为标题，实有 227 面经文。不过，这次刻石却不如《熹平石经》优秀，史称"字体又乖师法，故石经立后数十年，名儒皆不窥之，以为芜累甚矣"①。于是文宗又令唐玄度校正文字，撰《新增九经字样》1 卷，随石刊刻于后，前引《唐会要》所载《字样》即是此书。

在《开成石经》刻成后整整一百年，后蜀（孟蜀）又有《蜀石经》之刻。《蜀石经》又叫《石室十三经》，以其始刻于五代孟蜀，而立于成都文翁石室。整个工程由后蜀孟昶的宰相毋昭裔主持，聘请全蜀善书之士如张德昭等手写上石。

席益说："伪蜀广政七年（944），其相毋昭裔按雍都旧本'九经'，命平泉令张德昭书而刻诸石。"② 吴任臣又记："是岁（广政十四年，951），诏勒诸经于石。秘书郎张绍文写《毛诗》、《仪礼》、《礼记》，秘书省校书郎孙朋吉写《周礼》，国子博士孙逢吉写《周易》，校书郎周德政写《尚书》，简州平泉令张德昭写《尔雅》。字皆精谨。"③

"蜀石经"有经有注，是中国历代石经中体例完备、资料价值最高的一种，也是规模最大的一种，合计总共有 1414585 字。④ 晁武公称"其石千数"，历时兹久："按赵清献公《成都记》：'伪蜀相毋昭裔捐俸金，取'九经'琢石于学宫，依太和旧本，令张德钊书。'皇祐中，田元均（况）补刻《公羊》、《穀梁》二传，然后十二经始全。至宣和间，席升献（贡）又刻《孟子》参焉。"⑤

从孟蜀广政七年（944）始刻，历时 8 年才刻成《孝经》、《论语》、《尔雅》、《周易》、《诗经》、《尚书》、《三礼》及《左传》十经；后来历经改朝换代，又过 112 年，至北宋皇祐元年（1049）由田况刻成《公》、《穀》二传；再经过 75 年，宣和五年（1123），蜀帅席贡才将《孟子》入石，最终刻成《十三经》并注，前前后后经历 180 年。"蜀石经"刻成后，成为蜀学一大奇

---

① 《旧唐书·文宗纪下》。

② 席益：《成都府学石经堂图籍记》，见《万氏石经考》卷下，文渊阁《四库全书》本。

③ 吴任臣：《十国春秋》卷四九《后蜀后主本纪》，中华书局，1983 年。

④ 《开成石经》立石 114 通 228 面、650252 万字，《乾隆石经》立石 190 通 380 面、68 万余字。

⑤ 晁公武：《石经考异序》，见曹学佺《蜀中广记》卷九一引，文渊阁《四库全书》本。

观，北宋学人推为"冠天下"的壮举。① "蜀石经"除立体展示外，还有拓印本流行于世，曾宏父《石刻铺叙》、赵希弁《郡斋读书附志》都有著录，《附志》在著录完这13部石刻后，并称"以上《石室十三经》，盖孟昶时所镌"② 云云。可见"蜀石经"不仅汇刻了13部经书，而且还冠以《石室十三经》总名，是一部名副其实的《十三经》丛书。可惜这份经历这么长时间、经历过这么多人手的一代文献巨制，却因南宋末年战乱，早已毁损不传了。

《石经》刊刻的初衷当然是宣扬儒教，表彰儒经；但是在传世过程中，也客观上起到了为经典文献提供标准版本的作用。《开成石经》虽然比不上《熹平石经》的质量，可是《熹平石经》已经失散多年，《开成石经》就成了现今保存唯一最古的经书刻本了。由于系政府刊刻，立于太学，久而久之，也就成了学人校正经书底本的标准了。王国维曾说："唐时所写经传，至不画一。今日所传唐写本足以证之。自《开成石经》出，而经文始有定本。"③ 吕思勉《隋唐五代史》说："官本之差伪，究胜于私家之紊乱。"顾炎武曾校考监本《仪礼》，其中脱误多多，端"赖有长安《石经》，据以补此"④ 云云。故皮锡瑞称其为"一代之盛举，群经之遗则也！"⑤

至于《蜀石经》，虽然原刻早已失传，但是在宋代也曾是校勘经书的重要依据。晁公武曾将"蜀石经"与"监本"校勘，发现不少异同，撰《蜀石经考异》立于《石经》之末。朱熹撰《四书章句集注》时，也曾利用"蜀本石经"作为校勘依据。

（五）印刷术与"监本"《九经》

隋唐五代最有历史影响的儒学文献统一工作，是五代时期由国家学术机

① 吕陶：《府学府史阁落成记》："蜀学之盛冠天下而垂无穷者，其具有三：一曰文翁之石室，二曰高公之礼殿，三曰石壁之九经。"（《净德集》卷一四，文渊阁《四库全书》本）席益《成都府学石经堂图籍记》："蜀儒文章冠天下，其学校之盛，汉称石室、礼殿；近世则《石壁九经》，今皆存焉。"（《万氏石经考》卷下）
② 曾宏父：《石刻铺叙》，文渊阁《四库全书》本；赵希弁《郡斋读书附志》，附于晁公武《郡斋读书志》卷五，文渊阁《四库全书》本。
③ 王国维：《五代两宋监本考》，见《海宁王忠悫公遗书》第23册。
④ 顾炎武：《日知录》卷一八"监本二十一史"："《十三经》中《仪礼》脱误犹多，《士昏礼》脱'婿授绥，姆辞曰：未教，不足与为礼也'一节十四字。"夹注："赖有长安石经，据以补此一节，而其注疏遂亡。"《诸子集成续编》（第18册）本，四川人民出版社，1998年。
⑤ 皮锡瑞：《经学历史》七《经学统一时代》。

构（国子监）组织的"九经"雕印（史称"监本"）。

关于儒经雕版印刷起源，宋人朱翌有一简明记载："雕印文字，唐以前无之。唐末，益州始有墨板，后唐方镂'九经'，悉收人间所藏经史，以镂板为正。"① 也即是说，雕版印刷术早在唐末已经产生，而用来雕印儒经则始于后唐。柳泚《柳氏家训序》载："中和三年癸卯（883）夏，銮舆在蜀之三年也，余为中书舍人。旬休，阅书于重城之东南，其书多阴阳、杂说、占梦、相宅、九宫、五纬之流；又有字书、小学，率雕板印纸，浸染不可尽晓。"说明雕版印刷早在唐僖宗时已经盛行于蜀中，可内容只是杂书，未及经传。宋人叶某《爱日斋丛钞》引叶梦得《石林燕语》曰："世言雕板印书始于冯道，此不然。但监本五经板道为之尔。柳玭《训》序言其在蜀时，尝阅书肆，云字书小学率雕板印，则唐固有之矣。但恐不如今之工。"（卷八）

以上诸说，都认为雕版术始于唐之蜀中，但用此术来印儒家经典，却始于后唐冯道之建议。《册府元龟》载："时宰相冯道以诸经舛谬，与同列李愚委学官等取西京郑覃所刊《石经》雕为印板，流布天下，后进赖之。"② 既是冯道建议"学官""取西京郑覃所刊《石经》雕为印板"以印儒家经典，"学官"即国子监，可见五代以来的"监本"，原来就是《开成石经》的翻版。

国子监雕印"九经"，最初还有专利性质，观诸书记载都以"雕印'九经'卖之"可知。推行的客观效果，也曾起到过统一文字、固定版本的作用。《五代会要》明确记载："如诸色人要写经书，并请依所印刻本，不得更使杂本交错。"③ 前引朱翌也说："后唐方镂'九经'，悉收人间所藏经史，以镂板为正。"如果说"石经"意义在于确立经典的标准版本的话，那么"雕版"则更在于将标准版本加以推广和应用。自此以后，"监本"就代表官方成为经典文献的标准版本了。

晁公武说："鸿都石经自邺迁雍，遂茫昧于人间。唐太和中，复刻十二经，立石国学；后唐长兴中，诏国子博士田敏与其僚校诸经镂之板，故今世太学之传，独此二本尔。"④ "鸿都石经"即《熹平石经》，"太和十二经"即《开成石经》，"长兴镂板"即是"监本"。据前所云，"监本"实取《开成石经》勘刻而成，晁氏将"监本"与"石经"对举为"二本"，可见"监本"在

① 朱翌：《猗觉寮杂记》卷下引《两朝国史》。
② 《册府元龟》卷六〇八《刊校》"马缟为太子宾客"条。
③ 《五代会要》卷八"经籍"。
④ 晁公武：《石经考异序》，见顾炎武：《石经考·蜀石经》引。

刊刻时没有完全照石经文字，因此晁氏就曾经用"蜀石经"与"监本"相校，撰《石经考异》，列出异文多处。似乎镌之金石，才是保证文字准确不误的最佳方式。

四、新著产生

隋唐五代人士除进行经学统一工作外，也还有一些学术创新工作，产生了各类新著。这些新著大致分配在三个时期、也呈三种状态：隋朝为"模仿"期（如王通遍仿群经），初、盛唐为"实用"期（如魏徵《群书治要》、唐太宗《帝范》、武则天《臣轨》等），中唐以后渐趋"创新"（如啖助赵匡和陆淳之《春秋》学、韩愈和李翱之"道统论"等）。现分述如次：

（一）"模仿"期

模仿即拟经之作。自扬雄首开其端后，代有继作，史不绝书。如阳成衡之创《乐经》，关朗之作《易传》、《洞极经》，卫元嵩之造《元包》，孔衍之编《汉尚书》、《后汉尚书》、《后魏尚书》，夏侯湛之采《周诗》、潘岳之《补亡诗》、束皙之《补亡诗》、荀勖之《拟诗》，孔衍之《汉春秋》、《后汉春秋》、《汉魏春秋》，孙盛之《魏春秋》、《晋阳秋》等等。然诸人皆各一二举，仿一二经，能遍拟群经者则隋朝儒隐王通是矣。

王通字仲淹，号文中子。隋文帝时曾西诣京师献策，不用而归。居于河汾之间，以"河汾孔子"自居，清修自守。相传唐初名臣如杜淹、魏徵、薛收等皆出其门。杜淹说：文中子忧"道之不行"，于是"退志其道"，"乃续《诗》《书》，正《礼》《乐》，修《元经》，赞《易》道，九年而'六经'大就"。[①] 弟子还集其平时言教编成《中说》。于是"圣人之大旨，天下之能事毕矣"。薛收也说：文中子"以为卷怀不可以垂训，乃立则以开物；显言不可以避患，故托古以明义。怀雅颂以濡足，览繁文而援手。乃续《诗》《书》，正《礼》《乐》，修《元经》，赞《易》象，道胜之韵，先达所推，虚往之集，于斯为盛"[②]。杜氏还备录其卷数规模：《礼论》25 篇，列为 10 卷；《乐论》20 篇，列为 10 卷；《续书》150 篇，列为 25 卷；《续诗》360 篇，列为 10 卷；《元经》50 篇，列为 15 卷；《赞易》70 篇，列为 10 卷。

王氏《续六经》虽然号称"圣人之大旨、天下之能事"毕具，可在用意上和形式上都是"拟圣""仿经"之作。其裔孙王勃《续书序》说："家君钦

---

① 杜淹：《文中子世家》，见王通：《中说》卷一〇。
② 薛收：《隋故征君文中子碣铭》，见《全唐文》卷一三三。

x

x

若丕烈，图终休绪，乃例'六经'，次《礼》、《乐》，叙《中说》，明《易赞》，永惟保守，前训大克，敷遗后人。"① 考之《中说》，王通不仅以圣人之志为志，以圣人之心为心，而且在言谈举止上也模仿圣人；甚至在与弟子谈话时，也仿效孔门请教、孔子回答的场景和语气来作回答。其用心固然无恶，而形式上却缺少创造。不过，在南学与北学争、经学与玄学混的时代，他能依本圣贤，澄心圣教，亦属难能可贵。

此外，有刘迅作《六说》以续"六经"。《新唐书》本传说："迅续《诗》《书》《春秋》《礼》《乐》五说，书成不以示人。"《崇文总目》载："唐右补阙刘迅作《六书》，以继六经，标作书之义，而著其目，惟《易》阙而不言，故止五卷。"王应麟《困学纪闻》卷三："迅作《六说》以继六经，自《孔氏》至《考乱》凡八十九章，取汉史诏书及群臣奏议，以拟《尚书》；又取《房中歌》至《后庭斗百草》、《临春乐》、《少年子》之类，凡一百四十二篇，以拟雅章。又取《巴渝歌》、《白头吟》、《折杨柳》至《谈容娘》，以比国风之流。"可知其书系取汉魏以后文献，以续"六经"，其中《易经》未续，故实止五种。

其他续此业者，尚有陈正卿《续尚书》、白居易《补汤征》、李玄楚《乐经》，皆续古圣。其作《唐春秋》者，则有五家：吴兢（30卷）、韦述（30卷）、陆长源（60卷）、郭昭庆（30卷）、赵瞻（50卷）；其作《三国春秋》者则有两家：员半千、黄夏佐；其作《魏春秋》者，则刘知幾是矣。特别是对于《孝经》的仿作，唐人更是优而为之，如沈若《广孝经》、张士儒《演孝经》、员半千《临戎孝经》、郭良辅《武孝经》、郑氏《女孝经》，及托名马融《忠经》也作于唐世。此外，还有王勃之《次论语》，林慎思之《续孟子》等等，不一而足。

（二）"实用"期

唐结束乱世纷争，即转变治国重心，以文教取代武略。为适应文治的需要，于是一批主于实用的文献在唐代便产生了，如魏徵辑《群书治要》、太宗撰《帝范》、武则天作《臣轨》皆是。

《群书治要》又作《群书理要》，后世避高宗李治讳改"治"为"理"。《旧唐书·经籍志》著录："《群书理要》五十卷，魏徵撰。"《新唐书·艺文志》同。该书编撰于贞观五年（631），参加编者还有虞世南、褚亮、萧德言等人。《唐会要》卷三六："贞观五年九月二十七日，秘书监魏徵撰《群书理

① 王勃：《续书序》，见《王子安集》卷四，文渊阁《四库全书》本。

要》上之。"自注："太宗欲览前王得失，爰自'六经'，讫于诸子；上始五帝，下尽晋年。徵与虞世南、褚亮、萧德言等始成，凡五十卷，上之。诸王各赐一本。"其内容是从"六经"、史书和诸子中选录从五帝到晋代的"前王得失"可为帝王借鉴的文章，包括"嘉言善语、明主暗君之迹"①，这也是孔子当年修订"六经"时"取可施于礼义者"的精神，不过这只是一种供帝王浏览的"快餐"文化，目的性实用性针对性都非常强，故深得唐太宗喜爱。太宗手诏曰："朕少尚威武，不精学业，先王之道，茫若涉海。览所撰书，博而且要，见所未见，闻所未闻。使朕致治稽古，临事不惑。其为劳也，不亦大哉！"于是赐徵等"绢千匹、彩物五百段"。又不专美其书，向"太子诸王各赐一本"。该书宋以后在中国失传了，至清嘉庆时始从日本传回一本，其中还保存了不少已佚书籍的部分资料，诚为可贵。

这种集众书以成一书、采众善以为借鉴的著述，在唐代还有不少，宋章如愚说："《群书治要》之作于魏徵，《帝王略论》之作于虞世南，《理道要诀》之作于杜佑，此所谓杂家者然也。"② 除《群书治要》在日本有存外，其他二书皆彻底失传了。

魏徵为提高儒家经典适用性，还对《礼记》进行了改编。《唐会要》载："(贞观) 十四年 (640) 五月二十一日诏：以特进魏徵所撰《类礼》赐皇太子及诸王，并藏本于秘府。初，徵以《礼经》遭秦灭学，戴圣编之，条流不次，乃删其所说，以类相从，为五十篇，合二十卷。上善之，赐物一千段。"③ 此书至开元十四年 (726)，由太子宾客元行冲等撰成《义疏》，欲以立于学官，由于右丞相张说反对而未果，后遂渐失其传。

此外，唐太宗撰《帝范》1 卷以赐太子李治，凡 12 篇，所谓"修身治国"之理，"备在其中"。武则天亦撰《臣轨》(亦作《臣范》) 2 卷，武氏称制时，"尝诏天下学者习之"④，凡 10 篇。二书虽然都没有什么理论建树，但是将忠报国君之理、经纬安民之道，叙述其中，却是当时实用政治的教条。

（三）"创新"期

此阶段是从大历以后开始的。唐代撰行《五经正义》统一经学，但并没

---

① 刘肃：《大唐新语》卷九"著述"。又见《新唐书·萧德言传》："太宗欲知前代得失，诏魏徵、虞世南、褚亮及德言，裒次经、史、百氏帝王所以兴衰者，上之。帝爱其书博而要，曰：'使我稽古临事不惑者，公等力也。'"

② 章如愚：《群书考索》卷九，文渊阁《四库全书》本。

③ 《唐会要》卷七七《论经义》。

④ 赵希弁：《郡斋读书志附志》卷二，文渊阁《四库全书》本。

有限制和窒息新知，人们也没有碍于《五经正义》的官修性质而不作思考。相反，在大度包容的大唐文化政策面前，人们各种学术观点随时可以发表，有时也会得到重视。《五经正义》始成时，马嘉运就"每为掎摭"，"至相讥诋"，太宗不以为忤，遂令孔颖达再行修改。永徽初，以长孙无忌等人审定后，乃将《五经正义》正式颁之天下，可也没有止息人们对它的批评。武后长安年间，王玄感就上其所撰《尚书纠谬》、《春秋振滞》、《礼记绳愆》等书，皆是针对《五经正义》而撰，持说皆与《五经正义》立异。这一行动还得到当时名儒魏知古、徐坚、刘知幾、张思敬等人支持，称其书为"五经指南"，诸人联疏荐之，皇帝也下诏褒美，称为"儒宗"（见两《唐书·儒学传》）。及开元时，玄宗诏卫包改《尚书》为今文，又改易《礼记》篇次，以《月令》为首（见新、旧《唐书》及《唐会要》）；元行冲亦申魏徵《类礼》，为之作疏。郭京作《周易举正》，改易旧本。都改变了《五经正义》统率下经学统一的格局，开启了再生新义的风气。

此后，经学上的争论持续不断，成伯玙作《毛诗指说》，以《诗序》为毛公所续。施士丐讲《毛诗》，以《传》为误。① 论者谓："唐代勅撰《正义》所以息'六经'之异说，而'六经'之异说乃即始于唐人。"② 诚为不刊之论。官方对这种怀疑精神和举措，也常持肯定或默许态度，至大历（766—779）以后，中唐儒学的新风气也就逐渐形成了。

蒙文通曾谓："中国学术，建安正始而还，天宝大历而还，正德嘉靖而还，并晚清为四大变局，皆力摧旧说，别启新途。"蒙氏还将大历以后学术文化归结为"新经学"、"新史学"、"新文学"、"新哲学"，认为："事不孤起，必有其邻，有天宝大历以来之新经学、新史学、新哲学，而后有此新文学（古文）。"③

所谓"新史学"：刘知幾《史通》以史学实证的方法，在《疑古》、《惑经》二篇中对《尚书》、《论语》、《春秋》经传都提出了疑问。同时又有萧颖士、刘轲、柳冕等人对纪传体的怀疑和对编年体的推崇。萧颖士"谓《春秋》为百王不易之法，而司马迁作本纪世家列传不足为训"（《新唐书·萧颖士传》）；刘轲"尝欲以《春秋》条贯删冗补阙，掇拾众美，成一家之尽善"。柳

---

① 王谠：《唐语林》卷二，周勋初校证本，中华书局，1987年。

② 龚道耕：《经学通论》"经学沿革略说八"。

③ 蒙文通：《评史学散篇》，见《蒙文通文集》第三卷《经史抉原》，第402～403页。

冕也批评司马迁之过"在为本于儒教以一王法",推崇"圣人之于《春秋》,所以教人善恶也。修经以志之,书法以劝之,立例以明之"。自后"义例褒贬之说盛,陆长源、沈既济之徒,皆以义例言史"(蒙文通)。此一思潮,终于至北宋司马光《通鉴》而结出硕果。

"新经学"即以啖助、赵匡、陆淳为代表,他们立足《春秋》,开创"舍传求经"的新方法。与汉以来治《春秋》专主一传的方法不同的是,啖、赵、陆师徒对"三传"都进行了尖锐批评,以为"不得圣人之旨",他们解说《春秋》不专主一家,而又兼采"三传",啖助作《春秋集传例统》,赵匡、陆淳传之,匡作《纂类》,淳作《集传纂例》、《辨疑》、《微旨》等书。卢仝复有《摘微》之作,皆不信三传而根据自己理解直解《春秋》,从而形成一股"《春秋》三传束高阁,独抱遗经究始终"的学风。这种经学方法对以"理"求胜的宋代经学产生了深刻影响。

"新文学"即"古文运动",世知有韩愈、李翱、柳宗元等为代表,也知道他们曾对儒学理论体系进行重建。韩、李还对《论语》、《孟子》、《大学》、《中庸》极力加以表彰,开启了宋人"四书"经典体系的基本格局。他们的努力给宋人以很大影响,龚道耕、蒙文通、冯友兰等现代学者均把韩、李二人看成理学先驱,以为理学家谈论的许多问题,韩、李二人都已开其先河。

我们这里要特别强调的是,"新史学"、"新经学"与"新文学"实际是有关联、相互影响的,蒙文通已经指出:"凡新经学皆与古文家相师友渊源相错出,力排唐初以来章句之经学而重大义。""啖、赵、陆以《春秋》鸣,而萧颖士、独孤及、梁肃、吕温以古文鸣,其师友渊源之相密接如此。"又说:"吕温学古文于梁肃,肃学于独孤及,梁肃而下,由韩愈而皇甫湜,而来无择,而孙樵,其渊源可谓盛也。"[1] 所以这一阶段的新儒学理论也在古文家的文章中多有反映。李舟曾自叙:"先大人(李岑)尝因讲文谓小子曰:吾友兰陵萧茂挺(颖士)、赵郡李遐叔(华)、长乐贾幼几(至),洎所知河南独孤至之(及),皆宪章六艺,能探古人述作之旨。"[2] 吕温亦自誓以振起"儒风"为己任:"夫学者岂徒受章句而已?盖必求所以作人,日日新,又日新,以至乎终身。夫教者岂徒博文字而已?盖本之以忠孝,申之以礼义,敦之以信让,激之以廉耻,过则匡之,失则更之,如切如磋,如琢如磨,以至乎无瑕。"批

---

① 蒙文通:《评史学散篇》,见《蒙文通文集》第三卷《经史抉原》,第402~403页。

② 李舟:《独孤常州集叙》,见《文苑英华》卷七〇二。

评"魏晋之后，其风大坏"，"至于圣贤之微旨，教化之大本……荡然莫知所措"，① 都强调文章要有为而作。

至乎韩愈，乃独标"文以载道"之精神。至此，于是古文家之文皆言义理，明教化之文，皆维持圣道、羽翼王业之文。也就是说，儒学文献不再局限于经解和经说，而已经扩展至日用文章之中了。如韩愈有《原道》、《原人》、《原性》、《原鬼》、《原毁》、《杂说》、《师说》、《进学解》、《谏迎佛骨表》、《答刘秀才论史书》、《送孟东野序》、《与孟尚书书》、《与卫中行书》等系列文章，提出儒学传授的"道统"，竭力维护儒学本位文化的纯洁性和主体性地位，排斥以佛教、道教为代表的所谓"异端之学"。李翱有《复性书》3篇，吸取佛、老思想，发挥儒家心性理论。此外，柳宗元有《天对》、《天说》、《答刘禹锡天论书》、《贞符》、《封建论》、《非国语》、《天爵论》、《断刑论》、《六逆论》、《送薛存义之任序》、《送元十八山人南游序》、《答元饶州论政理书》、《答吕道州温论〈非国语〉书》、《与韩愈论史官书》；白居易有《三教论衡》等，则主三教会通。虽然唐代经学并不鼎盛，而儒理探讨之古文文献却汗牛充栋。

附带说明一下，唐人的"创新"一开始就与"疑经"结合起来，刘知幾《疑古》、《惑经》已开其途；韩愈"周《诰》殷《盘》，佶屈聱牙；《春秋》谨严，《左氏》浮夸"，也采用了不太恭敬的语气。至于韩愈门人李汉则声称："《书》、《礼》剔其伪，皆深矣乎！"② 吴汝纶揭示说："《书》之伪，盖自此发。且必退之与其徒常所讲说云尔，而汉诵述之。"③ 此亦开宋人疑《书》之途。

综上所述，隋唐五代诸儒之于儒家文献，主要贡献在于"统一"。先是因南北朝以来经典文字多异，唐太宗令颜师古撰《五经定本》，从而使经本文字统一起来了；既又因诸家经说各异，太宗又令孔颖达撰《五经正义》，随后贾公彦、杨士勋、徐彦等又补撰注疏形成《九经正义》，从而在解经方法上统一起来了；唐玄宗还御注《孝经》并令元行冲作《疏》，从而使《孝经》经说统一起来了。及至中唐，文宗令郑覃等校刊"十二经"于石，是为《开成石经》，形成了更大规模的经典文字统一；后唐据《石经》文本并校补注文，雕

---

① 吕温：《与族兄皋请学春秋书》，见《吕衡州集》卷三，文渊阁《四库全书》本。

② 李汉：《昌黎先生集序》，见《东雅堂昌黎集注》卷首，文渊阁《四库全书》本。

③ 吴汝纶：《记写本尚书后》，见《清儒学案》卷一八九。

版印刷以行于世，并令天下学人"以镂板为准"，从而促进了政府标准版本以更快速度流行天下，从此后，儒家经典才算有了真正统一的定本。欧阳修曾说："晋、宋而下，师道渐亡，各为笺传，附著经文。唐太宗始诏名儒撰定《正义》，著为定论，凡不本《正义》者，谓之异端。则学者之宗师，百世之取信也。"① 《五经正义》如此，《石经》和"监本"的创立和流行，使儒经在统一的标准下研习，其所起到的作用也不比《五经正义》为小。这是我们研究这一时期儒学文献应当把握的总体特征。

第七节　宋代的儒学文献

宋代是中国儒学的辉煌时期，也是儒学文献的发达时期。宋代文化上有三件大事，直接促成了宋代儒学和儒学文献远胜以前各朝：

一是宋代统治者的尚文政策。《宋史·艺文志序》说："宋有天下，先后三百余年……其时君汲汲于道艺，辅治之臣莫不以经术为先务，学士缙绅先生谈道德性命之学不绝于口，岂不彬彬乎进于周之文哉！""道艺"即《周礼》之"德行道艺"，即选人重视道德品行和学术修养，这属于政治学亦即"治术"。"经术"即重视儒家经典研究、从历史典籍中汲取经验教训，这属"经学"。"道德性命之学"即重视心性义理研究，这属哲学、伦理学，亦即"道学"。三者分属于"治统"、"学统"、"道统"三大领域，但都是重视文治教化的儒化之治。

二是印刷术大大推广，促进了文献以最快速度产生和流通。五代时后唐、后周、前后蜀，都大力推行刻版印刷，用以刻印儒家文献，史称"学者无笔札之劳，获睹古人全书"（《宋史·艺文志》）；苏轼说："余犹及见老儒先生，自言其少时欲求《史记》《汉书》而不可得，幸而得之，皆手自书，日夜诵读，惟恐不及。近岁市人转相摹刻，诸子百家之书，日传万纸，学者之于书，多且易致如此。"② 清儒钱大昕也追述说："唐以前图书皆出钞写，五代始有印板，至宋而公私板本流布海内。自国子监、秘阁刊校外，则有浙本、蜀本、

　① 欧阳修：《论删去九经正义中谶纬札子》，见《文忠集》卷一一二，文渊阁《四库全书》本。

　② 苏轼：《李氏山房藏书记》，见《东坡全集》卷三六。

闽本、江西本，或学官详校，或书坊私刊，士大夫往往以插架相夸。"① 这无疑大大推动了书籍的传播速度，也增加了图书的数量和质量。

三是非常重视图书收藏。据《宋史·艺文志》所载，唐开元所集图书在安史之乱和黄巢之乱中已经丧失殆尽，"旧书之传者至是（宋）盖亦鲜矣"。又经五代战乱，"编帙散佚，幸而存者百无二三"。宋初，从后周继承而来者仅"有书万余卷"；其后削平诸国，收其图籍，并"购求散亡"，"三馆之书稍复增益"。太宗建崇文院，实以"三馆之书"；再分三馆书万余卷，别为"秘阁"，于是形成"三馆"、"秘阁"、"崇文院"的藏书体系。真宗"命三馆写四部书二本"，调剂图书有无。

仁宗命翰林学士张观等仿《开元四部录》编成《崇文总目》，著录图书凡3669 卷。神宗亦置秘书郎典校"秘阁经籍图书"。徽宗"更《崇文总目》之号为《秘书总目》"，"诏购求士民藏书"。自熙宁以来的图书搜访工作，至此达于极盛。《宋史·艺文志》据历朝书目统计，当时有书 6705 部、73877 卷。旋因"靖康之难"而"荡然靡遗"。南宋经高宗等历朝"搜访遗阙"，"四方之藏稍稍复出"，当时书目载其藏书有 44486 卷。至宁宗时《续书目》又得14943 卷，比《崇文总目》所载"又有加焉"。

一、文献数量

《宋史·艺文志》即据宋历朝书目，分经、史、子、集四类著录，大凡为书 9819 部、119972 卷。在千余年前的宋代，能聚有图书 1 万余种、卷帙 12万卷之多，确乎不易！在这么多的文献之中，属于儒家的又有多少呢？据《宋史·艺文志》经部载，《易》类 213 部（其中前代 33 部）、《书》类 60 部（前代 6 部）、《诗》类 82 部（前代 8 部）、《礼》类 113 部（前代 19 部）、《春秋》类 240 部（前代 36 部）、《孝经》类 26 部（前代 4 部）、《论语》类 73 部（前代 5 部）、"经解"类 58 部（前代 16 部），子部"儒家"类 169 部（前代39 部）。凡《宋史·艺文志》所录儒学文献 1034 部，其中前代文献 166 部，宋人文献 877 部。

此外，《宋史艺文志补》补录宋人经部文献 94 家、900 卷，子部儒家 41家、278 卷。② 合《宋史·艺文志》所录共有儒学文献 1012 家。这个数字还不包括史部"仪注类"的 171 部、"传记"类的 401 部文献，在这些文献中还

---

① 钱大昕：《补元史艺文志序》，见《二十五史补编》第六册。

② 倪灿纂、卢文弨校：《宋史艺文志补》，《二十五史补编》第六册。

有不少儒学史文献，而且多产生于两宋时期。仪注类有 150 种宋人作品，多是朝仪、家礼等礼乐制度；传记类有近一半作者属于宋人，内中多儒者行状、年谱、家传和言行录等成果。这两项儒学文献不低于 300 种。这样一来有宋 320 年间儒学文献至少有 1300 余种，每年平均约 4 部多，高于前此各个时期。

宋人还致力于经典文献的校勘和雕版印刷，实现了经书文字的最后统一。从前经典率由手抄，久而久之，难免传讹。历代石经、五代"监本"，其用意皆在于统一经本文字，使有定本。至宋乃以政府力量，继续这一工作，并将其成果向天下推广。晁公武说："昔议者谓太和石本（即开成石经）校写非精，时人弗之许，而世以长兴板本（即五代监本）为便，国初遂颁布天下，收向日民间写本不用。"① 北宋将民间不规范的写本收缴不用，而将五代版刻的"监本"向天下推广，此后经典图书多以刻版流传，苏轼所谓"近岁市人转相摹刻"，"日传万纸"即其明证。这样一来，经典文字自然就相对稳定和准确了。

二、"十三经注疏"正式形成

宋人沿着唐人由政府组织撰定义疏、统一经说的路子，一方面校定翻刻了唐人《九经正义》，同时又补撰《孝经正义》、《论语正义》、《尔雅正义》和《孟子正义》，最终形成了"十三经注疏"。

王应麟说："端拱元年（988）三月，司业孔维等奉敕校勘孔颖达《五经正义》百八十卷，诏国子监镂板行之。"又说："先是，后唐长兴中雕'九经'板本，而《正义》传写舛驳，太宗命刊校雕印。"② 这是《五经正义》正式刊刻的开始，此前都靠手抄，难免舛驳。此次校定，由李锐、王炳、邵世隆、李觉、毕道升、胡迪、李至等主校，经七年至淳化五年（994）成。继而李至、刘可言上疏批评刊本仍然有误，又经至道二年（996）李沆、杜镐、吴淑、崔偓佺、孙奭、崔颐正复校；咸平二年（999）邢昺、舒雅、李维、李慕清、王涣、刘士元等校定，然后"《五经正义》始毕"。

《五经正义》毕，复校其余四经。《玉海》载："咸平三年（1000）三月癸巳，命国子祭酒邢昺等校定《周礼》、《仪礼》、《公羊》、《穀梁传》正义。又重定《孝经》、《论语》、《尔雅》正义。四年九月丁亥（一作丁丑），翰林侍讲

---

① 晁公武：《石经考异序》，见《全蜀艺文志》卷三六。
② 王应麟：《玉海》卷四三"端拱校五经正义"。又卷四二"咸平校定七经疏义"。

学士邢昺等及直讲崔偓佺表上重校定《周礼》、《仪礼》、《公》、《榖传》、《孝经》、《论语》、《尔雅》七经疏义，凡一百六十五卷（一本云一百六十三卷）……十月九日，命摹印颁行。于是《九经疏义》具矣。"① 至其刻版印行，则又经过五年，至景德二年（1005）方始毕工，系由王焕刻版于杭州。② 其后宋廷常以新校刊版《正义》赐辅臣、亲王以及天下学宫，大大促进了标准经书和经说的推广。

至南宋，又流传有署名"孙奭"的《孟子正义》，但其书是否北宋孙奭所撰却成问题，朱熹以为"邵武士人所假托，蔡季通识其人"。其疏皆敷衍文义，如乡塾讲章，没有深意，故朱子谓其"全不似疏样，不曾解出名物制度，只绕缠赵岐之说"③。不管该书真假和质量如何，但是"十三经"各书都有注有疏，实备于此，南宋人将其与唐人、北宋所撰各疏汇刻一处，形成流传至今的《十三经注疏》，则是事实。鉴于"十三经注疏"卷帙浩繁，宋末著名藏书家和出版家廖莹中"又欲开手节《十三经注疏》"④，因宋亡而未果。

三、"四书"体系形成

在传经体系上，西汉行"五经"，东汉行"七经"，唐行"九经"，宋则渐成"四书"之局。宋儒取《礼记》中《大学》、《中庸》与《论语》、《孟子》并列为"四书"，加以注解提炼形成"四书学"新经典体系，从而取代汉唐时期"五经"或"九经"传授，中国经学进入"四书"时代。

《大学》、《中庸》本先秦子书（子思作《中庸》，曾子作《大学》），汉儒虽然选编入《礼记》，但却并不重视。在汉代只有《中庸》有单行本注解，至于《大学》则缺然（只在《礼记》中有注）。《孟子》虽为汉文帝所设"传记博士"之一，旋亦被废，长居子家。唐韩愈、李翱始重《孟子》、《中庸》，以为儒家道统所在。北宋司马光先后作《大学广义》、《中庸广义》各 1 卷。二

---

① 王应麟：《玉海》卷四三"咸平校定七经疏义"。

② 王应麟《玉海》卷四二："景德二年（1005）六月庚寅，国子监上新刻《公》、《榖》传、《周礼》、《仪礼》正义印版。先是，后唐长兴中雕《九经》版本，而正义传写踏驳。太宗命刊校雕印，而四经未毕。上遣直讲王焕就杭州刊版，至是皆备。十月甲申，赐辅臣、亲王《周礼》、《仪礼》、《公》、《榖传》疏。"

③ 黎靖德编，王星贤校点：《朱子语类》卷一九。

④ 周密《癸辛杂识》后集"贾廖刊书"："其后又欲开手节《十三经注疏》、姚氏注《战国策》、《注坡诗》，皆未及入梓，而国事异矣。"事在南宋末年。说明当时已经将《十三经注疏》汇刻一处，并有人想做节本。

程继之，以为《大学》乃"儒者入德之门"，为学者所宜先务。至朱熹，乃作《大学章句》、《中庸章句》、《论语集注》、《孟子集注》，统称"四书章句集注"，而"四书"体系以成。

朱熹将《四书》定为士人"为学"必须首先确立的"大本"，说："故必先观《论》、《孟》、《大学》、《中庸》，以考圣贤之意。"而深慨乎汉唐不重《孟子》而重《孝经》："当孔颖达时，未尚《孟子》，只尚《论语》、《孝经》尔。"① 故必欲反其道而行之，反复强调："学问须以《大学》为先，次《论语》，次《孟子》，次《中庸》，《中庸》工夫密、规模大。"又说："读书且从易晓易解处去读，如《大学》、《中庸》、《语》、《孟》四书，道理粲然。人只是不去看，若理会得此四书，何书不可读，何理不可究，何事不可处?"又说："某要人先读《大学》以定其规模，次读《论语》以立其根本，次读《孟子》以观其发越，次读《中庸》以求古人之微妙处。"又说："《大学》一篇有等级次第，总作一处易晓，宜先看。《论语》却实，但言语散见，初看亦难。《孟子》有感激兴发人心处，《中庸》亦难读，看三书后方宜读之。"又说："先看《大学》，次《语》、《孟》，次《中庸》。果然下工夫，句句字字，涵泳切己，看得透彻，一生受用不尽。"② 等等。

朱子创立"四书学"体系，认为圣人立德的规模根本尽在于此，故要求学人先读此四书，即可得窥圣贤堂奥；然后再进而研治其他经典。自此以后，师儒执教，朝廷考试，一是皆以"四书"为本，及其陋者遂只读"四书"而不及其他，中国经学于是进入"四书"时代。

四、"语录"体子学文献丰富

语录体并不始于宋人，如记录孔子言行的《论语》就是最早的"语录"。但是国人爱好文章，喜欢议论，进入诸子争鸣的战国后，流行的诸子文献就已经是长篇大论的论说体了，《孙子》、《墨子》、《孟子》、《荀子》等等，莫不如此，从而催生了中国文章学的发生。汉儒扬雄仿《论语》撰《法言》，非出自然，而系仿作，并非时代之产物。隋儒王通《中论》尚存《论语》风范，但也是"拟圣"的表现。至宋，孔子《论语》之体裁乃得到真正的发挥和继承。宋人之学在于义理心性的探讨和阐发，而这种探讨又在于自家的体悟和神会，于是师弟子之间或相问答，或相辩难，机锋所向，妙语连珠，记录下

---

① 黎靖德编，王星贤校点：《朱子语类》卷一一、卷一九。
② 以上并见黎靖德编，王星贤校点：《朱子语类》卷一四。

来便成了"语录"。

《宋史·艺文志》所录语录或语类著述共 11 部，如程颐《语录》2 卷（程颐与弟子问答）、徐积《节孝语》1 卷（江端礼录）、刘安世《语录》2 卷、谢良佐《语录》1 卷、范冲《语要》1 卷、张九成《语录》14 卷、尹焞《语录》4 卷（尹焞门人冯忠恕、祁宽、吕坚中记）、朱子《语录》42 卷（朱子门人所记）。《补志》著录杨与立《朱子语略》20 卷，叶子龙《朱子语录类要》18 卷，熊禾《文公要语》，刘应《李道传精语》等。

特别是朱子，因他长居教学，广兴书院，弟子弥众，日讲月会，论道说理，门人所录，不计其数，前述《朱子语录》、《朱子语略》皆其类也。嘉定八年（1215）蜀人李道传取 33 家所记刻于池州，曰"池录"；嘉熙二年（1238）道传弟性传取 42 家所记刻之于饶州，曰"饶录"；淳祐九年（1249），建安蔡杭取 23 家所记，亦刻于饶州，称"饶后录"；咸淳初年，吴坚采三录未收者 29 家，又增入 4 家，刊于建安，称"建录"。同时又有将朱子语录按类编排，名曰"语类"者，主要有嘉定十二年（1219）黄士毅取百家语录编成的 100 卷"蜀本"；淳祐十二年（1252）王佖续编的"徽本"。诸书并行，互有出入。咸淳六年（1270），黎靖德以黄氏"蜀本"为据，将诸书合并，去重补缺，刻以行世，名曰《语类大全》，计 140 卷，即今通行本《朱子语类》。此书编排次第，首论理气、性理、鬼神等世界本原问题；次释心性情意、仁义礼智等伦理道德及人物性命之原；再论知行、力行、读书、为学之方等认识方法；又分论《四书》、《五经》，以明此理之津逮。朱子为学之大要，论说之风范，举见于是矣。

五、礼乐类"仪注"文献发达

如果说魏晋南北朝是为了整顿乱世秩序和放诞生活而产生了大批仪注文献的话，唐人则是在太平盛世中无拘无束地享受着感性的诗乐生活，仪注规范皆属多余，故产生不多。至宋人，因经五季之乱，人心涣散，礼乐荡然，不得不再次将人们生活纳入礼仪化的轨道，因此宋儒又撰著了大批礼仪作品。

《旧唐书·经籍志》著录"仪注八十四部、凡一千一百四十六卷"，但真正属于唐代的却只有 16 种，其他都是魏晋南北朝的旧作。《宋史·艺文志》有仪注类 171 部、3438 卷，其作者情形则反是，只有 30 种属于唐前作品，余下的 140 余种都是宋代的产物。从国家大典（诸如刘温叟《开宝通礼》200卷、卢多逊《开宝通礼仪纂》100 卷、欧阳修《太常因革礼》100 卷、郑居中等《政和五礼新仪》240 卷及《中兴礼书》等），至家庭生活（司马光《家范》、传朱子《家礼》等）；从朝廷祭天告地、明堂太学（向宗儒《南郊式》10卷、陈旸《北郊祀典》30卷、元丰间《明堂祫饗大礼令式》393卷、宣和间《明堂大饗视朔布政仪范敕令格式》等），到民间《冠婚丧祭礼》（周端朝集司马光、程氏、吕氏礼书而成）；以及皇后之册封（大观间《皇后册礼仪范》8册），建筑之营造（元祐间《营造法式》250册），乡间之聚饮（叶克刊《南剑乡饮酒仪》1卷、汪槻《乡饮规约》1卷），以及打球击剑（张直方《打毬仪》1卷、李咏《打毬仪注》1卷）等等活动，无一不有礼书，无处不存在"仪注"。从这些文献看，无论是政治生活中的士大夫，还是居家过日子的乡绅，他们的言行举止似乎都融入礼仪规范之中了。

六、儒学史文献更成系统

魏晋南北朝以及隋唐五代的儒学史文献，乃是以人物传记为主，或"家传"，或"类传"（如"耆旧传"、"先贤传"、"忠义录"、"孝子传"、"名士传"等）；其内容也是以"记事"为主（如"别传"、"外传"）。进入宋代后，儒学史文献体类大大增多，除传统传记外，还增加了"年谱"、"行状"、"言行录"乃至"渊源录"等文献，逐渐从"记事"之体进而向"记事记言"兼有过渡，并且进而注重对儒者的师传授受、学术渊源等进行梳理、研究和探讨，"学史"性质更为加深。

如"年谱"之书有：胡仔《孔子编年》5卷（是书辑录孔子言行，以《论语》、《春秋三传》、《礼记》、《家语》、《史记》诸家所载，按岁编排）、洪兴祖《韩子年谱》1卷等，皆将谱主事迹和言论按年月时日记载，记录的内容大大优于传记体。

"行状"则是在唐人殷亮《颜真卿行状》1卷启发下，广泛运用于对已故之人的追思，如《安焘行状》1卷（荣辑撰）、《朱文公行状》1卷（黄幹撰）、《赵鼎行状》3卷（李埴撰）等；或又称"行述"，如《曾巩行述》1卷（曾肇撰）、《曾肇行述》1卷（杨时撰）等，皆由亲朋故旧对逝者之生平言行详加记录，以备史馆采录。

"言行录"则如《胡瑗言行录》1卷（关注撰）、《刘安世言行录》2卷、《范纯仁言行录》3卷、《三苏言行》5卷（以上不知作者）、《了斋陈先生（瓘）言行录》1卷（陈正同撰）。至朱熹，自谓"读近代文集及纪传之书，多有裨于世教"，于是将单个"言行录"发展成为类书，撰成《五朝名臣言行录》10卷（又有《三朝名臣言行录》14卷、《四朝名臣言行录》16卷、《四朝名臣言行续录》10卷）。同类著作还有：钟尧俞《宋名臣言行类编举要》

16 卷、赵顺孙《中兴名臣言行录》若干卷。皆是将史传与言论结合，并重其嘉言与懿行，文献的表率和教化功能都大大加强。

朱子还将这一著述形式专用于儒学主题，于是而有《伊洛渊源录》14 卷的诞生。该书成于乾道九年（1173），记周敦颐以及两程子交游、门弟子之言行，"宋人谈道学宗派自此书始，而宋人分道学门户亦自此书始"①。该书不仅影响了元修《宋史》将儒学人物分成《道学传》、《儒林传》的做法，而且也开启了儒家学术源流史特别是"学案体"的先河。

七、研究孔子及其弟子、后裔的文献增多

宋人研究孔子、孔家后裔以及孔门弟子的作品也较有特色，成为儒学史研究的重要组成部分。如孔传《阙里祖庭记》3 卷、《东家杂记》2 卷。后书成于绍兴六年（1136），上卷分 9 类：曰姓谱、曰先圣诞辰讳日、曰母颜氏、曰娶亓官氏、曰追封谥号、曰历代崇封、曰嗣袭封爵沿改、曰改衍圣公、曰乡官；下卷分 12 类：曰先圣庙、曰手植桧、曰杏坛、曰后殿、曰先圣小影、曰庙栢、曰庙中古碑、曰本朝御制碑、曰庙外古迹、曰齐国公墓、曰祖林古迹、曰林中古碑。馆臣谓："其时去古未远，旧迹多存；传又生长仙源，事皆目睹，故所记特为简核。"

此外有欧阳士秀《孔子世家补》12 卷，成于淳祐十一年（1251），大抵据《皇极经世》以驳《史记·孔子世家》之讹，价值不大。又有李畋《孔子弟子赞传》60 卷，失传。

自从宋人开始系统编纂和研究孔府历史后，后世此类著述便层出不穷，如《孔子世家谱》、《孔氏编年》、《孔氏实录》、《孔圣图谱》、《孔氏全书》、《圣门通考》、《圣门人物志》、《阙里志》、《孔子弟子传赞》、《孔庭纂要》、《孔圣全书》、《孔庭金鉴》等，蔚为文献大观，皆由宋人启之。

八、学校科举文献增加

随着学校教育、科举考试的程式化、制度化，《新唐书》、《宋史》等正史都增设了"选举志"（含学校），"三通"（杜佑《通典》、郑樵《通志》、马端临《文献通考》）、"会要"等制度史，也设立了"选举"或"学校"等类目。特别是唐代产生的"登科记"类图书，至宋代达到繁盛。

徐松《登科记考·凡例》："唐人撰登科记不下十余家，见于《新唐书·

---

① 永瑢等：《四库全书总目》卷五七《伊洛渊源录》提要。

艺文志》者，惟三家而已。曰崔氏《显庆登科记》五卷、姚康《科第录》十六卷、李奕《唐登科记》二卷。"此三书亦见于《宋史·艺文志》。而更多的则是宋人作品，徐锴《登科记》15卷，乐史《登科记》30卷、《登科记》1卷、《登科记》2卷（起建隆至宣和）、《登科记解题》20卷，洪适《五代登科记》1卷、《宋登科记》21卷，洪迈《词科进卷》6卷。此外还有《绍兴同年小录》、《辽登科记》1卷、蔡元翰《唐制举科目图》1卷等。

第八节　辽金元的儒学文献

辽、金、元的统治者对汉文化特别是儒家学说有一个接受和消化过程，其重文之事虽然不多，但也不是乏善可陈。

史称"辽起松漠，太祖（耶律阿宝机）以兵经略方内，礼文之事固所未遑。及太宗（耶律德光）入汴，取晋图书、礼器而北，然后制度渐以修举"①。入汴取图籍事在辽大同元年（947）。《辽史》谓耶律德光于是年正月攻入汴京，废后晋；二月受汉衣冠，建立辽朝；三月，将"晋诸司僚吏、嫔御宦寺、方技百工、图籍历象、石经铜人、明堂刻漏、太常乐谱、诸宫县、卤簿、法物及铠仗，悉送上京"②。辽上京在今内蒙巴林左旗林东镇南。清人厉鹗曾采访"故老，以谓：石晋之末，契丹自中原辇载宝货、图书而北"③。据说，辽设立有"法物库"以"掌图籍"④。辽景宗（969—981）、圣宗（982—1030）时期，还开科取士，"士有由下僚擢升侍从，骎骎崇儒之美"（《文学传序》）。辽道宗清宁十年（1064），"诏求乾文阁所阙经籍，命儒臣校雠"⑤。

但整体上说，辽人"风气刚劲，三面邻敌，岁时以搜狝为务，而典章文物，视古犹阙"（《文学传序》）。加之"辽制书禁甚严，凡国人著述，惟听刊行于境内，有传于邻境者罪至死。……以此不流播于天下。迨五京兵燹之后，遂至旧章散失，澌灭无遗"⑥。加之元修《辽史》、《金史》俱不立

---

① 《辽史·文学传序》。
② 《辽史·太宗纪下》。
③ 厉鹗：《辽史拾遗》卷三。
④ 《辽史》卷四七引《辽朝杂礼》。
⑤ 《辽史·道宗纪二》。
⑥ 永瑢等：《四库全书总目》卷四六《辽史》提要。

艺文志，至清儒厉鹗为《辽史拾遗》，作《补经籍志》，仅著录辽人各类著作40种。① 辽自立国至被金宋联军所灭，前后约两百年，文献之存仅有此数，亦可叹惋！

金人虽然来自白山黑水之间，本属化外之民，但在灭辽联宋等一系列活动中，也渐染华风，时习儒教。特别是后来灭亡北宋占领汴京时，也将宋时的"三馆图籍"，"辇归金源氏"②。专设秘书监"通掌经籍图书"。

蒙古太宗（窝阔台）八年（1236），始用耶律楚材言，立经籍所于平阳，编集经史。元世祖（忽必烈）至元四年（1267），将经籍所徙置京师，改名弘文院。九年，置秘书监以掌历代图书并阴阳禁书。不过，元代图书也是取自宋人。宋高宗南渡，复建秘书省，搜访遗阙，优献书之赏，馆阁储藏不减东都盛时。蒙古兵南伐时，即命焦友直收括宋朝秘书省禁书图籍；及伯颜进入临安，复遣郎中孟祺籍宋秘书省、国子监、国史院、学士院图书，由海道舟运大都（今北京），于是元朝"秘书所藏，彬彬可观矣"。世祖还用许衡建议，"遣使取杭州在官书籍刻板及江南诸郡书板，立兴文署以掌之"，负责刷印发行。元代诸儒生著述，可由本路官呈进，经过翰林院看详，命各行省儒学、书院"以系官钱刊行"③，一代史匠马端临所著《文献通考》就是通过这一途径得以刊刻出版的。

可惜至正时期儒臣撰《秘书监志》，对地方进呈图书，仅仅记载"送库若干部若干册"而不列具体书名，明初修《元史》也不设艺文志，遂使元代的图书收藏漫无稽考。

辽、金、元三代，儒士亦复不少，据金门诏称道说："辽有耶律庶成、萧韩家奴之徒，以文学著；金有虞仲文、徒单镒、张行简、杨云翼、赵秉文之辈，以经术显；元则郝经、许衡、吴澄、齐履谦、元明善、黄溍、吴莱、金履祥、许谦、陈栎、胡一桂、黄泽、吴师道之属，几于接踵欧曾，嗣音濂洛矣。"④ 诸人士也有不少著述产生，可惜由于《辽史》、《金史》、《元史》皆不录艺文，要确切了解当时到底有多少儒学著作，只有依据后人补撰艺文志略窥一二了。

---

① 厉鹗：《辽史拾遗》卷一六《补经籍志》。黄任恒《补辽史艺文志》并录西夏释道文献为88种，见《二十五史补编》第六册。

② 《金史·礼志一》："金人之入汴也，时宋承平日久，典章礼乐粲然备具。金人既悉收其图籍，载其车辂、法物、仪仗而北。"

③ 钱大昕：《补元史艺文志·序》，见《二十五史补编》第六册。

④ 金门诏：《补三史艺文志·序》，见《二十五史补编》第六册。

一、文献数量

清倪灿撰（卢文弨校）《补辽金元艺文志》（下称"倪志"）、金门诏撰《补三史艺文志》（下称"金志"）和钱大昕撰《补元史艺文志》（下称"钱志"），对这一段所产生的文献进行了补录，其中以"倪志"体例最善，而以"钱志"收罗最全。现将三志所著录儒家文献表列如下：

表1-3-1　辽金元儒学著述表

	易类	书类	诗类	三礼	礼乐	春秋	孝经	论语	孟子	经解	小学	仪注	儒传	儒家	总计
倪志	106	47	27	44	27	66	17	13	11	95	49	16	17	86	621
金志	69	40	24	37		66	13	四书44		15	21	5	2	30	366
钱志	209	58	47	105	11	120	20	21	16	124	57	31	9	106	934

需要说明的是，"倪志"、"金志"或名"辽金元"，或名"三史"，当然是统计三朝；"钱志"虽然只称"元史"，但并非仅记有元一代，而是"辽金作者亦附见焉"（钱氏《自序》）；三家志以"钱志"所录图书最多、而以"金志"最少，不过各志所录仍然互有出入，可以互相补充。如"钱志"、"倪志"经类于辽籍不录一部，"金志"则在"易"、"书"、"诗"、"春秋"、"经解"等类下，皆著录辽道宗颁定《易经传疏》、《书经传疏》、《诗经传疏》、《春秋传疏》（或"五经传疏"）等，自注"清宁元年颁赐学校"；还于"书类"有"室昉《尚书无逸篇》一卷，统和元年进"、"《五子之歌》一卷，大安四年命燕国王延禧写"；"礼类"有"《礼典》三卷，重熙十五年萧韩家奴及耶律庶成撰"；"小学类"，"钱志"、"倪志"只录"僧行均《龙龛手鉴》四卷"，"金志"无《手鉴》，却有"太祖《契丹大字》，耶律庶成制"、"李德明《番书》十二卷"。

二、少数民族文译经

上述补撰艺文志，都间或录有少数民族译语文献，而以"钱志"最多，也最有特色。钱氏在经部小学之末专列"译语类"一目，著录"辽译"、"金国语"、"女直（真）字"、"蒙古字"翻译之书35种，《贞观政要》有辽译，《易经》、《尚书》、《孝经》、《论语》、《孟子》、《扬子法言》、《文中子》皆有金语译；《尚书》、《孝经》、《忠经》、《大学》、《贞观政要》、《帝范》皆有蒙古语译等等，亦一时之盛。附译语文献表如下：

表 1-3-2 辽、金、蒙古语译汉籍表

	译 书 名	备 注
辽语译	辽译五代史	重熙中翰林都林牙萧韩家奴译
	辽译贞观政要	同上
	辽译通历	同上
	辽译方脉书	耶律庶成
金国语译	国语易经	
	国语书经	
	国语孝经	
	国语论语	
	国语孟子	
	国语老子	
	国语扬子	
	国语文中子	
	国语刘子	
	国语新唐书	以上皆大定中译
女直（真）字译	女直（真）字盘古书	
	家语	
	太公书	
	伍子胥书	
	孙膑书	
	黄氏女书	
	百家姓	
	女直字母	以上辽金时期
蒙古语译	尚书节文	翰林学士元明善等译进
	大学衍义节文	大德十一年中书右丞孛罗铁木儿译进
	忠经	
	贞观政要	天历中中书平章政事察罕译
	帝范 4 卷	同上
	皇图大训	天历中翰林奎章阁臣译
	鲍完泽《都目》	
	贯通集	

	译 书 名	备 注
蒙古语译	联珠集	
	选玉集	皆蒙古语言。鲍信卿，杭州人①
	达达字母 1 册	
	蒙古百家姓 1 卷	
	蒙古字训 1 册	

三、"四书"文献发达

历考诸家补志，俱可看出这一时期（特别是元代）"四书"学文献非常发达。自朱子创建"四书"体系后，士人即专注于《大学》、《中庸》、《论语》、《孟子》的研究，或分撰各书训解，或通论"四书"蕴义，"四书文献"遂蔚然成一大国。"金志"根据南宋以后的儒学实际，特设"四书"类统录《学》《庸》《论》《孟》类文献 44 种，这一分类本来是合乎历史事实的。"倪志"、"钱志"却宥于传统目录分类法，仍然将《论语》、《孟子》、《大学》、《中庸》等文献分别著录，将《论》、《孟》独立分类，而将《学》、《庸》归入《礼记》类，将通论或通解"四书"的文献纳入"经解总义"中，这样分散著录不利于准确反映当时学术实际。不过，如果我们将这些分散的文献加以归类，仍能发现元代"四书"学文献呈空前增多之势。如：

"钱志"，其礼类著录《大学》文献 26 种、《中庸》文献 25 种，"经解类"著录"四书"文献 74 种（占经解 124 种的大半）、《论语》类 21 种、《孟子》类 16 种。总计元人研究《大》《中》《论》《孟》等"四书"的文献达 162 种，仅次于其所录同期《易》类文献（209 种）。

"倪志"也于各部分别著录《中庸》类 11 种、《大学》类 16 种、《论语》类 13 种、《孟子》类 11 种、"四书"通解 53 种，通共属于"四书"的文献也

第三章 儒学文献的发展与流变(下)

---

① 王祎：《鲍信卿传》："前元元贞初（1295），以蒙古言语文字天下或不能尽习，诏所在州郡并建学立师，贵游子弟及民间俊秀，皆令肄业。信卿受业其师萧氏，悉究其精奥。乃攟撺史传中故事及时务切要者二百五十余条，译以为书，曰《都目》。反复应对，曲折论难，最为详密。又记其师所授之言为书，曰《贯通集》。又采精粹微妙之言，门分类别为书，曰《联珠集》。又取蒙古及辉和尔问答比譬之言为书，曰《选玉集》。凡其音韵之所自出，字画之所由通，毫厘之间，具有分别。南北人为蒙古学，未有出信卿右者。方是时，为其学者悉倚为入仕之阶，而信卿澹然独无求进意，隐居教授。"（《王忠文集》卷二一）

达 104 种，也仅次于所录同期《易》类文献（106 种）。这些都是前代所无，元朝方有，亦即儒学从"五经学"进入"四书学"时代的特有表现。

四、独尊程朱传义

元儒治经已经摒弃汉唐，独尊宋儒，尤亲朱子。理学自北宋创立以来，从者日众，特别是程氏"洛学"，诸弟子乐于讲授，学派益盛，浸浸乎超"蜀学"而越"涑水"，渐成一门独大之势。宋金之际，"蜀学行于北，洛学行于南"。洛学诸儒各以所闻分门授徒，如晦庵朱熹传教于闽，东莱吕祖谦传教于浙，南轩张栻传教于湘，象山陆九渊传教于赣。其后，他们的门徒又各有所授，使理学、心学广为散布。特别是朱熹，其学最精，其教最勤，理学遂成为影响最大的儒家学派。朱熹一生仕途不畅，飐历郡县，长处地方，所到之处，他广建精舍、书院，大兴学校教育，志乘所载与朱熹有关的书院竟达 70余所。经学人考订，其中由他创立的书院 4 所，修复的 3 所，曾经讲学读书的 47 所，有题赠的 13 所，其教育经历和教育成就在中国古代乃至近代都是十分杰出的。① 朱子门人众多，理学信众日繁，大有"天下文章皆理学，寰中名儒半门生"之势。陆游说"朱公之徒数百千人"②；《朱子语类》卷首"姓氏"所载问学弟子 93 人（另有不知姓名者 4 人）；《朱熹集》中有书信往来的门人 200 多人；明儒戴铣《朱子实纪》卷八录朱子门人 319 人，有著述者 68 人；韩国名儒李滉《宋季元明理学通录》前八卷录朱子弟子 413 人。据今人陈荣捷《朱子门人》考证，朱熹门人有名可考者就有 467 人。通过这些门人，朱熹的理学思想得以广泛传播到各地，从而形成了一个有力量、有影响的"考亭学派"。

元兵之入江汉，得赵复，朱子之学于是北传，姚枢、许衡、窦默、刘因翕然从之；元仁宗延祐时定科举法，"四书"皆用朱子《章句集注》，《易》用朱子《本义》，《书》用蔡沈《集传》，《诗》用朱子《集解》，唯《礼记》用"郑注"，经学于是尽统一于朱子，理学盛而汉学息矣。这直接影响了元代儒学发展方向，其文献即以疏论程朱之学为主体，也以此为最有特色。今据《四库全书总目》所录，举要说明如次：

《易》类：

董楷《周易传义附录》14 卷：其学出于陈器之，器之出于朱子，故其说

---

① 方延寿：《朱子书院门人考·序言》，华东师大出版社，2000 年。

② 陆游：《方伯谟墓志铭》，见《渭南文集》卷三六。

《易》，唯以洛、闽为宗。

胡方平《易学启蒙通释》2卷：胡方平之学出于董梦程，梦程之学出于黄榦，榦，朱子婿也。故方平及其子一桂皆笃守朱子之说，此书即发明朱子《易学启蒙》之旨。

胡炳文《周易本义通释》12卷：炳文笃志朱子之学，是书据朱子《本义》折中是正，复采诸家《易》解，互相发明。

熊良辅《周易本义集成》12卷：其书大旨主于羽翼《本义》，而与《本义》异者亦颇多。

董真卿《周易会通》14卷：真卿尝受学于胡一桂，斯编实本一桂之《周易本义附录纂注》而广及诸家，初名曰《周易经传集程朱解附录纂注》。

《书》类：

自蔡沈《书集传》出，解经者大抵乐其简易，不复参考诸书，故著书家亦以阐发蔡传为主。如：

陈栎《尚书集传纂疏》6卷：是编以疏通蔡传之意，故命曰疏；以纂辑诸家之说，故命曰纂；又以蔡传本出朱子指授，故第一卷特标朱子订正之目，每条之下必以朱子之说冠于诸家之前。

董鼎《尚书辑录纂注》6卷：鼎族兄梦程尝从黄榦游，鼎又从梦程闻其绪论，故自叙谓得朱子之再传。是编虽以蔡沈《书集传》为宗，而《书集传》之后续以朱子《语录》及他书所载朱子语，谓之"辑录"；又采诸说之相发明者附列于末，谓之"纂注"。

陈师凯《书蔡传旁通》6卷：以鄱阳董鼎《尚书辑录纂注》本以羽翼蔡传，然多采先儒问答，断以己意，大抵辩论义理，而于天文、地理、律历、礼乐、兵刑、龟策、河图、洛书、道德、性命、官职、封建之属，皆有所略。遇传文片言之赜、只字之隐，读者不免嗫嚅龃龉。因作是编，于名物度数，蔡传所称引而未详者，一一博引繁称，析其端委。其蔡传歧误之处，则不复纠驳。

王天与《尚书纂传》46卷：其大旨则以朱子为宗，而以真德秀说为羽翼。盖朱子考论群经，以《书》属蔡沈，故天与以蔡氏《书集传》为据。

朱祖义《尚书句解》13卷：祖义是书，专为启迪幼学而设，故多宗蔡义，不复考证旧文。

《诗》类：

自朱子《集传》成，当时已有其受业弟子辅广《诗童子问》10卷之作。辅广字汉卿，号潜斋，初从吕祖谦游，后复从朱子讲学，即世所称"庆源辅氏"。其书"大旨主于羽翼《诗集传》",以述平日闻于朱子之说，故曰《诗童子问》。其后朱传被定于科举之一尊，元人著述自然就更以《集传》为主了。如：

许谦《诗集传名物钞》8卷：谦虽受学于王柏，而醇正则远过其师。研究诸经，亦多明古义，故是书所考名物、音训，颇有根据，足以补《集传》之阙遗。

刘瑾《诗传通释》20卷：其学问渊源出于朱子，故是书大旨在于发明《集传》，与辅广《诗童子问》相同。

梁益《诗传旁通》15卷：朱子《诗传》详于做诗之意，而名物训诂，仅举大凡。盖是书仿孔、贾诸疏证明注文之例，凡《集传》所引故实，一一引据出处，辨析源委因。杜文瑛先有《语孟旁通》，体例相似，故亦以《旁通》为名。

朱公迁《诗经疏义》20卷：是书为发明朱子《集传》而作，如注有疏，故曰《疏义》。其后同里王逢及逢之门人何英又采众说以补之，逢所补题曰《辑录》，英所补题曰《增释》。虽递相附益，其宗旨一也。其说墨守朱子，不逾尺寸，而亦间有所辩证。

刘玉汝《诗缵绪》18卷：其大旨专以发明朱子《集传》，故名曰《缵绪》，体例与辅广《诗童子问》相近。

梁寅《诗演义》15卷：是书推演朱子《诗传》之义，故以《演义》为名。

"四书"类：

至于"四书"文献，更是在朱子"四书学"体系上的衍生和发挥。南宋淳熙年间，朱熹将《论语》、《孟子》与《大学》、《中庸》编为"四书"，并撰著《章句集注》后，当时即有人起而为之疏通证明。史载赵顺孙将考亭门人所录朱子之语集录出来，撰成《四书纂疏》26卷，用以疏解《章句集注》。元延祐年间恢复科举考试，下令以朱子之书作为标准教本，此类疏解朱子《四书》学的著作，更是层见叠出。如：

刘因《四书集义精要》28卷：朱子为《四书集注》，凡诸人问答与《集注》有异同者，不及订归于一而卒。后卢孝孙取《语类》、《文集》所说，辑为《四书集义》凡100卷，读者颇病其繁冗。因乃择其指要，删其复杂，勒成是书。

胡炳文《四书通》26卷：是编以赵顺孙《四书纂疏》、吴真子《四书集成》皆阐朱子之绪论，而尚有与朱子相戾者，因重为刊削，附以己说，以成此书。凡朱子以前之说，不适合补朱子之遗，皆斥不录。故所取于《纂疏》、《集成》者仅 14 家，二书之外，又增入 45 家，则皆恪守考亭之学者也。

张存中《四书通证》6 卷：初，胡炳文作《四书通》，详义理而略名物。存中因排纂旧说以补成之，故名曰《四书通证》。

詹道传《四书纂笺》28 卷：是书略仿古经笺疏之体，取朱子《四书章句集注》、《或问》，正其音读，考其名物度数，各注于本句之下。亦间释朱子所引之成语。

史伯璿《四书管窥》8 卷：其书引赵顺孙《四书纂疏》、吴真子《四书集成》、胡炳文《四书通》、许谦《四书丛说》、陈栎《四书发明》及饶氏、张氏诸说，取其与《集注》异同者，各加论辩于下。诸说之自相矛盾者，亦为条列而厘定之。凡三十年而后成，于朱子之学颇有所阐发。

综上可见，诸家智慧，不出朱子一家之范围；百氏著述，尽阐朱子四书之精微。这是前代所未有，也为后代所不及，实为元代儒学文献的一大特色。

第九节　明代的儒学文献

皮锡瑞说："论宋、元、明三朝之经学，元不及宋，明又不及元。"[①] 其原因则是宋人虽然好为新义，但是新从古中来，学术尚有渊源，他们深知，欲为一家新说，仍须研习汉唐古注旧疏。元人只守宋儒（特别是朱子）之书，著述以发明朱子之说为目的，遂不知有古注疏了。至于明人，其纂《四书五经大全》，唯抄袭元人诸经"纂疏"，只守元儒解宋之书，连宋儒所言为何都不甚知道，更遑论古注疏！不过，也不可就此以为明代一无是处、一无可取，明代在儒学文献的保存和发展上也还有绩可述。

一、文献数量

首先，在文献收藏整理方面，明代成绩突出。史称，明太祖平定元大都，曾令大将军收图籍，运往南京。立国后，又诏求四方遗书，在中央设秘书监丞掌其事，后来又改由翰林典籍来掌管。明成祖永乐初年，曾令解缙等编纂《永乐大典》22877 卷、凡例目录 60 卷，收录古代重要典籍七八千种，上至先秦，下达明初，内容"包括宇宙之广大，统会古今之异同"，是世界上最大

---

① 皮锡瑞：《经学历史》九《经学积衰时代》。

的百科全书。永乐四年（1406）又命礼部尚书郑赐遣使访购，不惜用巨资向民间购买稀见图书："惟其所欲与之，勿较值。"十九年（1421），明成祖因新迁北京，令人在南京文渊阁藏书中每部各择其一，共得百柜，运至北京。至明宣宗时，不到七十年，明朝秘阁贮书已达"二万余部、近百万卷"，其中"刻本十三、抄本十七"，已成倍地超过了有宋320年间所有藏书（《宋史·艺文志》录9819部、119972卷）。此后，正统年间（1436—1449）杨士奇等人的编目清理（有《文渊阁书目》①），正德年间（1506—1521）李继先等人的修补，史称"秘阁书籍，皆宋元所遗，无不精美"，其爱文重史之风，不减两宋。

可惜经明末战乱，这些文献尽皆残破；又加明代目录之学质量欠佳，杨士奇《文渊阁书目》所载书多不著撰人姓氏，又有册数而无卷数，唯略记若干部为一橱、若干橱为一号而已。万历中焦竑修《国史经籍志》，又未能遍览当时皇家所藏，故明代国家收藏到底有哪些图书，后世已经不能尽知。清四库馆臣为《文渊阁书目》撰提要时说："今以《永乐大典》对勘其所收之书，世无传本者，往往见于此目，亦可知其储庋之富。"《永乐大典》所收文献多为宋元旧本，从明末至今已经有近千种散佚文献从中辑出，而这些书的原本目录却备载《文渊阁书目》，说明当时藏书不仅丰富，而且多为孤本善本。可惜这些书籍的具体情况，却因诸家目录记录不善而不可详考了。

黄虞稷《千顷堂书目》则以记载明人著述为主（每类略附宋元人著作）；清修《明史·艺文志》据其目将明代270年各家著述勒成一志，这在正史经籍艺文志中是独开生面的。

《明史·艺文志》著录明人著作4633部。有经部著作949部，含：《易》类222部、1570卷，《书》类88部、497卷，《诗》类87部、908卷，《礼》类107部、1121卷，《乐》类54部、487卷，《春秋》类131部、1520卷，《孝经》类35部、128卷，"诸经"类43部、734卷，《四书》类59部、712卷，"小学"类123部、164卷。

此外，史部"仪注"类57部、124卷中，有十之七八为儒家礼仪文献（约40种）；"传记"类144部、1997卷中，十之二三为儒者传记及史志（约40种）；还有子部"儒家"类140部、1230卷，等等。

———————————

① 《文渊阁书目》，据《四库全书总目》："此书以《千字文》排次，自'天'字至'往'字，凡得二十号、五十橱。……士奇等承诏编录，不能考订撰次，勒为成书，而徒草率以塞责，较刘向之编《七略》，荀勖之叙《中经》，诚为有愧。"

总诸项之合，约得明代儒学文献近 1200 种。均以明代之有天下 270 年，每年产出约 4.4 部，与儒学昌盛的宋代（年均 4 部）相当且略强。这还不包括史部"地理类"方志中的儒学资料如"书院志"等，和集部中大量论经、论史、论文、论政、论教以及论仁义道德等儒学主题的文献。

二、诸经"大全"

明人著述质量普遍不精，其儒学文献在数量上虽已超过前代，但在质量上却大为不及，其中又以官修"大全"为最。前引皮锡瑞有所谓"元不及宋，明又不及元"之说，皮氏又说："宋儒学有根底，故虽拨弃古义，犹能自成一家；若元人则株守宋儒之书，而于注疏所得甚浅。……明人又株守元人之书，于宋儒亦少研究。"① 这主要是就明代官修《四书大全》、《五经大全》，皆袭用元人旧书而无所剪裁，体例未纯。

永乐十二年（1414），明成祖令胡广等纂修《四书五经大全》，修成之后朝廷颁为令甲，科举依此考试。这本是统一经学、定制标准注本的一大盛事，也是上继七百七十年前孔颖达《五经正义》的又一壮举！可是，该书修成之后，却落人口实，大为学人讪笑，其原因就是大肆抄袭前人成果，编者没有自己的涵蕴功夫。

顾炎武已经批评《春秋大全》全袭元人汪克宽《胡传纂疏》，《诗经大全》全袭元人刘瑾《诗传通释》。朱彝尊《经义考》又揭《周易大全》取诸天台、鄱阳二董氏，双湖、云峰二胡氏。四库馆臣寻此"勘验旧文，一一符合"，坐实《周易大全》乃割裂董楷（天台）《周易传义附录》、董真卿（鄱阳）《周易会通》、胡一桂（双湖）《周易本义附录纂注》、胡炳文（云峰）《周易本义通释》四书而成。

朱彝尊又引吴任臣之言，指出《书传大全》"大旨本二陈氏"。四库馆臣考证说："二陈氏者，一为陈栎《尚书集传纂疏》，一为陈师凯《书蔡传旁通》。"好在"《纂疏》皆墨守蔡义，《旁通》则于名物度数考证特详"，"故是书在《五经大全》中尚为差胜"。

《礼记大全》虽然采录前人之说 42 家，却仍以陈澔《礼记集说》为主。

官修图书，出自众手，类皆抄袭，唐修"正义"已如此，明修"大全"则更甚。二者所不同的是，唐人所抄六朝旧籍，原书早已失传，故"正义"成为研习经典和探知六朝旧说之唯一渠道；明人所抄却原书尚在，学人可以

① 皮锡瑞：《经学历史》九《经学积衰时代》。

直观原书不必假道"大全"。又加六朝尚有汉学传统，尚存征实功夫；元人唯尚理学，蹈虚空而无实际，"此《五经正义》至今不得不钻研，《五经大全》入后遂尽遭唾弃也"①。

官修书如此，私家著述又如何呢？皮锡瑞批评说："如季本、郝敬多凭臆说，杨慎作伪欺人，丰坊造《子贡诗传》、《申培诗说》以行世，而世莫能辨。"② 季本是王阳明弟子，正德间进士，著有《易学四同》、《诗说解颐》、《读礼疑图》、《庙制考仪》、《乐律纂要》、《春秋私考》、《孔孟事迹图谱》、《说理会编》等书。论者谓其《易》著"割裂经文"，《诗》著"每伤穿凿"，《礼》注则以今况古，"亦多牵合"，考《春秋》则"杜撰事迹"，缪戾更甚！

郝敬乃万历间进士，著述亦富，有《周易正解》、《易领》、《尚书辨解》、《毛诗原解》、《仪礼节解》、《周礼完解》、《礼记通解》、《春秋直解》、《孟子说解》、《谈经》、《史记琐琐》、《时习新知》、《小山草》等多种，但是亦皆"臆为创说"，"私意穿凿"！

杨慎亦正德间状元，记诵极博，著述亦多，推为当时天下第一，然由于贬处云南边郡，资料难觅，所著书中多凭记忆，甚至不惜随手捏造证据，有不可信者。

丰坊嘉靖进士，更是造伪专家，先是自托其祖宋人丰稷之传，造《古易世学》、《古书世学》、《鲁诗世学》、《春秋世学》、《书诀》等；复以家传名义伪造《子贡诗传》、《申培诗说》，以欺世人。坊善于书法，以篆隶诸体抄录其书，世人不辨，一刻于成都，再刻于白下；人们因善其书法，遂不辨真伪，其书甫一面世就一哄而尽；凌蒙初、邹忠彻、姚允恭等，还就此等伪书撰著"新解"，真伪不识，荒唐到了极点！

季、郝二人"多凭臆说"是没有证据；杨慎之"作伪欺人"是伪造证据；"世莫能辨"丰坊之伪，又是缺乏见识和判断，这些都是学问浅薄、学无根底的表现。这些虽与个人治学态度有关，亦时代风气使然。南宋马廷鸾曾叹道："古有明经、学究专科，如《仪礼》经注，学者童而习之，不待屑屑然登载本文，而已熟其诵数矣。王介甫《新经》既出，士不读书，如余之于《仪礼》者，皆是也。"③ 及朱子订《四书章句》，元明以为士子起家发身的根本教材，

---

① 皮锡瑞：《经学历史》九《经学积衰时代》。
② 皮锡瑞：《经学历史》九《经学积衰时代》。
③ 马端临：《文献通考》卷一八〇"仪礼疏五十卷"引"先公《仪礼注疏序》"。

读书人于是不读其他经典，唯《章句》是务。阳明"心学"产生以后，士子唯究一心之体悟，连《章句》也懒于熟读了。皮氏所举诸人皆正德（1506—1521）以后登科入仕者，深受"心学"影响（季本即王阳明弟子），空疏之弊深入骨髓！明人著述，前期以"大全"为代表，既恪遵宋儒，又抄袭元人；后期则受心学空疏影响，既没有学问，且没有根底。

三、抄袭成风

除空疏少学外，明人著述又有一大陋习，就是学术无耻——转相抄袭、剽窃成性！顾炎武论古今著作之风曰：

> 汉人好以自作之书而托为古人，张霸《百二尚书》、卫宏《诗序》之类是也。晋以下人，则有以他人之书而窃为己作，郭象《庄子注》、何法盛《晋中兴书》之类是也。若有明一代之人，其所著书，无非窃盗而已！

又说：

> 吾读有明弘治以后经解之书，皆隐没古人名字将为己说者也。①

不仅经部之书抄袭，史部之书也是如此。如"名臣言行录"一体，宋人创之于前，明人即反复仿效、抄袭于后。《明史·艺文志》载有谢铎《名臣事略》20卷（洪武至成化时人），彭韶《名臣录赞》2卷，杨廉《名臣言行录》4卷、《理学名臣言行录》2卷，徐纮《名臣琬琰录》54卷，徐咸《名臣言行录前集》12卷、《后集》12卷，王道《名臣琬琰录》2卷、《续录》2卷，沈庭奎《名臣言行录新编》34卷，杨豫孙补辑《名臣琬琰录》110卷，苏茂相《名臣类编》2卷，邹期祯《东林诸贤言行录》5卷，等书。"已上皆纪明代人物"，尚有新材料可取，还有保存价值。至于尹直之《南宋名臣言行录》16卷、张采《宋名臣言行录》16卷、姜绾《汉名臣言行录》8卷等，直班固《汉书》、朱子《名臣言行录》之抄撮而已。顾炎武曾述其祖之言曰："凡作书者，莫病乎以前人之书改窜而为自作也。……至于今代，而著书之人几满天下，则有盗前人之书而为自作者矣。故得明人书百卷，不若得宋人书一卷也。"② 非无因也。

造成明人"空疏"、"抄袭"之病的主要原因，即是明代根深蒂固的"八比"制度。汉代举经明行修、秀才异等，非皓首穷经、训诂通明不可；唐、

---

① 顾炎武：《日知录》卷一八《窃书》。

② 顾炎武：《亭林诗文集·钞书自序》。

宋科举考试，"进士"考策论、诗赋，非有经济、文章之才不能应对；"明经"则有大经、中经、小经之别和一经、三经、五经之科，亦非熟读经传注疏者所不能。唯是明代，以"八股"考试，揣摸"圣人"口气立言，其出题范围又不外乎朱子《四书章句集注》，什么经济文章、古经旧注，都无暇顾及。据顾炎武说："明初三场之制……不过于《四书》一经之中，拟题一二百道，窃取他人之文记之，入场之日，抄誊一过，便可侥幸中式。而本经之全文有不读者矣。率天下而为欲速成之童子，学问由此而衰，心术由此而坏。"① 他又揭露说："明代科场之病，莫甚乎拟题。且以经文言之，初场试所习本经义四道，而本经之中，场屋可出之题不过数十。"于是"富家巨族延请名士，馆于家塾，将此数十题各撰一篇，计篇酬价，令其子弟及僮奴之俊慧者记诵熟习。入场命题，十符八九，即以所记之文抄誊上卷，较之风檐结构，难易迥殊。《四书》亦然。发榜之后，此曹便为贵人；年少貌美者，多得馆选。天下之士靡然从风，而本经亦可以不读矣！"②

朝廷举行科举考试，本意在于得"才士"，而应试者只务在以最经济的时间和精力，猎取最大的好处，如此选来的人才岂不成了"才盗"！贩鬻文章，利禄当路，人心未有不坏者。南宋已有"朱子论学校科举之弊，谓'上以盗贼待士，士亦以盗贼自处'"③，看来此弊自古而然，只是至明而极罢了。宋人考试先"策论"而后"诗文"，再及"经义"，这样一来，狗窃鼠盗之徒已经在前两关中被淘汰了，光凭死记硬背"经义"是无法入选的。

明代则只试《四书大全》"朱注"，故投机之人如透瓶猜物，范围既狭，目标又明，只需请人代为捉刀，预拟数十篇范文，小心记诵，临场抄录出来，便可命中，什么原经、古学，一概不必措意。这样一来，读抄袭书，临抄袭文，然后以抄袭中举，自然就腹中空空、胸无点墨；既贵之后，又欲附庸风雅，著书立说、扬名后世，除了发挥其故伎——"抄袭"而外，更有何能？顾炎武所谓"自八股行而古学废，《大全》出而经学亡"之叹④，何等沉痛。《四库全书总目》经部"四书类"按语说："至明永乐中，《大全》出而捷径开，八比盛而俗学炽。科举之文名为发挥'经'义，实则发挥'注'意，不问经义何如也。且所谓'注'意者，又不甚究其理，而惟揣测其虚字语气，

---

① 顾炎武：《日知录》卷一六《三场》。
② 顾炎武：《日知录》卷一六《拟题》。
③ 顾炎武：《日知录》卷一七《搜索》。
④ 顾炎武：《日知录》卷一八《书经会选》。

以备临文之摹拟，并不问'注'意何如也。盖自高头讲章一行，非惟孔、曾、思、孟之本旨亡，并朱子之《四书》亦亡矣。"此语正中其弊。

四、铁中铮铮，庸中佼佼

不过，明代经学亦尚有"铁中铮铮、庸中佼佼"者在。如《易》学研究中，来知德《周易集注》即不倚汉傍宋，能够独立思考，以发挥其"错综""旁通"之说，誉为一代绝学。《书》学研究中则有刘三吾《尚书会选》，考文征献、必注出处，态度极其"矜慎"；特别是梅鷟《尚书考异》，沿着宋儒怀疑《古文尚书》的路子继续前进，历举证据，辨《古文尚书》之伪，多中肯綮，实开阎若璩、惠栋诸人之先路。《诗经》研究中，则有陈第《毛诗古音考》独辟蹊径，开创古音韵研究新局面。明人在训诂、考据方面的成果和方法，为清代考据之学的大兴开辟了道路。

其次，明人关于学术源流史方面的著述也非常可观，这直接开启了黄宗羲"学案体"的创立。据《明史·艺文志》，有如董遵《金华渊源录》2卷、金贲亨《台学源流》2卷、魏显国《儒林传》20卷、戴铣《朱子实纪》12卷、金贲亨《道南录》5卷、《台学源流集》7卷、刘元卿《诸儒学案》8卷、邵经邦《弘道录》57卷、唐顺之《儒编》60卷、薛应旂《考亭渊源录》24卷、朱衡《道南源委录》12卷、梁斗辉《圣学正宗》20卷、徐即登《儒学明宗录》25卷、冯从吾《元儒考略》4卷、曾凤仪《明儒见道编》2卷、周汝登《圣学宗传》18卷、刘宗周《理学宗要》1卷。皆多记儒学传授源流，依据于朱子《伊洛渊源录》而规模和范围实有过之者。经过这些纂述实践，经验日益积累，体例日益成熟，至明末清初黄宗羲撰成《明儒学案》及《宋元学案》（属草），于是完整系统地记录儒学流派史的著述体式"学案体"便正式诞生了。

其三，明人开始对教育机构撰著志书。邓元锡《函史》下编载，嘉靖间，国子司业王材（后升祭酒）"考典稽训，作《太学志》六编，编为之序，序各有志，并抄撮其略"。除《明史·艺文志》所录国子、太学志外，尚有邢让《国子监规》1卷（录洪武以来训谕）、谢铎《国子监志》22卷、吴节《国子监续志》11卷、黄佐《南雍旧志》18卷、王材《南雍志》14卷、崔铣《南雍申教录》15卷、卢上铭《国子监条例类编》6卷、汪浚《辟雍纪事》15卷、焦竑《京学志》8卷。

关于地方学校、书院，唐代唯传诗歌题咏，宋、元唯传单篇的"记"文，到明代乃有专书（详"儒史文献"）出现。《明史·艺文志》正式著录刘俊

《白鹿洞书院志》6卷、孙存《岳麓书院图志》1卷。又考诸《四库全书总目》，明修书院志尚有：

周诏《石鼓书院志》4卷：首地理，次室宇，次人物，次词翰。

甘雨《白鹭洲书院志》2卷：分沿革、建置、教职、祀典、储赡、名宦、人物、公移、贤劳、义助、纪述、书籍、生祠记十三门。

李安仁《石鼓书院志》2卷：上部纪地理、室宇、人物、名宦，下部载艺文。

叶廷祥、郭以隆、纪延誉、陈翘卿《南溪书院志》4卷：其书仅记书院之迹。

《太学志》、《国子监志》以及"书院志"的编纂，比较完整地记录了学校教育制度设施和沿革，对研究儒学教育的规模和制度，具有非常重要的价值。此类文献至清而极盛，蔚为壮观。

其四，明代对儒学文献的整理已经形成比较自觉的意识。一是汇刻完成《十三经注疏》，二是开始《儒藏》编纂的尝试。关于《十三经注疏》的汇刻，南宋已经发其端，如在南宋嘉泰间绍兴刻八行本，现存《易》、《书》、《诗》、《周礼》、《礼记》、《论语》、《孟子》、《春秋左传正义》；淳祐间魏克愚在徽州刻其父了翁所节《九经要义》；淳熙间抚州公使库刻"六经三传"，咸淳间增刻《论语》、《孟子》、《孝经》成"十二经"；在四川则有蜀大字本群经古注，今存《春秋经传集解》、《周礼·秋官》2卷、《礼记》残卷、《孟子》；在福建有南宋坊刻十行本群经注疏。至元代，亦曾翻刻十行本诸经注疏，至明，版归南京国子监，递有修补，世称"宋刊宋元明递修本"，又称"南监本"。宋末元初周密《癸辛杂识》记廖莹中刻书事云："《九经》本最佳……其后又欲开手节《十三经注疏》、《姚氏注战国策》、《注坡诗》，皆未及入梓，而国事异矣。"廖氏曾刻"九经""三传"，只有古注；兹又"欲开手节《十三经注疏》"，则是连注并疏一起节刻，惜未能实现。由于《十三经注疏》字数宏多，工程繁重，在南宋的刊刻是否以统一规格一次性完成，还很难说。据学人考证："真正以《十三经注疏》的名义一次性整套刻印十三经，大概是明嘉靖间李元阳在福建刻的《十三经注疏》，共三百三十五卷。"[①] 其后，万历十四年（1586）至二十一年（1593）北京国子监又据李元阳所刻闽本重刻，称"北监本"。崇祯元年（1628）至十二年（1639）毛晋汲古阁又据北监本重刻，世称

① 屈万里《十三经注疏板刻述略》云："汇刻《十三经注疏》之全部，实始于此。"见《书佣论学集》，台北：开明书店，1980年。

"毛本"或"汲古阁本"。清乾隆四年（1739）武英殿刻《十三经注疏》亦从北监本出。嘉庆二十年（1815），阮元在南昌府学刻《重刊宋本十三经注疏》416卷，所据实为元刊明修十行本（《仪礼》、《尔雅》则采用更早的宋刻单疏本）。清代所流行的"监本"和"阮刻本"实皆得益于明代"南监本"和"北监本"，明版之有益于清学者之大，盖如此矣。

关于《儒藏》的编纂，其设想亦始于明代万历年间。[①] 汤显祖《孙鹏初遂初堂集序》称："（孙鹏初）尝欲总史传，聚往略，起唐虞以来至胜国，效迁史体，为纪传之书；而因以囊括'十三经'疏义，订核收采，号曰《儒藏》。嗟夫！公盖通博伟丽之儒矣！"[②] 随后，曹学佺亦主张修《儒藏》。史载学佺"尝谓二氏有《藏》，吾儒何独无？欲修《儒藏》与鼎立。采擷四库书，因类分辑。十有余年，功未及竣，两京继覆"[③]。曹氏《五经困学自序》："予盖欲修《儒藏》焉，以经先之也。擷四库之精华，与二氏为鼎峙，予之志愿毕矣。"[④] 孙、曹二子，皆万历间人。这一倡议在清代也引起周永年等人的兴趣，周氏还特撰《儒藏说》重申其议，惜皆未成。但是至少可以说明，迟至明代，全面整理儒学文献编纂《儒藏》已经成为一种自觉意识，只是没有实现而已。

第十节　清代的儒学文献

清朝是儒学文献收集、整理和著述最为辉煌的时期。清政权虽然崛起东北边陲，却早重文教，皇太极时期已设文馆，命达海等翻译经史。后来改为国史、秘书、弘文三院，分别从事《国史》编纂、图书收藏和文化管理。顺治帝福临入定中原，即命冯铨等议修《明史》，又下诏广求遗书。康熙继位后，又诏举博学鸿儒，网罗饱学之士，晚年更修撰《御纂七经》、编纂《古今图书集成》，史称"稽古右文，润色鸿业，海内彬彬向风焉"。

清代研究和校刻古籍也是首屈一指的，张之洞曾说："前代经、史、子、集，苟其书流传自古，确有实用者，国朝必为表章疏释，精校重刻。"他告诉

① 舒畅：《谁是中华儒藏编纂的第一人？》，载舒大刚、张树骅主编《儒藏论坛》第一辑，四川大学出版社，2006年。

② 《文章辨体汇选》卷三一〇。

③ 《明史·曹学佺传》。

④ 朱彝尊：《经义考》卷二五〇引。

学人，欲治古学，必求清人精校、精疏、精刻本，以为治学初阶："大抵征实之学，今（清）胜于古。"自注："经史小学、天算地舆、金石校勘之属皆然；理学、经济、词章，虽不能过古人，然考辨最明确，说最详，法最备，仍须读今人书，方可执以为学古之权衡耳。"① 说清儒在原创性方面虽然不及前人，但是在整理和研究前代文献方面，却是历史最高水平，为后人学习古学提供了最佳版本。

从经学研究和儒学文献的发展来看，清代也是非常重要的时代。如前所述，汉唐有"经学"，宋元明有"理学"，两千年经学之变化，不外"汉学"、"宋学"互为消长，相为胜负，至于清则兼汉、宋而治之，即所谓"崇宋学之性道，而以汉儒经义实之"，也就是说在修养上、哲学上提倡宋学，因为宋学的气象阔、境界高，思维缜密；在治学上却要提倡汉学，因为汉学讲实证、求实用，方法笃实。康熙《御纂七经》兼收历代之说，汉、宋皆在其中。《四库全书》之修纂，当然也是汉学、宋学的著作兼而储之，《四库全书总目》在《经部总叙》中公开宣称："消融门户之见而各取所长，则私心祛而公理出，公理出而经义明矣！"在清代，学校教育和科举考试，仍然是以理学为本；但是学人治学，则多以朴质务实的汉学为宗。前者如清初诸名儒，后者有乾嘉诸大家。

在清初讲学名儒中，孙奇逢、李颙等都是沿明代王阳明、薛瑄"心学"路子前行的；而陆陇其、王懋竑等则又专守朱子"理学"，并且主张辨伪求真、实事求是。高愈、应撝谦等，"坚苦自持，不愧实践"，在学术与治行方面卓然可数。而阎若璩、胡渭等"卓然不惑，求是辨诬"，在《古文尚书》、《易图》辨伪方面成就尤其辉煌。惠栋、戴震等推崇汉学，"精发古义"，直造许、郑之域。清代以经学专家知名者非常多，如孔广森的《公羊》研究，张惠言的"孟氏易"、"虞氏易"研究，凌廷堪、胡培翚的《仪礼》研究，孙诒让的《周礼》研究，陈奂、马瑞辰的《毛诗》研究，段玉裁、朱骏声的《说文》研究，皆"专家孤学"，前无古人。而且清儒既"好古敏求，各造其域"，在学问上超越了前代；又"不立门户，不相党伐"，在学风上也不惭于古人；还"束身践行，闇然自修"，在修行上也楷模乎后昆，② 故学人多以清代为"经学极盛时代"（皮锡瑞《经学历史》），也以清人成果为治经入门的桥梁和门径。

---

① 张之洞：《书目答问》"经部"按语、附二《国朝著述诸家姓名总目》。
② 以上未注出处者皆见《清史稿·儒林传序》。

随着文献的激增，印刷技术的进步，清代的刻书印书之业也异常活跃。当时的官办印书机构，有曾国藩倡设的金陵、苏州、扬州、杭州、武昌等官书局，张之洞创设的广雅书局，他们都"延聘儒雅，校刊群籍"，既是印书机构，也是学术组织。至于清代的私家印书，更是举不胜举。清代的出版业，号称"丛书之富，曩代莫京"①。

一、《四库全书》及相关图书收集整理

清人的图书收集整理工作至乾隆时达到高潮。他下令"博采遗籍"，特别是辑修《四库全书》，以纪昀、陆锡熊等为总纂，参与其事者前后达300余人，历时20年，最终编纂成包罗经、史、子、集各类文献的大型丛书《四库全书》36000册；还缮写7部，分藏于大内文渊阁、圆明园文源阁、盛京文溯阁、热河文津阁、扬州文汇阁、镇江文宗阁、杭州文澜阁。此次整理仿刘向校书，每一书已，辄条其篇目，撰为提要，冠于卷端；最后又命纪昀等润饰，编成《四库全书总目》200卷，著录图书3458种，存目6788种，共计为10246种图书进行了提要评点。除纂集全套《四库全书》外，还命于敏中、王际华等撷其精华，编成《四库全书荟要》12000册，誊写2部，分藏于大内摛藻堂、御园味腴书屋。这是对传世图书的收藏和整理。

《四库全书》的修纂，也是一次图书的大收检，大汇聚。乾隆修书之始，即仿汉代"求佚书于天下"的做法，下令各省公私进献秘笈，前后所进多达万种。或被收录《全书》，载在《总目》；或被后来阮元录入《四库未收书提要》（达454种），刊为《宛委别藏》。

同时，清人还特别重视对已佚图书的辑佚工作。《全书》修纂之初，即由中央政府组织人力从《永乐大典》中辑出佚书385种，部分收入《四库全书》，部分则交由武英殿以聚珍版（活字）印行。

二、文献总量

清代图书收藏异常丰富，即以乾隆时论，当时明修《永乐大典》尚收藏于翰林院，还存有20473卷（原书22937卷），共合9881册。再加之宋椠元刊，也多储于内府、天禄琳琅等处，史称"经籍既盛，学术斯昌，文治之隆，汉、唐以来所未逮也"。但是清代也没有综合、全面的藏书目录，故当时到底

---

① 《清史稿·儒林传序》。

有多少藏书今已无考焉。

民国时期，赵尔巽、柯劭忞等修《清史稿》，于《艺文志》部分"取则（仿效）《明史》，断自清代"，只著录清人著述，总共四部图书 9633 种、138078 卷。这一数量当然已经远远超过此前任何一个朝代所著，甚至是号称右文的宋代之藏书量的总和。可是这个数字还远远未能全面著录有清一代著作。如"康有为、梁启超两人的著作，一无所载；王闿运、缪荃孙，仅各载一书；姚际恒的《古今伪书考》《好古堂书目》见于著录，而遗漏了为人们所熟知的《诗经通论》"①，故当时范希曾就有撰著补编的设想。1968 年，台湾商务印书馆出版彭国栋《重修清史艺文志》，在"正编"基础上增加 8426 部。1982 年，中华书局出版中国科学院图书馆馆员武作成《清史稿艺文志补编》，在"正编"外补录 10438 种、93772 卷（不过自重 30 余处，与正编重 170 余处）。2000 年，中华书局又出版王绍曾主编《清史稿艺文志拾遗》，在正编和补编之外，又著录 54880 部、375710 卷，数量大大超过以前清史诸志的总和。今综合正、补、拾遗资料，列表显示清人儒学文献著录情况如下。

表 1-3-3　清人儒学文献统计表

	易	书	诗	礼	乐	春秋	孝经	四书	群经	小学	传记	史评	儒家	总计
正编	334	151	176	363	57	234	50	208	166	416	223	60	422	2860
补编	186	40	251	123	26	93	62	301	80	105	332	56	229	1884
拾遗	906	352	370	557	83	534	104	562	567	1261	1000	略	746	7042
小计	1426	543	797	1043	166	861	216	1071	813	1782	1555	116	1397	11786

《艺文志》正、补、拾遗三编共著录清代儒学文献 11786 部，均以清代 267 年，每年产生出 44 部多，可谓史无前例！②

三、著述质量

清代儒学文献如此之多是空前的，清代儒学文献质量之高恐怕也是前无古人的。胡培翚曾综述清儒贡献有六：一为辨群经之伪，二为存古籍之真，三为发明微学，四为广求遗说，五为驳正旧解，六为创通大义。③ 第一条即

---

① 《清史稿艺文志及补编》"出版说明"，中华书局，1982 年。

② 关于清代著述总量，承参加国家《清史》工程的杜泽逊先生告之，他所承担的《清人著述总目》著录有清学人所撰著作 228000 余种，其中儒学文献必然增多于此。

③ 胡培翚：《国朝诂经文抄序》，见《研六室文集》卷六。

辨伪学，如孙诒让《古文尚书疏证》、胡渭《易图明辨》；第二、四条即辑佚，馆臣之辑"永乐大典本"，余萧客、黄奭、马国翰之辑汉魏佚书，是其代表。第三、五、六条即撰著新注新疏。

综观其概，又以经学、学史类文献最有特色，也最有价值。张之洞说："经学、小学书，以国朝人为极。"① 夏修恕也说："我大清开国以来，御纂诸经为之启发，由此经学昌明，轶于前代。有证注疏之疏失者，有发注疏所未发者，亦有与古今人各执一说以待后人折衷者。"② 从治经学的角度讲，清人的研究成果，实是继唐人《九经正义》后的又一新阶段、新境界。

据三部清史的《艺文志》所录，清人儒学著作就有 11785 部，这还不包括部分从清入民国人物的著作。阮元曾经收集清人经学（侧重考据学）著作 73 种，刊为《皇清经解》1412 卷，世称"学海堂经解"；王先谦继之，又精选 209 种，刊为《续经解》1315 卷，世称"南菁书院经解"。两《经解》是清代"征实之学"亦即经学研究成果的集萃，号称"甄采精博，一代经学人文萃焉"。这还不包括随后产生的重要著作，如孙诒让《周礼正义》、刘文淇《左传旧注疏证》、廖平《穀梁春秋古义疏》等重要成果。

四、清人"十三经"新疏

清人因不满于唐宋人的"十三经注疏"，常有人起而改作。对于前人旧注，优秀的则沿用并为之作疏解，不善的则并注及疏一齐废之，另起炉灶作新注新疏。从邵晋涵至孙诒让、廖平，凡有十余家，基本形成了"清人十三经新疏"系列。民国二十五年（1936）上海中华书局辑印《四部备要》，其"清十三经注疏"收有：

惠栋《周易述》21 卷（附江藩《周易述补》4 卷、李林松《周易述补》5 卷）；

孙星衍《尚书今古文注疏》30 卷；

马瑞辰《毛诗传笺通释》32 卷；

孙诒让《周礼正义》86 卷；胡培翚《仪礼正义》40 卷；朱彬《礼记训纂》49 卷；

洪亮吉《春秋左传诂》20 卷；陈立《公羊义疏》76 卷；钟文烝《穀梁补注》24 卷；

① 张之洞：《书目答问》"经部"按语。
② 夏修恕：《皇清经解序》，见《皇清经解》第一册卷首，上海书店，1988 年。

皮锡瑞《孝经郑注疏》2卷;

刘宝楠《论语正义》24卷、附录1卷;

焦循《孟子正义》30卷;

郝懿行《尔雅义疏》20卷。

总共十三种,以应"十三经"之数。

1982年,北京中华书局拟以《四部备要》选本为基础,校点辑印新版《十三经清人注疏》,其拟目有:

《易》类,以李道平《周易集解纂疏》代替惠栋《周易述》;

《书》类,增皮锡瑞《今文尚书考证》、王先谦《尚书孔传参证》;

《诗》类,增陈奂《诗毛氏传疏》、王先谦《诗三家义集疏》;

《礼》类,增孙希旦《礼记集解》、黄以周《礼书通故》、孔广森《大戴礼记补注》(附王树楠校正、孙诒让斠补)、王聘珍《大戴礼记解诂》;

《春秋》类,增刘文淇等《左传旧注疏证》、廖平《穀梁春秋古义疏》;

《尔雅》类,增邵晋涵《尔雅正义》。

连《四部备要》所选共24种,比较全面地汇集了清人关于"十三经"研究最优秀的成果。这些书不仅全面系统地研究和疏证了各个专经在历史上的重要学派(如"三家诗"、"汉易")的注解,而且也总结和凝练了清人在各个专经上的最新研究成果,无疑代表了"十三经"研究和疏证的最高水平,是今人治经学必读的重要文献。此外,阮元《十三经校勘记》、孙诒让《十三经注疏校记》,都是对"十三经"并注疏文字的重要校勘,也是治经学者不可忽略的成果。

五、儒史文献

清人关于儒学史的研究,成果斐然,远胜于前。关于儒学流派的,有黄宗羲《明儒学案》62卷,是"学案体"正式创立之作。其书在周汝登《圣学宗传》、孙奇逢《理学宗传》基础上,广泛搜罗明代儒学史资料,分宗立派,各立学案。首冠《师说》1卷,列方孝孺等25人。次以有所授受者分为各个专案,如《崇仁学案》(吴与弼等10人)、《白沙学案》(陈献章等12人)、《河东学案》(薛瑄等15人)、《三原学案》(王恕等6人)、《姚江学案》(王守仁等3人)、《浙中王门学案》(徐爱等18人,附1人)等等。以特立卓著却无师承者列为《诸儒学案》(列方孝孺等42人)。全书共列241人。每个学案前面都冠以叙论,简介该学案概况;次列案主和相关人物传记,介绍其生平、主要学术观点,并加以评说;传后节录各家重要著作或语录。于是学术流派、学人传记、学术精华，三者合而为一，明代儒学史及其成就于此得到全面梳理和总结。

此外，由黄宗羲草创和全祖望、黄百家、王梓材、冯云濠等继作补撰的《宋元学案》及其《补遗》，正、续编各100卷，总计达200余卷、文字约600余万言。该书体例更为完善、内容更为丰富。每案前都立有"师传表"，以明其师传授受，又有"序录"以明该案学术特色，然后是案主传记，再下面则将与案主（或其他重要名儒）有各种学术关联的人物，按"讲友"、"同调"、"学侣"、"门人"、"私淑"、"家学"、"续传"等门类，予以系联。每人传记后，又摘录其"语录"、"论著"之精要者，实乃宋元时期儒学之全史。

后之继兹体而有所著述者种种，如江藩《国朝汉学师承记》及《国朝宋学渊源略》，唐鉴《清儒学案小识》，则以记录清代儒学史为主体内容。唐晏《两汉三国学案》，又以研究和梳理汉代和三国时期经学传授为本位。至清末民初徐世昌等编《清儒学案》200卷，乃集清代斯学之大成，其书仿《明儒学案》和《宋元学案》体例，详记清代儒学变迁，精选清儒学术成果，凡编入正案179人，附案922人，另列诸儒68人，共收清代学者1169人，然后清儒之学派阵营、学术精华毕载于斯矣。

除断代学史外，清人还撰有通代的流派史。如范鄗鼎《理学备考》34卷、万斯同《儒林宗派》16卷、熊赐履《学统》53卷、张廷琛《续学统》3卷、宋士宗《学统存》24卷、魏裔介《圣学知统录》2卷、《圣学知统翼录》2卷、张伯行《道统录》2卷《附录》1卷、王植《道学渊源录》1卷、黄嗣东《道学渊源录》100卷、冯至《道学世系》2卷、潘世恩《正学编》10卷、陈遇夫《正学续》4卷、窦克勤《理学正宗》15卷、何桂珍《续理学正宗》4卷等等。

还有专录各地学术史的专著，如：

纪洛学者，有汤斌《洛学编》4卷、尹会一辑《洛学续编》1卷、曹肃孙《洛学拾遗补编》2卷、张夏《洛闽源流录》19卷；

纪北方学术者，有魏一鳌辑、尹会一等续订《北学录》4卷；

纪河南学术者，有耿介、施奕簪《中州道学编》2卷、《补编》1卷，刘宗泗《中州道学存真录》4卷；

纪关学者，有明冯从吾初撰、清王心敬等增补《关学编》6卷，李元春订《冯少墟关学编》5卷、首1卷，王尔辑等撰《关学原编》4卷、首1卷、续编3卷，张骥《关学宗传》56卷；

纪徽学者，有徐定文《皖学编》13卷、成蓉镜《宝应儒林事略》1卷；

纪浙学者，有刘鳞长辑《浙学宗传》、陈寿祺《东越儒林后传》1卷；

纪台学者，有明金贲亨《台学源流》7卷、张岱撰《明于越三不朽名贤图赞》，清王棻《台学统》100卷，王龄撰、任熊绘像《于越先贤像传赞》2卷；

纪赣学者，有尧祖韶《江西理学编》8卷、附《友教江西理学编》2卷；

纪东南学术者，继明朱衡《道南源委录》12卷之后，有清张伯行《道南源委》6卷、钱肃润《道南正学编》3卷、邹钟泉《道南渊源录》12卷；

纪闽学者，有继明杨应诏《闽南道学源流》16卷而作的李清馥《闽中理学渊源考》92卷、蒋垣《八闽理学源流》不分卷、刘廷焜《闽学宗传》不分卷、李清馥《闽学志略》17卷；

纪荆楚学者，有甘鹏云《楚师儒传》8卷；

纪蜀学者，有方守道《蜀学编》2卷，童煦章《蜀学编》正编1卷、副编4卷，童杅《蜀哲萃编》30卷，戴纶喆《四川儒林文苑传》1卷等等，不一而足。

清代在整理和研究前代文集和著作时，往往为其作者编制各类编年性年谱，在名人"年谱"之编纂方面，成绩亦非常突出。孔孟而下，举凡历代名德、大儒，清代几乎都为之编有年谱，有的甚至有几十种，形成一时盛况。如孔子一人，清人就有杨庆、马骕、孔衍梅、夏洪基、杨方晃、李灼、黄晟（和孔继汾）、郑环、臧庸、林春溥、蒋乙经（和龚绳）、蒋孔炘、狄子奇、余炳捷、李元春、胡泽顺、江永、朱骏声、慎独子、徐慎安、魏源、张承燮、张宿煌、孔继尧、孔宪文、陈敬基等人所编年谱。关于孟子的，则有阎若璩、管同、任兆麟、曹之升、林春溥、陈宝泉、孔炘、黄玉蟾、狄子奇、胡泽顺、王鸣盛、潘眉、黄本骥、朱骏声、魏源、孟广钧、张承燮、张宿煌、孔继尧、马徵麟、董桂薪等所编年谱。这种盛况在以前是绝没有过的。

清人的著述形式也非常灵活，除随经注解外，还有学者以读书札记方式，对古书疑义加以解答，并总结出带有通例性质的条目，在文字校勘、词语诠释、文献体式等方面，提出了许多精辟独到的见解。如王念孙《读书杂志》，王引之《经义述闻》，俞樾《群经平议》、《诸子平议》、《古书疑义举例》，廖平《今古学考》、《经话》、《古学考》、《知圣编》等，乃其中佼佼者。至于皮锡瑞《经学通论》，更是群经义例、专题的系统阐释和总结；而其《经学历史》，则已经开启用现代史书章节体例，撰写和总结中国经学历史的先声。此类著述，由于下面有专章介绍，这里就不再一一罗列了。

第四章　儒学文献的研究与分类

儒学是在一批经典文献指导和启迪下形成的学术体系，儒学也是通过研究和阐释经典来完成其学术使命的过程。因此，儒学在某种意义上（或在一定时期内）既可以称为"经学"，也可以称为文献学、注疏学或阐释学。儒学文献的最大特征就是围绕经典而产生了大批的文献，或者说是运用大批文献来阐释作为核心的儒家经典。因此，儒学文献的产生和发展过程，其实也就是文献整理和研究的过程。

第一节　儒学文献的整理与编目

如前所述，儒学文献既始于先秦，而儒学文献的整理研究亦始于此期，而最先从事斯业者即是儒家创始人——孔子。《庄子》的《天运》和《天道》有孔子继承"旧法世传之史"，"治《诗》、《书》、《易》、《礼》、《乐》、《春秋》六经以为文"和"繙'十二经'以说"的记载。《史记·儒林列传序》说："孔子闵（悯）王路废而邪道兴，于是论次《诗》《书》，修起《礼》《乐》。"又《孔子世家》说："孔子以《诗》《书》《礼》《乐》教，弟子盖三千焉，身通六艺者七十有二人。"《汉书·儒林传序》也说："古之儒者，博学乎《六艺》之文。《六（学）［艺］》者，王教之典籍，先圣所以明天道，正人伦，致至治之成法也。周道既衰，坏于幽厉，礼乐征伐自诸侯出，陵夷二百余年而孔子兴，以圣德遭季世，知言之不用而道不行，乃叹曰：'凤鸟不至，河不出图，吾已矣夫！''文王既没，文不在兹乎？'于是应聘诸侯，以答礼行谊。西入周，南至楚，畏匡厄陈，奸七十余君。"都说明孔子是整理"旧法世传之史"，使其成为"六经"或"十二经"的第一人；孔子也是第一个以"六艺"

教化弟子的先师，还是第一个以"六艺"之学游说诸侯的先哲。自孔子修订"旧法世传之史"而成"六经"以授弟子之始，华夏民族于是开启了文献载道、经典训世的历史，中国社会也进入了普遍崇尚人文化成、礼乐文明的时代。

通观中国历史，每一次大规模的文化复兴无不是伴随着对前代文献的全面搜集和整理而出现。《隋书·经籍志序》将"经籍"推尊为"机神之妙旨，圣哲之能事"，具有"经天地、纬阴阳、正纪纲、弘道德"的功能。说它们"显仁足以利物，藏用足以独善，学之者将殖焉，不学者将落焉"，讲的实际就是儒家经典文献的功能。

历史已经昭示，儒学的兴盛和战国学术的繁荣，是以孔子删订"六经"为契机的；西汉的经学初成与文化复苏，是以"除挟书之律，开献书之路"政策的实施为先导的；东汉的经学与文学、史学的繁盛，也是以西汉末年刘向、刘歆父子校书为基础的。同样，隋大业间广泛的收书和初唐的整理图籍，也奠定了大唐文明的基石。北宋初广泛的文献整理，揭开了中国文化高峰——"宋代文化"的序幕。清朝《古今图书集成》和《四库全书》等大型文献修纂工程的实施，直接促成了持续百余年的"乾嘉之学"的繁荣。

文献是文化得以传承和发展的载体，经典更是启迪智慧、提升文明的教材。文献学和诠释学既是保障文献、史料得以科学利用和有效推广的"先行官"，也是新知、新学得以开启和产生的必要途径和桥梁。因此，中国儒学在历史上每一次重大的发展和突破，都是以对儒家经典的回归、重新梳理、崭新诠释为先导的。

汉武帝"罢黜百家，表章六经"，即是罢黜当时群言淆乱的诸子学说，将人们的注意力集中在"六经"上来，关注对儒家"经典"的阐释和研究，从而开启了为期三百余年的"两汉经学"和影响数千载的"经学"思维。刘向、刘歆父子又将先儒对儒学文献的校理，扩大到群书，编成《别录》、《七略》，《七略》是中国第一部分类目录学著作。班固据《七略》删成《汉书·艺文志》，将以儒家文献为首的各种书籍，著录于一代正史《汉书》之中，使儒学文献首次得到著录和系统检阅。居《汉书·艺文志》之首的《六艺略》专门记录儒家经学文献，按《易》、《书》、《诗》、《礼》、《乐》、《春秋》、《论语》、《孝经》、"小学"顺序排列，附史书于《春秋》之后，共得 103 家、3123 篇。其次是《诸子略》，"儒家类"又居诸子之首，记录了自《晏子》、《子思》、《曾子》以下，至"刘向所序"、"扬雄所序"的儒学子书，共得 53 家、836篇。两类所录共有儒学文献 156 种、3959 篇，已备儒学文献"经部"、"论部"

二体。

向、歆父子整理文献，"每一书已，向辄条其篇目，撮其指意，录而奏之"（《汉书·艺文志》），是即《别录》。当时这150余种儒学著作，不仅都得到整理和抄正，而且还都撰有提要和评介。但在整个《汉书·艺文志》著录的"六略三十八种、五百九十六家、万三千二百六十九卷"中，儒学文献仍只占一小部分，而且当时现存的儒学文献也没有得到完全著录。

三国、西晋间亦有文献整理和编目活动，撰有《中经簿》及《中经新簿》，创立了"四部"分类法。魏秘书郎郑默始制《中经》，晋秘书监荀勖又因《中经》更著《新簿》，"分为四部，总括群书"。"四部"即甲、乙、丙、丁四类，甲部即后来的"经部"，著录与《汉书·艺文志》"六艺略"相同；乙部即《汉书·艺文志》的"诸子略、兵书略、术数略"，即后来的"子部"；丙部即后之"史部"；丁部即《汉书·艺文志》的"诗赋略"，亦即后来的"集部"。《隋书·经籍志》承之，而正式以"经、史、子、集"代替"甲、乙、丙、丁"的命名，主题更为鲜明。此后，直至《四库全书总目》，四分法作为中国图书分类的主流，成了古典目录分类的固定体例。

需要特别指出的是，六分也好，四合也罢，都是百科书目，不是专科目录，更不是专门的儒学文献的分类目录。南北朝时期，道教已有陆修静的《三洞经书目录》，佛教有梁僧祐的《出三藏记集》，唐开元时期佛教又有《开元释教录》，都创立了专题文献著录体系；就儒学的发展和当时地位而言，儒家学者不应在目录学上毫无建树。

《魏书·儒林传》载孙惠蔚上疏："臣请依前丞臣卢昶所撰《甲乙新录》，欲裨残补阙，损并有无，校练句读，以为定本。"并说"今求令四门博士及在京儒生四十人，在秘书省专精校考，参定字义"。这里的《甲乙新录》是一部目录书，但是什么样的书目呢？由于"《隋书·经籍志》略而不言"，学人或疑"其书名为甲、乙，或是只录六艺、诸子，抑举甲、乙以该丙、丁，皆不可知"（余嘉锡《目录学发微》卷三）。我们认为，荀勖《中经新簿》以甲部纪六艺、小学，乙部纪诸子、兵书、术数。东晋李充虽已将其乙、丙互换，以乙部纪史书、丙部录诸子，但当时南北隔绝，卢昶未必及时知晓这一变化并全盘采纳，此之"甲"、"乙"仍当是经、子两类。孙惠蔚欲请"四门博士及在京儒生"与其一起修订，见其内容当以儒为主，其书的乙类所录则有可能就是儒家诸子。依此考察，卢氏《甲乙新录》也许就是当时的儒学文献（经、子两类）目录。

至宋代，高似孙有《史略》、《子略》、《纬略》等专题书目，用以著录史部、子部和谶纬类图书。但当时仍无专题性儒学总目传世。真正较系统的儒学文献专科目录，是清初朱彝尊的《经义考》300卷。《四库全书总目》卷八五说："是编统考历朝经义之目，初名《经义存亡考》，惟列存、亡二例。后分例曰存，曰阙，曰佚，曰未见，因改今名。"其书共分御注、敕撰1卷，《易》70卷，《书》26卷，《诗》22卷，《周礼》10卷，《仪礼》8卷，《礼记》25卷，"通礼"4卷，《乐》1卷，《春秋》43卷，《论语》11卷，《孝经》9卷，《孟子》6卷，《尔雅》2卷，"群经"13卷，《四书》8卷，"逸经"3卷，"毖纬"5卷，"拟经"13卷，"承师"5卷，"宣讲"、"立学"共1卷，"刊石"5卷，"书壁"、"镂板"、"著录"各1卷，"通说"4卷，"家学"、"自述"各1卷。可是，"宣讲"、"立学"、"家学"、"自述"3卷，皆有录无书，盖撰辑未竟。

这是有史以来最系统的儒学文献目录，可惜它主要是对经学文献进行分类著录，只有少量篇幅涉及儒学的师承、宣讲、立学、刊石、书壁、镂版、著录、通说、家学和自述等内容，而且其中宣讲、立学、家学、自述四目又有录无书，《经义考》只对经部文献著录较全，却对儒学诸子（理论类）和儒学史料图书注意不够（或根本未曾涉猎）。因此，《经义考》尽管是一部有规模的儒学文献总目，但还不是儒家著作的全录，也未对儒学著作进行系统分类、形成完整的著录体系。

如前所述，历史上较大型的儒典丛刻有以下几次：东汉的《熹平石经》，曹魏的《正始石经》，唐初的《五经正义》及《九经正义》，中唐的《开成石经》，五代的《蜀石经》，宋代形成的《十三经注疏》，清初的《通志堂经解》，清中后期的《皇清经解》和《续皇清经解》等。但是规模都较小，难成体系。《熹平石经》只有《周易》、《尚书》、《鲁诗》、《仪礼》、《春秋》、《公羊传》、《论语》七经。《正始石经》只有《古文尚书》、《春秋》、《左氏传》三经。《五经正义》只有五部：即《周易正义》、《尚书正义》、《毛诗正义》、《春秋左传正义》、《礼记正义》；后来扩大成《九经正义》也只在"五经"外增添了《周礼》、《仪礼》、《公羊》、《穀梁》四部。《开成石经》只有12种单刻：《易》、《书》、《诗》、《周礼》、《仪礼》、《礼记》、《春秋左氏传》、《公羊传》、《穀梁传》、《论语》、《孝经》、《尔雅》。《蜀石经》只比《开成石经》多一种，即北宋续刻的《孟子》。《十三经注疏》也只有13部。以上丛刻各经收书都只有一种，也构不成系统的著录体系。

清徐乾学和纳兰性德等人汇刻成当时最大的儒学丛书——《通志堂经解》，收宋、元、明经书注解146种，按《易》、《书》、《诗》、《春秋》、《三礼》、《孝经》、《论语》、《孟子》、《四书》、《总经解》编刻，又称《九经解》。继此盛举，阮元和王先谦先后主持编刻了正、续《皇清经解》，共收清代经解类著作 389 种，规模已经不小，但两套丛书都只"以人之先后为次序，不以书为次序"（严杰《编刻皇清经解序》），所收图书未曾分类。

以上三部丛书都限于儒家经部著作（《皇清经解》间涉笔记和别集），儒学其他的理论著作、史料著作，都一概付之阙如，这样的丛书当然不能担当起完整地反映儒学全部成果，全面地展现儒学历史，系统地收集和保存儒学文献的重任，也不能为读者提供"即类求书，因书究学"之方便。

在中国古代，无论是编刻丛书，或是撰著目录，都没有完成对儒学文献进行全面、系统、完整的科学分类，儒学文献一直没有真正实现独立的、系统的著录和整理。缺乏严格科学的分类方法，这对于小型丛书来说倒也无妨，但是如果要将数以万计的各类儒学著作进行著录和考察，特别是要构建以儒学为本位的独立的文献体系，就绝不能引以为法了。

如前所述，儒学文献既无大型丛书、又无系统著录的状况，在明代万历年间（1573—1620）曾引起学人的极大关注，当时出现了编纂《儒藏》的倡议。当时湖湘学人孙羽侯（字鹏初）就曾"隳括《十三经》疏义，订核收采，号曰《儒藏》"①，惜未成编；既而曹学佺亦"欲修《儒藏》"②。曹氏生平曾编撰成许多大型著述，可惜没能留下《儒藏》或儒学文献著录的系统著述！清乾隆年间，山东学人周永年撰《儒藏说》1 卷，推《儒藏》编纂为"学中第一要事"，但也未付诸实行，儒学文献只在随后编成的《四库全书》及其《总目提要》中得到部分整理和著录。

20 世纪 90 年代，在孔子的故乡山东省，出版了大型儒学丛书《孔子文化大全》，这是一部力图"比较全面地展示出孔子文化和儒家学说全貌"的丛书，编辑体例突破了传统的"四部法"，"分为经典、论著、史志、杂纂、艺文、述闻六类"著录群书。前三类和第五类显然继承了传统经、史、子、集四部分类法，而又增加杂纂、述闻二类以济四部之穷，显示出一定的变通精神和创新意识。但总共收书只收 106 种，数量十分有限。从内容上看，编者虽然立意"收录孔子和历代儒家代表人物的经典著作及古籍资料，古今学者论著及研究成果，未曾面世的珍贵文献"等，但由于篇幅受限，编者只能对孔子、曾子、颜回、孟子等儒家代表人物的资料收录较全，其他诸儒的著作

① 汤显祖：《孙鹏初遂初堂集序》，见《文章辨体汇选》卷三一〇。
② 《明史·曹学佺传》。

和资料却概未涉猎。显然没有达到集儒学文献之大成、成儒学资料之全书的水准，更未能对儒学文献的著录体系进行全面思考。汇集儒家经学的、理论的和历史的文献，编纂出一套大型丛书；同时研究儒学文献的类别，创立一套新型的适合儒学文献的分类体系和著录方法，仍然是摆在当今学人面前急需完成的使命。

第二节　建立儒学文献著录体系的新思考

为了系统地收集和整理儒学文献，从 20 世纪 90 年代初起，四川大学的学人即着手儒学文献的调查和著录体系的研究，初步形成了《儒藏》"三藏二十四目"著录体系，作为对儒学文献分类体系的探索，不失为一种可以参考的方法。

顾名思义，"儒藏"是儒学之"藏"，它是儒家经学成果的集成，是儒家思想理论的荟萃，也是儒学历史文献的总录。2500 年间的儒学历史将在此得一大总结，此后的学者专家将从此觅得儒学的丰富资料和方便门径。她是对儒学文献的一次大搜讨，是对儒学成就的一次大检阅，也是对儒学历史的一次大扫描。前于此的儒学发展史，将由此而得到"辨章学术，考镜源流"式的疏通清理；后于此的儒学研究，亦将借此"即类求书，因书就学"，得到方便的资料呈现。对于前者，《儒藏》是总结，是一部具有系统体例、用图书构建起来的"大型儒学史"；对于后者，《儒藏》又是开新，是根据现代科学研究需要，用分类资料组成的"大型资料库"。这一定位，就决定了《儒藏》不能仅仅是简单的文献汇集和影印，而应该是严肃的科学研究和学术创新，要在普查、统计和分析研究现存儒学文献性质和类别的基础上，综合运用儒学史、经学史、文献学、目录学、版本学和历史编纂学等知识，参考和吸收佛、道二"藏"的编纂经验，结合当代学科分类特点和学术研究需要，建立起系统的、科学的，也是实用的儒学文献分类体系。

科学合理的分类必须建立在全面调查研究的基础上。昔汉成帝欲校群籍，先遣谒者陈农"求遗书于天下"；清乾隆将修《四库》，诏令各级官吏广泛采进书籍，皆此用意。今欲编纂《儒藏》并探讨儒学文献的分类方法，当然也要以广泛的资料信息为基础。它离不开对儒学文献分布情况的系统调查，离不开对儒学文献类别的充分了解和研究。那么历史上到底有多少儒学文献呢？这些文献流传和现存情况如何呢？它们包含了哪些类型呢？

传统之目录书在每一类著录之后，都对该类图书的门类、种数和卷数有所统计，马端临《文献通考·经籍考》又转录了这些统计资料，清朱彝尊《经义考》卷二九四更设有《著录》一目来汇录此类信息。但是，时移代易，书缺简脱，其间所录或存或亡，这些书目信息只具有参考价值，而不具有实用意义了。现存儒学文献的数量与类别，仍然有待于重新调查和统计。

现以《中国丛书综录》"经部"论，其所录现存丛书的子目已达 5000 余种以上；如果再加上儒学诸子、儒学史料等书籍，无虑万余种。这些还只是收入丛书的，丛书之外无疑还有大量单刻本儒学文献存在，若计其种类，必相倍莲于兹。我们在前文考述儒学文献的发展和源流时，仅仅根据历代"正史"的正续编"艺文志"（或"经籍志"），统计到自先秦至清末的儒学文献14500 余种；其不见于"正史"者，必然大有书在。我们又对儒家的经学文献进行过专门调查，初步获得以下数据：《易》学文献 5000 余种、《书》学文献 2250 余种、《诗》学文献 3000 余种、《三礼》文献 1800 余种、《春秋》学文献 2130 余种、《四书》文献 2460 余种、《孝经》学文献 500 余种、"群经总义"文献 1160 余种、《尔雅》类 290 余种等等，光是经部就有 18530 余种；其他儒家诸子文献、儒学史文献，还未包括在内。

细审现存儒学文献的类别，大致不外乎三大类型：以经书为主体的经注、经解和经说系列，即经学文献；以儒家理论阐发为主要内容的儒家子学、性理、礼教、政论、杂议系列，即儒论文献；以记载儒学人物、流派、制度、书目、学校等为主体的学术史系列，即儒史文献。如果每一类用简洁的词语来表述，即为"经"、"论"、"史"。

在传统"集部"之中，也存在大量儒学文献，不过汉晋以后很少有整部文集都只以儒学为内容的了。唐宋以后，无论是别集，还是总集，内容都十分庞杂，殊难整体计入儒学文献。针对这一情况，宜将集部资料予以区别对待，采取分类辑录方式，对其中儒家的理论资料、经解论述、儒学人物和儒学史资料，分别选编成册，归入各个相关部类。具体而言，其经解、经论的篇什，收入"经部"；其记儒学史或儒学人物的篇什，则入"史部"；其论儒家理论的，则入"论部"。从前阮元编刻《皇清经解》，除整部收录经解专书外，对其他单篇文献如经说经论"凡见于杂家、小说家及文集中者，亦序次编录"（严杰《编刻皇清经解序》），就是这一用意。这样编成的图书，就相当于资料"类编"。

为了尽可能多地收录儒学资料，还可以采用"丛书"加"类书"的办法来处理各类文献。对于整部收录的图书来说，《儒藏》是一部大型的"儒学丛书"；就分类辑录而成的专题文献而言，《儒藏》又兼有"儒学类书"的性质。《儒藏》正是"丛书"和"类书"的统一，是"专题丛书"和"分门类书"的合一。我们从事儒学文献的综合研究和概述，也可以参照《儒藏》这一处理文献的方法，除了考察儒学专著外，还要对专著外的单篇文献予以必要关注，将分散于集部以外的其他儒学文献尽量纳入考察和综述的视野，尽可能全面地提示儒学专题研究的文献分布。

"经"、"论"、"史"三大类，可以统摄各类儒学著作和儒学史料。为了深入细致地研究各类文献，每类之下，再根据需要，损益《儒藏》"三藏二十四目"的分类方法，将三大部文献分为若干类目来论述。如"经学文献"可以按传统方法，分为《周易》、《尚书》、《诗经》、《三礼》（含三礼及总论）、"乐教"、《春秋》（含三传及总论）、《孝经》、《四书》（含《大学》、《中庸》、《论语》、《孟子》）、《尔雅》，再加"群经总义"、"谶纬"、"出土儒学文献"（含简帛、敦煌遗书）、"儒家石经文献"等。"儒论文献"可分儒家、性理、礼教、政治、杂论五类。"儒史文献"可分孔孟史志、学案渊源、正史儒传、儒林别传、名儒年谱、礼乐制度等类，庶几可将儒学成果及其历史文献收揽无遗。

儒学文献研究，就是要在调查分析儒学文献的基础上，探讨其分类著录体系，将内容繁多、类型复杂的儒学文献，进行系统分类，然后再进行条分缕析的研究和评述。其中"经学文献"部分，即是儒家解经说经著作的分经概论；"儒论文献"部分，即是儒学理论文献的分类探讨；"儒史文献"部分，即是有关儒学史资料的综合概述。务使类例明晰、著录有序、源流清楚、使用方便。

如此这般，儒学的各类文献就可以得到清晰的统计、系统的著录，各门学术也将得到寻源溯流式的考索，2500余年儒学的源流正变，也就尽在其中矣。为了系统地反映这些源流和变化，对每一类目还须撰写《分序》、《小序》，用以溯其渊源、详其本末、述其流变、揭其要妙。对每一类的重要书籍，还将撰写提要，逐一介绍其作者和内容。《儒学文献通论》一书，参照《儒藏》体例，积极探讨新的儒学文献分类著录体系，一则以分类来介绍儒学文献，一则用对文献的介绍向初学者提供儒学入门的方便之途。藉此，上可综览历代儒学之群书，下可方便来学之使用，于古于今，实为两便。

曰善人爲邦百年，亦可以勝殘去殺矣。〔殘暴之人王曰勝殘使不爲惡也。去殺不用刑殺世。殺音升。注同。去上聲〕誠哉是言也。〔孔曰言孔子信之乃歎〕

子曰：如有王者，必世而後仁。〔孔曰三十年曰世如有受命王者必三十年仁政乃成〕

子曰：苟正其身矣，於從政乎何有？〔重言雍也三本篇一〕不能正其身，如正人何？〔小況反又如字注生同〕

第一章 "十三经"与"经部"文献

第一节 "经"、"传"释义

在儒学文献，特别是经部文献中，最常见的两个词就是"经"、"传"，它们分别代表了经学文献的两个类型，同时反映出儒学文献发生和衍变的不同阶段。本编在介绍经部文献之前，有必要首先了解一下"经"、"传"以及相关词语的源起和含义。

一、"经"

如前所述"六经"无非"旧法世传之史"，那为什么又称"经"，为什么又有"经"、"传"之别呢？郑玄《孝经注》："经者，不易之称。"① 刘熙《释名·释典艺》曰："经，径也，常典也，如径路无所不通，可常用也。"说"经"就是径路（即干道）的意思，因为干道是无所不通、无所不达的，所以内容包罗天地人伦之道的古籍也就被命名为"经"了。刘勰也说："经也者，恒久之至道，不刊之鸿教也。"② 皇侃说："经者，常也，法也。"③ 王逸《离骚经注》："经，径也。"这些解说，都与刘熙所释基本相同。不过"常道"之义，却可能是汉武帝"罢黜百家，表章六经"后尊崇经典的产物，是受董仲舒"天不变，道亦不变"，以经为垂教万世、永远不变之常道的影响，未必属

---

① 王应麟：《玉海》卷四一引，江苏古籍出版社、上海书店联合出版，1987年。
② 刘勰：《文心雕龙·宗经篇》，周振甫注释，人民文学出版社，1981年，第18页。
③ 邢昺：《孝经注疏》玄宗《孝经序》疏引，阮元校刻《十三经注疏》本。

于"经"的原始意义。不过，其以音训方法释"经"为"径路"之义，则有可取者。

《说文解字》："经，织从（纵）丝也。""经"本为织机上的经线。古者以简策为书，必以丝绳编联之，因此从其形制特征来命名即是"经"。章太炎说："经者，编丝缀属之称，异于百名以下用版者。传者，'专'之假借。专，六寸簿，即手版也。以其体短，有异于经。"犹佛书之称"修多罗"，亦因其以贝叶写经，用丝绳连贯，佛书有偈云："经纬及涌泉，绳墨线贯穿，是为修多罗，甚深微妙义。"① 是其证也。所谓"百名以下用版"，见《仪礼·聘仪》"百名以上书于策，不及百名书于方"，策即是编丝成册的"简策"，方即是六寸长的木椠即"专"。孔颖达《仪礼疏》引郑玄《论语序》："《易》《诗》《书》《礼》《乐》《春秋》策皆（尺二寸）[二尺四寸]②，《孝经》谦半之，《论语》八寸策者，三分居一，又谦焉。"说"经"用长简，二尺四寸；《孝经》谦半，一尺二寸；《论语》又谦，只用八寸。古代"经"是正文，故用长简，起源又早，独蒙编缀之总名。"传"是辅文，故用简短，初时或许即是用不同的版片记录下来，随"经"而上下说明之，故其字从"专"（版也）得名。因此，"经"、"传"的本义来源于它们的形制，因其文献性质不同，采用了不同长短的书写材料，故而异称。

章学诚又考以汉制，凡政府刑律典宪诸官书，皆用二尺四寸简书之，使其更具有权威性，故谓"经"皆官书。他说："六经皆史也。古人不著书，古人未尝离事而言理，六经皆先王之政典也。"③ 于是而有"官司典章为经，师儒讲习为传"④ 之说。这里又从六经原始文献的来源上，补充说明了六籍称"经"的历史原因。

二、"传"

张华《博物志》说："圣人制作曰经，贤有著述曰传、曰记、曰章句、曰

---

① 章太炎：《国故论衡·文学总略》。

② 朱熹曰："此简之长及字数，皆未详。或六经之策皆二尺四寸，乃与下数合。"（《仪礼经传通解》卷二二）《春秋左传注疏》于杜预《春秋左传序》疏云："郑玄注《论语·序》以《钩命决》云：《春秋》二尺四寸书之，《孝经》一尺二寸书之，故知六经之策皆称长二尺四寸。"阮元《十三经校勘记》谓"尺二寸"当作"二尺四寸"。

③ 章学诚：《文史通义·易教上》，上海书店影印本，1983年。

④ 章学诚：《校雠通义》，《文史通义》附。

解、曰论、曰读。"① 可见"经"、"传"自有其身份、地位的不同。六经所本，无非旧史；然经圣人修订，乃有神韵，故成其为"经"。而传、记、章句、解、论、读，乃是说经之文，自然比经又低一等。《释名·释典艺》说："传，传也，以传示后人也。"《文心雕龙·史传》："传者，转也，转受经旨，以授于后。""经"是正说、直说，"传"（包括记、章句、解、论、读等）是横说、转述。孔颖达亦曰："传者，传也，博释经意，传示后人。"② 又说："传，谓传述经义。或亲承圣旨，或师儒相传，故谓之传。"③ 于是从声训上将"传"得名于"转叙"、"传述"解释清楚了。

刘咸炘又据孔颖达"凡书非正经谓之传"④ 之说，论定曰："经者，书之正者也；传者，书之副者也。"以为："经之本训为织之纵丝，织物先立纵丝为本，而后加横线，则名为纬，经、纬之名因含正、副之义。传之为义则本为传述，因述之义而引申为佐助之称，遂为非正之名。传名之立本对经体，而欲明经体，必以纬体对观。本为经则加为传，故本文为经而注说为传，大纲为经而委细为传，其义一也。本者为正，正者为尊，于是经为官书、正书之称；本者不变也，故有经常之训；于是经为大道圣书之称，皆其引申也。"⑤

不过，上古文献不只是儒家六籍称经，道、墨、医、农，乃至术数、方外，亦有称"经"者。《国语·吴语》"挟经秉枹"，韦昭解"经"为"兵书"；荀子亦尝引《道经》，术数有《甘石星经》，法家亦有《经法》，贾谊《新书》又有《容经》，医家有《内经》、《难经》、《本草经》，皆是也。而且其他诸家解释"经"的文字又不统一称"传"，而是或称"言"、或称"说"。如《管子》有"经"又有"言"，"言"即所以解"经"；《墨子》有"经上"、"经下"，又有"经说上"、"经说下"；《韩非子》有"解老"、"喻老"、"储说"等等。儒者解经之言，也不完全称"传"，与"传"相当的称呼还有，"纬"、"注"、"说"、"训诂"（或故训）、"言"、"解"、"义疏"、"正义"等等，都分别代表了不同的文献形态，也代表不同时期儒学文献发展模式。大致而言，先秦时期多称"传"、称"记"，西汉则"传"与"章句"并称，西汉以后多

① 虞世南：《北堂书钞》卷九五"经典一"引。
② 孔颖达：《春秋左传注疏》卷一题疏，阮元校刻《十三经注疏》本。
③ 孔颖达：《礼记注疏》卷首《原目》"曲礼上"疏，文渊阁《四库全书》本。
④ 孔颖达：《毛诗注疏》卷首《毛诗谱·大小雅谱》"小雅十六篇、大雅十八篇，为正经"疏，文渊阁《四库全书》本。
⑤ 刘咸炘：《校雠述林·经传定论》。

称"注"、"解"或"说",六朝而后乃有"集注"、"义疏"、"讲疏",唐代以后有"正义"等称。

"名"成于"实",而所以称"名"者又各有其故,同实未必同名,而同名者亦未必皆得其实。"经传"、"经纬"、"经说"、"经言"、"经注(疏)"、"经诂(训)"等词之得名,亦各有所取义也。章学诚尝曰:"六经不言经,三传不言传,犹人各有我,而不容'我'其我也。依经而有传,对人而有我,是经传、人我之名,起于势之不得已,而非其质本尔也。"① 斯言也,可谓得名实之本矣!综观各组相对待之名称,皆出于其两两对应之事理或缘由。自"传"为"转也、传也"言之,则"经"有径路、正途之义;自"纬"为横织丝义而观之,则"经"有织纵丝经线之义;自"说"为解说而观之,则"经"有元典、宪章之义;自"言"有申明义而观之,则"经"有提纲、概括之义;自"注"为解释凝滞义而观之,则"经"有古文义;自"训"有以今言释古言义而观之,则"经"有旧史义;自"记"有记录讲论义观之,则"经"有本体、正典之义。凡此,皆起于其所对待之事项或义理。

历考察诸词之原起,以"传"为最古。"传"(zhuan,去声)之为声"专"也、"传"(chuan,阳平)也、"转"也。从文献形制上讲,"传"是用来解释"经典"而又短于经典的"专"(即木牍),从这个意义着眼,"经"的本义就是"编丝缀属"的典册;从文献性质上讲,"传"是"转述"、"传达"的意思,从这个意义着眼,"经"的本义就是"径直"、"径路",亦即未经转述、直抒其事、直宣其意的元典。汉唐人解释"经"为"径"也,章太炎解"经"为"编丝",都甚得其本义,因为与之对应的"传"即是"专"(小木牍)、"传"(转述)之意也。儒家文献因其有纲领、传述之别而生"经"、"传"异称;其他诸子百家,以至术数、方技之流,亦无不因文献性质自相对待,而有"经"、"说"(或"经"、"论","经"、"解"云云)之别,前述《兵经》、《星经》、《道经》、《经法》、《内经》、《难经》、《本草经》云云者,亦犹是矣。至于其他"记、说、语、解、故训、章句、注疏"之类,皆经典既成之后,解经说经文献之异称,亦历代文献流衍之异体,虽然与"经"义仍然有所对应,但是已不能影响"经"字本义之变化矣。

三、"经"、"传"兴起

然就"六籍"言之,若非经圣人删订提炼,其原始资料无非"旧史"(庄

---

① 章学诚:《文史通义·经解上》。

子谓之"旧法世传之史",孟子所谓"其事则齐桓晋文,其文则史"),旧史没有(也无须)"专"或"传"来予以解释,既无传则不得称经,故旧史未尝称"经"也。"旧史"之升"经"、称"经",必待圣裁寓意(孟子所谓"其义则丘窃取之也"),因其被赋予了灵魂和主旨,乃可称"经"。因此我们说,六籍之称"经"当始于孔子,此本历史事实,无可疑者。

我们前文已经屡揭《庄子》所载孔子之言,曰:"丘治《诗》、《书》、《礼》、《乐》、《易》、《春秋》六经"、"繙十二经以为说"云云,证明是孔子改造"旧史"以成"六经"。疑者以《庄子》一书,"寓言十九",其所举"六经"、"十二经"诸名,未必孔子旧语。然考诸《周易·屯卦·大象》,有云:"云雷屯,君子以经论。"郑玄注"经论"曰:"谓论撰《诗》、《书》、《礼》、《乐》,施政事。"① 章学诚遂推测说:"经之命名所由昉乎?"然而此处"经论",别本或作"经纶",陆德明注"论"说"音伦",又引黄颖说:"经论,匡济也。本亦作纶。"章学诚于是又动摇说:"(经论)然犹经纬、经纪云尔,未尝明指《诗》、《书》六艺为经也。"② 不过,龚道耕发现《管子·戒篇》亦有"泽其四经",尹知章注曰:"(四经)谓《诗》、《书》、《礼》、《乐》。"龚氏遂认为:"此六经称经所由昉。"③ 从时代上来讲,《管子》、《大象》都产生较早,或云《大象传》为孔子作,或云《管子》为管仲后学所述,二者虽不必皆出于管仲、孔子亲撰,但其为春秋末、战国初文献无疑。可见,儒书称"经"实远有端绪,《庄子》之言不为诬矣!

既然文献载"经"称起于孔子,那么"传"、"记"又始于何时呢?据汉儒考察,"传"、"记"亦导源于孔氏。《史记》有"故《书传》、《礼记》自孔氏"之说,曰:"孔子之时,周室微而礼乐废、《诗》《书》缺,追迹三代之礼,序《书传》,上纪唐虞之际,下至秦缪,编次其事"云云(《孔子世家》)。曰"序"、曰"记"、曰"传"、曰"纪",其非整理六籍、叙说六经而何?故章学诚曰:"传、记之书,与六艺先后杂出。"④ 是矣。

然而侈大其说,肆造其文,则又在孔子身后弟子,前引《后汉书》徐防有言:"《诗》、《书》、《礼》、《乐》定自孔氏,发明章句始于子夏。"即其证也。洪迈尝考之,子夏于《易》有传,于《诗》有序,于《丧服》有大传,

① 郑玄注,见陆德明《经典释文》卷二《周易音义》引。
② 章学诚:《文史通义·经解上》。
③ 龚道耕:《经学通论》"群经名义"。
④ 章学诚:《文史通义·传记篇》。

于《春秋》亦皆有所传授。又有左丘明，惧孔门弟子"人人异言"，乃据史事而作《左传》；又有商瞿子木，传孔子《易》学，而衍为《易传》10 篇。此外，曾参之传孔子《孝经》，相传而造作《曾子》一书，于今尚有《曾子》10 篇；圣孙子思，学于曾子，又造为《中庸》、《大学》之书。

至于其他孔门弟子，或再传、三传弟子，他们对于诸经之说解，或亲闻于夫子，或传闻乎同门，自孔子卒后，皆各据所闻，造作异说。后儒沿波，益行益远，其依经为说、阐明经典者，谓之"内传"（如《左传》）；引经衍说，自成一体者，谓之"外传"（如《国语》）。又有其他聪明之士、放言之徒，摭拾经典一言半语、剿袭圣贤神气余韵，而大肆引申，自我造文；甚或反其道而行之，"背周道而用夏政"、"非诗书而毁礼乐"，则成为"诸子"杂说之先声。

四、"诸子"继起

至于战国、秦汉之世，于是在"经典"之外有"传记"，在传记之外又有百家"诸子"，异说害道，歧路忘羊，此庄生之所以要叹"天下大乱，贤圣不明，道德不一，天下多得一察焉以自好"（《庄子·天下》）也。但若溯其渊源，盖皆源起于"六经"。章学诚说："战国之文，其源皆出于六艺。""诸子之为书，其持之有故而言之成理者，必有得于道体之一端，而后能恣肆其说，以成一家之言也。"又指出："老子说本阴阳，庄、列寓言假象，《易》教也；邹衍侈言天地，关尹推衍五行，《书》教也；管、商法制，义存政典，《礼》教也；申、韩刑名，皆归赏罚，《春秋》教也；其他杨、墨、尹文之言，苏、张、孙、吴之术，辨其源委，挹其旨趣……而不自知为六典之遗也。"[1] 虽然诸子旨趣未必如此整齐划一，但说它们皆学有渊源，且受"六经"影响，却是历史事实。正因为此，班固才说，诸子"合其要归，亦《六经》之支与流裔"[2]。先秦文献凡称举"六经"以外文字，皆称"传曰"，盖亦导源于"经"类也。孔子改造"旧史"而成"经典"，又解释"经典"而有"传记"；其后诸儒沿波、百家竞起，又从"传记"而滋生出"诸子"，此亦中国文献衍生之轨迹也。

诸子渊源虽然都可以追溯于"六经"，但是若究其主旨，"诸子"著作又与儒者"传记"有别。刘咸炘曾论其事曰："经生传记与诸子之书，其体本相

---

① 章学诚：《文史通义·诗教上》。
② 《汉书·艺文志·诸子略序》。

出入，盖所谓传记乃儒者讲述六经之言，诸子皆反先王而自立一说，故以人名家。"① 这些诸子百家，皆各引一端，推其所善，侈言肆议，以此驰说，取合诸侯，必有所偏。庄子感叹："天下之治方术者多矣，皆以其有为不可加矣！"但是他们所持学说，"譬如耳目鼻口，皆有所明，不能相通；犹百家众技也，皆有所长，时有所用，虽然，不该不遍，一曲之士也！"他们只知其一，不知其二，更不能知其全："是故内圣外王之道闇而不明，郁而不发。天下之人，各为其所欲，焉以自为方，悲夫！"若使这些曲学之人、一偏之士推衍下去，必然造成天下真正的"道术"离散，导致更大危害。庄子警告说："百家往而不反，必不合矣！后世之学者，不幸不见天地之纯、古人之大体，道术将为天下裂！"（《庄子·天下》）

章学诚亦论战国诸子之事说："古未尝有著述之事也，官师守其典章，史臣录其职载，文字之道，百官以之治而万民以之察，而其用已备矣。"因此先王之陈迹、文武之善道、周召之明德，以及"古之道术"，皆载于"旧史"，布在方策，用垂教戒。自"周衰文弊，六艺道息，而诸子争鸣，盖至战国而文章之变尽，至战国而著述之事专"②，然则文则文矣、专则专焉，而巧伪滋蔓、邪说诐行亦已兴起，此真《老子》所谓"智慧出有大伪"，因此老子要主张"绝智弃辩，民利百倍；绝伪弃诈，民复孝慈"（郭店简本）。

荀子则欲罢诸子而归儒术，其说略曰："凡成相，辨法方，至治之极复后王；慎、墨、季、惠，百家之说诚不详（一作祥）。"说凡是要成就相业者，必须明确辨别治世方法，采取西周（后王）以来的适时推行的善政新治（"复后王"，犹"克己复礼"，复即推行）；可是慎到、墨翟、季真、惠施百家之徒，却对这些道理都无研究。荀子深惜战国时期："世无王，穷贤良，暴人刍豢仁人糟糠，礼乐灭息，圣人隐伏墨术行。"贤良、仁人、礼乐、圣人，都是指儒家，所有这些在此时都隐伏、灭息了，于是杨、墨、慎、惠之术大行其道，天下益乱。因此他要提倡："治之经，礼与刑，君子以修百姓宁，明德慎罚，国家既治四海平。"（《荀子·成相》）实际上就是要罢黜百家，让天下视听言动都回归儒家"礼刑"之上，实行"明德慎罚"，以求天下大治、四海安平。汉代董仲舒、汉武帝又明确提出"罢黜百家，表章六经"，司马迁也努力去实现"厥协《六经》异传，整齐百家杂语"、"考信于六艺"③，也都是想将

① 刘咸炘：《校雠述林·子书原论》。
② 章学诚：《文史通义·诗教上》。
③ 引见《史记·太史公自序》、《孔子世家》。

衍说太远、歧说多端的传记诸子、百家异说，重新拉回到"六经"元典上来。只不过，荀子、董仲舒、汉武帝是从政治角度考虑问题，司马迁是从学术角度考虑问题，着眼点稍有不同罢了。

五、"经学"

汉人既"表章六经"，回归经典，于是诸子之学稍衰，而经学兴起，解经说经之传、记、说、故，充斥典册。考《汉书·艺文志·六艺略》，各类于本经之下，皆列传、记文献，如《易》有周氏、服氏、杨氏、蔡氏、王氏、丁氏之《传》；《书》有伏生《大传》；《诗》则四家，鲁有《故》有《说》，齐有后氏故、孙氏故、后氏传、孙氏传，韩亦有《故》、《内传》、《外传》及《说》，毛亦有《故训传》（故者，皆通其名物、背景及取义；传、说皆引申解释经意）；《礼》有《记》131 篇（皆七十子后学所记行礼讲礼之仪节、礼意）；《乐》有《记》23 篇、《王禹记》24 篇；《春秋》有五传（左氏、公羊、穀梁、邹氏、服氏），其公羊、穀梁亦最后笔录成书，凡此等等，皆继承先秦儒家传记文献体裁而衍生之。其依经为说者，犹属经典之正解"内传"，其引申过远者，则为旁行"外传"（如韩诗即有内传、外传之别），其称外传者实与诸子文献无别。是汉人者，盖以诸经"传说"以取代百家"子书"者也。

及"五经博士"设立，各以家法教授，义理衍说必本于师，而文献依据必归于经，因此考文句读，分立章节，解释句义，归纳章旨，以便明经而知意，故又有"章句"兴起。"章句"之学即汉经师之学，今文诸家除分章析句外，还要于各章归纳要义、总结章旨，故称"章句"。《易》有施、孟、梁丘"章句"，丁氏"小章句"；《书》有欧阳、大小夏侯"章句"；《春秋》有公羊、穀梁"章句"等等，皆是。

《汉书·艺文志》云："古之学者耕且养，三年而通一艺，存其大体，玩经文而已，是故用日少而畜德多，三十而五经立也。"孔门授徒，依经为说，不刻意专门别立文字，子曰"述而不作"，非仅改造"旧史"为"经"之自道，亦其传授经典之教学方法。弟子请益问对，退而"书绅"，于是乃形成传记。故其时儒学文献稀少，而所存皆如精金美玉，可传可宝，虽然其性质是"传记"（如《论语》、《孝经》、《子思》、《大学》、《中庸》、《左传》等），亦可当作经典文献来传诵讲习。战国之世，诸子斥说，各引一端，取合诸侯，已有游谈无根、异说害道之弊。及乎汉世"经学"大兴，经师学徒，务求引申，专事穿凿，特别是今文经学者，持论巧慧，枝词蔓语，又兼当时经、传别行，极易造成传不附经、传不解经的现象，说经"传记"于是变成了文字游戏。班固批评说："后世经、传既已乖离，博学者又不思多闻阙疑之义，而务碎义逃难，便辞巧说，破坏形体，说五字之文，至于二三万言。"传记本在解经，可是今文末流却抛开通经的基本要求，回避问题，弃大求小，在经文之外任意发挥，巧立谬说，乱解文字，使经、传意旨乖离；而且辞复语烦，芜累特甚，"说五字之文，至于二三万言"，如秦近君解《尧典》"曰若稽古"四字即达三万言（桓谭说），将传记训说引向了死胡同。其或又神而秘之，造作伪书，矜为内学，于是又有神秘文献"谶纬"产生。至此，这些"传"经、"纬"经的文献，反而成了晦经、害经的桎梏。

于是古文家起而矫之，经本必求古文古字，释义必自本训本意，克服枝词蔓延之风，重归本经本文难字滞义的解释上来，于是产生了"注"、"解"、"诂"、"训"等注释形式。早在西汉中期，与今文经并行的民间"古文经学"，已经开启此种学风。古文家所传经典，多古文古字，这就迫使他们通经必先通其训诂，因此经中名物故实、古字古言，首在解释之列。如古文《毛诗》有《故训传》，"故"即解释名物故实，"训"即串说经文意义，"传"则引申经义而有所发挥，将故（又作诂）、训、传三者有机地结合起来，不蔓不枝，与经结合紧密。"三家诗"的解说则各自分离，有"故"复有"说"（即训），又别有"传"（甚至还分内、外传），不无曼衍之处。至于东汉，古文经师治经的义例更为完备，注解方法也更系统，紧扣本经，简明扼要，朱熹曾揭示说："汉儒注书，只注难晓处，不全注尽本文，其辞甚简。"[1] 这样注释的目的在于通经，朱子又揭示说："汉儒可谓善说经者，不过只说训诂，使人以此训诂玩索经文。训诂、经文，不相离异，只做一道看了，直是意味深长也。"[2]

六、"集解"、"义疏"

汉人治经，主于专经传授，故其训说皆以姓氏命名，以示一家之言，如《易》传之有《服氏》、《周氏》，《诗》传之有《韩氏》等等。经学经过四百余年的传授后，专经已经过为狭窄，一家之言也未免窒碍，因此又出现博采众长以为一书的新现象，郑玄遍注群经，"囊括大典，兼采今古"，即是这一风潮的巅峰。至于魏晋南北朝，注家蜂起，聪明特达之士，如欲取胜于人，必须广收异说，博采众长，于是"集解"、"集注"、"集释"等文献体例又出现

---

① 黎靖德编，王星贤校点：《朱子语类》卷一三五《历代二》，第3228页。
② 朱熹：《与张敬夫》，见《晦庵集》卷三一，文渊阁《四库全书》本。

了。何晏之解《论语》、范宁之解《穀梁》，以及唐世李鼎祚之治《周易》，皆以此法行之。

至于"义疏"、"讲疏"、"注疏"，则又起于六朝。当时佛教义疏之学盛行，高僧升座，名士论难，机锋频现，辩词澜起，这对于儒学之士不能不造成很大影响。同时，自魏晋而下的历代学校，又为每部经典选定一家（或两家）权威注解，作为标准教本，讲论之师除了讲明本经之意而外，还必须兼明注家之文，于是反复周致、经注俱讲的文献又出现了，是即"义疏"类文献。

至于"正义"，则产生于唐朝。当时南北统一，而六朝以来形成的经各异字、师各异说，甚至每经"解者百家、疏者十室"的现象，也并不少见。唐朝欲统一文教，不得不首先统一一经说。于是在诸家注中选出一家以定为一尊，然后又对各家疏文进行选汰，折中去取，囊括异说，改铸新疏，使其形成至当无偏、明白正大之义疏，故称"正义"，唐太宗令孔颖达等修撰《五经正义》即其事也。初时本经与正义分行，后乃以《正义》及陆德明《音义》附经，故《周易》又有"兼义"之名。

七、"宋学"变古

"正义"虽然结束了南北朝诸家的纷争，但是经典义理却淹没在对制度名物作长篇解释的"义疏"之中，通疏既已不易，如何可望通经明义？于是宋人独标义理，超越注疏，直探圣经贤传之真谛。一方面罢黜战国秦汉以来诸子传记的枝词蔓说，从群经中选出最能概括儒家义理而又篇幅简短的"四书"，作为儒者入门阶梯。又抛弃六朝以来的注疏之学，制定新的注经体式，要求注必解经、注必通经，朱熹提醒："凡解释文字，不可令注脚成文。成文，则注与经各为一事，人唯看注而忘经。"提倡回归古文经学："须只似汉儒毛、孔之流，略释训诂名物及文义理致尤难明者……乃为得体。"认为只有这样才能使"读者看注即知其非经外之文"，引导读者"将注再就经上体会"，以便"思虑归一，功力不分"，使"其玩索之味，亦益深长"[1]。于是经解至宋儒，乃形成注经与通义结合而又清新简要的注解格式，使经训与经义相得益彰，如朱熹《四书章句集注》、《诗集传》、《易本义》，蔡沈之解《尚书》，是矣。

自朱子之学行，而世有智慧又皆趋之入朱，元人治经，都是解释衍说朱子注本。明初定朱学于一尊，永乐修《四书五经大全》，以朱子经注为本，而

---

[1] 朱熹：《记经解》，见《晦庵集》卷七四。

辑宋以来各家有关朱子学说的阐释，系联其下，颁之天下，科举以此考试。"大全"体实即魏晋南北朝的"集解"体，只不过"集解"通集诸家之说，"大全"则唯取朱子一义，于是天下学术皆成理学，天下经注皆衍朱注，因此文益衰而理益隘。杨慎、焦竑等人又起而复古，提倡博学泛览、不守一家；至顾炎武出，明确提出"舍经学无理学"，要求回归汉人经学传统，于是乃开启了清代"汉学"的先河。清代"汉学"则又汉儒治经方法与学术灵魂之复活与新生也。

一部中国经学史，也就是在形成元典阐释元典→游离元典→回归元典→再阐释→再游离→再回归，以至于无穷，如此循环往复的拉锯中，不断衍进而已！儒学文献也正是在这种背离与回归中得到了发展，数量越来越大，体式也越来越多，《别录》《七略》居其首，四部分类有其一。汗牛充栋，不足以喻其富；燃膏继晷，又岂能穷其涯。此盖中国文化之大典，亦人类文明之奇观也。本编探讨的"经学文献"，也就是在这样的历史进程中产生出来的。

第二节　从"六经"到"十三经"

今天我们通常所说的儒家经典有"十三经"，它们是儒家非常重要的十三部经典著作，是儒家学说的基础，也是中国学术文化的源头活水。不过，从早期儒家诵法"六经"（又称"六艺"），到后期儒家言必称"十三经"，儒家经典也经历了一个逐渐结集、不断扩充和最后定型的过程。儒家经典的每次扩展，都有其特定的历史文化背景；每次经典体系的扩大，也预示着儒学研究重心的转移。关于这个问题，学术界一直存在不同观点，至今还没有取得一致意见，这里有必要再作探讨。

一、异说纷呈："十三经"结集诸说

"十三经"即《周易》、《尚书》、《诗经》、《周礼》、《仪礼》、《礼记》、《春秋左传》、《春秋公羊传》、《春秋穀梁传》、《论语》、《孝经》、《尔雅》、《孟子》，作为儒家最基本的典籍，其形成、结集和汇刻过程历来都是讲学家和撰述者所关心的，各类经学著作，特别是概论性或通论型著作（如《群经概论》、《十三经概论》、《经学通论》等），都照例要在首章（或相当于首章的位置）设列"从'六经'到'十三经'"之类章节来特别介绍。但是，关于"十三经"结集的时代和过程，古今学人的看法却是异说纷呈，矛盾迭出。兹根据诸说出现的时代早晚，归纳为六家如下：

1. 唐代说

焦竑《国史经籍志》："唐定注疏，始为《十三经》。"① 事实上唐代注疏只有《九经正义》，并无《十三经注疏》，故日本学人山井鼎专门考证儒家经典文字异同的著作《七经孟子考文》，在引录了上述焦说后就特别指出："未详其所据也。"②

2. 宋初说

龚道耕《经学通论》："唐代作《五经正义》，则以《礼记》冒礼经，而宋元明清承之。其立学试士……谓之'九经'。文宗开成时，立石国学……为'十二经'。宋初，开《孟子》为经，则为'十三经'。"③ 按：宋初政府并无特别的尊孟之举，将《孟子》列为科举考试的经典，实始于神宗熙宁年间王安石的变法活动（详下）。

3. 南宋说

杨伯峻说："到宋代，理学家又把《孟子》地位提高，朱熹取《礼记》中的《中庸》、《大学》两篇，和《论语》、《孟子》相配，称为'四书'，自己集注，由此《孟子》也进入'经'的行列，就成了'十三经'。"④ 将"十三经"结集定在南宋朱熹撰成《四书集注》之后。近时学人仍风从此说，如谓："至南宋绍熙（1190—1194）间，将《孟子》列入经部，遂有'十三经'之称。"⑤

4. 笼统宋代说

朱剑芒《经学提要》："自宋列《孟子》于经部，'十三经'之名亦因以成立。"⑥ 今之《辞海》从之。⑦ 持相同观点者还有：夏传才《十三经概论》："到宋代，原来'十二经'再加上《孟子》，便成为流传至今的'十三经'。"⑧ 褚斌杰《儒家经典与中国文化》："到了唐文宗开成年间，曾于太学中刻石经，共计'十二经'。到了宋代，理学家抬高《孟子》一书的地位，也被列入经

---

① 焦竑：《国史经籍志》卷二，见《明代书目题跋丛刊》上册，书目文献出版社，1994 年。

② ［日］山井鼎：《七经孟子考文补遗·凡例》引《国史经籍志》，文渊阁《四库全书》本。

③ 龚道耕：《经学通论》"后世七经十三经之名"。

④ 杨伯峻：《经书浅谈·序》，中华书局，1984 年。

⑤ 北京大学出版社 1999 年版标点本《十三经注疏》"整理说明"。

⑥ 朱剑芒：《经学提要》，岳麓书社，1990 年重版。

⑦ 《辞海》（合订本），上海辞书出版社，1980 年。

⑧ 夏传才：《十三经概论》，天津人民出版社，1998 年。

书，至此，儒家的经典才算集结完毕，以后再无增加。"又说："明清将'十三经'合刊……成为儒家经典的集成。"① 据褚说，"十三经"概念形成于"宋代理学家"，而"十三经"丛书却产生于"明清"。

5. 明代说

顾炎武说："自汉以来，儒者相传，但言'五经'，而唐时立之学官，则云'九经'者，'三礼''三传'分而习之，故为九也。其刻石国子学，则云'九经'并《孝经》、《论语》、《尔雅》。宋时程、朱诸大儒出，始取《礼记》中之《大学》、《中庸》，及进《孟子》以配《论语》，谓之'四书'。本朝因之，而'十三经'之名始立。"② 乾隆十一年（1746）开经史馆校正《十三经注疏》，次年乾隆皇帝撰《御制重刻十三经序》云："汉代以来，儒者传授或言'五经'，或言'七经'。暨唐分'三礼'、'三传'，则称'九经'。已又益《孝经》、《论语》、《尔雅》，刻石国子学。宋儒复进《孟子》，前明因之，而'十三经'之名始立。"③ 所说与顾炎武同。杭士骏《经解》亦以"明嘉靖、万历间，南北两雍，前后并刻，而'十三经'之名遂遍海宇矣"。刘藻《经解》则谓"十三经"之形成"盖始于唐，衍于宋，而终于明之世云"④。今人所编《辞源》亦从此说，谓"至明合称'十三经'"⑤。

6. 清代说

蒋伯潜《十三经概论》："彼时（汉代）所谓'经'者，仅指《诗》、《书》、《礼》、《乐》、《易》、《春秋》'六经'。……五代时，蜀主孟昶刻石刻'十一经'，去《孝经》、《尔雅》而入《孟子》，此《孟子》入经部之始。及朱子……定为'四书'……《孟子》在经部的地位予以确定，经部唯一大丛书'十三经'亦至是始完成焉……清高宗乾隆时，既刻'十三经'经文于石，立之太学，而阮元又合刻《十三经注疏》，且附以《校勘记》，此'十三经'完成之经过也。"他还在《经学纂要》中重申说："及清高宗刻'十三经'于太学，于是'十三经'这部丛书乃成定本。"⑥ 蒋说多所未安（如"蜀石经"只

---

① 褚斌杰：《儒家经典与中国文化》，湖北教育出版社，2000年。

② 顾炎武：《日知录》卷一八"十三经注疏"条。

③ 《周易注疏》卷首，文渊阁《四库全书》本，台北：商务印书馆，1986年。

④ 杭士骏、刘藻《经解》，见《皇清文颖》卷一二、卷一三，文渊阁《四库全书》本。

⑤ 《辞源》（修订本）第一册，北京：商务印书馆，1980年。

⑥ 蒋伯潜著：《十三经概论》，上海古籍出版社，1983年，第7～8页；又《经学纂要》，与朱剑芒《经学提要》合刊一册，岳麓书社，1990年重印。

十一经，且"去《孝经》、《尔雅》"等，皆不确，详下），其以"十三经"概念形成于南宋朱子之后，直到清乾隆刻"十三经"入石、阮元校刻《十三经注疏》才完成"十三经"的汇刻，更失之过晚。

由上可知，学人在考察"十三经"结集过程时，提出了唐代、宋初、南宋、明代、清代诸说，还有笼统的宋代说。如此悠长的岁月，都被学人认为是"十三经"的形成过程，这个历史跨度似乎拉得太大，同时也没有指出"十三经"形成的具体时间和事件。当然，我们应当指出的是，以上诸家之说，有的系指"十三经"称呼或概念的形成，有的又指"十三经"经、注、疏的汇刻，但不管何种所指，其实质都代表儒家"十三经"经典体系的结集和形成。虽然任何一个新事物的形成都有一个醞酿过程，但同时也应当有一个起突破作用的关键点，也就是说新事物的最终完成必然有一个具体的事件和明显的成果作为标志。那么关于"十三经"丛书，抑或概念、注疏或汇刻，其最终出现于何时呢？又以何物为其突出的标志呢？

夷考载籍，以上诸说或失之过晚（如清代、明代），或失之过早（如唐代），或失之过泛（如笼统的宋代）。作为儒学最为重要的文献"十三经"，学人对其结集过程尚如此认识不统一，必然影响到对儒学史、经学史做出正确的认识和研究，故有再做审察、予以厘清之必要。

二、自"六经"而"十三经"：儒经体系的结集和完成

儒家经典在结集过程中，有所谓"六经"（或"五经"）、"七经"、"九经"、"十二经"、"十三经"等概念，此外还有"十经"、"十一经"、"十四经"等称呼，甚至"十八经"、"二十一经"。它们都在一定程度上记录了儒家经典体系不断发展的相关阶段，反映了儒经范围不断扩大和变迁的历程或努力。

"六经"：孔子之前，儒家赖以删述的文献处于"旧法世传之史"状态，诸书各自以类为称，还没有一个统一的集合名词。《左传》僖公二十七年（前633），晋赵衰称赞郤縠"说《礼》、《乐》而敦《诗》、《书》"。这些"礼乐诗书"就是后来儒家祖述的原本，大致包括三代遗存的"礼类"（行为规范）、"乐类"（乐理乐谱）、"诗类"（诗歌文学）和"书类"（历史档案）文献，当时似乎还没有形成固定经典。《史记·秦本纪》穆公谓由余："中国以诗书礼乐、法度为政。"《国语·楚语上》楚庄王（前613—前590在位）时申叔时论教太子，有"春秋"、"世"、"诗"、"礼"、"乐"、"令"、"语"、"故志"、"训典"等文献，其性质也大致与"诗书礼乐"相当。

春秋末年，孔子（前551—前479）"论次《诗》《书》，修起《礼》

《乐》","作《春秋》"①,"序《易传》"②,将旧传"礼乐诗书"四类文献编成可供教学的《诗》、《书》、《礼》、《乐》四经,晚年再加《易》和《春秋》,于是形成了儒家早期经典"六经"③。

《庄子·天下》:"其明而在数度者,旧法世传之史,尚多有之。其在于《诗》《书》《礼》《乐》者,邹鲁之士缙绅先生多能明之。……其数散于天下而设于中国者,百家之学时或称而道之。"④ 庄子(约前369—前286)明确揭示了从"旧法世传之史"到邹鲁之士(儒者)所诵法的"礼乐诗书"(亦即六经),再由"六经"到"百家"诸子文献的转化过程,这正是孔子依据"旧史"修订"六经",进而影响"诸子"这一历史进程的客观描述。所谓"旧法世传之史"即未经孔子整理的历史文献,如《左传》之"礼乐诗书"、《国语》之"春秋"、"诗"、"乐"、"故志"、"训典"等等;"邹鲁之士、缙绅先生多能明之"的《诗》、《书》、《礼》、《乐》,乃是经过孔子删定后形成的既有史实、又有义理的儒家经典。

此后相当长时间内,"诗书礼乐"都是儒家经典的概称,也是儒家文献的基本范式。上引《庄子》"诗书礼乐"即兼包《易》、《春秋》在内,因为春秋战国时期"邹鲁之士、缙绅先生"所"明"者非只四经而已,而是兼包"六经"在内矣。秦孝公时,商鞅(约前390—前338)以《诗》、《书》、《礼》、

<hr/>

① 语见《史记·儒林列传序》,解详金景芳《孔子与六经》,载《孔子研究》创刊号,1986年第1期,第15~25页。

② 此见《史记·孔子世家》文:"孔子晚而喜《易》,序《彖》、《系》、《象》、《说卦》、《文言》。"《孔子家语·本姓解》亦称:"(孔子)删《诗》述《书》,定《礼》理《乐》,制作《春秋》,赞明《易》道。"

③ 关于孔子与"六经"关系,历史上颇多怀疑。龚自珍《六经正名答问一》(《龚自珍全集》,王佩诤校点,上海古籍出版社,1999年):"仲尼未生,已有六经;仲尼之生,不作一经。"章学诚《校雠通义·原道》(王重民《通解》本,上海古籍出版社,1987年):"六艺非孔氏之书,乃周官之旧典。《易》掌大卜,《书》藏外史,《礼》在宗伯,《乐》隶司乐,《诗》领于太师,《春秋》存乎国史。"似乎孔子对"六经"毫无用功之处,实为过激之辞。董治安《先秦文献与先秦文学》(齐鲁书社,1994年)说:"春秋以前,所谓'易''诗''书''礼''乐''春秋',大体都是某类文献的通称,每类文献,或有性质相类的典籍,或有不同的传本。而事实上正是由于孔子的整理、编订、传授,才推动了战国儒家研习和重视,并最终导致了《易》、《书》、《诗》、《礼》、《易》、《春秋》至西汉开始普遍尊崇的特殊地位。就此而言,可以说,'六经'实借孔子而得进一步弘扬,孔子则因整理、传授'六经'而愈见其重要历史贡献。"尚不失为持平之论。

④ 《庄子·天下》,见王夫之:《庄子解》,中华书局,1981年。

《乐》为"六蝨"①。《史记·赵世家》载赵武灵王（约前340—前295）时公子成说："贤圣之所教也，仁义之所施也，《诗》《书》《礼》《乐》之所用也。"这些"诗书礼乐"都兼指"六经"而言。

"诗书礼乐易春秋"又可简称"诗书"。《商君书·农战》："故豪杰皆可变业，务学'诗书'。"又《算地》："故事诗书谈说之士。"又《君臣》："上以功劳与，则民战；上以诗书与，则民学问。"数处"诗书"，都具有"群经"含义。

春秋末年，儒家经典已有"儒书"的统称，至战国时期乃有"六经"之总名。《左传》载，哀公二十一年（前474）鲁人与齐人战，齐人嘲鲁人："唯其'儒书'，以为二国忧。"杜预注"儒书"为"周礼"。② 其时孔子已卒五年，夫子以"周礼"断"六经"，故"儒书"亦可指"周礼"。《庄子·天运篇》孔子曰："丘治《诗》、《书》、《礼》、《乐》、《易》、《春秋》'六经'。"以"六经"称《诗》、《书》、《礼》、《乐》、《易》、《春秋》，传世文献中以此最早。不过，《庄子》之书"寓言十九"，"六经"之词是否真出夫子还须研究，但至少在战国时代已有此称，盖无疑义。

秦汉之际，儒家经典的类称概念又有"六艺"之称。陆贾《新书·六术》："是故内法六法，外体六行，以与《诗》、《书》、《易》、《春秋》、《礼》、《乐》六者之术，以为大义，谓之'六艺'。"司马谈论六家之要指："儒者以《六艺》为法。《六艺》经传以千万数。"（《史记·太史公自序》）汉代"六经"、"六艺"可以互换，经常通用。整个先秦和汉初的儒家经典的固定体系，都无出"六经"之外。

五经：西汉时，《乐经》已经不用来传授生徒③，汉时博士弟子所习皆只"五经"，汉武帝所设经学博士也只有"五经博士"。《史记》、《汉书》儒林列传叙述诸经传授线索，也只分《诗》学、《书》学、《礼》学、《易》学、《春秋》学五大群体。于是"五经"就构成汉代儒家经典的基本范式，人们提到儒经，想到的自然就是"五经"；提到"五经"，联想到的也自然就是《诗》、《书》、《礼》、《易》、《春秋》。"五经"就是当时整个儒家经典代名词，也是儒

---

① 《商君书·靳令》（严万里校本，中华书局，1986年）："六蝨：曰《礼》《乐》，曰《诗》《书》云云。"

② 《左传·哀公二十一年》，阮元校刻《十三经注疏》本。

③ 或曰《乐》本无经"，或曰《乐》亡秦火"，但其未被博士用以教授生徒则一。又考汉代文献，《乐》尚处处使用，时时演奏。可见，《乐》并未亡佚，只是未列入博士官传授而已。参蒙文通《经学抉原·焚书》，见《蒙文通文集》第三册，巴蜀书社，1995年。

家经典的集合名称。

七经：首次对儒家"五经"概念有所突破的是文翁在成都兴办的"蜀学"石室。文翁于汉景帝末"为蜀郡守，仁爱好教化。……乃选……张叔等十余人……遣诣京师，受业博士"；"又修起学官于成都市中……县邑吏民……争欲为学官弟子"。（《汉书·循吏传》）东汉末秦宓述其事说："蜀本无学士，文翁遣相如（当作张叔——引者）东受'七经'，还教吏民，于是蜀学比于齐、鲁。"① 常璩也说："（文）翁乃立学，选吏子弟就学，遣隽士张叔等十八人，东诣博士受《七经》，还以教授。学徒鳞萃，蜀学比于齐鲁。"② 这就是"文翁化蜀"的历史掌故。

秦宓和常璩都说文翁化蜀的教材是《七经》，什么是"七经"呢？古来解者异辞，有"六经"加《论语》说③，有"五经"加《论语》、《孝经》说④。既然《乐经》在汉代不以教学，文翁石室当然也不例外，故"六经"加《论语》说为无征。考之《汉书·平帝纪》："征天下通知逸经……及以《五经》、《论语》、《孝经》、《尔雅》教授者。"已将《论语》、《孝经》与"五经"并列；晋傅咸作《七经诗》，其中也有《论语》、《孝经》⑤，可见"五经"加《论语》、《孝经》之说为可信。"文翁化蜀"正是用"五经"及《论语》、《孝经》为教材，实现了当时尚有"蛮夷之风"的巴蜀地区的移风易俗，迅速华化。

于是在汉代儒家经典形成了"五经"、"七经"两个概念。中央太学传"五经"，蜀郡石室传"七经"。中原人士熟读群经称"五经兼通"云云，许慎号"《五经》无双"，所撰也是《五经异义》（《后汉书·许慎传》）；桓谭"博

---

① 《三国志·蜀书·秦宓传》。按：秦宓说文翁所遣"司马相如"，常璩说是"张叔等十八人"，秦说无征，常璩之言与班固《汉书·循吏传》合，可从。学人谓《汉书》"（司马）相如事孝景帝为散骑常侍"的记载，证明司马相如成才和成名在文翁守蜀之前。我们又从《益部耆旧传》佚文中，找到了司马相如真正的老师——临邛隐者胡安（《蜀中广记》卷一三）。说明相如学术自有渊源，非文翁所教而成。

② 常璩：《华阳国志》卷三，刘琳校注本，巴蜀书社，1984年。

③ 《后汉书·张纯传》："乃案七经谶、明堂图。"李贤注："《七经》谓《诗》、《书》、《礼》、《乐》、《易》、《春秋》及《论语》也。"张纯是光武时人，当时谶纬盛行，当时纬书中有《乐纬》不假，李贤注"七经谶"有《乐》家是对的；但是作为经书，《乐经》在西汉已无传授，遑论东汉呢？因此李贤以《乐经》注"七经"又是错误的。

④ 杭士骏：《经解》，见《皇清文颖》卷一二。

⑤ 王应麟：《困学纪闻》卷八"经说"："《春秋正义》云：'傅咸为《七经诗》，王羲之写。'今按《艺文类聚》、《初学记》载傅咸《周易》、《毛诗》、《周官》、《左传》、《孝经》、《论语》，皆四言，而阙其一。"

学多通，遍习《五经》"（《后汉书·桓谭传》）；张衡"通《五经》、贯六艺"（《后汉书·张衡传》）；姜肱"博通《五经》，兼明星纬"（《后汉书·姜肱传》），等等。而蜀学人士熟习群经，却多以"七经"誉之，如《后汉书·赵典传》注引《谢承书》：成都人赵典"学孔子《七经》……靡不贯综"；《华阳国志》卷一〇下载：梓潼人杨充"精究《七经》"云云，皆是。

汉室君臣引用《论语》、《孝经》，只称"传"而不称"经"①。自从"蜀学"将《论语》、《孝经》升格为"经"之后，东汉儒家经典范围也随之扩大，熹平年间蔡邕书刻《熹平石经》就有《论语》②，郑玄、王肃诸人号称"遍注群经"，其中也包括了《论语注》和《孝经注》，《论语》、《孝经》称"经"，这应当是"七经"概念形成之后的产物。

九经：尽管东汉学人已经接受了"七经"概念，唐人修《五经正义》却没有继承这一称号，孔颖达等受诏撰《五经正义》，只有《周易》、《尚书》、《诗经》、《礼记》、《左传》五者。唐代官方儒学，在经本文献上只重视"五经"以及依经而立之"传"（或"记"），对子书性质的儒学著作却不甚关心。唐代"明经"考试的"经典"，有"三传"（《左传》、《公羊传》、《穀梁传》）、"三礼"（《周礼》、《仪礼》、《礼记》），加"五经"（《春秋》附"三传"）而成"九经"。唐人在撰定《五经正义》同时，又撰有《周礼注疏》（贾公彦）、《仪

---

① 《两汉诏令》卷一〇：绥和二年二月成帝《赐翟方进诏》："传曰：'高而不危，所以长守贵也。'"所引"传"文即《孝经》之"《诸侯章》"。《古文孝经》伪孔《序》："汉先帝发诏称其辞者，皆言'传曰'，其实今文《孝经》也。"另外，《汉书·宣帝纪》地节三年："传曰：'孝弟也者，其为仁之本与！'"师古注："《论语》载有若之言。"又《元帝纪》建昭五年诏："传不云乎？'百姓有过，在予一人。'"师古注："《论语》载殷汤伐桀告天下之文也。"又《平帝纪》元始五年诏："传不云乎？'君子笃于亲，则民兴于仁。'"师古注："此《论语》载孔子之辞也。"《后汉书·皇后纪·和熹邓皇后》载诏书："传曰：'非其时不食。'"李贤注："《论语》曰：'不时不食。'"又载诏书称："传不云乎：'饱食终日，无所用心，难矣哉！'"李贤注："《论语》孔子言也。"等等甚多，兹不备举。

② 历史上有称蔡邕书刻《熹平石经》为"七经"。《隋书·经籍志》"经部·小学类序"："又后汉镌刻七经，著于石碑，皆蔡邕所书。魏正始中，又立三字石经，相承以为七经正字。"《隋书·经籍志》著录有《周易》、《尚书》、《诗经》、《仪礼》、《春秋》、《公羊传》、《论语》，另据《后汉书·蔡邕传》李贤注引《洛阳记》有"《礼记》十五碑"。顾蔺吉《隶辨》卷七："盖以《仪礼》《礼记》为一经，《春秋》《公羊》为一经，与《周易》、《尚书》、《鲁诗》而为五经。"故《后汉书》灵帝纪、儒林列传、宦者传都称"五经"。《后汉书》蔡邕传、张颐传又称"六经"，即以五经加《论语》。《隋书·经籍志》"七经"之称乃三国以后"相承"而起，并非蔡邕当时即有是称。

礼注疏》（贾公彦）、《穀梁注疏》（杨士勋）、《公羊注疏》（徐彦），合称《九经正义》。

在唐代，儒家经典的总体印象是上述九部经典，时人于是呼群经为"九经"，并以"九经"一名概指群经。《旧唐书·柳仲郢传》说郢曾手抄"《九经》、《三史》"；又《儒学传上》载谷那律"淹识群书"，被褚遂良称为"九经库"；《儒学传下》说韦表微"著《九经师授谱》"，《王友贞传》称友贞"读《九经》，皆百遍"等，所谓"九经"皆群经是也。更有甚者，《开成石经》明明刻的是十二部经典，也依然被称为《石壁九经》①；诸儒校订十二经文字，则称"校定《九经》文字"②；刻入"石经"的十二经字样，也称《九经字样》。校、刻十二书而称"九经"，其以"九经"概群经也可知。

十二经："十二经"之名昉于《庄子·天道》：孔子曰："丘缮十二经以说。"但当时"十二经"之书却不明所指③。将儒家十二部经书有意识地合叙在一起或合刻在一处，实始自唐人。由南朝陈入唐的陆德明曾收录《周易》、《古文尚书》、《毛诗》、《三礼》、《春秋》（并"三传"）、《孝经》、《论语》、《老子》、《庄子》、《尔雅》十四种经典性文献，刊其异文、举其疑义，号为《经典释文》。去掉其中道家两种（《老》、《庄》）著作，恰好是十二经。但是《释文》虽将儒家十二书列入"经典"，却与道家《老》、《庄》杂处，他还没有明确的儒家"十二经"意识，也没有形成"十二经"的概念和称谓，有其实而无其名。

---

① 《旧唐书·文宗纪》开成二年："郑覃进《石壁九经》一百六十卷。"

② 《旧唐书·郑覃传》："时太学勒石经，覃奏起居郎周墀……等校定《九经》文字。"

③ 何为"十二经"？陆德明《经典释文》和成玄英《庄子疏》俱云："十二经，说者云《诗》、《书》、《礼》、《乐》、《易》、《春秋》'六经'，又加'六纬'，合为'十二经'也。"可是纬起哀、平，战国文献何得而记之？故"六经六纬"之说不确。陆氏、成氏又引"一说云"："《易》上下经并'十翼'为十二。"亦不确。因为《易》"十翼"中《说卦》、《杂卦》两篇，迟至西汉宣帝时才由"河内女子"获得进献，庄子何以在前预知之？况且《易传》与《易经》合为一书，始于宣帝以后古文《易》学家费直，也不是战国时期的庄子所能称道的。于是陆氏、成氏再引"又一云"："《春秋》十二公经也。"王应麟：《困学纪闻》卷一〇引《庄子逸篇》："仲尼读《春秋》，老聃踞灶觚而听之，曰：'是何书也？'曰：'《春秋》也。'"似乎孔、老还讨论过《春秋经》。但是孔子称"六经"时为六本书，称"十二经"反只有一部，不太匹配。庄子说"孔子欲西藏书于周室"，自然不会为一部《春秋经》而兴师动众。近儒廖平说："十二经：大六艺，小六艺。"（蒙文通《经学抉原·旧史》）意谓"十二经"即是孔子删定后的经典"六艺"和未经删定的旧史"六艺"，其说可参。不过，无论哪种解释，都不是儒家经典结集意义上的"十二经"，也不是能与"六经"匹配的十二部经典著作。

太和七年（833），唐文宗命郑覃等人校刊群经入石，至开成二年（837）成，是为《开成石经》。石经在唐人流行的"九经"之外，增加《孝经》、《论语》、《尔雅》三书，共为十二部，称为"石壁九经"。《唐会要》："其年（大和七年）十二月，敕于国子监讲论堂两廊，创立《石壁九经》，并《孝经》、《论语》、《尔雅》，共一百五十九卷，《字样》四十九卷。"① 《旧唐书·文宗纪》记开成二年，"郑覃进《石壁九经》一百六十卷"。此乃儒家十二部经典首次汇刻，儒家经典的新规范呼之欲出。可惜当时诸儒并无此意识，"石经"不称"十二经"，仍称"九经"；所附十二书的校订文字，也称《九经字样》，不称"十二经字样"。可见旧贯之牢、传统之顽，而新典范形成之不易。

十三经：《十三经》则始于五代孟蜀于成都文翁石室所刻之蜀石经。"蜀石经"由孟蜀宰相毋昭裔主持，张德昭、孙逢吉等人手写上石。"蜀石经"刻成后，立于当时蜀郡最高学府文翁石室，称《石室十三经》。"蜀石经"有经有注，是中国历代石经中规模最大的一种，"其石千数"②，当时学人誉为"冠天下而垂无穷"之壮举，可惜今皆失传了。石经除立体展示外，还广为拓印流行，晁公武《郡斋读书志》、曾宏父《石刻铺叙》、赵希弁《郡斋读书附志》都有著录；晁公武还对"蜀石经"进行校勘，撰有《蜀石经考异》一书，亦刻置石室之中。

晁公武《石经考异序》："按赵清献公（抃）《成都记》：'伪蜀相毋昭裔捐俸金，取'九经'琢石于学宫。'而或又云：毋昭裔依太和旧本，令张德钊书；国朝皇祐中田元均补刻公羊高、穀梁赤二《传》，然后'十二经'始全；至宣和间，席升献（贡）又刻'孟轲书'参焉。"③ 于是形成"十三经"丛刻。晁公武曾出仕成都，亲见亲历，所述具体可靠。

对此，曾宏父《石刻铺叙》也有详尽描述："益郡石经，肇于孟蜀广政……七年甲辰（944），《孝经》、《论语》、《尔雅》先成，时晋出帝改元开运。至十四年辛亥（951），《周易》继之，实周太祖广顺元年。《诗》、《书》、《三礼》不书岁月。逮《春秋》三传，则皇祐元年（1049）九月讫工，时我宋有天下已九十九年矣。通蜀广政元年肇始之日，凡一百一十二祀，成之若是

---

① 《唐会要》卷六六"国子监"条。

② 曹学佺：《蜀中广记》卷九一载晁公武《石经考异序》："其石千数，（毋）昭裔独办之，尤伟然也！"《开成石经》立石114通228面，《乾隆石经》立石190通380面。

③ 晁公武：《石经考异序》，见范成大《石经始末记》引，《全蜀艺文志》卷三六，刘琳、王晓波校点，线装书局，2005年。

其艰。又七十五年，宣和五年癸卯（1123），益帅席贡始凑镌《孟子》，运判彭慥继其成。"① 说明"蜀石经"因宣和五年补刻《孟子》入石而成"十三经"。清儒臧庸《拜经日记》云"宋高宗御书石经有《孟子》，可补唐《开成石经》之阙"，实为误说。

"蜀石经"当时还有一个总名叫《石室十三经》。赵希弁在逐一著录了"蜀石经"各经的刻成时间、文字书者和经注字数后说："以上《石室十三经》，盖孟昶时所镌。"② 说明汇刻了十三部经书（并注）的"蜀石经"，还被学人冠以《石室十三经》这个总名，已是一部名副其实的"十三经"丛书了。③

从此之后，"十三经"便取代"五经"、"九经"成为儒家经典的基本范式，"十三经"之名也一跃成为儒家经典文献的总称和通名。南宋时，"十三经"这个名称已经被广泛使用，赵希弁《郡斋读书附志》、王应麟《玉海》都习用了《石室十三经》一词。明清人更是如此。明任浚说："若夫《石室十三经》，始自孟蜀。"④ 清阎若璩亦称"《石室十三经》"，又谓："孟蜀广政十四年镌《周易》，至宋仁宗皇祐元年，《公羊传》工毕，是为《石室十三经》。"⑤史实虽然略有舛误，但其以《石室十三经》为称，则合乎当时实际。

北宋学人在校刻唐人《九经正义》基础上，又补撰《孝经正义》、《论语正义》、《尔雅正义》，南宋在朱熹之前已有人撰成《孟子正义》，据称光宗绍熙时（1190—1194）两浙东路茶盐司提举李沐及其继任者三山黄唐合刊《十三经注疏》，其中就收录有《孟子正义》一书。史称，宋末著名藏书家、出版家廖莹中"又欲开手节《十三经注疏》"云云⑥，《十三经注疏》已经在南宋形成，盖无疑义。明人李元阳以及南监、北监之辑刻《十三经注疏》，清人继之，公私两途（如乾隆、阮元）广泛刻印，于是《十三经注疏》风行天下，成为儒家经典及其注释的代表作。

至此，儒家经典完成了"从'六经'到'十三经'"的最后结集，也完成了《十三经注疏》的基本撰著。清沈廷芳《经解》："'五经'始汉武帝，'七经'始

① 曾宏父：《石刻铺叙》卷上。
② 晁公武：《郡斋读书志》卷五赵希弁"附志"。
③ 舒大刚：《"蜀石经"与"十三经"的结集》，载《周易研究》2007年第6期。
④ 任浚：《十三经注疏序》，见（雍正）《山东通志》卷三五之六，文渊阁《四库全书》本。
⑤ 阎若璩：《古文尚书疏正》卷二；《潜丘札记》卷五《刊正杨升庵石经考》。
⑥ 周密：《癸辛杂识》后集，吴企明校点，中华书局，1997年。

汉文翁，'九经'始唐郑覃，'十一经'始唐刘孝孙①，'十三经'始蜀毋昭裔、孙逢吉诸人，至宋淳化（应为宣和——引者注）而始定。"② 晚清叶德辉《书林余话》卷下："石经为经本之祖。……唐开成立'十二经'石经，孟蜀广政立《十三经石经》"③ 云云，都认定"十三经"形成于"蜀石经"，基本合乎历史事实，洵有见地。前人和时贤谓十三经得益于南宋朱子之尊"四书"，甚至说形成于明、清两朝之汇刻《十三经注疏》，都是不准确的，应予纠正。

自从"蜀石经"形成"十三经"概念后，儒生博通群经多冠以"十三经"。宋元以后，以"十三经"命名的著述日益增多，如明代陈深《十三经解诂》、丰坊《十三经训诂》、郭正域《十三经补注》，清人顾梦麟《十三经通考》、田有年《十三经纂注》、史铨《十三经类聚》、陆元辅《十三经注疏类抄》、罗万藻《十三经类语》、阮元《十三经注疏（附校勘记）》、孙星衍《十三经注疏校记》、吴浩《十三经义疑》……实繁其徒，这在孟蜀《石室十三经》之前未曾经见，它们的出现实有赖于《石室十三经》典范之形成。

此外，历史上还有"十经"、"十一经"诸称，多是对"蜀石经"经数的误记④，羌无故实。历史上也存在"七经"、"九经"、"十经"、"十一经"同名异指的现象，如傅咸《七经诗》（有《周易》、《毛诗》、《周官》、《左传》、《孝经》、《论语》，缺一），刘敞《七经小传》（《尚书》、《毛诗》、《周礼》、《仪礼》、《礼记》、《公羊传》、《论语》），南朝周续之"通'五经''五纬'，谓之'十经'"（《南史》本传），日本山井鼎《七经孟子考文》（《易》、《书》、《诗》、

---

① 按：沈廷芳谓"'十一经'始唐刘孝孙"，杭士骏《经解》亦称："洎唐刘孝孙作为《问对》，而'十一经'之名定矣。"按：唐刘孝孙，长于历法，秦王李世民"十八学士"之一。撰《古今类序诗苑》40卷。《旧唐书》卷七二、《新唐书》卷一〇二俱有传，然皆不见其有"十一经"事。按：元何异孙有《十一经问对》5卷，含《论语》、《孝经》、《孟子》、《大学》、《中庸》、《书》、《诗》、《周礼》、《仪礼》、《春秋三传》、《礼记》为"十一经"。怀疑沈氏、杭氏之说乃何异孙之误。

② 沈廷芳：《经解》，见《皇清文颖》卷一三。

③ 叶德辉：《书林余话》卷下，见《书林清话》附，中华书局，1999年。

④ 赵抃：《成都记》："伪蜀相毋昭裔捐俸金，取《九经》琢石于学官。"张俞：《华阳县学馆记》："惟孟氏踵有蜀汉……遂勒'石书九经'。"（《成都文类》卷三一，文渊阁《四库全书》本）席益：《府学石经堂图籍记》："蜀儒文章冠天下，其学校之盛，汉称石室、礼殿，近世则'石壁九经'。"（《全蜀艺文志》卷三六）这里"九经"一词相当于"群经"之意，并非实指。明代以来有"十一经"说。顾起元："蜀（永）〔广政〕年之'十一经'。"（《说略》卷一二）蒋伯潜："五代时蜀主孟昶石刻《十一经》，不列《孝经》、《尔雅》而加入《孟子》。"都是想当然之辞。

《礼记》、《春秋左传》、《论语》、《孝经》，外加《孟子》），何异孙《十一经问对》（《论语》、《孝经》、《孟子》、《大学》、《中庸》、《诗》、《书》、《周礼》、《仪礼》、《春秋三传》、《礼记》）等，均属个人治经爱好，与经典体系形成没有关系。南宋又有人欲将《大戴礼记》附《十三经》而成"十四经"①；清代段玉裁、刘恭冕等又有"二十一经"之议②、廖平有"十八经注疏"之说③，皆未取得公认，兹不赘论。

第三节　范式转移：儒家经典扩展的意义

从"诗书礼乐"到"六经"，又从"六经"（或"五经"）到"七经"，再从"七经"到"九经"、"十二经"、"十三经"的衍进，这一过程表面上看来只是经典文献数量的增加，只是儒学知识视域的拓展；但细审其原，其实质并非如此简单。作为儒家经典的文本选择和体系扩展，不是某些儒者的率意之行，而是经过深思熟虑的有意识、有深意的作为。作为思想家、教育家的孔子，他之选定"诗书礼乐"（或"删订六经"）以为经典教材，自有其深刻的学术用意和思想主导；后世儒家之扩展经典范围，也无不有其特别的原因和学术之目的。

如前所述，儒家经典范式的形成从春秋时代就已开始。《史记·孔子世

---

① 史绳祖：《学斋佔毕》卷四"成王冠颂"（文渊阁《四库全书》本）："《大戴记》一书虽列之'十四经'，然其书大抵杂取《家语》之书分析而为篇目。又其间《劝学》一篇全是荀子之辞，《保傅》一篇全是贾谊疏。以子史杂之于经，固可议矣。"清四库馆臣也批评说："《大戴礼记》旧附于经。史绳祖《学斋佔毕》亦有'《大戴礼记》宋列为十四经'之说。然绳祖所云，别无佐证，且其书古不立博士，今不列学官，未可臆加以'经'号。"（《四库全书总目》卷二一"礼记类"按语）

② "二十一经"：在"十三经"外，加入《国语》、《大戴礼》（一说有《荀子》）、《史记》、《汉书》、《资治通鉴》、《说文解字》、《九章算术》、《周髀算经》。见刘恭冕《致刘伯山书》，载《国粹学报》1905年第3期。

③ "十八经"：廖平《今古学考》卷下："予创为今、古二派，以复西京之旧，欲集同人之力，统著《十八经注疏》（今文：《尚书》、《齐诗》、《鲁诗》、《韩诗》、《戴礼》、《仪礼记》、《公羊》、《穀梁》、《孝经》、《论语》；古文：《尚书》、《周官》、《毛诗》、《左传》、《仪礼经》、《孝经》、《论语》、《戴礼》。《易》学不在此数），以成蜀学。见成《穀梁》一种……因旧欲约友人分经合作，故先作《十八经注疏凡例》。"见《廖平选集》上册，巴蜀书社，1998年。

家》说"孔子以《诗》、《书》、《礼》、《乐》教",孔子为何选此"《诗》、《书》、《礼》、《乐》"？《左传》载有赵衰的明确解释："诗、书，义之府也；礼、乐，德之则也。德、义，利之本也。""诗、书"是仁义的宝库，"礼、乐"是德教的准则，一个人要想成就自己，就必须"说《礼》、《乐》而敦《诗》、《书》"。赵衰此说早于孔子出生八十三年，可见重视"诗书礼乐"之教是周人一贯传统，《礼记·王制》载："乐正崇四术，立四教，顺先王'《诗》《书》《礼》《乐》'以造士。"即其明证。

孔子选择这四类文献以施教，正是对周礼的继承和发展。《史记·儒林列传序》说孔子"论次《诗》《书》，修起《礼》《乐》"。"论次"是文献整理工作，"修起"是文化重建工作，当然其中更多重新阐释和赋予新意的功夫，这是孔子"从周"而又"亲周"的具体实践。孔子晚年"序《易》传"、"作《春秋》"，形成"六经"。"诗书礼乐"是"德义"的宝藏，作为孔子所赞所修《易》、《春秋》呢，其主题亦复如是。《易大传》称"立天之道曰阴与阳，立地之道曰柔与刚，立人之道曰仁与义"，《易经》中也蕴涵有作为"人道"的"仁与义"。《春秋》原本鲁史，经孔子修订而"加乎王心"（《春秋繁露·俞序》），王心即王道，亦即"仁义"之道，于是《春秋经》也成了讲仁政德治的政治宝典。然则，"六经"之核心都是"仁义"。《庄子》载孔子自称"治'六经'"，又说"其要在仁义"①；班固说"儒家者流"，"游文于六经之中，留意于仁义之际"②，学"六经"而讲"仁义"，"六经"主旨非"仁义"而何？孔子对"六经"的选择正是出于"仁义"教化的考虑。

语其同也，"六经"所言无非仁义；详其异也，"六籍"内容又各有侧重。《庄子·天下》："《诗》以道志，《书》以道事，《礼》以道行，《乐》以道和，《易》以道阴阳，《春秋》以道名分。"即此之谓也。相同的言论还有：《荀子·儒效》："《诗》言是，其志也；《书》言是，其事也；《礼》言是，其行也；《乐》言是，其和也；《春秋》言是，其微也。"《春秋繁露·玉杯》："君子知在位者之不能以恶服人也，是故简'六艺'以赡养之。《诗》、《书》序其志，《礼》、《乐》纯其美，《易》、《春秋》明其知。六学皆大而各有所长，《诗》道志，故长于质；《礼》制节，故长于文；《乐》咏德，故长于风；《书》著功，故长于事；《易》本天地，故长于数；《春秋》正是非，故长于治人。"《史记·滑稽列传序》载孔子言："六艺于治一也。《礼》以节人，《乐》以发

---

① 《庄子·天运》篇、《天道》篇。

② 《汉书·艺文志·诸子略序》。

和，《书》以道事，《诗》以达意，《易》以神化，《春秋》以义。"

诸说各从一个侧面说明"六经"的功能，这些功能又共同以实现"仁义"为原则。《诗》是抒情文学，故长于真情实感；《书》是历史记录，故长于明事纪功；《礼》是行为规范，故长于制度文明；《乐》是音乐作品，故长于和乐盛美；《易》讲天地阴阳，故长于运数变化；《春秋》讲是非名分，故长于社会治理。"六经"各司其职，各行其是，共同塑造"仁义"之士，共同促进天下文明与和平。比类推之，楚申叔时所举"春秋"、"礼乐"、"故志"、"训典"，也与"六经"一样，也都各自有其特殊的教育功能①。

孔子运用"六经"构建起一代儒家的文献典范，共同行使其淑世济人的教育功能，"六经"就是最早的儒家经典范式。《汉书·艺文志序》："六艺之文，《乐》以和神，仁之表也；《诗》以正言，义之用也；《礼》以明体，明者著见，故无训也；《书》以广听，知之术也；《春秋》以断事，信之符也。五者，盖五常之道，相须而备，而《易》为之原。"将"六经"与"五常"配搭起来，借以代表汉儒所重视"五常"之教的源与流，儒家经典体系于此得到更加系统的展示。又《史记·儒林列传序》说："古之儒者，博学乎'六艺'之文。六学者，王教之典籍，先圣所以明天道、正人伦、致至治之成法也。"也是对"六经"功能之精辟概括。

汉武帝置"五经"博士，"六经"缺《乐》，或言"乐合于礼"，或言"乐备于诗"，于是举诗、礼之教而乐教存焉，故"五经"功能与"六经"无以异。武帝之"表章六经"，设立"五经博士"，使儒学典籍从诸子学（甚至"司空城旦书"）中脱颖而出，一跃成为被诸儒乃至朝野上下折中取法的圣经宝典，也使战国儒家从"孔子之后，儒分为八"的状态中，在"五经"旗帜下得到重新整合和结集。

"七经"教育是在保持"五经"教育功能的同时，又开启另一新的学术视野。从文献角度看，"六经"是"以史为教"，"七经"则扩大到"以子为教"。《诗》、《书》、《礼》、《易》、《春秋》虽经孔子整理，但基本内容无非历史故

---

① 《国语·楚语上》（上海古籍出版社，1978年，第528页）载申叔时语："教之《春秋》，而为之耸善而抑恶焉，以戒劝其心；教之《世》，而为之昭明德而废幽昏焉，以休惧其动；教之《诗》，而为之导广显德，以耀明其志；教之《礼》，使知上下之则；教之《乐》，以疏其秽而镇其浮；教之《令》，使访物官；教之《语》，使明其德，而知先王之务用明德于民也。教之《故志》，使知废兴者而戒惧焉；教之《训典》，使知族类，行比义焉。"各类文献皆有其教育功能，对这些文献的选择也是有意识的，甚至是精心的。

典。前引赵衰之语早于孔子数十年即是明证,孔子之于"诗书礼乐"四教不过"论次"、"修起"而已。《易》始伏羲,演于文、周,"人更三圣,世历三古"(《汉书·艺文志》),孔子于《易》也只是"赞"其隐义使之显豁而已。《春秋》鲁史,孔子"笔削"成经,"其事则齐桓晋文,其文则史"(《孟子·离娄下》),亦非主观杜撰。"六经"皆有旧籍为据,故《庄子》引老聃:"六经,先王之陈迹也。"(《天运》)隋王通《中说》:"圣人述史三焉",《书》《诗》《春秋》是也(《王道》)。章学诚《文史通义》:"六经皆史也!"(《易教上》)以"六经"为教,无异以"历史"为教,此乃孔子"我欲载之空言,不如见之于行事之深切著明"① 之风格使然。

至于《论语》、《孝经》之入经,其情又异。二书自非旧史,而是新知。《汉书·艺文志》说:"《论语》者,孔子应答弟子时人及弟子相与言而接闻于夫子之语也。"又说:"《孝经》者,孔子为曾子陈孝道也。"据此,《论语》、《孝经》都是孔子或孔门弟子作品,绝非"旧法世传之史"。在坚守"圣作为经"、"贤述为传"信条的汉人眼里,其非"经典"也固宜。

王国维《汉魏博士考》曾经考证说:"《论语》、《孝经》、小学……六艺,皆汉时学校诵习之书。……当时《论语》、《孝经》之传,实广于'五经'也。"② 但在汉人那里,《论语》、《孝经》只是"小学"课本,是入德初阶,治经基础。虽然人人得而习之,但又处处以"传"视之。汉代只有《诗》、《书》、《礼》、《易》、《春秋》可以称"经";其余诸子并《论语》、《孝经》只能称"传"。《汉书·艺文志》将《论语》、《孝经》类文献编入"六艺略",不是因为它们是"经",也没有将其升格为"经"。据《六艺略序》,收《孝经》入"六艺",实出于"耕且养"之考虑("养"即养亲,为孝);收《论语》入"六艺",实出于"存其大体"(《论语》中蕴涵了儒家"仁义"之大体)之认识。正如为避免说经家"碎义逃难,便辞巧说,破坏形体",而将"小学"诸书附在"六艺略"一样,《汉书·艺文志》将《论语》、《孝经》编入"六艺",也只是为人们攻治"六经"提供桥梁和方便之门而已③。

明确将《论语》、《孝经》列入"七经",应以文翁石室"蜀学"最早。"七经"教育率先兴起于成都,也有其历史原因。古代巴蜀文化的文明程度并

---

① 引见《史记·太史公自序》。或作"以为见之空言,不如行事博深切明",见《春秋繁露·俞序》,苏舆《义证》本,中华书局,1992年。

② 王国维:《观堂集林》卷四《汉魏博士考》,中华书局,1959年。

③ 《孝经》称"经"也不是经典的意思,而是"孝道"有如"天之经、地之义"一般重要。参舒大刚《孝经名义考》,《西华大学学报》2006年第1期。

不算低，但由于相对封闭的地理环境和独立的历史发展进程，使其文化特征颇与中原异趣。在酝酿天下一统的战国时期，还有中原人士以戎狄比方巴蜀："今夫蜀，西辟之国而戎狄之长也。"（《战国策·秦策一》）到了汉景帝时，文翁在成都仍"见蜀地辟陋，有蛮夷风"（《汉书·循吏传》）。文翁乃选派张叔等"东诣博士受'七经'，还以教授"（《华阳国志·蜀志》），正是出于对其施以《论语》、《孝经》中所蕴涵的"孝道"教育以"诱导之"，结果巴蜀风俗"由是大化"（《汉书·循吏传》），"蛮夷"习气得以改善。从实施效果上看，"六经"是以普遍概念的"仁义"为教，"七经"则深入到人伦孝道等深层次领域，夯实了家庭伦理之基础。

"蜀学"将《论语》、《孝经》作为经书，实现了从早期儒家"以史为教"向"以子为教"的典范转移，带来了儒家从"见诸行事"向"空言垂教"风格的转变。以子为经，以子为教，促成了儒学教育更加个性化，更加伦理化，常璩谓：汉以来，巴蜀"忠臣孝子、烈士贤女""擅名八区，为世师表"①。从"有蛮夷风"到"为世师表"，这不能不说与文翁开始推行的"七经"教育有一定联系②。

至于"九经"阶段，则体现了"以传为经"、"倚传测经"的特点。"九经"中，"三传"是《春秋经》的传；"三礼"中《礼记》则是《仪礼》之传。应该说，"以传为经"思潮并不始于"九经"，而在唐太宗令孔颖达撰《五经正义》时就开始了。"五经"不用《仪礼》而用《礼记》，"三传"不用《公羊》《穀梁》（重在解经）而用《左氏》（重在背景和本事），皆是"以传为经"的表现，此一趋势的发展，终于导致"九经"概念的形成。

"九经"虽然将传记文献奉为"经典"，但是当时经学总体特征仍然是依本经典来谈儒说理，仍然是由传明经，由经明道，经传相倚，文以载道。正如汉武帝"罢黜百家，表章六经"一样，唐人重视"九经"，也许还有对魏晋时期离经叛道、游谈无根、玄风大畅学风的纠偏。陆德明撰《经典释文》、颜师古撰《五经定本》、孔颖达撰《五经正义》等，都强调厘正文字、回归经典，也是"尊经重传"的表现。

"九经"时期，《论语》、《孝经》仍然在儒学教育中占有重要地位。与汉

---

① 常璩：《华阳国志》卷一〇上《先贤士女总赞》，刘琳校注本，巴蜀书社，1984 年。

② 舒大刚：《巴蜀德孝文化与古文孝经之学述论》，见《儒家德治思想探讨》，线装书局，2003 年。

代一样,唐代《论语》和《孝经》也为学童启蒙、国学释奠所必读必讲,甚至在科举考试中,《论语》、《孝经》与《老子》一起被奉为"上经",成为科举考试必通的"兼经"。但是唐人并没有将其当作自己心目中神圣的、崇高的"经典"。也许是要突出"明经科"考试的典雅性而不得不强调其深度和难度,唐人在制订科考"大经"、"中经"、"小经"时,只在"九经"中盘桓,规定《礼记》、《春秋左传》为"大经",《诗经》、《周礼》、《仪礼》为"中经",《周易》、《尚书》、《春秋》《公羊》《穀梁》为"小经",而没有将《论语》、《孝经》列为专门的科目。

《唐会要》卷六六:"(大和)七年八月,国子监起请:准今月九日德音节文,令监司于诸道搜访名儒,置'五经'博士一人者……今《左氏春秋》、《礼记》、《周易》、《尚书》、《毛诗》为'五经',若《论语》、《尔雅》、《孝经》等,编简既少,不可特立学官,便请依旧附入'中经'。敕旨依奏。"说明唐人因"《论语》、《尔雅》、《孝经》编简太少"才将其"附入'中经'",没有把它们作为独立经典给予特定科目。所以同年十二月刊成《开成石经》即便是十二部,也只取其大者称为"九经"而已。

随着中唐以来重视"义理"和"道统"的儒学革新运动的深入开展,"蜀学"重视子书"以子为教"传统得到进一步发扬,直接促成儒家另一部子书《孟子》正式入经而最终形成"十三经"。《孟子》被重视当然不完全是"蜀学"的功劳,在汉代文帝设"传记博士"时,《孟子》即有博士官之置(赵岐《孟子题辞》),但当时只是"传记博士"或"杂学博士"中的一种,"特备员待问"而已,与后来地位崇高的五经博士不可同日而语,因此一当武帝设立"五经博士",就将《孟子》等博士官废除了。

唐代宗宝应二年(763),杨绾申请《论语》、《孟子》、《孝经》兼为一经,曾经得到采纳;韩愈著论,将孟子与孔子相提并论,以为儒家道统之正传在焉,与夫子并称"孔孟"。咸通四年(863),皮日休进而"请立《孟子》为学科",欲谋求《孟子》独立地位,可惜疏入不报(《唐会要》卷七七)。北宋时,二程大力表彰《孟子》;王安石利用手中大权,将《孟子》列入科考经典,初步完成《孟子》升经过程①。可是当时仍然争议很大,引得司马光、苏轼、邵伯温等群起反对,形成持续南北宋"尊孟"、"非孟"的长期争辩。

---

① 董洪利:《孟子研究》,江苏古籍出版社,1997年。

在这一背景下，"蜀学"毅然将《孟子》刻入石经，正式将《孟子》与其他经典汇集一起刻成一套丛书①，促成"十三经"固定模式的定型。此后，无论是刊刻石经、编撰目录，或是编印儒学丛书，都忘不了给予《孟子》在"经部"的重要席位。宋高宗手书"绍兴石经"，其中就有《孟子》；文献家尤袤撰《遂初堂书目》，首先将《孟子》从子部提到经部，陈振孙《直斋书录解题》继之，郝经《后汉书》卷六五上《儒学》"经术总叙"，亦列《易》、《书》、《诗》、《春秋》、《礼》、《乐》、《论语》、《孝经》、《孟子》。至《明史·艺文志》，以《孟子》入经部的著录方法正式确立。清乾隆立石经，《孟子》亦在其中。清代陕西巡抚贾汉复，还将《孟子》补刻入西安碑林，使原本没有《孟子》的"开成石经"也凑足了"十三经"之数。所有这些，都不能不考虑"蜀石经"首刻《孟子》入经的开创之功和典范之效。

《孟子》刻入石经意义重大。子思、孟子注重"心性"义理，是儒家"学""思"二派中的"重思"学派（即"思孟学派"），以《孟子》入经是儒家经学传授从重视"学知"（"以史为教"）向重视"心性"（"以子为教"）领域的拓展。这既是中唐以来儒学开始向理学化、心性化发展的产物，《孟子》入经又反过来促进了"理学"高潮的顺利到来，这一运动到朱熹将《孟子》与《论语》、《大学》、《中庸》并列撰成《四书章句集注》而最后定型。

由《孟子》入经形成"十三经"，再因重视《孟子》而表彰"四书"，这与宋人治经特重理论文献的风格合拍，标志了"汉学"向"宋学"的过渡以及"经学"式微而"理学"勃兴！

余　论

由前述可知，从孔子删订"六经"，到最后形成"十三经"，中间经历了西汉博士"五经"、文翁石室"七经"、唐代科举"九经"、开成石经"十二经"和孟蜀石经"十三经"等演变阶段，前后历时约一千六百余年之久！在儒家经典数量增加和范围扩大的背后，反映了不同时期（或不同地域）的文化背景，也反映出儒学研究者们不同的价值取向和学术旨趣。儒家"十三经"实是"史"、"经"、"传"（含"记"）、"子"的结合体，原始"六经"（或"五

---

① 或说"熙宁石经"有《孟子》。王应麟《玉海》卷四三："嘉祐石经：仁宗命国子监取《易》、《诗》、《书》、《周礼》、《礼记》、《春秋》、《孝经》为篆、隶二体，刻石两楹。"只举七经，而无《孟子》。清人丁晏所藏拓本则有之，据学人考证为元人补刻。见杜泽逊《孟子入经和十三经汇刊》（《文献学研究的回顾与展望——第二届中国文献学学术研讨会论文集》，台北：学生书局，2002年）。

经")代表了三代"旧史"和"故志"，历史性、客观性最强，也最原始；三家之"传"、"三礼"之"记"，是对《春秋》和《仪礼》这些元典性文献的阐释和解说，主观性和现实性又较"五经""六籍"明显增加；至于《论语》、《孟子》、《孝经》三书，原其本相，实与"百家"方术无别，是阐发以孔子、孟子等先秦儒家的思想资料，其个性化色彩自然又比"经传""记说"大得多。由此可知，儒家经典体系"由经而传"，再"由传而子"的转换过程，实际也是儒家治学风格不断转变和更新的过程，是儒家从早期注重客观记事之"经"（或"史"）向兼重（甚至"偏重"）主观说理之"子"的范式转移。正是在这一历史的转换过程中，儒学从相对严谨的"汉学"（四库馆臣谓"其弊也拘"）状态下解放出来，向崇尚自由发抒和独立思考的"宋学"（馆臣谓"其弊也肆"）境界的过渡，实现了以"通经"为原则的"经学"向以"明理"为目的的"理学"的历史跨越。儒家经典的扩展史，也是儒家经学的发展史、儒家学术的变迁史，是中国儒学发展史的重要组成部分。研究和揭示儒家经典形成和结集的过程，对完整地认识中国儒学，客观地展现儒家经学，都具有借鉴意义。

当然，我们也必须看到，儒家经典虽然是儒学的根基、中华文化的基础所在，但同时又是一个开放的、不断完善的体系，经典文本不会改变，但是经典体系、轻重先后的组合，却可以因时代需求而有所抑扬。如前所述，汉代为了配合"罢黜百家，表章六经"的需要，强调对原始经典的回归，故特别重视"五经"；又为了矫正秦世末俗，重振社会秩序，又特别注意《论语》《孝经》的普及，因此汉代执行的其实是"《论》《孝》"（普及教育）和"五经"（博士授经）体系。唐代政治上实现了统一，但是却面临着魏晋南北朝以来经学的分歧，其中又以《易》、《书》、《诗》、《礼》、《春秋》最甚，因此唐人为了给学校教育、科举考试提供标准的解释，首先就要编纂《五经正义》（后来补成《九经正义》），形成"《论》《孝》"（普及教育，科举兼经）加"九经"（科举考试）系统。宋代结束了五代的混乱格局，文化上又面对佛、道二教的夹击，为了给士子提供简捷、方便的纲领性文献，于是形成了"四书"（初级，普及）和"五经"或"十三经"（高级，科举）体系。可见，儒家经典体系每一次扩展，都是因应社会需求的产物，当然也是圣贤合乎世势的选择，只有这样才会得到社会的拥护，获得当世的承认。后世人也有进一步扩展儒家经典的努力，如南宋曾有人欲将《大戴礼记》附"十三经"而成"十四经"；清代段玉裁、刘恭冕等又计划在"十三经"基础上加《国语》、《大戴礼记》（一说有《荀子》)、《史记》、《汉书》、《资治通鉴》、《说文解字》、《九章算术》、《周髀算经》形成"二十一经";廖平亦有按汉代今文经学、古文经学体系分别撰写"十八经注疏"之说，都有其当代的思考，只是未成系统，未得普遍承认。由此可见，为了适应时代及学术研究需要，对儒家文献进行适当去取，形成新的经典体系，是研究儒学、弘扬儒家精神的必要措施。

历考儒家新经典体系，大致可分为"初级"和"高级"两个系统：在历史上，汉儒曾有"《论》《孝》"（初级）加"五经"（高级）体系，唐儒有"《论》《孝》"（初级）加"九经"（高级）体系，宋儒亦有"四书"（初级）加"五经"或"十三经"（高级）体系；其中"《论》《孝》"（汉唐）、"四书"（宋儒）都是普及型的，"五经"（汉）、"九经"（唐）、"十三经"（宋）才是高级型的。这些体系的形成和推广，既是当时历史的需要，也是当世圣贤的明智选择，在当时都推行得很成功，对形成中华民族的基本性格、基本伦理和儒学理论的构建，都曾起到了非常巨大的促进作用，这些经验是值得借鉴的。

第四节　经部文献的构成和分类

儒家经典体系形成之后，便奠定了"经部"文献的主要骨干；后世围绕这些经典文献所做的种种研究和阐释，就形成了内容庞大的"经部文献"。这些经部文献，也有一个形成和发展过程；在历史上，人们对它们也有一个认识和研究过程。

如前所述，先秦时期，儒学文献已有"经"、"传"（或"记"）之分，凡运用义理来改造旧史、直抒其事的"六艺"之文，统谓之"经"；凡称说、解释、辅翼经典者，则统称之为"传"（或"记"）。汉世"经学"盛行，在"传"（或"记"）之外，又有说，有章句，有注，有解，有图，有论，还有训诂（故训）。至六朝"义疏"之学盛行，于是在儒学文献中又有"义"，有"疏"，有"集解"，有"集注"；至唐，欲统一经说，在上述体式外，乃有"正义"之产生，等等，此乃儒学文献各种体类产生的大概情况。

至于儒学文献的分类，《庄子·天下》篇将其分为记载"历数"的"旧法世传之史"、记载"道术"的"《诗》、《书》、《礼》、《乐》、《易》、《春秋》"类，和记载"方术"的诸子文献类，略当后世的"经部"、"史部"和"子部"三类。司马迁《史记·太史公自序》说："厥协《六经》异传，整齐百家杂语"，亦有"六经""异传"、"百家""杂语"等区别。至刘向校理群书，儒家文献乃有明确的"经传"、"诸子"之称，"经"即六经、"传"即解经之说，

"诸子"即儒家诸子文献。

如前所述，刘歆《七略》是我国第一部目录学著作，用"六艺略"、"诸子略"、"兵书略"、"术数略"、"方技略"、"诗赋略"来类聚群分先秦至西汉的各种文献，其中特设"六艺略"著录儒家经学（含史学）及小学（含童蒙课本）文献；另于"诸子略"中的"儒家类"收录儒家的子类文献。这一方法为班固《汉书·艺文志》所继承，成为中国古代目录关于儒家文献著录的最早的也是最基本的范式。晋荀勖《中经新薄》设甲、乙、丙、丁四部，其"甲部"即后世之"经部"；"乙部"即"子部"（含儒家）；"丙部"即"史部"（含儒学史）；"丁部"即"集部"（含儒家文集）。至《隋书·经籍志》直以"经、史、子、集"命名四部，中国古典目录关于儒家文献特别是经部诸书的著录和称名方式，于此得以正式确立。

由于经部文献由简而繁，由少而多，经部文献的分类也日益繁复。《汉书·艺文志》"六艺略"分《易》、《书》、《诗》、《礼》、《乐》、《春秋》、《论语》、《孝经》、"小学"九类著录各书，基本奠定了后世"经部"分类的格局，历代目录都以此为基础进行损益。《隋书·经籍志》就是在以上类目基础上，增加"谶纬"一目，合为十类。同时又因"《孔丛》、《家语》，并孔氏所传仲尼之旨；《尔雅》诸书，解古今之意"，于是将它们与"五经总义"诸书，一起附在《论语》类之末。

《旧唐书·经籍志序》叙述其"经部"的分类说："甲部为经，其类十二：一曰《易》，以纪阴阳变化。二曰《书》，以纪帝王遗范。三曰《诗》，以纪兴衰诵叹。四曰《礼》，以纪文物体制。五曰《乐》，以纪声容律度。六曰《春秋》，以纪行事褒贬。七曰《孝经》，以纪天经地义。八曰《论语》，以纪先圣微言。九曰图纬，以纪七经谶候。十曰经解，以纪七经杂解。[①] 十一曰诂训，以纪《尔雅》《广雅》[②]。十二曰小学，以纪字体声韵"。又将"经解"类著作从《隋书·经籍志》的《论语》类独立出来，形成经部十二类分法。《新唐书·艺文志》则合"尔雅"于"小学"，经部仍分为十一类。《宋史·艺文志》同之。

郑樵《通志·艺文略》，除在"经类"下设《易》、《书》、《诗》、《春秋》、《国语》、《孝经》、《尔雅》、"经解"、"小学"等二级子目外，还根据各类文献

---

① 七经杂解：原文作"六经谶候"，与前目"图纬"类重。沈德潜殿本考证曰："应讹。"兹据本类目录后"右三十六家，经纬九家、七经杂解二十七家"云云改。

② 尔雅广雅：原文作"六经谶候"，与前目"图纬"类重。兹据本目后"右小学一百五部，《尔雅》《广雅》十八家"云云改。

多寡和类型殊异，再立三级、四级目录。如《易》类分："古易、石经、章句、传、注、集注、义疏、论、说、类例、谱、考正、数、图、音、谶纬、拟易"等；《书》类再分："古文经、石经、章句、传、注、集注、义疏、问难、义训、小学、逸篇、图、音、续书、谶纬、逸书"等；是为三级子目。又在《礼》类分：《周官》、《仪礼》、《丧服》、《礼记》、《月令》、"会礼"、"仪注"等；是为四级目录。这一演进方法体现了周密而科学的分类精神，对系统著录专经的各色文献十分有用，也有利于总结各个专门学术史的发展衍变，对引导专经研究向纵深发展具有极大帮助。

这一严于分类的著录方法，在中国古代目录书中得到继承和发扬。后因纬书失传，目录不再保留"谶纬"一目。又由于宋人形成了"四书学"文献体系，故《明史·艺文志》经部省去"谶纬"旧目，而增"四书"一类，仍为十类。

《四库全书总目》即继承了这一分类方法，更加简明实用。《总目》"经部总序"述分类之法曰："今参稽众说，务取持平，各明去取之故，分为十类：曰《易》，曰《书》，曰《诗》，曰《礼》，曰《春秋》，曰《孝经》，曰'五经总义'，曰'四书'，曰'乐'，曰'小学'。"

《中国丛书综录》第二册《子目》系将所收 2797 种丛书的子目，按类进行的分编，其大的分类也是经、史、子、集四部法。由于各经文献数量庞大，不得不再将各类经书拆开单列，故形成了《易》、《尚书》、《诗经》、《周礼》、《仪礼》、《礼记》、《大戴礼记》、"三礼总义"、"乐"、《春秋左传》、《春秋公羊传》、《春秋穀梁传》、"春秋总义"、"四书"、《孝经》、《尔雅》、"群经总义"、"小学"、"谶纬"等十九个类别。每书或每类下，以文献太多，又依文献类型、体式等分设子目，如《易》下分"正文"、"传说"、"图说"、"分篇"、"专著"、"易例"、"文字音义"、"古易"等；《尚书》下除"正文"等外，还有"书序"、"逸书"；《诗经》下，除"正文"等外，尚有"诗序"、"诗谱"、"逸诗"、"三家诗"等等，务在清晰而专门，方便又实用。这是目前所见包容最广的分类体系。

历观古今目录的经部分类，大致是按"分经著录"和"以类相从"两种原则来进行。"分经著录"是将专经研究文献归于一目之下，如"易类"、"书类"、"诗类"等等皆是。"以类相从"则是将同类著作归于一目，如"群经总义"是关于数部经典的综合研究；"小学"是关于文字、音韵、训诂（有的含蒙学著作）等类文献；"谶纬"则是七经谶或七经纬的著作。经验证明，这仍是一个分类的好办法。

　　本编的分类，即借鉴历史上目录书的著录经验，综合运用"分经著录"和"以类相从"的方法，将儒家经部文献分为"专经"系列和"专类"系列。"专经"系列包括："《易》学"、"《尚书》学"、"《诗》学"、"《周礼》学"、"《仪礼》学"、"《礼记》学"、"《春秋》学"、"《孝经》学"、"《尔雅》学"等，此类目录下的文献都是关于这些经典的专门研究。"专类"系列包括："三礼总义"（是关于"三礼"以及相关礼制和礼书的综合研究）、"乐类"（是关于儒家乐教的文献）、"谶纬"（是关于群经纬书的文献）、"群经总义"（是关于数种经典的综合研究）。同时，为了突出历代石刻经典和出土文献的价值，我们还设立了"儒家石经文献"、"出土儒学文献"两类来专门讨论。

　　其次，为使各经文献的各个类型都能得到观照和评述，我们还参考郑樵《通志·艺文略》重视"类例"划分的经验，在专经文献中，再按体裁进行专题研究，如《易》类可分"传说"、"图书"、"通论"、"考证"、"专篇"等；《书》类可分"传注"、"考证"、"逸书"、"专篇"等；《诗》类可分"传注"、"考证"、"图谱"、"三家诗"、"专题"等；《春秋》类可分"传注"、"义例"、"考证"、"图谱"等等，以便于辨章学术，考镜源流。

第二章　《易》学文献

　　中国学术以儒学为中心，而易学是儒学中的重要内容。"经之大者，莫过于《易》。"① 自汉代以来，《易》为群经之首、大道之原的认识便深入人心，无论是贩夫走卒，还是卿士大夫，乃至宰执君王，都对《周易》有着浓厚的兴趣。虞世南更称："不读《易》，不可为宰相。"② 儒学要发展，往往与易学的突破有着密切关系。因此，易学是中国学术文化的重中之重，尤为学人所重视。20 世纪 80 年代以来，兴起了一波又一波的易学热，充分显示了易学在学术文化发展中的重要性。

　　《易》学文献浩如烟海，有"易林三千"之说。晋释道安就称："唯艺文之盛，《易》最优矣。"③ 宋欧阳修也说："《易》之传注比他经为尤多。"④ 元盛如梓以为"《易》解最多，或以卜筮，或以性理，然其大疑大惑，多不可晓"⑤。明杨士奇则说："五经先儒所论著者，《易》最多。"⑥ 清初朱彝尊又称："自汉以来说经者，惟《易》义最多。《隋（书）·经籍志》六十九部，《唐志》增至八十八部，《宋志》则二百一十三部。"⑦ 晚清经学家皮锡瑞则

① 《三国志·吴书·虞翻传》裴松之注引《翻别传》。

② 王应麟：《困学纪闻》卷一《易》引《易纬·坤凿度注》，并称："注者未详其人，亦天下名言也。"

③ 释道安：《二教论·儒道升降二》，载释道宣：《广弘明集》卷八，文渊阁《四库全书》本。

④ 欧阳修：《居士外集》卷一五《传易图序》，载《欧阳修全集》卷六五，中华书局，2001 年。

⑤ 盛如梓：《庶斋老学丛谈》卷上，文渊阁《四库全书》本。

⑥ 杨士奇：《东里续集》卷一六《跋·易会通》，文渊阁《四库全书》本。

⑦ 朱彝尊：《曝书亭集》卷三四《周易义海撮要序》，《四部丛刊初编》本。按：《宋史·艺文志》经部易类著录易学文献达 232 部。

说："说《易》之书最多，可取者少。"① 近人尚秉和曾感慨地说："最多者《易》解，总五经之注，不如《易》一经之多。而最难者《易》解……苟非真知灼见之士，为扬榷其是非，厘订其得失，后学将胡所适从哉？"② 易学的发展历经数千年之久，在各个历史阶段呈现出不同的主流趋势，同时也演变出多种文献形态。大体而言，先秦古易学时期，只留下了《周易》经传、出土《易》学文献及他书所录的片断；两汉经学时期，易学处于象数学的高潮，但文献大多散佚，只有借助后世的集解、辑佚著作知其大体；魏晋以至隋唐五代时期，易学玄学化，虽与佛老之学相混，但象数学仍继续发展，只是流传于今的《易》学文献仍屈指可数；宋元明时期，易学进入到宋学阶段，对汉易的象数、义理均做了很大的改造，呈现出新兴的图书学、性理学两大主流，兼容象数与义理，传世文献众多；清代易学多路发展，既有延续、发展宋易传统，又有批判宋代易图学的辨伪之作，还有融入朴学洪流，变成考据性易学者。所以，就《易》学文献的实际来看，以五代宋初为界，明显地分成了两个阶段。前一阶段，硕果仅存，流传至今的文献数量极为有限，而后一阶段，灿若繁星，数量大得难于统计。

易学融符号、图像、文字于一体，兼有辞、变、象、占四道，形象、抽象思维兼具，成为举世独有的思想文化体系，并以强大的渗透性，融贯入各类学术文化之中，在社会各阶层广泛传播、发挥。随着学术发展的大势演进，《易》学文献又有着与其他学术，尤其是与其他诸经学文献不同之处。它的特殊性就在于易学本身的辐射面过于宽广，从而形成了有别于《周易》经学文献的、十分庞杂的"易外别传"文献。同时，易外别传文献虽然仅仅占《易》学文献的十之一二，但为易学的发展注入了一定的活力，补充了一定的营养，又往往将易学的发展引入歧途，破坏了易学本身所具有的积极的学术意义。

第一节 《易》学文献的产生与经典化

《易》学文献因"三易"的出现而渐次产生，经过孔子为《易经》作传，在战国末期逐渐经典化，到西汉立五经博士，《周易》经传并称为经，最终完

---

① 皮锡瑞：《经学通论》"说易之书最多可取者少"条，中华书局，1954 年。
② 尚秉和：《易学群书平议序》，载黄寿祺：《易学群书平议》，北京师范大学出版社，1988 年。

成经典化的过程。

一、《易》学文献的产生

《易》学文献是基于《周易》经传而兴起的，而根源在《易经》。起初，《连山》、《归藏》与《周易》并称"三易"，是最早的《易》学文献。《周礼·春官·太卜》记载："太卜掌三易之法：一曰《连山》，二曰《归藏》，三曰《周易》。其经卦皆八，其别皆六十有四。"《筮人》又说："掌三易以辨九筮之名：一曰《连山》，二曰《归藏》，三曰《周易》。"桓谭《新论》则进一步记载道："《连山》八万言，《归藏》四千三百言。"[①] "《连山》藏于兰台，《归藏》藏于太卜。"[②]《连山》、《归藏》汉代犹存，《连山》亡于南北朝，《归藏》亡于唐。郑玄注《礼记·礼运》，以《坤乾》为"殷阴阳之书"，"其书存者有《归藏》"。在其《易赞》及《易论》中，郑玄又说："夏曰《连山》，殷曰《归藏》，周曰《周易》。"所以，传统以《连山》为夏代之《易》，以艮为首，有八经卦、六十四别卦，其书不传于后世；《归藏》为商代之《易》，以坤为首，也有八经卦、六十四别卦，其书于后代有传，但伪本重出，不可信据，今有王谟、洪熙煊、马国翰、任兆麟、严可均、观颒道人等多家辑本。司马迁《史记·龟策列传》明确说"夏殷欲卜者，乃取蓍龟，已则弃去之"，则夏、商两代卜、筮兼用并无疑问，《连山》、《归藏》的历史性存在是可信的。唐、宋出现的《归藏》、《三坟》书，学者多指为伪，但其文辞古朴，又往往让人疑信参半。宋代学者郑樵就偏于信，在其《通志·艺文略》中称："《连山》亡矣。《归藏》，唐有司马膺注十三卷，今亦亡。隋有薛贞注十三卷。今所存者，《初经》、《齐母》、《本蓍》，三篇而已。言占筮事，其辞质，其义古。后学以其不文，则疑而弃之。往往《连山》所以亡者复过于此矣，独不知后之人能为此文乎？……三易皆始乎八，而成乎六十四。……《连山》用三十六策，《归藏》用四十五策，《周易》用四十九策。诚以人事代谢，星纪推移，一代二代，渐繁渐文，又何必近耳目而信诸，远耳目而疑诸。"1993 年，湖北江陵王家台 15 号秦墓出土了一篇内容为"易占"的竹简，整理者命名为《归藏》。学者们通过考证，认为传世《归藏》佚文有一定的依据，同时认为王家台竹简《归藏》与《连山》佚文也有相似性。但对《归藏》的研究才刚刚起步，其中疑惑，现阶段还没有一一解决。

① 李昉等：《太平御览》卷六〇八，中华书局，1960 年。

② 虞世南：《北堂书钞》卷一〇一。

　　《周易》是西周时兴起的一部筮占之书，并逐渐取代《连山》、《归藏》乃至龟占而流行于后世，影响无与伦比。今本《周易》含《易经》和《易传》两部分，汉人以为经过"人更三圣，世历三古"而成。《易》学文献的兴起最核心点在于《易经》，《易传》也可以说是因《易经》而兴起的《易》学文献。《易经》包括六十四卦卦画、卦爻辞，而其产生又可以分成两个阶段。首先是伏羲画卦阶段。历史上关于伏羲画卦说法很多，而大致都赞同他画了八卦，也有部分人认为他还重八卦为六十四卦，但都认为他仅画了卦画，而没有文字说明，即还没有创作卦爻辞。① 宋代兴起图书易学，因《系辞传》"河出图，洛出书，圣人则之"而推衍《周易》的产生，学者们将伏羲效法河图、洛书及自然，然后画卦而形成的"易"称为"伏羲易"或"先天易"。其中以邵雍先天易学影响最大。伏羲画卦之后，在商末周初时，《易经》六十四卦卦爻辞产生了。郑玄之徒以为文王作卦爻辞，马融、陆绩等则以为文王作卦辞、周公作爻辞。顾颉刚 1929 年撰写《周易卦爻辞中的故事》一文，确认《易经》的"著作年代当在西周初叶"，实际上认可了传统的《系辞传》"《易》之兴也，其当殷之末世，周之盛德"的说法。学术界于此虽有异议，但大体上已接受了此种说法。文王、周公作卦爻辞而形成的《周易》，后世称为"文王易"或"后天易"。在《易经》产生的两个阶段上主要有八卦重为六十四卦的问题，郑玄提出神农重卦，孙盛提出夏禹重卦，而司马迁则怀疑是文王拘羑里而演成六十四卦。20 世纪"数字卦"被发现，学者们认为六十四卦非文王所重，甚至提出六十四卦先于八卦出现，根本没有八卦重为六十四卦的事。就《易经》的性质而论，学术界主要争辩于卜筮、哲理之间，甚或有历史书之说，而综合论之，《易经》大体上仍是一部卜筮书，但也蕴涵了一定的哲理，既不是一般的卜筮书，也不是一般的哲理书。

　　春秋以前，学在官府，易学亦不例外。"三易"为政教所资，主要运用于三代王室占筮活动之中，而卿大夫、太卜、巫史之属多能用之。随着占筮活动的开展，易学日渐兴起，《易》学文献也围绕着以《易经》为首的"三易"逐渐展开。"三易"之中，由于《连山》、《归藏》亡佚较早，且多有伪作之嫌，故后世研究者不多，而《周易》则因长期广泛传播，影响最

----

　　① 杜预注、孔颖达疏：《春秋左传正义》定公四年正义（阮元校刻《十三经注疏》本）称："《易》云：'伏羲作十言之教，曰乾、坤、震、巽、坎、离、艮、兑、消、息。'"朱震以为此乃郑玄之语，而王应麟《困学纪闻》卷一则以之为纬书之说。

大。平王东迁之后，"天子失官，学在四夷"①，易学渐为士大夫所掌握，不单筮官巫史能用《周易》筮占，即士大夫乃至妇人也往往能论《易》释《易》，甚至直接引用《易经》以敷人世之用，而不全待占筮，如田敬仲论崔抒娶棠姜、穆姜论元亨利贞即是显例。正所谓"礼失而求诸野"，"贤者识其大者，不贤者识其小者"，春秋战国时期的易学正可以在士大夫的论述中找到。《易经》在先秦时期称"周易"，或者单称"易"。《左传》实用《周易》十九处，而明称"周易"者就有十处，分别见于庄公二十二年，宣公六年、十二年，襄公九年、二十八年，昭公元年、五年、七年、二十九年，哀公九年。如庄公二十二年"周史有以《周易》见陈侯者"，昭公二十九年"《周易》有之，曰潜龙勿用"，哀公九年"阳虎以《周易》筮之"等。《国语》实用《周易》三处，明称"周易"者有一处，见于《晋语》。《论语》、《礼记》、《管子》、《庄子》、《战国策》、《尸子》、《荀子》、《吕氏春秋》等则多单称为《易》，不少还与《诗》、《书》等并称。除了《左传》、《国语》等著作中有解说《易经》的只言片语性易学资料外，独立完善的《易》学文献在先秦时期已经产生了。在孔子之前，韩宣子适鲁，曾见到鲁国所藏的《易象》与《鲁春秋》。《左传》昭公二年记载："晋侯使韩宣子来聘……观书于太史氏，见《易象》与《鲁春秋》，曰：'周礼尽在鲁矣！'"《易象》为何书，今已不得而知，其为《易》学文献则无疑。此后，有传为孔子所作的《易传》，还有晋代汲冢出土竹简易书。《晋书》卷五一记载道："其《易经》二篇，与《周易》上下经同。《易繇阴阳卦》二篇，与《周易》略同，《繇辞》则异。《卦下易经》一篇，似《说卦》而异。《公孙段》二篇，公孙段与邵陟论《易》。"杜预则说："《周易》上下篇与今正同，别有《阴阳说》，而无《彖》、《象》、《文言》、《系辞》。""又别有一卷，纯集疏《左氏传》卜筮事，上下次第及其文义，皆与《左传》同，名曰《师春》。'师春'似是抄集者人名也。"②《战国策·齐策四》载颜斶见齐宣王，说："是故《易传》不云乎：'居上位未得其实，以喜其为名者，必以骄奢为行。据慢骄奢，则凶从之。'"此所谓的《易传》之语并不见于今孔子《易传》之中，是先秦还有其他解释《易经》的传记文献。20世纪出土了多种先秦时期的《易》学文献。它们因《易经》而申发开来，尤以马王堆帛书《易传》之《系辞》、《二三子》、《衷》、《要》、《缪和》、《昭力》等为主。

---

① 《左传·昭公十七年》载孔子语，阮元校刻《十三经注疏》本。
② 《春秋左传正义》卷末《后序》，阮元校刻《十三经注疏》本。

二、孔子与《易传》

孔子晚而喜《易》，观"古之遗言"，而"求其德"①，以至于"韦编三绝"。《易》本用于占筮，孔子却不在意于此。他着重从义理上对《周易》加以改造与发挥，"后其祝卜"而"观其德义"，从而"与史巫同途而殊归"②。孔子将《周易》当作人生哲理书读，自称"五十以学《易》，可以无大过矣"（《论语·述而》）。他引用《周易·恒》九三爻辞"不恒其德，或承之羞"两句，结论是"不占而已矣"（《论语·子路》）。司马迁以为孔子"序《彖》、《系》、《象》、《说卦》、《文言》"（《史记·孔子世家》），作有《十翼》。唐以前学者均赞同此说，所以孔颖达在《周易正义》卷首《论夫子十翼》中说："其《彖》、《象》等《十翼》之辞，以为孔子所作，先儒更无异论。"尽管《十翼》出于孔子之手不可信，但孔子赞《易》却是事实，所以他有"后世之士疑丘者，或以《易》乎"的感慨。③ 从北宋欧阳修到清代崔述，尤其是到近、现代，以疑古派为代表，出现了大量怀疑孔子作《易传》的说法，人物众多，说法各异。事实上，《易传》各篇成书之年代、作者并不相同，但总体而论，《易传》的思想源于孔子，其中"子曰"等内容或即孔子之说，而《易传》大体上为战国时孔子后学以孔子学说为本加以创造、发挥而成的作品。其中既有记述前人遗闻的部分，有孔子门人弟子平日记录孔子讲述的部分，与《论语》情况差不多，也有后人窜入的部分。

《易传》在汉代又称《易大传》，或称引时直言《易》。谶纬学起，学者们又将《易传》称为《十翼》，当时已与《周易》本经取得同等地位，并称为经。关于《易传》各篇，孔颖达总结说："但数《十翼》，亦有多家。既文王《易经》本分为上下二篇，则区域各别，《彖》、《象》释卦，亦当随经而分。故一家数《十翼》云：《上彖》一，《下彖》二，《上象》三，《下象》四，《上系》五，《下系》六，《文言》七，《说卦》八，《序卦》九，《杂卦》十。郑学之徒并同此说，故今亦从之。"④

就《易传》的内容而言，它与《易经》既有密切联系，又有鲜明的区别。首先，《易传》是对《易经》的解释。其中《彖传》解释卦名、卦辞，《象传》

---

① 马王堆帛书：《要》，《续修四库全书》本。
② 马王堆帛书：《要》。
③ 马王堆帛书：《要》。
④ 《周易正义》卷首《论夫子十翼》，阮元校刻《十三经注疏》本。

解释卦象、卦名、爻辞，《系辞传》属通论《易经》的作品，《文言》则专门解释《乾》、《坤》二卦卦爻辞，《说卦传》包括通论《易经》及专门解说八卦之象两方面的内容，《序卦传》解说《易经》六十四卦卦序，《杂卦传》两两对举，杂陈六十四卦卦义。其次，《易传》继承了《易经》占筮象数观念，对《易经》的占筮做了理论性的解说与升华。其中以《系辞传》对大衍蓍法的解说、《说卦传》对占筮卦象的解说尤为突出。第三，《易传》更为主要的是对《易经》做了哲学义理的提升，从而使《易经》成为一部哲学理论著作，而有别于《易经》起初的筮书性质。所以，《易传》有两套语言：一是关于占筮的语言；一是哲学义理语言；并在总体上对《易经》做了理论上的系统化、规则化、哲学伦理化等改造性工作。

三、《周易》的经典化

先秦时期，《易经》被称为《周易》，或单称为《易》。西周时期，《周易》由天子的卜筮之官世守，一般人无缘接触。春秋时期，王室衰微，"天子失官，学在四夷"①，《周易》流传到了诸侯国之中，所以鲁国太史氏掌有《易象》，而孔子也能接触并解说《周易》。战国时，《周易》在民间广泛流传开来。孔子《易传》相对于《易经》而言，故称为"传"。在战国、汉初时，孔子《易传》已取得了与《易经》同等的地位。《礼记·深衣》说："故《易》曰：'《坤》六二之动，直以方也。'"此引文实出《象传》，是称《象传》为"易"。陆贾《新语·辨惑》引述称："《易》曰：'二人同心，其利断金。'"其《明诫》又引述称："《易》曰：'天垂象，见吉凶，圣人则之。'"此引文实出《系辞传》，是称《系辞传》为"易"。相较于《战国策·齐策四》称引《易传》而言，孔子《易传》与其他解《易》传记之作在地位上已有很大的不同。

"经"的本义是丝，引申为书籍。春秋战国时期，"经"乃是重要典籍的通称，诸子百家各有其经，如道家有《道德经》，墨家《墨子》有《经上》、《经下》等篇。《荀子·劝学》称："学恶乎始，恶乎终？曰：其数则始乎诵经，终乎读礼。"《庄子·天运》篇称："孔子谓老聃曰：丘治《诗》、《书》、《礼》、《乐》、《易》、《春秋》六经。"六经之称自此始。湖北荆门郭店楚墓出土竹简《六德》说："观诸《诗》、《书》则亦在矣，观诸《礼》、《乐》则亦在矣，观诸《易》、《春秋》则亦在矣。"此论六经次第与《庄子》之说全同，可以佐证战国时期确有"六经"之说。因此，《周易》被作为经来看待是在先秦

---

① 《左传·昭公十七年》，阮元校刻《十三经注疏》本。

战国时期。西汉文、景时，《诗》、《书》、《春秋》已立博士。董仲舒上"天人三策"，提出"罢黜百家，表章六经"，汉武帝采纳其说，《易》、《礼》也被增立博士，于是《易》正式被统治者确立为"经"。

第二节　易学与《易》学文献

自先秦时开始，就逐渐形成了以《周易》为核心的经、传、学三位一体的易学，并通过内容丰富、形式多样的《易》学文献呈现出来。易学自其产生开始，便伴随着学术文化的变迁而不断演变发展，《易》学文献也在这一过程中向前发展壮大，变得丰富多彩起来。根据易学及其文献演变发展的大致历史，我们可以将 20 世纪以前的《易》学文献阶段性地划分为先秦《易》学文献、汉《易》文献、宋《易》文献、清《易》文献四种。

一、先秦《易》学文献

先秦时期是易学研究的奠基阶段。随着《周易》的产生及其在王室占筮活动中的运用，卜筮易学在先秦时期显得尤为兴盛。春秋末期，以孔子为代表，卜筮易学向哲理化方向发展，而其结晶便是孔子《易传》。此后，虽然卜筮仍然广泛流行，至秦不衰，但先秦诸子学起，各家都乐于从哲理的角度来解说和运用《周易》。先秦易学，《左传》、《国语》代表的是筮占易学，而《易传》、帛书《易传》代表的则是义理易学。二者对后世影响都很大，而义理之学更成系统。清四库馆臣将先秦筮占易学作为象数学的一派，称"《左传》所记诸占，盖犹太卜之遗法"。也正是因为如此，后世学者极力研究《左传》、《国语》所记筮占之法，试图由此找寻出《周易》的本真来。

先秦《易》学文献大多不存于世，如前所述的《易象》、汲冢《易经》2篇、《易繇阴阳卦》2篇、《卦下易经》1篇、《公孙段》2篇、《阴阳说》、《师春》、《战国策·齐策四》所称《易传》、《左传》及《国语》所称引的《周易》等大多仅有其名，而难知其详。留存至今的先秦《易》学文献，主要是传世的《周易》经传，出土的马王堆帛书《周易》、帛书《易传》、上海博物馆藏楚竹简《周易》，其次是传为先秦《易》学文献的辑佚本《连山》、《归藏》、伪《子夏易传》、湖北江陵王家台秦简《归藏》等，再次是散见于《左传》、《国语》等史书古籍中的相关易学片断性文献资料，以及阜阳双古堆汉简《周易》等，此外，2008 年清华大学校友从香港文物市场辗转购得并捐赠给清华大学的战国竹简中，据说也有与《周易》有关的书籍。

上海博物馆藏楚竹简《周易》乃是 1994 年从香港古玩市场购回者，推测是从荆门郭家岗墓地盗出，为战国时楚地传本，是为古文《易》传本。其中保存了三十四卦，包括卦画、文字、符号三个部分。马王堆帛书《周易》、《易传》为汉初传本，1973 年于湖南长沙马王堆 3 号墓出土。帛书《周易》由《六十四卦》和《系辞》两部分组成，主体上与今传本《周易》接近，但《六十四卦》部分与今传本卦序不同，《系辞》部分则有佚文 2100 字及今本《说卦》第三节，还欠缺不少今本《系辞》的内容。帛书《易传》包括《二三子》、《衷》（原称《易之义》）、《要》、《缪和》、《昭力》。《二三子》是孔子弟子二三子与孔子讨论《周易》的问答。《衷》和《要》是孔子自陈的易论文字。《缪和》既有孔子自陈，也有与缪和、吕昌、吴孟、庄但、张射、李平等的易学讨论，还有以历史传说、故事印证《周易》的内容。《昭力》则是昭力与孔子讨论易学的文字。① 1977 年安徽阜阳双古堆西汉墓出土汉简《周易》，由于残缺过多，影响了对其整体面貌的认识。② 其卦爻辞后附有卜事之辞，尤为特殊，李学勤以为此乃汉初编制者。③ 清华简中与《周易》有关的书籍，现已整理出一篇，暂题为《筮法》，乃是楚国专论《周易》占筮的书，共有简 63 支，保存完好。简中附有图解，详细记载了各种“数字卦”的含义与吉凶，对研究与《周易》起源有关的商代和西周甲骨文、青铜器铭文中发现的数字易卦，很可能提供了解决的钥匙。④

《连山》、《归藏》，传为夏、商两代之《易》，桓谭称藏于兰台、太卜，而《汉书·艺文志》不著录，故后人以为伪。晋人王隐《晋书》称太康元年所盗发的汲冢书中，“古书有《易卦》，似《连山》、《归藏》文”⑤。《隋书·经籍志》不著录《连山》，而于五行类有《连山》30 卷，注云梁元帝撰。《新唐

---

① 有关情况可以参看陈鼓应主编：《道家文化研究》第三辑《马王堆帛书专号》（上海古籍出版社，1993 年）、《道家文化研究》第六辑（上海古籍出版社，1995 年）以及廖名春：《帛书〈周易〉论集》（上海古籍书店，2008 年）的有关文章。

② 中国文物研究所古文献研究室、安徽省阜阳市面上博物馆：《阜阳汉简周易释文》，《道家文化研究》第十八辑，生活·读书·新知三联书店，2000 年；韩自强：《阜阳汉简周易研究》，上海古籍出版社，2004 年。

③ 李学勤：《周易溯源》，巴蜀书社，2006 年，第 300～301 页。

④ 教育部办公厅信息处：《清华大学所藏战国竹简整理研究取得突破性成果》，《教育部简报》2010 年第 138 期。

⑤ 欧阳询：《艺文类聚》卷四〇，上海古籍出版社，1982 年。

书·艺文志》有《连山》10卷，司马膺注。《北史·刘炫传》说："时牛弘奏购求天下遗逸之书，炫遂伪造书百余卷，题为《连山易》、《鲁史记》等，录上送官，取赏而去。后有人讼之，经赦免死，坐除名。"故后人以为《连山》乃伪中之伪。《隋书·经籍志》著录"《归藏》十三卷，晋太尉参军薛贞注"，又称"《归藏》汉初已亡，案晋《中经》有之，唯载卜筮，不似圣人之旨"。郭璞在《穆天子传注》、《山海经注》中则屡引《归藏》。南朝梁太子与湘东王书称："未闻吟咏情性，反拟《内则》之篇；操笔写志，更摹《酒诰》之作；迟迟春日，翻学《归藏》；湛湛江水，遂同《大传》。"(《梁书·庾肩吾传》)说明当时确有《归藏》存在。后世所传《连山》、《归藏》，多遭学者怀疑。《左传·襄公九年》，孔颖达《正义》称"二易并亡"，"世有《归藏易》者，伪妄之书，非殷易也"。《周易正义》卷首《论三代易名》则称郑玄"三易"之说"虽有此释，更无所据之文"。马国翰《玉函山房辑佚书》、严可均《全上古三代秦汉三国六朝文》等有《归藏》辑本，其辞古朴，有如龟占，而其卦名与《周易》相似而有异，先后次序也有所不同。清顾炎武以为《左传》所说筮辞《周易》所无者，如"千乘三去，三去之余，获其雄狐"等辞，乃"三易"之法。1993年湖北江陵荆州镇王家台15号秦墓出土《归藏》竹简164支、残简230支，字数达4000有余。研究者由此出发，认为传世本《归藏》并不伪。[1]

《子夏易传》虽题名孔子弟子卜商字子夏撰，但后世公认为伪书，一说为汉韩婴所撰，一说可能是唐末人张弧所伪造，甚至认为今本《子夏易传》出于宋以后学者所伪撰，实乃伪之又伪的作品。[2] 考《史记·孔子弟子列传》，卜商子夏确实传《易》，但其易说并不可考。帛书《易传》中又有子贡与孔子论《易》，是卜商子夏也并非唯一传易学的孔子弟子。

除了以上《易》学文献外，先秦各家易说集中于史书和诸子著作中者主要有《左传》19条、《国语》3条、《战国策》1条、《论语》2条、《庄子》1条、《荀子》4条、《管子》1条、《尸子》1条、《吕氏春秋》4条、《礼记》7条。[3] 对于这些材料，学者们多所留心，汇辑成书而论之者颇多。集疏《左传》卜筮事的战国汲冢书《师春》可算是先驱，而毛奇龄《春秋占筮书》、李

<hr>

① 史善刚、董延寿：《王家台秦简易卦非"殷易"亦非归藏》一文提出不同意见，见《哲学研究》2010年第3期，复印报刊资料《中国哲学》2010年第6期。

② 陈伟文：《今本子夏易传即唐张弧伪本考论》认为易学史上并不存在张弧伪本之后的新伪本《子夏易传》，载《周易研究》2010年第2期。

③ 廖名春、康学伟、梁韦弦：《周易研究史》，湖南出版社，1991年，第11页。

道平《易筮遗占》、尚秉和《左传国语易象释》和《周易古筮考》等则是其典型代表。杨树达《周易古义》辑录先秦两汉三国时人之《周易》说、高亨《周易大传今注》书末附录一《先秦诸子之周易说》、台湾胡自逢《先秦诸子易说通考》第二章《先秦诸子易说辑存》、濮茅佐《楚竹书周易研究》第四章第一节《散见于先秦两汉等文献中的易学记载》等，更为了解和研究先秦易说提供了便利。

二、汉《易》文献

汉唐五代时期，中国学术主要是汉学的统治时期。易学作为其中的重要内容，大致也是如此。不过，两汉时期基本上就是象数易学的天下，三国时期开始兴起玄学易，并逐渐取得压倒性的优势，传统的象数易学虽有所发展，但终致于不敌，以致文献大多散佚失传。

（一）两汉《易》学文献

刘歆《移让太常博士书》称汉初"天下唯有《易》卜，未有它书"。《汉书·儒林传》则说："及秦禁学，《易》为筮卜之书，独不禁，故传受者不绝也。"《汉书·艺文志》也说："及秦燔书，而《易》为筮卜之事，传者不绝。"两汉易学接续先秦易学而向前发展，成为易学历史中一个十分重要的发展时期。由于统治者的表彰，《周易》被尊为六经之首、大道之原。四库馆臣认为汉代易学由先秦筮占易转变而成祇祥易："汉儒言象数，去古未远也，一变而为京、焦，入于祇祥。"

三国（吴）虞翻称："经之大者，莫过于《易》。自汉初以来，海内英才，其读《易》者，解之率少。"① 唐邢璹亦称："辅嗣（王弼）以先儒注《易》二十余家，虽小有异同，而迭相祖述，推比所见特殊，故作《略例》，以辩诸家之惑，错综文理，略录之也。"② 两汉循文作解的《易》学文献并不多，但泛解《周易》的文献其实并不算少。汉代《易》学文献已显得纷纭复杂，既有章句式的正统《易》学文献，又有以《易纬》为主而流于灾异的《易》学文献，更有庞杂不清的术数《易》学文献，此外还有诸子、道家易学作品。这些《易》学文献多主象数，即使是东汉古文易日兴，义理易学仍然抑而不张。大体而言，汉代《易》学文献可分为以下几类：

其一，古易及《周易》经传传本文献。西汉易学皆本田何，为孔子六传。

---

①《三国志·吴书·虞翻传》裴松之注引《翻别传》。

② 王弼著，邢璹注：《周易略例》卷首题注，《汉魏丛书》本。

田何传《易》于周王孙、丁宽、服生，以后又传杨何。丁宽传田王孙，田王孙再传给施雠、孟喜、梁丘贺，于是"《易》有施、孟、梁丘之学"。包括《易经》、《十翼》的西汉今文《周易》，题名为《易经》12篇，有施、孟、梁丘三家今文易传本，是为官方易学文本。在民间，汉代易学以费直、高相为代表，被称为费氏易、高氏易。费直传王横，高相传子康、毋将永，均未立于学官。刘向以中古文经校施、孟、梁丘易，发现只有费氏易与古文同。费直解《易》，不讲卦气与阴阳灾异，而以《易传》解经，重视义理，大概继承了汉初的易学传统。所以，西汉又有中古文及费直所传古文易传本。

其二，儒家正统易学，亦可称之为易经学。首先，汉初易学朴实无华，主义理，切人事，并不言阴阳术数，"训诂举大义而已"①。汉初儒者解说《易经》的七种《易传》，均为2篇，分别为周王孙、服光、杨何、蔡公、韩婴、王同、丁宽所作。此外有伪《子夏易传》，一说即汉韩婴所撰。其次是西汉中后期儒家学者解释《周易》的章句及发挥性《易》学文献，主要包括官学今文易学作品，民间费直、高相等的易学作品，有施雠、孟喜、梁丘贺为《易经》所作的《章句》，各2篇，又有《杂灾异》35篇、《神输》5篇图1幅、《孟氏京房》11篇、《灾异孟氏京房》66篇、五鹿充宗《略说》3篇、《京氏段嘉》12篇，又有孟喜所得《易家候阴阳灾变书》、京房《易传》与《章句》、费直《易说》2篇与《章句》4卷，以及高相《易说》、赵宾《易说》、彭宣《易传》、戴崇《易传》以及救氏《易注》等。田王孙传《易》于施雠、孟喜、梁丘贺，焦赣自言从孟喜问易，又传其学于京房，于是"《易》有京氏之学"。施、孟、梁丘、京氏四家易学立于学官，代表了西汉官方今文易学的情况。但自孟喜等人以"阴阳候"入《易》，在解《易》上注重卦象和易数的研究，并将它们与五行、节气、律吕、星象、灾异等联系起来，形成了纷繁复杂的卦气、纳甲、飞伏、互体等说，后来统称为象数易学。再次是东汉儒家的阐释发挥性《易》学文献，主要有景鸾《易说》（施氏）、彭宣《易传》（施氏）、洼丹《易通论》（孟氏）、袁京《易杂记》（孟氏）、袁太伯《易章句》（孟氏）、冯颢《易章句》（孟氏）、樊英《易章句》（京氏）、郑众《周易注》（费氏）、马融《易传》（费氏）、荀爽《易传》和《九家易解》（费

① 胡一桂：《周易启蒙翼传·中篇》（文渊阁《四库全书》本）："愚尝谓自商瞿受《易》孔子，六传兴于田何。何之学又盛于丁宽。宽师何而复师其同门之友，以受古义，可谓见善如不及者矣。然所谓《易说》三万言，不过训故大义，又曰小章句，窃意其学只是文义章句，象数之学恐非所及也。"皮锡瑞《经学通论》于《易》论中有《论汉初说易皆主义理切人事不言阴阳术数》一则。

氏）、郑玄《周易注》（费氏）、刘表《周易章句》、宋衷《周易注》等。汉代儒家正统易学作品，今传者有《京氏易传》一书，但并不完备。西汉易学以今文易学为主，东汉时期虽然今文易学仍然十分兴盛，但易学发展呈现出向古文经学转化的倾向，古文易学逐渐得势。《后汉书·儒林列传》称："建武中，范升传《孟氏易》，以授杨政，而陈元、郑众皆传《费氏易》，其后马融亦为其传。融授郑玄，玄作《易注》，荀爽又作《易传》，自是《费氏》兴，而《京氏》遂衰。"尽管如此，马融、郑玄、荀爽、陆绩等人仍主象数，发挥孟喜、京房的卦气说，并引纬书解《易》，还进一步提出爻辰、升降、互体、逸象、旁通等新的解《易》体例。

其三，儒家以外其他学派的易经学作品，包括《古五子》18 篇、《淮南道训》2 篇、《古杂》80 篇等。《淮南道训》为淮南王刘安的九位门客所撰，在思想上比较接近于道家。《古五子》，《别录》称为《易传古五子书》，自甲子至壬子，说《易》阴阳。

其四，易纬文献。西汉末期，谶纬之学开始风行，易学所受浸染十分明显，对后世易学产生了极其深远的影响。《隋书·经籍志》经部谶纬类著录《易纬》8 卷，注称郑玄注，梁有 9 卷，未注明作者与时代。《隋书·经籍志》子部五行类著录有《易通统卦验玄图》、《易通统图》等《易纬》。《旧唐书·经籍志》、《新唐书·艺文志》经部谶纬类则著录为宋均注《易纬》9 卷。这些易类纬书可能包括《后汉书·方术传》李贤注所提到的《稽览图》、《乾凿度》、《坤灵图》、《通卦验》、《是类谋》、《辨终备》，但《七略》、《汉书·艺文志》均未著录，颇遭后人怀疑。今传《易纬》有 8 种，它们是《乾坤凿度》、《乾凿度》、《稽览图》、《辨终备》、《通卦验》、《乾元序制记》、《是类谋》、《坤灵图》，多有传为郑玄所作的注文。这些《易纬》大多是辑本，并不完备，而且也未必尽出于两汉时期。清朱彝尊《经义考》于《毖纬》部分著录的《易纬》有 27 种之多，但除以上 8 种外，其余多有捕风捉影之嫌，可靠性不大。此外，朱彝尊在《易纬》后又专列一卷著录《河图洛书》类谶纬文献，多达 41 种。这类纬书虽专言符命，但宋代兴起的图书易学多与河图洛书有关，应当视之为特殊的《易》学文献。清代以来，多数学者认为《易纬》出于西汉哀、平之际，有可能出于京房后学之手。就思想内涵而言，《易纬》文献都是阴阳家的学说，宣扬汉代的天人感应思想，将《周易》重新做了哲学和占验性的解释。《乾坤凿度》称："太初而后有太始，太始而后有太素。有形始于弗形，有法始于弗法。"《乾凿度》说："《易》始于太极。太极分而为二，故生天地。天地有春、秋、冬、夏之节，故生四时。四时各有阴阳、刚柔之分，故生八卦。八卦成列，天地之道立，雷、风、水、火、山、泽之象定矣。"这就借助《周易》阐释了一套宇宙论的哲学思想。此外，《易纬》又将《易》引向神秘的征验方向。《易纬通卦验》就说道："凡《易》八卦之炁，验应各如其法度，则阴阳和，六律调，风雨时，五谷成熟，人民取昌，此圣帝明王所以致太平之术也。故设卦观象以知有亡。夫八卦缪乱，则纲纪坏败，日月星辰失其行，阴阳不知，四时易政。八卦气不效，则灾异炁臻，八卦炁应失常。"

其五，术数类《易》学文献。术数占筮在汉代十分盛行，《史记》有《日者列传》、《后汉书》有《方术传》，多记载占卜之人及事。《汉书·艺文志·术数略》著龟类著录了龟卜、占筮两类典籍，其中占筮一类包括《著书》28 卷、《周易》38 卷、《周易明堂》26 卷、《周易随曲射匿》50 卷、《大筮衍易》28 卷、《大次杂易》30 卷、《於陵钦易吉凶》23 卷、《任良易旗》71 卷及《易卦八具》等，均属易学象数范围。《汉书·艺文志·术数略》杂占类所著录的各种占书，有些可能也与《易》有关。《隋书·经籍志》，姚振宗《汉书艺文志拾补》、《后汉艺文志》，朱彝尊《经义考》等目录著作于术数、五行方面还著录有西汉焦赣、费直、京房，东汉崔篆、张满、伏万寿、许峻、何休等，包括《易林》、《周易逆刺占灾异》、《易内神筮》、《周易守林》、《周易混沌》、《周易委化》、《易新林》、《周易占》、《周易飞候》、《易杂占》、《周易律历》、《六日七分注》等二三十种《易》学文献。这些作品前后相续，其中不少易学作品显然是托名京房等人的后期文献。

其实，汉代术数类《易》学文献以《易林》为主。《易林》在占筮上有别于传统的《周易》，它由 384 爻进而发展为 2816 爻。《易林》一书，后世称为焦赣所作，但《汉书·艺文志》不著录，其中又含有东汉之史事，故备受怀疑，或疑为许峻作，或疑为崔篆作。《东观汉纪》记载："沛献王辅，永平五年京师小雨，上御云台，诏尚席取卦具自卦，以《周易卦林》占之，其繇曰：'蚁封穴户，大雨将集。'"《易林》或即《周易卦林》之简称。《隋书·经籍志》有后汉方士许峻等撰《易新林》1 卷，又梁有《易杂占》7 卷，许峻撰。《后汉书·崔骃传》载骃之祖父篆"著《周易林》六十四篇，用决吉凶，多所占验"，单以此否定焦赣作《易林》而以为即崔篆撰，亦未得其实。《隋书·经籍志》除有焦赣《易林》60 卷外，又有《周易占》12 卷，京房撰，注云"梁《周易妖占》十三卷，京房撰"；《周易守林》3 卷，京房撰；《周易集林》12 卷，京房撰，注云"《七录》云伏万寿撰"；《周易占》1 卷，张浩撰；《周易杂占》13 卷；《周易杂占》11 卷；《周易杂占》9 卷，尚广撰，注云"梁有《周易杂占》八卷，武靖撰，亡"；《易林变占》16 卷，焦赣撰；《易林》2 卷，费直撰，注云"梁五卷"；《易内神筮》2 卷，费直撰，注云"梁有《周易筮占林》五卷，费直撰，亡"；《易新林》1卷，许峻等撰，注云"梁十卷"。这些书虽托名于焦赣、京房、费直、许峻等两汉人，但未必皆是两汉人所作。流传至今，唯有焦氏《易林》一书，另有《周易占》及《周易妖占》间见引于《开元占经》，而其他诸书则无从讨论。

其六，拟易、道家《易》学文献。西汉末期出现了扬雄拟《易》而作的《太玄》。《太玄》不仅是拟《易》乃至拟经之祖，而且继承了《淮南子》、《老子指归》易说之意，以黄老学说解释《周易》。在东汉时期，出现了侯芭、张衡、崔瑗、宋衷、陆绩等多人的《太玄》注解性著作。此外，东汉末魏伯阳借《易》以论炼丹之术的《周易参同契》，广传于世，为后世道教易学开辟了道路，东汉徐从事为之注解，三国（吴）虞翻引之注《易》。

此外，后汉蔡邕主持刊刻熹平石经，自灵帝熹平四年（175）开始，至灵帝光和六年（183）完成，立石太学门外，后儒晚学，咸就取正。是为石经之开始，也是经学史上的一件大事。其中，《周易》用梁丘贺本，而参校施雠、孟喜、京房本，对后世影响甚巨。民国十一年（1922），熹平石经《周易》开始陆续发现于洛阳，马衡《集拓新出汉魏石经残字》、《汉石经集存》，罗振玉《汉熹平石经残字集录》、《续编》、《三编》、《补遗》，吴宝伟《集拓汉魏石经残字》，文素松《汉熹平周易石经残碑录》，张国淦《汉石经碑图》，方若《旧雨楼藏汉石经》，屈万里《汉魏石经残字附校录》、《汉石经周易残字集证》等多有著录、考释与研究。①

（二）三国魏晋南北朝《易》学文献

三国魏晋南北朝时期，玄学日兴，道教不断发展，佛教得到更多的传播与弘扬，易学也发生了重大变化，从两汉象数之学转而进入到了玄学易时代。《易》学文献在时代学术的大震荡、大变动中有了十分显著的重大变化。

就《易》学文献的内容而言，其变化主要表现在以下诸多方面：

其一，传统今文易学的衰亡。东汉末年，郑玄融会今古文经学，遍注群经，树立郑学，实现了经学的小一统。而郑玄、王弼《易注》的兴起，导致《易》学文献也呈现出相应的变化，解说西汉今文易的文献渐次减少，直至衰灭。东汉时费氏易兴而高氏易微，接着亡于西晋。② 西晋末年的永嘉之乱更

---

① 按：详本书《儒家石经文献》章。贾贵荣辑有《历代石经研究资料辑刊》凡八大册，北京图书馆出版社，2005年。毛远明《碑刻文献学通论》一书第三章第七节对历代石经文献的情况有较详细的分析梳理，中华书局，2009年。

② 《隋书·经籍志》。

成为《易》学文献变迁的一个分界点。陆德明称："永嘉之乱，施氏、梁丘之《易》亡，孟、京、费之《易》，人无传者，唯郑康成、王辅嗣所注行于世。"① 魏与西晋，学风已变，《易》有郑玄、王弼或王肃易学博士。② 东晋立国之初，唯有王弼易学博士。晋元帝大兴四年（321），太常荀崧奏请增置郑玄易学博士，诏许之③。晋孝武帝太元年间（376—396），始立王肃易学博士，以其界于郑玄、王肃二学之间。宋文帝元嘉二十年（443），郑玄、王弼易学两立博士。及颜延之为祭酒，贵玄学而恶象数，黜郑置王。齐武帝永明元年（483），陆澄领国子博士，始立郑玄易学。南方"礼玄双修"，北朝则笃守汉代经学传统，专崇郑玄易学，而王肃易学间行于其间，河南及青、齐之间，儒生多讲王弼之学，而师训盖寡。"至隋，王注盛行，郑学浸微"（《隋书·经籍志》）。

其二，玄学易的兴起。《周易》与《老子》、《庄子》并称"三玄"，汉末以来，易学玄学化日趋严重，出现了大量以玄学清谈解《易》的《易》学文献著作。王弼以老、庄之学解释《周易》，成《周易注》、《周易略例》等书，韩康伯继其后，续成《系辞注》。学者合而一之，形成王弼、韩康伯注本《周易》，成为《周易》注解的典范之作，被广泛传播，并作为学者进一步引申发挥的基础。魏刘邠《易注》、何晏《周易说》，晋阮籍《通易论》、嵇康《周易言不尽意论》、向秀《周易义》、孙盛《易象妙于见形论》，齐顾欢《注王弼易》、伏曼容《周易集林》，陈周弘正《周易讲疏》、张讥《周易讲疏》等皆主于玄理。玄学易在南朝得到更进一步的发展，尤其是梁代君臣共讲其学，玄学大阐。《颜氏家训·勉学篇》即说："洎于梁世，兹风复阐，《庄》、《老》、《周易》，总谓三玄。武皇、简文躬自讲论，周弘正奉赞大猷，化行都邑，学徒千余，实为盛美。元帝在江、荆间，复所爱习，召置学生，亲为教授，废寝忘食，以夜继朝，至乃倦剧愁愤，辄以讲自释。"孔颖达于《周易正义》卷首序文中也说："江南义疏十有余家，皆辞尚虚玄，义多浮诞。"考《隋书·经籍志》所列为义疏者，有宋明帝、梁武帝、褚仲都、萧子政、张讥、周弘正、何妥、刘瓛等，此外还有陆德明《义疏》20卷等。学者或以为"何晏学

---

① 陆德明：《经典释文》卷一《序录》。

② 按：王国维《观堂集林》卷四《汉魏博士考》意指王肃，余嘉锡《四库提要辨证》卷一《周易正义十卷》（中华书局，1985年）倾向于王弼。以下参考《四库提要辨证》卷一《周易正义十卷》，第1～15页。

③ 《晋书·荀崧传》；《经典释文》卷一《序录》；《晋书·元帝纪》。按：前二文言"会王敦之难，不行"，据后文则实增置郑易博士，故余嘉锡称"已为定制"。

老、庄，以文饰《易》文，实开王弼解《易》之先河。将《易》义融于清谈之中，为魏晋清谈误国之祖"①。实际上，淮南九师已启其端，而汉严遵、扬雄、向长、范升、马融、折像诸人好谈《老》、《易》，以玄学解《易》早已出现。②

其三，传统象数易学虽日渐衰落，但仍延续发展。首先是郑玄《易注》的广泛流行，并得到北朝学者的捧扬，南朝也长期流行，没有中断，直到隋代才终不敌王弼《易注》，出现浸微局面。可以说，魏晋南北朝时期解经遵从郑注的《易》学文献并不少见，而尤以北朝易学家之作为主。王朗《易传》、王肃《周易注》实传《京氏易》，而王肃与郑玄学作对，其易学也颇传于魏晋南北朝间。其次是三国吴陆绩《周易述》及《周易日月变例》、虞翻《周易注》，俱传《孟氏易》，而虞翻尤集两汉象数易学之大成，影响深远。在此期间还出现了一些著名的象数易学著作，唐李鼎祚《周易集解》一书多所采录。如董遇《周易注》，姚信《周易注》，翟玄《易义》，蜀才《易注》，干宝《周易注》、《周易爻义》、《周易宗涂》，郭琦《注京氏易》，崔浩《周易注》，卢氏《周易注》，权会《周易注》，卢景裕《周易注》，关朗《易传》等。

其四，玄学易与象数易学展开大论辩，产生了一些论辩性的《易》学文献。王应麟称："五鹿充宗与诸儒讲，而朱云折之；何晏不了九事，而伏曼容轻之；王弼训注于六爻变化、五气相推，多所摈略，而孙盛短之；周弘正于讲席辨析名理，而张讥屈之。盖其旨难明如此。"③ 易学论辩在两汉时已甚为流行，但著论者甚少，三国魏晋南北朝之时情况就有了明显的变化。王弼有《周易大衍论》、《周易穷微论》、《易辨》。钟会撰《周易无互体论》3卷，又有《周易尽神论》1卷，批驳象数。荀爽从孙荀颛反诘钟会，著《易无互体

---

① 徐芹庭：《易经源流——中国易经学史》，中国书店，2008年，第411页。

② 《陈书·周弘正传》载：梁武帝中大通年间（529—534）诏答周弘正，称"代郡范生，山阳王氏，人藏荆山之宝，各尽玄言之趣"。《后汉书·范升传》、陆德明：《经典释文序录》俱称范升，代郡人，博士，传梁丘《易》。《三国志·魏书·钟会传》及裴松之注、《经典释文》卷一《序录》俱称王弼，山阳高平人，魏尚书郎。范晔撰、李贤等注《后汉书·逸民·向长传》："向长字子平，河内朝歌人也。隐居不仕，性尚中和，好通《老》、《易》。……读《易》至《损》、《益》卦，喟然叹曰：'吾已知富不如贫，贵不如贱，但未知死何如生耳。'"陈鼓应将此类易学称为道家易学，见其所著《易传与道家思想》，三联书店，1996年；《道家易学建构》，台湾商务印书馆，2003年。

③ 王应麟：《玉海》卷三六《艺文志》。

论》。荀颛族侄荀融著《易论》，"难（王）弼《大衍义》，弼答其意"①。顾夷等也有《周易难王辅嗣义》1卷。嵇康有《周易言不尽意论》、殷融有《周易象不尽意论》。欧阳建著《言尽意论》，以驳蔡济、钟会、傅嘏等人言不尽意之论。② 孙盛作《易象妙于见形论》，与殷浩、刘惔相辩难，③ 坚决反对以老、庄玄学解释《周易》，称王弼之注"虽有可观者焉，恐将泥夫大道"④。陆咸有《周易难答论》，晋干宝则有《周易问难》。宋顾悦之有《难王弼易义》四十余条，关康之则有申王难顾，⑤ 而齐徐伯珍也有《周易问答》一书。还有不少学者虽无易学论著，但在清谈时也加入这样的论辩之中。何劭《王弼传》称："太原王济好谈，病《老》、《庄》，常云：'见弼《易注》，所悟者多。'"⑥ 冀州裴徽"才理清明，能释玄虚，每论《易》及老、庄之道，未尝不注精于严、瞿之徒"，但"数与平叔（何晏）共说老、庄及《易》，常觉其辞妙于理，不能折之"（《三国志·管辂传》注引《辂别传》）。长于术数的管辂批评何晏以玄学谈《易》"可谓射侯之巧，非能破秋毫之妙"（《三国志·管辂传》注引《辂别传》）。专精于《穀梁》之学的范宁更称王弼、何晏"二人之罪深于桀、纣"（《晋书·范宁传》）。晋纪瞻、顾荣还曾专门就太极之义展开论辩。

其五，在玄学流行、道教兴起以及佛教渗入下，还出现了佛教、道教性的《易》学文献。如道教方面有成汉道士范长生《蜀才周易注》，葛洪《周易杂占》，陶弘景《卜筮要略》、《周易林》、《易林体》、《易髓》等。佛教方面也出现一些易学作品，如《隋书·经籍志》著录有梁释法通《周易乾坤义》1卷，而孔颖达在《周易正义》卷首指出江南十余家义疏或也有部分属于此类，

---

① 《三国志·魏书·钟会传》裴松之注引何劭《王弼传》。

② 欧阳询：《艺文类聚》卷一九《言语》引。

③ 《世说新语》卷二《文学》，国学整理社辑《诸子集成》本，中华书局，1954年；《晋书·刘惔传》。

④ 《三国志·魏书·钟会传》注引孙盛语。

⑤ 《晋书·纪瞻传》；《宋书·关康之传》。按：《隋书·经籍志》载顾夷等撰《周易难王辅嗣义》1卷。余嘉锡《四库提要辨证》卷一《周易正义十卷》据姚振宗《隋书经籍志考证》，为顾夷、顾悦之、关康之合著，第2页。顾悦之，《世说新语·言语》、《晋中兴书》均作顾悦。

⑥ 《三国志·魏书·钟会传》注引何劭《王弼传》。按："悟"，萧子显《南齐书·陆澄传》同；王应麟《周易郑康成注》卷末《原跋》（文渊阁《四库全书》本）引作"误"，汤用彤于《王弼大衍义略释》一文玩其语气，以"误"为是，载汤用彤：《魏晋玄学论稿》，上海古籍出版社，2001年，第57页。

而梁武帝萧衍《周易大义》、《周易系辞义疏》、《周易讲疏》及周弘正《周易义疏》等易学著作则包含了大量的佛教教义。《周易·序卦》孔颖达称"其周氏就《序卦》以六门往摄"①，周氏之说显然是借用佛教疏义来表述《序卦》排列次第及其缘由，而所称"周氏"就是周弘正。伏曼容注《周易·蛊卦》，以为"万事从惑而起，故以蛊为事也"，更用佛教无明缘起说为解。宋人丁易东对此有清晰的认识。他说："以释氏论《易》者，若孔颖达所引江左义疏，所谓'住内住外之空，就能就所之说，斯乃义涉于释氏，非为教于孔门'是也。"② 由于玄学融会老、庄、瞿昙之义，故专门的佛教、道教《易》学文献仍然较为有限。

其六，术数易学有了新的发展变化，出现了新的术数《易》学文献。此时期的术数易学大师以魏管辂、晋郭璞最为出名。清唐晏称东汉王符、许峻、段翳"三人皆主于占验，后来管辂、郭璞皆本乎此，此为《易》之别派"③。管辂著有《易传》、《周易通灵诀》、《周易林》、《周易通灵要诀》等，郭璞则有《易洞林》、《周易新林》、《易八卦命录斗内图》、《易斗图》等。此外还有如徐苗《周易筮占》、尚广《周易杂占》等相对不知名的术数易学著作以及大量托名汉京房、焦赣、费直、许峻等的易学作品。

就形式而言，三国魏晋南北朝时期的《易》学文献也有了很多新的特色：

首先，西汉今文经学盛，大儒多墨守家法，东汉古文经学兴起，诸儒多兼容并蓄，而三国魏晋南北朝时期清谈的流行、佛教登坛讲经形式的出现影响了儒家学者的解经形式，出现了新型的集解、义疏、讲疏体《易》学文献。此类文献有《杨氏周易集二王注》、《周易马郑二王四家集解》、东晋张璠著《周易集解》。尤其是张氏之作，引述易家二十二位，成就斐然。南北朝义疏体《易》学文献出现得较多，有亡名氏《乾坤二卦集传》、亡名氏《荀爽九家集注》、王凯冲《周易注集解》、朱仰之《周易义集解》；宋徐爰《周易集注系辞》、刘彧（宋明帝）集群臣讲《周易义疏》、张该等《群臣讲易疏》；齐永明国学《周易讲疏》、刘瓛《周易系辞义疏》；萧衍（梁武帝）《周易讲疏》、《周易系辞义疏》，萧纲（梁简文帝）《易林》，萧绎（梁元帝）《周易讲疏》，伏曼容《周易集林》，朱异《周易集注》，梁蕃《周易文句义疏》，五经博士褚

---

① 《周易正义》卷九《序卦》，阮元校刻《十三经注疏》本。按：周氏或指南朝陈周弘正，尝上书《易》、佛杂糅的梁武帝，启《周易》疑义50条，并与武帝讨论乾坤2卦，所著有《周易讲疏》16卷，已佚，《黄氏逸书考》辑有佚文。

② 丁易东：《易象义》卷首《易统论上》，文渊阁《四库全书》本。

③ 唐晏：《两汉三国学案》卷二，中华书局，1986年。

仲都《周易讲疏》，五经博士贺玚《周易讲疏》，都官尚书萧子政《周易义疏》、《周易系辞义疏》，孔子祛《续朱异集注周易》；陈尚书左仆射周弘正《周易义疏》、谘议参军张讥《周易讲疏》；北魏刘肇《易集解》、北齐杜弼《系辞义疏》等。孔颖达亦谓江南义疏十有余家。

其次，出现专门注解《易》音的著作是此时期又一亮点。王肃、徐邈、李轨、袁悦之、荀柔之、徐爰、范氏、韩伯、王廙、王嗣宗、江氏等并作《周易音》，此外，薛虞有《周易音注》，沈熊有《周易杂音》。入隋、唐的陆德明著《周易释文》一书，则集其大成，流传至今，影响后世巨大，以至《周易正义》采录其文于后。

再次，不主于一一注解《周易》经传文句本身的专著性《易》学文献大量出现，是此时期《易》学文献的又一重要特色。一是义例之学的兴起，出现了探讨《周易》义例的著作，以王弼《周易略例》为代表，此外还有虞翻《周易日月变例》，孙炎《周易例》，杨乂《周易卦序》，崔觐《周易统例》，刘瓛《周易四德例》，梁蕃《周易释序义》、《周易开题义》，北齐李铉《周易义例》等。二是争辩性《易》学文献众多，包括玄学内部的争辩、玄学义理易学与象数易学的争论，主要有：王弼《易辨》，荀融《难王辅嗣大衍义》，钟会《周易尽神论》、《易无互体论》，钟毓《难管辂易义二十余事》；晋嵇康《周易言不尽意论》，殷融《周易象不尽意论》，陆咸《周易难答论》，欧阳建《言尽意论》，孙盛《易象妙于见形论》，干宝《周易爻义》、《周易问难》、《周易玄品》，顾夷等《周易难王辅嗣义》，顾悦之《难王弼易义》四十余条，范宣《周易问难》等。三是专论性《易》学文献的大量出现。东汉时王景已著有《大衍玄基》一书。《后汉书·王景传》称"（王）景少学《易》，遂广窥众书，又好天文术数之事"，"以为《六经》所载，皆有卜筮，作事举止，质于蓍龟，而众书错糅，吉凶相反，乃参纪众家数术文书、冢宅禁忌、堪舆日相之属，适于事用者，集为《大衍玄基》云"，可见此书颇有专论的性质，只是注意于术数，不纯于《易》而已。三国时，玄学兴起，崇玄的儒家学者颇借《易》以发挥其玄学思想，象数家则著论反击，出现了王弼《周易大衍论》、《周易穷微论》，晋干宝《周易爻义》、《周易玄品》，裴秀《易论》，阮籍《通易论》，向秀《周易义》，袁宏《周易谱》，舒宣《通知来藏往论》，应贞《明易论》，王济《周易义》，阮浑《周易论》，栾肇《周易象论》，庾运、张辉、杜育、杨瓒、裴藻、许遹、杨藻、张轨、范令、祖冲之等并为之《易义》，张璠《周易略论》，宋岱《周易论》，李颙《周易卦象数旨》，宋处宗《通易论》，颜（一作顾）氏《周易大衍通统》，沈熊《周易谱》，刘瓛《周易乾坤义》，李玉之《乾坤义》，释法通等《乾坤义》等众多专论性易学作品。

此外，拟《易》文献也有所增加，有晋王长文《通玄经》、北周卫元嵩《元包经》、关朗《洞极经》等作。

（三）隋唐五代《易》学文献

隋至唐初易学不一，而以义疏形式为主，南北融合趋势十分明显，如何妥《周易讲疏》兼采郑玄、王弼易学，唐初阴弘道《周易新传疏》杂采子夏、孟喜十八家之说。唐太宗诏定孔颖达《周易正义》，高宗颁之天下，悬诸令甲，而所选用注本乃王弼、韩康伯《周易注》，倡扬玄学易。王弼注独盛，郑玄易学"殆绝矣"（《隋书·经籍志》）。唐代融会易、老之风在《周易正义》颁布之后有增无减。能够通晓《易》、《老》、《庄》的侯行果、康子元、敬会真、冯朝隐不但受诏被荐举，而且获得官位及赏赐。宋儒赵汝楳从历史的角度总结说："西汉之末，向长、范升诸人好谈《老》、《易》，东都则折像，魏则何晏、王弼、裴徽，皆以玄说《易》，后至杜弼、王希夷、王绩、武攸绪辈皆好之。开元初，诏张说举通《易》、《老》、《庄》者，则《易》侪于《老》、《庄》矣。"① 中唐之后，易学才有了新的转变，李鼎祚著《周易集解》，多辑象数易学。又有东乡助《周易物象释疑》1卷，"取变卦、互体，开释言象"②。大历以后，蔡广成则以《周易》自名其学。但唐代玄学易一统天下的格局基本保持不变，象数易学仅是其中的支流余裔，而佛道、术数易学在此时期仍有一定的发展演变。总体而言，隋唐五代的《易》学文献在形式上以集注义疏、专论两种形式为主，而蔡广成《周易启源》、《周易外义》与陆希声《周易微旨》皆设问对，当从魏晋易学论辩性著作发展而来，颇富新意。

隋唐五代《易》学文献首以玄学义理为主，也略采象数易学，如孔颖达《周易正义》、《周易玄谈》，陆德明《周易文句义疏》、《周易大义》，王玄度《周易注》，薛仁贵《周易新注本义》，李淳风《周易玄义》，王勃《周易发挥》，崔憬《周易探玄》，张孤《周易王道小疏》，王隐《周易要削》，郭京《易举正》，崔良佐《易忘象》，唐玄宗《周易大衍论》，元载《集注周易》，李翱《易诠》，徐邈《周易新义》，裴通《易书》，陆希声《周易传》，邢璹《周易正义补阙》、《周易略例疏》，史徵《周易口诀义》，张辕《周易启玄》，蔡鄂《周易开玄关》，任正一《周易甘棠义》等皆是。其次是以象数为重兼采义理的易学文献，以李鼎祚《周易集解》最为著名，而何妥《周易讲疏》、阴弘道

---

① 朱彝尊：《经义考》卷一〇。
② 朱彝尊：《经义考》卷一五引《崇文总目》。

《周易新传疏》、东乡助《周易物象释疑》、毕中和《揲蓍法》都可以算入其中。此外陆德明《周易释文》、郭京《周易举正》不仅训释字音字义，而且注重校勘《周易》文句，在《易》学文献内较为独特。

术数《易》学文献在隋唐五代也有一定的优势，如赵蕤《注关子明易传》、李淳风《周易薪冥轨》、袁天纲《易镜玄要》、韦顗《易蕴解》、梁运《周易杂占筮诀文》、成玄英《易流演》、蒲乾贯《易轨》等都是突出的代表。

隋唐五代佛道盛行，佛道《易》学文献也时有所出。道士李含光有《周易义略》、王远知有《易总》、成玄英有《易流演》、玄和子有《十二月卦金诀》等。《周易参同契》在唐、五代开始受到新的重视，出现托名阴长生注本、容字号无名氏注本、后蜀彭晓《周易参同契分章通真义》等。《通志·艺文略》道家类著录《参同契》类著作 19 部 30 卷，主要反映了唐、五代时期注解、研究《参同契》的情况。佛教徒唐僧一行有《易传》12 卷、《大衍玄图》3 卷、《大衍论》及《义决》1 卷，十国吴释希觉著有《周易会释记》。此外，李通玄以易学解释《华严经》、宗密借易学以阐释弘扬佛学，后者用《十重图》论佛理，与纳甲易学颇为接近。

经南北朝隋代禁谶纬，《易纬》文献在隋代大多散佚，唐初孔颖达等作《周易正义》则略有引用，但在宋代遭到欧阳修、魏了翁等人的非议。《隋书·经籍志》说："至宋大明中，始禁图谶，梁天监已后，又重其制。及高祖受禅，禁之逾切。炀帝即位，乃发使四出，搜天下书籍与谶纬相涉者，皆焚之，为吏所纠者至死。自是无复其学，秘府之内，亦多散亡。"据宋代《中兴馆阁书目》记载，唐代还有李淳风《续注易纬》一书。①

三、宋《易》文献

在宋代儒学复兴中，易学也变生了巨大的变革，出现了以儒理、图书为主的新易学，史称宋易，大致包括了宋元明三代的易学情况。清四库馆臣说："自宋以来，惟说《易》者至夥，亦惟说《易》者多岐。"② 宋《易》文献众多而又十分复杂。

（一）两宋《易》学文献

两宋时期儒学复兴，出现"经学变古"，易学在其中扮演了重要角色，《易》学文献更是数目惊人。朱彝尊说："自汉以来说经者惟《易》义最多。

---

① 冯椅：《厚斋易学》卷末《附录》，文渊阁《四库全书》本。
② 永瑢等：《四库全书总目》卷六《御纂周易折中》提要。

《隋·经籍志》六十九部，《唐志》增至八十八部，《宋志》则二百一十三部。今之存者十之一二。"① 黄震则说："今之解《易》者满天下。"② 整体而言，宋代易学从多个角度全面改造了汉唐以来的汉易传统，形成了新的宋易风格。首先是对传统象数、义理易学的延续发展与重新研究；其次是改造传统玄学易，形成以儒学义理为内涵的新义理易学；再次是改造传统的象数易学，以图书学新面貌为主体，兼容汉代象数易学传统而形成新的图书象数易学；最后则是折中诸家，综汇众说，形成象数、义理兼容的综合派易学。宋代易学最终以程颐、邵雍、朱熹三家为著。南宋罗璧已称："近代工《易》者三家，而各不同。康节易主数，伊川易主理，晦庵易主卜筮。"③ 黄氏《朱子语类门目》则称："越千有余年，至程子而始演《易》之理，邵子而始明《易》之数，又至朱子而始推《易》之占。"④

宋代的象数《易》学文献的情况比较复杂，难于划一而论。首先是对河图洛书、太极图、先天图等易图的解说与批驳，有陈抟《易龙图》，刘牧《易数钩隐图》，李觏《删定刘牧易图序论》，周敦颐《太极图说》，邵雍《皇极经世书》，朱震《易图》，邵伯温《皇极系述》、《观物内外篇解》、《易学辨惑》，王湜《易学》，张九成《易通变》、《皇极经世索隐》、《皇极经世观物外篇衍义》，祝泌《观物篇解》，林至《易裨传》，蔡沈《经世指要》，朱熹《易学启蒙》，税与权《易学启蒙小传》，熊禾《勿轩易学启蒙图传通义》等。但宋代象数《易》学文献更多的是融会汉代象数易学与宋代图书易学，甚至包含有大量义理易学的成分，并作进一步阐释发挥。这表明，在隋唐易学基础上进一步发展起来的宋代易学，较两汉象数易学、魏晋义理易学之泾渭分明大不一样，表现得更为折中取平。经朱熹融会象数、义理之后，几乎没有哪一部易学著述不谈图书、义理者。偏重于象数的宋代综合派《易》学文献有朱震《汉上易传》、陈瓘《了斋易说》、郑刚中《周易窥余》、李纲《梁溪易传》、张浚《紫岩易传》、陈大昌《易原》、林栗《周易经传集解》、项安世《周易玩辞》、丁易东《易象论》、朱元升《三易备遗》、吴仁杰《易图说》等。另外，如沈该《易小传》、程迥《周易古占法》、都絜《易变体义》，主要以《左传》所载筮法论《易》，司马光《潜虚》、蔡沈《洪范皇极内篇》则是进一步的拟《易》之作。在进一步发展改造汉代象

---

① 朱彝尊：《曝书亭集》卷三四《周易义海撮要序》，文渊阁《四库全书》本。

② 黄震：《黄氏日钞》卷四一《读本朝诸儒理学书九·龟山先生文集》，文渊阁《四库全书》本。

③ 罗璧：《识遗》卷六《卜决疑》，文渊阁《四库全书》本。

④ 黎靖德编、王星贤校点：《朱子语类》卷首，中华书局，1994年。

数学方面，宋人在象学、数学方面都有新的成就，而且大体分化成两支。宋儒在象学方面对汉易的取象多所留意，尤其是重视卦变、互体，如李之才、朱熹等重视卦变，朱震、林栗等重视互体，丁易东更总结出取象十二例；在数学方面则重视经世数、筮数、大衍数，如邵雍《皇极经世》，蔡沈《经世指要》，张九成《易通变》、《皇极经世索隐》、《观物外篇衍义》、《翼玄》，赵汝楳《筮宗》，丁易东《大衍索隐》等，而郭雍《蓍卦辨疑》、程迥《周易古占法》、朱熹《蓍卦考误》和《易学启蒙》等都有专门的关于筮法、占法的讨论。

　　宋代的义理《易》学文献也有多方面的表现：其一，主要继承并发展玄学易传统，并作适度调整的义理《易》学文献。首先是宋初以复兴儒学为号召，力图纠正玄学易之失，而着眼点并不在全力攻击以老、庄解《易》而流于虚无之上。如王昭素《易论》、胡旦《周易演圣通论》皆如此。其后则有独立见解之士自出机杼，在探求义理上与玄学易若即若离，并无勇决之意。这方面的著作如范仲淹《易论》、李觏《易论》、苏轼《东坡易传》、刘牧《周易注》、司马光《温公易说》、欧阳修《易童子问》、王安石《易解》、耿南仲《周易新讲义》、龚原《周易新讲义》、张根《吴园周易解》、吴沆《易璇玑》、李衡《周易义海撮要》、程大昌《易老通言》、赵彦肃《复斋易说》、赵善誉《赵氏易说》、叶适《习学记言·周易》、方闻一《大易粹言》、易祓《周易总义》、李过《西溪易说》、魏了翁《周易要义》等大体皆是，而陈瓘、李纲易学多融通易、释，都絜《易变体义》虽主变体，但也多引老、庄之言以释卦爻义。此类文献大多坚持儒学立场，但包容性较强，甚至包括进一步融会三教等内容，属"宋学"而不属于"理学"、"道学"范畴的《易》学文献。其二，以儒家义理批判改造玄学易，形成儒理易学的相关文献，如胡瑗《周易口义》、周敦颐《通书》、张载《横渠易说》、程颐《伊川易传》、郭雍《郭氏传家易说》、张栻《南轩易说》、李心传《丙子学易编》、魏了翁《周易集义》等。这类文献是较为典型的理学易著。其中张载《横渠易说》开创了易学史上的气学派，在明清时期均有发扬光大其说者。① 其三，从儒理易学中派生出以史证《易》的《易》学文献，如李光《读易详说》、杨万里《诚斋易传》、李杞《用易详解》、李中正《泰轩易传》等。此派与正统理学有一定的距离，

————————

　　①　按：以上二种易学界线也不十分明确，传统上大多将其看作一派。李富孙《李氏易解剩义》卷首《自序》（《续修四库全书》本）称："易学有三派：有汉儒之学，郑、虞、荀、陆诸家精矣；有晋、唐之学，王弼、孔颖达诸家，即北宋之胡瑗、石介、东坡、伊川犹是支流余裔；至宋陈、邵之学出，本道之术，创为图说，转相授受，举羲、文、周、孔之所未及，汉以后诸儒之所未言者，附会穿凿，以自神其说。"

主要表现在解经方式方法的独特性上，甚至不排除象数成分，而司马光、程颐、朱熹等人解《易》时也或多或少使用其法，但又不完全赞成以史论《易》、引史证《易》、以史注《易》。此类易学发源甚早，帛书《易传》多有以史为论者，而郑玄、干宝之徒亦时用之。其四，虽融会易、老，而实际阐发心学的新式《易》学文献，如王宗传《童溪易传》，杨简《杨氏易传》、《己易》等。此类易学在元、明时期得到进一步发展，既有与程朱理学合流者，更有陆王心学兴起之后发明良知，乃至于入于道、禅者。其五，汉儒传《易》，经传分离。自西汉末费直以传解经，郑玄传其学，合《彖》、《象》于上下经各卦爻之下，而为之注解。王弼从之，又复取《文言》合于乾坤二卦。后儒相袭不改，以致古易原貌不明。宋儒从版本的角度考察《周易》，探索其原委，恢复其原貌，形成不少"古易学"文献，如王洙家传本《古易》、邵雍《古周易》、吕大防《周易古经》、晁说之《古周易》、郑厚《存古易》、程迥《古易考》、李焘《周易古经》、洪兴祖《易古今考异释疑》、吕祖谦《古易》、吴仁杰《古周易》、薛季宣《古文周易》、税与权《校正周易古经》、史绳祖《周易古经传□》、佚名《周易古经》等十余种。其中，吕祖谦分清卦爻辞与《十翼》之别，又于《十翼》各篇，例加"传"字，最为精审。朱熹著《周易本义》而从其说，遂为后世所重。但古易之本固有利于历史地看待伏羲、文王、孔子各时代易学之面貌，却又极不利于初学及融通易义，于是自南宋董楷以来，便将朱子《本义》各篇割裂拆散，而改从世传王弼注本《周易》各篇之次第。直至清顾炎武《日知录》始明辨其非，而恢复其原貌。

值得注意的是，宋代的图学易学本当属于术数学，但经儒家学者的改造与努力，不少内容堂而皇之地进入了正统易学著作之中，形成二者合流的趋势。与此相应，在政治学术领域中，不少宋人都好筮占。传统目录将刘牧《易数钩隐图》、朱熹《易学启蒙》列入经部，而将邵雍《皇极经世书》列入子部术数类，颇有些牵强。此外，朱熹《周易本义》的出发点是"易为卜筮之书"，但与《汉书·艺文志》等传统上以卜筮入术数的认识相悖。元戴表元对此颇有疑虑。他说："自汉儒《易林》之传绝，而士大夫一切以理谈《易》几二千年。如扬子云《太玄》、虞仲翔纳甲、关子朗《洞极》、魏伯阳《参同契》之类，往往皆古人象数之余说，而学者疑其近于历家、方士，弃不肯习。迫至近世乃有《太极》、《先天》二图，于《易》最为深密，然非濂溪、康节阐张于前，考亭朱先生尊奖于后，则二图者安知不以疑废？"[①] 宋代易学的兴

---

① 戴表元：《先天图义序》，《剡源戴先生文集》卷七，《四部丛刊初编》本。

盛还促使对《太玄》研究的繁荣，初步统计，两宋《太玄》研究著作多达 53 部。同时，宋代的易外别传文献也发生了变化，首先表现在邵雍《皇极经世书》及相关研究著作、《太玄》研究著作上，以及少量的拟《易》之作，如司马光《潜虚》、蔡沈《洪范皇极内篇》等，《宋史·艺文志》著录于子部儒家；其次是《周易参同契》研究著作，《宋史·艺文志》著录于子部道家；再次是传统式的术数易学作品，包括宋代所存前代著作，《宋史·艺文志》著录在子部五行和蓍龟类。宋代易外别传文献共约 102 种，数量仍然很大。

宋代易学家们已借鉴了目录书、陆德明《经典释文》等著录《易》学文献、梳理易学发展史，开始有意识地对易学历史、《易》学文献作梳理，对后世研究《易》学文献、易学历史提供了重要线索。这方面在恢复《古易》时的考证中有所体现；也有部分学者的专篇论述，如金君卿《传易之家》、欧阳修《传易图序》、晁说之《传易堂记》等；还有部分文献在篇末或相关部分作专卷梳理，如朱震《丛说》、李衡《周易义海撮要》卷一二《杂论》、冯椅《厚斋易学》卷末《附录》两卷《先儒著述》等皆是，而宋末元初俞琰《读易举要》卷四《魏晋以后唐宋以来诸家著述》，元胡一桂《周易启蒙翼传》中篇及外篇、董真卿《周易会通》卷首《姓氏》及《因革》，清焦循《易广记》、纪磊《汉儒传易源流》等也都继承了这一做法。此外，一些《易》学文献的序跋中也蕴涵了不少这方面的内容。

宋代佛教、道教易学都有长足的发展。道教易学方面，自道士陈抟《易龙图》出，易图学的广泛流行，特别是刘牧《易数钩隐图》、周敦颐《太极图说》、邵雍《皇极经世书》又加剧了这一趋势，如《道藏》所收佚名《周易图》就是宋代图书易学的典型著作。宋代注解《参同契》者也日渐增多，有卢天骥《参同契五相类秘要》、映字号无名氏《周易参同契注》、陈显微《周易参同契解》、储华谷《周易参同契》、朱熹《周易参同契考异》、俞琰《周易参同契发挥》和《周易参同契释疑》等。俞琰著《易外别传》，以邵雍先天图阐明丹家之旨。宋代易、老会通更为盛行，以王雱《老子解》、程大昌《易老通言》、潘殖《忘筌集》[①] 为典型代表。佛教易学方面，首先是开创图书易学的陈抟与僧人麻衣道者有紧密关系，而周敦颐师事鹤林寺僧寿涯，图书易学

① 陈来《略论诸儒鸣道集》："《忘筌集》共九十二篇，体系比较复杂，哲学思想不很明确，思想内容提要多因论《易》而发，其次是《书》及《论语》。……大体看来，他杂糅《易》、《老》为一体，有唯物主义成分，但基本倾向还是唯心主义。"载《北京大学学报》（哲社版）1986 年第 1 期。

与佛教有莫大关系。其次，许多易学家都深受佛学的影响，如程颢、程颐、苏轼、朱长文、李纲、朱熹等，不仅与佛教徒关系非同一般，而且还在解说《周易》时夹杂些佛学思想，而心学易方面，王宗传《童溪易传》、杨简《杨氏易传》和《己易》等更受到禅宗思想的影响，富有禅学气息。此外，佛教里面也有借助易学进一步完善其理论的情况。

（二）西夏辽金元《易》学文献

西夏、辽、金、元均属于少数民族建立的政权。西夏、辽的《易》学文献现今所能考见的只有 2 部：一是西夏宰相斡道冲①所著《周易卜筮断》，一是辽道宗所颁《易传疏》1 部。金代的《易》学文献也不多，可以考见的大概有 20 部，主要有赵秉文《易丛说》、《象数杂说》、《太玄笺赞》，张特立《易集说》，单沨《三十家易解》，雷思《易解》，冯延登《学易记》，吕豫《易说》，王天铎《易学集说》，袁从义《周易释略》，张氏《易解》，薛元《易解》、《皇极经世图说》，杜瑛《皇极引用》、《皇极疑事》、《极学》，杨云翼《象数杂说》，刘因《易系辞说》，金世宗译经所译《女直字译易经》，郝大通《三教入易论》等。可以看出，金代易学在集解、图书学方面颇有所长。

元朝统治时期并不长，但可以考见的易学典籍数量并不少，粗略考察有300 余部之多。吴师道也说："学者类喜言《易》，今世尤甚。"② 元代易学整体进步不大，与宋代相比，宋人通过重新阐释《周易》来阐发儒家新思想，而元代则多用宋学新思想去解说《周易》。也就是说，宋人以《周易》证成己说，而元人则是以《周易》论证宋人所提出的新说，或以宋人新说重新阐释《周易》。正因为如此，元代以阐发、折中程颐、朱熹易学，或专崇程颐、朱熹易学的著作比较多，其中大多是综合性集解、纂疏体易学著作，且多因循，较少异同。

自宋末以来，以程朱为旗帜，试图融会二家，兼采众学为其辅翼，成为易学研究的一种新趋势，如董楷《周易传义附录》、冯椅《厚斋易学》、魏了翁《周易集义》、陈友文《大易集传精义》、胡方平《易学启蒙通释》等。元代无疑在这方面走得更远，而且成果累累，如俞琰《周易集说》、李简《学易记》、胡一桂《周易本义附录纂疏》和《周易启蒙翼传》、赵采《周易程朱传义折衷》、胡炳文《周易本义通释》、董真卿《周易会通》、熊良辅《周易本义集成》、龙仁夫《周易集传》、张清子《周易本义附录集注》、梁寅《周易参

---

① "斡道冲"，《万姓统谱》又作"斡道冲"。

② 吴师道：《礼部集》卷一七《读易杂记后题》，文渊阁《四库全书》本。

义》等皆是。元吴师道对此深有感触，称："其有名为祖程朱，而夸多骋博，援引茸杂，自相矛盾不之顾；又有摭前人之所已言以为己出，架屋下之屋，不相为嫌。若是者盖不胜其纷纷焉，果何益于《易》哉？"① 明代程敏政说得更为直白："宋末、元盛之时，学者于'六经'、'四书'，纂订编缀，曰集义，曰附录，曰纂疏，曰集成，曰讲义，曰通考，曰发明，曰纪闻，曰管窥，曰辑释，曰章图，曰音考，曰口义，曰通旨，梦起猬兴，不可数计。六经注脚，抑又倍之。东山赵氏（昉）谓近来前辈著述殆类夫借仆铺面张君锦绣者。"② 此就经学整体而论，而易学又其特盛者焉。

在阐扬程朱易学方面也有不以纂疏、集注出现者，如元代易学方面成就甚高的吴澄，作为朱熹后传，著有《易纂言》、《易纂言外翼》，仍以朱学为标榜。黄泽门人赵汸著《周易文诠》，"大旨源出于程朱，主于略数而言理"。

其次，道教易学在元代有了进一步发展，出现了陈致虚《周易参同契分章注》、《大易象数钩深图》③，雷思齐《易图通变》、《易筮通变》，张理《易象图说》，鲍云龙《天原发微》，李道纯《全真集玄秘要》、《三天易髓》、《周易尚占》等道教《易》学文献。此外，李道纯、牧常晃、邓锜等道教徒都重视融会易、老。

再次，图书易学在元代也得到进一步发展，如俞琰《易图纂要》，雷思齐《易图通变》、《易筮通变》，《大易象数钩深图》，钱义方《周易图说》，保八《易源奥义》等皆是，而陈应润《周易爻变义蕴》则开始对宋代陈抟一系的图书说加以批评。元初统治者非常重视邵雍皇极经世之学，至元十六年（1279）二月，"遣使访求通皇极数番阳祝泌子孙，其甥傅立持泌书来上"（《元史·世祖本纪七》）。所以，元代阐发引申邵雍之学的著述不少，即吴澄易学也不例外，而萧汉中《读易考原》"说虽亦出于邵氏，而推阐卦序颇具精理"。清田澄之也说："易理至宋儒而大明，元人继之，诸儒一以程朱为据，而皆精通邵氏之图学及《启蒙》之筮法。其辨极微，其说綦详矣。"④ 元代专门推阐邵学的著作至少有 20 余部，但多已亡佚，今存者以朱隐老《皇极经世书解》为著。

此外，较为传统的义理易学、象数易学在元代也有所突破，如许衡《读

---

① 吴师道：《礼部集》卷一七《读易杂记后题》。
② 程敏政：《篁墩文集》卷五五《答汪金宪书》，文渊阁《四库全书》本。
③ 按：关于《大易象数钩深图》一书的作者，学术界有争论，史传有宋刘牧、郑东卿、杨甲，元张理、赵元辅诸说。
④ 田澄之：《田间易学》卷首《田间易学凡例》，文渊阁《四库全书》本。

易私言》总结易例，黄泽《易学滥觞》专重易象即是。

（三）明代《易》学文献

明代易学是宋易的继续与深入发展，但也有自己独特的成就。

明代"诸儒之治《易》者，得专肆其力于朱，丝分缕析，其业愈精"①。明代易学虽宗主程朱，但仍有力加弘扬、发展者，并不完全固守程朱之义，对《周易大全》也敢有所非议。蔡清《易经蒙引》以《本义》与经文并书，用意于阐发朱熹易学，但在文字训诂与哲学义理等方面都与《本义》之说有所异同，成为明代义理派易学的代表著作，影响较大，其后的易学著作大多援引其说。崔铣著《读易余言》，受蔡清影响，舍象数而阐义理，与朱熹《本义》颇有异同。林希元《易经存疑》羽翼程朱，而存朱子之疑。邓梦文《八卦余生》力攻程颐、苏轼二家，甚或并传文而掊击之。王恕《玩易意见》乃为札记程朱未惬于心者而成，而姜宝《周易传义补疑》遵从程朱传义而断其所疑。胡经《胡子易演》喜为新说，务与朱熹立异，而徐师曾《今文周易演义》则以阐发《本义》为主。

明代继承并发展了陆九渊、杨简的心学思想，以心学解《易》也是明代易学中颇有影响的成就之一。清四库馆臣称："明人之《易》，言数者入道家，言理者入释氏。"② 特别是到了明代后期王学兴盛后，王学末流之弊也渐浸于易学界。"明自隆（庆）、万（历）以后，言理者以心学窜入易学，率持禅偈以诂经。"③ "明自万历以后，经学弥荒，笃实者局于文句，无所发明；高明者骛于玄虚，流为恣肆。"④ 如王门弟子王畿《大象义述》以《易》为心易，即内心修养之易，借《大象传》阐发心学思想。季本《易学四同》反对朱熹四易之说，以天地自然之易及伏羲、文王、孔子之易为同，以心学阐发其说。高攀龙《周易易简说》主于学《易》以检心，而与王宗传、杨简等引《易》以归心学、禅学不同。此外，李贽《九正易因》、唐鹤征《周易象义》等都以心学思想解《易》。洪鼎《读易索隐》、薛侃《图书质疑》多主良知之学。杨时乔著《周易古今文全书》，大意在荟萃古今，而专斥心学说《易》之谬。郝敬《周易正解》、《易领》、《问易补》、《学易枝言》，高攀龙《周易易简说》、《周易孔义》等也在一定程度上对心学易持反对意见。

---

① 洪朝选：《易经存疑序》，朱彝尊：《经义考》卷五三引。
② 永瑢等：《四库全书总目》卷五《周易象旨决录》提要。
③ 永瑢等：《四库全书总目》卷六《周易传注》提要。
④ 永瑢等：《四库全书总目》卷五《易义古象通》提要。

与心学易相关的是佛、道二教易学的发展。一方面焦竑《易筌》、方时化《易引》、张镜心《易经增注》、徐世淳《易就》、苏睿《周易冥冥篇》、郑圭《易臆》、顾曾唯《顾氏易解》等以老、庄、佛经、禅学解《易》。另一方面，禅师真可《解易》、释智旭《周易禅解》等站在佛教立场上阐释《周易》，企图诱儒入禅。同时，道教易学方面有对《周易参同契》作进一步疏解者，如蒋一彪《古文参同契集解》，王文禄《参同契疏》，道士陆西星《周易参同契测疏》、《周易参同契口义》，张文龙解、朱长春笺《周易参同契解笺》，而第四十三代天师张宇初《岘泉集》卷一收录《太极释》、《先天图论》、《河图原》等篇，全真道士王道渊著《还真集》，以易图论金丹妙旨，则以图书易学阐述道教思想及炼丹原理等。

明代象数学较为发达，到明朝末年更是达到高潮。其中不仅有传统的象数解经之作，也有继承发展宋代图书易学的内容，易图学甚为流行，正所谓"言数者奇偶与黑白递相推衍，图日积而日多"①。首先是对宋代图书象数学的继承发展，韩邦奇《启蒙意见》因朱熹《易学启蒙》而阐明其学，不仅推衍邵雍易学，而且对筮占考究甚详，在象数术数学方面较有影响。明末陈际泰《周易翼简捷解》阐明河洛之学，则有救心学末流之失的用意。明代象数学派中，重象成为其中较为显著而有成就的部分。陈士元《易象钩解》认为《易》以卜筮为用，卜筮以象为宗，主张明象。熊过初读蔡清《周易蒙引》，而以其言义而不及象为不足，受杨慎鼓励，复以宋易不合而研究汉易，以象为主，解释《周易》，著《周易象旨决录》一书，成为倡导象学而与义理学斗争的著作。来知德《来氏易注》集明代象数易之大成，以阴阳错综、中爻等说解释《周易》，对宋代图书说也多有阐发，当时已推为绝学。继朱熹融会象数、义理之后，明代出现了大量明确主张即象以明理的著作，既重象数，亦重人事，如钱一本《像象管见》、魏濬《易义古象通》、陈祖念《易用》等。此外，方孔炤《周易时论合编》，黄道周《易象正》、《三易洞玑》还含有以象数与自然科学结合的成分。

明代政治环境恶劣，借注解《周易》来议论时事、抒发内心不满或愤懑的著作比较多，形成颇具时代特色的易学文献，如杨爵《周易辨录》，倪元璐《兒易内仪以》、《兒易外仪》，何楷《古周易订诂》，沈一贯《易学》，李本固《古易汇编》，郑敷教《周易广义》，钱棻《读易绪言》，程观生《四象通义》，邹德溥《易会》，马权奇《尺木堂学易志》等皆是。

---

① 永瑢等：《四库全书总目》卷六《周易传注》提要。

明代《易》学文献中也有不少以宋人恢复《古易》为基础，或用其本，或进一步纂乱经传，已失宋人求实精神，如雷乐《周易古经》、薛甲《易象大旨》、杨时乔《周易古今文全书》、刘宗周《周易古文钞》等皆是。

另外，明代为科举、时文所编纂的《易》学文献为数较多，如唐龙《易经大旨》、陈琛《易经浅说》、佚名《补斋口授易说》、姜震阳《易传阐庸》、张汝霖《易经澹窝因指》、程汝继《周易宗义》、王邦柱与江梣同纂《易经会通》、陈际泰《易经说意》、沈泓《易宪》、顾懋樊《桂林点易丹》、舒弘谔《周易去疑》、蒋时雍《易旨一览》等皆是。

明代易学的明显不足是受到科举应试与时代空疏学风的强烈影响，表现为创新不足，抄撮成分较多。明初胡广等编《周易传义大全》，取材董楷《周易传义附录》、胡一桂《周易本义附录纂疏》、胡炳文《周易本义通释》、董真卿《周易会通》，宗主程《传》、朱《义》，杂采诸家之说，汇编而成，成为明代科举考试的教材，使明人唯此书是视。"明儒者之经学，其初之不敢放轶者由于此，其后之不免固陋者亦由于此"①。清钱澄之说："明代《易》注多至数十百种，每好以意作解，近于穿凿。"②

明代《易》学文献抄撮现象自《周易大全》而外，也多有所见。如朱升《周易旁注》录元萧汉中《读易考原》，姚文蔚《周易旁注会通》仅改易朱升著作行文形式而成。叶良佩《周易义丛》采辑古今易说，而多录李衡《周易义海撮要》之文。以抄撮为功，盖亦学风所致。高启称："世教衰而博学审问之功废，学者日趋于苟简而不自止。故经有节文，史有略本，百家诸氏之书皆有纂集。以为一切速成之计，遂使义理之微不备，事变之实不详，无以淹会贯通，明其同异而辨其得失矣。此盖为学之弊，至是而极矣。"③

值得注意的是，明代出现了医易学派。医易学派的形成是在传统医学借易学论医学原理，以及宋元以来象数易学家如张行成、俞琰、张理等结合人体生理结构推衍邵雍经世之学及传统象数学的双重作用下形成的，而主要还是由医学界所推动。唐孙思邈便提出："凡欲为大医……须妙解阴阳禄命、诸家相法，及灼龟五兆、《周易》六壬，并须精熟，如此乃得为大医。"④ 明代孙一奎《赤水玄珠·医旨绪余》明确提出"不知《易》，不足以言太医"，并

① 永瑢等：《四库全书总目》卷五《周易大全》提要。
② 钱澄之：《田间易学》卷首《田间易学凡例》。
③ 高启：《凫藻集》卷二《史要类钞序》，文渊阁《四库全书》本。
④ 孙思邈：《备急千金要方》卷一《论大医习业第一》，文渊阁《四库全书》本。

作专门章节加以讨论，最终论定"生生之意，足以尽《易》"。张介宾是明代医易学派的典型代表，所著有《类经》、《类经图翼》、《类经附翼》、《景岳全书》等，多以《易》论医，尤其是《类经附翼》卷一《医易》、《河图》、《洛书》、《医易义》、《卦气方隅论》诸篇，较为系统地探讨了易医之间的关系，明确提出"医易同源"，"医易相通，理无二致"。

四、清《易》文献

清代易学有别于汉宋传统的易学，但又与之有着千丝万缕的联系。清代易学一方面延续着宋易的传统，同时又猛力地批判着宋易，尤其是清代易学以文献与考据的方式"回归"汉学，更显示出内在的汉学传统。正因为这样的学术特色，清《易》文献主要分成了宋学传统的宋《易》文献与考据特色的汉《易》文献。

清代延续宋易传统的《易》学文献数量并不少，但整体在学术上的地位与影响却并不尽如人意。这固然是时代风气使然，但也是其开新不足，尤其是在哲学内涵上没有多大进境的结果。其实，宋易经过元、明的发展，至清初已达到了历史的制高点，表现在方以智《周易时论合编》从象数的角度系统地集成了宋易的成就；王夫之《周易稗疏》、《周易内传》及《外传》诸作从哲理的高度集宋易之大成；李光地《周易折中》从《周易》经传文本阐释的角度，糅合程朱，折中诸说，在博采与取舍基础之上集宋易之大成；纳兰性德《通志堂经解》从文献荟萃、校正刊刻的角度总结了宋易。有了这样的巅峰之作，加之时势、学风的变迁，宋易的发展便停滞不前，趋于衰落。雍正以后，汉易兴起，但这并不代表此后就没有宋易方面的文献了，事实刚好相反，由于清廷提倡宋明理学，科举考试以程朱易学为宗，宋《易》文献在清代仍有市场。清代宋学派《易》学文献首先是明代遗民的《易》著，如孙奇逢《读易大旨》，张次仲《周易玩辞困学记》，王夫之《周易稗疏》、《周易内传》及《外传》，刁包《易酌》、张尔岐《周易说略》、钱澄之《田间易学》；其次是清廷主持编纂的《易》著，如傅以渐《易经通注》、牛钮《日讲易经解义》、李光地《周易折中》等；再次是清儒臣撰写的《易》著，如张烈《读易日钞》，陈梦雷《周易浅述》，李光地《周易观象》、《周易通论》，王宏撰《周易筮述》，魏荔彤《大易通解》，张英《易经衷论》，纳兰性德《合订删补大易集义粹言》，胡煦《周易函书约存》、《约注》、《别集》，程廷祚《程氏易通》、《大易择言》，杨名时《周易劄记》，朱轼《周易传义合订》，查慎行《周易玩辞集解》，陈法《易笺》，晏斯盛《学易初津》、《易翼宗》、《易翼说》，沈起元

《周易孔义集说》，王又朴《易翼述信》，任启运《周易洗心》，连斗山《周易辨画》等。

更能体现清代易学特色的是新兴的、"回归"汉易传统的朴学易。关于清代的朴学易文献，其实也有不同的发展阶段与表现形式。首先蓬勃兴起的是以宋代图书学的批判者、辨伪者身份出现的图书辨伪学文献，代表作有黄宗羲《易学象数论》，黄宗炎《周易象辞》、《图书辨惑》，毛奇龄《河图洛书原舛编》、《太极图说遗议》，胡渭《易图明辨》、张惠言《易图条辨》等，李塨《周易传注》虽主要倡导实学，但仍有一部分属于批判宋代图书先天太极之学的内容。这样的清易文献通过揭露宋代图书易学的道教、佛教渊源，剥除其先于文王、周公、孔子而出自伏羲的所谓的先天易学的神秘假面具，给予宋易以致命打击，为朴学易的发展廓清了迷雾。

随后兴起了真正代表清易朴学特色的乾嘉考据性《易》学文献。清代学者以恢复汉易原貌为宗旨，通过考据的形式，在追求文本真实上，致力于研究汉易的内涵。清初顾炎武《易本音》，毛奇龄《仲氏易》、《推易始末》、《春秋占筮书》、《易小帖》等解经注重训诂、考据，以经解经，反对宋学以己意解经，开乾嘉朴学之先河。清四库馆臣称："自明以来申明汉儒之学，使儒者不敢以空言说经，实（毛）奇龄开其先路。其论《子夏易传》及《连山》、《归藏》，尤为详核。"① 随之而起的是系统考订汉学易的著作，大致以雍正朝为转机，② 惠士奇《惠氏易说》、傅恒等《御纂周易述义》已开其端绪，而其核心代表是惠栋《易汉学》、《周易述》、《易例》诸作，在株守汉易的基础上阐述孟喜、虞翻、京房、郑玄、荀爽之说，基本恢复了汉代易学的原貌。弟子江藩继之作《周易述补》。张惠言稍于其后，专治集汉易之大成的虞翻易学，所著《周易虞氏义》、《周易虞氏消息》、《虞氏易候》、《虞氏易方》、《虞氏易礼》、《虞氏易事》、《虞氏易变表》等，有专门汉学的趋势。其《易义别录》、《周易郑氏义》、《周易荀氏九家义》、《周易郑荀义》、《易纬略义》、《读易札记》诸书围绕虞翻易学，对孟氏四家、京氏三家、费氏七家及子夏传也做了梳理，用以别其渊源同异。张氏之后有曾钊《周易虞氏义笺》、李锐《周易虞氏略例》、胡祥麟《虞氏易消息图说》、刘逢禄《易虞氏五述》、方申《易

---

① 永瑢等：《四库全书总目》卷六《易小帖》提要。

② 潘雨廷：《读易提要》卷首《易学史简介（代序）·第七章·清易》："转宋易而汉易，转机之时在雍正。宋易之终为康熙之《周易折中》，汉易之始为乾隆之《周易述义》。"

学五书》等，进一步疏释虞翻易学。又有孙星衍《周易集解》、李富孙《易解剩义》、李道平《周易集解纂疏》、曹元弼《周易集解补释》等，专门补充、发挥李鼎祚《周易集解》。姚配中、丁杰、曹元弼作《周易姚氏学》、《周易郑注后定》、《周易郑氏注笺释》等，专究郑玄易学。

乾嘉而后，清代朴学易实际上已走入末流，已逐步放弃了研究汉易内涵的宗旨，而流于恢复汉易文本，出现大批的易学辑佚文献。先是四库馆臣从《永乐大典》辑录《易》著 33 种，王谟《汉魏遗书钞》辑录《易》著 5 部，孙堂《汉魏二十一家易注》辑汉魏以来自《子夏易传》至南朝齐刘瓛《周易义疏》21 家，马国翰《玉函山房辑佚书》辑录汉唐《易》著 56 家，黄奭《黄氏逸书考》辑录《易》著 34 家，王仁俊《玉函山房辑佚书续编》辑录《易》著 24 部。今孙启治、陈建编《古佚书辑本目录》著录辑佚易类著作 248 种、谶纬类包括河图洛书及易纬著作 274 部、子部类易学 28 种，三者共 550 种，其中绝大多数为清人所辑，虽一书多有重辑，但仍可见其总量十分巨大。此外，校勘整理《易》学文献也是一个重要方面，除了四库馆臣相关《易》学文献的编修整理外，翟均廉《周易章句证异》、阮元《周易注疏校勘记》、李富孙《易经异文释》、宋翔凤《周易考异》、王树楠《费氏古易订文》、沈廷芳《周易注疏正字》等也十分出名。

清代易学著作虽多，但大半陈陈相因，人云亦云，真正既能体现清代朴学之风，又对易学有重大发展的是焦循易学诸书。[①] 焦循有《雕菰楼易学三书》，包括《易通释》、《易章句》、《易图略》，另外还有《周易补疏》、《易话》、《易广记》、《易余籥录》、《易余集》、《注易日记》等，不仅恢复汉易，而且用转注、假借之法解释经文，发明"旁通"、"时行"、"相错"诸易例，发展了汉易，是清代朴学易中最为成功的代表。

清代易学除了宋易、汉易两大方面外，易外别传类易学也有了进一步发展。首先是道教易学的明显进步。龙门派道士刘一明撰《周易阐真》、《孔易阐真》、《参同直指》、《周易注略》、《三易读法》等书，成为真正意义上的全面系统注解《周易》的道教第一人，最为著名。此外，还有李光地《参同契章句》、《参同契注》，朱元育《参同契阐幽》，陶素耜《周易参同契脉望》，纪大奎《俞氏参同契发挥五言注摘录》、《周易参同契集韵》，仇沦柱《古本周易参同契集注》，袁仁林《古文参同契注》，董德宁《周易参同契正义》，汪绂《读参同契》等众多的《参同契》类文献。其次，医易学在清代也有了进一步

---

① 潘雨廷：《读易提要》卷首《易学史简介（代序）·第七章·清易》。

发展，出现了金理《医原图说》，李雨村《医易引端》，邵同珍《医易一理》，唐宗海《医易通说》、《医易详解》，恽树珏《群经见智录》等医易学名著，影响较大。

清代的《易》学文献数量大，虽有宋易的余裔，但仍以考据为主要形式。在内容上，以批判宋代图书易、恢复汉易内涵及文本为主，但精神实质上又大有差别。他们不但剥离了宋易所谓伏羲先天易的神秘面纱，而且也抛弃了汉易的阴阳灾异、天人感应及谶纬之学，缺乏哲学上的理论探讨和政治上的经世致用，而流于纯学术性的研究，在研究方法上别树一帜。

第三节　20世纪《易》学文献

20世纪的易学已发生了翻天覆地的大变化，关键一点在于易学已从传统的经学中解放出来，《周易》经传开始被看作是普通的学术资料和史料而加以系统的研究。20世纪的易学研究运用了包括考古学、历史学、训诂学、古文字学、哲学、文学、宗教学、自然科学等各种现代学科知识，涉及的领域空前广泛，研究更为深刻细腻。20世纪的《易》学文献大体可以分为社会科学、自然科学两大类别，前者以哲学性易学研究为主，后者以科学易的形式出现。

一、晚清民国时期的《易》学文献

进入20世纪的晚清易学已走入尾声，但仍结出了硕果。清末古文经学家俞樾1906年去世，所著有《易贯》、《艮宦易说》、《邵易补原》、《易旁通变化论》、《周易互体征》、《卦气值日考》等九种易著，今文经学家廖平有《易经经释》、《易经提要》、《易经凡例》、《易经古本》附《十翼传》、《四益易说》、《易生行谱例言》、《易经古义疏证》、《上下经中外分统义证》、《序象系辞》、《易通例》、《贞悔释例》、《易象师法订正》等十数种，皮锡瑞《经学通论》首篇即《易论》。此外，清代遗老之作还有马其昶《易费氏学》、《易例举要》，马振彪《周易学说》，易顺豫《易释》，姚永朴《蜕私轩易说》，王承烈《易变释例》等，而医师唐宗海《医易通说》、恽树珏《群经见智录》则在医易研究上承先启后。清末《易》学文献还有章炳麟、刘师培、杭辛斋、尚秉和等名家之作。章炳麟没有易学专著，但章炳麟论《易经》的社会进化思想、以佛解《易》，影响很大。刘师培著有十余篇易论文章，又著《易经教科书》（为《经学教科书》第二册），受到广泛重视。杭辛斋、尚秉和都是近代易学大家，对易学象数的探讨极尽心力，发明良多。杭氏有包括《学易笔谈初集》、《学易笔谈二集》、《读易杂识》、《愚一录易说订》、《易楔》、《易数偶得》、《沈氏改正揲著法》在内的《杭氏易学七种》，融会古今中西哲学、科学，乃至宗教思想等。尚氏有《周易尚氏学》、《焦氏易林诂》、《焦氏易诂》、《周易古筮考》、《左传国语易象释》、《周易时训卦气图易象考》、《连山归藏卦名卦象考》等多种。

据《民国时期总书目》哲学卷统计，民国时期出版的易学著作有 59 部。其中包括翻刊古代易著 4 部，即重刊唐李鼎祚《周易集解》，清孙星衍《周易集解》、姚配中《周易姚氏学》、丁寿昌《读易会通》之作，又有民国时人校勘之作 3 部，即嵩山居士校阅《（铜版）易经集注》，王心湛校勘《（仿宋）易经读本》，宋陈抟著、宋邵雍述、民国秦慎安校勘《河洛理数》。这 7 部著作基本上属于古籍翻刻，鲜有民国时代的内容。又有苏渊雷《易学会通》改名《易通》而重出者，故真正算得上民国易学著作者有 51 部。事实上，民国时期的易学著述远不止于此，其中最重要的原因就是此时期的易学著述并不完全以著作的形式出现，如古史辨派的易学论述，多为单篇，而汇入《古史辨》之中。

古史辨派二三十年代的易学讨论，从文献考据辨伪的角度入手，以怀疑的眼光重新审视《周易》的一切问题，使易学经历了一次大的清洗，原本清楚的《周易》作者、制作时代、性质等观念都被质疑乃至抛弃。他们之中除了李镜池著有《周易探源》外，大多没有长期从事易学研究，也没有什么易学专著，但《周易探源》及收录在《古史辨》中的诸易学论文之影响着实非同一般。李镜池《周易探源》从疑辨的角度探讨了《周易》的作者和成书年代、《周易》的内容与性质、《易传》的作者和著作时代、《易传》解经方式方法、《易传》所说是否合于经旨诸问题。古史辨的旗手顾颉刚则有《周易卦爻辞中的故事》、《论易系辞传中观象制器的故事》等文章，论定《周易》成书于西周初年，为学界广泛认可，但对《周易》性质、《易传》作者及年代等问题的认识却争议较多。参与讨论的还有钱玄同、余永梁、陆侃如、钱穆等一大批学者的易学论文。

《周易》作为中国古代哲学著作的首要代表，长期受到学者的关注，无论是汉代的天人感应说、魏晋玄学，还是宋明理学，都借助对《周易》的阐发，提出新的哲学理论思想，以适应变化了的新形势。面临严峻的外来文化的挑战，如何重新阐释《周易》哲学，如何会通西方哲学，成为民国以来易学研究的一个重要方面。这其中既有对《周易》传统哲学的发掘，也有会通西方哲学而重新加以阐释的成分在里面。严复据易理以阐扬天演论。朱谦之著《周易哲学》（1923 年、1935 年），分发端、形而上学的方法、宇宙生命——

真情之流、泛神的宗教、美及世界、名象论等六章，认为《周易》的核心在于宇宙万物都归于浑一的"真情之流"。牟宗三《从周易方面研究中国之玄学与道德哲学》(1935 年)，依据英国哲学家怀特海的宇宙结论观点研究中国哲学，提出中国哲学有元学即形而上学、道德哲学两个系统，并讲述了汉之天人感应下的易学、晋宋的佛老影响下之易学、清胡煦的生成哲学之易学、清焦循的道哲学之易学、易理和之絜合、最后的解析等。书首还有作者导言、序文两篇及张东荪序文一篇。李登辉《中华易学补正图注》于 1935 年出版，对《周易》加图注解，并试图以现代科学知识对《周易》思想加以解释。李登辉《重新发明中华易学》也出版于 1935 年，书中糅合中西方哲学、科学、宗教、美术等思想解释《周易》。苏渊雷《易学会通》或称《会通》一书，分别于 1935 年、1944 年两次出版，影响较大。该书引用道家、佛家的学说和焦循、谭嗣同、严复、章太炎、杭辛斋，以及黑格尔、达尔文等人的论述，对《周易》思想做了新的阐发。熊十力于 1944 年撰写《读经示要》一书，也用很大的篇幅介绍了易学源流及其本人的易学观点，但他主要还是在发挥、改造传统哲学，引进西方哲学来阐释《周易》的成分并不明显。李证刚等编著《易学讨论集》收录李证刚、高涧庄、方东美、张洪之、钱叔陵、刘百闵译莱布尼兹、何行之等的易学研究会的讲演稿十篇。关麟征《周易乾坤二卦与儒墨道法兵各家学说之综合观合订本》汇集作者《周易乾坤二定义》、《儒道法兵各家学说之综合观》两篇演讲稿。石广权《学易斋易象折理观》则收录了作者《易学之哲学观》一文。唐文治《周易消息大义》出版于 1934 年，对《周易》加以考证，并对各家论述加以评论。李郁著《周易正言》，杂采诸子、理学、释氏及西方科学哲理，注意复杂而文字简约，于 1936 年刊行。

以郭沫若为代表的一批学者运用马克思主义唯物论、辩证法思想，开始从历史的角度来分析《周易》所包含的商周社会生活的历史信息。郭沫若 1927 年所作《周易的时代背景与精神生产》一文将《周易》卦爻辞作为史料，分析了殷周社会的政治、经济结构与精神生产；1935 年所作《周易之制作时代》一则论述了《周易》经传的作者和产生时代等，认为八卦是既成文字的诱导物、《周易》非文王所作、孔子与《易》并无关系，而《易》之作者当是馯臂子弓，《易传》多出自荀子之门等。由袁家骥著、于乃仁记的《讲易管窥》一书，1936 年作为"云南大学丛书"之一出版。全书分为三卷：上卷为《易》之起源与完成，分成六期加以论述；中卷为《易》之流传，分为七期；下卷为《易》之古史进化观，分为物质生活之进化、社会组织之进化、精神文化之发达等。金景芳写成于 1939 年的《易通》一书，由商务印书馆初版于 1945 年，介绍了《周易》的系统知识，还将《周易》与老子思想、唯物辩证法比较，认为《周易》是"唯物的、积极的、进步的、社会的实证哲学"，有许多说法与唯物辩证法相符合。刘钰《易经卦爻辞本事考》一书则考据卦爻辞出处。

与郭沫若以《周易》研究商周社会不同的是，胡朴安《周易古史观》（1942年）以《乾》、《坤》为《易》之绪论，自《屯》至《离》为原始时代至商末之史，自《咸》至《小过》为周初文、武、成时代之史，《既济》、《未济》为《易》之余论，将《周易》六十四卦作为史书加以全面、系统的解释，从而形成完整的《周易》古史体系。徐世大《周易阐微》（1947年）分传统说证谬、《周易》真谛、《周易》之作者、作者事迹、《周易》之研究等五章，认为《周易》为一部完整的著作，不是编纂而成的，是对"社会各方面之分析，而非卜筮之书"，颇有针对疑古派而作的味道。孔广海著《周易史论》，仍依引史证《易》之法，以史事注解《周易》，由上海明善书局于1932年刊行。

中国古代的自然科学，如数学、医学、道家炼丹等，其哲学基础多借助易学阴阳、变易等理论。随着近代自然科学的兴起，无所不包的《周易》学在传统术数等的基础上，开始与近代自然科学联系起来。民国年间出现了一批通晓近现代自然科学的易学家，因受莱布尼兹、玻尔等著名科学家对《周易》象数青睐的影响，会通近现代自然科学与易学，以易学阐释自然科学，以自然科学解释《周易》。这方面的代表作有沈仲涛《易卦与代数之定律》（1924年）及《易卦与科学》（1934年）、郑立三《易象今释音乐通古合刊》（1926年）、薛学潜《易与物质波量子力学》（1937年）及《易经科学讲超相对论》（1946年）、刘子华《八卦宇宙论与现代天文》（1940年）、马翰如《中国原子哲学》（1946年）、丁超五《科学的易》（1941年）、丁德隆《易经原理》（1948年）等。沈仲涛《易卦与代数之定律》一书以代数二项式和的三次方、六次方定律来解释《易经》的八卦和六十四卦。郑立三《易象今释音乐通古合刊》包括《易象今释》、《音乐通古》两篇。前者又名《通易九则》，阐述观物对待法、反对法、平序法、错序法、交易观物法、交互观物法、观物变化法、观物变易法、观物心法等九种易象观察方法；后者分前篇与正编，讲述音律与易卦的关系。刘厚滋《易学象数别论初衍》，论述《易》的组织、哲学、至用、研究方法，简易、变易、不易的本旨，论象、衍数、图书、申用、制器等方面，以为《易》非卜筮之书，而是一种类似"符号逻辑"的推理书等，颇有向科学方面演说的成分。薛学潜用现代数学、物理学解释《易经》，著成《易与物质波量子力学》一书，1937年由中国科学公司出版；蔡尚思主编《十家论易》时收入。全书由二十八章组成，卷首有张鸿鼎序，其次为《要略》，概述全书著作宗旨及所依据的哲学理论。第一章为导言，第二章为易方阵，第三章至第二十七章为由易方阵引出的诸种现代自然科学理论，最后一章为五度说。薛学潜于1946年又出版了该书的普及本，命名为《易经科学讲超相对论》，共分为易方阵形学、超相对论、五度时间线三卷二十四章。第一卷九章，内含引言、易方阵之解析、河图之统计力学、易方阵为球面排列、易方阵诠证、河洛数与易方阵、太极图与易方阵、易方阵引出向量理论诸方程式、易方阵引出希鲁汀格电子方程式；第二卷六章，内含乩字之解、超相对论说明空时电磁基本关系、五行大义说相对论、超相对论说明半量子数、河洛真谛、超相对论三定理；第三卷九章，含乩卍化图引出相对论基本方程式、乩卍化图引出物质波论基本方程式、五度时间线摄提物理学基本原理诸公式、超相对论摄提综合动力学、太极曲线之几何解析、太极曲线导出阴阳电子丽子中和子、太极曲线摄提普通相对论、神、宇宙本相。刘子华《八卦宇宙论与现代天文》于1939年完成，1940年作为博士论文提交给巴黎大学审查。全书将八卦的逻辑结构用于分析太阳系，以八卦配星球，得出尚存一颗还未被认证的行星的预言。马翰如作为一名中医医生，著《中国原子哲学》一书，依据《周易》的有关内容，认为《易经》不仅发明了原子弹的秘密，而且预言了原子弹的作用、效力和使用。同时，该书以《易经》的有关卦理解释中国当代的政治事件。书前有林一辉、徐乐天、张樟敬序，书末附吴澄德跋。丁超五《科学的易》又名《周易的新发现》，1941年9月由中华书局出版，1944年增修为《易理新诠》，出版于成都。全书除了对《周易》本身的起源、易学研究派别及变迁等的论述外，对易卦与数学的关系做了探讨，运用数学原理解释易理，同时以对立统一规律诠释易理，并摘录古今用数学原理论述易理以及近儒对怀疑孔子作《易传》的反证等论述数则。全书还保留有吴稚晖、孙科、邹鲁、陈立夫等人来往信函、作者序文两篇。丁德隆《易经原理》一书于1948年出版，分为易经卦爻合宇宙观之原理、易经卦爻合人生观之原理上下两编，根据太阳、月亮、地球的运行关系和地球南北极、经纬，以及变卦的循环定律，解释卦爻的原理。吴如愚《易经占卜法》以"六十四卦科学研究"名义入手，也可算作此类。

　　除了哲学的、辨伪的、自然科学式的解析《周易》外，民国时期还有一种力图结合甲骨文、金文、古文字学知识，用训诂、考订乃至白话翻译等方式注解《周易》的著作。于省吾《双剑誃易经新证》、高亨《周易古经今注》、闻一多《周易义证类纂》、杨树达《周易古义》、马衡《汉熹平石经周易残字跋》、刘节《汉熹平石经周易残字跋》，从文字学、训诂学等角度对《周易》字词文义做了新的疏解。

此外，许舜屏《易经语文解》、《易经白话解》，蒋寿同辑注大学国文自修读本《易经研究》，易县中学校编辑、林传甲评阅、连纯德校《易学进阶》等，也都对《周易》做了一些新式的注解阐释。与此类相应的还有一些综合性、普及性、通俗性的易学阐述、介绍性的著作。贾丰臻《易之哲学》1931 年初版，后收入王云五主编的《国学小丛书》中，分《易》之思想系统、《易》之哲理、《易》与占筮三章，讨论易学哲学等内容。陈柱《周易论略》先后收入《万有文库》、《国学小丛书》中，着力论述《周易》的名称、结构、文体、编纂过程，以及它所包含的科学知识等。许笃仁《周易新论》收入《国学小丛书》，论述《周易》的完成、含义、流派和词语的解释等。钱基博《周易解题及其读法》也收入《国学小丛书》中，着力于对《周易》一书的来源及对历代的易学研究作简要系统的阐述，同时对《周易》的版本加以简介，最后提出学习的方法。刘锦标《易经中正论》论述《易》之意义、卦之构成、爻的含义、与人生及中国文化的关系、六十四卦之义等。丁寿昌《读易会通》收入《国学基本丛书》，将汉儒易学与宋儒易学融会一体，再加以作者的研究，汇集成书。李果《学易丛见》收入《国学小丛书》，简述《周易》的形成及历代对《周易》的研究。吴康《周易大纲》1938 年、1941 年先后收入《国学小丛书》、《三通小丛书》之中，作为《经学大纲》的首编，除概述群经源流，又对《周易》做了简要的介绍，内容包括易释名及三易、易经传作者、易学源流、易词释例、易义总论等方面。李介侯《周易常识便读》1942 年刊，以八言韵语阐述《周易》常识。洪业、聂崇岐、李书春、马锡用编纂的《周易引得》，则是检索《周易》字词的工具书，由民国哈佛燕京学社引得编纂处编印出版。

与以上相对新颖的易学研究相较，民国时期仍有一些较为传统的《易》学文献，在研究方式、方法上与传统相对来说较为接近。张洪之《读易新纲》、碧云真人《周易讲义》、宋国宾《宫世研究》、贺勉吾《周易卦序之研究》、沈竹礽《周易易解》、陈树楷《周易补注集解》、吴汝纶《周易大义》、郑禄钟《大衍义》、黄焕钊《周易辅注》、王闿运《周易说》、但衡今《周易浅释》、高拱元《易大象集诠》、蒋维乔《周易三陈九卦释义》、周善培《周易杂卦证解》、屈怀白《纳甲解》、程启椠《雕菰楼易义》、黄元炳《易学探原》三书，以及徐昂《京氏易传笺》、《周易对象通释》、《周易虞氏学》等多是如此。

民国时期还对《易》学文献做了一次调查整理，这就是 1931 年 7 月至 1945 年 7 月编纂的《续修四库全书总目提要》。中国科学院图书馆整理出版的《续修四库全书总目提要》经部著录《易》学文献 643 种。参与整理《易》

学文献者主要是尚秉和、柯劭忞、黄寿祺、吴承仕，另外还有班书阁、傅振伦、刘启端、张寿林、刘思生、叶启勋、高润生、刘白村、奉宽、孙海波、赵录绰、韩承铎、谢兴尧等人。虽然此次整理仅撰写提要，俾存其目，但对于了解《易》学文献内容及其得失、易学源流变迁都有十分重要的参考意义。

二、新中国的《易》学文献

新中国的易学发展以改革开放为界，形成了前后不同的两个阶段，也先后兴起了数次易学热潮。整体而言，改革开放之前，易学论著相当少，主要集中在一批易学论文之上；而改革开放之后，易学著作、易学论文都呈现出爆炸式的发展，而且速度越来越惊人。

改革开放之前的《易》学文献主要集中在 20 世纪五六十年代有关《周易》形成年代、性质、哲学思想、研究的方法论等问题的讨论文献上。当时参与讨论的主要有冯友兰、任继愈、李镜池、高亨、汤鹤逸、繁星、李景春、高文策、庄天山、刘先枚、刘泽华、刘蕙孙、朱谦之、沈瓞民、黄卓明、方鼍、阎长贵、关锋、林聿时、东方明、以东、董治安、曹维源、林杰、王明、平心等学者，共发表论文六十余篇，《哲学研究》、《文史哲》等报刊甚至开辟易学讨论的专栏。专著方面主要有李景春于 1961 年、1962 年分别出版的《周易哲学及其辩证法因素》及其《续篇》，从而引起关于《周易》研究方法的大讨论。此外，有高亨《周易杂论》、《周易大传今注》，李镜池《周易探源》，熊十力《乾坤衍》、《体用论》等。虽然这些易学讨论性文献观点各异，但都试图以马克思、列宁主义的思想理论去重新解说《周易》，并从《周易》中找出唯物主义、辩证法等“合理内核”来。

改革开放之后，大陆的《易》学文献数量甚多。初步统计《全国总书目》哲学等类所录各年出版的易学著作：1977 年、1978 年、1979 年、1983 年，每年仅 1 部；1980 年、1981 年、1982 年、1985 年，每年仅 2 部；1984 年 4 部，1986 年 9 部，1987 年 7 部；而 1988 年 17 部，1989 年 42 部，1990 年 69 部，1995 年 27 部，1997 年 26 部，2000 年 21 部。在此期间值得关注的《易》学文献包括：(1) 有关易学讨论的文献，1984 年、1987 年分别在武汉、济南召开了大规模的《周易》学术讨论会，成立中国周易研究会，不但有会议论文结集出版，如唐明邦等编《周易纵横录》，而且还由山东大学周易研究中心创办了《周易研究》杂志，使易学讨论与研究有了相对固定的阵地。此后易学会议此起彼伏，规模越来越大，易学教学、科研等组织也越来越多。先后出现有刘大钧主编《大易集成》、《大易集要》、《大易集述》、《象数易学研究》，朱伯崑主编《国际易学研究》，段长山主编《周易与现代化》等论文集及辑刊。（2）出土《易》学文献研究。改革开放以后，关于出土《易》学文献的讨论是易学研究中的显著热点，相关文献逐年增多。20世纪70年代，张政烺及张亚初、刘雨等已开始对甲骨上的"数字卦"进行研究，由此引发了广泛的"数字卦"的讨论。1973年长沙出土马王堆帛书《周易》，不仅有六十四卦，还有《系辞》、《二三子》、《衷》、《要》、《缪和》、《昭力》等多篇传文，随着材料的逐步公开，引发了学术界的大讨论，出版有《马王堆帛书六十四卦释文》、邓球柏《帛书周易校释》和《白话帛书周易》、张立文《周易帛书注译》、邢文《帛书周易研究》、韩仲民《帛书说略》和《道家文化研究》专辑帛书易传原文及讨论文集等。此外，1977年安徽阜阳双古堆西汉墓出土《周易》残简、上海博物馆藏楚竹简《周易》等也成为出土《易》学文献研究的一个重要方面。（3）关于易学哲学及易学史研究的文献，具代表性的主要有：朱伯崑《易学哲学史》，李学勤《周易经传溯源》，吕绍纲《周易阐微》，张立文《周易思想研究》，徐志锐《两宋易学史》、《宋明易学概论》，余敦康《内圣外王的贯通：北宋易学的现代阐释》，唐力权《周易与怀德海之间：场有哲学序论》，刘大钧《周易概论》，萧汉明《船山易学研究》，宋祚胤《周易新论》，周山《易经新论》，李廉《周易的思维与逻辑》，廖名春、康学伟、梁伟弦合著的《周易研究史》，林忠军《象数易学发展史》，王兴业《三坟易探微》，刘玉建《两汉象数易学研究》，李申《话说太极图》、《易学与易图》、《易图考》，谢维扬《至高的哲学：千古奇书周易》，郑万耕《易学源流》，卢央《京房评传》，唐明邦《邵雍评传》等等。另外还有钱世明《易林通说》、王赣《大衍新解》等研究焦氏《易林》，郑万耕《扬雄及其太玄》、刘韶军《太玄大戴礼研究》、郑军《太极太玄体系：普适规律的易学探奥》等研究扬雄《太玄》，周士一和潘启明《周易参同契新探》、赵春明《周易参同契研究》、潘启明《周易参同契通析》等研究《周易参同契》之作。（4）关于《周易》经传研究方面的文献。数量较多，多以译注方式出现，具有普及之意，而学术性强、有影响力的主要有：李镜池《周易通义》、金景芳《周易讲座》、金景芳与吕绍纲合著《周易全解》、宋祚胤《周易译注与考辨》、徐志锐《周易大传新注》、黄寿祺与张善文合著《周易译注》、唐明邦《周易评注》、周振甫《周易译注》、潘雨廷《周易表解》、刘大钧和林忠军《周易古经白话解》及《周易传文白话解》、徐子宏《周易译注》、袁庭栋《周易初阶》、王骥《易经注译》、王赣等《古易新编》、钱世明《易象通说》等，郑万耕《太玄校释》、刘韶军《太玄校注》等则是对《太玄》的新注译。另外，黎子耀《周易秘义》、《周易导读》及李大用《周易新探》以《周易》为史书；黄玉顺《易经古歌考释》认为六十四卦皆引用了古歌；宋祚胤《周易经传异同》论《周易》经传之异，也属于此类文献。（5）关于科学易文献，涉及方面很多，除综合性论述外，医易学成为改革开放后研究的一个重点。这方面的代表性著作，综合性的有：沈宜甲《科学无玄的周易》、董光璧《易学与科技》及《易学科学史纲》、邬恩溥《周易：古代中国的世界图式》、江国樑《周易原理与古代科技》、丘亮辉等《周易与自然科学研究》、李树菁等《周易与现代自然科学》、徐道一《周易与当代自然科学》及《周易科学观》等；医易学方面的有：杨力《周易与中医学》、余先莹及余良《易与生命奥妙：医易相关探秘》、武晋和王永生《周易百题问答：周易与中医气功》、吕嘉戈《易经新探：易之数理及医易同源的启示》、刘杰和袁峻《中国八卦医学》、邹学熹和邹成永《中国医易学》、黄自元《中国医学与周易原理：医易概论》、麻福昌《易经与传统医学》、张其成《易医文化与应用》、刘长林《易学与养生》等；《周易》与数学方面的有：董光璧《易图的数学结构》、焦蔚芳《周易宇宙代数学》、欧阳维诚《周易新解》及《周易的数学原理》、顾明《周易象数图说》、何世强《易学与数学》、罗翔重《易经象数学概论》、刘振修《周易与中国古代数学》等。（6）其他方面的《易》学文献数量也不少，包括《周易》与其他社会科学，或称人文易学。如张善文《周易与文学》、刘纲纪和范明华《易学与美学》、詹石窗和连镇标《易学与道教文化》、邹学熹《易学与兵法》、从希斌《易经中的法律现象》、姜国柱《周易与兵法》等；《周易》与管理应用科学，如程振清和何成正《周易·太极思维与现代管理》、张建智《易经与经营之道》、郭俊义和刘英《易经应用大观》等；主编易学辞典，如张善文《周易辞典》、吕绍纲《周易辞典》、萧元《周易大辞典》、张其成《易学大辞典》、任华《周易大辞典》、朱伯崑《易学知识通览》、张其成《易经应用大百科》等；此外还有易学与建筑，如韩增禄《易学与建筑》等；易学占筮预测研究，如蓝允恭《太极思维与预测》等，名目繁多，领域广泛。

　　1949年以后，台湾的易学也有了长足的发展，《易》学文献数量也相当丰富。① 首先，20世纪60年代，台湾兴起易学与科学关系的论战，出现了大量赞

---

① 按：台湾学者赖贵三主持有《台湾易学史》的专题研究，其《台湾易学史考述初探》（台北："国立"台湾师范大学国文学系《国文学报》第33期，第1～36页，2003年6月）及《台湾易学史》（台湾里仁书局，2005年）对整个的台湾易学历史概况有整体考述，可资参考。

同科学易与否定科学易的讨论性文献。此次讨论因薛学潜《超相对论》一书于1964 年以《易经数理科学新解》为名再版于台湾而引发，参与讨论的有魏凌云、李霜青、徐芹庭、翁和毓、陶龙、李世元、劳国辉等易学家、自然科学研究的学者和学生等。1987 年后，台湾的《易》学文献激剧增长。1980 年，台湾有了易学研究定期刊物《中华易学》。学易出版社专业出版《易学研究丛书》。台湾在《周易》经传、《周易》哲学、易学史、科学易等多方面都有突出成就。《周易》经传研究方面代表性易学著作有：屈万里《先秦汉魏易例述评》、《汉石经周易残字集证》、《周易集释初稿》等，高明《易象探源》、《读易随笔》、《周易研究》，黄沛荣《易学乾坤》、《周易彖象传义理探微》，南怀瑾《易经演讲论集》、《易经系辞新解》、《周易今注今译》，戴琏璋《易传之形成及其思想》，戴君仁《读易》，黄高宪《黄寿祺论易学》，刘慧孙《周易曲成》等；《周易》哲学思想研究方面代表性《易》著有牟宗三《周易的自然哲学与道德涵义》，高怀民《大易哲学论》、《邵子先天易哲学》，严灵峰《易学新论》，徐芹庭《易经详解》、《易经深入》，唐华《中国易经进化哲学原理》，李焕明《易经的生命哲学》，陈瑞龙《周易与适应原理》等；易学史研究方面代表性著作有：赖贵三《焦循雕菰楼易学研究》，高怀民《先秦易学史》、《两汉易学史》、《宋元明易学史》，徐芹庭《易学源流》、《易图源流》，简博贤《魏晋四家易研究》，黄庆萱《魏晋南北朝易学书考佚》等；科学易方面代表性的文献有陈立夫《易学应用之研究》、江公正《周易新研究》、曾子友《莱布尼兹与易经》等；综合并系统性研究易学的代表性著作有：江国樑《易学研究基础与方法》等。

民国以来《易》学文献的情况，以台湾学者林庆彰主持编纂的《经学研究论著目录》(1912—1987 年)、(1988—1992 年)、(1993—1997 年)、《日本研究经学论著目录》(1900—1992 年)等最能说明问题。其分类的具体情况也反映出了这一时期《易》学文献的纷繁复杂情况，具体见下文所论《易》学文献分类。

第四节　《易》学文献的数量与分布

一、《易》学文献的总量调查

历代《易》学文献众多，分布在经史子集各部之中，而其存佚情况也起伏不定。大致而言，宋代以前留存的《易》学文献寥寥无几，屈指可数，而自宋代开始，《易》学文献留存的数量逐渐增多。由于文献的具体情况如版本、篇卷、分合、流传方式等问题比较复杂，要做一个具体有效而又可靠的数量统计很难实现。

（一）历代《易》学文献的著录

1. 先秦两汉

先秦《易》学文献数量较少，主要著录在《汉书·艺文志》、《经典释文序录》、《隋书·经籍志》、《汉书艺文志拾补》、《经义考》之中。20世纪出土的先秦《易》学文献，多为文物出版社出版。

西汉《易》学文献首先有刘向《别录》、刘歆《七略》的著录。二书虽佚，但班固《汉书·艺文志》据刘歆《七略》而成，对西汉《易》学文献著录较为完备。东汉《易》学文献则缺乏当时国家藏书的记载，虽有《东观新记》和《仁寿阁新记》著录两地政府藏书，但后多损失，直到魏秘书监郑默就东汉秘书监的藏书简目编成《魏中经簿》，西晋秘书监荀勖复因《中经》更撰《新簿》，著录了当时流传的东汉、三国易学典籍。刘珍等编撰《东观汉记》没有《艺文志》，晋秘书监袁山松虽撰有《后汉书·艺文志》，但仅有阮孝绪《七录序》、《古今书最》著录其书。南朝梁刘昭为范晔《后汉书》补《续汉书》八志，在序中批评袁山松《后汉书·艺文志》"加艺文以矫前弃，流书品采自近录，初平、永嘉图籍焚丧，尘消烟灭，焉识其限，借南晋之新虚（墟），为东汉之故实，是以学者亦无取焉"①。可见，东汉《易》学文献经过初平（190—193）、永嘉（307—312）两次大火，丧失殆近，袁山松《后汉书·艺文志》所凭借的是《魏中经簿》、《中经新簿》等"近录"，并不是反映东汉现实藏书的目录。虽多经损、佚，两汉《易》学文献还是有《隋书·经籍志》、陆德明《经典释文序录》等做了较全面的著录，唐宋公私书目也有一定的补充，而宋王应麟《汉书艺文志考证》、清朱彝尊《经义考》、姚振宗《汉书艺文志拾补》和《后汉艺文志》、曾朴《补后汉书艺文志》、钱大昭《补续汉书艺文志》、顾櫰三《补后汉书艺文志》、侯康《补后汉书艺文志》则做了深入的考订补录，使我们可以借助它们对两汉《易》学文献有较为全面的认识和了解。

两汉《易》学文献绝大部分已经散佚，佚文主要由唐李鼎祚《周易集解》保存下来，清孙堂《汉魏二十一家易注》、马国翰《玉函山房辑佚书》、黄奭《汉学堂丛书》等多有辑佚。大体而言，西汉《易》学文献较东汉稍多，东汉《易》学文献不仅比西汉数量少，而且多出于东汉末期。

---

① 刘昭：《后汉书注补志序》，载《后汉书》第12册末。

2. 三国魏晋南北朝

三国魏晋南北朝《易》学文献集中著录于《隋书·经籍志》、《经典释文序录》之中。隋以后，刘昫等《旧唐书·经籍志》，宋祁、欧阳修等《新唐书·艺文志》，脱脱等《宋史·艺文志》，郑樵《通志·艺文略》，晁公武《郡斋读书志》，尤袤《遂初堂书目》，陈振孙《直斋书录解题》，王应麟《玉海·艺文》，马端临《文献通考·经籍志》，焦竑《国史经籍志》，朱睦㮮《授经图义例》等也有类似的著录，还有一定的补充。清代除有马国翰等辑佚之作外，朱彝尊《经义考》、侯康《补三国艺文志》、姚振宗《三国艺文志》、黄逢元《补晋书艺文志》、吴士鉴《补晋书经籍志》、秦荣光《补晋书艺文志》、文廷式《补晋书艺文志》、丁国钧撰及丁辰注并撰刊误《补晋书艺文志》及《补遗》和《附录》、张鹏一《隋书经籍志补》等都对此阶段《易》学文献有所考订补充。20世纪，徐崇《补南北史艺文志》、聂崇岐《补宋书艺文志》、陈述《补南齐书艺文志》、李正奋《补后魏书艺文志》、朱祖延《北魏佚书考》、黄庆萱《魏晋南北朝易学书考佚》等也做了一定的考订。

其实，曹魏时秘书郎郑默编《魏中经簿》、西晋秘书监荀勖因《中经》更撰《新簿》，著录了当时流传的汉魏易学典籍。永嘉之乱后，书籍散佚，东晋著作郎李充编《晋元帝四部书目》，著录晋室东渡以后残存的易学典籍。其后，秘书丞王谧等又编成《义熙四年秘阁四部目录》。南朝宋秘书监谢灵运撰《宋元嘉八年秘阁四部目录》、永徽元年（473）秘书丞王俭撰《宋元徽元年四部书目录》，王俭入齐又撰《七志》，齐王亮、谢朓编《齐永明元年秘阁四部目录》，梁学士刘孝标及祖暅编《梁天监四处文德殿正御四部及术数书目录》、梁殷钧撰《梁天监六年四部书目录》、处士阮孝绪编《七录》，陈末陆德明有《经典释文序录》，北魏秘书丞卢昶撰《甲乙新录》，隋有《四部目录》、《香厨目录》及秘书丞许善心编《七林》、《大业正御书目录》等官方藏书目录都著录了三国魏晋南北朝时期的《易》学文献。

高明称："考是期（魏晋南北朝）易学著作之见于载籍者，凡一百四十九部，今存者仅王弼《周易注》、韩康伯《系辞传注》及阮籍《通易论》三书而已（引者按：另有王弼《周易略例》）。清人辑其遗佚，乃得见其崖略。如张惠言《易义别录》、孙堂《汉魏二十一家易注》、马国翰《玉函山房辑佚书》、黄奭《汉学堂丛书》等，相继辑集，所得甚夥；然诸家之所未辑、漏辑、误辑、赘辑及误次者，亦触目皆是。"[1] 今有黄庆萱《魏晋南北朝易学书考佚》

---

① 高明：《高序》，载黄庆萱：《魏晋南北朝易学书考佚》卷首，台北：幼狮文化事业公司，1975年。

一书，补诸家之不足，而益以释慧林《一切经音义》，所辑为多，而所考有：魏董遇《周易章句》、王肃《周易注》、何晏《周易解》，晋向秀《周易义》、邹湛《周易统略论》、杨义《周易卦序论》、张轨《周易义》、张璠《周易集解》、干宝《周易注》、王廙《周易注》、黄颖《周易注》、孙盛《易象妙于见形论》、桓玄《周易系辞注》，南朝宋荀谚《周易系辞注》，齐顾欢《周易系辞注》、明僧绍《周易系辞注》、沈麟士《易经要略》、刘瓛《周易乾坤义》及《周易系辞义》，梁萧衍《周易大义》、伏曼容《周易集解》、褚仲都《周易讲疏》、陈周弘正《周易讲疏》、张讥《周易讲疏》，北魏刘昞《周易注》、姚规《周易注》、崔觐《周易注》、傅氏《周易注》、卢氏《周易注》28 家 29 部易著，而其末则附有《魏晋南北朝易学书目》，共 119 家 149 部。

3. 隋唐五代

隋代《易》学文献主要著录于《隋书·经籍志》之中，所依据的是《隋大业正御书目录》。不过，其序自谓"其旧录所取，文义浅俗，无益教理者，并删去之。其旧录所遗，辞义可采，有所弘益者，咸附入之"，所以《隋书·经籍志》著录并不完备。清姚振宗撰《隋书经籍志考证》，广征古籍，以补其阙遗，此外张鹏一《隋书经籍志补》、杨守敬《隋书经籍志补证》、李正奋《隋代艺文志》也有所补证。

唐开元年间，马怀素、元行冲、褚无量等编《开元群书四部录》，其后毋煚编《古今书录》，对《群书四部录》加以修正、补充和简化，对天宝以前唐代易学典籍做了较为详细的著录。五代时，刘昫撰《旧唐书·经籍志》，节录《古今书录》，于天宝以后著述，"不欲杂其本部"，而附于《旧唐书》著书人传记之中。北宋宋祁、欧阳修等撰《新唐书·艺文志》，以《古今书录》、《开元四库书目》为基础，补充了《旧唐书·经籍志》没有著录的天宝以后的唐人著述，又增补了《旧唐书·经籍志》所未收的开元以前的著作，并注明哪些书为增补之书。据《旧唐书·经籍志》、《新唐书·艺文志》所录，则唐人所著与唐代官府所藏《易》学文献大致具备。宋代目录如《崇文总目》、《通志·艺文略》、《玉海·艺文》等，也著录了一些唐代易学典籍，可资参考。

五代《易》学文献为宋代公私书目所著录，清顾櫰三《补五代史艺文志》、宋祖骏《补五代史艺文志》及今人汪振民《补南唐艺文志》、唐圭璋《南唐艺文志》、杜文玉《南唐艺文志》、冯晓庭《五代十国的经学》①、张兴

---

① 冯晓庭：《五代十国的经学》，载彭林编：《经学研究论文选》，上海书店出版社，2002 年。

武《五代艺文考》更有所考订。①

在玄学易独尊的大环境下，唐代易学并不兴盛。虽然《旧唐书·经籍志》、《新唐书·艺文志》著录《易》学文献有一百余种，而除去前代之作外，真正属于唐人作品的并不多，结合《经义考》等书的著录，唐代《易》学文献约在五六十种之间。五代时间短暂，《易》学文献数量不多。

4. 宋代

宋代国史皆有艺文志，《宋史·艺文志》直接取材于吕夷简、宋绥等编《三朝国史艺文志》（太祖、太宗、真宗三朝）、《两朝国史艺文志》（仁宗、英宗两朝）、李舜臣编《四朝国史艺文志》（神宗、哲宗、徽宗、钦宗四朝）、李心传等编《中兴四朝国史艺文志》（高宗、孝宗、光宗、宁宗四朝），而远出于五部宋代国家藏书目录，即咸平三年（1000）朱昂、杜镐、刘承珪等《馆阁书目》，庆历元年（1041）王尧臣、欧阳修等《崇文总目》，政和七年（1117）孙觌、倪涛等《秘书总目》，淳熙五年（1178）陈骙等《中兴馆阁书目》，嘉定十三年（1220）张攀等《中兴馆阁续书目》。《宋书·艺文志》在"合为一志"时，虽"删其重复"，却仍多重复颠倒；虽"益以宁宗以后，史之所未录者"，而于"咸淳以后新出之书，又未及收录"。明代柯维骐撰《宋史新编》，于其《艺文志》部分全抄《宋书·艺文志》，非但没有增补，且反有遗漏，不足为据。② 清初黄虞稷编《千顷堂书目》，有意拾《宋书·艺文志》所遗之书。其后修《明史艺文志稿》，有特补《宋书·艺文志》之阙者，卢文弨拾而为之校正，独立成《宋史艺文志补》。此外，钱大昕《元史·艺文志》、吴骞《四朝经籍志补》都有补宋代著述的部分。

《宋史·艺文志》据宋代诸国史艺文志删并而成，而宋国史艺文志又据政府藏书目录修订而成，对宋代《易》学文献有较全面准确的著录。此外，晁公武《郡斋读书志》、尤袤《遂初堂书目》、陈振孙《直斋书录解题》、赵希弁《读书附志》、郑樵《通志·艺文略》、王应麟《玉海·艺文》以及元马端临《文献通考·经籍考》对宋代《易》学文献也多有著录。明王圻《续文献通考·经籍考》，清徐松自《永乐大典》所辑南宋绍兴间访求政府藏书所阙之书的《四库阙书目》、经叶德辉考订的南宋绍兴中改定《秘书省续编到四库阙书目》、赵士炜辑考《中兴馆阁书目》、赵士炜辑《宋国史艺文志》及《四库全书总目》、《钦定

---

① 张兴武：《五代艺文考》，巴蜀书社，2003 年。

② 姚名达：《中国目录学史·史志篇·宋国史艺文志及宋史·艺文志》，上海古籍出版社，2002 年。

续文献通考·经籍考》等对于深入考察宋代《易》学文献也很有帮助。

5. 西夏辽金元

西夏《易》学文献有王仁俊《西夏艺文志》著录。辽、金《易》学文献则为清厉鹗《辽史拾遗》卷六〇《补经籍志》，杨复吉《辽史拾遗补》卷四《补经籍志》，缪荃孙《辽艺文志》，王仁俊《辽史艺文志补证》，黄任恒《补辽史艺文志》，王巍《辽史艺文志订补》①，龚显曾《金艺文志补录》，孙德谦《金史艺文略》，黄虞稷撰、卢文弨校录《补辽金元艺文志》，黄虞稷《千顷堂书目》补辽、金部分，金门诏《补三史（辽、金、元）艺文志》补辽、金部分著录，钱大昕《补元史艺文志》附著辽、金部分，吴骞《四朝经籍志补》补辽、金部分，明王圻《续文献通考·经籍考》，清《钦定续文献通考·经籍考》，《钦定续通志·艺文略》补辽、金部分等所著录。

元代《易》学文献除有黄虞稷《千顷堂书目》补元代部分及钱大昕《补元史艺文志》、张锦云《元史艺文志补》、吴骞《四朝经籍志补》补元代部分著录外，魏源《元史新编·艺文志》抄钱大昕《补元史艺文志》而稍有补充，倪灿撰、卢文弨录《补辽金元艺文志》、金门诏《补三史艺文志》著录有元代《易》学文献，又有雒竹筠遗稿、李新乾编补《元史艺文志辑本》②、黄沛荣《元代易学平议》等对元代《易》学文献有所补订。③ 此外，明王圻《续文献通考·经籍》、清乾隆时敕修《四库全书总目》、《续通志·艺文略》及《钦定续文献通考·经籍考》、朱彝尊《经义考》对西夏、辽、金、元《易》学文献多有著录、考订。

6. 明代

明朝《易》学文献首先是《文渊阁书目》的著录，该书目编于正统六年(1441)，以千字文编号，有册数而无卷数，多不著撰人姓氏，只是为了登记当时内阁藏书而已。其次是《内阁藏书目录》对明代《易》学文献的著录，该目录编于万历三十三年（1605），分类不严守四部成规，注撰人姓名，于原书卷数不尽著录。所增益者，仅文集、地志而已。明焦竑受举荐编《国史经籍志》，在分类方面整齐有法，但所著录的书目根据旧目录而来，并不是根据明代的现存藏书。其中"宋以前之书占十之七，宋以后仅占十之三"④，并不能有效地反映明代《易》学文献的状况。清初傅维鳞《明书·经籍志》根据

---

① 王巍：《辽史艺文志订补》，《社会科学战线》1994 年第 2 期。

② 雒竹筠遗稿、李新乾编补：《元史艺文志辑本》，燕山出版社，1999 年。

③ 黄沛荣：《元代易学平议》，载杨晋龙主编、陈淑谊执行编辑：《元代经学国际研讨会论文集》（上），台北："中央研究院"中国文哲研究所筹备处，2000 年。

④ 王重民：《中国目录学史论丛》，中华书局，1984 年，第 216 页。

杨士奇《文渊阁书目》编成，只是在制书类的最后补入了自洪武至天启时的历朝实录，书后附载了刘若愚《酌中志》内的《内板经书纪略》，改题为《内府经籍板》。著录明代文献最有价值的是黄虞稷所编《千顷堂书目》，该书主要收录明人著作，每一类后补入宋、辽、金、元时期的同一类著作。黄虞稷编修《明史艺文志稿》也采用了此种办法。《明史·艺文志》乃张廷玉、王鸿绪在黄虞稷《明史艺文志稿》基础上删改而成，不但删掉黄氏所补宋、辽、金、元四朝著作，而且将原稿中"无卷帙氏里可考者"和"书不甚详著者"也都删去了。

除以上诸书外，著录明代《易》学文献的重要目录著作还有明王圻《续文献通考·经籍考》，清朱彝尊《经义考》及乾隆中官修《四库全书总目》、《钦定续文献通考·经籍考》。此外，清宋定国和谢星缠编《国史经籍志补》、谢国桢《增订晚明史籍考》、《续修四库全书总目提要》等也具有一定的参考作用。

王重民指出："《千顷堂书目·易类》著录二百八十一家，《明史·艺文志·易类》著录一百九十家，《千顷堂书目》有《明志》无者一百六十九家，《明志》有《千顷堂书目》无者七十八家。两目总合起来，共有三百五十九家。而《明志》所多的七十八家都在《经义考》内。《明志》所不取的一百六十九家，九十九家是不著卷数的，七十家是有撰人、有卷数的。"[①]《明史·艺文志》经部易类著录 222 部，而经卢文弨、吴骞校补的《千顷堂书目》，其经部易类有《明史·艺文志》未著录者达 228 部。

7. 清代

《四库全书总目》对清代《易》学文献有所著录，道光中黄本骥抄其中所录清人书目为《皇朝经籍志》。与《四库全书总目》同时所修《清文献通考·经籍考》几乎全抄撮《四库全书总目》。嘉庆中阮元撰《四库未收书提要》以补《四库全书总目》之未备者，光绪间还有郑文焯《国朝著述未刊书目》、朱记荣《国朝未刻遗书志略》，民国初年有刘锦藻《清朝续文献通考·经籍考》，但取舍任情，不能完备。孙殿起《贩书偶记》及《续记》、《续修四库全书总目提要》、黄寿祺《易学群书平议》著录清代《易》学文献颇多，而阮元《皇清经解》、王先谦《皇清经解续编》则多有收录。对清代《易》学文献收录完备的首先是章钰、吴士鉴原稿，朱师辙复辑《清史稿·艺文志》4 卷。武作成编《清史稿艺文志补编》，为《清史稿·艺文志》作增补。王绍曾《清史稿艺文志拾遗》增补《清史稿·艺文志》及《补编》的脱漏。三书于清代《易》学文献收录几尽。其中《清史稿·艺文志》经部易类著录 334 部、《清史稿艺

① 王重民：《中国目录学史论丛》，中华书局，1984 年，第 200 页。

文志补编》经部易类著录 186 部、《清史稿艺文志拾遗》经部易类著录 906 部，合计 1426 部。需要说明的是，这些《易》学文献包括了清人的辑佚之作，而其子部所著录的《易》学文献尚未计算在其中。

除了上述史志等目录著录《易》学文献外，大量公私藏书目、地方艺文志等对《易》学文献有不少记载。如《山东通志·艺文志》、《湖北通志·艺文志》，孙诒让《温州经籍志》，宋慈抱《两浙著述考》、《明代书目题跋丛刊》、《清人书目题跋丛刊》、《宋元明清书目题跋丛刊》，缪荃孙《清学部图书馆善本书目》，柳诒徵等《江苏省立国学图书馆图书总目》、《补编》，赵万里《北平图书馆善本书目》、《北京图书馆古籍善本书目》、《北京图书馆普通古籍总目》、《中国历史博物馆藏普通古籍目录》、《北京大学图书馆善本书目》、《中国人民大学图书馆善本书目》、《北京师范大学图书馆古籍善本书目》、《清华大学图书馆藏善本书目》、《四川省图书馆古籍目录》、《复旦大学图书馆古籍简目初编》、《福建省图书馆善本书目》、《中国古籍善本书目》、《中国丛书综录》，王重民《中国善本书提要》、《补编》，台湾《"中央图书馆"善本书目》、《故宫博物院善本旧籍总目》、《"中央研究院"历史语言研究所善本书目》等等，名目繁多，著录不一。

（二）历代书目与《易》学文献的数量

清四库馆臣说："汉儒五经之学，惟《易》先变且尽变，惟《书》与《礼》不变，《诗》与《春秋》则屡变而不能尽变。盖《易》包万汇，随举一义，皆有说可通。数惟人所推，象惟人所取，理惟人所说，故一变再变而不已。"[①] 正因为如此，从古至今，《易》学文献数量惊人，而历代书目多有载其数量者。朱彝尊《经义考》著录先秦至清初《易》学文献甚多，其卷一至卷七一著录易学典籍 2058 种，另外卷二六三著录《易纬》27 种，卷二六四著录纬书《河图洛书》41 种，卷二六八至卷二七二著录拟《易》文献 139 种。总计《经义考》著录易类文献达 2265 种。

表 2-2-1　各书艺文（经籍）志著录《易》学文献表

书　目	经部易类文献数量	其他类《易》学文献
《汉书·艺文志》	《六艺略》易 13 家 294 篇	《诸子略》儒家类 1 部，著龟类 10 部
《汉书艺文志拾补》（姚振宗）	易类 14 部	占筮类 15 部
《后汉艺文志》（姚振宗）	易类 14 部	易纬 2 部，五行类易占 11 部

①　永瑢等：《四库全书总目》卷三三"五经总义类"按语。

书 目	经部易类文献数量	其他类《易》学文献
《三国艺文志》(姚振宗)	易类 25 部	易纬 1 部，五行类易占 7 部
《补晋书艺文志》(丁国钧)	易类 55 部	附录 2 部，丙部易占 13 部
《补晋书经籍志》(吴士鉴)	易类 57 部	五行类易占 16 部
《七录》(梁阮孝绪)♯	经典录易部 590 卷	
《隋书·经籍志》＊♯	经部易类 69 部 551 卷，通计亡书合 94 部 829 卷	子部儒家 3 部，五行类 82 部
《唐六典》秘书郎♯	易 69 部 551 卷	
《开元四部录》、《旧唐书·经籍志》♯	经部易 78 部凡 673 卷	经部经纬类 1 部，子部儒家类 4 部，子部五行类 31 部
《新唐书·艺文志》＊♯	经部易 76 家 88 部 665 卷，失姓名 1 家，李鼎祚以下不著录 11 家 329 卷	经部谶纬类 1 部，子部儒家类 5 家，子部道家类 2 家，天文类 1 家，五行类 43 部
《玉海》卷三六引《崇文总目》	易 18 部 178 卷（始于《归藏》，终于《言象外传》）	
《宋三朝志》太祖太宗真宗＊♯	易 27 部 240 卷	
《宋两朝志》仁宗英宗＊♯	易 11 部 73 卷	
《宋四朝志》神宗哲宗徽宗钦宗＊♯	易 37 部 219 卷	
《宋中兴志》＊♯	易 140 家 184 部 1366 卷	
《绍兴中秘书省续编到四库阙书目》♯	易 337 卷	
《玉海》卷三六引《中兴(馆阁)书目》	易 112 家 760 卷	
《玉海》卷三六引《(中兴馆阁)续(书)目》	易 27 家 34 部 305 卷	
尤袤《遂初堂书目》	易类 82 部	术数类易占 5 部
晁公武《郡斋读书志》、赵希弁《附志》	易类 69 部	五行类易占 2 部
陈振孙《直斋书录解题》	易类 69 部	卜筮类易占 9 部
《宋史·艺文志》♯	易 213 部 1740 卷，王柏《读易记》以下不著录 19 部 186 卷	子部儒家 27 部，道家附释氏神仙类 15 部，五行类 75 部，蓍龟类 27 部，兵书类 1 部
柯维骐《宋史新编·艺文志》♯	易 231 部 1804 卷	
倪灿《宋史艺文志补》	易类 23 部	
郑樵《通志·艺文略》♯	易 16 种 241 部 1890 卷	
马端临《文献通考·经籍考》♯	易 107 家 1076 卷	

书　目	经部易类文献数量	其他类《易》学文献
钱大昕《补元史艺文志》	易类 210 部	五行类易占 3 部
杨士奇等《文渊阁书目》♯	易 706 册，158 部	阴阳类易占 53 部
《万历重编内阁书目》♯	易 19 册	
王圻《续文献通考·经籍考》♯	易 174 家	
朱睦㮮《授经图义例》	543 部	
焦竑《国史经籍志》♯	易 2218 卷	
叶盛《菉竹堂书目》	易类 119 部	卜筮 45 部
黄虞稷《千顷堂书目》	易类 515 部，其中明 367 部，元 124 部，宋 22 部，金 2 部	五行类易占 38 部
《明史·艺文志》	易类 222 部 1570 卷	儒家 1 部，兵家 1 部，五行类 17 部，道家类 3 部
朱彝尊《经义考》	易类 2058 部	易纬 68 部，拟易 139 部
吴焯《绣谷亭熏习录》	易类 109 部	
永瑢等《四库全书总目》	易类 484 部，其中存目 318 部	术数类 15 部，其中存目 13 部
《钦定续通志·六艺略》	易类 267 部	
《钦定续文献通考·经籍考》	易类 246 部，其中宋 37 部，元 30 部，明 179 部	
《清文献通考·经籍考》	易类 208 部	
孙殿起《贩书偶记》、《续编》	易类 332 部	术数类易占 3 部
《清史稿·艺文志》	易类 334 部	术数类占筮 4 部
武作成《清史稿艺文志补编》	易类 186 部	术数类占筮 3 部
王绍曾《清史稿艺文志拾遗》	易类 906 部	
《续修四库全书总目提要》	易类 661 部	
柳诒徵《江苏省立国学图书馆图书总目》	易类 648 部	

　　说明：＊：《文献通考》卷一七五《经籍考》；♯：《经义考》卷二九四《著录》；参考周玉山《易学文献原论（二）》，《周易研究》1994 年第 1 期。

　　历代《易》学文献数量虽多，但存废不一，时代越久，留存者越少。两汉《易》学文献，永嘉乱后，大多亡佚，虽历代好学之士努力搜讨，但多一鳞半爪，而又多存于唐李鼎祚《周易集解》之中。初步统计，西汉《易》学文献 72 部，东汉《易》学文献 43 部，两汉共计 115 部。所存除《周易》费氏传本外，仅有《易林》、《太玄经》、《京氏易传》及《乾凿度》等易纬之作而已。《子夏易传》题名卜商子夏撰，一说为汉韩婴所撰，一说可能是唐末人张弧所伪造，甚至认为是唐以后之人所作，定为唐宋时作品应该没有什么问题。三国魏晋南北朝时期的《易》学文献众多，兼及隋代，初步统计共约231 部，其中两晋"当有五十四家七十一部"，"南北朝时，注解《周易》者凡五十余家"①，但保留下来的极其有限，除了一些辑佚之作外，主要有魏王弼《周易注》、《周易略例》，阮籍《通易论》，吴陆绩《注京氏易》，晋韩康伯《系辞注》，北魏关郎《易传》，北周卫元嵩《元包》等数部。隋唐五代《易》学文献流传至今的也不多，主要有孔颖达《周易正义》、陆德明《周易释文》、魏徵《易经治要》、邢璹《周易略例疏》、李鼎祚《周易集解》、史徵《周易口诀义》、郭京《周易举正》、赵蕤《关朗易传注》、苏源明传及李江注《元包经》数种。宋代《易》学文献留存至今的略多，不计重复，大约有 110 余种。而明清两代《易》学文献现存之数已难于统计，整体数量至少接近 2700 种。

杭辛斋称自己前后收录《易》学文献"六百数十种，以视历代《经籍志》及陈东塾（澧）、朱竹垞（彝尊）所著录者，曾不逮十之三四，然以现世所有者而论，则所遗已无几矣"②。杭氏所收集者仅现存《易》学文献的一半左右。单单是民国时期所修《续修四库全书总目提要》经部著录的《易》学文献也有 661 种（个别有重复），加上《四库全书总目》400 余种，为数已在 1000 种以上。其后庐松安所收集的《易》学文献最多。

现存《易》学文献单就《中国丛书综录》"经部易类"著录，且不计版本而言，就有 808 种。这也仅是收入丛书的情况。《中国古籍善本书目》经部易类著录 743 种（包含同书异本），这仅是古籍善本《易》著。程石泉编有《历代易学书存目》及《现存易学书目》，称："历代《艺文志》汰其重复而计之不下数千百种，以现存之易学书目计之不下千余种。"③ 此外，还有沈竹礽《自得斋目睹国朝易学存目韵编》、任三颐《周易论著目录》④、毕群圣《解放后国内出版易

---

① 徐芹庭：《易经源流——中国易经学史》，北京：中国书店，2008 年，第 433、475 页。

② 杭辛斋：《学易笔谈》卷一《历代易注之存废》，天津市古籍书店影印本，1988 年。

③ 程石泉：《雕菰楼易义》第一章《导言》，载程石泉《易学新探》，上海古籍出版社，2003 年，第 249 页。

④ 任三颐：《周易论著目录》，载中国哲学编辑部编辑：《中国哲学》第十四辑，人民出版社，1988 年。

学书目选》（1949—1988 年)①、高尚信《周易著述考（一)》②。而专门著录《易》学文献的专科性书目还有山东省图书馆编《易学书目》，著录截至 1989 年的易学书目 2810 种③；庐松安编、山东省图书馆整理《易庐易学书目》，收录易学书籍 1300 余种，有《易学书目》漏收之书 45 种④。但此书目于《经义考》著录而存于别集中的《易》著有不少没有收录，又于《周易参同契》类著作多失载，所以现存易学书目不计版本因素总量有 2000 种左右，应该没有问题。

此外，李树政等《实用易学辞典》所录《易学现存书目》、《易学研究论文索引》、《易学研究外文论著选目》⑤，林庆彰《周易研究著述分类目录》⑥，林庆彰等主编《经学研究论著目录》⑦，高桂芬《周易研究论文索引》⑧，吕绍纲主编《周易辞典》附录《易学论文索引》⑨，刘玉建主编《中国当代易学文化大辞典》附录《周易研究 1988—1999 年分类总目录》、《大陆易学书目（1978—1997)》⑩，董金裕《周易论著目录》⑪，《中华易学大辞典》之《易学论著卷》⑫ 等也著录易学书目，尤其是近现代以来的部分易学论著。

二、《易》学文献的分布

"读经而不读《易》，如木之无本，水之无源也"⑬。自古学者注重研读

① 毕群圣：《解放后国内出版易学书目选》（1949—1988 年)，《周易研究》1988 年第 2 期。

② 高尚信编辑：《周易著述考（一)》，台北：鼎文书局，2004 年。

③ 山东省图书馆编：《易学书目》卷首《编例》，齐鲁书社，1993 年。

④ 庐松安、山东省图书馆整理：《易庐易学书目》卷首《前言》，齐鲁书社，1999 年。

⑤ 李树政等：《实用易学辞典》，三环出版社，1993 年。

⑥ 《周易研究》1991 年第 1～4 期，《周易研究》1992 年第 2 期。

⑦ 林庆彰主编：《经学研究论著目录（1912—1987 年)》，台北：汉学研究中心，1989 年初编、1994 年第 2 版；林庆彰主编：《经学研究论著目录（1988—1992 年)》，台北：汉学研究中心，1995 年初版、1999 年第 2 版；林庆彰、陈恒嵩主编：《经学研究论著目录（1993—1997 年)》，台北：汉学研究中心，2002 年。

⑧ 《周易研究》1989 年第 1、2 期合刊，《周易研究》1990 年第 1、2 期合刊。

⑨ 吕绍纲主编：《周易辞典》，吉林大学出版社，1992 年。

⑩ 刘玉建主编：《中国当代易学文化大辞典》，中国文联出版社，2000 年。

⑪ 董金裕编辑：《周易论著目录》，台北：洪叶文化事业公司，2000 年。

⑫ 《中华易学大辞典》编辑委员会编：《中华易学大辞典》，上海古籍出版社，2008 年。按：该书著录先秦至 2000 年的易学专著凡 3580 种。

⑬ 丘濬：《大学衍义补》卷七三《治国平天下之要》，文渊阁《四库全书》本。

《周易》，而《易》学文献数量众多，广泛分布于四部诸书之中，有些文献还需要别裁的功夫才能将其清理出来。

（一）《易》学文献在目录书中的分布

《易》学文献在目录书中集中分布在经部和子部之中。正统《易》学文献是《易》学文献的主干，传统目录著作遵循《七略》开创的体例，将正统《易》学文献著录于经部易类之中。西汉末年兴起的《易纬》是一种特殊的《易》学文献，它托言圣人，以辅佐、注解经书的面目出现，传统目录著作往往将其著录在经部之末，或者单独的经部谶纬一类之中，也有一些目录著作将《易纬》书放入子部五行等类中。

目录书经部群经总义类著录的是通论群经的著作。《周易》作为群经之一，往往成为这些著作中的重要内容，而其数量庞大，应当引起易学研究者的高度重视。

目录书子部中的《易》学文献一般都被当作"易外别传"或者易学的旁支来看待。子部儒家中往往著录了部分儒家学者的特殊类别的《易》学文献，如扬雄《太玄经》、王长文《通玄经》、周敦颐《太极图说》和《通书》、司马光《潜虚》、邵雍《皇极经世书》、蔡沈《洪范皇极内篇》等，还包括学者们对它们所作的注解性著作。子部五行类、蓍龟类、术数类是著录"易外别传"类文献的大本营，著录了包括数理等多种类别的《易》学文献。也有不少目录书将扬雄《太玄经》、邵雍《皇极经世书》等著录在此等类别之中。此外，子部医家、道家、佛家、兵家、天文等类别中也有内容与之相应的《易》学文献，如《周易参契》、《易外别传》等道家《易》学文献都著录于子部道家类中。

（二）史子集三部中的《易》学文献

史部中除有目录诸书对《易》学文献的著录、解题外，史传对《易》学文献的相关情况也有一定的记载，对于重要的论述还多有节引等。史传诸作多有《儒林传》，往往对《易》学文献的撰著、流传等情况有详实的记载，而易学大儒的传记也记载了相关的易学及文献信息，特别是节录的重要论述，往往是研究其人其时代易学的重要文献资料。一些易学论辩、独到见解也往往藉此保存下来。还有一些以易学为主要内容的奏疏、论著也多节引收录于史传诸作之中。部分史书中甚至保存着易学专论性内容，如别史类有罗泌《路史》，其卷三二有《论太极》、《明易象象》、《易之名》、《论三易》等篇，属于典型的《易》学文献；诏令奏议类有明逯中立所撰《两垣奏议》，原本还附录了所著《周易劄记》一书。此外，政书类文献也多有著录《易》学文献及易学相关内容的部分。

　　子部中的《易》学文献较多，除了单独的著作外，还存在着大量的篇章段落性《易》学文献。子部儒家类著作中存在着大量儒家学者关于易学的论述性文字，如《二程遗书》内讨论易学的内容相当丰富，而《朱子语类》更有多卷专门讨论易学，《黄氏日钞》也有《读易》的篇卷。子部类书类著作不但著录大量《易》学文献，如《册府元龟》卷六〇五《学校部·注释》记载了大量易学家的易学著作，而且还节录了不少《易》学文献的内容，如《太平御览》卷首《经史图书纲目》注明引用《易》学文献有《周易》、《周易正义》、《周易文言》，《易传》、《易说》、《易乾凿度》、《京房易飞候》、《周易参同契》、《周易纬》、《易妖占》，焦赣《易林》，郭璞《易洞林》，管氏《易林》、《周易稽览图》、《周易坤灵图》、《周易通统图》、《周易通卦验》，张璠《易注序》、《周易是谋类》、《易林变占》、《周易集林杂占》，扬雄《易太玄经》等。至于如《永乐大典》所引《易》学文献更是不少，今《四库全书》中唐史徵《周易口诀义》，宋司马光《温公易学》、邵伯温《易学辨惑》、李光《读易详说》、郑刚中《周易窥余》、都絜《易变体义》、程大昌《易原》、赵善誉《易说》、徐总幹《易传灯》、冯椅《厚斋易学》、蔡渊《易象意言》、李杞《周易详解》、俞琰《读易举要》、丁易东《周易象义》和《大衍索隐》、张行成《皇极经世索引》和《皇极经世观物外篇衍义》及《易通变》、蔡沈《洪范皇极内篇》，元吴澄《易纂言外翼》、解蒙《易精蕴大义》、曾贯《易学变通》和《易纬》八种等《易》学文献都辑自《永乐大典》。子部杂家类著作中多有关于《周易》的札记、考证、逸闻故事性内容，对于易学研究颇有裨益。子部典故类杂纂中也包含有抄撮纂集的大量易学内容的文献，如魏徵等纂《群书治要》52卷，其首卷即《周易治要》。明章潢《图书编》本亦为类书，但其卷一至卷九汇集易图达一二百种以上，而卷一二六又为《易象类编》，成为易学研究常用及的文献之一。至于《古今图书集成》中的易经部汇考，更是汇编并著录了不少《易》学文献。

　　此外，兵家、法家、医家、天文算法、术数、释道等类也各有相关的易学内容，如张介宾《医易》等医易文献大多就存在于子部医家类中。

　　集部也包含有大量的《易》学文献。首先是有各家的易学专论、杂论、易学单篇或卷帙短小的训解、易学讲义、易策问、易学问答、易学讨论的书信、有关《易》学文献的评论、序跋等《易》学文献，其次是以易学为吟咏内容的诗、词、赋等文学作品。就别集而言，保存的《易》学文献数量于集部诸类中属于最多者。阮籍《通易论》是现存几部少有的晋代《易》学文献，而它就保存在阮籍的文集之中。南朝梁周弘正《请梁武帝释乾坤二系启》、梁武帝萧衍《诏答周弘正》二文、齐王俭《周易问答》，保存在梅鼎祚《陈文纪》等集部文献中，对研究南朝易学有重要价值。刘禹锡《辨易九六论》是唐代重要的《易》学文献之一，《经义考》著录直称"载《中山集》"。柳宗元《与刘禹锡论周易九六说书》、王勃《八卦大演论》也收录在各自的文集之中。以宋代而论，宋代石介《辨易》、李觏《易论》和《删定易图序论》、范仲淹《易义》、陈襄《易讲义》、欧阳修《易或问》、苏辙《易说》、金君卿《传易之家》、苏舜卿《复辨》、范浚《易论》、游酢《易说》、胡宏《易外传》、员兴宗《易策》、吕祖谦《读易纪闻》、周必大《易或问》、黄幹《系辞传解》二章、陈淳《周易讲义》、陈造《易说》、黄震《读易日钞》、李石《方舟易说》等等多保存在各自的文集之中，数量相当庞大。东乡助《周易物象释疑叙》、邵说《为文武百僚谢示周易镜图表》、李德初《自题周易正义》等保存在《全唐文》，陈抟《易龙图序》等保存在《宋文鉴》，李清臣《易论》等保存在《宋文选》等，折射出总集类著录的《易》学文献的状况。

　　保存在集部中的大量《易》学文献往往没有单刻本，易学研究者也常常遗忘它们，导致对易学研究得不够全面深入。比如元代程直方有《观易堂随笔》一书，清朱彝尊《经义考》虽然著录，但已注称"佚"，其实此书保存在总集《新安文献志》卷三五之中，这尤能反映出集部文献在保存、传播《易》学文献方面的特殊贡献，研究者更需要对此有足够的重视。又如欧阳修《易童子问》影响很大，既有单刻本传世，又保留在其文集之中，而其《易或问》三首、《明用》一首、《易或问》一篇、《传易图序》一篇等《易》学文献保存在《居士集》卷一八、《居士外集》卷一〇、卷一五等中，却少有人过问，以至于讨论欧阳修易学时也不加审察。又如王安石《易解》虽佚，但他还有《易泛论》、《卦名解》、《河图洛书义》、《易象论》、《九卦论》等《易》学文献保存在其文集之中。至于诗、词、赋类《易》学文献，自然更多地保存在集部之中，如唐阙名《天行健赋》、陆肱《乾坤为天地赋》、吴连叔《谦受益赋》、唐阙名《谦赋》、敬括《八卦赋》和《枯杨生稊赋》、谢观《得意忘言赋》、崔陟《鸿渐于陆赋》、周针《同人于野赋》、路荡《拔茅赋》、陆贽《鸿渐赋》、李成《田获三狐赋》、敬骞《射隼高墉赋》、武少仪《射隼高墉赋》、张存则《舞中成八卦赋》、白行简《舞中成八卦赋》、钱众仲《舞中成八卦赋》、康子玉《神蓍赋》、范仲淹《易兼三才赋》、郑刚中《大易赋》、高似孙《读易赋》、魏了翁《四川茶马牛宝章大季修杨子墨池以书索题咏》等，而邵雍《伊川击壤集》中多为其咏先天易学的诗作。朱熹《原象赞》、《述旨赞》、《明筮赞》、《稽类赞》、《警学赞》、《河图赞》、《复卦赞》是著名的《易》学文献了，除其《周易五赞》附录在《周易本义》末之外，更多地保留在朱熹的文集之中。

《易》学文献极其复杂，又广泛分布于四部之中。其中，易学专著的分类历来没有定论，且牵涉多个部类，而没有独立成书、非专著类《易》学文献，其情况更为复杂。台湾中国文化大学中国文学系教授黄沛荣指出："图书文献虽以专著与论文最为大宗，却有许多零碎资料可供参考，包括散论、杂说、杂考、札记、提要、书目、序跋、题辞、书札、日记、识语等，不一而足。此类资料，其内容既不能归于单一主题，其系统性亦非明显，宜统称为'杂著'。"为此，他对易学杂著的种类（分序跋提要、文集《易》说、杂考杂说、其他四类）、易学杂著的搜集与整理、易学杂著的运用等做了较为深入的分析，认识到易说之繁、数量之多、搜集之难。这些论说无疑是黄先生经过长期搜集、整理易学"杂著"而得出的甘苦之论。他揭示其研究工作之意义道："透过《易》学杂著的搜集、整理工作，可搜罗历代《易》学专著以外之大部分零星《易》说，足以呈现历代《易》学的多样性。对于探讨《易》说之流变、经学史，乃至某代某家之《易》学之研究，皆极有助益。"①

第五节　《易》学文献举要

历代《易》学文献众多，分布广泛，而其要者亦复不少，故必摘其能代表一时代精神、代表一学派特征的易学要籍叙而论之，庶几能提纲挈要，以简驭繁，得易学之英华。②

面对纷繁复杂的《易》学文献，自古以来，学者们就从不同的角度对之

---

① 黄沛荣：《易学杂著的搜集整理与运用》，载辅仁大学图书馆编：《2004 年古籍学术研讨会论文集》，辅仁大学，2004 年。

② 《易》学文献举要，前辈学者多有从事，旧有提要目录之类，近有黄寿祺《易学群书平议》（北京师范大学出版社，1988 年）、潘雨廷《读易举要》（上海古籍出版社，2003 年）、郑万耕《易学名著博览》（学苑出版社，1994 年）、朱伯崑《周易通释》第七编《易学重要典籍简介》（昆仑出版社，2004 年）等；另有易学辞典之作，如吕绍纲主编《周易辞典》（吉林大学出版社，1992 年）、张其成主编《易学大辞典》（华夏出版社，1992 年）、萧元主编《周易大辞典》（中国工人出版社，1992 年）、张善文编著《周易辞典》（上海古籍出版社，1992 年）、李树政等主编《实用易学辞典》（三环出版社，1993 年）、伍华主编《周易大辞典》（中山大学出版社，1993 年）等，也多有易学著作的词条提要。上列种种，本文多有参考，特此说明。

加以分类编排，以图得其条理，寻其轨迹。

（一）历代学者对《易》学文献的分类

易学内涵丰富多彩，历代学者各有见解。宋李纲以为易学包含了数、象、变、占、辞五个方面的学问。他说："古之学者必备是五者，然后足以窥圣人作《易》之旨。故有推步、气候、律历之学，所以知数也；有正卦、互体、俯仰之学，所以观象也；有卦变、时来、消长之学，所以察变也；有五行、世应、游魂、归魂之学，所以考占也；有训诂其言、解释其义之学，所以修辞也。"① 宋丁易东也对易学做了一定的考察，认为有十二个方面的学问。他说："《易》之为书，由汉以来解者甚众，各是其是，为说纷然，以其所主不同故也。余尝类而别之，大抵其义例十有二：一曰以理论《易》，二曰以象论《易》，三曰以变论《易》，四曰以占论《易》，五曰以数论《易》，六曰以律论《易》，七曰以历论《易》，八曰以术论《易》，九曰以事论《易》，十曰以心论《易》，十一曰以老论《易》，十二曰以释论《易》。"② 清四库馆臣则以两派六宗划分易学。面对汗牛充栋的《易》学文献及其庞杂丰富的内涵，历代目录书都不同程度地对之加以梳理分类，以反映《易》学文献的学术流别与内在差异。③

1. 隐含分类者

《汉书·艺文志》与《隋书·经籍志》是我国现存史志目录中最早也是最为重要的两部。它们在著录《易》学文献时没有明确分类，但在一定的编排次第下体现了分类的用意。

我国首部史志目录《汉书·艺文志》将全部文献分为六艺、诸子、诗赋、兵书、术数、方技六略，而《易》学文献主要著录于"六艺略"易类、"术数略"蓍龟类，"诸子略"儒家类则著录有扬雄的《太玄经》。班固据刘歆《七略》，主要以"六艺略"著录《易》学文献。清人姚振宗据《汉书·艺文志》的著录情况分析，以为《汉书·艺文志》有意分成四类：首先是《易经》施、孟、梁丘三家，各 12 篇；其次是周氏、服氏、杨氏、蔡公、韩氏、王氏、丁氏七家"易传"，共有 20 篇；再次是自"古五子"至"京氏段嘉"凡 9 部，

---

① 李纲：《梁溪集》卷一三四《易传外篇序》，文渊阁《四库全书》本。

② 丁易东：《易象义》卷首《易统论上》。

③ 按：周玉山《易学文献原论》对《易》学文献的定义和范围、《易》学文献的流别和分类、《易》学文献整理的历史回顾诸方面有较为深入细致的分析研究，见《周易研究》1993 年第 4 期、1994 年第 1 期、1994 年第 2 期，1994 年第 3 期，本文有所参考，特此说明。

皆古今杂说阴阳灾异占候之书，别为一类，称为"别传"；最后是"章句"，施、孟、梁丘三家各2篇。就实际来看，自周氏至京氏段嘉都是易传类，共16部252篇。所谓的别传主要是指京氏易学，但与施、孟、梁丘三家都作为当时官方今文经学，没有必要加以分别。综合来看，《汉书·艺文志》的分类主要依据《易》学文献的形式而分，而将术数易与经学易相区别，影响最为深远，后继者基本上都守持不替。

《隋书·经籍志》著录《易》学文献也分别著录于经部易类、子部儒家与五行类。其中经部易类收录的《易》学文献"六十九部五百五十一卷，通计亡书，合九十四部，八百二十九卷"，数量远较《汉书·艺文志》为多，内容也更为复杂。清姚振宗《隋书经籍志考证》对此加以分析归综，认为《隋书·经籍志》共分为七个小类：传注之属、系辞注之属、音义之属、论难之属、杂义之属、义疏讲疏之属、图谱之属。每类又依撰著时间先后依次编排。

此外，《旧唐书·经籍志》、《新唐书·艺文志》也略有隐分章句、注、疏、杂义的分类用意。

2. 分类不明确者

朱彝尊《经义考》、《四库全书总目》、《续修四库全书总目提要》著录《易》学文献时虽也略有分别，但大致按时代先后为序，分类并不明确。

《经义考》著录《易》学文献与诸经的安排一致，而收录的文献较为复杂，大致分成三个部分：一是历代易注易论等，著录于卷二至卷七一；二是易纬与河图洛书，著录于卷二六三至卷二六四；三是拟易，著录于卷二六八至二七二。其中第一部分又隐分为两个方面：一是卷二至卷六八的传注论著类，按时代先后为序，大致分为两汉、魏晋南北朝、隋唐五代、两宋、金元、明清五阶段著录，而具体时代不明者附于各阶段之末；一是论注《周易》部分内容的单篇、大衍、太极之属，著录于卷六九至卷七一。

《四库全书总目》称："《左传》所记诸占，盖犹太卜之遗法，汉儒言象数，去古未远也；一变而为京、焦，入于禨祥；再变而为陈、邵，务穷造化，《易》遂不切于民用。王弼尽黜象数，说以老、庄；一变而胡瑗、程子，始阐明儒理；再变而李光、杨万里，又参证史事，《易》遂日启其论端。此两派六宗，已互相攻驳。又易道广大，无所不包，旁及天文、地理、乐律、兵法、韵学、算术，以逮方外之炉火，皆可援《易》以为说，而好异者又援以入《易》，故易说愈繁。"[1] 此说将易学分为正统易学与易外别传两大类，正

① 永瑢等：《四库全书总目》卷一《经部·易类序》。

统易学著录于经部易类，而易外别传则主要著录于子部术数类之中。正统易学又分为"两派六宗"，而以易纬作为附录。两派即象数、义理。象数分筮占易、机祥易、图书易，义理分玄学易、儒理易、史事易，共为六宗。虽有两派六宗说，但四库馆臣并未依此对诸《易》学文献再做细分，在著录各《易》学文献时也无此分别。对于易外别传，四库馆臣则据其内容涉及的方面不同，有天文、地理、乐律、兵法、韵学、算术、道教炉火之分，而实际上并未真正就具体的《易》学文献做如此的分类，连究竟有哪些《易》学文献属于此类也并不明确，可以说，所言者大多为某些历史文献的部分内容涉及易学，而绝非以易学为主的历史文献兼涉这些内容。四库馆臣的分类虽已为广大学者所接受，但此乃就历代易学流派而论，整体上并不针对具体文献的划分。因此，《四库全书总目》著录的经部《易》类文献仍以时代先后为次，不再有具体的二级分类。《续修四库全书总目提要》的著录大致依循《四库全书总目》，基本上没有什么变化。

3. 具体分类者

真正对《易》学文献进行分类的主要有传统目录著作郑樵《通志·艺文略》、焦竑《国史经籍志》、朱睦㮮《授经图义例》、祁承㸁《澹生堂藏书目》，以及现当代新分类目录著作《江苏省立国学图书馆图书总目》、《中国丛书综录》、《易学书目》等。《通志·艺文略》将《易》学文献分为古易、石经、章句、传、注、集注、义疏、论说、类例、谱、考正、数、图、音、谶纬、拟易十六类。《国史经籍志》合传、注为一，而少拟易，《授经图义例》则较《通志·艺文略》多出占筮一类。《澹生堂藏书目》将《易》学文献分为古易、章句注传、疏义集解、详说、指解、考正、图说、卜筮、易纬、拟易十类。大致而言，传统目录的分类以郑樵的分类体系为主，类目设置、次序都大同小异，目的在于综括古今易学典籍，条别其源流。

在总结前人目录学家《易》学文献分类的基础上，现当代目录学家又做了新的分类尝试。《江苏省立国学图书馆图书总目》将《易》学文献分为白文读本之属、传说之属、图说之属、筮法之属、文字音义之属、古易之属、谶纬之属、沿革之属八类，《中国丛书综录》分为正文之属、传说之属、图说之属、分篇之属、专著之属、易例之属、文字音义之属、古易之属八类，《易学书目》又分丛编、经本、传说、图说、专著、类例、文字音义、古易、易纬、易占、附录十一类。

台湾学者林庆彰等人编《经学研究论著目录》收录著作、论文，对《周易》类文献分别得相当细致。以编录 1988 年至 1992 年的《经学研究论著目录》而论，该目录大体将易学论著分为十六类：第一，通论，包括名义、作者成书时代、研读法、概述、价值、连山归藏、帛书周易、目录、辞典等方面；第二，易古经研究一，包括卦之命名、卦之渊源、八卦、六十四卦、爻、卦序问题、卦爻辞合论、经传合论；第三，易古经研究二，包括概述、乾坤合论、六十四卦各论；第四，易传研究，包括概述、彖传、象传、系辞、文言、说卦、序卦、杂卦；第五，注释翻译；第六，语言文字研究，包括概述、字词、语法、声韵、写作技巧；第七，札记；第八，卦象卦变；第九，占筮；第十，分类研究，包括思想通论、宇宙论、知识论、辩证法、天人合一论、人生哲学、伦理思想、政治法律、经济管理、社会、教育、历史、美学、文学、艺术、与中国文化、与道佛、与外国思想比较；第十一，易学与其他学科，包括概述、科学、数学、天文学、物理学、化学、医学、建筑学、经济学、其他；第十二，周易研究史，包括概述及自先秦以降各时期的研究史；第十三，易图书学，包括概述、河图洛书、先后天图、太极图、易图书学史；第十四，国外研究；第十五，丛书、论文集；第十六，期刊。需要特别指明的是，本目录编录的对象是易学论文、著作、刊物等，与以前的目录著作主要著录易学著述不同，所以更适合、也更能体现出 20 世纪以来的《易》学文献的总体情况。

（二）《易》学文献分类的新设想

历代书目对《易》学文献的分类各有差异，并随着时代的变化而有所变化，因此，要对历史上的《易》学文献加以重新分类，除了参考借鉴传统分类外，还需要别裁和通识。

综合历史上诸家的分类来看，它们还是有相近相通之处，但也有过于繁杂之嫌。正文之属、经本、石经可归入白文类，而占筮、拟易、附录则属易外别传范畴。丛编为专科丛书，不当入易学分类。综合考虑正统《易》学文献的整体面貌，前辈目录所分章句、传、注、集注、义疏、详说、指解、传说之属、分篇之属可以统合为一类，称为传注，用以著录依经作注的《易》学文献；论说、类例、专著之属、易例之属可以合为一类，称为论著，用以著录综合论述《周易》内涵的《易》学文献；图、数、谱、图说之属可以合为一类，称为图说，用以著录通过图、数、表、谱之类的方式来解说《周易》经传的《易》学文献；古易、考正、文字音义之属可以合为一类，称为考正，用以著录考正《周易》源流、字词音义、章句分合等考据性《易》学文献。因此，正统易学可以分为传注、图说、论著、考正四类。

《易》学文献除正统的经学文献外，就是易外别传类文献了。这一大类虽然仅占《易》学文献总量的十之一二，但内容庞杂，涉及广泛，分类特别不容易。胡一桂于《周易启蒙翼传·外编》列"凡非《周易》传注而自为一书"者，即有此意。全祖望《读易别录》卷上称："诸经之中，未有如《易》之为后世所录者。旧史之志艺文，盖自传义、章句而外，或归之蓍龟家，或五行家，或天文家，或兵家，或道家，或释家，或神仙家，以见其名虽系于《易》，而实则非也。彼其为传义、章句者，诸家之徒居十九焉。"全氏所谓"传义、章句"就是指正统易学而言，而对于易外别传文献，他所列举的旧史艺文志分类也未尽数，如儒家、术数类也著录有此类《易》学文献。全祖望在《读易别录》中通论汉唐及宋代易外别传文献，分成14类：图纬34种、通说阴阳灾异及占验体例44种、汉唐诸人卜筮林占109种、汉唐诸人以三式占验之书45种、律历家9种、天文家2种、兵家2种、堪舆家6种、禄命家7种、医家2种、相家3种、占梦家1种、射覆家6种、丹灶家34种，另有老庄玄谈类11种、龟书47种、著书著法27种。这样的分类也不尽恰当，如律历家与天文家、医家与丹灶家等难于截然区分。① 此外，图纬当附入《周易》经学文献，丹灶家、老庄玄谈类可并入释道类《易》学文献。故综合而论，易外别传文献可分为：一、拟易文献，《通志·艺文略》、《授经图义例》、《经义考》诸书均列为专类，主要包括《太玄》、《潜虚》、《元包》、《皇极经世书》、《洪范皇极内篇》及相关研究诸书；二、释道类，有《大藏经》、《道藏》统之，典型者如《周易参同契》、《易外别传》、《周易禅解》诸书；三、筮占类，可据《授经图义例》立类，包括数学、阴阳灾异及占验体例、卜筮林占、著书著法等，《易林》、《京氏易传》等均可入于此类之中，而与易学相去甚远、与《周易》经传没有直接联系的三式占验、禄命家、相家、占梦家、射覆家、龟书等都应该排除在《易》学文献之外，将之视作纯粹的术数之书可也；四、其余诸书可归之为杂类，包括律历家、天文家、兵家、堪舆家、医易家等。其中医易学文献虽然数量不多，但在明清以来引起了特别关注，则应受到特别的重视。

纪昀在《阅微草堂笔记》中指出："圣人作《易》，言人事也，非言天道也；为众人言也，非为圣人言也。圣人从心不逾矩，本无疑惑，何待于占？惟众人昧于事几，每两歧罔决，故圣人以阴阳之消长示人事之进退，俾知趋

---

① 按：王渭清《谈〈经义考〉中的"易考"——兼及全祖望读易别录》只论全氏《读易别录》卷上所分14类，似为不当，详见《四川图书馆学报》1988年第2、3期合刊（1988年5月），第145～148页。

避而已。此儒家之本旨也。顾万物万事不出阴阳，后人推而广之，各明一义。杨简、王宗传阐发心学，此禅家之易，源出王弼者也。陈抟、邵康节（雍）推论先天，此道家之易，源出魏伯阳者也。术家之易，衍于管（辂）、郭（璞），源于焦（赣）、京（房），即二君所言是矣。易道广大，无所不包，见智见仁，理原一贯。后人忘其本始，反以旁义为正宗。是圣人作《易》，但为一二上智设，非千万世垂教之书、千万人共喻之理矣。"① 由此可见，正统易学与易外别传虽然有明显的区别，但其界线也并不是泾渭分明的，不同时代、不同人物都有不同的判断，甚至在同一目录著作中，往往还有经部著录了该书，子部同样加以著录的情况。比如《宋史·艺文志》于经部易类、子部道家类同时著录程大昌《易老通言》；邵雍《皇极经世》于《宋史·艺文志》著录在经部易类中，但在《四库全书总目》中却著录于子部术数类。我们在引导易学研究向健康科学发展的同时，又要破除旧社会所带的意识偏见，不过分拘泥于正统易学与易外别传之分别。因此，综合《易》学文献的整体情况，我们可以将之划分为十类：白文类、传注类、考正类、论著类、图说类、谶纬类、拟易类、筮占类、佛道类、杂类。严格地说，谶纬《易》学文献有别于正统经学，当属于易外别传的范围。不过，《四库全书总目》等将其附之于经部易类之下，可以看作是一种特殊的《周易》经学文献。关于谶纬易著，我们将之列入谶纬类中专门介绍。需要特别说明的是，易学著作本身情况复杂，每种分类都是相对而言的。章学诚提出互注、别裁的著录方法，同样适用于《易》学文献的分类著录。

一、白文类

传世《易》学文献主要以《周易》经传为中心，用多种方式从多种角度加以阐释、引申、发挥而成。经过数千年的演变发展，并称为《周易》或《易经》的《周易》经传也形成了多种不同的文本。我们将《周易》经传本身的传本称为白文《周易》。

首先，以经本文字的差异为基础，《周易》在西汉时出现了古文《易》与今文《易》两种不同的文本。今文《易》是经汉初田何传承下来的今文学派的易学文本，有施雠、孟喜、梁丘贺、京房等不同的传本。魏晋以后，随着今文易学的衰弱，传于今的今文《易》本只有《京氏易》、《孟氏易》的一些逸句异文片断。古文《易》在汉代由费直传出，而西汉内府中又有"中古文"

① 纪昀：《阅微草堂笔记》卷六《滦阳消夏录六》，上海古籍出版社，1980 年。

本，刘向曾据此校理过诸《易》本文字。东汉时，马融、郑玄、荀爽等俱传古文《易》，经王弼而后，古文《易》大行于世，流传至今。后世所用的《易经》文本，大体都属于东汉以来的古文《易》系统，但在历史的传承中也有一定的演变，甚至还有今古文杂糅的情况。

其次，按经传篇第编次的不同，《周易》在历史上出现了古本和通行本两种不同的文本。古本和通行本《易》是在今古文《易》的基础上演变而来的。从宋代开始，人们发现《周易》文本经过郑玄、王弼等人的改动，将原本经传分离的《周易》文本混杂在一起，造成经传杂厕不辨。自宋代开始，一部分学者探赜索隐，力图根据历史文献所记载的蛛丝马迹，恢复古易原貌，对《周易》作新的阐释。宋、元、明、清学者通过复原的形式，创制了形形色色、互有差异的古本《周易》。他们大多力主经传相分，而吕祖谦所作《古易》就是其中的典型代表，朱熹便据此完成其《周易本义》，影响甚大。与此并行的是自郑玄、王弼而后定型的通行本《周易》。它们经传相杂，流行更为广泛。

再次，按载体形式的不同，《周易》在历史上主要有竹简、帛书、石刻、雕版、手抄等不同的文本。竹简《易》，除了湖北江陵王家台秦简《归藏》外，有上海博物馆藏楚简《周易》、阜阳双古堆汉简《周易》等。除上海博物馆藏楚简保存数量多而相对完整外，其他均比较零散，数量极少。帛书《周易》主要是马王堆汉墓出土的帛书《六十四卦》、《系辞》。石刻《周易》于今保存完整的有唐开成石经和清石经《周易》，而传世的雕版、手抄《周易》文本则比较多。

最后，按流传方式的不同，《周易》还有丛书本和单传本的不同。丛书本《周易》有《五经》、《五经白文》、《九经》、《九经白文》、《九经正文》、《十三经》等多种传本，而单传本《周易》有明清等多种刻本等。

1. 楚竹简《周易》①

楚竹简《周易》是迄今为止所发现的一部最早的《周易》文本，是确定不移的古文《易》本。此本虽有一部分竹简散佚，但有 58 简，保存了 34 卦内容，达 1806 字，足以反映出先秦时期《周易》文本的基本面貌。楚竹简《周易》由卦画、文字、符号三种表述方式构成。卦画以—表示阳爻、‑‑表

①　马承源主编：《上海博物馆藏战国楚竹书（三）》，上海古籍出版社，2003年；濮茅左：《楚竹书周易研究》上编第二章《楚竹书周易原文考释》，上海古籍出版社，2006 年。

示阴爻，为帛书《周易》、阜阳汉简所承；文字由卦名、卦辞、爻位、爻辞等部分组成，字、辞、句与帛书、今本《周易》都有差异；符号由红、黑两色共六种形式构成。其中尤其值得重视的是，每卦繇辞皆于卦爻题下和末字下标注有特殊符号。这些符号在马王堆帛书《周易》、阜阳双古堆汉简《周易》中都不存在，反映了先秦《周易》原始而独有的面貌。

今有濮茅左《楚竹书周易研究——兼述先秦两汉出土与传世易学文献资料》（上海古籍出版社，2006 年）。

2. 帛书《周易》，包括《六十四卦》、《系辞》①

帛书《周易》是 1973 年 12 月湖南长沙马王堆第三号汉墓出土的西汉手写本《周易》。约汉文帝初年（约前 180—前 170）写定，墨书隶字。

《马王堆帛书六十四卦释文》，由马王堆汉墓帛书整理小组整理，发表于《文物》1984 年第 3 期。《六十四卦》原文共 93 行 4900 余字，学者又称别本《周易》。帛书《周易》卦名与卦爻辞与今本《周易》大致相同，而用字有异，其最大的不同在于卦序。通行本《周易》以"二二相偶，非覆即变"的方式加以排列，而帛书《周易》是按乾、艮、坎、震、坤、兑、离、巽的顺序分为八组，每组上卦相同，顺序取此八卦中的一卦为上卦，每组下卦则顺序排列这八卦而成。张政烺指出，此种卦序与北周卫元嵩《元包》的卦序相同。《六十四卦卷后佚书》估计原有 11000 余字，因帛书残破，现存 9000 余字。

帛书《系辞》共约 6700 余字，与今本《系辞传》有较大出入。分为上下两篇：上篇相当于今本《系辞上》第一至七章、第九至十二章，以及《系辞下》第一至三章、第四章第一至四节及第七节、第七章后面几句和第九章；下篇包括佚文 2100 字及今本《说卦》第三节、今本《系辞下》第五至六章、第七章的前面一部分、第八章，却没有今本"大衍之数"一段。

今有邓球柏《帛书周易校释》（湖南出版社，1987 年）、张立文《周易帛书注译》（中州古籍出版社，1992 年）、严灵峰《马王堆帛书易经斠理》（台北文史哲出版社，1994 年）、邢文《帛书周易研究》（人民出版社，1997 年）、陈鼓应主编《道家文化研究》第三辑"马王堆帛书专号"、刘大钧《今帛竹书周易综考》（上海古籍出版社，2005 年）、廖名春《马王堆出土周易经传释

---

① 马王堆汉墓整理小组：《马王堆帛书六十四卦释文》，《文物》1984 年第 3 期；张正烺：《马王堆帛书周易·系辞校读》，载陈鼓应主编：《道家文化研究》第三辑，上海古籍出版社，1993 年；廖名春：《帛书系辞释文》，载朱伯崑主编：《国际易学研究》第一辑，华夏出版社，1995 年。

文》(《续修四库全书》本、《易学集成》本)、《帛书周易论集》(上海古籍出版社，2008 年) 等校释研究之作。

3. 开成石经《周易》9 卷，附王弼《周易略例》1 卷①

汉熹平四年 (175)，诏诸儒正五经文字，刻石立太学门外，史称熹平石经，是为石经之始。其后有魏正始石经、唐开成石经、后蜀石经、北宋嘉祐石经、南宋绍兴石经、清石经七种，均收录有《周易》。唐开成石经是其中保存最古而且比较完整者。

唐石经始刻于唐文宗大和七年 (833)，开成二年 (837) 刻成。当时立于长安国子监太学，今保存在西安碑林。后周显德二年 (955)，尚书左丞兼判国子监事田敏献印版书《五经文字》、《九经字样》各二部，实为自后唐长兴三年 (932) 校勘雕印开成石经本《九经》。后蜀毋昭裔主持刊刻的石壁九经及雕版九经均以此为蓝本。宋代以后又多有据开成石经刻印《九经》者。开成石经《周易》是除了考古出土之外的传世《周易》文本中最早而且极为可靠的版本，比传世的宋本《周易》还要早得多。清阮元校勘《十三经》，开成石经本即其重要校本之一。

二、传注类

依经作注或疏是经典解释的最基本的，也是最传统的方式，所以经学传注文献最多。易学也不例外。传注类《易》学文献根据注解形式的差异，可以分为传、章句、注、集注、义疏、详说、指解、传说等，此外还有只注解《周易》部分内容的分篇之属。②

"传"作为易学史上的注释体裁，很早便出现了。《周易》之《十翼》，又称《易大传》，传为孔子所作。《战国策》还引用有另外一种《易传》。西汉时有周氏、服氏、杨氏、蔡公、韩氏、王氏、丁氏七家《易传》，另外如《古五子》等也称为《易传》，传于今的则有《京氏易传》。最初的传并不逐句作讲，而是通论性质的论著，如《易大传》、马王堆帛书《易传》皆是。后代的易传才逐渐与注释体相似而区别不大。

"章句"是两汉时期较为流行的一种注解《周易》的体裁，本指分章析

---

① 按：《景刊唐开成石经 (附贾刻孟子严氏校文)》收录二书，中华书局，1997 年。
② 按：冯浩菲的《中国古籍整理体式研究》(高等教育出版社，2003 年) 对古籍体式有较全面的梳理，周玉山的《易学文献原论》(《周易研究》1993 年第 4 期) 则对《易》学文献体式有全面的梳理，可参考。

句，注解章指，分段串讲。《汉书·艺文志》著录有施、孟、梁丘三家章句各二篇。汉代章句与今文经学家法相关联，师徒讲说，肆意铺陈，反复申述，不厌其烦，致使章句繁芜，为经学家所诟病，夏侯建斥"章句小儒，破碎大道"即此。后世也有以章句为名者，如宋吕大临《易章句》、宋程迥《古易章句》、清焦循《易章句》等，但与西汉的章句之学有所不同。

东汉时易家释《易》开始称"注"，如郑众、郑玄、宋衷都有《周易注》。此后又有虞翻、王弼、王肃、姚信、干宝、蜀才等著名易家之作称为注。《汉书·儒林传》称丁宽"作《易说》三万言，训故举大谊而已，今小章句是也"。小章句较章句简明，当是救章句之弊而产生者，故注可能与此有关。唐孔颖达《毛诗正义》称："注者，著也，言为之解说，使其义著明也。"

"集注"又称集解、集释、集义等，主要指纂集二家以上注释来解说经文者，既有纯为纂辑，也有汇集众说，并附以己意，或以按语断各说是非得失者，还有名为集注，而实没诸家，不出姓氏，或纯以己意作解者。集注体兴起于汉末三国时期，而最早的易学集注有集马、郑、二王四家的《集解周易》，集荀爽九家的《集注周易》、杨氏《集二王注》、晋张璠《周易集解》。易学集注之作有名者如李鼎祚《周易集解》、房审权《周易义海》、俞琰《周易集注》、李光地等《周易折中》等均是。

"义疏"体与魏晋清谈尤其是佛教登坛讲经之风有关。马宗霍称："缘义疏之兴，初盖由于讲论。两汉之时已有讲经之例，石渠阁之所平，白虎观之所议，是其事也。魏晋尚清谈，把尘树义，相习成俗，移谈玄以谈经，而讲经之风益盛。南北朝崇佛教，敷座说法，本彼宗风，从而效之，又有升座说经之例。初凭口耳之传，继有竹帛之著，而义疏成矣。"[①]

"说"亦为传注之一，流行于汉代，与初期的传相似，不依经解义，而通论大义。《汉书·艺文志》称："民间有费、高二家易说。"《儒林传》则称丁宽作"《易说》三万言，训诂举大谊而已"。后世之说与注相似，如宋代有司马光《温公易说》、张载《横渠易说》、李光《读易详说》等。

"指解"是对经典作章指解义，与传注意近，而重在于经典大旨。

"分篇之属"主要指针对《周易》经传的一篇或个别部分加以训解的著作，如刘瓛《乾坤义》、《系辞义疏》，韩康伯《系辞注》，吕祖谦《周易系辞精义》，沈该《系辞补注》，庄存与《系辞传论》，丁晏《周易讼卦浅说》等

---

① 马宗霍：《中国经学史》第八篇《南北朝之经学》，上海书店，1984年，第85～86页。

皆是。

由于时代风尚、区域文化及学派思想的不同，传注类文献在不同时代、不同区域、不同学派等方面都存在着一定的差异，使传注文献不仅形式多样，而且思想内涵也有很大差别。整体而言，两汉时期《易》学文献主要有章句、传、注等形式，思想内容上主要分为今文、古文及非正统的筮占三大方面；三国魏晋南北朝隋唐时期，《易》学文献主要以集注、义疏的形式出现，思想内容上主要分成象数、玄学义理两派；两宋元明《易》学文献，以己意解经，形式多样，但仍以传注、集疏的形式为多，思想内容上也千差万别，有气学派、理学派、心学派、蜀学派、新学派、功利学派等多种派别；清代《易》学文献形式上也大致分成传注、集疏两类，思想内容上主要有宋学派、汉学派、辑佚类、汉宋兼采类等多种情况。

（一）汉唐

汉唐《易》学文献统属于"汉易"。它们时代久远，留存数量少，价值高，反映了汉唐时期易学的发展变迁。其中既有反映象数之学的郑玄《周易郑氏注》、李鼎祚《周易集解》，也有反映义理玄学的王弼、韩康伯《周易注》，孔颖达《周易正义》，还有其他少数几部的易学著作。

1. 《子夏易传》11卷，题（春秋）卜商撰

《子夏易传》题为子夏撰。卜商（前507—？），字子夏，以字行，春秋时温国（今河南温县）人，一说卫国人。孔子著名弟子，与子游并列文学科。孔子死后，子夏讲学西河，为魏文侯、李克、吴起等人之师。后汉徐防上疏称"《诗》、《书》、《礼》、《乐》定自孔子，发明章句始于子夏"，宋洪迈《容斋随笔·续笔》更以为他对儒家经典的传播起到了重要的作用。卜商《子夏易传》不见于《汉书·艺文志》，《隋书·经籍志》著录为2卷，梁有6卷，隋时已残缺，其后亡佚。唐孔颖达《周易正义》、陆德明《经典释文》、李鼎祚《周易集解》尚称引其部分佚文。清人孙堂、孙冯翼、张澍、黄奭、马国翰俱有辑本。陆德明《经典释文》称《子夏易传》3卷为卜商所撰，但又引汉刘歆《七略》云"汉兴，韩婴传"，引晋荀勖《中经簿录》云"丁宽所作"，引晋张璠云"或轩辕子弓所作，薛虞记"，薛虞不详何许人。《唐会要》载开元七年（719），诏令儒官详定《子夏易传》，司马贞曰："又王俭《七志》引刘向《七略》云：'《易传》子夏，韩氏婴也'。"是《子夏易传》作者问题在唐以前已为纷纭不断。

北宋时出现《周易子夏》10卷本，旧题周卜商撰。《崇文总目》称："此书篇第略依王氏，绝非卜子夏之文，又其言近而不笃，然而学者尚异，颇传

习之。"① 晁说之《传易堂记》以为"唐张弧之《易》"②。陈振孙《直斋书录解题》著录为 10 卷，孙坦以为汉杜子夏作，而疑其不可信，又称"隋唐时止二卷，已残缺，今安得有十卷。且其经文《彖》、《象》、爻辞相错，正用王弼本，绝非汉世书"③。朱彝尊《经义考》卷五则称："按孙坦疑是杜邺，徐幾、赵汝楳疑是邓彭祖，盖两人俱字子夏也。然绎其文义，总不类汉人文字，并不类唐人文字，谓为张弧所作，恐非今本。"张弧为唐大理寺评事，生平不详。

南宋末又出现今本《子夏易传》11 卷，较北宋传本多出 1 卷。朱彝尊《经义考》称其"不独篇第悉依王弼，并其本亦无异辞"。清四库馆臣以为此乃伪中之伪，不但非晋、唐旧本，而且与唐张弧伪造的宋 10 卷本亦有所不同，实为张弧之外的又一伪本。

今有《通志堂经解》本、《四库全书》本、《学津讨原》本等。

2.《周易郑康成注》1 卷，（汉）郑玄撰，（宋）王应麟等辑

郑玄（127—200），字康成，东汉北海高密（今属山东）人。师事京兆第五元先、东郡张恭祖、扶风马融等大儒，在外游学十余年，后回乡聚徒讲学，复因党锢之祸，闭门不出。郑玄兼通今古文，遍注群经，所注《周易》、《尚书》、《毛诗》、《仪礼》、《礼记》、《论语》、《孝经》、《尚书大传》、《中候》、《乾象历》，又著《天文七政论》、《鲁礼禘祫义》、《六艺论》、《毛诗谱》、《驳许慎五经异义》、《答临孝存周礼难》等，凡一百余万言，为世所称道，号为"郑学"，从而结束今古文对立，形成经学小一统。郑玄易学著作主要有《周易注》、《易赞》、《易论》、《易纬注》等。

郑玄以费氏古文《易》为注，兼采今古文易学，主以爻辰、五行之说，并以扎实的训诂解说《周易》。自郑玄《周易注》行，而施雠、孟喜、梁丘贺、京房之《易》不行，从而"结束了两汉以来易学各自为派、相互攻击的局面，标志着当时易学达到了空前的统一和繁荣"④。在南北朝时期，郑玄易学也与王弼易学分庭抗礼，流行于河北。直到隋代，郑玄易学才日渐衰微不显。

郑玄《周易注》在唐代尚存，李鼎祚《周易集解》多引之，而宋初《崇

---

① 王尧臣等编次、钱东垣辑释：《崇文总目》卷一，《丛书集成初编》本。
② 晁说之：《嵩山文集》卷一六《传易堂记》，《四部丛刊续编》本。
③ 陈振孙：《直斋书录解题》卷一《子夏易传题》，上海古籍出版社，1987 年。
④ 林忠军：《象数易学发展史》第一卷，齐鲁书社，1994 年，第 174 页。

文总目》仅载 1 卷，所存唯《文言》、《序卦》、《说卦》、《杂卦》4 篇，余皆散佚。至南北宋之际，郑氏《易注》全书亡佚。自南宋以来，学者多有辑佚，计有宋王应麟《周易郑康成注》，清惠栋增补、丁杰后定、张惠言订正、臧庸撰叙录、孙堂重校并补遗，以及袁钧、孔广森、黄奭等辑本，而惠栋《易汉学》、张惠言《周易郑荀义》则对郑玄易学有所阐发。今有林忠军《周易郑氏学阐微》（上海古籍出版社，2005 年），其下编在吸收前人研究成果基础上，对历来辑集的郑玄注文进行了考证与辨析。

3.《周易注》10 卷，（魏）王弼、（晋）韩康伯注

王弼（226—249），字辅嗣，三国魏山阳（今河南焦作东）人。少年聪慧，十余岁时好《老子》，通辩能言。正始中补为台郎。解音律，善投壶。正始十年（249），以疬疾亡，年仅 24 岁。著有《周易注》、《周易略例》、《周易大衍论》、《穷微论》、《易辨》，以及《老子注》、《老子指略》、《论语释疑》等书，在易学史、哲学史上占有重要地位，并产生了深远影响。

王弼好玄学，长于《老子》、《周易》，研究颇深。时吏部尚书何晏亦好玄言，叹王弼之才华，引为上宾，赞叹道："仲尼称后生可畏，若斯人者，可与言天人之际乎！"[①] 王弼认为圣人有情，不能无哀乐以应物，但圣人茂于神明，故能体冲和以通无；圣人之情，应物而无累于物。两汉易学流于象数，王弼扫除象数，主以玄言，引老、庄以解《易》。其批评两汉象数之学，以为"互体不足，遂及卦变。变又不足，推至五行。一失其原，巧论弥甚"，而主张"言者所以明象，得象而忘言。象者所以存意，得意而忘象"，"爻苟合顺，何必坤乃为牛。义苟应健，何必乾乃为马"[②]。汤用彤于《王弼之周易、论语新义》一文指出："王弼之《易》注出，而儒家之形上学之新义乃成。"[③] 王弼《易注》在阐释发挥儒家哲学义理上做出了卓越贡献。王弼解《易》体例另有《周易略例》一书作系统阐发。在《周易》文本上，王弼继郑玄"合《彖》、《象》于经"[④] 之后，改动古文《易》原本次第，《乾卦》首卦爻辞，后附以《彖》、《象》之辞，保留了经传相分的原貌，而将《坤卦》以下的《彖》、《大象》附于卦辞之下，《小象》分附于六爻爻辞之下，将《文言传》分附于《乾》、《坤》两卦之后，而将《系辞》、《说卦》、《序卦》、《杂卦》四

---

① 《三国志·魏书·钟会传》裴松之注引何劭《王弼传》。

② 王弼著，邢璹注：《周易略例》卷上《明象》，《汉魏丛书》本。

③ 《魏晋玄学论稿》，上海古籍出版社，2001 年，第 77 页。

④ 《三国志·魏书·三少帝纪·高贵乡公髦》。

传附于上下经之后。

王弼只对《周易》上下经以及附于经文的《彖》、《象》、《文言》三传作了注释，而"于注经中已举《系辞》，故不复别注"①。晋韩康伯则对王弼未注的《系辞》、《说卦》、《序卦》、《杂卦》四传做了注释。后世合二者为一，成为完整的《周易注》之作。韩康伯名伯，字康伯，殷浩外甥，常与王坦之等人辩论，而主于玄言，史称其"清和有思理，留心文艺"②。在易学上，韩康伯坚持王弼易学，不仅引王弼《易注》及《略例》，而且在理论上也有新的阐发。他排斥两汉象数易学，从义理出发，进一步将易学玄学化。③清四库馆臣称："平心而论，阐明义理，使《易》不杂于术数者，（王）弼与（韩）康伯深为有功；祖尚虚无，使《易》竟入于老庄者，弼与康伯亦不能无过。瑕瑜不掩，是其定评。"

有敦煌唐写残本、宋刻本、元相台岳氏荆溪家塾刻本、明味经斋刻本、清武殿仿宋刻本、日本活字本、朝鲜活字本、《三经晋注》本、《四库全书》本、《袖珍十三经注》本、《四部丛刊》本等。今有楼宇烈《王弼集校释》本（中华书局，1980 年），又有田永胜《王弼思想与诠释文本》（光明日报出版社，2003 年）、尹锡瑉《王弼易学解经体例探源》（巴蜀书社，2006 年）等研究之作。

4.《周易正义》10 卷，（唐）孔颖达撰

孔颖达（574—648），字冲远，④唐冀州衡水（今河北衡水）人。隋大业初，选为明经，授河内郡博士。入唐，累迁至国子祭酒。南北朝时期，南北学术取向各异。隋统一后，南北经学歧异并没有得到根本解决，严重妨碍了思想统一、科举取士等诸多问题。唐贞观十二年（638），太宗以为儒学多门，章句繁杂，诏使国子祭酒孔颖达与诸儒共同编撰五经义疏，题名《五经正义》。博士马嘉运公开指摘书中错误，议论精致，得到诸儒的佩服，于是朝廷诏使诸儒重加修订。唐高宗永徽二年（651），又诏使诸儒再次修订《五经正义》，并于永徽四年定稿，颁行天下，悬为令甲。孔颖达另撰有《周易玄谈》、《孝经注》，俱佚。两《唐书》有传。

① 《南齐书·陆澄传》。

② 《晋书·韩伯传》。

③ 朱伯崑：《易学哲学史》第一卷，华夏出版社，1995 年，第 299 页。

④ 按：孔颖达字，《旧唐书》、《新唐书》本传皆作仲达，《册府元龟》卷五九七同，而《新唐书·宰相世系表五下》作冲远。据孔颖达同僚于志宁所作《大唐故太子右庶子银青光禄大夫国子祭酒上护军曲阜宪公孔公碑铭》，作冲远是。

第二章 《易》学文献

《周易正义》又称《周易注疏》或《周易兼义》，为《五经正义》之首，虽署名孔颖达，实际上还有马嘉运、赵乾叶等参与编纂，又有苏德融、赵弘智等人加以复审。《周易正义》全书前有孔颖达等人所作的《序》和《卷首》。《序》文阐明《正义》沿袭王弼易学的理由，并简述了该书的撰作经过。《卷首》包括《论易之三名》、《论重卦之人》、《论三代易名》、《论卦辞爻辞谁作》、《论分上下二篇》、《论夫子十翼》、《论传易之人》、《论谁加经字》八篇，对易学上的一些基本问题做了梳理，并得出自己的见解，成为全书纲领性的通论。前六卷为上下经，卷七为《系辞上传》，卷八为《系辞下传》，卷九为《说卦》、《序卦传》、《杂卦传》，末附《周易音义》1卷。魏晋以来，王弼、郑玄易学并立，但王学日渐得势，"唯魏王辅嗣之注独冠古今"。孔颖达在序文中称："奉敕删定，考察其事，必以仲尼为宗；义理可诠，先以辅嗣为本。"《周易正义》即以孔子《易传》为宗主，辅以《易纬》，而以王弼、韩康伯《周易注》为基础，立足玄学，同时又借鉴吸收了《子夏易传》、京房章句、郑玄注、王肃注，以及南北朝张讥、何妥、周弘正、卢景裕等大批易学家的易说，不仅对《周易》卦爻辞和传文加以注解，而且对王、韩注文也加以进一步详细的阐发，从而构成一部总结两汉以来易学成就的规模宏大的易疏之作。

《周易正义》一书系统阐述了以王、韩《易注》为基础的易学观，分析总结《周易》义例，提出"易理备包有无"等思想，对唐宋易学的发展产生了深远影响。虽然《序》强调"以仲尼为宗"，"以辅嗣为本，去其华而取其实，欲使信而有征"，但《周易正义》也确有不尽如人意之处。朱熹以为："《五经》中，《周礼疏》最好，《诗》与《礼记》次之，《书》《易疏》乱道。《易疏》只是将王辅嗣《注》来虚说一片。"[1] 王应麟指陈其因，以为"王弼《易》、孔安国《书》至齐、梁始列国学，故诸儒之说，不若《诗》、《礼》之详实"[2]。至于孔颖达义主玄学，尤为后世所诟病。清陈澧且云："孔疏能扫弃释氏之说，而不能屏绝老、庄、列之说，此其病也。"[3] 此外，宋儒欧阳修、魏了翁又对其称引纬书表示不满。

《周易正义》版本甚多，而以阮元校刻《十三经注疏》本为最佳，流传十分广泛。今有龚鹏程《孔颖达周易正义研究》（台北文史出版社，1979年）。

---

① 黎靖德编、王星贤校点：《朱子语类》卷八六《周礼·总论》，第2206页。
② 王应麟：《困学纪闻》卷八《经说》，商务印书馆，1959年。
③ 陈澧：《东塾读书记》卷四《易》，三联书店，1998年。

5. 《周易集解》17 卷，（唐）李鼎祚撰

李鼎祚（生卒年不详），唐中后期资州盘石县（今四川资中）人。唐玄宗幸蜀，李鼎祚进《平胡论》，后召为左拾遗。唐肃宗乾元元年（758），李鼎祚奏以山川阔远，请割泸、普等六州界置昌州。尝充内供奉，辑梁元帝及陈乐产、唐吕才之书以推演六壬五行，成《连珠明镜式经》10 卷，又名《连珠集》，上之于朝。代宗登基后，献《周易集解》一书，时官秘书省著作郎。

李鼎祚以经术称于时，尤以易学显名于唐。他有鉴于《易》注百家，"唯王、郑相沿，颇行于代，郑则多参天象，王乃全释人事"，于是"刊辅嗣之野文，补康成之逸象"，著成《周易集解》一书。该书以集解为名，博采众长，不执己意，采录了虞翻、荀爽等近四十家易说，而虞、荀之说尤多，占所有易说的一半以上。在编纂方法及文献保存上，《集解》一书都对后世产生了深远影响。就内容而言，《周易集解》主要以补充《周易正义》唯以义理为主的不足，多辑录汉代象数学说，成为后人窥探汉代易学的津梁，成为清人复兴汉代易学所借助的基本文献。不过，李鼎祚敦尚玄学，对王弼、韩康伯、孔颖达等义理易说也有所采录。李鼎祚易学继承南北朝以来象数、义理兼容并重的思想，融会众说而不废己意，对宋代易学的兴起与发展产生了重要影响。

《周易集解》原本 10 卷，并附有李鼎祚《索隐》6 卷、王弼《略例》1 卷，前者专论重玄之意，后者专论《周易》义例。在流传过程中，所附《索隐》佚失，《略例》亦不复载，同时又改 10 卷为 17 卷。有《津逮秘书》本、《四库全书》本、《学津讨原》本、《古经解汇函》本等。今有巴蜀书社 1991 年出版的整理本。此外，清人对此书多有补充与疏解，如孙星衍《周易集解》、李富孙《易解剩义》、李道平《周易集解纂疏》、曹元弼《周易集解补释》等。

6. 《周易口诀义》6 卷，（唐）史徵撰

史徵（生卒年不详），郑樵《通志》、陈振孙《书录解题》作史之证，《宋史·艺文志》作史文徵，唐或五代河南人。生平事迹不详。《周易口诀义》6 卷，《崇文总目》、《通志·艺文略》、《郡斋读书志》、《直斋书录解题》、《宋史·艺文志》均有著录。原书已佚，今本为清人自《永乐大典》辑出，仅阙《豫》、《随》、《无妄》、《大壮》、《晋》、《睽》、《蹇》、《中孚》八卦，所佚无多，大致完备。孙星衍据《永乐大典》校证，刊入《岱南阁丛书》之中。

《崇文总目》称"其书直抄孔氏疏，以便讲习，故曰口诀"。史氏《自序》亦称"但举宏机，纂其枢要，先以王注为宗，后约孔疏为理"。全书以王弼《周易注》、孔颖达《周易正义》为本，复征引子夏、马融、荀爽、郑众、郑玄、虞

翻、陆绩、宋衷、干宝、何妥、伏曼容、周弘正、庄氏、张璠、侯果、褚氏、李氏等汉唐间二十余家《易》注为之辅翼，主以义理，归本人事，"或发注疏之未发，或订注疏之失误，或较注疏为详，或较注疏为精，或有异于注疏，或取经典史事证成其义"，"考名销义，阐理证文，亦时有新证，用契《易》旨"①。全书凡经象未显者，即引《易纬》以证其文，传疏不明者，即考名以消义，对卦爻辞的注释甚为详尽，对《象传》的注释稍显疏略。虽新意无多，止便于讲习，但有很多内容出于孔颖达《周易正义》、李鼎祚《周易集解》之外。汉唐易学著作留存至今者甚少，本书不失为考察唐代易学的重要著作之一。

有《武英殿聚珍版丛书》本、《四库全书》本、《岱南阁丛书》本、《古经解汇函》本、清袁氏贞节堂抄本、清嘉庆刻本等。今有台湾徐芹庭《周易口诀义疏证》（成文出版社，1977 年），对该书的版本、特色与价值、易例有详尽的分析研究，并做了深入的订误、补充与疏证。

（二）宋明

宋明时期，易学进入到宋学阶段，史称宋易。宋易在义理、象数两方面都有进一步的发展，在义理上一反王弼、韩康伯、孔颖达之玄学，而归宗于儒理；在象数上则自陈抟开端，经李挺之、刘牧、周敦颐、邵雍等人的发展壮大，兴起图书易学，更增添了全新的易学内涵。宋易经程颐、邵雍、朱熹等人的发展完善，最终形成立足儒学，兼容象数、义理，言易学必言图书的新景象。其间除有胡瑗、程颐为代表的儒理易学，李光、杨万里为代表的史易学，陈抟、邵雍为代表的图书易学外，还形成了蜀学易、新学易、涑水易学、关学易、洛学易、心学易、功利派易学等众多易学学派。

大明时期，宋易有了进一步发展，在坚守程朱易学，折中取舍基础上，又进一步向心学化发展。

1. 《周易口义》12 卷，（宋）胡瑗撰

胡瑗（993—1059），字翼之，宋泰州如皋（今江苏泰州市，一作泰州海宁）人。因祖籍陕西路安定堡，世称安定先生。北宋初期著名教育家、思想家，官至太常博士，与孙复、石介并称"宋初三先生"。胡瑗精通易学，程颐称其在太学讲《易》时，"常有外来请听者，多或至千数人"②，所著《周易

---

① 徐芹庭：《周易口诀义疏证》卷首《周易口诀义疏证自序》，台北：成文出版社，1977 年。

② 《河南程氏文集》卷七程颐：《回礼部取问状》，见程颢、程颐：《二程集》，中华书局，1981 年，第 568 页。

口义》、《洪范口义》流传至今。

《周易口义》共12卷，本为胡瑗主讲太学时的讲义，"欲著述而未逮"，故门人倪天隐述之，因非胡瑗亲笔所著，故"不敢称传，而名之曰《口义》"①。自晚唐开始兴起一股"舍传从经"的风气，至于北宋庆历年间，学者由疑传而疑经，甚至改经。胡瑗生于其世，受其影响，提倡"明体达用"之学，以为"天地为乾坤之象，乾坤为天地之用"②，主张贯通天道与人事，进一步推动疑经惑传的学风向前发展。他上承郭京《周易举正》，下启程颐等人，不信汉唐注疏，据经传义理，改经十四处，而缺乏可靠的版本文献依据。在义理上，胡瑗以为《易》乃"伏羲、文王、周公、孔子所以垂万世之大法"，它"极天地之渊蕴，尽人事之终始"③，是"三才变易之书"④。胡瑗以"变易"为出发点，着重阐述人生吉凶消长之理、进退存亡之道，进而指点修身、治国之法。全书以儒家义理为本，解释颇为详尽，而不掺杂象数与佛、道之说，一改王弼以来引老、庄言《易》的玄学之风，成为宋代儒理易学的开拓者，对洛学领袖程颐之学影响甚著。朱熹以为胡瑗易说"分晓正当，伊川亦多取之"⑤。程颐向学者推荐读《易》之书，以为当先观王弼、胡瑗、王安石三家之说。元胡一桂则说，胡瑗《口义》"解中，好处甚多"⑥。

有明祁氏澹生堂抄本、康熙二十六年（1687）李振裕刻本、《四库全书》本、《摛藻堂四库全书荟要》本、清抄本等。

2.《横渠易说》3卷，（宋）张载撰

张载（1020—1077），字子厚，号横渠先生，北宋凤翔郿县（今陕西眉县）人。嘉祐二年（1057）进士，历任渭州签判、崇文院校书、同知太常礼院。北宋理学主要奠基人之一，关学创始人。著《正蒙》、《横渠易说》、《经学理窟》、《张子语录》、文集，后人辑为《张子全书》。

张载是宋代关学易、气学易的核心人物。嘉祐间，他曾"坐虎皮讲《周易》"于开封，《易说》的撰写大概也开始于此。《横渠易说》，《宋史·艺文志》著录作10卷，今本唯上经1卷、下经1卷、《系辞传》以下1卷，末附总论11则。内容简略，凡无可发挥新义者，则不横生枝节，强为敷衍，往往

① 朱彝尊：《经义考》卷一七引李振裕语。
② 胡瑗：《周易口义》卷末《系辞上》，文渊阁《四库全书》本。
③ 胡瑗：《周易口义》卷末《系辞上》。
④ 胡瑗：《周易口义》卷首《周易口义发题》。
⑤ 朱鉴：《文公易说》卷一九，文渊阁《四库全书》本。
⑥ 胡一桂：《周易启蒙翼传·中篇》。

于经文数十句中无一句说解。卷内亦不复全载经文，仅载其有解说者而已。张载重《易传》，尤重《系辞》，以为"《系辞》反复惟在明《易》之所以为《易》，撮聚众意以为解，欲晓后人也"①。在解《易》体例上，张载偏重以象解《易》，以为一卦之义在卦象之中，只有玩味卦象，才能理解卦义。全书以"气"为万物之本，称"天惟运动一气，鼓万物而生，无心以恤物"，"气之生即是道、是易"②。他提倡辩证思想，以为"变则化，由粗入精也；化而裁之谓之变，以著显微也"；"不有两则无一，故圣人以刚柔立本，乾坤毁则无以见易"③。他又发挥动静对立统一思想，以为"动是静中之动。静中之动，动而不穷，又有甚首尾起灭"④；"天地之道，惟有日月寒暑之往来、屈伸、动静两端而已"⑤。

有《张子全书》本、明刊本、《通志堂经解》本、《四库全书》本、《张载集》校点本（中华书局，1978 年）、丁原明《导读》本（齐鲁书社，2004 年）等。今有陈正荣《张载易学之研究》（1979 年油印本、《台湾师大国文研究所集刊》1980 年第 24 期）、胡元玲《张载易学与道学：以横渠易说及正蒙为主之探讨》（台湾学生书局，2004 年）等。

3.《温公易说》6 卷，（宋）司马光撰

司马光（1019—1086），字君实，陕州夏县人。历仕仁宗、英宗、神宗、哲宗四朝，位至宰相，卒赠太师、温国公，谥文正。著《易说》、《太玄集注》、《潜虚》、《资治通鉴》、《司马温公集》。

司马氏于《易》好《太玄》，以为学《易》之阶梯，著《太玄集注》，又仿《太玄》而著《潜虚》。所著《易说》，晁公武称"杂解《易》义，无诠次，未成书也"⑥。书中引有王安石《易解》语，或为其晚年所作。苏轼《司马光行状》载《易说》3 卷、《系辞注》2 卷，而《郡斋读书志》作 1 卷、《直斋书录解题》作 3 卷，《宋史·艺文志》则载《易说》1 卷，又《易说》3 卷、《系辞说》2 卷。朱熹称："尝得《温公易说》于洛人范仲彪，尽《随卦》六二，其后缺焉。后数年，好事者于北方互市得版本，喜其复全。"

司马光《易说》"在宋时所传本，已往往多寡互异，其后乃并失其传。故

---

① 张载：《横渠易说》卷三《系辞》，文渊阁《四库全书》本。
② 张载：《横渠易说》卷三《杂卦》。
③ 张载：《横渠易说》卷三《系辞》。
④ 张载：《横渠易说》卷一《复》。
⑤ 张载：《横渠易说》卷二《咸》。
⑥ 晁公武著，孙猛校证：《郡斋读书志校证》卷一，上海古籍出版社，1990 年。

朱彝尊《经义考》亦注'已佚'"。《四库全书》辑自《永乐大典》，共 6 卷，首载总论，设问答语，诸卦或解说三、四爻，或解说一、二爻，或全卦皆不解说，《说卦》以下仅有 2 条，唯《系辞说》较完备，亦间或用问答语。司马光称"王弼以老、庄解《易》，非《易》之本旨，不足为据"，因此他解说《周易》虽主于义理，但不主空虚玄妙之说，而赞同"义出于数"，"君子知义而不知数，虽善无所统之"。大旨以易为自然之道、阴阳五行之道，凡宇宙间皆为易，《易》书可亡，而其道未尝一日去物之左右，力阐人事。其解《易》时或参证史事，与其《资治通鉴》之义理是非相印证，"于古今事物之情状，无不贯彻疏通，推阐深至"。

今有《四库全书》本、《经苑》本、《丛书集成初编》本等。

4.《苏氏易传》9 卷，（宋）苏轼撰

苏轼（1036—1101），字子瞻，号东坡居士。嘉祐二年（1057）与弟辙同登进士。神宗朝，曾在凤翔、杭州、密州、徐州、湖州等地任职。元丰三年（1080），因"乌台诗案"受诬陷被贬黄州任团练副使。哲宗即位，曾任翰林学士、侍读学士、礼部尚书等职，出知杭州、颍州、扬州、定州等地。晚年被贬惠州、儋州。徽宗朝，大赦北还，途中病死于常州，追谥文忠。著有《易传》、《书传》、《论语说》及《东坡集》等。

《苏氏易传》是三苏父子哲学思想的集中体现，是宋代重要的义理派易学著作之一，是蜀学的最基本的标志性著作。该书由苏洵草创，苏轼初成于黄州，再订于儋州，历数十年之久才完成。其间，苏辙也曾作过《易解》，并送予苏轼作参考。

《苏氏易传》又称《东坡易传》、《毗陵易传》、《苏长公易解》等，立足于义理，提出了一整套义理解《易》的独特义例观。在卦爻关系上，提出了"卦合而言之，爻别而观之"的新方法；在卦义上，又发展为多取为卦说；在卦时、卦位上也有一定的创见。苏氏好辩，有得于《系辞》"爱恶相攻而吉凶生"诸语，好以争斗言诸爻比、应等关系，有强烈的纵横家色彩。在对待象数的问题上，三苏父子并不加以排斥，尤其是苏洵对扬雄《太玄》研究很深，通晓数学。在《苏氏易传》中，苏氏论卦变与程颐之说接近；采纳十二消息卦说，提出"当其位者有其象"，对大衍之数等也做了独到的解说。与欧阳修不同，苏氏不反对河图、洛书之说，还首次提出河洛之数见于《乾凿度》九宫之说。

在解经方式方法上，《苏氏易传》也有疑经惑传的特色，认为《杂卦传》中《大过》以下次序颠倒，于是大胆改作，开后学怀疑之先。苏氏作为一代文豪，对字义的推求颇深，但他又明确提出"夫论经者，当以意得之，非于句义之间也"的主张，① 不拘泥章句训诂。在思想内涵方面，《苏氏易传》不排斥以老、庄解《易》，多引王弼之说，虽不明引佛释之文，却又暗用其理，与玄学易、儒理易都有区别。此外，《苏氏易传》还有浓厚的经世思想，明于义理而切近人事，并蕴涵着对时政的批判。总之，该书博洽而宽容，诸味杂陈而皆适于口。

有《两苏经解》本、明闵齐伋刻本、《四库全书》本、《学津讨原》本等。今有《三苏全书》点校本（语文出版社，2001 年），又有金生杨《〈苏氏易传〉研究》作深入分析研究（巴蜀书社，2002 年）。

5.《伊川易传》4 卷，（宋）程颐撰

程颐（1033—1107），字正叔，世称伊川先生。北宋洛阳（今属河南）人。历官汝州团练推官、西京国子监教授。元祐元年（1086）除秘书省校书郎，授崇政殿说书。与其兄程颢，同为宋代理学的最主要奠基人、洛学学派的代表人物，后世并称二程。撰《伊川易传》、《伊川文集》，后人将其作品与其兄程颢著述合编为《二程全书》。

程颐受学于濂溪周敦颐，在胡瑗引易学回归儒理的道路上更进一步，撰著《伊川易传》，又称《河南程氏易传》、《周易程氏传》，以易学阐发其理学思想，成为理学的重要代表著作，也是继王弼《周易注》之后最为经典的义理易学著作。

嘉祐（1056—1063）初年，二程即已"深明易道"，以至于张载见而辍席不讲《周易》。在谪居涪陵时，程颐用心于注解《周易》，并于元符二年（1099）正月，成而序之。至崇宁五年（1106），程颐致仕，《易传》成书已久，但学者莫得其传。直至其寝疾，始以授尹焞、张绎。因时在学禁，其书流传不远，谢良佐得洛阳传本，杨时校理而传，尹焞亦于谪居四川期间寻得传本，校而传之。

《伊川易传》前有序文一篇，开宗明义地说："易，变易也，随时变易以从道也。"程颐明确地将《周易》看作是一部讲变易法则的著作，而以"从道"作为基本原则。程颐以为"至微者理也，至著者象也。体用一源，显微无间。观会通以行其典礼，则辞无所不备"。他反对管辂、郭璞之类的象数学，尤其是术数之学，以为"有理而后有象，有象而后有数。得其义，则象数在其中矣"。在解说《周易》体例方面，程颐继承并发展了王弼《周易略

---

① 苏轼：《东坡易传》卷七《系辞上》，文渊阁《四库全书》本。

例》的方法，从取象、取义两方法解说诸卦体例，又提出"易随时取义"之说。他反对王弼初上无位之说，提出"中重于正，中则正矣，正不必中"的观点。在卦变、引史证《易》等方面，程颐也有新的认识。程颐《易传》是宋明义理易学的一面旗帜，是易学发展史上的重要里程碑，是儒理易学的最高典范。全书只解释上下经及《彖》、《象》、《文言》，用王弼注本，而以《序卦》分置诸卦之首，用李鼎祚《周易集解》例，实际上只有《系辞》、《说卦》、《杂卦》无注。

《伊川易传》版本甚多，今有《二程集》整理本、黄忠天《周易程传注评》（台湾高雄复文图书出版社，2004年第2版）、梁韦弦《导读》本（齐鲁书社，2003年）等。

6. 《汉上易传》11卷，附《卦图》3卷、《丛说》1卷，（宋）朱震撰

朱震（1072—1138），字子发，世称汉上先生，南宋荆州军（今湖北荆门）人，一说福建邵武人。两宋之际著名经学家，以精通《春秋》与《周易》名。朱震自北宋政和六年（1116），至南宋绍兴四年（1134），前后历时18年，完成《周易集传》11卷、《卦图》3卷、《丛说》1卷，合称《汉上易传》。

朱震探寻易学源流，以为孟喜、京房、马融、郑玄、荀爽、虞翻等各自名家，说虽不同，但去象数之源未远，而王弼、钟会反对象数而说以老、庄，使天人之道分裂。虽经宋儒二程、张载、邵雍、刘牧、周敦颐等倡明，但有所未尽，故其书"以《（伊川）易传》为宗，和会（邵）雍、（张）载之论，上采汉、魏、吴、晋、元魏，下逮有唐及今，包括异同，补苴罅漏，庶几道离而复合"[①]。就朱震研治《周易》的重点和方法而言，其学"以象数为宗"，力图复兴两汉象数易学，并与宋代兴起的图书之学相融会；就朱震易学的最终目的及旨趣而言，其学"以《易传》为宗"，试图"和会诸家"，实现象数与义理的统一，使天人之道复合。朱震推崇动爻、卦变、互体、五行、纳甲，但认为"辞也者，所以明道也。故辞之所指，变也，象数也，占也，无不具焉"[②]，象数不越乎阴阳二端，其究则在于太极而已。尤为可贵的是，朱震《集传》广泛采录先儒易说，《卦图》采集两汉以来图书学派成果，《丛说》汇集两汉以来的诸家易说资料，"推本源流"，对易学发展源流有较为详尽的考察分析，不仅保存了大量可贵的资料，而且对易学源流有了很好的总结。

---

① 朱震：《汉上易传》卷首《汉上易传表》，文渊阁《四库全书》本。
② 朱震：《汉上易传》卷首《汉上易传原序》。

《汉上易传》自成书以来，受到诸儒关注，而对它的评论则互有褒贬，或讥其谬妄，或谓其不可废。元袁桷以为："《易》以辞、象、变、占为主，得失可稽也。王辅嗣出，一切理喻，汉学几于绝熄。尧夫（邵雍）、子发（朱震）始申言之，后八百年而始兴者也。"① 朱震在继承和弘扬两汉象数易学、总结易学发展源流、融会象数与义理易学上确实做出了重要贡献。

有《四部丛刊续编》本、《通志堂经解》本、《四库全书》本等。今有《朱震集》整理本（岳麓书社，2007 年），唐琳《朱震的易学视域》（中国书店，2007 年）对全书有较为深入的分析研究。

7.《周易新讲义》10 卷，（宋）龚原撰；《周易新讲义》6 卷，（宋）耿南仲撰

北宋王安石兴起新学，其《易解》为重要代表作之一。但他自毁其书，复因党争之故，流传不远。后学龚原、耿南仲皆著《周易新讲义》，科举取士，以之为准的，影响后世甚著。

龚原字深父，处州遂昌（今属浙江）人。宋仁宗嘉祐八年（1063）进士，历神宗、哲宗、徽宗，官至宝文阁待制，卒于徽宗初年，年六十七。龚原辩救王氏新法，为新学派重要思想家之一。他长于《易》与《春秋》之学，并得到王安石的教诲，而"以经术尊敬王安石，始终不易"②，所著《周易新讲义》10 卷。邹浩称王安石"专以《易》授诸公，咸推先焉。先生盖王文公门人之高弟也"；"自熙宁以来，凡学易者，靡不以先生为宗师"。③ 龚原以为"太易者，以浑沦为体"，"无物而非易"，"无时而非易"，提出了"变化者道"的发展观及"以道因民"的社会观。④ 龚原在解《易》方法和思想上都继承了王安石新学思想，成为新学派义理易学中重要的代表作，为新学派变法改革张本做出了重要贡献。龚原《周易新讲义》行于场屋数十年，李衡《周易义海撮要》、赵汝楳《筮宗》、李简《学易记》、熊良辅《周易本义集成》、董真卿《周易会通》往往援引龚说。但洛学中人不以为然，如杨时便以为"龚深父说《易》，元无所见，可怜一生用功，都无是处"⑤，而此不过是学派意气之说，实不足据。柯劭忞云："原书久佚，惟日本有活字体，宜都杨守敬刊

---

① 袁桷：《清容居士集》卷二一《龚氏四书朱陆会同序》，《四部丛刊初编》本。
② 王称：《东都事略》卷一一四《龚原传》，文渊阁《四库全书》本。
③ 邹浩：《道乡集》卷二八《括苍先生易传叙》，文渊阁《四库全书》本。
④ 李之鉴：《王安石哲学思想初论》十三《王安石的后学·龚原》，中国文联出版社，1999 年。
⑤ 杨时：《龟山集》卷一三《语录四》，文渊阁《四库全书》本。

入《佚存丛书》，又据朱彝尊《经义考》补浩《序》一篇。"按：彝尊亦未见原书，浩《序》从《道乡集》录出也。今有《宛委别藏》本、《佚存丛书》本、《粤雅堂丛书》本等。

耿南仲（？—1129），字希道，北宋开封（今属河南）人。新学理论代表人物之一。历资政殿大学士、尚书左丞、门下侍郎等职。靖康间力主割地求和，南宋后迁谪以终。

《周易新讲义》原名《周易解义》，或为宋钦宗时东宫经进之本。卷首《自序》称："《易》之道有要，在无咎而已。要在无咎者何？善补过之谓也。"故因象诠理，随事示戒，发明孔子"无大过"之旨，切实有益。但全书过于强调无咎，又难免有流入黄老之嫌。

此书今有《四库全书》本、《四库全书珍本初集》本。

8. 《读易详说》10卷，（宋）李光撰；《诚斋易传》20卷，（宋）杨万里撰

自《易大传》、马王堆帛书《周易》以来，援史证易就在易学中延伸发展，郑玄、虞翻、干宝乃其著者。到宋代，胡瑗、程颐专以儒理阐《易》，但也经常结合历史人物或事件，证明其义。南宋之初，李光《读易详说》、杨万里《诚斋易传》出，援史证易始成义理易学之一大派。

李光（1078—1159），字泰发，号转物居士，南宋越州上虞（今属浙江）人。《宋史》有传。官至吏部尚书、参知政事，因反对与金割地求合而得罪秦桧，贬谪岭南。因据平生学《易》所得，著成《读易详说》10卷，一题作《读易老人解说》，而自号读易老人。李光师从刘安世，远承司马光，反对泥于象数，而主张讲明人事，于当世之治乱，一身之进退，观象玩辞，恒三致其意。书中于卦爻之词，皆即君臣立言，证以史事，切实近理，足以垂戒后世，而有益于学者。原书久佚，清四库馆臣自《永乐大典》中辑录成编，缺《豫》、《随》、《无妄》、《睽》、《蹇》、《中孚》、《大畜》八卦及《晋》六三以下诸爻、《复》后四爻。其《系辞传》以下无解，则不知其为原本如是，或传写佚脱。

杨万里（1127—1216）字廷秀，号诚斋，南宋吉州吉水（今属江西）人。官至宝谟阁学士致仕，闻韩侂胄开禧北伐，忧愤不食而死。杨万里长于文章、诗歌，与尤袤、陆游、范成大并称南宋四大家，其诗号称诚斋体。他师从张浚，遵从程颐易学，自淳熙十五年（1188）至嘉泰四年（1204），历时17年，著成《诚斋易传》20卷。他反对象数、图书之学，重视援史证《易》。元陈栎以为其书"段段节节用古事引证"，"足以耸动文士之观瞻，而不足以使穷

经之士心服"①。杨氏原书初名《易外传》，后乃改为此名，宋元书肆曾与程颐《易传》合刊，并称《程杨易传》，影响甚著。杨万里认为"《易》者，圣人通变之书也"，其道不过中正而已，以"中正立而万变通"为《易》之指归。②清全祖望称："予尝谓明辅嗣之传，当以伊川为正脉，诚斋为小宗。胡安定、苏眉山诸家不如也。"③钱大昕则称"其说长于以史证经，谭古今治乱安危贤奸消长之故，反覆寓意，有概乎言之"④。有宋刊《张先生校正杨宝学易传》本、《武英殿聚珍版丛书》本、《经苑》本等。

李光、杨万里援史证《易》，其最主要特点约有三方面：其一，称引史事，参论易理；其二，泛抒史论，阐发易理；其三，影射现实，衍申易理。他们对易理内涵意蕴领悟深入，对历史故实见解精辟，对社会现实感受切身，沟通易理与历史经验教训，在治《易》方法上有了重大的创获与突破，对易学的发展起到了积极的推动作用。⑤台湾黄忠天《杨万里易学之研究》（"国立"高雄师范大学国文研究所，1988年）、《宋代史事易学研究》（"国立"高雄师范大学国文研究所，1995年）对援史证《易》有深入的分析研究。

9.《周易本义》12卷，（宋）朱熹撰

朱熹（1130—1200），字仲晦，一字元晦，号晦庵、晦翁，别号考亭，宋徽州婺源（今属江西）人，生于南剑州尤溪（今属福建），后徙居建阳（今属福建）考亭。绍兴十八年（1148）进士。历泉州同安县主簿、知南康军、提举浙东盐茶事、知漳州、秘阁修撰等。曾师事胡宪、刘勉之、刘子翚、李侗，得承洛学正统，与张栻、吕祖谦过从甚密，为宋代理学之集大成者。著有《四书章句集注》、《周易本义》、《易学启蒙》、《伊洛渊源录》、《名臣言行录》、《诗集传》、《资治通鉴纲目》等，其言行、诗文后人辑为《朱子语类》、《晦庵集》。

程颐著《伊川易传》，阐发理学思想，成为儒理易的代表作。朱熹以为：

---

① 陈栎：《陈定宇先生文集》卷七《问杨诚斋易传大概如何》，《元人文集珍本丛刊》本。

② 杨万里：《诚斋易传》卷首《原序》，文渊阁《四库全书》本。

③ 全祖望：《跋杨诚斋易传》，见黄宗羲、全祖望：《宋元学案》卷四四《赵张诸儒学案》。

④ 钱大昕：《潜研堂文集》卷二七《跋诚斋先生易传》，见《嘉定钱大昕全集》（玖），江苏古籍出版社，1997年。

⑤ 张善文：《宋代易学中的援史证易派》，载《福建师范大学学报》哲学社会科学版1992年第3期。

"程先生《易传》义理精，字数足，无一毫欠阙，只是于本义不相合。《易》本是卜筮之书，程先生只说得一理。"① 为此，朱熹著《周易本义》，以发明其《易》本为卜筮之书的思想。在文义方面，朱熹基本上遵从程颐，自称："某之《易》简略者，当时只是略搭记。兼文义，伊川及诸儒皆已说了，某只就语脉中略牵过这意思。"② 此外，朱熹以为"《易传》言理甚备，象数却欠在"③，"言之所传者浅，象之所示者深"④，除了专著《易学启蒙》以补其不足外，在《本义》卷首也专门列象数九图，以明其意，以解初学《易》者之惑。在《周易》文本方面，朱熹借鉴了宋代古易学成果，采用吕祖谦《古周易》作为底本，并借此阐发其易学发展阶段论，以为"孔子之《易》，非文王之《易》；文王之《易》，非伏羲之《易》；伊川《易传》又自是程氏之《易》"⑤。

《周易本义》版本甚多，大致有未经改纂的古易 12 卷本，如朱鑑刊本、吴革刊本、《四库全书》所录《原本周易本义》等，也有经明人改纂其次第的今易 4 卷本，如《四库全书》所录《周易本义》等。今有苏勇校注本（北京大学出版社，1992 年）、廖名春校点本（广州出版社，1994 年）、萧汉明《导读》本（齐鲁书社，2003 年）、《朱子全书》本等。王峰《朱熹易学研究》（中国社会科学院 2004 年博士论文）、史少博《朱熹易学和理学关系探赜》（黑龙江人民出版社，2006 年）以及台湾曾春海《朱子易学探微》（台湾辅仁大学出版社，1983 年）则对朱子易学有全面深入的研究。

10.《周易系辞精义》2 卷，（宋）吕祖谦撰

吕祖谦（1137—1181），字伯恭，宋婺州（今浙江金华）人，学者称东莱先生。隆兴元年（1163）进士，又中博学宏词科。历官太学博士、著作佐郎、国史院编修、实录院检讨等职。与朱熹、张栻齐名，并称为东南三贤。

《周易系辞精义》2 卷，陈振孙《直斋书录解题》引《馆阁书目》以为托名祖谦之作，后儒多从其说，《四库全书总目》仅列于《存目》之中，而《朱子语类》卷一二二论吕氏，有李德之问"《系辞精义》编得如何"之语，胡一桂《周易启蒙翼传》中篇亦言为吕氏之作，实为可信。

本书集范仲淹、胡瑗、周敦颐、程颢、程颐、张载、吕大临、谢良佐、杨时、侯仲良、尹焞、游酢等十二家易说，因程颐《易传》未及《系辞》，故

① 朱鑑：《文公易说》卷一九，文渊阁《四库全书》本。
② 黎靖德编、王星贤校点：《朱子语类》卷六七《朱子本义启蒙》，第 1654 页。
③ 黎靖德编、王星贤校点：《朱子语类》卷六七《程子易传》，第 1652 页。
④ 朱熹：《周易本义》卷七《周易系辞上传》，北京大学出版社，1992 年。
⑤ 黎靖德编、王星贤校点：《朱子语类》卷六七《纲领下·三圣易》，第 1648 页。

集录以补其阙。所录诸家，虽"去取未为精审"，但吕大临、谢良佐、杨时、侯仲良、尹焞之说，原书多已不存，赖此可以考见一二，其保存文献之功亦不可没。有《古逸丛书》本、《丛书集成初编》本、《四库全书存目丛书》本、《续修四库全书》本等。

11.《杨氏易传》20卷、《己易》1卷，（宋）杨简撰

杨简（1141—1126），字敬仲，宋慈溪（今属浙江）人。世称慈湖先生，陆九渊高弟。乾道五年（1169）进士，历国子博士、著作佐郎、兵部郎官、将作少监、实录院检讨官等职，官至宝谟阁学士、太中大夫。与袁燮、舒璘、沈焕并称"甬上四先生"，为南宋时心学重要代表人物之一。他继承程颢、陆九渊易学，著有《杨氏易传》20卷、《己易》1卷，借以阐述其心为万物之源、毋意以明心的心学观点。另著有《慈湖诗传》、《慈湖遗书》。

《杨氏易传》前19卷解释《周易》六十四卦卦辞、爻辞、《象传》、《象传》、《文言传》，末卷泛论易学，而不释《系辞》以下传文。其卷首题语实即其书自序，又收录于《慈湖遗书》之中。所著《己易》则通论《周易》的原则，与《易传》末卷间有重复，集中代表了杨简的易学观。

杨简继承陆九渊"六经皆我注脚"的思想，于《周易》经传勇于疑断，"以《易》本《乾》、《坤》为陋，而取《连山》首《艮》、《归藏》首《坤》，谓不必首《乾》，谓《文言传》以'元者善之长'为害道，谓《大传》非圣人作，道之不明，未有一人知《大传》非者"①。故明代杨时乔作《传易考》，竟斥为异端，元董真卿亦引《朱子语类》，称"杨敬仲文字可毁"。杨简认为《易》本占筮之书，但圣人却系辞以教化百姓，自称"少读《易大传》，深爱'无思也，无为也，寂然不动，感而遂通天下之故'，窃自念学道必造此妙"②。故其解《易》唯以人心为主，以为《易》之道即人之心，视《周易》研读为心性修养，而于象数、事物皆在所略。他分析卦、爻、彖、象，发挥陆九渊"乾坤一理"之说，提出"乾坤一道"，认为《周易》六十四卦三百八十四爻名殊而道一，卦爻变化及其差异实出于人心，否认事物之间本质上的不同，自称"人唯意动而迁，自昏自乱自纷纷"③。杨简之所以认为卦爻名殊而道一，其变化差别出于人心，其思想根源还在于他不区别天人，以为"天人一致"、"天人一本"、"三才一体"，人心即天道，天道不在人心之外。这无

---

① 焦循：《易广记》卷二，《续修四库全书》本。

② 杨简：《杨氏易传》卷二○，文渊阁《四库全书》本。

③ 杨简：《杨氏易传》卷一三《暌》。

疑是对陆九渊"宇宙即是吾心，吾心即是宇宙"说的进一步发挥。清四库馆臣称："考自汉以来，以老庄说《易》始于魏王弼，以心性说《易》始王宗传及（杨）简。宗传，淳熙中进士，简，乾道中进士，皆孝宗时人也。顾宗传人微言轻，其书仅存，不为学者所诵习，简则为象山弟子之冠，如朱门之有黄幹，又历官中外，政绩可观，在南宋为名臣，尤足以笼罩一世，故至于明季，其说大行。"① 其说流衍至明，而流入以禅解《易》。

出于心学的立场，杨简著《己易》1卷，将《易》引为人身，以为："易者己也，非有他也。以易为书，不以易为己，不可也。以易为天地之变化，不以易为己之变化，不可也。天地，我之天地。变化，我之变化。非他物也，私者裂之。私者，自小也。"② 这种将对《周易》的研究引导为对自身的研究，既有心学、禅学化的导向，对医易学的发展也有影响，同时与道家以《易》阐释其内丹修炼理论相呼应，体现了易学发展的新潮流。

此书有明万历二十三年（1595）刘日升、陈道亨刻本，《四库全书》本，《四明丛书》本等。

12.《易纂言》12卷、《易纂言外翼》8卷，（元）吴澄撰

吴澄（1249—1333），字幼清，号草庐，元崇仁（今江西抚州）人。宋咸淳（1265—1274）末举进士不第。吴澄师从程若庸，为朱熹四传弟子。他不汲汲于仕，唯修学汲古，谨行化俗。揭傒斯撰澄《神道碑》曰："宋亡，天下为元，是为至元十三年。而政教未舒，民疑未附，乃与乐安郑松隐居布水谷，作《孝经章句》，校定《易》、《书》、《诗》、《春秋》、《仪礼》、《大小戴记》。"（《吴文正集》附录）元至元（1264—1294）中，侍御史程钜夫举荐至京师，官至翰林学士。未几，以母老辞归。大德末，除江西儒学副提举，官至国子监、翰林学士。著有《易纂言》12卷、《易纂言外翼》8卷、《书纂言》4卷、《仪礼逸经》2卷、《礼记纂言》36卷、《春秋纂言总例》7卷、《春秋纂言》12卷、《孝经定本》1卷、《道德真经注》4卷、《吴文正集》100卷等。吴澄为朱熹四传弟子，以绍朱熹之统为己任，以为"朱子于道问学之功居多，而陆子静以尊德性为主"③，积极推动朱陆合流，与北方许衡，同谥"文正"，史有"南吴北许"之说。

《易纂言》12卷，吴澄遵从吕祖谦、朱熹《周易》古本之说，而又重加

① 永瑢等：《四库全书总目》卷三《杨氏易传》提要。
② 杨简：《慈湖遗书》卷七《家记一·己易》，文渊阁《四库全书》本。
③ 《元史·吴澄传》。

修订，于经文每卦先列卦变主爻，每爻先列变爻，次列象占，《十翼》传文各分章数。训解阐说之文各附经传句下，音释、考证则经附每卦之末，传附每章之末。吴澄虽多本朱熹之说，但对象数之学颇有偏好。其解《易》注重象占，每卦卦爻辞均分为象、占两部分加以阐释，自称"羲皇所画之卦画谓之象，文王所名之卦名谓之象，彖辞、爻辞泛取所肖之物亦谓之象"，"辞有象，辞有占，辞、象之中亦有占，占之中亦有象"①。清四库馆臣甚至以为："自唐定《正义》，《易》遂以王弼为宗，象数之学久置不讲。澄为《纂言》，一决于象，史谓其能尽破传注之穿凿，故言《易》者多宗之。"② 吴澄于诸经多好凭臆改纂，而此书所改则多有所据。其解释经义，词简而理明，融贯旧闻，亦颇赅洽，确为元人说《易》之巨擘。吴澄以为《系辞传》中说上下经十六卦十八爻之文为错简，并将其移置于《文言传》中，又未免悍然臆断而不可以为训。有明嘉靖元年（1522）孟秋宗文书堂刻本、万历四十二年（1614）刻本、《通志堂经解》本、《四库全书》本等。今有王新春、吕颖、周玉凤《易纂言导读》本（齐鲁书社，2006 年）。

吴氏以为《易纂言》义例散见于各卦，不相统贯，故另著《易纂言外翼》8 卷，以补其未备。凡《卦统》、《卦对》、《卦变》、《卦主》、《变卦》、《互卦》、《象例》、《占例》、《辞例》、《变例》、《易原》、《易流》12 篇。今有国家图书馆藏元刻本、《四库全书》辑《永乐大典》本、《豫章丛书》本、清道光十五年（1835）刻本等。吴澄称自己"于《易》书用功至久，下语尤精。其象例皆自得于心，亦庶乎文王、周公系辞之意"③，对易学的发展做出了重要贡献。吴澄易学成为元代易学的典型代表，在历史上占有重要地位。

今有张国洪《吴澄的象数义理之学》（山东大学 2006 年博士论文）对吴氏易学做深入研究。

13.《易本义附录纂疏》10 卷，（元）胡一桂撰

胡一桂（1247—?），字庭芳，号双湖，婺源人。景定五年（1264）领乡荐，试礼部不第，教授乡里以终。著有《易本义附录纂疏》10 卷、《易学启蒙翼传》3 卷等。

《易本义附录纂疏》分附录、纂疏两部分，前者以朱熹《本义》为宗，而附录朱子文集、语录中论及易学者；后者取宋元诸儒易学中合于朱子《本义》

---

① 吴澄：《易纂言外翼》卷首《自序》，文渊阁《四库全书》本。
② 永瑢等：《四库全书总目》卷四《易纂言外翼》提要。
③ 朱彝尊：《经义考》卷四二□观生跋语引。

者纂之。唯其取舍别裁，一以朱熹之说为准，如杨万里《诚斋易传》亦不取录，未免过于偏党。

有元刻本、《通志堂经解》本、《四库全书》本、《摛藻堂四库荟要》本等。今有李秋丽《胡一桂易学思想研究》（山东大学 2006 年博士论文）对胡氏易学有深入研究。

14.《周易会通》14 卷，（元）董真卿撰

董真卿字季真，元鄱阳（今江西鄱阳）人。受学于著名易学家胡一桂，著《周易会通》14 卷。该书以胡一桂《周易本义附录纂疏》为本，参考天台董楷《周易传义附录》，并广采诸家易说而成，初名《周易经传集程朱解附录纂注》。董氏自序称："先儒传注逮程、朱子至矣尽矣，讵非宋易乎？然文有古今之异，义有理、象之殊。"故全书用意于会通今易古易、象数义理，以及古今诸儒之说，而力主程《传》朱《义》。

全书卷首有《自序》一篇，以述其书体例及旨趣；又以《自序》中未悉者为《凡例》十则，列于其后；《姓氏》一篇，列程子门人、朱子门人、古今名贤；又程颐易序、朱子易序各两篇；《因革》一篇，列诸易本之同异；又列《程子说易纲领》、《朱子说易纲领》；而缀以《朱子易图》、《双湖易图》。在正文体例上，董真卿以伏羲、文王、周公、孔子四圣之易为"经传"；以程颐《易传》、朱熹《本义》夹注其下，名为"集解"，而以"程子曰"、"朱子曰"别之；以二程经说、二程语录、朱子语录，续于《传》、《义》之后，名曰"附录"；又以胡一桂纂疏及新增可以互相发明的诸家之说为"纂注"，而以"某氏曰"别之，并附以己意。

董真卿"析合经传，集四圣二贤及历代诸儒之说以备一书"，目的在于"使读者开卷了焉于古易、今易之所由分合，先圣、后圣之经传所宜区别，程子、朱子之《传》、《义》各有攸当"，而"于天地万物万事之象与理可以一览而得之"，并有功于"先圣先贤著书立言之意"，有补"于世之学者心、身、家、国、天下之用"[1]。董真卿认为诸家易说殊途同归，故兼搜博采，不主一说，而务持义理、象数二家之平，较胡一桂斥杨万里诸儒不录，则可谓青出于蓝而胜于蓝。

此书有元刻本、明刻本、《通志堂经解》本、《四库全书》本等。

15.《周易传义大全》24 卷，（明）胡广等撰

永乐十二年（1414）十一月，明成祖命胡广、杨荣、金幼孜等修《五经

---

① 董真卿：《周易会通》卷首《周易会通原序》，文渊阁《四库全书》本。

大全》、《四书大全》。书成于永乐十三年（1415）九月，明成祖亲自制序。

胡广（1370—1418），字光大，江西吉水人。建文二年（1400），廷试第一，授翰林修撰。永乐五年（1407），进翰林学士，兼左春坊大学士。十四年（1416），进文渊阁大学士。杨荣（1370—1440），字勉仁，建安人。建文二年进士，授编修，后入文渊阁，累进谨身殿大学士、工部尚书。正统三年（1438），进少师。金幼孜（1367—1431），名善，以字行，新淦人。建文二年进士，授户科给事中，至右谕德兼侍讲、文渊阁大学士、太子少保兼武英殿大学士、礼部尚书兼大学士。

《周易传义大全》乃《五经大全》之首，朱彝尊《经义考》认为该书乃胡广等就董楷《周易传义附录》、董真卿《周易会通》、胡一桂《周易本义附录纂疏》、胡炳文《周易本义通释》诸书，去其姓名，杂为抄录而成，"于诸书外全未寓目，所谓大全，乃至不全之书也"①。清四库馆臣检核其书，以为其说不诬。全书取材四家，刊除重复，勒为一编，虽程《传》、朱《义》并举，但实质上偏重朱熹《本义》。虽不免守匮抱残，然董楷、胡一桂、胡炳文笃守朱子，其说颇谨严；董真卿则以程、朱为主而博采诸家之说翼之，其说颇为赅备。其推宗程颐《易传》、朱熹《本义》、《启蒙》，悬为令甲，更影响有明一代易学风尚。正所谓："有明儒者之经学，其初之不敢放轶者由于此，其后之不免固陋者亦由于此。"②

有明永乐十三年（1415）内府刻本、天顺八年（1464）书林龚氏明实书堂刻本、弘治九年（1496）余氏双桂书堂刻本、正德十二年（1517）杨氏清江堂刻本、崇祯诗瘦阁刻本、高丽纯祖十六年（1912）刻本、《五经大全》本、《四库全书》本等。

16.《易经蒙引》12卷，（明）蔡清撰

蔡清（1453—1508），字介夫，号虚斋，明晋江（今属福建）人。成化二十年（1484）进士，官至南京国子监祭酒。蔡氏尝师从林玭学《易》，尽得其肯綮。其学初主静，后主虚，故以虚名斋。蔡清以善《易》名于时，"平生精力，尽用之《易》、《四书蒙引》，茧丝牛毛，不足喻其细也，盖从训诂而窥见大体"③。著有《易经蒙引》12卷、《四书蒙引》15卷、《性理要解》2卷、《虚斋集》5卷等。

---

① 朱彝尊：《经义考》卷四九。
② 永瑢等：《四库全书总目》卷五《周易大全》提要。
③ 《明儒学案》卷四六《诸儒学案上四》。

《易经蒙引》一书专以发明朱熹《周易本义》之说为主，故其体例于《本义》之文均照录以与《周易》经传本文并列，但于《本义》每条之首加一圈以示区别。其实，蔡氏所注多与《本义》异同，并不愿屈意附和，以为"虽朱子之说，亦不能无未尽善处"[1]，颇能发明《本义》之义。

蔡清"对朱说的阐发和修正，就易学哲学说，继薛瑄之后，坚持理气合一说，主理寓于器，并提出太极涵阴阳，试图将朱熹的理本论引向气本论"[2]。蔡清继承薛瑄"摹写"说，认为未有《易》书之前，已有天地之易；易为天地所固有，《易》书不过是天地假圣人之手模写而成罢了。其所言天地之易，貌似邵雍所谓的"画前之易"，但却包含了天地阴阳变易之象及天地阴阳变易之理两个方面。不仅如此，他还将易分成天地之易、吾身之身、《易》书之易，以为"易理本在天地与吾身，其《易》书则是天地人身之易之影子也"[3]，显然也多少接受了心学易派等同《易》道与吾身之道的思想。蔡清推崇朱熹交易、变易之说，以交易主卦爻言，为体，变易主蓍言，为用。认为有阴阳对待之体，方有阴阳流行之用，"交者亦有变，变者亦有交"，从而使交易与变易、对待与流行成为宇宙间一切事物存在和运动的基本形式。受张载气说的影响，蔡清提出"太极阴阳"说，以阴阳合一之气为太极，并以此说明太极本体与天地万物的关系，倡言有气必有理，理气不可分离，从而将朱熹的理本论引向气本论。

蔡清易学对明人易学产生了重要影响，崔铣《读易余言》、熊过《周易象旨决录》、林希元《易经存疑》、陈琛《易经浅说》等或用其说，或受其启发。今有南京图书馆藏明万历三十八年（1610）刻本、国家图书馆藏明林希元重刻本、明末宋兆禴刻本、明末敦古斋刻本、明末葛寅亮评本、《四库全书》本等。

17.《周易集注》16卷，（明）来知德撰

来知德（1525—1604），字矣鲜，号瞿塘，明四川梁山（今重庆梁平县）人。嘉靖三十一年壬子（1552）科，以《礼经》中乡试第五名，闻名于川内。后两次参加会试，均未及第，复因丧绝意科举仕进之途，日夜诵读《五经大全》、《性理大全》诸书。隆庆四年（1570），来氏开始研读《周易》于釜山草堂，为了避免干扰，于万历五年（1577）迁居到万县（今重庆万州）求溪深

---

①　蔡清：《易经蒙引》卷一〇上《系辞上》。
②　朱伯崑：《易学哲学史》第三卷，华夏出版社，1995年，第108页。
③　蔡清：《易经蒙引》卷九上《系辞上》。

山中，反复探索《周易》。二十五年（1597），《周易集注》成书。至二十六年自撰《易序》，先后费时二十九年。中丞郭子章、县令徐博卿各为之序，四川总督王象乾、贵州巡抚郭子章合词论荐，特授翰林待诏。来知德力辞不受。诏以所授官致仕，有司月给米三石，终其身。来氏一身著述甚丰，名重于时，自言学莫邃于《易》，除《周易集注》外，又著有《读易悟言》、《弄圆篇》、《河图洛书论》等易学著述。

来知德"学以致知为本，尽伦为要"①，"与程子、阳明有异同者二端：谓格物之物，乃物欲之物，物格而后知至；克己复礼为仁；养心莫善于寡欲。此三句话，乃一句话也"②。该书易学立说根据《系辞》"参伍以变，错综其数"的说法，加之《序卦传》将错综之卦对举排列、《杂卦传》突出卦与卦的错综关系，专以错综论易象，而以《杂卦传》治之。错者，阴阳对错，如先天圆图《乾》错《坤》，《坎》错《离》，八卦相错是也；综者，一上一下如《屯》、《蒙》之类本是一卦，在下为《屯》，在上为《蒙》，载之文王《序卦》是也。其论错有四正错、四隅错，论综有四正综、四隅综，有以正综隅，有以隅综正。他不但注解《周易》卦爻象辞，还探究错综的内涵，以为卦错反映了宇宙中"独阴独阳不能生成，故有刚必有柔，有男必有女"的阴阳对待之理，卦综则反映了宇宙中阴阳"流行不常，原非死物胶固一定者，故颠倒之，可上可下"的阴阳流行之理。其论象，有卦情之象、卦画之象、大象之象、中爻之象、错卦之象、综卦之象、爻变之象、占中之象，主张"《易》以象为主"，"舍象不可言《易》"，"假象以寓理"，以为舍象而止言其理，非圣人作《易》以前民用，以教天下之心。其注释皆先释象义、字义及错综义，然后训释本卦本爻正意。来知德于《周易》经传之"注既成，乃僭于《伏羲》、《文王圆图》之前，新画一图，以见圣人作《易》之原"③，改造阴阳鱼太极图，自创《圆图》，阐述其主宰者的理、对待者数、流行者气、有流行必有对待的学术思想。除此之外，来氏还有多种易图，今本《易经来注图解》卷首有图 36 幅，而卷末附图达 107 幅之多。

来氏易学兼包汉宋，融会贯通象数、义理，涵化、扬榷诸家之说而独发己见，参互旁通，自成一说，在明时盛极一时；当时推为绝学。不过，其上下经各十八卦之论本之旧说，而所说中爻之象亦即汉以来互体之法，来氏唯

---

① 《明史·来知德传》。
② 《明儒学案》卷五三《诸儒学案下一》。
③ 来知德：《周易集注》卷首《原序》，文渊阁《四库全书》本。

专明斯义，较先儒为详细而已。因其在自序中唯我独尊，故后人对其书褒贬不一。究其时代学风及其深思力索的治学风格与其书的深刻内涵而言，来氏的成就值得充分肯定。清胡煦即称："来矣鲜生诸儒之后，独能上追虞、荀，广搜博览，益其未备，订其舛讹，务使理由象出，亦可谓好学深思，不为理障者矣。第于本源有所未探，则顾小而遗大，拘末而弃本者，犹不免焉。"①

来氏《周易集注》版本较多，内容也不完全一致，有明万历张之厚刻本、万历三十八年（1610）张惟任刻本、明崇祯史应选辑刻本、康熙十六年（1677）朝爽堂刻本、康熙二十七年（1688）崔华刊本、《四库全书》本、嘉庆十四年（1809）符永培宁远堂刊本等。今较流行的有上海书店 1988 年影印宝廉堂《易经集注》本、巴蜀书社 1989 年影印《易经来注图解》本、上海古籍出版社 1990 年《四库易学丛刊》本等。今有台湾徐芹庭《易来氏学》，为研究阐发来知德《周易集注》的专著，原载于 1969 年台湾师大国文研究所集刊第十三辑，同年八月又为嘉新水泥公司印行，1970 年 6 月五洲出版社改名为《易经研究》影印发行。

18.《周易时论合编》，（明）方孔炤、方以智撰

方孔炤字潜夫，号仁植，安徽桐城人。官至右佥都御史，巡抚湖广，为杨嗣昌所迫害，罢官入狱，复谪戍良久始释归。崇祯三年（1630），方孔炤"广先曾王父（方学渐）《易蠡》、先王父（方大镇）《易意》而阐之，名曰《时论》"，即《周易时论》。获赦之后，方氏又折中诸家之说，凡三易其稿。方孔炤去世之后，其子方以智主持编排整理原稿、润色文字，并加以个人的按语或解说，由其子中德、中通、中履将前后稿合编成书，取名《周易时论合编》。

方以智（1611—1671），字密之，号曼公。官至翰林院检讨。明亡南下，隐居不仕，尝出家为僧人，后北归隐居著书。方以智是明末清初著名的思想家、哲学家，也是著名的自然科学家、文字音韵学家，在易学上同样造诣很深。

《周易时论合编》集合了方家四五代人的易学成就，同时也采录了不少各时代易学家的著作。全文包括三个部分：其一是选录汉唐至明末各家《易》注，尤其是方学渐《易蠡》、方大镇《易意》及《野同录》、方以智外祖父吴应宾《学易斋集》、方以智之师王宣《风姬易溯》及《孔易衍》中的文句；其二是方孔炤《周易时论》诸稿文字，以"时论曰"标出；其三是方以智在各

① 胡煦：《周易函书约存》卷首《周易函书约存序》，文渊阁《四库全书》本。

章节中的按语或解说，称为"智曰"、"智按"、"愚者曰"、"浮山曰"等。此外，还编有方孔炤、方以智共创的《图象几表》八表，凡图一百余幅，并配以解说，附于书前。全书凡《图象几表》8 卷、上下经及《系辞》、《说卦》、《序卦》、《杂卦》15 卷。其立说以时为主，故名"时论"，盖与作者个人政治、时事遭遇有密切关系。全书于象数、义理均有阐发，而"其讲象数，穷极幽眇，与当时黄道周、董说诸家相近"①，尤为突出。

有清顺治十七年（1660）刻本、《四库全书存目丛书》本、《续修四库全书》本。今朱伯崑《周易哲学史》第三卷（华夏出版社，1995 年）、彭迎喜《方以智与周易时论合编考》（中山大学出版社，2007 年）做了深入研究。

（三）清代

清代易学从继承与批判宋易开始，随之转入对汉易的考证研究与辑佚之上。

1.《周易内传》6 卷、《周易外传》7 卷、《周易稗疏》4 卷，（清）王夫之撰

王夫之（1619—1692），字而农，号姜斋，湖南衡阳人。明末清初著名经学家、思想家。明亡后，曾在衡山举兵，阻击清兵南下，战败后参加南明政权。晚年隐居湘西蒸左石船山，发奋著述，学者称船山先生。著述甚丰，有《周易稗疏》、《周易外传》、《周易内传》、《周易内传发例》、《周易考异》、《周易大象解》、《思问录》、《张子正蒙注》、《尚书引义》、《读四书大全说》等。

王夫之学《易》几四十年，先后进境有不同，其说前后也间有异同。《周易稗疏》与《周易考异》为王夫之青年时期的著作，是对《周易》经传文字的校勘和训诂。② 王夫之广引《左传》、《史记》、《汉书》等古代典籍，力正《周易》音义，重新解说《周易》卦爻辞，而不取朱熹《周易本义》之说。清四库馆臣称其"言必征实，义必切理，于近时说《易》之家为最有根据"③。

《周易外传》与《周易内传》实为王夫之易学哲学代表作。《周易外传》乃其中年所作，自顺治十二年（明永历九年，1655）始，自称"《外传》以推广于象数之变通，极酬酢之大用"④。其时，王夫之从永明王于广西，权臣恣肆，朋党交讧，谏不行而言不听，愤而去职，假易学以明其忠悃。此书多援

---

① 永瑢等：《四库全书总目》卷八《周易时论合编》提要。

② 朱伯崑：《易学哲学史》第三卷，第 6 页。

③ 永瑢等：《四库全书总目》卷六《周易稗疏》提要。

④ 王夫之：《周易内传发例》，《续修四库全书》本。

引历代史事，借《周易》经传中的术语及思想，解释世界和对待生活，以经释经，一扫纷纭轇轕之见。《周易内传》为王夫之晚年作品。"守象爻立诚之辞，以体天人之理，固不容有毫厘之逾越"①，逐句解释六十四卦经传文字，系统地阐发其易学思想体系，尤其是以继承发扬张载气论，对宋明以来的易学及其哲学做了总结，标志着宋明理学的终结。

王夫之易学以"乾坤并建"为宗，反对卦气说与先天卦序说；以"错综合一"为象，提出"易之全体在象"，企图以卦象统率物象和数、辞、义理，从而解决义理、象数学派的论争；以"象爻一致，四圣同揆"为释，反对朱熹将《易》分为伏羲、文王、周公、孔子易，各自看待的易学观念，力图解说卦、爻、象、彖之间的逻辑关系；以"占学一理，得失吉凶一道"为义，批驳京房、陈抟日者、黄冠之图说，反对朱熹"易为卜筮之书"的易学观，以朱熹《周易本义》专言象占，摈之于《火珠林》之列，称与孔子穷理尽性之言显相牴牾。

《周易裨疏》有《船山遗书》本、《四库全书》本、《昭代丛书》本、《皇清经解续编》本、岳麓书社《船山全书》本等。《周易内传》、《外传》有王嘉恺抄本、《船山遗书》本、《续修四库全书》本、岳麓书社《船山全书》本。《周易外传》另有中华书局标点本。今有曾春海《王船山易学探微》（台湾私立辅仁大学哲学研究所，1977 年；台北嘉新水泥文基会，1978 年）、萧汉明《船山易学研究》（华夏出版社，1987 年）、汪学群《王夫之易学——以清初学术为视角》（社会科学文献出版社，2002 年）等，对王夫之易学做了深入研究。

2.《御纂周易折中》22 卷，（清）李光地等纂

李光地（1642—1718），字晋卿，号厚庵，又号榕村，福建安溪人。康熙九年（1670）进士，官至吏部尚书、文渊阁大学士。潜心理学，旁阐六艺，是清初理学的代表人物。主撰《周易折中》、《性理精义》、《朱子大全》，个人撰《榕村语录》、《榕村全集》等。本书由康熙帝御纂，李光地总裁，参与校对、分修、缮写、监造者尚有 49 人之多，连同总裁李光地凡 50 人，有取"大衍之数五十"之意。康熙五十二年（1713）开始纂修，五十四年春告成，凡阅二年。

《周易折中》首有御制序言、御纂诸臣职名、引用姓氏，以及御制凡例；卷首有纲领 3 篇，论作《易》传《易》源流、易道精蕴、经传义例、读《易》之法及诸家醇疵，又有义例 1 篇，分析时、位、德、应、比、卦主诸例；正

---

① 王夫之：《周易内传发例》。

文以朱熹《周易本义》为主，次录程颐《伊川易传》，按照《本义》所采用的《古易》次第编排；末附朱熹《易学启蒙》上下 2 卷，又附新纂《启蒙附论》、《序卦杂卦明义》2 卷。其释《易》，除《本义》、《程传》而外，辅以"集说"、"总论"，末附"案"语。

《折中》实有感于《周易大全》之驳杂而作，而"先以《本义》为主，其与《程传》不合者，则稍为折中其异同之致。《传》、《义》之外，历代诸儒各有所发明，足以佐《传》、《义》所未及者，又参合而研核之，并为折中"①。"集说"乃集诸家针对卦爻的具体解说，"总论"集诸家综合论述卦爻大义，而"案语"则辨诸儒之异同是非，折中其说，下以己意。《折中》一书虽以阐述总结宋易为主，集宋易之大成，但以文献荟萃折中的方式编纂，对清儒研究汉易也起到了一定的推动作用，并成为易学入门、学《易》必备的工具书，一直受到重视。

有清康熙五十四年（1715）内府刻本、《御撰七经》本、《四库全书》本、《摛藻堂四库全书荟要》本，今有巴蜀书社 1998 年刘大钧整理本等。

3.《周易传注》7 卷，（清）李塨撰

李塨（1659—1733），字刚主，号恕谷，蠡县（今属河北）人。康熙二十九年（1690）举人，晚岁授通州学正。于易学有《周易传注》7 卷、《筮考》1 卷。李塨弱冠受学于颜元，归而玩《易》。康熙四十二年（1703），李塨注《易》至《观卦》，次年春，完成《周易》上下经、《文言》、《彖》、《象》的注解。同年秋，修订已完成的注释，并于四十五年（1706）注释其余的《系辞》、《说卦》、《序卦》、《杂卦》，终于在五十一年腊月完成对《周易》的注解，并再次做了重新修订。

李塨以为"易道广大，原赖发挥"，反对明隆庆、万历以来以心学、禅学解经，也不赞成图书之学以及《参同契》、《三易洞玑》诸书，认为它们使易入于无用，适足以乱《易》。他称圣教罕言性天，《乾》、《坤》四德，必归人事，《屯》、《蒙》以下，亦皆以人事立言。陈抟《龙图》、刘牧《钩隐》，以及探无极、推先天者，皆使易道入于无用，乃至五行胜负、分卦值日、一世二世三世四世诸汉儒象数之说，皆于三圣所言之外再出枝节，无益于实用。李塨认为卦爻为"天时、人事之列像也，读之而不能身心洞彻，世事弗知，经济过误，虽读《易》亦奚以为"②。因此，李塨极力强调易学的社会作用，主

---

① 李光地等：《御纂周易折中》卷首《凡例》，文渊阁《四库全书》本。

② 李塨：《周易传注》卷首《凡例》，文渊阁《四库全书》本。

张人事之说，以为"圣人之作《易》，专为人事而已"①。李塨所注"大抵以观象为主，而亦兼用互体，于古人多采李鼎祚《集解》，于近人多取毛奇龄《仲氏易》、《图书原舛》，胡渭《易图明辨》"②。其注文以阐明经义为主，在不得已的情况下才驳正先儒旧说，如卦变说、河图洛书说、先天八卦说，均有根据，说多淳实。

有康熙五十二年（1713）刻本、《颜李丛书》本、《四库全书》本、道光二十三年（1843）石宝林刻本等。

4.《仲氏易》30卷、《推易始末》4卷，（清）毛奇龄撰

毛奇龄（1623—1716），又名甡；字大可，又字齐于；号晚晴，又号西河，浙江萧山人。幼年聪颖，及长，拔为童子之冠。康熙十八年（1679），应试博学鸿词科，列二等，授翰林院检讨，充《明史》纂修官。后以假归，得疾，不复出。毛氏淹贯群经，著述之富，甲于当世，所自负者在经学。其著作由门人蒋枢编辑为经集、文集两部。经集自《仲氏易》以下凡50种，另有文集和诗赋、序记等234卷。其门人子侄则编其著作为《西河合集》，分经集、史集、文集、杂著四部，共400余卷。毛氏易学著作除《仲氏易》外，尚有《推易始末》4卷、《春秋占筮书》3卷、《易小帖》8卷、《太极图说遗议》1卷、《河图洛书原舛编》1卷等。

《仲氏易》取意润饰其兄毛锡龄之书而成，实际上是毛奇龄自己对《周易》经传所作的全面性的注解，也是他的易学代表著作。该书认为《易》兼变易、交易、反易、对易、移易或推易五义，阐发汉易象数传统之学，而对王弼、程朱义理派易学和宋代自陈抟兴起的象数图书派易学做了激烈的批评。毛氏重新解释《系辞》"易有太极"章，提出揲蓍成卦说，以为是讲揲蓍求卦的过程，而突破汉唐诸儒以为讲宇宙论、邵雍及朱熹以为讲画卦过程诸说。

《推易始末》乃取汉唐以来荀爽、虞翻、干宝诸家卦变、卦综之说，与宋以后相生、反对之图，别加综核而成，而以卦变为演画《系辞》之本旨，论证其"推易"、"移易"的解《易》体例。

《春秋占筮书》取《春秋左传》、《国语》与汉晋以来言占筮者类列成书，求其条贯，明其统类，以见古人观象玩占之法，实属筮占类易学著作。《易小帖》为毛氏平日讲《易》之杂说142条，由其门人编辑成书，着重从文字训诂方面着手攻王弼、陈抟易学，而力图申明汉儒象数之学。清四库馆臣称：

①　李塨：《周易传注》卷首《原序》。
②　永瑢等：《四库全书总目》卷六《周易传注》提要。

第二章　《易》学文献

"自明以来，申明汉儒之学，使儒者不敢以空言说经，实奇龄开其先路。"①《太极图说遗议》、《河图洛书原舛编》二书考辨图书学源流，考辨宋以来所传河图洛书之非，极力排击异学。并力主以《河图》为大衍之数，《洛书》为太乙行九宫之法。

《仲氏易》有清乾隆三年（1738）周朝滨刻本、《西河合集》本、《四库全书》本、《皇清经解》本。《推易始末》有《西河合集》本、《四库全书》本、《龙威秘书八集》本。《易小帖》有《西河合集》本、《四库全书》本。《河图洛书原舛编》有《西河合集》本、《四库全书存目丛书》本、《续修四库全书》本。《太极图说遗议》有《西河合集》本。

5. 《周易述》23 卷，（清）惠栋撰

惠栋（1697—1758），字定宇，号松崖，元和（今江苏苏州）人。经学家惠周惕孙，惠士奇次子，世称"小红豆先生"。乾嘉朴学中吴派领军人物，著名经学家。一生无意仕进，潜心问学，博通诸经，尤精《周易》，首倡以声韵、训诂、校勘、考证来研究整理经籍途经。其治经宗汉儒，崇尚古文经学。著有《周易述》23 卷、《易汉学》8 卷、《易例》2 卷、《易大义》1 卷、《周易本义辩正》5 卷、《周易古义》2 卷等。

《周易述》23 卷，乃惠栋以荀爽、虞翻易学为主，而参以郑玄、宋咸、干宝诸家之说，融会为一，为《周易》所作的注释疏解之作。全书目录凡 40 卷：卷一至卷二一训释经文；卷二二至卷二三为《易》微言，杂抄经典论《易》之语而成；卷二四至卷四〇载《易大义》、《易例》、《易法》、《易正讹》、《明堂大道录》、《禘说六名》，皆有录无书。其《易大义》又单独有成书，实为《中庸》作注，以为非明《易》不能通《中庸》。《周易述》一书特点在于唯汉《易》是从，用意于阐明汉《易》而不敢有所立异与创新，成为理解把握汉《易》的重要著作。

此书有《四库全书》本、《皇清经解》本、《四部备要》本等。今有郑万耕点校本（中华书局，2007 年）。

6. 《周易浅述》8 卷，（清）陈梦雷撰

陈梦雷（1650—1741），字则震，一字省斋，号松鹤老人，福建侯官（今福州）人。康熙九年（1670）进士，选庶吉士，官翰林院编修。著有《周易浅述》、《松鹤山房集》、《闲止书堂集钞》等，而主编《古今图书集成》一万卷则是其一生的主要成就。

① 永瑢等：《四库全书总目》卷六《易小帖》提要。

《周易浅述》8 卷，以朱熹《周易本义》为主，参以王弼《周易注》、孔颖达《周易正义》、苏轼《东坡易传》、胡广《周易大全》、来知德《周易集注》。凡诸家所未论及以及所见与《周易本义》不同者，则抒发己意以阐明经文。陈梦雷认为《周易》之意蕴不超出理、数、象、占，所以凡数不可显，理不可穷，便寄之于象，以为知象则理、数在其中，而占亦可即象而玩，故此书以明象为主。全书持论大多结合人事，说理不取朱熹卦变之说，取象不取来知德错综之论。陈梦雷认为"不知图者，固不得经之原"①，因此于卷末附其友杨道声所作图 30 幅，但其图失之穿凿附会，亦嫌繁杂细碎。

此书有《四库全书》本、上海古籍出版社 1983 年影印本等。

7.《雕菰楼易学三书》40 卷，（清）焦循撰

焦循（1763—1820），字里堂，晚号里堂老人，江苏甘泉人。家世业儒，三世传《易》。嘉庆六年（1801）举人，复会试受挫，绝意仕进，筑雕菰楼于北湖，励节读书，潜心著述。著有《易章句》12 卷、《易图略》8 卷、《易通释》20 卷，合称《雕菰楼易学三书》。又有《周易补疏》2 卷、《易广记》3 卷、《易话》2 卷、《注易日记》等。诸书皆收入《焦氏丛书》之中。

焦循长于算学，其《易图略自序》称"夫《易》犹天也，天不可知，以实测而知"，主张实测，以相错、旁通、时行实测经文、传文。焦氏"举经传中互相发明者，会而通之"，撰《易通释》20 卷。复就《通释》所总结阐发的《易》例作提要和图解，为《易图略》8 卷，进一步发明旁通、相错、时行之义，批评汉宋易学中象数学派提出的卦变、纳甲、纳音、卦气、爻辰、河图洛书、先天说诸解经体例，破除旧说之非。《易章句》则专就其旁通、时行、相错之说，疏解《周易》经传文句。焦氏《易图略叙目》称："既撰为《通释》二十卷，复提其要为《图略》，凡图五篇，原八篇，发明旁通、相错、时行之义；论十篇，破旧说之非。共二十三篇，编为八卷，次《章句》后。"

焦循《易学三书》"虽各有侧重，但集中体现了焦循'四圣同言说'、'道以一贯论'、'迁善改过说'的易学思想，从而形成焦循'假卜筮而行教'的易学观"②。他精通算学，据《周易》经传互相发明，提出了旁通、相错、时行的解《易》体例，以及比例说、引申说的卦爻辞关系新模式，不仅使其易学著作系统而完整，而且推动了易学向前发展，成为清代汉学易的代表性著作。

---

① 陈梦雷：《周易浅述》卷首《凡例》，上海古籍出版社，1983 年。
② 陈居渊：《易章句导读》，齐鲁书社，2002 年，第 5 页。

焦氏之学颇负盛名于时，英和《江都焦氏雕菰楼易学序》称其"发千古未发之蕴"，阮元《雕菰楼易学序》谓其书"处处从实测而得，圣人复起，不易斯言"。王引之谓其书"一一推求，至精至当，足使株守汉学者爽然自失"。梁启超《中国近三百年学术史》亦推服其精诣，认为此书在易说之中最近真。不过，批评者亦多，如郭嵩焘"颇病其舍本义而专意于互卦"，以为"焦氏之弊，在以《易》从例"①，朱骏声则认为焦氏之书虽"不无心得，而附会难通者十居八九"② 等。

此书有清嘉庆本、道光本、光绪本，收入《焦氏丛书》、阮元《皇清经解》之中。今有陈居渊《易章句导读》本（齐鲁书社，2002 年），又有牟宗三《焦循的道德哲学之易学》、日本户田丰三郎《焦里堂的易学》、台湾赖贵三《焦循雕菰楼易学研究》（台湾里仁书局，1994 年）、程石泉《雕菰楼易义》（收入《易学新探》，上海古籍出版社，2003 年）、陈居渊《焦循儒学思想与易学研究》（齐鲁书社，2000 年）等研究之作。

8.《周易集解纂疏》10 卷，（清）李道平撰；《孙氏周易集解》10 卷，（清）孙星衍撰；《李氏易解剩义》3 卷，（清）李富孙撰；《周易集解补释》17 卷，（民国）曹元弼撰

李道平（1788—1844），字遵王，一字远山，号蒲眠居士，湖北安陆人。嘉庆二十三年（1818）恩科举人，参与修《安陆县志》二十余年。道光四年（1824）成《易筮遗占》。道光二十二年（1842），序定《周易集解纂疏》。道光二十三年起，任嘉鱼县教谕。

《周易集解》为唐李鼎祚集《子夏易传》以下三十余家汉唐易说，尤其是象数易说而成。本书为《集解》一书的义疏之作，凡 10 卷。首列自序一文，倡言因象数以明义理的主张，并说明撰著原委。次列《纂疏凡例》，以明疏解《集解》之法。次列《诸家说易凡例》，有卦气、消息、爻辰、升降、纳甲、纳十二支、六亲、八宫卦、纳甲应情、世月、二十四方位十一例，"详其端委，列图于左，尤得易学之纲领"，以明汉易中孟喜、京房、马融、郑玄、荀爽、虞翻等易例，"惟虞氏之两象易及六十四卦旁通，钱大昕并演为图，而道平遗之，亦其一疏"③。最后"萃会众说，句梳而字栉之"④，逐条疏通原文，

---

① 郭嵩焘：《郭嵩焘诗文集》卷七《周易释例序》，岳麓书社，1978 年。
② 朱骏声：《传经室文集》卷二《书焦考廉循易图略后》，《求恕斋丛书》本。
③ 中国科学院图书馆整理：《续修四库全书总目提要·经部·易类》之《周易集解纂疏》提要。
④ 李道平：《周易集解纂疏》卷首《自序》，中华书局，1994 年。

不仅在惠栋、张惠言等研究汉易的基础上，梳理两汉人易说，而且对他们没有关注到的魏、晋至隋、唐易学家的易说也一一阐明其义。作者"义取其当，不尚苟同"，不遵《五经正义》疏不破注之习，"旧注间有未应经义者，或别引一说，以申其义；或旁参愚虑，以备一解"①，尤其是在注文中加有"案"、"愚案"之语数百节，以兼引诸家之说，或自抒管见。

《周易集解》一书是学习汉易的基本资料与桥梁，而《纂疏》一书则是学习《周易集解》一书的桥梁。通过《纂疏》，不仅可以明了李鼎祚的易学思想，而且可以进而把握两汉、魏晋南北朝、隋唐时期的易学及其发展轨迹，对整个汉易系统的易学有全面深入的领会。李鼎祚"少慕玄风，游心坟籍"，《集解》虽以采录象数易说为主，但引录王弼、韩康伯、孔颖达等玄学易说亦复不少。李道平重汉代象数之学，对玄学易、宋代图书易学均有不满，故"所引王、韩《注》，有全用《正义》者，则书孔疏以别之，间引数语者不书"②，于玄学易说纂疏多有不足。此外，《集解》一书引易说自两汉至隋唐，易学风气数变，而道平《纂疏》重视象数之学，往往不能以当代之学释当代之易说。有《续修四库全书》影印道光有获斋刻本、光绪年间《湖北丛书》本及思贤书局陈宝彝考校本。今有中华书局1994年出版潘雨廷点校本等。

在清代、民国时期，除李道平《纂疏》对《周易集解》做了进一步的疏释外，孙星衍《孙氏周易集解》10卷、李富孙《李氏易解剩义》3卷、曹元弼《周易集解补释》17卷也对《周易集解》有进一步的补订完善。

孙星衍（1753—1818），字渊如，号季述，江苏阳湖（今湖北武进）人。乾隆五十二年（1787）赐进士第二人，授翰林院编修，改刑部主事，官至山东督粮道。阮元《揅经室集》载其神道碑。孙星衍取李鼎祚《周易集解》，合于王弼《周易注》，又采集古书传注中所有汉魏马融、郑康成等人易说，以及史徵《周易口诀义》中之古注，附于其后，凡许慎《说文解字》、陆德明《周易释文》、晁说之《古易音训》所引经文异字、异音，均采录附见于本文，命名为《周易集解》。毕以田、周隽、牛钧、朱廉夫均参与其事，于嘉庆三年（1798）六月书成。前有自序，明其用意。是书"搜罗之备，抉择之精，即不必相辅而行，已觉难能可贵"，与孙星衍《尚书古今文义疏》"并足流传不朽"（伍崇曜跋）。不过，孙氏所辑虽富，但仍有所遗，如魏徵《群书治要》、释玄应《大智度论》、慧琳《一切经音义》等引易义均未能采集。咸丰五年

①　李道平：《周易集解纂疏》卷首《自序》。
②　李道平：《周易集解纂疏》卷首《凡例》。

（1855），伍崇曜以王弼《注》、李鼎祚《集解》之书通行，故甄录孙氏所辑者，署为《孙氏周易集解》，以别于李鼎祚《集解》，另行刊刻。今有《粤雅堂丛书》本、《国学基本丛书》本、成都古籍书店影刻本等。

李富孙（1764—1843），字既方，又字芗沚，浙江嘉兴人。嘉庆六年（1801）拔贡。曾肄业"诂经精舍"，遂湛深经术，尤好学《易》。李氏以汉魏诸家易说《集解》未采录者尚多，"遗文剩义，间见于陆氏《释文》，《易》、《书》、《诗》、《三礼》、《春秋》、《尔雅》义疏，及《史记集解》、《后汉书注》、隋唐书、李善《文选注》、《初学记》、《北堂书钞》、《太平御览》、唐宋人易说等书"①，于是缀而录之，附于《集解》之后，而不录伪本与有完书者，名其书为《剩义》。乾隆五十七年（1792）序定。卢文弨乾隆六十年为序，称其"命意高而用力勤"，"述之之功远倍于作"。李氏所辑确可补《集解》所未备，但仍有疏漏，如《史记索隐》引向秀说、《正义》引何妥说、董真卿《周易会通》引刘瓛说等，均未采录。② 今有《读画斋丛书》本、《丛书集成初编》本、《学园丛书》本、《续修四库全书》影印嘉庆种学斋刻本等。

曹元弼（1867—1953），字谷孙，又字师郑，一字懿斋，号叔彦，晚号复礼老人。《周易集解补释》17卷，刊于民国十六年（1927）。其《自序》称："就唐李君鼎祚《集解》，校各本异文，释善而从定其句读，又据孙氏星衍所集众家遗说，更博采《礼记》、《春秋传》、周秦诸子、《史记》、《汉书》等说《易》古义补之，而以己意申其凝滞，辨其得失。"可见，曹氏以李鼎祚、孙星衍二《集解》之作为本，广采先秦汉代诸书而申以己意，而精研于汉《易》。

三、论著类

论著包括论说、类例、专著之属、易例之属，体例颇杂，大体不依经传文句作注，属于带有通论性、阐发性的易学著作。

论说指不依经论说而对易义及易学一般问题进行讨论阐述的作品，与论著之意相当。《易大传》中的《系辞》、《文言》、《说卦》、《序卦》、《杂卦》，汲冢竹书中的《卦下易经》、《公孙段》、《阴阳说》，以及帛书《易传》都属于这一类《易》学文献中的早期作品。论说性易籍是论著类《易》学文献的主

---

① 李富孙：《李氏易解剩义》卷首《自序》，《续修四库全书》本。

② 中国科学院图书馆整理：《续修四库全书总目提要·经部·易类》之《李氏易解剩义》提要。

体，多通论易义，直陈易学观点。论说性易籍分为两类：一是专著体，如程大昌《易原》、吴沆《易璇玑》、许衡《读易私言》、李光地《周易通论》等皆是；一是论文体，古籍文集中论《易》之文多为此类，如阮籍《通易论》、苏辙《易说》等皆是。论说体中还有一种比较特殊的辩难性《易》学文献。《后汉书·袁安传》称袁京"习孟氏易，作《难记》三十万言"。魏晋时玄学易兴起，玄学易内部、玄学易与象数易之间发生了激烈的争辩，产生了一大批论辩性《易》学文献，如王弼有《周易大衍论》、《周易穷微论》、《易辨》，钟会有《周易无互体论》、《周易尽神论》，孙盛有《易象妙于见形论》等。

论说中还有考论性易著，多辨析易义，考订是非，我们将之归入考正类。又有问答语录体易籍，多为师徒授受讲习之语，也有朋友之间的讨论问对，通篇为问答之语。此体起源甚早，帛书《二三子》即如此，魏晋易学论辩中也多有问对体。唐代有蔡广成《周易启源》和《周易外义》、陆希声《周易微旨》等，宋代又出现欧阳修《易童子问》。朱鑑编《朱文公易说》将朱熹的一些语录性论说采录其中，也属此类。清代则有夏宗澜《易义随记》、毛奇龄《易小帖》等。还有一些易籍以文学形式出现，有制艺即八股文者，如李光地《易义前选》辑录以《易》为题的八股文而成，陈际泰《易经说意》以时文之法说经，舒宏谔《周易去疑》抄撮讲章，纂而成帙；有诗词韵文者，如朱熹《易五赞》、徐世沐《周易惜阴诗集》、方时化《周易颂》、张遂辰《身易淡咏》等。

类例、易例性《易》学文献主要指探求《周易》凡例，归纳解释《周易》经传带有规律性的、纲领性的义例。探求《周易》类例最出名的是王弼的《周易略例》。唐邢璹作注称："略例者，举释纲目之名，统明文理之称。"随着时间的推移，类例、易例发展演变成为易学著作卷首发凡起例的内容，但仍有单独成书者，如王夫之《周易内传发例》、端木国瑚《易例》即是。类例之作，目前所见最早者为西汉京房《易传积算法杂占条例》，此后又出现了一大批同类性质的著作，如陆绩、虞翻《周易日月变例》、孙炎《周易例》、崔觐《周易统例》、刘瓛《周易四德例》、李铉《周易义例》，宋黄黎献《略例义》、徐庸《周易意蕴凡例总论》、杜询《周易略例》、李勃《周易正例》、庄道名《周易略例疏》、顾棠《周易义类》、汪深《周易占例》、黄超然《周易发例》、李石《易互体例》，清惠栋《易例》、成蓉镜《周易释爻例》、吴鼎《易例举要》、林锡光《周易义例释》、李锐《周易虞氏略例》、庞大堃《易例辑略》、吴翊寅《易爻例》、汪德钺《读易义例》、胡永泰《略例》、俞大谟《读易举例》、孙廷芝《读易例言》、萧光远《通例》等。

1. 帛书《易传》

帛书《易传》包括《系辞》、《二三子》、《衷》、《要》、《缪和》、《昭力》诸篇，1973 年底出土于湖南长沙马王堆三号汉墓。《二三子问》紧接于帛书《周易》之后，《系辞》、《易之义》、《要》、《缪和》、《昭力》依次序写在同一幅黄帛上。其中《系辞》与今本《系辞》基本相同，属于传统《易经》的范畴。

帛书《二三子》共 36 行 2600 余字，分为 32 节，分别论述龙之德及《乾》、《坤》、《蹇》、《鼎》、《晋》、《屯》、《同人》、《大有》、《谦》、《豫》、《中孚》、《小过》、《恒》、《解》、《艮》、《丰》、《未济》共 17 卦卦爻辞。在解《易》过程中，《二三子》只谈德义，较少谈论卦象、爻位和筮数，与《象传》、《大象传》、《文言》、《系辞》比较接近，而语言风格与《文言》、《系辞》中的"子曰"内容更为接近。

帛书《衷》（原称《易之义》）有 3100 字左右，其中有部分内容基本与今本《说卦》前三章、朱熹《本义》所分今本《系辞下》第六、七、八、九章相同，其余部分解说阴阳和谐相济、从卦名入手解释各卦之义，以及乾坤之"参说"、乾坤之"羊（详）说"等。

帛书《要》共 1648 字，中有今本《系辞下》第五章的后半部分，其余记载了孔子晚年与子贡论《易》之事，以及孔子及门弟子讲述《损》、《益》二卦哲理的内容。此篇提出学《易》不在于占筮求福，而在于观其要；《易》之要不在于筮数，而在于德义。所谓的德义，就是蓍、卦之德，六爻之义，提出了神、智和变易的哲学思辨。《要》篇不仅明确了孔子与《易》的关系，而且反映出孔子早年和晚年对待《周易》的态度明显不同，早年视之为卜筮之书，而晚年重视其"德义"、"古之遗言"，更具有学术价值。

帛书《缪和》共 5070 字左右，帛书《昭力》共 930 字左右，二者合计 6000 字。《缪和》、《昭力》二篇虽各自为篇，但内容一体，故原书字数二者一并统计。《缪和》约有 27 段，前 11 段分别记载了缪和、吕昌、吴孟、李平四人向先生问《易》中部分卦爻辞之义，涉及《涣卦》九二爻辞、《困卦》卦辞、《□卦》、《谦卦》九三爻辞、《丰卦》九四爻辞、《屯卦》九五爻辞、《涣卦》六四爻辞、《蒙卦》卦辞、《中孚》九二爻辞、《谦卦》卦辞、《归妹》上六爻辞之义。后 16 段则以"子曰"的形式解《易》、以历史故事证《易》。《昭力》共 3 段，均以昭力问、先生答的形式展开，阐发《归卦》六四爻辞、《大畜》九三及六五爻辞、《师卦》九二爻辞、《比卦》九五爻辞、《泰卦》上六爻辞、"四勿之卦"之义。

帛书《易传》大体以问题形式解释《易经》，同于问答体的《论语》。[①]
今有《续修四库全书》（上海古籍出版社）本、《易学集成》（廖名春：马王堆帛书周易经传释文）（四川大学出版社）。专门研究的著作有廖名春《帛书易传初探》（台湾文史哲出版社，1998 年）、王化平《帛书易传研究》（巴蜀书社，2007年）、廖名春《帛书〈周易〉论集》（上海古籍出版社，2008 年）等。

2.《周易略例》1 卷，（魏）王弼著，（唐）邢璹注

王弼著《周易略例》，简称《易略例》，首次在《周易》经传、两汉易说的基础上，从义理的角度出发，总结《周易》义例。分为《明象》、《明爻通变》、《明卦适变通爻》、《明象》、《辩位》、《略例下》、《卦略》七篇，使《周易》有例可循，简明可读。《明象》阐明卦意以一爻为主，主要有爻辞同卦辞相联系的一爻、居中位的一爻、一卦中阴阳爻象之最少者三种情况。《明爻通变》、《明卦适变通爻》论卦以存时，爻以示变，讲求适时而变。《明象》述得意忘象之旨，《辩位》述初上无位之说。《略例下》分论应、卦主、无咎等义。《卦略》则列举诸卦以论其义。综合而言，王弼于《周易略例》提出取义说、一爻为主说、爻变说、适时而变说、辩位说等观点，成为其易学最核心的主张，而其扫除象数，主以玄理，在易学史上影响深远，占有重要的地位。

邢璹，里籍无考，官至鸿胪少卿。邢注曰："略例者，举释纲目之名，统明文理之称。略，不具也；例，举并也。辅嗣以先儒注二十余家，虽小有异同，而迭相祖述。推比特殊，故作《略例》以辨诸家之惑，错综文理略录之也。"邢璹注对王弼之说做了简要的梳理补证，与王弼之书并行于世。有开成石经本（中华书局 1997 年《景刊唐开成石经》收录）、《汉魏丛书》本、《学津讨原》本、《津逮秘书》本、《四部丛刊》影印宋本等，又有附刻于《周易注》、《周易正义》之后者。今有楼宇烈《王弼集校释》本（中华书局，1980 年）。

3.《易童子问》3 卷，（宋）欧阳修撰

欧阳修（1007—1072），字永叔，号醉翁，晚号六一居士，吉州永丰（今属江西）人。北宋政治家、文学家。官至兵部尚书、参知政事，卒谥文忠。撰有易学著作《易童子问》、《易或问》、《明用》、《张令注周易序》、《传易图序》、《系辞说》，以及《诗本义》、《新唐书》（合撰）、《新五代史》、《文忠集》等。

---

① 按：以上据廖名春《帛书二三子问简说》、《帛书易之义简说》、《帛书要简要》、《帛书缪和昭力简说》，陈鼓应主编《道家文化研究》第三辑，上海古籍出版社，1993 年；廖名春《帛书〈周易〉论集》，上海古籍出版社，2008 年。

北宋庆历年间，学风大变，进入经学变古时代，而欧阳修《易童子问》开变古风气之先，成为一个时代学术的代表作，对后世产生了极其深远的影响。他极力推崇王弼易学，但以为其说"善矣而未尽也"，在继承基础上加以革新，自信"因孔子而求文王之用心，因弼而求孔子之意，因予言而求弼之得失，可也"。其书设童子与师问对之语，以说《易》旨。卷一卷二说六十四卦卦辞及《彖传》、《象传》大义。卷三考辨《易传》七种的内容。首开怀疑《周易》之风，列举大量例证，说明《系辞》、《文言》"繁衍丛脞"、"自相乖戾"，皆非圣人之作，是源出于孔子而相传于《易》师的众讲师之言，《说卦》、《杂卦》则是筮人之占书。欧阳修重人事而轻天道，以为《易》之为说止于人事而已，天不与也。他力辨君子小人，以中正之道作为道德修养上的价值取向，强调掌握消息盈虚、物极则反的自然之理，顺时而动。①

此书有《欧阳文忠公全集》本、《四部丛刊》本、《四部备要》本等，今有《欧阳修全集》校点本（中华书局，2001 年）。

4.《通书》1 卷，（宋）周敦颐撰

周敦颐（1017—1073），字茂叔，原名敦实，避英宗讳改，道州营道（今湖南道县）人。世称濂溪先生。历任南安军司理参军、虔州通判，颇有政绩。熙宁初，知郴州。继移知郴州南康军，遂定居庐山，筑室山麓，前有濂溪，因以为号。嘉定十三年（1220）赐谥元公。著有《太极图说》、《通书》、《周元公集》）。

《通书》即《易通》，是周敦颐解说《周易》的重要著作。《通书》没有对《周易》经传作逐字逐句的解说，而是以笔记体、经典语录的方式，对《易传》中的部分词句作解释，发挥其思想观点。其中还掺杂有解释《中庸》、《论语》等儒家著作的词句，并同《易传》糅合在一起。《通书》凡 40 章，以《乾》元亨为诚之通，利贞为诚之复，阐述了"诚"的思想；提出"诚无为，几善恶"，对"几者动之微"之"几"做出了全新的论述；与其《太极图说》一样，通过对神妙万物的分析，阐述了儒家动静观、道德修养论；从宇宙论出发，解释《说卦》"穷理尽性以至于命"；并对《讼》、《蒙》、《艮》、《损》、《益》、《家人》、《睽》、《复》、《无妄》等卦卦义，从义理的角度做了引申发挥与细致的阐释。《通书》站在儒家的立场上，将《周易》看作政治教化与道德修养的典籍，从义理的角度加以深入阐发，成为宋代儒理易学的重要代表作

① 余敦康：《内圣外王的贯通：北宋易学的现代阐释》第二章《欧阳修的易童子问》，学苑出版社，1997 年。

之一。

此书有《周元公集》本、《周子全书》本、《四部备要》本、《朱子三书》本等。

5.《读易举要》4 卷，（元）俞琰撰

俞琰（1258—1314），字玉吾，号全阳子、林屋山人、石涧道人。宋末元初吴郡（治今江苏苏州）人。道教学者。早年曾致力科举，业成宋亡，隐居著述为乐。著有《周易集说》、《易图纂要》、《读易举要》、《周易参同契发挥》以及《林屋山人集》等。

《读易举要》原书久佚，今本为清四库馆臣从《永乐大典》中录出。本书列 32 目，不依经传作注，而是泛论易学体例或观点，分析阐述易学的一系列基本问题，如《周易》性质、象占、卦变、卦义、主义、乘承比应、协韵、象数义理、图书、纳甲、《周易》作者及分篇、《古周易》等，与《周易正义》卷首诸篇多有类似，同时也著录大量魏、晋、唐、宋易学著作，并作有简洁明了的提要，成为易学史研究的重要参考资料。俞琰苦思力索，研求经文，虽以朱熹为宗，力主《易》为卜筮之书的观点，但其说《易》不苟同于先儒之说，往往自出新义而超越前人。如书中论刚柔往来，以两卦反对见义例，较朱熹卦变之说更接近自然。其论象数之学，驳斥张行成以"元亨利贞"为《周易》起数于四之证，而自成其说。全书实为考究易学基本问题及易学史的重要著作，对后世有重要影响。

此书有《四库全书》本、《四库全书珍本初集》本等。

6.《读易私言》1 卷，（元）许衡撰

许衡（1209—1281），字平仲，号鲁斋，河内（今河南沁阳）人。幼贫嗜学，从姚枢得伊洛程氏及新安朱氏之书，遂成一代大儒。宝祐二年（1254），元世祖召为京兆提学。中统元年（1260），世祖即位，召至京师，授太子太保，改国子祭酒。官至集贤殿大学士，谥文正。著有《读易私言》、《鲁斋遗书》等。

《读易私言》1 卷，凡 31 条。书分六章，论《易》卦六爻之德位，大旨多发明《系辞传》同功异位、柔危刚胜之义，而又类聚各卦画之居于六位者，分别观之。大旨主健、顺、动、止、入、说、陷、丽之吉凶悔吝，视乎所值之时，而必以正且得中为上。《彖传》、《象传》每以当位、不当位、得中、行中为言，许衡即据此加以阐释发明。

此书有《说郛》本、《通志堂经解》本、《许文正公遗书》本、《四库全书》本等。

7.《易学滥觞》1卷，（元）黄泽撰

黄泽（1259—1346），字楚望，四川资州人。大德年间，江西行省相臣闻其名，授江州景星书院山长，使食其禄以施教。后又为东湖书院山长，受学者益众。黄泽"以为去圣久远，经籍残阙，传注家率多傅会，近世儒者，又各以才识求之，故议论虽多，而经旨愈晦；必积诚研精，有所悟入，然后可以窥见圣人之本真"，于是"揭《六经》中疑义千有余条，以示学者，既乃尽悟失传之旨"①。黄泽好覃思苦研，在元代推为第一。他认为"学者必悟经旨废失之由，然后圣人本意可见，若《易象》与《春秋》书法废失大略相似，苟通其一，则可触机而悟矣"，故于《易》、《春秋》尤所用心，而著名学者赵汸实得其传。

黄泽"于《易》以明象为先，以因孔子之言，上求文王、周公之意为主，而其机栝则尽在《十翼》，作《十翼举要》、《忘象辩》、《象略》、《辩同论》"②，又"惧学者得于创闻，不复致思，故所著多引而不发，乃作《易学滥觞》、《春秋指要》，示人以求端用力之方"③。

《易学滥觞》1卷，卷首有吴澄序文一篇，末有自识，皆作于仁宗延祐七年（1320）。黄泽深究乎易象，积六十余年之思而成其学。自称："所贵于象学者，可以辨诸家之得失。凡纷纭错杂之论，至明象而后定。象学不明，则如制器无尺度，作乐无律吕，舟车无指南，自然差错。"黄泽明象以《序卦》为本，于占法则以《左传》为主，而对诸儒是非得失多有评论，而不苟从于程《传》、朱《义》。他认为汉儒之用象数失于琐碎，而王弼之废象数又遁于玄虚，故不取王弼之玄虚，也不取汉儒之附会，唯折中以酌其平。书中陈述易学不能复古者，一曰《易》之名义，一曰重卦之义，一曰逆顺之义，一曰卦名之义，一曰卦变之义，一曰卦名，一曰《易》数之原，一曰《易》之辞义，一曰占辞，一曰蓍法，一曰《易》之占法，一曰《序卦》，一曰脱误疑字，凡十三事，颇能发明古义，持论皆有根据，体例也颇为分明。

此书有《武英殿聚珍版丛书》本、《四库全书》本、《经苑》本、《涉梓旧闻》本等。

8.《易学象数论》6卷，（清）黄宗羲撰

黄宗羲（1610—1695），字太冲，号黎洲，浙江余姚人。明御史黄尊素之

---

① 《元史·黄泽传》。
② 赵汸：《东山存稿》卷七《黄楚望先生行状》，文渊阁《四库全书》本。
③ 《元史·黄泽传》。

子。康熙初年，征修《明史》，以年老多病辞。

黄宗羲《自序》认为易道广大，无所不备，但自九流百家借之以行其说，而《易》之本意反而隐晦不彰。后世诸儒"过视象数，以为绝学，故为所欺"。因此，他对九流百家借《易》为说者一一加以疏通，以证明其说于《易》本来了无干涉，然后反求程颐《伊川易传》而廓清之。黄宗羲还认为王弼《易注》简当而无浮义，但朱熹增添入邵雍先天之学，反而为易学增加一道障碍。总体而言，黄宗羲病易学末派之支离，故首先辨明其本原之依托。

全书凡六卷，前三卷论河图、洛书、先天方位、纳甲、纳音、月建、卦气、卦变、互卦、筮法、占法，而附以所著之《原象》为内篇，皆明易象者。后三卷论《太玄》、《乾凿度》、《元包》、《潜虚》、《洞极》、《洪范》数、皇极数，以及《六壬》、《太乙》、《遁甲》，为外篇，皆明易数者。全书大旨在阐明圣人以象示人，有八卦之象、六爻之象、象形之象、爻位之象、反对之象、方位之象、互体之象，七象具备而后易象可穷。易学家所谓的纳甲、动爻、卦变、先天诸象，皆为伪象，一旦杂入《周易》本有的七象，便使本象隐晦不明。因此，本书崇七象而斥四象，并力求七象之说合于古说，以辨明象学之讹误。《遁甲》、《太乙》、《六壬》三书，世谓之"三式"，皆主九宫之说，以参详人事。本书则以郑玄太乙行九宫之法辩证《太乙》，以《吴越春秋》所载占法、以《国语》所载伶州鸠之问对辩证《六壬》，称后世皆失其传，从而订正数学之失。黄宗羲究心象数，故一一洞晓其始末，而得其瑕疵，持论皆有依据，并非仅据理空谈，不能中其要害者，宏纲巨目，辩论精详，与胡渭《图书辨惑》一道，对易学象数之杂说大有廓清之功。

此书有《四库全书》本、清抄本、康熙汪瑞龄西麓堂刻本、《广雅书局丛书》本等，今有《黄宗羲全集》点校本（浙江古籍出版社，1992年）。

9.《易例》2卷，（清）惠栋撰

惠栋《易例》考究镕铸汉儒易学，以阐明《周易》义例，为其论《易》诸家发凡。全书共分九十类，其中有录无书者十三类，据原跋实为未成之书。

此书有《四库全书》本、李文藻《贷园丛书》本、张海鹏《借月山房汇抄》本、王先谦《皇清经解续编》本、王云五《丛书集成初编》本等，今有郑万耕点校本，附于《周易述》之后（中华书局，2007年）。

四、考正类

考正类文献包括古易之属、文字音义之属及考论性、札记性《易》学文献等多种。

古易之属指考订《连山》、《归藏》及《周易》古本的《易》学文献。《连山》、《归藏》,《汉书·艺文志》均不载,但桓谭《新论》称"《连山》藏于兰台,《归藏》藏于太卜",似汉时尚存。《隋书·经籍志》载有晋太尉参军薛贞注《归藏》13卷,又有梁元帝撰《连山》30卷,又称:"《归藏》,汉初已亡。案晋《中经》有之,唯载卜筮,不似圣人之旨。以本卦尚存,故取贯于《周易》之首,以备殷《易》之缺。"牛弘奏请购求天下遗逸之书,隋刘炫造伪书一百余卷,题为《连山易》、《鲁史记》等录上送官,时人即已明其伪。《新唐书·艺文志》著录《连山》10卷、司马膺注《归藏》13卷。《文献通考·经籍考》又称:"唐开元中备有三《易》,至宋惟《归藏》略存而不传习。"宋代《归藏》犹有《初经》、《齐母》、《本蓍》三篇。后世有专门考论古易之书者,如宋代的古易学以恢复《古周易》篇目顺序为要,有王洙家传《古易》、邵雍《古周易》、吕大防《周易古经》、晁说之《古周易》、郑厚《存古易》、程迥《古易考》、李焘《周易古经》、洪兴祖《易古今考异释疑》、吕祖谦《古易》、周燔《九江易传》、吴仁杰《古周易》及《集古易》、薛季宣《古文周易》、税与权《校正周易古经》等。两宋之后也有不少以恢复《古周易》为名者,但多名不符实,渐失其本意,如明何楷《古周易订诂》即如此。又有综考三易者,如宋朱元昇《三易备遗》、清许树棠《三易偶解》附《归藏母经》等皆是。

文字音义之属主要指专门考订《周易》经传文字异同、标注或考订音读的《易》学文献。最早为《周易》注音的是三国易学家王肃,有《易音》一书。其后又出现了徐邈、李轨、袁悦之、荀柔之、徐爰、范氏、韩伯、王廙、王嗣宗、江氏等各自所作的《周易音》,还有薛虔《周易音注》、沈熊《周易杂音》。唐陆德明辑唐以前诸家音注,成《周易音义》1卷,收入《经典释文》之中,同时兼涉训诂文字及考订文字异同等内容。宋代音读最有名的是吕祖谦的《古易音训》,朱熹亦采录其说,成《古易音训》2卷,注《易》时又称"叶韵可见","以韵读之良是"。此外有赵共父《古易补音》、蔡渊《周易叶韵》,贾昌朝《群经音辨》中也有论《周易》音者。又有为《太玄》注音者,如宋咸《太玄音》、吴祕《太玄经音义》、郑氏《太玄音训》等。魏了翁更说:"《易经》皆韵。"[1] 而吕大防《周易古经》、晁说之《录古周易》等对《周易》经传文字、音读、句读、分章等也多有考订。元代有李恕《易音训》2卷,明代有张献翼《读易韵考》7卷。清初顾炎武著《易音》,依据《周易》

---

① 张献翼:《读易韵考自序》,载朱彝尊:《经义考》卷五六。

考正上古音。此后有毛奇龄《易韵》4 卷、沈涛《易音补遗》1 卷、杨国桢《易经音训》不分卷、于鬯《周易读异》3 卷，而郭阶《周易汉读考》专明汉人音读。直至民国时还有周学熙辑《易经音训》1 卷、易顺鼎《易音补顾》1 卷、徐昂《易音》1 卷等。专门考订《周易》文字异同等方面的著作也不少，如王夫之《周易考异》1 卷、王龇《周易校字》2 卷、李调元《易古文》3 卷、李富孙《易经异文释》6 卷、宋翔凤《周易考异》2 卷等。唐苏州司户参军郭京"得王辅嗣、韩康伯手写《易经》，比世所行，或颇差驳，故举正其讹而著于篇"，成《周易举正》3 卷。清代翟均廉《周易章句证异》12 卷，对《周易》古今诸本篇章、句读、文字等的异同之处均加以考究。

考论性易籍实际上是一种特殊形式的论著。它虽然通论易学，但以考辨是非得失为名。如邵伯温《易学辨惑》辨明其父邵雍之学术，董守渝《卦变考略》考诸家卦变之说，纪磊《虞氏易象考正》考辨虞翻所论易象等皆是。

札记性《易》学文献指阅读研究《周易》时随其所得而记录的笔札性篇章。子部杂家著作中的易学札记多为此体，类书中的《易》学文献摘编也与此相似，不过其全书并不是专以易学为内容罢了。正因为是随手笔记，所以既有自得的心得，也有摘录前贤精妙之论，往往短小精炼，结构松散，编次大多无序，且没有特殊之意，各自为论，全书没有中心议题。此类《易》学文献虽不多见，但对易学的发展也颇有益处，较著名者如朱震《丛说》、胡一桂《周易启蒙翼传》、程直方《观易堂随笔》、崔铣《读易余言》、胡居仁《易象抄》、张献翼《读易纪闻》、潘士藻《读易述》、逯中立《周易劄记》、孙奇逢《读易大旨》等皆是。

1.《周易举正》3 卷，（唐）郭京撰

郭京，唐末苏州司户参军。所著《周易举正》3 卷，《新唐书·艺文志》、《旧唐书·经籍志》俱不载，《宋史·艺文志》著录为 3 卷，故《四库全书总目》疑其为宋人伪托之作。今考《崇文总目》有著录，称其"得王辅嗣、韩康伯手写《易经》，比世所行，或颇差驳，故举正其讹而著于篇"，而《直斋书录解题》于宋咸《易补注》条下称咸得此书于欧阳修，洪迈、李焘皆信其说，晁公武、赵汝楳、王应麟、惠栋等学者则认为是挟王弼、韩康伯之名以更古文。

全书改正《周易》经传以及王、韩注 103 处 273 字，分为 3 卷，下卷并举正王弼《周易略例》之字。台湾徐芹庭归纳其举正王、韩《易注》谬误概有将经入注、用注作经、经文断句错误、《小象》下句反居上、爻辞注内移、脱漏、谬误、误增、颠倒、义理不通十类。今观其书，所言得王、韩手写注本并不可信，而其倡议的改经之处也缺少确证。顾其所说，推究文义，往往近理，对易学的传播发展实有贡献。

此书有《范氏奇书》本、《津逮秘书》本、《学津讨原》本、《四库全书》本等。今有台湾徐芹庭《周易举正评述》（台北成文出版社，1977 年）作深入分析讨论。

2.《古易音训》2 卷，（宋）吕祖谦撰

《古易音训》一名《周易音训》，吕祖谦门人金华王莘叟笔受，甫毕旋卒，尚未及校正。吕氏《音训》遵其《古周易》之次，参酌孔颖达、程颐、晁说之、朱震诸家之说，以《系辞上》分 14 章，《系辞下》分 11 章，《说卦》分 18 章。又录取陆德明《经典释文》及晁说之《古易》12 篇之说，以释《周易》之音、训，而略有删节。原书久佚。朱熹之孙朱鑑刊《周易本义》时，尝将其附刻于《本义》之后，而亦不传，唯散见于元董真卿《周易会通》之中。清嘉庆中，宋咸熙从《周易会通》中辑取，依原书篇第，分为上下经 1 卷、"十翼" 1 卷。

陆德明《周易释文》采录汉、隋间易学家有关《周易音训》而成，后世学者于《易》音训又有新论。晁说之《古周易》汇集唐阴弘道《周易新论传疏》、陆希声《周易传释》、僧一行《易传》，宋王昭素《易论》、王洙《周易言象外传》等书之音训而成。而其书久佚，诸家之说实赖吕祖谦《音训》一书流传，于考察唐宋《周易》音训成就实为有功。

《古易音训》有《槐庐丛书二编》本、《校经山房丛书》本、《式训堂丛书初集》本等；《周易音训》有《金华丛书》本、《孙氏山渊阁丛刊》本等。

3.《古周易》1 卷，题（宋）吕祖谦撰

《古易》上下经及《十翼》本 12 篇，自费直以传解经，经传开始淆乱。郑玄继之，合《彖》、《象》于经，而传注尚且分明。王弼为《周易》作注，为便于学者省读，变乱《周易》12 篇之次第。唐孔颖达取王弼注本以作《周易正义》，遂使《古易》不复存世。宋吕大防始考验旧文，作《周易古经》2 卷，晁说之作《录古周易》8 卷、薛季宣作《古文周易》12 卷、程迥作《古周易考》1 卷、李焘作《周易古经》8 篇、吴仁杰作《古周易》12 卷、吕祖谦作《古周易》12 篇，大抵互相出入。吕祖谦之书凡分上经、下经、《彖上传》、《彖下传》、《象上传》、《象下传》、《系辞上传》、《系辞下传》、《文言传》、《说卦传》、《序卦传》、《杂卦传》12 篇，成于孝宗淳熙八年（1181），《宋志》作 1 卷，《书录解题》作 2 卷。朱熹取以著《周易本义》，影响最为深远。

今本题吕祖谦《古周易》者，实宋吴仁杰所著《集古易》。吴仁杰字斗南，其先河南洛阳人，移居昆山，讲学于朱子之门。所著有《易图说》3卷、《古易》12卷、《集古易》1卷。《集古易》一书即今本《古周易》，集《古周易》、费直《易》、郑玄《易》、王弼《易》，萃为一书，为吴氏考订所得，故有长篇考订之文于末；其后又附有吕大防《古易》、晁说之《古易》、王洙《古易》、吕祖谦《古易》、周燔《古易》诸书。唯全书仅有1卷，内中因《周易》文字习见，而重在于篇章，故多著起止，而不全录原文，因此颇为简明易晓。又吴仁杰以爻辞上皆有卦画，于古无据；又其《十翼》之说，有《象传》、《象传》、《系辞》上下传、《文言》、《说卦》上中下、《序卦》、《杂卦》，而所谓《象传》唯指《大象》，《系辞》上下传实即《小象》上下，《说卦》上中下实为《系辞传》上下合于《说卦》而为之，殊不为后人所取信。

此书今有《通志堂经解》本、《四库全书》本、《清芬堂丛书》本等。

4.《三易备遗》10卷，（宋）朱元昇撰

该书由朱元昇撰，其子士立补葺。朱元昇（？—1275），字日华，号水檐，南宋温州平阳（今浙江平阳）人。官至建宁松溪政和县巡检。全书初稿完成于咸淳六年（1270），咸淳八年由两浙提刑家铉翁表进于朝。卷首有林千之序、天台荀寅炎序、朱元昇《自序》及家铉翁《进书状》各一篇，卷末有朱士立《跋》文一篇。

朱氏精研象数之学，以为天下有亡书，无亡言，依据邵雍易学，得其先后天之说，复从邵伯温著作中得中天，于是因孔子《夏时》、《坤乾》之言，完成其《连山》、《归藏》、《周易》三易之学的体系建构。全书第一卷据《系辞》“河出图、洛出书，圣人则之”之说，以辨明《河图》、《洛书》开端，作为三易之学的基础。第二至四卷祖述刘牧之说，就《河图》、《洛书》以及邵雍先后天之图，推五行生成数，以卦位配夏时之气候，以明五十五图为《洛书》，述《连山》象数图，以备夏易之遗，即以《连山》为伏羲所作，卦以艮为首，其易学为先天学。第五至七卷推究五行、纳音，以干支之纳音配卦爻，以明四十五数之为《河图》，述《归藏》象数图，以备商易之遗，即以《归藏》为黄帝所作，卦首坤，有万物归藏之意，其学为中天学。第八至十卷因先天、后天体用，即象数之合，以证《周易》伏羲、文王辞意之合，以卦、爻、彖、象之辞证互体，演反对互体图例，阐明反对互体之旨，以备《周易》之遗，即以《周易》作于文王，以乾为首，为后天之学。

朱元昇据《周礼》记载，就《连山》、《归藏》、《周易》而述先天、中天、后天三易之学，而所言三易之说早已有之。《文言》有先天、后天之说；《太玄》有中天之名；干宝《周礼注》称伏羲之易小成为先天，神农之易中成为中天，黄帝之易大成为后天；邵雍有先后天之学；邵伯温《皇极经世系述》有"唐、虞者，其中天而兴乎？尧、舜者，其应运而生乎"，是又以唐、虞之时为中天。故朱氏所言三易名义并非新义。朱元昇于三易"补苴罅漏，张皇幽渺，寻坠绪之茫茫，独旁披而远绍"，虽其言未必真合《周礼》太卜之旧说，而其冥心探索，以求一合，体系完备，自成一说，足备后世研究三易之学者参考。

此书今有明抄本、《通志堂经解》本、《四库全书》本等。

5.《读易考原》1卷，（元）萧汉中撰

萧汉中字景元，元泰和（今属江西）人。所著《读易考原》1卷，成于元泰定年间（1324—1328），凡三篇：一论分卦，二论合卦，三论卦序。萧氏用意于考究《周易》六十四卦卦序问题，虽不敢显攻《序卦传》，而实际上并不用《序卦》之说，不赞同以卦名之义解释卦序，而认为上下经二篇之分与六十四卦之序已定于孔子之先，《序卦》仅是教人观《易》之一法，卦非待名而后序，篇非因序而始分，作《易》本旨在卦名之外。其书大旨依据邵雍《圆图》乾、坤、坎、离居四正，作为上经之主卦，兑、艮、巽、震居四隅，作为下经之主卦，再按图列说，申明上经三十卦、下经三十四卦多寡分合不可改易，以及乾、坤之后受以屯、蒙，屯、蒙之后受以需、讼，六十四卦次序也不可紊乱。卷后论三十六宫阴阳消长之机，以互明其义。萧汉中继孔颖达《正义》、程颐《上下篇义》等关于《周易》卦序的探讨之后，借助宋代新兴的图书象数之学，从卦爻象与奇偶数的角度论六十四卦的构成与次序的排列，而不复看重卦名、卦爻辞义理，自成一家之言，虽难免附会颠倒其实，但确实对《周易》卦序排列提出了新的见解与思路，颇具精理，对明代象数之学的发展也起到了一定的影响。

明初朱升作《周易旁注》采录《读易考原》之文，附于末卷，称"谨节缩于上下经二图于右，而录其原文于下，以广其传"。故萧氏书经过朱升编辑，不尽其旧。

《读易考原》原书久佚，清四库馆臣从朱升《周易旁注》中录出别行。今有《四库全书》本、《豫章丛书》本等。朱升《周易旁注》有明刻本、《续修四库全书》本、明姚文蔚重编《周易旁注会通》明万历四十五年刻本。

6.《卦变考略》1卷，（明）董守谕撰

董守谕（1596—1664）字次公，鄞县（今属浙江）人。明天启间（1621—1627）举人。鲁王监国，召为户部贵州司主事。清兵渡江后杜门著书。著有

《卦变考略》1卷、《读易一钞》10卷、《易广》4卷等。

董氏称："或谓'变乃《易》中之一义，非画卦作《易》之本旨'，愚独以为不然。"因此上考郎颐、京房、蜀才、虞翻诸家之说，并参照宋元诸儒与明来知德之说，重定卦图，以存古意。于崇祯十六年（1643），成《卦变考略》1卷。书中每卦皆参列古法，并断以己意。所言皆持之有据，不同于他家穿凿之说。卦变之说不可谓非《易》之一义，但也不可以说就是《易》之本义，董氏过于推重卦变，其说难免武断。

此书今有《四库全书》本。

7.《周易章句证异》11卷，（清）翟均廉撰

翟均廉字春沚，清仁和人。官内阁中书舍人。著有《周易章句证异》11卷、《海塘录》26卷等。

《周易章句证异》一书专取《周易》古今诸本篇章及句读同异之处，互相考证，逐卦逐爻，悉为胪列。如李鼎祚，卦辞前分冠《序卦》；周燔，卦辞前列《大象》，卦辞后列《象传》；赵汝楳，卦辞前列《大象》，卦辞后列《彖传》，次《文言》，次爻辞……此篇章之同异也。如《乾卦》三爻，孟喜作"夕惕若夤"句，"厉无咎"句……此句读之同异也。间或附以己意，而以"廉案"二字别白之。本书于《周易》古今本异同之处，校勘颇为精密，所言皆有依据。

此书有《四库全书》本、《四库全书珍本初集》本等。

8.《易音》3卷，（清）顾炎武撰

顾炎武（1613—1682），本名绛，后改名炎武，字宁人，号亭林，世称亭林先生，江苏昆山人。明末诸生。其学识渊博，志节高尚，为明清之际著名思想家。著有《日知录》、《天下郡国利病书》、《肇域志》、《音学五书》等。

顾炎武《易音》3卷，为其《音学五书》之一。《周易》文辞有押韵，也有不押韵，与《诗经》固不相同。大体而言，其卦辞、爻辞押韵者少，不押韵者多；其传文押韵者虽多，但也有不押韵者错出其间。宋吴棫著《韵补》，较早地提出《周易》用韵。明张献翼《读易韵考》、清顾炎武《易韵》和毛奇龄《易韵》等，均就《周易》的用韵问题做了一定的探讨。道光年间，江有诰《易经韵读》集前人之成，较系统地辨析了《周易》经传用韵的情况。诸家之中，以顾氏此书影响最大。

该书上卷为卦辞、爻辞，中卷为《彖传》、《象传》，下卷为《系辞》、《文言》、《说卦》、《杂卦》。全书通过研讨《周易》用韵之例以求古音，将经传文中协韵字标出古音，附以解说，凡与《诗》音不同者，皆以为偶用方音，而

通其所可通，于其不可通者，即不韵者则缺之。顾炎武古音之学开启清代朴学之风，其标音注释，体例谨严有法，考核精确，于求《周易》古韵大有裨益，实为《周易》古音探索的开新之作。但《易音》一书亦间有穿凿附会之说。

此书今有阮元《皇清经解》本、《音韵学丛书》本、符山堂《音学五书》本等。

9.《易汉学》8卷，（清）惠栋撰

该书采辑自汉代、三国时期诸家易说，加以考证而成。卷一、卷二辑孟喜《易》，卷三辑虞翻《易》，卷四、卷五辑《京房易》，附干宝《易》，卷六辑郑玄《易》，卷七辑荀爽《易》，卷八为惠栋阐发汉《易》之理，以辨正《河图》、《洛书》、先天、太极之学。全书采辑遗闻，钩稽考证，使学者略见汉儒解《易》门径，实为研究汉代易学的重要参考书。

此书有《四库全书》本、毕沅《经训堂丛书》本、王先谦《皇清经解续编》本、《丛书集成初编》本等。今有郑万耕点校本，附于《周易述》之后（中华书局，2007年）。

10.《周易虞氏义》9卷，（清）张惠言撰

张惠言（1761—1802），原名一鸣，字皋文，清武进（今江苏常州）人。少受《易》，即通大义。年十四，为童子师。嘉庆四年（1799）进士，改庶吉士，充实录馆纂修官。六年，散馆，奉旨以部属用，朱珪奏改翰林院编修。卒于官。其经学出于惠栋、江永，精研《易》、《礼》。于《易》主虞翻，搜求汉易各家古义，求其条贯，明其统例，释其疑滞，补其亡缺，以羽翼虞氏《易》。

李鼎祚《周易集解》集汉魏以来三十余家易说，所采虞翻易说最为详备，近原书十之七八，故汉《易》之纳甲、十二辟卦、旁通、两象易之说，尚可寻其门径。惠栋《易汉学》研究易古义，大抵宗祢虞氏，而未能尽通，则旁征他说以合之。张惠言继惠栋而起，独宗虞氏。其自序称："以阴阳消息六爻，发挥旁通，升降上下，归于乾元用九而天下治。依物取类，贯穿比附，始若琐碎，及其沉深解剥，离根散叶，郁茂条理，遂于大道，后儒罕能通之。""翻之学既世，又俱见马、郑、荀、宋氏书，考其是否，故其义为精。……故求其条贯，明其统例，释其疑滞，信其亡缺，为《虞氏义》九卷。"自此书刊行后，虞氏易义显明于世，而惠言之学遂大行于世。其后曾钊拾遗补缺，撰《虞氏易笺》。有稿本、嘉庆八年扬州阮氏嬛仙馆刊《张皋文全集》本、《皇清经解》本、《续修四库全书》本等。

此外，张惠言还有《虞氏易事》2卷、《虞氏易言》2卷、《虞氏易候》1卷、《周易虞氏消息》2卷、《周易郑氏注》2卷、《易义别录》14卷、《周易荀氏九家》3卷、《周易郑荀义》3卷、《易纬略义》3卷，研讨虞翻、郑玄、荀爽、易纬等诸汉易诸家之说，又有《易图条辨》1卷，辨别宋代易图，多为《张皋文笺易诠全集》收录。

11.《读易别录》3卷，（清）全祖望撰

全祖望（1705—1755），字绍衣，一字谢山，鄞县（今浙江宁波）人。乾隆元年（1736）进士。全祖望认为旧史艺文志"周易"类只著录传义章句之属，而名虽系于《易》而实非《易》者则或归之著龟家、五行家、天文家、兵家、道家、释家、神仙家，蕴涵卫经之深意。但朱彝尊编纂《经义考》，将其一概列之于易类，有乱经之过。因此，他著《读易别录》一书，以订正《经义考》之误。

《读易别录》凡3卷，卷一列《周易乾凿度》等图纬34种、通说阴阳灾异及占验体例之书44种、汉唐诸家卜筮林占之书109种、汉唐清人以三式占验之书45种，以及律历家、天文家、兵家、堪舆家、禄命家、医家、相家、占梦家、射覆家、丹灶家书10种；卷二列道、释二家书10种；卷三列龟书47种、著书20种。全书用意于别白"易外别传"之作，以区别于正统《易》著，于易学分类颇为有助。

此书有鲍廷博《知不足斋丛书》本、《四明丛书》本、王云五《丛书集成初编》本等。

五、图说类

郑樵称"古之学者为学有要，置图于左，置书于右"，"人亦易为学，学亦易为功"，[1] 但后世书存图亡，学者难成。他针对图谱的失坠，深感痛心，在《通志》中专列《图谱略》，以著其详。以图谱形式来探讨分析易学，起源甚早，传说有河图洛书，《汉书·艺文志》著录有《神输图》，扬雄也有《太玄图》等。晋袁宏有《周易略谱》1卷。《隋书·经籍志》著录有《周易谱》、《周易新图》、《周易普玄图》、《易通卦验玄图》、《易通统图》、《易新图序》、《易八卦命录斗内图》、《易斗图》、《易八卦斗内图》、《周易八卦五行图》、《周易斗中八卦绝命图》、《周易斗中八卦推游年图》、《周易分野星图》等。这些书均佚，但多著录于五行类，与汉代的易纬极相似，当属一类，与后世的图

---

① 郑樵：《通志》卷七二《图谱略·索象》，中华书局，1978年。

书说大有区别。到了唐代，以图说《易》变得明晰起来。成玄英有《周易穷寂图》，沈熊则有《周易谱》，不知其详。僧一行研究汉代易学，有《大衍玄图》，《新唐书》又录其《卦气图》，成为我们研究汉代卦气说的重要资料。唐宪宗时，高定"精王氏《易》，尝为《易图》，合八出以画八卦，上圆下方，合则重，转则演，七转而六十四卦六甲八节备焉"①，明显已有以图画论《易》的成分。唐末陆希声也有《易图》1卷。如此种种，显示着易图学的日渐兴起。五代时期，蜀人彭晓于其《周易参同契分章通真义》一书之末载有《明镜之图》，影响较大。

到了宋代，陈抟首传易图，经刘牧的大力宣扬，尤其是其后传学者周敦颐、邵雍突出的学术成就，最终形成了图书易学一大派。宋代兴起的易图种类很多，首先是陈抟传出的先天图、太极图、河图洛书，还有李溉《卦气图》、李之才《卦变图》等，经刘牧、周敦颐、邵雍等发扬光大，大显于世。其后，易图日增，不仅进一步衍化先天、太极、河图洛书，而且还将汉代象数易学的一些内容以图的方式呈现出来，甚至如《太玄》也都图书化。司马光著《潜虚》，也先图后书，两相结合。朱震《卦图》、杨甲《六经图·易图》对宋代图书都有一定的总结，但仍在不断地发展衍生。朱熹著《易学启蒙》，讨论河图洛书，又以九图录于《周易本义》之首。后世言《易》者多以图始。宋元时著名的图书学著作有刘牧《易数钩隐图》、周敦颐《太极图说》、王湜《易学》、朱熹《易学启蒙》、吴仁杰《易图说》、林至《易裨传》、林光世《水村易镜》、雷思齐《易图通变》、张理《易象图说》内外篇和《大易象数钩深图》、钱义方《周易图说》等。明代还有马一龙《元图大衍》、陈第《伏羲图赞》、田艺蘅《易图》、刘定之《易经图释》、来集之《易图亲见》、章世纯《券易苞》等作。以谱为名的《易》著，尤以宋晁说之《易玄星纪谱》为著。在形式上，图书易或考论诸图，或引申图理，或与《易》作进一步的结合发挥。

图书学兴起之际便引来学者的反对。宋仁宗时，刘牧之学盛，欧阳修不信河图洛书，陈希亮著《辨刘牧易》、鲜于侁著《周易圣断》，"叶昌龄则作《图义》以驳之，宋咸则作《王刘易辨》以攻之，李觏复有《删定易图论》"②。南宋袁枢、薛季宣也有辩驳，而元代陈应润著《周易爻变易蕴》，毅然破陈抟之学。元吴澄、明归有光诸人相继排击，各有论述。明末清初，随

---

① 《旧唐书·高郢传》。
② 永瑢等：《四库全书总目》卷二《易数钩隐图》提要。

着政治学术的转移，批判宋代图书学出现高潮，先后有黄宗羲《易学象数论》、黄宗炎《图学辨惑》、毛奇龄《太极图说遗议》及《河图洛书原舛编》、胡渭《易图明辨》等著作出现，图书易学遭受重创。其后继续辩驳易图，或进一步总结、阐释易图者亦复不少，如惠栋《周易爻辰图》、杨方达《易学图说会通》及《易学图说续闻》、吴脉鬯《增辑易象图说》及《易经卦变解八宫说》、崔述《易卦图说》、张惠言《易图条辨》、焦循《易图略》、胡祥麟《虞氏易消息图说》等皆是。

1.《易数钩隐图》3 卷，附《遗论九事》1 卷，（宋）刘牧撰

刘牧字先之，号长民，衢州西安（今浙江衢州）人。官至太常博士。著有《周易新注》11 卷（已佚）、《易数钩隐图》3 卷附《遗论九事》1 卷。① 刘牧易学渊源于陈抟，朱震称陈抟传种放，放传李溉，溉传李坚，坚复传牧。刘牧传其学于黄黎献，作《略例义》、《室中记师隐诀》各 1 卷；黎献复传吴祕，作《周易通神》1 卷等。

刘牧将《系辞》大衍数、天地之数与河图、洛书相联系，用以探就《周易》来源。刘牧以九宫图为《河图》，以五行生成图为《洛书》，凡四十八图并遗事九则，并于图之下各释其义，从而建立起图书之学。他借汉代元气说、五行生成说、卦气说，以图形的方式解释《系辞》"易有太极，是生两仪，两仪生四象，四象生八卦"，阐发自己的太极观，而以《河图》先于《洛书》，有象而后有形，通过象的陈列来表现《易》数，说明《易》根于数的观点。其推演从太极开始，继而有两仪和天五之象，在历经一系列衍化后，最终导出《河图》、《洛书》，而《易》则为圣人仿效《河图》、《洛书》而成。所以刘牧通过图书、数理的推衍，揭示《易》源于数的新观点。②

刘牧《易数钩隐图》在宋代影响很大，晁公武《郡斋读书志》称"仁宗时，言数者皆宗之"，而清四库馆臣以为"汉儒言《易》多主象数，至宋而象数之中复歧出图书一派。牧在邵子之前，其首倡者也"。陈抟、种放等人虽在刘牧之前，而其易学在疑似之间，以刘牧为宋代图书学的首倡者虽有过举，但确实把握了刘牧在图书易学上的贡献与地位。自刘牧说出，黄黎献《略例隐诀》、吴祕《通神》、程大昌《易原》皆发明其说，而叶昌龄《图义》、宋咸

① 关于《易数钩隐图》的作者问题，郭彧《易数钩图作者等问题辨》（《周易研究》2003 年第 2 期）、《北宋两刘牧再考》（《周易研究》2006 年第 1 期）有详尽的考辨。

② 詹石窗：《刘牧易数钩隐图略析》，《宗教学研究》1996 年第 3 期。

《王刘易辨》、李觏《删定易图论》皆批驳其说。南宋时蔡元定、朱熹著《易学启蒙》，虽主九图十书，与刘牧之说相反，而同谈河洛图书之学，则显受刘牧影响而来。

此书有《道藏》本、《通志堂经解》本、《四库全书》本、《摛藻堂四库全书荟要》本等。

2.《太极图说》1卷，（宋）周敦颐撰

《太极图说》包括图、说两部分。图即《周氏太极图》，说有264字，解说图式，并与之互相发明。《周氏太极图》由五层组成：最上一层为一空白圆圈，表示"无极而太极"；第二层为黑白三轮回环相抱图，即水火匡廓图，书"阴静阳动"，表阴阳动静之间的关系；第三层为五行变合图，象征阴阳变化而产生水火木金土；第四层亦一空白圆圈，左右书"乾道成男，坤道成女"，表阴阳五行交感而生成两大类事物；最后一层亦一空白圆圈，下书"万物化成"，表阴阳二气交感成形后，生生不已，变化不穷，而化生万物。

《太极图说》以图及说的形式，生动形象地阐述了一整套的宇宙生成论与宇宙本体论思想，并提出了"主静立人极"的修养论思想，对理学系统的建构起到了重要作用，对后世学术发展产生了深远的影响，也成为图书易学的重要内容。

关于《太极图说》的由来，朱震认为乃陈抟授《太极图》于穆修，穆修授之于周敦颐。胡宏则认为陈抟所传乃周敦颐学之一师，而非其至，周氏自有所见。张栻也说："溪濂始学陈希夷，后来自有所见。"清儒对此更多有论说，以为与道、释、陈抟有很大的关系。此外，朱熹与陆九渊对《图说》首句"无极而太极"有过激烈的争论。

《太极图说》版本甚多，图式也略有异同，后代学者也多加注解，阐发其蕴。今有《周元公集》本、《周子全书》本、《朱子三书》本等。

3.《易学启蒙》4卷，（宋）朱熹撰

《易学启蒙》虽题作朱熹撰，实为朱熹、蔡元定合撰。蔡元定（1135—1198），字季通，号西山，建阳人。朱熹朋友及弟子。朱伯崑考证本书撰著情形，以为"《启蒙》一书，由蔡元定起稿，朱熹加以指导，并提出修改意见，最后由蔡氏成书"①。

朱熹序称："近世学者类喜读《易》，其专于爻义者既支离散漫而无所根据，其涉于象数者又皆牵合附会而或以为出于圣人心思智虑之所为也。若是

① 朱伯崑：《易学哲学史》第二卷，华夏出版社，1995年，第383页。

者，余窃病焉。因与同志颇辑旧闻，为书四篇，以示初学，使毋疑于其说。"朱熹以为《易》本卜筮之书，要通《易》，必先扫除象数障碍，故作是书，企图为《周易》象数本原做出具体详尽的说明，以使汉代以来象数、义理二派会归为一。全书共分4篇：《本图书第一》，以《河图》、《洛书》为中心，以为卦象和阴阳奇偶之数皆出于《河图》、《洛书》，而以九为图十为书，与刘牧十图九书立说不同；《原卦画第二》，讲明画卦的根源与过程，介绍邵雍先天易学，并引之入《河图》、《洛书》系统；《明蓍策第三》，阐释《系辞》"大衍之数"章，讲解揲蓍求卦之法；《考变占第四》，解说《周易》断占之法，并制作六十四卦卦变图以备参考。

朱熹称："《启蒙》本欲学者且就《大传》所言卦画蓍数推寻，不须过为浮说。而自今观之，如论《河图》、《洛书》，亦未免有剩语。"① 其后南宋税与权作《易学启蒙小传》，以补其遗；胡方平著《易学启蒙通释》，采摘朱子门人之说，以发明其义；元胡一桂作《易学启蒙翼传》，阐发其占筮图书之说；明韩邦奇著《易学启蒙意见》5卷，因朱子之书而阐明其说；清李光地受诏编《周易折中》，附《启蒙附论》于后，而从数学乃至自然科学方面力加阐发河洛之学。

此书有《朱子遗书》本、乾隆刻本、《西京清麓丛书》本、《传经堂丛书》本、《周易折中》附录本、《朱子全书》本等。

4.《易学启蒙翼传》4卷，（元）胡一桂撰

宋胡方平精研《易》理，沉潜反复二十余年，著《易学启蒙通释》2卷，发明朱熹之意。其子一桂亦精于易理，继之而作《易学启蒙翼传》4卷。

胡一桂在自序中称："去朱子才百余年，而承学浸失其真。如图书已厘正矣，复仍刘牧之谬者有之；《本义》已复古矣，复循王弼之乱者有之；卜筮之教炳如丹青矣，复祖尚玄旨者又有之。若是者，讵容于得已也哉！"故此书之作本在推阐朱子原意，以辨明异学。全书分内篇、外篇两部分。内篇复分上、中、下三篇，发挥朱子《易学启蒙》之说。上篇分子目五：天地自然之易、伏羲易、文王易、周公易、孔子易；中篇分子目六：三代易、古易、古易之变、古易之复、易学传授、易学传注；下篇分子目三：举要、明筮、辨疑，分别发明辞、变、象、占之义，考订史传卜筮、卦占之法，辨明河图、洛书之同异。外篇则杂论易外别传诸学，包括《易纬》、京房《周易飞候》、焦延

---

① 朱熹：《晦庵先生朱文公文集》卷六〇《答刘君房》，郭齐、尹波校点《朱熹集》本，四川教育出版社，1995年。

寿《易林》、扬雄《太玄》、司马光《潜虚》、邵雍《皇极经世书》等。

此书有元明刻本、《通志堂经解》本、《四库全书》本等。

5.《易图通变》5 卷，（元）雷思齐撰

雷思齐（1231—1303），字子贤，元临川（今江西抚州）人。宋亡后，弃儒服为道士，居乌石观，深究玄学。晚年讲授于广信，学者尊称空山先生，事迹见袁桷《清容居士集》卷三一《空山雷道士墓志铭》。所著有《易图通变》5 卷、《易筮通变》3 卷，另有《老子本义》、《庄子旨义》数十卷、《和陶诗》3 卷、《文集》20 卷等。

雷思齐精通易学，又深谙老、庄，《易图通变》即援老子学说以阐释《河图》，发挥宋代兴起的图书之学，故其书既是图说类《易》学文献的重要代表，也是道教易学中的典范。雷氏认为八卦出于《河图》，《河图》来源于天地奇偶之数的排列组合，反对以《洛书》即"五行生成图"为八卦的本源。雷氏自序称："《河图》之数以八卦成列，相荡相错，参天两地，参伍以变，其数实为四十，而以其十五会通于中。"该书所述《河图洛书参天两地倚数之图》、《错综会变》等图，以及《河图遗论》，大旨以天一为坎、地二为坤、天三为震、地四为巽、天七为兑、地六为乾、天九为离、地八为艮，而五十则为虚数。其说虽与先儒不同，而自出新意。

雷思齐《易图通变》对宋以来图书之学进行了系统的总结，大致勾画出图书之学产生发展的线索，批判性地总结了诸家图书学的成就与不足，并提出了河图数四十的观点，阐述了河图与筮法的关系，开拓了图书学的思路，丰富了图书学的思想内容，值得重视。[①]

此书有明范氏天一阁抄本、《道藏》本、《通志堂经解》本、《四库全书》本、《摛藻堂四库全书荟要》本等。

6.《易象图说》6 卷，（元）张理撰

张理字仲纯，元清江（今江西清江）人。举茂才异等，历任泰宁教谕、勉斋书院山长，元延祐（1314—1320）中任福建儒学副提举。著有《易象图说》内篇 3 卷外篇 3 卷、《大易象数钩深图》3 卷。《闽书》称张理早年从杜本学《易》于武夷山，"尽得其学，以其所得于《易》者，演为十有五图，以发明天道自然之象，名《易象图说》"[②]。

《易象图说》有黄镇成顺帝至正十七年（1357）序，又有张氏至正二十四

---

① 林忠军：《象数易学发展史》第二卷，齐鲁书社，1998 年，第 471 页。

② 朱彝尊：《经义考》卷四五引。

年（1364）自序。其内篇仿效《易学启蒙》，有"本图书"、"原卦画"、"明蓍策"、"考变占"四部分，对《龙图》、《洛书》、先后天八卦、六十四卦等画卦、揲蓍、变占的方法、进程绘制图书，并做了详细的阐释说明。其中，张理对陈抟《易龙图序》作图说，对其思想进行深入系统的阐发，以明三陈九卦之义；以太极生两仪、两仪生四象、四象生八卦，追溯《易》之起源，探求圣人作卦之由、画卦之旨；又以先后天八卦相错相重、变通推衍，作《六十四卦循环之图》（即圆图）、《六十四卦因重之图》（即方图）、《六十四卦变通之图》（即卦变图）、《六十四卦致用之图》等四图；而"明蓍策"、"考变占"，意全同于《易学启蒙》。张理"《圆图》以乾、兑、离、震、坤、艮、坎、巽循环旋布，而天地之动静，一岁周天之气节，一月太阴之行度，皆可见；《方图》以乾、兑、离、震、巽、坎、艮、坤，纵自上而下，横自左而右，而《参同契》、邵子《太易吟》十二月之卦气、二十八舍之象，皆可推；《卦变图》由乾、坤反复相推，阳以次而左升，阴以次而右降，而六阴六阳辟卦之序，粲然可考；《六十四卦致用之图》以后天八宫各变七卦，而四正四隅反对之象秩然有纪"，足可"续邵子、朱子之图而自为一家"[1]。《易象图说》外篇则有"象数"、"卦爻"、"度数"三部分。其"卷上凡象数图六，本太极之一，由三才五七始九宫以至河洛之十五，确能合象数为一而理含焉，惜未及偶数耳。卷中凡卦爻图八，即以河洛之十五，分配于道德性命礼乐政刑八者。理虽是，奈附会者势必难免，而大体有见。卷下凡度数图二，其一明周天历象气节之图，以授时历冬至当箕八度配之。其二明地方万里封建之图，本《周礼》由王畿以及九服，今虽大异，乃地方而实为球面，然定于一之中，仍未可忽。下尚有'万夫之图'、'一成之图'，亦皆取义于《周礼》"[2]。张理"引《参同契》'巽辛见平明，十五乾体就'云云，以明《圆图》；引'朔旦为复，阳气始通，姤始纪绪，履霜最先'云云，以明《方图》"[3]，对宋代图书易学渊源做了新的总结与探索。

此书今有明抄本、《道藏》本、《通志堂经解》本、《四库全书》本、《摛藻堂四库全书荟要》本等。

7.《大易象数钩深图》3卷，（元）张理撰

全书罗列各种《易》图。上卷首载《太极贯一之图》，即九数合诸后天

---

① 黄镇成：《易象图说原序》，张理：《易象图说》卷首，文渊阁《四库全书》本。
② 《读易提要》卷八《张理易象图说提要》，第299～300页。
③ 永瑢等：《四库全书总目》卷一○八《易象图说》提要。

图；又《易有太极图》即周敦颐之图，本《说卦》而作《八方之图》；又有《乾知大始》、《坤作成物》、《天尊地卑》、《参天两地》及《河图数》、《洛书数》及《天地之数》诸图，又有《仰观天文》、《俯察地理》、《刚柔相摩》、《八卦相荡》诸图，均以河洛二图为渊源。中卷有《三变大成》、《重易六爻》、《六十四卦天地数》、《六十四卦万物数》图，乃就大衍数、蓍策数而作；又有《运会历数》、《乾坤大父母》、《复姤小父母》、《八卦生六十四卦》、《八卦变六十四卦》诸图；又有《阳卦顺生》、《阴卦逆生》、《复姤临遁泰否六卦生六十四卦》、《六十四卦反对变》诸图，则据李之才、邵雍之卦变等说而作。此后乃据郑东卿《易卦疑难图》，绘制六十四卦象图，并一一本诸卦象而总论之，分布于卷中及卷下。

此书今有明抄本、《道藏》本、《通志堂经解》本、《四库全书》本、摛藻堂《四库全书荟要》本等。

8.《图学辨惑》1 卷，（清）黄宗炎撰

黄宗炎（1616—1688）字晦木，浙江余姚人。世称立溪先生，黄宗羲之弟。对象纬、律吕、轨革、王遁之学，皆有神悟。治《易》力辟陈抟之说。著有《周易象辞》21 卷、《周易寻门余论》2 卷、《图学辨惑》1 卷等。

《图书辨惑》分《河图洛书辨》、《先天八卦方位六十四卦方圆横图辨》、《太极图说辨》三部分，用意于论证河洛图式、先天之学、太极图式，均出自陈抟道教易学，而以儒者以此解《易》为背叛经学。具体而言，本书吸收黄宗羲之说，以河图、洛书为古代版籍和地图，指斥河洛之学为汉儒和陈抟的捏造；痛斥邵雍先天之学乃道教炼丹术的改头换面，提出"八卦文字"之说，以象形文字解释八卦之象，探讨卦象与卦名的关系，由此成为易学史上文字说的代表作；通过考辨《太极图说》图及说的来源，批评周敦颐易学乃道教与老庄的混合物，不可与《易传》同日而语。黄宗炎《图学辨惑》是清初批判宋代图书易学的代表作，用考据论辩的方式，论证了宋代图书学的虚伪不实，对清除道教易学在儒家经学中的影响，澄清《周易》经传本来面貌有着重要的意义。①

此书今有《四库全书》本、《昭代丛书》本、《大易类聚初集》本等。

9.《易图明辨》10 卷，（清）胡渭撰

胡渭（1633—1714），初名渭生，字朏明，一字东樵，浙江德清人。清初经学家。年 12 岁而孤，母携之避乱山谷间。15 岁为县学生，入太学。后弃

---

① 朱伯崑：《易学哲学史》第三卷，第 245～256 页。

科举，笃志经义，尤精舆地之学，曾参编《大清一统志》，著有《禹贡锥指》20卷，及《易图明辨》、《洪范正论》、《大学翼真》等书。论辩前人之偏颇，颇有功于经学。

宋初，华山道士陈传推阐《易》理，衍为《先天图》、《太极图》、《河图》、《洛书》等。经刘牧、周敦颐、邵雍发扬，传者益神其说，以至图书层出不穷。朱熹著《周易本义》，首载《河图》、《洛书》、先天八卦及六十四卦次序与方位图、后天八卦次序及方位图、六十四卦卦变图，共九图。同时袁枢、薛季宣皆有异论。元陈应润作《爻变义蕴》，始指诸图为道家假借。元吴澄、明归有光诸人亦相继排击，各有论述。清毛奇龄、黄宗羲争之尤力。不过，诸儒各据所见，抵其罅隙，还不能穷溯本末，一一抉所从来。

胡渭《易图明辨》一书，专为辩证宋代兴起的图书之学而作。卷一辨《河图》、《洛书》，卷二辨五行、九宫，卷三辨《周易参同契》、先天太极，卷四辨《龙图》、《易数钩隐图》，卷五辨《启蒙》图书，卷六、卷七辨先天古易，卷八辨后天之学，卷九辨卦变，卷十论象数流弊。全书皆引据旧文，互相参证，寻源溯流，辨其本末，指出《河图》、《洛书》虽言之有故，执之成理，而实全为修炼、术数二家旁牵《易》理而假造的伪说，非作《易》之根底，断不能跃居《易经》之前，而接受人们的尊奉。《易图明辨》一书持论精审，实集易图辨伪之大成，对破除图书之迷信，揭示宋明理学之虚妄都起到了重要作用，为朴学的兴起、思想的解放也做出了一定的贡献。梁启超喻之为在理学统治下中国社会中的"思想之一大革命"。

此书今有者学斋刻本、《守山阁丛书》本、《四库全书》本、《粤雅堂丛书》本、《皇清经解续编》本、《丛书集成初编》本、王易等整理本（巴蜀书社，1991年）、刘保贞《导读》本（齐鲁书社，2004年）、郑万耕点校本（中华书局，2008年）等。

10.《河洛精蕴》9卷，（清）江永撰

江永（1681—1762），字慎修，安徽婺源江湾（今属江西）人。乾嘉学派皖派的代表人物之一。读书好深思，长于比勘，明推步、钟律、声韵。其于经、传稽考精审，而于《三礼》用功尤深。弟子甚众，戴震、程瑶田、金榜尤得其传。江永一生研究经学，对清代朴学的兴起与建立做出了重要贡献。他著述颇多，《四库全书》就收录有十五种之多。

《河洛精蕴》一书为江永79岁时的作品，凡9卷。前3卷为"内篇"，本朱熹《易学启蒙》及清李光地等《周易折中·启蒙附论》而作，称之为"河洛之精"；后6卷为"外篇"，旁通纳甲筮法、纳音、律吕声音、卦变、罗盘

分布、遁甲奇门、紫白洛书、中医等方面，发挥河图洛书之余蕴，称之为
"河洛之蕴"。

《河洛精蕴》一书多訾言朱熹之不足，并对康熙钦定、李光地等人奉敕编
纂的《周易折中·启蒙附论》有许多不赞同的意见，故《四库全书》不予采
录。全书内容涉及面十分广泛，收录了大量的河洛图书，较为系统地阐释了
易学中的河洛图书之学，堪称近代"河洛文化"之大全。是书还对易学中的
数学、音乐、历法、天文、地理、医学等相关知识进行了较全面的梳理，对
于易学与其他社会科学、自然科学的进一步结合做出了贡献，对当代科学易
的发展起到了重要的影响。

此书有乾隆三十九年（1774）蕴真书屋刻本。今有学苑出版社 2004 年校
点本、华夏出版社 2006 年郭彧《注引》本等。

六、拟易类

刘知幾说："夫述者相效，自古而然。故列御寇之言理也，则凭李叟；扬
子云之草《玄》也，全师孔公。符朗则比迹于庄周，范晔则参踪于贾谊。"①
拟经是对儒家经典的模拟之作，是经学中的一个特殊现象，而拟易则是拟经
的一个最为重要的组成部分。拟易之作始于扬雄《太玄》，其后多有续作者。
就其形式而言，拟易之作不仅效法《周易》卦爻画像体系，而且还对《周易》
经传篇章，乃至文辞加以模拟，甚至还涉及筮法、占法的内容，但在思想内
涵上却因时代的不同而有所差异。

古代学者对拟经多有非议，以为僭越之作，但拟易实是哲学思想的一种
特殊表现形式，而且都建立在对易学的精透熟虑之上。所以，拟易是《易》
学文献中的重要成员，对我们研究作者及当时的易学成就十分有帮助。历史
上最重要的拟易之作有扬雄《太玄》、关朗《洞极经》、卫元嵩《元包》、司马
光《潜虚》、邵雍《皇极经世书》、蔡沈《洪范皇极内篇》诸书。除关朗《洞
极经》佚失不传（清人有辑本）外，其余诸书都广为流传，而以扬雄《太
玄》、邵雍《皇极经世书》影响最著。除此之外，还存在其他拟易之作，如王
长文《通玄经》、张志和《太易》、文轸《信书》、卢翰《中庵签易》、李乾德
《易易》、邵桂子《忍默恕退四卦辞》、邹鲁《信卦》等，形式多样，内容不
一。大体而言，拟易之作有全拟者，如扬雄《太玄》、关朗《洞极经》、司马
光《潜虚》，不仅有自己独立的画符体系，而且对《周易》诸篇多一一模拟，

---

① 刘知幾：《史通》卷八《模拟》。

《太玄》甚至在文辞用语上也效法《周易》；也有主要从思想内容上拟法《周易》者，如邵雍《皇极经世书》实际上从《太玄》转出，以探讨先天学为主，但与《周易》经传在形式上大不一样，蔡沈《洪范皇极内篇》则是对《皇极经世书》的进一步模拟；还有只拟《周易》的部分内容，在卦画上往往沿袭《周易》，在文辞内容方面加以模拟改造，如卫元嵩《元包》六十四卦卦名卦画均依《周易》，只是在次序上拟《归藏》，而篇章用语上也多有模拟，另外如邵桂子、邹鲁之作均只拟《易》中一卦或数卦而已。

　　除了拟易本身而外，还大量存在着进一步注解拟易的作品，其中也有不少颇具影响，而最主要的是对《太玄》、《皇极经世书》、《元包》、《潜虚》的注解之作。注解《太玄》的主要有：范望《太玄经注》、苏洵《太玄论》、司马光《太玄经集注》、许翰《玄解》、张行成《翼玄》、胡次和《太玄索隐》、叶子奇《太玄本旨》、陈本礼《太玄阐秘》、刘斯组《太玄别训》、孙滋《增补太玄集注》等；注解《皇极经世书》的主要有：邵伯温《皇极经世内外篇解》，张行成《皇极经世索隐》、《皇极经世观物外篇衍义》、《易通变》，蔡元定《皇极经世指要》，祝泌《皇极经世书钤》、《观物篇解》，朱隐老《皇极经世书解》，黄畿《皇极经世书传》，余本《皇极经世观物外篇释义》，杨体仁《皇极经世心易发微》及清王植《皇极经世书解》，刘斯组《皇极经世书绪言》，程作舟《皇极书》、《皇极外书》等；解说《元包》的主要有：唐苏源明传、李江注、宋张行成《元包数总义》等；解说《潜虚》的主要有：张敦实《潜虚发微论》、苏天木《潜虚述义》、焦袁熹《潜虚解》等。

　　1.《太玄经》1卷，（汉）扬雄撰

　　扬雄（前53—18），字子云，蜀郡成都（今属四川）人。西汉著名思想家、文学家、语言文字学家。汉成帝时，为给事黄门郎；王莽时，校书天禄阁，官为大夫。尝从著名学者严遵求学，得其易学之传。扬雄长于模仿，自称"能读千赋则善赋"，以为经莫大于《易》，于是拟《易》而作《太玄》。实际上，哀帝时，政治黑暗，趋炎附势者或起家至二千石，而扬雄不满时政，清贫自守，草《玄》以寓其意，颇受人嘲讽，自作《解嘲》以明其意。

　　《太玄经》原本包括《玄经》、《玄说》、《章句》三部分，今本《太玄经》已佚《章句》部分，并经过范望改编，分成经传两部分。《太玄经》经文部分以一、二、三为三方，四重之以为八十一首，形成一玄统三方，三方生九州，九州生二十七家，九九乘之以成八十一首的太玄学体系。《太玄》八十一首的次序，就首的符号而言，是按照三进位制排列的；就首的名义而言，则是按照汉代卦气值日的次序排列的。《太玄经》传文部分共有《玄首》、《玄冲》、《玄错》、《玄测》、《玄摛》、《玄莹》、《玄数》、《玄文》、《玄掜》、《玄图》、《玄告》11 篇，拟《易传》以解经。其中《文》拟《文言》，《摛》、《莹》、《掜》、《图》、《告》拟《系辞》，《数》拟《说卦》，《冲》拟《序卦》，《错》拟《杂卦》。

《太玄经》虽模拟《周易》相当完美，几无与伦比，但其变化性没有《周易》丰富。此外，《太玄经》引入五行、律吕、天文、历法等学术，内容十分庞杂，用字十分古涩，受到后人批判。就思想而言，扬雄《太玄经》融会易、老，建立起以"玄"为最高本体的哲学思想体系，而要点在于"贵将进，贱始退"，颇用心于义理之学，对魏晋玄学的兴起有先导的作用。清李光地称："扬雄作《玄》拟《易》，虽袭京、焦之绪，而颇推道德性命之指。"①

历史上注释《太玄》的著作颇多，最有名的是范望《太玄经注》（《四部丛刊》本）、司马光《太玄集注》（中华书局，1998 年标点本）。今有郑万耕《太玄校释》（北京师范大学出版社，1989 年）、刘韵军《太玄校注》（华中师范大学，1996 年）。研究之作有郑万耕《扬雄及其太玄》（台湾蓝灯文化事业股份有限公司，1992 年），刘韵军和谢贵安《太玄大戴礼研究》（武汉出版社，1991 年）、郑军《太极太玄体系：普适规律的易学探奥》（中国社会科学出版社，1992 年）、叶福翔《易玄虚研究》（上海古籍出版社，2005 年）等。②

2.《元包经传》5 卷，（北周）卫元嵩述，（唐）苏源明传，（唐）李江注并序

卫元嵩，益州成都什邡县人。少不事家产，潜心于道，明阴阳历算。梁末出家野安寺，为亡名弟子，佯狂浪宕。周氏平蜀，卫氏因此入关。天和二年（567），献策北周，要求废除佛法事，并自此还俗。其后复为道士，周武帝赐爵持节蜀郡公，并加太保。事迹见余嘉锡《卫元嵩事迹考》一文。

卫元嵩《元包》1 卷，唐苏源明为之作传，李江为之作注，宋韦汉卿复为之注音。宋张行成则有《元包数总义》2 卷。今传本《元包经传》5 卷，共为 10 篇，分别是《太阴》、《太阳》、《少阴》、《少阳》、《仲阴》、《仲阳》、《孟阴》、《孟阳》、《运蓍》、《说源》。前 8 篇以 2 篇为 1 卷，共成 4 卷，而每篇载8 卦，共 64 卦，只有卦画、卦辞、无爻题、爻辞。后 2 篇合为 1 卷，《运蓍》

---

① 李光地：《周易通论》卷一《易教》，文渊阁《四库全书》本。

② 按：金生杨《论〈太玄〉研究的历史变迁》一文（《西华师范大学学报》哲学社会科学版 2008 年第 2 期）对《太玄》研究的历史现状有较全面的梳理，可参看。

专讲揲蓍之法，《说源》则推寻作《元包》的真实用意及其根源，《元包》卦辞依据内外卦卦象，以描述式的语言来暗示卦名义及其内涵，语句凝练，而多有古僻之字。《元包》六十四卦次序主要依据京房以坤、乾、兑、艮、离、坎、巽、震居首，分六十四卦为八宫的次序排列；首坤次乾，用以模拟《归藏》。在思想上，则主张文质互变，反文归质，崇尚质朴，有明显的现实政治用意。[①] 卫元嵩《元包》模拟《周易》上下经及《系辞传》，而苏源明所作传文则进一步模拟《易传》。其中苏氏六十四卦传文主要模拟《彖传》和《大象传》，多有"昔王"或"呜呼"之语。

此书今有《范氏奇书》本、《汉魏逸书钞》本、《津逮秘书》本、《学津讨原》本、《四库全书》本，上海图书馆藏有宋绍兴三十一年（1164）蜀张洸刻本，另有明刻本、明天启六年（1626）吕茂良刘本等。

3.《潜虚》1卷，（宋）司马光撰；附《潜虚发微论》1卷，（宋）张敦实撰

《潜虚》一书为司马光晚年所著，效法扬雄《太玄》而成，唯至死尚有所阙。病时欲命晁说之续成之，晁氏逊谢不敢。

《潜虚》称："万物皆祖于虚，生于气。气以成体，体以受性，性以辨名，名以立行，行以俟名。"全书有《气图》、《体图》、《性图》、《名图》、《行图》、《变图》、《解图》、《命图》共八幅图，而《命图》为后人所补。《气图》以五行为本，取五十五数之《河图》排列而成，一六水曰原委，二七火曰荧焱，三八木曰本末，四九金曰卅刃，五十土曰基冢。《体图》即天一至地十之十等。其数五十五，以王、公、岳、牧、率、侯、卿、大夫、士、庶人当之，而以《气图》之十名分左右以列之。《性图》明左右列之次。《名图》以"一六置后，二七置前，三八置左，四九置右，通以五十，五行叶序"，实据《河图》圆列五十五之数，而各定其名，其中五五曰齐，取意以不齐齐之。《行图》取五十五名而各系以辞，以明其德，如《易》之卦辞。《变图》如《易》之爻辞，除《元》、《余》、《齐》三名系不变辞一，如有《象传》而无爻辞，此外五十二名皆变七而各系以辞，如同七爻。《解图》中《元》、《余》、《齐》如《易》之《大象》，其余五十二名如同《易》之《小象》，分别对《变图》之辞做进一步的解说。

张敦实《潜虚发微论》1卷，有《潜虚总论》、《玄以准易虚以拟玄论》、

---

① 金生杨：《汉唐巴蜀易学研究》第三章第三节"卫元嵩及其《元包经》"，巴蜀书社，2007年。

《气论》、《体论》、《性论》、《名论》、《变论》、《行论》、《命论》、《蓍论》诸篇。前两篇总论《潜虚》大旨，而《气论》至《命论》分论《潜虚》相应诸图，《蓍论》则论说《潜虚》筮法。

此书有明《范氏奇书》本、清影宋抄本、《四库全书》本、《四部丛刊三编》本等。此外，宋林希逸有《潜虚精语》1卷，清苏天木有《潜虚述义》4卷附《考异》1卷、清焦袁熹有《潜虚解》1卷等。

4.《皇极经世书》12卷，（宋）邵雍撰

邵雍（1011—1077），字尧夫，谥康节，河南（今洛阳）人。邵雍一生不仕，淡然自处，名其居曰"安乐窝"，与司马光、富弼、二程、张载等恒相游从。著有《皇极经世书》、《渔樵问对》、《伊川击壤集》等。

《皇极经世书》包含元会运世、声音律吕、《观物篇》三个部分。其中，元会运世由以元经会、以会经运、以运经世构成，实以易卦附以历数而论历史变迁，凡一世三十年，一运十二世，一会三十运，一元十二会，故一元当十二万九千六百年。元会运世部分实为邵雍按照自己创立的元会运世的宇宙进化史观所推算、编制而成的一份世界历史纪年表，其中，中国历史乃上自唐尧、下至五代的"皇帝王伯"史。声音律吕部分继承其父邵古声韵之学，以律数、音韵论动植、万物之数。以声曰律为唱，以音曰吕为和。声分十等，以平上去入列之；音分十二等，以开发收闭列之，一声一音皆取十六字以示之，而声音互相唱和，而得动植、万物之数。《观物篇》分内外篇，《内篇》为邵雍所著，《外篇》为门人所记问答之语。《观物篇》解说元会运世、声音律吕，是通晓二部的基础，而《观物外篇》又较《内篇》易于把握，故学邵雍学当从《外篇》入手。《内篇》由象组合以取义，本象数之自然，以推理明历律，穷时位，观史为镜鉴，尽人物之精微，以生生之易道，归于《说卦》"穷理尽性以至于命"①，综论邵雍的宇宙观、自然观、社会历史观等。《外篇》为邵雍弟子所记，对《内篇》及元会运世、皇帝王伯、先后天易学等作深入阐发。

此书有明刻本、明抄本、《道藏》本、《四库全书》本、咸丰元年（1851）洛阳安乐窝刻本，又有中州古籍出版社1993年版明黄畿注、卫绍生校理本等。今有美国学者 Anne D. Birdwhistell 所著 *Transition to Neo−Confucianism—Shao Yung on Knowledge and Symbols of Reality* （Stanford University Press 1989 年）、王国忠《邵雍易数哲学探究》（台湾中国文化大学哲学研究

---

① 《读易提要》卷四《宋上·邵雍皇极经世书提要》，第 97 页。

所 1996 年硕士论文)、唐明邦《邵雍评传》(南京大学出版社，1998 年)、陈亢集解《邵雍易学研究》(青海人民出版社，1999 年)、江弘毅《邵雍皇极经世史表》(文笙书局，2001 年)、阎修篆辑说《皇极经世今说》(华夏出版社，2006 年)、郭世清《邵雍先天易经世演用之研究》(台湾政治作战学校政治学研究所 2006 年博士论文)、黄岳斌《邵雍皇极经世书研究》(台湾中国文化大学史学研究所 2008 年硕士论文) 等研究之作。

5.《洪范皇极内篇》5 卷，(宋) 蔡沈撰

蔡沈 (1167—1230)，字仲默，南宋建州建阳 (今属福建) 人。隐居九峰，屡荐不仕，学者称九峰先生。少承其父蔡元定之学，又师从朱熹，精研《尚书》，承二人之志，著《书经集传》、《洪范皇极内篇》。蔡元定研习《尚书·洪范》之数，独有所得而未及论著，临终嘱其子蔡沈著书。蔡沈遵从其父遗愿，"沈潜反复者数十年，然后成书，发明先儒之所未及"①，成《洪范皇极内篇》5 卷。本书名称，史载不一，宋王应麟《玉海》称作《洪范数》，明王圻《续文献通考》作《洪范皇极内外篇》，清朱彝尊《经义考》则著录为《洪范内外篇》，而《四库全书》误漏"外"字，称为《洪范皇极内篇》。

蔡沈附会刘歆"河图洛书相为表里，八卦九章相为经纬"之说，效法《太玄》、《元包》、《潜虚》拟《易》，而变幻其说，以《洪范》为本，演作《洪范皇极内外篇》。全书以九九演为八十一畴，仿《易》卦八八变六十四之例。又效法汉孟喜卦气值日之说，取月令节气分配八十一畴。在筮法方面，蔡沈阴用焦延寿六十四卦各变六十四卦之法，以三为纲，积数 6561。蔡沈变易数为洪范数，以新人耳目，实则拟《易》之余脉，与《太玄》、《元包》、《潜虚》同为一派。"蔡沈易学，一方面将图书之学作为自己研究的重点，区分河图洛书，视河图为《易》之本，洛书为《范》之本，并探讨了二者在万物生成发展变化中相辅相成的作用，继承和阐扬了朱子的观点。另一方面，他又独出心裁，仿照朱子的思路，视《洪范》为卜筮之书，由洛书推《洪范》，建立了以洛书数为核心的《洪范》筮占体系，把古代洛书数研究推向高潮，丰富和发展了朱子象数易学。"②

此书有清雍正元年 (1723) 张文炳刻本、《四库全书》本、八千卷楼抄本、《诸子集成续编》本等。

① 《宋史·蔡元定传附蔡沈传》。
② 林忠军:《象数易学发展史》第二卷，第 362 页。

七、筮占类

《易》本为卜筮之书，但经孔子《易大传》哲理化之后，《易》成为假卜筮以行教化的哲理书。秦始皇焚书坑儒，而"所不去者，医药、卜筮、种树之书"。假以卜筮成为《易》得以广泛流传至今的重要原因。历代学者力图探求其卜筮的本来面貌，以求其确解。筮占类《易》学文献包括数学、阴阳灾异及占验体例、卜筮林占、蓍书蓍法等。筮占类易学著作往往与术数之学接近，而与儒家义理相去较远，故历来受到排斥，退之入子部术数、五行、蓍龟等类之中。①

筮占类《易》学文献也有两种情况：一种是探求易数、揲蓍及占断，借以阐明儒理，以便更好地把握《易经》旨趣，或者以此明《易经》原旨，站在儒家立场，入室操戈，以辟术数方技之学；一种基本上以术数筮占为主，类于方技。正因为如此，故学者又多据实甄录，分别著录。清四库馆臣修《四库全书总目》即以此为准，故称："今所编录，于推演数学者略存梗概，以备一家。其支离曼衍、不附经文，于《易》杳不相关者，则竟退置于术数家，明不以魏伯阳、陈抟等方外之学淆六经之正义也。"②魏伯阳、陈抟以道、佛解《易》，确为方外之学，但与术数之学不同，四库馆臣所言混二为一，有失妥当。

专论筮法、占法的筮占类文献以讨论揲蓍之数、揲蓍的具体操作情况及占断方法为主，主要著作有：汉焦赣《易林》16卷、宋程迥《周易古占法》2卷、朱熹《蓍卦考误》1卷，元李道纯《周易尚占》3卷、雷思齐《易筮通变》3卷、许衡《揲蓍说》、刘因《椟蓍记》1卷、明韩邦奇《易占经纬》4卷、程鸿烈《周易会占》、季本《蓍法别传》2卷，清王宏撰《周易筮述》8卷、毛奇龄《春秋占筮书》3卷、胡煦《卜法详考》4卷、程廷祚《占法订误》1卷、金榜《周易考占》1卷、王龁《周易辩占》1卷、李道平《易筮遗占》1卷等。

数学类《易》学文献虽多论数理，不完全主张筮占，但仍与此相关，主要者如鲍云龙《天原发微》5卷、丁易东《大衍索隐》3卷、许衡《阴阳消长论》、韩邦奇《启蒙易见》5卷、黄道周《三易洞玑》16卷、纪大奎《考订河

---

① 容肇祖《占卜的源流》一文对易学术数类文献多有论述分析，载《国立中央研究院历史语言研究所集刊》1928年第1本第1分，第47～87页。

② 永瑢等：《四库全书总目》卷六"易类附按语"。

洛理数便览》1卷等。

1.《焦氏易林》16卷,(汉)焦延寿撰

焦延寿字赣,梁人,京房师事之,附见于《汉书·京房传》。《焦氏易林》,旧题焦延寿著,费直序。胡适断为东汉崔篆之《易林》,余嘉锡《四库提要辨证》从之。[①]《隋书·五行志》著录16卷,新旧《唐书》、《崇文总目》同。今有学者认为今本《易林》确为焦赣之作。[②]

《焦氏易林》以自《乾》至《未济》六十四卦,每卦各变为六十四卦,依《周易·序卦》之次,共4096卦,各系以文辞,而以四言韵文为之,称为"林辞",专为占筮而设。如此,占断之法简而易行,使占得之士,不必如《周易》察九六变爻、本之二卦卦辞象数,而吉凶立断。《焦氏易林》不仅是汉代易学的杰出代表作,而且文辞甚古,颇有文学价值。杨慎称:"《焦氏易林》,西京文辞也。辞皆古韵,与《毛诗》、《楚辞》叶音相合,或似《诗》,或似乐府、童谣。观者但以占卜书视之,过矣。"[③]

此书有《四库全书》本、《丛书集成初编》本等。后世注解研究者甚多,如明汪士魁《再订易林衷旨定本》,清张世宝《易林补遗》、丁晏《易林释文》、凌堃《易林》、陈本礼《易林考证》、盛如林《易林元签十测》、翟云升《焦氏易林校略》等,而晚清民国尚秉和撰《焦氏易林注》、《焦氏易诂》,素称精善。今又有芮执俭《易林注译》(敦煌文艺出版社,2001年)等。

2.《京氏易传》3卷,(汉)京房撰

京房(前77—前37),字君明,原本姓李,推律自定为京氏,西汉东郡顿丘(今河南清丰县西南)人。京氏学《易》于梁人焦赣。焦氏长于灾变,分六十四卦更直日用事,以风雨寒温为候,各有占验,常言:"得我道以亡身者,必京生也。"京房尽得焦氏易术,用之尤精,"言灾异,未尝不中"。(汉书·京房传)初元四年(前45)以孝廉为郎,以上书言灾异,得幸于元帝。后与权臣石显等生隙,出为魏郡太守,旋坐其岳父张博等策动淮阳宪王谋反事被诛。

京房易学是西汉易学中的"京氏之学",是官方今文经学的代表之一。京氏之学源于焦赣,明于阴阳术数,善言占候灾变,元帝时立为官学,弟子殷

① 胡适:《易林断归崔篆的判决书》,载《国立中央研究院历史语言研究所集刊》1938年第20卷上册;余嘉锡:《四库提要辨证》卷一三,第741~758页。

② 汤太祥:《焦氏易林作者考》,载《阜阳师范学院学报(社会科学版)》2004年第3期。

③ 杨慎:《升庵集》卷五三《易林》,文渊阁《四库全书》本。

嘉、姚平、乘弘皆为博士。就京房的行事来看，他假借天人感应、阴阳灾变之说，试图以易学占验的方式去规范皇帝的行为，改善政治，颇用意于讲说义理，以指导人们的行事。京房著述很多，《汉书·艺文志》载有《孟氏京房》11 篇、《灾异孟氏京房》66 篇、《京氏段嘉》12 篇，《汉书·五行志》引用《京房易传》近 70 次。《隋书·经籍志》又著录有京房《周易章句》10 卷、《周易错》8 卷、《周易占事》12 卷、《周易占》12 卷、《周易妖占》13 卷、《周易守株》3 卷、《周易集林》12 卷、《周易飞候》9 卷、又 6 卷、《周易飞候六日七分》8 卷、《周易四时候》4 卷、《周易错卦》7 卷、《周易混沌》4 卷、《周易委化》4 卷、《周易逆刺占灾异》12 卷等书。

《京氏易传》3 卷，宋晁公武《郡斋读书志》有著录，称"隋有汉《京房章句》十卷，此书旧题京房传，吴陆绩注，皆星行气候之学，非章句也"。陈振孙《直斋书录解题》另外还著录有京房《积算杂占条例》1 卷、《易传积自法杂占条例》1 卷，称"京氏学废绝久矣，所谓《章句》者既不复传，而占候之存于世者仅若此，较之前志什百之一二耳。今世术士所用世应、飞伏、游魂、归魂、纳甲之说，皆出京氏"。《京氏易传》虽以《易传》为名，而绝不诠释经文，亦绝不附和《易》义。上卷首《乾》宫八卦，次《震》宫八卦，次《坎》宫八卦，次《艮》宫八卦。中卷首《坤》宫八卦，次《巽》宫八卦，次《离》宫八卦，次《兑》宫八卦。上卷、中卷以八卦分八宫，每宫一纯卦统七变卦，而注其世应、飞伏、游魂、归魂诸例。下卷首论圣人作《易》揲蓍布卦，次论纳甲法，次论二十四气候配卦与夫天、地、人、鬼四易，父母、兄弟、妻子、官鬼等爻，龙德、虎形、天官、地官与五行生死所寓之类。今本《京氏易传》实北宋晁说之于元丰五年（1082）之后得之，因其"文字颠倒舛讹，不可训知"，积三十四年之力，始"以其象辨正文字之舛谬"，重新加以编纂而成。①

《京氏易传》于目录诸书中，或列入经部易类，或列入阴阳家类，或列入子部术数占卜之属中，历代研究者不乏其人，其八宫纳甲之说对后世易学影响深远。陆德明《经典释文》于《周易》六十四卦之下悉注某宫一世、二世、三世、四世、游魂、归魂诸名，引而附和于经义。后世钱卜之法实出于京氏，南宋项安世即称世所传《火珠林》为京氏遗法。

此书有《广汉魏丛书》本、《范氏奇书》本、《汉魏丛书》本、《津逮秘书》本、《四库全书》本、《学津讨原》本、《四部丛刊》本等。清人另有京氏

---

① 晁说之：《嵩山文集》卷一八《记京房易传后》，《四部丛刊续编》本。

易著的多种辑本，尤以王保训所辑《京氏易》8 卷最为详尽。今有郭彧《京氏易传导读》本（齐鲁书社，2002 年）。沈延国《京氏易传证伪》认为京氏易于三国、晋、隋间散佚，至宋乃著录《京氏易传》4 卷，实为伪书，初载于《中国语文研究丛刊》，1935 年中华书局出版。卢央《京房评传》则为国内第一部专论京氏易的著作。

3.《周易古占法》1 卷、《周易章句外编》1 卷，（宋）程迥撰

程迥（生卒年不详），字可久，号沙随，南宋应天府宁陵（今河南宁陵东南）人。隆兴元年（1163）举进士，历宰泰兴、德兴、进贤、上饶诸县，政宽令简，所至有异绩。程氏受经学于王葆、茂德、喻樗，为杨时龟山派传人。著有《易章句》、《周易外编》、《古易考》、《古易占法》等书。

《周易古占法》本单行，明代藏书家范钦误将之与《周易章句外编》合为一书。说本邵雍加一倍法，据《系辞》、《说卦》发明其义，用逆数以尚占知来，以补邵雍、二程诸先儒之不足，以倡明象数之学，而祛除谶纬术数之说。程迥以为《周易》大义在揲著，而诸儒失其指归，故以《系辞》为基础，著《周易古占法》一书，着重阐述《周易》著法、占法。全书共 11 篇，包括《太极第一》、《两仪第二》、《四象第三》、《八卦第四》、《重卦第五》、《变卦第六》、《占例第七》、《占说第八》、《揲著详说第九》、《一卦变六十四卦图第十》、《天地生成数配律吕图第十一》。其中《揲著详说》专析《周易》揲著求卦的过程，《占例》则据《左传》、《国语》占筮实例，分析吉凶断占之法。《周易章句外编》杂记诸儒易说，时出己见，又多记占事。程迥对筮占的分析论述详尽充实，理论实践兼具，信而有征，发前人所未发。其后朱熹作《易学启蒙》，多用其例。吴澄以为程迥于朱熹为丈人行，朱熹以师礼事之。

此书有《说郛》本、明嘉靖四十五年（1566）《范氏奇书》本、《四库全书》本等。

4.《周易辑闻》6 卷，附《易雅》1 卷、《筮宗》1 卷，（宋）赵汝楳撰

赵汝楳，汴水人。宋宗室，资政殿大学士赵善湘之子，史弥远之婿。理宗时官至户部侍郎。赵善湘于《易》用功颇深，《宋史》称其有《周易约说》8 卷、《周易或问》4 卷、《周易续问》8 卷、《周易指要》4 卷、《学易补过》6 卷。

赵汝楳《周易辑闻》取意于辑所闻于其父之易学。其自序称："汝楳齿耄学荒，从何敢言《易》？独念先君子自始至末，于《易》凡六稿，日进日益，末稿题曰《补过》。汝楳得于口授者居多，外除以来，逾二十载，因辑所闻于篇，庶不忘先君子之教，且以观吾过。"赵汝楳怀疑《说卦》、《序卦》、《杂

卦》皆为汉儒所窜入，又认为《系辞》非孔子手书，而为门人所记，故其作《周易辑闻》，不及《说卦》、《序卦》、《杂卦》及《系辞》诸传，唯注经文。他以《象传》散附于卦辞、以《小象》散附于爻辞，仍用王弼之本，而自出新意，以《大象》移于卦画之后、卦辞之前，以《文言》散附于《乾》、《坤》二卦《彖传》及《小象》之后，实窜乱经文，变乱《周易》次第，又舍去"彖曰"、"象曰"、"文言曰"，虽便于阅读，而实使初学者不辨二篇十翼之次第区别，未免有失。赵汝楳以卦变立论，解说诸卦，难免偏主一隅，而其推阐详明，于承乘比应之理、盈虚消长之机皆有所发挥。

《易雅》1卷，总释《周易》诸名义，如《尔雅》之释，故以《易雅》为名。有《通释》、《书释》、《学释》、《情释》、《位释》、《象释》、《辞释》、《变释》、《占释》、《卦变释》、《爻变释》、《得失释》、《八卦释》、《六爻释》、《阴阳释》、《太极名义释》、《象数体用图释》、《图书释》18篇。

《筮宗》1卷，条辨诸儒四十余家旧说，以推明大衍之数。全书分《释本》、《述筮》、《先传考》三部分。《释本》即释大衍章蓍法，与《易学启蒙》相近。《述筮》有《筮仪》、《揲法》、《蓍变卦乾图》，与朱熹《筮仪》、《易学启蒙》相近而又有所不同。《先传考》则综述先儒释大衍章，择善而从，保存了大量宋及以前诸儒之说，颇有资于考证。

此书有明朱睦㮮聚乐堂刻本、《通志堂经解》本、《四库全书》本、《摛藻堂四库全书荟要》本等。

5.《大衍索隐》3卷，(宋) 丁易东撰

丁易东字汉臣，号石潭，南宋湖阳武陵（今湖南常德）人。咸淳四年(1268) 进士，仕至朝奉大夫、太府寺簿、兼枢密院编修官。入元屡征不仕，筑石坛精舍，赐额沅阳书院，授以山长，教授乡里以终。著有《周易象义》16卷、《大衍索隐》3卷。《周易象义》一书，世仅存残本，清四库馆臣自《永乐大典》辑录，复得完璧。全书注重易象，总结汉以来象学，有本体、互体、卦变、正应、动爻、变卦、伏卦、互对、反对、比爻、原爻、纳甲诸例，大抵义理本于王弼、程朱，而象学则以李鼎祚《周易集解》、朱震《汉上易传》为宗，而又不满于二家之泥与巧，故不主一家，综汇诸说而定于一。

《大衍索隐》专门研究大衍之数，论述五十及四十九变化之理，属"数学"之作。全书共分3卷：一曰《原衍》，自"大衍之数五十其用四十九图"以下，为图三十六以解之，试图揭示天地之数与大衍之数、卦爻数、蓍策数之间的关系；二曰《翼衍》，自《河图五十数衍成五十位图》以下，为图二十九以解之，试图揭示河图洛书与天地之数、大衍之数等之间的关系；三曰《稽衍》，胪列自《乾凿度》以下五十七家之说，并系以己意，加以论断。每卷各有序。原本已残缺失次，脱去《原衍》之序及全书目录，前后次序也极为紊乱，世传本又佚去《稽衍》全篇。

此书今有《四库全书》本，据《永乐大典》补正完备，又有《四库全书珍本初集》本等。

6.《易筮通变》3卷，（元）雷思齐撰

思齐既撰《易图通变》以总结发挥宋代的图书之学，又撰《易筮通变》，以探讨《周易》筮占之法。

《易筮通变》凡3卷5篇。卷上有《卜筮》、《之卦》两篇，就《左传》等所载古代卜筮之法，而论卜法、筮法及其先后，揲筮成卦及其变卦（即之卦）。卷中有《九六》一篇，就天地之数、变占等方面，论《易》九六之数。卷下有《衍数》、《命著》两篇，论大衍之数、揲蓍之法等，以为天地之数与大衍之数有内在联系，河图数与大衍数相互印证，图筮合一，而行著之法则为太极生八卦的演化过程。全书多自出新意，而不主旧法。

此书有《道藏》本、《四库全书》本等。

7.《启蒙意见》5卷，（明）韩邦奇撰

韩邦奇（1479—1555），字汝节，号苑洛，时人称苑洛先生，朝邑（今陕西下嘉）人。正德三年（1508）进士，官至南京兵部尚书，事迹详《明史》本传。著有《启蒙意见》5卷、《易占经纬》4卷、《易林推用》、《卦爻要图》1卷等。

《启蒙意见》因朱熹《易学启蒙》而推阐其说。全书凡5卷：一卷曰《本图书》，二卷曰《原卦画》，皆推演邵雍易学，详为图解而成；三卷曰《明著策》，发明古法，又论"后二变不挂"之误；四卷曰《考占变》，论六爻不变及六爻递变的具体法则；五卷曰《七占》，以明断占之法，以六爻不变、六爻俱变、一爻变三者从旧法，而为二爻、三爻、四爻、五爻变诸例另立新法以占断之。而所列卦图均与《焦氏易林》同，以一卦变六十四卦。

此书有正德九年（1514）李沧刻本、《性理三解》本、嘉靖十三年（1534）苏祐刻本、《四库全书》本等。

8.《易占经纬》4卷，（明）韩邦奇撰

《易占经纬》由韩邦奇弟子王赐绂及外孙张士荣编成于嘉靖二年（1523）春。该书首载《卦变图》、《明占图》、《焦氏易林占图》，显示《易学启蒙》4096变源本于《焦氏易林》。其后以先天卦序录卦爻辞，依其序列4096卦，以 384 爻为经，4096 变为纬，经占卦爻，纬录《易林》，而归于占变为主。是书实则合《焦氏易林》与《易学启蒙》二书为一。有清乾隆刻本、《四库全书存目丛书》本等。

明代长于筮占之学者还有季本，著有《蓍法别传》2 卷，发明蓍法本旨，定为《占辨》、《占例》、《占戒》、《占断》，合《卜筮论》为《内篇》，《外篇》则为占断有验者，以及在易象之外者。《四库全书总目》列入存目，附于《易学四同》8 卷之中。

9.《周易筮述》8 卷，（清）王宏撰撰

王宏撰（1622—1702），字无异，号太华山史，又署鹿马山人，晚号山翁、待庵，陕西华阴人。明诸生，康熙十八年（1679）荐举博学鸿词，以病而辞。工书画，博雅能古文，精金石之学。好《易》，精于图像，曾筑"读易庐"于华山之下，学者翕然宗之，为关中士人领袖，时以得一言为荣。著有《易象图说》、《周易筮述》等。

王宏撰以朱熹称《易》本卜筮之书，故作《周易筮述》8 卷以阐明其义。卷一有《原筮》、《筮仪》、《蓍数》3 篇。其中，《筮仪》依据朱熹《易学启蒙》，并参考宋赵汝楳《筮宗》之说。卷二有《揲法》1 篇，卷三有《变占》1 篇，皆尊《周易》经传，而废黜《易林》之说，同时考核《左传》，与朱熹之说大同小异。卷四有《九六》、《三极》、《中爻》（即互体）3 篇。卷五有《卦德》、《卦象》、《卦气》3 篇，其中《卦气》之说以邵雍、朱熹为本，并附以《太乙秘要》。卷六有《卦辞》1 篇。卷七有《左传国语占》、《余论》2 篇。卷八有《推验》1 篇，采之陆氏，而剔除其涉于太异可骇诸说。清四库馆臣以为："其书虽专为筮蓍而设，而大旨辟焦、京之术，阐文、周之理，立论悉推本于经义，较之方技者流，实区以别，故进而列之易类，不以术数论焉。"①

此书有《四库全书》本、清乾隆五十八年（1793）树滋堂刻本等。

10.《春秋占筮书》3 卷，（清）毛奇龄撰

毛奇龄探求三代占筮之法，撮取《春秋传》所载占筮法，以明古人易学，故虽以《春秋》为名，实为《易》而作，而非为《春秋》而作。《易》本卜筮之书，孔子析以哲理，汉儒主以象数，此后易学分象、数、理三家。毛奇龄不满于传统之说，故据现存较早、可验的记载，以推求三代占筮之法。而取象玩占，存于世而可验者，莫先于《春秋传》，故毛奇龄举《左传》、《国语》中有得于筮占者汇编成书，于汉晋以下占筮有合于古法者，亦随类附于其后。

① 永瑢等：《四库全书总目》卷六《周易筮述》提要。

此书有《西河合集》本、《四库全书》本、《龙威秘书八集》本、《皇清经解续编》本、《丛书集成初编》本等。

八、佛道类

儒、释、道三教是中国思想史的核心。易学虽主要为儒家所为，但佛、道二教多借以阐发其义理，形成独特的道家道教易学、佛教易学，并与儒家易学相互补充，相互融会，相互促进，共同推进易学的发展。

（一）道教《易》学文献

道教易学不拘泥于《周易》经传乃至卦爻体系，文献形式颇类专著；在民间层面上，道教易学在信仰与文化传媒上起到了重要作用。道类《易》学文献实际上包括道家《易》学文献和道教《易》学文献。[①] 以《易》注《老》、《庄》，以《老》、《庄》言《易》起源甚早。西汉《淮南杂说》混《老》、《庄》、《易》于一；汉初楚人司马季主以卜筮闻名遐迩，"通《易经》，术黄帝、老子，博闻远见"（《史记·日者列传》），以《易》、《老》融通卜筮之术，为宋忠、贾谊等人预决吉凶，而严遵《老子指归》即以《易》注《老》，其弟子扬雄扬其波而著《太玄经》。

东汉魏伯阳著《周易参同契》，借汉易纳甲、卦气等说，将《周易》卦象与日月运行规律联系起来，用以描述道家炼丹火候，成为道教易学的建立标志与典型代表著作，被称为"万古丹经王"。三国吴虞翻已引《参同契》注《易》。其后，道教徒常援《易》以抒论，以至历代《道藏》中编入了众多的《易》书，引入不可胜计的易说。魏王弼引《易》解《老》，又以老注《易》，会通易、老，被后世广泛效法，至宋程大昌《易老通言》尤为出名。魏晋南北朝时期，道教易学更重视神化和信仰化《周易》，在道教的神谱、符、箓、步罡、掐诀之中，都有着鲜明的道教特色的《周易》方法。不过此时期也有范长生、葛洪、陶弘景等道教徒撰著易学专著。

到了唐五代，道教易学有了新的发展，对《周易参同契》尤为关注，不仅多有注解，而且还融会其说，进一步运用卦气说论炼丹火候，进行易学与炼丹的理论融会。当时兴盛的道教重玄学也重视融会易、老。宋、元、明、清道教易学发展尤为明显，易图学在道教中广泛流行，外以探讨宇宙生成之理，内以通达天地造化之权，为炼丹修持之心性说服务；注解《参同契》者

[①]　陈鼓应对道家易学颇多研究，有《易传与道家思想》（修订版），商务印书馆，2007 年；《道家易学建构》，台北：商务印书馆，2003 年。

大量出现，多言炼丹火候与坎离药物，借此建立、完善道教炼丹理论；易、老会通更为显著，以融会《周易》天道有序思想与《老子》天道自然无为思想，为道教修持提供更为完善的理论依据。卢国龙将道教易学划分为两个阶段："第一个阶段是唐、五代、北宋时期，旨趣在于阐释《参同契》之丹道，敷释甚繁芜；第二个阶段是南宋、金、元时期，多吸收理学以阐扬其性命之道，趋于简约。"①

道家、道教《易》学文献大体见之于历代《道藏》之中。但也有不少游离于《道藏》之外。如范长生《周易蜀才注》，陶弘景《卜筮要略》、《周易林》、《易林体》、《易髓》，王远知《易总》，李含光《周易义略》，宋陈抟《易龙图》，金赫大通《大易图》等，今俱不见于《道藏》之中。就今存《道藏》而言，大体有《易》类文献、《周易参同契》类文献及蕴涵易学思想类文献三种类型的道教《易》学文献。此外，如《太平经》、《抱朴子》、《天隐子》、《伊川击壤集》等衍论易理者比比皆是，几乎遍及《道藏》三洞四辅十二类典籍。《道藏》中的易说，易理与道教之学互为融贯，体现着玄学思辨色彩；易理与道家修身、养性、炼丹、医卜等相联系，有一定的实用性；通过优美的诗文阐述易理，有不少具备显著文学性特色的内容。②

需要说明的是，道教《易》学文献中部分著作得到了认可，被古代学者列入正统易学之中，而《周易参同契》类、蕴涵易学思想类《易》学文献往往被排斥在外，被看作易外别传，予以贬斥。朱彝尊《经义考》只是象征性地照顾了《参同契》，但他同时说道："《参同契》本道家之言，不当列于经义。然朱子尝为之注，且谓无害于《易》，故附载之。是书注解颇众，则概略而不记也。"③ 这种有限的包容，仍然引起学者的不满。全祖望批评《经义考》于易类著录易外别传，"乱经者莫甚于此"。《四库全书总目》也说："丹经自丹经，易象自易象，不能以方士之说淆羲、文、周、孔之大训焉。"尽管

---

① 卢国龙：《道教易学论略》，载陈鼓应主编：《道家文化研究》第十一辑，三联书店，1997年。按：有关道教易学发展史，还可参考章伟文《宋元道教易学初探》，巴蜀书社，2005年。

② 按：《道藏》中的《易》学文献，张善文、林忠军均有一定的梳理，见张善文：《道藏中之易说述要》，载张善文：《洁静精微之玄思：周易学说启示录》，第295～307页，上海远东出版社、上海三联书店，2003年；张善文：《道藏之易说初探》、林忠军：《道藏续道藏藏外道书中易学著作提要》，载陈鼓应主编：《道家文化研究》第十一辑，三联书店，1997年。

③ 朱彝尊：《经义考》卷九。

道教徒引《易》以论内外丹术，"并没有引申出新的结果，却有科学史和思维发展史上的价值"，"道教易学与近现代科学是可以沟通的"①。

表 2－2－2　　《道藏》所录《易》学文献概览

类型	作　者	书　目	卷数	出　处
易类文献	（汉）焦延寿	易林	10卷	万历续道藏·正一部道藏举要·第九类
	（晋）颜幼明注（南朝）何承天续注	灵棋本章正经	2卷	正统道藏·太玄部
	题（北魏）关朗	关氏易传	1卷	道藏精华
	（唐）吕岩	易说	不分卷	重刊道藏辑要·壁集
	题（五代）麻衣道者	正易心法	1卷	道藏精华藏外道书第五册
	（宋）刘牧	易数钩隐图	3卷	正统道藏·洞真部·灵图类
	（宋）刘牧	易数钩隐图遗论九事	1卷	正统道藏·洞真部·灵图类
	（宋）周敦颐撰（宋）朱熹注	周易太极图说	1卷	重刊道藏辑要·星集
	（宋）周敦颐撰（宋）朱熹注	周子通书	1卷	重刊道藏辑要·星集
	（宋）邵雍	皇极经世	12卷	正统道藏·太玄部重刊道藏辑要·星集
	（宋）司马光	集注太玄经	6卷	正统道藏·太清部道藏举要·第九类
	（宋）佚名	周易图	3卷	正统道藏·洞真部·灵图类
	（宋）杨甲	大易象数钩深图	3卷	正统道藏·洞真部·灵图类
	（宋）程迥	周易古占法	1卷	道藏精华
	（宋末元初）李道纯	三天易髓	1卷	正统道藏·洞真部·方法类
	（元）李道纯	周易尚占	2卷	藏外道书第五册
	（元）张理	易象图说内篇	3卷	正统道藏·洞真部·灵图类
	（元）张理	易象图说外篇	3卷	正统道藏·洞真部·灵图类

---

① 翟廷晋主编：《周易与华夏文明》第四章《周易与道教》，上海人民出版社，1998年，第152、153页。

类型	作 者	书 目	卷数	出 处
易类文献	（元）俞琰	易外别传	1卷	正统道藏·太玄部
	（元）雷思齐	易筮通变	3卷	正统道藏·太玄部
	（元）雷思齐	空山先生易图通变	5卷	正统道藏·太玄部
	（元）鲍云龙	天原发微	18卷	正统道藏·太清部 道藏举要·第九类
	（明）李贽	李氏易因	6卷	万历续道藏·正一部
	（明）梅鷟	古易考原	3卷	万历续道藏·正一部
	（清）刘一明	周易阐真	7卷	道藏精华
	（清）刘一明	周易阐真	4卷	藏外道书第八册
	（清）刘一明	孔易阐真	2卷	藏外道书第八册
	（清）刘一明	象言破疑	2卷	藏外道书第八册
《周易参同契》类文献	（唐）阴长生注	周易参同契	3卷	正统道藏·太玄部 道藏举要·第四类
	（唐）阴长生注	金碧五相类参同契	3卷	正统道藏·洞神部·众术数
	（唐）容字号 无名氏注	周易参同契注	3卷	正统道藏·太玄部 道藏举要·第四类
	（后蜀）彭晓	周易参同契分章通真义	3卷	正统道藏·太玄部 道藏举要·第四类 藏外道书第九册
	（后蜀）彭晓	周易参同契鼎器歌明镜图	1卷	正统道藏·太玄部 道藏举要·第四类
	（宋）佚名	参同契五相类秘要	1卷	正统道藏·洞神部·众术数
	（宋）朱熹考异	周易参同契	3卷	正统道藏·太玄部 道藏举要·第四类
	（宋）映字号 无名氏注	周易参同契注	2卷	正统道藏·太玄部 道藏举要·第四类
	（宋）俞琰	周易参同契发挥	9卷	正统道藏·太玄部 道藏举要·第四类 道藏精华录第六集
	（宋）俞琰	周易参同契释疑	1卷	正统道藏·太玄部 道藏举要·第四类 道藏精华录第六集
	（宋）陈显微	周易参同契解	3卷	正统道藏·太玄部 道藏举要·第四类 重刊道藏辑要·虚集 藏外道书第九册
	（宋）储华谷	周易参同契注	3卷	正统道藏·太玄部 道藏举要·第四类

类型	作 者	书 目	卷数	出 处
《周易参同契》类文献	（金）郝大通	太古集（周易参同契简要释义）	1卷	重刊道藏辑要
	（元）陈致虚（上阳子）	周易参同契注（周易参同契分章注）	3卷	重刊道藏辑要·虚集 藏外道书第九册
	（明）陆西星	周易参同契测疏	1卷	藏外道书第六册
	（明）陆西星	周易参同契口义	1卷	藏外道书第六册
	（明）彭好古	古文参同契	1卷	藏外道书第六册
	（明）彭好古	古文参同契笺注	1卷	藏外道书第六册
	（明）彭好古	古文参同契三相类	1卷	藏外道书第六册
	（明）王文禄	周易参同契疏	1卷	藏外道书第九册
	（清）朱元育	周易参同契阐幽	3卷	重刊道藏辑要·虚集 藏外道书第六册
	（清）董德宁	周易参同契正义	3卷	道藏精华录第六集
	（清）陶素耜	周易参同契脉望 附杂义、图说	3卷 各1卷	藏外道书第十册
	（清）刘一明	参同直指（参同契经文直指、参同契直指笺注、参同契直指三相类）	7卷	藏外道书第八册
	（清）傅金铨	顶批上阳子原注参同契	3卷	藏外道书第十一册
	（清）吕惠莲	周易参同契秘解	7卷	藏外道书第二十五册
不以《易》名而贯穿易学思想类文献	（不详）玄和子	十二月卦金诀	1卷	正统道藏·正一部
	（不详）乾元子	三始论	1卷	正统道藏·洞真部·方法类
	（不详）王吉昌	会真集	6卷	正统道藏·洞真部·方法类
	（金）郝大通	太古集	4卷	正统道藏·太平部
	（宋末元初）李道纯	全真集玄秘要（注读周易参同契、太极图解）	1卷	正统道藏·洞真部·方法类
	（宋末元初）李道纯	中和集	6卷	正统道藏·洞真部·方法类 藏外道书第六册
	（元）萧廷芝	金丹大成集	5卷	正统道藏·洞真部·修真十书
	（清）蒋曰纶（梅芳老人）	心传述证录	1卷	重刊道藏辑要

1. 《周易参同契》3卷，（汉）魏伯阳撰

魏伯阳，名翱，号伯阳，又号云牙子，东汉吴人，一称会稽上虞人。出身高贵而用心于道术，善于养身，是一位杰出的炼丹家。《周易参同契》分为上中下3篇及《周易参同契鼎器歌》1首。全书90章，约6000余字，基本上

是四字一句、五字一句的韵文，以及少数长短不齐的散文体、离骚体写成。

魏伯阳以《周易》、黄老、炉火三家相参同，且"仿纬书之目"，撰成《周易参同契》，"词韵皆古，奥雅难通"①，借《周易》爻象附会道家炼丹修养之说，被誉为"万古丹经王"。葛洪《神仙传》："伯阳作《参同契五行相类》凡三卷，其说似解《周易》，其实假借爻象以论作丹之意，而儒者不知神仙之事，反作阴阳注之，殊失其大旨也。"关于《周易参同契》对于《周易》的运用，精通易学的朱熹指出："魏书首言乾、坤、坎、离四卦橐籥之外，其次即言屯、蒙六十卦，以见一日用功之早晚，又次即言纳甲六卦，以见一月用功之进退，又次即言十二辟卦，以分纳甲六卦而两之。盖内以详理月节，而外以兼统岁功。其所取于《易》以为说者，如是而已，初未尝及夫三百八十四爻也。"②

魏伯阳《周易参同契》一书标志着道教易学的建立，虽是出于服务炼丹术，但它在道教思想史和易学史上都起到了很大的影响。后世的道教易学、图书易学都直接或间接地与之关联起来，甚至禅宗也借之创建新的思想理论。

《周易参同契》一书，历代注本颇多，仅《道藏》就收录有十一种之多。今有孟乃昌、孟庆轩编《万古丹经王——周易参同契三十四家注集萃》（华夏出版社，1993 年），尤便学者。又有潘雨廷、孟乃昌《周易参同契考证》（中国道教协会，1987 年）、潘启明《周易参同契通析》（上海翻译出版公司，1990 年）、萧汉明、郭东升《周易参同契研究》（上海文化出版社，2001 年）等研究之作。

2. 麻衣道者《正易心法》1 卷，旧题（五代）麻衣道者撰，（宋）希夷先生受并消息

《正易心法》一书，陈振孙《直斋书录解题》称："旧传麻衣道者授希夷先生，崇宁间庐山隐者李潜得之，凡四十二章，盖依托也。"朱熹认为《正易心法》非麻衣道者所撰，乃南宋湘阴主簿戴师愈伪造。张栻跋文则信为陈抟所传。马端临《文献通考》引或者之言，以为庐山异人乃许坚。

该书不是对《周易》经传的注解之作，而是采用四字为句。共 42 章，每章 4 句，为"心法"，传为麻衣道者所撰。各章之下，略加训释，以成"消息"，题作"希夷先生受并消息"。卷首《正易卦画》图：以对卦、反卦形式排列，得上经十八卦，下经十八卦，共三十六卦。全书明确以画为本，以文

①　朱熹：《晦庵先生朱文公文集》卷八四《书周易参同契考异后》。
②　朱熹：《晦庵先生朱文公文集》卷六七《参同契说》。

为经，主张舍经传以求卦画，以为"学者当于羲皇心地上驰骋，无于周、孔脚迹下盘旋"。在义理方面，本书也颇为深微，接近宋儒所好的性命义理之学。观其书实不尽出于杜撰，不少地方乃抄录经师旧说而成。如称一卦之中凡具八卦，有正有伏，有互有旁；一变为七，七变为九，卦爻逢一变至七变，谓之归魂等皆是。故其书虽受朱熹猛烈批判，明指其伪，而传之者甚众，对后世易学影响颇著。

此书今有汲古阁《范氏奇书》本、《津逮秘书》本、《学津讨原》本、《艺海珠尘》本、《丛书集成初编》本等。

3.《易外别传》1卷，（元）俞琰撰

俞琰，宋末元初著名易学家，对道教炼丹理论颇有研究，自号"古吴石涧道人"。他仿朱熹《周易参同契考异》而著《周易参同契发挥》，复著《易外别传》1卷，"为之图，为之说，披阐《先天图》环中之极玄，证以《参同契》、《阴符》诸书，参以伊川、横渠诸儒之至论，所以发朱子之所未发，以推广邵子言外之意"，即用邵雍先天易学解说道教炼丹理论，用道家思想印证先天之学。全书录有《太极图》、《先天图》、《先天六十四卦直图》、《地承天气图》、《月受日光图》等十六图，借助邵雍先天易说，参以《参同契》、《阴符经》、《黄庭经》、《太玄经》、《子华子》、《集仙传》、《素问》、《灵枢》等书，以及朱熹、程颐、张载、项安世、胡瑗诸家之说，解说《参同契》之奥，发挥《参同契》之旨，阐述其丹道理论，而与其《周易集说》、《周易参同契发挥》互补，成为后世研究《参同契》的重要参考书，同时也使我们可以从中领会到宋代理学家如何借重道教理论以复兴儒学、建构新的学术思想体系。

俞琰将人体作为易道的化身，提出"身中之易"的观点，以为"《易》与天地相似，人身亦与天地相似"。他注重《周易》画像，以为"辞本于象，象本于画，有画斯有象，有象斯有辞"，借助邵雍先天图说，将《周易》卦爻阴阳变化看作是人呼吸二气及人体内阴阳二气周而复始的运行，从而阐明内丹修炼理论。俞琰《易外别传》不仅以道教理论解说易理，借《易》以述内丹之学，成就突出，而且将先天图与卦气说，从讨论天时节气变化引向对人体血脉和呼吸变化的分析，进而将易学与古代医学结合起来，开元明医易学之新风，也有着积极的意义。

此书今有《道藏》本、《四库全书》本等。

4.《天原发微》5卷，（宋）鲍云龙撰

鲍云龙（1226—1296），字景翔，号鲁斋，安徽歙县人。南宋宝祐六年（1258）举人，景定中乡贡进士。入元不仕，食贫力学，居乡教授。鲍氏博通五经，尤精于《易》。著有《筮草研几》、《大月令》、《天原发微》等。

鲍云龙有感于秦汉以来言天者或拘于术数，或沦于空虚，致天人之故郁而不明，故作《天原发微》5卷以明其道。全书取《易》中诸大节目，博考详究，列诸儒之说于前，而以已见辩论于下。他模仿《易大传》"天数二十有五"，立目25篇：一曰《太极》，以明道体；二曰《动静》，以明道用；三曰《静动》，以明用本于体；四曰《辨方》，言一岁运行必胎坎位；五曰《玄浑》，言万物终始，总摄天行；六曰《分二》，言动静初分；七曰《衍五》，言阴阳再分；八曰《观象》，言四象生两仪之故；九曰《太阳》，十曰《太阴》，十一曰《少阳》，十二曰《少阴》，以日月星辰分配，用邵雍之说，与《易大传》之旨异；十三曰《天枢》，言北辰；十四曰《岁会》，言十二次；十五曰《司气》，言七十二候；十六曰《卦气》，言焦赣、京房之学为《太玄》所出；十七曰《盈缩》，言置闰；十八曰《象数》，言图书；十九曰《先后》，言先天、后天；二十曰《左右》，言左旋右旋；二十一曰《二中》，言五六为天地中；二十二曰《阳复》，言复为天心；二十三曰《数原》，言万变不出一理；二十四曰《鬼神》，言后世所谓鬼神多非其正；二十五曰《变化》，言天有天之变化，人有人之变化，而以朱熹"主敬"之说终之。

鲍氏致意于天人合一之理，泛滥象数，多取扬雄《太玄》之说，虽条缕分明，但也不免于杂。前有元方回、戴表元序文。明初，族人鲍宁复本赵汸之说，附入辨正百余条，剖析异同，又作《篇目名义》1卷，并采鲍云龙与方回问答之语，为《问答节要》1卷，冠于书首，以发明其学。

《天原发微》有5卷本、18卷本两种。5卷本附《图》1卷、《篇目名义》1卷、《问答节要》1卷，有明天顺五年（1461）鲍氏耕读堂刻本、明嘉靖二十九年（1550）秦藩刻本、《四库全书》本等。18卷本有明椒山书院抄本、《道藏》本等。

5.《周易阐真》6卷，（清）刘一明撰

刘一明（1734—1821），号悟元子，又号素朴子、被褐散人，山西曲沃人。全真教龙门派传人。刘一明精于内丹修炼，长于医术，善于养生，亦精通易学，著述颇丰，涉及易学、内丹、医学等多个领域。易学著作有《周易注略》8卷、《三易读法》20卷、《周易参断》2卷、《易理阐真》4卷、《孔易阐真》2卷、《象言破疑》2卷、《参同契直指》7卷（即《参同契经文直指》上下篇、《参同契直指笺注》上中下篇、《参同契直指三相类》上下篇之合称）等。

刘一明以羲易、文易、孔易为"三易"，引丹学解易象，以易象解丹理。《周易阐真》6卷，大旨以为"丹道即易道，圣道即仙道"。卷首有《图说》1

卷，列图说 40 余篇，为明羲易而作，前半部分推演河图、洛书、先天、后天之说，借易以明丹家养生之术，后半部分如《金丹图》、《金丹论》等，纯系丹家之说。前 4 卷为《易理阐真》，专释文王之易，只释《周易》卦爻辞，而不及《十翼》，大旨与《三易注略》、《三易读法》相同，唯不用错综之术，于每卦每爻，皆注以炼丹养身之术，并配合《参同契》之说，辅以修炼之进退阴阳火候。后 2 卷为《孔易阐真》，解释孔子之易。《孔易阐真》释《大象传》及《杂卦传》，而不及《文言》、《系辞》、《小象传》、《彖传》、《说卦》、《序卦》诸篇。

此书有清嘉庆四年（1799）刻本，《道书十二种》本、《藏外道书》本等，今有张玉良点校本（三秦出版社，1990 年）、洪赟校订《易理阐真》本（金城出版社，2004 年）等。

（二）佛教《易》学文献

相对于道教易学而言，佛教易学显得要弱势一些。在魏晋玄学兴起后，佛教也开始渗入易学领域，或佛教徒借易学阐释佛教理论，或儒家借佛理阐释《易》义。就佛教本身而言，魏晋南北朝时期的佛教易学大体还处于以易解佛，进行佛教经典翻译与说明的"格义"阶段。据现存史料文献记载，三国时康僧会是已知的以《易》释佛的第一人。他认为"《易》称积善有庆"，"虽儒家之格言，即佛家之明训"，[①] 用《易》义说明佛教因果报应的观点。《隋书·经籍志》著有梁释法通《周易乾坤义》1 卷。孔颖达称："江南义疏十有余家，皆辞尚虚玄，义多浮诞。原夫《易》理难穷，虽复玄之又玄，至于垂范作则，便是有而教有。若论住内住外之空，就能就所之说，斯乃义涉于释氏，非为教于孔门也。"[②]

魏晋南北朝时学术界易、佛互解成为一种普遍的行为。晋支遁通《易》，常与儒道之士讨论学术，其《释迦文佛像赞并序》开篇引《说卦传》"立人之道曰仁与义"。释道安称伏羲作八卦，文王重六爻，孔子弘《十翼》，而后《易》成，"唯艺文之盛，《易》最优矣"，易道"遐瞻，足贤于老"[③]。慧远博通六经，尤通《易》、《老》、《庄》之书。东晋殷仲堪谈理与韩康伯齐名，登庐山与释慧远讲《易》。南朝宋雷次仲事慧远而作《周易注》；周续之通五经

---

① 释僧祐：《出三藏记集》卷一三《康僧会传第四》，中华书局，1995 年。

② 《周易正义·序》，阮元校刻《十三经注疏》本。

③ 释道安：《二教论·儒道升降二》，载《广弘明集》卷八，文渊阁《四库全书》本。

并纬候，读《老》、《易》而入庐山与慧远游；宗炳从慧远游，所著《明佛论》以《易》明佛理。齐明僧绍"学穷儒肆，该综典坟，论极元津，精通《老》、《易》"①，从慧远游而作《系辞注》。释昙谛"晚入吴虎丘寺，讲《礼记》、《周易》、《春秋》各七遍"②。齐顾欢注王弼《易》、二《系》，学者传之，但他又著《夷夏论》，以"佛是破恶之方，道是兴善之术"，欲同二法，而实党道教。释慧通作《爻象记》，会通佛教义理。③梁武帝好佛，有《周易讲疏》诸作。《隋书·经籍志》著有梁释法通《周易乾坤义》1卷。周弘正"特善玄言，兼明释典，虽硕学名僧，莫不请质疑滞"，尝启梁武帝《周易》疑义50条，又请释《乾》、《坤》及《二系》之义（《陈书·周弘正传》）。他还取汉安世高"十二门"分类，序卦为"六门"。孔颖达称："其周氏就《序卦》以六门往摄。"④五代释延寿以为其说合于释义。张讥著《周易义》30卷，吴郡陆德明、朱孟博、沙门法才、慧休、道士姚绥皆传其业。北魏许彦少孤贫而好读书，从沙门法睿受《易》。北周释昙迁从其舅北方大儒权会学《易》，而权会易学受之徐遵明门下卢景裕，著有《周易注》。北周沙门卫元嵩更拟《归藏》而著《元包经》，以宣扬由文返朴，节俭尚质，效法自然。

隋唐时期，佛教兴盛，宗派林立，易学在各宗创教立派等方面起到了重要的辅助作用。佛教界大多借助易学象数义理，尤其是借易学图像进行理论建设，或权说佛理。天台宗智颉引周弘正之说，判《易》、《老》、《庄》三家，以为"《易》判八卦，阴阳吉凶，此约有明玄；《老子》虚融，此约无明玄；《庄子》自然，约有无明玄"；将"五行六甲、阴阳八卦、五经子史"皆归为"诸善教"；又以五经拟五戒，以为"《易》测阴阳防妄语"。⑤华严宗李通玄"留情易道，妙尽精微"⑥，以《易》解《华严经》，尤其是运用《艮卦》之义作解，对宋代学者影响很大。⑦华严四祖澄观以为"此方儒道玄妙不越三玄：

---

① 《全唐文》卷一五《摄山栖霞寺明徵君碑铭》，中华书局，1983年。

② 释道世：《法苑珠林》卷三五《宿命篇·五通部》，文渊阁《四库全书》本。

③ 释慧皎：《高僧传》卷七《宋京师冶城寺释慧通》，中华书局，1992年。

④ 孔颖达：《周易正义》卷九《序卦》，阮元校刻《十三经注疏》本。

⑤ 智颉：《摩诃止观》卷一〇上，第981页；卷三下，第240～241页；卷三上，第569页，台南湛然寺，1995年。

⑥ 照明：《华严经决疑论序》，载李通玄《略释新华严经修行次第决疑论》卷首，《大正新修大藏经》本，日本：大正一切经刊行会，1924～1934年。

⑦ 邱高兴：《以易解华严经——李通玄对华严经的新诠释》，《周易研究》2000年第1期。

《周易》为真玄，《老子》为虚玄，《庄子》为谈玄"①，引《周易》注疏，对其儒道太极、元气、自然等论一一加以批判，以至五代释延寿仍袭此而论。唐沙门僧一行是著名的易学家，所著有《易传》、《大衍玄图》、《大衍论》及《义决》等。一行"准《周易》大衍之数，别成一法"，制成《大衍历》，"行用垂五十年"（《旧唐书·历志一》）；依据汉代孟喜之说制"卦气图"，成为后世研究汉代易学的重要依据之一（《新唐书·历志四上》）。北宗禅师神秀"少为诸生，游问江表，老、庄玄旨，《书》、《易》大义，三乘经论，四分律仪，说通训诂，音参吴晋，烂乎如袭孔翠，玲然如振金玉"②。圭峰禅师宗密为华严五祖，又系禅宗荷泽四传弟子。他以乾德比佛德，以五常比五戒，认为三教均以气为万物与人之本，试图借助群经之首的《周易》弘扬佛法。宗密论佛教修持时绘有朱墨《十重图》，以示修炼过程中的净染之象，与易学月体纳甲颇为接近，或受《参同契》影响，而又作用于宋代易学。③ 无住禅师释《易》，以为："易，不变不易，是众生本性；无思也，无为也，寂然不动，是众生本性。若不变不易，不思不相，即是行仁义礼智信。"④

禅宗南岳怀让一系借圆相说禅。南阳慧忠以图像明宗，用《周易》讲用功修持，为禅宗图像圆相说的第一位创造者。慧忠传耽源，耽源传仰山，开始大规模运用圆相。仰山慧寂继慧忠之后传承圆相，以九十七种圆相提持纲宗，易学家陆希声尝欲拜谒之。从马祖道一到临济义玄一系则借阴阳说禅。临济义玄创立临济宗时，借易象阴阳思维提出四宾主、四料简、四照用等一系列法门，试图借用《周易》阴阳之变来解说禅。

青原行思一系主要是借卦象说禅。曹洞宗石头希迁仿魏伯阳《周易参同契》而作禅门《参同契》五言诗，以纳甲炼丹说解说参禅之法与坐禅的不同阶段与境界，用意于调和禅宗南北两派的争议，弘扬、发展禅宗之学。同时利用易学阴阳明暗说，融会诸家，提出"回互"理论。云岩昙晟、洞山良价在此基础上创作《宝境三昧歌》，其中有著名的"重《离》六爻，偏正回互，叠而为三，变尽成五"十六字偈。曹山本寂则在洞山良介基础上改造汉代京房"五位君臣"思想，结合魏伯阳《周易参同契》"假借君臣，以彰内外"的

---

① 澄观：《华严大疏钞》卷一四，《大正新修大藏经》本。

② 张说：《唐玉泉寺大通禅师碑铭（并序）》，载董诰等：《全唐文》卷二三一。

③ 金生杨：《汉唐巴蜀易学研究》，巴蜀书社，2007年，第374～398页。

④ 佚名：《历代法宝记》卷下，载蓝吉富主编：《禅宗全书》第1册，台北：文殊出版社，1988年，第139页。

思想，演绎出"五位君臣图"①。十国时期，吴国佛教最盛，吴僧陆希觉著有《周易会释记》20卷。从其名称看，该书显然是以《周易》会通释教之作。

此外，隋唐时期，玄学仍然盛行，会通三玄是当时思想界的主流，而会通儒、释、道而论《易》实为一种必然之举。唐初孔颖达作《周易正义》尚引录以释解《易》之说。丁易东称："以释氏论《易》者，若孔颖达所引江左义疏，所谓'住内住外之空，就能就所之说，斯乃义涉于释氏，非为教于孔门'是也。"② 李鼎祚为《周易集解序》，更称"原夫权舆三教，钤键九流，（《易》）实开国承家修身之正术也"。裴通"有易学"，唐文宗"访以精义，仍命进所习经本，著《易玄解》并《总论》二十卷、《易御寇》十二卷、《易洗心》二十卷"③。柳宗元《道州文宣王庙碑》更称"《春秋》师晋陵蒋坚，《易》师沙门凝辩"④，于"先圣之宫"，而"使桑门横经于讲筵"，在唐代并"不以为异"⑤。柳宗元以为"浮屠诚有不可斥者，往往与《易》、《论语》合，诚乐之，其于性情奭然，不与孔子异道"⑥，僧浩初之书便如此。

宋代是儒学复兴、理学兴起并定型的时期，正统意识强烈的儒家学者一方面大量借用佛学理论以阐释易学，另一方面又力图改造佛学，进而批判佛学，而一些持包容开放态度的儒家学者则融会三教，主张会通易、佛。整体而言，宋代佛教与易学的结合更多地在心性义理上。在宋代，佛学对易学影响最深的是《华严经》，其次是禅宗思想。陈抟开宋代图书易学一大派，《佛祖统纪》以为陈抟受《易》于僧人麻衣道者。周敦颐《太极图说》对理学的建立与发展有着重要影响，胡宏、张栻、朱熹对其说之渊源看法各异。晁公武以为周敦颐师事鹤林寺僧寿涯而得其传，此说虽未必可据，但二程也说"周茂叔穷禅客"⑦。据《居士分灯录》卷下记载，周敦颐之学受到了临济宗黄龙派创始人黄龙慧南、佛印了元、东林常总的启发诱导，最终才形成完整的理论。周敦颐、程颢、程颐还深受李通玄以《艮卦》解《华严经》的影响。

---

① 刘泽亮：《易相与禅说》，载《厦门大学学报》2003年第6期。

② 丁易东：《易象义》卷首《易统论上》。

③ 王应麟：《玉海》卷三六《艺文·易下》，江苏古籍出版社、上海书店联合出版，1987年。

④ 《柳宗元集》卷五，中华书局，1979年。

⑤ 周密：《癸辛杂识》前集《唐重浮屠》，中华书局，1988年。

⑥ 《柳宗元集》卷二五《送僧浩初序》。

⑦ 《河南程氏遗书》卷六《二先生语六》，见程颢、程颐：《二程集》，中华书局，1981年，第85页。

周敦颐说："佛氏一部《法华经》，只是儒家《周易》一个《艮卦》可了。"①
二程也有类似说法，并且站在儒家立场，借用佛教之理后进而批判佛教，以
为佛教就止论止，不知变通，不知为善止恶，不知动与止的辩证关系。程颢
改造佛教止于空为止于理，程颐则进一步借助佛教无欲、忘我之念，来阐释
儒家的去人欲、存天理的思想。张载著《横渠易说》，批评佛教幻化之说，又
以释氏以无为性，不能通晓《周易》，故并不能尽性。叶适对于二程、张载之
于佛颇为不满，称："程、张攻斥老佛至深，然尽用其学，而不能知者，以
《易大传》语之，而又自于《易》误解也。"② 日本学者忽滑谷快天则说："周
敦颐之学，融合《老子》与《易》为一，加之儒学而形成道学"。"颢之学亦
尔，以《易》为基础达宇宙论，加以老、佛说唯心的一元论，本儒学而立伦
理论也。而较之周敦颐，颢可谓更近禅一步者"。③ 朱熹曾从道谦学，读
《易》、《语》、《孟》以观古圣，④ 颇善于会通易、佛。他对比二者，以为有相
应之处。朱熹说："佛家有函盖乾坤句，有随波逐流句，有截断众流句。圣人
言语亦然。如'以言其远则不御，以言其迩则静而正'，此函盖乾坤句也。如
'《井》以辨义'等句，只是随道理说将去，此随波逐流句也。如'《复》其见
天地之心'，'神者妙万物而为言'，此截断众流句也。"⑤ 对于二程所言艮止
之意，朱熹也心领神会。他说："动中见静，便是程子所说'艮止'之意。释
氏便言'定'，圣人只言'止'。"⑥ 朱熹虽骨子里颇用佛理，但对外坚决反对
以佛学释《易》，辟之为异端。苏轼《苏氏易传》有采佛、道二教为释者，朱
熹对此予以强烈的批判，作《杂学辨》，首辨《苏氏易传》，以为苏氏"溺于
释氏'未有天地已有此性'之言"，"初不知性之所自来，善之所从立"，"特
假于浮屠非幻不灭，得无所还者而为是说，以幸其万一之或中耳"。⑦

相对于理学家对会通易、佛的苛责，苏轼、朱长文、李纲等人则相当宽

① 熙仲：《历朝释氏资鉴》卷一〇，藏经书院：《卍续藏经》第 132 册，台北：
新文丰出版股份有限公司，1995 年。

② 叶适：《习学记言》卷五〇《皇朝文鉴·书》，中华书局，1977 年。

③ ［日］忽滑谷快天撰，朱谦之译，杨曾文导读：《中国禅学思想史》，上海古
籍出版社，2002 年，第 567 页。

④ 《朱熹遗集》卷六《祭开善谦禅师文》，《朱子全书》第 26 册，第 807 页。

⑤ 黎靖德编、王星贤校点：《朱子语类》卷七六《系辞下·右第六章》，第
1955 页。

⑥ 黎靖德编、王星贤校点：《朱子语类》卷一〇三，《胡氏门人·张敬夫》，第
3606 页。

⑦ 朱熹：《晦庵先生朱文公集》卷七二《杂学辨·苏氏易解》。

容，主张会通《周易》、《华严》二经。苏轼认为佛教戒定慧之学与《周易》相通，赞同用易理论佛教之义。朱长文则说："予尝谓释典之有《华严》，犹六经之有《大易》。列卦以明时，立爻以通变，设众以尽意，而两仪之道、万物之情具矣；《华严》陈世以宅性，名佛以筌德，布位以表法，而一真之体、万行之果备矣。故学儒而不为《易》，学佛而不为《华严》，焉足以穷理尽性也？"① 李纲为南宋初贤相名臣，但遭时忌，贬逐郁林，因学佛释《易》，著《易传内篇》10 卷、《外篇》13 卷。他与吴敏讨论易学与佛教，对比分析了《易》与《华严》在二十多个方面的相通相融之处，以为"《易》之立象以尽意，《华严》之托事以表法"，"本无二理；世间、出世间亦无二道"②。李纲还从《易》与《华严》的对比中，找到易学应当持有的学习态度与方法，③主张即象数以言义理，反对"汉魏间言《易》者泥于象而不求其义"，"自辅嗣以来，一概以义而不求象"的做法。④ 日本学者忽滑谷快天称："儒释一致虽宋代一般之思想，李纲融合《华严》与《易》，是其于根本的，古今得其比者稀也。"⑤ 李纲在融会《易》与《华严》方面有具体而微、深入透彻的对比分析，确实值得肯定。

宋元佛教中，虽然仍借助易学进一步完善佛学理论，但已走向尾声。禅宗易学在两宋仍有进一步发展。曹洞宗后传石门慧洪（惠洪）匠心独运，演绎《宝镜三昧》十六字偈为互体卦象。他说："《离》，南方之卦，火也，心之譬也。其爻六划，回互成五卦，重叠成三卦。"⑥ 也就是说，重卦《离》二、三、四互单卦巽，三、四、五互单卦兑，这就是"叠而为三"。以上三卦，下巽上兑成《大过》，下兑上巽成《中孚》，这就是"变尽成五"。然后慧洪以正中来、偏中至、正中偏、偏中正、兼中到之"五位君臣图"与《大过》、《中孚》、巽、兑、重《离》相配，用以解释石头希迁《参同契》"回互"之意。他不仅读《易》，而且于易学多有发挥，更著有《易注》3 卷，又称《易传》。⑦ 宋末元初云外云

<hr>

① 朱文长：《华严经赞序》，载（高丽）义天集：《圆宗文类》卷二二，《卍续藏经》第 111 册，第 846 页。

② 李纲：《梁溪集》卷一一二《郁林与吴元中书》，文渊阁《四库全书》本。

③ 李纲：《梁溪集》卷一六二《萧氏印施夹颂金刚经跋尾》。

④ 李纲：《梁溪集》卷一一〇《海康与许崧老书》。

⑤ ［日］忽滑谷快天撰，朱谦之译，扬曾文导读：《中国禅学思想史》，第 584 页。

⑥ 释慧洪：《智证传》，《卍续藏经》第 111 册。

⑦ 释慧洪：《石门文字禅》卷八《枣栢大士生辰因读易·豫卦有感作此》，文渊阁《四库全书》本。

岫认为"十六字偈"真义寓于《离卦》之中，并不是变为五卦，将禅宗渐修顿悟思想融入五位之中，将普度众生视为"由顿入渐"的曲折过程。① 由于唐代禅易融贯的影响，宋元以降，禅师讨论人生问题时，往往融《易》理、佛理以为说，如黄龙派创始人黄龙慧南讨论人情，就以《易》之《泰》、《否》、《损》、《益》为说，以为"人性者，为世之福田，理道所由生也"②。

明清时期，佛学理论已日趋完善成熟，并更趋于修持实践，借助明中后期心学的兴起繁荣，形成了以佛解《易》的新局面。首先是王阳明心学兴起后，分化出的一些流派受到禅宗的影响，走上儒佛合一之路，引禅以释《易》，方时化、焦竑、徐世淳、苏浚、张镜心、郑圭、顾曾唯等是其中的代表。在佛教界，以佛释《易》者也十分广泛。明末清初，元贤为石头希迁《参同契》作注，与释慧洪不同，又因重《离》而成《既济》、《未济》、《益》、《损》四卦，并与《离》一道配以正中偏、偏中正、兼中至、兼中到、正中来，形成新的"五位君臣图"。晚明临济宗三峰法藏，23 岁时便开始"研虑于《易》"，又"粘《河图》、《洛书》于壁"，对人说："十河九洛，象教总持，须从无文字道理处求之直指。"当时"钱公一本，自任易学，与梁溪顾端文（宪成）、高忠宪（攀龙）诸先生倡道东南，品衡海内。见和尚后贻书曰：'见公如见麟凤。'"③ 可见，法藏于此时已精通易学，声名远扬。云栖袾宏、紫柏真可、憨山德清、蕅益智旭并称明末"四大高僧"。袾宏对程颢以《艮》比拟《华严经》不满，以为《艮卦》远未尽佛教之义。他说："艮其背，不获其身，止是无我相；行其庭，不见其人，止是无人相。尚有众生、寿者，则知《金刚》该艮背四言，艮背得《金刚》半偈。而昔人谓'看一部《华严经》不如看一《艮卦》'，可谓失言矣。……《艮卦》未尽《般若》，乃欲胜乎《华严》？是犹小臣与卿相之列，而谓超乎天子，其失可胜言哉！"④ 憨山德清童年即通《周易》。紫柏真可、蕅益智旭是佛教易学中的最有代表性的人物，前者著有《解易》一文，后者则有《周易禅解》，成为迄今为止的唯一一部大量运用佛学思想全面注解《周易》的著作。智旭解《易》，既以易理启悟慧观，又以《易》理诱导修行，将佛法、修行与《易》理相结合，别开生面，独树

① 云外云岫：《宝镜三昧玄义》，《卍续藏经》第 111 册。

② 惠泉：《黄龙慧南禅师语录》，《大正新修大藏经》第 47 册。

③ 弘储：《三峰和尚年谱》，载法藏：《三峰藏和尚语录》卷末，蓝吉富主编《禅宗全书》第 52 册，台北：文殊文化有限公司，1989 年，第 731 页。

④ 莲池著述：《竹窗随笔·遗稿·答问·答郡伯裴溪余公》，曹越主编、孔宏点校：《明四清大高僧文集·竹窗随笔》，北京图书馆出版社，2004 年。

一帜，不仅增强了佛教的活力，也进一步拓展了易学的发展空间。①

民国以来，杭辛斋、章太炎、太虚大师、熊十力、马一浮、潘雨廷等都力倡易佛会通，对佛教易学的进一步发展，对佛教易学史的深入研究都具有重要的启迪意义。同时，在唯识学复兴、西学东渐与民族危亡的特殊背景下，他们又以文化复兴为己任，佛、易交融，以唯识论易，并融入西学思想，倡导《易》的世间法与出世间法，使佛学易有了新的转型。

1. 《参同契》1 首，（唐）石头希迁撰；《宝镜三昧歌》"十六字偈" 1 首，（唐）云岩昙晟撰

石头希迁（700—790），唐端州高要（今广东省高要县）人。尝于曹溪慧能门下做沙弥，后往依慧能高足青原行思，对曹洞宗的形成与发展产生重要影响。

希迁偈颂《参同契》五言诗，凡 22 韵 220 字，《宋史·艺文志》子部释氏类著录为《石头和尚参同契》1 卷，宗美注。希迁借鉴东汉魏伯阳《周易参同契》，以《易经》坎离之象喻禅宗 "明暗" 理事关系。他以离明代理，坎暗代事，并参照魏伯阳以月象变化阐述丹道的思想，以月亮盈亏之明暗变化来表达其禅学思想。《参同契》称："当明中有暗，勿以暗相遇；当暗中有明，勿以明相睹。明暗各相对，比如前后步。"希迁认为参禅修炼过程中有不同的境界与功夫深浅程度，如月亮圆缺明暗变化一样，要根据具体情况，在不同的阶段审慎地采取相应的用功方式或用功进度。

石头希迁《参同契》虽简洁，但十分隐晦，其后传云岩昙晟、洞山良价、曹山本寂在此基础上创作、注解《宝镜三昧歌》（四言偈颂，共 376 字）。其中有 "重《离》六爻，偏正回互。叠而为三，变尽成五" 的十六字偈，成为会通禅、易的重要内容。昙晟等进一步继承石头希迁思想，利用魏伯阳《周易参同契》，并结合汉京房 "五行六位"（即以五行配卦之六位）、"五位君臣"（即以世应为基础，配六位以元士、大夫、三公、诸侯、天子、宗庙，形成君臣关系），以及唐圭峰宗密《十重图》，演绎 "明暗" 为 "偏正"，最终形成 "君臣五位图"，讲偏正、君臣、功勋，尤其是强调回互，与卦象关系极为紧密。宋代释慧洪、宋末元初云外云岫、明清之际永觉元贤等都对《参同契》、"十六字偈" 加以注解说明，融会禅、易，影响甚大。

《参同契》见《续藏经》第一辑第二编第三十套第四册《永觉元贤禅师广录》、《景德传灯录》卷三〇；《宝镜三昧歌》见于《大正藏》第四七卷《筠州

---

① 刘泽亮：《从周易禅解看三教关系》，《道学研究》2003 年第 1 期。

洞山悟本禅师语录》）。

2.《解易》1篇，（明）紫柏真可撰

紫柏真可（1543—1603），字达观，号紫柏，世称紫柏尊者。俗姓沈，江苏吴江人。明末四大高僧之一。真可著作甚丰，被后人辑编成《紫柏尊者全集》30卷。真可《解易》一文，收录入该书卷二二，集中以佛理解读《周易》。此外，在《全集》中，还有许多真可以"法语"或"开示"等形式，用佛理解读《易经》的文字。

《解易》一文共分十段。首段论《易》具理事、情性、卦爻，卦性而爻情，《易》先天、后天均无常，即情而复性，即性而摄情，乃易生生不穷。第二段论《大有》一阴五阳，一阴居尊位，备有信、顺、尚贤三德，群阳心服。第三段借《噬嗑》论无我、有犯而能容的至广至大境界。第四段以《井卦》论心统性情。第五、六两段借《艮》、《咸》论无我。第七段以禅论《咸》、《艮》之旨。第八段借《渐卦》论"一心不生，万法无咎"，吉凶在心。第九段借《系辞》论象形之变化无常。第十段借《泰》、《大壮》、《夬》三卦论君子小人，主张小人在外，君子居主而制其命，颇涉于时事，有入世之意。

真可虽以《解易》为名，实际上都是借《易经》来阐述其佛学思想。与汉隋之际佛教借《周易》思想来比附解释佛理的"格义"之学不同，也与唐宋时以《周易》象数、图书，或者少量借用部分词句来阐述分析甚至建立佛学理论有别。真可以佛学思想来解释《周易》，相较而言，是一种"反格义"的做法。同时，他的解释，主要还在于利用《周易》的卦爻符号之间的逻辑关系，如承、应等，来作佛理化解释，仍有唐宋佛教学的痕迹。不过，真可进一步发展了从义理角度解释《周易》，不再从象数入手，机械地比附。虽然他较少涉及卦爻辞，但对其中如《艮》、《系辞》等个别用语已多有关注，用以会通佛释了。真可从读《苏长公易解》，亦即苏轼《易传》入手，显示了主张融会儒释的易学家对佛教易学的深入发展有着重要影响。

明德清阅《紫柏尊者全集》收入《乾隆大藏经》（即《龙藏》）此土著述第 154～155 册、《卍续藏经》第一辑第二篇第 126～127 册。今有曹越主编《明清四大高僧文集·紫柏老人集》本（北京图书馆出版社，2004 年）。

3.《周易禅解》10 卷，（明）释智旭撰

释智旭（1599—1655），字蕅益，号北天目道人、八不道人，从所居称灵峰老人，俗姓钟，江苏吴县木渎镇人。明末四大高僧之一，净土宗九祖。智旭 10 岁读儒书，力辟释佛。16 岁读云栖袾宏《自知录》、《竹窗随笔》，开始信佛。20 岁听讲《楞严经》，决意出家。其后遍阅经藏，有《阅藏知津》之

作。智旭有见于明末佛学之弊，决意弘法。著述甚多，有《灵峰宗论》10卷、《阅藏知津》44卷、《周易禅解》10卷等，今人辑成《蕅益大师全集》行世。《周易禅解》卷一至卷七解六十四卦，卷八解《系辞上传》，卷九解《系辞下传》、《说卦》、《序卦》、《杂卦》，卷十则附图说8篇。全书将佛教真如佛性权说为《易》，认为它具有随缘不变，不变随缘之义。故其《性学开蒙答问》称："'易'即真如之性，具有随缘不变、不变随缘之义，密说为'易'。"① 其自序称"以禅入儒，务诱儒以知禅"，故全书通释卦爻，皆援禅理以为解，虽不免附会，但其说《易》理，颇有可取者，并非纯为恍惚虚无之论。

智旭《周易禅解》虽没有完整规范的解《易》之例，但随文解说，继往开来，禅、易互证，是易学史上第一部全面系统地以佛教理论阐释《周易》思想的著作，成为佛教界最为典型的易学著作。此后虽仍有不少禅师精通易学，但都无法超越其成就，而往往流于日常德用而已，很少有相互印证、对照发明的著述了。不过，与道教系统的易学不同，以智旭《禅解》为代表的禅宗易学，主要是借助《周易》经传在儒家中的重要地位来宣扬其佛学思想，理论上的建树较为少见。

有清顺治间释通瑞刻本、民国四年（1915）南京金陵刻经处刊本、《续修四库全书》本等。今有施维点校、陈德述注释《周易·四书禅解》本（团结出版社，1996年）、《周易祥解》方向东、谢秉洪校注本（广陵书社，2006年）。曾其海《周易禅解疏论》（上海古籍出版社，2006年）、谢金良《周易禅解研究》（巴蜀书社，2006年）有深入疏解、研究。

九、杂类

《易》学文献极为繁杂，除了以上所介绍的诸类别外，还有包括医易学文献，以及律历家、天文家、兵家、堪舆家等讨论易学的文献，大多不能独立成书。其中医易家比较著名，单独的医易学文献也有不少，在明、清，尤其是20世纪80年代以来影响颇大。此外，兵家《易》学文献多围绕诸葛亮《八阵图》展开，内容也较为丰富。至于律历与易数的关系十分紧密，天文、堪舆均与易学象数、图书关系密切。清四库馆臣称："术数之兴，多在秦汉以后，要其旨不出乎阴阳五行、生克制化，实皆《易》之支派，傅以杂说

---

① 蕅益著述：《明清四大高僧文集·灵峰宗论》，北京图书馆出版社，2004年，第197页。

耳。"① 因此，一些与易学关系不大的术数学文献也可以适当选录入此类。

易学对中医学的发展产生了十分深刻的影响，历代著名中医家都非常重视对易学的研究。宋代图书易学兴起后，医易同源，相互印证，逐渐得到部分学者的认同，在元、明时期便出现了医易学派。明、清以来，较为著名的医易学文献有明代孙一奎《医旨绪余》、张介宾《医易义》，清代金理《医原图说》、李雨村《医易引端》、邵同珍《医易一理》、郑寿全《医理真传》，清末民初唐宗海《医易通说》及《医易详解》、恽树珏《群经见智录》等，其中张介宾、唐宗海之作影响最大。

易学与医学有会通之处，尤其是二者关于阴阳等的辩证之说、关于人与天地相参之说等等，息息相通。据《左传》昭公元年记载，早在春秋时期，秦国名医医和为晋侯诊病，就以《蛊卦》的卦名、卦象为喻，分析病情。其后，中医学奠基之作《黄帝内经》、张仲景《伤寒杂病论》及其他著名医学著作，均有着明显的易学内涵。唐孙思邈《千金要方·大医习业》说："《周易》、六壬，并须精熟，如此乃得为大医。"明张介宾《类经附翼·医易义》说："天地之道，以阴阳二气而造化万物；人生之理，以阴阳二气而长养百骸。易者，易也，具阴阳动静之妙；医者，意也，合阴阳消长之机。虽阴阳已备于《内经》，而变化莫大乎《周易》。故曰天人一理者，一此阴阳也；医易同原者，同此变化也。"这就在学术史上正式提出了医易同原之说，使人们更为自觉地会通易医，故其影响极为深远。

1. 《医易义》1 篇，（明）张介宾撰

张介宾（1563—1640）字会卿，号景岳，会稽（今绍兴）人。从名医金英游，遂精医道。著有《类经》、《类经图翼》、《类经附翼》、《景岳全书》等。张介宾是中医学史上继往开来的一位著名医学家。在医学与易学的会通融合上，张介宾于《类经图翼》卷一用太极、五行等图论《易》。《类经附翼》卷一又有《医易》、《河图》、《洛书》、《医易义》、《卦气方隅论》诸篇，而尤以《医易义》一文凡 6360 余字，系统论述易学与医学的关系，最为著名。

张介宾继承孙思邈"不知《易》，不足以言太医"之说，明确提出"医易同原"、"医易相通"，认为"《易》者，易也，具阴阳动静之妙；医者，意也，合阴阳消长之机"，医易在阴阳变化之理上相通无二。"《易》具医之理，医得《易》之用"。张介宾通过周敦颐《太极图》、邵雍《先天图》以及《河图》、《洛书》等相关图说，结合阴阳五行，以太极作为天地万物与人类生命的根

① 永瑢等：《四库全书总目》卷一〇八《子部·术数类序》。

源，说明人生命的来源与身体结构的机能，说明脏腑与脉理之间的变化关系。在这个基础上，张介宾提出了"神气之本，本在元精"之说，主张以补阴滋肾作为治疗疾病和增强生命力的基础。张介宾的医易学不仅丰富了医学理论，同时又以医学原理与实践扩充了易学的空间，为易学与自然科学的进一步结合与发展做出了贡献。他在总结前人零散论述基础上所作的较系统的医易学论述，极富开拓性，引导后来的医学家继续为之努力，功不可没。

此书有《景岳全书》本，1999 年中国中医药出版社《张景岳医学全书》点校本等。

2.《医易通说》2 卷，（清）唐宗海撰

唐宗海（1846—1897），字容川，四川彭县人。著名医学大家。进士，精于经学，名闻三蜀，居家筑室教授，列门下者数十人。晚年致力于医易研究，认为《易》是医学之源，医为易学之绪，于是"为医学探源，为易学引绪"，作《医易通说》2 卷。上卷概述医易关系，有缘起、考辨、总纲、太极、两仪、四象、先天八卦、天干、地支、花甲等篇；下卷对医易关系作进一步详细的阐述，有后天八卦、八卦方位、八卦取象、人身八卦、重卦、六子、辟卦、月候、交易、变易、不易、互卦、爻位、序卦、杂卦、引申等篇。全书用了相当大的篇幅谈论《易经》理论，而多运用易学象数，并联系中医的病理、病症，将医学与易学在实践中结合在一起。

唐宗海常引《易》义以谈医，认为人身本于天地阴阳，而发明天地阴阳者备于《易》。同时他又认为西学之理，一一皆具于《易》中，故其说《易》每与西学相参。唐宗海将中医理论的阴阳学说与《周易》中的太极、阴阳生成说加以紧密结合，并以人身生成转化为证，确立了《内经》阴阳理论与《周易》阴阳理论的互通。同时，他运用医学实践探求易理，又运用易理来阐发医学原理，认为《易》是医学之源，医为易学之流，主张会通医易，对于进一步研究中医理论，具有一定的启发意义。

《医易通说》一书有光绪二十七年（1901）刻本、光绪三十年（1904）刻本、宣统元年（1909）成都文伦书局铅印本。1917 年上海千顷堂书局石印本，书名上卷题为《医易通论》，下卷题为《医易详解》。另有唐氏《中西汇通医书六种》、《六经方证通解》等合编丛书本。今有 1987 年安徽中医学院顾植山校注本、1989 年中医古籍出版社校注本、1999 年中国中医药出版社《唐容川医学全书》点校本等。

第三章　《尚书》学文献

　　《尚书》最早称《书》，后称《尚书》，成为儒家经典以后，又叫做《书经》。它是儒家最早的经典之一，自汉代以来一直被奉为中国古代社会的"治道之本"①，"七经之冠冕，百氏之襟袖"②，成为帝王的教科书和贵族士大夫必遵的"大经大法"③。帝王将相以《书》安邦定国，工商士民以《书》修身待物。因此，《尚书》受到历代学者高度重视，经过他们持续不断地整理、注解、使用、传播，形成了中国经学史上的《尚书》学，积淀了丰富的《尚书》学文献。

　　在儒家经典中，经义最久远、最难于分明者，以《尚书》为甚；存在今古文的分别，以《尚书》为最早，也最缪辘难辨；《尚书》的真伪问题也一直困扰着历代学者，近代著名国学大师王国维就曾感叹自己"于《书》所不能解者殆十之五"④。因此，在中国历史上，《尚书》学及其文献都十分繁复。但总的来看，《尚书》学文献因《尚书》的出现及后人对它的注解、研究而渐次产生，有一个从简单到复杂的过程：

　　先秦时期，《书》由一般的档案文献初步汇编之后，便一直成为文化阶层的必读书，它向人们提供了治政理民的经验教训及文物典型规范。尤其是儒家将《书》作为经典后，它在社会生活中影响深远、流布广泛，征引《书》、诠释《书》、运用《书》、传授《书》成为当时的文化风尚，并逐渐成为传统。然而，秦代的焚《书》、禁《书》，不许民间"偶语"《尚书》，造成了先秦《书》学的衰落。幸亏博士之《书》不烧，官方《书》学未绝，为汉代《书》

---

　　①　杨万里：《诚斋集》卷一二一《故工部尚书焕章阁直学士朝议大夫赠通议大夫谢公神道碑》，文渊阁《四库全书》本。

　　②　刘知幾：《史通》卷四《断限第十二》，文渊阁《四库全书》本。

　　③　蔡沈：《书经集传序》，见《书经集传》卷首，文渊阁《四库全书》本。

　　④　王国维：《观堂集林》卷二《与友人论诗书中成语书》，中华书局，1959 年。

学之兴盛奠定了基础。

两汉时期的《尚书》学从伏生研究今文《尚书》开始，在"表章六经"的思想影响下，发展迅速，形成了欧阳、大小夏侯三大流派，立于学官。汉代还出现了多种版本的《古文尚书》，古文《尚书》学由东汉杜林一派发扬光大，在不断与今文学争论的过程中完善自己，最终取得了学术统治地位。汉末，郑玄注《尚书》则今、古兼采，融合今、古为一体，集汉代《尚书》学之大成。汉代众多学者传注《尚书》，在发扬先秦儒家的诠释传统基础上，重点关注文字音读辨识、篇章句读分析、经文大义训释诸方面，形成了数量众多、形式多样的《尚书》学文献，其中尤以今文家的章句之作为大宗。

魏晋南北朝时期，学术思想自由，尤其受佛、道及外域文化的影响，《尚书》学呈现出多元化的发展模式。郑学独盛于汉末魏初，此后王肃之学兴起，与郑学分庭抗礼，在南北各地广泛流传；东晋梅赜奏献所谓的孔安国《古文尚书传》（历史上多简称"孔《传》"，本书亦沿袭此称），与郑学互争，呈现出"南孔北郑"之势。这一时期的《尚书》学文献，反映了当时文化学术打破汉代传统家法的束缚，呈现出学派此消彼长、博弈互斗的热闹景象。义疏体兴起并成为当时注经的主要形式，也成为《尚书》汉代训诂之学向宋代义理之学的过渡。因此，魏晋南北朝时期的《尚书》学，是《尚书》学史上非常重要的一个发展阶段。

隋唐时期的《尚书》学，以魏晋南北朝以来的多元化趋于一统为主要特征，最终完成了集大成而又著为功令的《尚书正义》。其次，学者舍弃两汉传统旧注而创立新说，甚至怀疑经文，完成了从汉学到宋学转变的准备，并且已经开了宋学的先河，直接影响宋代以后的《尚书》学及其文献的表现形态。

两宋时期，学人对《尚书》进行了全面而系统的研究，著作繁富。宋儒解经多异前代，他们摆脱章句、传注、训诂等传统的解经方式，而以疑古辨伪和义理解经为主。反映在《尚书》学文献上，可以明显地看出，宋代以音释传注为主的"汉学"类著作奇少，而言微言大义的"宋学"类著作占了十之八九，通经致用蔚然成风。

元明两代的《尚书》学都奉行宋学，特别是蔡沈的《书集传》（历史上多简称"蔡《传》"，本书亦沿袭此称）著为功令，使疏解蔡《传》的所谓"时义"之作（类今之应试参考书）层出不穷，而与之相对的采用古注疏的所谓"古义"《尚书》学著作亦大量问世。另外，元明诸儒对《尚书》的疑辨也有进一步发展，直接影响了清代的《尚书》辨伪。

清代《尚书》学文献异彩纷呈，一方面延续着宋元明之传统，以蔡《传》

定于功令，宗蔡《传》之作层出不穷，辨晚出孔《传》及其经文之伪达到高潮，深入开展对《尚书》单篇如《禹贡》、《洪范》等的研究；另一方面又进行了复古运动，汉代《古文尚书》学和今文《尚书》学都得到大力复兴和新的发展；还有学者汉、宋兼采，推动清代《尚书》学的全面发展。可见清代的《尚书》学及其文献，既有别于汉、宋之学，又与它们有着千丝万缕的联系。

　　20世纪以来，近代科学的发展使《尚书》学发展呈现出新的气象。一方面，既有传统的文字音义的训释，对晚出孔《传》的进一步疑辨，以及用现代白化话注释《尚书》。另一方面，相关学科的发展及近现代学术研究方法的革新，使《尚书》研究在内容和方法上都迥别于传统。例如，甲骨文金文研究的成果促进《尚书》在古文字、古文法等方面的深入研究；现代天文、地理科学方法的引进促使学者对《尚书》天文、地理内容的广泛探究；一些学者进一步发掘出《尚书》中适合社会需要的文化思想，使《尚书》学有用于世。

第一节　《尚书》的形成及其经典化

　　《尚书》的形成非常复杂。中国古代社会"君举必书"①，由史官书写帝王政事的一篇篇文字材料最初就叫"书"。《书》作为档案文献代代相传，因其中蕴涵丰富的思想内容，先秦诸子屡屡称引其文。儒家创始人孔子，从当时已残缺的《书》篇中筛选了一部分，加以编辑整理成一定本，用作历史遗典，对学生进行政治哲学教育和道德教育。就这样，《书》与《诗》、《礼》、《乐》一起，成为孔子向学生传授的"四术"。② 孔子晚年又赞《易》、修《春秋》，于是形成"六经"（或"六艺"）。由于孔子之后儒学影响的扩大，《书》成了当时知识分子的必备读物，正如《庄子·天下篇》所云："邹鲁之士搢绅先生多能明之。"《尚书》在儒家学派中逐渐经典化，到西汉立五经博士，《尚书》作为五经之一，成为官方学术，最终完成经典化的过程。

一、档案与《尚书》

　　从内容上看，《尚书》主要记载了中国古代帝王们向臣下或民众所发表的训令和向军队所宣布的誓师词，以及大臣们向君王所提出的建议和规劝，还

---

　　① 《左传·庄公二十三年》，阮元校刻《十三经注疏》本。
　　② 《礼记·王制》。

第三章　《尚书》学文献

有一部分是远古历史。它所涉及的时代，上起唐、虞，下迄春秋前期，为时至少约 1300 多年（前 2000 年左右至前 7 世纪）。追溯《尚书》形成的源头，必须从中国历史记录的起源和档案文献的产生说起。

出土文献《郭店楚墓竹简》之《性自命出》云："《诗》、《书》、《礼》、《乐》，其司出皆生于人。"① 明确说明《书》之兴起始出于人的需要。这也有力地驳斥了《易》所云"河出图，洛出书，圣人则之"之说。人类要保存和传播知识，寄托自己对历史的认识，就需要历史记录。中国的历史记录起源很早，自古就有绘画、结绳记事、刻木为契、实物符号、象形符号、抽象符号等记录和保存语言的手段，而严格意义上的历史记录形式的产生，是在文字产生、国家形成之后。马雍在《尚书史话》中说："我国在很古的时候就有了专门记载历史的史官②，古代史官所记载的历史文献在体裁上大致分为两类：一类是按着年月次序逐条记录国家大事的'编年史'，另一类是记录国王和大臣们有关国家大事的言论和政令的档案。《尚书》就是后面这种档案文献的一部汇编。"③

作为档案文献的称谓，"册"、"典"产生较早。《尚书·周书·多士》载西周初年的周公旦曾说："惟殷先人，有册有典。"说明周公见过殷人的典册。今人在研究殷墟卜辞时，发现甲骨片上多有钻孔，且有"册六"等字样，这大概系典册的编号。由此可见，"册"、"典"的观念在殷商时代已存在，而且殷商的巫史们已在尝试建立档案并加以分类。所谓"册"、"典"，即是史官记载史事的档案文献。

周代接收了商代的历史文献，所以能有"周公旦朝读《书》百篇"④。周代还进一步发展了史官制度，这不仅从《周礼》等文献中，而且从金文中也可看到不少史职，如太史、小史、内史、外史、左史、右史、御史等，不仅中央王室有，各诸侯国也有。这些史官主要有两方面的作用：一是做统治者政治活动中的文书工作，把君主所要形成的文件写下来，结果就成为史料；一是给统治

---

① 荆门市博物馆：《郭店楚墓竹简》，文物出版社，1998 年，第 179 页。

② 史官制度起源何时，现在无从精确考据。但从甲骨文中可以看出，商代应有史官。商王无论向上天请示一件什么事，或卜问一件什么疑难的问题，或准备进行一项什么活动，涉及宗教、典礼、征伐、生产、生活等各方面，都由贞卜官员如实地记载在甲骨上，这些贞卜人员实际就是商代原始的史官。"殷因于夏礼"（《论语·为政》），商代承继了夏代文明，夏代有史官也完全可能。

③ 马雍：《尚书史话》，中华书局，1982 年，第 5 页。

④ 《墨子·贵义》。

者总结经验，垂训将来，为了历史的目的替君主的言行做记录工作，即直接记注史料，这就是古代史职的"记注"工作。《礼记·玉藻》说："动则左史书之，言则右史书之。"《汉书·艺文志》则说："左史记言，右史记事。"虽然他们将左、右史的职掌彼此颠倒了，但皆表明当时跟在统治者身边的史官随时记录着统治者的"言"和"事"，其目的正如《汉书·艺文志》所说："古之王者，世有史官，君举必书，所以慎言行，昭法式也。"发展到后来，记事与记言的史料多了，在档案上就有了分门别类，"事为《春秋》，言为《尚书》"（《汉书·艺文志》）。《郭店楚墓竹简》中的《性自命出》篇所谓"《诗》，有为为之也。《箸》（释为'书'），有为言之也。《礼》、《乐》，有为举之也"①，明确界定了《书》的记言性质，可以与《汉书·艺文志》之说相印证。综观《尚书》各篇，我们可以发现，其记言的比例的确远远高于叙事的比例。②

《书》记录的君主之言主要是有关政事的，正如《庄子·天下》篇云："《书》以道事。"《荀子·劝学篇》亦说："《书》者，政事之纪也。"这些记载政事被称为"书"的档案，最初恐怕还是一件件的，并未集结成具有一定编排体例的定本。流传到后来，社会管理者发现其中的许多史事是供人们汲取人生乃至政治经验的宝贵资料，可以作为修身立德、为政理民的教材，故理所当然地要受到重视，逐渐被汇编在一起，但仍总称为"书"。

《书》的最早汇编起于何时已不可确考，但从文献视角看，应在学在官府、文化还未下移的时代。《左传·僖公二十七年》记载赵衰之言曰："臣亟闻其言矣，说《礼》、《乐》而敦《诗》、《书》。《诗》、《书》，义之府也；《礼》、《乐》，德之则也；德、义，利之本也。"这是传世文献中最早并言《诗》、《书》者。鲁僖公二十七年为公元前 633 年，由赵衰称说的情况可知，《书》与《诗》、《礼》、《乐》已在当时的文化阶层中普遍存在，故《书》的汇编应远早于赵衰的时代。

二、诸子与《尚书》

由于《尚书》保存了我国上古时代最为重要的政治历史文献，所以成为

---

① 荆门市博物馆：《郭店楚墓竹简》，第 179 页。

② 无论是"记言"还是"记事"的史料，以及其他一些记录的文字资料，当初都可能称作"书"，正如许慎《说文解字·序》云："著于竹帛谓之书。"又于书部云："书，著也。从聿，者声。"吴澄《书纂言》亦曰："书者，史之所纪录也。从聿，从者。聿，古笔字，以笔画成文字，载之简册曰书。"（吴澄：《书纂言》卷一，文渊阁《四库全书》本）只是发展到后来，"书"由泛指逐渐演变为专指记言。

各个历史时期人们了解和研究上古历史的最重要的文献依据。先秦诸子大都运用《尚书》来称道古史，称引、诠释《尚书》来宣扬自己的学说主张，以及议政、施政。

先秦诸子与《尚书》的关系非常密切，这种关系主要体现在引《书》和用《书》上，而引《书》是手段，用《书》是目的。先秦诸子如何引《书》、用《书》，陈梦家在《尚书通论》第一章《先秦引书篇》、许锬辉在《先秦典籍引尚书考》、刘起釪在《尚书学史》第二章《尚书在先秦时的流传情况》、郑杰文在《墨子引书与历代尚书传本之比较——兼议"伪古文尚书"不伪》一文、马士远在博士学位论文《周秦尚书流变研究》中都做了详细考述。①从上述诸位学者的研究来看，先秦诸子中，儒家和墨家对《尚书》引用的次数最多，他们沿用一些旧《书》篇材料，凡能为自己学说张目者，就选编、引用；有不尽适合者，他们就删去，或加工改造，或作断章取义的阐释，用以体现自己的学说观点。

儒家学派在发展过程中，把《尚书》中的一些贤君明王纳入了自己的道统中，在选编、诠释、传授《尚书》的过程中，免不了掺入自己的思想，但后世流传的伏生今文《尚书》、孔壁《古文尚书》、梅赜所献孔《传》本《古文尚书》（以下简称"晚出《古文尚书》"）等各种版本，其基本素材都是上古流传下来的《书》篇。②儒家还将以《书》为教从官学下移到民间，"孔子以诗书礼乐教，弟子盖三千焉"（《史记·孔子世家》），孔门弟子、孟子、荀子

① 陈梦家：《尚书通论》，河北教育出版社，2000年，第8～38页；许锬辉：《先秦典籍引尚书考》，嘉新水泥公司文化基金会研究论文，1970年；刘起釪：《尚书学史》，中华书局，1989年，第11～66页；郑杰文：《墨子引书与历代尚书传本之比较——兼议"伪古文尚书"不伪》，载《孔子研究》2006年第1期；马士远：《周秦尚书流变研究》，扬州大学2007年博士论文。

② 被人甚为怀疑的晚出《古文尚书》，出土和传世的先秦诸子文献所引《书》文见于其中的就达十余篇，相互比对后可以发现，它们在文字内容上有许多相同或相似之处，这说明晚出《古文尚书》在先秦是有源头的。同时，先秦文献所引《书》文又有许多不见于晚出《古文尚书》者，这又说明晚出《古文尚书》并非是从先秦文献中抄袭文句造作的，故清代以来所谓"梅赜造作古文《尚书》"（清代以阎若璩、惠栋为代表的许多学者都认为梅赜所献孔《传》本《古文尚书》系梅氏自己所伪造。阎若璩在《尚书古文疏证》卷八第一一三节中说："梅赜上伪书，冒以安国之名，则是梅赜始伪。"惠栋亦在《古文尚书考》中云"今世谓古文者乃梅赜之书，非壁中之古文也"）的说法亦当重新审视。

等多继承了孔子以《书》授徒的传统，为《尚书》在民间的传播做出了重要贡献，也使《尚书》的流布更为广泛、影响更为深远。孟子还"序《诗》、《书》，述仲尼之意"①，再次对《尚书》进行了选编整理。荀子还在将《书》学从诸子学形态上升到经学形态方面做了大量工作，其云："学恶乎始？恶乎终？曰：其数则始乎诵经……故《书》者，政事之纪也。……《礼》之敬文也，《乐》之中和也，《诗》、《书》之博也，《春秋》之微也，在天地之间者毕矣。"② 为汉代《尚书》的经典化奠定了基础。由此可见，儒家在传播《尚书》、发掘《尚书》的思想内涵等方面做出了重大贡献，并一步步将《尚书》经典化。

墨家也很重视《尚书》，提出了"背周道而用夏政"的主张，③ 与崇尚周道的儒家有所不同。④ 所谓"周道"，是指西周以来所形成的以《诗》、《书》、《礼》、《乐》为核心形成的等级制度礼乐文明，目的重在调整贵族之间矛盾的王道文化；"夏政"就是《庄子·天下篇》中讲的"禹之道"，主张刻苦俭朴的务实作风，强调社会整体和谐。墨子也把《书》当作载录圣王之迹的历史经典，对《书》非常熟悉，且能随时称引其文本。从各种先秦传世文献引《书》的统计情况来看，《墨子》引《书》的篇目最多，多达 20 余篇。墨家与儒家一样，都极力宣扬《尚书》，尤其是宣扬《尚书》中的主要历史人物，而最突出的当为尧舜，同时还有禹。《韩非子·显学篇》说："孔子、墨子俱道尧舜，而取舍不同，皆自谓真尧舜。尧舜不复生，将谁使定尧舜之诚乎？"廖平《书经大统凡例》也指出："儒家之尧舜美备，墨家之尧舜质野。"儒家把尧舜赞誉为巍巍圣君，垂衣裳而天下治；墨家把尧舜描绘为一心让贤随时禅让天下的有道之主，至于与原来的尧舜是否相符，谁也没法断定。而当时其他各家也有自己对尧舜的看法："道家之尧舜天神，农家之尧舜并耕，兵家之尧舜战争，法家之尧舜明察，各执一偏，人言人殊，皆非真尧舜也。"⑤ 可见《尚书》中的尧舜在诸子笔下各不相同。

另外，先秦诸子的一些学说，也与《尚书》中的某些观点不谋而合。例

---

① 《史记·孟子荀卿列传》。

② 《荀子·劝学》。

③ 《淮南子·要略训》。

④ 孔子在对比夏、商、周礼乐制度后说："周监二代，郁郁乎文哉，吾从周。"

⑤ 廖平：《书经大统凡例》，《六译馆丛书》本。

如，以老子为代表的道家，其以"道"为核心思想，而"道"之渊源，不排除与《尚书》有关。因为老子曾为"周守藏室之史"①，就是主管藏书的史官，他一定有机会熟读史书，当然包括《尚书》。老子提出的"道法自然"，与《尚书》中总结的人们对水的自然本性"可疏而不可堵"的认识相关。禹治水时顺应了水的这一本性，故取得了成功，"九州攸同"、"六府孔修"②。老子认为，治国、治理社会需要顺应社会的自然之道，认识宇宙需要顺应宇宙的自然本性，这不能不说与治水需要顺应水的自然本性的道理是一样的。由此，老子提出"道法自然"，从而也把作为天神旨意的天之道改造为"象帝之先"的客观之道。

与儒、墨对《尚书》的极力弘扬不同，在先秦诸子中，也有像商鞅、庄子、韩非子等否定《尚书》史鉴及教化功用的思潮。然而，这种思潮并不是当时社会文化的主流，以《尚书》鉴政议政才是主流。《尚书》在当时已经被普遍认同，具有一定的权威性，故先秦诸子频繁地引用和诠释《尚书》来阐明各自的思想。他们的活动客观上起到了研究《尚书》的作用，促进了《尚书》的流传。《尚书》成为当时许多知识分子所共读的要籍，初步迈上了经典化的道路。

三、孔子与《尚书》

前已述及，将档案文献《书》篇选编成有固定篇目的《书》应当起源很早，因为据《左传·僖公二十七年》记载，在孔子出生前八十余年的赵衰时代，曾有"《诗》、《书》"并称的现象。先秦文献引《书》与后世所传儒家《尚书》各种版本在篇名和文本内容上存在很多差异，③ 表明《书》在初次结集之后，可能仍具有一定的开放性，人们在将《书》为我所用的过程中，可以增删其篇章内容。正是这样的选编、整理工作，产生了作为儒家经典的《尚书》。而从传世与出土文献引《书》的大量信息表明，儒家《尚书》定本之形成及早期传播，都与孔子有着密切的关系。

汉唐以来，学者讨论孔子对《尚书》所做的工作主要体现在三方面：其一，孔子编次或者删《书》为百篇，例如司马迁、刘歆、班固、《尚书序》作

---

① 《史记·老子韩非列传》。

② 《尚书·禹贡》。

③ 详见本章第二节。

者、陆德明、孔颖达、刘知幾等人之意见大同小异；① 其二，《书序》为孔子所作，王充、班固、陆德明、孔颖达、魏徵、刘知幾等皆同此说；其三，孔子以《书》教授弟子。

以上三方面，只有最后一条诸家无异议，因为《论语》已经有明文记载。其他两方面，历代学者争议较大，且随着学术的发展又衍生出一些新的观点。例如，郑樵认为孔子著《书》。② 史浩关于《书序》之解说云："此《书序》也，班固谓先圣孔子作，凡典、谟、训、诰、誓、命之文，必有史氏纪其所作之由，孔子取史语裁为法度之言，以信后世，虽谓之孔子作可也。"③ 虽认同班固之观点，但对《书序》之最初创作者做了说明，认为孔子就像整理《尚书》正文一样整理了《书序》。朱熹对这两方面的问题也表示了不同于前人的意见。首先，朱子怀疑孔子删《书》或整理《书》说。例如，当学生问："《书》断自唐虞以下，须是孔子意？"朱熹回答说："也不可知。且如三皇之书言大道，有何不可！便删去。五帝之书言常道，有何不可！便删去。皆未可晓。"④ 可见朱熹不赞成孔子删《书》的说法。其次，关于孔子作《书序》之说，朱熹表达了否定的看法，曰："《书序》恐只是经师所作，然亦无证可考，但决非夫子之言耳。"⑤ 其云："某看得《书·小序》不是孔子自作，只是

---

① 司马迁《史记·孔子世家》云："孔子之时，周室微而礼乐废，《诗》《书》缺。追迹三代之《礼》，序《书传》，上纪唐虞之际，下至秦缪，编次其事。……故《书传》、《礼记》自孔氏。"《史记·儒林列传》谓："故孔子闵王路废而邪道兴，于是论次《诗》《书》，修起《礼》《乐》。"班固采自刘歆《七略》之说，在《汉书·艺文志》中云："《书》之所起远矣，至孔子纂焉，上断于尧，下讫于秦，凡百篇，而为之序，言其作意。"《尚书正义》引《尚书序》云："孔子……讨论坟典，断自唐虞以下，讫于周。芟夷烦乱，剪截浮辞，举其宏纲，撮其机要，足以垂世立教，典、谟、训、诰、誓、命之文凡百篇，所以恢弘至道，示人主以轨范也。"陆德明《经典释文·序录》曰："《书》者，本王之号令，右史所记。孔子删录，断自唐虞，下讫秦穆。典、谟、训、诰、誓、命之文凡百篇，而为之序。"

孔颖达《尚书正义》记载道："言孔子……不但删《诗》约《史》，定《礼》赞《易》，有所黜除而已，又讨整论理此三坟五典，并三代之《书》也。"刘知幾《史通·内篇》曰："《尚书》家者，其先出于太古。《易》曰：'河出图，洛出书，圣人则之。'故知《书》之所起远矣。至孔子观《书》于周室，得虞、夏、商、周四代之典，乃删其善者，定为《尚书》百篇。"

② 郑樵：《通志总序》，见《通志》卷首。

③ 史浩：《尚书讲义》卷一，文渊阁《四库全书》本。

④ 黎靖德编、王星贤校点：《朱子语类》卷七八《尚书一·纲领》，中华书局，1986年，第1977页。

⑤ 朱熹：《晦庵集》卷五一，文渊阁《四库全书》本。

周、秦间低手人作。" "《小序》断不是孔子做!" "《书·小序》亦非孔子作,与《诗·小序》同。"① 朱熹为何认为《书·小序》不是孔子做的,因为《小序》与《书》正文不相符,有矛盾, "《尧典》一篇自说尧一代为治之次序,至让于舜方止。今却说是让于舜后方作。《舜典》亦是见一代政事之终始,却说'历试诸艰',是为要受让时作也。至后诸篇皆然"②。在朱熹看来,孔子果真作《书序》,当不至于犯这样与正文相矛盾的错误,故而《书序》可疑。此后,金履祥、郝敬、阎若璩、魏源、康有为等皆对《书序》提出各自的怀疑。

近代以来,学者们继续对以上问题展开讨论。钱玄同、顾颉刚等人否定孔子删《书》之事,③ 冯友兰认为孔子不曾著、注、编过六经中的任何一经,包括《尚书》。因为六经是周代封建制前期数百年中贵族教育的基础,其书已经形成,是现成的"教材",故"孔子既不是著者,也不是注者,甚至连编者也不是"④。张舜徽认为,孔子不曾删《书》,不一定整理过《书》。⑤ 与以上观点相反,康有为在其《六经皆孔子改制考》中说: "《书》,旧名。旧有三千余篇,百二十国;今二十八篇,孔子作,伏生所传本是也。"⑥ 皮锡瑞在其《经学通论》中也说: "大旨以为: 一、当知经为孔子所定,孔子以前不得有经;二、当知汉初去古未远,以为孔子作经说必有据。"⑦ 从康有为、皮锡瑞的观点看,孔子是《尚书》的作者。

以上各种争论,至今依然在进行,且仍无定论。我们认为,讨论孔子对《尚书》所做的工作,要根据最原始最令人信服的材料。《墨子·公孟》载有墨子与公孟子之间的一段对话:

> 公孟子谓子墨子曰: "昔者圣王之列也,上圣立为天子,其次立为卿、大夫。今孔子博于《诗》、《书》,察于《礼》、《乐》,详于万物,若使孔子当圣王,则岂不以孔子为天子哉?"子墨子曰: "夫知者,必尊天事鬼,爱人节用,合焉为知矣。今子曰'孔子博于《诗》、《书》,察于《礼》、《乐》,详于万物',而曰'可以为天子',是数人之齿,而以为富。"

公孟子相去孔子不远,所言"孔子博于《诗》、《书》",当为可信。郭店

---

① 黎靖德编、王星贤校点:《朱子语类》卷七八《尚书一·纲领》,第 1983、1984、1985 页。

② 黎靖德编、王星贤校点:《朱子语类》卷七八《尚书一·纲领》,第 1985 页。

③ 顾颉刚:《古史辨》(一),上海古籍出版社,1982 年,第 69~77 页。

④ 冯友兰:《孔子在中国历史中之地位》,《中国哲学简史》,北京大学出版社,1985 年。

⑤ 张舜徽:《汉书艺文志通释》,湖北教育出版社,1990 年,第 29~30 页。

⑥ 康有为:《六经皆孔子改制考》,中华书局,1958 年,第 245 页。

⑦ 皮锡瑞:《经学通论·序》,中华书局,1954 年。

战国楚墓竹简《缁衣》及上海博物馆藏战国楚竹书《缁衣》有孔子说《书》的记载。1973 年出土的河北定县八角廊汉墓竹简《儒家者言》亦云："《诗》、《书》不习，《礼》、《乐》不修，则是丘之罪。"先秦传世非儒家文献《庄子·天运篇》也载："孔子谓老聃曰：'丘治《诗》、《书》、《礼》、《乐》、《易》、《春秋》六经，自以为久矣，孰知其故矣。'"以上史料说明，在战国时期，孔子治《书》且博于《书》的观点是被普遍认同的。

秦以后言及孔子与《尚书》的关系的史料就更多了，而最早最令人信服的当为《史记》。因为《史记》采用秉笔直书的手法，其以信史闻名于世。20 世纪初叶甲骨文的发现与释读、1978—1983 年山西陶寺城址的发掘，佐证了司马迁《史记》对"五帝"历史的记述是有根据的，是可信的。另外，司马迁之先为"周室之太史也，自上世常显功名于虞夏，典天官事"，他距孔子时代不远，故其对夏商周以来的历史应该较为清楚，对孔子与六经的关系有较多的了解，他在《史记》中的记载，的确值得我们重视。后世学者对孔子与《尚书》关系的讨论，亦大多是根据《史记》之说加以发挥的。下面，我们就《史记》对这一问题的记载作仔细解读：

《史记·三代世表》记载："孔子因史文，次《春秋》，纪元年，正时日月，盖其详哉。至于序《尚书》则略，无年月；或颇有，然多阙，不可录，故疑则传疑，盖其慎也。"

《史记·孔子世家》云："故孔子不仕，退而修诗书礼乐，弟子弥众，至自远方，莫不受业焉。"又曰："孔子之时，周室微而《礼》《乐》废，《诗》《书》缺。追迹三代之《礼》，序《书传》①，上纪唐虞之际，下至秦缪，编次

---

① 按："序《书传》"之"书传"所指，学者有多说。陈梦家认为，"书传"可能是司马迁所见所用"书序"一类的资料（见陈著《尚书通论》第四部分"尚书补述"之"书序形成的时代"，河北教育出版社，2000 年）。张舜徽认为，"书传谓古代史料"（见张著《汉书艺文志通释》，湖北教育出版社，1990 年）。刘起釪在《尚书学史》（修订本）中对"书传"有两种意见，似乎未统一：一、在"序《书传》即整理排列残缺《书》篇的工作归之孔子"句中，似乎《书传》即是指《书》；二、"序书传"写为"序《书》、《传》"。马雍认为：《书传》即是指《尚书》，与后来称解释《尚书》的"注释"为《书传》者不同。他说："先秦人对于《书》、《传》分得很清楚，大约因为前者被认为是可靠的档案文献，而后者只是后人记载的历史传说而已。可是《书》和《传》的关系非常密切，所以，人们有时也把《书》称作《书传》。"（见马著《尚书史话》，中华书局，1982 年，第 7 页并该页页面底端注释）笔者认为，虽然"《书传》"一词所指不甚明了，但从该条材料上一句所说"《诗》《书》缺"互文来看，其当指《书》。又"序《书传》"之"序"也有多种含义，但从下一句"编次其事"互文来看，它仍是整理编序之义。

其事。……故《书传》、《礼记》自孔氏。"

《史记·伯夷列传》载:"夫学者载籍极博,犹考信于六艺。《诗》、《书》虽缺,然虞夏之文可知也。"

《史记·儒林列传》云:"故孔子闵王路废而邪道兴,于是论次《诗》《书》,修起《礼》《乐》。"

由上述记载可以发现,司马迁用"序"、"修"、"编次"、"论次"等词语,传达出孔子对《尚书》所做的工作主要是编《书》、删《书》、序《书》。①

司马迁在《史记》中反复表明,孔子之时存在"《书》缺"的情况。1973年出土的马王堆三号汉墓帛书《要》篇(时代在战国)也记载:"夫子曰:'……《尚书》多仝矣,《周易》未失也,且又(有)古之遗言焉。予非安其用也。'"在这里,"尚书"与"周易"对举,"多仝"与"未失"对举,李学勤推测,"仝"为"於"之省文,而"於"又当为"阙"之讹省,"阙"与下句的"失"正好互相呼应。② 郭沂也认为,"仝"字"其字义或为'缺失'"。③ 笔者认为他们的说法颇有道理。由此可见,孔子之时,古《书》篇在流传过程中存在诸如传抄、天灾战乱、"礼崩乐坏"等自然和人为原因,造成残缺是在所难免的。正因为如此,孔子要去编次整理它,以便可以系统地向学生传授其中的思想,"疏通知远,《书》教也"④。

《史记·孔子世家》说孔子编《书》采取了"上纪唐虞之际,下至秦缪"这一时间断限,这本身就说明孔子的确删过《书》。我们从先秦文献对《书》的引用也可得到佐证。据刘起釪《尚书存佚各篇先秦引用情况总表》统计,先秦文献引用《书》篇除属于今文 28 篇、古文 16 篇及《书序》100 余篇以外,还引不知篇名逸句达 69 次;分篇称引《书序》百篇以外的逸篇有 32 篇(有些篇目保存在《逸周书》中);用先王、大臣史臣、史志专名等特殊用法称引达 37 次。⑤ 加上古《书》篇不可能都见于其他文献称引,由此可以推知,孔子编成儒家《书》之前,《书》篇应该是比较多的。由此可见,晚出孔安国《古文尚书传》之《尚书序》所谓孔子"讨论坟典,断自唐虞以下,讫

---

① 按:这里所说的孔子序《书》,是指以《尚书》各篇所作的小序,即对《尚书》各篇历史背景、内容的说明性文字。"序"即"序录",既是目录,又是各篇的内容提要。

② 李学勤:《失落的文明》,上海文艺出版社,1997 年,第 308 页。

③ 郭沂:《帛书要篇考释》,载《周易研究》2004 年第 4 期。

④ 《礼记·经解》。

⑤ 刘起釪:《尚书学史》(订补本),中华书局,1996 年,第 47~61 页。

于周。芟夷烦乱，剪截浮辞，举其宏纲，撮其机要，足以垂世立教，典、谟、训、诰、誓、命之文凡百篇"及《尚书璇玑钤》所记载的"孔子求书，得黄帝元孙帝魁之书，迄于秦穆公，凡三千二百四十篇，断远取近，定可以为世法者百二十篇。以百二篇为《尚书》，十八篇为《中候》，去三千一百二十篇"并非完全是伪说。

那么，孔子之时"《书》缺"与孔子"删《书》"是否矛盾呢？当然不矛盾。"《书》缺"，只是表明记录历代君王言行的档案文献在世代相传的过程中因毁损而不完整，篇数和内容都可能存在残缺，但并不说明其数量很少。故孔子整理《尚书》作为教材时，对《书》篇进行选用是合情合理的。《尚书大传》载孔子之语云："六《誓》可以观义，五《诰》可以观仁，《甫刑》可以观诫，《洪范》可以观度，《禹贡》可以观事，《皋陶》可以观治，《尧典》可以观美。"这"七观"之说虽未必出自孔子，然而诸篇内容在历史上具有重大意义则是可以断言的。例如《尧典》所记，主要是观象授时，在今天看来，这些都是普通常识，似乎没有必要大书特书，然而在当时，或从历史上看，它是关系民生、关系政治的一项极其重要的工作，必须要人们掌握并传授，故要选入《尚书》。①

关于孔子序《书》（即后世学者所说的为《尚书》各篇所作的"小序"）之说，汉唐学者普遍认同。刘歆曰孔子"修《易》序《书》"②，扬雄《法言·问神篇》也载："昔之说《书》者，序以百。"他们所说的"序"，不能断定是"排列次序"还是"序跋"之意，或许二者兼而有之。但班固《汉书·艺文志》所说"《书》之所起远矣，至孔子纂焉，上断于尧，下讫于秦，凡百篇，而为之序，言其作意"，则明确说孔子为《书》作序。《隋书·经籍志》亦说："孔子删《书》，别为之序，各陈作者所由。"孔颖达《尚书正义》曰："此序，郑玄、马融、王肃并云孔子所作。"③ 由此可知，汉唐名流皆言孔子序百篇《尚书》。至于宋代，仍有学者坚持这种看法，如程颐曾说："《书序》，夫子所为，逐篇序其作之之意也。"④

然而，宋以来大多数学者对孔子序《书》一事持怀疑或否定的态度。首先提出怀疑的是吴棫，其在《书裨传》首卷《举要》中有《书序》一篇，可

①　参见金景芳《孔子与六经》，载《孔子研究》1986年第1期。
②　刘歆：《移让太常博士书》，见《汉书·楚元王传》。
③　孔颖达等：《尚书正义》卷二。
④　《程氏经说》卷二，文渊阁《四库全书》本。

能对《小序》有所论及。朱熹曾说:"吴才老说《胤征》、《康诰》、《梓材》等篇,辨证极好,但已看破《小序》之失,而不敢勇决,复为序文所牵,殊觉费力耳。"① 他认为吴棫虽然看出了《小序》中的问题,但还不敢断然怀疑,因此在解《书》时又不得不牵合《序》文。此后,林之奇、朱熹等人对《小序》为孔子所作展开了进一步的怀疑。朱子曰:"《书序》恐只是经师作,然亦无证可考,但决非夫子之言耳。"② 又曰:"《小序》决非孔门之旧。"③ 朱熹认为《小序》不是孔子作,而是后世经师所作。他做出如此判断的理由有三:一是虽"颇依文立义,而亦无所发明",即序文完全依傍于正文,对于义理无所阐发;二是有些序还"与经文又有自相戾者",即序与正文矛盾;三是《尚书》亡篇所存的序则"依阿简略,尤无所补"④。林之奇也认为《小序》不是孔子作,应是史官所作。其云:"《书序》本自为一篇,盖是历代史官相传以为《书》之总目。吾夫子因而讨论是正之,以与五十八篇共垂于不朽。"⑤ 以上两种否认孔子作《小序》的观点,持论的主要依据是《书序》与《书》正文有矛盾,以及《书序》的文体风格不合当时文风。不过,就此否认孔子序《书》之说也不具有充分的说服力。首先,《书序》起源很早。正如清儒朱彝尊所说:"《书·小序》,西汉孝武时当即有之,此史公据以作夏、殷、周《本纪》。"⑥ 的确,司马迁在撰写《史记》的过程中,曾经大量援引《书序》。据陈梦家统计,《史记》中的四十五个序,"依郑、孔的百篇序计算,共有六十三篇。《史记》引述经文的……七篇,依孔《传》本……则为九篇。二者相加为七十二篇"。因此,司马迁写《史记》时,肯定看到了《书序》一类的资料,"不然的话,他不可能在五帝、夏、殷、周、秦等《本纪》,鲁、齐、宋、燕、晋等《世家》以及《世表》、《封禅书》许多篇中分别引用了形式相同的《书序》"。⑦这些《书序》来源何处,完全有可能是孔子编《书》时所为。孔子将《书》作为教材时,为了使学生对各篇的背景、内容、思想有简明扼要的了解,他对各篇做总结概括是非常必要的,就如同我们现在对教材各章节作"内容提要"一样。其次,孔子最初所作《书序》,在一代代传抄流传的过

①　朱熹:《晦庵集》卷三四《答吕伯恭》。
②　朱熹:《晦庵集》卷五一《答董叔重》。
③　朱熹:《晦庵集》卷五四《答孙季和》。
④　朱熹:《晦庵集》卷六五《杂著·尚书》。
⑤　林之奇:《尚书全解》卷一四,文渊阁《四库全书》本。
⑥　朱彝尊:《经义考》卷七三。
⑦　陈梦家:《尚书通论》,河北教育出版社,2000年,第285~315页。

程中，传抄致误难免，以及将原来的文体风格改成传抄者当时的风格是经常发生的，故某些《书》篇的《书序》与正文有矛盾，以及《书序》的文体风格不合孔子时的文体风格在所难免。

大量史料表明，孔子与《尚书》的确有着非同寻常的关系。在周室衰微、诸霸争雄、《诗》、《书》等文化史料渐趋消亡的关键时期，孔子积极倡导传承周代礼乐文化，在早期对《书》的整理、传播及诠释方面起到了重要作用。孔子是第一位以《书》为学的人，他不仅自己论释《书》，而且还将传统的官方以《书》为教下移至民间，用《书》教授弟子门人。为了更好地传授自己的思想，在以《书》为教的过程中，他还做过删《书》、序《书》的工作。

四、《尚书》名称的演变及其经典化

《尚书》在先秦时期被泛称作《书》，自西汉初以来基本都以《尚书》之名代替。为什么会出现如此变化，《尚书》之称始于何时，历代学者众说纷纭，至今仍无定论。

早在汉晋时期，《尚书》得名来历就有三种不同的说法：

其一，孔子命名。郑玄《书赞》云："孔子尊而命之曰《尚书》。"（孔颖达《尚书正义》引）

其二，伏生命名。晚出孔《传》之《大序》说："济南伏生……以其上古之书，谓之《尚书》。"（孔颖达《尚书正义·尚书序》引）

其三，欧阳氏命名。刘歆《七略》："《尚书》直言也，始欧阳氏先名之。"（《太平御览》引）

以上三说，都没有充分的根据，难以令人信服。近年来，学者以《史记》之《五帝本纪》、《三代世表》、《高祖功臣侯者年表》、《建元以来侯者年表》、《封禅书》、《晁错列传》、《儒林列传》、《大宛列传》等篇章中把儒家六经之一的《书》称作《尚书》达数十次为根据，认为《尚书》始称起于西汉。例如，蒋伯潜说："秦以前之经传诸子中，凡引《尚书》，皆但称《书》，不曰《尚书》，似《尚书》一名，起于西汉。"① 刘起釪也认为："《书》的以《尚书》为专名，是到汉代才有的事……明定《尚书》为书名的，是汉代今文家。"② 但这一说法也值得商榷，司马迁已大量使用《尚书》这一专名，只能说明该专名在司马迁以前就产生了，有可能是汉初，也有可能是先秦某个时候，上限难以确定。

---

① 蒋伯潜：《十三经概论》第二编第一章，上海古籍出版社，1983年。
② 刘起釪：《尚书学史》（订补本），第7～8页。

415

近年来大量文献的出土，推动了这一问题的深入研究。现已有更早的材料证明《尚书》的得名可能在汉初以前。1973 年轰动世界的马王堆三号汉墓出土了大批《周易》帛书经传，包括《周易》、《二三子》、《系辞》、《衷》、《要》、《缪和》、《昭力》等篇。经考证，该墓入葬时间是汉文帝十二年（前168），① 故这批帛书的写作时代至少在此之前。廖名春依据这批帛书的错简多以及《要》篇书写形制、篇题、所记字数等信息，考证出《要》篇"应有更早的篆书竹简本存在，而《要》的写成，当又在更早。《要》篇系摘录性质，其材料来源应较其成书更早。考虑到公元前 213 年秦始皇据李斯议制定了《挟书令》，而该令直到汉惠帝四年（前 191）才得以废除。考古发掘表明，迄今在《挟书令》施行时期以内的墓葬，所出书籍均未超出此令的规定。所以，帛书《要》篇的记载不可能出自汉初，也不可能出自短短 15 年的秦代，应该会早到战国"②。在《要》篇中，出现了"尚书"一词。原文云：

> 夫子老而好《易》，居则在席，行则在橐。子赣曰："夫子它日教此弟子曰：'德行亡者，神灵之趋；知谋远者，卜筮之蘩（繁）。'赐以此为然矣。以此言取之，赐罾循之为也。夫子何以老而好之乎？""夫子曰：'君子言以矩方也。前祥而至者，弗祥而巧也。察其要者，不诡其德。《尚书》多仝矣，《周易》未失也，且又古之遗言焉。予非安其用也。'"

这段话采用孔子后人的追溯的方式记叙，"夫子"与"子赣"（子贡）相答对，"夫子"显然是孔子。廖名春研究后认为："就迄今所发现的文献而言，《尚书》之称始于孔子。保守一点，它也不会晚于战国。说它起于西汉，是完全错误的。"③ 廖先生的推论有相当道理，但有一个问题值得思考，即从孔子到司马迁这么长时间内，传世文献引《尚书》之文，或以"《书》曰"，或以"《夏书》曰"、"《商书》曰"、"《周书》曰"，或以具体篇名及具体语句称引，而几乎没有称《尚书》之名的；④ 出土的先秦文献如《郭店楚墓竹简》的

---

① 晓菌：《长沙马王堆帛书概述》，载《文物》1974 年第 9 期。

② 廖名春：《尚书始称新证》，载《文献》1996 年第 4 期。

③ 廖名春：《尚书始称新证》，载《文献》1996 年第 4 期。

④ 传世先秦文献《墨子·明鬼下》提及"尚书"一词，云"故尚书夏书，其次商周之书"。以其文观之，似乎是在墨子时期已有《尚书》之专称。如清人惠栋在《九经古义·尚书古文》中说："《墨子·明鬼篇》云'尚书夏书，其次商周之书'，则'尚'字为孔子所加信矣。"但王念孙对此有不同的解释，其云："'尚书夏书'，文不成义。'尚'与'上'同，'书'当为'者'，言上者则《夏书》，其次则商、周之《书》也。此涉上下文'书'字而误。"自此，学术界多以此说为定谳，认为此"尚书"不是儒家六经"《尚书》"之专称。

《缁衣》、《成之闻之》、《唐虞之道》、《性自命出》、《六德》、《语丛一》诸篇，《上海博物馆藏战国楚竹书》的《缁衣》篇，称引《尚书》之文，或以"《书》曰"，或直接称引《书》的具体篇名，也基本没有径称《尚书》之名的。① 另外，《要》篇中出现了"《书》"与《尚书》并行称说的情况，这二者所指实体是什么，是相同还是不同，以及《要》篇的确切时代，都需要进一步研究，故"孔子始称《尚书》"之说还需要进一步的证据，而《尚书》得名最早出现在西汉初年的旧说也需要修正。

《尚书》后来又被儒家称为《书经》，原因又何在？这得从"经"的含义谈起。"经"本是丝织之名，由于可以用来把竹木典籍编连成册（策），这在考古发掘中屡有发现。故而引申为书籍，进而专指某种提纲型的书籍。"经"作为书名，起于春秋战国。《庄子·天运篇》："孔子谓老聃曰：'丘治《诗》、《书》、《礼》、《乐》、《易》、《春秋》六经，自以为久矣。'"《庄子·天下》篇亦记载："墨者……俱诵《墨经》。"今存世有《墨子》的《经上》、《经下》两篇。可见以书名加"经"连称的，战国时已有。《韩非子》的《内储说》、《外储说》也有"经"和"说"之分。《荀子·解蔽篇》有"道经"。《荀子·劝学篇》云："学恶乎始，恶乎终？曰：其数则始乎诵经。……《礼》之敬文也，《乐》之中和也，《诗》、《书》之博也，《春秋》之微也，在天地之间者毕矣。"荀子是把所有儒家的经典都说成是经，《书》也在其中。

然而，"书经"一名的出现较晚。蒋善国在《尚书综述》中说："周、秦间只是把《礼》、《乐》、《诗》、《书》、《春秋》混称'经'，而实际未把'经'字另加于《礼》、《乐》、《诗》、《书》、《春秋》下。"西汉立五经博士，通晓儒家经典成为公卿、大夫、士吏做官食禄的主要条件，儒学和政权紧密相连，从而确立了儒学的权威地位，儒家的经书开始具有经典的尊贵地位，但此时还是称《书》或《尚书》，而不称《书经》，直到隋唐亦然。故蒋善国认为："'书经'二字连称，当起于赵宋以后。"② 此时，以程朱理学为代表的新儒学完全成为治国经邦的指导思想，而程朱理学的理论载体是四书五经，五经之一的《尚书》便被经常称为《书经》。

综上所述，《尚书》作为一部历史文献汇编，尤其是作为儒家重要经典，是经过很长时间的汇集和流传，到一定时期才定型成书的。它是在连续不断的整理、诠释、使用历程中逐步被经典化的。可以说，经过千百年的发展，

---

① 参见《荆门郭店一号楚墓》，载《文物》1997 年第 7 期。

② 蒋善国：《尚书综述》，上海古籍出版社，1988 年，第 2～3 页。

《尚书》完成了由泛指著于简帛的书，到专门记录君王言论的《书》，再到受到儒家尊崇并传授的专门记录尧以来贤君明王政事的《尚书》，最后成为至高无上地位的《书经》的发展演变过程。这一过程与中国古代典籍的发展，特别是与以儒家思想为核心的经学逐步发展成为中国古代学术主要形态密切相关。

第二节　《尚书》学与《尚书》学文献的发展演变

本文所讨论的《尚书》学，是指《尚书》定本形成之后，历代学者对其进行整理、研究、使用后逐渐形成的一门专门学问。这门学问起源于先秦，兴盛于两汉，并伴随着中国古代学术文化的变迁而不断演变发展，而其学术核心及内涵是通过内容丰富、形式多样的《尚书》学文献呈现出来的。纵观《尚书》学及其文献发展变迁的历史，大致可分为先秦、汉代、魏晋南北朝、隋唐、宋代、元明、清代及 20 世纪以来八个阶段。

一、先秦

《尚书》在先秦如何流传，以及学者怎样研究它，传世文献无明确记载，难以考察，故从文献实证角度出发，许多学者认定《尚书》学史发端于西汉初，由"故秦博士"伏胜（又称伏生）所开创。

近年来，随着出土文献的不断问世，以及《尚书》学史研究的深入开展，《尚书》学起源于先秦时期已成为无可置疑的史事。大致说来，先秦时期，引用《书》、论释《书》、传授《书》、使用《书》的活动始终是社会上层以及中下层知识分子的普遍风尚，他们或引《书》于庙堂之上，或释《书》于师生问答之间，或用《书》于著述论辩之中，或诠《书》于选编之际，可谓从多角度研究《尚书》。

传世文献和出土文献中都有许多引《书》、释《书》、传《书》、用《书》的材料，它们共同构成了先秦时期的《尚书》学文献。归纳综合这些文献的记载，我们可以略窥先秦《尚书》学之概貌。

（一）引《书》

先秦文献对《尚书》的称引，包括直接称引《尚书》各篇的一节、一段或一句为己所用，以及引《尚书》篇名两种情况。它们构成了先秦《尚书》学文献中的"引《书》类文献"。先秦文献称引的《尚书》，有《尚书》学史上较为流传且曾发生过一定影响的伏生今文《尚书》、孔壁《古文尚书》、梅赜所献孔《传》本《古文尚书》等多种篇名与篇序有所区别的不同版本，①

---

① 伏生今文《尚书》29篇的篇目名称及篇序（据孔颖达《尚书正义》）是：(1)《尧典》，(2)《皋陶谟》(《尚书大传》、《汉书·武帝纪》、颜师古《汉书》注、李善《后汉书》注、李善《文选》注及《说文》作"《咎繇谟》")，(3)《禹贡》，(4)《甘誓》，(5)《汤誓》，(6)《盘庚》(汉石经作"《般庚》")，(7)《高宗肜日》，(8)《西伯戡黎》(汉石经《书序》作"《西伯堪饥》")，(9)《微子》，(10)《泰誓》(《尚书大传》作"《大誓》")，(11)《牧誓》(《尚书大传》作"《坶誓》")，(12)《洪范》(《尚书大传》作"《鸿范》")，(13)《金縢》，(14)《大诰》，(15)《康诰》，(16)《酒诰》，(17)《梓材》，(18)《召诰》，(19)《洛诰》(《尚书大传》作"《雒诰》")，(20)《多士》，(21)《无逸》(汉石经作"《毋劮》")，(22)《君奭》，(23)《多方》，(24)《立政》，(25)《顾命》，(26)《费誓》(《尚书大传》作"《粊誓》")，(27)《吕刑》(汉石经《书序》作"《甫刑》")，(28)《文侯之命》，(29)《秦誓》。

孔壁《古文尚书》58篇（46卷）的篇目名称及篇序（据孔颖达《尚书正义》引郑玄《书序注》）是：(1)《尧典》，(2)《舜典》，(3)《汩作》，(4)《九共》（共9篇），(5)《大禹谟》，(6)《皋陶谟》，(7)《弃稷》，(8)《禹贡》，(9)《甘誓》，(10)《五子之歌》，(11)《胤征》，(12)《汤誓》，(13)《汤诰》，(14)《咸有一德》，(15)《典宝》，(16)《伊训》，(17)《肆命》，(18)《原命》，(19)《盘庚》（共3篇），(20)《高宗肜日》，(21)《西伯戡黎》，(22)《微子》，(23)《太誓》（共3篇），(24)《牧誓》，(25)《武成》，(26)《洪范》，(27)《旅獒》，(28)《金縢》，(29)《大诰》，(30)《康诰》，(31)《酒诰》，(32)《梓材》，(33)《召诰》，(34)《洛诰》，(35)《多士》，(36)《无逸》，(37)《君奭》，(38)《多方》，(39)《立政》，(40)《顾命》（从"王若曰"以下分出《康王之诰》1篇），(41)《康王之诰》（自《顾命》"王若曰"以下分出），(42)《冏命》，(43)《粊誓》，(44)《吕刑》，(45)《文侯之命》，(46)《秦誓》。

东晋梅赜所献孔《传》本《古文尚书》58篇的篇目名称及篇序（据孔颖达《尚书正义》）是：(1)《尧典》，(2)《舜典》，(3)《大禹谟》，(4)《皋陶谟》，(5)《益稷》，(6)《禹贡》，(7)《甘誓》，(8)《五子之歌》，(9)《胤征》，(10)《汤誓》，(11)《仲虺之诰》，(12)《汤诰》，(13)《伊训》，(14)《太甲上》，(15)《太甲中》，(16)《太甲下》，(17)《咸有一德》，(18)《盘庚上》，(19)《盘庚中》，(20)《盘庚下》，(21)《说命上》，(22)《说命中》，(23)《说命下》，(24)《高宗肜日》，(25)《西伯戡黎》，(26)《微子》，(27)《泰誓上》，(28)《泰誓中》，(29)《泰誓下》，(30)《牧誓》，(31)《武成》，(32)《洪范》，(33)《旅獒》，(34)《金縢》，(35)《大诰》，(36)《微子之命》，(37)《康诰》，(38)《酒诰》，(39)《梓材》，(40)《召诰》，(41)《洛诰》，(42)《多士》，(43)《无逸》，(44)《君奭》，(45)《蔡仲之命》，(46)《多方》，(47)《立政》，(48)《周官》，(49)《君陈》，(50)《顾命》，(51)《康王之诰》，(52)《毕命》，(53)《君牙》，(54)《冏命》，(55)《吕刑》，(56)《文侯之命》，(57)《费誓》，(58)《秦誓》。

还有引《逸周书》者。先秦文献如何称引《尚书》，陈梦家、许锬辉、刘起釪、郑杰文、马士远诸人已在收集、统计等方面做了大量具体工作（详见上节"诸子与《尚书》"相关内容）。在他们的研究基础上，本文试作进一步的归纳、总结及评述。

传世的先秦文献如《诗经》、《论语》、《左传》、《国语》、《孟子》、《荀子》、《周礼》、《礼记》、《孔丛子》、《孔子家语》、《孝经》、《公羊传》、《穀梁传》、《墨子》、《管子》、《庄子》、《韩非子》、《尸子》、《战国策》、《吕氏春秋》等多引用《尚书》之文，新出土和新刊布的文献如《郭店楚墓竹简》、《上海博物馆藏战国楚竹书》、《马王堆汉墓帛书》、《河北定县八角廊汉墓竹简》等也多有称引《尚书》的现象。各典籍引《书》的具体情况，上文提及的陈梦家、刘起釪、郑杰文、马士远诸人在他们的相关论著中都做了详细探究，故本文不再赘述，只对各文献引《书》的同异做一比较：

《左传》、《国语》是现存记载有关春秋史事的两部主要传世文献，可看作孔子之前的相关史料。其中《左传》是传世文献引《书》次数最多的。① 分析以上二书称引《书》所在的国别可以发现，周王朝与重要的诸侯国均有《书》流传，它们或泛称"《书》曰"；或直接称引《书》之篇名；或"书"字前加世代名，如称"《夏书》曰"、"《商（殷）书》曰"、"《周书》曰"等，还有"《志》"、"《前志》"、"《故志》"、"《周志》"、"《周文王之法》"、"《先王之命》"、"命书曰"、"仲虺有言曰"、"史佚有言曰"、"西方之《书》"、"武丁作《书》曰"等杂乱的称谓。以上各种情况，以称"《夏书》曰"居多，反映出当时虽然存在大量《书》篇，但一些《书》篇可能还没有具体名字，而只有按朝代所作的类分。当然，称引《书》的篇名中出现了诰、誓、训、命等，说明当时萌芽了后世所谓的按体裁命名篇目的方式。

出土文献《缁衣》、《儒家者言》（内容与传世本《孔子家语》相近）等以及传世文献《论语》、《孔丛子》、《孔子家语》和《礼记》所载孔子及其门弟

---

① 据陈梦家统计，《左传》引"书曰"凡7条，引篇名凡11条，引"夏书"、"商书"、"周书"凡29条，总计47条（陈梦家：《尚书通论》第一章《先秦引书篇》，河北教育出版社，2000年，第13～17页）；许锬辉在《先秦典籍引尚书考》中统计为68条（许锬辉：《先秦典籍引尚书考》，嘉新水泥公司文化基金会研究论文，1970年）；刘起釪统计为86条13篇（刘起釪：《尚书学史》（订补本）第二章《尚书在先秦时的流传情况》，第49页）；马士远在其博士学位论文《周秦尚书流变研究》中则统计为70次（马士远：《周秦尚书流变研究》，扬州大学2007年博士学位论文，第65页）。他们的统计虽有较大差距，但都说明《左传》频繁引用《尚书》。

子引《书》的内容，基本上可视作春秋末期的相关史料，这些文献的引《书》形式非常复杂，既有称"《书》曰"、"《夏书》曰"等，更多的则是以孔子（或夫子）及其弟子的口吻称引具体篇名和具体文本，称引篇名多达近二十个，说明这一时期儒家《尚书》的篇目和文本已基本定型，而这一定型与孔子有着密切的关系。另外，我们从《郭店楚墓竹简》与《上海博物馆藏战国楚竹书》均有的《缁衣》篇中可以发现，二者皆摘引了用战国文字书写的《君陈》、《尹吉》、《吕刑》、《君奭》等《书》篇之文，① 它们所引的文句虽有细微差别，但基本面貌相同，说明二者应来源于已基本定型的同一《尚书》文本。从二者摘引《书》篇文句的异同比较中，以及与传世文献的相互参证中，我们还发现，先秦《尚书》文本在被引用过程中，存在增减文字、替换文字的现象，亦可能存在不同的传本。由于两出土《缁衣》篇所摘引的《书》篇文句多能在晚出《古文尚书》、《逸周书》中找到，加之《缁衣》篇早已收入传世文献《礼记》中，因而从出土文献对它们所引《书》文在用词、语序和语法等方面的差异中，我们不难看出，《尚书》文本自先秦以来，学者曾多次对《尚书》进行过编纂、整理、加工与润色。

　　《郭店楚墓竹简》的《成之闻之》篇、《墨子》引《书》之文，基本上可视作战国初、中期，也即孔、孟之间《书》的相关史料。《成之闻之》引《书》虽只有五条材料，但都提到了篇名，且在引《书》文后往往要对文本进行诠释。《墨子》引《书》多有具体的篇名，其所涉及的《书》篇名在先秦传世文献中是最多的，大概有《禹誓》、《吕刑》、《仲虺之告》、《太（泰）誓》、《去发》、《汤说》、《汤誓》、《术令》、《汤之官刑》、《距年》、《竖年》、《相年》、《驯天明不解》、《子亦》、《大明》、《武观》、《禽艾》、《三代不国》、《执令》、《禹之总德》等 20 篇。由此可见，《尚书》各篇的命名到此时应比较完善了，几乎各篇都有篇名，这才使得其他文献引用时都能称引具体的篇名。另外，从《墨子》所引《书》的篇名与汉以来儒家曾广为流传的伏生今文《尚书》、孔壁《古文尚书》、梅赜所献晚出《古文尚书》三种版本的篇名对比来看，二者相同的篇名只有《汤誓》、《吕刑》、《太誓》、《仲虺之告（诰）》等数篇，而其他十余篇名皆不见于儒家各种《尚书》版本中；不计篇名，仅就内容来看，

---

　　① 据马士远在《周秦尚书流变研究》一文考察，这两篇《缁衣》均引用《尹吉》文句 1 条、《君牙》文句 1 条、《吕刑》文句 3 条、《君陈》文句 2 条、《祭公之顾命》文句 1 条、《康诰》文句 1 条、《君奭》文句 1 条，凡 7 篇之文句达 10 条之多。其中的《吕刑》、《康诰》、《君奭》之文句均见于今传今文《尚书》相应的篇目之内，所引《君陈》、《君牙》之文句均在所谓的晚出《古文尚书》25 篇之中。

《墨子》所引《书》文也有一半以上不见于儒家各种《尚书》版本中，这充分说明墨家所传先王之《书》应有独自的选本系统，说明与儒家编纂的《尚书》版本同时流传的可能还有其他版本。①

《孟子》、《荀子》引《书》反映了战国中晚期《书》的局部面貌。

《孟子》引《书》约 30 次，其中三分之二见于汉以来广为流传的伏生今文《尚书》、孔壁《古文尚书》、晚出《古文尚书》三种版本中，且它们在文句、语序及语义等方面大都相合，只是偶尔在字、词，或者语句结构上有一些细微的差别。虽然有三分之一不见于后世所传儒家各种《尚书》版本中，但这三分之一或许就是先秦儒家《尚书》中的内容，当然也可能不是。总的说来，《孟子》所引《书》文表明，孟子承续了孔子之《书》学，正如《史记·孟子荀卿列传》所记载，孟子"退而与万章之徒序《诗》、《书》，述仲尼之意，作《孟子》七篇"。然而，孟子虽声明其序《诗》、《书》，是在"述仲尼之意"，但诚如他自道的那样，"尽信《书》则不如无《书》。吾于《武成》，取二三策而已矣"②。孟子同孔子一样，认为《书》不仅仅是历史档案，而且还是蕴涵着二帝三王之道的可用于当时政治教化的工具。随着时代背景的改变和学术政治主张的不同，孔子原来选编的《尚书》到了孟子时代可能有一些不再适合当时所需，故孟子再一次"序《诗》、《书》"，重新选编和整理《书》篇，使之更适合于教化，以及尽最大限度地利用《书》文来证明自己的哲学理念和政治主张。

《荀子》引《书》达 20 余次，还有论《书》数次。清代汪中作《荀卿子通论》说："荀卿之学出于孔子，而尤有功于诸经。……自七十子之徒既殁，汉诸儒未兴，中更战国暴秦之乱，六艺之传赖以不绝者，荀卿也。"③ 荀子被认为是使《尚书》学从先秦诸子学形态向汉代经学形态过渡的关键人物。一方面，他继承了儒家尊《书》的传统，把《书》推至"经"的地位；另一方面，他又综合诸子反思《书》的成果，从现实目的出发，以更加理性、更加辩证的观点来引用《书》、诠释《书》。从《荀子》引《书》与后世所传儒家各种《尚书》版本的文本比对来看，虽然文句、语序、语义有基本一致者，但出现了更多语境、语义不尽相同者，有断章取义之嫌，这可能与荀子"隆

---

① 以上参见郑杰文《〈墨子〉引〈书〉与历代〈尚书〉传本之比较——兼议"伪〈古文尚书〉"不伪》，载《孔子研究》2006 年第 1 期。

② 《孟子·尽心下》。

③ 汪中：《荀卿子通论》，见《新编汪中集》第四辑，广陵书社，2005 年。

礼义而杀《诗》、《书》"的态度有关。从《孟子》、《荀子》的引《书》可见，《尚书》流传到战国中后期，内容及思想又得到了进一步发展。

综上所述，先秦文献从《左传》、《国语》，到出土文献《缁衣》篇以及传世文献《论语》，再到《郭店楚墓竹简》的《成之闻之》以及《墨子》，再到《孟子》、《荀子》、《孔丛子》、《孔子家语》、《尚书大传》等广泛称引《书》的情况，从一个侧面反映了《尚书》在先秦时期的流变。另外，先秦文献所引《书》之文本，有同见于伏生今文《尚书》、孔壁《古文尚书》、晚出《古文尚书》三种版本者，有同见于孔壁《古文尚书》、晚出《古文尚书》者，有仅见于晚出《古文尚书》者，还有不见于以上各种版本者。由此可见，汉代以后流传的《尚书》各种版本在先秦是有源头的，而先秦的《尚书》也应存在多种版本。

（二）释《书》

先秦时期，《书》之被称引、传播、运用的活动中，存在一个重要的环节，即解读《书》、论释《书》。其中，有从宏观上论述《尚书》整体及各篇大义者，也有从微观上诠释《尚书》具体文本之义者。

1. 宏观论《书》

孔子能整理编辑《尚书》，说明他对《尚书》的内容与思想有深刻的理解，有宏观上的把握。正如《墨子·公孟》记载公孟对墨子所说："今孔子博于《诗》、《书》，察于《礼》、《乐》，详于万物。"孔子曾论说《尚书》及某些篇章的大义云："《书》之于事也，远而不阔，近而不迫；志尽而不怨，辞顺而不谄。吾于《高宗肜日》，见德有报之疾也。苟由其道致其仁，则远方归志而致其敬焉。吾于《洪范》，见君子之不忍言人之恶，而质人之美也。发乎中而见乎外以成文者，其唯《洪范》乎！"又说："吾于《帝典》见尧、舜之圣焉，于《大禹》、《皋陶谟》、《益稷》，见禹、稷、皋陶之忠勤功勋焉；于《洛诰》，见周公之德焉。故《帝典》可以观美，《大禹谟》、《禹贡》可以观事，《皋陶谟》、《益稷》可以观政，《洪范》可以观度，《泰誓》可以观义，五《诰》可以观仁，《甫刑》可以观诚。通斯七者，则《书》之大义举矣。"①《礼记·经解》也载："孔子曰：'入其国，其教可知也。其为人也，温柔敦厚，《诗》教也；疏通知远，《书》教也；……故《诗》之失愚，《书》之失诬……其为人也，温柔敦厚而不愚，则深于《诗》者也；疏通知远而不诬，

———————

① 《孔丛子·论书》载孔子之语。按：《尚书大传》亦引孔子之语云："六《誓》可以观义，五《诰》可以观仁，《甫刑》可以观诚，《洪范》可以观度，《禹贡》可以观事，《皋陶谟》可以观治，《尧典》可以观美。"

则深于《书》者也。'"说明孔子对《书》的思想有了深刻解读，认为《书》有"疏通知远而不诬"的教化功能，故将其作为教材用于教学，使学生从中不仅可以了解促使王朝兴替、历史巨变的原因，以古鉴今，甚至能为后世立法，而且可以学到修身、齐家、治国、平天下的大道理。

先秦学者有时将《书》与《诗》等其他典籍进行对比来宏观论《书》。例如，《左传·僖公二十七年》云："赵衰曰：'郤縠可。臣亟闻其言矣，说《礼》、《乐》而敦《诗》、《书》。《诗》、《书》，义之府也；《礼》、《乐》，德之则也；德、义，利之本也。'"鲁僖公二十七年即公元前633年，在孔子出生前80余年。此处以晋国赵衰之口吻提及《书》，而且是与《诗》、《礼》、《乐》并行称说，说明在孔子之前已经出现《诗》、《书》、《礼》、《乐》之通行称说。"敦"为"惇"的假借字，《说文解字》："惇，厚也。"所谓的"敦《诗》、《书》"，即以《诗》、《书》为厚重。"《诗》、《书》，义之府也；《礼》、《乐》，德之则也；德、义，利之本也"涉及对《书》与《诗》、《礼》、《乐》的内容定位与作用定性，是较早对《书》进行宏观诠释的文献，故这则文献在《尚书》学史上具有非常重要的意义。

又，郭店楚墓竹简的《六德》篇的"古夫夫、妇妇、父父、子子、君君、臣臣，六者客行亓戠而狇（狱）夻亡縣迚也。蘣者《時》、《箸》则亦才豆，蘣者《豊》、《乐》则亦才豆，蘣者《易》、《春秋》则亦才豆"①。《性自命出》篇中的"《時》、《箸》、《豊》、《乐》，其司出皆生于人。《時》，又为为之也。《箸》，又为言之也。《豊》、《乐》，又为举之也"②。马王堆汉墓帛书《易传·要》中的"孔子籒《易》，至于《损》《益》一卦，未尚不废书而叹，戒门弟子曰：'……《诗》、《书》、《礼》、《乐》不口百扁，难以致之。不问于古法，不可顺以辞令，不可求以志善。'"③ 以上文献也是对《书》进行宏观对比性的论释。

另外，还有从宏观上对《书》篇作背景意义上的诠释的。例如《左传·定公四年》载："子鱼曰：'……故周公相王室，以尹天下，于周为睦。分鲁公以……命以伯禽而封于少皞之虚。分康叔以……命以《康诰》而封于殷虚，皆启以商政，疆以周索。……分唐叔以……命以《唐诰》而封于夏虚……'"

---

① 荆门市博物馆：《郭店楚墓竹简》，第188页。

② 荆门市博物馆：《郭店楚墓竹简》，第179页。

③ 李学勤：《帛书〈要〉篇及其学术史意义》，载《古文献论丛》，上海远东出版社，1996年。

又昭公六年叔向使诒子产书，曰："夏有乱政，而作《禹刑》；商有乱政，而作《汤刑》；周有乱政，而作《九刑》。"

2. 微观释《书》

先秦学人在引《书》以用的过程中，往往要对所引文句进行阐释，用以表达自己的思想主张。此类对《书》文的微观诠释所占的比例很大。例如，《郭店楚墓竹简》的《成之闻之》引《大禹》"余才宅天心"一语后诠释道："害（曷）？此言也，言余之此而宅于天心也。"引《君奭》"襄我二人，毋又（有）合才音"后诠释曰："害（曷）？道不悦之词也。"引《韶命》"允师济德"一句后阐释说："此言也，言信于众之可以济德也。"引《君奭》"唯不兽再惠"后则说："害（曷）？言疾也。"引《康诰》"不还大暊，文王作罚，型兹亡"后诠释说："害（曷）？此言也，言不暊大常者，文王之型（刑）莫厚安（焉）。"[1] 这与《孟子》载"《书》曰'洚水警余'，洚水者，洪水也"释例相同。《成之闻之》篇的作者主动对《书》之文句进行阐释，说明早在战国中期之前，对《书》的注释性研究已经存在。

又《左传·成公二年》载：

> 楚之讨陈夏氏也，庄王欲纳夏姬。申公巫臣曰："不可。君召诸侯，以讨罪也。今纳夏姬，贪其色也。贪色为淫。淫为大罚。《周书》曰：'明德慎罚'，文王所以造周也。'明德'，务崇之之谓也；'慎罚'，务去之之谓也。"

此处所引《周书》之文[2]后，也对引文进行了章句式的诠释。

另外，《孔丛子》记载了孔子及其弟子论《书》之相关文本约 10 条，与《尚书大传》的记载相一致，[3] 即孔子与子张有关"有鳏在下曰虞舜"和"尧舜之世，一人不刑而天下治"、"兹殷伦有罚"、"奠高山"的四次问答，与子夏有关《书》之大义、"吾于《高宗肜日》见德有报之疾也"的两次问答，与孟懿子有关"钦四邻"的一次问答，与仲弓有关"伯夷降典，折民以刑"、

---

① 荆门市博物馆：《郭店楚墓竹简》，第 167、168 页。

② 此处所引《周书》之文，见于今传《康诰》篇："惟乃丕显考文王，克明德慎罚，不敢侮鳏寡，庸庸，祗祗，威威，显民，用肇造我区夏。"《康诰》为伏生所传今文《尚书》29 篇的第 15 篇，孔壁《古文尚书》58 篇的第 41 篇，晚出《古文尚书》的第 37 篇。

③ 《尚书大传》相传为伏生所传，其弟子所撰。伏生为故秦博士，汉文帝之际口授《尚书》时已年逾九十，其所传的有关孔子及其门弟子有关《尚书》的问答，必为在汉以前所掌握。

"哀敬折狱"的两次问答，与文子有关"吴越之俗"的一次问答。这些问答集中在《孔丛子》的《论书》篇。由此可见，《孔丛子·论书》的价值绝不低于《尚书大传》，它是先秦时期诠释《尚书》的重要文献，在《尚书》学史上具有重要地位。

据廖名春考证，《郭店楚墓竹简》的《唐虞之道》是孔子之作；《性自命出》可能是子游之作，《成之闻之》、《六德》可能是县成之作，都出于孔子弟子之手；《缁衣》篇可能为子思自作。① 而以上这些出土文献都称引或论说《书》文，反映出原始儒家对《尚书》作微观阐释的一些痕迹。另外，《成之闻之》篇与《缁衣》篇以及许多传世文献称引《书》时往往是《诗》、《书》并引不同，其只称说《书》，不称说《诗》，表明该篇的作者可能是一个对《书》有专门研究的儒者，至少是一个对《书》篇非常熟悉的儒者。因为从先秦文献引《诗》、《书》情况来看，《诗》似乎比《书》更容易掌握，除《墨子》外，都是称引《诗》多而称引《书》少，抑或《诗》、《书》并引。

从《左传》、《国语》，到《郭店楚墓竹简》、《上海博物馆藏战国楚竹书》的《缁衣》篇以及传世文献《论语》，再到《郭店楚墓竹简》的《成之闻之》以及《墨子》，再到《孟子》、《荀子》、《孔丛子》、《孔子家语》、《尚书大传》等文献的引用《书》、论释《书》，反映出先秦时期《尚书》从普通的档案文献到集结成定本、以《书》为教，以及一些篇章被广泛称引、迅速传播的流变过程。

（三）授《书》

传世及出土的先秦文献对《尚书》的多次及某些文本的重复称引，说明《尚书》文本在当时已广为流传了，士大夫们似乎普遍接受过《书》教。史料所载及学术界广泛认同的孔子编次《诗》、《书》教授弟子，亦说明以《书》为教不但在官府施行，同时也在民间传播。

然而，《书》在先秦时期是如何传授的，史料缺乏系统的记载，不像《易》与《春秋》三传那样有清楚的源流可考。为什么会出现这种情况？章太炎认为："盖《诗》、《书》、《礼》、《乐》，古人以之教士，民间明习者众，孔子删《书》之时，习《书》者世多有之，故不必明言传于何人。《周易》、《春秋》，特明言传授者，《易》本卜筮之书，《春秋》为国之大典，其事秘密，不以教士（此犹近代实录，不许示人），而孔子独以为教，故须明言为传授也。伏生《尚书》何从受之，不可知。孔壁古文既出，孔安国读之而能通。安国本受《尚书》于申公（此事在伏生之后），申公但有传《诗》、传《榖梁》之

① 廖名春：《郭店楚简儒家著述考》，载《孔子研究》1998年第3期。

说，其传《尚书》事，不载本传，何所受学，亦不可知。盖七国时通《尚书》者尚多，故无须特为标榜耳。"① 其说颇有道理。《尚书》在先秦时期作为学子基本的课本，许多人都在传习，故无特有的传授系统也是情理所在。不过，文献的片言只语仍然传达出孔子之后儒家《尚书》学传承的一些信息。

《史记·孔子世家》云："孔子以《诗》《书》《礼》《乐》教，弟子盖三千焉，身通六艺者七十有二人。"三千学生与七十二贤皆通六艺是否属实，今已难以确证。但不容置疑的是，孔子死后，儒家之学得到了传播。也正因为先秦时期持续不断的传播，儒学才有汉以后的发扬光大。《韩非子·显学》云："自孔子之死也，有子张之儒，有子思之儒，有颜氏之儒，有孟氏之儒，有漆雕氏之儒，有仲良氏之儒，有孙氏之儒，有乐正氏之儒。"即儒学发展到战国时，已有八个支派。

1. 漆雕氏之儒传播《尚书》

在韩非子所说的儒家八派中，不乏传授《尚书》之学者，"漆雕氏之儒"是其中之一。漆雕氏之儒以漆雕开为师，《孔子家语》载："漆雕开，蔡人。字子若，② 少孔子十一岁。习《尚书》，不乐仕。"③ 漆雕开为孔子早年弟子，在孔门中以德行著称。他为人虚心好学，《论语·公冶长》云："子使漆雕开仕，对曰：'吾斯之未能信。'"他认为自己未能究习为仕之道，故不仕。另

---

① 章太炎：《经学略说》，载《国学讲演录》，华东师范大学出版社，1996年，第72页。

② 《史记·仲尼弟子列传》载"漆雕开字子开"，《史记集解》引郑玄语谓其为鲁人。《汉书·艺文志》又作"漆雕启"。

③ 《孔子家语·弟子解》。按，《孔子家语》或简称《家语》，是一部重要的儒家著作，记录了孔子及孔门弟子的思想言行。今本《孔子家语》作10卷，44篇，魏王肃注。根据今本《家语》所附汉孔安国后序，可知《家语》的材料是由孔子弟子"各自记其所问"而成，后来散在人间，孔安国又加以搜集编撰而成。该书在历史上遭到了不公正的待遇，自宋代以来久被疑为是王肃的伪作。可喜的是，近年的出土文献为《家语》申了冤。1973年河北定县八角廊西汉墓出土的竹简《儒家者言》，内容与今本《家语》相近。1977年，安徽阜阳双古堆西汉墓亦出土了篇题与《儒家者言》相近的简牍，内容亦与《家语》有关。力倡"走出疑古时代"的李学勤指出"两者应该都是《家语》的原型"，并将《儒家者言》名为"竹简本《家语》"，认为"王肃自序得自孔子二十二世孙孔猛，当为可信"（李学勤：《竹简〈家语〉与汉魏孔氏家学》，载《孔子研究》1987年第2期）。上海博物馆藏战国楚竹书中，有一篇被定名为《民之父母》的文献，亦与《家语》中的《论礼》相同。这些出土文献终于还了《家语》的清白，使学术界重新审视并充分肯定《家语》在孔子及其思想和孔子弟子研究中的文献价值。

外，在孔门七十二贤中，连漆雕开在内，有蔡籍学生六人，另五人分别是漆雕凭、漆雕从、漆雕哆、曹恤、秦冉。① 孔子曾"迁于蔡三岁"②，其学在蔡地当产生过一定的影响。孔子离世后，其弟子分散各地，蔡籍弟子返回蔡国，从事儒学传播，并逐渐发展成为一个有影响的地域学派"漆雕氏之儒"，故韩非视其为儒学八派之一。韩非对漆雕氏之儒多有赞美之词，而不似评论子张之儒、子思之儒那样为贱儒。其云："漆雕之议，不色挠，不目逃，行曲则违于臧获，行直则怒于诸侯，世主以为廉而礼之。"（《韩非子·显学》）由此可见，漆雕开所开创的漆雕氏之儒具有不乐仕的君子儒之风格。

然而，不乐仕的君子儒风格在当时对《尚书》学之传播并不有利。因为春秋战国是我国古代社会大动荡、大变革、风云变幻的时期，当时王室衰微，诸侯争霸，学术要为政治服务才更易发扬光大。孔子弟子子夏，曾为魏文侯之师，故子夏之儒后来发展很快。而漆雕氏之儒传播的是孔子早期的《书》学思想，即以《书》能"疏通知远而不诬"和以《书》为史的观点，与传播孔子晚年《书》学思想，即以《书》为训，与多讲尧舜之道、三王之义的其他致用流派不同，故在战国末期流传的《尚书》学文献如《孔丛子》中的《论书》、《刑论》，和西汉初年成书但其史料及观点来源于先秦的《尚书大传》中，多载有子张、子夏之《书》学，丝毫未提及漆雕氏之《书》学。不过，"漆雕氏之儒"既为专攻《尚书》的漆雕开所开创，想必该派对《尚书》的传承一定做出了重要贡献。只是史料缺载，我们无法知晓详情而已。

2. 子张之儒传播《尚书》

在孔门弟子中，子张亦接受和传承了孔子《书》学思想，在先秦儒家《尚书》的传授中应占有重要地位。据《论语》、《孔丛子》、《尚书大传》及《礼记》等文献记载，子张曾多次向孔子问《书》及与《书》相关的内容。③例如：

> 子张曰："《书》云：'高宗谅阴，三年不言'，何谓也?"④（《论语·

---

① 漆雕凭，字马人，为漆雕开之子；漆雕从，字子文，《史记》作漆雕徒父，字固；漆雕哆，字子敛；曹恤，字子循，史称"乐道明义"；秦冉，字子开，史称"德艺有成"。

② 《史记·孔子世家》。

③ 据马士远在《周秦尚书流变研究》一文统计，传世文献记载子张向孔子问《书》12次，去掉重复者，亦有8次之多。

④ 《尚书大传》和《礼记》也有相似的记载。《尚书大传·殷传》："《书》曰：'高宗梁暗，三年不言。'何谓梁暗？《传》曰：'高宗居倚庐，三年不言；百官总己以听冢宰而莫之违，此之谓梁暗。'子张曰：'何谓也?'"《礼记·檀弓下》云："子张问曰：'《书》云："高宗三年不言，言乃讙。"有诸?'"

宪问》）

子张问曰："《礼》：丈夫三十而室。昔者舜三十征庸。而《书》云：'有鳏在下曰虞舜。'何谓也？襄师闻诸夫子曰：'圣人在上，君子在位，则内无怨女，外无旷夫。'尧为天子而有鳏在下，何也？"① （《孔丛子·论书》）

子张问曰："尧、舜之世，一人不刑而天下治，何则？以教诚而爱深也。龙子以为一夫而被以五刑，敢问何谓？"② （《孔丛子·论书》）

子张问："《书》云'奠高山'，何谓也？"（《孔丛子·论书》）

《书》曰："若保赤子。"子张问曰："听讼可以若此乎？"（《孔丛子·刑论》）

《书》曰："兹殷罚有伦。"子张问曰："何谓也？"（《孔丛子·刑论》）

子张问曰："圣人受命，必受诸天。而《书》云'受终于文祖'，何也？"（《孔丛子·论书》）

子张曰："仁者何乐于山也？"孔子曰："夫山者，岿然高。"（《孔丛子·论书》）

子张是春秋末陈国人，曾随孔子周游列国，在孔子被困于陈蔡时，多向其"问行"。③ 从文献所载孔门弟子问《书》的情况来看，子张问得最多，用功最勤。由此可见，子张对《书》非常用心，一定有深刻的论解。《汉书·儒林传》记载："孔尼既没，七十子之徒散游诸侯，大者为卿相师傅，小者友教士大夫，或隐而不见。故子张居陈，澹台子羽居楚，子夏居西河，子贡终于齐。"在孔子卒后，子张居陈地，招收弟子，宣扬儒家学说；孔子在陈地的其他弟子公良孺、巫马期、陈亢等，也在当地传授儒家之学，逐渐形成了势力很大的儒家八派之首"子张之儒"。可以推测，该派所传播的儒家之学，一定包含《书》学在内。

3. 子夏之儒传播《尚书》

子夏，姓卜名商，字子夏，是孔子晚年的得意弟子之一。他在学习期间，曾从孔子习《书》学。文献记载了子夏问《书》于孔子的一些片断，例如

---

① 《尚书大传》孔子对子张曰："男子三十而娶，女子二十而嫁。女二十通织纴绩纺之事、文章之美。不若是，则上无以孝于舅姑，下无以事夫养子也。舜父顽母嚚，不见室家之端，故谓之鳏。《书》曰：'有鳏在下，曰虞舜。'"

② 按：《尚书大传·周传》子张曰："尧舜之王，一人不刑而天下治，何则？教诚而爱深也。"

③ 《史记·仲尼弟子列传》。

《孔丛子·论书》：

> 子夏问《书》大义。子曰："吾于《帝典》见尧、舜之圣焉，于《大禹》、《皋陶谟》、《益稷》，见禹、稷、皋陶之忠勤功勋焉，于《洛诰》，见周公之德焉。故《帝典》可以观美，《大禹谟》、《禹贡》可以观事，《皋陶谟》、《益稷》可以观政，《洪范》可以观度，《秦誓》可以观义，五《诰》可以观仁，《甫刑》可以观诚。通斯七者，则《书》之大义举也。"

> 子夏读《书》既毕，而见于夫子。夫子谓曰："子何为于《书》？"子夏对曰："《书》之论事也，昭昭然若日月之代明，离离然若星辰之错行。上有尧舜之道，下有三王之义。凡商之所受《书》于夫子者，志之于心弗敢忘。虽退而穷居河济之间、深山之中，作壤室，编蓬户，常于此弹琴以歌先王之道。则可以发愤慷喟忘己贫贱。故有人亦乐之，无人亦乐之。上见尧舜之德，下见三王义，忽不知忧患与死也。"夫子愀然变容，曰："嘻！子殆可与言《书》矣。虽然，其亦表之而已，未睹其里也。夫窥其门而不入其室，恶睹其宗庙之奥、百官之美乎？"

《尚书大传·略说》亦有上述类似的记载。[1] 第一条材料记载了子夏向孔子问《尚书》之大义，孔子进行了系统的讲解。第二条材料记载了子夏关于《尚书》的整体看法，他从《书》中学到了尧舜之德、三王之义，并志之于心而不敢忘。据此，孔子认为子夏对《书》已有了较深入的理解，"子殆可与言《书》矣"。但为了鼓励子夏进一步学习，孔子认为子夏对《书》"其亦表之而已，未睹其里也"[2]。由以上材料可以推测，子夏曾向孔子系统地学习《尚书》，虽然初期理解不太深刻，但最终深悟孔子的《书》学思想。

孔子去世后，"子夏居西河教授，为魏文侯师"[3]，而"田子方、段干木、吴起、禽滑釐之属，皆受业于子夏之伦，为王者师"[4]，说明子夏之学在西河的影响很大。西河也因此成为当时中原地区重要的文化中心，各地学者到此求学讲学，形成了颇有影响的"西河学派"。子夏用于授徒讲学的教材，一定少不了富含尧舜之道、三王之义的《书》。可惜文献缺失，无以考信。

子夏在向学生授《书》的过程中，一定对《书》有自己的诠释。东汉徐防就曾说："《诗》、《书》、《礼》、《乐》，定自孔子；发明章句，始于子夏。"[5]

---

[1] 《尚书大传》卷三。
[2] 扬雄《法言·君子》："子夏得其《书》矣，未得其所以《书》也。"
[3] 《史记·仲尼弟子列传》。
[4] 《史记·儒林列传》。
[5] 《后汉书·徐防传》。

子夏为《尚书》所作章句之全文何在，我们现已难以考证，但《尚书大传》辑有子夏对《尚书·康诰》"慎罚"一词的理解：

> 子夏曰："昔者，三王悫然欲错刑遂罚，平心而应之，和。然后行之。然且曰：'吾意者以不平虑之乎？吾意者以不和平之乎？'如此者三，然后行之，此之谓'慎罚'。"

此段文本为《太平御览》卷六三五"刑法"部一引《大传》之语。其对"慎罚"一词的诠释，正符合章句诠释之风格。可见，子夏对《书》作章句是可能的。

4. 子思之儒传播《尚书》

子思，名孔伋，字子思，孔子嫡孙，战国初期鲁国人。《史记·孔子世家》记载："孔子生鲤，字伯鱼。伯鱼年五十，先孔子死。伯鱼生伋，字子思。"可见孔子在世时，子思已出生。相传子思受教于孔子的高足曾参，[①] 孔子的思想学说由曾参传于子思。子思是否传承孔门的《书》学，文献无确载。但零星的材料亦表明子思精通《尚书》之学。

> 子上杂所习请于子思。子思曰："先人有训焉：学必由圣，所以致其材也；厉必由砥，所以致其刃也。故夫子之教，必始于《诗》、《书》，而终于《礼》、《乐》，杂说不与焉。"（《孔丛子·杂训》）

> 子思年十六适宋，宋大夫乐朔与之言学焉。朔曰："《尚书》虞、夏数四篇，善也，下此以讫于《秦》、《费》，效尧、舜之言耳，殊不如也。"子思答曰："事变有极，正自当耳。假令周公、尧、舜不更时异处，其《书》同矣。"乐朔曰："凡《书》之作，欲以喻民也，简易为上。而乃故作难知之辞，不亦繁乎？"子思曰："《书》之意兼复深奥，训诂成义，古人所以为典雅也。曰：昔鲁委巷亦有似君之言者。"伋答之曰："道为知者传，苟非其人，道不传矣。今君何似之甚也？"乐朔不悦而退。（《孔丛子·居卫》）

上述两则材料，材料一表明：子思非常重视《书》教，训斥其子要遵循"夫子之教，必始于《诗》、《书》，而终于《礼》、《乐》，杂说不与焉"的传统。可见子思授学，一定少不了《书》教。材料二表明：子思对《尚书》整体思想与各篇之大义的把握都很熟练，说明子思对《尚书》有精深的研究。

另外，出土文献《郭店楚墓竹简》、《上海博物馆藏战国楚竹书》所共有

---

① 《孟子·离娄下》记载："孟子曰：'曾子、子思同道。曾子，师也，父兄也；子思，臣也，微也。'"

的《缁衣》篇引起了学界的热烈讨论,学界多认定《缁衣》篇为子思所作。①
而《缁衣》篇引《书》多达十处,亦可见子思精通《尚书》,其对《尚书》之
学的传播当有重要贡献。据历史资料显示,孟子曾学于子思之门人,② 在学
术上与子思一脉相承,形成了著名的"思孟学派"。而《孟子》一书引《书》
亦较多。可以推测,孟子一派的《书》学有可能来源于子思所传的《书》学。
可惜史料阙佚,其间的授受关系不可考。

以上列举了儒家《书》学在孔子之后的传播情况。实际上,除以上几派外,
传授孔子《书》学的一定还有孔子其他弟子及其后学,因为孔子一开始就以
《诗》、《书》、《礼》、《乐》为教材教授学生,众多的弟子在后来的讲学过程中,
一定也像漆雕开、子张、子夏那样,免不了要传播孔子的《书》学思想。

(四)用《书》

《尚书》在先秦时期的起源和发展都与《尚书》的致用分不开。《尚书》
的原始材料来源于史官记录帝王政事的原始档案"书",其主要目的是"赞
治"。③ 在《尚书》定本形成以后,这一传统仍然保留下来。《书》文被先秦
籍典广泛征引、诠释以用,或为书中人物之语,或为作者自语,表明许多人
对《尚书》非常熟悉,他们言必称《书》,用所引《书》文的思想内容来宣扬
自己的学说与政治主张,《书》成了春秋战国时期诸子议政、施政的理论源
泉。儒家以《书》为教材教授弟子门人,传播《书》学思想,实际上就是站
在王道教化的立场上来使用《书》的。

先秦时期《书》被多次征引及诠释,以及以《书》为教传统的形成,说
明《书》应该已经有了相对稳定的传本,并且在社会生活中影响深远、流布
广泛,同时也表明《尚书》学有了初步的发展。只是由于时间久远,不可考
究当时是否出现了系统论释《书》的专门文献。不过,引用并阐释《书》文

---

① 廖名春:《郭店楚简儒家著述考》,载《孔子研究》1998 年第 3 期;《郭店楚
简〈缁衣〉引〈书〉考》,载《西北大学学报》2000 年第 2 期。

② 《荀子·非十二子篇》谈到思、孟之学时批评说:"略法先王而不知其统,犹
然而材剧志大,闻见杂博。案往旧造说,谓之五行,甚僻违而无类,幽隐而无说,
闭约而无解。案饰其辞而祇敬之曰:'此真君子之言也。'子思唱之,孟轲和之,世
俗之沟犹瞀儒嚾嚾然而不知其所非也,遂受而传之,以为仲尼、子游为兹厚于后世。
是则子思、孟轲之罪也。"按孟子自己的说法,他"未得为孔子徒也,予私淑诸人
也"(《孟子·离娄下》)。司马迁在《史记·孟子荀卿列传》中则明确地说孟子是
"受业于子思门人"。

③ 《周礼·天官·宰夫》云:"史,掌官书以赞治。"

的一些零散文献，当视为先秦时期的《尚书》学文献。

（五）先秦抑《书》思潮

先秦时期，引《书》、释《书》、授《书》、用《书》传统的形成，表明尊《书》已成为一种主流文化意识。尽管如此，与尊《书》相对的抑《书》思潮还是存在，并在一定时期、一定范围内相当盛行。例如，先秦诸子中，崇德重民的儒、墨两家对《尚书》采取了肯定、积极、主动的接受；而主张"无为而治"的道家却认为"道不可闻，闻而非也；道不可见，见而非也；道不可言，言而非也"①，其在引《书》、释《书》中都体现了一种怀疑的、回避的、被动的态度；重法不重礼的法家，对《书》中蕴涵的天命转移的历史观、君权天授的政治观以及以德配天的道德观进行了激烈的、鄙弃的批判，其在引《书》、释《书》、用《书》中都体现了强烈的否定态度。可以说，尊崇《书》与否定《书》的两种思想在当时互相攻讦，并行发展。尤其是春秋战国时期"礼乐征伐自诸侯出"、"陪臣执国命"、"逐于智谋，竞于气力"的社会现实的形成，《尚书》提倡的以德配天的道德观和西周礼乐等级制度就显得不太适应当时社会所需。如果从功利主义目的来看，《尚书》所蕴涵的许多思想对列国诸强现实目的的实现具有阻碍性。面对这样的形势，儒家对《书》进行了一些反思和改造，作为先秦后期子学形态下的儒家代表孟子，提出了"尽信《书》不如无《书》"的论点；荀子虽继承了儒家尊《书》的传统，把《书》推至"经"的地位，但同时又发展综合了诸子反思《书》的成果，从现实目的出发，提出了"故而不切"、"隆礼义而杀《诗》、《书》"的主张。但儒家的反思和改造还是过于理想化，不能解决当时诸侯争强图霸的军事、政治、经济发展面临的许多问题，而法家"不法古，不循今"的历史观和"以法治国"的主张却迎合了他们的需要，故而能得到尊崇并付诸实施。尤其是秦统一全国后，法家提出的一系列理论和方法，成为秦朝建立中央集权有效的理论依据。正因为如此，先秦后期诸子尊《书》与抑《书》矛盾的激化，以及以《书》议政、施政的传统与从实用出发的秦专制政体之间亦存在着诸多不和谐，必然会有激烈的冲突发生。冲突的结果便是秦朝统治者仗恃着国家武器禁《书》、焚《书》，不许私人染指《尚书》之学，其根本目的就是"废先王之道……以愚黔首"②，造成了《尚书》学的衰落。

---

① 《庄子·知北游》。

② 《史记·秦始皇本纪》。

然而，秦朝官方"博士官所职"之《书》不在焚、禁之列，① 这不仅意味着先秦《尚书》文本得以保存，更意味着先秦《书》学传统的延续，还暗含着秦朝统治者对《书》之用的肯定。② 不过，秦王朝统治者在存《书》自用的过程中，加强了对传统《书》学思想的改造步伐。例如，《尚书》中《甘誓》、《洪范》两篇所讲的"五行"，大概就是秦以来的五德相替说与五行观念的理论源泉；《吕刑》记载了古时"绝地天通"的事件，这也许直接导致了儒生博士们所积极鼓吹而又深得秦始皇认同的封禅说；秦始皇的封禅活动以及秦代方士儒生们所鼓吹的秦为水德、秦继周当为正统等思想，也当与秦代《尚书》学新变有关。可以说，秦代官方《尚书》学不绝，并且演变成为论证秦王朝统治合法性的御用工具之一。汉代今文《尚书》学经世致用的传统，与秦代对《尚书》学思想的这种改造是一脉相承的。

先秦时期曾一度繁盛的《尚书》学发展到秦代突然衰落，虽然与秦始皇的焚《书》、禁《书》有着密切的关系，但也不能完全归罪它。其实，先秦诸子尊《书》抑《书》两种思想的交锋、发展，也必然导致《尚书》学发生这种变化。尽管如此，变化中依然有延续，秦代博士之《书》不烧，官方《尚书》学未绝，以及从天命观角度对《尚书》学的改造，还有民间禁之不绝的《尚书》和《尚书》学，都成为汉代《尚书》学的源头。

二、汉代

秦代中衰的《尚书》学在秦汉之际和汉初依然持续：战乱，尤其是项羽火烧

---

① 按："博士"一词出现很早，但最初之义是指博闻强识之士，如子产，即以博物君子见称于晋，这大概就是博士一名最早的由来，尽管当时还没有"博士"的正式名称。战国后期，秦国和山东六国都开始设置博士官职（沈约《宋书·百官志》谓"六国时往往有博士，掌通古今"。《战国策·赵策》载："郑同北见赵王，赵王曰：'子，南方之博士也。何以教之？'"《史记·循吏传》亦载："公仪休者，鲁博士也。"）秦国在统一六国前，就很重视博士的作用，诸子诗赋术数方伎（包括儒术在内）皆立博士，并未被某一学派所垄断。秦博士主要是备君主咨询礼制之用，同时也教授弟子，传授学术。秦统一六国后仍延续这一制度，并设为官制（《汉书·百官公卿表》曰博士为"秦官"）。《后汉书·百官志》记载博士"掌教弟子，国有疑事，掌承问对"，可见汉代博士官除掌通古今之外，更重要的是参与议政和教育活动，与秦博士官的职事范围差不多。后来置五经博士，从此博士成为专门传授儒家经学的学官。关于秦汉博士的渊源流变，前辈学者多有考证，可参见王国维《汉魏博士考》，见《观堂集林》卷四；张汉东：《秦汉官制史稿》，中华书局，2003 年。

② 按：《史记·乐书》载秦二世尤以为娱，丞相李斯进谏曰："放弃《诗》《书》，极意声色，祖伊所以惧也。"这一记载正好表明秦朝焚《诗》、《书》目的只是愚民，在教育最高统治者方面，《书》仍具有重要作用。

咸阳，焚毁百家之书，加重了《尚书》经本流传的厄运；汉初仍执行秦朝的挟书之律，《尚书》流传困难。不过，《尚书》之学在汉代很快就重获生机，先是汉惠帝四年（前191）除挟书律，原来被禁的许多书重现于世。以精通《尚书》为秦代博士的伏生，发掘其所藏壁中《尚书》，发现已散佚数十篇，仅得29篇，他以此在齐鲁地区教授弟子，"学者由是颇能言《尚书》，诸山东大师无不涉《尚书》以教矣"①。在汉文帝时，还派太常使掌故晁错从伏生受《尚书》，晁错将抄录的《尚书》交到了汉王朝，入藏秘府。伏生藏《书》、以《书》教授学生、《书》被征于朝廷，是汉代《尚书》学的发轫，更开创了汉代今文《尚书》学一派。

伏生今文《尚书》学又分出欧阳、大小夏侯三个支派，皆被立于学官，成为正统之学。他们传经讲究"家法"，解经注重阐发微言大义，以期经世致用，故能长期深得统治者所喜，并独霸官学。而《古文尚书》的发现及争立学官引发的旷日持久的今古文之争，是汉代《尚书》学的重要内容。汉代的《尚书》学文献也是在相互论争过程中完成的，集中体现了今古文两派对字体、篇目不同的今古文《尚书》经文的诠释、学术旨趣与治学方法之别。

（一）今文《尚书》学

1. 释名

伏生所藏《尚书》，史料未明确是何种字体，只是后人推断：伏生既曾担任过秦朝的博士，这部书当然是用秦代通行的小篆书写。到了汉代，伏生在向学生传授时，又用汉代的隶书加以转写。隶书是汉代流行的文字，因为是当朝，所以谓之"今文"。其实，这也是相对于后来出现的所谓"古文"而言的。东汉以来称此《尚书》为《今尚书》或今文《尚书》。汉代学者对今文《尚书》的研究很盛行，尤其是随着西汉今文《尚书》三家被立为官学，汉代的今文《尚书》学形成并蓬勃发展。

2. 篇目

关于今文《尚书》的篇目，很早就产生了争论。《史记·儒林列传》记载，汉初伏生从壁中取出其藏书时"亡数十篇，独得二十九篇"；《汉书·艺文志》亦说："秦燔书禁学，济南伏生独壁藏之。汉兴亡失，求得二十九篇。"司马迁、班固均谓伏生所传的《书》是29篇。但刘向、刘歆、王充等说《太誓》（又作《大誓》、《泰誓》）后得，后世学者据此推说伏生所传今文《尚书》篇数原本只有28篇。《尚书正义·尚书序》引刘向《别录》曰："武帝末，民有得《泰誓》书于壁内者，献之。与博士，使读说之，数月皆起，传以教人。"刘歆在《移让太常博士书》中说汉武帝时"《泰誓》后得，博士集而读之"②。王充却说："至

① 《史记·儒林列传》。

② 《汉书·楚元王传》附《刘歆传》。

孝宣皇帝之时，河内女子发老屋，得逸《易》、《礼》、《尚书》各一篇，奏之。宣帝下示博士，然后《易》、《礼》、《尚书》各益一篇，而《尚书》二十九篇始定矣。"① 王充说《太誓》是宣帝时所得，与刘向、刘歆所说不同，不过他们都道出后得《太誓》一篇实有其事。于是，关于伏生所传今文《尚书》究竟是29篇还是28篇，历代学者议论纷纷，难以定论。归纳起来，大致有以下几种意见：

其一，东汉马融、郑玄，② 唐孔颖达③，《隋书·经籍志》④，宋林之奇、朱熹、蔡沈、熊朋来，⑤ 元吴澄、黄镇成、陈师凯，明胡广、郝敬，清毛奇龄、戴震、陆奎勋等，⑥ 认为伏生所传今文《尚书》原本只有28篇，《太誓》是后来加入其中的；

其二，宋魏了翁，明梅鹭、陈第，清朱彝尊、陈寿祺等认为，《史记》所说伏生所传今文《尚书》29篇是并《书序》而言，经文只有28篇；⑦

其三，清毛奇龄、王引之、刘逢禄、刘师培、方勇，⑧ 今人蒋善国等，⑨ 主张伏生今文《尚书》29篇本来就有《太誓》；

---

① 王充：《论衡·正说篇》。

② 《尚书正义》孔颖达疏云："马融云'《泰誓》后得'，郑玄《书论》亦云'民间得《泰誓》'。"

③ 《尚书正义》孔颖达疏云："《泰誓》非伏生所传，而言二十九篇者，以司马迁在武帝之世，见《泰誓》出而得行入于伏生所传内，故为史总之，并云伏生所出，不复曲别分析。"

④ 《隋书·经籍志》载："济南伏生口传二十八篇，又河内女子得《泰誓》一篇，献之。"

⑤ 林之奇：《尚书全解序》云："至汉时伏生口授得二十八篇，后又得伪《泰誓》一篇，为二十九篇。"蔡沈说："伏生本二十八篇，今加《泰誓》一篇，故为二十九篇。"是从朱熹说。

⑥ 毛奇龄：《古文尚书冤词》卷一说："伏《书》去《泰誓》只二十八篇……则二十九篇中当补《泰誓》矣。"戴震《经考》、龚自珍《太誓答问》、陈寿祺《今文尚书太誓后得说》、康有为《新学伪经考》第七《辨孔子书并无太誓》、《序此篇亦伪》皆有类似说法。

⑦ 梅鹭《尚书考异》、朱彝尊《经义考》与《曝书亭集·书论》、陈寿祺《左海经辨》、王咏霓《书序答问》、康有为《新学伪经考》与《辨今文尚书无序》、刘师培《今文尚书无序说》、龚自珍《太誓答问》、王舟瑶作《辨今文尚书无序》。

⑧ 王引之《伏生尚书二十九篇说》（见《经义述闻》）、方勇《太誓答问平》（载《安徽大学季刊》）、刘师培《驳泰誓答问》（见《左盒外集》一）与《答方勇书论太誓答问》（见《左盒外集》十六）。

⑨ 蒋善国在《尚书综述》中说："据近出土汉熹平《石经·书序》残石，上连《文侯之命》，篇目下有'廿八'二字，那么《泰誓》是第廿九无疑。"

其四，清江声、龚自珍、俞正燮、成瓘、皮锡瑞等认为，《史记》所说的29篇，是把28篇里面的《顾命》一篇分为《顾命》和《康王之诰》两篇而计。①

以上各家之主张，互有驳正，直到现在依然没有定论。不过在历史上，学者注解今文《尚书》，大多关注的是除《泰誓》之外的28篇。

3. 立于学官及经典化

伏生所传《尚书》，传说是孔子一脉相传的，即伏生是伏羲氏的后裔，②是孔子学生宓子贱之后。③ 当然，这些记载是否可信，还需要进一步考证。不过，可以肯定的是，作为秦朝博士，伏生所藏《尚书》，当源于春秋战国流传下来的本子，而汉代今文《尚书》学都本于伏生《尚书》学。伏生所传今文《尚书》后来形成若干学派，④ 但主要的有欧阳、大小夏侯"今文三家"。他们先后立于学官：武帝时立欧阳氏为学官，宣帝时则三家皆立于学官。值得一提的是，文帝时晁错虽被立为《尚书》博士，但和武帝时所立的博士是

① 江声《尚书集注音疏》、俞正燮《癸巳类稿》卷一《尚书篇目七篇说》、成瓘《伏生今文二十八篇二十九篇两说不同考》（《箦园日札》）、皮锡瑞《书经通论》、王先谦《尚书孔传参正》。

② 陈蜇声：《伏乘·氏族考》。

③ 颜之推：《颜氏家训·书证》。

④ 据《史记》和《汉书》之《儒林传》记载，伏生最早传《尚书》于千乘欧阳生与济南张生：欧阳生传同乡倪宽，一直到欧阳生的曾孙欧阳高，为《尚书》欧阳氏之学。欧阳高授济南林尊，林尊授平当、陈翁生，平当授朱普和鲍宣，陈翁生授琅邪殷崇和楚人龚胜。张生的一脉首先传山东东平人夏侯都尉，都尉授同乡夏侯始昌，始昌授夏侯胜，为《尚书》大夏侯氏之学。夏侯胜传夏侯建、周堪、孔霸。周堪授牟卿、许商；孔霸传子孔光；夏侯建传张山拊，张山拊授李寻、郑宽中、秦恭、陈假仓、张无故，为《尚书》小夏侯氏之学。《后汉书·儒林列传》记载："光武中兴，爱好经术，未及下车，而先访儒雅，采求阙文，补缀漏逸。先是四方学士多怀挟图书，遁逃林薮。自是莫不抱负坟策，云会京师。范升、陈元、郑兴、杜林、卫宏、刘昆、桓荣之徒，继踵而集。于是立《五经》博士，各以家法教授。《易》有……《尚书》欧阳、大小夏侯，《诗》……《礼》……《春秋》……凡十四博士，太常差次总领焉。"可见，终汉一世，今文《尚书》学一直是欧阳、大小夏侯三家在传授。这三家又衍生出若干支派。例如，欧阳氏学派又有平陵人平当、梁人陈翁生（俱曾事欧阳高）所传的"平陈之学"；大夏侯氏学派则有齐人周堪、鲁人孔霸（俱曾事夏侯胜）及长安许商（曾事周堪）所传的"孔许之学"；小夏侯氏学派也有平陵人郑宽中及李寻、山阳张无故、信都秦恭、陈留假仓（俱曾事平陵人张山，张山曾事夏侯建）所传的"郑张秦假李之学"。呈现出干体更生枝叶、主流又衍支脉的传经现象。

不同的，武帝是在实行"罢黜百家，表章六经"的方针下设立五经博士的，儒家的五部经典也因此成为法定的经典。这样一来，今文《尚书》便成为法定的《尚书》经典。到了东汉，今文《尚书》学依然是欧阳、大小夏侯三家立于学官。这三家所传《书》学都有所谓的"师法"或"家法"，从学者必须严守。此时经学已成利禄的途径，传习、注解及运用《尚书》自然就多起来了。学者不但引《书》文以论事，更从《书》中发掘各种思想为当时的社会服务，达到通经致用的目的。因此，今文《尚书》学在官方的提倡下，在学术界真正流行开来。

（二）《古文尚书》学

1. 《古文尚书》的发现及版本

在伏生今文《尚书》出现之后，汉代又发现《古文尚书》，而且有多种版本，造成汉代《尚书》"最纠纷难辨"①。而最主要的则有以下几种：

（1）孔氏家传本

《史记·儒林列传》云："伏生孙以治《尚书》征，不能明也。自此之后，鲁周霸、孔安国、洛阳贾嘉，颇能言《尚书》事。孔氏有古文《尚书》，而安国以'今文'读之，因以起其家，逸《书》得十余篇，盖《尚书》滋多于是矣。"此处所说的"孔氏"，当指孔子在汉代的后裔，其有《古文尚书》，应是孔子一脉家传而来。作为孔子第十一代孙，孔安国用当时的"今文《尚书》"去解读家传的"《古文尚书》"，发现了"古文"与"今文"不但在字体上有别，而且篇目也有多寡之异。孔安国的这一工作，正开创了汉代的《古文尚书》学。

这则文献是"今文"、"古文"同时出现的最早记载，说明司马迁已经关注到了当时的今文、古文《尚书》及学者对它们的研究。据此可以推知，汉代今文《尚书》学和《古文尚书》学的对立，早在司马迁以前就开始了。而它们后来发生的那么多具有传奇色彩的分歧和争议，可能是令司马迁万万没有想到的。

（2）孔壁古文本

孔壁出古文书一事最早由刘向、刘歆父子正式披露，刘歆《移让太常博士书》、《汉书·艺文志》、《汉书·景十三王传》、王充《论衡》之《佚文篇》及《正说篇》、许慎《说文解字·叙》、荀悦《前汉纪·成帝纪》、《后汉书·

---

① 皮锡瑞：《经学通论》，中华书局，1954 年，第 47 页。

章帝纪》等文献中都有记载。① 有学者据此怀疑这批书的真实性，认为是刘氏父子伪造的。② 其实，这种怀疑是错误的。我们可以从两方面来分析：首先，刘向、刘歆曾得校中秘藏书，完全有机会比一般人了解到更多的古代典籍，加之当时今古文之争尚未正式开始，刘氏父子应不会有编造此事的动机。其次，为争立古文经于学官，刘歆批判今文学博士时曾撰《移让太常博士书》，文中明提有此事，而当时反对刘歆的今文派对此事反应似当强烈抗议，并明指此事之伪，而不会仅以"（刘歆）改换旧章，非毁先帝所立"之言辞来表示怨恨和抗议。故从当时今文派的反应来看，孔壁出古文书之事应是事实。

这些古文书是何时何人所藏，已不能确考。但可以推测，既然是藏于孔子宅的墙壁中，当为孔子或其后人所藏。其中的《古文尚书》，与前述的"孔氏家传本《古文尚书》"，或许是同一版本，或许来源于同一母本，都极具可能。因为孔子曾整理过《书》，并以《书》教授弟子，而其子孙传习孔子

① 关于孔壁出古文之说，有以下文献载录：刘歆《移让太常博士书》曰："及鲁恭王坏孔子宅，欲以为宫，而得古文于坏壁之中，《逸礼》有三十九，《书》十六篇。天汉之后，孔安国献之，遭巫蛊仓卒之难，未及施行。"《汉书·艺文志》记载："武帝末，鲁共王坏孔子宅，欲以广其宫，而得《古文尚书》及《礼记》、《论语》、《孝经》凡数十篇，皆古字也。……孔安国者，孔子后也，悉得其书，以考二十九篇，得多十六篇。安国献之。遭巫蛊事，未列于学官。"《汉书·景十三王传》记载鲁恭王刘余时说："恭王初好治宫室，坏孔子旧宅以广其宫，闻钟磬琴瑟之声，遂不敢复坏，于其壁中得古文经传。"王充《论衡·佚文篇》曰："孝武皇帝封弟为恭王。恭王坏孔子宅以为宫，得佚《尚书》百篇……闻弦歌之声，惧，复封涂，上言武帝。武帝遣吏发取，古经、《论语》此时皆出。"又《论衡·正说篇》曰："至孝武（景）帝时，鲁恭王坏孔子教授堂以为殿，得百篇《尚书》于墙壁中。武帝使使者取视，莫能读者，遂秘于中，外不得见。"许慎《说文解字·叙》曰："鲁恭王坏孔子宅，而得《礼记》、《尚书》、《春秋》、《论语》、《孝经》。"荀悦《前汉纪·成帝纪》载："刘向典校经传考集异同云：'……鲁恭王坏孔子宅，以广其宫，得古文《尚书》，多十六篇，及《论语》、《孝经》。武帝时，孔安国家献之，会巫蛊之事，未列于学官。'"《后汉书·章帝纪》曰："古文《尚书》者，出孔安国。武世，鲁恭王坏孔子宅，欲广其宫，得古文《尚书》及《礼》、《论语》、《孝经》数十篇，皆古字也。"《魏志·刘劭传》注引卫恒《四体书势序》曰："汉武帝时，鲁恭王坏孔子宅，得《尚书》、《春秋》、《论语》、《孝经》。"

② 清代学者崔述、廖平、康有为等认为汉代古文书是刘歆伪造的。陈梦家也认为，孔壁中出《古文尚书》之说是刘向、歆父子把太史公关于伏生尚书的壁藏和孔安国家有《古文尚书》的逸篇结合起来，为争立古文经学所编的借口，而后来的记述者又夸大增饰壁中书的内容和情节，遂有孔壁出书一事。见陈梦家：《尚书通论》，河北教育出版社，2000年，第46页。

《书》学是完全可能的。后来，秦始皇的焚书禁书以及秦汉之际的战乱，使得孔氏后裔将书藏于宅壁中也是完全合乎情理的。由此可见，认为孔壁所出古文书是刘歆伪造的，当是非常武断之举。

该《古文尚书》由孔安国献上，后来亡佚，只存篇目。不过，因为刘歆请示把它和其他三部古文经都立于学官，遭到当时今文家的强烈反对，从而引发了中国学术史上长达两千年之久的今古文之争。这应该是孔壁《古文尚书》在学术上产生的最大影响。

(3) 中秘古文本

《汉书·艺文志》在记叙了孔壁《古文尚书》后紧接着说："刘向以中古文校欧阳、大小夏侯三家经文，《酒诰》脱简一，《召诰》脱简二。率简二十五字者，脱亦二十五字，简二十二字者，脱亦二十二字，文字异者七百有余，脱字数十。"这里所说的"中古文本"，当是刘邦入关时，萧何从秦室所取。它与前文所说的孔壁本，以及孔氏家传本都是各一系统，刘向既然用此本来校对欧阳、大小夏侯三家的版本，可见它在刘向眼中应该是可靠的善本。

(4) 河间献王本

《汉书·景十三王传》记载好儒学、又善收藏书籍的河间献王刘德时说："河间献王德以孝景前二年立，修学好古，实事求是。……献王所得书皆古文先秦旧书，《周官》、《尚书》、《礼》、《礼记》、《孟子》、《老子》之属，皆经传说记，七十子之徒所论。……"这里所说的《尚书》明确谓为先秦古文，后世称之为"河间献王本"。但《史记》记河间献王时只说其"好儒学，被服造次必于儒者"，未语及访得先秦旧书并得到《尚书》一事，故后人怀疑《汉书》的记载，亦怀疑河间献王本《古文尚书》的存在。①

王国维在《汉时古文诸经有转写本说》中说："献王所得古文旧书有《尚书》、《礼》。此二书者，皆出孔壁，或出淹中，未必同时更有别本出。而献王与鲁恭王本系昆弟，献王之薨仅前于恭王二年，则恭王得书之时，献王尚存，不难求其副本。故河间之《尚书》及《礼》，颇疑即孔壁之传写本。"② 他认为河间献王本《古文尚书》是孔壁古文本的传写本。因这些本子已早佚，无法考证王说是否与事实相符合，反是推测而已。

---

① 刘起釪在《尚书学源流概要》（载《辽宁大学学报》哲学社会科学版 1979 年第 9 期）一文中就认为"东汉初年的古文学家利用他'好儒学'的传说附益成这件事的"。

② 王国维：《观堂集林》卷七。

(5) 张霸伪《百两篇》本

《汉书·儒林传》载："世所传《百两篇》者，出东莱张霸，分析合二十九篇以为数十，又采《左氏传》、《书叙》为作首尾，凡百二篇。篇或数简，文意浅陋。成帝时求其古文者，霸以能为《百两》征，以中书校之，非是。霸辞受父，父有弟子尉氏樊并。时太中大夫平当、侍御史周敞劝上存之。后樊并谋反，乃黜其书。"王充《论衡·正说》也载："说《尚书》者，或以为本百两篇，后遭秦燔《诗》、《书》，遗在者二十九篇。夫言秦燔《诗》、《书》者是也；言本百两篇者，妄也……至孝成皇帝时，征为《古文尚书》学。东海张霸案百篇之序，空造百两之篇，献之成帝。帝出秘百篇以校之，皆不相应，于是下霸于吏。吏白霸罪当至死，成帝高其才而不诛，亦惜其文而不灭。故百两之篇传在世间者，传见之人则谓《尚书》本有百两篇矣。"

班固、王充等与张霸几乎是同时之人，他们皆云张霸《百两篇》为伪，可见张霸伪书当是事实。班固还指出了张霸伪造《百两篇古文尚书》的方法，以及上于朝廷被检验出为伪书，先被存后被黜的遭遇。王充还道出了张霸《百两篇》虽为伪书，但在汉世依然流传的情况。

(6) 杜林本

《后汉书·杜林列传》载："杜林字伯山，扶风茂陵人也。……林少好学沉深……博洽多闻，时称通儒。……京师士大夫咸推其博洽。河南郑兴、东海卫宏等，皆长于古学。兴尝师事刘歆，林既遇之，欣然言曰：'林得兴等固谐矣，使宏得林，且有以益之。'及宏见林，暗（黯）然而服。济南徐巡，始师事宏，后皆更受林学。林前于西州得漆书《古文尚书》一卷，常宝爱之，虽遭难困，握持不离身。出以示宏等曰：'林流离兵乱，常恐斯经将绝。何意东海卫子、济南徐生复能传之，是道竟不坠于地也。古文虽不合时务，然愿诸生无悔所学。'宏、巡益重之，于是古文遂行。"这就是杜林漆书《古文尚书》的由来及传授。

很显然，这部漆书只有一卷，未明确多少篇。史料又载杜林所传《古文尚书》是 29 篇，此 29 篇是否是这一卷漆书呢，史料亦无明确记载。后世学者一般认为，杜林所得漆书《古文尚书》与其传授的《古文尚书》是两个版本系统，依据大致如下：

《后汉书·儒林列传》云："扶风杜林传《古文尚书》，林同郡贾逵为之作训，马融作传，郑玄注解，由是《古文尚书》遂显于世。"此处虽未明确杜林传《古文尚书》的篇数，但《隋书·经籍志》为之做了注解，其云："后汉扶风杜林，传《古文尚书》，同郡贾逵为之作训，马融作传，郑玄亦为之注。然其所传，唯二十九篇，又杂以今文，非孔旧本。自余绝无师说。"另外，《隋书·经籍志》还著录了马融、郑玄、王肃三家所注《尚书》，①为当时现存之书，这是杜林本的注解本。其云杜林所传《古文尚书》表现出杂有今文的特点，应当是对这些尚存的马融、郑玄等注解本与今文《尚书》本进行具体比对后得出的结论，较为可信。由此可见，杜林所传《古文尚书》有29篇，而且是与今文《尚书》篇目相同的29篇，因其中杂以"今文"，故严格地说，这部书流传到后来，并非真正的"古文"，而是今、古文混合本。故早于《隋书》成书的陆德明《经典释文》云："今马、郑所注并伏生所诵，非古文也。"②这正好符合东汉经学今、古文融合的学术大背景。

杜林得漆书《古文尚书》和其所传授的《古文尚书》为什么不一致，二者有没有关联，这一卷漆书《古文尚书》是否就有29篇，都值得研究。不过，从其他《古文尚书》本的卷帙分析来看，这种可能性似乎不大。那么，会不会有另外一种可能，即刘起釪所说，"杜林按这一卷漆书古文的字体作样本，把当时共同传习的二十九篇今文全都照样改写成古文"③呢？这种可能性似乎也不大，因为以一卷来改写29篇（卷），一卷之内的字很难容纳29卷所有的字。因此，这二者也许本来就没有关联性。于是，杜林所传《古文尚书》的来源，就有其他几种可能情况：一是西汉出现的孔氏家传本、孔壁古文本、中秘古文本、河间献王本诸版本中与今文《尚书》相同的29篇，流传到东汉时的某种传写本就成了杜林本；二是杜林看到这种传写本后，用自己十分"宝爱"的漆书《古文尚书》一卷替换了与之内容相同的那一卷，形成了一新古文本。三是从许慎《说文解字》中著录的古文来看，其自谓是"孔子壁中书"，而实际上都没有超出同于今文《尚书》的29篇，这与杜林本的情况如出一辙。据此，杜林本也许就是孔壁《古文尚书》的一部分，即同于今文《尚书》的29篇。以上推测，皆有可能。真实的情况究竟如何，现已无法考证。

不过，虽然杜林所传的这部《古文尚书》本身的情况不太明朗，但它却是东汉"遂显于世"的《古文尚书》之源头。杜林的几个学生，都是东汉著名学者。其中，卫宏、徐巡直接从杜林受学，他们分别为这部《古文尚书》

---

①《隋书·经籍志》载："《尚书》十一卷，马融注。《尚书》九卷，郑玄注。《尚书》十一卷，王肃注。"

② 陆德明：《经典释文》卷一。

③ 刘起釪：《尚书学史》（订补本），第130页。

作"训旨"和"音"。后来，贾逵又为其作"训"，马融作"传"，郑玄作"注"。① 通过他们的发扬光大，《古文尚书》学大显于世，虽然没有被立于学官，但却动摇了今文三家在《尚书》学中的统治地位。

以上列举了汉代六种《古文尚书》，而真正流传的只有杜林本，甚至到《隋书》成书的唐代，马融、郑玄、王肃之注解本依然存在。

2. 释名

所谓《古文尚书》，其实是相对于当时用汉隶书写的今文《尚书》而言，是因为书写的字体不同而得名的。汉代《古文尚书》究竟用什么字体写成，汉人有一些说明。《汉书·艺文志》著录有《史籀》15篇，并说："《史籀篇》者，周时史官教学童书也，与孔氏壁中古文异体。"许慎在《说文解字·叙》中亦说："宣王太史籀著大篆十五篇，与古文或异。"又说："壁中书者，鲁恭王坏孔子宅而得《礼记》、《尚书》、《春秋》、《论语》、《孝经》。又北平侯张仓献《春秋左氏传》。郡国亦往往于山川得鼎彝，其铭即前代之古文，皆自相似。"从班固、许慎记载来看，孔壁古文与先秦大篆不同，而与商周金文比较接近。

班、许二人之说是否可信，他们有没有见过《古文尚书》等壁中书呢？孔安国献壁中古文书于朝廷，因非博士所治，故只藏于秘府，一般人难以见到。但刘向、刘歆、班固、贾逵等校理秘书，应该得以见之。许慎曾从贾逵学古文，还曾于安帝永初四年（110）受诏校定东观五经，整齐脱误，是正文字；《说文解字》中的古文，"其作法皆本壁中书"②。由此可以推知，班固、许慎二人当非常熟悉古文，他们的记载应较为可信。

3. 篇目

汉代出现了多种《古文尚书》本，它们的篇目、内容有较大出入。《尚书正义》引郑玄《书序》注列出了孔壁《古文尚书》较今文《尚书》所多之16篇：

> 《舜典》一，《汩作》二，《九共》九篇十一，《大禹谟》十二，《益稷》十三，《五子之歌》十四，《胤征》十五，《汤诰》十六，《咸有一德》十七，《典宝》十八，《伊训》十九，《肆命》二十，《原命》二十一，《武成》二十二，《旅獒》二十三，《冏命》二十四。以此二十四为十六卷，以《九共》九篇共卷，除八篇，故为十六。③

① 参见《后汉书·儒林列传》及相关学者之本传。
② 王国维：《观堂集林》卷二〇《史林十二·魏石经考》。
③ 《尚书正义·尧典》，阮元校刻《十三经注疏》本。

由此可见，从篇名来看，孔壁《古文尚书》较今文《尚书》只多 16 篇，但其中《九共》1 篇，分之则为 9 篇，所以有时亦云多 24 篇。

杜林本，有郑玄的注本传于后世，孔颖达在《尚书正义》中对其篇目有说明，其云："郑玄则于伏生二十九篇之内，分出《盘庚》二篇、《康王之诰》，又《泰誓》三篇，为三十四篇。"① 又云："二十九篇自是计卷，若计篇，则三十四。去《泰誓》，犹有三十一。"② 它是把篇幅较大的篇如《盘庚》、《泰誓》等分出了两篇，且又多出《康王之诰》1 篇，共为 34 篇，如下：

(1)《尧典》，(2)《皋陶谟》，(3)《禹贡》，(4)《甘誓》，(5)《汤誓》，(6) —— (8)《盘庚》(共三篇)，(9)《高宗肜日》，(10)《西伯戡黎》，(11)《微子》，(12) —— (14)《泰誓》(共三篇)，(15)《牧誓》，(16)《洪范》，(17)《金縢》，(18)《大诰》，(19)《康诰》，(20)《酒诰》，(21)《梓材》，(22)《召诰》，(23)《洛诰》，(24)《多士》，(25)《无逸》，(26)《君奭》，(27)《多方》，(28)《立政》，(29)《顾命》，(30)《康王之诰》，(31)《费誓》，(32)《吕刑》，(33)《文侯之命》，(34)《秦誓》。

其实，就内容多寡来看，郑玄所注杜林本《古文尚书》是完全同于今文《尚书》的，篇章也基本一致，仅多出"《康王之诰》"1 篇。故郑玄谓其"篇与夏侯等同而经字多异"③，字体的不同才是二者主要的区别。

至于张霸的"百两篇"本，在东汉马融、郑玄所作的《(古文)尚书注》之《书序注》中有详细的篇名记载，详见清代李调元、孔广森辑及孙星衍补辑的《古文尚书马郑注》卷一〇《书序》，此处不再赘列。

（三）今古文之争与融合

西汉相继出现的今、古文《尚书》客观上存在字体差异、篇数多寡之别，加上研究它们的学者对经文的理解与治学宗旨有所不同，遂在汉代《尚书》学内部形成了今、古文两大流派。

司马迁在《史记·儒林列传》举汉初经师，其他四经只举今文家，"惟于《尚书》云：'孔氏有《古文尚书》，而安国以今文读之，因以起其家。'是汉初已有《古文尚书》，与今文别出。故曰今古文之分，以《尚书》为最先

---

① 《尚书正义·尧典》，阮元校刻《十三经注疏》本。按：此处孔颖达是把《泰誓》计算在伏生今文《尚书》内的。

② 《尚书正义·尚书序》，阮元校刻《十三经注疏》本。

③ 《尚书正义·尧典》，阮元校刻《十三经注疏》本。

也"①。说明《尚书》的今、古文对立，从汉初就开始了。但是，它们的相互交锋、对峙争论却是从西汉末刘歆请立古文于学官开始，直到东汉末年郑玄融合今古而遍注群经为止，持续约两百年之久。其中，最激烈的争辩约有四次，即西汉哀平之际刘歆与太常博士们之争，东汉光武帝建武年间韩歆、陈元等与范升之争，章帝建初年间贾逵与李育之争，桓、灵帝时郑玄与何休之争。双方的争论，主要对象就是汉代经学文献的两大组成部分：今古文经与传，而主要方法是著书立说驳斥对方经传之不足，竭力宣传本派经传之可靠。其中涉及《尚书》问题者为第一、三次。

第一次争论源于刘歆受诏与父刘向领校中秘书，发现了许多古文经传，"以考学官所传，经或脱简，传或间编"。其中，"刘向以中古文校欧阳、大小夏侯三家经文"，就发现"《酒诰》脱简一，《召诰》脱简二。率简二十五字者，脱亦二十五字，简二十二字者，脱亦二十二字，文字异者七百有余，脱字数十"②。其认为今文经传残缺不全，用古文或可以弥补，也许这正是刘歆请求设立《古文尚书》等古文经于学官的最初动因。刘歆此举，虽遭到了立于学官的今文经太常博士们的自我维护和反攻，奏其"改乱旧章，非毁先帝所立"③，最终以失败告终，但却历史性开创了经学史上这场声势浩大、至后世依然延续两千年左右的今古文经学之争，并影响到许多学术领域，在中国历史上具有重要的地位。

第三次是因贾逵"数为帝言《古文尚书》与经传《尔雅》诂训相应"，于是章帝"诏令撰欧阳大小夏侯尚书古文同异"。④ 这是章帝支持贾逵在《尚书》学领域对今文经学发起的挑战。贾逵所集的《今古文尚书同异》为 3 卷，加上许慎所著的《五经异义》，将今、古文《尚书》之别全面呈现出来，亦彰显了《古文尚书》之长，同时也为郑玄等人的今、古文融会贯通创造了条件。

汉代的经今古文学之争虽始于西汉末年，但高峰却在东汉。尤其是杜林一派对《古文尚书》的研究与传授，使贾逵、马融、许慎、郑玄等赫赫有名的经学大师都来发扬光大古文，《古文尚书》学日益抬头，受到统治者的重视，⑤ 在民间流传甚广，逐渐取得学术上的胜利，最终在东汉王朝崩溃以后，

① 皮锡瑞：《经学通论》，中华书局，1954 年，第 47 页。
② 《汉书·艺文志》。
③ 《汉书·楚元王传》附《刘歆传》。
④ 《后汉书·贾逵传》。
⑤ 据《后汉书·贾逵传》记载，章帝即位，"特好《古文尚书》、《左氏传》"，诏逵入讲，而"善逵说"，于是命贾逵发起了与李育的争论。

取代了今文《尚书》学而成为官学。

终汉一世，虽然由古文学派发起数次今古文之争，但依然是今文独霸学官。然而，这只是短期的结果，从长期的学术效果来看，越是争论，古文学越勃兴，而今文学因盛谈阴阳五行、谶纬之说，充满迷信色彩，遭到有识之士的批驳，于是就进行了自身的改造，尤其吸收了古文学的治经方式和风格，如重史实和名物训诂等。渐渐地，今文《尚书》学失去了西汉时期所具有的自身特色，在治经方式和治经风格等方面明显呈现出向着《古文尚书》学靠拢的倾向，故也就越来越衰微。尤其是一些古文经学者，先习今文，后习古文，故多今古文兼通，如"杜林则称'博洽多闻'，贾逵则'问事不休'，马融则'才高博洽'"①，而郑玄更是兼采今古文而遍注群经，其注《尚书》虽以古文为宗，但又兼采今文家言，将今、古文《尚书》学融会贯通，自成一家之言。汉代的今古文之争，因合流而告平息。

（四）谶纬与两汉《尚书》学

"谶纬"是兴盛于两汉时期的一股重要的社会思潮。所谓"谶"，《说文》曰："谶，验也，从言，谶声。"② 张衡曰："立言于前，有征于后，故智者贵焉，谓之谶书。"③ 故人们将凡是有应验的预言或隐语，就叫做"谶"。"纬"则与"经"相对，"纬者，经之支流，衍之旁义"④，"圣人作经，贤者纬之"⑤，纬即是对经书内容所作的比附。虽然"谶"和"纬"含义不同，但在西汉"表章六经"以来，为了适应统治者以及儒学神化的需要，纬书就援引阴阳五行、灾异符应以及大量的谶言，谶纬趋于合流，故人们习惯将二者合称。汉代的谶纬，成为一种以阴阳五行之说为骨架，以天人感应之论为基础，包括了阴阳灾异、天象星变、天文历法等各种思想在内的特殊的学术现象。

谶纬与汉代经学关系密切，《尚书》学也不例外。《尚书·洪范》有"九畴"一章，其中的"五行"及"五事"两项与后世灾异相关。汉代的阴阳五行说与天人感应灾异论盛行，经师们亦纷纷以阴阳五行和灾异感应说解经，

---

① 康有为：《伪经传于通学成于郑玄考第八》，见《新学伪经考》，中华书局，1958 年。

② 许慎：《说文解字》卷三上。

③ 《后汉书·张衡列传》。

④ 《四库全书总目·经部·易类》按语。

⑤ 朱彝尊：《经义考》卷二九八《通说四·说纬》引班固语。

《尚书·洪范》遂被改造成宣扬五行灾异的原始经典。如今文《尚书》学大家夏侯始昌撰《洪范五行传》，其说将"五行"与"五事"相配为言，发挥引申，析说灾异及灾异之由，将"五行"完全整合于《洪范》之"庶征"、"五事"之中。小夏侯一派亦大力宣扬这一理论，许商撰有《五行论》；李寻继续发展《洪范》灾异之说，并上书大司马、上奏汉哀帝，力推《洪范》灾异之论。另外，刘向著《洪范五行传论》、刘歆著《五行传说》，不遗余力地为灾异之论造势。可见，汉代的今文《尚书》学带有浓厚的神学谶纬色彩。东汉光武帝以谶纬之说作为其承受天命的依据，继位后，乃命朝臣校定当世流传之图谶，并着意使之与经义结合，费时三十载，纂成《图谶》81卷，于建武中元元年（56）"宣布《图谶》于天下"①，将《图谶》作为定本正式公开，以为学习者之依准。此即汉代所谓的"纬书"。其中，《尚书》类纬书有五种：《璇玑钤》、《考灵曜》、《刑德放》、《帝命验》、《运期授》。《尚书纬》藉阴阳、五行、分野、月令等以究异变与人事之关系，尤重星占之学。另有《尚书中候》18篇，其述帝王之运世，明王道之广崇，阐治世之攸关，亦《尚书》之纬书也。

东汉章帝下诏开"白虎观会议"，博士、儒生纷纷陈述见解，章帝亲自裁各经义奏议，后由班固等人整理编成《白虎通义》一书。该书"征引六经传记而外涉及纬谶"，是"东汉习尚使然"的经学诠释模式，符合当时政治所需。② 于是，《古文尚书》学家也"傅以谶记，援纬证经"，"悉隐括纬候，兼综图书，附世主之好"。③ 此由郑玄可见一斑。郑玄于《书赞》中释"尚书"得名云："尚者，上也。尊而重之，若天书然，故曰《尚书》。"此说与《尚书·璇玑钤》所云"尚者，上也；书者，如也。上天垂文象，布节度，书也，如天行也"极其一致。郑玄曾为《书》类纬书注解，《隋书》、《新唐书·艺文志》和《旧唐书·经籍志》并著录其有注《尚书纬》与《尚书中候》，这表明郑玄扩大了《古文尚书》学的研究范围，将谶纬思想引入《尚书》研究。援纬证经在他的经解中常常可见。

综上所述，谶纬对汉代《尚书》学的发展具有较大的影响。从今文学家发扬《洪范》五行灾异说到古文学家的注解《书纬》和"援纬证经"，谶纬学始终相伴《尚书》学左右。

---

① 《东观汉记》卷一。
② 永瑢等：《四库全书总目》卷一一八《白虎通义》提要。
③ 庄述祖：《珍艺宦文钞》卷五《白虎通义考·序》。

（五）汉代《尚书》学文献及其特点

在传授及运用《尚书》的过程中，为了更好地理解经文的内容，自伏生开始，汉代今、古文经学家都对《尚书》经文进行注解，形成了丰富的《尚书》学文献。

1. 今文《尚书》学文献及特点

从《汉书》、《后汉书》的记载来看，汉代今文《尚书》学极为兴盛，传经、说经之作层出不穷。除伏生所传经文"二十九篇"及所谓的撰著《传》（即《尚书大传》）"四十一篇"外，① 欧阳、大小夏侯"今文三家"的许多学者都有《尚书》学著作。如"欧阳《章句》三十一卷，② 大、小夏侯《章句》各二十九卷，③ 大、小夏侯《解故》二十九篇，欧阳《说义》二篇"④，还有夏侯胜的《尚书语说》，林尊、欧阳地余合撰的《尚书论奏》，张无故的《尚书章句》，秦恭的《尚书章句》、《尚书说》，朱普的《（欧阳）尚书章句》，桓荣的《大太常章句》（又称《欧阳尚书章句》），牟长的《尚书章句》，夏侯始昌的《洪范五行传》，许商的《（洪范）五行传记》（又称《五行论》），刘向的《五行传记》（又称《洪范五行传论》、《洪范五行传》），刘歆的《五行传说》，桓郁的《小太常章句》（又称《欧阳尚书章句》），张奂的《尚书记难》、《尚书章句》，周防的《尚书杂记》，以及汉明帝的《五行章句》等。

以上这些《尚书》学文献，从内容来看，有经文与对经文的注解两种。西汉今文《尚书》经文都出自伏生，但经书代代相传，皆为手抄，造成了异体、假借、错别字的情况层出不穷，尤其是随着学派的分流形成欧阳、大夏侯、小夏侯诸家之后，各家在文字、断句等方面亦产生了不少分歧，给世人的学习和研究带来了不便，正如《后汉书·蔡邕传》记载："邕以经籍去圣久远，文字多谬，俗儒穿凿，疑误后学。"进行统一经文标准之工作迫在眉睫。于是，在汉灵帝熹平四年（175），蔡邕等负责刊刻石经来统一文字，到光和

---

① 关于该《书》的成书及流传情况，详见本章最后一节。

② 该书《经典释文》、《隋书·经籍志》俱失载，说明亡佚已久。清陈乔枞撰有《尚书欧阳夏侯遗说考》1卷（收入《皇清经解续编》中），马国翰《玉函山房辑佚书》有《尚书欧阳章句》1卷。

③ 夏侯胜《尚书章句》、夏侯建《尚书章句》各为29卷，亦皆久亡。清陈乔枞有《尚书欧阳夏侯遗说考》1卷，马国翰《玉函山房辑佚书》有《尚书大夏侯章句》1卷、《尚书小夏侯章句》1卷。另，《大小夏侯解故》29篇、《欧阳说义》2篇，汉以后并未见流传，略可参考陈乔枞《尚书欧阳夏侯遗说考》。

④ 《汉书·艺文志》。

六年（183）刊成后，立于洛阳太学，"后儒晚学，咸取正焉。及碑始立，其观视及摹写者，车乘日千余两（辆），填塞街陌"①。这一石经是中国历史上最早的官定经本石刻，被后人称为《熹平石经》。因其用当时立于学官的今文（即汉隶）刊刻，故又称作《一字石经》。在董卓之乱洛阳后，《熹平石经》受到破坏而毁损，但残石及残石拓本还是代代流传，对保存汉代今文《尚书》经文起到了重要作用。

至于今文《尚书》的注解之作，从注解形式上看，主要有传、章句、解故、说、记五种，这正是西汉经学著述的主要形式。②

"传"，"传者，转也，转受经旨以授后人。或曰传者，传也，所以传示来世"③。一般是指儒家先贤解释经典的权威性著作，汉代《尚书》学开山之祖伏生讲《尚书》所形成的《尚书大传》即是。

"解故"或称"解诂"，就是"训诂"，它是指对古籍字词意义的解释。《说文解字》释"诂"为"训故言也"，意思是用当代的词语来解释古代的词语。这类文献以解释字词意义为主。以上大、小夏侯所作《尚书解故》29篇即是。

"说"在体例上近于"传"，与后世之"论说"不同。流行于汉代。《礼记·檀弓》郑玄注："说，犹解也。"西汉刘歆的《移让太常博士书》说五经博士们"信口说而背传记，是末师而非往古"，道出了说与传的时间概念：说（"口说"）是"末师"之作，而传（"传记"）来自"往古"。按照中国的尊古传统，传自然比说更具权威性。所以，传是对经的权威性解释，而说是时代较晚的经师对经、传所做的进一步发挥。

"章句"是汉代今文经学最主要的著述形式，汉代的今文《尚书》学著作大多属于此类。所谓"章句"，"夫章者明也，句者局也。局言者联字以分疆，明情者总义以包体"④，即离章辨句之省称，是分析古书章节句读的意思。章句之学起源很早，东汉徐防说："臣闻《诗》《书》《礼》《乐》，定自孔子；发明章句，始于子夏。其后诸家分析，各有异说。"⑤ 王充《论衡·正说》却说："《学记》'一年视离经辨志'，此古人读书之法，而章句之学所由防也。

---

① 《后汉书·蔡邕列传》。

② 关于汉代经注形式，张舜徽在《广校雠略》卷三《注书流别论》中总结为十科：曰传，曰注，曰记，曰说，曰微，曰训，曰故，曰解，曰笺，曰章句。

③ 刘知幾：《史通》卷一《内篇·六家第一》。

④ 刘勰：《文心雕龙·章句篇》。

⑤ 《后汉书·徐防传》。

盖文字有意以立句，句有数以逆章，章有体以成篇。"黄侃据此考证，章句之学实发端于周。① 但那有可能是泛称，验之《汉书·艺文志》，先秦解说经书的文献是以"传"、"记"为主，"章句"则是西汉今文家法下的产物。虽然关于起源时间有异议，但都表明章句之学是因"分析经文之章句"而产生的。汉代"表章六经"，儒家经师要向学生讲论晦奥难懂的古代经典，需分章断句点读，故章句体大兴。不同的经师，治学风格各异，分章断句有别，造成"经有异家，家有异师，训说不同，则章句亦异"，即不同的师法、家法，章句之学不同；加上枝分蔓离，形成许多支派，"弟子传师说者，或更增益其文，务令经义敷畅"②，使章句之作数量越来越多、篇幅越来越大，"章句多者，或乃百余万言"③。《论衡》称王莽时省《五经》章句，皆为 20 万，则西汉末年章句之繁可想而知。而其中最甚者非《尚书》家莫属。例如，朱普的《（欧阳）尚书章句》40 万字，小夏侯氏更是"左右采获，又从'五经'诸儒问与《尚书》相出入者，牵引以次章句，具文饰说"，被斥为"章句小儒，破碎大道"（《汉书·夏侯胜传》）。传其学的秦恭撰《尚书章句》，更是"增师法至百万言"④，"说《尧典》篇目两字之说至十余万言，但说'曰若稽古'三万言"⑤。章句之学愈演愈烈，正如《汉书·儒林传》所说："自武帝立'五经'博士，开弟子员，设科射策，劝以官禄，讫于元始，百有余年，传业者浸盛，支叶蕃滋，一经说至百余万言，大师众至千余人，盖禄利之路然也。"发展章句之学，可以增强经学各派势力、扩大经师的政治影响与学术影响，并有官禄之利。但章句之学的"分文析字"、"碎义逃难"的注疏方法，不可避免地产生远离经文、破碎繁琐、虚妄不实、习常信古等弊端，因此很早就遭到许多学者的指责，刘歆谓章句之儒"不思废绝之阙，苟因陋就寡，分文析字，烦言碎辞，学者罢老且不能究其一艺。信口说而背传记，是末师而非

---

① 黄侃在《文心雕龙札记》中说："《学记》曰：'古之教者，一年视离经辨志。'郑曰：'离经，断句绝也。'详记文所述学制，郑皆以《周礼》说之，是则古之教育，谓周代也。其时考校以离析经理断绝章句为最初要务，尔则章句之学，其来久矣。"

② 黄侃：《文心雕龙札记》。按：学派的分化，如唐陆德明在《经典释文·序录》中说："欧阳世传业，至曾孙高作《尚书章句》，为欧阳氏学。"《后汉书·儒林传》载："牟长少习欧阳《尚书》，著《尚书章句》，皆本欧阳氏，俗号为《牟氏章句》。"

③ 《汉书·艺文志》。

④ 《汉书·儒林传》。

⑤ 《汉书》颜师古注引桓谭《新论》。

往古"。班固也批评他们"不思多闻阙疑之义，而务碎义逃难，便辞巧说，破坏形体"①。故东汉以来，"章句渐疏"②，正如东汉永平十四年（98）徐防上疏所说："伏见太学试博士弟子，皆以意说，不修家法，私相容隐，开生奸路。每有策试，辄兴诤讼，论议纷错，互相是非。……不依章句，妄生穿凿……"（《后汉书·徐防列传》）尽管如此，由于章句之学是一种十分适合博士制度的形式，所以东汉时期它仍然是一种重要的经学著述形式，汉明帝曾"自制《五家要说章句》"③。不过，对一些弊端还是进行了改进，如桓荣受学朱普，将朱普的《尚书章句》从 40 万字减为 23 万字，至桓郁再减为 12 万字。④ 由此可见，汉代今文学派的章句学，经历了由简略变为繁琐，再由繁琐向简略回归的演变过程。

另外，汉代今文《尚书》学文献也反映出汉代经学通经致用的特点。由于汉代统治者崇信五行阴阳灾异、谶纬之说，故经学家在诠解《尚书》时，特重《洪范》一篇，对其中的"五行"进行专门研究，以阴阳五行推论时政得失，如上述所列夏侯始昌、许商、李寻、刘向、刘歆皆撰有这方面的论著。他们所作的章句也大讲谶纬，蒙文通曾说：汉代今文学与谶纬神学相结合，还产生了许多附会之说，如说《尚书》"二十八篇"是代表二十八宿，《太誓》是三北斗等。在这种情况下，就出现了《纬书》。其中，有一部纬书《尚书璇玑钤》说："孔子求书，得黄帝玄孙帝魁之书，迄于秦穆公，凡三千二百四十篇，断远取近，定可以为世法者百二十篇，十八篇为《中候》，去三千一百二十篇。"把《尚书》产生时的篇数说得这么确定，故无法让人不怀疑其伪。但东汉后期，随着与古文学派的争论，今文学派的这种通经致用也有所改变，原来多以释经来阐发己说来致用，呈现出空疏不实的特点；后期吸收古文学的重史实和名物训诂，故学术味更浓一些。

2.《古文尚书》学文献及特点

《古文尚书》虽然在西汉被发现，但《古文尚书》学是在东汉才逐渐兴盛

---

① 《汉书·艺文志》。

② 《后汉书·儒林列传》。按：汉代以后，章句之学仍然发展。刘勰的《文心雕龙》有《章句》篇，对章句学给予了理论上的总结并有新意引发。宋代程朱理学也重章句学，朱熹曾说："某释经，每下一字，直是称等轻重，方敢写书。"并撰《大学》、《中庸》、《论语》、《孟子》四书之章句。清代依然重章句学，尤其是乾嘉学者。

③ 《后汉书·桓荣传》附《桓郁传》。按：《五家要说章句》，章怀太子注引《华峤书》曰："帝自制《五行章句》，此言'五家'，即谓五行之家也。"

④ 《后汉书·桓荣列》附《桓郁传》。

的。史载东汉章帝即位，"降意儒术，特好《古文尚书》、《左氏传》"，还于建初八年（83）"诏诸儒各选高才生，受《左氏》、《穀梁春秋》、《古文尚书》、《毛诗》，由是四经遂行于世"。章帝还让贾逵多次为其"言《古文尚书》与经传《尔雅》诂训相应"。① 由于皇帝的提倡，研习《古文尚书》的学者增多，东汉《古文尚书》学有了长足的发展。据《后汉书》、《后汉书补遗》等史料记载，杜林、卫宏、徐巡、涂恽、桑钦、贾徽、贾逵、郑兴、郑众、刘陶、张恭祖、马融、卢植、郑玄、张楷、周盘、刘祐、孙期、都尉朝、盖豫、周防、孔僖、杨伦、王仲、董春、孔乔、度尚等大批学者都传习《古文尚书》，且大多撰有著作，故东汉的《古文尚书》学文献丰富。

杜林向卫宏、徐巡传授《古文尚书》后，卫宏作《训旨》，徐巡"亦以儒显"。另外，杜林所传的这部《古文尚书》，"同郡贾逵为之作训，马融作传，郑玄注解，由是《古文尚书》遂显于世"②。马融所撰《尚书传（注）》11 卷，郑玄所著《尚书注》9 卷，均见于《隋书·经籍志》载录。贾逵还被汉章帝"诏令撰欧阳大小夏侯尚书古文同异。逵集为三卷，帝善之。"③ 卢植师事马融，能通古今学，认为"古文科斗，近于为实"④，作《尚书章句》。《隋书·经籍志》还载卫宏撰《古文官书》1 卷，孔安国、郑玄等撰《尚书音》5 卷。周防"师事徐州刺史盖豫，受《古文尚书》。……撰《尚书杂记》三十二篇，四十万言"⑤。刘陶"明《尚书》、《春秋》，为之训诂。推三家《尚书》及古文，是正文字七百余事，名曰《中文尚书》"⑥。另外，张楷著《尚书注》⑦，荀爽著《尚书正经》⑧。

以上《古文尚书》学文献，有训、音、传、注、记、章句等多种注解形式。但这些文献早已佚亡，很难确知其具体内容，只能进行大致推测。卫宏《古文尚书训旨》一书，顾名思义，事得其序之谓"训"，"旨"即义理，故《古文尚书训旨》应是宏观解释《尚书》各篇主题思想之作。郑玄等人的《尚书音》是专门对《古文尚书》经文之音读进行标注或考订的著述，这是《古

---

① 《后汉书·贾逵传》。按：《章帝纪》也记载此事。
② 《后汉书·儒林列传·杨伦传》。
③ 《后汉书·贾逵传》。
④ 《后汉书·卢植传》。
⑤ 《后汉书·儒林列传·周防传》
⑥ 《后汉书·刘陶传》。
⑦ 《后汉书·张霸传》附《张楷传》。
⑧ 《后汉书·荀淑传》附《荀爽传》。

文尚书》学家对汉代《尚书》学做出的特别贡献。古文学家虽以"不为章句"相标榜，贬低今文学家是"破坏大体"的"章句之徒"、"俗儒"，但他们依然要作章句，卢植就著有《尚书章句》一书。古文经学派的章句吸收了今文派的经验教训，更注重宏观义理的阐发，善于运用今、古文比较研究的方法，融会贯通，纲举目张，故较今文章句学更为成就卓著，推动了汉代章句之学更好地发展。

"注"是汉代《古文尚书》学著作最主要的注疏形式。东汉古文经学家诠释的《尚书》，大多称"注"。其体式不同于西汉之章句，释义紧扣经文，训诂大义，重于名物考证。孔颖达云："注者，著也。言为之解说，使其义著明也。"① 贾公彦云："注者，注义于经下，若水之注物，亦名为'著'，取著明经义者也……注者，于经之下自注己意，使经义可申，故云注也。"② 该类文献对后世影响较大。尤其是马融和郑玄的《尚书注》，均著录于《隋书·经籍志》，说明唐代时卷帙仍完具。南朝裴骃《史记集解》、唐陆德明《经典释文》、孔颖达《尚书正义》等称引甚多。如《史记·鲁周公世家》中"桢榦"一词，裴骃《集解》引马融曰："桢、榦皆筑具，桢在前，榦在两旁。"又"大刑"一词，引马融曰："大刑，死刑。"所引都是马融《尚书注》中注解《费誓》篇之语。孔颖达《尚书正义》引马融、郑玄之说更多，不胜枚举。如疏解兖州"十有三载乃同"，引马融之说曰："禹治水三年，八州平，故尧以为功而禅舜。"又解"桑土既蚕，是降丘宅土"，引郑玄之说云："此州寡于山，而夹川两大流之间，遭洪水，其民尤困。水害既除，于是下丘居土，以其免于厄，尤喜，故记之。"这两部书，至宋代可能已散亡，故王应麟有辑本《古文尚书马郑注》10卷。

汉代古文经学家还善于对今、古文《尚书》作比较和融会贯通的研究。贾逵被汉章帝诏令修纂的欧阳、大小夏侯《尚书》与《古文尚书》同异而成的三卷著作，应该是与今文《尚书》校勘经文文字同异的专著。杜林、贾逵、马融、卢植、郑玄等古文经学家都是博学多闻之人，今、古文都精通，故他们所作的《尚书》学著作，虽以古文为主，实则今、古文融会在一起。尤其是郑玄，不但是汉代《古文尚书》学的集大成者，也是汉代《尚书》学的集大成者。他博学多通，其《尚书》学渊源于孔安国、贾逵、马融、许慎及今文诸家，注《尚书》兼具声训、义训，以制度礼俗释《书》、以天文五行释

---

① 《毛诗正义·国风》孔颖达疏引，阮元校刻《十三经注疏》本。
② 《仪礼注疏·士冠礼》贾公彦疏引，阮元校刻《十三经注疏》本。

《书》、以卜筮图书灾异释《书》，做到了今文古文互用、经文大传互用、经文纬书互用的融会贯通。他的《尚书》学文献，除《尚书注》外，还有《书赞》、《尚书音》、《书序注》、《尚书大传注》、《尚书纬注》、《尚书中候注》、《尚书考灵耀》、《尚书璇玑钤》等多种。

另外，汉代古文经学家还对《尚书》进行了辨伪工作。马融引经据典，最先考证出汉代所传《尚书》中的《泰誓》一篇是后得的。其云：

> 《泰誓》后得，案其文似若浅露。又云："八百诸侯，不召自来，不期同时，不谋同辞。"及"火复于上，至于王屋，流为雕，至五，以谷俱来，举火"神怪，得无在子所不语中乎？又《春秋》引《泰誓》曰："民之所欲，天必从之。"《国语》引《泰誓》曰："朕梦协朕卜，袭于休祥，戎商必克。"《孟子》引《泰誓》曰："我武惟扬，侵于之疆，取彼凶残，我伐用张，于汤有光。"孙卿引《泰誓》曰："独夫受。"《礼记》引《泰誓》曰："予克受，非予武，惟朕文考无罪。受克予，非朕文考有罪，惟予小子无良。"今之《泰誓》，皆无此语。吾见书传多矣，所引《泰誓》而不在《泰誓》者甚多，弗复悉记，略举五事以明之，亦可知矣。①

马融认为《尚书》原来确实是有《泰誓》一篇，因为《左传》、《国语》、《孟子》、《荀子》、《礼记》等先秦古籍都曾引用过。而汉代伏生所传，孔氏所献，皆无此篇。所谓后得《泰誓》，是伪造的。姑不论马融的结论是否正确，其考证是很有力量的。在此之前，还没有人做过如此令人信服的辨伪研究。

综上所述，汉代的《尚书》学文献数量丰富，注解形式多样，是先秦时期儒家诠释《尚书》传统的进一步发扬光大，并有许多创新。汉儒初因不能识先秦古文，故研究《尚书》首先要做以今文去转写、翻译古文的工作，这就决定了他们关注的重点在文字音读辨识、篇章句读分析、经文大义训释等方面，这也是汉代《尚书》学的特点。后世学者以一个非常具有时代特色的称谓——"汉学"来称呼汉代经学，当然也包括汉代《尚书》学。从汉代《尚书》学文献的数量来看，西汉时期今文《尚书》学一枝独秀，尤其是章句学大放异彩，东汉时就逐渐走向衰落；而东汉时期，则是《古文尚书》学崛起，并在学术上逐渐战胜今文而取得统治地位，故东汉《古文尚书》学文献所占比例高于今文。

非常遗憾的是，具有创新精神、特色鲜明而又丰富多彩的汉代《尚书》

---

① 《尚书正文·泰誓上》孔颖达疏引马融《书序》，阮元校刻《十三经注疏》本。

学文献基本上都消失于历史长河中，无一完帙流传至今。[1] 不过，汉学的影响非常深远，直到北宋中期以前，《尚书》学的发展基本上都是沿着汉人开创的道路前进的，在清代一定时期也有所恢复。

三、魏晋南北朝时期

魏晋南北朝是中国历史上的大分裂时期，也是国内各民族融合、外域文化进入中国的时期，原有的文化因增添了新鲜血液，向生动活泼的多元化发展。作为经学之一部分的《尚书》学，因这场持续不断的政治文化动荡而受到巨大冲击，呈现出与汉代不同的气象。从这一时期的《尚书》学文献中，我们就能直观地体会其《尚书》学之特色。

（一）汉学衰而郑学盛

两汉今古文之争，结果是今文经学逐渐衰微，走向了学术的末路；博通今、古的古文学家，则以古文为宗，将今、古文融合在一起，开创了《尚书》学的新局面。

今文《尚书》学的衰落是随着东汉《古文尚书》学的学术地位提升而开始的，在东汉末年已表现得很明显。例如，今文大师桓荣三代都曾为皇帝讲《尚书》经传，但却是典型的以治经求取利禄的庸臣，受皇帝一点恩赐，就自夸说："今日所蒙，稽古之力也。"[2] 其所谓的"稽古"，"就是指治《尚书》"[3]。而今古文之争之后，今文经学在注经方式和风格方面向古文经学靠拢，今、古文的融合为一，更表明传统今文《尚书》学的没落。

到了三国时期，今文《尚书》学的衰落仍在持续。魏正始年间《三体石经》的刊刻，[4] 就反映了这一情况。该石经刊刻于正始二年（241），位于汉石经的西面。后人或据其刊立之时代，称《正始石经》；或据其用古文、篆

---

① 汉代《尚书》学文献皆亡佚，后世学者做了许多辑佚工作。如伏生的《尚书大传》，孙之騄、卢见曾、卢文弨、董丰垣、孔广林、任兆麟、陈寿祺、王谟、樊廷绪、孙志祖、姚东升、袁钧、黄奭、皮锡瑞、王闿运、王仁俊等大批学者都有辑佚；马融、郑玄的《尚书注》，宋马端临辑作《古文尚书》10卷，清孙星衍、孔广森、袁钧、黄奭相继补辑。王谟的《汉魏遗书钞》和《经籍佚文》、马国翰的《玉函山房辑佚书》及王仁俊《续编》、黄奭《黄氏逸书考》等还辑有汉代其他《尚书》学著作的佚文。

② 《后汉书·桓荣传》。

③ 刘起釪：《尚书学史》（订补本），第141页。

④ 关于魏石经的记载，见《晋书·卫瓘传》附《卫恒传》、戴延之《西征记》、郦道元《水经注·谷水》、杨衒之《洛阳伽蓝记》等。

文、隶书三种字体，称《三字石经》或《三体石经》。该石经的刊刻以古文为主，是时代所需，正反映了今古文的融合汇通，也说明当时今文经学的地位进一步下降。到"永嘉之乱，欧阳、大小夏侯《尚书》并亡。济南伏生之传，唯刘向父子所著《五行传》，是其本法，而又多乖戾"①。汉代今文《尚书》学在永嘉之乱后真正走向了衰灭，取而代之立于学官的是贾、马、郑、王四家《书》学。

《晋书·职官志》载"晋初承魏制，置博士十九人"，又《荀崧传》云："世祖武皇帝应运登禅，崇儒兴学。……先儒典训。贾、马、郑、杜、服、孔、王、何、颜、尹之徒，章句传注众家之学，置博士十九人。九州之中，师徒相传，学士如林。"表明魏、晋立于学官的经家有十九。其中，《书》有贾逵、马融、郑玄、王肃四家，② 而尤以郑学为盛，时人称"伊洛已东、淮汉之北，一人而已，莫不宗焉"③。郑门弟子众多，"自远方至者数千"（《后汉书·郑玄列传》），遍布各地，或在朝廷为官，或任博士，或从事著述，或于民间收徒讲学，共同传授郑氏经注，阐发郑学。田琼在汉魏之际任博士，时王粲对郑玄《尚书注》有疑问，田琼与韩益合撰《尚书释问》4 卷，共同匡正郑《注》之谬，答王粲之问以申郑义。④ 高贵乡公曹髦亦主郑学，"（正元二年）九月庚子，讲《尚书》业终，赐执经亲授者司空郑冲、侍中郑小同等各有差"⑤。郑小同系郑玄之孙，所撰《郑志》记有郑玄答弟子赵商问《尚书·周官》之事，其所传当为郑学。高贵乡公赐郑小同，说明其崇尚郑学。王基、孙炎、马昭等名儒亦都信守郑学。除魏国外，蜀、吴二国以及其后的两晋时期，郑学依然盛行。如蜀国的许慈，"师事刘熙，善郑氏学，治《易》、《尚书》"⑥，为郑玄再传弟子；姜维亦"好郑氏学"⑦。吴国的薛综、徐整也是郑学的崇信者。西晋时期王肃一派对郑学的强烈反对，影射出郑学的兴盛。东晋，"元帝践阼……时方修学校，简省博士，置《周易》王氏、《尚书》郑氏、《古文尚书》孔氏"⑧，《尚书》郑学立于学官，其流传依然很盛。南北朝

---

① 《隋书·经籍志》。
② 王国维：《观堂集林》卷四《汉魏博士考》。
③ 《旧唐书·元行冲传》载元行冲《释疑》之文引三国时期魏国王粲之语。
④ 《旧唐书·经籍志》。
⑤ 《三国志·魏书·高贵乡公传》。
⑥ 《三国志·蜀书·许慈传》。
⑦ 《三国志·蜀书·姜维传》。
⑧ 《晋书·荀崧传》。

时期，北朝以北魏为首，《尚书》皆传"郑康成所注，非古文也"①。当时，"郑君徒党遍天下，即经学论，可谓小统一时代"②。

魏晋及北朝郑学为何如此兴盛，归根结底，在于其顺应了当时经学发展之潮流。史载郑玄初"造太学受业，师事京兆第五元先，始通《京氏易》、《公羊春秋》、《三统历》、《九章算术》。又从东郡张恭祖受《周官》、《礼记》、《左氏春秋》、《韩诗》、《古文尚书》。以山东无足问者，乃西入关，因涿郡卢植，事扶风马融"。可见其学习是先通今文，后通古文，是"学贯今古"，非常博通。学习上已打破了学派的界限，学术研究同样不受学派的约束，郑玄敢于冲破师法家法的藩篱，虽以古文经学为主，但兼采今文经学之长，使经之义理更为明晰条畅。于是，今、古文经学在郑玄那里达到了一定程度的统一，形成了后世所谓的"郑学"，两汉经学至此进入了一个统一时代。郑玄经学的特色和成就，范晔曾有很精妙的概括："括囊大典，网罗众家，删裁繁诬（芜），刊改漏失，自是学者略知所归。"③ 郑学广博、汇通、精要，故得到了经学界的广泛推崇，成为天下所宗之学，其兴盛是历史使然。

就研治《尚书》而言，虽其师马融是《尚书》学大家，但郑玄的研究不盲从师说，皮锡瑞谓其"注《尚书》用古文，而多异马融；或马从今而郑从古，或马从古而郑从今。是郑注《书》兼采今古文也"。郑玄将今、古文《尚书》学融会贯通，自成一家之言，于是"郑《书注》行而欧阳、大小夏侯之《书》不行矣"，正所谓"郑学盛而汉学衰"矣。④

（二）郑学、王学之争

郑玄《尚书》学因顺应时代所需在魏晋时期很兴盛，但它也有一些突出的问题，如引谶纬之说注经，充斥神秘妖妄之说，使之不可能摆脱荒诞迷信色彩；又过于热衷辞训，"通人颇讥其繁"⑤；今古兼采，亦难免有调停附会之论。学术上的破绽，在当时学术思想非常自由的氛围下，必然会有人来指正。例如，三国时王粲曾推崇郑学，但在求得郑玄《尚书注》后，"退而思之，以尽其意。意皆尽矣，所疑之者犹未喻焉。凡有两卷，列于其集"⑥。颜

---

① 《北齐书·儒林传》。
② 皮锡瑞：《经学历史》五《经学中衰时代》。
③ 《后汉书·郑玄传》。
④ 皮锡瑞：《经学历史》五《经学中衰时代》。
⑤ 《后汉书·郑玄传》。
⑥ 《旧唐书·元行冲传》载元行冲《释疑》之文引三国时期王粲之语。

之推《颜氏家训·勉学篇》亦载此事："吾初入邺，与博陵崔文彦交游。尝说《王粲集》中难郑玄《尚书》事，崔转为诸儒道之。"南北朝时期南齐张融虽然盛赞郑学，但亦指出郑注多失。(《旧唐书·元行冲传》)而反对郑学最激烈者当属王肃及其后学。《三国志·魏书·王肃传》记载："肃善贾、马之学，而不好郑氏，采会同异，为《尚书》、《诗》、《论语》、《三礼》、《左氏》解，及撰定父朗所作《易传》，皆列于学官。"与郑玄一样，王肃亦注《尚书》等儒家群经，亦采今、古文说，然专与郑学对立：郑玄用古文说，他则以今文说予以批驳；郑玄用今文说，他又以古文说予以批驳，遂形成新的经学派别，学者称为"王学"。郑学、王学之争，是魏晋南北朝时期《尚书》学的重要内容，由此产生了许多论辩性质的《尚书》学文献。

皮锡瑞评价郑、王之争时说："郑学出而汉学衰，王肃出而郑学亦衰。"①据《三国志·魏书·高贵乡公传》记载，甘露元年(256)夏四月，

> 丙辰，帝幸太学……讲《易》毕，复命讲《尚书》。帝问曰："郑玄云'稽古同天，言尧同于天也'。王肃云'尧顺考古道而行之'。二义不同，何者为是？"博士庾峻对曰："先儒所执，各有乖异，臣不足以定之。然《洪范》称'三人占，从二人之言'。贾、马及肃皆以为'顺考古道'。以《洪范》言之，肃义为长。"帝曰："仲尼言'唯天为大，唯尧则之'。尧之大美，在乎则天，顺考古道，非其至也。今发篇开义以明圣德，而舍其大，更称其细，岂作者之意邪？"

高贵乡公曹髦到太学向诸儒询问《尚书》经义，而博士庾峻不顾他主张郑学，竟以王学观点相对答。由此可见，郑学的地位在魏末受到了王学的严重挑战。王学在魏与晋初皆列于学官，一时几乎取代了郑学。这固然是凭借了与之联姻的司马氏的权势，但王肃学问渊博，不囿旧说，遍考诸经而后能自成一家之学，不能看作是单靠政治力量。其经注主要驳郑，对郑玄的琐屑、引谶纬解经之风进行了较为彻底的摒弃；虽善贾逵、马融之学，然亦有所超越。王肃注经简洁，立论常有合理依据，确能弥补郑学疏漏，故其在东晋南北朝能继续发生影响。

其实，从本质上看，王、郑之争是训诂经学内部之争，二人的治经方法相同，只是具体知识上有异。王肃没有提出新的哲学体系，他所做的最多算是对郑玄经注的修正和补充，故王学不能最终从理论上胜过郑学，魏晋南北朝三百多年间，郑学始终具有较为广泛的影响力。正所谓"王学虽盛而郑学

---

① 皮锡瑞：《经学历史》五《经学中衰时代》。

未亡"也。

（三）玄学对《尚书》学的影响

魏晋时期，风靡一时的玄学对《尚书》学的发展有着重要的影响。"玄"这一概念，最早见于《老子》："玄之又玄，众妙之门。"王弼《老子指略》说："玄，谓之深者也。"玄学即是研究幽深玄远问题的学说。玄学盛行于魏晋，是儒家思想与道家思想结合的产物。

两汉经学的蜕变是玄学产生的渊源之一。东汉末期许多经学家，面对经学的没落和社会道德的危机，治经开始逾越儒家的礼度和经学的师法家法，杂采老、庄之说。例如，马融"善鼓琴，好吹笛，达生任性，不拘儒者之节。……注《孝经》、《论语》、《诗》、《易》、《三礼》、《尚书》、《列女传》、《老子》、《淮南子》、《离骚》"①。大儒郑玄治经已杂采包括老庄在内的百家之学。"经学深奥"的蔡邕，则憧憬一种"心恬澹于守高，意无为于持盈"、"情志泊兮心亭亭，嗜欲息兮无由生"的淡泊、空灵的道家境界。② 王肃则用道家的无为学说，改造了儒家的天道观，在政治上也主张"无为而治"。一大批经学家，或修黄老之学，或为《老》、《庄》训解，或清淡而不涉世事，已多少杂具道家色彩。

玄学家大多数出生于经学世家或仕宦家庭，自幼受儒学熏染，谙熟《诗》、《书》，注解儒家经典，故同时也是经学家。他们既有玄学方面的著作，又有经学方面的著作。如玄学名士阮咸出于儒学世家，著《尚书》学著作《三坟书》1卷；③ 梁武帝不但对佛经颇有撰述，也对经学颇有研究，所著《孝经义》、《周易大义》、《礼记大义》、《中庸讲疏》、《毛诗答问》、《春秋答问》、《尚书大义》等。玄学家对《尚书》的训说，使这一时期的《尚书》学烙上了深深的玄学烙印，其中最重要的影响是经学家采用佛家以义疏讲经这一形式来撰写《尚书》学著述。义疏类《尚书》学文献大量涌现。

（四）孔《传》的出现与兴盛

西晋末年发生"永嘉之乱"后，王室倾覆，文物沦丧，"众家之书并灭亡"，今文《尚书》、《古文尚书》都散失了。东晋王朝在南方建立后，为了继续以儒家思想来维持统治，便要恢复儒家经籍，故下令求书，于是"古文孔

① 《后汉书·马融列传》。
② 《后汉书·蔡邕列传》。
③ 黄逢元：《补晋书艺文志》，《五史补编》本。

《传》始兴"①。即元帝（317—322 年在位）时，豫章内史梅赜（一作枚赜、梅颐）奏上所谓的孔安国《古文尚书传》，"亡《舜典》一篇"②。该部《古文尚书传》据说出自孔安国，故后世多以"孔《传》"称之。其所依据的与《传》并行的《尚书》经文，称作孔《传》本《古文尚书》，清人又多称"《晚书》"。此部孔《传》的渊源，史料记载矛盾重重，且传授系统缺乏一些重要环节，加上内容、篇章等与传世的其他《尚书》经文出入较大，故宋以来历代学者怀疑其真实性，进行了大量的考辨，③ 产生出繁多的考辨类《尚书》学文献。汉代今、古文《尚书》的消亡和此部孔《传》本《古文尚书》的出现，是《尚书》学史上一次非常重大的变化。

该部晚出孔《传》本《古文尚书》共计 46 卷，58 篇。其中，33 篇内容与伏胜旧传今文《尚书》28 篇略同，唯《益稷》、《康王之诰》是伏生本《皋陶谟》、《顾命》中的一部分，《盘庚》篇则是伏生本的一分为三，而《舜典》却与王肃《尚书注》本同。另外的 25 篇，内容、篇章不见于汉代流行的今、古文传本。其篇名如下：

> 其二十五篇者，《大禹谟》一，《五子之歌》二，《胤征》三，《仲虺之诰》四，《汤诰》五，《伊训》六，《太甲》三篇九，《咸有一德》十，《说命》三篇十三，《泰誓》三篇十六，《武成》十七，《旅獒》十八，《微子之命》十九，《蔡仲之命》二十，《周官》二十一，《君陈》二十二，《毕命》二十三，《君牙》二十四，《冏命》二十五。④

梅氏所献的这部孔《传》，初出即被视为瑰宝，与郑学并立于学官，呈现出"南孔北郑"之势。自南朝梁陈时逐渐兴盛，蔡大宝、费甝分别为之作疏。其后，为之作疏、标注音义者不乏其人。陆德明撰《经典释文》，以其为定本。刘炫又为之作《述义》，从此孔《传》本《古文尚书》盛行于隋唐，"近唯崇古文，马、郑、王注遂废。今以孔氏为正"⑤。它取代了此前的马、郑、王三家《书》学，在学界流行开来，尤其是唐代孔颖达受太宗诏命作《五经正义》，《尚书》选用其为底本，颁定天下后，遂成为官方定本。直到清代阮

---

① 陆德明：《经典释文》卷一。

② 陆德明：《经典释文·序录》。

③ 关于这部晚出孔《传》本《古文尚书》的考辨，自宋代吴棫开始，直到今天仍在进行。当代学者陈梦家的《尚书通论》、蒋善国的《尚书综述》、刘起釪和程元敏的《尚书学史》等皆作有系统的总结，可以参见。本文不再赘述。

④ 《尚书正义·尧典》孔颖达疏引，阮元校刻《十三经注疏》本。

⑤ 陆德明：《经典释文》卷一。

元校刻《十三经注疏》，《尚书》依然采用此本。可以说，唐以后《尚书》学的发展，都是围绕着孔《传》本《古文尚书》而展开：义理、训诂以此为底本而作，考辨则多以其为对象。它是《尚书》学史上继伏生今文《尚书》、郑注《古文尚书》之后广泛流传的第三种传本。

经历代学者考辨，孔《传》在作者和传授系统方面的历史真实性难以考实，使孔《传》本《古文尚书》背上了伪造之名。但是，从史料和思想内容而言，其价值不容忽视。孔《传》本《古文尚书》独有的篇章、内容及精神实质与伏生本今文《尚书》是一脉相承的，并非空穴来风，思想深度也绝不亚于伏生本。尤其是《大禹谟》"人心惟危，道心惟微，惟精惟一，允执厥中"四语，被宋儒称为"虞廷十六字心传"，并进行了系统诠释，作为宋儒道统论的理论基础。①

（五）文献丰富，著述形式多样

魏晋南北朝时期，有关经学的著作汗牛充栋。笔者据历代书目著录统计，仅《尚书》学著作就多达 60 余部。这些著述形式多样，呈现出与汉代《书》学文献不同之特色。

1. 学术多元，互相质疑问难

魏晋南北朝时期是《尚书》学多元化发展时期。郑学虽在许多区域长时期盛行，但其他各家之学也在流传。

三国时魏及后来的西晋立于学官的《书》学除郑学外，还有贾逵、马融、王肃三家，西晋尤其重视王肃经学，郑学、王学争执激烈。蜀国有许慈、姜维等好郑学，亦有李譔"著古文《易》、《尚书》……皆依准贾、马，异于郑玄"②。吴国会稽人虞翻曾"奏郑玄解《尚书》违失事目"，强调说："玄所注五经，违义尤甚者百六十七事，不可不正。行乎学校，传乎将来，臣窃耻之。"③ 说明郑学虽在吴国流行，但也受到质疑；士燮，袁徽称其"又《尚书》兼通古今，大义详备。闻京师古今之学，是非忿争，今欲条《左氏》、《尚书》长义上之"④，说明当时吴国的《尚书》学今古文兼存；张纮还治"欧阳《尚书》"⑤，总之，吴国的《尚书》学是多种流派并存，互相争议。东

① 朱熹：《中庸章句序》。
② 《三国志·蜀书·李譔传》。
③ 《三国志·吴书·虞翻传》裴松之注引《翻别传》。
④ 《三国志·吴书·士燮传》。
⑤ 《三国志·吴书·张纮传》。

晋出现梅赜所献孔《传》，"《古文孔传》始兴，置博士。郑氏亦置博士一人"①。说明东晋时孔《传》本《古文尚书》与郑注《尚书》并立于学官。

南北朝时期，南朝重东晋传统，《尚书》学应与东晋情况相似。宋裴骃著《史记集解》，广泛引用孔《传》，说明宋盛行梅赜所献孔《传》本《古文尚书》。"梁、陈所讲，有孔、郑二家，齐代唯传郑义"②。至于北朝，"魏儒学最隆"③。北方中原地区具有雄厚的汉代经学基础，加上北魏统治者的崇儒，故北魏"人多砥尚，儒术转兴"④，经师众多，著名者有刘献之、徐遵明等，"齐时儒士，罕传《尚书》之业，徐遵明兼通之。遵明受业于屯留王忽，传授……并郑康成所注，非古文也"，而齐"凡是经学诸生，多出自魏末大儒徐遵明门下"。⑤ 因此，北魏儒学"历北齐、周、隋，以至唐武德、贞观，流风不绝"⑥。可见北魏儒生传郑玄的《尚书》学，北齐、北周等亦大致如此。南朝重孔《传》，北朝重郑学，正反映了南北经学分离这一特点。

综上所述，魏晋南北朝时期，汉代的今文欧阳、古文贾马郑王诸家及东晋晚出孔《传》本《古文尚书》都有传授，可见当时的《书》学流派众多。这些学派互有质疑，如魏晋的弃汉学兴郑学及郑、王之争，尤其是对盛行一世的郑学，其他各派的许多经学家也提出了一些质疑。又如王肃的《尚书注》是因批驳郑玄《尚书注》而作，他们的训释有很多不同之处。王肃还撰有《尚书驳议》5卷，大概也是针对郑注而作。这一时期的相互质疑之作还有《尚书释问》4卷（郑玄注，王粲问，田琼、韩益正）、《尚书驳》（程秉撰）、《尚书义问》3卷（郑玄、王肃及孔晁撰）、《尚书王氏传问》与《尚书义》各2卷（范顺问，刘毅答）等。这些著作并非出于严格的门户之见，而主要是通过质疑他说来发表自己的看法。

2. 义疏注经出现并盛行

从《隋书》、《新唐书·艺文志》、《旧唐书·经籍志》及《经义考》中我们可以发现，自魏晋以后，经学著作出现了以"义"、"义疏"、"讲疏"冠名的现象。仅《尚书》类就有东晋李颙《尚书新释》2卷、伊说《尚书义疏》4卷、吕文优《尚书义注》3卷，至宋有姜道盛《集释尚书》11卷，齐有顾欢

---

① 陆德明：《经典释文》卷一。
② 《隋书·经籍志》。
③ 皮锡瑞：《经学历史》六《经学分立时代》。
④ 《北史·儒林传》。
⑤ 《北齐书·儒林传》。
⑥ 皮锡瑞：《经学历史》六《经学分立时代》。

《尚书百问》1卷、沈麟士《尚书要略》，梁有武帝萧衍《尚书大义》20卷、巢猗《尚书百释》与《尚书义》各3卷、蔡大宝《尚书义疏》30卷、费甝《尚书义疏》10卷、孔子袪《尚书义》20卷及《集注尚书》30卷、任孝恭《古文尚书大义》20卷、张讥《尚书义》15卷、《尚书广疏》18卷，北齐有萧璎的《尚书义疏》等。可见，这一时期的义疏类《尚书》学文献数量相当可观。

所谓"义"，即发挥书中之大义；"疏"者，通也，即疏通证明之谓。义疏的注解形式到底如何，以上所举魏晋南北朝的《尚书》义疏著作都已散佚，不能直观浏览，只能从其他经典的相关著作来观照。兹以皇侃《论语义疏》来分析。该书曾亡佚于南宋时，清康熙九年（1670），日本的山井鼎等称其国有是书，乾隆间乃复入中国，收入《四库全书》中。文渊阁本题作《论语集解义疏》，明此为"魏何晏解，梁皇侃疏"。①《论语义疏》大概是其简称。皇侃在该书《自序》中云："……右十三家，为江熙字太和所集。侃今之讲，先通何集。若江集中诸人有可采者，亦附而申之；其又别有通儒解释，于何集无好者，亦引取为说，以示广闻也。"据此，则义疏体不仅解释经文，也解释注文，并间下己意。其方式与汉代传注或集解不同，略于诠释经文名物，而重在疏通经文大意；又不同玄学经学，一般不离开经义去纵情自我发挥，而是守一家之注，或旁征博引诸家之说，加以选择、融会，用来阐明经文的旨意。所以义疏是介于义理经学与训诂经学之间的一种经学著作形式。

义疏这种注经形式起源于何时，学界有不同的说法。清儒陈澧认为"费直以《彖》、《象》、《系辞》、《文言》十篇解说上下经……乃义疏之祖"②，焦循则说《毛诗》郑笺是"后世疏义之滥觞矣"③，而认为义疏受玄学、佛学之影响而兴起则是唐以来如孔颖达等一大批学者的观点，孔氏曰：

> 江南义疏十有余家，皆辞尚虚玄，义多浮诞。原夫易理难穷，虽复玄之又玄，至于垂范作则，便是有而教有。若论住内住外之空，就能就所之说，斯乃义涉于释氏，非为教于孔门也。④

此则材料虽专就《周易》之"义疏"而言，但反映了这一时期诸经义疏受玄学与佛学的影响极为深刻。

① 《论语集解义疏》提要，见《论语集解义疏》，文渊阁《四库全书》本。
② 陈澧：《东塾读书记》卷四。
③ 焦循：《孟子正义·孟子题辞疏》，《诸子集成》本，上海书店影印世界书局本，1986年。
④ 孔颖达：《周易正义序》，阮元校刻《十三经注疏》本。

的确，魏晋南北朝义疏解经形式的出现与盛行，与汉代经注及魏晋佛学、玄学都有不可分割的关系。

首先，魏晋义疏注经形式的兴盛是汉以来儒经诠释风格演变的必然结果。从西汉开始的今文经学家讲究家法师法，到东汉古文经学家的汇通今、古文，再到魏晋南北朝的一儒通多经，儒家经学注释表现出从专门向综合的发展变化趋势。较之汉代，魏晋南北朝的儒生训释经文，无论内容和方法上都有了很大的变化，重视杂糅各家之说来申明己意，义疏之体应运而生，乘势而盛行。

其次，玄学、佛学大兴于魏晋时期，深刻地影响了当时的学术风气，儒生说经不能不受到影响。前已述及，实际上从汉末开始，许多经学家都开始采用道家老庄之说来说经，而一些经学家同时也是玄学家，他们把玄学追求的抽象原则和义理的学风带进了儒家经训中，对儒家经训进行改造，到魏晋南北朝时期更盛行。与此同时，儒生中亦有许多人是精通内外典的，所谓"内外典"，《颜氏家训·归心》云："内典初门，设五种禁；外典仁、义、礼、智、信，皆与之符。"可见内典是佛教经典，外典是儒家经典。梁武帝既尊儒又崇佛，就是极好的证明。上有所好，下必效之，故当时崇佛儒家多。佛家以义疏讲经这一形式对儒家经注义疏体的兴起和发展具有一定的影响。

3. 图解经文的兴起

在西晋时，还出现一部以图解《尚书·禹贡》的力作，即裴秀绘制的《禹贡地域图》。他把《禹贡》所载古地理与晋代实际地理进行对照，绘制成18幅图，因此是一部历史地理地图集。该书是将《禹贡》从《尚书》中剥离出来进行专门研究的最早作品之一，而宋代进行的大规模《禹贡》专门研究，当滥觞于此。其具体内容，详见本章第四节《尚书学文献分类及举要》。

四、隋唐时期

经学从魏晋南北朝到隋唐，经历了一次大的转折，皮锡瑞谓之为"经学统一时代"①，比较中肯。隋代经学"上拾周陈之坠绪，下启李唐之始规，当绝续之交"②，为经学的综合统一积累了丰富的资料和经验。而陆德明的《经典释文》、颜师古的《五经定本》、孔颖达等撰写的《五经正义》，代表了隋唐经学统一的最高成就。《五经正义》中《尚书正义》的颁行，是《尚书》学走

---

① 皮锡瑞：《经学历史》七《经学统一时代》。

② 马宗霍：《中国经学史》，上海书店，1959年，第89页。

向统一的标志。至此，《尚书》学结束了"南孔北郑"分裂的局面，一依孔《传》及其经文，在版本和经义两方面达到了形式上的统一。当然，亦有学者对两汉以来章句之学进行批判，疑经思潮也开始兴起。

（一）《尚书》学的综合统一

隋唐时期，政治的统一，为经学的综合统一创造了条件。《隋书·儒林列传》总结隋代儒学的发展演变时云：

> 高祖膺期纂历，平一寰宇……于是四海九州强学待问之士靡不毕集焉。……于是超擢奇隽，厚赏诸儒，京邑达乎四方，皆启黉校。齐、鲁、赵、魏，学者尤多，负笈追师，不远千里，讲诵之声，道路不绝。中州儒雅之盛，自汉、魏以来，一时而已。……炀帝即位，复开庠序，国子郡县之学，盛于开皇之初。征辟儒生，远近毕至。使相与讲论得失于东都之下，纳言定其差次，一以闻奏焉。于时旧儒多已凋亡，二刘拔萃出类，学通南北，博极今古，后生钻仰，莫之能测。所制诸经义疏，搢绅咸师宗之。

可见，隋朝儒学一时之盛。其大力建学校，广泛搜集散佚的儒家经典，朝野内外传授和学习儒家经典的蔚然成风，都对经学的发展起到了重要作用。而隋文帝召集名臣名儒杨素、牛弘、苏威、元善、萧该、何妥、房晖远、崔崇德、崔颐等于国子学"共论古今滞义，前贤所不通者"[①]，实则进行经学统一的工作。尤其是大儒刘焯与刘炫，"同受《诗》于同郡刘轨思，受《左传》于广平郭懋当，问《礼》于阜城熊安生"，此皆渊源于北学；《尚书》则习费甝《尚书义疏》，此则南学，可见二刘集南北学之大成，是"博学通儒"。[②]因此，二刘"所制诸经义疏，搢绅咸师宗之"，这更为经学的统一从理论和研究队伍方面打下了坚实的基础。就《尚书》学而言，二刘不但率先将南学系统的费甝《尚书义疏》引入北学传习，[③] 刘炫还将北齐姚方兴奏献的所谓孔《传》本《舜典》列入晚出孔《传》中，对孔《传》本《古文尚书》的最后定型及其广泛传习以及在唐代成为官定本都做出了重要贡献。

然而，隋朝享国不永，经学虽曾一度受到重视，但发展有限，未能获得完全统一，实现真正的统一则是在唐代。虽然南北朝的佛学发展至隋唐已经

---

① 《隋书·儒林列传》。

② 《隋书·儒林列传·刘焯传》。

③ 《北齐书·儒林传》云："武平末，河间刘光伯、信都刘士元始得费甝《义疏》，乃留意焉。"

非常鼎盛，但正如唐太宗李世民所说："至于佛教，非意所遵"①，"朕今所好者，惟在尧舜之道、周孔之教，以为如鸟有翼，如鱼依水，失之必死，不可暂无耳"②。唐代的统治者非常重视和推崇儒学，作为儒学主干的经学当然受到重视。武德年间朝廷还下令于京都设立国子监，于地方设立府、州、县学，以儒家经典作为士子必读之书。尤其是始于隋而确立于唐的科举制度的大力推行，客观上要求改变经典解释的多样化，对经义作统一的解释。经学统一势所必然。为此，从贞观四年（630）开始，唐太宗就下令对经书进行统一整理：

> 太宗又以经籍去圣久远，文字多讹谬，诏前中书侍郎颜师古考定"五经"，颁于天下，命学者习焉。又以儒学多门，章句繁杂，诏国子祭酒孔颖达与诸儒撰定《五经》义疏，凡一百七十卷，名曰《五经正义》，令天下传习。③

这就是颜师古《五经定本》和孔颖达《五经正义》的撰作缘起。据《新唐书·孔颖达传》，《五经正义》是孔颖达、颜师古、司马才章、王恭、王琰受诏编纂，初名《五经义赞》，太宗诏改为《五经正义》。书初成后，经博士马嘉运指出书中的一些错误，到唐高宗永徽二年（651），才命于志宁加以修订后公布天下，"每年明经令依此考试"。从此，《五经正义》成为士子习经和科举考试的统一标准，且一直沿袭至宋，这是经学统一最长的一个时期。《五经正义》的编纂革除了儒学多门、章句繁杂之弊，又折中南学、北学（偏重南学），形成经义统一的经学，在当时确有不可否认的进步作用和积极影响。《五经正义》的颁行，经学史上由来已久的宗派门户之争，如今古文之争、郑王学之争，以及南北学之争都随之结束，标志着经学史上一统局面的形成。

《五经正义》中的《尚书正义》，孔颖达在《尚书正义序》中其对编纂资料来源有述：

> 其为正义者，蔡大宝、巢猗、费甝、顾彪、刘焯、刘炫等，其诸公旨趣，多或因循，怗释注文，义皆浅略，惟刘焯、刘炫，最为详雅。……炫嫌焯之烦杂，就而删焉。……今奉明敕，考定是非……非敢臆说，必据旧闻。

据此，可知《尚书正义》主要本于隋代二刘的《尚书》义疏，而二刘之

---

① 《旧唐书·萧瑀传》。
② 吴兢：《贞观政要》卷六《慎所好第二十一》。
③ 《旧唐书·儒学上》。

说又出于费甝。《北齐书·儒林传》云："齐时儒士，罕传《尚书》之业，徐遵明兼通之。遵明受业于屯留王总，传授浮阳李周仁及渤海张文敬及李铉、权会，并郑康成所注，非古文也。下里诸生，略不见孔氏注解。武平末，河间刘光伯、信都刘士元始得费甝《义疏》，乃留意焉。"从这段话里，我们知道将费甝《尚书义疏》引入当时盛行郑学的北朝传习的是刘焯、刘炫二人，而费甝之《义疏》是传"孔氏注解"的。此处的"孔氏注解"，即梅赜所献孔《传》。据此亦可见，《尚书正义》的经文文本是以晚出孔《传》本《古文尚书》为底本的。虽然该孔《传》及其经文遭到宋以来诸多学者的非议，但在隋唐时期，未发现有人怀疑其真实性，而且被公认为魏晋南北朝以来《尚书》学著作中最杰出的一部，学人都认为"其辞富而备，其义宏而雅"[1]，故悉祖本之。唐代修《五经正义》时，自然选择该本作为最佳底本。

因《五经正义》著为功令，大行于唐及宋初，《尚书正义》也就成了广大学者研习《尚书》的蓝本，而其依附的经文及晚出孔《传》通过宋代蔡沈《书集传》的进一步发扬，一直流传于后世，左右了一千多年中国《尚书》学的发展。

在《五经正义》和《五经定本》之前，陆德明还以"典籍常用，会理合时"为基本原则，对汉魏以来经典注音混乱的情况进行纠正，对经典本文、注文进行统一注音，并对文字和内容也做了校勘和训诂。《经典释文》中有《古文尚书》2卷，所用底本是孔《传》本《古文尚书》的隶古定本，对传承汉魏以来《尚书》经文及马融、郑玄、王肃诸家《尚书》之说起到了重要作用。这也是隋唐《尚书》学统一工作的重要部分。

另外，唐代《开成石经》的刊刻，亦促进了经学的统一。唐文宗时，宰相郑覃以"经藉（籍）刓缪，博士陋浅不能正，建言：'愿与钜学鸿生共力雠刊，准汉旧事，镂石太学，示万世法'"[2]。始刻于文宗大和七年（833），开成二年（837）完成。它的刊刻完成，对唐代经籍用字起到了强有力的规范作用，使经籍用字混乱状况得到了控制。其中，《尚书》用唐玄宗命卫包改隶古定文字为楷体今字的孔《传》本《古文尚书》，在内容上与《尚书正义》一致。

隋唐《尚书》学的统一，表现在《尚书》学文献方面，则数量极少。见于著录的隋代文献主要为刘焯、刘炫的《尚书义疏》，还有顾彪所作的音注；

----

① 孔颖达：《尚书正义序》，阮元校刻《十三经注疏》本。

② 《新唐书·郑珣瑜传》附《郑覃传》。

而唐代的则为《尚书正义》，另外还有两部创立新说之作，详见下文陈述。

（二）疑古惑经思潮的萌芽

汉以来传统的《尚书》章句训诂之学，虽被魏晋南北朝时期新兴的义疏之学所冲击，但仍然影响着隋唐时期《尚书》的注疏。例如，唐太宗时"校书郎王玄度注《尚书》、《毛诗》，毁孔、郑旧义，上表请废旧注，行己所注者，诏礼部集诸儒详议。玄度口辩，诸博士皆不能诘之。郎中许敬宗请付秘阁藏其书，河间王孝恭特请与孔、郑并行。仁师以玄度穿凿不经，乃条其不合大义，驳奏请罢之。诏竟依仁师议。玄度遂废"①。又，长安三年（703），王元感表上其所撰《尚书纠谬》10卷等，当时武则天"诏令弘文、崇贤两馆学士及成均博士详其可否"，遭到了"专守先儒章句"的学士祝钦明、郭山恽、李宪等人非议，他们"深讥元感捃摭旧义"。但王元感却能"随方应答，竟不之屈"。他得到了凤阁舍人魏知古、司封郎中徐坚、左史刘知幾、右史张思敬等人的支持，他们"雅好异闻，每为元感申理其义，连表荐之"，魏知古还称其书"信可谓'五经'之指南也"。同时，武则天也支持王元感，下诏谓"王元感质性温敏，博闻强记，手不释卷，老而弥笃。捃前达之失，究先圣之旨，是谓儒宗，不可多得"②。

以上两次争议，性质非常相似，都是突破旧义而提出新说，引起当朝皇帝的注意，并诏集诸儒详议可否，结果是一部分学者赞成，一部分反对，而最终结果完全不同：王玄度之说遭废，而王元感却得到了表彰。由此可见，唐代《尚书》学承袭汉代传统的特征仍十分鲜明，但疑古变古之风已兴起。王玄度《尚书注》与王元感《尚书纠谬》遭遇的迥然不同，尤其是后者得到魏知古、徐坚、刘知幾等大学者的大力支持和皇帝的褒扬，以及诸位大学者"雅好异闻"，表明唐代《尚书》学疑古变新之风的进一步发展。

与此同时，唐代经学还掀起了一股惑经思潮。他们不但怀疑古说，还对经文本身产生怀疑。例如，刘知幾的《史通》外篇中有《疑古》、《惑经》两篇，主要是对《尚书》、《春秋》两经内容的探讨。兹摘一条予以说明：

> 《尧典·序》又云："将逊于位，让于虞舜。"孔氏注曰："尧知子丹朱不肖，故有禅位之志。"按《汲冢琐语》云："舜放尧于平阳。"而书云地有城，以"囚尧"为号。识者凭斯异说，颇以禅授为疑。然则观此二书，已足为证者矣，而犹有所未睹也。何者？据《山海经》，谓放勋之子

① 《旧唐书·崔仁师传》。
② 《旧唐书·儒学下》。

为帝丹朱，而列君于帝者，得非舜虽废尧，仍立尧子，俄又夺其帝者乎？观近有奸雄奋发，自号勤王，或废父而立其子，或黜兄而奉其弟，始则示相推戴，终亦成其篡夺，求诸历代，往往而有。必以古方今，千载一揆，斯则尧之授舜，其事难明，谓之让国，徒虚语耳。其疑二也。①

可见，刘知幾对《尚书》经文所载之事产生了怀疑，并引用其他文献的记载来进行考证，其疑经精神已非常明显。

总之，隋唐时期的《尚书》学，逐渐改变魏晋南北朝以来的多元化趋势而以走向统一为主要特征，最终完成了集大成而又著为功令的《尚书正义》。其次，学者舍弃两汉传统旧注而创立新说，甚至怀疑经文，变革传统经学的呼声渐起，开启了宋代《尚书》学疑古惑经之先河，直接影响宋代以后的《尚书》学及其文献的表现形态。

五、宋代

《尚书》学发展到宋代，学术风气大变，主要表现为以义理解经、疑古惑经，后世学者称之宋学。李学勤说："宋学是在汉朝整理文献走到尽头，经过唐朝编《五经正义》，随后转向义理之学，于是产生宋学。"② 宋人以《尚书》为政治之学，用于经世济民，故注重《尚书》义理之探讨，并加强研究深度与广度，撰著专著达 440 余部。宋代学者研究《尚书》，在内容与注经方式诸方面，都表现出与汉唐迥异的特点。

（一）文献丰富

宋末学者成申之著《四百家尚书集解》，所集解的绝大多数是宋人之作，可见宋代《尚书》学文献的盛况。笔者据宋以来目录书如《崇文总目》、《郡斋读书志》、《直斋书录解题》、《文献通考》、《国史经籍志》、《经义考》、《藏园订补郘亭知见传本书目》、《中国丛书综录》、各正史艺文志（或经籍志）及历代补编、历代各地方志、中外各大图书馆藏古籍目录书等 200 余种资料统计，宋代《尚书》学著作确实逾 400 家，有 440 余种，较之汉以来一千多年时间的著作多了数倍。不过，这仅仅是不完全统计，由于各种原因，当时撰写的书不可能全部进入目录书记载，如北宋顾临等编《尚书集解》，集有胡瑗、刘敞、孔武仲、吴孜、司马光、王安石、苏洵、程颐、顾临等 9 人关于

---

① 刘知幾：《史通·外篇·疑古第三》。

② 易丹：《李学勤谈清代学术的几个问题》，载《中华读书报》2001 年 8 月 15 日。

《尚书》的解说；南宋黄伦的《尚书精义》，也采集张九成等 25 人有关《尚书》的论说，其中有蒋之奇、姚辟、王会之、周范、苏子才、朱正夫、黄通、李定、张晦之、王当、孔文仲、朱震 12 人的著作就未见诸历代目录书。另外，还有"五经总类"中的《尚书》部分也未在统计之列。因此，考虑以上诸因素，笔者认为，宋代的《尚书》学著述应在 500 部以上。

宋代丰富的《尚书》学文献，在北宋、南宋分布却极不均匀。虽然北宋、南宋延续的时间大致相当，但见于记载的宋代《尚书》学文献，北宋只占三分之一弱，而南宋占了三分之二强，这大概与南宋理学至尊、学术思考自由的学风是分不开的。

（二）特点鲜明

宋代经学开创义理与变古新风，并持续到元、明时期。这一时期的《尚书》学文献具有以下特色：

1. 经学变古之风兴盛，疑辨之作频出

经学发展到宋代，表现出了与汉唐经学迥然不同的特征，其中之一是经学疑古变古思潮的兴起和蔚然成风，皮锡瑞在《经学历史》中将经学史上的宋代时期称为"经学变古时代"①，这是非常中肯的。时人对这种疑变之风多有关注，王应麟《困学纪闻·经说》引陆游之说云："唐及国初，学者不敢议孔安国、郑康成，况圣人乎！自庆历后，诸儒发明经旨，非前人所及。然排《系辞》，毁《周礼》，疑《孟子》，讥《书》之《胤征》、《顾命》，黜《诗》之《序》，不难于议经，况传注乎？"② 这说明北宋庆历以后，经学怀疑思潮盛行，不但对汉唐传注进行怀疑和批评，也对儒家经典进行辨疑。

吴曾《能改斋漫录》引《国史》云："庆历以前，学者尚文辞，多守章句注疏之学。至刘原甫为《七经小传》，始异诸儒之说。王荆公修《经义》，盖本于原父。"③ 王应麟也说："自汉儒至于庆历间，谈经者守训诂而不凿。《七经小传》出，而稍尚新奇矣；至《三经义》行，视汉儒之学若土梗。"④ 宋人认为宋代经学疑古之风始于宋仁宗时期的刘敞，继之者为王安石、苏轼等人。

刘敞作《七经小传》，其中有《尚书》一篇，《四库全书总目》提要云："《朱子语类》乃云：《七经小传》甚好，其说不同。今观其书，如谓《尚书》

---

① 皮锡瑞：《经学历史》八《经学变古时代》。
② 王应麟：《困学纪闻》卷八。
③ 吴曾：《能改斋漫录》卷二，上海古籍出版社，1960 年，第 28 页。
④ 王应麟：《困学纪闻》卷八。

'愿而恭'当作'愿而荼','此厥不听'当作'此厥不德'。"刘敞解《尚书》，不拘泥于汉以来诸儒旧说，多出己意。熙宁八年（1075），王雱奉王安石旨意所撰成的《新经尚书义》，与已成之另二经以《三经义》"颁于学官，用以取士"①，王安石序之曰："熙宁二年，臣安石以《尚书》入侍，遂与政。而子雱实嗣讲事，有旨为之说以献。"② 可见王安石对《尚书》颇有研究，其颁《三经义》于学官，目的是要把唐以来固守章句的陈腐之学变为以明经旨的通才之学。《新经尚书义》现已佚，难窥原貌，但从他人的评述中可见其变古思想之一隅，《经义考》引朱熹之评论说："王氏说伤于凿，然其善亦有不可掩处……"又引王应麟之说云："《酒诰》'圻父薄违农父若保宏父定辟'，荆公以'违'、'保'、'辟'绝句……汉儒'居摄还政'之说，于是一洗矣。"③ 而苏轼的《书传》，"以《胤征》为羿篡位时事，《康王之诰》为失礼，引《左氏》为证，与诸儒说不同"④。

不过，整个北宋一代，学者对《尚书》只做了零星的、个别的考辨，还没有开展全面而系统的辨伪工作。到了南宋，诸儒对经、传的怀疑及考辨越来越激烈，吴棫、朱熹等人开始系统辨疑，而《书序》、孔《传》及今古文问题是他们怀疑的重点。

吴棫《书裨传》卷首为《举要》，专门对《尚书》文献进行考辨，"考据详博"⑤。朱熹对他多加赞赏："吴才老说《梓材》是《洛诰》中书，甚好。其他文字亦有错乱，而移易得出人意表者，然无如才老此样处恰恰好好。"⑥ "吴才老说《胤征》、《康诰》、《梓材》等篇，辨证极好，但已看破《小序》之失。"⑦ 不过，吴棫在《尚书》学上的最大贡献是对所谓的晚出《古文尚书》开展的疑辨。《古文尚书》作为整体，在北宋时鲜有学人怀疑，如二程弟兄还以为是真古文，引用它所提供的概念来充实自己的哲学体系。到了南宋，自吴棫、朱熹起，开始怀疑它是后人所伪造。朱彝尊说："说《书》疑古文者，自才老始。"⑧ 其所著《书裨传》，为辨疑《古文尚书》的开山之作。他在这

① 晁公武：《郡斋读书志》卷一上，孙猛校证本，第 57 页。
② 王安石：《王文公文集》卷八四，上海人民出版社，1974 年，第 428 页。
③ 朱彝尊：《经义考》卷七九引。
④ 晁公武：《郡斋读书志》卷一上，孙猛校证本，第 58 页。
⑤ 陈振孙：《直斋书录解题》卷二，上海古籍出版社，1987 年，第 30 页。
⑥ 黎靖德编、王星贤校点：《朱子语类》卷七九，第 2057 页。
⑦ 朱熹：《晦庵集》卷三四。
⑧ 朱彝尊：《经义考》卷八〇。

部书中，指出《古文尚书》和汉以来伏生所传的今文《尚书》在文体上有显著的差别："而安国所增多之书，今篇目具在，皆文从字顺，非若伏生之书佶屈聱牙，至有不可读者。"① 因此，他怀疑《古文尚书》的真实性。

吴棫的这一发现，具有非常重要的意义，甚为后人称道。清代阎若璩说："《书》古文出魏晋间，距东晋建武元年凡五十三四年，始上献于朝，立学官。建武元年下到宋南渡初八百一十一年，有吴棫字才老者出，始以此书为疑，真可谓天启其衷矣。"② 后世疑《古文尚书》，多以此作为起点，进而加以考证。如朱熹，赞同吴棫对《古文尚书》的看法，其云："汉儒以伏生之书为今文，而后安国之书为古文。以今考之，则今文多艰涩，而古文反平易。"③ 朱熹不但疑古文，也疑孔《传》，疑《书序》，甚至疑今文中的一些篇章，可以说，朱熹对《尚书》的疑辨，是其《尚书》学的主要成就。④ 朱熹在与弟子谈论《尚书》时多有惑传疑经之言辞，其云："《尚书》注并序，某疑非孔安国所作。""《书》小序亦非孔子作。""《书序》不可信。……又《书》亦多可疑者，如《康诰》、《酒诰》二篇，必定武王时书……《梓材》一篇，又不知何处录得来此，与他人言皆不领。尝与陈同甫言，陈曰：'每常读，亦不觉。今思之，诚然。'"⑤他主要对孔《传》及其依附的经文、《书·小序》、《书·大序》等几方面进行疑辨。

朱熹之后，对《尚书》进行疑辨的学者逐渐增多，而重点在对孔《传》本《古文尚书》经文的疑辨。蔡沈承朱熹之旨，作《书集传》一书，"别今古文之有无，辨《大序》、《小序》之讹舛"⑥。其把今古文区别清楚，暗示了真伪观念，并对孔《传》、《书序》予以疑辨，如将《书序》从各篇之前删除，附于书后辨析之；又将孔安国《序》列后，全篇加以疑辨。该部书被誉《尚书》"宋学"的代表作，其辨伪之功不可没。

除此之外，王居正《尚书辨学》、杨时《书义辨疑》、郑樵《书辨讹》、丁铼《书辨疑》、杨炎正《书辨》、胡谦《尚书释疑》、李半千《尚书辨疑》、蔡傅《书考辨》、赵汝谈《南塘书说》、陈振孙《尚书说》、王柏《书疑》及《尚

---

① 梅鷟：《尚书考异》卷一引，文渊阁《四库全书》本。
② 阎若璩：《尚书古文疏证》卷八。
③ 朱熹：《晦庵集》卷六五。
④ 李学勤：《朱子的尚书学》，载《朱子学刊》1989 年第 1 期（总 1 辑），1989 年 4 月，第 88～99 页；蔡方鹿：《朱熹尚书学析论》，载《孔子研究》1997 年第 4 期。
⑤ 黎靖德编、王星贤校点：《朱子语类》卷七八。
⑥ 朱彝尊《经义考》卷八二引何乔新语。

书附传》、金履祥《书经注》及《尚书表注》等均是考辨《尚书》的专书。赵汝谈疑古文，甚至较朱熹为甚，陈振孙说《南塘书说》："疑古文非真者五条，朱文公尝疑之，而未若此之决也。然于伏生所传诸篇亦多所掊击抵排，则似过甚。"① 其对今文还开展疑辨。王应麟亦疑古文，辑马融、郑玄之注，作《古文尚书》10 卷。又在其《困学纪闻》中多次对《尚书》进行疑辨。

不过，在这些疑辨专著中，最有影响的当数王柏的《书疑》，它将宋人对《尚书》的怀疑推到了极致。王柏继承前人的辨疑成果，对今、古文都有疑辨。首先，他重订《尚书》的篇次和篇名，如合并《尧典》与《舜典》为一篇；将《禹贡》置于《夏书》之首，列于三谟之前；《泰誓》3 篇改为《周诰》、《河誓》、《明誓》；《金縢》、《大诰》等篇移后，等等，改后的《尚书》共为 55 篇。其次，他以文字的顺畅和义理的连贯为依据，考辨《尚书》的错简，并加以移改。《四库全书总目》提要云："柏作是书，乃动以脱简为辞，臆为移补。……《尧典》、《皋陶谟》、《说命》、《武成》、《洪范》、《多士》、《多方》、《立政》八篇，则纯以意为易置，一概托之于错简，有割一两节者，有割一两句者。"②

《书疑》一书，是宋代《尚书》辨疑之作中最有特色、也最引起后世争议的。如四库馆臣批评"其为师心杜撰，窜乱圣经"，故只列入存目中。皮锡瑞的评价较为公允，他说："王氏知古文之伪，不知今文之真。其并疑今文，在误以宋儒之义理，准古人之义理；以后世之文字，绳古人之文字。……王氏于《尚书》篇篇献疑，金履祥等从而和之，故其书在当时盛行，而受后世之掊击最甚。平心而论，疑经改经，宋儒通弊，非止王氏，皆由不信经为圣人手定。"③ 其弟子金履祥，撰《书经注》和《尚书表注》二书，继续辨疑《尚书》，并改易经文。

宋人敢于径就经文进行探索，打破了"宁道孔圣误，讳言郑、服非"④这种不敢碰注疏的风气，对《尚书》进行重新审视，辨析疑似，区别真伪，对孔《传》、《孔序》、百篇《小序》、今文《尚书》与孔《传》本《古文尚书》等皆提出疑问。这是宋学对《尚书》学所做的最根本的决定性的发展，也是宋代《尚书》学文献呈现出的显著特征之一。

---

① 陈振孙：《直斋书录解题》卷二，第 34 页。
② 永瑢等：《四库全书总目》卷一三《书疑》提要。
③ 皮锡瑞：《经学通论》，第 97 页。
④ 《新唐书·儒学下·元行冲列传》。

2. 以义理解《尚书》，义理之作占主导

以义理说经，是宋代经学的又一大特点，并逐步蔚为成风。皮锡瑞《经学通论》在论宋代《尚书》研究时云："宋儒不信古人，好矜创获……又专持一'理'字，臆断唐虞三代之事，凡古事与其理合者即以为是，与其理不合者即以为非。"① 宋人解《尚书》，大旨在探求圣人本心，用于济世救民。其出发点和方法论，多异前儒：或贯穿史实，以证古经；或博采诸儒之说，不专主一家；或参酌古今，间以新意，要皆以"理"为判断，正如林之奇在其《尚书全解·自序》中说："理义者，人心之所同然也。……苟不出于人心之所同然，则异论曲说，非吾圣人之所谓道也。……苟欲合人心之所同然，以义为主，无适无莫，平心定气，博采诸儒之说而去取之。苟合于义，虽近世学者之说，亦在所取；苟不合于义，虽先儒之说亦所不取。"② 其说反映了当时理学风气对《尚书》研究的影响。

宋代《尚书》学著作，绝大部分为义理之作，如前所述，见于记载的宋代《尚书》学文献有440余部，而义理之作占百分之七十以上。这类《尚书》学著作，多以"解"、"说"、"义"、"意"命名。有宋一代，涌现了众多的以"义理"解经的《尚书》学流派③。

既有北宋王安石"新学"影响下的著作，如王雱《新经尚书义》、蔡卞《尚书解》，更有反王学的大批力作，如范纯仁《尚书解》、吴孜《尚书大义》、苏轼《书传》、程颐《书说》、杨时《尚书讲义》、孔武仲《尚书解》等。

到了南宋，在理学笼罩下，官方提倡尊程颐之学，《尚书》经解大多奉程氏《书说》为圭臬，把北宋灭亡归结于王氏新学，反王学之声更剧，如程玳《尚书说》、陈鹏飞《书解》等。不过，南宋更多的《尚书》学著作是各种流派的"理学"之作，如理学正传的林之奇作《尚书全解》一书，以义理解《尚书》，有许多卓越新见。林氏之学通过其门人及私淑弟子代代相传，写出了众多《尚书》学名著，如吕祖谦《书说》、时澜《增修东莱书说》、夏僎《尚书详解》等，在南宋及后代影响都很深远。

当然，在南宋，也有既保持旧注疏，又主要以宋学解经的名作，如史浩《尚书讲义》、黄度《尚书说》、陈经《尚书详解》等。后世对这些著作虽有批评，但赞美之词居多，如朱熹评史浩之书云：

---

① 皮锡瑞：《经学通论》，第71页。
② 林之奇：《尚书全解》。
③ 刘起釪：《尚书学史》（订补本），第216～323页。

先生云：“曾见史丞相书否？”刘云：“见了。看他说‘昔在’二字，其说甚乖。”曰：“亦有好处。”刘问：“好在甚处？”曰：“如‘命公后’，众说皆云‘命伯禽为周公之后’，史云‘成王既归，命周公在后，看公定予往矣’一言便见得是周公且在后之意。”①

　　四库馆臣说黄度之书“度依据其文，究胜后来之臆解，至于推论三代兴衰治乱之由，与夫人心、道心、精一执中、安止惟几、绥猷协一、建中建极。诸义亦皆深切著明，以义理谈经者固有取焉”。② 这些书兼采汉、宋之学，故流传颇广，到清代时有些书已失传，但四库馆臣从《永乐大典》辑有，所以现在还能窥见其大貌。

　　朱熹学派光大理学，蔡沈承师旨作《书集传》，总结宋学成就，以理释经，集宋代《尚书》学之大成。“宋学至朱子而集大成，于是朱学行数百年”③，已成清代以来学术界的共识。反映在《尚书》学上，朱熹本人虽经常给弟子讲《书》，但于《尚书》没有较系统的著作问世，在其临死前一年，却授旨于弟子蔡沈作《书集传》，蔡沈“祖述朱子之遗规，斟酌群言，而断以义理”④，成为后世理学派《尚书》学之宗主，“学者尤宗之”⑤。其后继者不计其数，成果层出不穷，如黄幹《尚书说》、辅广《尚书注》、董铢《尚书注》、李相祖《书说》、吴昶《书说》、林夔孙《尚书本义》、邹补之《书说》、陈大猷《书传会通》、董梦程《尚书训释》、赵汝谈《南塘书说》、王柏《书疑》、马廷鸾《尚书蔡传会编》、黄震《读书日钞》、金履祥《尚书杂论》等蔚为大观。

　　与朱熹学派同时的陆九渊学派、以叶适为代表的永嘉学派等，《尚书》学成就也很显著。较有名者如杨简《五诰解》、袁燮《絜斋家塾书钞》、胡谊《尚书释疑》、钱时《融堂书解》、陈大猷《尚书集传》、郑伯熊《敷文书说》、薛季宣《书古文训》、谢谔《书解》、陈傅良《书抄》、叶适《习学记言·尚书》、陈梅叟《书说》等。

　　3. 帝王之学盛行

　　《尚书》乃政治之实录，其中典、谟、训、诰、誓、命，皆施政之法则，故人君读《尚书》，可以为治国之方针；学者钻研，可以为修身、辅国之用。另外，宋世国局艰危，儒者尤其举《尚书》以为经世之用，而宋代君主，行

① 黎靖德编、王星贤校点：《朱子语类》卷七八。
② 永瑢等：《四库全书总目》卷一一黄度《尚书说》提要。
③ 皮锡瑞：《经学历史》八《经学变古时代》。
④ 朱彝尊：《经义考》卷八四。
⑤ 朱彝尊：《经义考》卷八一引吕光洵语。

暇之余，亦多能重视《尚书》，如每召大臣名儒进讲，或赐以束帛嘉勉之，《玉海》卷二六《帝学》专门记载了历代给帝王习经及给帝王讲经之盛况。在宋代，宋太祖、太宗、真宗、仁宗、哲宗、高宗、孝宗、宁宗、理宗等帝王都非常重视加强自己、王子及辅臣对《尚书》的学习，经常请儒者开经筵讲习。据有关宋代史料记载，① 孙奭、崔颐正、崔偓佺、张颖、杨安国、陆佃、文彦博、范祖禹、吕公著、司马康、丰稷、谢谔、张阐、尹焞、李彦颖、程大昌、陈岩肖、李寅仲、王暨、叶梦鼎等，曾为皇帝、皇子及宰臣讲《尚书》，他们或于"经筵前一日进讲义"②，或于"次日别进"③，都撰有有关《尚书》的讲义，这些讲义也是一部部《尚书》研究之作。

4. 多集结之作

由于宋代《尚书》研究新解异说众多，成果迭出，一段时期之后对这些著作进行汇集，对保存文献资料非常必要，所以宋代的集结之作频出。这类著作多以"集解"、"集说"、"集义"、"集疏"、"集注"、"集传"、"类编"等为名目。北宋有顾临所编《尚书集解》14 卷，南宋有罗惟一《尚书集说》（卷数不详，汇集八九家之说）、黄伦《尚书精义》60 卷、陈文蔚《尚书类编》13 卷、冯椅《尚书集说》（卷数不详）、袁觉《集读书记》30 卷、董琮《尚书集义》（卷数不详）、刘甄《青霞尚书集解》20 卷、熊禾《尚书集疏》（卷数不详）、成申之《四百家尚书集解》58 卷、陈经《尚书详解》50 卷，卷帙都较大，收录当时影响较大的《尚书》学名作。在古代文献保存不易、极易失传的情况下，纂辑类著作的保存起到了见一而揽众之效果。

5. 以图谱解《书》流行

中国学术研究的方法与形式历来多种多样，其中利用图表、图谱可以简明、直观地表达作者的观点，尤其是地图，可以通过其特定的"语言"使抽象的文字表述具体化。所以宋代学者郑樵在《通志·图谱略》中就发出了"即图而求易，即书而求难"的感叹。并说古之学者为学，常"置图于左，置书于右；索象于图，索理于书"，故"人亦易为学，学亦易为功"。若离开图谱，做学问"虽平日胸中有千章万卷及置之行事之间，则茫茫然不知所向"，做"天下之事，不务行而务说，不用图谱可也；若欲成天下之事业，未有无

---

① 按：《玉海》、《续资治通鉴长编》、《建炎以来系年要录》、《九朝编年备要》、《续宋编年资治通鉴》、《宋史全文》、《宋史》、《历代名臣奏议》、《五礼通考》、《资治通鉴后编》等，都记载有这方面的信息。

② 王应麟：《玉海》卷二六《帝学》。

③ 陆游：《渭南文集》卷二八，《四部丛刊》本。

图谱而可行于世者"。① 把图谱之学上升到平天下的高度。这大概是宋儒对图谱学的共识，所以他们在治学的过程中，不但用图来辅助学习，也制作图谱表达自己的学术思想。

见于记载的宋代《尚书》学文献中，有图谱类近30种，尤其是关于《禹贡》山川地理的争执，宋儒不但广征博引，考证山川地理，还将山川绘制于地图，使纷繁复杂的地理事物如九河、九江、三江、"三条四列"之山等表达得淋漓尽致。其中，程大昌在这方面成绩卓著，撰有《禹贡论》及《禹贡山川地理图》，历引各家成说，辨析疑难讹误，给后人以很大启发，堪称传世名著。同样，在《洪范》等其他篇章的研究中，也多运用图说，如苏洵《洪范图论》、卢硕《洪范图章》、夏唐老《九畴图》、楼钥《金縢图说》、王洙《无逸图》等。另外，图表也用于《尚书》中人物关系的研究，如范雍著有《尚书四代图》、李焘《尚书百篇图》等。值得一提的是，王应麟所撰《尚书草木鸟兽谱》，可谓《尚书》的第一部博物学著作，惜早已佚亡，书录也罕见著录，故其具体内容不得而知。

6. 《禹贡》、《洪范》等单篇研究盛行

古人以为，《尚书》记先王前言往行，可以从中吸取历史经验教训，获得政治智慧。《尚书》各篇，都有深刻的主题内容，《尚书大传》引孔子之语云："六《誓》可以观义，五《诰》可以观仁，《甫刑》可以观诚，《洪范》可以观度，《禹贡》可以观事，《皋陶》可以观治，《尧典》可以观美。"② 故以修身治国平天下为己任的历代儒者，能审时度势，根据当时社会需要有所侧重地研究《尚书》各篇，正如四库馆臣所云："《尚书》一经，汉以来所聚讼者，莫过《洪范》之五行；宋以来所聚讼者，莫过《禹贡》之山川。"③

《禹贡》的研究，由来已久，如汉以来的"以《禹贡》治河"及图说《禹贡》等，将《禹贡》的研究用于实际工作中，但重在应用，理论研究不多，所以见于著录的《禹贡》学著作很少。到了宋代，中国古代地理学获得了大发展，也许是国家疆域长期受到侵扰的缘故，忧国忧民的学者多注重对空间即地理的关注。所以对"惟言地理"的《禹贡》篇的研究开始兴盛，出现了对《禹贡》的专门研究，考辨、著论、绘图，并称繁荣。据笔者统计，见于记载的宋代《禹贡》学著作逾20部，如毛晃的《禹贡指南》，程大昌的《禹

① 郑樵：《通志》卷七二《图谱略》。
② 伏胜：《尚书大传》卷三，孙之騄辑本，文渊阁《四库全书》本。
③ 永瑢等：《四库全书总目》卷一二《日讲书经解义》提要。

贡论》、《后论》及《禹贡山川地理考》，傅寅的《禹贡说断》等，都是传世《禹贡》学名著，亦保存了丰富的宋代地理资料。

对于《洪范》的研究，宋儒也不逊于汉唐诸儒，有 40 余部专著传世，超过了汉唐千余年间之总和。宋初，《洪范》所谓"建皇极"与"叙彝伦"之说，遂为"务振纲纪以致太平"的统治阶级所重视而大盛于世。① 北宋初期的《洪范》学表现出宋学的突出特点，即不为汉唐注疏所局囿，能独立思考，尤其对汉唐注疏所宣扬的"天人感应"与灾异附会之谈，多所驳议，大胆提出新的训解，以为此时代需要服务。如王禹偁的《"五福"先后论》、张景的《洪范论》7 篇、廖偁的《洪范论》等，都被时人和后世学者所称赞。仁宗时期，《洪范》学更为盛行，范祖禹曾说："仁宗最深《洪范》之学，每有变异，恐惧修省，必求其端。"② 即其最突出的表现。康定年间，仁宗还御撰《洪范政鉴》，③ 朝野臣庶遂也据《洪范》以建言立说，议论朝政，就连科举考试的策问试题也引导应试者依据《洪范》灾异之说加以回答。胡瑗、苏洵、王安石、曾巩诸位名臣贤儒都撰有《洪范》学专著。胡瑗的《洪范口义》利用前人成说，对汉唐注疏有所驳正，特别注重发明天人合一之旨；苏洵的《洪范论》考订《洪范》畴数，以义理解《洪范》，反对汉以来盛行的五行灾异神学之说，主张"斥末而归本"④；王安石的《洪范传》是一部迥异汉唐传注的创新之作，其对"天"的物质性及"五行"属性的分析，以及批驳汉以来的"天人感应"之说，主张"天人相分"，都称得上是前无古人的创见，并以《洪范》学作为其变法的思想武器；曾巩的《洪范论》撇开汉儒之说，逐段做出自己的阐释，被林之奇、朱熹等人多所称引；林之奇在《尚书全解》、吕祖谦在《书说》中对《洪范》的训释也很用力，且极力反对汉儒的阴阳五行灾异之说；赵善湘的《洪范统一》采欧阳修、苏洵之说，是以宋学反对汉学《洪范》说的代表。还有赵汝谈、王柏等人，在宋代疑辨之风的影响下，更是对《洪范》经文产生了怀疑，王柏还析出了经、传之分。总之，有宋一代，《洪范》学因其适应巩固封建集权统治之需要而为统治阶级所提倡，得到了长足发展，出现了许多《洪范》学专著。

除此之外，宋儒还对《尚书》其他各单篇展开研究，见于著录的有：文

---

① 李焘：《续资治通鉴长编》卷二九。
② 王梓材等：《宋元学案补遗》卷二一引《华阳语要》。
③ 李焘：《续资治通鉴长编》卷一二九。
④ 苏洵：《洪范论叙》，见《嘉祐集笺注》卷八。

彦博《尚书二典义》、程颐《尧典舜典解》、陆佃《二典义》、晁说之《尧典星日岁考》、颜复和范祖禹《说命讲义》、吴安诗《说命解》、欧阳修《泰誓论》、杨简《书五诰解》、朱熹《考正武成次序月日谱》、程大昌《三宅三俊说》、王炎《康王之诰论》、金履祥《西伯戡黎辨》等，范浚于《尚书》各篇几乎都有专论，收入其《香溪集》卷一〇《书总论》中，计有《尧典论》、《汤誓仲虺之诰论》、《伊训论》、《太甲三篇论》、《咸有一德论》、《说命三篇论》、《洪范论》、《大诰康诰酒诰梓材召诰洛诰多士多方论》（《君陈》附）、《君牙冏命吕刑论》等。这些单篇研究之作，多收录入宋儒的文集中，有相当一部分今天还见存。

7. 保存不易，亡佚严重

如前所述，宋代《尚书》学文献繁富，仅专著就多达 440 余种，但在漫长的历史时期，却佚失了九成以上，流传至今仅有 40 种左右，且大多数是从《永乐大典》中辑出。如胡瑗《洪范口义》、毛晃《禹贡指南》、程大昌《禹贡论》、史浩《尚书讲义》、夏僎《尚书详解》、傅寅《禹贡说断》、杨简《五诰解》、袁燮《絜斋家塾书钞》、黄伦《尚书精义》、钱时《融堂书解》、赵善湘《洪范统一》等名家之作，在清朱彝尊著《经义考》及乾隆朝修《四库全书》时已不见流传，故四库馆臣只好从《永乐大典》中辑得。

宋代《尚书》学文献大部分亡佚，除了战乱、火灾、书刊印刷保管技术水平不高等常见自然及人为原因之外，还有一个学术上的原因，即同类作品的“推陈出新”。前已述及，每过一段时期，总结性的汇集诸家之说的纂集类《尚书》学著作就问世，这种著作比单行本使用方便，也可于同一书中比较众说之异，所以广受学者之欢迎而流传。另外，高水平著作的出现，也必然让一般之作“相形见绌”，不被利用，自然就退出了历史舞台，正如吕光洵评价蔡沈《书集传》时所说：“九峰蔡氏，得紫阳朱子之学，作《集传》，学者尤宗之，于是诸家言《尚书》者不复行于世。”①

综上所述，有宋一代，学人对《尚书》进行了全面而系统研究，著作繁富。宋儒解经多异前代，他们摆落章句、传注、训诂等传统方式，而以疑古辨伪和义理解经为主。反映在《尚书》学文献上，可以明显地看出，宋代以音释传注为主的“汉学”类著作奇少，而言微言大义的“宋学”类著作占了十之八九，通经致用蔚然成风。

① 朱彝尊：《经义考》卷八一引吕光洵语。

六、元明时期

元明两代的《尚书》学都奉行宋学，特别将蔡沈的《书集传》著为功令，定于一尊，深刻地影响了后世《尚书》学的发展。当然，也有不守蔡《传》的所谓"古义"《尚书》学著作的大量问世。另外，元明诸儒对《尚书》的疑辨也有进一步发展，直接影响了清代的《尚书》辨伪。

（一）遵用蔡《传》，"时义"之作繁多

据《元史·选举志》记载，元代元祐年间开始实行科举，以经术取士。皇庆二年（1313）十一月，仁宗下诏曰：

> 惟我祖宗以神武定天下，世祖皇帝设官分职，征用儒雅，崇学校为育材之地，议科举为取士之方，规模宏远矣。……其以皇庆三年八月，天下郡县，兴其贤者能者，充赋有司，次年二月会试京师，中选者朕将亲策焉。具合行事宜于后……经义一道，各治一经：《诗》以朱氏为主，《尚书》以蔡氏为主，《周易》以程氏、朱氏为主，已上三经，兼用古註（注）疏……①

这是元代官方做出的决定，《尚书》一经的科举考试，经义"以蔡氏为主"，这可谓是蔡氏《尚书》学立于学官的开始。虽然仍可兼用古注疏，实际上人们多弃古注疏而专用蔡《传》。

明代继续执行元代的这一政策，"颁科举定式，初场试《四书》义三道，经义四道。《四书》主朱子《集注》，《易》主程《传》、朱子《本义》，《书》主蔡氏《传》及古注疏"②。《四库全书总目》在夏僎《尚书详解》提要中云："明洪武间，初定科举条式，诏习《尚书》者并用夏氏、蔡氏两传，后永乐中《书经大全》出，始独用蔡《传》，夏氏之书寝微。"③可见，明代科举定式虽有时"主蔡氏《传》及古注疏"，有时兼用夏僎《尚书详解》和蔡沈《书集传》，但自永乐后独尊蔡《传》。由此亦可知，蔡《传》享有独尊是在明代永乐年间《书经大全》颁行天下后。

元明时期《尚书》学著述大多遵用蔡《传》其说。明代李维祯在序王樵《尚书日记》时云：

> 《书》有古文、今文，而今之解《书》者又有古义、时义。明高皇

---

① 《元史·选举一》。

② 《明史·选举二》。

③ 永瑢等：《四库全书总目》卷一一《尚书详解》提要。

帝尝御注《洪范》，命学士刘三吾等为《书传会选》，其后有《直指》、《辑注》、《会通》、《纂义》、《疏意》、《书绎》数十家，是为"古义"，而经生科举之文不尽用；自《书经大全》布在学官，独重蔡氏注，经生习之，其主蔡氏而为之说者，坊肆所盛行，亦数家，皆便科举之文，是为"时义"。①

此处虽概括的是明代《尚书》学著述之特点，其实明上承元制，元代的《尚书》学发展情况与明代大致相似，所谓"时义"之作，是指"遵用蔡《传》，专为了科举而作的，坊肆所盛行的"②，这种配合意识形态的研究，或者为方便科举考试的制作，在元明两朝都很盛行。这类著作在某种程度上成为政治的附庸，学术价值自然就有所削弱。加上多沿袭了宋代《尚书》学的义理解经之风，理学与经学紧密结合，又逐步形成了空谈心性义理、漠视经世致用的空疏学风。

元代的"时义"之作很多，而最著名者，正如《经义考》在著录陈栎《尚书集传纂疏》时引杨士奇之语云："今读《书传》（按：当指蔡沈《书集传》）者，率资此书及董鼎《纂注》，吾外氏有《书传会通》，尤详备。"③ 他指出了陈栎《尚书集传纂疏》、董鼎《书传辑录纂注》及其外氏的《书传会通》是当时疏解蔡沈《书集传》最成功者。其他还有陈师凯《书蔡传旁通》、朱祖义《尚书句解》、邹季友《尚书蔡传音释》、王道《书传音释》、方传《书蔡氏传考》等。

明代的"时义"之作亦很繁富，而《书经大全》最具代表。该书基本上集陈栎《尚书集传纂疏》、陈师凯《书蔡传旁通》之说，而二陈之书都是羽翼蔡《传》的。另外，影响较大的还有朱右《书集传发挥》、彭勖《书传通释》、章陬《书经提要》、王达《书经心法》、王渐逵《读书记》、张居正《书经直解》、申时行《书经讲义会编》、郭正域《东宫进讲尚书义》、汪应魁《尚书句读》、陆健《尚书传翼》、李承恩《书经拾蔡》、俞时及《蔡传说意》、项儒《书经大全纂》、赵维寰《尚书蠡》、钟庚阳《尚书主意传心录》、陈雅言《尚书卓跃》等。

（二）"古义"之作相对而出

李维祯认为与"时义"之作风格相对的是"古义"之作。所谓的"古义"，是指多用蔡《传》以前古注疏之说。元代的这类著作最有名的是王充耘《读书管见》，"亡名子序曰：《书》有《管见》，曷为而作也？耕野王先生考订蔡《传》而志其所见也。先生当前代科目鼎盛时，用《书经》登二甲进士第，

---

① 朱彝尊：《经义考》卷八九引。
② 刘起釪：《尚书学史》（订补本），第 292 页。
③ 朱彝尊：《经义考》卷八五引。

授承务郎同知永新州事。先生弃官养母，著书授徒，益潜心是经。自微辞奥旨、名物训诂，以至山川疆理，靡不究竟，辨析必公是之从，而不苟为臆说阿附"。① 《四库全书总目》亦云："自宋末迄元，言《书》者率宗蔡氏，充耘所说，皆与蔡氏多异同，观其辨传授心法一条，可知其戛然自别矣。"说明王氏此书大量引用历史资料驳正蔡《传》之说，并驳斥宋儒据《大禹谟》构建的"传授心法"之妄。

李维祯列举的明代"古义"之作有"《直指》、《辑注》、《会通》、《纂义》、《疏意》、《书绎》数十家"。所谓"《直指》"，是指徐善述的《尚书直指》；"《辑注》"指朱升的《书传补正辑注》；"《会通》"指陈谠的《书经会通》；"《纂义》"指梁寅《书纂义》；"《疏意》"确指何书现已不可考，刘起釪怀疑是马理《尚书疏义》、钱应扬《尚书说义》、杜伟《尚书说意》中的一种。② 而笔者则发现，秦继宗著有《礼记疏意》③，故其完全有可能著《尚书疏意》一书；"《书绎》"指邓元锡的《尚书绎》。其实，明代最著名的"古义"之作当为刘三吾《书传会选》、马明衡《尚书疑义》、袁仁《尚书砭蔡编》、陈泰交《尚书注考》诸家。此外，肖孟景《尚书说》、吕柟《尚书说疑》、马森《书传敷言》、董其昌《书经原旨》、卢廷选《尚书雅言》、曹学佺《书传会衷》、王祖嫡《书疏丛钞》等也属于这一类"古义"之作。

元明《尚书》学著述还有异于"古义"、"时义"两大系统之外者，如元代王天与的《尚书纂传》、黄镇成《尚书通考》、张仲实《尚书讲义》、元明善《尚书节文》等数十部，④ 明代则有王樵《尚书日记》、胡瓒《尚书过庭雅言》、潘士遴《尚书苇籥》等百余部。⑤

元明《尚书》学著述亦有汇集众说类的集解之作，如元代邵光祖《尚书集义》、韩信同《书集解》等，明代黄谏《书传集解》、俞鲲《百家尚书汇解》、程弘宾《书经虹台讲义》、秦继宗《书经汇解》、袁俨《尚书百家汇解》、江旭奇《尚书传翼》等。

另外，明代丰坊还编造了《古书世学》，该书"以今文、古文、石经列于前，而后以楷书释之。且采朝鲜、倭国二本以合于古本，故曰《古书》也。世学云者，丰氏自宋迄明，四世学《古书》，稷为《正音》，庆为《续音》，熙

---

① 朱彝尊：《经义考》卷八六。
② 刘起釪：《尚书学史》（订补本），第 288 页。
③ 黄虞稷：《千顷堂书目》卷二、朱彝尊：《经义考》卷一四五。
④ 参见刘起釪：《尚书学史》（订补本），第 306 页。
⑤ 参见刘起釪：《尚书学史》（订补本），第 308～310 页。

为《集说》，道生为《考补》，故曰《世学》也"①。后世学者考证后，认为是丰坊伪撰的。②

（三）继续开展对《尚书》的疑辨

自宋代开始的对梅赜所献孔《传》及其经文进行辨伪，到元明时期又有了新的发展，赵孟頫、吴澄、王充耘、郑瑗、梅鷟、汪玉、郑晓、归有光、罗敦仁、吴炯、焦竑、郝敬等相继进行疑辨。其中，以吴澄、梅鷟的成就最大。

吴澄撰《书纂言》，指出伏生所传今文《尚书》为真，孔《传》为伪，故在诠释时，只注今文，不及古文，唯在目录中附列有古文58篇之目，并对与今文相同的篇题下注明"同今文"。吴氏疑辨的主要成就表现在：一是弃晚出古文，只释今文，开只释今文之风；二是不提朱熹"十六字心法"，只根据先秦儒家典籍，提出"中"与"敬"之说，超越朱熹疑古文经又用古文经之矛盾；三是以脱简、错简为名，直接移易经文，承袭宋代王柏等人的疑经精神，有匡正《尚书》义理之志；四是以史证经，以帝王系事。吴氏《书纂言》对后世的影响较大，从方法和内容上都启发了明、清二代的疑伪；其弃"十六字心法"，也为宋明理学向清考据学推进做出了重要贡献。因此，吴澄的《尚书》辨伪之学在《尚书》学史或经学史都具有重要转承地位。

然而，吴棫、朱熹、吴澄等人对晚出孔《传》本《古文尚书》只是怀疑而未加以考据论证，系统考辨并撰有专著的，明代梅鷟当为第一人。梅氏撰《尚书谱》、《尚书考异》，坚决攻击晚出《古文尚书》25篇是伪作，他"以安国《序》并增多之二十五篇，悉杂取传记中语以成文，逐条考证，详其所出"，即一一指出《史记·儒林列传》、《汉书·艺文志》、《后汉书·儒林列传》、《隋书·经籍志》等文献中与《古文尚书》经文蹈袭雷同之处，揭发晋人造伪之迹。他还明确指出作伪之人是皇甫谧。梅鷟所进行的辨伪工作广泛，周全，有许多证据是非常有力的。尽管如此，他的一些证据说服力还不够，一些论证也尚嫌武断。③ 但总的来说，梅氏已经找到了主要的论据，为清人疑辨奠定了良好的基础，其开创性功绩不可埋没。

---

① 朱彝尊：《经义考》卷八九引陆元辅言。

② 永瑢等：《四库全书总目》卷一三《古书世学》提要。

③ 阎若璩在《尚书古文疏证》卷八中说："余读《焦氏笔乘》，称家有梅鷟《尚书谱》五卷，专攻古文《书》之伪，将版行之不果……求其《谱》凡十载，得于友人黄虞稷家，急缮写以来。读之，殊武断也。"

七、清代

宋元明时期的义理经学经过长时期的发展，到明代中叶以后，逐渐表现为空疏无用。尤其是在明代中后期学术思想界占统治地位的王阳明心学，受到明末清初的学者的厌倦与憎恶，甚至将明朝灭亡的原因归结于它。顾炎武、黄宗羲、王夫之、全祖望等几位经学大师曾指出了阳明心学末流的危害。① 清儒对宋明理学进行修正，强调"读书穷理"，明确提出"取近代理明义精之学，用汉儒博物考古之功"的治经主张，由此掀开了波澜壮阔的清代经学之序幕。

就清代《尚书》学的发展来看，既有别于汉、宋之学，又与它们有着千丝万缕的联系。一方面，清代《尚书》学延续着宋元明之传统，以蔡《传》定于功令而终清一世不废，《尚书》学著述遵本蔡《传》之说者亦层出不穷，并将宋代开始的对梅赜所献孔《传》本《古文尚书》及其经文的辨伪工作极力发扬。另一方面，清代《尚书》学又进行了复古运动，尤其是乾嘉学派，认为儒家的经典愈古愈真，经典之注疏也是愈古愈好，唐必胜于宋，汉必胜于唐，故乾嘉时期"家家许郑，人人贾马"②，东汉《古文尚书》学遂得以复兴，呈现出"如日中天"的景象。与此同时，汉代今文《尚书》学的复兴也奇峰突起，遂大盛于时，至清末而不替。总之，清代《尚书》学在对宋学、汉学的扬弃过程中全面发展，《尚书》学文献之丰富多彩都远超此前各个朝代。仅就数量来看，据笔者不完全统计，就有约 900 部专著问世。

清代《尚书》学文献虽然异彩纷呈，但就研究方法和学术取向来看，大体可归为继宋学、复汉学及汉宋兼宗三大系统。

（一）继宋学

这里所说的"宋学"，是指《尚书》学史上由宋代开创，并迄元明时期的有关《尚书》研究的主要内容和学术风格。大致说来，其表现形式主要是：以义理解经，蔡《传》集宋学之大成并在元代著为功令；对孔《传》及其经文的疑辨；广泛开展对《尚书》单篇《禹贡》、《洪范》等的专门研究等。

1. 蔡《传》定于功令，宋学影响深刻

清代的官方学术于《尚书》学一直宗蔡《传》。《清史稿·选举三》记载：

---

① 顾炎武：《日知录》卷七"夫子言性与天道"、卷一九"文须有益于天下"；黄宗羲《南雷文案》卷四"七怪"；全祖望：《鲒埼亭文集·外编》"甬上证人书院记"及"答诸生问南雷学术帖子"。

② 梁启超：《清代学术概论》，上海古籍出版社，1998 年，第 74 页。

"有清科目取士，承明制用八股文。取四子书及《易》、《书》、《诗》、《春秋》、《礼记》五经命题，谓之制义。""《四书》主朱子《集注》，《易》主程《传》、朱子《本义》，《书》主蔡《传》……"由于这种意识形态的导向和科举应试的需要，清代《尚书》学著述宗蔡《传》者特多。如刘怀志《尚书口义》、金相玉《书经说约》、高又光《尚书遵》、徐志遴《尚书举偶》、徐世沐《尚书惜阴录》、吴莲《尚书注解纂要》等都笃守蔡《传》，认为"《书经》遵蔡，犹《四书》遵朱注也，字句与神吻，丝毫不可移易"①。而孙承泽《尚书集解》、张沐《书经疏略》、冉觐祖《书经详说》、李光地《尚书解义》、倪景朴《尚书汇纂》、钱在培《尚书离句》、汪绂《尚书诠义》、杨方达《尚书通典略》、郭兆奎《心园书经知新》、赵佑《尚书异读考》、黄淦《书经精义》、黄辕《书经解雕玉》、陆锡璞《书经精义汇钞》、刘沅《书经恒解》、戴均衡《书传补商》、丁晏《书传附释》、吴汝纶《尚书故》等则是遵本蔡《传》而又有所补订者。尤其是官方三次钦定敕修之作，即库勒纳等编纂的《日讲书经解义》、王顼龄等编纂的《钦定书经传说汇纂》、孙家鼐等编纂的《钦定书经图说》，虽对蔡《传》有所修订，但主体仍祖蔡氏之说。

其实，蔡《传》虽历元、明、清三代遵用不替，但却经历了一个渐盛又渐衰的发展过程：

宋末元初，张葆舒著《尚书蔡传订误》、黄景昌撰《尚书蔡氏传正误》、程直方撰《蔡传辨疑》、余芑舒著《读蔡传疑》，递相诘难蔡《传》之误。"及元仁宗延祐二年，议复贡举，定《尚书》义用蔡氏，于是葆舒等之书尽佚不传"②。元陈栎作《尚书集传纂疏》，"以疏通蔡《传》之意，故命曰'疏'"；董鼎作《书传辑录纂注》，"以蔡沈《集传》为宗，而《集传》之后续以《朱子语录》及他书所载朱子语"；陈师凯作《书蔡传旁通》，"本以羽翼蔡《传》，然多采先儒问答，断以己意"；王天与作《尚书纂传》，"虽以孔安国《传》、孔颖达《疏》居先，而附以诸家之解，其大旨则以朱子为宗"；朱祖义著《尚书句解》，"专为启迪幼学而设，故多宗蔡义"。③可以说，"自宋末迄元，言《书》者率宗蔡氏"④。

到明代，太祖亲验天象，知蔡《传》不尽可据，因命作《书传会选》，参

———————————

① 高又光：《尚书遵·凡例》，清雍正十二年（1734）宝泓堂刻本。
② 永瑢等：《四库全书总目》卷一二《书传会选》提要。
③ 永瑢等：《四库全书总目》卷一二《尚书句解》提要。
④ 王充耘《读书管见》"目录"之下四库馆臣按语。

考古义，"凡蔡氏之得者存之，失者正之"①，颁行天下。永乐中编《五经大全》，独尊蔡沈《书集传》，蔡《传》"定为功令者，则始自广等"②；王樵作《尚书日记》，也"仍以蔡《传》为宗"③。但袁仁撰《尚书砭蔡编》，"纠蔡沈之误"④；陈泰交著《尚书注考》，"皆考订蔡沈《书传》之讹"⑤。故明代虽不乏订蔡《传》之误著作出现，但科举教育仍以蔡氏为宗。

有清一代，如上所述，许多《尚书》学著述仍宗蔡《传》；书院学堂，甚至民间乡塾，都仅以蔡《传》为教科读本。不过，乾嘉时期对东汉《古文尚书》学的复兴、晚清时期对汉代今文《尚书》学的发扬，以及驳正蔡《传》之作如姜兆锡《书经集传参议》、左眉《蔡传正讹》、王夫之《书经稗疏》及《尚书引义》等的大量出现，都说明蔡《传》在清代《尚书》学中的学术地位降低。

总的看来，元明清时期，《尚书》学的发展都深受蔡沈《书集传》的影响，可以肯定地说，蔡《传》左右了这三代《尚书》学发展的进程和内容。在蔡《传》之前，学者解《尚书》，总是先征引汉孔氏《传》及唐孔颖达《尚书正义》之说，并论其是非得失；蔡《传》的出现，因其宗程、朱理学，宋明清理学家训释《尚书》，大多以蔡《传》为首要关注对象，或笃信而发挥之，或宗主并订补之，或诘责其所失。

蔡《传》的遵用，说明宋学对清代《尚书》学的影响一直存在。在这种影响下，清代还出现了一些集解或汇集《尚书》学著作的文献。例如，康熙时臧琳纂辑《尚书集解》124卷，将汉以来所有的《尚书》经说都进行汇纳，因宋元明著作数量远远多于汉唐著作，所以该书俨然是宋学类的集解之作。清代最早出现的一部阐释儒家经义的大型丛书——纳兰性德编刻的《通志堂经解》中，《尚书》学著作只收录了宋元两代的要著，可以说是对宋学类《尚书》学著述的一次归纳总结。

2. 对晚出孔《传》本《古文尚书》及经文的证伪与辩护

《尚书》学史上的疑古辨伪之风自宋代兴起以来，历经元、明而至清代，呈现出越刮越猛之势。清初的顾炎武、黄宗羲、朱彝尊、姚际恒、胡渭、钱煌、方素北、阎若璩等，无不检举东晋梅赜奏献的晚出孔安国《尚书古文传》及经文，其中尤以阎若璩成就最为突出。

---

① 刘三吾：《书传会选》卷首《书传会选原序》。
② 永瑢等：《四库全书总目》卷一二《书传大全》提要。
③ 永瑢等：《四库全书总目》卷一二《尚书日记》提要。
④ 永瑢等：《四库全书总目》卷一二《书砭蔡编》提要。
⑤ 永瑢等：《四库全书总目》卷一二《尚书注考》提要。

在阎若璩之前，南宋吴棫开始认识到今文《尚书》篇目和晚出孔《传》本《古文尚书》的篇目之间文字差异很大。朱熹进一步怀疑孔《传》及《古文尚书》经文、《小序》、《大序》。元代吴澄则弃《古文尚书》的篇目而只注释今文《尚书》的篇目，鲜明地怀疑孔传《古文尚书》。明代梅鷟通过广泛而仔细地搜索文献证据和历史事实证据，发现孔传《古文尚书》较今文《尚书》多出的 25 篇经文文句与先秦两汉文献蹈袭雷同之处甚多，以此证明孔传《古文尚书》之伪。在前人的研究基础上，阎若璩通过从其他书中直接找出证据、依据旁证加以推理等直接和间接证明方法，提出 128 条证据，繁称博征，反复厘剔，对经文的篇数、篇名、《小序》及孔《传》的《序》、作者、传授源流等诸多方面进行了系统的考辨，成《尚书古文疏证》一书，证明晚出《古文尚书孔传》及多出 25 篇经文是伪书。

阎氏的考辨在当时看来极具说服力，故《尚书古文疏证》一出，不但得到了康熙和雍正两代帝王的盛赞，也在学术界掀起一个高潮，好评之声不断：黄宗羲评价曰："余读之终卷，见其取材富，折衷当"，"皆足以祛后儒之敝，如此方可谓之穷经。……仁人之言，有功于后世大矣"。[1] 纪昀说阎氏"博极群书，又精于考证。百年以来，自顾炎武以外，罕能与之抗衡者"[2]。"反复厘剔，以祛千古之大疑，考证之学则固未之或先矣"[3]。江藩《国朝汉学师承记》将其列为清代汉学家第一。梁启超说此书"委实是不朽之作"[4]，说他对《古文尚书》的"证伪"是"毅然悍然辞而辟之，非天下之大勇，固不能矣"[5]，"不能不认为近三百年学术解放之第一功臣"[6]。胡适说该书"遂定了伪《古文尚书》的铁案"[7]。顾颉刚认为阎氏的辨伪精神"注定了我毕生的治学的命运"[8]。可见，阎氏对《古文尚书孔传》及经文的证伪已被清代以来的大多数学者视为定论。阎氏之后，惠栋撰《古文尚书考》、宋鉴撰《尚书考

① 黄宗羲：《尚书古文疏证序》，见《南雷文约》卷四。
② 永瑢等：《四库全书总目》卷三六《四书释地》提要。
③ 永瑢等：《四库全书总目》卷一二《古文尚书疏证》提要。
④ 梁启超：《古书真伪及其年代》，陈引驰编校《梁启超国学讲录二种》，中国社会科学出版社，1997 年，第 210 页。
⑤ 梁启超：《清代学术概论》，第 14 页。
⑥ 梁启超：《中国近三百年学术史》，东方出版社，1996 年，第 86 页。
⑦ 胡适：《治学的方法与材料》，见《胡适文存》三集，黄山书社，1996，第 94 页。
⑧ 顾颉刚：《古今伪书考·序》，见《古籍考辨丛刊》第一集，中华书局，1955 年，第 253 页。

辨》、孙乔年撰《古文尚书证疑》、程廷祚撰《晚书订疑》及《冤冤词》、王懋竑撰《读经记疑》和《论尚书叙录》、李绂撰《古文尚书考》、杨椿撰《孔安国书传辨》、唐焕撰《尚书辨伪》、崔述撰《古文尚书辨伪》、丁晏撰《尚书余论》，继续对《古文尚书孔传》及经文进行辨伪，但这些著述十之七八是对阎氏之说的附和与变相重复。

当然，阎氏及其前辈、后学的证伪并不十分完善，如证据不充分、系统性不足、立论太武断等，尤其是晚出《古文尚书孔传》经文多出的 25 篇与先秦两汉文献蹈袭雷同之处，到底是"谁抄谁"，无法证明。因此，很早就有学者撰文为晚出《古文尚书》经传鸣冤叫屈。其中最著名的当为与阎若璩同时代的毛奇龄。毛奇龄撰《古文尚书冤词》，广征博引，对朱熹、吴澄、梅鷟、阎若璩等众家辨伪者的观点，择其要者进行反驳，为孔传《古文尚书》作辩护，坚信孔传《古文尚书》为真，从而引发了一桩学术公案。陆陇其撰《古文尚书考》，朱鹤龄著《尚书埤传》，朱朝瑛著《读尚书略记》，齐召南著《尚书注疏考证》，方苞撰《读古文尚书》，顾栋撰《书经札记》，江昱撰《尚书私学》，郭兆奎撰《心园书经知新》，张文岚著《古文尚书辨》，茹敦和撰《尚书未定稿》，周春撰《古文尚书冤词补正》，梁上国撰《驳阎氏古文尚书疏证》，张崇兰撰《古文尚书私议》，王劼撰《尚书后案驳正》，赵佑撰《尚书质疑》，洪良品撰《古文尚书辨惑》、《释难》、《析疑》、《商是》以及《续古文冤词》，谢廷兰撰《古文尚书辨》，吴光耀撰《古文尚书正辞》，张偕之撰《古文尚书辨惑》等，皆尊信孔传《古文尚书》，为其被定为"伪书"进行辩护。时至今日，还有李学勤、王保德、杨善群、张岩诸位学者在做着这种辩护工作。

然而，阎氏认定经伪的诸条证据难以驳倒。孔《传》的来历不明，传授系统不连贯，此其一；篇数与篇名与两汉人所说的《古文尚书》不合，此其二；孔《传》本《古文尚书》经文与两汉今、古文《尚书》存在很大的差异，此其三。这三条是断定晚出《古文尚书》真伪的关键问题，现在的文献资料和研究都还不足以给梅赜所献孔《传》及《古文尚书》彻底翻案。

3. 深入研究《尚书》单篇

对《尚书》单篇的研究，早在汉代就已经开始了。但汉代只重视《洪范》一篇，宋代又增加了对《禹贡》一篇的重点专门研究，另外对《尧典》、《舜典》、《汤誓》、《仲虺之诰》、《太甲》、《咸有一德》、《说命》、《西伯戡黎》、《泰誓》、《武成》、《金縢》、《无逸》等其他各篇也分别进行单独研究。但主要关注《禹贡》、《洪范》二篇，形成了数十部专门研究著作。元代时这一研究有所削弱，但到明代时又有所恢复，并且特重《禹贡》一篇，约有 70 部《禹贡》学专著问世。

宋儒特重的对《禹贡》、《洪范》篇的专门研究传统在清代得到了发扬光大。据笔者不完全统计，清儒共撰有约200部《禹贡》学专著、40部《洪范》学专著，以及数十部对其他单篇的研究论著。

(1)《禹贡》

清儒对《禹贡》的专门研究，不但论著数量大大超过了前代之总和，研究广度与深度更是超过了《禹贡》学兴盛的宋明时期。许多著名学者都参与对《禹贡》的研究，先后有朱鹤龄《禹贡长笺》12卷、胡渭《禹贡锥指》20卷和《略例图》1卷、吴荃《禹贡正解》1卷、晏斯盛《禹贡解》8卷、杨陆荣《禹贡臆参》2卷、华玉淳《禹贡约义》、王澍《禹贡会笺》12卷、胡宗绪《禹贡备遗增注》2卷首1卷《或问》1卷及《禹贡说》1卷、夏之芳《禹贡汇览》4卷、徐文靖《禹贡会笺》12卷、孙乔年《禹贡释诂》1卷、李邵璜《禹贡通解》1卷、崔树周《禹贡便读》1卷、方溶《禹贡分笺》7卷、关涵《禹贡指掌》1卷、芮日松《禹贡今释》2卷、尤逢辰《禹贡示掌》1卷、蔡世钹《禹贡读》2卷、张钺《禹贡新参》2卷、郑大邦《禹贡易解》1卷、侯桢《禹贡古今通注释》6卷、丁晏《禹贡集释》3卷附《禹贡蔡传正误》1卷和《禹贡锥指正误》1卷、汪献玗《禹贡锥指节要》1卷、魏源《禹贡说》2卷、谭沄《禹贡章句》4卷附《图说》1卷、刘崇庆《禹贡集注》1卷、童颜舒《禹贡通释》13卷、余宗英《禹贡辑注》1卷、姚彦渠《禹贡正诠》4卷、徐鹿苹《增订禹贡注读》1卷、袁自超《禹贡翼传便蒙》1卷、吴昔巢《禹贡选注》1卷、倪文蔚《禹贡说》1卷、沈练《禹贡因》1卷、李慎儒《禹贡易知编》12卷、洪兆云《禹贡汇解》6卷和《考辨略》1卷、朱镇《禹贡正解》1卷和《图表》1卷、杨守敬《禹贡本义》1卷、阎宝森《禹贡今注》1卷等数十部训解《禹贡》全篇著作问世，其中尤以胡渭的《禹贡锥指》成就最大，其将"历代义疏及方志舆图搜采殆遍，于九州分域、山水脉络、古今同异之故，一一讨论详明"[1]，被称为历代《禹贡》研究之集大成者。[2]

清代更注重考证《禹贡》篇中的山水九州地名，不但借以考察历代地理

① 永瑢等：《四库全书总目》卷一二《禹贡锥指》提要。
② 四库馆臣在论《禹贡锥指》时云："宋以来傅寅、程大昌、毛晃而下，注《禹贡》者数十家，精核典赡，此为冠矣。"（《四库全书总目》卷一二）顾颉刚在《禹贡注释》中，列举了自宋代以来《禹贡》研究之作后说："其中以胡渭用力最深，他的《禹贡锥指》可以说是一部具有总结性的书。"（载《中国古代地理名著选读》第一辑，科学出版社，1959年，第6页。）

之变迁，更附论时事。孙承泽《九州山水考》3卷、汤弈瑞《禹贡方域考》1卷、吴楚椿《古河考》1卷、李崇礼《章水经流考》1卷、程瑶田《禹贡三江考》3卷、李荣陛《禹贡山川考》2卷和《黑水考证》4卷、孙冯翼《二渠九河图考》、洪符孙《禹贡地名集说》2卷、张履元《禹贡水道析疑》2卷、徐养原《黑水考》1卷、陶澍《黑水考》1卷、张先振《禹贡水道便览》1卷、方堃《禹贡水道考异》10卷首1卷、张亨嘉《九河故道考》、桂文灿《禹贡川泽考》2卷、郑士范《漆沮通考》、刘宝书《大崎即大别说》1卷、杨守敬《三亳考》1卷、曾廉《禹贡九州今地考》2卷、荣锡勋《禹贡九江三江考》等，都是这类著作的代表作。至于专论《禹贡》川泽之单篇论文就更多，兹不赘列。这些论著专就《禹贡》某一具体问题进行研究与考辨，引征广博，论证缜密。

至于以图谱形式阐释《禹贡》的，清代较以前更多，如王澍《禹贡谱》、马俊良《禹贡图说》、陈宗谊《胡氏禹贡图考正》、周之翰《禹贡图说》、杨懋建《禹贡新图说》等。在其他以论说为主的论著中，也往往用图谱辅助文字论述，如胡渭的《禹贡锥指》，"为图四十七篇冠其首"①，图与论相互表里，图使论更直观，论使图更明晓，使解经与释地《禹贡》更加充分。

清人还多考辨前儒之说，更撰有专门的《禹贡》考辨之作，如焦循《禹贡郑注释》2卷、孙冯翼《禹贡地理古注》1卷、朱为弼《禹贡孔正义引地理志考证》1卷、王筠《禹贡正字》1卷、丁俭卿《禹贡蔡传正误》1卷、何秋涛《禹贡郑注略例》1卷、刘毓崧《禹贡旧疏考证》、成蓉镜《禹贡班义述》3卷附《汉糜水入尚龙溪考》1卷、张淦《禹贡条辨》、王舟瑶《禹贡引地理志释》1卷等。

（2）《洪范》及其他单篇

对《洪范》及其他单篇的研究，清儒的成果亦不逊于宋明诸儒。不但有40余部专著，而且还有多篇专论，如陈寿祺《洪范惟十有三祀解》和《曰困》、徐乾学《洪范五行论》、黄式三《释五行配属》和《释味》、陈玉澍《洪范五福无贵贱义》、孙星衍《容作圣论》、张锡恭《一极备一极无说》、郭嵩焘《洪范朝鲜本增多二十五字辨》、杨振镐《曲直作酸解》、孙礼煜《洪范惟十有三祀说》、丁午《农用八政解》、张寿荣《从革作辛申傲居集说》、庄述祖《洪范九五福解》、唐仲冕《洪范九畴说》、胡元玉《准辟玉食解》和《月之从星

_____

① 胡渭：《禹贡图》，见《禹贡锥指》，邹逸麟点校本，上海古籍出版社，2006年，第16页。

则以风雨说》、汪莱《日月之行有冬有夏解》、黄以周《释六气五征》等等，专就《洪范》某一具体问题进行研究与考辨。

对《尚书》其他单篇的研究亦很繁盛，约有数十部论著，如陈观浔《尧典月令中星异同说》，徐时栋《舜典补亡驳义》、《尚书逸汤誓考》、《三太誓考》，张桐《武成日月表》，董维城《金縢解义》等。

（3）《书序》及篇目

清儒对《书序》及《尚书》篇目也多有专门研究，如吴东发撰《书序镜》，庄述祖撰《书序说又考注》，庄有可撰《尚书序说》，刘逢禄撰《书序述闻》，任兆麟选辑《书序》，郑杲著《论书序大传》，龚自珍撰《尚书序大义》、《最录尚书古文序写定本》，王咏霓著《书序问答》、《书序考异》，观颍道人编《孔壁书序》；柳兴恩撰《尚书篇目考》，李荣陛撰《尚书篇（目）第》，对《尚书》经本正文之外的《尚书》有关问题进行讨论，使清代《尚书》学的内容更丰富，推动《尚书》研究向更深层次发展。

（二）复汉学

这里所说的"汉学"，是指《尚书》学史上与宋明之学在治学手段、方法、途径、职能诸方面存在较大差异的汉代《尚书》学，既包括东汉《古文尚书》学，又包括西汉兴起的今文《尚书》学，它们在清代中后期被发扬光大。

1. 复东汉《古文尚书》学

出于对宋明理学尤其是明代王阳明心学空疏流弊之反动，清初学者如顾炎武、黄宗羲、王夫之诸学者，提倡治学要"博学"、"求实"、"经世"，继续发扬明代已有杨慎、焦竑倡导的考证之学，在经学复古运动的大背景下，乾嘉时期的学者遂舍空疏而求实，复东汉征实之学，开创所谓的清代"乾嘉汉学"。

清代汉学者解《尚书》，主要通过字义的训诂、名物制度的考据和事物发展源流的考辨，将义理的探求和思想的依据回溯到传统的儒家经典，并用古代流传下来的金石文字资料作为考订经史、阐发义理的资料来源和依据，以达到寻根求源、追真求实的目的。吴派、皖派诸学者在这方面成绩卓著。惠栋著《古文尚书考》，专辨晚出孔传《古文尚书》之伪，而于真古文之音训未及，故又撰《尚书古义》1卷，专录汉儒专门训诂之学。江声为惠栋弟子，宗汉儒经说，所著《尚书集注音疏》12卷，"爰取马、郑之注及《大传》异谊，参酌而辑之，更旁采他书之有涉于《尚书》者以益之，王肃注与晚出之孔《传》本欲勿用，不得已……间亦取焉。皆以己意为之疏"[1]。可见江氏主

① 江声：《尚书集注音疏·自述》，《皇清经解》本。

要是注疏汉代的古文之说。戴震为清代汉学皖派宗师，他研究《尚书》，原拟撰写《虞夏书》4篇、《商书》5篇、《周书》19篇，但最后只完成《尧典》篇，成《尚书义考》2卷。在书中，戴氏对篇目的排序依贾逵、马融旧法，重点是广采汉人传注，由声音文字以求训诂，由训诂以寻义理；对宋以后的训释也有所甄择，再加按语以明去取。王鸣盛学于惠栋，治学善考证，以汉儒为宗，著《尚书后案》30卷，专宗东汉郑康成一家之学。其方法是遍观群籍搜罗郑玄《尚书注》，对其已残缺者则取马融、王肃传疏增补之，再加按语以释郑义；马、王之传疏与郑相异者，则逐条辨正他们的错误，折中郑氏，名曰"后案"。此书于唐宋诸儒之说一概不取，是继承汉代《古文尚书》学传统的重要著作。李调元鉴于宋代王应麟所辑郑玄《古文尚书》讹误甚多，乃参校诸书，改误补脱，成《郑氏古文尚书正讹》11卷，专申郑氏一家之学。李氏还仿日本山井鼎所著《七经孟子考·尚书古字考》，摘录金石、隶、篆各书有关《尚书》的古字异文以注今文，成《尚书古字辨异》1卷。孙星衍治经尤深于《尚书》，尝辑《古文尚书马郑注》10卷，亦为补正王应麟所辑《古文尚书马郑注》。孙氏竭二十余年精力编纂完成的《尚书今古文注疏》30卷是一部《尚书》注释文献汇编，书中不但注明今、古文文字同异，还遍采古人传记之涉《尚书》义者，自汉魏迄于隋唐，但不取宋迄清前诸家之注，可见是一部汉学意味较浓的著作。王念孙、王引之父子所著的《经义述闻》中有《尚书》两卷，主要从经学、小学和校勘学角度解决《尚书》难读的问题。段玉裁为清代著名的文字训诂学家，所撰《古文尚书撰异》32卷，主要考校由今文《尚书》28篇析成《古文尚书》的31篇及《书序》。全书以句为条目，逐句把今、古文辨析得清清楚楚，着重解剖两汉时《尚书》的文字句读。何秋涛为清代地理学家，独钟《尚书·禹贡》的研究，认为"王西庄氏、江艮庭氏、孙渊如氏为《尚书》今古文学，咸以郑《注》为主，虽互有得失，而于《禹贡》则未能专明其谊"①，故著《禹贡郑注略例》1卷，不但钩辑郑《注》关于《禹贡》之说，也"补正王、江、孙三书之缺误也"②。另外，俞樾的《群经平议·尚书四》、孙诒让的《尚书骈枝》、章太炎的《古文尚书拾遗》，多据汉人训诂以解经文。

　　以上学者之著述，大体都是遵从东汉《尚书》训诂之学的，尤其重视祖述郑玄之学，他们成为清代复东汉《古文尚书》学的中坚力量。当然，汉学

---

① 何秋涛：《禹贡郑注略例·叙》。
② 中国科学院图书馆整理：《续修四库全书总目提要·经部·书类》上册。

诸家也沿袭了东汉《尚书》学今、古文融合的特点，所以虽以古文为主，但大多是今古文兼采。

另外，善于考证的清代汉学家也对早已散佚的东汉《古文尚书》学著作进行了辑佚与校勘，这也是复东汉《古文尚书》学的重要内容。清人于汉代《古文尚书》诸家的训释，辑佚殆遍。辑古文经者，有马国翰的《古文尚书》3卷。辑传注者很多，王绍兰辑有《汉桑钦古文尚书说地理志考逸》（附《中古文尚书》）、《漆书古文尚书逸文考》（附《杜林训故逸文》）1卷，王仁俊辑有卫宏《古文尚书训旨》（《书古文训旨》）1卷、贾逵《古文尚书训》及《尚书古文同异》各1卷、王肃《尚书注》1卷，马国翰辑有《尚书马氏传》4卷、《尚书王氏注》2卷，王谟辑有马融的《尚书注》1卷。对于郑玄的《尚书》学著述，从《尚书注》到《书纬》之说，清人几乎都进行了辑佚，有李调元《郑氏古文尚书证讹》11卷，孔广林《尚书郑注》10卷、《尚书中候郑注》5卷，马国翰《尚书中候》3卷、《尚书纬考灵耀》1卷、《尚书璇玑钤》1卷、《尚书纬运期授》1卷、《尚书纬刑德放》1卷，袁钧《尚书注》9卷、《尚书中候注》1卷、《尚书纬帝命验期》1卷，黄奭《尚书大传注》1卷、《尚书纬》1卷、《尚书考灵耀》1卷、《尚书璇玑钤》1卷、《尚书运期授》1卷、《尚书刑德放》1卷、《尚书帝命验期》1卷，王谟《尚书中候》1卷，王仁俊《书赞》1卷、《尚书中候郑注》1卷、《尚书考灵耀》1卷、《尚书纬刑德放》1卷，乔松年《尚书纬》2卷、《尚书璇玑钤》不分卷、《尚书运期授》不分卷，皮锡瑞《尚书中候郑注》5卷，等等。孙星衍则将马融与郑玄之《尚书注》辑在同一本书中，成《古文尚书马郑注》10卷。通过他们据经传史注及类书选本征引之材料，重新辑录已佚东汉《古文尚书》学著作之片断，并加以考证和去伪存真，汇撰起来，对尽可能恢复东汉《古文尚书》学的原貌做出了重要贡献。

2. 复西汉今文《尚书》学

清代嘉道以降，由于学术本身的发展及外在政治之影响，经学复古继续向前发展，由东汉而溯于西汉，庄存与、刘逢禄、宋翔凤、龚自珍、魏源、陈寿祺、王闿运、皮锡瑞诸学者相继发挥西汉今文《尚书》学，清代之今文《尚书》学大昌于时，直至清末而不衰。

庄存与以微言大义解《尚书》，以经立义，引古匡今，成《尚书既见》与《尚书说》二书，开启清代今文《尚书》学复兴之端。刘逢禄绍庄氏之学，以经术名世。其于《尚书》匡马、郑古文之说，著有《尚书今古文集解》30卷和《书序述闻》1卷。宋翔凤之学传自外王父庄存与，通训诂名物，志在西汉今文学，主于微言大义，于《尚书》著有《尚书谱》1卷，据《史记》及《尚书大传》所载，列《尚书》百篇之目，标明今、古文之有无，附以说明；《尚书略说》2卷，乃择重要名物制度而论说之，大抵主匡马、郑之说。龚自珍受学于刘逢禄，喜西汉今文学，于《尚书》著有《太誓答问》、《尚书序大义》、《尚书马郑家法》等，专宗伏生、欧阳、大小夏侯及孔安国问故之学，以明西汉微言大义，是清代今文《尚书》学的重要著作。其名著《太誓答问》设论二十六事，不但总论汉代今、古文之名实，还据刘向父子之说，证汉代今、古文都无《太誓》篇，今文采自《逸书》之《太誓解》。魏源说经亦本常州庄氏，直溯西汉今文学。其著《书古微》，不但以晚出孔传《古文尚书》为伪，还认为东汉马、郑所本之《古文尚书》也是臆造的。其论说大体斥马、郑而扶西汉今文诸家之说。王闿运说《尚书》，亦偏主今文，著《尚书今古文注》30卷，用伏生《尚书大传》、司马迁《尚书》之说补孙星衍《尚书今古文注疏》之不足；《尚书笺》30卷，集《尚书大传》、《史记》、欧阳、大小夏侯及马郑之说而笺之，大体申伏生今文而抑郑玄古文；《尚书大传补注》7卷，则是用前人所辑补注《尚书大传》，为专申伏氏之作。皮锡瑞治学精研汉训，尤以今文家言为主，其名著《经学通论》之《书经》部分，对汉代《尚书》的今古文之别、篇数、今古文之说是否可信、晚出孔传《古文尚书》之伪等问题进行了详细讨论；又著《今文尚书考证》30卷，对今文29篇经文文字进行逐字逐句的甄别，既辨析今古文本的差异，也留意今文三家间的歧异，大体宗伏生、宗《史记》，采马、郑古文及宋儒之说，一以与今文异同为断，自称"不为北海之佞臣，宁作济南之肖子"，可见其治《尚书》今文之取向。该书也因此成为"集清人《尚书》今文学之大成"①。

清代的今文《尚书》学家对早已散佚的汉代今文诸家之要著也进行辑佚，这同样是复今文《尚书》学的一个重要内容。孙星衍的《尚书今古文注疏》，对汉代今文《尚书》说也多有辑佚。而陈寿祺、陈乔枞父子在这方面的成绩更加显著。陈寿祺以两汉经师莫先于伏生，著《大传定本》3卷、《叙录》1卷、《订误》1卷，并附《洪范五行传论》于后，以发扬伏氏今文《尚书》之学。他计划钩稽早已失传的伏生、欧阳、大小夏侯今文《尚书》学著作，却未竟而卒，这一工作由其子陈乔枞接着进行，撰成《今文尚书经说考》32卷、《叙录》1卷，《尚书欧阳夏侯遗说考》1卷。除孙、陈二氏之外，马国翰

---

①　皮锡瑞：《今文尚书考证》，盛冬玲、陈抗点校本，中华书局，1995年，"点校说明"第3页。

辑有《今文尚书》1卷、《尚书欧阳章句》1卷、《尚书大夏侯章句》1卷、《尚书小夏侯章句》1卷，黄奭辑有《尚书章句》1卷、《洪范五行传》1卷，王谟辑有《欧阳尚书说》1卷、《尚书大传》2卷、《洪范五行传》2卷，孙之骐辑有《尚书大传》3卷、《补遗》1卷，卢见曾辑有《尚书大传》4卷、《补遗》1卷，卢文弨辑有《尚书大传》4卷、《补遗》1卷、《考异》1卷、《续补遗》1卷，董丰垣撰有《尚书大传考纂》3卷、《补遗》1卷、《备考》1卷、《附录》1卷、《源委》1卷，樊廷绪辑有《尚书大传》4卷、《补遗》1卷等。辑佚盛况之空前，由此可见一斑。

（三）汉宋兼采，开清学一派

清代尚书学发扬宋学及复古汉学都很盛行，说明汉学、宋学对清代学术的影响都很大，故有许多学者，不宗一派，采取择善而从、汉宋兼采的治经之法从事《尚书》研究。故清代《尚书》学著述兼采汉宋两派者亦不少。

其实，汉宋兼采的治学之路自明末清初就已经开始了。清初黄宗羲、顾炎武、王夫之等学者治学合经学理学为一，其著述谈说，往往汉宋兼采，后人据此又换过角度说他们"非汉非宋，自成一派"，"可以称之为'清学'"。[1] 清初官定的《钦定书经传说汇纂》，以及朱鹤龄的《尚书埤传》、《禹贡长笺》都是多本宋人之说而兼取汉唐注疏之《尚书》学力作。

乾嘉时期虽为汉学盛世，然亦有学者反对汉学的墨守与门户之见，主张沟通群籍，兼治经子，并淡化汉学宋学的对立。扬州学派即以这种学风相尚，焦循曾说"古学大兴，道在求其通"[2]，阮元为一代通儒，他不同于前辈的力排宋学，而倾向于调和折中，"崇宋儒之性道，而以汉儒经义实之"[3]。在这种风气影响下，沈彤、汪绂说解《尚书》，即为汉宋兼宗。沈彤著《尚书小疏》1卷，乃就《尚书》之名物训诂，择条而释，不专主一家，如"九族"之说，取孔《传》之说，而"海物惟错"，则取蔡《传》之说。汪绂所撰《书经诠义》，虽笃信蔡《传》，然又多取汉人之说订补之。

道光以后，今文《尚书》学炽盛，但主张汉宋兼采的学者亦不少。雷学淇著《经说》10卷，其中的《书说》1卷，皆以训说一义为主，主要参酌汉宋诸家众说而折中之。黄式三于学不立门户，博综群籍，谨宗汉学而兼综朱子之学，著有《尚书启幪》5卷。丁晏虽有汉学家法，但著《禹贡集释》3卷

---

① 周予同：《中国经学史讲义》，上海文艺出版社，1999年。

② 焦循：《雕菰集》卷一三《与刘端临教谕书》。

③ 阮元：《揅经室文集》卷二《拟国史儒林传序》。

附《禹贡蔡传正误》1卷，则又多遵宋代蔡《传》之说而订补之。陈澧曾为调和汉宋做过许多工作，其撰《读书记》卷五说《尚书》，既重汉人的训诂，又极称蔡《传》说义精当。姚永朴为桐城派学者，著有《尚书谊略》28卷、《叙录》1卷，虽仅释今文28篇，然不偏汉宋，择精义而从。简朝亮著《尚书集注述疏》35卷，亦为汉宋兼采。

四库馆臣总结历代《尚书》研究特色时曾云："《尚书》一经，汉以来所聚讼者，莫过《洪范》之五行；宋以来所聚讼者，莫过《禹贡》之山川；明以来所聚讼者，莫过于今古文之真伪。"① 凡此诸端，至清代皆一一重加讨论，故清代的《尚书》学文献内容异彩纷呈，数量繁多，在内容、方法上既有对汉以来各个时期《尚书》学的继承发扬，又有许多创新。然而，由于乾隆以后的《尚书》学论著收录分散而复杂，制约了我们今天对清代《尚书》学文献的全面收集，因而也难以对所有文献的内容和特点有较为准确的了解，只能作上述概括论述。

八、近现代

20世纪以来，世界与中国都发生了翻天覆地的巨变，中西学术有了前所未有的交流与大融会，尤其是1919年的"五四"新文化运动，提倡科学与民主，反对"尊孔读经"，中国传统经学走向终结，《尚书》的研究也因新理论、新方法的引进而发展到了一个崭新的阶段。总的看来，既有传统的文字音义的注解考释、对晚出《古文尚书》经传的进一步疑辨，以及用现代白化话翻译《尚书》，更多的则是运用考古学、古文字学、历史学、哲学、文学，以及天文、地理、土壤、地貌、农业、物产、交通等现代自然科学知识，从多角度研究《尚书》。因此，近现代的《尚书》学文献形式多样，内容丰富多彩。

（一）新材料、新方法与传统的《尚书》注解、考释

1. 《尚书》的注解与今译

对《尚书》文字音义的注解，是传统《尚书》研究的主要形式。20世纪以来，《尚书》研究的这种方式仍很流行，尤其是活跃在清末民国时期的学者以及1949年以后的台湾学者，他们或注释《尚书》经文字句音读，或用白话文翻译，撰述了数十部此类著作。较为著名的有曾运乾《尚书正读》、杨筠如《尚书覈诂》、吴闿生《尚书大义》、朱大可《尚书今古文通释》、柳荣宗《尚书解诂》和《尚书解》、屈万里《尚书集释》和《尚书今注今译》、周秉钧

---

① 永瑢等：《四库全书总目》卷一二《日讲书经解义》提要。

《尚书易解》和《白话尚书》、钱宗武等《今古尚书全译》、陈善勋《书经白话新解》、蔡狄秋《尚书读本》、顾宝田《尚书译注》、杨任之《尚书今译今注》、王世舜《尚书译注》、吴屿《新译尚书读本》、马振亚《尚书释读》、张道勤《书经直解》、张鸿范《书经讲义》、金景芳等《〈尚书·虞夏书〉新解》、李民等《尚书译注》、黄怀信《尚书注训》等。这些注译之作详略不一，内容大同小异。其中，曾运乾《尚书正读》、杨筠如《尚书覈诂》、屈万里《尚书集释》多被学界推崇。《尚书正读》为曾运乾 1932 年在中山大学授课的讲义，定稿于 1934 年，发表于中山大学《文学杂志》第 8 期，中华书局又于 1964 年出版。杨树达评价该书"于训诂、词气均长"，优于清代同类著作。杨筠如所著《尚书覈诂》，受到其师王国维的盛赞，将其与汉魏"孔《传》"及宋代"蔡《传》"相比，认为其"优于蔡《传》，亦犹蔡《传》之优于孔《传》"①。李学勤评价该书"不受家法师说束缚，择善而从，而且尽可能引用甲骨文金文等出土材料进行对比"，"是 20 世纪《尚书》研究最重要的成果之一"。② 屈万里在《尚书》研究上成就卓著，其《尚书释义》、《尚书集释》、《尚书今注今译》等著作，是台湾学者研究《尚书》的常用参考书。而 2005 年由中华书局出版的《尚书校释译论》，是顾颉刚、刘起釪前后相继、历时 38 年完成的《尚书》注解要著，几乎汇集了所有关于《尚书》文字考释和专题研究方面的成果。

2. 运用新材料考释《尚书》

对《尚书》的名物典章进行考释也是传统《尚书》研究的主要形式，近现代学者在这方面的研究用力较前代有加。与过去最大的不同之处，他们多利用甲骨文、金文、简帛的研究成果去考释《尚书》及其单篇的得名、成书年代以及具体的名物、字词句等诸多问题。注重这类研究的学者，以王国维成就最著。他创立的"二重证据法"，即"纸上之材料"与"地下之新材料"相互印证的研究方法，对包括《尚书》研究在内的近现代中国学术研究产生了巨大的影响。他撰写了《生霸死霸考》、《陈宝说》、《书顾命瑁说》、《周书顾命考》、《周书顾命后考》、《高宗肜日说》、《洛诰解》、《与林浩卿博士论洛诰书》、《再与林博士论洛诰书》、《洛诰笺》等一系列著作，都是运用"二重证据法"研究《尚书》的典范之作，对《尚书》的诸多问题做了新解。

---

① 王国维：《尚书覈诂序》，载《国立中山大学语言历史学研究所周刊》第 1 集第 3 期，1927 年 11 月 15 日。

② 李学勤：《尚书覈诂新版序》，见杨筠如著、黄怀信点校《尚书覈诂》卷首，陕西人民出版社，2005 年。

20世纪70年代以后出现的新材料，如马王堆帛书、郭店楚简、上博简、遂公盨铭文及近来面世的清华简，有许多与《尚书》相关的篇章。因此，近年来《尚书》的考证研究出现了许多新成果，如廖名春系列论著《郭店楚简〈成之闻之〉、〈唐虞之道〉篇与〈尚书〉》、《郭店楚简〈缁衣〉引〈书〉考》、《从郭店楚简和马王堆帛书论"晚书"的真伪》、《郭店楚简引〈书〉论〈书〉考》①，李学勤《论遂公盨及其重要意义》、《遂公盨与大禹治水传说》②，李零《论遂公盨发现的意义》③，晁福林《郭店楚简〈缁衣〉与〈尚书·吕刑〉》④，臧克和《上海博物馆藏战国楚竹简〈缁衣〉引〈尚书〉文字考——兼释战国楚竹书〈缁衣〉有关的几个字》⑤，岳红琴《〈禹贡〉成书西周中期说》⑥，易德生《上博楚简容成氏九州刍议》⑦，马士远《帛书〈要〉与〈墨子〉称说"尚书"意旨新探——兼与郭沂、廖名春诸学者商榷》⑧，李学勤《"清华简"研究初见成果：解读周文王遗言》⑨，等等。他们运用新材料与传世文献、考古资料相结合，重新审视《尚书》的各种问题，将《尚书》的考证研究推向更深的发展。

3. 重新审视晚出《古文尚书》

对晚出《古文尚书》经传的重新审视也是近现代学者考证《尚书》的重要工作。自宋代吴棫、朱熹开始怀疑晚出《古文尚书》经传的真实性，清初学者阎若璩在吴澄、梅鷟等人的研究基础上撰《尚书古文疏证》进一步考辨

---

① 廖名春：《郭店楚简〈成之闻之〉、〈唐虞之道〉篇与〈尚书〉》（载《中国史研究》1999年第3期）；《郭店楚简〈缁衣〉引〈书〉考》（载《西北大学学报》2000年第1期）；《从郭店楚简和马王堆帛书论"晚书"的真伪》（载《北方论丛》2001年第1期）；《郭店楚简引〈书〉论〈书〉考》（台湾古籍出版有限公司，2001年）。

② 李学勤：《论遂公盨及其重要意义》（载《中国历史文物》2002年第6期）；《遂公盨与大禹治水传说》（载《中国社会科学院院报》2003年1月23日）。

③ 李零：《论遂公盨发现的意义》，载《中国历史文物》2002年第6期。

④ 晁福林：《郭店楚简〈缁衣〉与〈尚书·吕刑〉》，载《史学史研究》2002年第2期。

⑤ 臧克和：《上海博物馆藏战国楚竹简〈缁衣〉引〈尚书〉文字考——兼释战国楚竹书〈缁衣〉有关的几个字》，载《古籍整理研究学刊》2003年第1期。

⑥ 岳红琴：《〈禹贡〉成书西周中期说》，载《学海》2006年第2期。

⑦ 易德生：《上博楚简容成氏九州刍议》，载《江汉论坛》2006年第5期。

⑧ 马士远：《帛书〈要〉与〈墨子〉称说"尚书"意旨新探——兼与郭沂、廖名春诸学者商榷》，载《学术月刊》2007年第1期。

⑨ 李学勤：《"清华简"研究初见成果：解读周文王遗言》，载2009年4月15日《光明日报》。

其伪，加之其考辨结果得到了黄宗羲、钱大昕、戴震、梁启超、胡适等著名学者的高度评价以及《四库全书总目》提要的正面肯定，晚出《古文尚书》之伪成为乾嘉以来学界的"共识"，被称为"铁案如山"。

近年来不少学者对所谓阎氏"定案"提出了质疑，他们利用传世文献与出土文献互证的方法，在对疑古思潮进行反思的过程中，对晚出《古文尚书》问题进行了重新审核，尤其是将保存于各种典籍中的《尚书》片段与梅赜所献晚出《古文尚书》经文作严密对勘比较，发现晚出《古文尚书》的大部分篇章是可靠的。近世商周彝鼎金文的大量出土，其文体用语与晚出《古文尚书》非常相似，也佐证了晚出《古文尚书》其实不晚，极有可能是古本。这方面的研究，代表人物首推李学勤，杨善群、张岩、王保德、刘善哉诸位也做了大量的研究工作。

李学勤于20世纪八九十年代发表《竹简家语与汉魏孔氏家学》、《简帛佚籍与学术史》、《论魏晋时期古文尚书的传流》、《尚书孔传的出现时间》等系列论文，主张"今传本《古文尚书》、《孔丛子》、《家语》，很可能陆续成于孔安国、孔僖、孔季彦、孔猛等孔氏学者之手，有着很长编纂、改动、增补的过程"。① 他认为："从学术思想史的角度深入探究孔氏家学，也许是解开《尚书》传流疑谜的一把钥匙。"② 在重新研究魏晋之际一些文献引用孔《传》后，李先生认为，当时确已有属于58篇的《尚书》流传。"无论如何，郑小同的时候已有《古文尚书》的《周官》，是不容否认的，可见郑冲传《古文尚书》也不是不可能的"③。"按《正义》引文明言皇甫谧于'姑子外弟梁柳边得《古文尚书》，故作《帝王世纪》往往载孔《传》五十八篇之书'，足证梁柳处是有孔《传》的。事实上，《帝王世纪》确实多处引用了孔《传》。这表明，《晋书》讲的传流不仅是《古文尚书》经，也包括孔《传》，所说'《古文尚书》'，不能同孔《传》分割开来"。因此，"魏晋之间已有《尚书孔传》的存在"。④

由于李学勤在学术界的影响力，《古文尚书》问题再次成为学术界的热门话题。李零在《自选集》及《简帛古书与学术源流》二书中都认为晚出《古

① 李学勤：《简帛佚籍与学术史》，江西教育出版社，2001年。

② 李学勤：《竹简家语与汉魏孔氏家学》，载《孔子研究》1987年第2期。

③ 李学勤：《论魏晋时期古文尚书的传流》，《古文献丛论》，上海远东出版社，1996年。

④ 李学勤：《尚书孔传的出现时间》，载《古籍整理研究学刊》2002年第1期。

文尚书》经传并非伪书，① 王葆《论梅本古文尚书的渊源》一文，通过对今传《尚书》中的思想观点进行比较研究，提出了孔子编纂的《尚书》残本是今文《尚书》的源头，而"梅本《古文尚书》二十五篇是经过孟子整理加工过的《尚书》残本"②。王世舜在《略论尚书的整理与研究》中指出，郭店楚简《缁衣》篇引《古文尚书》四次，证明战国时期已有《古文尚书》的流传，"如果《古文尚书》在战国中期就已在流传，那么，《古文尚书》的伪造者当是战国中期或战国中期以前的人，而绝不可能是晚至东晋时代的梅赜"。③

杨善群从 2003 年开始，以《古文尚书流传过程探讨》、《古文尚书与旧籍引语的比较研究》、《论古文尚书的学术价值》、《古文尚书研究——学术史上一宗严重的冤假错案》、《辨伪学的歧途——评〈尚书古文疏证〉》等一组文章，从多个角度论证，不但认为从朱熹到崔述等人认定的"《古文尚书》晚出"完全不符合事实，还对《古文尚书》文本的形成及来源做了推测，从多方面论证《古文尚书》是西汉以来长期流传的真古文献。④

张岩于 2005 年初在国学网首页发布 6 万余字长篇论文《阎若璩疏证伪证考——清代考据学存在多大问题的一次检验》，又于同年 3 月 15 日在《光明日报·理论周刊》发表《现代信息技术与传统国学研究——以检验阎若璩古文尚书证伪为例》，并集结成专著《审核古文尚书案》，⑤ 借鉴现代法学中的证据学（证据审查）方法和严密的逻辑学审核标准，对阎若璩《尚书古文疏证》的举证和论证进行了一次全面甄别，得出了阎氏关于"伪书"的"指控"不成立的结论。

台湾学者在这方面也做了大量研究，以王保德、刘善哉二位在这方面成就最多。王保德撰有《阎若璩尚书古文疏证驳议》、《阎若璩尚书古文疏

---

① 李零：《李零自选集》，广西师范大学出版社，1998 年；《简帛古书与学术源流》，生活·读书·新知三联书店，2004 年。

② 王葆：《论梅本古文尚书的渊源》，载《文献》1997 年第 2 期。

③ 王世舜：《略论尚书的整理与研究》，载《聊城师范学院学报》2000 年第 1 期。

④ 杨善群：《古文尚书流传过程探讨》，载《学习与探索》2003 年第 4 期；《古文尚书与旧籍引语的比较研究》，载《齐鲁学刊》2003 年第 5 期；《论古文尚书的学术价值》，载《孔子研究》2004 年第 5 期；《古文尚书研究——学术史上一宗严重的冤假错案》，载《史海侦迹——庆祝孟世凯先生七十岁文集》，2005 年；《辨伪学的歧途——评〈尚书古文疏证〉》，载《淮阴师范学院学报》（哲学社会科学版）2005 年第 3 期。

⑤ 张岩：《审核古文尚书案》，中华书局，2007 年。

证驳议续论》、《古文尚书非伪作的新考证》、《再论古文尚书非伪作的新考证》、《阎若璩妄证德乃降及郁陶系伪窜》、《评阎若璩证壁中书出景帝初的无据》、《阎若璩不了解"同德度义"的意义》等，① 刘善哉著有《阎若璩古文尚书疏证道统的反考证》、《对阎若璩古文尚书疏证的反考证》、《阎若璩玫击大禹谟皋陶迈种德之评议》、《阎若璩疏证击胤征的评证》等。② 另外，周凤五以晚出《古文尚书》为研究对象，撰《伪古文尚书问题重探》硕士论文。③ 以上论著都是针对阎若璩《尚书古文疏证》而给晚出《古文尚书》翻案之作。

然而，尽管许多学者对晚出《古文尚书》经传平冤翻案做了大量的研究工作，然而晚出孔《传》的作者和传授系统至今依然无法梳理清楚，争论了上千年的晚出《古文尚书》的真伪问题还将继续。将来，随着地下出土资料的增多和学者们的不懈努力，也许这一问题会有一个最终答案。

（二）《尚书》的疑古辨伪

《尚书》的疑古辨伪自宋迄清愈演愈烈，到近现代的"疑古派"，更是到了登峰造极的地步，他们由怀疑古史而全面怀疑儒经，以为儒家经典非伪即残。其创始者及主要代表是顾颉刚和钱玄同，他们不但怀疑晚出《古文尚书》经传，而且认为今文 28 篇也并非完全可信，需要辨析真伪。钱玄同曾明确指出今文"现在的二十八篇中，有历史底价值的恐怕没有几篇。如《尧典》、《皋陶谟》、《禹贡》、《甘誓》等篇，一定是晚周人伪造的"④。顾颉刚也说："《尚书》这部经典虽只二十八篇，不到二万字，但因它上起于商，中经两周，下终战国，既有古今字的不同，也有东西语法的不同，又有错字、错简的牵缠，所以必须集合语音、文字、训诂、语法、版本、历史、地理天文、历法诸学，方可说明其问题，挖掘其真相。其中每一个字都可以牵涉到几个问题，

---

① 以上文章分别载《中华杂志》第 7 卷第 9～12 期（1969 年 9～12 月）、《中华杂志》第 8 卷第 10 期（1970 年 10 月）、《文坛》第 124～129 期（1970 年 10 月～1971 年 3 月）、《建设》第 26 卷第 8 期～第 27 卷第 3 期（1979 年 1～8 月）、《学园》第 6 卷第 1 期（1970 年 9 月）、《学园》第 6 卷第 4 期（1970 年 12 月）、《学园》第 6 卷第 7 期（1971 年 3 月）。

② 以上文章分别载《学园》第 5 卷第 4 期（1969 年 12 月）、《学园》第 5 卷第 9 期（1970 年 5 月）、《学园》第 5 卷第 12 期（1970 年 8 月）、《学园》第 6 卷第 3 期（1970 年 11 月）。

③ 周凤五：《伪古文尚书问题重探》，台湾大学中国文学研究所硕士论文，1974 年。

④ 钱玄同：《答顾颉刚先生书》，《古史辨》第一册，第 76～77 页。

要全部讲通，便须研究好几万个问题。"① 1923 年，顾氏在给胡适的信中，对今文"二十八篇"按写作时间分成三组，进行了真伪分析，指出只有"《盘庚》、《大诰》、《康诰》、《酒诰》、《梓材》、《召诰》、《洛诰》、《多士》、《多方》、《吕刑》、《文侯之命》、《费誓》、《秦誓》"13 篇"在思想上，在文字上，都可信为真"，而其他篇"或者是后世的伪作，或者是史官的追记，或者是真古文经过翻译，均说不定"，尤其是"《尧典》、《皋陶谟》、《禹贡》，这一组决是战国至秦汉间的伪作"。② 这为他以后的《尚书》疑古辨伪研究奠定了基础。

在他的影响下，20 世纪的学者大多带有怀疑精神去研究《尚书》，这从"《禹贡》的成书年代"研究中就可见一斑。几乎所有的学者都否认《禹贡》成于夏代的传统观点，如王国维与辛树帜主张《禹贡》成书于西周，③ 郭沫若、王成组等认为成书于春秋，④ 高重源、翁文灏、内藤虎次郎、赫尔曼等认为《禹贡》成书于战国末至汉初，⑤ 顾颉刚的《禹贡》成书于"战国说"因以其学术声望及所举战国诸证中有数证具有说服力，因而信从者多，遂成为晚近学术界中有力的一说，卫聚贤《禹贡考》、许道龄《从夏禹治水说之不可信说到禹贡著作时代以及其目的》、李泰棻《今文尚书正讹》、张西堂《尚书引论》、史念海《论禹贡的著作年代》、蒋善国《尚书综述》、李约瑟《中国科学技术史》等都持这种观点。⑥

疑古派的这种疑古辨伪客观上促进了《尚书》文献的整理，但他们对《尚

---

① 顾颉刚：《祝融族诸国的兴亡——周公东征史事考证四之六》，《燕京学报》（八），北京大学出版社，2000 年。

② 顾颉刚：《论〈今文尚书〉著作时代书》，《古史辨》第一册，第 201～202 页。

③ 干春松等：《王国维学术经典集》（下），江西人民出版社，1997 年；辛树帜：《禹贡制作时代的推测》，载《西北农学院学报》1957 年第 3 期。

④ 郭沫若：《金文丛考·金文所无考》之四，日本文求堂影印本，1932 年；王成组：《从比较研究重新估定禹贡形成的年代》，载《西北大学学报》1957 年第 4 期。

⑤ 高重源：《中国古史上的禹治洪水的辨证》，载国立武汉大学《文哲季刊》第 1 卷第 4 期，1930 年；翁文灏：《翁氏演讲录》，载《师大地理月刊》第 1 册；[日]内藤虎次郎：《禹贡制作时代考》，载江侠庵译《先秦经籍考》上，上海文艺出版社，1990 年。

⑥ 卫聚贤：《禹贡考》，载《国立中山大学语言历史学研究所周刊》第 4 集第 38 期，1928 年 7 月 18 日；许道龄：《从夏禹治水说之不可信说到禹贡著作时代以及其目的》，载《禹贡》半月刊第 1 卷第 4 期；李泰棻：《今文尚书正讹》，载《天津益世报读书周刊》第 17 期，1935 年 9 月 26 日；张西堂：《尚书引论》，陕西人民出版社，1958 年；史念海：《论禹贡的著作年代》，载《陕西师大学报》（哲学社会科学版）1979 年第 3 期；蒋善国：《尚书综述》，上海古籍出版社，1988 年；李约瑟：《中国科学技术史》（中译本），第 5 卷第 1 册，科学出版社、上海古籍出版社，1990 年。

书》各篇成书年代的考辨过于武断，引起了不少学者的异议。特别是近年来越来越多的出土材料证明一些"疑古派"认定的伪书其实不伪，所以近二三十年来对《尚书》的疑古研究又进行了许多反思，如李学勤说："《尚书·尧典》篇中主要内涵可与甲骨刻辞四方风名印证，有古远的渊源。其所述四中星，据近年学者推算，颇能与唐虞时期符合，有天文学史方面著作推测'其上下限当在距今 3600 年到 4100 年之间'（这是说它开始形成的年代）。"① 邵望平在 20 世纪 80 年代末发表《禹贡"九州"的考古学研究——兼说中国古代文明的多源性》及《禹贡九州风土考古学丛考》等论文，② 从考古学的角度入手进行研究，认为《禹贡》九州篇的蓝本出现不迟于西周初年，而含有九州、导山水、五服三个篇章的《禹贡》即我们今天所见到的《禹贡》，则可能是春秋战国时期学者修订、补缀、拼凑而成的。刘起釪在 90 年代初修订了其师顾颉刚所持的"战国说"之论，从《禹贡》所载"河""不知春秋时期黄河改道这件大事，仍写自大伾北行的古河道"，认为《禹贡》"所据资料不晚于春秋时期，亦有更早于此者，当然也有不免晚于此者。那是流传过程中掺进去的"。③

（三）深入研究《尚书》单篇，开创研究新气象

近现代《尚书》研究的一个显著特点是研究更加细化，许多学者关注《尚书》单篇及其中的名物与字词句的考释，形成了很多此类论著。据不完全统计约有 500 种。这些著作几乎涉及今、古文《尚书》的每一篇，其中，尤以《禹贡》、《洪范》、《尧典》、《金縢》、《洛诰》、《泰誓》等最受重视。学者们不但讨论《尚书》各单篇的内容、得名、制作年代等传统问题，而且更多地考证其中的名物典章、思想大义，通过发掘《尚书》中适合现实社会需要的思想，使《尚书》学有用于世。值得一提的是，学术界近百年来对《禹贡》的大力研究，还诞生了现代意义的"中国历史地理学"这门学科，这应当是近现代《禹贡》研究取得的最显著的成绩。

在单篇研究中，还引入了近现代自然科学知识，革新内容与方法，使《尚书》研究呈现出新的气象。例如，对《尧典》进行天文历法相关研究，以及探索《禹贡》中所蕴涵的地貌、水文、土壤、生物、经济等自然和人文地

① 李学勤：《西水坡"龙虎墓"与四象的起源》，见《走出疑古时代》，辽宁大学出版社，1994 年，第 147 页。

② 分别载苏秉琦主编：《考古学文化论集》（二）（文物出版社，1989 年）、《九州学刊》第 2 卷第 2 期（1988 年 1 月）。

③ 顾颉刚、刘起釪：《尚书校释译论》第二册《禹贡》，中华书局，2005 年。

理信息，探讨《洪范》的哲学经济学思想等，产生了不少《尚书》研究新作。主要有刘朝阳《天文历法推测尧典之编成年代》①，董作宾《尧典天文历法新证》②，日本饭岛忠夫撰、周富美译《书经诗经之天文历法》③，岑仲勉《尧典的四仲中星和史记天官书的东官苍》④、《尧典岁用366日之时代考》⑤，金祖孟《论书经中的地平观点》⑥，钱穆《禹贡山水杂说》⑦，顾颉刚《禹贡中的昆仑》⑧，朱廷献《尚书地理考》⑨，张淑萍、张修桂《禹贡九河分流地域范围新证——兼论古自洋淀的消亡过程》⑩，龚胜生《禹贡中的秦岭淮河地理界线》⑪，潘玉君、王永杰《尚书·禹贡中的综合自然地理学思想萌芽》⑫，桑田幸三著《禹贡的财政论、流通论》⑬，张守军《禹贡的贡赋制度和赋税思想》⑭，王光玮《禹贡土壤的讨论》⑮，陈恩凤的《中国土壤地理》（第七章专门研究《禹贡》土壤，其中设有《禹贡所述古代土壤》、《禹贡所述土壤的解释》、《禹贡九州土壤田赋之分析》等篇）⑯。吴永猛《洪范经济思想之研究》⑰，彭文林《论亚理斯多德的物质因与尚书洪范的五行思想》⑱，项退结《洪范面对非理性或自律的合理性——合理性终极起源的讨论》⑲，燕国材《尚书、左传、国语的心理学思想研究》⑳，等等。通过一系列的研究，古老

① 载《燕京学报》第 7 期，1930 年 6 月。
② 载《清华学报》新 1 卷第 2 期，1957 年 4 月。
③ 载《孔孟学报》第 7 期，1964 年 4 月。
④ 载《两周文史论丛》，上海商务印书馆，1958 年。
⑤ 载《陕西师范大学学报》（哲学社会科学版）1996 年第 3 期。
⑥ 载《中国古宇宙论》，华东师范大学出版社，1991 年。
⑦ 载《古史地理论丛》，台北东大图书公司，1982 年。
⑧ 载《历史地理》第 1 辑，1981 年 11 月。
⑨ 载《尚书研究论集》，台北华正书局，1975 年。
⑩ 载《地理学报》1989 年第 1 期。
⑪ 载《湖北大学学报》（哲学社会科学版）1994 年第 6 期。
⑫ 载《高师理科学刊》1992 年第 2 期。
⑬ 沈佩林、叶坦、孙新译，载《中国经济思想史论》，北京大学出版社，1991 年。
⑭ 载《税务与经济》1993 年第 1 期。
⑮ 载《禹贡》半月刊第 2 卷第 5 期，1934 年。
⑯ 商务印书馆，1951 年。
⑰ 《华学月刊》第 38 期，1975 年 2 月。
⑱ 载《鹅湖学志》第 12 期，1994 年 6 月。
⑲ 载《哲学与文化》第 17 卷第 2 期，1990 年 2 月。
⑳ 载《心理科学》1994 年第 4 期。

的《尚书》研究与时尚的近现代科学产生对话，真可谓古学焕新颜。

（四）学术史研究全面展开

研究《尚书》，离不开对"学术史"的清理和分析。近现代学者对《尚书》学史展开了全面研究，产生了百余种学史类论著，较之历史时期的总和还多。这些著作大体又可分为以下两种范式：

第一种范式是通论性研究，这类著作又因包含的时代范围长短不同分为通代与断代两大类。其中，通代之作较有影响力的有：(1) 蒋善国《尚书综述》①。该书共分为六编，分别为："尚书的名称和篇数"、"尚书的整理"、"尚书的发见"、"尚书的传授"、"尚书的真伪"、"尚书的存亡"。基本上囊括了《尚书》研究的所有问题，为近现代《尚书》学史研究的集大成之作。蒋善国治《尚书》多年，其研究成果尽收入此书，此书在《尚书》学史上占有重要地位。(2) 刘起釪《尚书学史》、《尚书及其整理研究情况》、《日本的尚书学与其文献》、《现代日本的尚书研究》及《尚书源流及传本考》。尤其是《尚书学史》②，根据《尚书》的历史演进情况，寻其变迁递嬗之迹，对《尚书》形成为儒家经学中的一门重要专经之学，较详细地加以考察，系统地叙述了《尚书》学流变。全书内容翔实，资料丰富，在前人研究的基础上，提出了很多新的观点，对于以后的《尚书》研究有重要的价值。(3) 程元敏《尚书学史》③。该书内容有五大部分：《尚书》原典考释、解诠《尚书》典献、论各代学者之《尚书》学、通记历代公私《尚书》学之沿革、与《尚书》攸关之经学识要。其讨论《尚书》学，以朝代为经，历周秦汉三国晋南北朝隋唐五代十国至有清今世；以人物为纬，历代《尚书》学者网罗殆尽，全面论述了《尚书》的历史演进情况，变迁递嬗的过程，以及历代学者对《尚书》的研究等。

断代性的《尚书》学通论很多，可以说每个时期都有。如关于先秦时期的《尚书》学有王锦民《尚书与春秋前儒家》（载《古学经子：十一朝学术史新证》，华夏出版社，1996 年）、马士远《周秦尚书学研究》（中华书局，2008 年）等，汉代的有李伟泰《两汉尚书学的演变过程》（载《孔孟学报》第 30 期，1975 年 9 月）、姜文奎《汉代尚书之研究》（《人事行政》第 58 期，1979 年 12 月）等，魏晋南北朝的有欧庆亨《三国尚书学考述》（载《"国立"台湾师范大学国文研究所集刊》第 33 期，1989 年 6 月）、张亚沄《魏晋尚书

① 蒋善国：《尚书综述》，上海古籍出版社，1988 年。
② 刘起釪：《尚书学史》（订补本）。
③ 程元敏：《尚书学史》，台湾五南出版公司，2008 年。

（南北朝附）》（台湾"行政院国家科学委员会"研究奖助论文，1962 年）、王锦民《魏晋尚书学与晚书》（载《古学经子：十一朝学术史新证》，北京华夏出版社，1996 年）、程元敏《南北朝尚书学》（载《"国立"编译馆馆刊》第 21 卷第 2 期，1992 年 12 月），宋代的有汪惠敏《宋代之尚书学》（载《辅仁国文学报》第 3 期，1987 年 6 月）、蔡根祥《宋代尚书学案》（花木兰文化出版社，2006 年）等，清代的有古国顺《清代尚书学》（台北文史哲出版社，1981 年）等。

第二种范式是以"书"为中心、以"人"为中心和以"问题"为中心的专门研究。这类著作数量庞大，大凡历史上的重要《尚书》研究之作、主要《尚书》学家、重大问题以及《尚书》单篇，都有学者关注。其中，尤以以书、以人为中心的研究最多。以"书"为中心主要关注伏生《尚书大传》、孔颖达《尚书正义》、苏轼《书传》、林之奇《尚书全解》、蔡沈《书集传》、梅鷟《尚书考异》和《尚书谱》、阎若璩《尚书古文疏证》等。这些论著主要有：丁亚杰《伏生尚书大传的解经方法与思想内容》（载《"国立中央"大学中国文学研究所集刊》第 4 期，1997 年 5 月）、林国钟《尚书正义对郑玄、王肃之取舍研究》（台湾中正大学中国文学研究所硕士论文，1994 年 5 月）、舒大刚《苏轼东坡书传述略》（载《四川大学学报》哲社版 2000 年第 5 期）、林登昱《林之奇尚书全解研究》（台湾中正大学中国文学研究所硕士论文，1994 年 5 月）、游均晶《蔡沈书集传研究》（台湾东吴大学中国文学研究所硕士论文，1996 年 7 月）、傅兆宽《明梅鷟、清阎若璩二家辨伪方法之研究》（载台湾《华冈文科学报》第 16 期，1988 年 5 月）、吴国宏《孙星衍尚书今古文注疏研究》（台湾中正大学中国文学研究所硕士论文，1994 年 6 月）等。

以"人"为中心的热门研究对象主要是孔子、伏生、郑玄、王安石、苏轼、林之奇、朱熹、梅鷟、王夫之、顾炎武、阎若璩、王国维、顾颉刚等，尤重宋人与清人。这类著作很多，主要有：李振兴《尚书与孔子》（载第一届《先秦学术国际研讨会论文集》，台湾高雄师范大学，1992 年），陈品卿《尚书郑氏学》（台北嘉新水泥公司文化基金会，1977 年 1 月），蔡根祥《王安石之尚书考》（载台湾《台北工专学报》第 27 之 2 期，1994 年 7 月）、《朱熹之尚书学》（载台湾《台北工专学报》第 28 之 1 期，1995 年 3 月），李学勤《朱子的尚书学》（载《古文献论丛》，上海远东出版社，1996 年 11 月），蔡方鹿《朱熹尚书学论析》（载《孔子研究》1997 年第 4 期）、《朱熹尚书学的影响和地位》（载《天府新论》2003 年第 4 期），吴其昌《王静安先生尚书讲授记》（载《王观堂先生全集》，台北文华出版公司，1968 年），孙剑秋《亭林之尚书学》（载《顾炎武经学之研究》，台湾东吴大学中国学术著作奖助委员会，

1992 年 7 月），刘人鹏《阎若璩与古文尚书辨伪——一个学术史的个案研究》（台北台湾大学中国文学研究所博士论文，1991 年 6 月），刘起釪《顾颉刚先生卓越的尚书研究》（载《文史哲》1993 年第 1 期），等等。

对《尚书》单篇的学术史研究主要集中《洪范》与《禹贡》两篇，因为这两篇在历史上备受关注，研究论著多，早已形成《尚书》学的一个支派。这类学术史论著主要有：郑涵《北宋洪范学简论》（载《中州学刊》1981 年第 2、3 期），罗联添、徐泓、蒋秋华等《宋人洪范学》（联经出版社，1975 年 6 月），周书灿、张洪生《禹贡研究概论》（载《河北师范大学学报》哲学社会科学版 2001 年第 2 期）、华林甫《近年来禹贡研究述略》（载《中国史研究动态》1989 年第 10 期）、黄正林《近年来禹贡研究进展综述》（载《中国史研究动态》1990 年第 8 期）等。

以上《尚书》学史之作，基本上坚持从实际出发，评论较为平实全面，态度较为客观公正，但在评论时还不同程度地带有“疑古”的痕迹。值得注意的是，通论性及以著作、以人为中心的学术史论著较多，而以“问题”为中心的专题研究较少。一些著名《尚书》学著作、《尚书》学家备受青睐，造成了不必要的低水平重复。今后，应提倡从更广泛的视角从事《尚书》学史的研究，关注有价值的著作和成就高的学者，加强专题性的研究。

综上所述，近现代的《尚书》研究，呈现出传统与创新交织在一起的纷繁复杂局面，学术史的研究也全面展开。就形式和内容来看，许多《尚书》学文献仍是传统的文字音义的注解、考释，以及对晚出《古文尚书》经传的进一步疑辨与反疑辨，但运用材料却增加了新发现的甲骨文、金文、简帛文献，所用的方法多是将这些新材料与传世文献相互印证进行研究，故不但可以订正历史时期的研究之误，还创造了许多前所未有的新观点。由于理论与方法更科学，因此得出的结论更令人信服。就时间分布来看，《尚书》研究以 20 世纪二三十年代及 70 年代以后最为兴盛，产生了数量众多的《尚书》学文献。

第三节　《尚书》学文献的数量与分布

一、历代《尚书》学文献的数量

虽然“《书》以道政事，儒者不能异说也”①，但由于《尚书》本身的内

---

① 　永瑢等：《四库全书总目》卷一二《经部·书类》序言。

容特别丰富，历代学者又从多角度对其进行研究，故《尚书》学文献数量并不比儒家其他经典逊色。然各种《尚书》学文献形成后，经过学术的审视与历史长河的洗礼，有的能世代相传，有的则为过眼烟云。为了再现历代《尚书》学的发展演变，有必要对历代《尚书》学文献的数量进行统计。不过，由于文献在形成和流传过程中产生的版本、内容及篇卷分合、流传方式等问题比较复杂，难以做出一个具体而又精确的数量统计，只能根据历代各种相关文献的载录作相对准确的估量。

各个历史时期的社会及学术背景不同，《尚书》学亦有兴衰之变化，《尚书》学文献的数量也呈现出起伏不定的变化。历代书目载录的《尚书》学文献数量（详见表2-3-1），大致可以反映这种历史变化及累积发展情况。

表2-3-1　历代主要书目载录的《尚书》学文献数量一览表

书　　目	经部《尚书》学文献数量	其他类《尚书》学文献
《汉书·艺文志·六艺略》	9家412篇	诸子略·儒家类1部
（清）姚振宗《汉书艺文志拾补》	9部	
（清）钱大昭《补续汉书艺文志》	19部	
（清）侯康《补后汉书艺文志》	16部	
（清）顾櫰三《补后汉书艺文志》	21部	书纬2部
（清）姚振宗《后汉艺文志》	19部	书纬2部
（清）侯康《补三国艺文志》	6部	
（清）姚振宗《三国艺文志》	7部	书纬1部
（清）文廷式《补晋书艺文志》	14部	
（清）丁国钧《补晋书艺文志》	13部	
（清）吴士鉴《补晋书经籍志》	12部	
（清）黄逢元《补晋书艺文志》	12部	
（梁）阮孝绪《七录》	190卷	
《隋书·经籍志》	32部247卷，通计亡书，合41部共296卷	子部·天文类2部3卷
《唐六典》秘书郎	32部237卷	
《开元四部录》《旧唐书·经籍志》	29部凡272卷	经部·经纬类1部，子部·五行类1部
《新唐书·艺文志》	25家33部306卷，王元感以下不著录4家20卷	经部·谶纬类1部3卷，子部·五行类3部40卷
（清）顾櫰三《补五代史艺文志》	3部	
《崇文总目》	7部81卷	

书　目	经部《尚书》学文献数量	其他类《尚书》学文献
《宋三朝志》太祖太宗真宗	11 部 101 卷	
《宋两朝志》仁宗英宗	2 部 13 卷	
《宋四朝志》神宗哲宗徽宗钦宗	12 部 120 卷	
《宋中兴志》	42 家 51 部 716 卷	
《绍兴中秘书省续编到四库阙书目》	15 部 42 卷	
（宋）尤袤《遂初堂书目》	18 部	术家类 3 部
（宋）晁公武《郡斋读书志》、《附志》	22 部	五行类 1 部
（宋）陈振孙《直斋书录解题》	29 部	
《宋史·艺文志》	60 部 802 卷，王柏《读书记》以下不著录 13 部 244 卷	子部道家附释氏神仙类 1 部，五行类 28 部，蓍龟类 1 部，兵书类 4 部，杂艺术类 1 部
（明）柯维骐《宋史新编·艺文志》	73 部 1015 卷	
（清）倪灿《宋史艺文志补》	8 部	
（宋）郑樵《通志·艺文略》	16 种 80 部 598 卷	天文类 2 部，五行类 6 部；图谱略 8 部
（宋）马端临《文献通考·经籍考》	44 家 550 卷	
（清）钱大昕《补元史艺文志》	54 部	
（清）倪灿《补辽金元艺文志》	47 家 240 卷	
（清）金门诏《补三史艺文志》	40 部	
（明）杨士奇等《文渊阁书目》	75 部，282 册	
（明）《万历重编内阁书目》	50 册	
（明）王圻《续文献通考·经籍考》	87 家	
（明）朱睦㮮《授经图义例》	247 部	
（明）焦竑《国史经籍志》	75 部 1249 卷	
（明）叶盛《菉竹堂书目》	书 54 部	
（清）黄虞稷《千顷堂书目》	199 部，其中明 141 部，元 50 部，宋 7 部，金 1 部	
《明史·艺文志》	88 部 497 卷	
（清）朱彝尊《经义考》	785 部	书纬 21 部，拟书 19 部
《四库全书总目》	136，其中存目 79 部	子部·术数类 8 部，其中存目 7 部
（清）《钦定续通志·六艺略》	83 部	诸子类·儒家·数学 4 部；图谱略 29 部

书　目	经部《尚书》学文献数量	其他类《尚书》学文献
(清)《钦定续文献通考·经籍考》	72 部，其中宋 17 部，元 11 部，明 44 部	
(清)《清朝文献通考·经籍考》	47 部	
孙殿起《贩书偶记》、《续编》	158 部	子部·术数类 3 部
《清史稿·艺文志》	152 部	子部·术数类 3 部
武作成《清史稿艺文志补编》	146 部	子部·术数类 3 部
《续修四库全书总目提要》	332 部	
柳诒徵《江苏省立国学图书馆总目》	328 种 649 部 2284 卷，不分卷者 158 部	
《中国丛书综录》	316 种	
《中国古籍善本书目》	344 部	

以上书目著录的《尚书》学文献，有的是记载了历代出现过的所有文献，如《经义考》；有的是著录历代以来流传到当时还见存的，如《隋书·经籍志》（亦附已亡数量）；有的仅著录当朝的，如《汉书·艺文志》及补撰的各代《艺文志》。尽管各种书目著录范围不一致，但大体仍可看出，各个时期的文献数量存在多寡之别。

（一）两汉《尚书》学文献的数量

两汉的《尚书》学文献目录首先见于刘向《别录》、刘歆《七略》著录。作为我国第一部藏书目录，《七略》把收藏的文献分为"六艺略、诸子略、诗赋略、兵书略、术数略和方技略"六大类，《尚书》学文献著录于"六艺略"中。然《七略》早已亡佚，幸赖班固《汉书·艺文志》依《七略》"删其要，以备篇籍"[1]，得以大略保存，著录西汉《尚书》学文献 9 部 412 篇。东汉时期，官府藏书于东观、兰台、石室、仁寿阁、宣明殿、辟雍鸿都学等处，有《兰台书部》、《东观新记》、《仁寿阁新记》三书目问世，但已佚，不能得知它们著录的《尚书》学文献情况。刘珍等所撰的《东观汉记》没有《艺文志》，不见著录《尚书》学文献。后来，魏秘书监郑默就东汉秘书监的藏书简编成了《魏中经簿》，西晋秘书监荀勖又因《中经》更撰《中经新簿》，分甲、乙、丙、丁四部，即相当于后世的经、子、史、集四部，共著录图书 1885 部，20935 卷。[2] 其中，

---

① 《汉书·艺文志》。

② 据阮孝绪《古今书最》及《隋书·经籍志》记载。按：《隋书·经籍志》记《中经新簿》共著录图书 29945 卷。

甲部之"六艺"类，著录了当时流传的东汉、三国时期的《尚书》学文献，惜《中经新簿》已失传，著录的具体情况不详。历史上有二十一家《后汉书》，①但大多没有《艺文志》。袁山松《后汉书》尽管有，但南朝梁刘昭为范晔《后汉书》补《续汉书》八志时批评其《艺文志》"加艺文以矫前弃，流书品采自近录。初平、永嘉，图籍焚丧，尘消烟灭，焉识其限？借南晋之新墟，为东汉之故实，是以学者亦无取焉"②。他认为袁山松的《艺文志》凭借的是《魏中经簿》、《中经新簿》等"近录"，不能反映东汉藏书之实况。据其所述亦可知，经过初平、永嘉两次大乱，东汉《尚书》学文献几乎完全丧失。

然而，两汉《尚书》学文献虽遭多次损毁，但依然有《隋书·经籍志》、陆德明《经典释文·序录》等做了较全面的著录，后来的公私书目也有一定的补充，如宋代王应麟《汉书艺文志考证》、清代朱彝尊《经义考》、姚振宗《汉书艺文志拾补》、钱大昭《补续汉书艺文志》、曾朴《补后汉书艺文志》、侯康《补后汉书艺文志》、顾櫰三《补后汉书艺文志》、姚振宗《后汉艺文志》等则做了较为详细的考订补录，使我们可以借助它们对两汉《尚书》学文献作较为全面的认识和了解。

笔者就以上目录书所载综合统计，两汉《尚书》学文献约有57部（见表2-3-2），然散佚殆尽，幸有孔颖达《尚书正义》引用了多家汉人之说，汉人论解《尚书》的主要观点得以保存下来。另外，宋迄清代诸学者所作辑佚之作也可窥见大略。大体而言，西汉约有《尚书》学文献23部，东汉为34部，东汉《尚书》学文献较西汉稍多，而且多为《古文尚书》之作。

（二）魏晋南北朝《尚书》学文献的数量

魏晋南北朝时期出现了许多目录书，如曹魏郑默《魏中经簿》、西晋荀勖《中经新簿》，当著录了当时流传的汉魏《尚书》学著作。永嘉之乱后，书籍散佚，东晋李充编《晋元帝四部书目》、王谧纂《义熙四年秘阁四部目录》，著录了东晋以来诸多《尚书》学文献。南朝宋谢灵运撰《宋元嘉八年秘阁四部目录》，王俭撰《宋元徽元年四部书目录》、《七志》；齐王亮、谢朏编《齐永明元年秘阁四部目录》；梁刘孝标、祖暅编《梁天监四处文德殿正御四部及术数书目录》，殷钧撰《梁天监六年四部书目录》，阮孝绪编《七录》；陆德明著《经典释文·序录》；北魏卢昶撰《甲乙新录》；隋《四部目录》、《香厨目录》、许善心《七林》、《大业正御书目录》等官方藏书目录都著录了三国魏晋

① 谢保成主编：《中国史学史》，商务印书馆，2006年。
② 刘昭：《后汉书注补志序》。

南北朝时期的《尚书》学文献。①

以上目录书大多已佚，《隋书·经籍志》、《经典释文·序录》集中再现了魏晋南北朝时期《尚书》学文献之概况。隋以后，刘昫等《旧唐书·经籍志》、宋祁等《新唐书·艺文志》、脱脱等《宋史·艺文志》、郑樵《通志·艺文略》、晁公武《郡斋读书志》、尤袤《遂初堂书目》、陈振孙《直斋书录解题》、王应麟《玉海·艺文志》、马端临《文献通考·经籍志》等也有类似的著录，并有一定的考订补充。清代除有马国翰、黄奭等辑佚之作外，朱彝尊《经义考》、侯康《补三国艺文志》、姚振宗《三国艺文志》、文廷式《补晋书艺文志》、丁国钧《补晋书艺文志》、吴士鉴《补晋书经籍志》、黄逢元《补晋书艺文志》、张鹏一《隋书经籍志补》等，都对此阶段《尚书》学文献有所考订补充。20世纪以来，徐崇《补南北史艺文志》、聂崇岐《补宋书艺文志》、陈述《补南齐书艺文志》、李正奋《补后魏书艺文志》、朱祖延《北魏佚书考》等也做了一定的考订。②

据以上目录书所载综合核计，魏晋南北朝时期的《尚书》学文献有58部左右（见表2-3-2），然也已全部失传，清以来学者辑有王肃、范宁、徐邈、李颙等名家之作，可见其大略情况。

（三）隋唐五代时期《尚书》学文献的数量

《隋书·经籍志》依据《隋大业正御书目录》，著录了隋代主要的《尚书》学文献。然其序称"其旧录所取，文义浅俗，无益教理者，并删去之。其旧录所遗，辞义可采，有所弘益者，咸附入之"，可见《隋书·经籍志》著录并不完备。清代章学诚、章宗源、姚振宗、张鹏一、杨守敬、李正奋等学者撰有《隋书经籍志补》、《隋书经籍志考证》等，广征博引进行考订，多补其阙遗。

唐代官府所藏《尚书》学文献从两《唐志》所录可见大概。在此之前，马怀素、元行冲、褚无量等在开元年间编《开元群书四部录》，其后毋煚编《古今书录》对其修正、补充和简化，并详细著录天宝以前唐代《尚书》学文献。五代刘昫撰《旧唐书·经籍志》，节录《古今书录》而成，于天宝以后著述"不欲杂其本部"，而附于《旧唐书》著书人传记之中。北宋宋祁、欧阳修

---

① 王重民：《中国目录学史论丛》，中华书局，1984年；高路明：《古籍目录与中国古代学术研究》，江苏古籍出版社，1997年。

② 姚名达：《中国目录学史·史志篇·三国晋南北朝艺文志之补撰》，上海古籍出版社，2002年。

等以《古今书录》、《开元四库书目》为基础，撰《新唐书·艺文志》，补充了《旧唐书·经籍志》没有著录的天宝以后的唐人著述，又增补了《旧唐书·经籍志》所未收的开元以前的著作。宋代目录书如《崇文总目》、《通志·艺文略》、《玉海·艺文志》等，也著录了一些唐代《尚书》学著述，可作补充。

五代《尚书》学文献为宋代公私书目所著录，清代顾櫰三《补五代史艺文志》、宋祖骏《补五代史艺文志》、王之昌《补南唐书艺文志》以及今人汪振民《补南唐艺文志》、唐圭璋《南唐艺文志》、杜文玉《南唐艺文志》、冯晓庭《五代十国的经学》①、张兴武《五代艺文考》则有所考订补充。②

在《尚书正义》定于一尊及佛学兴盛等诸多因素影响下，唐代《尚书》学文献并不及汉魏南北朝隋兴盛。《旧唐书·经籍志》、《新唐书·艺文志》著录《尚书》学文献都不到 30 种，且包括前代之作，故真正的唐代文献并不多，结合《通志》、《经义考》等书的载录，唐及五代《尚书》学文献约有 23 种。五代时间短暂，《尚书》学文献数量不多。整个隋唐五代时期的《尚书》学文献有 50 种左右。除《尚书正义》外，其他著作都已亡佚，清人辑有隋代顾彪、刘焯之作。

（四）宋、辽、金时期《尚书》学文献的数量

宋代撰有多部国史，如《三朝国史艺文志》（太祖、太宗、真宗三朝）、《两朝国史艺文志》（仁宗、英宗两朝）、《四朝国史艺文志》（神宗、哲宗、徽宗、钦宗四朝）、《中兴四朝国史艺文志》（高宗、孝宗、光宗、宁宗四朝），皆有《艺文志》之属。《宋史·艺文志》直接取材于以上国史编著而成。另外，朱昂、杜镐、刘承珪等《馆阁书目》，王尧臣、欧阳修等《崇文总目》，孙觌、倪涛等《秘书总目》，陈骙、张攀等《中兴馆阁书目》、《中兴馆阁续书目》等也有著录。《宋史·艺文志》在"合为一志"时，虽"删其重复"，却仍多重复颠倒，而于咸淳以后新出之书又未及著录。明代柯维骐撰《宋史新编》，于《艺文志》全抄《宋史·艺文志》，非但没有增补，且反有遗漏，不足为据。③ 清初黄虞稷编《千顷堂书目》，补充部分《宋史·艺文志》所遗之书。其后修《明史艺文志稿》，有特补《宋史·艺文志》之阙者，卢文弨拾而

---

① 冯晓庭：《五代十国的经学》，彭林编《经学研究论文选》，上海书店出版社，2002 年。

② 张兴武：《五代艺文考》，巴蜀书社，2003 年。

③ 姚名达：《中国目录学史·史志篇·宋国史艺文志及宋史·艺文志》，严佐之导读本。

为之校正，独立成《宋史艺文志补》。此外，晁公武《郡斋读书志》、尤袤《遂初堂书目》、陈振孙《直斋书录解题》、赵希弁《读书附志》、郑樵《通志·艺文略》、王应麟《玉海·艺文志》以及元马端临《文献通考·经籍考》对宋代《尚书》学文献也多有著录。明王圻《续文献通考·经籍考》；清徐松辑南宋绍兴间所编《四库阙书目》，叶德辉辑《秘书省续编到四库阙书目》，赵士炜辑考《中兴馆阁书目》和《宋国史艺文志》，朱文藻所编《宋史艺文志》，清乾隆中官修《四库全书总目》和《钦定续文献通考·经籍考》，钱大昕《补元史艺文志》，吴骞《四朝经籍志补》；今人刘起釪《尚书学史》，都对宋代《尚书》学著述有所补充。

西夏、辽、金《尚书》学文献较少。明王圻《续文献通考·经籍考》；清王仁俊《西夏艺文志》、《辽史艺文志补证》，厉鹗《辽史拾遗·补经籍志》，杨复吉《辽史拾遗补·补经籍志》，缪荃孙《辽艺文志》，王仁俊、黄任恒《补辽史艺文志》，王巍《辽史艺文志订补》①，龚显曾《金艺文志补录》，孙德谦《金史艺文略》，倪灿撰、卢文弨校录《补辽金元艺文志》，黄虞稷《千顷堂书目》，金门诏编纂《补三史艺文志》，钱大昕《补元史艺文志》，吴骞《四朝经籍志补》，清官修《钦定续文献通考·经籍考》、《钦定续通志·艺文略》、《四库全书总目》及朱彝尊《经义考》等有所著录。

据以上书目著录统计，宋辽金时期的《尚书》学文献约有440种（见表2-3-2），其中辽金只有7部，而绝大部分为宋代尤其是南宋作品。

（五）元明时期《尚书》学文献的数量

元代的《尚书》学文献，明王圻《续文献通考·经籍考》、清黄虞稷《千顷堂书目》、钱大昕《补元史艺文志》、张锦云《元史艺文志补》、吴骞《四朝经籍志补》皆有著录。魏源撰《元史新编·艺文志》，在钱大昕《补元史艺文志》基础上稍作补充，而倪灿撰、卢文弨校录《补辽金元艺文志》、金门诏编纂的《补三史艺文志》、雒竹筠遗稿李新乾编的《元史艺文志辑本》②，亦对元代《尚书》学文献进行著录和订补。

明朝的《尚书》学文献最早见于杨士奇《文渊阁书目》著录，该书目编于明正统六年（1441），以千字文编号，有册数而无卷数，多不著撰人姓氏，只是为了登记当时内阁藏书而已，非常简略。万历三十三年（1605）张萱等编《内阁藏书目录》，对《文渊阁书目》有所增益，但分类不严守四部成规，

---

① 王巍：《辽史艺文志订补》，载《社会科学战线》1994年第2期。

② 雒竹筠遗稿、李新乾编：《元史艺文志辑本》，北京燕山出版社，1999年。

注明撰人姓名，但于原书卷数不尽著录。焦竑所撰《国史经籍志》则对《尚书》学文献进行详细分类著录，然所著书目并非据明代的现存藏书所编，而是根据旧目录而来，"宋以前之书占十之七，宋以后仅占十之三"①，故不能全面反映明代《尚书》学文献的状况。清代傅维麟《明书·经籍志》依《文渊阁书目》编成，在《书》类的最后补入了自洪武至天启时的历朝实录，并附载刘若愚《酌中志》内的《内板经书纪略》，改题为《内府经籍板》。清代黄虞稷所编《千顷堂书目》是著录明代文献最有价值之目录书，其首录明人著作，并在每一类后补入宋、辽、金、元时期的同类著作。黄氏又编《明史艺文志稿》，采用《千顷堂书目》同样的方式著录《尚书》学文献。张廷玉、王鸿绪编纂的《明史·艺文志》著录则更为简略。除以上书目之著录外，明王圻《续文献通考·经籍考》、清朱彝尊《经义考》、清乾隆中官修《四库全书总目》和《钦定续文献通考·经籍考》、宋定国等编《国史经籍志补》、谢国桢《增订晚明史籍考》、《续修四库全书总目提要》以及明清所修各地方志的"艺文志"或"经籍志"部分等也著录明代的《尚书》学文献。

就以上目录书所载综合统计，元明两朝出现的《尚书》学文献很多，约有 750 种，而流传至今保存较为完好的大约有 125 部，存世率为 16.7％，详见表 2－3－2 所示。其中，元代产生的《尚书》学文献只有 100 余部，占整个元明时期的比例还不到 15％；明代则出现了约 650 部文献，且有 100 余部流传至今。

（六）清代《尚书》学文献的数量

清代《尚书》学文献最早见于朱彝尊《经义考》著录，但仅为清初少量著作，不满 50 种。《四库全书总目》及同时修纂的《清文献通考·经籍考》对清代《尚书》学文献亦有著录，道光中黄本骥节抄其中的清人著作目录为《皇朝经籍志》。嘉庆中阮元撰《四库未收书提要》，补充了《四库全书总目》之未备者。光绪间郑文焯编《国朝著述未刊书目》、朱记荣撰《国朝未刻遗书志略》，民国初年刘锦藻著《清朝续文献通考·经籍考》等，亦有所补订。孙殿起《贩书偶记》及《续记》、《续修四库全书总目提要》等著录的清代《尚书》学文献颇多，阮元《皇清经解》、王先谦《皇清经解续编》亦多有收录。不过，收录最为完备的当为《清史稿·艺文志》，著录有"经部·书类"专著 151 部。武作成编《清史稿艺文志补编》，为《清史稿·艺文志》增补"书类"文献 40 部。王绍曾复编《清史稿艺文志拾遗》，增补《清史稿·艺文

---

① 王重民：《中国目录学史》，中华书局，1984 年，第 216 页。

志》及《补编》的脱漏"《书》类"文献 352 部。以上三书，共收录清代《尚书》学文献 543 部。需要说明的是，这些《尚书》学文献主要为经部文献，包括了清人的辑佚之作，而其他各部所著录的《尚书》学文献尚未统计在内。

除了上述史志等著录《尚书》学文献外，还有大量公私藏书目、清地方志的"艺文志"或"经籍志"部分以及地方专门的目录书等对《尚书》学文献进行载录，如清乾隆《浙江通志》、嘉庆《四川通志》，光绪重修《安徽通志》，民国《山东通志》、《续陕西通志稿》、《温州经籍志》、《两浙著述考》、《金华经籍志》、《福建地方文献及闽人著述综录》、《明代书目题跋丛刊》、《清人书目题跋丛刊》、《宋元明清书目题跋丛刊》及缪荃孙《清学部图书馆善本书目》，柳诒徵等《江苏省立国学图书馆图书总目》、《补编》，赵万里《北平图书馆善本书目》、《北京图书馆古籍善本书目》、《北京大学图书馆善本书目》、《中国人民大学图书馆善本书目》、《北京师范大学图书馆古籍善本书目》、《清华大学图书馆藏善本书目》、《四川省图书馆古籍目录》、《复旦大学图书馆古籍简目初编》、《福建省图书馆善本书目》、《中国古籍善本书目》、《中国丛书综录》，王重民《中国善本书提要》、《补编》，台湾《"中央"图书馆善本书目》、《故宫博物院善本旧籍总目》、《"中央研究院"历史语言研究所善本书目》等。

据以上各目录书的载录进行归纳统计，可以发现，清代产生了约 900 种《尚书》学专著。其中，流传至今的为 560 余种，占现存《尚书》学文献总量的 77% 以上。

综合以上所作的历代统计数据，可知自汉迄清，《尚书》学文献的总量仅专著就达 2250 多种，而流传至今的约为 730 种。历代《尚书》学文献数量虽然众多，但在流传过程中存废不一。大致说来，时代逾久远，流传到后世的愈少。尤其是两汉的《尚书》学文献，虽当时数量不菲，约有 57 部，但在永嘉之乱后都基本毁亡，到唐代时仅存有马融、郑玄的《尚书注》，然而这两部书到宋代也散佚殆尽，因此王应麟进行辑佚。清人对散佚的汉代《尚书》学文献更是做了大量钩稽，有 80 多部辑佚之作问世。然辑佚仅是片言只语，难窥全貌。魏晋南北朝时期的《尚书》学文献也颇多，约有 58 部，义疏一类尤具特色，但在宋代之前也全部亡佚，只有清人的辑佚之作还可观其一鳞半爪。隋唐五代时期的文献数量最少，约为 50 种，然流传至今的仅有孔颖达的《尚书正义》，另外，陆德明《经典释文》中有两卷《尚书音义》。宋辽金时期的《尚书》学文献较唐以前大幅度增多，约有 440 余种，留存至今亦较为可观，大约有 40 种，且多为编修《四库全书》时馆臣从《永乐大典》中辑出而成，原版书较少。元明时期离现在较近，加上刊印的流行，《尚书》学文献数量亦多，有 750 多种，现存之数亦超过了 100 种。清代离现在最近，文化事业盛行，故《尚书》学文献数量乃历代之最，约为 900 种，而流传至今的文献数亦最多，多达 560 余种。

现存的《尚书》学文献，现有的目录书都没有进行全部收录。《中国丛书综录》"经部·尚书类"所著录，不计版本而计，有 316 种。这只是收入丛书的情况。《中国古籍善本书目》著录"经部·尚书"文献 344 部（包含同书异本），这仅是古籍善本类。笔者经过初步统计后估量，历代流传至今而保存较为完好的《尚书》学文献总量大概有 730 种，存世率为 32%。

表 2-3-2　历代《尚书》学文献存佚情况统计①

时　代	总种数	现存种数	存世率
两　汉	57	0	0
魏晋南北朝	58	0	0
隋唐五代	50	1	2%
宋辽金	440	40	9%
元　明	750	125	16.7%
清　代	900	560	62%
总　计	2255	730	32%

二、《尚书》学文献的分布

历代丰富的《尚书》学文献，流布形式也多样。仅就专著来看，有的载于石经，有的以单刻本传世，有的仅存于丛书中，而学术价值较高、影响较大者，则单刻、丛书两种形式兼而有之；而大量的《尚书》专题论文则多附在文集或丛书中流传。大体而言，单刻与丛书两种形式是《尚书》学文献载录的主要方式，并且一种《尚书》学著作产生以后，往往先以单刻本发表，一旦在学界形成广泛影响后，又多被当时或后世的各类丛书收录。

（一）单刻本《尚书》学文献

有相当多的《尚书》学著作不被丛书收载，自始至今都仅以单刻本或抄

---

① 这里所说的是"《尚书》学文献"主要是指专著。

本或稿本的形式传世，这种形式是现存《尚书》学文献保存的最主要的方式。例如，明代见存的 105 种《尚书》学专著中，只有 19 种收录入各丛书中，80％以上的文献都只以单刻本存世。清代传世的 560 种《尚书》学文献，90％以上都只有单刻本，收入丛书中的仅为数十部。这些单刻本主要保存在国家图书馆及全国各地的图书馆，中国港澳台及世界其他国家和地区的图书馆也保存不少，尤其是中国台湾和日本所藏文献之单刻本数量庞大，有的已成为孤本。

（二）丛书中的《尚书》学文献

收录《尚书》学文献的丛书，又可分为综合性与专门性两种。《尚书》为儒家经典，故历史上的经学专门性丛书都收录有《尚书》学著作，如《通志堂经解》收录宋、元、明《尚书》学要著 20 部，《皇清经解》则收录清儒《尚书》学著作 12 部，《皇清经解续编》又续录 23 部。而更多的《尚书》学专著及大量的专题论文著录于综合性丛书中，综合性丛书成为《尚书》学文献的主要载体。综合性丛书所收录的文献，一般都按传统的经、史、子、集四部分类著录。《尚书》为儒家经典之一，故《尚书》学文献集中分布于经部；而少量的专著及几乎所有的专论分散于史、子、集三部。详细情况分述如下：

1. 集中于经部

从《尚书》学文献在经部中的位置来看，又主要有三种情形，即《书经》类、五经总义或群经总义类、小学类。

在四部分类还未形成的汉代，文献分类主要按《七略》开创的六艺略、诸子略、诗赋略、兵书略、术数略、方技略六分法进行。《汉书·艺文志》依《七略》删简而成，《尚书》学文献著录于"六艺略"中。自魏晋四分法形成后，《尚书》学文献就集中收录入经部，经部《尚书》学文献是《尚书》学文献的主干。而传统的诠释经文之作又是经部《尚书》学文献的主干，主要著录于"经部·书类"之中，被视为最正统的《尚书》学文献。例如，我国古代最大的一部综合性丛书《四库全书》及"四库"系列丛书《续修四库全书》、《四库全书存目丛书》等在经部都设有"书类"，分别收录 136 种、90种、50 种《尚书》学专著，其他丛书如《四库全书荟要》、《四部丛刊》、《四部备要》、《四库未收书辑刊》等在经部亦录有数部或数十部《尚书》学著作，成为《尚书》学文献的主要载体。

经部之"五经总义类"或"群经总义类"收录通论群经的著作，《尚书》作为群经之一，《尚书》学文献自然成为这类著作中的重要内容。"五经总义类"《尚书》学文献不但数量庞大，而且有些颇具特色，是研究历代《尚书》

学的重要材料，故为《尚书》学文献不可或缺的组成部分。例如，唐陆德明的《经典释文》，不但在《序录》中梳理唐以前《尚书》的传授源流，而且还分两卷，对《尚书》经文、所取传注之注文进行音切和释义，是研究唐以前《尚书》经传形、音、义非常重要的一部资料书。宋代杨甲撰、毛邦翰补撰的《六经图》，其卷二的《尚书轨范撮要图》，载有多幅图谱，是宋代以图谱形式解说《尚书》的重要著述。

经部"小学类"主要载录解释儒家经典的"释文"、"音义"著作。该类文献中也包含不少的《尚书》学文献。例如，晋郭璞注、唐陆德明音义、宋邢昺疏《尔雅注疏》一书，卷六之《释地》、《释丘》、《释山》、《释水》等篇章中，多有与《尚书·禹贡》内容相关之论述。又唐代颜师古所撰《匡谬正俗》8 卷，为小学之名著。其卷二为《尚书》，主要考释《尚书》经文、纠正古注误训、探求俗语来源，对《尚书》之训诂做出了重要贡献。

另外，西汉末年兴起的《书纬》是一种特殊的《尚书》学文献，它托言圣人，以辅佐注解经书的面目出现，传统目录书往往将该类文献著录于经部之末，或归于单独的经部谶纬一类之中，也有一些目录著作将其放入子部五行等类中。

2. 散见于史、子、集三部

史部中有丰富的《尚书》学文献。"《书》以道政事"，《尚书》除了作为儒家经典外，又被视为记载中国上古政事的史书，是我国最早的史书，故在史部著作中，作者常常引用《尚书》经传之文来阐发对历史、政治之主张。除此之外，史部中对有关《尚书》问题进行讨论的著述亦不少。例如，史部中的"目录类"著作，对《尚书》学文献进行著录、解题；"正史类"的志、传部分，诸如《艺文志》、《儒林传》以及诸儒传记等，往往也对《尚书》学著作的撰作信息、流传等情况有详实的记载，并且多节引一些《尚书》学著作之重要论述，使一些关于《尚书》问题的论说、主张等多藉此保存下来；一些政论之奏疏、论著也多被节引收录于史传诸作之中。部分史书中甚至保存着《尚书》学专题论文，如"别史类"有罗泌《路史》，载有《夏后氏》、《共工水害——禹治黑弱》、《明微子》、《大麓说》、《贡法非不善》、《论治水先后》、《奠高山大川》、《云梦二泽》、《沣》、《敷浅原》、《三江详证》、《九江详证》、《辨究济》等十余篇《尚书》研究专题论文。"编年类"的《竹书纪年》、《竹书统笺》，"别史类"的《逸周书》等在内容上与《尚书》有相关性，可视为《尚书》学文献的相关文献；而金履祥的《资治通鉴前编》，有多篇内容与其《书经注》之文相似。在"地理类"中，有关《尚书》问题的专论就更多，尤其是《尚书·禹贡》被视为"古今地理志之祖"①，故历代地理类著作或多引述《禹贡》原文，阐释地理沿革之变迁，或在阐述山川、贡赋时追述至《禹贡》所载，这些著述同样成为《尚书》学文献的重要内容。除以上各类外，史部的其他各类都有关于《尚书》某些问题的论述，也当作为《尚书》学文献的一部分。

子部中的《尚书》学文献异彩纷呈。除"术数类"有《洪范皇极内篇》等专著外，"儒家类"著作中也保存着大量儒家学者关于《尚书》研究的论述性文字，如在《二程遗书》、《朱子语类》、《项氏家说》、《黄氏日钞》等以及"杂家类"的《习学记言》、《学林》、《容斋随笔》、《演繁露》、《困学纪闻》、《梦溪笔谈》、《东园丛说》、《示儿编》等著作中，讨论《尚书》的内容相当丰富，或有专篇，或有专卷，既有训释《尚书》经文的内容，也有关于《尚书》的札记、考证、逸闻故事性内容，是为《尚书》专论文献，都应作为《尚书》学文献收录；"天文算法类"的《六经天文编》有"尧历象图"等20余篇关于《尚书》天文内容的专论；"类书类"著作如《太平御览》、《册府元龟》、《帝王经世图谱》、《历代制度详说》、《群书考索》、《古今源流至论》、《玉海》、《稗编》、《图书编》等，不但对《尚书》学文献进行著录，还以专节、专篇或专卷形式引用和节录了大量《尚书》经文及《尚书》学家的经解论说，内容异常丰富。例如，明唐顺之所撰《稗编》，卷六、卷七两卷条列"论古文今文尚书"、"古文今文辨"、"中星考"、"中星辨"、"中星解"、"禹贡地理辨"、"《禹贡》、《洪范》相为用"、"象刑说"、"《洪范》'五行'"、"《西伯戡黎》辨"、"微子不奔周辨"、"《金縢》非古书"、"周公居东二年辩"、"三宅三俊说"、"论《君牙》、《伯冏》、《吕刑》三书"、"《顾命》'冕服'辩"等专题，列举宋元明学者如苏轼、郑樵、程大昌、叶适、蔡沈、熊朋来、贝琼、金履祥、陈栎、周洪谟、王廉、汪叡等对这些问题的论说；《四库全书》中"经部·书类"多部宋代著作，如胡瑗《洪范口义》、毛晃《禹贡指南》、杨简《五诰解》、史浩《尚书讲义》、夏僎《尚书详解》、傅寅《禹贡说断》、袁燮《絜斋家塾书钞》、黄伦《尚书精义》、钱时《融堂书解》等则自明代大型类书《永乐大典》中辑出，《永乐大典》为传承这些《尚书》学文献起到了重要作用。

汇聚众文于一书的集部，蕴藏着更多的《尚书》学专论文献。《四库全书总目·集部总叙》云"四部之书，别集最杂"。其实，不仅仅是别集杂，整个

---

① 艾南英：《禹贡图注序》，见《禹贡图注》卷首，文渊阁《四库全书》本。

集部的文献都很杂。无论是编者、书名，还是文体、内容及编次等，都很复杂。这种复杂性，造成从集部中检索单篇文献往往比较困难。如刘起釪在《尚书学史》中讨论宋人的《尚书·禹贡》研究时，非常惋惜地说："属于北宋之作，今所知，惟孔武仲《禹贡论》一篇，内容不详，《经义考》载其书尚存。"① 由此可见，清代朱彝尊在作《经义考》时，应该目睹了孔武仲这篇《禹贡》学专论，而刘起釪在著《尚书学史》时却未能查找到。其实，在宋代庆元时期临江守王蓬为孔文仲、孔武仲、孔平仲三兄弟编集的诗文合集《清江三孔集》中，就收录有孔武仲的这篇《禹贡论》，可惜刘氏当时未能发现。集部中《尚书》学文献分散及不易查找，由此可见一斑。

首先，"别集类"、"总集类"中的历代学者关于《尚书》研究的专论、杂论，对《尚书》单篇或某段经文音义的训释、讲义、策问、书信问答、札记、随笔、有关《尚书》学文献的评论、序跋等，虽然分散芜杂，却是《尚书》学文献的重要组成部分，是一个有待开发的宝库。例如，张九成撰著的《书传统论》，对晚出孔传《古文尚书》58 篇都有专论，这些专论收录于张氏文集《横浦集》的卷六至卷一一，是至今仅存的张氏《尚书》学著述；朱熹文集《晦庵集》收录了朱熹与郑景望、吴晦叔、董叔重、李时可、熊梦兆、陈安卿、潘子善、严时亨、蔡仲默、孙季和等人十余通书信，信中多次谈到《尚书》之义理、篇章及治学方法问题，在学界为朱熹没有《书》解而遗憾的过去和今天，从这些书信中辑出其有关《尚书》的论述，结合其他单篇之作、时人评论资料及《朱子语类》中关于《尚书》的问答，可以构成朱子《尚书》学文献的全部材料，仔细加以研究，可以系统而完整地再现朱子《尚书》学思想；廖偁的《洪范论》，则仅保存于北宋诗文总集《宋文鉴》之中。诸如以上的单篇专论，仅宋人所撰就有约 500 篇，可谓洋洋大观，是不容忽视的《尚书》学文献。

其次，是以《尚书》有关内容作为题材的诗、词、赋等文学作品，也是别具一格的《尚书》学文献。如宋代刘安上撰有《颂尧》、陆游作《禹庙赋》等，不但引《尚书》相关内容盛赞尧、舜、禹相传之美德，还论及大禹治水之方法与功绩，这些文学作品也当归入《尚书》学文献之中。

集部中的《尚书》学文献虽然零星分散，检索不易，但却能集中再现学者对《尚书》某个专题的深入论说，是研究这些学者之《尚书》学思想的绝好且多为唯一之材料。就像孔武仲的《禹贡论》，它不但是现存孔氏对《禹

---

① 刘起釪：《尚书学史》（订补本），第 258 页。

贡》研究的唯一著述，而且是现存北宋时期唯一一篇《禹贡》学专论，对我们探讨北宋时期的《尚书·禹贡》研究非常有帮助，不容忽略。

总之，丛书中的《尚书》学文献主要载于经部，但史部、子部、集部仍然很多，虽繁芜博杂，却是披沙沥金，成为研究历代《尚书》学的重要资料。

（三）藏书题跋中的《尚书》学文献

一些藏书题跋中有关于某些《尚书》学文献的版本、流传状况的介绍，这也是我们认识《尚书》学文献重要的参考资料。《宋元明清书目题跋丛刊》全19册，其中载有大量的题跋类《尚书》学文献。尤其是清代，藏书事业极为发达，不仅官方注重收藏，私人藏书也蔚为风气。对收藏的典籍，尤其是一些珍稀之本，他们爱不释手，经常研究，甚至刊刻，并撰题跋予以著录介绍，形成了独特的"藏书题跋"类《尚书》学文献。

第四节　《尚书》学文献分类及举要

关于《尚书》学文献的分类，前人已有尝试。现存最早著录《尚书》学文献目录的是班固的《汉书·艺文志》，其依据刘向、刘歆父子的文献分类思想，将所收典籍分成六"略"，"略"下又分数家。其中，"六艺略"中著录《尚书》学文献9家412篇，即：

《尚书古文经》46卷、《经》29卷、《传》41篇、《欧阳章句》31卷、《大、小夏侯章句》各29卷、《大、小夏侯解故》29篇、《欧阳说义》2篇、刘向《五行传记》11卷、许商《五行传记》1篇、《周书》71篇、《议奏》42篇。

《汉书·艺文志》是依各家著录，没有从内容上进行明确的分类。若我们从文献的内容与体裁略作分别，其大致可分为经、传、章句、解故、说义、逸书六类文献。

《隋书·经籍志》收录《尚书》学文献较《汉书·艺文志》广泛、复杂得多，共有32部247卷，但著录方式如出一辙。结合清代姚振宗《隋书经籍志考证》的分析归纳，我们认为其经部《书》类大致可分成经、传、注、集解（集释）、逸书、音、问难、义疏等八个小类。虽然没有明确提出分类，但隐含着分类，每类之编次均依撰者时代自为起讫。

从现存史料来看，历史上第一个对《尚书》学文献进行明确分类的，应当是郑樵的《通志·艺文略》，其后，明代朱睦㮮《授经图义例》、焦竑《国史经籍志》、祁承爜《澹生堂书目》相继效仿。兹将以上几部书对《尚书》学文献的分类列表于下：

表 2-3-3 宋明时期目录书《尚书》学文献分类表

《通志·艺文略》	《授经图义例·书》	《国史经籍志》	《澹生堂书目》
古文经	伏生今文		
	孔壁古文		
石经	石经	石经	
章句	章句	章句	章句注疏
传	传	传注	传说
注	注		
集注	集注		
义疏	义疏	疏义	
问难	问难	问难	
义训	训说		考订
小学			
逸篇			
图	图	图谱	
	谱		图谱
续书	音	音	
续书	续书		
谶纬	纬	纬候	外传
逸书	逸书	名数	

从表 2-3-3 可以看出，以上四家分类，《通志·艺文略》与《授经图义
例》最为琐细，都分为 16 类，类名也大同小异，后者较前者多出"伏生今
文"类与"谱"类，而省去了"小学"与"逸篇"，将"逸篇"归入"逸书"
类；而二者都列有的"续书"，从内容上看，是汉代以后的历史记载，实与儒
家经典《尚书》无关。由此可见，朱睦㮵《授经图义例》的分类一定参考了
郑氏之法。不过，他们的分类并不都很合理，可能编者并未亲眼见到所有的
原书，其所收文献有很多在当时就久已失传，故只能通过前人的著录及其他
有关记载等第二手材料进行分类排比，因而在类目的设置和具体书籍的归类
上都不能做到有充分的依据，尤其是涉及具体图书归类时，往往望文生义，
师心自用。例如，同样为《尚书》传注之作，苏轼的《书传》、夏僎的《尚书
解》、史浩的《尚书讲义》除名目互异外，在体裁上并无根本区别，而《授经
图义例》却分别将其置于"传"、"注"、"义疏"类。实际上，所谓章句、传、
注、集注、义疏等类，皆属注解一体，相互区别甚微。而以上二目对注释体
裁做这样繁细的分类，顾源而不顾流，实际上是将文献各注释体裁之间的相
对区别绝对化，这是不符合注释体裁发展的历史实际的。而焦竑的《国史经
籍志》可能悟到了这一点，故对《尚书》学文献的分类做了修改补充：其将
"经"、"传"、"注"、"集注"四类并为"传注"一类，① 合"义疏"、"义训"、

---

① 郑樵《通志·艺文略·书》之"古文经"，实为汉晋时期《古文尚书》的传
注之作。

"训说"为"疏义"一类，并"小学"、"音"为"音"，无"逸篇"、"续书"、"逸书"三类，增"名数"一类。较之郑、朱二氏，焦氏的分类更为简略，某些省（如去"续书"一类）并（如合"义疏"、"义训"、"训说"三类为"疏义"一类）也较合理，应当说是一个进步。尽管如此，《国史经籍志》还是遭到了《四库全书总目》的批评："焦竑《国史经籍志》多分子目，颇以饾饤为嫌"[1]，且"丛抄旧目，无所考核，不论存亡，率尔滥载，古来目录，惟是书不足凭！"[2] 另外，祁承爜《澹生堂书目》更加简化，只分为章句注疏、传说、图谱、考订、外传五大类，但显然不能把所有《尚书》学文献囊括在内。郑、朱、焦、祁四人的分类，虽著录文献不尽相同，但究其实质来看，基本一致，是从文献的内容和体裁来考虑的。他们对《尚书》学文献的分类做了初步的尝试，虽然缺点较多，但经验得失，足供后世编目者借鉴。

　　清人对《尚书》学文献是如何分类的呢？且看看两部重要书籍——《经义考》和《四库全书总目》的著录。《经义考》收录了近 800 种历代《尚书》学文献，但对文献未作明确具体的分类，编次顺序大体是全解在前，单释《尚书》的一篇或部分者列于后，自为起讫，以经文之次序编排，故可视其分为"全解"与"专篇"两大部分。排列时以作者统书，并依作者时代先后编次。因此，只能说《经义考》将《尚书》学文献分成两个部分，实并未触及具体分类。《四库全书总目》否定了《通志·艺文略》和《国史经籍志》的做法，指出《经义考》以单篇自为起讫的不妥，遂将所收《尚书》学文献以时代编次，不加分类。其云："《书》以道政事……然诸家聚讼，犹有四端，曰今文古文，曰错简，曰禹贡山水，曰洪范畴数。"其关注的是历代学者对《尚书》重点问题的研究，算不上一种真正的分类。

　　以上诸家分类，由于标准不一，分出的类别也各异。它们在对《尚书》学文献分类问题的处理上，大约有三种不同的做法：一是隐含分类，不出类名，而是通过一定的编排次第体现出来，以《汉书·艺文志》和《隋书·经籍志》为代表；二是明确地提出分类，以《通志·艺文略》、《授经图义例》、《国史经籍志》、《澹生堂书目》为代表；三是不进行分类，仅以时代先后编排，以《经义考》、《四库全书总目》为代表。从古人的分类实践中可以看出，对《尚书》学文献分类不是一件易事，历代《尚书》学的发展在不同时期关注的重点问题不同，研究的方式方法有别，不同学术流派又有各异的学术观

---

① 永瑢等：《四库全书总目》卷首《凡例》。
② 永瑢等：《四库全书总目》卷八七《国史经籍志》提要。

点，加之各种学术流派并非独立，而是相互渗透、相互影响，若仅从内容，或仅从体裁方面进行分类往往行不通，故只能将二者结合起来，才能更合理。在总结前人分类经验得失的基础上，近现代目录学家进行了新的分类尝试，出现了以《江苏省立国学图书馆图书总目》和《中国丛书综录》为代表的新分类体系，兹分列于下：

表2-3-4 20世纪目录书《尚书》学文献分类表

《江苏省立国学图书馆图书总目》	《中国丛书综录》
白文读本之属	正文之属
传说之属	传说之属
	分篇之属
	专著之属
文字音义之属	文字音义之属
	书序之属
逸书之属	逸书之属
谶纬之属	
沿革之属	

上述两书目分别将《尚书》学文献分成六类和七类，类目设置有同有异。其中，《江苏省立国学图书馆图书总目》编纂于20世纪30年代，为柳诒徵主编。该目中的"白文读本"收入各种不附注释的《尚书》经本（从文献载体上看，包括石经本、写本、刻本；从文字上看，包括今文本、古文本、隶古定本等）；"文字音义"中收入研究《尚书》音韵训诂和考校文字异同的著述；"逸书"类收入《尚书》尤其是《古文尚书》原已失传的部分；"谶纬"类收入《书谶》、《书纬》及其研究著述；"沿革"类所收多为《尚书》学史著述。其最庞大的一类是"传说"类，所收文献占全部《尚书》学文献的三分之二。它是在继续《国史经籍志》、《澹生堂书目》在分类上的合并工作，把《通志·艺文略》中属于章句、传、注、集注、义疏、问难、义训，以及《授经图义例》中属于章句、传、注、集注、义疏、问难、训说等七类的著述统统合为"传说"一类。这种合并，不仅考虑到了各种注释体裁之间的相通性、相融性，而且注意到了"论说"和"注释"之间的掺和性，具有一定的合理性。不过，该类文献太多，若根据学术流派、专著与单篇等内容上的差别作进一步的细分子类，当会更完美。

成书于20世纪80年代的《中国丛书综录》，在《尚书》学文献类目的设置上较《江苏省立国学图书馆图书总目》（以下简称"前目"）有一定程度的改进，其中"传说"、"文字音义"、"逸书"类目及收书范围均同于前目，而"正文"略同于前目的"白文读本"，而将前目中的"传说"类分为"传说"、

"分篇"、"专著"三类，并将前目中的"沿革"类并入"专著"类，又将前目的"谶纬"类改置于经部谶纬类中。值得一提的是，其设"专著"类，收录疑辨与考证《尚书》经文的文献，并将"沿革"并入，这是一个不容忽视的进步。另外，其列"分篇"一类，收录单独训解及考论《尚书》的一篇或一部分的著述，这在《隋书·经籍志》和《经义考》中已有先例，然"分篇"中既有"传说"类文献，又有"考证"、"图谱"类，故"分篇"存在一个不能与全书之"传说"、"考证"、"图谱"诸类并列为同级类目的问题。不过，这样处理，正反映了历代学者热衷研究《尚书》中的单篇如《禹贡》、《洪范》等，并促使形成了《尚书》学的两大分支学科——"《洪范》学"和"《禹贡》学"的实际情况，故分类中的这种特殊处理，依然值得今日之借鉴。

综上所述，笔者认为，《尚书》学文献的形成是一个动态变化的过程，许多文献有发生、发展乃至散佚的过程，故其类别由少到多，研究主题也从单一到多元化，研究内容有专题性的，也有综合性的。而历代文献书目，以及《四库全书》、《续修四库全书》等，却大都以时代顺序著录，不分主题内容，反映不出"辨章学术"之特点。一些书目把各时代各派别的文献杂乱排列在一起，更反映不出"考镜源流"之特点。因此，在对《尚书》学文献进行分类之前，一定要确定合理的分类标准。历史上的多家著录以主题内容与体裁作为分类标准，这一大方向是正确的，但在具体划分时或过于琐碎，或过于简略，并且没有考虑到文献的生成形式，故未能进行恰当的分类。

借鉴前人关于《尚书》学文献分类的经验教训，笔者在此也对《尚书》学文献进行重新分类。首先，根据文献形成的历史实际、主题内容和著述体裁，可以将《尚书》学文献划分为原生文献、经本文献、次生文献和衍生文献。所谓原生文献，就是孔子据以修书的原始《书》篇（即《书纬》所谓"孔子求帝魁之书，迄于秦穆，凡三千二百四十篇"），惜今不可得而观矣；经本文献，即经孔子"论次"而形成的经典《尚书》；次生文献，即早期解释《尚书》的传、序；衍生文献则是后世儒者研究《尚书》形成的《书》学文献。经本文献即通常所说的"正文类"或"白文类"文献；次生文献即今所见《尚书》的经文和序文；衍生文献是对《尚书》经文的字、词、句、段落进行注释、训解等再加工形成的文献。从数量上看，经本文献和次生文献都很少，只有衍生文献特别多。为使衍生文献进一步得到分类和解析，根据学术研究的需要，且照顾到《尚书》单篇文献在内容上的独立性以及后人对它们的实际需要，又可将衍生文献分成"传说"、"通论"、"考证"、"图谱"、"音释"、"专题"、"单篇"等不同的类别。下面，我们将分别梳理《尚书》各类文献的渊源流别，以及提要评介各类之重要文献。

一、白文类

《尚书》一书产生于先秦，其在先秦的保存与流传，正如《墨子》所说："书之竹帛，镂之金石，琢之盘盂，传遗后世子孙。"① 竹（木）、帛、金、石、盘、盂都可作为先秦文献的载体，《尚书》也不例外。后来，随着纸的发明，它又可以用手抄写于纸上，用雕版印刷于纸上。然而，正如前文所述，《尚书》的经典化及上升为一种显学是在汉代，故我们讨论《尚书》学文献的分类从汉代开始。自汉代以来，作为《尚书》的经本文献，也即只有经文，没有传、注、疏、章句、音义、论说的"白文类"《尚书》学文献，按载体与著录方式，可分为石经、写本与刻本三类。

（一）石经

与儒家其他经典一样，在《尚书》版刻本流传以前，都有一个长时期的"石经"本时代，后来的版刻本就是从石经演变而来的。在石经时代，为了统一各种传写本文字的分歧，也为了国家考试有统一的学习材料和判定依据，各封建王朝将校勘后的各经刻于石碑上，作为国家的法定本。人们要学习《尚书》，都要到太学去抄石经，或抄其传抄本。因《尚书》有今文与古文之异、真古文与伪古文之别，故不同时代的石经反映了不同的文本，所以历代石经有着颇为复杂的情况。

迄今有文字可考的《尚书》石经有7种：

1. 汉石经

又称"熹平石经"、"一字石经"、"今字石经"、"鸿都石经"。汉灵帝熹平四年（175）在洛阳太学开刻，共46碑，包括《易》、《书》、《春秋》等7种。《尚书》所依据的是立于学官的汉代欧阳氏今文经，在全经后另撰有《校记》，备列学官所立各家异同于后。这对于纠正俗儒的穿凿附会、臆造别字以及维护文字统一起到了积极的作用。该石经后毁损，但有残石在历代流传。另外，唐以来有该石经的残石拓本，宋以来有重刻石和重刻石拓本，元以来有重刻石拓本的流传本，清以来有据重刻石拓本再摹刻上石之本、据拓本影刻影印本、文字著录及考订本。

2. 魏石经

又称"正始石经"、"三体石经"、"三字石经"。此石经于魏正始（240—

① 《墨子·非命下》。

248）中立于"汉石经"的西面，共 35 碑。刻《尚书》、《春秋》及《左传》等。因当时立于学官的是古文，而太学旧有的《汉石经》为今文，所以补刻古文经。《尚书》用马融本，参以郑玄、王肃本。其字体同时用了古文、篆书、隶书三体，故称三体石经。这些刻石北魏初期犹保存较好，后遭破坏，到唐初时只剩残石了。当然，残石拓本、重刻石本、文字摹刻木版本、影印本、文字著录及考订本自宋以来迭出。

3. 唐石经

又称"开成石经"、"雍石经"。此石经开始刻于唐大和七年（833），成于开成二年（837），立于长安国子监太学，共 10 碑。《尚书》用唐玄宗命卫包改隶古定文字为楷体今字的孔《传》本《古文尚书》，即所谓的晚出《古文尚书》，13 卷。正文都用楷书一体书写，标题及卷数仍用隶书。全石只刻经文，但所根据的仍是某一家的注本，标题后的第二行写某氏注，就是所据的本子。该石经初刻时因校订文字已有磨改，至唐代乾符（874—879）时复有修改，后梁（907—923）时又有补刻，明嘉靖三十四年（1555）地震，石经倒损，明万历十六年戊子（1588）时生员王尧惠集其缺字，别刻小石立于碑旁。全石今在西安市碑林，基本完好无缺。自明清以后，此石经还有拓本及摹刻本、文字著录及考订本。

唐《开成石经》之《尚书·尚书序》

4. 蜀石经

又称"广政石经"、"孟蜀石经"、"后蜀石经"、"成都石经"、"益郡石经"、"石室十三经"。五代后蜀于成都用楷书刻《易》、《书》、《诗》、《三礼》等，并有注。《尚书》用孔《传》本，计13卷。后晁公武及张夔校勘该石经，分别撰有《石经考异》和《石经注文考异》，但后来均佚。全石南宋时尚完好，但嘉熙、淳祐（1237—1252）以后亡毁，明、清及近代陆续发现有残石，宋以后又续出拓本、摹写本、影刻本、影印本、文字著录及考订本。

5. 北宋石经

又称"嘉祐石经"、"二字石经"、"开封府石经"、"国子监石经"、"汴学石经"。北宋庆历、嘉祐年间用楷体、篆体刻《易》、《书》、《诗》等九经于汴梁，《尚书》仍用孔《传》本，13卷。历宋代中叶的变化，石经残毁；金、元时曾先后修复，大约元末又亡；后陆续发现残石。各经之拓本、影印本、文字校订本自宋以来就有。

6. 南宋石经

又称"绍兴御书石经"、"宋高宗石经"、"宋太学御书石经"、"光尧石经"、"临安石经"。此石经刻《易》、《诗》、《书》等7碑，刻于南宋绍兴至淳熙年间，立于临安（今杭州市）太学。《尚书》用楷书刻写，不标卷次、篇次及虞、夏书等字样。宋亡后，经石渐损落，但残石流传至今。宋以来有该石经的拓本，清以来出现文字著录及考订本。

7. 清石经

又称"乾隆石经"、"蒋衡书石经"。乾隆年间刻十三经，立于北京国子监太学。其中，《尚书》以孔《传》13卷本为底本，唯《书序》依马、郑本列于经后为另一卷。诸经由蒋衡一人用楷体书写。付刻之前依据唐《开成石经》，校以各善本，于经文有所订正，所以文字与通行刊本有异。今石经存北京国子监，全部完好无缺，并有拓本及文字考订本流传至今。

除以上7种石经外，据《魏书·崔浩传》记载，北魏还刻五经于石，其中有《尚书》。在明代，虽国子学未曾石刻群经，但有官员自己刊立的刻石。就《尚书》而言，太仆寺石刻《冏命》一篇，有王世贞跋语，朱彝尊撰《经义考》时曾见之。[①]

《尚书》石经，是《尚书》今古文各派嬗递演变的反映。汉、魏、唐三刻，就是今文、古文、晚出古文三家递相唱响学坛的历史见证，各为该派奄有一段历史以后所归结而成的定本。宋以后，汉、魏石经残毁，只有唐石经完整地流传下来，至今仍在沿用。

① 朱彝尊：《经义考》卷二九一。

（二）写本

"写本"也称"抄本"，即抄写之书本。唐以前多称"写本"，唐以后多称"抄本"。宋以后，刻本虽已盛行，但抄本仍与之并行。

从《尚书》的成书及流传情况来看，在石经以前，《尚书》的保存和传播主要靠"口耳相传"以及用竹简、木牍等抄写，纸发明以后，人们又逐渐用纸传抄。因此，用竹简、木牍、纸等传抄的《尚书》经文，都是写本《尚书》。例如，汉代今文《尚书》的源头——伏生《尚书》，就是秦代的竹简，原本当是用秦篆或古籀字写成，汉代改用当时通行的隶书传抄，于是经文的字体发生了变化。此后，每当文字发生重大变化时，总会有新的写本《尚书》出现。当然，后世也会有用前世文字（即"古文"）书写的《尚书》，如汉代的《古文尚书》；东汉末年还有利用西汉以来所传的各种古文、奇字拼合成所谓的"蝌蚪文"（又称"科斗文"）去改写今文《尚书》的；晋代还有创造性地用自认为的"古文"去摹写当时的"今文"《尚书》的，遂成所谓的隶古定《尚书》。今文《尚书》与《古文尚书》已早佚，而隶古定《尚书》流传了下来。在唐玄宗天宝初年命卫包用通行的楷书加以改写以前，所流传通用的《尚书》，就只是这种隶古定《尚书》。它是流传至今的整部《尚书》的源头。

1. 隶古定本

隶古定《尚书》在流传中又发展成两种不同的本子：（1）奇字尚不太多之本，是从晋到宋、齐传下来的，陆德明称它为"宋齐旧本"，原有徐邈、李轨的音释，陆德明重新为其作《音义》；（2）奇字很多之本，不详其起于何时，但比前一种时间要晚，到隋唐之际已广泛流传，陆德明斥为"穿凿之徒"所为。这两种本子的情况，陆德明《经典释文·序录》说得颇为明晰，他说："《尚书》之字本为隶古，既是隶写古文，则不全为古字。今宋齐旧本，徐、李等音，所有古字，盖亦无几。穿凿之徒，务欲立异，依傍字部，改变经文，疑惑后生，不可承用。"① 说明这两种本子在唐初均流行，所以颜师古《匡谬正俗》和孔颖达《尚书正义》中均引有这种隶古奇字。唯当时误以为"宋齐旧本"是《尚书》真本，而另一种本子不可靠，由是"宋齐旧本"成为当时流传的正统的本子，从晋到唐天宝前一直使用着。

隶古定《尚书》很难读，晋代范宁、唐代卫包都把它改写成当时通行的文字本。范氏的改写本到唐代已无传本，而卫包改成的楷体本，刻入了唐石经，并一直流传到了今天。值得一提的是，隶古定本虽被改写，但没有完全

---

① 陆德明：《经典释文》卷一。

失传，除原本仍保存于唐王朝内府外，民间也有流传。唐代的这种写本一部分在当时流传到了日本，一部分保存在敦煌石室中。到五代时，郭忠恕开始把这种隶古定写本雕版刻印。王应麟在《玉海》中记录道："唐陆德明《释文》用古文，后周显德六年（959），郭忠恕定古文刻板。"自注云："忠恕定《古文尚书》并《释文》。"① 所惜这些刻本也都没有传下来，但郭氏把这些隶古定古文收入了他所编著的字书《汗简》中。

到了宋代，很多人将这种隶古定《尚书》视为真《古文尚书》。晁公武《郡斋读书志》卷一记其事云："汉孔安国以隶古定五十九篇之书也，盖以隶写籀，故谓隶古。其书自汉迄唐行于学官，明皇不喜古文，改从今文，由是古文遂绝，陆德明独存其一二于《释文》而已。皇朝吕大防得本于宋次道、王仲至家，以较陆氏《释文》，虽小有异同，而大体相类。观其作字奇古，非字书附会穿凿者所能到。学者考之，可以知制字之本也。"

随后薛季宣据以撰《书古文训》一书，其经文文字基本和《汗简》中的古文同，不过改用近于楷体的隶化笔画来写。可知郭忠恕本、吕大防本、晁公武本、薛季宣本，原是一系，这一系统的本子就是上面提到的奇字很多的本子。通过以上诸家的倡导，这种隶古定本在宋代又大显起来，直至蔡沈《书集传》列为官定本后才逐渐被淘汰。另外，宋太祖开宝年间命陈鄂重修《经典释文》，把《释文》中不合于卫包所改者统统改从卫包的"今字"，题为《开宝新定尚书释文》。② 因此，原来保存在《释文》中的一些隶古定字在宋初泯灭。历代隶古定《尚书》流传下来的只有薛季宣本（详见下文介绍），它也是隶古定中唯一一部刻本。

清代前期，学界对隶古定本不太重视，《四库全书》不收薛季宣《书古文训》，只列之于"存目"，并说："季宣此本又以古文笔画改为今体，奇形怪态，不可辨识，较篆书之本尤为骇俗。……故虽宋人旧帙，今亦无取焉。"③ 段玉裁称它为"伪中之伪"本。④ 皮锡瑞在《经学通论》中说："自唐卫包改为今文，而隶古定又非其旧，于是宋人之伪古文又继踵而起。"⑤ 视隶古定本为宋人伪造。不过，到了清代后期，许多学者看到了在日本保存的唐写隶古定《尚书》，发现了和大家习读的刊本有许多出入，于是不少人纷纷注意起

---

① 王应麟：《玉海》卷三七《艺文》。
② 见《崇文总目》卷一、《玉海》卷三七、《困学纪闻》卷二。
③ 永瑢等：《四库全书总目》卷一三《书古文训》提要。
④ 段玉裁：《古文尚书撰异·序》。
⑤ 皮锡瑞：《经学通论》，第55页。

来。阮元主持撰写《十三经校勘记》，采用日本学者山井鼎在《七经孟子考文》中所引据的称为"古本"的足利学本，虽然指出"其经皆古文，然字体太奇，间参俗体，多不足信"，但还是用它校勘《尚书》。接着杨守敬、罗振玉先后在日本访得了不少唐写本和日本古代的写本，并撰文著书加以介绍。到光绪年间，甘肃敦煌鸣沙山石室的古代文化宝藏被外国人盗劫很多，1907年英国斯坦因盗走的文物中，有七份《尚书》隶古定写本；1908年法国伯希和盗走的更多，所编《尚书》隶古写本达二十多件。此外，还有德、日盗去的吐鲁番、和阗出土本多件。当时的学者从伦敦、巴黎、柏林等地取回这些文件的照片，开始惊叹这些文物的珍贵和重要。通过日本和敦煌石室所藏唐代及唐以前写本《尚书》，使我们看到了卫包改写以前的隶古定本的面貌，发现了流传至今的卫包所改《尚书》经文的确在文字上存在不少错误，有助于我们今天校勘唐以后各种《尚书》经本之用。

现存隶古定写本《尚书》，按藏书地点分为敦煌本、新疆本、日本本等各种版本，这些版本的源流、所存《尚书》篇目的情况等，详见刘起釪的《尚书的隶古定本、古写本》一文及《尚书源流及传本》一书。①

2.《书古文训》16卷，（宋）薛季宣撰

薛季宣（1134—1173），字士龙，号艮斋，南宋永嘉（今浙江温州）人。历官县令、大理寺正等。师从程颐弟子袁溉，治学反对空谈，注重研究田赋、兵制、地形、水利等，开永嘉事功学派先声。有《浪语集》等传世。《书古文训》，《尚书》经文全以古文奇字书写。此种古文奇字，沿袭于东晋梅赜所献孔《传》本《古文尚书》经文所用的古体文字。此种古文经流传到隋唐，一分为二，奇字不多者自南齐传来，陆德明《经典释文》及孔颖达《尚书正义》即用此本；奇字多者，《经典释文》、《尚书正义》及颜师

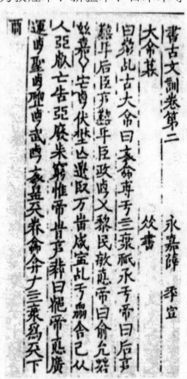

《书古文训》书影（《通志堂经解》本）

---

① 刘起釪：《尚书的隶古定本、古写本》，载《史学史研究》1980 年第 3 期；《尚书源流及传本》，辽宁大学出版社，1997 年。

古《匡谬正俗》曾引录过一些文字。而且，当时以南齐本为正统，奇字过多本逐渐罕睹。唐代卫包又将奇字不多本用楷书改写，孔颖达《正义》即本于此，但因改写者卫包不懂文字之学，以致改后舛误不少。宋开宝年间（968—975），朝廷又令陈鄂将《经典释文》中所录奇字不多的《尚书》中凡属奇字怪书者一律改写成当时的文字，此后，奇字不多的《尚书》本亦被罢黜。但在民间，二本仍有保留，宋代吕大防曾于宋敏求处得过奇字多本，王钦臣家亦存，晁公武自认其为真古文，遂刻石于成都。薛季宣此书即以成都刻石为本，故所录经文，皆奇怪难读，加之以古文笔画改为今体，奇形怪态，不能辨识，诸如"会"作"旁"、"从"作"刕"、"厥"作"耳"等等。此书训义无大发明，唯重于地名，但却是中国古代唯一一部流存至今的全以奇字怪文书写《尚书》的完整著作，对研究《尚书》学术史有着一定的参考价值。

今有明代内府刻本、《通志堂经解》本行于世。

（三）刻本

《尚书》白文经在经过漫长的写本和石经阶段后，随着印刷术的兴盛，它又进入了刻本时代。所谓"刻本"，又称"椠本"、"刊本"，即采用雕版印刷或活字印刷的图书。

虽然唐代已发明雕版印刷术及雕版刻书，然迟至五代后唐长兴年间，始有雕版刻印儒家经典，《尚书》乃其中之一。此后，《尚书》与群经版刻多次，形成了许多不同的刻本。大致说来，主要有以下几种：

（1）五代监本

五代后唐时，宰相冯道与李愚等人本想效法汉、唐刻立石经，但"今朝廷日不暇给，无能别有刊立"[1]，所以转而想到采用雕版印刷的方式。据《旧五代史》记载，后唐长兴三年（932）二月辛未，"中书奏：'请依石经文字刻《九经》印板。'从之"[2]。《资治通鉴》亦载："辛未初，令国子监校定九经，雕印卖之。"[3] 又："初唐明宗之世，宰相冯道、李愚请令判国子监田敏校正九经，刻板印卖，朝廷从之。丁巳，板成，献之。由是，虽乱世，九经传布甚广。"[4]《五代会要》云："周广顺三年六月，尚书左丞兼判国子监事田敏进印板九经书，《五经文字》、《九经字样》各二部一百三十册。"[5]《玉海》亦

① 王钦若：《册府元龟》卷六〇八《学校部·刊校》。
② 《旧五代史·唐书·明宗纪九》。
③ 《资治通鉴》卷二七七。
④ 《资治通鉴》卷二九一。
⑤ 王溥：《五代会要》卷八。

载："后唐长兴三年二月，令国子监校正九经，以西京石经本抄写刻板，颁天下。四月，命马镐、陈观、田敏详勘。周广顺三年六月丁巳，十一经及《尔雅》、《五经文字》、《九经字样》板成，判监田敏上之。"① 王国维认为，以上所云九经、五经，实际上包括《易》、《书》、《诗》、《周礼》、《仪礼》、《礼记》、《春秋》三传、《孝经》、《论语》、《尔雅》12 种，并附以《五经文字》、《九经字样》，与唐石经同。② 这次冯道与李愚奏请依唐"开成石经"校刻儒家"九经"，是中国监本之始，后世称五代"监本九经"。历经后唐、后晋、后汉、后周四个朝代，至后周广顺三年（953），总计 22 年时间方刊印完成。印好后，由判国子监事田敏将书呈进。此次刊刻，开辟了儒家经典大规模刊刻的先河，也是雕版印刷术由民间进入官方阶层的一个重要步骤。它不仅使印书范围由唐代的杂书上升到经典层次，大大提高了雕版印刷术的地位，成为我国印刷史上一件具有划时代意义的事件。更为重要的是，它为广泛传播儒家思想、统一经注文字、刊正谬误、确立国家标准经注本、发展文教事业起到了重大作用。

在五代监本中，《尚书》于后晋天福八年（943）刻成，是第一批完成的五部经典（即《易》、《书》、《诗》、《礼记》、《春秋左传》）之一。《尚书》白文本所用底本，据以上史料，当是唐石经。③ 然"监本经文虽依石经，亦非无所校定，如《礼记》不以《月令》为首，《尚书》'若网在纲'改为'若纲在网'，显与石经本殊异"④，可见五代监本《尚书》据唐石经《尚书》改定刻成。

与此同时，在田敏进呈"监本九经"的当年（953），蜀相毋昭裔也在成都版刻"九经"，后来称"孟蜀大字九经"。⑤

---

① 王应麟：《玉海》卷四三。

② 王国维：《五代两宋监本考》，《王国维遗书》，上海古籍书店，1983 年影印本。

③ 按：王国维认为，五代监本九经"虽依唐石经文字，然唐石经专刊经文，监本则兼经注"（王国维：《五代两宋监本考》）。但笔者认为，五代监本虽早佚，无法见其本来面目，但据史料记载，除了经注本外，应有据唐石经刊印的白文本。

④ 王国维：《五代两宋监本考》，《王国维遗书》本。

⑤ 据《资治通鉴》卷二九一《后周纪二》记载：周广顺三年（953），"蜀毋昭裔出私财百万营学馆，且请刻板印九经，蜀主从之。由是蜀中文学复盛"。孔平仲《珩璜新论》上卷亦云："周广顺中，蜀毋昭裔又请刻印板九经，于是蜀中文字复盛。"王国维在《五代两宋监本考》中引据上述文献后云："此即蜀大字九经，与石经无涉。"

（2）北宋监本

雕版印刷到北宋时已臻成熟，官刻、坊刻、家刻、寺院刻书等发展迅速，尤其是国子监刻书的地位举足轻重，刻书规模和范围都比五代时要大得多，经、史、子、集各类图书都有刻印。

据岳珂《九经三传沿革例》记载，北宋初年，国子监刻书，"经史多仍五季之旧"。后来，随着社会政治、经济、文化的发展，尤其是文化事业的繁荣，印刷事业得到了前所未有的大发展。北宋国子监刻印儒家经典（即"北宋监本"）大致有以下几次：

一是太宗端拱元年（988），令孔维、李觉等校正唐孔颖达主持编纂的《五经正义》，由国子监镂版印行，到淳化五年（994），《五经正义》全部完成。①

二是淳化五年（994），兼判国子监李至又上言："《五经》书疏已板行，惟二《传》、二《礼》、《孝经》、《论语》、《尔雅》七经疏未备，岂副仁君垂训之意。今直讲崔颐正、孙奭、崔偓佺皆励精强学，博通经义，望令重加雠校，以备刊刻。"② 至真宗咸平四年（1001），完成了这7部经书注疏的刻印。至此，国子监将12部儒家经典著作的经、传正文全部出齐。当景德二年（1005）真宗幸国子监阅库书时，发现国子监所集书版"十余万，经、传、正义皆具"，而国初所存五代旧版却"不及四千"。③ 可见，经过40余年的发展，北宋经书版片已经增加了20多倍。

三是大中祥符七年（1014），"并《易》、《诗》重刻板本，仍命陈彭年、冯元校定。自后九经及《释文》有讹缺者，皆重校刻板"④。又增印《孟子》和孙奭《音义》，因为《孟子》此时已上升为儒家经典。

四是天禧五年（1021），"令国子监重刻经书印板，以岁久刓损也"⑤，这是北宋国子监又一次大规模刻印儒家群经。

五是天圣八年（1030），重新刊刻《诗经》、《尚书》之《释文》。⑥

综上所述，北宋监本，先是就五代监版印行"九经"12种的经注本，然后自刻《五经正义》本，接着又重刻各经之经注本，接着又将《正义》也由"五经"扩大到12种。上述五次国子监所刻儒家经典，涉及《尚书》的有端

---

① 王应麟：《玉海》卷四三《艺文》。

② 《宋史·李至传》。

③ 《宋史·邢昺传》。

④ 王应麟：《玉海》卷四三《艺文》。

⑤ 王应麟：《玉海》卷四三《艺文》。

⑥ 王应麟：《玉海》卷四三《艺文》。

拱元年、天禧五年、天圣八年三次。据王国维、刘起釪考证，北宋监本各经都是注疏本，没有白文经本。① 但陈振孙《直斋书录解题》却载有北宋白文经《春秋》1卷，为广德所刊古监本。《尚书》是否也有这种白文本，还需进一步考证。清代卢文弨曾云："九经小字本，吾见南宋本已不如北宋本。"② 不知卢氏所说北宋"九经小字本"是否为白文经本，也需要其他史料来加以论定。

（3）南宋监本及各地方本

南渡后，南宋国子监、地方州郡皆编刊群经。但国子监所刻书并非都是本监所雕，很多是本监校勘后下各地镂版。例如，绍兴九年（1139），"诏下诸郡，索国子监元颁善本校对镂版"。又绍兴二十一年（1151），"诏令国子监访寻五经三馆旧监本刻版，上曰：'其它阙书，亦令次第镂板。虽重有所费，亦不惜也。'"③ 两次下诏，令州郡访寻旧国子监原颁的各经善本校对镂版，由是"九经"12种的经注本和《孟子》又都恢复完全。绍兴年间，各州还雕造各经《正义》，"未有板者，令临安府雕造"④。于是12种《正义》本也全了。所有各州郡所刻的群经雕版，后来都收入国子监中，⑤ 成了南宋监本。岳氏《刊正九经三传沿革例》说当时"监中大小本凡三"，应当就是经注本、单疏本和单经白文本这三种的存版。据现在见到的南宋刊"九经"正文本为巾箱本，可知其中的"小本"当是白文本。

除监本外，南宋各地方刊本亦多，如蜀本、建本、婺本等，但多据监本而刻。以上各本都有白文（即宋人常说的"正文"）《尚书》。⑥ 另据《新定续志》载，严州府刊有"六经正文"本，其中一定有《尚书》。宋代监本及各地方刊本白文《尚书》，尤其是监本，对宋以后版本影响甚大，明、清时期的白文《尚书》大多是据宋本递修的。例如，明代锡山秦氏刊有巾箱本《九经白文》，即仿宋巾箱本而刻。

（4）宋以后刻本

据史料记载，宋代及宋以后包括《尚书》在内的各经白文既有单刻本，

---

① 王国维在《五代两宋监本考》中说："考六朝以后行于世者，只有经注本，无单经本。"刘起釪也说："单经正文本，今仅见南刻本，未见北宋刻本。"（见《尚书与群经版本综述》，载《史学史研究》1982年第2期）

② 邵懿辰《四库简明目录标注》引。

③ 王应麟：《玉海》卷四三《艺文》。

④ 王应麟：《玉海》卷四三《艺文》。

⑤ 魏了翁：《六经正误序》，文渊阁《四库全书》本。

⑥ 周应合：《景定建康志》卷三三《文籍一》，文渊阁《四库全书》本。

又有群经合刻本，但流传至今的多为后者，如《九经正文》、《九经》、《六经古文》、《五经白文》、《五经正文》、《五经》、《五经汇解》、《篆文七经白文》、《篆文六经》、《篆文六经四书》、《古香斋袖珍十种·五经》、《宋刊巾箱本八经》、《十三经经文》、《黄侃手批白文十三经》等。以上各种刻本，就内容来说，不论直接或间接，大都源自唐"开成石经"。《尚书》则一脉相承卫包改隶古定文字为楷体今字的孔《传》本，即所谓的晚出《古文尚书》，只是后世递有校勘和订补而已。

兹对刻本白文《尚书》略作举要。

1. 白文《尚书》（不分卷），宋刊巾箱本

所谓"巾箱"，即古人放置头巾的小箱子，而"巾箱本"指开本很小的图书，其形体小，可以放入巾箱，故名。另外，这种体积小的图书携带方便，可放在衣袖之中，所以又称为袖珍本。巾箱本的出现可追溯至晋朝，葛洪在《西京杂记·跋》中说："后洪家遭火，书箱都尽，此两卷在洪巾箱中，常以自随，故得犹在。"[1] 这说明巾箱本的最早出现不晚于晋代。《南史》又记载了巾箱本儒家经典的起源：在南朝萧齐时，衡阳王萧钧"常手自细书写五经，部为一卷，置于巾箱中，以备遗忘。侍读贺玠问曰：'殿下家自有坟素，复何须蝇头细书，别藏巾箱中？'答曰：'巾箱中有五经，于检阅既易，且一更手写，则永不忘。'诸王闻而争效为巾箱五经，巾箱五经自此始也"[2]。以上所说的是手写巾箱本，这种小开本发展到宋代，就出现了雕版印刷的巾箱本，用于经、史、子、集等各种书籍的刻印。时人戴埴《鼠璞》记录了宋代巾箱本的情况，其云："今之刊印小册谓巾箱本，起于南齐衡阳王钧手写五经置巾箱中。……古未有刊本，虽亲王亦手自抄录。今巾箱刊本无所不备。"[3] 在科举时代，为了迎合科举考试的需要，便于考生赴考途中携带和温习阅读，故大量刊印巾箱本儒家经籍。南宋监本中就有"九经白文"巾箱本，这种版本的《尚书》流传到了现在。

宋刊巾箱本白文《尚书》，不分卷。流传至今的为民国十五年（1926）武进陶氏涉园影印宋刊巾箱本之递修本，成《宋刊巾箱本八经》，现藏于中国国家图书馆。

傅增湘在《宋刊巾箱本八经书后》中对诸经白文宋刊巾箱本及各递修本

---

① 刘歆撰、葛洪辑：《西京杂记》，文渊阁《四库全书》本。
② 《南史·衡阳元王道度传》。
③ 戴埴：《鼠璞》卷下《巾箱本》。

作题识云:

> 宋巾箱本诸经正文,今存者八经。凡……《尚书》二十八叶……半叶二十行,每行二十七字,细黑口,左右双栏。板心下方记刊工姓名一二三字不等。补板则标明系刊换某某板字。宋讳"贞"、"恒"、"桓"、"慎"、"惇"皆缺末笔,"廓"字不缺,宁宗以前刻板也。世传宋巾箱本诸经正文,各家目录多载之,其行格正与此同,所谓行密如樯,字细如发者。然简端加栏,上注字音,与此本异。且笔书板滞,以视此本精麓方峭,真如婢学夫人矣。昔人指为明靖江王府翻刻,殆非无见也。忆十年前,述古堂于估得此书于山左旧家,余偶得瞥见,诧其板式有异,即知为《延令书目》冠首之帙。嗣为寒云公子所收,癖八经室以储之。于时董君绶金、张君庚楼、徐君森玉特为欣赏。展转假得,留此影本,缄缄箧中。匆匆数年,世事迁移,风飞雨散,原书流失,渺不可追。爰嘱陶君兰泉覆板行世,而诿余记其颠末。得已见书,如逢故人,益不胜中郎虎贲之感矣。考《景定建康志》书籍门,载五经正文有四:曰监本,曰建本,曰蜀本,曰婺本。归安陆氏刚得世行小帙,即断为婺州刊本,谓与婺州本《重言重意尚书》、《周礼》相似。今此本结体方峭,笔锋犀锐,是闽工本色,决为建本无疑。明靖江本即据以覆本,而加上栏焉。故行格同,尺寸同,避讳之字亦无不同。至秦氏刻"九经",则改为半叶十八行,而面目迥异矣。此巾箱本诸经正文相传递嬗之大略。①

由此可知,流传至今的宋刊巾箱本白文《尚书》为南宋宁宗以前刻本,后又有"简端加栏,上注字音"的改编本,为明靖江王府翻刻。崇祯年间,秦璞求古斋刻九经,又改其版式为"半叶十八行"。民国年间,武进陶氏涉园又据宋刊递修本影印,为今日所见《宋刊巾箱本八经》本。

2.《尚书》4卷,明嘉靖刻本

据《北京图书馆古籍善本书目》云:"《六经古文》五十九卷,明嘉靖四年至六年陈风梧篆文刻本,十二册,九行十三字,细黑口。存五种三十二卷。……《尚书》四卷……"上海图书馆现藏有该丛书,完整无缺。国家图书馆、河南省图书馆均藏有该丛书之残本。

按:明代刊印的白文《尚书》版本很多,除明嘉靖刻本外,还有明弘治九年(1496)周木刊《五经》白文本《书经》1卷及庄祎刊白文本《书经》6卷、嘉靖庚子(1540)卫王府本《尚书》不分卷、嘉靖三十一年(1552)翁溥刊

---

① 傅增湘:《宋刊巾箱本八经书后》,见《藏园群书题记》卷一,上海古籍出版社,1989年,第1页。

《五经白文》本《书经》1卷、隆庆六年（1572）星源游氏与贤堂刻《新刊书经批注分旨白文便览》（附《新刊书经类题辨异便览》、《新刊书经字面辨疑便览》、《禹贡图》10卷）、万历元年（1573）熊冲宇种德堂刻《皇明集韵天梯书经正文》4卷、万历年间赵用贤刻《五经白文》本《书经白文》6卷、万历二十年（1592）新安吴勉学刻古香斋丛书《十三经》白文本《尚书正文》1卷、崇祯十三年（1640）锡山秦璞求古斋刻《九经》本《尚书》4卷等。

3.《尚书》1卷，清康熙刻本

即清康熙敕编、内府所刻《篆文六经四书》本。收有《尚书》1卷，8行12字，白口左右双边。又有《篆文六经》本《尚书》4卷，清康熙内府刻本。

按：此两本均系康熙内府刊本，现藏于中国国家图书馆。篆文《尚书》系仿明陈凤梧篆文本而刻。此外，《篆文六经四书》有清光绪九年（1883）上海同文书局影印本及民国十三年（1924）上海千顷堂书局影印本。

按：清代刊印的白文《尚书》版本也不少，除上述版本外，还有清雍正十一年（1733）刻《满汉字书经》6卷、乾隆十三年（1748）刻古香斋鉴赏袖珍五经四书本《古香斋鉴赏袖珍尚书》1卷、乾隆二十五年（1760）刻《御制翻译书经》6卷、同治十年（1871）李氏教忠堂刻本《书经》4卷、光绪十八年（1892）桐城吴汝纶家塾石印本《吴氏写定尚书》（不分卷）、光绪二十五年（1899）重庆中西屋刻《书经正文》6卷、光绪中贵池刘氏聚学轩丛书本《尚书隶古定经文》2卷等。除刻本外，清代还有抄本白文《尚书》，如康熙年间陈祖范抄本《尚书》（不分卷）。

4.《今文尚书》1卷，《古文尚书》3卷，（清）马国翰辑

马国翰（1794—1857），字词溪，号竹吾，清山东历城（今济南）人。道光十二年（1832）进士，历任石泉县、云阳县知县，陕西陇州知州。著有《目耕帖》31卷，编有《玉函山房辑佚书》，清代著名辑佚家。他把唐代以前已经散亡、毁失的古书从各种著作的注释和引文里、从许多有关文献保留的片辞只字中剔抉出来，加以考证，辨别真伪，然后分门别类汇纂成册，定名为《玉函山房辑佚书》。道光二十四年（1844），辑佚工作基本完成。道光二十九年（1849），刻成《玉函山房辑佚书》经、子二编。关于《尚书》白文经，马氏辑有汉代《今文尚书》1卷、《古文尚书》3卷，书前冠有马氏自作序录。

5.《尚书》（不分卷），黄侃手批

黄侃（1886—1935），初名乔鼎，后更名乔馨，最后改为侃，字季刚，又字季子，晚年自号量守居士，湖北蕲春人。生于成都。1905年留学日本，在东京师事章太炎，受小学、经学，为章氏门下大弟子。黄侃是中国近代著名

文字、音韵、训诂学家，对于先秦古籍如《周易》、《尚书》等书用功颇深，于《易》、《书》、《诗》咸有札记。

是书收入《黄侃手批白文十三经》中。黄氏批校白文十三经，有初校本与修改稿两本：初校本约于1916年至1921年批校，1930年冬复阅改正；修改稿约于1926年至1930年进行，1932年又改正一遍，底本为1914年商务印书馆铅印本。两本断句相同，其他符识稍异。黄氏参校诸本，将异文、句读、重衍文及有疑义者标出，甚便后学。

二、传说类

传说类文献是指对经文进行传、注、解、说、笺、章句、训诂、义疏、正义、集解等的文献。其中，"传"、"章句"、"注"是经学史上较早的注释体裁。汉王充《论衡》云："夫经之有篇也，犹有章句。有章句也，犹有文字也。文字有意以立句，句有数以连章，章有体以成篇，篇则章句之大者也。谓篇有所法，是谓章句复有所法也。"① 唐陆德明云："传即注也，以传述为义，旧说汉以前称传。"② 孔颖达云："传，谓传述为义，或亲承圣旨，或师儒相传，故云传。""注者，著也，言为之解说，使其义著明也。"③ 可见，传说类文献是对经文篇章进行分析、对文字进行注释、对经义进行疏通的文献。传说类文献在《尚书》学文献总量中占绝大部分，是历代《尚书》学文献的主流，因而成为研究《尚书》学史的主体资料。这类文献既包括历代学者对《尚书》经文文本的理解，也传载了作者自己的思想，以及著作的时代信息。因此，通过对历代传说类《尚书》学文献进行整理和研究，可以使我们加深理解《尚书》经文的思想内涵，并能梳理出《尚书》学发展的历史流变。

（一）汉唐时期的传说类《尚书》学文献

从总体上来看，汉唐时期的《尚书》学有着共同的特点，即学者不随意删改经文，多就《尚书》文本进行传注训释，故《尚书》学文献十之八九都是传说一类（另外还有少量的音释、图解类）。虽然如此，这一时期的传说类《尚书》学文献也因时代不同而各有特点。大致情况是：

两汉时期今古文之间的对立与地位的升降、派系与支流的产生和演化等成为《尚书》学的主要特点，故这一时期的传说类《尚书》学文献主要是今、

---

① 王充：《论衡·正说篇》。
② 陆德明：《经典释文》卷三。
③ 《毛诗注疏·原目》孔颖达疏，文渊阁《四库全书》本。

古文学家的传注、章句之作。

东汉以后，今、古文趋于融合，郑玄、王肃在这方面做了大量工作，并进一步改造和创新，形成经学史上的"郑学"与"王学"。二者由于学术思想与政治立场有别而多有争执，在魏晋南北朝不同时期、不同地区流行并被不同政权立于学官。另外，东晋所谓孔《传》本《古文尚书》的出现、盛行并在唐代选为唯一的官学本也是这一时期《尚书》学的一大特点。因此，魏晋南北朝时期的《尚书》学，呈现出郑学、王学、孔《传》较长时期消长发展的局面，到隋唐时期则完成了它们的统一。反映在传说类《尚书》学文献上，魏晋南北朝隋唐时期也主要是主郑学、王学、孔《传》各家的传训之作及对前人之作的注疏，并因受玄学之影响，出现了多家义疏之作。

汉唐时期的传说类《尚书》学文献虽然众多，然由于时代久远，除了孔《传》和《尚书正义》有完本流传至今外，其他都早佚。不过，一些重要的著作，如伏生《尚书大传》、夏侯胜《大夏侯尚书章句》、夏侯建《小夏侯尚书章句》、马融《尚书注》、郑玄《尚书注》、王肃《尚书注》、范宁《古文尚书传注》、徐邈《古文尚书音》、刘炫《尚书述义》、刘焯《尚书义疏》、顾彪《尚书疏》等，清人多有辑佚，故有辑佚本流传至今。兹选取几部重要的著作略作介绍。

1.《尚书大传》3卷①，（汉）伏生撰

旧题西汉伏胜撰。伏胜，又作伏生，济南（今山东邹平）人。西汉今文《尚书》的最早传授者。据《史记》及《汉书》等文献记载，伏生曾任秦博士，治《尚书》。秦始皇"焚书"，伏生壁藏其书，其后战乱纷起，伏生流亡在外。汉朝建立后，伏生归而求其壁藏之书，发现其残毁不全，只剩下29篇。此后，伏生即以此《尚书》残存本于齐、鲁间讲授，"学者由是颇能言《尚书》，诸山东大师无不涉《尚书》以教矣"②。汉文帝时，朝廷寻能治《尚书》的学者，"闻伏生能治，欲召之。是时伏生年九十余，老，不能行"③，故派晁错向他学《尚书》。自此迄后世，《尚书》之为学，伏生实为传授的源头。西汉的《尚书》学者，多出于他的门下，西汉今文《尚书》即由他传授。

《尚书大传》虽题为伏氏所撰，但历代学者多认为可能出于伏生弟子张

---

① 《汉书·艺文志》著录《尚书大传》为41篇，《隋书·经籍志》、《新唐书·艺文志》、《崇文总目》、《郡斋读书志》、《宋史·艺文志》皆作3卷，《直斋书录解题》著录为4卷，《四库全书总目》作4卷、补遗1卷。

② 《史记·儒林列传》。

③ 《史记·儒林列传》。

生、欧阳生等笔录伏生传《书》之言而成，并非伏生亲手所撰，因为伏生传《尚书》时已年老，且当时教授学生多用口耳相授的方法。然而，《大传》内容确实是伏生对《尚书》的理解及其思想的表达，故称《大传》为伏生所著亦不为过。《尚书大传》作为一部诠释《尚书》的传文，被历代学者所重视，许多先秦文献的注文中均可见其被征引。其文献、历史、文学等方面的价值，也是许多先秦著作所比之不及的。例如，伏生在《尚书大传》中提出了各种制度及礼仪法律等主张，很多方面，或为西汉的君主所采纳，或为西汉的礼学家贾谊、董仲舒、刘向等所继承。在西汉初社会比较动荡、制度尚未完全确立之际，客观上起着托古改制的作用。不过，其于经文之外，多搜采遗文，并且还推衍旁义，不与经文相比附，故《四库全书总目》评价其"或说《尚书》，或不说《尚书》，大抵如《韩诗外传》、《春秋繁露》，与经义在离合之间"[①]。有时甚至只是以经做引子，驰骋与经文毫不相干的事物，反映了汉代今文经学的空虚繁琐，并开汉代纬候之说的先河。虽然如此，书中亦保存了较多的古训旧典，对研究经学历史仍具有较高的参考价值。

《尚书大传》也与诸多古籍的流传相同，后世学者多有注疏，亡失后又重新辑佚成书。东汉郑玄为之作注，隋顾彪为之音释，宋李焘为之解说，但原书早在宋代已散佚不全。元明时期世间已不见完本，故清代许多学者对其进行辑佚，各种辑本流传于今。清代辑本有孙之骒、卢见曾、卢文弨、董丰垣、孔广林、任兆麟、陈寿祺、王谟、樊廷绪、孙志祖、姚东升、袁钧、黄奭、皮锡瑞、王闿运、王仁俊等多种，由于辑者个人经历及成书先后的不同，多数辑本都不尽完善，且其间多杂有郑玄之注。其中，陈寿祺、皮锡瑞辑本相对其他本而言略显清晰完备。流传至今的《尚书大传》除卷三《洪范五行传》首尾还算完备外，其余各卷皆仅存佚文。其传本较多，各本卷数、所附内容亦不一致，但正文内容却少有出入。除文渊阁《四库全书》本外，尚有《皇清经解续编》本、《丛书集成初编》本、《四部丛刊》本及清抱经堂刻本等。

2.《尚书传》13卷，（汉）孔安国撰

旧题汉孔安国撰。孔安国（生卒年不详），字子国，西汉鲁国（今山东曲阜）人。孔子十一世孙，汉武帝时博士，官至临淮太守。汉代经学家。少年时受《尚书》于伏生。武帝时鲁共（恭）王拆除孔子旧宅，于壁中得《尚书》及《礼记》、《论语》、《孝经》等数十篇，皆为古体文字。其中的《尚书》，孔安国以今文《尚书》读之，发现其比当时流传的《尚书》多出16篇，而且有

---

① 永瑢等：《四库全书总目》卷一二《尚书大传》提要。

700 多个文字不同，数十文字脱漏。他将此《尚书》改写为当时通行的隶书，献于朝廷，但"遭巫蛊事，未列于学官"①，只在民间进行私人传授。因该《尚书》来源于古文字体，后人遂称其为《古文尚书》，孔安国因此成为"《古文尚书》学"的开创者。

据文献记载②，孔安国曾为《古文尚书》58 篇作《传》，世称《（古文）尚书孔传》（或称《尚书孔氏传》、《孔安国尚书传》、孔《传》）。该书在汉代的目录书——刘向《别录》及班固《汉书·艺文志》未见记载，汉魏时期不见流传。东晋元帝时，豫章内史梅赜称其有孔安国《古文尚书传》，进献于朝廷，群臣视其为真古文而不疑，并立于学官，孔《传》始显于学界。到南朝齐时，姚方兴又上《舜典》孔《传》1 篇，该篇较梅氏所献本多经文 28 字，故将其合于梅氏所献孔《传》中。该书前冠孔安国《尚书序》1 篇，概述《尚书》流传承继及作《传》缘起，并把各《尚书序》分插在各篇前后，每篇经文各句下皆有称为"孔氏传"的注。到唐代，孔颖达奉诏撰《尚书正义》，孔《传》因"其辞富而备，其义宏而雅"③，被当作"真古文"而选为底本，夺得了《尚书》这部儒家经典的正统地位。经此提倡，《古文尚书》经传遂成为历代王朝科举取士乃至国家意识形态中最为重要的"官定本"经典文献。

不过，宋以来的学者多认为孔《传》是托名孔安国之作，他们从文体、历史记载、篇数篇名、文句引用来源等多方面找出证据，证明孔《传》及其经文是伪书。④ 但近年来，随着地下典籍的大量出土，以及对 20 世纪初盛行

---

① 《汉书·艺文志》。

② 《后汉书·儒林列传上》："鲁人孔安国传《古文尚书》，授都尉朝，朝授胶东庸谭，为《尚书》古文学，未得立。"《隋书·经籍志》云："安国又为五十八篇作《传》，会巫蛊事起，不得奏上，私传其业于都尉朝，朝授胶东庸生，谓之《尚书》古文之学，而未得立。"《旧唐书》卷一〇《元行冲传》云："昔孔安国注壁中书，会巫蛊事，经籍道息。"

③ 孔颖达：《尚书正义序》，阮元校刻《十三经注疏》本。

④ 宋代吴棫始疑其为伪作，经朱熹发扬光大，历经元赵孟頫、吴澄，明梅鷟、归有光，清阎若璩、惠栋、崔述、段玉裁、王鸣盛、丁晏等学者的考定，证实所谓的《古文尚书》、《尚书孔传》及孔安国序俱为伪作。梅赜所献的《尚书孔传》，学者或认为是魏王肃伪造（主流观点，清代臧琳、戴震、江声、刘端临、李惇、丁晏以及皮锡瑞、王先谦等人皆持此说），或以为是晋皇甫谧所作（明梅鷟，清王鸣盛、李巨来持此论），或认为是晋梅赜伪造（清代阎若璩、惠栋，近代胡适、顾颉刚等有此主张），或认为是东晋孔安国传（清冯登府，今人陈梦家持此观点），或以为魏晋郑冲所为（章太炎主此说），或谓是汉刘歆伪造。

的疑古思潮的怀疑和反省，学者们又重新审视孔《传》，其渊源流传得到了进一步探讨，① 但至今仍无定论。应该肯定的是，梅赜所献孔《传》，虽然未必源自孔壁古文以及为西汉孔安国传，但其中却保存了 33 篇伏生所传的今文《尚书》，是非常珍贵的商周史料；其余 25 篇虽多被认为是伪书，但亦保存了较为丰富的上古史料，是研究中国古代史、学术史、思想史、政治史必读的参考资料。

该书因收入《尚书正义》中而得以完整流传至今。另外，其单本在宋、元时有刻本，但流传到现在只有残本了。在宋元时该书还传入日本国，现亦有各种铜活字本及影印本流传下来。

3.《尚书注》9 卷②，（汉）郑玄撰；《尚书注》11 卷③，三国（魏）王肃撰

据《后汉书·郑玄列传》记载，郑玄早年曾入太学学今文《易》和《公羊春秋》，又向东郡张恭祖学《古文尚书》、《左传》、《周官》等古文经，最后又西入关中，向马融学古文经。在研习了今文经学和古文经学后，郑玄网罗众家之说，把今文经学和古文经学通融为一。他遍注群经，于《尚书》主要传杜林古文。④ 其所注解的《尚书》，后世称为郑玄《尚书注》。该书采用了部分汉代今文经学家的《尚书》之说来注解《古文尚书》，同时对《尚书》义理做了许多修改，成为东汉《尚书》学的大成之作，取代了今文《尚书》诸家在学术界的地位。刘起釪评价说："郑玄成为杜林古文学派最后最大的一家。写成了当时最称粲然大备的《古文尚书注》，及孔颖达《尚书正义》常引他的《书赞》，加上他对群经的十多种注释和著述，于是郑玄遂成为汉代经学的'集大成'者。"⑤ 故"郑《书注》行而欧阳、大小夏侯之《书》不行矣"⑥。

郑玄之后，魏晋时期的王肃也对《尚书》作注解，世称王肃《尚书注》

① 详见本章第二节"近现代"部分的相关讨论。
② 陆德明《经典释文》和《隋书·经籍志》均载郑氏《尚书注》9 卷，《新唐书·艺文志》、郑樵《通志》则著录郑玄注"《古文尚书》九卷"。
③ 该书《隋书·经籍志》、《通志·艺文略》著录为 11 卷，《旧唐书·经籍志》、《新唐书·艺文志》著录为 10 卷。
④ 《后汉书·儒林列传》载："扶风杜林传《古文尚书》，林同郡贾逵为之作训，马融作传，郑玄注解，由是《古文尚书》遂显于世。"《隋书·经籍志》亦有相似的记载。
⑤ 刘起釪：《尚书学史》（订补本），第 128 页。
⑥ 皮锡瑞：《经学历史》五《经学中衰时代》。

（或《尚书传》）。王肃（195—256），字子雍，东海郡郯（今山东郯城北）人，生于会稽（今浙江绍兴）。三国（魏）儒家学者，著名经学家。主要官衔为散骑黄门侍郎、散骑常侍、领秘书监、崇文观祭酒、侍中、太常等。曾遍注群经，对今、古文经义加以综合；编撰《圣证论》、《孔子家语》等书以宣扬道德价值，并以身为司马昭岳父之尊，将其精神理念纳入官学，与郑玄立异，其所注经学在魏晋时期被称作"王学"。《尚书注》即是"王学"的代表作之一，它纠正了郑注中的许多谬误，是《尚书》学中影响比较深远的一家。

王肃《尚书注》最大的特点是批评郑玄《尚书注》将谶纬入经和解经繁琐，并与之驳难：郑采用古文说，王就采用今文说驳之；郑采用今文说，王则引用古文说重加阐释，由此造成了"王学"与"郑学"的激烈论争。另外，后世学者多疑此书即为梅赜所献孔《传》，认为王肃为与郑玄学派一争高低，不惜托名孔子后裔制造伪书，后为梅氏所得，经重新整理后进献朝廷。清代学者王鸣盛在《尚书后案》中就曾指出："王注之存于今者，按之皆与马融及伪孔合，伪孔之出于肃，乃情事之所有。考古者当以此辨之。"

郑玄《尚书注》在两宋间已佚，南宋王应麟辑有《尚书郑注》10卷，清代辑本更多，有孙星衍《古文尚书马郑注》10卷、孔广林《尚书郑氏注》9卷、袁钧《郑氏尚书注》9卷、黄奭《通德堂经解·尚书古文注》9卷等。这些辑本在清代有各种刻本，并流传至今。王肃《尚书注》传本在宋代以后散亡，只有残章断句散见于有关典籍中。清代，马国翰辑有《尚书王氏注》2卷，载《玉函山房辑佚书》中。

4. 《尚书正义》20卷，（唐）孔颖达撰

旧题汉孔安国传、唐孔颖达等疏。东晋梅赜献所谓孔《传》本《古文尚书》传布于世后，南朝经学受佛教以义疏解经方法的影响，而各依该书作义疏，自南朝抵唐初，《尚书》义疏已达十几家之多。唐初，为了统一南、北学风，唐太宗命经学大师孔颖达主持撰写《五经正义》。其中《尚书正义》以梅赜所献孔《传》本《古文尚书》为底本，搜求采辑自南北朝以来各家，如蔡大宝、巢猗、费甝、顾彪、刘焯、刘炫诸《义疏》，其中取材于刘焯、刘炫之说尤多。后来，编撰者又加以综合发挥，并把受禅、玄两学影响较深的《义疏》删除，约在贞观十六年（642）《尚书正义》始告完成。初稿完成后，马嘉运驳正其失，高宗永徽四年（653），长孙无忌又率人加以刊定，始行于世。

《尚书正义》保留了孔《传》本《古文尚书》的经文之旧，即今文《尚书》33篇、《古文尚书》25篇，共58篇。该书不采用汉魏流传多时的马融、郑玄、王肃诸家旧注，而选择被后世许多学者斥为伪作的梅赜所献《尚书》

孔《传》为底本的做法，遭到了宋以来尤其是清代学者的猛烈批评。不过，该书融合汉魏以来南北经学家之见解，是一集大成著作，也是《尚书》注释方面的一部权威著作。另外，书中对上古社会的典章文物的训诂，亦有很高的学术价值，使其成为研究中国古史的珍贵资料。无论在经学史上，还是在史学史上，该书都占有重要的地位。

该书编成后单行于世，南宋时把《尚书》孔《传》与孔颖达《尚书正义》合刻成《尚书注疏》（孔《传》为注，《正义》为疏），明清两代则将其汇刻在《十三经注疏》中，故通行本为各种版本的《十三经注疏》本（最常见的是中华书局影印本）。此外还有唐石经、唐写本、宋监本、宋疏本、明监本、毛本、武英殿仿宋本、南昌府学本、广东书局本、刘氏嘉业堂本、《四部备要》本等多种版本流传于世。

（二）宋元明时期传说类《尚书》学文献

在对汉唐《尚书》学继承和发展的基础上，宋代《尚书》学形成了自己独特的风格，并深深影响元明时期《尚书》学的发展。北宋前期经学主要是承汉唐章句余风，此时经学处于五代凋敝之后的恢复发展中。宋儒对《尚书》研究坚持注不破经、疏不破注的解经原则，所以宋初的《尚书》学仍是沿袭汉唐之《尚书》学。这一类的著述有胡旦《尚书演圣通论》、崔颐正《尚书》讲义、杨绘《书九意》、胡瑗《尚书全解》、张景《书说》、袁默《尚书解》、谢景平《书传说》、乐敦逸《尚书略义》、黄君俞《尚书关言》、尹恭初《尚书新修义疏》、吴孜《尚书大义》、曾巩《书经说》等。但是这种情形没有维持太久，到宋仁宗庆历年间，这一风气渐变，学者解经异于前代儒者，乃摒弃章句、传注、训诂传统之方式，注重发挥《尚书》之义理，发明二帝三王用心之要，黜一切神秘怪谈，而于治乱兴亡之迹，尤能参酌古今，发明圣人本心。故凡王纲之弘扬、人伦之重建，皆为当时学者所用心。

其中，王安石《尚书新义》是开《尚书》学宋学新风之作，其借对《尚书》中微言大义的阐述来发挥自己的改革思想，为变法寻找依据。但因其以行政手段统一经术，以经术辅翼变法，在政治与学术界引起了广泛的争鸣，一时经学形成"王学"与"反王学"两大阵营。蔡卞《尚书解》、陆佃《二典义》、张纲《书解》遵从王学；文彦博《尚书解》、范纯仁《尚书解》、孙觉《尚书解》、程颐《书说》、苏轼《书传》、杨时《尚书讲义》等反王学。而林之奇以义理之旨来解《尚书》，成就显著，形成了一个较有影响的学派，这一派的吕祖谦、夏僎对《尚书》的研究也颇有心得。以朱熹为宗师的朱子学派对《尚书》的集大成之研究，在宋代可谓治《尚书》的佼佼者，特别是蔡沈承其师朱熹之旨历十年完成的《书集传》，更是影响巨大，是宋代《尚书》研究的代表作。该书言简意赅、解说精到，体现了宋学的特色。此外，陆氏学派的陆九渊奉"六经注我"之宗旨，以解《尚书》来发明其本心，将《书经》作为吾心的记籍，其门人陈经、杨简、袁燮、钱时等在《尚书》学方面颇能畅其师说。宋代以《尚书》名家者很多，比较著名的有王安石、苏轼、史浩、林之奇、程大昌、郑伯熊、薛季宣、吕祖谦、黄伦、黄度、夏僎、傅寅、蔡沈、钱时、魏了翁、陈大猷、金履祥、马端临诸家。

1.《东坡书传》13卷（一作20卷），（宋）苏轼撰

北宋元符间（1098—1100），苏轼谪居儋州（在今海南），有感于自神宗熙宁以后，论解《尚书》及开科取士专尚王安石《尚书新义》之说，"新学"穿凿附会之习盛行，遂撰《书传》一书，以自己对《尚书》的见解，驳斥王说。苏轼此书"究心经世之学，明于事势，又长于议论，于治乱兴亡，披抉明畅，较他经独为擅长"。其说解多不采旧注，议论颇有创见。如释《禹贡》三江，定为北江、中江、南江；以《胤征》为后羿篡位时事；说羲和旷职乃是因为贰于羿而忠于夏之故；讲《康王之诰》"服冕"为非礼；解《吕刑》以"王享国百年耄"作一句，以"荒度作刑"为一句等，都与前说相异。其说解羲和之事为林之奇所宗，说解《康王之诰》为蔡沈取之。① 其说善于怀疑，虽有时不免失之武断，但其方法却颇资借鉴。当学生问朱熹："《书》解谁者最好？莫是东坡书为上否？"朱熹回答说："然。"朱子还说："东坡书解却好，他看得文势好。""东坡书解文义得处较多。"② 可见苏氏此书深得学者所重。苏氏解经思想，实际上打破了唐五代以来学术界所信奉的"宁道周孔误，讳言服郑非"、不敢越注疏的风气，对宋代经学研究有很大的影响。

该书在苏轼生前未曾刊刻，北宋时只有写本存世。③ 南宋和元儒《尚书》学著作屡屡称引苏氏《书传》，其间有没有刻本不可考。不过，根据明嘉靖年间胡直（1517—1585）《书苏子瞻书传后》所述，似乎直至明初尚无刻本。明万历二十四年丁酉（1596）毕侍郎刻《两苏经解》，苏氏《书传》始有刻本。晁公武《郡斋读书志》卷一、陈振孙《直斋书录解题》卷二著录该书皆为13卷，《宋史·艺文志》同。苏轼《与郑靖老（三）》："草得《书传》十三卷，甚赖公两借书检阅也。"可知其原书当为13卷。明、清书目则作20卷，《四

---

① 永瑢等：《四库全书总目》卷一一《东坡书传》提要。
② 黎靖德编、王星贤校点：《朱子语类》卷七八《尚书·纲领》，第1986页。
③ 苏辙：《栾城后集》卷二二《亡兄子瞻端明墓志铭》，上海古籍出版社，1986年。

库全书总目》提要说："是书《宋志》作十三卷，与今本同。《万卷堂书目》作二十卷，疑其传写之误也。"① 不过万历《两苏经解》本、明末朱墨套印本皆20卷，甚至《四库全书》本身所收也是20卷。无论是13卷，还是20卷，经张海鹏考察，其"书之首尾既全"，"卷帙之分合，于说经要旨无关耳"②。其书初撰为13卷，后来大概因卷帙过重，分为20卷了。

苏轼《书传》现存版本主要有《两苏经解》本、凌濛初（或作闵齐伋）刻朱墨印本、毛晋刻《津逮秘书》本、清《四库全书》抄本、张海鹏《学津讨源》本、清顺治刊本，明、清写本也尚多，其中以《两苏经解》本最优。

2.《尚书全解》40卷（一作58卷），（宋）林之奇撰

林之奇（1112—1176），字少颖，号拙斋，世称"三山先生"，侯官（今福建闽侯）人。师从吕本中，为"周敦颐→二程→杨时→吕本中→林之奇"一脉相传之理学正传。晚年辞禄家居，精研《尚书》，博考诸儒之说，以成是书。其自序该书云："博采诸儒之说而去取之，苟合于义，虽近世学者之说，亦在所取；苟不合于义，虽先儒之说，亦所不取。"可见其纯以义理解《尚书》。该书颇多异说，且能以史相证佐，如以阳鸟为地名，三俊为常伯、常任、准人等等，皆为前人所不言之说。特别是论解《洪范》篇，宋儒说《尚书》虽与汉儒不同，但在对待《洪范》的态度上却与汉儒一脉相承，尊信不疑，并且用陈抟所绘底图，把所谓《洛书》绘成《太一下行九宫图》，认其为神龟背上所刻的《洛书》原文，而林之奇摒弃前人的尊崇迷信态度，首先对它的真实性提出怀疑，认为事实未必如此。此举在有宋一代，堪称前无古人，后无来者。故林氏此书在《尚书》学史上占据着重要的地位，堪称一家之言。而林氏本人，则为恢复《尚书》的本旨思想做出了相当的贡献。

林之奇此《尚书》学著作的成书及流传情况非常复杂。首先，林氏是否解《尚书》各篇，据其孙林峈搜访厘定该书时的序言、其弟子吕祖谦的《书说》作解缘起与内容以及朱熹、王应麟的相关记载，③ 可见该书终于《洛诰》而已。不过，林峈重订该书时，又得林氏门人宇文氏、叶氏传抄之本，可能诸弟子把三山先生平时讲授之《洛诰》以后的篇章添入了原书，所以在林峈

---

① 永瑢等：《四库全书总目》卷一一《东坡书传》提要。

② 张海鹏：《东坡书传跋尾》，见《东坡书传》，《学津讨原》本，广陵刻书局影印。

③《尚书全解·序》、《朱子语类》卷七八、《困学纪闻》卷二。

寻访时，才看到了这些所谓的完帙之本。这也是我们今天所见之本（大多为林岊刊本的传本）为完本的原因所在。其次是书名问题。据宋以来各家著录，有"书解"、"书说"、"尚书全解"、"书集解"、"尚书集解"等诸多名称。①笔者认为，"书解"、"书说"当是泛称；"书集解"和"尚书集解"应是一名，只是时代越近今，称谓越详而已；至于"集解"和"全解"，可能是林氏之后，各家抄录及书坊自拟书名。因为林氏之书散佚，原书名本来不详或林氏作解时未拟，所以书坊刊刻时则自拟书名，如建安书坊，为了标榜此书为林氏之完书，故以"全解"为名。后来诸家著录，因所见版本不一，故著录书名各异。另外，还有卷帙多寡之问题。《直斋书录解题》、《文献通考·经籍考》、《宋史·艺文志》、《国史经籍志》、《经义考》均著录为58卷，而林岊厘定之本，则作40卷。可见，因该书内容有多寡之别，各家抄录及书坊刊刻时对卷帙也可能有分合，故宋时此书版本就不一，如麻沙本就为58卷（林岊谓自《洛诰》以下为伪），《直斋书录解题》等许多书目皆据此著录。后流传既久，散佚更多。清修《四库全书》，馆臣自《永乐大典》中辑出。传本今有《通志堂经解》本及文渊阁《四库全书》本，皆为40卷。

3.《敷文书说》1卷，（宋）郑伯熊撰

郑伯熊（1124—1181），字景望，学者称敷文先生，南宋永嘉（今浙江温州）人。《四库全书总目》引《浙江通志》称："伯熊邃于经术，绍兴末伊洛之学稍息，伯熊复出而振起之。"又引刘埙《隐居通义》谓："伯熊明见天理，笃信固守，言与行应。"② 可见郑氏虽为永嘉学者，却在南宋理学一度势衰时振兴理学，并且笃信固守，成为一时理学传人。后之吕祖谦、陈傅良、叶适等皆受其学以充实自己的学说。

郑伯熊《敷文书说》之作，据陈亮所撰《郑景望书说序》云："永嘉郑公景望与其徒谈《书》之余，因为之说。"③《四库全书总目》也说："此乃所作《尚书讲义》，皆摘其大端而论之。凡二十九条，每条各标题其目。……是书虽为科举而作，而尚不汩于俗学。"④ 可见该书是郑氏为学子习举业而作。不过，该书与当时庸俗的科举书不同，把宋学的经学成就融入了其中。朱熹认

① 参见《尚书全解·序》、陈振孙《直斋书录解题》卷二、王应麟《困学纪闻》卷二、马端临《文献通考》卷一七七等。

② 永瑢等：《四库全书总目》卷一一《敷文书说》提要。

③ 陈亮：《龙川集》卷一四《郑景望书说序》。

④ 永瑢等：《四库全书总目》卷一一《郑敷文书说》提要。

为郑氏论解《甫刑》之意，"其中论不可轻于用刑之类，也有许多好说话，不可不知"①。陈亮谓郑景望此书与前儒解《书》不知"帝王之所以纲理世变者"不同，"其胸臆之大，则公之所自知与明目者之所能知"。②《经义考》引云谷胡氏序该书时说郑氏"探圣贤之心于千载之上，识孔子之意于百篇之中，虽不章解句释，而抽关启钥，发其精微之蕴，深切极至，要皆诸儒议论之所未及，亦可谓深于《书》者欤！"③ 可见郑氏《书说》正体现了宋代理学之主要精神。该书综论大义，推阐最为明畅，间亦纠正先儒旧说，如释《皋陶谟》"三就三居"则驳郑玄、王肃及孔《传》之说，释《胤征》"俶扰天纪"则驳苏轼《书传》之说，于《泰誓序》则以为经文称十三年者误，当依《序》文作十一年，等等。故此书虽只1卷，仅是二十几条关于《尚书》的解说，但在当时以及后世都颇有名。

今有清抄本、清刻本、《函海》本、《经苑》本、《榕园丛书》本、《艺海珠尘》本等多种版本行世。

4.《尚书讲义》20卷④，（宋）史浩撰

史浩（1106—1194），字直翁，南宋鄞县（今浙江宁波）人。

据《经义考》引《中兴书目》云："淳熙十六年正月，太傅史浩进《尚书讲义》二十二卷，藏秘府。"原书已佚，今本乃从《永乐大典》中辑出，有《虞书》4卷、《夏书》2卷、《商书》4卷、《周书》10卷。因系经进之本，故其说解皆顺文阐释，颇近经幄讲章之体。其说主要以理学观点注疏经文，参考宋代诸儒旧说，间附己意，融而贯之。当时张浚用兵中原，史浩为右仆射，极力反对北伐，时人谓其无恢复之志，有投降思想。不过，从其说解《尚书·文侯之命》极力赞颂宣王能勤政复仇而伤叹平王无志恢复旧土来看，史氏当时并无投降思想，也不以用兵为非，只是认为张浚不度力量时，恐达不到恢复的目的。史氏阐释《尚书》经文，亦时有创见，如《洛诰》"命公后"一句，前儒之说皆释为命伯禽为周公之后，史浩却说："'命公后'者，使公

---

① 黎靖德编、王星贤校点：《朱子语类》卷七九《尚书二·吕刑》，第2062页。
② 陈亮：《龙川集》卷一四《郑景望书说序》。
③ 朱彝尊：《经义考》卷八〇。
④ 该书于《郡斋读书志》及《直斋书录解题》未见著录，《宋史·艺文志》、《延祐四明志》、《经义考》引《中兴书目》及雍正《浙江通志》都著录为22卷，《文渊阁书目》录其名，朱彝尊《经义考》云未见。可见原书当为22卷，后来失传，到《四库全书》修纂时，四库馆臣自《永乐大典》中辑出，厘正后分作20卷，是为今所见本。

且住洛，缓其归周之期也。"他认为成王既归，周公在后，看"公定予往矣"一言，便见得周公且在后之意。此说深得朱熹赞赏，其后命蔡沈订正《书集传》，解"命公后"即用史浩说。① 时人孙应时也称"此书多所发明帝王君臣精微正大之蕴，剖抉古今异说偏见，开悟后学心目，使人沛然饱满者无虑数十百条"②。

该书今传本有文渊阁《四库全书》本、清抄本及《四明丛书》本等。

5.《尚书详解》26卷（一作16卷，一作40卷），（宋）夏僎撰

夏僎字元肃，号柯山，浙江龙游人。时澜序是书，称其"少业是经，妙年撷其英，以掇巍第"③，可见夏氏精于《尚书》研究，并以此登科第。

该书集孔安国及孔颖达之传与疏、王安石《尚书新义》、苏轼《书传》、陈鹏飞《书解》、林之奇《尚书全解》、程颐《书说》、张九成《尚书详说》等诸儒之说，而以林之奇说尤多。夏氏此书虽是便于学子习科举业而撰，但其集《尚书》学诸名家，尤其是宋学诸儒经说之精义于一书，故《四库全书》评价其"反复条畅，深究详绎，使唐、虞、三代之大经大法灿然明白，究不失为说《书》之善本"④。明洪武间，初定科举条式，诏习《尚书》者并用此书及蔡沈《书集传》，其影响由此可见一斑。永乐中，《书经大全》成，始独用蔡《传》，夏氏之书渐微。

该书在南宋淳熙间麻沙刘氏书坊有刻版，但此刻本的流传情况不明。陈振孙《直斋书录解题》、马端临《文献通考·经籍考》及《宋史·艺文志》皆著录该书，⑤ 书名作"书解"，为16卷，未谈版本情况。朱睦㮮《授经图义例》、朱彝尊《经义考》、徐乾学《传是楼书目》咸称"《尚书解》十六卷"，张金吾《爱日精庐藏书志》则称"《尚书详解》十六卷"。明万历四十年及清康熙十二年《龙游县志》则作"《柯山书传》四十卷"，可见该书在流传过程中书名及卷帙均有变化。抵清时仅存抄本，脱误尤多。纂修《四库全书》时，浙江采进本缺《虞书》、《尧典》至《大禹谟》全部内容；《周书》中缺《泰誓》中、《泰誓》下及《牧誓》3篇，又缺《泰誓》之末简，四库馆臣遂以《永乐大典》参校，但《泰誓》1篇缺载，无从校补；其余各篇全文尚存。馆

---

① 黎靖德编、王星贤校点：《朱子语类》卷七八《尚书·纲领》，第1988页。

② 孙应时：《烛湖集》卷六《上史越王书》。

③ 夏僎：《尚书详解》卷首，文渊阁《四库全书》本。

④ 永瑢等：《四库全书总目》卷一一《尚书详解》提要。

⑤ 陈振孙《直斋书录解题》卷二、马端临《文献通考》卷一七七、《宋史·艺文志》。

臣补辑缺文，复成完帙。书中文句则以《永乐大典》及浙江采进本互校，择善而从。原本分 16 卷，经文下多附重言、重意，馆臣病其鄙浅，及全部删除，重加厘定，勒为 26 卷，是为今本 26 卷之由来。传本今以文渊阁《四库全书》本、武英殿聚珍本及它们的翻印本为主，还有旧抄本。

6.《书说》35 卷，（宋）吕祖谦撰

吕祖谦为宋代著名学者，开浙东学派先声。其《书说》之作，成书、版本及流传情况纷繁复杂。《郡斋读书志·附志》作"《书说》六卷"①。《直斋书录解题》作"《东莱书说》十卷"，谓"吕祖谦撰。其始为之也，虑不克终篇，故自《秦誓》以上，逆为之说，然亦仅能至《洛诰》而止。世有别本全书者，其门人续成之，非东莱本书也"②。《文献通考·经籍考》著录亦同，并引祖谦之弟祖俭（自号大愚叟）为该书所作的跋语，谈及此书的成书过程及内容，谓"《尚书说》自《秦誓》至《洛诰》凡十八篇"，诸生传习《尚书》之说时因"听之有浅深，记之有工拙，传习既广而漫不可收拾，伯氏盖深病之"，于是"取《尚书》置几间而为之说，先之《秦誓》、《费誓》者，欲自其流而上溯于唐虞之际也。辞旨所发不能不敷畅详至者，欲学者易于览习，而有以舍其旧也。讫于《洛诰》而遂以绝笔者，以夫精义无穷"。③ 大愚叟乃祖谦之弟，其说应可信。他记载了东莱《书说》的成书过程及内容。由此可见，吕氏亲自所作《书说》，只有 18 篇，10 卷，自《秦誓》始，上溯至《洛诰》而讫。东莱殁后，门人据讲课记录，或续原书以成全本，或另作整理讲稿本，故不同版本迭出。

据历代书目著录，见于记载的有 35 卷、16 卷、9 卷、13 卷、6 卷、10 卷、30 卷等多种版本。而现存主要为两种版本：其一，35 卷本，后 13 卷为吕氏亲撰，前 22 卷为其门人时澜增修。《宋史·艺文志》著录，此版本现有宋刻本，还收录入《通志堂经解》、《四库全书》、《金华丛书》及《丛书集成初编》诸书中。其二，16 卷或 13 卷本。丁丙《善本书室藏书志》著录有严久能手抄宋本 13 卷，标题"门人巩丰仲至钞"。丁氏之书，后转至南京国学图书馆，即今南京图书馆。南京图书馆馆藏目录著录有《东莱先生书说》16 卷本，清严元照（字久能）抄、校、跋，钱塘丁丙跋，但仅残存卷一至卷九。

这两种版本互相对照，颇多不同之处。从巩丰本《书说》的语气可以断

① 晁公武、赵希弁：《郡斋读书志》卷五上《附志》。

② 陈振孙：《直斋书录解题》卷二。

③ 马端临：《文献通考》卷一七七《经籍考四》。

定，《尧典》以下也是吕祖谦课生徒的讲稿，是巩丰当时听课所作的笔记，没有加工整理的痕迹，所以其语气与吕祖谦的原话最为接近。而时澜增修之本，是感慨原书"于《秦誓》始，至于《洛诰》"，乃"终狐裘而羔袖"，于是应郑肇之之请，修"门人识录之陋"，"清其俚辞，芟夷繁乱，剪截复杂，俾就雅驯，至于旨意所出，毫发己见罔敢参与"。① 可见，时澜增修本也是完全按照吕氏之本意而作，只作语言上修改，使其变得雅驯，并重新编订卷帙，成35卷。故这两种版本之《书说》，实际上均是吕氏讲课笔记之整理本，大致能反映东莱先生《尚书》学本旨。

与林之奇一样，吕祖谦研究《尚书》不苟同前说，且博采众说，多有创见，并能以史相佐证，故他们的著作不仅在儒学发展史占据着一定的地位，而且对研究中国学术史亦有很高的参考价值。

7.《尚书说》7卷，（宋）黄度撰

黄度字文叔，号遂初，新昌（今属浙江）人。绍兴年间进士，官至焕章阁学士。陈振孙《直斋书录解题》称其"笃学穷经，老而不倦"②。著有《书说》、《诗说》、《周礼说》三部经学著作，传至今唯《书说》仅存。据好友叶适撰写的《故礼部尚书龙图阁学士黄公墓志铭》称黄度"有《诗》、《书》五十卷，《周礼》五卷"，其又在《黄文叔诗说序》中说"始得其诗说三十卷"③。据叶适所言，黄度《书说》当为20卷。与宋袁燮撰《龙图阁学士通奉大夫尚书黄公行状》、张淏《会稽续志》的记载相同。④ 然《直斋书录解题》、《文献通考·经籍考》、《宋史·艺文志》、《授经图义例》却著录黄度"《书说》七卷"；明代吕光洵刊刻此书，也谓"得黄氏《尚书说》七卷于武部吕江峰氏，与太史唐荆川氏校其讹谬，以授黄氏子孙，刻诸家塾"⑤，与宋代叶适、袁燮、张淏的记载不合。或许黄度《书说》原稿本分作20卷，后刊刻时合并为7卷。不过，由于宋代版本都已亡佚，黄氏《书说》在宋代的流传情况不甚清楚，无法推知原书版本真相。

《尚书说》为黄氏"以义理谈经"之作。⑥ 叶适评价黄度治经"得义理所安为多，诸儒罕能过也"⑦，明吕光洵序此书云："其训诂多取诸孔氏，而推

① 时澜：《增修东莱书说原序》，见《增修东莱书说》，文渊阁《四库全书》本。
② 陈振孙：《直斋书录解题》卷二。
③ 叶适：《水心集》卷一二，文渊阁《四库全书》本。
④ 袁燮：《絜斋集》卷一三；张淏：《会稽续志》卷五。
⑤ 朱彝尊：《经义考》卷八一引。
⑥ 永瑢等：《四库全书总目》卷一一《尚书说》提要。
⑦ 叶适：《水心集》卷一二。

论三代兴衰治忽之端，与夫典、谟、训、诰微辞眇义，如人心、道心、精一、执中，安止、惟几、绥猷、协一、建中、建极之旨，皆明诸心，研诸虑，以其所契悟注而释之，其辞约，其义精，粲然成一家言，诸儒莫尚焉。"①

此书传本今有明万历三年吕光洵刻本、明抄本、清初抄本、《通志堂经解》本、摛藻堂《四库全书荟要》本、文渊阁《四库全书》本、清拱秀堂刻本、清抄本等。

8.《絜斋家塾书钞》12卷（一作10卷），（宋）袁燮撰

袁燮（1144—1224），字和叔，"絜斋"乃其自号，学者称絜斋先生，南宋庆元府鄞县（今浙江宁波）人。乾道初入太学，师事陆九龄，继师事陆九渊。把陆氏心学推向社会政治和伦理方向发展。进一步发挥"心"本论，每言人心与天地一本，"心"为人之大本。

《絜斋家塾书钞》一书，陈振孙《直斋书录解题》谓"其子乔崇谦录其家庭所闻，至《君奭》而止"②，《宋史·艺文志》著录为"袁燮撰"，《文献通考·经籍考》、《授经图义例》、《经义考》、《四库全书总目》同。不论该书的成书过程如何，它的确代表了袁燮对《尚书》经义的论说。《四库全书总目》对该书的内容与特点有很好的概括："燮之学出陆九渊。是编大旨在于发明本心，反复引申，颇能畅其师说。而于帝王治迹，尤参酌古今，一一标举其要领。"③ 其释《尚书》多有至理之解，王应麟虽为与"心学"对立的朱子学派传人，但特重挈斋解"儆诫无虞"诸条，征引入其《困学纪闻》中。

该书于《四库全书》编录之前诸家著录都作10卷，但传本较稀少，诸家说《尚书》者罕见征引。四库馆臣自《永乐大典》中辑出，厘正后分作12卷。今传本有文渊阁《四库全书》本、《四库全书珍本初集》本、《四明丛书》本等。

9.《书集传》6卷，（宋）蔡沈撰

《书集传》又名《书经集传》、《朱文公订正门人蔡九峰书集传》、《书经集注》、《尚书集传》、蔡《传》等，乃后代刊刻，多易其名。此书乃蔡沈承师朱熹遗命于宁宗庆元五年（1199）而作，④ 嘉定二年（1209）成书。淳祐中，其子蔡杭表进于朝，称《集传》6卷，《小序》1卷，《朱熹问答》1卷，缮写

---

① 朱彝尊：《经义考》卷八一。
② 陈振孙：《直斋书录解题》卷二。
③ 永瑢等：《四库全书总目》卷一一《絜斋家塾书钞》提要。
④ 参见朱熹《晦庵集续集》卷三《答蔡仲默》、蔡沈《书经集传》卷首《书经集传序》、蔡杭《进书集传表》（见王霆震《古文集成》卷二三）。

成 12 册。然《郡斋读书志》、《宋史·艺文志》著录止有《书集传》6 卷，则似自宋以来即唯以《集传》单行矣。所据《尚书》为唐代卫包改写本。

蔡氏此书虽然在体例上仍依《尚书》经文训解，但在每篇标题下都注明"今文古文皆有"及"今文无古文有"，凡"今文古文皆有"者为 28 篇，"今文无古文有"者为 25 篇，今文、古文区分清楚，即暗示了真伪观点。他又把《书序》集中起来附在书后，对其可靠性提出了怀疑。另外，在《孔安国序》之下明确提出了怀疑意见。由此可见，蔡沈继承了朱熹研究《尚书》的观点，尤其是对孔《传》及其所依附的《古文尚书》、《书序》的怀疑。此书是一部宋学的代表作，其"参考众说，融会贯通"，把众多的宋儒经说择其精华融入其中；训字释义以"理"为断，宣扬心学心法，提倡德、仁、敬、诚，比起汉唐经说中许多牵强附会的解释更合情合理，且叙述通畅简易，为学者乐于接受。总之，该书总括了宋代两百年间学者们对《尚书》的探索成果，其与唐代孔颖达所撰《尚书正义》分别代表了《尚书》学术史上的两个时代，对后世的经学研究影响深远。

宋末元初，张葆舒作《尚书蔡传订误》、黄景昌作《尚书蔡氏传正误》、程直方作《蔡传辨疑》、余苞舒作《读蔡传疑》，递相诘难蔡《传》之误。表明对蔡《传》尤为关注。"及元仁宗延祐二年，议复贡举，定《尚书》义用蔡氏，于是葆舒等之书尽佚不传"[1]。元陈栎作《尚书集传纂疏》、董鼎作《书传辑录纂注》、陈师凯作《书蔡传旁通》、王天与作《尚书纂传》、朱祖义著《尚书句解》，大抵"自宋末迄元，言《书》者率宗蔡氏"[2]。到明代，太祖亲验天象，知蔡《传》不尽可据，因命作《书传会选》，参考古义，"凡蔡氏之得者存之，失者正之"[3]，颁行天下。永乐中编《五经大全》，独尊蔡沈《书集传》，蔡《传》"定为功令者，则始自是书"[4]；王樵作《尚书日记》，也"仍以蔡《传》为宗"[5]。但袁仁撰《尚书砭蔡编》，"纠蔡沈之误"[6]；陈泰交著《尚书注考》，"皆考订蔡沈《书传》之讹"[7]。故明代虽订蔡《传》之误，但科举教育仅以此本为宗。有清一代，《尚书》学著述仍宗蔡《传》，如孙奇

---

① 永瑢等：《四库全书总目》卷一二《书传会选》提要。
② 王充耘《读书管见》"目录"之下四库馆臣按语。
③ 刘三吾：《书传会选》卷首《书传会选原序》。
④ 永瑢等：《四库全书总目》卷一二《书传大全》提要。
⑤ 永瑢等：《四库全书总目》卷一二《尚书日记》提要。
⑥ 永瑢等：《四库全书总目》卷一二《尚书砭蔡编》提要。
⑦ 永瑢等：《四库全书总目》卷一二《尚书注考》提要。

逢《尚书集解》、张沐《书经疏略》、徐世沐《尚书惜阴录》、冉觐祖《书经详说》、刘怀志《尚书口义》、方宗诚《诗书集传补义》、朱鹤龄《尚书埠传》等皆如此。尤其是官方三次钦定敕修——库勒纳等编纂之《日讲书经解义》、王顼龄等编纂之《钦定书经传说汇纂》、孙家鼐等编纂之《钦定书经图说》，虽对蔡《传》有所修订，但主体仍祖蔡氏之说。至于书院学堂，甚至民间乡塾，都仅以蔡《传》为教科读本。当然，也有驳正蔡《传》之作的出现，如姜兆锡撰《书经集传参议》、左眉著《蔡传正讹》、王夫之作《书经稗疏》及《尚书引义》等。

纵观元、明、清《尚书》学的发展，可以肯定地说，蔡《传》左右了这三代《尚书》学发展的进程和内容。在蔡《传》之前，儒家解《尚书》，总是先征引汉代孔《传》及唐孔颖达《尚书正义》之说，并论其是非得失；蔡《传》的出现，因其宗程、朱理学，宋明清理学家训释《尚书》，大多以蔡《传》为首要关注对象，或笃信而发挥之，或宗主并订补之，或诘责其所失。清代《尚书》学著述有折中汉、宋诸家之说之趋向，但仍不能完全抛开蔡《传》作论。

明清时期将《书集传》刻入《五经大全》、《监本五经》、《五经四书集注》等《五经》本中。今传本中，朱熹《问答》已佚，有文渊阁《四库全书》本及明、清多种单刻本传世。

10.《尚书精义》50 卷（一作 60 卷），（宋）黄伦撰

据陈振孙《直斋书录解题》称，黄伦，字彝卿，三山（今福建福州）人。

此书搜罗自汉讫宋历代学者诠释《尚书》之文，自认所取皆为精当之语，故名。其书于每句经文下首列张九成之说，然后再列其余宋儒之说。书中征引众说、作者自己的论断，如遇不同，则两说或多说并存。因为首列张九成之说，似本张九成所著《尚书详说》而推广之，故陈振孙怀疑此书或为书坊伪托之作。[①] 张九成《尚书详说》之目仅见于《宋史·艺文志》，其书久已亡佚，如果此书确为沿袭九成之作，则正可就其内容以观张氏《尚书详说》之原貌。另外，此书所引其他诸家之书，今大多已亡，只言片语，唯赖此书尚存。因此，就资料性而言，宋儒此类著作尚无出其右者。其所存诸儒言论，对全面认识宋儒经学思想、学派源流及研究成果都有很高的参考价值。

其书《直斋书录解题》、《文献通考·经籍考》、《宋史·艺文志》、《授经图义例》著录 60 卷，传本久绝，朱彝尊《经义考》亦曰"佚"。清修《四库

---

① 陈振孙：《直斋书录解题》卷二。

全书》，馆臣自《永乐大典》中辑出，重订为 50 卷。今传本有文渊阁《四库全书》本、清抄本、《丛书集成初编》本、民国补刊《经苑》本等。

11.《尚书详解》50 卷，（宋）陈经撰

陈经字显之，一字正甫，江西安福人。

陈经生于宁宗之世，正值蔡沈《书集传》初出之时，但陈氏此书却少取其说，而多取古说，间参以己义；仍按《尚书》原有体例排列；其说解，每引后世之事以证古经。该书《自序》称读《尚书》之法"当以古人之心求古人之书。吾心与是书相契而无间，然后知典、谟、训、诰、誓、命皆吾胸中之所有，亦吾日用之所能行，则二帝三王群圣人之道，虽千百载之远犹旦暮遇之也"云云，其思想与陆九渊之学颇为相似，推崇"六经注我"之说，如论述舜放四凶，陈氏即云："舜之逐四凶，未尝有疾恶之心，必欲使其大有次序，安其居止，无忧愁之苦而后已，此圣人之仁心也。"① 对此，《四库全书总目》评其："则欲明先王爱物之心，转失圣人惩恶之义，颇有未协。"② 陈氏《尚书详解》对经文的疏解，句栉字比，比较详明，往往发先儒所未发，可与林之奇《尚书全解》及夏僎《尚书详解》诸书相表里，特别是此书不袭蔡沈之说，颇能说明作者有自己的思想，不轻易苟同他家之说的治学态度。此书对考察宋代经学发展史有参考价值。

此书《宋史·艺文志》著录为 50 卷。入清，抄本颇为完善，被收录在《四库全书》中。今传本除文渊阁《四库全书》本外，还有《丛书集成初编》本、清刻本等。

12.《融堂书解》20 卷，（宋）钱时撰

钱时（1175—1244），字子是，人称融堂先生，浙江淳安人。自幼即绝意科举，精研理学。主讲象山书院，新安、绍兴等郡学。以李心传荐，召为史馆检阅。著有《周易释传》、《尚书演义》等。《宋史》卷四〇七《杨简传》所附传。

此书为钱氏专解《尚书》之作。其在每篇经文的前面都要阐释大旨，凡遇《逸书》之《序》，则参考《史记》，核其时事以论篇题。钱氏主张，说解《尚书》，首先要"表章"《书序》，只有将《书序》阐释清楚，才可涉及其他问题。故此书特点，在于说解《书序》较详。解《书序》之后，又征引《经典释文》、《史记集解》、《史记正义》、《史记索隐》中所引马融、郑玄等汉儒

---

① 陈经：《尚书详解》卷六。
② 永瑢等：《四库全书总目》卷一一《尚书详解》提要。

旧说，用以引申其义。如解说"羲和旷厥职"从苏轼之说，康叔封卫在成王时仍本孔《传》，《康王之诰》则兼采张九成之说，不专主一家之言。至于以《泰誓》为告西岐师旅，《牧誓》为告远方诸侯，钱氏皆不傍前人，自抒心得。其又谓《武成》本无脱简，前为武王告师之辞，后为史臣纪事之体；《康诰》首节，以周公初基定为东都营洛邑，封康叔以抚顽民，不当移置于《洛诰》，尤可见其不惑于前儒旧说，是宋人经解中的突出一家。其说解对研究《尚书》的篇题、《书序》、内容等都有着很高的参考价值。

此书《永乐大典》作《融堂书解》，朱彝尊《经义考》据《菉竹堂书目》作《尚书演义》8 卷。清修《四库全书》时，馆臣自《永乐大典》中辑出，书名仍袭其旧，厘作 20 卷，但缺《伊训》、《梓材》、《秦誓》3 篇，《说命》、《吕刑》也不完备，时有缺文，其他篇则全在。今传本有《通志堂经解》本、文渊阁《四库全书》本、《丛书集成初编》本等。

13.《书集传》12 卷，《尚书集传或问》2 卷，（宋）陈大猷撰

陈大猷，元吴师道《敬乡录》记载其为东阳人，登绍定二年进士，"著《书集传》，采辑群言，附以己意。李文清公宗勉为序。……宋季，其说盛行"①。作者在《尚书集传或问》卷首也说："大猷既集《书》传，复因同志问难，记其去取曲折，以为《或问》。"可见陈氏著有《书集传》和《或问》两书。

宋理宗时有两人同名陈大猷（一为东阳人，一为都昌人），后世学者常将他们混而为一，致使《书集传》和《或问》的作者不明。张云章著录为东阳陈大猷，朱彝尊却对此产生怀疑，其作按语云："按叶文庄《菉竹堂书目》有陈大猷《尚书集传》一十四册，西亭王孙《万卷堂目》亦有之。其书虽失，或尚存人间。未知其为东阳陈氏之书与？抑都昌陈氏之书与？考鄱阳董氏《书纂注》列引用姓氏，于陈氏《书集传》特注明'东斋'字，正未可定为东阳陈氏之书，而非都昌陈氏所撰也。"② 此后，《尚书集传或问》刻于《通志堂经解》，纳兰性德序之时仍支持张云章之说。《四库全书总目》对照《或问》之书与元代董鼎《书传辑录纂注》原引各条考证，也校正朱彝尊之说，维持张云章之说。但张云章的记载也有误，他误认为都昌陈大猷号"东斋"，而据明代应育廷《金华先民传》记载，东阳陈大猷号"东斋"，与元明清以来的学者如陈栎、董鼎、陈师凯、毛应龙、刘三吾、胡广、朱鹤龄、

---

① 吴师道：《敬乡录》卷一三，文渊阁《四库全书》本。
② 朱彝尊：《经义考》卷八三。

胡渭等注引的称谓一致。所以《书集传》及《或问》的作者当为东阳陈大猷。

陈氏《书集传》的撰述方法是"用朱子释经法、吕氏《读书记》例，采辑群言，附以己意成编"①，即依经文之序，先训诂而后及意义；或先用甲说，次用乙说，而后复用甲说，大概使意义贯穿如出一家。其后"复因同志问难，记其去取曲折，以为《或问》。其有诸家驳难已尽，及所说不载于《集传》，而亦不可遗者并附见之，以备遗忘"②。考《或问》的著作宗旨，"亦犹紫阳《四书集注》之外，别为《或问》一书也"③。

陈氏此两书《宋史·艺文志》失载，但在元、明时期却流传广泛，故学者多有称引，《文渊阁书目》、《菉竹堂书目》、《万卷楼书目》皆著录。到了清代，罕见流传，故张云章、朱彝尊、《四库全书总目》皆云已佚。但铁琴铜剑楼收藏有宋刊秘笈。④ 今两书都存世，《两浙著述考》云："《尚书集传》12卷。宋陈大猷撰。纳兰性德作序。又有《尚书集传或问》2卷，《四库全书》提要。"《书集传》12卷及《或问》2卷现有元刻本，⑤《或问》还有《通志堂经解》本、《续金华丛书》本、文渊阁《四库全书》本等。

14.《尚书详解》13卷，（宋）胡士行撰

该书是胡士行对《尚书》的训解，宋代各书家及《宋史·艺文志》均未著录，明代焦竑《国史·经籍志》作"《书集解》十三卷"，黄虞稷《千顷堂书目》著录为"《尚书详解》十三卷"；清朱彝尊《经义考》又作"《初学尚书详解》十三卷"，名称略有不同，其实一书也。此书清代还有宋版，《御制诗集》还有"题宋版《尚书详解》"⑥。今传本有《通志堂经解》本、《摛藻堂四库全书荟要》本、文渊阁《四库全书》本。

该书体例有类孔《传》，多于文句之下顺文释义，文辞简略；每节之后加提要性语言阐发义理。该书亦引汉以来诸家之说，尤其对汉唐二孔、王安石、程颐、苏轼、林之奇、夏僎、吕祖谦称引较多，但引用都很简要，也不加评骘之语，全书以自己独立的解说为主。宋儒以义理论解《尚书》，动辄长篇大论，胡氏此书却与众不同，不偏于义理，不固于训诂，浅明清晰，非常适合

① 纳兰性德：《书集传或问·书集传或问序》，《通志堂经解》本。
② 陈大猷：《书集传或问》卷上，《通志堂经解》本。
③ 朱彝尊：《经义考》卷八三引张云章之语。
④ 瞿镛：《铁琴铜剑楼藏书目录》卷二。
⑤ 《国图古籍善本书目》著录。
⑥ 《御制诗集》四集卷九七，文渊阁《四库全书》本。

初学《尚书》者阅读，朱彝尊称其为"初学尚书详解"①，盖得其实也。

15.《尚书注》12 卷，《尚书表注》2 卷，（宋）金履祥撰

金履祥（1232—1303），字吉父，婺州兰溪（今浙江金华）人。因家居兰溪仁山下，学者称仁山先生。受业于何基、王柏，传朱子之学。金氏对《尚书》颇有研究，《元史》本传谓金履祥著《书表注》4 卷②，明朱睦㮮《授经图义例》录有《尚书表注》2 卷③，《千顷堂书目》又著录《尚书表注》12 卷④，朱彝尊在《经义考》中说："按柳文肃贯撰《行状》云先生早岁所注《尚书》章释句解，盖指《书注》十二卷而言。此书为先生早年所成，晚复掇其要而为《表注》也。"⑤ 王士禛《池北偶谈》卷四《访遗书》谓康熙二十五年四月，访得"元金履祥《尚书表注》十二卷"。由此可见，金氏早年为《尚书》作注，成《尚书注》12 卷，晚年掇其章旨义理而为《尚书表注》。至于 2 卷、4 卷、12 卷本《尚书表注》，可能是后世刊刻时卷帙有分合。

金氏在《尚书表注序》中谈到此书的宗旨与体例云："摆脱众说，独抱遗经，复读玩味，则见其节次明整，脉络贯通，中间枝叶与夫讹谬一一易见。因推本父师之意，正句画段，提其章旨与夫义理之微，事为之概。考证字文之误，表诸四阑之外。"⑥ 该书于每页栏框之外，上下左右都用细字标识，纵横错落，不拘行款，因此书名为"表注"。这种注经方法，在古来注经诸家中，可谓绝无仅有。其注论在搜求援引旧说的基础上，参以自己的独立见解，融合条贯，折中调和，与蔡沈《书集传》之说有很大不同。其征引前儒伏生、孔安国旧说都确有出处，非为妄引。所列作书年月本于胡宏《皇王大纪》。金氏认为，《康诰》之《序》应移冠在《梓材》篇首，而《梓材》篇首之"王曰封"三字，其"王"当为"周公"，"封"字是因上篇《酒诰》而衍。诸如此类，都与前说迥异。金氏全面承继了朱熹、何基、王柏诸师对考证《尚书》真伪的态度和研究思想，而且有了进一步的发展，他指出，西汉孔安国并没有作训解，后人如此主张，完全是受了作伪者的迷惑，因此，他肯定了《尚书》中的《古文尚书》诸篇应该是后人的伪托之作。此书为宋儒研究训释

① 朱彝尊：《经义考》卷八四。

② 按：雍正《浙江通志》卷二四一著录相同。

③ 朱睦㮮：《授经图义例》卷八，文渊阁《四库全书》本。按：《钦定续通志》卷一五六著录亦同此。

④ 黄虞稷：《千顷堂书目》卷一。

⑤ 朱彝尊：《经义考》卷八四。

⑥ 金履祥：《尚书表注序》，见《仁山文集》卷三，文渊阁《四库全书》本。

《尚书》的殿军之作，在总结宋儒，特别是朱熹、蔡沈诸人学术思想的基础上，澄清了《尚书》学术史上的一个重要事实，所以，在经学史研究领域，此书具有多方面的参考价值。

《尚书注》、《尚书表注》都有传本，前者有清抄本、《十万卷楼丛书》初编本、《碧琳琅馆丛书》本、《芋园丛书》本、清光绪五年刻本等，后者有《通志堂经解》本、文渊阁《四库全书》本、《金华丛书》本、《率祖堂丛书》本、《丛书集成初编》本及清光绪三年扫叶山房刻本等。

16. 《书纂言》4 卷，（元）吴澄撰

吴澄，学术渊源于朱熹和陆九渊，是元代著名理学家。此书为吴氏专门训解注释今文《尚书》而作。据清代王懋竑考察，吴澄曾"作《尚书叙录》，前载今文，而别系古文于后，其后为《纂言》，则尽去古文，而独注今文二十八篇"①，指出了该书的成书过程与特点。

在宋代以前，东晋梅赜所献所谓的孔安国《传》本《古文尚书》被学者尊信不疑，然而宋代吴棫作《书裨传》，开始怀疑其不是古本，朱熹亦疑其伪。宋末元初，赵孟𫖯又撰《书古今文集注》，开始分编今文、古文，各为之注，并指出晚出《古文尚书》出现后，学者不察，导致尊伪为真的谬误。吴澄撰《书纂言》，继承了上述学者的观点，再一次指出了伏生所传今文《尚书》为真，梅赜献本《古文尚书》为伪，故在诠释时，只注今文，不及古文，唯在书首列今文 28 篇目录之后，又附列古文 58 篇目录，并对与今文相同的篇题下注明"同今文"。在东汉调和今古文数百年之后，吴氏第一次鲜明地挑起了今古文之争的旗帜。其"断断然不敢信"梅赜献本所增 25 篇"为古书"②，是非观念非常强烈，不似吴棫提出疑问而"不敢勇决"③，也不像朱熹那样虽疑之又维护之。他的这种勇敢疑辨，启发了后来梅鷟、阎若璩、惠栋诸辈前赴后继对晚出《古文尚书》的辨伪工作，在《尚书》学史上具有重要的影响和地位，所以后世学者常常称引其说。

其论解《尚书》，既引前儒旧言，亦有自己所得，时出新意，多可资参征。唯说解经文时，多有颠倒错乱经文之病，均属自作主张，又不明确说明窜改之根据，故《四库全书总目》评其"是则不可以为训"。

今有《通志堂经解》本及文渊阁《四库全书》本等传世。

---

① 王懋竑：《论尚书叙录》，见《白田杂著》卷一。
② 吴澄：《四经叙录》，见《吴文正集》卷一《杂著》。
③ 朱熹：《晦庵集》卷三四《答吕伯恭》。

17.《尚书集传纂疏》6卷，（元）陈栎撰

陈栎（1252—1334），字寿翁，号定宇，学者称其定宇先生，徽州休宁（今属安徽）人。著名学者。

《尚书集传纂疏》是陈栎代表作，此书就儒学流踪，将历代名家的意见加以纂疏。因以疏通蔡沈《书集传》之意，① 故名曰"疏"；以纂辑诸家《尚书》之说，故名曰"纂"，合而言之，即曰"纂疏"。又以蔡《传》本出朱子指授，故第一卷特标朱子订正之目。每条之下，必以朱子之说冠于诸家之前，间附己意，则题曰"愚谓"以别之。虽然此书是拥蔡《传》的时义之作，但陈氏说解《尚书》，却并不仅仅株守蔡说。其在《尚书集传纂疏自序》中说："二帝三王之渊懿皆在于《书》……朱子晚年始命门人集传之，惜所订正三篇而止。"他还撰《书解折衷》，在该书《自序》中，陈氏认为："朱子说《书》，谓通其可通，毋强通其难通。而蔡氏于难通罕阙焉，宗师说者固多，异之者亦不少。予因训子，遂掇朱子大旨及诸家之得经本意者，句释于下，异同之说，低一字折衷之。"② 由此可见，陈氏思想，本推崇朱熹，但因蔡氏既为朱子弟子，其书又被定为科举之宗，故撰此书，以蔡氏之说为本，在内容上该书对于蔡氏之说有增有补，但在观点上却决不相驳正，反映了蔡《传》成为法定科举本后的至尊地位。

该书各家著录皆为6卷。今传本有《摛藻堂四库全书荟要》本、文渊阁《四库全书》本、清刻本、日本文化八年刊本等。

18.《读书丛说》6卷，（元）许谦撰

许谦（1269—1337），字益之，自号白云山人，学者称白云先生，婺州金华（今属浙江）人。幼孤力学，受业于金履祥，尽传其学术。晚年讲学于东阳之华山，从学者达千余人，名动一时，世称白云先生，为元初著名学者。著有《读书丛说》、《温政管窥》、《白云集》等。

此编为许氏诠解《尚书》而成。自蔡沈《书集传》问世以后，一些学者解经大都乐其简易，说经释文便不再参稽他儒之说，专以蔡《传》为本。许谦却独博群书，不株守一家之言，撰成是编，故名"丛说"。此书虽博采众说，但以阐述己见为主。如《吕刑》称"惟作五虐之刑曰法，爰始淫为劓、刵、椓、黥"，旧说以为其刑造自有苗。许氏却主张，苗乃专以刑为治国之法，乃始过用其刑，非创造刑也。但该书中亦时有漫患之嫌，如说六律五声，

---

① 永瑢等：《四库全书总目》卷一二《书纂言》提要。

② 陈栎：《书解折衷自序》，见《定宇集》卷一。

漫录《律吕新书》；说唐虞之修五礼，漫录《周官·大宗伯》之文；说《酒诰》太史、内史，则漫引《周官·太宰》六典、八法、八则、八柄之文，因与经文无涉，故殊显泛衍。书中采其师金履祥说为多，卷首列《书纪年》1篇，即本金履祥《通鉴前编》算起。元吴师道评价许氏之书谓"欲读朱子之书者，必由许君之说"①，此恪守师道可知。《四库全书总目》总评该书云："其间得失杂出，亦不尽确。然宋末元初说经者多尚虚谈，而谦于《诗》考名物，于《书》考典制，犹有先儒笃实之遗，是足贵也。"②

书成后为6卷，元代即有刊本。今有《学海类编》本、《四库全书》本、清抄本、《金华丛书》本、《丛书集成初编》本行世。

19.《书传辑录纂注》6卷，（元）董鼎撰

董鼎字季亨，别号深山，饶州德兴（今江西鄱阳）人。董真卿之父。自幼力学，其族兄董梦程尝从朱熹弟子黄幹学，鼎又从梦程学，鼎于朱子为三四传，故自称得朱子之再传。著有《尚书辑录纂注》、《孝经大义》、《小学快睹》、《四书疏义》、《书诗二经训释》等。

此编以蔡沈《书集传》为宗，《集传》之后续以《朱子语录》以及他书所见载的朱熹之语，谓之"辑录"；又博采诸家之说相发明者附列于末，谓之"纂注"。董鼎在《书传辑录纂注序》认为，朱子将《书集传》"委之门人九峰蔡氏，既尝亲订定之，则犹其其自著也"。其实，据蔡沈《书集传》序言，其书只有二《典》、三《谟》尝得先生点定，其他则为蔡氏自撰。吴澄为董氏此书作序亦称，朱字订定蔡《传》，仅至"百官若帝之初而止"③。由此而言，董氏对蔡沈《书集传》的原委当了如指掌，之所以仍称蔡《传》为朱熹所订正，似未免假托。吴澄《书传辑录纂注后序》又称，蔡氏《书集传》自《周书·洪范》以后，其说解有疏脱之病，"师说甚明而不用者有焉"，又略举《金縢》、《召诰》、《洛诰》诸条之明显舛误者，因而怀疑蔡氏撰写未竟又被别人增补，或者草稿初成未及修订。由此可见元初学者对蔡《传》之说并不完全认同，甚至怀疑此书是否尽为蔡氏原作。董鼎也正是基于这样的观点才撰写了此书，虽明主蔡《传》，实则暗宗朱熹。另外，蔡氏虽受业于朱熹，其书又曾得先生点定，然其书舛误亦时有所见，为免后世学者有病于朱熹，董鼎尽行搜罗朱熹有关《尚书》之说，用以说明蔡《传》并未完全沿袭朱熹之说，

---

① 吴师道：《读四书丛说序》，见《礼部集》卷一五。

② 永瑢等：《四库全书总目》卷一二《读书丛说》提要。

③ 吴澄：《吴文正集》卷一九《书传辑录纂注后序》。

其舛误在于自己而不在于其师。因此，本书的重要价值正如董氏自序所言，乃是尽行搜录朱熹对《尚书》一经的绝大部分说解，也即"会粹以成朱子之一经"，用以补充蔡《传》之不足。同时，对其他说解亦不排斥，如解《西伯戡黎》则从吴棫说，解《多士》从陈栎说，解《金縢》则兼采郑玄、孔颖达两义等等。此书深得时人好评，称其"有功《书经》多矣"①。

据作者自序及时人吴澄序，董氏此书原名"书传辑录纂注"，但后世书家著录有多种称谓，如《千顷堂书目》作"书经辑录纂注"，雍正《江西通志》、《钦定天禄琳琅书目》作"书传纂疏"，《四库全书总目》作"尚书辑录纂注"，名虽异而实为同一书也。今传本有元延祐五年建安余氏勤有堂刻本、元至正十四年翠岩精舍刻明修本、明内府刻本、清《通志堂经解》本、《摛藻堂四库全书荟要》本、文渊阁《四库全书》本等。

20.《尚书通考》10卷，（元）黄镇成撰

黄镇成（1288—1362），字元镇，福建邵武人。元代经学家。

《尚书通考》一书，专门考证、诠释《尚书》中记载的名物、典故、制度诸事。书前有自序，谓求帝王之心易、考帝王之事难，可知其治学研经，重在实用，不尚作空谈。书中体例，在广泛搜求前人旧说的基础上，对虞、夏、商、周诸朝名物典章进行考释，并时附己见；对旧说有分歧者，亦进行论断，颇为详备。几乎将元以前有关阐释《尚书》中名物、典故、制度等的说解尽纳其中。唯在论断中，时有漫患，如论闰月而牵涉后世司天之书，论律而旁引汉代京房之法，论乐而胪列自汉至宋之乐名，皆与经义无关。其他如四仲、五品、五教、九畴、六府、三事之类，于经文都有明文，而书中仍然复登其图谱，说解也无新的发明，亦为多余之举。至于《尧典》"曰若稽古"一条，其说解又用训诂方法，特出全书体例之外。故《四库全书总目》怀疑此书"似乎随笔记录之稿，未经刊润成书者"②。此书虽然在体例与内容上时有纰漏，但因作者以求实并实用为本，根据《书》本以道政事，故无论是那些比较丰富的引文，还是作者自己的论断，对研究《尚书》中的名物、典章制度，都有着一定的参考价值，其实用性，非元儒同类著作可比。

该书今有元至正刻本、《通志堂经解》本、文渊阁《四库全书》本、日本刻本等传世。

21.《书蔡传旁通》六卷，（元）陈师凯撰

---

① 吴澄：《吴文正集》卷一九《书传辑录纂注后序》。

② 永瑢等：《四库全书总目》卷一二《尚书通考》提要。

陈师凯，彭蠡人，故自题曰"东汇泽"。其始末无考。此书成于元至治元年辛酉 (1321)。不录经文，但摘蔡《传》语，犹如蔡传之疏耳。其自序云，以董鼎《书传辑录纂注》本以羽翼蔡《传》，然多采先儒问答，断以己意。大抵长于发挥义理，而于"天文、地理、律历、礼乐、兵刑、龟策、《河图》、《洛书》、道德、性命、官职、封建之属，未可以一言尽也"①。故陈氏对蔡《传》"片言只字之所当寻绎、所当考训者，必旁搜而备录之，期至于通而后止"，即对蔡《传》中所引名物度数，必详究所出，其有功蔡《传》甚大。不过，对蔡《传》岐误之处，陈氏也不予纠正，正如孔颖达《尚书正义》主于发挥孔氏注文，不主于攻驳孔《传》也，这是遵守"疏不破注"的原则。由此可见，陈氏此书是"一部补充蔡《传》不足的知识性的有用资料书"②。明代编《书经大全》，主要抄录陈栎《尚书集传纂疏》及此书而成。

此书今传本有日本宽文五年 (1665) 上村次郎右卫门刻本、清抄本、《通志堂经解》本、文渊阁《四库全书》本等。

22.《读书管见》2卷，（元）王充耘撰

王充耘字耕野③，江西吉水人。元代经学家。王氏大半生潜心精研《尚书》，并授徒传业。著有《读书管见》、《书义主意》、《书义矜式》等书。

《读书管见》乃王氏养母授徒时所成。全书概括《尚书》各篇中的主要问题作为标题，以专题的形式进行考论，主要在于驳正蔡沈《书集传》之说，间亦疑晚出《古文尚书》。作者认为"《尧典》不过《舜典》之起头耳"，二者本为一篇，如此《尧典》"为舜而作不为尧而作，安得不谓之《虞书》乎?"驳斥了蔡沈"因作于虞史而为《虞书》"的观点；其在"精一执中"条与"传授心法之辨"条对以蔡沈为代表的宋儒以"惟精惟一，允执厥中"为"尧、舜、禹、相授之心法"之论进行了系统的驳斥，并认为"人心惟危，道心惟微，惟精惟一，允执厥中"所在的《禹谟》篇"出于孔壁，深有可疑"，有力地抨击了宋儒人心、道心之说建立的基础。作者还罗列了数条理由以证《禹谟》之伪，而在此以前，学者由怀疑《古文尚书》为伪作到肯定其伪，仅为泛论，多数学者并未举出直接的证据，王氏此举较前儒更为有力，这种搜寻证据的方法对后世学者研究晚出《古文尚书》真伪问题有很大的影响，如明

① 陈师凯：《书蔡传旁通》卷首《书蔡传旁通序》，文渊阁《四库全书》本。

② 刘起釪：《尚书学史》（订补本），第 288 页。

③ 朱彝尊《经义考》卷八六引《读书管见》无名氏序及梅鷟跋并作"耕野"，明《文渊阁书目》载录"王耕野《读书管见》一部一册"，亦表明王充耘字"耕野"。清黄虞稷《千顷堂书目》却载充耘字"舆耕"，当误。

代梅鷟《尚书考异》，进一步揭露了古文 25 篇都是辑先秦文献中的文句而成，所用的研究方法，正是继承了王氏证明《禹谟》的方法。王氏此书，在元代蔡《传》立为官学定于一尊的情况下，敢于不顾功令，离开注疏的限制，径就经文本身进行探讨，虽偶有牵强之论，但精义新见迭出，故此书是"大醇小疵"之作，在《尚书》学史上具有重要的地位。

该书有《通志堂经解》本、文渊阁《四库全书》本流传至今。

23.《尚书纂传》46 卷，（元）王天与撰

王天与，元代经学家，曾为临江路儒学教授。此书首先列孔安国《传》、孔颖达《疏》，而后附录前儒诸家之说，但其大旨以朱子之说为主，以真德秀之说为辅，并以此两家之说为标准决定对各家注疏的选取与否。之所以这样处理，正如其《自序》中所言："古今传《书》者之是非，至晦庵先生而遂定。晦庵先生折衷传《书》者之是非，至西山先生而愈明。学者不于二先生乎据将焉据？乃本二先生遗意作《尚书纂传》，其条例则先二孔氏，说者崇古也；有未当，则引诸家说评之；有未备，则引诸家说足之；说俱通者并存之，间或以臆见按之，大要期与二先生合而已。"[①] 而朱熹考论群经，以《尚书》托属弟子蔡沈，故天与以蔡氏《书集传》为据；真德秀则在其撰《书说精义》以外，复有《大学衍义》一书，其所论与虞、夏、商、周之大经大法多有互相出入者，故天与亦备而采之。其撰作宗旨，期望与两先生之说相合而已，不敢以私意定夺去取。该书在名物训诂上多有缺略，甚至有不相及者；而在阐发经文义理方面却较详细，多有为他书所不及者。王氏一生以研经为主，其所撰书并不参以己意，在元儒中可谓少有。本书特点在于较多地保留了宋儒朱熹及真德秀论解《尚书》的观点，并将这些说解集中于一帙之中，为后世学者系统、全面地研究他们的《尚书》学思想，提供了方便。但对其舛误之处，不加已意，不作驳正，一仍其旧而录之，表明元代经学具有继宗宋学的特点。

该书今传本有明刻本、《通志堂经解》本、摛藻堂《四库全书荟要》本、文渊阁《四库全书》本等。

24.《书经大全》10 卷，（明）胡广等撰

《书经大全》乃明代《五经大全》之一，又称《书传大全》，胡广等奉敕撰。

《书经大全》虽不似《诗经大全》全抄刘瑾《诗传通释》、《春秋大全》全

---

① 王天与：《尚书纂传·原序》。

抄汪克宽《胡传附录纂疏》，但实际上本于陈栎《尚书集传纂疏》、陈师凯《书蔡传旁通》，而前者墨守蔡《传》，后者于名物度数考证特详，较刘瑾《诗传通释》、汪克宽《胡传附录纂疏》均有根底，故《书传大全》在《五经大全》之中为"尚为差胜"之作。① 全书首《书说纲领》，次《书经大全图说》，画《唐虞夏商周谱系图》、《历象授时图》、《虞书律度量衡之图》等数十幅，各有图说，次为正文。

该书今传本有明永乐北京司礼监刻《五经大全》本、明嘉靖七年书林杨氏清江书堂刻本、明内府抄本，以及朝鲜翻明永乐刻本、日本承应二年（1653）刻官版《五经大全》本、清文渊阁《四库全书》本等。

25.《书传会选》6 卷，（明）刘三吾等撰

刘三吾（1113—?），又名如孙，字三吾，自号坦翁，湖广茶陵（今属湖南）人。元末曾任诸路儒学副提举，明初任左赞善，累迁至翰林学士。

《书经》自南宋蔡沈撰《书集传》，元代立为学官后，学者多宗之。元以后说解《尚书》者，亦多以发明、疏证蔡《传》为主，蔡《传》不妥之处，则存而不论。至明太祖始考验天象，知与蔡《传》多不合，故仿汉代石渠、白虎故事，于洪武十年（1377），命刘三吾广征天下宿儒订正蔡《传》，并于二十七年（1394）颁诏修《书传会选》。参加修撰者除刘三吾外，还有胡季安、门克新、王俊华等 30 余人。书成颁行天下。此书以蔡《传》为底本，而参以先儒近二十家之旧说，凡认为"蔡《传》之合者存之，不预立意见以曲肆诋排；其不合者则改之，亦不坚持门户以巧为回护"②，计其所纠正蔡《传》者凡 66 条。至于其采前儒之论而为定说者，多有精当之处，如《尧典》谓"天左旋，日月五星违天而右转"，用陈祥道之说；《高宗肜日》谓"祖庚绎于高宗之庙"、《西伯戡黎》谓为武王，采金履祥之说；《禹贡》"厥赋贞"主苏轼之说，谓赋与田正相当；"泾属渭汭"主孔《传》之说，谓水北曰汭；《尧典》九族易以夏侯氏之说，而删蔡《传》之注。全书体例，于每传之后，系以《音释经》，加以注音，或《音释传》，或《传》，辨字音、字义、字体甚详，以区别于蔡《传》原注。所引古人名、书名必注明出处，兼考正典故。顾炎武评价此书道："盖宋元以来诸儒之规模犹在，而其为此书者，皆自幼为务本之学，非由八股发身之人，故所著之书虽不及先儒，而尚有功于后学。"③ 然

---

① 永瑢等：《四库全书总目》卷一二《书传大全》提要。

② 永瑢等：《四库全书总目》卷一二《书传会选》提要。

③ 顾炎武：《日知录》卷一八，陈垣校注本，安徽大学出版社，2007 年。

而，永乐年间，成祖朱棣诏修《书经大全》，废此书而仍用蔡《传》。在《大全》著为功令、士子科考必须奉为准则的情况下，《书传会选》遂不行于世。

该书现有明官刊本、味经堂刊本及清文渊阁《四库全书》本行于世。

26.《尚书日记》16卷，（明）王樵撰

王樵（1521—1599），字明逸（一作明远），号方麓，江苏金坛人。王樵邃于经学，对《周易》、《尚书》、《春秋》等皆有深入的研究。著有《周易私录》、《尚书日记》、《书帷别记》及《春秋辑传》等。

是编为王氏穷研《尚书》旨趣而作，其自序该书云："传《尚书》者非一家，至蔡先生《集传》宗本程、朱，义始益精，而学者罕穷其归趣，何也？经文简要，事理兼陈，非不该不偏之学，辄能通贯。"① 此书时人称赞有加，李维桢序该书时，在述明代《尚书》学的"古义"、"时义"两派后说："金坛王中丞公《日记》，裒录百家训诂，于经旨多所发明，而亦可用于科举之文。其中若精一协一，建中建极，禹、箕衍畴之法，汤、尹谈理之宗……有功于经不小也。"张云章评论此书道："方麓先生《日记》，字比句栉，讨论折衷，或并存众说，或定从一家，必求至当之归，而于历象玑衡地里，皆详稽而得其依据。有明一代，以《尚书》之学著闻者绝少。"② 可见王樵《尚书日记》一书被称为明代《尚书》学佳作。书中既有理学阐述，又有历史考证。解说以蔡《传》为主，蔡《传》所未备者则采旧说以补之，也有很多作者自己的见解，精于蔡《传》之说者不少。

王氏《尚书》学著述除此编外，还有《书帷别记》4 卷，相对于《日记》而言，故称《别记》。王樵在写给儿子王肯堂的信中说："《书帷别记》已并入《尚书日记》中，似乎存剩举业之言，亦不宜弃掷，故欲取汝稿补足成之。"③ 可知《书帷别记》主要为举业而作。王氏之子王肯堂承父业著《尚书要旨》30 卷，"为学士家刺经训故之用"④，可见王氏在《尚书》学方面有家学传承。

《尚书日记》今有明万历十年于明照刻本、万历二十五年南昌彭燧刻本、文渊阁《四库全书》本行于世；《书帷别记》今依然存有明万历王启疆、王肯堂刻本；《尚书要旨》亦有明刻本流传至今。

---

① 王樵：《尚书日记原序》，见《尚书日记》，文渊阁《四库全书》本。
② 朱彝尊：《经义考》卷八九引。
③ 王樵：《与仲男肯堂书》，见《方麓集》卷九。
④ 朱彝尊：《经义考》卷九一引张云章语。

27.《书传集解》12 卷，（明）黄谏撰

黄谏（1403—1456），字廷臣，号兰坡，明代经学家。此书解经以引用蔡沈《书集传》为主，而以唐宋金元诸儒之说分注于下，间附己意，以订正蔡《传》之误。如"天左旋"之类，守蔡《传》之说；而以"五玉"即为"五瑞"之说，却与蔡《传》颇异。大抵引先儒之说十分之七，而己说十分之三。所采如宋元以来诸如胡旦、张景、顾临、孙觉、王安石、苏洵、吕大临、杨时、蔡元定、张纲、吴棫、李舜臣、刘安世、王十朋、王炎、张静夫、陈傅良、东阳马氏、朱熹、黄度、董铢、邹补之、王日休、张沂、陈振孙、真德秀、陈大猷、董梦程、张震、史仲午、史渐、刘迪、成申之、李梅叟、马廷鸾、陈普、王若虚、余芑舒、王希旦、梁寅等四十余家《尚书》说，其中大多今已失传，唯赖此书得以保存。故胡玉缙在《四库未收书目提要续编》中评价该书"可与宋林栗《周易经传集解》比并"，"在明人撰述中，实为赅洽之书"。并认为："谏之为是书，殆因永乐中胡广等修《书传大全》，仅取陈栎《集传纂疏》、陈师凯《蔡传旁通》两家，失之偏隘，而隐以广之。"

《书传集解》，《千顷堂书目》著录，而《明史·艺文志》失收；《经义考》作《书传集义》，云未见；张金吾《爱日精庐藏书志》及丁丙《善本书室藏书志》著录此书的明刻本，云乃项氏万卷堂及汲古阁毛氏藏书，内容稍有缺佚。今仅有明刊本行于世，非常罕见。

明代汇集众说的集解类《尚书》学著作，除黄谏《书传集解》外，还有俞鲲《百家尚书汇解》（卷不详，朱彝尊编《经义考》时已未见）、程弘宾《书经虹台讲义》12 卷、秦继宗《书经汇解》46 卷、袁俨《尚书百家汇解》6卷、江旭奇《尚书传翼》2 卷。

（三）清代传说类《尚书》学文献

《尚书》学发展到清代，研究学者众多，著述繁富，超迈前代，并表现出与汉唐、宋元明《尚书》学不同之特色，尤其是疑辨之风十分盛行，系统展开了对"晚出《古文尚书》"的考辨。尽管如此，全面训解《尚书》仍是清代《尚书》学的主流，不论是清初的"诸儒治经，取汉、唐注疏及宋、元、明人之说，择善而从"，还是晚清的复兴今文《尚书》研究，均"力图以今文经学通经致用精神挽救当时国家危局"，都产生了一大批传说类《尚书》学著述。

1.《日讲书经解义》13 卷，（清）库勒纳等撰；《钦定书经传说汇纂》24卷，（清）王顼龄等撰

这是两部清代皇帝钦定的《尚书》学著作。皇帝为什么要钦定《尚书》训解，正如雍正皇帝在《御制书经传说汇纂序》中说："六经皆治世之书，而

帝王之大经大法昭垂万古者惟《尚书》为最备。"因此，康熙、雍正皇帝都十分看重该《尚书》，命讲官分日进讲，对其逐篇逐节注释而成《日讲书经解义》。后又指授儒臣荟萃汉、唐、宋、元、明诸家之说，参考折中而成《钦定书经传说汇纂》。与《易》、《诗》、《春秋》诸经形成"传说汇纂"系列，次第传布。

《日讲书经解义》为康熙十九年（1680）儒臣库勒纳、叶方蔼等奉康熙旨命而撰。他们取汉宋以来诸家学说，荟萃折中，著为讲义。其体例是：顶格列出经文，释文则低一格，条列诸家之学说。与注重训诂、注释音义的一般《尚书》学著作迥别。《日讲书经解义》侧重于引申治国安邦、驭服人心的道理，正如《四库全书总目》所论："大旨在敷陈政典，以昭宰驭之纲维；阐发心源，以端慎修之根本；而名物训诂，不复琐琐求详。盖圣人御宇，将上规尧舜，下抠成康，所学本与儒生异。"[①] 与蔡《传》旨意如出一辙。

雍正八年（1730）王顼龄等奉敕撰《钦定书经传说汇纂》24卷。是书博采唐、宋、元、明诸家之说，参考折中，悉备于地理山川，援今据古，靡不精核。其体例是：书首列经文，以下逐节注释，注文中首列蔡《传》之说，冠以"集传"二字；次列众家之说，冠以"集说"二字；某些学者的歧异见解，冠以"附录"二字；编撰者自己的见解，冠以"案"字；每篇之后引诸家对该篇的理解，冠以"总论"二字。为显出次第，经文用大字，顶格；"集传"用中字，低一格；"集说"以下各项皆用小字，亦低一格。注文中各项冠词皆印成黑底白字以醒目。该书卷首上为《引用姓氏》和《书传图》，卷首下为《纲领》，末附《书序》1卷（即小序）。《引用姓氏》共录从秦孔鲋至明章士俊凡276人姓氏。《书传图》采用了源于写本书时代的传统，形象地提供了《尚书》中涉及的谱系、地理、天文、历法、音律、典章等资料。《纲领》3篇，介绍了《尚书》的流传情况、各家的争论、《尚书》的主要内容，并评论诸家注释的得失等。文渊阁《四库全书总目》著录该书为21卷，仅举其正卷；御制序则称"凡二十有四卷"，是将前后附卷计入正卷。

《日讲书经解义》有清康熙十九年内府刻本、清康熙三十六年福建官刻本、御纂七经本、《摛藻堂四库全书荟要》本、文渊阁《四库全书》本、文选楼刊本等流传于今；《钦定书经传说汇纂》现存版本有摛藻堂《四库全书荟要》本、文渊阁《四库全书》本、清雍正八年内府刻本、清同治七年刻本、清道光十八年成都翻刻武英殿本等。

---

① 永瑢等：《四库全书总目》卷一二《日讲书经解义》提要。

2. 《书经稗疏》4卷，（清）王夫之撰

《书经稗疏》为王夫之诠释《尚书》之作。全书依经文顺序提取和概括一些词、句作为论题，然后按题论解。许多议论多发前人所未发，并纠正不少前人之失。如关于《禹贡》"刊木"和"导山"，他认为就是"刊木治道以通行"①，历代学者所谓的"三条四列"及"南北二条"之说都没有领会经意。他的这种诠释，深得现代学者辛树帜、徐旭生等的赞赏，谓其"独具特识"，他们在论解《禹贡》时亦频频引船山之说。其诠释名物，亦颇多可取之处，如谓"禋"非《周礼》之"禋"，"类"非《周礼》之"类"，"五服"、"五章"亦不以周制解虞制，与明代陈第论周之五玉不可解虞之五玉同为发古人所未发。全文对蔡沈《书集传》、苏轼《书传》驳正较多，如蔡《传》引《尔雅》"水北曰汭"，实无其文，世皆知之，船山则推其致误之由，以为讹记孔安国"泾属渭汭"之《传》；引《说文》、《大戴礼记》证"蠙珠"非"蚌珠"，谓蔡《传》不知古字假借；引《说文》"羌"字之训以解"羌若"，驳苏轼、蔡沈之失。然亦有武断、穿凿之处，为清代学者所指责，如谓《虞书》自"戛击鸣球"以下至"庶尹允谐"皆《韶乐》之谱等。不过，总的看来，《书经稗疏》对《尚书》的论解多出新意，"虽醇驳相半，而纰缪者极纰缪，精核者亦极精核，不以瑕掩瑜也"②。

《尚书稗疏》今有4卷、1卷、2卷三种本子，其中4卷本最常见，分别有《四库全书》本、《船山遗书》本、清同治四年湘乡曾氏刻本等；《昭代丛书·癸集萃编》收录的为1卷本，清王嘉恺抄本则为2卷本。

3. 《尚书埤传》③ 17卷，（明末清初）朱鹤龄撰

朱鹤龄（1606—1683），字长孺，号愚庵，吴江（今属江苏）人。晚明诸生，入清隐居著述，终成一代经学大家，与李颙、黄宗羲、顾炎武并称"海内四大布衣"。著有《毛诗通义》、《尚书埤传》、《禹贡长笺》、《春秋集说》、《愚庵诗文集》等。

在该书《凡例》中，朱氏曰："经文不全解，故不全载。昔赵子常汸说《春秋》有《杜氏补注》一书，专取杜注之阙略舛讹者订正之。予此书实仿其体，学者先读蔡《传》，然后参观此书，斯本末毕见矣。"由此可见，该书主要是订正蔡沈《书集传》之说。书中博采众说，旁引曲证，如于"沂水"则

---

① 王夫之：《尚书稗疏》卷二，《船山全书》第2册，岳麓书社，1996年。

② 永瑢等：《四库全书简明目录》卷二。

③ 朱鹤龄：《尚书埤传·尚书埤传凡例》，文渊阁《四库全书》本。

取金履祥之言，而鲁之"沂"与徐之"沂"截然分明；于"分别九州"则取章如愚之《群书考索》；于《西伯戡黎》则取王樵之《尚书日记》，于别裁之中见其主张。其诠释义理而不废考订训诂，斟酌于汉学、宋学之间，是为汉、宋兼采之学。

现存版本有清康熙濠上草堂刻本、文渊阁《四库全书》本等。

4.《尚书后案》30 卷，附《尚书后辨》1 卷，（清）王鸣盛撰

王鸣盛（1722—1797），字凤喈，一字礼堂，号西庄，晚号西沚，嘉定（今属上海）人。乾隆十九年（1754）进士，历官侍读学士、内阁学士兼礼部侍郎、光禄寺卿。王鸣盛问经义于惠栋，治经以尊崇马融、郑玄之学为宗旨，以考证法治史，为"吴派"大师。撰《十七史商榷》100 卷，另有说经之作《蛾术编》及诗文集等。

《尚书后案》草创于乾隆十年（1745），撰成于四十四年（1779），为王鸣盛治经之代表作。其宗旨在于发挥郑玄一家之学。其方法是遍观群籍搜罗郑注，对其已残缺者则取马融、王肃传疏增补之，而唐宋诸儒之说一概不取，再加按语以释郑义；马、王之传疏与郑相异者，则逐条辨正他们的错误，折中郑氏，名曰"后案"。他认为马融、郑玄所注之《尚书》，实孔壁之真《古文尚书》，而把晚出《古文尚书》25 篇附后，别作《后辨》以证《晚书》之伪。他认定皇甫谧或王肃是作伪《古文尚书》经传之人。该书之长在于搜罗群集，其短在于意泥马、郑而罕涉其余，为后来孙星衍所指出。然其终不失为一部颇具价值的辨伪著作。

是书现有清乾隆四十五年礼堂刻本、江苏颐志堂刻本、《皇清经解》本、《续修四库全书》本等行于世。

5.《尚书今古文注疏》30 卷，（清）孙星衍撰

《尚书今古文注疏》是孙星衍竭二十余年精力编纂完成的一部《尚书》注释文献汇编。创始于乾隆五十九年，迄于嘉庆二十年。卷首有序并凡例；正文中经文依孔颖达《尚书正义》本，参用唐"开成石经"，且注明今、古文文字同异。是书遍采《史记》、《尚书大传》等古人传记之涉《尚书》义者，自汉魏迄于隋唐，但不取宋迄清前诸家之注。① 另外，书中多采清人江声、王鸣盛、段玉裁、王念孙、王引之诸儒《尚书》说，合各家所长，削繁增简，并作疏解，从而使《尚书》今、古文注疏趋于完善。此外，其注释古之郡县，

---

① 按：周中孚《郑堂读书记》著录该书云："不取宋以来诸人之注者，以其时文籍散亡，较今代无异闻，又无师传，恐滋异说也。"

均用今名，以便查阅。该书是清代学者《尚书》注释中比较完备的一种，比江声《尚书集注音疏》、王鸣盛《尚书后案》、段玉裁《古文尚书撰异》三书在今古文家法方面明审，且持平今、古文。当然，正如其所言，"疏漏谬误之处"仍不可免，如其误把《史记》都当作古文说；对于欧阳、大小夏侯三家今文师说的异同未能详加分析等。

该书传本较多，有清嘉庆二十年孙氏冶城山馆刻《平津馆丛书》本、《皇清经解续编》本、清光绪十年江苏吴县朱氏翻刻本、光绪四川尊经书院刻本、荣县赵熙眉批本、光绪成都官报书局刻本、光绪五年丁宝桢成都刻本、民国元年成都存古书局刻本、《四部备要》本、《万有文库》本、《丛书集成初编》本、中华书局标点本（1986年、1998年）、台北文津出版社1987年版等。

6.《今文尚书经说考》32卷，首1卷，《叙录》1卷，（清）陈乔枞撰

陈乔枞（1809—1869），字朴园，一字树滋，闽县（今福建闽侯）人。清代经学家。道光举人。官至抚州知府。乔枞父陈寿祺，专为汉儒之学，博览精识；乔枞幼承家学，传西汉今文经说。著有《今文尚书经说考》、《礼堂经说》、《欧阳夏侯经说考》、《礼记郑读考》及《诗经》学著作多种，汇刻为《小琅嬛馆丛书》（又称《左海续集》）。

陈乔枞于同治元年（1862）撰成《今文尚书经说考》。皮锡瑞在《经学通论》中评论该书云："其博采古说，有功今文。惟其书颇似长编，搜罗多而断制少，又必引郑君为将伯，误执古说为今文，以致反疑伏生，违弃初祖。如：文王受命、周公避居二事，皆诋伏生老耄记忆不全，亦有未尽善者。"① 皮氏此评公允。前有《叙录》1篇，列汉代传今文《尚书》诸儒甚详，然也有舛误。如鲍宣，《汉书·鲍宣传》，只称其"好学明经"，只称其以《鲁诗》教授，未言传《尚书》之事；又如黄琼、黄琬，《后汉书》本传也没论其有受《尚书》之事。不过，该书总的来说摭拾宏富，征引也称略备，多存今文家之说，间有己按断义，可供研究者参考之用，故皮锡瑞指为初学《尚书》入门之书。②

该书现存版本有《左海续编》本、《皇清经解续编》本、《续修四库全书》本、《丛书集成续编》本等。

7.《尚书孔传参正》36卷，《序例》1卷，《异同表》1卷，（清）王先谦撰

王先谦（1842—1918）③，字益吾，因宅名葵园，学人称为葵园先生，湖

---

① 皮锡瑞：《经学通论》，第104页。
② 皮锡瑞：《经学通论》，第104页。
③ 孙玉敏：《王先谦生卒年考辨》，载《船山学刊》2005年第4期。

第三章 《尚书》学文献

南长沙人。同治进士，历仕翰林院、国子监、国史馆，任云南、江西、浙江等地考官，湖南岳麓书院、院南书院山长。其学兼得湘学与浙学之长，义理、考据与经世并重。政治上虽趋保守，学术上却极富成就，尤以整理国故最负盛名。其一生所著、编、校、注、辑、刊之著作多达50种、3200余卷。著有《尚书孔传参正》、《诗三家义集疏》、《释名疏证补》、《汉书补注》、《后汉书集解》、《庄子集解》、《荀子集解》等；所编有《皇清经解续编》、《东华录》、《东华续录》、《续古文辞类纂》等。

王先谦博览群书，通识名物典制。治经循乾嘉遗风，重考证，然于小学则不深究。著述甚多，大都搜集众说而成。是书也为搜集整理汉儒马融、郑玄以来历代学者《尚书》传注疏笺而成。《尚书》今古文之议，自清阎若璩辨东晋所出《古文尚书》为伪，其说信于海内。乾隆时有议重写今文《尚书》28篇于学官而废晚出《古文尚书》，时直上书房师傅庄存与以为不可，遂止。王氏此书于今文古文皆兼收不弃，自《史记》、《汉书》、《白虎通》、《论衡》诸书至熹平石经，凡可发挥伏生、欧阳大小夏侯、张生三家经文者，采集略备；马融、郑玄古文注传也辑引不弃，只于注中明标"古文""今文"、"伪孔传"。古今诸家义训仍有未能尽达经义者，则间下己意。皮锡瑞《经学通论》称是书"详明精确，最为善本"，评价很高。此书在清人《尚书》多家疏注中，还有一个突出之处，即该书成于晚清，故终清一代治《尚书》之成果，多能得以吸收。后世学者称该书与孙星衍《尚书今古文注疏》、皮锡瑞《今文尚书考证》相伯仲。该书卷首有《书序百篇异同表》，晚出《尚书孔传》、马融、郑玄《古文尚书》注、《史记》引《尚书》之文、《尚书大传》、伏生29篇、欧阳大小夏侯29篇之异同，于一表中可清晰得见，对《尚书》学史的研究有重要参考意义。

该书现存版本有清光绪二十二年刻本、光绪三十年王氏虚受堂刻本、《续修四库全书》本等。

8.《尚书既见》3卷（或不分卷），（清）庄存与撰

庄存与（1719—1788），字方耕，号养恬，江苏常州人。清代经学家，常州学派的开创者。

庄氏对《尚书》的研究虽不及对《春秋》的研究，但在《尚书》学史上，庄氏的功劳甚大，他对清代仍能保存《大禹谟》等《古文尚书》起到了重要作用。当时，阎若璩《尚书古文疏证》对晚出《古文尚书》定为伪书在学界已俨然成为定论，朝臣议，欲于官学中废古文。庄氏冒着"自蹈污受不学之名"，以上书房师傅的身份，著《尚书既见》一书，极言《古文尚书》的微言

大义及对治理天下的作用，故"古文竟获仍学官不废"。[1]

该书现存版本有清乾隆五十八年刻本、《味经斋遗书》本、《续修四库全书》本等。

9.《尚书集注音疏》12卷，（清）江声撰

江声（1721—1799），字叔沄，号艮庭，江苏元和（今苏州）人。35岁时师事惠栋，为《尚书》之学。与其师一样，宗汉儒经说，并长于旁搜博引。主要著述有《尚书集注音疏》、《尚书经师系表》、《经史子字准绳》、《论语竢质》等。江氏因读阎若璩《尚书古文疏证》、惠栋《古文尚书考》，得知《古文尚书》及孔《传》皆晋时人伪作，乃搜集汉儒经说，以注真《古文尚书》29篇；汉儒不备者，则旁考他书，研精诂训，成《尚书集注音疏》12卷。附《补谊》9条、《识伪字》1条，《尚书集注音疏前后述外篇》1卷，《尚书经师系表》1卷。

其自注自疏，用其师惠栋《周易述》之例；经文及注下各为之音，则仿《经典释文》例也。凡经文注疏，皆以古篆书之。本书在刊正经文、疏明古注方面超过了阎、惠二氏；其辨《泰誓》最详核，多阎、惠二氏所未及。

该书原刻篆书、真书两本。现存版本有清乾隆五十八年江氏近市居刊刻本、《皇清经解》本、《续修四库全书》本等。

10.《古文尚书撰异》32卷，（清）段玉裁撰

段玉裁（1735—1815），字若膺，号茂堂，晚年又号砚北居士、长塘湖居士、侨吴老人，江苏金坛人。乾隆举人。曾任贵州玉屏及四川巫山、南溪、富顺等县知县。著有《说文解字注》、《古文尚书撰异》、《周礼汉读考》、《仪礼汉读考》、《毛诗故训传定本》、《春秋左传古经》、《经韵楼集》等。

段玉裁为"皖派"考据大师之一，本书是其考证《尚书》文字、分别古、今文《尚书》之重要专著。他利用音韵训诂、小学为基本方法，立足于古文、

---

[1] 龚自珍：《定盦文集》卷上《资政大夫礼部侍郎武进庄公神道碑铭》《四部丛刊》本。按：该文详细记载了庄存与对《古文尚书》诸篇不能废之原因的阐述："辨古籍真伪，为术浅且近者也。且天下学僮尽明之矣，魁硕当弗复言。古籍坠湮什之八，颇藉伪书存者什之二。帝胄天孙，不能旁览杂氏，惟赖幼习五经之简，长以通于治天下。昔者《大禹谟》废，'人心道心'之旨、'杀不辜宁失不经'之诫亡矣；《太甲》废，'俭德永图'之训坠矣；《仲虺之诰》废，'谓人莫己若'之诫亡矣；《说命》废，'股肱良臣启沃'之谊丧矣；《旅獒》废，'不宝异物贱用物'之诫亡矣；《冏命》废，'左右前后皆正人'之美失矣。今数言幸而存，皆圣人之真言，言尤痌瘝关后世，宜贬须臾之道，以授肆者。"

今文相异，认为古文所遭厄运最多，迭经秦火、汉博士压抑、魏晋间出现伪古文、唐天宝间改字、宋开宝间改释文等诸多事实，遂根据伏生以下欧阳氏、夏侯氏、司马迁、董仲舒、王褒、刘向等人之今文系统，自孔安国以下刘歆、卫宏、贾逵、马融、郑玄、许慎等人之古文系统，对汉代今文《尚书》析成《古文尚书》的31篇暨《书序》，进行参照，钩考异同，略于经义，详于文字，以求"正晋唐之妄改，存周汉之驳文"，并取贾逵《传》之话名书。考述多切当，然亦间有疏谬之辞，如谓司马迁《史记》全用今文《尚书》，今文必皆不如古文，梅赜所传之《古文尚书》31篇字字为孔安国真本等等。然其广搜博征，足备参考，不失为一部有价值的经书注疏之作。

该书现存版本有《皇清经解》本、清嘉庆江苏七叶衍祥堂刻本、《经韵楼丛书》本、《续修四库全书》本等。此外，还有不分卷的稿本。

11.《尚书今古文集解》30卷，（清）刘逢禄撰

刘逢禄（1776—1829），字申受，亦字申甫，号思误居士，江苏武进（今常州）人。嘉庆进士。官礼部主事。其学识广博，遍涉群经，对《周易》、《尚书》、《诗经》都有阐述。著有《尚书今古文集解》、《左氏春秋参证》、《论语述何》、《四书是训》等。

刘逢禄绍舅氏庄氏今文之说，为学务通大义。其著《尚书今古文集解》30卷，主要内容有五项：一曰正文字，即将段玉裁对《尚书》的音训、句读、衍脱择简要于经文之下；二曰征古义，采王鸣盛《尚书后案》中的马融、郑玄、王肃等古文之说，不复注其出典，并以今文之说厘正诸家古文说之缪；三曰祛门户，即书中虽不取孙星衍、王鸣盛祖郑好古之说，但于晚出孔《传》及采蔡《传》说之善者，亦多取，可谓无门户之见；四曰崇正义，对六宗、四载、三江、九江等诸家聚讼，详载博辨，择善而从；五曰述师说，即多采其外祖父庄存与、舅庄述祖之说，以"庄伯宗云"、"庄云"标说，而独下己意者以"谨案"别之。刘氏之著述虽以今文家说经，但博采诸家，多被其他学者讥为择焉不精。但作为集解之作，本书汇纳众说，可谓名副其实。

该书现存版本有清光绪十七年延晖承庆堂刻本、《皇清经解续编》本、《续修四库全书》本等。

三、通论类

通论类《尚书》学文献是指从总体上讨论《尚书》主旨、体例、微言大义或疑问等的文献。与传说类文献逐句解说分析不同，通论类文献主要是发凡举要，从宏观上阐发对《尚书》经传纲领性的认识。

1. 《书传统论》6卷，（宋）张九成撰

张九成（1092—1159），字子韶，自号无垢居士，又号横浦居士，杭州盐官（今浙江海宁西南）人。少游京师，从杨时学。绍兴二年（1132）中状元，授镇东军签判。历著作郎，权礼部、刑部侍郎，知邵州。因反对议和，为秦桧所恶，谪居南安军凡14年。桧死，起知温州，寻丐祠。宝庆初赠太师，封崇国公，谥文忠。九成研思经学，多有训解，著有《尚书详说》、《中庸说》、《大学说》、《孝经解》、《论语解》、《孟子传》、《横浦日新》、《横浦心传录》、《横浦集》等书。事迹见《横浦家传》（《横浦文集》附）、《宋史》卷三七四有传。

张九成所撰《尚书详说》已佚，但在黄伦《尚书精义》中称引较多。他另著《书传统论》，对《尚书》自《尧典》迄《秦誓》共58篇的主旨、作者、命名等问题进行讨论。例如，《尧典论》不但论述了《尧典》的得名，还分析了该篇的段落结构以及各段的主要内容；《禹贡论》则综合论述了《禹贡》一篇的主旨、作者、得名、成书等问题。

这些专论收录于张氏《横浦集》的卷六至卷一一。《横浦集》20卷，郎晔编。现存有国家图书馆藏宋刻本、明万历四十二年新安吴惟明刊本、文渊阁《四库全书》本、清嘉庆七年（1802）寒翠轩刻本等。

2. 《书总论》1卷，（宋）范浚撰

范浚（1102—1151），字茂明，世称香溪先生，婺州兰溪（今浙江兰溪）人。绍兴初举应贤良方正试，以秦桧当国辞不赴。讲学授徒至数百人。潜心学问，精研六经诸子史传，所作词赋辞高意古。尝撰《策略》20余篇，皆经国之要务。事迹见童品《香溪范先生传》（《范香溪先生文集》卷首）以及《金华贤达传》卷八、《金华先民传》卷二。

范浚精于理学，其所撰《书总论》由《尧典论》、《汤誓仲虺之诰论》、《伊训论》、《太甲三篇论》、《咸有一德论》、《说命三篇论》、《洪范论》、《大诰康诰酒诰梓材召诰洛诰多士多方论（君陈附）》、《君牙冏命吕刑论》共9篇专论组成，主要是对《尚书》部分篇章的主旨进行探讨，且多借以阐发其理学思想，如在《尧典论》中，范氏曰："古之王者必承天意以从事，是天理即人事也；王者欲有所为，必求端于天，是人事即天理也。"

《书总论》1卷，收入范氏文集《香溪集》中。该文集由其侄范端臣编辑，初刻于绍兴三十一年（1161），凡22卷。现存版本有《四部丛刊续编》影印明万历刊本、明成化十五年唐韶刻递修本、文渊阁《四库全书》本、《金华丛书》本等。

3. 《尚书要义》20卷，（宋）魏了翁撰

魏了翁（1178—1237），字华父，邛州蒲江（今属四川）人，世称鹤山先生。庆元进士。历知嘉定、汉州、眉州、汉州、泸州、福州等，官至端明殿学士，同签书枢密院事、资政殿大学士。了翁倡言理学，所到力矫世俗，兴起教育；在朝言事，直言敢谏，指陈时弊，无所忌讳，理宗朝曾连降三官，谪居靖州（今湖南靖县）。在靖州期间，曾删取唐《九经正义》之精华，以为《九经要义》263卷（今存《周易》、《尚书》、《毛诗》、《仪礼》、《礼记》五书要义），另著有《鹤山先生大全集》。

《尚书要义》是《九经要义》之一。由于《尚书》经文向称佶屈聱牙，晦奥难懂，加之注疏浩瀚芜杂，颇不便于阅读，致使学者卒业为艰。了翁有感于此，乃摘录《尚书》汉唐注疏中精要之语、标以目次而成此书。书中很少自作新解，也不引用其他宋儒之说，笃守汉唐二孔之说，将所谓的《尚书孔传》之说列于每题正文之首，其后节录唐孔颖达《尚书正义》之说，而对《正义》所引其他汉儒异说之精华，魏氏也一并节录，并在标题中鲜明标出各说之异同。若遇汉儒解经与二孔注疏不同时，魏氏往往采用二孔之说。不过，他对汉唐二孔注疏是批判地继承，将注疏中自郑玄以来迄孔颖达所引谶纬之说尽行删除，净化了对文义的解释，凸显了经文的原意，使学者免去方士之说的干扰。此书注重汉唐注疏，且将义理与训诂相结合，成为学者阅读《尚书》注疏的指南，故与宋代其他《尚书》学著作相较，《尚书要义》自有其特别之处。

此书《宋史·艺文志》著录为20卷，并有《序说》1卷。《四库全书》据浙江郑大节家藏本收载，原标目20卷，但有6卷目存无书，缺卷七至卷九、卷一二至卷一四，并《序说》1卷。此外还有《宛委别藏》本（原缺卷一至卷六、卷一〇至卷二〇）和清光绪年间江苏书局刊印有《五经要义》本（20卷）。

4. 《尚书引义》6卷，（清）王夫之撰

继《书经稗疏》之作后，王夫之又推论《尚书》大义而著《尚书引义》6卷、50篇。该书不是正式诠解经文，而是利用《尚书》每篇的某几句话来发挥他的哲学思想和政治思想的精辟见解，其体裁类似《韩诗外传》与《春秋繁露》。该书借评论和引申《尚书》的某些观点，抨击明代政治，指评前儒之说，尤其反对老庄、佛学以及明代以来的王阳明及其后学，如《尧典》一论"钦明文思安安，允恭克让"，辟王艮之论，提出物不可绝，待人而治、唯能治物才能立己的理论；论《舜典》"依永"、"和声"，斥宋濂、詹同等用九

宫填郊庙乐章之说；论《大禹谟》人心道心的关系，长达 3500 多字，不但驳斥佛教明心见性之误，还斥王阳明之说。其他各篇，亦多精义，故四库馆臣对其称赞有加。

今行于世的《尚书引义》皆为 6 卷，分别有《船山遗书》本、文渊阁《四库全书》本、清王嘉恺抄本、清道光二十二年王氏守遗经书屋刻本、同治四年曾氏刊本等不同版本。现有 1962 年北京中华书局出版王孝鱼校点本。

5. 《书经衷论》4 卷，（清）张英撰

张英（1637—1708），字敦复，号乐圃，安徽桐城人。清代经学家。

此书为张英于康熙二十一年（1682）官翰林学士时进呈之书。不全载《尚书》经文，只每篇各立标题，然后逐条系以解说。凡《虞书》63 条、《夏书》32 条、《商书》52 条、《周书》167 条。因事敷陈，颇似宋人讲义之体。其说多采录旧文而参以新义。其以《益稷》篇称其有"暨益稷"之文，故借此二字以名篇，乃取自林希逸之说；《甘誓》篇称启未接行阵而能素明军旅之事，足见古人学无不贯，乃采吕祖谦之说；《微子》篇称比干答微子之言，当无异于箕子，故不复著，乃采孔安国之说；《君牙》篇称古来制诰之辞，必自述祖功宗德，而因及其臣子之祖父，此立言之体，乃取《朱子语类》之说；至于说《高宗肜日》为祖己训祖庚之书、《西伯戡黎》为武王之事，皆不从蔡氏，而从金履祥《通鉴前编》。所谓不拘门户、择善而从之。其以《牧誓》所载庸、蜀、羌、髳、微、卢、彭、濮为在友邦冢君，外举小国之君连及之，而不用蔡氏"八国近周西都"、陈氏"举远概近"之说，又以《君奭》为周公、召公共相勉励辅翼成王之言，而不用诸家"留之慰之"之说，则皆为张英自创之解，核之于经义，较为合理。此书篇幅虽小，而平正通达，远胜支离蔓衍、空谈义理之说。

现有清康熙刻本、文渊阁《四库全书》本、《张文端全集》本、师古堂丛刻八种本等行于世。

6. 《尚书略说》2 卷，（清）宋翔凤撰

宋翔凤（1777—1860），字虞庭，一字于庭，长洲（今江苏苏州）人。嘉庆五年（1800）举人，历官泰州学正、旌德训导、湖南兴宁、耒阳等县知县。宋翔凤幼时随舅父庄述祖受业，得常州学派真传。精研训诂名物，探求儒家经典的"微言大义"，是清代今文学家，常州学派的著名学者。著有《周易考异》2 卷、《尚书略说》2 卷、《大学古义说》2 卷、《论语说义》10 卷、《孟子赵注补正》6 卷、《小尔雅训纂》6 卷、《过庭录》16 卷、《四书释地辨证》2

卷等 28 种。

《尚书略说》的主要功绩在于以校辑的方式指出《尚书》之逸篇，并以新意诠释《尚书》。如其解"四岳"，谓伯夷事尧，故居八伯之首而称太岳；释"古礼巡狩封禅"，以为《诗》、《书》、《礼》皆有封禅；认为"唐人引今文《尚书》皆马、郑古文"，等等，见地皆独树一帜。在该书中，他还谈到文献在变乱过程中的错杂性，以及帝王礼仪在古典文献中的突出地位。不过，宋氏之说亦有武断之处，如斥司马迁《史记》为古文家说，凭于臆决。总之，该书对《尚书》研究者有参启之功，是一部深得辑校之法、具有较高价值的校勘之作。

《尚书略说》今传本主要是《皇清经解续编》本，另外，在其读书笔记《过庭录》中亦收录此书。

7.《尚书今文新义》不分卷，（清）廖平撰

廖平（1852—1932），初名登廷，字旭陔，号四益；后改名平，改字季平，改号四益（译）；晚年更号为五译、六译，四川井研人。他一生研治经学，构建了一个融合古今中西各种学说、富有时代特色的经学理论体系。他是中国近代著名的经学大师，在学术史上占有重要的地位。

《尚书今文新义》包括《尚书弘道编》和《中候弘道编》两部分，另有《书经大统凡例》。主要由廖平门生黄镕撰成。以《帝典》讫《微子》为《尚书》，义取法古寄托古之帝王，以为世则；《金滕》讫《秦誓》为《中候》，义本于《书纬》"候"与"俟"同，《中庸》所谓"百世俟圣"、"待人而行"。

该书现存版本有《六译馆丛书》本、民国十年四川存古书局大字精刻本等。

8.《尚书叙录》1卷，（清）姚永朴撰

姚永朴（1861—1939），字仲实，晚号蜕私老人。姚氏世居安徽桐城县城内，为桐城派嫡脉。幼秉庭训，刻苦自励于学。16 岁补学官学子。后客游湖口、天津、旅顺，授经谋生。1894 年中顺天乡试举人。先后游于同里方存之（宗诚）、吴挚甫（汝纶）、萧敬孚（穆）诸人之门。治诗古文辞，后专读经。姚永朴兼汉宋之学，贯通古今，无门户之见，博稽精研，无愧通儒，当时人们把他与廖平并称"两大经师"。

姚永朴著有《尚书谊略》28 卷，其末附《叙录》1 卷，主要纂辑前儒对《尚书》主旨、体例、授受源流、《古文尚书》等专门问题的论说，列有"尚书大谊"、"尚书体例"、"尚书删订授受源流"、"论《书序》当信"、"论《书序》可疑"、"《书序》折中之论"、"论《古文尚书》可疑"、"论《古文尚书》

当信"、"《古文尚书》折中之论"、"论姚方兴二十八字"、"论旧题孔《传》"、"纂辑凡例"等数篇专论。

《尚书谊略》现存版本有光绪三十一年刻《集虚草堂丛书》甲集本,还有《续修四库全书》本等。

四、考证类

考证类文献体例甚杂。凡舍弃经文次第,对《尚书》经义及《尚书》学的一般问题进行论述考订的;或辨析《尚书》名义、考正他说之是非的;或对晚出《古文尚书》是非进行辩驳的,都属于此类。

1.《书疑》9卷,(宋)王柏撰

王柏(1197—1274),字会之,一字仲会,或称仲晦,号鲁斋,婺州金华(今浙江金华)人。师从何基,何基乃朱子之婿黄幹弟子,故王柏为朱子后学。不过,与其师何基固守师说不同,王柏敢于问难质疑,而不轻信盲从。对传统的儒家经典,其疑论多,甚至对朱熹所注《四书》亦起疑论,因而形成自己的思想特色。

王柏疑《书经》而作《书疑》一书,反对信古而不疑经。他说:"在昔先儒笃厚信古,以为观《书》不可以脱简疑经,如此则经尽可疑,先王之经无复存者。"他认为"先王之经"本不可疑,只是在经过秦始皇焚禁之后,"后世不得见先王之全经","经既不全,因不可得而不疑"。① 《四库全书总目》云:"《尚书》一经,疑古文者自吴棫、朱子始,并今文而疑之者自赵汝谈始,改定《洪范》自龚鼎臣始,改定《武成》自刘敞始,其并全经而移易补缀之者则自柏始。"② 可见王柏是宋代疑辨《尚书》最为勇决的学者,他既疑古文,又疑今文,③ 并以错简为名随意改删经文,声言对于《书经》要"纠正其缪而刊其赘,订其杂而合其离",使其"复圣人之旧"。④ 《书疑》一书是宋代疑经改经的代表作之一,但其疑辨走极端,尤其是率意改动经文,遭到了清以来学者的强烈批评。

《四库全书》未收录《书疑》一书,只是将其放入"《书》类存目"中。该书现存版本主要有《通志堂经解》本、《金华丛书》本及清同治八年退补斋

---

① 王柏:《鲁斋集》卷五《书疑序》。

② 永瑢等:《四库全书总目》卷一三《书疑》提要。

③ 按:王柏认为:西汉晁错从伏生受书时,伏生已年老,口不能正言,使其女传言以授,难免以意属读,错讹甚多,故今文《尚书》也不可靠。

④ 何基:《何北山遗集》卷三《解释朱子斋居感兴诗二十首》。

刻本等。

2.《尚书考异》5卷，《尚书谱》5卷①，（明）梅鷟撰

梅鷟（约1483—1553），字致斋，明旌德（今属安徽）人。明代著名经学家。他对《周易》、《尚书》、《春秋》、《仪礼》等多部经典都有研究，而其《尚书》学专著，据林庆彰研究，有《尚书谱》、《尚书集莹》、《尚书考正》、《尚书辨正》、《尚书考异》五种，② 现存的只有《尚书谱》和《尚书考异》两种。

关于《尚书谱》，清代阎若璩给予了"殊武断"的评价；③《四库全书》编纂时，可能受阎氏说之影响，谓其"持论多涉武断"④，"徒以空言诋斥，无所依据……且词气叫嚣，动辄丑詈，亦非著书之体"⑤，故只存其目而不录全文。以上两家意见，在清代均属权威，故影响清代以后大多数学者对《尚书谱》的看法。1990年北京书目文献出版社印行《北京图书馆古籍珍本丛刊》，第一册收录有清抄本《尚书谱》。人们重新审视《尚书谱》，发现其学术价值并不亚于梅氏《尚书》学名著《尚书考异》一书。⑥《尚书考异》和《尚书谱》都是对孔壁《古文尚书》及晚出《古文尚书》25篇的考证之作，前者偏重对前儒诸家意见的评判，后者则是梅氏自己所作的正面考证，二者虽在内容上有相似性，但差别亦很大，且着眼点也不同，故二者都是研究梅鷟《尚书》学成就不可或缺的材料。

---

① 明朱睦㮮撰《授经图义例》卷八载梅鷟著《尚书谱》4卷；清代阎若璩《尚书古文疏证》卷八称梅鷟有《尚书谱》5卷；朱彝尊《经义考》卷八八载梅鷟《尚书谱》4卷、《尚书考异》1卷；《钦定续通志》卷一五六、《钦定续文献通考》卷一四七皆载梅鷟撰《尚书考异》5卷、《尚书谱》5卷，《千顷堂书目》卷一著录梅鷟《尚书谱》5卷，未著《尚书考异》卷数。现存各版本，《尚书考异》有不分卷（如明白崔山房抄本、清抄本）、5卷（如文渊阁《四库全书》本。当然，据该书提要称，该本之底本为天一阁藏本，原不分卷，四库馆臣分为5卷）、6卷（如《平津馆丛书》本、《丛书集成初编》本、清道光五年朱琳立本斋刻本、清光绪十八年浙江书局刻本）三种不同的卷帙。从《北京图书馆古籍珍本丛刊》第一册收录的清抄本《尚书谱》来看，虽标明5卷，但卷二至卷五皆各有2卷，故实有9卷之多。

② 林庆彰：《明代考据学研究》，台湾学生书局，1983年。

③ 阎若璩：《尚书古文疏证》卷八，上海古籍出版社，1987年。

④ 永瑢等：《四库全书总目》卷一二《尚书考异》提要。

⑤ 永瑢等：《四库全书总目》卷一三《尚书谱》提要。

⑥ 林庆彰：《梅鷟尚书谱研究》，林庆彰主编：《经学研究论丛》（第一辑），台北圣环图书公司，1994年；许华峰：《尚书谱、尚书考异成书先后的问题》，林庆彰主编：《经学研究论丛》（第四辑），台北圣环图书公司，1997年。

东晋梅赜所献孔《传》本《古文尚书》，即今传本《尚书》，宋代吴棫、朱熹已怀疑其为伪书，元代吴澄、赵孟頫继之，明代梅鷟在其专著《尚书考异》和《尚书谱》中，从多方面证明东晋梅赜所献孔《传》本《古文尚书》之伪：（1）《晋书·皇甫谧传》所述郑冲→苏愉→梁柳→臧曹→梅赜的传授源流不可信；（2）《史记》没有记载伏生失其本经之事，晋人创伏生失其本经之说实诞妄不足信；（3）其篇数与马融、郑玄所注《古文尚书》不合；（4）其篇名与《孟子》、《史记》等书记载不合；（5）汉代学者从来没有引用过所谓的梅赜本《古文尚书》，朱熹早就提出过这一问题；（6）其序称"安国承诏作传"，也不见《史记》与《汉书》记载；（7）其混典、谟、誓三体而为一，而伏生今文《尚书》典、谟、誓体裁分明；（8）其文义可疑，自《五子之歌》以下如出一律，间或有异，不过改易增换，略加润色，即为一篇，不像伏生今文《尚书》篇篇出于事实，皆可见其作伪之痕迹；（9）"瀍水"在汉代出谷城县，《汉书·地理志》和《后汉书·郡国志》记载相同，晋始省谷城入河南，而梅本所献《尚书孔传》谓出河南北山；又"积石山"在西南羌中，汉昭帝始元六年（前81）始置金城郡，而《尚书孔传》谓积石山在金城西南，而孔安国卒于汉武帝时，《史记》有传，其传《古文尚书》，离设金城郡时间尚远，不当知此地名，此皆晚出《尚书孔传》作伪之佐证。梅鷟认为所谓的《孔安国序》并多出的25篇《古文尚书》皆为杂取传记之语以成文，并逐条考证，详其所出。另外，梅鷟根据孔颖达《尚书正义》所引臧荣《续晋书·皇甫谧传》，谓晚出《尚书孔传》中《孔安国序》和25篇《古文尚书》为皇甫谧所作。

过去怀疑晚出《尚书孔传》，都限于文字方面着手，梅鷟开辟了从来源、内容、作伪之人等方面讨论的先河，使学术史上的疑伪《书》运动有了进一步的发展。清代阎若璩、惠栋、崔述等人对晚出《古文尚书》的怀疑，大多继承梅氏的研究而有所发展。不过，梅氏还是没有跳出唐代《尚书正义》以来将晚出《古文尚书》和汉代孔壁《古文尚书》混淆在一起的窠臼，连孔壁《古文尚书》一起怀疑。

梅鷟这两部《尚书》学著作，《尚书考异》版本较多，有明白崔山房抄本、清抄本、文渊阁《四库全书》本、嘉庆十九年兰陵孙氏校刻本、道光五年朱琳立本斋刻本、清光绪十八年浙江书局刻本、《平津馆丛书》本、《丛书集成初编》本等；《尚书谱》有清孔氏藤梧馆抄本、顾千里手校明抄本等。

3.《尚书疑义》6卷，（明）马明衡撰

马明衡字子萃，福建莆田人。明代经学家。初受业于王守仁，故史称闽中有王氏学，自明衡始。

此书撰成于嘉靖二十一年（1542），是马明衡读《尚书》的札记。自序谓"凡于所明而无疑者，从蔡氏；其所有疑于心而不敢苟从者，辄录为篇，以求是正"①，知此书亦以宋代蔡沈《书集传》为主，加以马明衡自己的心得，间纠蔡《传》之失。如谓"六宗"之说，自汉以来说者不一，当依《祭法》为得其义；"辑五瑞"为朝觐之常，非为更新立异；"治梁及歧"谓蔡《传》胜孔氏；《洪范》"日月之行"取沈括之说；于《金縢》颇多异辞。明人解经，空疏冗滥者居多。马明衡此书，却能研究古义，参酌众说，不主一家，对于蔡沈《书集传》提出质疑，尚属醇正之作。

该书今有文渊阁《四库全书》本、《四库全书珍本初集》本、清吴钊森抄本、商务印书馆影印本等行于世。

4.《尚书注考》1卷，（明）陈泰交撰

陈泰交（约公元1624年前后在世），字穉孚，更字同倩，号鲽海，少时名元侃，字三缄，浙江嘉兴人。

陈氏《尚书注考》乃纠正蔡沈《书集传》之讹，凡"引经注经不照应者三条"、"同字异解者三百二十三条"，皆直录蔡氏原文，不加论断，使人对校而自见，在释事、释义方面均有功蔡《传》。总之，该书内容与袁仁《砭蔡编》相似，颇以典制名物补正蔡《传》之阙误。不过，其所谓同字异解者，一字或有数义，抉摘未免过严。

该书现存版本有文渊阁《四库全书》本、清道光二十七年刻海山仙馆丛书本、清抄本、《碧琳琅馆丛书》本、《芋园丛书》本、《丛书集成初编》本等。

5.《尚书疏衍》4卷，（明）陈第撰

陈第（1541—1617），字季立，号一斋，福建连江人。明代音韵学家。万历诸生，俞大猷召至幕下，在镇十年，兵备修整。致仕归里，考证古今音之异，对后世古音学研究颇有影响。著有《毛诗古音考》4卷、《尚书疏衍》4卷、《读诗拙言》、《屈宋古音义》、《寄心集》等。

《尚书疏衍》乃陈氏研究《尚书》的力作，在该书自序中，陈第谓其少读《尚书》只读经不读传注，"口诵心维，得其意于深思者颇多"；因宋元诸儒疑晚出《古文尚书》为伪作，故著文数篇以辨；并参取古今注疏，附以自己心得撰成此书。卷一"《尚书》考"、"古文辨"、"引《书》证"、"《尚书》评"

---

①　马明衡：《尚书疑义原序》，见《尚书疑义》，文渊阁《四库全书》本。

4篇，皆为论辩梅赜所献《古文尚书》为不伪而作，以朱熹等所疑为非，梅鷟《尚书考异》、《尚书谱》二书亦失考。卷二《虞书》，卷三《夏书》、《商书》，卷四《周书》，凡列举若干条进行考述。如论《舜典》"五瑞"、"五玉"、"五器"，谓不得以《周礼》释《虞书》，驳斥前儒注疏牵合之非；又论《武成》无错简，《洪范》非龟文，亦足破诸儒穿凿附会之说。该书虽不由训诂入手，而绝少臆断空言。

该书现有明万历刻本、文渊阁《四库全书》本行世，并收入《一斋集》、《陈一斋全集》中。

6.《尚书古文疏证》8卷，（清）阎若璩撰

阎若璩（1636—1704），字百诗，号潜丘，山西太原人，后居江苏淮安府山阳县（今淮安）。清初著名学者，清代汉学（或考据学）发轫之初最重要的代表人物之一。康熙间举博学宏词，不第，后与胡渭、顾祖禹助徐乾学修《大清一统志》。著有《潜丘札记》、《毛朱诗说》、《四书释地》、《尚书古文疏证》、《孟子生卒年月考》等。

阎若璩年二十读《尚书》，至古文25篇，即疑其伪，沉潜三十余年，乃尽得其症结所在，著成《尚书古文疏证》一书。自南宋吴棫、朱熹开始，经元代吴澄、明代梅鷟等学者的不懈努力，到清代阎若璩时，对东晋梅赜所献孔安国《古文尚书传》及其经文的疑辨运动可以说达到了最高峰。阎氏在《尚书古文疏证》中引经据史，对梅赜奏本《古文尚书》经传进行系统考证。全书以一个问题为一论，共立论128篇（或称128条）①，详细证明梅氏献本是东晋人伪作。其认定经伪，主要从来源不可信、篇数与篇名与汉人记载不合、内容与汉代《古文尚书》不同等方面加以证明；其认定传伪，则从注经体例、所记地名非西汉所有、与孔安国其他经传如《论语注》内容不同等三方面加以考证。由此可见，阎若璩不仅根据孔《传》本《古文尚书》经传的错误来证明其伪，他还追本溯源地将孔《传》本《古文尚书》引用其他典籍的文句找出来，从而使辩驳更有说服力。至此，梅赜所献《古文尚书》经传之为伪书几成定谳。

阎书的问世，在学术界掀起了一个空前的高潮，惠栋、王懋竑、李绂、

① 按：全书虽列128条，但其中第28～30、33～48、102、108～110、122～127条共29条有目无内容。因为阎氏书成之后，毛奇龄曾撰《古文尚书冤词》来驳它。阎氏见《冤词》后，对《疏证》加以修改，从最初的4卷扩展成了8卷。有目无内容者，可能是阎氏看到《冤词》后觉得证据不足删去的。

杨椿、程廷祚、宋鉴、崔述、丁晏等许多学者都羽翼阎氏之学；康熙和雍正都曾对阎若璩有非常高的评价，《四库全书》收录该书并对其褒扬有加，从学术与官方两方面给予《尚书古文疏证》以权威性，故阎氏此书成了清代辨伪学方面的一面旗帜。该书不但集由宋迄清初诸儒疑辨伪古文之大成，而且开清代及近代辨伪之风气，后来所有疑晚出《古文尚书》的学者几乎都受他的影响。当然，近年来在对疑古运动进行反思时，人们发现阎若璩的《尚书古文疏证》使用的方法并不十分科学，一些说法也比较武断，故对阎氏之书的讨论颇多，杨善群、张岩两位在这方面做了大量工作。但阎氏认定经伪的诸条证据，是断定晚出《古文尚书》真伪的关键问题，学界至今还不能解决，故阎氏此书的学术价值依然不容忽略。况且它对清代及后来辨伪学的发展产生的重要影响业已成为历史事实。

该书初成时为 4 卷，黄宗羲为之作序，后又续成 4 卷，共为 8 卷。原来仅有抄本流传，阎氏逝世后 40 年，始由其孙学林刻于淮安，是为乾隆眷西堂刻本。此外，还有嘉庆吴人骥天津重刻本（附阎咏《朱子古文书疑》）、同治六年汪氏振绮堂补刻眷西堂刻本、《皇清经解续编》本、清抄本等。

7.《尚书考辨》4 卷，（清）宋鉴撰

宋鉴字元衡，号半塘，安邑（今山西运城）人。著有《说文解字疏》30 卷，《尚书考辨》4 卷。

自阎若璩考定晚出《古文尚书》之伪，半塘实继其业。该书 4 卷，经文、伪经文、诸书所引书词，及传授考证渊源，无不备具。一辨今文、古文、伪古文传述源流，二辨古文经字异同，三辨伪经文抄袭之本；四辨《论语》、《孟子》、《春秋左传》、《国语》、《礼记》、《书序》逸篇与伪古文殊异。孙星衍曰："宋君生与阎君若璩同里、同时，而书之简核过之。"可见此书之卓。

该书现存版本有清嘉庆四年刻本、《山右丛书初编》本等。

8.《古文尚书考》2 卷，（清）惠栋撰

惠栋，主要学术成就在《易》学，但其《尚书》学著作《古文尚书考》亦极负盛名。该书上卷专驳孔颖达《尚书正义》关于《古文尚书》的著述之误，下卷专举晚出《古文尚书》作伪的来源。惠氏认为，郑玄所传之 24 篇《古文尚书》，是孔壁真古文；东晋晚出《古文尚书》与《汉书》所载孔壁真《古文尚书》篇数不合、与汉代今文《尚书》经文亦别，可证其为伪书；作伪者为王肃。其论述晚出《古文尚书》和《尚书孔传》作伪的证据，大致和阎若璩相同，但亦有一些作伪证据是阎氏所未提及者。如《太誓》，阎氏犹沿《尚书正义》之误，未若惠书之精而约。在该书后部分，惠氏还将晚出《古文尚书》25篇中经文凡有出处可寻者，皆一一列举出来，并分别注明抄于何处，探颐索隐，进一步证实梅赜所献《尚书孔传》是一部伪书。继阎若璩之后，惠栋著《古文尚书考》，将晚出《古文尚书》辨伪工作又向前推进了一步。

该书现存版本有清乾隆五十七年读经楼刻本、《皇清经解》本、《昭代丛书·壬集补编》本、《续修四库全书》本等。

9.《古文尚书冤词》8卷，（清）毛奇龄撰

当阎若璩《尚书古文疏证》在学界享有盛名时，一向挟博纵辩、务欲胜人的毛奇龄便撰《古文尚书冤词》，极言梅赜所献《古文尚书》不伪，为之鸣冤而力辩，对阎若璩之说进行抗辩。

《古文尚书冤词》全书包括：总论、今文《尚书》、《古文尚书》、古文之冤始于朱氏、《古文尚书》之冤成于吴氏①、《书》篇题之冤、《书序》之冤、《书·小序》之冤、《书》词之冤、《书》字之冤 10 篇。毛氏摘取《隋书·经籍志》之文为据，认为梅赜所献者乃孔安国《尚书传》，非《古文尚书》；②《古文尚书》本传习于民间，贾逵、马融诸儒未能得见；而孔安国《尚书传》虽伪，但《古文尚书》乃真。毛氏虽极力批驳阎氏之说，但对阎氏关于晚出《古文尚书》之伪的几个关键问题的论证未能进行有效的反驳，反而引起了更多学者对他的驳难，如李绂著《书古文尚书冤词后》、程廷祚撰《冤冤词》与毛氏针锋相对。毛奇龄《古文尚书冤词》虽然没有从根本上驳倒阎若璩之说，但他引用了大量资料来揭露阎氏之误，却被阎氏偷偷地吸收用来修正自己的论说，客观上起到了对阎氏之说予以修正的作用，这也许是他始料未及的。

毛氏此书收入其全集《西河合集》中。另，《四库全书》也收录此书。

毛奇龄之后，认为晚出《古文尚书》非伪的还有不少学者，如方苞、顾昺、杨方达、江昱、郭兆奎、梁上国、赵佑、张崇兰、吴光耀、谢廷兰等，而洪良品是最拥护毛氏者，其撰《古文尚书辨惑》18 卷、《释难》1 卷、《析疑》1 卷、《商是》1 卷以及《古文尚书剩言》3 卷、《续古文冤词》若干、《新学伪经考商正》2 卷等多部著作，不但反对疑晚出《古文尚书》，还与当时今文学派彻底否定古文之说相抗衡。

---

① 按：吴棫《书稗传》成于朱熹之前，《朱子语类》曾引之。故当称"《古文尚书》之冤始于吴氏，《古文尚书》之冤成于朱氏"。

② 按：毛奇龄忽略了传是依经而解，传"传"的同时，必须传经，不然"传"就无所附属了。故学界疑辨梅赜所献孔安国《尚书传》，既疑经，又疑传，而重点是疑经。

10.《尚书余论》1卷，（清）丁晏撰

丁晏（1794—1876），字俭卿，号拓唐，一作拓堂，晚号石亭居士，山阳（今江苏淮安）人。清代经学家，以教读、讲学及著述为事。

在清代对东晋梅赜所献《古文尚书》经传进行辨伪的学术活动中，对作伪者的考证是重要的一个方面。在丁晏之前，惠栋、王鸣盛、李绂等相继辩证，怀疑梅赜献本《尚书孔传》为三国魏王肃伪造。丁晏以为上述诸家之议论尚未畅明其旨，特又著此书加以申辩与论证，故名《余论》。丁氏认为，孔安国只传授古文，未尝著传，汉代真《古文尚书》久佚不传，今所传孔安国《尚书传》及《论语注》、《孝经传》皆为王肃假名伪造。其主要论点共21条，主要论据有：《古文尚书孔传》始见于王肃《家语》后序，故为伪书；《古文尚书》在西晋已立博士，非东晋梅赜所伪作；王肃注书多与孔《传》同。经过《尚书余论》的详细论证，所谓孔安国《尚书传》为王肃之伪作始几成定论。该书为晚出《古文尚书》考证方面的又一重要著作。

该书现有《六艺堂诗礼七编》本、清光绪十四年黄氏家塾刻本、光绪间吴县未氏家塾刊《经学丛书》本、《皇清经解续编》本、《续修四库全书》本等多种版本行于世。

11.《古文尚书辨伪》2卷，（清）崔述撰

崔述（1740—1816），字武承，号东壁，直隶大名（今属河北）人。清代经学家。年十四即泛览群书，里人惊为奇才。乾隆二十七年壬午（1762）举于乡，嘉庆初选授福建罗源县知县，旋调署上杭县。嘉庆六年（1801），老病乞休。既归，往来河北，以著述自娱。

崔述治经，因群经传记注疏往往与经文有异，由怀疑而转入辨伪、考信。他对于晚出《古文尚书》的真伪，考辨精审，超过阎若璩、惠栋二人，可算得上清代攻击伪《书》运动的殿军人物。他著《古文尚书辨伪》2卷，卷一为《古文尚书真伪源流通考》，探流溯源，立"六证"、"六驳"，定古文之伪。其所论与阎、惠二氏所见略同。同时，崔氏揭示出晚出《古文尚书》摘抄经传的地方。值得一提的是，对传统从词句方面疑伪古文经文，崔氏基本上做了全面的总结。

该书现存版本有道光四年东阳县署刻本、《崔东壁遗书》本、《续修四库全书》本等。

12.《古文尚书冤词平议》2卷，《尚书古文疏证辨正》1卷，《今文尚书考证》30卷，（清）皮锡瑞撰

皮锡瑞（1850—1908），字鹿门，一字麓云，湖南善化（今湖南长沙）

人。举人出身，三应礼部试未中，遂潜心讲学著述。他景仰西汉伏胜之治《尚书》，署所居名"师伏堂"，学者因称之"师伏先生"。晚清著名经学家。皮氏精研群经，旁通诸史，撰述宏富，推尊经今文学，为晚清今文学大家。著述丰富，除上述《尚书》学著作外，尚有《师伏堂丛书》、《师伏堂笔记》、《师伏堂日记》等书，而以《经学历史》、《经学通论》最为流行。

皮锡瑞治经采用"义理必兼考证"的经学方法与"学求心得，勿争门户"的经学立场，① 严谨平实。他早年就开始治《尚书》，成果丰富，有《尚书大传疏证》、《尚书中候疏证》、《古文尚书冤词平议》、《尚书古文疏证辨正》、《尚书古文考实》、《今文尚书考证》、《史记引尚书考》等多部著作问世。② 皮氏在《古文尚书冤词平议》中认为阎若璩的《古文尚书疏证》及毛奇龄的《古文尚书冤词》互有得失。其中，毛氏专信梅赜所献《尚书孔传》，而对伏生《尚书大传》及《史记》多訾议，此"乃据一家之言，偏断两造之狱，岂能反南山不移之案，以鸣千载不白之冤乎？"而阎若璩攻击《尚书孔传》有当批判而又批判不当之处。在《尚书古文疏证辨正》中，皮氏极力攻击晚出《尚书孔传》及经文。

在皮氏的《尚书》学著作中，《今文尚书考证》的价值最高，其"集清人《尚书》今文学之大成，虽是今文学派一家之说，但总的看来，取材丰富，考订严谨，能够做到言必有据，不作武断臆说，在清人疏证《尚书》的众多著作中，书最后出，而持论比较平允"③。该书对今文《尚书》29篇经文文字进行逐字逐句的甄别，既辨析今古文本的差异，也留意今文三家间的歧异，"在尽可能的范围内恢复了汉代今文《尚书》的原貌"，对《尚书》学做出了重要贡献；其"对经典义理少罕加诠释，但是经文与古代礼制关涉殊密处每有深论"④。

皮锡瑞以上《尚书》学著作版本较多，清光绪年间有刻本；《师伏堂丛书》、《皮氏经学丛书》、《续修四库全书》亦收录。

---

① 吴仰湘：《〈师伏堂日记〉所见皮锡瑞之经学观》，载《湖南大学学报》2004年第6期。

② 王先谦为皮锡瑞《今文尚书考证》作《序》时云：皮氏"治《尚书》最早，尚为《大传疏证》、《古文尚书冤词平议》二书行世矣。近复以《今文尚书考证》视余"。

③ 皮锡瑞：《今文尚书考证》，盛冬玲、陈抗点校本，中华书局，1995年，"点校说明"第3页。

④ 田汉云：《中国近代经学史》，三秦出版社，1996年，第348～365页。

五、图谱类

图谱就是按照事物的类别或系统编制的图表。在中国，图谱起源很早。汉代司马迁在《史记·太史公自序》中说："维三代尚矣，年纪不可考，盖取之谱牒旧闻。"他效仿图谱，旁行邪上，制《三代世表》。郑樵云："河出图，天地有自然之象，图谱之学由此而兴。"① 又曰："为天下者不可以无书，为书者不可以无图谱。图载象，谱载系，为图所以周知远近，为谱所以洞察古今。"② 他道出了图谱的重要性和古人为图谱的目的。《汉书·郊祀志》称"禹收九牧之金，铸九鼎，象九州"，记述了夏禹将九州进贡的金属，铸了九鼎，并铭刻了九州的图像。如果这里所说的"九州"与《尚书·禹贡》中的九州一致，那么禹铸于九鼎上的九州图，就可视作关于《尚书》的最早地图。当然，也有可能铸九鼎在《尚书》成书前，后来在编纂《尚书》时，作者吸收九鼎上的九州图入《尚书》中，那么《尚书》在成书时就可能带有地图。史载汉明帝遣王景修汴渠时，赐之以"《禹贡图》"③，该《禹贡图》何时成书，其内容如何，历代学者都未能考证出结果。不过，可以肯定的是，《禹贡》早已有图。该图或许是经文本身附带，或许是后人研究《禹贡》所绘制。后世学者在研究《尚书》尤其是其中的《尧典》、《禹贡》、《洪范》等篇章时，经常借助图谱，这样可以使论释化繁为简，并得出有规律性的东西。因此，在《尚书》学文献中，图谱类洋洋大观。关于对《尚书》单篇所作的图谱，本文放在"单篇类"介绍，此处只提要有关《尚书》全文所绘制的图谱。

1. 《尚书图》1卷，（宋）无名氏绘制

在北京图书馆藏有宋刻本《尚书图》1卷，清代藏书家胡珽跋。关于该书的收藏来历，醉心于坊间旧刻、熟于版本目录之学的黄裳记有一段掌故，他在《西行书简》一文中说："又一次我在来青阁买到一册宋本《尚书图》，是南宋建阳刻本，白麻纸初印，有胡心耘跋，在古版画中算得是最早期的作品。西谛（案：即郑振铎）收古版画数十年，著有版画史图录，不能不给他看看。于是再访团城。西谛一见此书，高兴得几乎跳起来，急问在哪里买的，花了多少钱？不容分说，就作主留下，照原价由国家收购，马上送到正在举

---

① 郑樵：《通志·总序》。

② 郑樵：《年谱序》，见《通志》卷二一《年谱》。

③ 《后汉书·王景传》。

行的雕版印刷展览会上去了。"① 就这样，《尚书图》归了国家图书馆。

该《尚书图》刊印于宋光宗绍熙年间（1190—1194），不著撰者姓名，共有 77 幅。它是《中国版刻图录》著录的宋刻版画四种之一，亦是最早亦最精的宋代版画。其为建阳书坊刊本，亦即中国雕版印刷史上所谓的"建本"。其编著形式是规整的上图下文，上端插图约占书页二分之一，是一种"纂图互注"的编纂体例。其将艰深难懂的经典文本用通俗易懂的图画来诠释，使平民大众也能阅读和理解。

据清代朱彝尊的《经义考》及胡渭的《禹贡锥指》记载，② 宋代郑东卿著有《尚书图》1 卷，77 幅。朱、胡二氏所见的《尚书图》，抑或就是北京图书馆现藏的这部宋代建阳刊本《尚书图》？若能见之原书，也许会有准确的答案。

2.《尚书历谱》1 卷，（清）成蓉镜撰

成蓉镜（1816—1883），又名成孺，字芙卿，自号心巢，宝应（今江苏扬州）人。光绪六年（1880）主讲于长沙校经堂，成为清代扬州学派后期的重要代表人物。早邃经学，旁及象纬、舆地、声韵、字诂，于金石审定尤精确。晚年，一以朱子为宗。著述甚多。

《尚书历谱》一书，以殷历校殷、周历校周；从违，则以经为断。其中，对"商大甲元年"、"周文王受命元年"、武王伐纣之年、周公居摄之年等，都做了具体的考证；对阎若璩、钱大昕等人释历之说也多有纠正；认为成于汉代的《世经》，其间所记的"四分历"是可信的，正如《春秋日南至谱·叙》中所说："四分，春秋古术之仅存者，故《三统》、《世经》述焉。"故其以《世经》所载《伊训》为真古文。此外，成氏还就一些经中术语提出了自己的看法，认为"望日生霸，望后一日曰旁生霸，望前一日常曰哉生霸"。

该书现存版本有清抄本、《成氏遗书》本、《皇清经解续编》本等。

3.《尚书谱》1 卷，（清）宋翔凤撰

《尚书谱》以《尚书》皆孔子所撰集，但汉时所得《古文尚书》16 篇未必真。其云："据刘歆《移让太常博士书》，似十六篇至天汉后始出。然伏生《大传》已引《九共》逸句、《太誓》全文，董生亦引《太誓》，则不出自鲁壁

① 黄裳：《西行书简》，载《文汇报》2004 年 12 月 5 日。另，其在《读书文摘》2003 年第 8 期发表的《上海的旧书铺》及《忆郑西谛》（载《书之归去来》）中也载有此事。

② 朱彝尊：《经义考》卷八〇；胡渭：《禹贡图》，见《禹贡锥指》，邹逸麟点校本，上海古籍出版社，2006 年。

也。大抵十六篇者，在秦、汉之间，去周为近。诸子百家所记，往往可傅合于经，学者补缀以比于二十八篇，足以考究前闻而也。"故伏生能引《大誓》之文，而所传《尚书》仍阙是篇；刘歆所引诸文，太史公不著于《史记》；马、郑亦不为逸16篇作注，皆知其不可信。他反对包括《古文尚书》在内的古文经学。

《尚书谱》改题《虞书》为《虞夏书》，谓："《赞》云：'三科之条，五家之教。'是虞、夏同科也。"视"《虞书》有《尧典》，《尧典》有舜事"，为"顺古文考古道以记之，非当代之语"。他又引董仲舒之言，以发明虞、夏同科之义，"由于政教相因，而道如一"，其言颇具说服力。该书作者多新见，不但抒一家之论，亦披露部分研究《尚书》及逸篇之方法。

现存有浮溪精舍刊本等。宋氏的读书笔记《过庭录》中亦收录。

4.《钦定书经图说》50卷，（清）孙家鼐绘制

此乃光绪年间孙家鼐、张百熙、荣庆、陆润庠、张亨嘉等学者奉慈禧、光绪旨意图说《尚书》而作，以石印的形式制印。凡有事实可图者，遂自为图，有时一句一图，有时全篇才二三幅图，全书共绘制了570幅图。该书以图为主而系之以说。其地理诸图，本之胡渭《禹贡锥指》，而人物衣冠以及器用，则依据晋顾恺之《列女传图》、宋聂崇义《三礼图》及明张居正《帝鉴图说》。绘图工致精细，在相当程度上反映了封建社会后期的社会景观，个别礼仪场景还参考了儒家经典的记载，具有文献、艺术等多方面的参考价值。

该书主要有光绪二十九年上海石印本、光绪三十一年内府影印本及大学编书局石印本等，皆流传至今。

5.《尚书图》不分卷，（清）杨魁植辑，杨文源增订

杨魁植字辉斗，子文源字泽汪，长泰（今属福建）人。魁植辑《尚书图》一书，其子杨文源增订。该书无序例，亦不分卷，共有各种图114幅，如帝王世次、夏世次、商世次、逸书篇数、五十八篇数、作述离合、周世次、秦世次、晋鲁世次、闰余图、尧制五服图、七政图、五辰图、禹弼五服图、四仲中星图、四仲日永短图、明王奉若天道之图、玑衡图、禹贡九山名数图、洪范九畴总图、禹贡九川名数图、冬夏风雨图、重黎羲和源流图、尧历象图、五行属类图、召诰土中图。图有附说者，有不附说者，说亦甚简。书中以"浑天图"作"玑衡图"，不合；"闰余"诸图沿袭旧说，未为精审；《禹贡九山名数图》与《禹贡九川名数图》不尽确切；"商七庙图"，本无其制，以意附会。其他属于器物图，都辑自前儒。该书虽大都沿袭旧图，但对保存古代有关《尚书》的图谱资料起到了重要作用。

该书有清代信芳书房刻本流传至今。

6.《书经周礼皇帝疆域图表》不著卷数，（清）廖平撰

此书共 42 篇，由《王制九州三服千里一州图第一》始，迄《书经周礼大小分统表第四十二》，卷帙浩繁，于《六益馆丛书》中堪称巨制。该书的主旨以为《春秋》经，《王制》传；《尚书》经，《周礼》传，圣作贤述，传习有由。书中对《尚书》、《周礼》中的疑难，如职方、九州、禹贡、洪范、考工、岁时、井田、四邻，以及导水、测地、吉凶服制等，皆博征经说，详加考证。虽云"仅究《尚书》、《周礼》皇帝疆域"，而征引之博，凡经、史、小学、诸子百家相关者，皆加以引用，并辨其真伪，论其得失，发前儒所未发。于是古今疑义皆为辨析，古今枘凿均为沟通，五帝三王之政治礼俗于此书得其要领。

该书现存版本有《六译馆丛书》本、民国四年成都存古书局刻本等。

六、音释类

音，指专门对《尚书》经文之音读进行标注或考订的著述。据史料记载，两汉魏晋时期，学者如孔安国、徐巡、郑玄、王肃、徐邈、李轨、王俭等，都热衷为《尚书》注音。《隋书·经籍志》云："梁有《尚书音》五卷，孔安国、郑玄、李轨、徐邈等撰。"可见最早为《尚书》注音者为孔安国。不过，唐代陆德明在《经典释文·序录》中却说："汉人不作音，后人所托。"由于上述诸家之作早佚，以上两说不知孰是孰非。隋代顾彪在《尚书》音释方面成绩突出，撰有《今文尚书音》、《古文尚书音义》和《尚书大传音》等三部专著。

唐陆德明则辑唐以前诸家音注，成《尚书音义》两卷，收入《经典释文》中。这两卷《尚书音义》，不仅为经典本文注音，而且还为注文注音，对所注之书，均标明书名和章节，然后摘录字句，注释音义，绝大多数字都标明反切或直音。书中所辑音训原书绝大多数都已失传，赖本书可见一斑，故此书成为后世学者研究《尚书》文字、音韵、训诂之学的重要参考书，亦为《尚书》学文献之音释类的重要组成部分。惜已残佚，现有残卷流传至今。

唐以后，音释类《尚书》学文献不多，见于记载的有宋代王曙的《周书音训》、程炎的《书经音释》，元代邹季友的《尚书蔡传音释》、王道的《书传音释》，明代吴国琦《尚书音》、刘挺萃《书经正音》，清代江声《尚书集注音疏》、段玉裁《古文尚书撰异》、杨国桢《书经音训》、吴栋发《书经字考》、李调元《尚书古字辨异》、李遇孙《尚书隶古定释文》等。令人惋惜的是，元

代以前的音释类《尚书》学文献几乎全佚，现存只有元代及清代的几部著作。

1. 《尚书蔡传音释》6卷、《书序》1卷，（元）邹季友撰

邹季友字晋昭，鄱阳（今江西鄱阳）人。《尚书蔡传音释》是一部为蔡沈《书集传》注明音读及对一些内容或问题进行简明阐释的书。例如《尚书·高宗肜日》篇，自汉唐至宋儒（包括蔡氏《书集传》）都误释为殷高宗祭成汤，金履祥在《尚书表注》中始怀疑"高宗"为高宗之庙，于此庙绎祭。邹季友明确指出该篇是祖庚肜祭高宗之庙。经近代甲骨文研究，证实了邹说是正确的。因此邹氏此书对蔡《传》有匡正疏证之功。明刘三吾修《书传会选》，"每传之下，系之经文及《传》、《音释》，于字音、字体、字义辨之甚详"①，可见其多参考邹季友《尚书蔡传音释》。

该书于至正五年（1345）由明复斋刊刻，当时合刻《音释》于蔡《传》中，此后的刊刻都遵循此模式。现存版本较多，主要有：元至正十一年德星堂刻本、元至正十一年双桂书堂刻本（顾千里校并题识）、元至正十四年日新书堂刻本（卷四至卷六配至正五年明复斋刻本）、明初刻本、清抄本（钱泰吉、许丙鸿校并跋、严大经跋）、咸丰五年福建浦城刻本及吴氏望三益斋成都刻本、同治五年吴氏望三益斋刻本（丁晏校注）、光绪十五年江南书局刻本、日本弘化四年（1847）清溪文房刻本、日本嘉永四年（1851）昌平黉刻本、《续修四库全书》本、1993年北京中国书店影印本等。

2. 《尚书古字辨异》1卷，（清）李调元撰

李调元（1734—1802），字羹堂，号雨村，四川绵州（今四川德阳）人。乾隆二十八年进士，历官考功员外郎、广东学政等。治学广博，藏书万卷，自经史百家，以及稗官野乘诗文剧作，皆有撰述。其研究《尚书》，著有《郑氏尚书古文疏证》及此编。

是书1卷，大抵有鉴于日本山井鼎所著《七经孟子考》写本而作。山井氏书中有《尚书古字考》1册，主要是采摘金石、隶、篆各书有关《尚书》者纂辑而成，分篇摘录，并注今文于下，是一种新异的《尚书》研究著录方式。李调元仿山井氏之作，亦博采诸书，再加校雠，为《尚书古字辨异》1卷。全书篇目遵依《尚书》经文之序，首《尧典》，终《秦誓》。凡古字异文，皆摘录以注今文，并附考证按语于后。该书不仅对《尚书》学有所贡献，对小学训诂亦多有发明，是一部颇具创获之作。

该书收入《函海》第十七集，流传至今。

---

① 顾炎武：《日知录》卷一八。

3. 《尚书隶古定释文》8 卷，（清）李遇孙撰

李遇孙字庆伯，号金澜，浙江嘉兴人。

《尚书》文字几经改易，原本是先秦古文，汉代用当时通行的隶书改写为所谓的今文，东汉有科斗文，晋代出现梅赜所献《尚书孔传》中的隶古定文，晋代范宁、唐代卫包又改写成当时通行文字等。李遇孙认为《宋史·艺文志》载有孔安国《隶古文尚书》2 卷，说明隶古定《古文尚书》未尝亡绝，宋薛季宣《书古文训》即依此本而来。李遇孙博采《说文》、司马迁《史记》、班固《汉书》、汉代石经等经所引《尚书》古文，证明薛氏之书可信。但薛书"只疏其义，非释其文，字体诘曲，读者咋舌"，于是又为之释文，"博资群书，旁引曲证，讹者正之，疑者阙之"，数易其稿成《尚书隶古定释文》8 卷。① 孙星衍评价此书使"《尚书》小学源流大显于世，亦不朽之业也"②。

该书现存版本有清嘉庆九年宁俭堂刻本、《续修四库全书》本、《丛书集成续编·聚学轩丛书》本等。

七、专题类

专题类《尚书》学文献是指对《尚书》经传的某些专门问题如天文、地理、历法、名物、制度、人物、事件、时间、凡例、文字等进行阐释、考证的文献。这类文献产生较早，如汉明帝赐王景的《禹贡图》、晋裴秀绘制的《禹贡地域图》、顾恺之的《夏禹治水图》以及汉人开始的大量的"洪范五行"研究著述皆是。宋代、明代和清代，这类文献大量产生，其中著名的有程大昌《禹贡论》2 卷、《后论》1 卷、《山川地理图》2 卷，刘羲叟《洪范灾异论》，孔武仲《洪范五福论》1 篇，苏辙《洪范五事说》1 篇，晁补之《洪范五行说》；明代朱右《禹贡凡例》1 卷，王袆《禹贡山川名急就章》1 篇，胡瓒《禹贡备遗》1 卷、《书法》1 卷；清代盛百二《尚书释天》6 卷，蒋廷锡《尚书地理今释》1 卷，张焕纶《尚书地名今释》9 卷，潘咸《尚书天地图说》6 卷，王廷鼎《尚书职官考略》1 卷，马贞榆《今古文尚书授受源流》1 卷，廖平《书经大统凡例》1 卷，李荣陛《尚书篇》第 1 卷，等等。不但数量超越前代，而且在专题的广度和研究深度方面都有很大的发展。

专题类《尚书》学文献形式多样，很多都是图谱的形式，前面"图谱类"和后面的"单篇类"的不少著作从内容上看都是专题类。历代学者广征博引

---

① 《聚学轩丛书》本书前《识语》，《丛书集成续编》本。

② 《聚学轩丛书》本书前孙星衍《序》，《丛书集成续编》本。

对《尚书》进行多方面的专题研究和讨论，使《尚书》的一些基础性问题如文字、篇目、作者、成书时间、传授源流等越来越明晰，为更好地解读《尚书》提供了丰富的参考材料。

兹对现存的数种专题类《尚书》学文献略作介绍。

1.《尚书释天》6卷，（清）盛百二撰

盛百二字秦川，号柚堂，浙江秀水（今上海嘉兴）人。百二幼即颖悟，凡勾股、律吕、河渠之学，靡不研究，而尤致力于天文学。

其著《尚书释天》6卷，对《尚书》之《尧典》、《舜典》、《胤征》、《洪范》诸篇，凡有关历象者，逐条考订，博采诸书而详细疏证。且附绘图20余幅。在该书中，算学虽用西法，其论置闰，仍主张以余日置闰月于其间，然后四时不差而岁功得成。他用置闰之法推天象。

该书现存版本有清乾隆十八年秀水李氏刻本、乾隆三十九年任城书院刻本、《皇清经解》本等。

2.《尚书地理今释》卷，（清）蒋廷锡撰

蒋廷锡（1666—1732），字南沙、酉君、扬孙，号西谷，又号青桐居士，江苏常熟人。

是编乃其官内阁学士时仰承圣训所作。书中辨证考订《尚书》山川地理，皆即今考古，故曰《今释》。其中订定诸儒之说凡11条、订定蔡沈《书集传》之说凡9条。如释《尧典》"隅夷"，据《后汉书》定为今朝鲜，正薛季宣、于钦之误；解"宅西"，则据黄度《尚书说》，不单指一具体地方，正徐广《史记注》之误；解《禹贡》"治梁及岐"，则据曾旼之说，辨其非吕梁、狐岐；释"九河既道"，据《经典释文》，辨简洁非一河，等等。其考订精核，征引古籍或历代学者之明见详加考辨，足证旧说之讹。其说全被《书经传说汇纂》所采。

此书现存版本有《皇清经解》本、文渊阁《四库全书》本、光绪七年成都沦雅斋校刊本、《丛书集成初编》本，亦收录入《借月山房汇钞》第一集、《指海》第五集、《泽古斋重钞》第一集、《式古居汇》中。

3.《书经互解》1卷，《周易解尚书》1卷，《诗经解尚书》1卷，《礼记解尚书》1卷，《四书解尚书》1卷，（清）范士增撰

以上五部书，是范士增纂集不同的儒家经典如《周易》、《诗经》、《礼记》、《四书》解《尚书》以及《尚书》各篇章互解而成。从一个全新的视角来理解《尚书》的微言大义。这种著作在《尚书》学史上比较罕见。

4.《尚书地名今释》9卷，（清）张焕纶撰

张焕纶，字经甫，上海人。博览群书，精通舆地学。① 其著《尚书地名今释》9卷，详细阐释《尚书》中的地名。

该书未刊刻，只有稿本，现藏浙江省图书馆。

5.《尚书职官考略》1卷，附《表》1卷，（清）王廷鼎撰

王廷鼎字梦薇，江苏震泽（今江苏吴江）人。尝入诂经精舍学习，师事俞樾。俞樾曾为王氏《尚书职官考略》作《序》，序文附于该书卷首。

此书记录自《尧典》之羲和开始，讫于《吕刊》之事，共55事。其中拾遗订异，创获不少。书末附《表》1卷，为陈汉章所撰，表中虞、夏、商、周之分界特别清晰。大概《表》在王氏书之前撰成，而《尚书职官考略》据以立说，故二者无牴牾不同之处。

该书现存版本有光绪刊本，并收入《紫薇花馆集·紫薇花馆经说》中。

6.《今古文尚书授受源流》1卷，（清）马贞榆撰

马贞榆，字贵立，广东顺德人。

是书考证《尚书》今古文授受源流。今文首伏生，以次及张生、欧阳生、晁错等，以及东汉诸儒；古文亦首伏生，以次及都尉朝、晁错、兒宽、胶东庸生等，以及东汉诸儒。末附辨《经义考》谓"贾逵、许慎、马融、郑康成未见孔壁古文"之非。其所考乃一家之言，疏谬之处难免，如以马融尝校书东观，遂硬断为亲见孔安国所献本；又硬断马融、郑玄所治之《尚书》皆孔壁本，非杜林本；硬断杜林之漆书《古文尚书》亦从孔壁传写而得，与《后汉书·儒林列传》所载杜林、贾逵、马融、郑玄传授始末不同，也异于清代阎若璩、惠栋、孙星衍、王先谦诸家之论。

现存版本有光绪二十七年存古学堂刊本等。

7.《尚书传授异同考》不分卷，（清）邵懿辰撰

邵懿辰（1810—1861），字位西，浙江仁和（今杭州）人。邵氏研究《尚书》，著《尚书通义》与《尚书传授异同考》。二书在邵氏去世后刊行，后者附于前者之首。

在《尚书传授异同考》中，邵氏依《史记·儒林列传》和《后汉书·儒

———————

① 张焕纶对地理颇有研究，也提倡地理教育。1878年，张焕纶在上海开办的正蒙书院（后改名梅溪学堂），是国人最早自设的一所新式小学，他把地理（当时称舆地）列入学校课程，并亲自教授地理。1897年，他任南洋公学师范院总教习（教务长），也把地理列入教科，并令该院师范生任南洋公学外院（附属小学）的地理课和编纂中国首批的地理教科书。有人对张焕纶这样煞费苦心提倡地理教育，可与西洋史上17世纪对学校地理发展有重大贡献的夸美纽斯媲美。

林列传》的记载为根据，深信东晋晚出《古文尚书》不是伪书，而是孔安国子孙相传下来的；所谓的伏生《尚书大传》则是刘歆为支持王莽政权而伪造的；杜林所传的《古文尚书》不是孔壁中真本。

该书现存版本有《半严庐所著书》本、民国十八年仁和邵氏刻本、《续修四库全书》本等。

8.《书经大统凡例》1卷，廖平撰

此书为光绪三十二年（1844）廖平讲学青神汉阳国粹精舍之稿，廖平口授，郑习五汇编。其专以《周礼》解《尚书》。全书发凡起例，取札记体，逐一论述《尚书》有关问题，共数十条。其中多附会经文，旁涉西学，亦多卓见。其要旨以今文为主，以经学分为天、人两派，谓"以《周礼》说《尚书》，为六合以内人学之大成，即《诗》、《易》天学之初步"。书中所论皇帝疆域、王伯典制，及周室建都之称谓，皆极精深博大。又分论《尚书》各篇，亦称精核。内容虽驳杂不纯，然不失为《尚书》学杰作。

该书现存版本有四川成都存古书局刻本、《新订六译馆丛书》本等。

9.《尚书源流考》1卷，刘师培撰

刘师培（1884—1920），字申叔，曾更名光汉，号左庵，江苏仪征人。清末民初著名学者、思想家。其先祖以治经史为生，师培少承先业，服膺汉学。精通经学、小学，擅长骈文。生平著述结集为《刘申叔先生遗书》。

《尚书源流考》1卷，专论晚出《尚书孔传》之源流。他认为《尚书孔传》有两种版本，一是魏晋间所流行者，一是梅赜所献之本，而后者乃伪中之伪。刘申叔的研究，弥补了阎若璩、丁晏对晚出《尚书孔传》及《古文尚书》考辨之不足。但书名为《尚书源流考》，与内容不相符。大概此书原只是稿本，后收入民国二十三年刊行的《刘申叔先生遗书》。

10.《尚书篇第》1卷，（清）李荣陛撰

李荣陛（生卒年不详），字奠基，号厚冈，江西万载人。乾隆二十八年（1763）进士。官湖南永兴县知县，以母忧归。起官后，历权知州、知县。年六十六以疾乞休，不允，改主大理书院。著有《易考》、《清史列传》、《厚冈文集》20卷、诗集4卷。

《尚书考》6卷、《尚书篇第》1卷、《禹贡山川考》3卷（后两种为未完之书）。李氏对《尚书》颇有研究，在《尚书篇第》中，李荣陛承续宋、元以来对晚出《古文尚书》的怀疑，将《尚书》篇目分成"尚书伏氏篇第"与"魏晋古文书篇第"。对于前儒将成王之《金縢》、《大诰》列于武王《康诰》前，以周公后《大诰序》补足成王《大诰》，并阙篇为《梓材》，列《多方》

于《多士》、《无逸》后，一一加以更正，于是周公称王、商奄屡叛之疑涣然冰释。其对《尚书》经文篇第研究做出了重要贡献。

该书收入嘉庆二十年亘古斋刻《李厚冈集》中，流传至今。

八、单篇类

从著录形式看，《尚书》是一部经编者选编的上古历史文件和部分追述古代事迹的著作。因此，《尚书》每一篇都有特定的思想内容和重要的历史作用，故《尚书大传》载孔子之语云："六《誓》可以观义，五《诰》可以观仁，《甫刑》可以观诫，《洪范》可以观度，《禹贡》可以观事，《皋陶》可以观治，《尧典》可以观美。"历代学者研究《尚书》往往是以一篇篇地解读来进行的，可以说《尚书》单篇的研究很早就开始了，正如四库馆臣在解题《日讲书经解义》时所云："《尚书》一经，汉以来所聚讼者，莫过《洪范》之五行；宋以来所聚讼者，莫过《禹贡》之山川……"[1] 汉代学者非常重视《洪范》一篇的研究，宋代则增加了对《禹贡》一篇的重点专门研究。《洪范》和《禹贡》成为历代学者最热衷研究的两个单篇，由此还形成了《尚书》学的两大分支学科——"《洪范》学"和"《禹贡》学"。此外，宋以来的学者还对《尧典》、《舜典》、《汤誓》、《仲虺之诰》、《太甲》、《咸有一德》、《说命》、《西伯戡黎》、《泰誓》、《武成》、《金縢》、《无逸》等单篇也进行单独研究。因此，历代产生的《尚书》单篇类文献蔚为大观。兹按单篇篇目之序略举现存重要的单篇类《尚书》学文献予以介绍。

（一）《禹贡》

《禹贡》为《虞夏书》的一篇，它以中国一直以来就盛传的大禹治水的历程为线索，依地理山川为界限，将当时的天下划分为冀、兖、青、徐、扬、荆、豫、梁、雍九州，并详细记载了各州之疆域、山川、原隰、土壤、赋税、贡物、贡道，以及天下山脉之走向、河流之渊源与经宿，最后还勾画了一个甸、侯、绥、要、荒五服区划。《禹贡》全文虽仅千余字，却保存了丰富的社会、经济、地理等资料，历代学者从经学、史学和地理学等多方面对《禹贡》进行研究，形成了丰富的《禹贡》学文献。

1.《禹贡指南》4 卷，（宋）毛晃撰

毛晃字明叔，南宋浙江江山人。著名小学家。

毛晃对《禹贡》的专门研究形成《禹贡指南》一书。他充分运用其所擅

---

① 永瑢等：《四库全书总目》卷一二《日讲书经解义》提要。

长的音韵学知识，博引《尔雅》、《周礼》、《汉书·地理志》、《水经注》等书，详细阐说《禹贡》山川地理事物之渊源变迁，言之有理，持之有据，颇具特色，为宋代《禹贡》研究之一大家。该书是现存最早的宋代《禹贡》学专著之一，学者由此书而读《禹贡》，可以"开卷晓然，不至误用"，真正起到指南的作用。

该书现存版本有摛藻堂《四库全书荟要》本、文渊阁《四库全书》本、武英殿聚珍本、《反约篇》本、《榕园丛书·甲集》本、《清芬堂丛书》本、《励志斋丛书》本、《丛书集成初编》本、清苏州府刻本等。

2.《禹贡论》2卷，《后论》1卷，《山川地理图》2卷，（宋）程大昌撰

程大昌（1123—1195）字泰之，徽州休宁（今属安徽）人。绍兴进士。曾官文学侍从、国子司业、祭酒、礼部侍即、权吏部尚书、地方提刑、知州龙图阁直学士等。谥文简。在宋代的《禹贡》专门研究中，程大昌可谓集大成者。他认为，《禹贡》记载了尧时四海九州之大势，名山大川之向背，九夷八蛮之区域，以及禹治水并播敷政教，使地平天成，四海归服，"其遗范所诏，盖帝王必当取法者也"，故其醉心于《禹贡》之研究。因先儒研究《禹贡》互相抵牾处多，大昌尽摒前人传注，直接从经文本身入手研究《禹贡》，"积其所见，撰次成论"，即著成《禹贡论》。在经筵讲《禹贡》时，皇帝嘉赏其《禹贡论》有见，令进呈。不过，大昌认为《禹贡论》不能缕陈山川方域之方向，故"别为之图，以表著之"，即又著《禹贡山川地理图》，与《禹贡论》相互表里，"苟蒙采择，庶几便于省览"。① 后来，程氏又"念河、汴二水，本朝极尝关意"，作专论河水、汴水的《禹贡后论》。以上三部著作，是程大昌长年研究《禹贡》的结晶，也是其《禹贡》学著述的精华所在。

程大昌论说《禹贡》及绘制地图，主要采用专题方式，论及江水、河水、淮水、汉水、济水、弱水、黑水等七大水系的历史变迁。在《禹贡山川地理图》中，程氏还采用对比的方法绘制山川变迁图，同一主题作图多幅：先以宋以前诸家注释《禹贡》旧说绘图，并详加辨析考证；后以己说定制新图。图中地理事物以不同颜色作区别：一般水道用青色，黄河用黄色，古今州道郡县疆界用红色，而对"旧说之未安而表出之者"用雌黄。② 共享四种颜色绘制地图，这在当时的地图绘制技术上是非常先进的。

程大昌的三部《禹贡》学专著，现存版本有宋淳熙八年泉州州学刻本、

① 程大昌：《禹贡论》卷首《禹贡论序》，《通志堂经解》本。

② 程大昌：《禹贡山川地理图》卷首《禹贡山川地理图序》，《通志堂经解》本。

《通志堂经解》本、文渊阁《四库全书》本、1985 年中华书局影印《古逸丛书·三编》本；《禹贡山川地理图》还有初刻原印宋本。《禹贡论》及《后论》，现存各版本基本都为完帙，只是个别地方有缺字。国家图书馆所藏的初刻原印宋本《禹贡山川地理图》为完整的 30 幅图，其他版本缺《九州山水实证》及《禹河汉河》二图。

3. 《禹贡说断》4 卷，（宋）傅寅撰

傅寅（1148—1215），字同叔，婺州义乌（今属浙江）人。因讲学于杏溪，学者称"杏溪先生"。自少好学，于经史、百家，悉能成诵。傅氏治学，对世儒废而不讲之学，如天文、地理、封建、井田、学校、郊庙、律历、军制之类，无不穷究根源，订其伪谬。经广泛搜集资料，反复论证，终于汇总成一书，名曰《群书百考》。

《禹贡说断》乃《群书百考》中的一部分，也是流传至今唯一一部傅氏学术著作。这部书的书名及卷次，历代著录各异。元代黄溍在《杏溪祠堂记》一文中称"禹贡图考"；明代苏伯衡作《群书百考跋尾》，称之为"禹贡考"；《文渊阁书目》作"禹贡说"，有 2 册与 6 册两部；《经义考》作"禹贡集解"，2 卷；《通志堂经解》也作"禹贡集解"，2 卷；《四库全书》采自《永乐大典》，作"禹贡说断"，4 卷。其书名，即有"禹贡图考"、"禹贡考"、"禹贡说"、"禹贡集解"、"禹贡说断"五种提法。笔者认为，傅寅这部《禹贡》学著作，原为《群书百考》中的一部分，故未有独立的书名。后乔行简初刻此书时，当拟有一书名。此书本名为何，由于时代久远，后代刊刻又有改易，很难求得定说。1996 年出版的《四库大辞典》援引国家图书馆所藏的宋刻元修本，乃现存最善之本，故其说原本书名为"禹贡诸家说断"，卷数为二，应为可信之论。不过，因《四库全书》流传广泛，其作"禹贡说断"这一书名虽然有误，但已被大多数学者接受，故兹仍称该书作《禹贡说断》。

傅氏此书最为学者称道的是"条列诸说而断以己意"，这也是该书独特的著述体例。首列山川总会及九河、三江、九江四图，而正文，先顶格列一段经文；紧接着条列诸家之说，首行以"某氏曰"开头，文字低一格，次行低二格；最后断以己说，文字则概低三格。诸家之说与己说前后排列，一目了然，条理特别清晰。

该书现存版本有宋刻元修本、《通志堂经解》本、《摛藻堂四库全书荟要》本、文渊阁《四库全书》本、武英殿聚珍本、《墨海金壶》本、《守山阁丛书》本、清同治八年退补斋刻本、《金华丛书》本、《丛书集成初编》本、重刻聚珍本等。

4.《禹贡说（长笺）》1卷，《禹贡图说》1卷，《禹贡要注》1卷，（明）郑晓撰

郑晓（1499—1566），字皇甫，号淡泉，浙江海盐人。郑晓博学多才，勤于著述。他对《禹贡》有较深的研究，有《禹贡说》、《禹贡图说》、《禹贡要注》等多部著作问世。

《禹贡说》全篇诠释《禹贡》之文。其中如解"大野既潴"、"扬州"、"浮于江、沱、潜、汉"、"江汉"之说，皆为阎若璩《潜邱劄记》所取。《禹贡图说》有总图、分图共30余幅，用图详说《禹贡》，仍载经文于后。其中精核可从者，胡渭《禹贡锥指》多征引之。郑晓又本之蔡沈《书集传》之说，参考宋代多家《禹贡》学著述，抉择正解，芟艾羡辞，成《禹贡要注》1卷。该书条分缕析，山名作△，水名作□，地名作□□，易于循览，便于幼学攻读。

郑晓的著作大都传世，据王重民《中国善本书提要》，许多原木刻活字印本均流散到美国国会图书馆收藏。另外，还有其他版本流传至今：《禹贡说》有明抄本，《禹贡图说》有明万历二十四年项皋谟刻本、清道光马锦刻本、《续修四库全书》本，《禹贡要注》有清光绪十年古虞朱氏刻套印本、《续修四库全书》本等。

5.《禹贡汇疏》12卷，《图经》2卷，《神禹别录》1卷，（明）茅瑞征撰

茅瑞征字符仪，号伯符，又号"苕上渔公"，归安（今浙江吴兴）人。

茅氏所著《禹贡汇疏》，前冠《图经》2卷，其中上卷24图，皆本之郑晓《禹贡图说》；下卷24图，则瑞征所补辑。次以《九州》为9卷，《导山》、《导水》各1卷，而"九州攸同"至末自为1卷。书末又采撷大禹神怪之事为《附录》1卷。该书作于崇祯壬申，多借以抒写时事，故其《自序》曰："读《禹贡》者详九州之山川，则可供聚米之画；习浍渠之歧路，则可商飞輓之宜；察东南之物力，则当念杼轴之空；考甸服之遗制，则当兴树艺之利，而挈要于'底慎财赋'一语。疏解浩繁，可一言以蔽之。如必句栉字比，执今图志疑古山川，此不离经生之耳食，何益孔、蔡之旧文？"故《四库全书总目提要》谓"盖其志不在于解经也"。但由此也说明此书是一部具有创新性的明代《禹贡》学著作，且是一部汇罗众家之说的集结著作。

该书现存版本有明崇祯五年刻本、《续修四库全书》本等。

6.《禹贡古今合注》5卷，《图》1卷，（明）夏允彝撰

夏允彝（1596—1645），字彝仲，号瑗公，松江府华亭（今属上海松江）县人。

夏允彝尝忧国家之贫弱，思有以大振之，故在训释《禹贡》时，于稽古

之中详考时事，对水利、屯田、边防、漕运、城池、盐法、赋税等，无不推究源流，酌其利害，见之可施行。故该书名为《古今合注》。书中还杂取《水经注》及诸家小说，旁载山水形状及奇怪之说，虽被识者讥为与经义无关，但亦显示出作者见闻宏博，研究《禹贡》具有创新性。

该书现存有明末刻本、《续修四库全书》本，还有李开邾校勘的明崇祯苏州刻本等。

7.《禹贡山川郡邑考》4卷，（明）王鉴撰

王鉴（1520—1589），字汝明，号继山，江苏无锡人。其研究《禹贡》，发现前儒对《禹贡》山川郡邑之源流沿革说法多不一致，亦多谬误，尝绘图加了诠释，但觉得仍不明晰，故又加以注释，成《禹贡山川郡邑考》4卷。

该书以释《禹贡》水道为主，用水名作为标题，而历引诸书所载源流分合于下；经文所无而见于蔡氏《传》者，并附释之。释山名亦同此例。释郡邑名，则专取蔡《传》所有者释之。

该书现存版本有清抄本、《四库全书存目丛书》本等。

8.《禹贡备遗增注》2卷、《书法》1卷，（明）胡宗绪增注

胡瓒字伯玉，号心泽；曾孙胡宗绪，字袭参，安徽桐城人。明代学者。胡氏家族研究《尚书》，七世不徙业。

胡瓒著《禹贡备遗》，以经附注，多遵蔡沈《书集传》之说，芟其繁复，提其精要，纲举目张，语简义备，便于学子习诵。胡宗绪补注此书，援证较详，且间引蔡《传》原文以证其同异，并订蔡《传》之误。此书先发明《禹贡》书法，别为卷首。自"禹敷土"至"西戎即叙"为1卷，"道岍及岐"以下为1卷。

该书有清初刻本、《四库全书存目丛书》本等。

9.《禹贡广览》3卷，（明）许胥臣撰

许胥臣，钱塘（今浙江杭州）人。

《禹贡广览》3卷，首载《九州总图》，次以九州各为一图，而经文分附于后。又以导山、导水及南条、北条分析为图，亦各以经文附。至"九州攸同"及"五百里甸服"诸条，又分《山水总叙》及《弼服》诸名，体例颇为详悉。该书多主蔡沈《书集传》之说，且留心时务，于"浮于淮泗达于河"下云："自河南徙，而今之泗道，皆为河所夺而居。归德而东，彭城而南，非复昔之泗矣。以一淮为之委，而河强淮弱。治河者又不师禹师鲧，缮完故堤，增高倍薄，劳费无已，数逢其害。出贾让之下策，而不一图其中、上，河患何时已也？"可见其能通经致用。

该书现存版本有明崇祯六年刻本、《四库全书存目丛书》本等。

10. 《禹贡长笺》12 卷，（清）朱鹤龄撰

《禹贡长笺》12 卷，专门注释《尚书·禹贡》1 篇。前列 25 图，自《禹贡全图》以及导山、导水，皆依次随文诠解，多引古说而以己意折中之。此书作于胡渭《禹贡锥指》之前，虽不及胡氏之精核，而博赡于毛晃、程大昌、傅寅之书，且旁引曲证，亦多创获。其于贡道、漕运河道经由脉络，剖析条理，亦较他本为详。

该书现存版本主要为文渊阁《四库全书》本及其影印本，还有手稿本流传至今。

11. 《禹贡锥指》20 卷，卷首《禹贡图》1 卷，（清）胡渭撰

胡渭精通舆地之学，曾参与修纂康熙《大清一统志》。他研究《尚书·禹贡》，发现前人著作存在不少问题，故历数年著成《禹贡锥指》一书。该书博引历代义疏及方志舆图，于《禹贡》之九州分域、山川脉络及其迁徙分合，详为辩证，廓清宋元以来旧说，并手绘地图加以说明。

《禹贡锥指》的学术价值很高，是一部集大成之作，几乎搜集了前人研究《禹贡》的全部精华。诸家之中，发前人所未发者，书中称引特多；而有一得之见者，作者也弃短录长，概不敢遗，虽间有武断失当之处，然其精赅详赡，堪称宋代以来毛晃、程大昌、傅寅等数十家注释《禹贡》者之冠冕，为今日人们理解《禹贡》时代的地理面貌以及历代的变迁，提供了极为丰富的资料和重要的启示。另外，该书内容不仅仅限于注经，还延伸到历代国民生计的许多问题，直至三百年后的今天，也还没有一部全面研究《禹贡》的著作可以代替它，它是我们研究《禹贡》和历史地理的必读书。梁启超在《近三百年学术史》中评价说："他的学风，不尚泛博，专就一个问题作窄而深的研究，开后人法门不少。几部书中，后人最推重的是《禹贡锥指》。这部书虽然有许多错处，但精勤搜讨，开后来研究地理沿革的专门学问，价值当然也不可磨灭。"[1] 顾颉刚也说，诠解《禹贡》诸家中，"以胡渭用力最深，他的《禹贡锥指》可以说是一部具有总结性的书"[2]。

该书现存版本有清康熙四十四年浙江德清胡氏漱六轩刻本、《皇清经解》本、文渊阁《四库全书》本等。

12. 《禹贡谱》2 卷，（清）王澍撰

王澍（1668—1743），字若霖，一字箬林，号虚舟，江苏金坛人。其研究

---

① 梁启超：《中国近三百年学术史》，东方出版社，1996 年。

② 顾颉刚：《禹贡注释》，载《中国古代地理名著选读》，科学出版社，1959 年。

《禹贡》，著《禹贡谱》2卷。该书参考蔡沈《书集传》及诸家之说，为图凡40。其中，九州为二图，一言疆界，一言贡道；其余为导山、导水及山川、田赋、五服诸图。经文各载之图首，条理简明，颇易寻览。

此书现存版本有清康熙四十六年积书岩刻本、《四库全书存目丛书》本等。

13.《禹贡会笺》12卷，《图》1卷，（清）徐文靖撰

徐文靖（1667—？），字位山，一字禹尊，安徽当涂人。

《禹贡会笺》12卷，首列《禹贡山水总目》，以《水经》所载为主，附论于下；次为图十有八，各系以说。书中皆先引蔡《传》而续为之笺，博引诸书而断以己意，并不为蔡《传》所囿。该书虽成于《禹贡锥指》之后，因胡氏所已言而更推寻所未至，故较之胡书益为精密。其辨各说之是非，各有证据。书名《会笺》者，取"四海会同"之义。其杂采经、传、子、史，支分派别，悉会于一。其引《山海经》、《竹书纪年》较多，遭识者讥议。

该书现存版本有文渊阁《四库全书》本、清同治十三年慈溪何氏刻本、光绪二年安徽当涂县刻本、《徐位山六种》本等。

14.《禹贡三江考》3卷，（清）程瑶田撰

程瑶田（1725—1814），字易田，一字易畴，号让堂，安徽歙县人。清代著名学者。徽派朴学代表人物。曾任嘉定教谕。提倡用实物以整理史料，开启了传统史料学同博物考古相结合的研究之路。著有《水池小记》、《考工创物小记》、《磬析古义》、《九谷考》等。程氏在数学、天文、地理、生物、农业种植、水利、兵器、农器、文字、音韵等领域皆有深入研究，堪称一代通儒。

程瑶田长于旁搜曲证，不为经传注疏所束缚。对古代名物的考订，绘图列表，便于稽寻。其考论《禹贡》"三江"之文，成《禹贡三江考》3卷，凡21篇。他主张《禹贡》"三江"实只一江，"所以别异于诸说三江必分为三条水也"。其反复论证，分析各说之端绪而驳正之，深得当时学者赞赏。

该书现存版本有清嘉庆刻《通艺录》本、《皇清经解》本、《续修四库全书》本等。

15.《禹贡九州今地考》2卷，（清）曾廉撰

曾廉（1857—？），湖南邵阳人。著有《元书》102卷，1911年刊行，另有《元史考证》4卷。

《禹贡九州今地考》考察《禹贡》九州地名，以今证古，成《禹贡九州今地考》一书。其先举各州源流变迁，次分列今地，甚有条理。其折中旧说，或自出己说，皆有援据。

该书现存版本有清光绪三十二年刻本、邵阳曾氏三种本、《续修四库全书》本等。

16.《禹贡班义述》3卷、附1卷，（清）成蓉镜撰

《禹贡班义述》是成蓉镜的代表作，也是清代《禹贡》研究中第一部专述"班义"的著作。《禹贡班义述》专门述证"班义"，是有学术渊源的：班固是最早研究《禹贡》的学者之一，他的《汉书·地理志》被称为"《禹贡》古义存于《汉志》者"①。阮元在《浙江图考》中就曾指出："班氏《地志》最为精密，考古地理者舍此莫有所主也。故郑注《禹贡》、《职方》专本之。"焦循在《禹真郑注释·序》中亦认为：班氏《地理志》"所采博，所择精，汉世地理之书，莫此为善。故郑氏注经，一本于是"。成蓉镜继阮、焦之学而后起，并广引其说，终成《禹贡班义述》一书。此书受到学术界很高的评价，皮锡瑞认为"治《禹贡》者当观之"②，梁启超都将之推为清代研究《禹贡》"最著者"。在该书中，成蓉镜引《汉书·地理志》解《禹贡》，"以史治经"③，对今、古文之同异及郑注与班偶殊者，一一辩证。即使有不合，亦不曲护其非。后来，成氏又以《禹贡班义述》详于考古，乃复撰《禹贡今地释》一书，首取今地释汉地，更取汉地证禹迹，用来补充前书之未备。

《禹贡班义述》现存版本有清光绪十一年刻本、泾县洪氏刻本、广州局本、光绪十四年广雅书局刻本、《成氏遗书》本、《续修四库全书》本、《丛书集成续编》本等，与《禹贡今地释》合刻的还有光绪十六年刻本等。

17.《禹贡本义》1卷，（清）杨守敬撰

杨守敬（1839—1915），字惺吾，号邻苏，别署晦堂，室名三不惑斋、悔明轩、飞青阁、望古堂、观海堂，湖北宜都人。清末民初著名历史地理学家、金石学家、目录版本学家、书法家和近代大藏书家。为学通博，精舆地。

《禹贡本义》1卷，以今证古，明于分合变迁之故。书中广征博引，断以己意，并加入自己实地考察的亲闻亲见，故论说颇具说服力。

该书现存版本有光绪三十二年刻本、《续修四库全书》本等。

（二）《洪范》

《洪范》是《尚书》的重要篇章，旧传为箕子向周武王陈述的"天地之大法"，言禹治水有功，上帝予其"洪范九畴"（大法九种）。其中谈及水、火、

---

① 成蓉镜：《禹贡班义述》卷首《禹贡班义述序》，《续修四库全书》本。
② 皮锡瑞：《经学通论》，第63～64页。
③ 刘毓崧：《成芙卿禹贡班义述序》，见《通义堂文集》卷二。

木、金、土"五行"及其性能作用；主张天子建立"皇极"，实行赏罚，使臣民顺服；又提出"正直"、"刚克"、"柔克"三种治民方法；认为龟筮可以预卜人事吉凶，国家的治乱兴衰能影响气候的变化，后经不断发明，乃成为汉代"天人感应"思想的理论基础。董仲舒用"五行"之序诠释孝子忠臣之行，夏侯始昌作《洪范五行传》，刘向作《洪范五行传论》，皆参以谶纬、天人感应之说。班固撰《汉书》时，设有《五行志》一篇，自此以后，《五行志》成为中国历代正史中必备的一篇，影响达二千余年。

1. 《洪范口义》2 卷，（宋）胡瑗撰

本书专门发明天人合一之旨，也即汉代学者所谓的"天人感应"。书中经文之下，分载说解之辞，先后通贯，条理整齐，颇有系统，非如杂记、语录之类。其训解重在阐明经义，不以阴阳灾异附和经文，也不以象数之学拘泥于图、书同异之辨。如解"天赐洪范"乃锡自帝尧，不取所谓神龟从洛水出而背负"洛书"之说；指出"五福"、"六极"应通于四海，不当仅指一身而言。如此等等，都能驳正注疏，自抒所得，不务新奇之说，并能以经注经，不涉谶纬术数，颇为平易实在。综合而言，此书并未出宋儒对《洪范》的尊崇迷信之外，唯其说解，多有可取。另外，此书为宋代专说《洪范》第一家，对研究宋代《尚书》学及理学有一定的参考价值。书成后，《文献通考》著录为《洪范解》。约在明末清初，传本散佚。清修《四库全书》时，自《永乐大典》中辑出，重新厘定，析为 2 卷。

现存该书除文渊阁《四库全书》本外，尚有《墨海金壶》本及《丛书集成初编》本等。

2. 《洪范图论》1 卷，（宋）苏洵撰

苏洵（1009—1066），字明允，号老泉，眉州眉山（今四川眉山）人。与其子苏轼、苏辙合称"三苏"。

苏洵著《洪范图论》（又名《洪范论》）1 卷，《郡斋读书志》、《文献通考》、《宋史·艺文志》、《蜀中广记》、《授经图义例》、《经义考》等皆有著录。《洪范图论》共分《洪范论叙》、《洪范论上》、《洪范论中并图》、《洪范论下》和《洪范论后叙》五部分。可见该书分为"论"与"图"两部分，"图"是用来辅助说明"论"之义。其图为二，"一图指传之谬"，"一图形今之意"。①在该书中，苏氏论《洪范》的态度是疑传褒经，不满孔安国、刘歆等人对《洪范》的阐释，而要自探圣人之意。在《洪范论下》中，苏洵提出《洪范》

---

① 苏洵：《嘉祐集》卷七《洪范论中并图》。

应以皇极为中心，对汉儒五行、五事、五福和六极的强为之匹配对应极为不满，指出汉儒有"五失"，并作图加以说明。《文献通考》载录该书曰"或云非洵作"。南宋林之奇《尚书全解》多次征引该书之说，未尝疑之。

上海古籍出版社出版的《嘉祐集笺注》收录。

3.《洪范统一》1卷，（宋）赵善湘撰

赵善湘（1170—1242），字清臣，浙江宁波人，宋濮安懿王五世孙。一生治学勤笃，涉猎经、史、子、集四部，尤其长于《易》学。

赵善湘所著《洪范统一》，《宋史》本传作《洪范统论》，《文渊阁书目》又作《洪范统纪》，《四库全书总目提要》考其所论，认为当以《洪范统一》为正。此书早已亡佚，今所见为四库馆臣从《永乐大典》中辑录而成。

此书的一大特点在于对"皇极"的理解与众不同。他认为汉儒解《洪范》只以五事、庶征为五行之验，而五纪、八政诸畴散而不知所统，征引事应，语多附会。于是在欧阳修《新唐书·五行志》、苏洵《洪范图论》以"皇极为本"思想的基础上，定皇极为《洪范》九畴之统，并且《洪范》每一畴之中也都有一个中心，这个中心就是这一畴的"皇极"。如"土"为五行之皇极，"思"为五事之皇极，"历数"为"五纪"之皇极，"正直"为三德之皇极，"三人占从二人之言"为稽疑之皇极，"风"为庶征之皇极等，得其统而九畴可一以贯之矣。另外，赵氏精通《易》学，故在《洪范统一》中还援用《易》学知识来解释《洪范》。如诠释五行一畴云："太极始分而为乾、坤，乾一变而为坎，坤一变而为离，是生水、火，乾再变而为震，坤再变而为兑，是生木、金，水火得乾、坤之中气，木、金得乾、坤之偏气，是为四象也。土者，坤之承乎乾而厚载物者也，合乾、坤之气而成位乎下，故行水、火、木、金之中，而为统一之道也。"赵氏借助阴阳八卦的知识来解释五行的产生，颇有新意。

该书现存版本有文渊阁《四库全书》本、《函海》本、《艺海珠尘》本、《经苑》本、《反约篇》本、《榕园丛书》本、《四明丛书》本等。

4.《洪范皇极内篇》5卷，（宋）蔡沈撰

蔡沈著《洪范皇极内篇》一书，主要承其家学而来。《宋史》本传云："《洪范》之数，学者久失其传。元定独心得之，然未及论著，曰：'成吾书者，沈也。'"该书以刘歆"河图洛书相为表里，八卦九章相为经纬"之说为基础，以数言《洪范》，模仿《周易》八八六十四卦的体例，演《洪范》九九为八十一畴，而配以《月令》节气。大概因《太玄》、《玄包》、《潜虚》既已拟《易》，故蔡氏特作创新，变《易》数为《洪范》。此书在清修《四库全书》

时被认为是"非说经之正轨、儒者之本务"①，只收入"子部·术数类"中。但值得一提的是，这种研究《洪范》的方法，后世学者踵而为之者颇多，故谓蔡沈《洪范皇极内篇》开创了术数中的"演《范》派"。

该书现存版本主要有文渊阁《四库全书》本及其复制本，亦收录入明代胡广等奉敕编纂的《性理大全书》中。

5.《定正洪范集说》1卷，首1卷，（元）胡一中撰

胡一中字允文，浙江诸暨人。元泰定年间进士。

胡氏《定正洪范集说》一书共有三部分内容：一、沿袭王柏、文及翁、吴澄等人"改正《洪范》"之说，同时又参以己意，分《洪范》为大禹之"经"与箕子之"传"，并对《洪范》经文进行移易与改正。二、绘有33图，凡是《洪范》中所涉及的内容都试图通过"图表"的形式来表现出来，可谓是对《洪范》进行图、数化诠释的代表之作。三、结合第二部分的图表，对《洪范》经传作具体诠释，两者相辅相成，相得益彰。本书集众家之说，在《定正洪范集说序》后，胡一中列出了"引用集说诸贤姓氏"，共有20余人，包括汉代孔安国、刘向父子，隋代关朗，唐代韩愈，宋代周敦颐、程颢、程颐、郑樵、朱熹、林之奇、顾临、蔡元定父子、吕祖谦、夏僎、陈大猷、陈少南、黄幹、王柏以及元代董鼎、文及翁、程微庵、吴澄、徐道泰等人。

该书有明抄本、《通志堂经解》本、《续修四库全书》本等。

6.《洪范明义》4卷，（明）黄道周撰

黄道周（1585—1646），字幼玄（又作幼元、幼平），又字螭若、螭平、细遵，号石斋，人称石斋先生，漳浦铜山（今福建东山）人。天启二年（1622）进士，崇祯初官右中允。语刺大学士周延儒、温体仁，斥为民。复起为少詹事。后以杨嗣昌事谪戍广西。福王时官礼部尚书。南都覆，率师与清兵战，兵败不屈死。卒谥"忠烈"。工书善画，以文章风节见垂于世。著有《儒行集传》、《石斋集》、《易象正义》、《孝经集传》等。

《洪范明义》乃崇祯十年黄道周官左谕德掌司经局时纂集进呈之书，《明史·艺文志》著录。该书分卷首、卷上、卷下、卷末，共4卷，有两大部分内容：一是对《洪范》原文的考订，如卷首与卷末两卷；二是对《洪范》经义的阐释，如卷上、卷下两卷。其最大的特点是沿袭了宋明时期较为流行的通过图、数化的方式来诠释《洪范》中的天人感应、五行灾异之思想，以及发明河图、洛书"经纬、表里"之主旨。在对字词的训释上，则多遵从《尚

---

① 永瑢等：《四库全书总目》卷一〇八《洪范皇极内外篇》提要。

书孔传》与《尚书正义》之说。正如《四库全书总目提要》所评价，《洪范明义》既坚持了朴实的训诂之风，能够集众家之说，考核有据，时有创新之见，又有言五行灾异、推演范数，以《洪范》九畴附和洛书、河图的穿凿之说，可谓优劣参半。

该书现存版本有明崇祯十六年漳州刻本、清康熙刻《石斋先生经传九种》本、文渊阁《四库全书》本、清抄本等。

7.《洪范正论》5卷，（清）胡渭撰

《洪范正论》主要在于纠正先儒之失：一是批驳汉儒的五行灾异之说，二是驳斥宋儒的"洛书图说"，三是驳斥宋儒对《洪范》的任意改定，认为《洪范》本无错简，而宋儒却任意改窜。《四库全书总目》对《洪范正论》这三点可贵之处给予了充分的肯定，云其"皆切中旧说之失。盖渭经术湛深，学有根底，故所论一轨于理，汉儒附会之谈、宋儒变乱之论能一扫而廓除焉"。全书大旨认为禹之治水，本于"九畴"，故以《洪范》为体，《禹贡》为用，互相推阐。广引旧说，进行考证。

该书有清乾隆四年胡绍芬刻本、文渊阁《四库全书》本等。

8.《洪范补注》5卷，（清）潘士权撰

潘士权（1701—1772），字龙庵，号三英，黔阳（今湖南洪江）人。清代学者，精象数音律之学。

《洪范补注》5卷，第二卷主要是对蔡沈《洪范皇极内篇》上、中、下篇的注解，重在分章析句，诠释蔡著之旨意。其他4卷则是潘士权自撰，以补《洪范皇极内篇》所未备。有注、有补，故名之为《洪范注补》。总之，该书围绕着"数"与"理"两个方面的主题内容，对蔡沈《洪范皇极内篇》予以了全面、详细的注解与补充。不仅补备了蔡沈之书所缺之内容，还增添了许多蔡书中所没有的东西。蔡书是仿《周易》经文来衍《洪范》之数，而《补注》除此之外，还仿《易传》来阐释发挥《洪范》"数"之"义理"，使"数"、"理"相须为用，相得益彰。通观全书，其体系完备，内容丰富，可谓是深得蔡书之精髓，是蔡沈之学的发扬光大者。由于该书含有许多"术数"、"卜筮"的内容，故历来多被正统学者所不齿，如《四库全书》只是作为《子部》存目而已，《提要》亦是三言两语。不过，书中虽有许多牵强附会之说，但该书模仿《易传》体例作《补注》的方法，以及所阐述的符合自然规律的数之"义理"，是值得我们重视与研究的。

该书现存版本有清乾隆十年刻、同治十三年补刻《潘龙庵全书》本，《四库全书存目丛书》则据此收录。

（三）其他单篇

《尚书》除了《洪范》和《禹贡》是历代学者热衷研究的两个单篇外，还有其他单篇在宋代以来也得到一定程度的专门研究，诸如宋代程颐的《尧典舜典解》1卷、晁说之《尧典中气中星》1篇、欧阳修《泰誓论》1篇、刘一止《立政讲义》1篇，而文彦博、范纯仁、张九成、范浚、唐仲友、程珌、徐鹿卿等对《尧典》至《秦誓》的各篇或某些篇章进行单独论解、进讲。宋以后的研究更为广泛深入。此仅举现存的数种此类文献加以介绍。

1.《太誓答问》1卷，（清）龚自珍撰

龚自珍（1792—1841），字尔玉，又字璱人；更名易简，字伯定；又更名巩祚，号定盦，又号羽琌山民，浙江仁和（今杭州）人。清末著名学者，近代改良主义的先驱者。

《大誓答问》为问对体，设论凡26事，认为西汉时期的今文《尚书》和《古文尚书》中都没有《太誓》篇。他极力考辨晚出《太誓》之不可信，当是周秦间人所著之书，有力地驳斥了当世尚书学界如惠栋、江声、王鸣盛、孙星衍诸家之说。他还论及汉代今、古文之名实，曰："伏生壁中书实古文也，欧阳、夏侯之徒以今文读之，传诸博士，后世因曰'伏生，今文家之祖也'，此失其名也。孔壁固古文也，孔安国以今文读之，则与博士何以异？而曰'孔安国，古文家祖'，此又失其名也。今文、古文同出孔子之手，一为伏生之徒读之，一为孔安国读之，未读之先，皆古文矣，既读之后，皆今文矣。惟读者人不同，故其说不同。源一流二，渐至源一流百。此如后世翻译一语言也，而两译之，三译之，或至七译之，译者不同，则有一本至七本之异。"此论今、古文的源流，实发前人所未发，深得许多学者赞服。

该书在龚自珍生前已刊印，现存版本有《皇朝经世文编》本、清道光十二年杭州刻本、清同治五年赵氏二金蝶盦抄本、《滂喜斋丛书》本、《皇清经解续编》本、《后知不足斋丛书》本、《芋园丛书》本等。

龚自珍此书对当时学者有较大影响，如邵瑞彭"偶览龚氏《太誓答问》，叹为先得我心"，但他同时认为龚书"持论太悍，考证亦有未周"，故撰《太誓决疑》1卷作为补充。邵氏认为，伏生所藏《尚书》无《太誓》篇，学官所立今文《尚书》，加入了后出的河内本中《太誓》；孔壁《古文尚书》也无《太誓》，后来送中秘所藏，亦掺入了河内本《太誓》。

2.《五诰解》4卷，（宋）杨简撰

《尚书》难治，尤其是"周《诰》殷《盘》，佶屈聱牙"，故宋儒如吕祖谦等解《尚书》，先从周《诰》着手，先难后易。杨简作《五诰解》，惟解《康诰》以下五篇，大概亦是此意。杨氏此书成于王安石《字说》盛行之后，喜穿凿字义，为新奇之论。然其解《康诰》言"惠不惠，懋不懋"，则归重于君身；解《酒诰》"厥心疾狠"，指民心而言；解《召诰》"用顾畏于民碞"，谓民愚而神可畏如碞险；解《洛诰》"公无困哉"，谓困有倦勤之意等，皆能驳正旧说而自抒心得。至如先卜黎水，用郑康成、顾彪之说；封康叔时未营洛邑，用苏氏《书传》之说；"复子明辟"之训诂、"圻父薄违"之句读用王氏《书义》之说，又能兼综群言，不专主一家之学。

此书世久失传，《直斋书录解题》、《文献通考》、《宋史·艺文志》俱未著录。然必有别行本流传至明初，故《文渊阁书目》著录"杨慈湖《五诰解》一部一册"。《永乐大典》备载其文。焦竑《国史经籍志》、朱睦㮮《授经图义例》、雍正《浙江通志》作"《（书）五诰解》一卷"。朱彝尊《经义考》以为"未见"。清修《四库全书》时，从《永乐大典》辑出，厘为4卷，唯阙《梓材》1篇。该书有文渊阁《四库全书》本、《墨海金壶》本、《丛书集成初编》本等。

3.《召诰日名考》1卷，（清）李锐撰

李锐（1769—1817），字尚之，号四香，江苏元和（今苏州）人。曾受业于钱大昕门下，得中、西历数异同之奥，于古历尤深。自《三统》以迄《授时》，悉能洞彻本原。

李锐曾据《毛诗注疏》"郑注《尚书》为文王受命、武王伐纣时日皆用殷历"，遂从文王得赤雀受命年起，以《乾凿度》所载之积年推算，是年入戊午蔀，29年岁在戊午，与刘歆所说殷历"周公六年始入戊午蔀"不同——刘歆谓"文王受命九年而崩，崩后四年武王克殷，后七年而崩，明年周公摄政元年"，较郑少一年。又载《召诰》、《洛诰》俱摄政七年事，其年二月乙亥朔、三月甲辰朔、十二月戊辰朔，皆与郑不合。乃以推算各年及一月、二月，排比干支，分次上下，著《召诰日名考》，此乃融会古历以发明经术也。

该书现存版本有清道光间刻思贤讲舍本、《续修四库全书》本等。

4.《立政臆解》1卷，（清）刘光蕡撰

刘光蕡字焕唐，号古愚，陕西咸阳人。

《立政臆解》1卷，云："泰西宪法精理，《尚书》二十八篇已阐之，而《立政》一篇，尤重用法。克知灼见以任人，博采庶言以为法，王则罔兼罔知，勿间勿误。人法相杂，自天子至于庶人，各守其范。故终饬司寇之执法，胥天下而范于道。"[1] 全书以此意阐发。其以此篇为周公作书，以此戒王。该

---

① 刘光蕡：《立政臆解》卷首《立政臆解自序》，《关中丛书》本。

书援古证今，不求合乎经旨，但借以申其政论。

是书有《烟霞草堂遗书》本、《关中丛书》本等。

（四）《书序》

西汉中叶出现了一百篇《尚书》的篇题，一般称此为"《书序》"。《书序》主要是对《尚书》有关篇目的写成背景与作者进行说明。《书序》或称之曰《尚书序》，或称之曰《百篇书序》，或称之曰《书小序》，抑或省称之为《序》，有时还被尊称为经。自《书序》出现后，历代学者在研究《尚书》时，也对《书序》之称名、出现、版本、体例、作者、价值进行讨论。历代学者对《书序》的研究，或杂糅在《尚书》的传说之中，或专门进行考释。

1. 《尚书序录》1 卷，（清）胡秉虔撰

胡秉虔（1770—1840），字伯敬，号春乔，安徽绩溪人。嘉庆四年进士。清代著名经史学家。胡氏著《尚书序录》1 卷，多本王鸣盛《尚书后案》、江声《尚书集注音疏》之说。

该书有清同治十二年刻《滂喜斋丛书》本、《续修四库全书》本、《丛书集成初编》本等。

2. 《书序述闻》不分卷，（清）刘逢禄撰

《书序述闻》，多述其外祖父庄存与之说，间附己意，以"谨案"别之。其不补舜典，不信逸书，所见甚卓，在江声、孙星衍、王鸣盛诸家之上，而引《论语》、《国语》、《墨子》以补《汤誓》，以《多士》、《多方》为有错简而互易之，自谓非取蹈宋人改经故辙，而明明蹈其故辙矣。其解《微子》以"刻子"读为"亥子"；《洪范·序》以"立武庚"目为句，谓"巳"当作"祀"；《太誓·序》"惟十有一年"，为武王即位之 11 年，不蒙文王受命之年数之，与今文、古文皆不合；至于不信周公居摄之说，诋孙卿为诬圣乱经，等等。可见刘氏承庄氏余绪，治经不为名物训诂之学，重在大义，往往喜立新说，不同于当时盛行的考据之学。

该书有《皇清经解续编》本等。

3. 《论书序大传》1 卷，（清）郑杲撰

郑杲字东甫，迁安人。其论《书序》可信有六论，曰："今夫《序》出孔壁，一信也；又出于师传，二信也；与《传》似违而实合，三信也；今学与古学歧异，至于《序》则无歧异，四信也；晋孔《传》出，绌《大传》而不敢绌《序》，五信也；自昔相承，尊《序》为经，至北宋南渡，人无闲言，六信也。"以是怪蔡《传》出而《序》顿废，言之有理。至于《大传》，认为亦大、小戴之说，非汉诸儒传训之所能及。故郑杲研究《尚书》，主张经之以

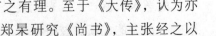

《序》，纬之以《大传》。

该书收入《郑东父遗书》中，有《集虚草堂丛书》本、《丛书集成续编》本等。

4.《书序考异》1卷，《书序答问》1卷，（清）王咏霓撰

王咏霓（1839—1916），原名王仙骥，字子裳，号六潭，浙江黄岩人。

王咏霓研究《尚书》，著《书序考异》和《书序答问》各1卷。在《书序考异》中，王氏认为《书序》非孔子作，孔壁所出16篇之名亦不可信。他杂引经传注疏及史志以证其异，所谓"异"即"伪"也。《书序答问》1卷，乃王氏补充《书序考异》中所未尽之意，例如，其以为"序者，次也，谓次其时代之先后尔"。他还据《书传》、《史记》、《汉书》攻驳陈寿祺《经辨》所举17条证。

《书序考异》和《书序答问》有清光绪刻本等。

九、逸书类

《尚书》在最初编成时有多少篇，历代学者众说纷纭，至今仍无定论。先秦《尚书》原本经过秦汉之际的社会大动荡而渐渐亡佚，到汉代，故秦博士伏生发其所藏在墙壁里《尚书》，发现丢了数十篇，仅存29篇（一说28篇）。汉武帝末坏孔子宅而出土的《古文尚书》，比当时流行的今文《尚书》多出16篇，惜汉魏之际的社会动乱又让这部《尚书》亡佚殆尽。东晋元帝时，豫章内史梅赜奏上所谓孔安国撰《古文尚书传》58篇，此《古文尚书》经文比汉代今文《尚书》多出25篇，并一直流传到了现在。由此可见，《尚书》从汉代以来就是残缺的，而那些原文在先秦确曾存在过，被先秦典籍所称引但没流传到后代的《尚书》，一般称之为"《逸》书"。这些《逸》书，有些有篇名，有些无篇名，只是些逸句。其中，为历代目录书著录并为学者多有研究的集中在《逸周书》一种。

所谓《逸周书》，一说原名《周书》。《汉书·艺文志》在"六艺略"之"《书》类"著录有"《周书》七十一篇"，颜师古注解曰"周史记"，并引刘向之说云："周时诰誓号令也。盖孔子所论百篇之余也。今之存者四十五篇矣。"这是引刘向《别录》中的话，"盖孔子所论百篇之余也"，即是《逸书》也，又因其内容为"周时诰誓号令"，可视作《周书》的逸篇，故得名《逸周书》。西晋孔晁为《逸周书》作注，开启了《逸周书》的研究先河，提升了《逸周书》的学术价值。宋以来尤其是清代学者在孔晁注的基础上研究《逸周书》，取得了很大的成绩。兹略举宋、清各一种《逸周书》研究之作。

1. 《周书王会补注》1 卷，（宋）王应麟撰

该书为王应麟为《逸周书·王会解》作的补注。王氏以《逸周书·王会解》虽有晋孔晁注，但极为简略，故征引群书补注，于鸟兽草木之名诠释特详，显示出王氏博学之特色。

该书现存版本有元至元六年庆元路儒学刻明初修本、《玉海》附刊本等，亦收录入《中华再造善本·金元编·史部》。

2. 《周书集训校释》10 卷，《逸文》1 卷，（清）朱右曾撰

朱右曾字尊鲁，一字亮甫，嘉定（今上海市）人。清道光进士，罢官遵义知府。精训诂、舆地之学。著有《周书集训校释》、《左氏传解义》、《诗地理征》、《春秋左传地理征》等。

朱氏以《逸周书》孔晁注疏略，乃集前儒诸家之说，并作校订音释，为《周书集训校释》10 卷。此书不曰《逸周书》，不曰《汲冢书》，乃复《汉书·艺文志》之旧名。

此书有清道光二十六年（1846）刻本、《皇清经解续编》本、《续修四库全书》本、1973 年台湾商务印书馆本、2004 年复旦大学图书馆影印清光绪三年湖北崇文书局刻本。

第四章 《诗》学文献

《诗》，又称《诗三百》，汉以后尊称为《诗经》，它是我国最早的一部诗歌总集，也是我国经学赖以生成的文化元典之一。《诗》自产生、结集以来，就承载着重要的文化使命。正如著名学者闻一多在《神话与诗·文学的历史动向》一文中所说："诗似乎也没有在第二个国度里，像它在这里发挥过的那样大的社会功能。在我们这里，一出世，它就是宗教，是政治，是教育，是社交，它是全面的生活。维系封建精神的是礼乐，阐发礼乐意义的是诗，所以诗支持了那整个封建时代的文化。"① 这里闻一多所谓的"一出世，它就是宗教，是政治，是教育，是社交"的诗，即是中国最早的诗歌总集、作为六经之一的《诗》。《诗》历来受到读者的重视和学者的关注，可以说，《诗》两千余年的流传史也是两千余年的研究史。那么，在这两千余年中，围绕着《诗》的研究，到底产生了多少种《诗》学文献？它们有哪些种类？主要分布在哪里？这无疑是我们研究源远流长、蔚为大观的《诗经》阐释史首先要解决的最基本问题。

第一节 《诗》的产生与经典化

今本《诗经》共 305 篇，分为《风》、《雅》、《颂》三类。《风》160 篇，包括《周南》、《召南》、《邶》、《鄘》、《卫》、《王》、《郑》、《齐》、《魏》、《唐》、《秦》、《陈》、《桧》、《曹》、《豳》，又称十五《国风》。《雅》105 篇，其

---

① 闻一多：《神话与诗》，上海人民出版社，2006 年，第 165 页。

中《小雅》74篇，《大雅》31篇，又称二《雅》。《颂》40篇，其中《周颂》31篇，《鲁颂》4篇，《商颂》5篇，合称三《颂》。另外，《毛诗》系统的《小雅》中还有笙诗6篇，有目无辞，不在305篇之内。① 这些诗篇从产生时间看，从西周初年到春秋中叶，绵延数百年，甚至有的诗篇传说为尧、舜所作；从地理分布看，主要分布于今陕西、山西、河南、山东及湖北等广大地域；从诗的作者看，既有王公贵族，又有耕夫小吏；从诗的内容看，有政治诗、宗教诗、史诗、叙述诗、抒情诗等。可见，《诗》中的诗篇并非一时一地一人之作。那么，这些先后产生于数百年之中，流布于广大地域，出自不同社会阶层，内容与主题俱不甚统一的数百篇诗文，是怎样产生并结集起来的呢？又是怎样形成经典，与中国古代学术、政治结合起来的呢？考之历史，参之经文，《诗》的产生主要源于周王朝的采诗、献诗制度，而其结集并进而成为经典则要归功于太师（王室乐官）和孔子的次第编订、整理以及孔门后学的推崇。

一、《诗》的产生与结集

《诗》是周人心灵世界的一面镜子，是周代社会生活和礼乐文化的结晶。在考察历代《诗》学研究概貌之前，我们有必要先追溯《诗》的产生与结集，因为这是历代《诗》学诠释的根基所在。

（一）《诗》的产生

《诗》的产生，古来有两种说法：一种是采诗说，另一种是献诗说。

采诗是指王朝统治者派出专门官员到各地去采集民间歌谣，所谓"古有采诗之官，王者所以观风俗，知得失，自考正也"（《汉书·艺文志》）。关于周王朝的采诗制度，先秦典籍未见明确记载，此说多为汉人追记。如班固《汉书·食货志》云：

> 孟春之月，群居者将散，行人振木铎徇于路，以采诗，献之大师（即太师，后同），比其音律，以闻于天子。故曰王者不窥牖户而知天下。

又何休亦云：

> 男女有所怨恨，相从而歌。饥者歌其食，劳者歌其事。男年六十、女年五十无子者，官衣食之，使之民间求诗。乡移于邑，邑移于国，国以闻于天子。故王者不出牖户，尽知天下所苦，不下堂而知四方。②

① 龚道耕：《三家〈诗〉无〈南陔〉六篇名义说》，载《志学月刊》第4期。
② 《公羊传·宣公十五年》何休注，《春秋公羊传注疏》卷一六，阮元校刻《十三经注疏》本。

郑玄为《礼记·王制》①篇中"天子五年一巡守。岁二月东巡守，至于岱宗，柴而望祀山川，觐诸侯，问百年者就见之。命大师陈诗，以观民风"作注也说："陈诗，谓采其诗而视之。"②

这些文献，就采诗这种社会行为，或记为"采诗"，或记为"求诗"，或记为"陈诗"。说法虽然不尽一致，但却都蕴涵着采诗民间的寓意。如班固所言"采诗"，是指王官下至各国采诗，归而献之太师。何休所记"求诗"，是指各国自行采诗，以闻于天子。郑玄所注《礼记·王制》中的"陈诗"，是指诸侯太师采诗，以献于天子。采诗的主体尽管有所不同，但却无疑表明采诗这种行为应是存在的。因此，根据以上所引古籍的相关记载，后人足以推断出周王朝理当存在采诗的制度，这也就成了判断《诗》之来源的重要理论之一。不过因为先秦典籍缺乏明确的史料记载，《礼记》的真伪又存在诸多争议，故对于这一推断亦有人持反对意见，如清人崔述在《读风偶识》中就首发疑义。他说：

> 旧说周太史掌采列国之风，今自《邶》、《鄘》以下十二《国风》，皆周太史巡行之所采也。余按：克商以后，下逮陈灵，近五百年，何以前三百年所采殊少，后二百年所采甚多？周之诸侯，千八百国，何以独此九国有风可采，而其余皆无之？……则此言出于后人臆度无疑也。③

其后，亦有不少学者怀疑采诗之说。如有的学者认为，"据西汉人说，是古代帝王为了考察风俗的好坏，政治的得失，设有采诗的官，把采来的诗篇，献给乐官太师，太师再献给天子。这种说法显然是有意为封建统治者吹嘘！"④ 还有的学者认为，"先秦之书，并没有说春秋时有采诗之官"，《春秋》上面"从无王官来鲁采诗的记载"，"况当春秋分崩离析之时，以王官遍行各国采诗亦势所难能"，而"《国风》之'国'，义同'方域'"，"十五国风其实

---

① 关于《王制》的成篇年代，历代学者说法不一。或认为作于汉文帝前元十六年（前164）、或认为是汉文帝时博士所作、或认为作于战国时孟子之后、或认为作于秦汉之际、或认为是孔子改制之作、或认为作于战国之末纪、或认为成篇于战国中期等。综合各家意见，笔者倾向于战国成书说。不过，学者就《王制》中"命大师陈诗，以观民风"的记载，多主张归于献诗行为。然笔者却以为，民间风谣有可采者，亦有采而献之者，关键是看其行为的侧重点在哪里。《王制》中的"陈诗"，实际上是更重视太师的采诗行为的。再者就郑玄所注来看，亦有这层含义。故笔者于此取郑玄注义以证采诗之说。

② 《礼记正义》卷一一，阮元校刻《十三经注疏》本。

③ 崔述：《读风偶识》卷二，《续修四库全书》本。

④ 高亨：《诗经今注·诗经简述》，上海古籍出版社，1980年，第1页。

只是十五个地方的土调"，因此何休所说"各国献诗的说法，自然也很可怀疑了"。① 如此云云，皆认为采诗之说不可信。但是，总观现今整部诗篇，《诗》中存在大量民间作品总是事实。这些作品总是通过一定方式、被有目的地汇集起来，从而结集成册纳入了整个周王朝的礼乐文化体系。既然我们没有确凿证据能够肯定或者否定采诗说，那么不妨承认采诗说有一定的合理性。正如某位学者所说："也许不一定每个王朝、每个地区始终都设有专职采诗的官，但是作为王朝的乐师，为了配乐的需要，注意搜集一些民间诗歌，或者士大夫的作品，用以配乐歌唱，这个可能总还是存在的。与其不然，试问这些诗歌如果不经'采集'，又怎样会集中到王朝的乐官手里来呢？"②

所以，从以上汉人对"采诗"、"求诗"、"陈诗"诸说的相关文献记载以及《诗》中众多诗篇的民间属性来看，我们认为采诗作为《诗》之部分作品的来源应该是说得通的。

献诗是指贵族阶层将自己所作或从民间采来的诗献给统治者，其目的在于陈志以谏政或是为了倾诉个人的情感。献诗之说，最早见于《国语》中的《周语》和《晋语》，其次是《诗经·大雅·卷阿》。如《国语·周语一》载召公谏厉王止谤云：

> 故天子听政，使公卿至于列士献诗，瞽献典，史献书，师箴，瞍赋，矇诵，百工谏，庶人传语，近臣尽规，亲戚补察，瞽、史教诲，耆艾修之，而后王斟酌焉，是以事行而不悖。

又《国语·晋语六》载范文子语云：

> 而今可以戒矣。夫贤者，宠至而益戒。不足者为宠骄。故兴王赏谏臣，逸王罚之。吾闻古之王者，政德既成，又听于民，于是乎使工诵谏于朝，在列者献诗，使勿兜。风听胪言于市，辨祅祥于谣，考百事于朝，问谤誉于路。有邪而正之，尽戒之术也。

根据这两则文献，我们可以清楚地看到，天子听政时，存在着公卿、列士的献诗行为，而献诗的政治意义就在于"使勿兜"，即行政者通过在列者的献诗之为得以规约其行政而不至于出现政治决策上的失误，这也就构成了《诗》中以美刺为旨归之诗篇的主要来源。

献诗之说，另见于《诗经·大雅·卷阿》。此诗第十章的最后两句是"矢诗不多，维以遂歌"，对此两句历来的解释如下：

---

① 夏承焘：《采诗和赋诗》，载《文学研究丛编》第一辑。
② 洪湛侯：《诗经学史》（上），中华书局，2002年，第4页。

《毛传》曰："不多，多也。明王使公卿献诗，以陈其志，遂为工师之歌焉。"

《郑笺》曰："矢，陈也。我陈作此诗，不复多也。欲今遂为乐歌，王日听之，则不损今之成功也。"

《孔疏》曰："传反其言，以'不多'为'多'者，王既能用贤，不复须戒，故以作诗为烦多也。又解召公献诗及言'遂歌'之意，以明王使公卿献诗，以陈其所作之人志意，遂为工师之歌故也。《国语》亦云：'使公卿至于列士献诗'，与此同也。"

可见，《毛传》是从史实的角度解释和证明了这两句诗的含义是"明王使公卿献诗，以陈其志，遂为工师之歌焉"，而郑玄则据《诗序》之义以此诗为"《卷阿》，召康公戒成王也。言求贤用吉士也"，到了孔颖达又折中《传》、《笺》，义取二说。如此云云，虽然取义侧重有所不同，但却无疑表明周王朝公卿列士献诗陈志谏政的行为是存在的，而它的存在也就成了《诗》中《雅》、《颂》之诗得以来源的主要条件之一。此即如清代学者陆世仪所论："《三百篇》之诗亦多取里巷讴谣，然古者公卿献诗，耆艾备之，而后王斟酌焉。"①

献诗之说始见载于先秦典籍《国语》，《国语》其说不诬，当无可疑。而且从历史事实论之，献诗言志谏政乃是周王朝"一种制度化的国家政治行为"②。在天子听政议政之际，百官可以献诗以美，也可以谏诗以刺。如《左传·昭公十二年》就记载有："昔穆王欲肆其心，周行天下……祭公谋父作《祈招》之诗，以止王心，王是以获没于祗宫。"《大雅》的《民劳》、《板》以及《小雅》的《节南山》也有"王欲玉女，是用大谏"、"犹之未远，是用大谏"、"家父作诵，以究王讻。式讹尔心，以畜万邦"的相关论述。所以说，周王朝存在公卿列士向天子献诗进谏的事实当为不假，而《诗》中大量针砭时政的讽喻诗、怨刺诗也就通过讽谏献诗的途径得以产生和流传。

综上所述，《诗》的产生系由采诗、献诗积聚而来，应无多大问题。

（二）《诗》的结集

通过各种途径汇集到朝廷的众多诗篇，是何时经由谁手编订成册的呢？是一次性地结集还是陆续成编的呢？太师（王室乐官）和孔子到底与《诗》有什么关系呢？这些问题也是学界经常要探讨的。今据史籍记载推考，《诗》

---

① 陆世仪：《思辨录辑要》卷三五《史籍类》，文渊阁《四库全书》本。
② 郭持华：《从〈诗〉的早期传播看〈诗〉的经典化》，载《湖南城市学院学报》2006 年第 4 期。

应是先由太师（王室乐官）进行筛选、加工、编集、合乐，从而书之简牍，初步成册，后又经过孔子的整理编订，最终始成今日之三百零五篇。

关于《诗》的结集成册史书没有确切记载，但从《诗》的产生、流传应用以及《左传》"季札观乐"的史实推断，春秋中期以后似乎已经有了一个《诗》的统一文本流传于世，而且其内容与编次与今本《诗经》相差无几。

首先，从《诗》的产生来看，周王朝的统治者或是为了观风俗、识民情，或是为了察弊政、知得失，或是为了推德行、重礼乐，继承了上古时代传下来的采诗、献诗制度。然这些采来或献来的诗歌，由于出自不同地域、不同个人，形式、语言、声韵等不尽一致。所以为了应用，这些诗歌势必要经过周王朝专门官员的统一整理，方能形成整齐划一的语言风格，从而适应周王朝的礼乐制度。郭沫若就曾指出："它（指《诗经》）无疑是经过搜集者们整理润色过的。《风》、《雅》、《颂》的年代绵延了五六百年。《国风》所采的国家有十五国，主要虽是黄河流域，但也远及于长江流域。在这样长的年代里面，在这样宽的区域里面，而表现在诗里面的变异性却很小。形式主要是四言，而尤其值得注意的，是音韵差不多一律。音韵的一律就在今天都很难办到，南北东西有各地的方言，音韵有时相差甚远。但在《诗经》里面却呈现着一个统一性。这正说明《诗经》是经过一道加工的。"① 这道加工就是对《诗》的最初整理和编订。

其次，从《诗》的流传应用来看，《诗》在春秋时代即已广泛流传，普遍应用在宗庙祭祀、朝会的各种典礼和贵族社交活动的各种礼仪之中。后来列国人士更进一步地把这些诗的言辞应用于社会生活和政治交往，作为一种特殊的通情达意的工具，用比喻或暗示的方法传达彼此的立场和情意。这在《左传》、《国语》中有集中反映，即所谓的春秋赋《诗》。据董治安统计："今本《左传》、《国语》称引《诗三百》和赋《诗》、歌《诗》、作《诗》等有关记载，总共 317 条；其中《左传》计 279 条，《国语》计 38 条。"② 通观这些记载，可知春秋时期《诗》在上层贵族社会流传广泛，应用普遍，诸侯将相、贵妇士人都以能用《诗》、应对自如为能事。如此一来，《诗》就成了贵族士大夫不得不学习的重要科目，如《左传》载晋国赵衰称赞郤縠贤明，就是因为他"说《礼》《乐》而敦《诗》《书》"③，孔子亦云："不学诗，无

---

① 郭沫若：《奴隶制时代·简单地谈谈〈诗经〉》，中国人民大学出版社，2005 年。

② 董治安：《先秦文献与先秦文学》，齐鲁书社，1994 年，第 27 页。

③ 《左传·僖公二十七年》赵衰语，《春秋左传正义》卷一六，阮元校刻《十三经注疏》本。

以言。"① 而作为学习教材和普遍应用的《诗》来说，理应就该有一个统一的本子，否则如何能达成共识？如何能理解无误？如何能表情达意？如何能心领神会？这个统一的本子可能就是《诗》的初步结集本。

再者，从《左传》"季札观乐"的记载来看，鲁襄公二十九年，吴公子季札聘鲁，请观周乐。鲁乐工曾为之歌《周南》、《召南》，为之歌《邶》、《鄘》、《卫》，为之歌《王》，为之歌《郑》，为之歌《齐》，为之歌《豳》，为之歌《秦》，为之歌《魏》，为之歌《唐》，为之歌《陈》，自《郐》以下无讥焉。又为之歌《小雅》、《大雅》，为之歌《颂》。据《左传》的记载，其分类名目、先后次第，大体和现在流传的《诗经》相同。季札观乐之事发生在鲁襄公二十九年，即公元前 544 年，时孔子才 8 岁，这似乎可以证明，季札观乐时，《诗》已基本成型，且内容和编次与今本《诗经》差不多。

既然《诗》在春秋中后期似已有了初步编集之本，那么到底是由谁来结集成册的呢？这大概就要从诗与乐的关系角度来考虑。据史料记载，古时的诗乃是文学、音乐、舞蹈三位一体的综合艺术。《墨子·公孟》就曾记载："诵诗三百，弦诗三百，歌诗三百，舞诗三百。"《礼记·乐记》亦云："金石丝竹，乐之器也。诗，言其志也。歌，咏其声也。舞，动其容也。三者本于心，然后乐器从之。是故情深而文明，气盛而化神，和顺积中，而英华发外，唯乐不可以为伪。"出土文献中上海博物馆藏战国楚竹书《孔子诗论》也有《诗》与音乐互为表里关系的记载，其第二十三简说："《鹿鸣》以乐词而会，以道交见善而效，终乎不厌人。"说的就是诗乐合而为一，学习起来令人愉快的意思。可见，诗与音乐和舞蹈是密不可分的。古今关于诗乐关系的论述很多，皮锡瑞在《论诗无不入乐史汉与左氏传可证》一文中，反复说明"谓诗不入乐，与《史》、《汉》皆不合，亦无解于左氏之文"，主张《诗》三百篇全部入乐。② 而近当代学者如顾颉刚③、王国维④、张西堂⑤等人在前人研究的基础上，又补充了大量论据来论证三百篇全部入乐之说，使三百篇全为乐歌

---

① 《论语·季氏》。

② 皮锡瑞：《经学通论》二《诗经》，中华书局，1954 年，第 55 页。

③ 顾颉刚：《论〈诗经〉所录全为乐歌》，载《古史辨》第三册下编，上海古籍出版社，1982 年，第 608～657 页。

④ 王国维：《汉以后所传周乐考》，载《王国维遗书》第一册《观堂集林》卷二，上海古籍书店，1983 年。

⑤ 张西堂：《〈诗经〉是中国古代的乐歌总集》，载《诗经六论》，商务印书馆，1957 年，第 1～18 页。

之说，成为不刊之论。《诗三百》全是乐歌，这就和太师（王室乐官）有了必然的联系，因为据《周礼》所述太师之职就是"掌六律六同，以合阴阳之声"。依前所述，通过采诗、献诗等途径搜集来的诗歌最后是要汇集到周王朝的乐官太师手中的。然天子以诗听政，并不是亲自诵读诗歌，而是听乐工来演唱。所以这些诗歌只有经过太师的比其音律，才能得以闻于天子。这也就是说，太师不仅是《诗》的搜集者和保存者，而且还是《诗》的整理者和配乐者。太师比其音律，分类而编，《诗》也就初步结集成册了。关于太师与《诗》的关系，朱自清曾有过具体探讨。其云：

> 春秋时的乐工，就和后世阔人家的戏班子一样，老板叫作太师。那时各国都养着一班乐工，各国使臣来往，宴会时都得奏乐唱歌。太师们不但得搜集本国乐歌，还得搜集别国乐歌。不但搜集乐词，还得搜集乐谱……除了这种搜集的歌谣以外，太师们所保存的还有贵族们为了特种事情，如祭祖、宴客、房屋落成、出兵、打猎等等作的诗。这些可以说是典礼的诗。又有讽谏、颂美等等的献诗；献诗是臣下作了献给君上，准备让乐工唱给君上听的，可以说是政治的诗。太师们保存下这些唱本儿，带着乐谱，唱词儿共有三百多篇，当时通称作"诗三百"。到了战国时代，贵族渐渐衰落，平民渐渐抬头，新乐代替了古乐，职业的乐工纷纷散走。乐谱就此亡失，但是还有三百来篇唱词儿流传下来，便是后来的《诗经》了。①

可见，《诗》的最初编集者大体就是这些王室太师。这些王室太师将汇集到朝廷的诗歌进行筛选、加工、编集并合乐，书之简牍，乐官习演，加以保管，使之流传。太师编集《诗》的过程，就是诗歌作品数量由少到多，不断积累的过程。至春秋中期，周王室进一步衰微，王官大批失业，诗歌采集基本停止，《诗》也就有了初步结集之本。

不过，《诗》虽然已经初步编订成册，但这却并不是《诗》的最终定本。春秋末期，随着政治制度的变迁、礼乐制度的崩坏、《诗》乐的分离、新声新乐的兴起，孔子为了重树周代的礼乐文化，推行他的"六艺"教育，又对《诗》做了新的整理和编订。这样一来，"从西周初期到春秋中期陆续结集和流传的三百多篇诗歌，在春秋末期和孔子发生了密切的关系。从此，一部包含多方面的社会内容，并且包括许多民间诗歌的文学创作，经历着独特的幸运，同时也遭到无端的厄运。它的幸运和厄运，都和孔子有关系"②。关于孔

---

① 朱自清：《经典常谈》，上海古籍出版社，1999年，第24～25页。
② 夏传才：《〈诗经〉研究史概要》，中州书画社，1982年，第34页。

子与《诗》的关系，史上还有一桩大公案，即孔子是否删诗的问题。

孔子删诗之说，一般认为首倡于司马迁。《史记·孔子世家》云："古者《诗》三千余篇，及至孔子，去其重，取可施于礼义，上采契后稷，中述殷周之盛，至幽厉之缺，始于衽席，故曰'《关雎》之乱以为《风》始，《鹿鸣》为《小雅》始，《文王》为《大雅》始，《清庙》为《颂》始'。三百五篇孔子皆弦歌之，以求合《韶》《武》《雅》《颂》之音。礼乐自此可得而述，以备王道，成六艺。"司马迁的这段话叙述了孔子整理诗的背景、原则、断限、方法及有关体例的调整等，其中提到了"去其重"，然并未明确提出删诗说。到了东汉，班固首次提出孔子删诗说，"伏羲画卦，书契后作，虞夏商周，孔纂其业，纂书删诗，缀礼正乐"①。其后，此说自汉至隋，历代学者及有关史志对此皆深信不疑。及至唐初，孔颖达才一面遵从司马迁的说法，认为"先君宣父，厘正遗文，缉其精华，裰其烦重，上从周始，下暨鲁僖，四百年间，六诗备矣"②，一面又提出质疑，"《史记·孔子世家》云：'古者《诗》三千余篇，及至孔子，去其重，取可施于礼义者，三百五篇。'是《诗》三百者，孔子定之。如《史记》之言，则孔子之前，诗篇多矣。案书传所引之诗，见在者多，亡逸者少，则孔子所录，不容十分去九。马迁言古诗三千余篇，未可信也。"③ 同一种书，意见前后两歧，由此始启后人孔子删诗与未删诗说之辩。如宋儒欧阳修、苏辙、王应麟、马端临等皆以删诗说为是，而清儒朱彝尊、赵翼、李惇、崔述等则力主孔子未曾删诗。今之学者于此二说亦是各有所主，各有发挥。可见，孔子是否删诗这个问题至今仍无定论。为什么会出现这种情形呢？究其原因，大概就在于自司马迁原创孔子删诗说后，学者能够利用的文献已基本搜寻殆尽，就固有文献想将某一方推倒，已诚属不可能。尤其是他们从几部古代文献中所提供的证据，在本质上还存在着解读的差异。既是解读的差异，当然也就得不出一面倒的结论。因此，"孔子时代究竟有多少古诗流传，孔子如何删削整理，因为古人没有留下具体的资料，谁也无法作出直接的说明"，如果我们"只是纠缠于古诗的数量，追究删诗的直接细节，停留于分辨过去删诗说非删诗说各种论点的是非，在没有发掘出新史料的情况下，那就再争论八百年，也是搞不清楚的"。④ 所以，对于孔子删诗与

① 欧阳询：《艺文类聚》卷五五，文渊阁《四库全书》本。
② 孔颖达：《毛诗正义序》，阮元校刻《十三经注疏》本。
③ 孔颖达：《毛诗正义·诗谱序》"故孔子录懿王夷王时诗讫于陈灵公淫乱之事谓之变风变雅"疏。
④ 夏传才：《〈诗经〉研究史概要》，中州书画社，1982年，第39～40页。

否的问题，我们不再作深论，只是认为孔子与《诗》存在着一定的关系，而这个关系就是孔子对《诗》的整理刊定之功。

关于孔子如何整理《诗》，孔子自己只有非常简略的叙述："吾自卫反鲁，然后乐正，《雅》《颂》各得其所。"① 这是先秦古籍中关于孔子与《诗》关系的最可靠史料。或谓此言"正乐"非言"正诗"，但既然诗乐一体，又言"《雅》《颂》各得其所"，那么孔子的正乐当然也就包括了对《雅》、《颂》之诗的重新整理和编订。推而论之，《雅》《颂》如此，《风》亦当然。于此，宋之大儒朱熹曾有过相似之论。其云："当时史官收诗时，已各有编次，但到孔子时已经散失，故孔子重新整理一番，未见得删与不删。如云：'吾自卫反鲁，然后乐正，《雅》《颂》各得其所。'云'各得其所'，则是还其旧位。"② 又云："人言夫子删诗，看来只是采得许多诗，夫子不曾删去，往往只是刊定而已。"③ 今之学者匡亚明、金景芳、夏传才等亦赞成孔子对《诗》有整理之功。如匡氏云："孔子非常重视《诗》在个人品德修养和社会交际上的重大作用。但由于各国口语不同，在转相传授、抄录中，错讹在所难免，诗的曲调，也在蜕变离谱。有些传本零落不全……这不仅不利于教学，更影响到古代文献的正确继承。孔子有鉴于此，随时不但留意搜求，收集了很多《诗》的抄本（版本）。这许多抄本合起来的诗篇总数，大概就是司马迁所说的'三千余篇'。孔子参照各个抄本进行校勘核对，辛勤地作了一番整理工作。"④ 金氏云："孔子编著《六经》的方法是不一样的。他对《诗》《书》是'论次'，对《礼》《乐》是'修起'，对《春秋》是'作'，对《易》则是'诠释'。"又说："'论'是去取上事，'次'是编排上事。"⑤ 夏氏云："孔子把搜集到的重复芜杂的各种抄本（版本），仍按原来的编次和规模，去其重复，校正音律，进行语言规范化，保持原作的内容和表达风格，完成了质量大大提高了的新版本。我们从《左传》、《国语》和其他古文献引诗来看，确有它们引述的诗，因内容重复，今本《诗经》未录者，也有的句子多于今本《诗经》者，也有全篇未录或篇删其章，章删其句、句删其字的情况。不过，这样的情况并不多，

---

① 《论语·子罕》。

② 黎靖德编、王星贤点校：《朱子语类》卷三四《述而不作章》，中华书局，1986年，第856页。

③ 朱鉴：《诗传遗说》卷三，文渊阁《四库全书》本。

④ 匡亚明：《孔子评传》，齐鲁书社，1985年，第337～338页。

⑤ 金景芳：《孔子的这一份珍贵的遗产——六经》，载《金景芳古史论集》，吉林大学出版社，1991年，第136页。

在总体上保持了春秋后期季札在鲁国观周乐时传本的编次和规模，只是作了一次重要的统一的加工整理。"① 据此看来，孔子整理编订过《诗》应是确定无疑的事。

由上推考，《诗》之一书，系先由采诗、献诗之积聚，再由太师编集合乐而初步成册，最后又经孔子重新整理刊定而成三百零五篇。不过值得注意的是，现在流传的《诗》与孔子最初整理刊定之《诗》的旧观之间可能还存在着一定的不同，如今本《诗》与《论语》中引《诗》即有所不同，而《毛诗》与齐、鲁、韩三家《诗》亦有些许差异。这或许是由于秦火之余经师口耳相传失误使然，又或许是由于后代学者增删修改而致之。总之，因为后世流传中的种种因素，今日之《诗》显然已非孔子整理刊定之旧貌。

二、《诗》到《诗经》的演化

考《诗经》一书，原本或仅称作《诗》，或举其篇数称作《诗三百》，"经"系后人尊重其书而特为追加之字。如孔子在《论语》中虽说"兴于《诗》，立于礼，成于乐"（《泰伯》），"不学诗，无以言"（《季氏》），"《诗》，可以兴，可以观，可以群，可以怨"（《阳货》），"《诗》三百，一言以蔽之，曰：'思无邪'"（《为政》），"诵《诗》三百，授之以政，不达"（《子路》）等等，但并没有称《诗》为经。孟子亦有"《诗》亡然后《春秋》作"之语，也未曾说《诗》为经。第一个把《诗》称之为经的，似乎可追溯到约略与孟子同时的庄子。《庄子·天运》篇云："孔子谓老聃曰：'丘治《诗》、《书》、《礼》、《乐》、《易》、《春秋》六经，自以为久矣，孰知其故矣。"又《天下》篇云："《诗》以道志，《书》以道事，《礼》以道行，《乐》以道和，《易》以道阴阳，《春秋》以道名分。"不过由于《天运》、《天下》两文成书年代、本身真伪存在问题，这则材料暂时只能姑且存疑。至于儒家学者自称其书为经者，则最早始于荀子。《荀子·劝学篇》云："学恶乎始？恶乎终？曰：其数则始乎诵经，终乎读《礼》。……故《书》者，政事之纪也；《诗》者，中声之所止也；《礼》者，法之大分，群类之纲纪也。故学至乎《礼》而止矣。夫是之谓道德之极。《礼》之敬文也，《乐》之中和也，《诗》、《书》之博也，《春秋》之微也，在天地之间者毕矣。"这里提出的"诵经"，据杨倞注即为《诗》、《书》诸书。其后战国末期出现的《礼记·经解》就《诗》、《书》、《乐》、《易》、《礼》、《春秋》六种典籍加以解说，云："孔子曰：入其国，其

---

① 夏传才：《二十世纪诗经学》，学苑出版社，2005年，第304～305页。

教可知也。其为人也，温柔敦厚，《诗》教也；疏通知远，《书》教也；广博易良，《乐》教也；絜静精微，《易》教也。恭俭庄敬，《礼》教也；属辞比事，《春秋》教也。"此书虽然在正文中没有将这六种典籍与"经"字并提，但作者将其一并列于《经解》之中，实际上是已将《诗》等六种典籍称之为经了。不过这里的经只是经典的，而非经学的。至于《诗》或《诗三百》何时被改称为《诗经》，由于战国末期战乱频仍，古籍散佚尤多，实难详细稽考。目前所能考知最早题名为《诗经》的史料，应是司马迁《史记·儒林列传》中所说的"申公独以《诗》经为训以教"。不过司马迁在《史记》的其他地方，还是按照通常习惯称为《诗》或《诗三百》。只有到了汉武帝采纳董仲舒"罢黜百家，表章六经"建议之后，设立《诗》、《书》、《礼》、《易》、《春秋》五经博士，《诗》或《诗三百》才日渐被《诗经》这个名称所代替。这时的经就是经学的了。由此一来，产生于周代礼乐文化土壤上的文学作品——《诗》，也就实现了它经典化和经学化的演变。经典化与经学化是前后递进的一个过程，经典化是经学化的前奏和基础，经学化是经典化的发展和引申。

据傅道彬所言，"经典与经学的意义是有很大不同的，经典是文化的，经学是政治的，经典虽然也强调自身的重要意义，但并不排他；而经学往往是独断的，排他的"①。那么，自先秦至两汉，《诗》在历史的流传过程中是如何从普通文本到经典文本、从乐歌民谣到儒家经典再到王朝统治者教化经典的转化的呢？是如何从《诗》一步步演化为《诗经》并进而实现它的经典化和经学化的呢？这大概是"经历了从'书'、'典'到'经'的'经典'之名的确立过程"；"不断流传、编纂、汇集、增删和定本的漫长过程"；"排序和整体意义的符号化过程"；"不断被称引、理解和解释的过程"；"被体制化和制度化的过程"。② 可谓多种因素合力作用的结果，是一种带有历史延续性、层累性的推进过程。首先，《诗》与周代礼乐文化制度的结合，使《诗》具备了礼乐思想的精神实质和政教属性，从而被提升为一种普遍的、权威的社会公共话语。其次，春秋赋《诗》、引《诗》的盛行，扩大了《诗》的传播和运用范围，提高了《诗》的熟知度和认知度，造就了《诗》的文本经典地位。再次，以孔子为代表的儒家学派，奉《诗》为经典，注重《诗》的思想阐释，发掘《诗》的现实功能，实现了《诗》由文化经典到儒家经典，再到王朝统

第四章　《诗》学文献

---

① 王妍：《经学以前的〈诗经〉·傅道彬序》，东方出版社，2007年，第2页。
② 王中江：《经典的条件：以早期儒家经典的形成为例》，载《文化研究网》http：//www.culstudies.com.

治者教化经典的转变。

（一）《诗》与周代礼乐文化制度的关系

有别于夏、商，周代推行的是以宗法制为基础的社会秩序。正如王国维在《殷周制度论》中所云：

> 中国政治与文化之变革，莫剧于殷周之际……殷周间之大变革，自其表言之，不过一姓一家之兴亡与都邑之移转；自其里言之，则旧制度废而新制度兴，旧文化废而新文化兴……周人制度之大异于商者，一曰立子立嫡之制，由是而生宗法及丧服之制，并由是而有封建子弟之制、君天子臣诸侯之制；二曰庙数之制；三曰同姓不婚之制，此数者，皆周之所以纲纪天下，其旨则在纳上下于道德，而合天子诸侯卿大夫士庶民以成一道德之团体，周公制作之本意，实在于此。①

而这种社会秩序又是通过礼乐制度来维持的。《礼记·礼运》云：

> 夫礼必本于天，动而之地，列而之事，变而从时，协于分艺。其居人也曰养，其行之以货力、辞让、饮食、冠昏、丧祭、射御、朝聘。故礼义也者，人之大端也，所以讲信修睦，而固人之肌肤之会，筋骸之束也。所以养生送死，事鬼神之大端也。所以达天道，顺人情之大窦也。

又《礼记·乐记》云：

> 乐由中出，礼自外作。乐由中出，故静；礼自外作，故文。大乐必易，大礼必简。乐至则无怨，礼至则不争。揖让而治天下者，礼乐之谓也。

> 乐者，天地之和也。礼者，天地之序也。和，故百物皆化；序，故群物皆别。

可谓礼为天地之序，乐为天地之和。即礼是社会人生各种活动的规范，乐是协调万物之间关系的手段。礼乐相辅相成，相须为用，共同服务于周王朝的政治制度建设。所谓周公制礼作乐，其目的就在此。由此一来，礼乐制度就成为了周王朝政治制度的重要组成部分，礼乐精神就成为了周王朝治国的根本思想。而《诗》从产生、结集之初，就是从属于礼乐制度的，它是周人推行宗法礼乐精神的物质载体。如《雅》、《颂》等诗篇明显系为宗庙祭祀、国家教治而作，《风》则反映了各国的民风民俗，便于周王考察时政得失。所以《诗》从一开始，就被周王朝统治者有意地搜集和整理，配合着王权思想，演绎着他们的意志，这正是编《诗》者的初衷所在。《诗》与礼乐文化制度的

---

① 王国维：《殷周制度论》，载《王国维遗书》第一册《观堂集林》卷一〇，上海古籍书店，1983 年。

关系，既体现在形式上的典礼、仪式上的歌唱，也体现在内容上的思想一致性。

首先，《诗》作为合乐的乐歌广泛应用于周代的各种典礼仪式，体现了《诗》与礼乐的密切关系。就《诗》与乐而论，三百篇全部入乐，这已成为当今学者之共识。而《诗》之入乐，这就意味着通过采诗、献诗而来的诗篇经过周王朝专门乐师的整理和配乐，获得了权威的改造和认可。"《诗》不再是民间质朴的自然情感的流露，也不仅仅是一种'观风'、'听政'的辅助材料，它已经转化为官方文化的不可缺少的一部分，转化为周代礼乐制度的重要载体。这无疑极大地提升了《诗》的社会地位，进一步赋予了《诗》以政治的意义。《诗》从此开始以乐歌的形式在全社会传播，并介入各种神圣的庄严的礼仪之中，堂而皇之地登上了大雅之堂。"① 《诗》介入礼仪，广泛应用于宗教祭祀、宴享典礼等仪式，又体现和演绎着礼的精神。如《周颂·有瞽》、《商颂·那》描写了祭祀典礼的奏乐情况，《小雅·楚茨》描写了祭祀典礼逐次演奏乐歌的全过程，《大雅·崧高》、《小雅·出车》是朝会庆功的乐歌，《小雅·鹿鸣》、《小雅·白驹》是宴宾的乐歌，《周南·关雎》、《周南·桃夭》是婚嫁的乐歌等等，这些诗篇不仅本身详细记载了某些礼仪，而且也突出了礼仪过程中《诗》的作用和地位。另先秦典籍中也有许多记载典礼仪式使用《诗》的情况。如《仪礼》一书中就有多篇记载乐工歌《诗》舞《诗》的事实，《乡饮酒礼》中有一节最为有名，也最能展现《诗》与礼的关系及其在古代仪礼中的应用。《乡饮酒礼》记载说：

> 设席于堂廉，东上。工四人，二瑟，瑟先。相者二人，皆左何瑟，后首，挎越，内弦，右手相。乐正先升，立于西阶东。工入，升自西阶，北面坐。相者东面坐，遂授瑟，乃降。工歌《鹿鸣》、《四牡》、《皇皇者华》……笙入堂下，磬南北面立。乐《南陔》、《白华》、《华黍》……乃间歌《鱼丽》，笙《由庚》；歌《南有嘉鱼》，笙《崇丘》；歌《南山有台》，笙《由仪》。乃合乐《周南·关雎》、《葛覃》、《卷耳》，《召南·鹊巢》、《采蘩》、《采蘋》。

《乡射礼》中也有基本相同的记载：

> 席工于西阶上，少东。乐正先升，北面立于其西。工四人，二瑟，瑟先。相者皆左何瑟，面鼓，执越，内弦，右手相。入，升自西阶，北面东上。工坐，相者坐授瑟，乃降。笙入，立于县中，西面。乃合乐《周南·关

① 郭持华：《从〈诗〉的早期传播看〈诗〉的经典化》，载《湖南城市学院学报》2006 年第 4 期。

睢》、《葛覃》、《卷耳》，《召南·鹊巢》、《采蘩》、《采蘋》。

由此可见，《诗》作为合乐的乐歌在周代的各种典礼仪式上歌唱，这已说明形式上它是礼乐制度的一部分。礼是一些具体的礼仪，而《诗》、乐相合则体现和演绎着礼的精神。"这种无数次反复的典礼运用，使《诗》担负了传播统治阶级理念、整合社会价值导向的功能，也使《诗》获得了极大的普遍性与权威性。其结果是，作为个人抒情话语的诗，被提升为一种普遍的、权威的社会公共话语。"① 如此一来，《诗》就从属于周代的礼乐文化制度，成为传播宗法礼乐精神的物质载体，集中体现了周代社会的礼乐精神。世俗的里巷歌谣演变为庄严的典礼乐歌，是《诗》在经典化过程中迈出的坚实一步。

其次，《诗》的内容充分体现了周代礼乐文化的精神实质。礼乐制度是周代政治制度的重要组成部分，礼乐精神是周代治国的根本思想。这种精神已成为中华民族传统精神的基础，其实质就是重孝敬祖、崇德尚和，而《诗》正直接承载和如实宣传了周代礼乐制度的这种精神。

如《诗》中的宴饮诗，倡导的就是周文化中"尚和"的精神。"和"是"合好"的效果，是宴饮诗歌唱的最高旨趣。见于《小雅》的《常棣》就反复吟唱："凡今之人，莫如兄弟。""死丧之威，兄弟孔怀。""兄弟阋于墙，外御其务。"《蓼萧》中也说："既见君子，孔燕岂弟，宜兄宜弟，令德寿岂。"《湛露》中又说："岂弟君子，莫不令仪。"强调的就是兄弟之间休戚相关的密切关系。周代的宗法分封制决定了诸侯贵族之间或为血缘兄弟，或为姻亲兄弟的关系，所以诸侯贵族君子之间的关系都可以兄弟之情比拟，自然福祸相依，以"和"为重。这就以人群之"合"，人伦之"和"的宴饮仪式，实现着周代礼乐文化"尚和"的精神。

又如《诗》中的农事诗，体现的是周人农德自重的精神。在先秦典籍中，人们在追述周民族的历史时，总是郑重其事地强调周人祖先天才的农耕禀赋是其享有天祚命运的根基，这在《诗经·大雅·生民》篇中有充分的表现。诗篇讲述了后稷出生、立业的事迹，他生而被弃却屡受神佑，实际上都是为其生而具有天赋的稼穑本领确定着神性的根源。后稷因稼穑而"有邰家室"，从此使周民族人衣食无忧，子孙繁盛，后稷之德即是"生民"。《周颂·思文》中又说："思文后稷，克配彼天。立我烝民，莫匪尔极。贻我来牟，帝命率育。""立"，据《郑笺》当作"粒"；"烝民"即"民众"；"贻我"二句，朱熹

① 郭持华：《从〈诗〉的早期传播看〈诗〉的经典化》，载《湖南城市学院学报》2006年第4期。

《诗集传》解释说："贻我民以来牟之种，乃上帝之命，以此遍养下民者。"①
这就是说，后稷的德性，能上配于天，下寓于农，从而为普天之下的生民带
来了粒食。从周人特别表彰后稷的农德神性的用心中，不难看出农耕劳作在
周人心目中的超现实意义以及农德的重要。《诗》中的农事诗主要见于《雅》、
《颂》之中。《周颂》农事诗凡五首：《臣工》、《噫嘻》、《丰年》、《载芟》、《良
耜》；《小雅》农事诗共四首：《楚茨》、《信南山》、《甫田》、《大田》。这些诗
篇或记录周代藉田礼的基本过程，或记录农事生产从播种到收获的经过，无
疑都是为了揭示周人农事活动的两种目的：一是为了以丰收祭祀神灵祖先感
谢生育之德；二是为了赞美人们通过劳作使生命兴盛繁衍的勤勉之德。这就
以农事诗的形式展示了周人崇德的礼乐精神。

再如《诗》中的祭祀诗，通过对天地神灵、本族祖先的祭祀，体现了周
人重孝敬祖的思想。如前所述，周王朝实行的是以宗法嫡长子继承制为主的
政治制度，重孝敬祖就是维持这种和谐秩序的有效手段，而祭祀又是生活中
加强这种联系的具体方式。周人祭祀的对象主要有两种，一为天地神灵，一
为本族祖先。而在祭祖的时候，又常常把祖先神灵化。他们通过祭祀天地神
灵或本族祖先，从而为国家社稷祈福，为本族子孙祈福，彰显了宗法等级制
度下的血脉亲情和重孝敬祖的思想。《诗》中特别是《雅》、《颂》中用作祭祀
的乐歌，数量最多。如《小雅》中的《楚茨》、《信南山》、《甫田》、《大田》
等篇，虽然今人将这几首诗称为农事诗，但这些诗同时也都是祭祀的乐歌。
它们或祭祖祈福，或祭祀土地神和农神，或祭祀田祖，展现了对祖先的孝顺
和敬重。而《诗》中的《周颂》、《鲁颂》、《商颂》三颂正是用于宗庙祭祀的
赞美盛德、禀报成功的乐歌，所谓"美盛德之形容，以其成功告于神明者
也"。用今天的话来说，这是典型的庙堂文学，其重孝敬祖的思想自不待言。

总之，《诗》不仅在形式上能合乐歌唱，用于各种典礼仪式，而且在内容
上也从不同的角度表达了周代礼乐文化重孝敬祖、崇德尚和的精神实质。如
此一来，《诗》自产生之日起就融合于周代的礼乐文化制度中，使其具备了礼
乐思想的意义和政教属性，从而与礼乐制度一起成为社会活动的规范和标准。

（二）春秋赋《诗》、引《诗》的盛行与《诗》文本的经典化

傅道彬曾指出："经学的《诗》是通过《诗》意义的实用来实现的。"而
"实用的《诗》在方法上和意义上启发了经学的《诗》"。② 春秋时代赋《诗》、

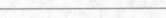

————————

① 朱熹：《诗集传》卷一九，上海古籍出版社，1980年，第227页。

② 傅道彬：《〈诗〉外诗论笺》，黑龙江教育出版社，1993年，第22页。

引《诗》的实用过程，实际上就是逐步确立《诗》文本成为"义之府"的过程。它渐渐地脱离了典礼仪式和配乐合唱的形式，而突出了《诗》政治与道德的文本意义。这是《诗》文本的经典化过程，也是《诗》经学化的桥梁。那么，春秋时代赋《诗》、引《诗》蔚然成风的情况为何？它的盛行对《诗》文本的经典化到底起了何种作用？它又是如何为《诗》的经学化提供方法论上的借鉴意义的？这些对于我们探讨《诗》的经典化和经学化是需要作进一步的解释。

《诗》与周代的礼乐文化制度相结合，为《诗》的传播带来了一个显著的结果，那就是《诗》的结集。而《诗》的结集，又极大地促进了《诗》在全社会的广泛传播，其生动表现就是春秋时代蔚为大观的赋《诗》、引《诗》行为。在春秋时期，赋《诗》、引《诗》是展现士大夫文化与伦理素养的一项基本技能。因此，是否对《诗》、《书》、《礼》、《乐》能够准确地掌握和娴熟地运用，就成了衡量士大夫是否优秀贤能的重要标志。春秋时晋国赵衰称赞郤縠贤明，就因为他："说《礼》、《乐》而敦《诗》、《书》。《诗》、《书》义之府也，《礼》、《乐》德之则也。德、义，利之本也。"① 如此一来，《诗》的传播就生动、活泼地延伸到了人们政治、生活的具体实践中。

所谓赋《诗》是指春秋时代在政治外交的场合中借助《诗》以表明自己理由和愿望的一种特殊用《诗》方式。赋《诗》，据《左传》与《国语》中的记载，大体有两种含义：其一是自己创作，如隐公三年之"卫人所为赋《硕人》"，闵公二年之"许穆夫人赋《载驰》"，文公六年之"国人哀之为之赋《黄鸟》"，这里的"赋"皆是自己创作之意。其二，是对已有之《诗》的吟咏，即赋《诗》中的作品，来表达一国或一己的意志。春秋赋《诗》的情况主要见于《左传》、《国语》等史书，据台湾学者黄振民统计，"考古人赋诗，据从《左传》、《国语》所获资料，自僖公二十三年至定公四年（前637—前505）约百年间，共赋诗六十七篇次，用诗五十八篇。计《颂》一，《大雅》六，《小雅》二十六，《风》二十五篇。计往来交际之国，共有鲁、晋、郑、宋、齐、秦、楚、卫、曹、株十国"② 可见，春秋时代无论是宴享、盟会、朝见、聘问乃至两军对垒，赋《诗》言志已成为语言交流的工具、道德文化的象征、微言相感的中介、外交应对的基本功。赋《诗》并不是为了欣赏歌

---

① 《左传·僖公二十七年》赵衰语，《春秋左传正义》卷一六，阮元校刻《十三经注疏》本。

② 黄振民：《诗经研究》，台北：正中书局，1982年，第294页。

声的美妙和诗句的文采，而是作为一种外交手段得到频繁使用，突出了《诗》在社会政治生活中的重要地位。

所谓引《诗》是指《左传》、《国语》中记载的历史人物或作者引《诗》用于品评人事或用为论辩依据的用《诗》行为。如《左传·襄公二十五年》载：

> 十二月……卫献公自夷仪使与甯喜言，甯喜许之，大叔文子闻之曰："乌乎！《诗》所谓'我躬不说，皇恤我后'者，甯子可谓不恤其后矣。"

这是引《诗》评论之例。又如《左传·闵公元年》载：

> 狄人伐邢。管敬仲言于齐侯曰："戎狄豺狼，不可厌也。诸夏亲昵，不可弃也。宴安酖毒，不可怀也。《诗》云：'岂不怀归？畏此简书。'简书，同恶相恤之谓也。请救邢以从简书。"齐人救邢。

这是引《诗》论辩之例。《左传》、《国语》中记载引《诗》为据的事例还有很多，据清人赵翼统计，《国语》引诗31条，其中见于《三百篇》的30条；《左传》引诗217条，其中记列国公卿引诗101条（内逸诗5条），《左传》作者自引诗及转述孔子之言所引诗48条（内逸诗3条）。[①] 由此可见，称引《诗》句表述意见，以示对某人某事的臧否评论，可谓春秋三百年间习见的社会现象。如此引《诗》之用，其实就是对《诗》文本政治道德意义的抽象解读和诠释。

春秋时代赋《诗》、引《诗》的蔚然成风，一方面说明了《诗》本身在当时已具有了较高的地位和较大的权威性。这是因为"《诗》自伴随着礼乐制度产生以后便具有了公认的、固定的含义，与礼乐制度一起成为社会活动的规范和标准，其所具有的意义被认为是符合礼的原则的，因而人们赋《诗》、引《诗》除了增加言语的效果作用外，更重要的是借助《诗》的权威以加强所表达的意愿的正当性和正确性，相关的人也必须尊重赋《诗》、引《诗》的人在赋、引《诗》中所反映的情志和思想"[②]。也就是说，《诗》与周代礼乐文化的融合，已使《诗》本身具备了经典的地位。不论是外交场合的赋《诗》，还是言语上的引《诗》，都将《诗》看作是授之以政、经世致用的元典，即视为经典，用为经典。另一方面也说明了在赋《诗》、引《诗》的反复应用中，《诗》文本已逐渐成为德政标准的"义之府"，实现了《诗》文本的经典化。

---

① 赵翼：《陔余丛考》卷二《古诗三千之非》，商务印书馆，1957年，第25～26页。

② 王妍：《经学以前的〈诗经〉》，东方出版社，2007年，第105页。

如前所述，《诗》自产生之日起，就在为礼乐精神的传播而应用着。最初《诗》多在隆重的典礼场合中固定地、程式化地应用，然到了春秋时代，隆重礼仪上固定、程式化地用《诗》则过渡到政治外交场合与宴享交际中自由灵活地赋《诗》和评人论事中的言语引《诗》。它或为一种高雅的语言表达艺术，或为一种精湛的外交技巧和策略，或为品评论辩人事的依据，用之于委婉传情，用之于比兴达意，用之于转喻言志。可谓如《汉书·艺文志》所云："古者诸侯卿大夫交接邻国，以微言相感，当揖让之时，必称《诗》以谕其志，盖以别贤不肖而观盛衰焉。"是《诗》逐渐脱离典礼仪式和配乐合唱的形式，慢慢凸显《诗》政治与道德的文本意义。《诗》之应用的这一转变，实际上是意味着《诗》已从礼乐制度的束缚中剥离出来，其政治与道德的文本意义开始得到阐发。如此一来，《诗》文本就成为了德政标准的"义之府"。而《诗》文本在不断地征引过程中，也就被推向了经典化的道路，实现了《诗》文本的经典化。

春秋时代赋《诗》、引《诗》的实用过程，是《诗》文本的经典化过程，同时也为后世《诗》的经学化提供了方法论上的借鉴意义，即"断章取义"的用《诗》方法。这种方法赋予了《诗》更加复杂的内涵，使其能被后人不断引申、发挥，从而启发了《诗》的经学化道路。所谓"断章取义"，据《左传》襄公二十八年引卢蒲癸的话说："赋《诗》断章，余取所求焉。"即赋《诗》、引《诗》者选取一首诗中合于己意的一章或一句两句的形象和意义，按照他们所要表达的意思来运用《诗》，这就是春秋时代赋《诗》、引《诗》盛行的断章取义的方法。不过这种用《诗》方法表达的《诗》的意义，大多为赋《诗》、引《诗》者的心意，而非作《诗》者的心意，这就如同顾颉刚所说："'断章取义'是赋诗的惯例，赋诗的人的心意不即是作诗的人的心意。"① 赋《诗》、引《诗》者在当时普遍认可的政治伦理观念和价值取向下，他们或取《诗》的字面意义，或取《诗》的隐喻象征意义，将其所要表达的一国之志或一己之志通过人们广为熟悉的《诗》的话语以断章取义的方法展现出来，这就创造性地突出和衍生了《诗》的政治和道德含义。这种政治和道德含义的强化和衍生，不仅是对采诗、献诗与诗入乐过程中政治和道德意义建构的承继，也为后来《诗》升华为儒家的伦理、政教经典做了历史的铺垫。所以说，"断章取义"的用《诗》方法为其后儒家学者的论《诗》和解

① 顾颉刚：《〈诗经〉在春秋战国间的地位》，载《古史辨》第三册下编，上海古籍出版社，1982年，第332页。

《诗》提供了一种新的阐释方法，推动了《诗》的经学化进程。

由上所述，春秋时代的赋《诗》、引《诗》活动在文本意义上确立了《诗》的经典地位，同时"断章取义"的用《诗》方法为《诗》走向经学阐释提供了方法经验。这实际上是《诗》之经学化过程中的文化实践基础，是《诗》由经典迈向经学的桥梁。徐复观曾指出："由《左氏传》、《国语》所表现的春秋时代，《诗》、《书》、《礼》、《乐》及《易》，成为贵族阶层的重要教材，且在解释上亦开始由特殊的意义进而开辟向一般的意义，由神秘的气氛进而开辟向合理的气氛，这是经学之所以为经学的重大发展。"① 所以说，春秋时代的赋《诗》、引《诗》是《诗》经学形成中的一个重要历程。

（三）以孔子为代表的儒家学派的推崇与《诗》的经学化

顾颉刚在总结春秋末期到战国时代《诗》乐关系的变化时曾道：

> 从西周到春秋中叶，诗与乐是合一的，乐与礼是合一的。春秋末叶，新声起了。新声是有独立性的音乐，可以不必附歌词，也脱离了礼节的束缚。因为这种音乐很能悦耳所以在社会上占极大的势力，不久就把雅乐打倒……雅乐成为古乐，更加衰微的不成样子。一二儒者极力拥护古乐诗，却只会讲古诗的意义，不会讲古乐的声律。因为古诗离开了实用，大家对它有一点历史的态度。但不幸大家没有历史的智识可以帮着研究，所以结果只造成了许多附会。②

我们暂不论顾颉刚所下的结论是否准确，但他对春秋末期以后《诗》乐关系变化的描述还是符合历史事实的。众所周知，《诗》最初原本是一部用于典礼的乐歌总集，是合乐歌唱的。然而春秋时代广泛应用于政治和外交等场合的赋《诗》、引《诗》行为，却逐渐使《诗》脱离典礼仪式和配乐合唱的形式，而强调和突出《诗》文本的政治与道德含义。这就意味着《诗》开始由重"声"向重"义"过渡，与礼乐在形式上有了初步分离。到了春秋末叶，随着礼乐制度的崩坏、新声新乐的兴起，《诗》乐合一的雅乐渐渐退出文化的历史舞台，但《诗》却以文本的方式得以流传。如前所述，《诗》是周代礼乐制度的组成部分，是推行宗法礼乐精神的物质载体，集中体现了周代社会的礼乐精神。因此，此时的《诗》虽然与礼乐在形式上已彻底分离，但《诗》

---

① 徐复观：《徐复观论经学史二种·中国经学史的基础》，上海书店出版社，2005年，第10页。

② 顾颉刚：《〈诗经〉在春秋战国间的地位》，载《古史辨》第三册下编，上海古籍出版社，1982年，第366页。

所蕴涵的礼乐精神却赖《诗》之文本而存在。至战国时期，在诸子学派中，以孔子为代表的儒家学派是最注重继承和发展周代的礼乐文化的。他们在《诗》乐分离的文化背景下，侧重《诗》文本精神义理的挖掘，通过一系列的引《诗》、解《诗》和论《诗》行为，把周代礼乐文化经典的《诗》逐渐转化为阐述儒家思想的经典。这是将《诗》不断儒学化的过程，也是尊《诗》为经的过程，为《诗》的经学化奠定了理论基础。

从春秋末年到战国时期，孔子、孟子、荀子是儒家学派中推动《诗》实现儒学经典化和经学化的三个关键性人物。孔子生当春秋末期（前551—前479），此时礼崩乐坏，新乐流行，歌《诗》赋《诗》成为历史陈迹。他对此非常痛恨，说："季氏，八佾舞于庭，是可忍也，孰不可忍也？"（《论语·八佾》）故其提出"行夏之时，乘殷之辂，服周之冕，乐则《韶》《舞》。放郑声，远佞人"（《论语·卫灵公》）。孔子以复兴周代礼乐政道为己任，不仅以《诗》为教材，使之成为儒家世代相传的基本典籍，而且把《诗》"视为体现仁、礼原则的载体，看成指导人们修身、从政的读本，这就在很大程度上把《诗》所蕴涵的道德伦理和政治品性挖掘出来了，把《诗》的内在精神从具体的应用推向了系统化的理论"[1]。《论语》中多处记载有孔子劝人学《诗》，如《阳货》载：

> 子曰："小子何莫学夫《诗》？《诗》可以兴，可以观，可以群，可以怨。迩之事父，远之事君，多识于鸟兽草木之名。"

又载：

> 子谓伯鱼曰："女为《周南》、《召南》矣乎？人而不为《周南》、《召南》，其犹正墙面而立也与！"

是孔子认为《诗》不仅包含了丰富的知识，而且具有强大的感发力量，因此将《诗》作为教授学生的基本教材。但是孔子教授学生学《诗》并不仅仅是为了传授知识，更是为了培养学生的从政能力和道德修养。如《子路》中说：

> 子曰："诵《诗》三百，授之以政，不达；使于四方，不能专对，虽多，亦奚以为？"

又《季氏》载：

> 鲤趋而过庭。曰："学诗乎？"对曰："未也。""不学诗，无以言。"鲤退而学诗。他日，又独立，鲤趋而过庭。曰："学礼乎？"对曰："未也。""不

---

① 王妍：《经学以前的〈诗经〉》，东方出版社，2007年，第152页。

学礼，无以立。"鲤退而学礼。

可见，孔子论《诗》，主要还在于以《诗》为基础，突出礼与实用性，强调人格修养和经世致用，所谓"兴于《诗》，立于礼，成于乐"（《论语·泰伯》），即从《诗》在社会生活和个人立身行事中的实用性出发，突出它出使专对的实用功能以及合于礼乐的中和之美。由此一来，《诗》与礼乐虽然分离，但孔子却找到了一条由"以声为用"到"以义为用"的新的阐释之路。他把周代礼乐文化经典的《诗》转化成阐述儒家思想的经典，把用《诗》的文化活动转变为对《诗》本体的阐释活动，从而全面奠定了后世《诗》学的研究方向。孔门后学沿着孔子开辟的《诗》说路线，继续丰富和完善儒家的《诗》学理论体系，为《诗》走向经学提供理论基础。所以说，孔子对于《诗》的儒学经典化以及经学化，具有关键性的推动作用。

如果说孔子论《诗》注重的是修身致用《诗》旨的阐发，然到了孔门后学孟子，注重的则是《诗》之"圣王之道"思想的阐发，使《诗》之政教性进一步凸显。据董治安《先秦文学与先秦文献》的统计以及王妍《经学以前的〈诗经〉》的再统计，《孟子》一书引《诗》30 篇，36 次（含他人引《诗》3 次），其中《颂》3 次 2 篇，《大雅》20 次 15 篇，《小雅》7 次 7 篇，《国风》6 次 6 篇（含他人引《诗》2 次）。①《颂》与大、小《雅》基本上是西周王朝之诗，其关涉政教自不必说。而孟子引《诗》又多以《雅》、《颂》之诗为主，可见孟子《诗》说主要是以政教内容为主的，这是《诗》被奉为儒家经典的一个主要手段。换句话说，孟子的《诗》学思想是《诗》最终走向经学的一个重要桥梁。如孟子最著名的《诗》学言论"王者之迹熄而《诗》亡，《诗》亡然后《春秋》作"，就精辟地将《诗》与"王者之迹"联系在一起。"王者之迹"指的是孟子理想当中的西周的礼乐之治，即以仁政为主的王道之治。所以孟子言《诗》必言王道，极力把《诗》附会于仁政学说。这在《孟子》中有多处记载，如《梁惠王上》载：

> 孟子见梁惠王。王立于沼上，顾鸿雁麋鹿，曰："贤者亦乐此乎？"孟子对曰："贤者而后乐此，不贤者虽有此，不乐也。《诗》云：'经始灵台，经之营之，庶民攻之，不日成之。经始勿亟，庶民子来。王在灵囿，麀鹿攸伏，麀鹿濯濯，白鸟鹤鹤。王在灵沼，於牣鱼跃。'文王以民力为台为沼，而民欢乐之，谓其台曰灵台，谓其沼曰灵沼，乐其有麋鹿鱼鳖。古之人与民偕乐，故能乐也。"

---

① 王妍：《经学以前的〈诗经〉》，东方出版社，2007 年，第 179 页。

孟子引《大雅·灵台》诗来说明"古之人与民偕乐，故能乐也"的道理。他认为《灵台》之诗是颂扬文王政教的，正因为文王政教美好，所以尽管文王以民力为台为沼，然老百姓却不以为苦，而反以为乐。又如《滕文公上》载：

> 滕文公问为国。孟子曰："民事不可缓也。《诗》云：'昼尔于茅，宵尔索绹；亟其乘屋，其始播百谷。'民之为道也，有恒产者有恒心，无恒产者无恒心。苟无恒心，放辟邪侈，无不为已。"

《豳风·七月》本来是描写农事劳动的诗歌，孟子为了说明"民事不可缓"的道理，却从君主政教的角度出发，认为君主不应该疏忽民事劳作。如此等等，牵强附会，引《诗》为证，其目的不过是为了宣扬孟子本人的仁政和王道思想。

孟子在《万章上》中又提出了所谓"以意逆志"的读诗方法，据赵岐《孟子注》云："文，诗之文章所引以兴事也；辞，诗人所歌咏之辞；志，诗人志所欲之事；意，学者之心意也。孟子言说诗者当本之志，不可以文害其辞，文不显乃反显也，不可以辞害其志，辞曰'周余黎民，靡有孑遗'，志在忧旱灾，民无孑然遗脱不遭旱灾者，非无民也。人情不远，以己之意逆诗人之志，是为得其实矣。"这实际是说孟子认为解说诗的人，不要只重文采而误解词句，也不要死抠词句而误解原意，要根据整个诗篇，用自己的生活经验去推求做诗者的本意。从方法论上来说，孟子的"以意逆志"说有其合理的因素。不过在实践中孟子却不能持客观的态度，不管诗意如何，其释诗总是要以他自己的仁政及王道思想来阐释诗意，结果得到的当然不是诗人之志而是他自己心中早已认定的王道教化之志。这就和春秋时代断章取义的赋《诗》、引《诗》以及孔子联系礼乐论《诗》的方法有了本质的区别，直接启发了后儒为教化说《诗》的风气，使《诗》完全成为予取予求的工具，为《诗》向《诗经》的演化迈出了决定性的一步。

从理论上将《诗》作为"圣王之道"进行全面阐释的是战国后期儒家《诗》学的重要传人荀子。在荀子看来，《诗》与《书》、《礼》、《乐》、《春秋》一样，都记载了"圣王之道"，即儒家的礼乐观。因此，他在《儒效篇》论《诗》、《书》、《礼》、《乐》皆以圣人之道为皈依的一段话中，提出了"诗言志"的重要观点。其云：

> 圣人也者，道之管也。天下之道管是矣，百王之道一是矣，故《诗》、《书》、《礼》、《乐》之归是矣。《诗》言是，其志也；《书》言是，其事也；《礼》言是，其行也；《乐》言是，其和也；《春秋》言是，其微也。故《风》

之所以为不逮者，取是以节之也；《小雅》之所以为《小雅》者，取是而文之也；《大雅》之所以为《大雅》者，取是而光之也；《颂》之所以为至者，取是而通之也。天下之道毕是矣。

可见，荀子所谓的"诗言志"，实际上是偏重于"圣道之志"，而非"情性之志"。故由此推知，荀子引《诗》论《诗》，归根结底是要服务于他的政治理论，是为了宣扬"圣王之道"。于是，《诗》作为儒家的典籍，在荀子的思想中就潜在地被经典化了，《诗》最终向经学化迈出了关键的一步。

据考证，在先秦儒家诸子当中，《荀子》是引《诗》论《诗》最多的一家。"书中涉及《诗经》者共 96 次，引《诗》82 次，其中转述孔子所引 5 次、荀子弟子所引 1 次，荀子本人引《诗》76 次，是孔门引《诗》之风，至荀子达到极盛。除引《诗》外，议论涉及《诗经》者 14 次，性质应属于论《诗》范围。"[1] 通观荀子引《诗》论《诗》的方式，大抵有两种情况：一是先陈述自己的观点，然后引用相关《诗》句，最后在引《诗》之后加一语"此之谓也"，实际上也就是引用圣人之语或经典之言来表明自己观点的绝对正确性。二是先引《诗》，然后再解说自己对《诗》中圣人之志的理解，这是通过引《诗》来加强对文章观点的补充和论证。下面试举两例以分别明之，如《荀子·正名篇》载：

> 说行则天下正，说不行则白道而冥穷，是圣人之辩说也。《诗》曰："颙颙卬卬，如珪如璋，令闻令望。岂弟君子，四方为纲。"此之谓也。

这是荀子引用《大雅·卷阿》中的诗句来说明圣人君子的典范能力，即所谓"岂弟君子，四方为纲"。"此之谓也"，表明己论的绝对正确。

又如《荀子·礼论篇》载：

> 君者，治辨之主也，文理之原也，情貌之尽也，相率而致隆之，不亦可乎？《诗》曰："恺悌君子，民之父母。"彼君子者，固有为民父母之说焉。

荀子认为国君具有至高无上的地位，人们应该奉若父母。为了证明自己的这一观点渊源有自，他引用了《大雅·泂酌》中的诗句"恺悌君子，民之父母"为证。诸如此等，荀子引《诗》论《诗》，皆是将《诗》当成了载道的经典。所以说，为了要宣扬以礼乐为中心的儒家"圣王之道"，荀子把《诗》当作体现圣人之道的经典来引用，从而使《诗》被提升到了经典的地位。而且，从《诗》之称谓的转变来看，荀子又是儒家诸子中第一个命名《诗》为"经"的人，他说："学恶乎始？恶乎终？曰：其数则始乎诵经，终乎读

---

① 洪湛侯：《诗经学史》，中华书局，2002 年，第 92 页。

《礼》。""《书》者，政事之纪也；《诗》者，中声之所止也；《礼》者，法之大分，类之纲纪也。""《礼》之敬文也，《乐》之中和也，《诗》、《书》之博也，《春秋》之微也，在天地之间者毕矣。"（《荀子·劝学篇》）可见，从荀子开始，《诗》不论从名称，还是从内容，都已被儒家学者抬升到了"经"的地位。至此，《诗》就从集中体现周代礼乐精神的单纯的文化经典演变为承载儒家现实的政治思想的儒家经典。这为后来《诗》被奉之为《诗经》，并被立为官学，构筑了坚实的理论基础。在这个过程中，荀子可谓早期儒家《诗》学转向经学的关键人物。

　　总之，从春秋末年到战国时期，孔子及其后学孟子和荀子对《诗》的大力推崇和系统阐释，实现了《诗》的儒学经典化，为《诗》的传世以及经学化做出了巨大贡献。一是孔子不仅以《诗》为教材，使之成为儒家世代相传的基本典籍，而且把《诗》视为体现仁、礼原则的载体，看成指导人们修身、从政的读本，突出《诗》的实用性，强调人格修养和经世致用。这就找到了一条由"以声为用"到"以义为用"的新的阐释之路，把用《诗》的文化活动转变为对《诗》本体的阐释活动，从而全面奠定了后世《诗》学的研究方向。二是孔门后学孟子和荀子把《诗》与周代的礼、乐之治联系起来阐发"圣王之道"的思想，从而赋予《诗》更加深厚的政教意义。这是《诗》被奉为儒家经典的一个主要手段，也是《诗》最终走向经学的一个重要桥梁。三是荀子正式提出"经"的说法，使《诗》在儒者心目中有了特殊的地位，更具有思想经典的色彩。这就为汉代《诗》的经学化打下了坚实的基础。

　　至汉代，儒家学者进一步以政治教化说《诗》，逐渐丰富和完善《诗》学的理论体系。到了汉武帝时期，大儒董仲舒提出了"罢黜百家，表章六经"的政策，确立了儒学官方意识形态的地位，其直接结果就是促成了汉武帝建元五年（前136）《诗》、《书》、《易》、《礼》、《春秋》五经博士的设立。由此一来，"五经过去是由儒家私学所奉，至此取得政治上的法定权威地位。对经的解释，过去是由私学师承的自由批评，至此则被举为某经博士之人的释经活动即成为权威的解释，并且自然演进为'经'的法定权威地位"①。《诗》也就自然而然地由儒家经典上升为王朝统治者思想政治的教化经典，实现了由《诗》到《诗经》的演化。到刘歆作《七略》，以《六艺略》为首，把《诗》与《楚辞》等文集类作品分列，这就使《诗》在中国古代图书分类中有别于其他文学典籍而属于特殊的一类，从而取得了传统学术文化中的崇高

① 王妍：《经学以前的〈诗经〉》，东方出版社，2007年，第210～211页。

地位。

综上所述，由于《诗》与周代礼乐文化制度的结合、春秋赋《诗》引《诗》的盛行以及以孔子为代表的儒家学派的推崇，《诗》从周代流传到汉代，由一本普通的诗歌总集一变为儒家学派尊奉的基本典籍，再变为得到官方和民间共同认可的经典，这就逐渐完成了《诗》的经典化和经学化，实现了由《诗》到《诗经》的演化。

第二节　《诗》学与《诗》学文献

《诗》自汉代立有博士，列于学官，演化为《诗经》后，就由先秦时期的赋《诗》、引《诗》、说《诗》、解《诗》、论《诗》的应用阶段过渡到了从事专门著作的研究阶段。自汉迄清，《诗》作为儒家的重要经典之一备受重视，其注释、解说的论著，层出不穷，历世无绝。那么，这些《诗》学文献于历朝历代到底呈现何种发展状况？又有何特色？下文试分别阐述之。

一、两汉的《诗》学与文献

秦火之后，《诗》"以其讽诵，不独在竹帛"而较早重现于汉世。据《史记·儒林列传》载：

> 及今上即位，赵绾、王臧之属明儒学，而上亦乡（向）之，于是招方正贤良文学之士。自是之后，言《诗》于鲁则申培公，于齐则辕固生，于燕则韩太傅。

又《汉书·艺文志》载：

> 汉兴，鲁申公为《诗》训故，而齐辕固、燕韩生皆为之传。或取《春秋》，采杂说，咸非其本义。与不得已，鲁最为近之。三家皆列于学官。又有毛公之学，自谓子夏所传，而河间献王好之，未得立。

可见，入汉以后，有关《诗》学，大致有鲁、齐、韩、毛四家不同的传授文本和师承系统。在这四家《诗》中，鲁、齐、韩三家《诗》是用汉代通行的隶书文字写成的，被称为今文经，于西汉文、景之时先后列于学官，为当时《诗》学的主流和官方学派。《毛诗》系用先秦古文写成，一般将其归属于古文经，西汉时未被列于学官而只为地方诸侯河间献王所重。后兴起于西汉晚年，通达于王莽，盛行于东汉，成就于《郑笺》。四家《诗》各有师承，各有文本，各为论说，各为著述，共同发展了两汉的《诗》学。现大致对汉之四家《诗》的传承及著述做一简单回顾。

《鲁诗》为申培所传，申公鲁人，故称其所传之《诗》曰《鲁诗》。申公曾与白生、穆生、楚元王刘交、夷王郢客，俱学于浮丘伯，浮丘伯为孙卿门人，故申公所传《鲁诗》源自孙卿。在汉之三家《诗》中，《鲁诗》之学颇为繁盛，世代相传。如申公弟子传《诗》中比较著名的，计有孔安国、周霸、夏宽、鲁赐、缪生、徐偃、阙门庆忌、王臧、赵绾、瑕丘江公、许生、徐公诸家。其中尤以瑕丘江公尽得其传，门徒最盛。其后瑕丘江公、许生以《诗》授韦贤，贤又以《诗》授昭帝及其子玄成、兄子赏，玄成、赏又以《诗》授哀帝，由是《鲁诗》有韦氏之学。另瑕丘江公、许生、徐公以《诗》授王式，式授张长安、唐长宾、褚少孙、薛广德等，由是《鲁诗》有张、唐、褚氏之学。再后，张长安授《诗》于兄子游卿，卿授元帝、王扶，扶又授许晏，由是《鲁诗》有许氏之学。此外，楚元王的曾孙刘向，著有《说苑》、《新序》和《列女传》等，其中言及《诗》者，多据《鲁诗》。据《汉书·艺文志》著录，《鲁诗》著作有：《诗经》28卷（鲁、齐、韩三家）、《鲁故》25卷、《鲁说》28卷。另见于其他史籍记载者，有刘交《诗传》、韦氏《鲁诗韦君章句》、许晏《鲁诗许氏章句》、佚名《鲁诗传》等。《鲁诗》文帝时立于学官，后亡于西晋，其遗说散见于《史记》、《说苑》、《列女传》等书中。

《齐诗》为辕固所传，固为齐人，故称其所传之《诗》曰《齐诗》。在辕固诸弟子中，以夏侯始昌尤著。始昌明于阴阳，故《齐诗》附会阴阳五行之说盖为始昌所倡。其后，始昌以《诗》授后苍，苍又授匡衡、翼奉、白奇、萧望之。《齐诗》传至匡衡，臻于极盛。后匡衡以《诗》授师丹、伏理、匡咸、琅君、满昌，由是《齐诗》有翼、匡、师、伏之学。稍后，师丹又授班伯，伏理又授伏湛、伏黯，满昌又授张邯、皮容、马援，由是《齐诗》有班氏家学、伏氏家学。其他尚有通《齐诗》而授受不详者如荀爽、荀悦之学，陈实、陈纪之学，乐恢、赵牧之学等。《汉书·艺文志》著录《齐诗》著作有：《诗经》28卷（鲁、齐、韩三家）、《齐后氏故》20卷、《齐孙氏故》27卷、《齐后氏传》39卷、《齐孙氏传》28卷、《齐杂记》18卷。此外，又有辕固《齐诗辕氏内外传》，伏理《齐诗伏氏章句》，伏黯《改定齐诗章句》、《齐诗解说》，伏恭《减定齐诗章句》，景鸾《诗解文句》，荀爽《诗传》，佚名《齐说》28卷等。《齐诗》景帝时立于学官，后亡于魏，在《礼记》、《仪礼》及焦延寿《焦氏易林》和桓宽《盐铁论》中存有部分遗说。

《韩诗》为燕人韩婴所传，后人以传者姓氏名之，故称其所传之《诗》曰《韩诗》。韩婴以《诗》授贲生、赵子及其孙商。其后，赵子授蔡谊，谊授食子公、王吉。再后，食子公又授栗丰，王吉又授长孙顺，由是《韩诗》有王、食、长孙之学。此外，还有薛方回、薛汉，王吉、王骏，夏恭、夏牙，召训、召休等父子相传的家学。至于通习《韩诗》而授受不详者人数尚多，兹不备举。《汉书·艺文志》著录《韩诗》著作有：《诗经》28 卷（鲁、齐、韩三家）、《韩故》36 卷、《韩内传》4 卷、《韩外传》6 卷、《韩说》41 卷。此外，见于其他史籍记载者，尚有卜商序韩婴撰《韩诗》22 卷、薛氏《韩诗章句》22 卷、《薛夫子韩诗章句》，杜抚《韩诗章句》、《诗题约义通》，赵晔《诗细》、《韩诗谱》2 卷、《历神渊》1 卷，张匡《韩诗章句》20 卷，侯苞《韩诗翼要》10 卷、《诗全氏章句》等。《韩诗》文帝时立于学官，后亡于北宋，其遗说除现存《韩诗外传》外，多散见于类书中。

《毛诗》相传为鲁人毛亨所传，自谓渊源于子夏。毛亨为六国时人，本于先秦旧说古义，作《诗诂训传》，传授赵人毛苌，苌后为河间献王博士、北海太守。据《汉书·儒林传》载，毛苌"授同国贯长卿。长卿授解延年。延年为阿武令，授徐敖。敖授九江陈侠，为王莽讲学大夫。由是言《毛诗》者，本之徐敖"。其后，陈侠又授谢曼卿，曼卿又授卫宏及贾徽，而宏又授徐巡，徽又授其子逵。此外，《后汉书·儒林列传》又说："中兴后，郑众、贾逵传《毛诗》，后马融作《毛诗传》，郑玄作《毛诗笺》。"郑众、马融之学，不知其所从出。然郑玄学于马融，则师承有自。《汉书·艺文志》著录《毛诗》著作有：《毛诗》29 卷、《毛诗故训传》30 卷。此外，还有谢曼卿《毛诗训》，卫宏《毛诗序》、《毛诗传》，郑众《毛诗传》，贾逵《毛诗杂义难》10 卷、《诗异同》、《毛诗传》，马融《毛诗注》10 卷，郑玄《毛诗笺》20 卷、《毛诗谱》3 卷、《毛诗音》，吕叔玉《诗说》等。《毛诗》自郑玄笺《诗》，"宗毛为主。毛义若隐略，则更表明。如有不同，即下己意"[1]。"兼通今古文，沟合为一，于是经生皆从郑氏，不必更求各家"[2]。《郑笺》既行，《毛诗》遂独行于世，鲁、齐、韩三家《诗》则日渐式微，乃至先后亡佚而退出历史舞台。《毛诗故训传》、《毛诗笺》以及《毛诗序》世代相传，由此构成了《诗》之"汉学"的典范之作，《诗》学亦由此开始进入魏晋六朝"郑学"与"王学"之争的时代。

由上可见，终汉一世，《诗》学分为四家，鲁、齐以国称，韩、毛以氏

① 郑玄：《六艺论》，见《毛诗正义》卷一引，阮元校刻《十三经注疏》本。
② 皮锡瑞：《经学历史》五《经学中衰时代》，周予同注释，中华书局，2004年，第 95 页。

传。鲁、齐、韩三家《诗》为今文经学，文、景之时立有博士，盛行于西汉，衰微于东汉，后先后亡佚于西晋、魏和北宋。其《诗》说除《韩诗外传》完整保存下来外，余者皆只剩下零碎遗说散见于前人著述的征引，后经宋人王应麟《诗考》、清人范家相《三家诗拾遗》、阮元《三家诗补遗》、陈乔枞《三家诗遗说考》、王先谦《诗三家义集疏》等的搜集整理，才稍见眉目。《毛诗》为古文经学，私传于西汉，新莽时列于学官，光武兴即被罢之。东汉时期，经卫宏、贾逵、郑众、马融、郑玄弘扬阐发，大行于世，以致世代相传。其《诗》学文献《毛诗故训传》、《毛诗笺》、《毛诗谱》以及《毛诗序》亦广为流传，成为古文《诗》学的代表之作。

两汉《诗》学，从文献数量上来看，鲁、齐、韩、毛四家《诗》各依师承，各据文本，分别著述，产生了一大批的《诗》学文献，数量约有 59 种之多，形成了从文字诠释到演说大义的完整说《诗》体系。就文献体式来说，有传、说、记、故、训、注、笺、章句等，其中故、训、注、笺大致属于文字诠释，而传、说、记、章句则属于演说大义。关于二者的差异，清儒马瑞辰考证说：“盖诂训第就经文所言者而诠释之，传则并经文所未言者而引申之，此诂训与传之别也。”① 这实际上是表明了《诗》学诠释的两种路向，一为字义的训释，一为微言大义的阐发。前者注重的是《诗》的文本价值，后者注重的是《诗》的理论内涵。不过这两种诠释路向都是以《诗》之本文为主，都是为解经而作，与后世的“义疏”有所差别。两种阐释和著述方式协调发展，相辅相成，共同构成了两汉《诗》学的经学阐释，也为后之《诗》学的阐释和著述提供了实践经验。此外，汉之《诗》学文献也出现了用图解《诗》的情况。如刘褒有《云汉图》、《北风图》，《历代名画记》载：“刘褒，汉桓帝时人，曾画《云汉图》，人见之觉热；又画《北风图》，人见之觉凉。”② 用图解《诗》，直观、形象，此法至魏晋六朝大为流行。

二、魏晋至隋唐的《诗》学与文献

自郑玄笺《诗》后，《毛诗》大行于世，三家《诗》逐渐衰微并失传。故进入魏晋六朝以后，《诗》学的今古文论战平息了，代之以新的论战——“郑学”“王学”之争、“南学”“北学”之争。他们论争的中心都是如何对待《郑笺》的问题，不过郑、王之争重心在如何对待古文经学家法的问题上，南、

---

① 马瑞辰：《毛诗传笺通释》卷一《毛诗诂训传名义考》，《续修四库全书》本。
② 张彦远：《历代名画记》卷四，文渊阁《四库全书》本。

北之争重心则在"郑学"是否还要继续发展的问题上。而到了隋唐时期，随着政权的统一、经学的统一，大儒孔颖达奉敕修纂的《毛诗正义》，集中了《诗》之"汉学"千余年的训诂注疏成果，统一了《诗》学各个流派的学术纷争，由此《诗》学亦实现了它的统一。所以说，魏晋至隋唐乃是《诗》学的进一步发展时期，其大致经历了魏晋的郑、王之争，六朝的南、北之争，隋唐的完全统一三个阶段。

魏晋时代的《诗》学研究主要是"王学"与"郑学"之争。王肃素好贾、马之学而不好郑氏，他说："郑氏学行五十载矣。自肃成童，始志于学，而学郑氏学矣。然寻文责实，考其上下，义理不安，违错者多，是以夺而易之，而世未明其款情，而谓其苟驳前师，以见异于人。乃慨然而叹曰：'岂好难哉？予不得已也。圣人之门方壅不通，孔氏之路枳棘充焉。岂得不开而辟之哉？若无由之者，亦非予之罪也。'是以撰经礼，申明其义；及朝论制度，皆据所见而言。"① 王肃此序标榜要使"圣人之门"、"孔氏之路"开通畅达，其实他的真正目的是维护纯古文《毛诗》，排斥鲁、齐、韩三家《诗》学，反对郑玄融合今文三家而成的《郑笺》之学。王肃除作《毛诗注》以申己说外，还作《毛诗义驳》、《毛诗奏事》、《毛诗问难》等书专门攻击郑玄。王肃攻郑，当时即激起郑玄门人和"郑学"支持者的强烈不满，于是《诗》学史上所谓的"郑王"之争，由此拉开大幕。其时，"王学"的代表人物主要有孔晁、孙毓等，"郑学"的代表人物主要有马昭、孙炎、王基、陈统等。两派学者各不相让妥协，分别著书立说，从魏至晋论争长达百年之久，基于此产生了一系列的《诗》学文献。

据史籍所载，魏晋时期"王学"一派的《诗》学著述主要有：魏王肃《毛诗注》、《毛诗义驳》、《毛诗奏事》、《毛诗问难》，晋孙毓《毛诗异同评》。"郑学"一派的《诗》学著述主要有：魏王基《毛诗驳》、《毛诗答问驳谱》，孙炎《毛诗注》，晋陈统《难孙氏毛诗评》、《毛诗表隐》。

此外，在《毛诗》内部，又有魏刘璠《毛诗义》、《毛诗笺传是非》，蜀李譔《毛诗注》，吴徐整《毛诗谱畅》等著作，不主郑、王两派，自为立说，但对《郑笺》也提出了批驳。还有一些人对《毛诗》也深有研究，并撰有专著，但早已亡佚，连片言只语都未留下，我们已无从分析他们的各自所主。这类人的著作主要有：晋江熙《毛诗注》，谢沈《毛诗释义》、《毛诗义疏》、《毛诗注》、《毛诗外传》、《毛诗谱钞》，袁准《诗传》，袁乔《诗注》，杨乂《毛诗辨

① 王肃：《孔子家语序》，见《孔子家语》卷首，文渊阁《四库全书》本。

异》、《毛诗异义》、《毛诗杂义》，蔡谟《毛诗疑字议》，虞喜《毛诗略》，徐广《毛诗背隐义》，舒瑗《毛诗义疏》，刘昌宗《诗注》等。

在注重《诗》之文字诠释和诗旨演说外，魏晋时期的《诗》学研究还出现了新的诠释路向，即出现了专门从事名物和诗音方面的研究。如名物研究有魏刘桢《毛诗义问》，吴陆玑《毛诗草木鸟兽虫鱼疏》，韦昭、朱育《毛诗答杂问》，其中以陆玑之书成就最大，为《诗》之名物研究中最早而又最有系统的科学之作，开创了《诗》之博物学这一专门分支。另《隋书·经籍志》注云："梁有《毛诗音》十六卷，徐邈等撰；《毛诗音》二卷，徐邈撰；《毛诗音隐》一卷，于氏撰，亡。"陆德明《经典释文·序录》又云："为《诗》音者九人：郑玄、徐邈、蔡氏、孔氏、阮侃、王肃、江惇、干宝、李轨。"是魏晋时期徐邈、蔡氏、孔氏、阮侃、王肃、江惇、干宝、李轨各有给《诗》注音的《毛诗音》著作。然关于汉郑玄是否也给《诗》注过音，作有《毛诗音》，学界尚有异词。陆德明言：为《诗》音者九人，郑玄即其一。《旧唐书·经籍志》、《新唐书·艺文志》、《通志·艺文略》、《国史经籍志》、《授经图义例》、《经义考》等皆著录有郑玄等注《毛诗诸家音》15 卷，似郑玄应有《毛诗音》之作。然刘诗孙《敦煌唐写本晋徐邈毛诗音考》却云："《释文叙录》曰：'汉人不作音，后人所托。'此言汉无反切之音也。郑玄汉时人，时尚无反语，今世所传郑氏反切，疑皆为后人所假托也。"① 刘氏之言不无道理。所以，从理论层面上来判断，真正大量出现专门给《诗》注音的著作，当在魏晋时期。它们的出现，说明当时的《诗》学研究已经超越出传统的文字诠释和诗旨演说而兼及于各类专门问题的探讨，名物、诗音著作应该看作是魏晋时期《诗》学文献的新创作。

此外，自两汉开创用图解《诗》后，至魏晋则极为盛行。如晋明帝有《毛诗图》和《豳风七月图》，卫协有《毛诗北风图》和《毛诗黍离图》，又有《毛诗图》、《毛诗孔子经图》、《毛诗古圣贤图》，皆不著撰人。这种图著，既可直观地解说《诗》中的某些问题，又可提高读者的兴趣，可谓《诗》学文献的一种别传。

魏晋时期，佛教广为传播，玄学大肆兴起，《诗》学研究方面亦出现了佛教徒和玄学家的著述。如惠远为佛门僧人，作《毛诗义》；郭璞雅好玄虚之言，作《毛诗拾遗》、《毛诗略》；殷仲堪为清谈之士，作《毛诗杂义》、《毛诗

① 刘诗孙：《敦煌唐写本晋徐邈毛诗音考》，载《真知学报》第 1 卷第 1 期，第 1 卷第 5 期，第 2 卷第 1 期，1942 年 3 月、7 月、9 月。

义疏》等。这些著作都是基于魏晋时新的社会思潮而产生的新型《诗》学文献。

上述介绍的都是《毛诗》学派的《诗》学文献，魏晋时期三家《诗》学也有一定传习，只不过寥若晨星而已。据《三国志》和《晋书》记载，当时治三家《诗》者，魏有隗禧，蜀有杜琼，吴有张纮，晋有董景道等。然这些人中唯有蜀杜琼有《韩诗章句》十余万言，① 且久佚无传。可见，《诗》学研究至魏晋已到了《毛诗》一家天下的局面。

南北朝时期，经分南北，《诗》学亦由魏晋郑、王之争过渡到"南学"与"北学"之争。据《北史·儒林传序》称："江左，《周易》则王辅嗣，《尚书》则孔安国，《左传》则杜元凯。河洛，《左传》则服子慎，《尚书》、《周易》则郑康成。《诗》则并主于毛公，《礼》则同遵于郑氏。"可见，南北朝之《诗》学，郑、王之争已成历史陈迹，毛、郑《诗》学定于一尊。不过，尽管"南学"与"北学"并主毛公，同用《毛诗》之《传》、《笺》，但是南北学风却各有不同。"南学"沿袭魏晋经学，受清谈、玄风、佛学之影响，治《诗》侧重义理发挥。"北学"承继东汉学风，说《诗》注重章句训诂，未染玄风。如《隋书·儒林列传》就评论说："南人约简，得其英华；北学深芜，穷其枝叶。"因此，《诗》学至此便产生了"南学"与"北学"之争，其争论的焦点就是如何对待《郑笺》以及《郑笺》如何发展的问题。"南学"以《郑笺》为本，间采"王学"、"玄学"之说，坚持训诂简明，注重阐发义旨，结果研究自由，富有生气。"北学"固守《郑笺》成说，多在章句上下功夫，结果训诂艰深，考证烦琐，内容板滞，趋向保守。于是"南学"逐渐成为这一时期《诗》学发展的主流，并最终导致"北学"并于"南学"。

据南北朝各史书《儒林传》以及诸家目录书所载，南朝的《诗》学著述主要有：宋周续之《毛诗序义》、《毛诗注》，徐爰《毛诗音》，孙畅之《毛诗引辨》、《毛诗序义》，何偃《毛诗释》，雷次宗《毛诗序义》、《毛诗义》，阮珍之《毛诗序注》，业遵《业诗》，关康之《毛诗义》；齐刘瓛《毛诗序义疏》、《毛诗篇次义》，顾欢《毛诗集解叙义》，陆探微《毛诗新台图》，伏曼容《毛诗集解》；梁武帝《毛诗答问》、《毛诗发题序义》、《毛诗大义》，梁简文帝《毛诗十五国风义》，陶弘景《毛诗序注》，崔灵恩《毛诗集注》、《毛诗义注》，

---

① 据《三国志·魏书·王肃传》裴注云隗禧曾"撰作诸经解数十万言"，又言其能"说齐、韩、鲁、毛四家义"，则其所撰诸经解中当有《诗解》，刘毓庆《历代诗经著述考》亦著录此书，只不过其所解为何家《诗》，却不可知。

谢昙济《毛诗检漏义》，何胤《毛诗总集》、《毛诗隐义》，许懋《风雅比兴义》，全缓《毛诗义疏》，顾越《毛诗义疏》；陈张讥《毛诗义》等。

北朝的《诗》学著述主要有：乐逊《毛诗序论》，高允《毛诗拾遗杂解》，崔浩《毛诗注》，刘芳《毛诗笺音证》，元延明《毛诗谊府》、《诗礼别义》，刘献之《毛诗序义注》、《毛诗章句疏》，卢景裕《毛诗注》，刘轨思《毛诗义疏》，李铉《毛诗义疏》，张思伯《毛诗章句》，沈重《毛诗义疏》、《毛诗音》，刘醜《毛诗义疏》等。

此外，在南北朝时，还有一些不能具体确定作者的《诗》学著述，如《毛诗题纲》、《毛诗杂义注》、《毛诗草虫经》、《毛诗义注》、《毛诗大义》、《毛诗释疑》、《韩诗图》以及六种不同卷次的《毛诗义疏》等。只可惜，此时的这些《诗》学著述至今没有一部能够流传下来。我们今天研究南北朝的《诗》学，大多只能依靠后人的辑本和史书所记的一些材料，甚为遗憾。

隋代一统天下，南北合流，《诗》学亦结束了"南学""北学"对峙的局面，"北学"逐渐融入"南学"。此时《诗》学研究最为著名的人物是刘焯和刘炫，号称"二刘"。刘焯撰有《毛诗义疏》，刘炫撰有《毛诗述义》、《毛诗集小序》、《毛诗谱注》。《隋书·儒林列传序》曰："二刘拔萃出类，学通南北，博极今古，后生钻仰，莫之能测。所制诸经义疏，搢绅咸师宗之。"传后"史臣"评论说："刘焯道冠缙绅，数穷天象，既精且博，洞幽究微，钩深致远，源流不测，数百年来，斯人而已。刘炫学实通儒，才堪成务，九流、七略，无不该览。虽探赜索隐，不逮于焯，裁成义说，文雅过之。并道亚生知。"可见史家对二刘推崇备至，论刘焯"数百年来，斯人而已"，刘炫为"道亚生知"。考二刘学术渊源，确非虚誉。"二刘同受《诗》于刘轨思，受《左传》于郭懋，常问《礼》于熊安生，此皆渊源于北学。惟《尚书》北朝下里诸生，初略不见孔氏注解，武平末，二刘始得费甝《义疏》，乃留意焉，此则南学也。"① 是二刘学通南北，非一般学者所能企及。而二刘于《诗》，又同受于刘轨思，刘轨思为北朝《诗》学名家刘献之之三传弟子，得名家之嫡传，且能相互切磋，故其"所制诸经义疏，缙绅咸师宗之"。如孔颖达《毛诗正义·序》载二刘以前为《诗》之义疏者，虽有全缓、何胤、舒瑗、刘轨思、刘醜等，然却独推二刘，曰："焯、炫并聪颖特达，文而又儒，擢秀干于一时，骋绝辔于千里，固诸儒之所揖让，日下之无双。于其所作疏内，特为殊

① 马宗霍：《中国经学史》第九篇《隋唐之经学》，上海书店，1984 年，第92 页。

绝。"因此，孔氏作《毛诗正义》，即据二刘义疏为底本。这足见二刘《诗》学成就之高，为隋代学术之魁。

据《隋书·儒林列传》和《文学列传》所载，隋代《诗》之学者除刘焯、刘炫外，尚有元善、辛彦之、萧该、包恺、房晖远、鲁世达、王孝籍、王頍等寥寥数人。然其中唯鲁世达撰有《毛诗章句义疏》、《毛诗并注音》、《毛诗音义》，明确见于《隋书·经籍志》和《旧唐书·经籍志》及《新唐书·艺文志》。其余诸家，《隋书》本传仅言元善"通五经"、辛彦之"撰《五经异义》"、萧该"通《诗》"、包恺"明五经"、房晖远"治《诗》"、王孝籍"注《诗》"、王頍"撰《五经大义》"而已。可见，隋之《诗》学研究总体来说并不繁荣，文献著作所见寥寥，仅以刘焯、刘炫为代表。

唐继隋后，政治与学术更臻于统一、稳定，《诗》学的发展也相对较为平稳，少有门户派别之争。再加之经学大多沦为科举所用，每年科举明经，考生皆依朝廷定本作答，不准有丝毫违背。于是《诗》学研究到了唐代，便达到了前所未有的统一时代。据台湾学者林庆彰分析，"如就唐代经学的发展来说，前期为注疏之学的时代，后期为逐渐脱离注疏学束缚的新经学时代。其分界线应该是代宗大历年间"①。此时《诗》学的发展亦大致如此。

唐代初期，鉴于经学内部发展以及科举考试的需要，唐太宗以经学领域师法多门、派别林立、义疏纷纭、章句繁杂等原因，于贞观十四年（640），诏命国子祭酒孔颖达与诸儒一起撰写《五经义疏》，以定一尊。后经过博士马嘉运、长孙无忌等校正增损，先后历时十二年，于永徽二年（651），正式将书颁布天下。自此之后，经籍无异文，经义无异说，所谓"论归一定，无复岐涂（歧途）"，"终唐之世，人无异词"②。《诗》学至此亦归于一统，为孔颖达注疏之学的时代。据史籍所载，唐前期对《诗》学有重要贡献的学者及其著作主要有：陆德明《毛诗音义》、颜师古《毛诗定本》、孔颖达《毛诗正义》、长孙无忌等《毛诗要义》、许叔牙《毛诗纂义》、王玄度《毛诗注》、刘迅《诗说》等。

唐中叶以后，由于政治局势丕变，学术亦有新的发展。就《诗》学来说，代表汉至唐近千年间学者代代相承的传统注疏之学已无法限制日渐增多的异说，一些学者开始尝试以新的观点和方法来研究《诗》。如施士丐解《诗》，

---

① 林庆彰：《唐代后期经学的新发展》，载林庆彰编：《中国经学史论文选集》（上册），台北：文史哲出版社，1992年，第670页。

② 永瑢等：《四库全书总目》卷一五《毛诗正义》提要。

已不满汉唐章句注疏之学而自出新义。又有韩愈、成伯玙怀疑《毛诗序》作者，认为《毛诗序》非子夏作或非子夏一人所作。另又有《毛诗》博士沈朗以为《周南·关雎》置于《诗》之首，是"先儒编次不当"①，因此向朝廷进献四诗，请求置此四诗于《关雎》之前。此后还有邱光庭为《诗》补《新宫》、《茅鸱》等。由此可见，唐中叶以后之学者如施士丐、韩愈、成伯玙、沈朗、邱光庭等人，或以己意解《诗》，或删改《诗》文，这就带来了《诗》学史上不同于《诗》之"汉学"注重章句注疏之学的怀疑思辨学风。马宗霍云："盖自大历而后，经学新说日昌，初则难疏，继则难注，既则难传，于是离传言经。"② 所述即为此时风尚。如此一来，学者逐渐摆脱汉唐注疏学的典范，以己意说《诗》，这就表示"汉、唐注疏传统下的规范，已有逐渐受到冲击而崩溃的趋势"③。这无疑为宋代疑古惑经思潮的形成以及《诗》之"宋学"的形成和发展起到了很大的先导和推动作用。此时代表这一风尚的《诗》学著述，见于史籍载录的主要有施士丐《诗说》和成伯玙《毛诗指说》、《毛诗断章》，其中以《毛诗指说》最有特色，且流传至今。除此之外，尚有程修己《毛诗草木虫鱼图》、《毛诗物象图》，令狐氏《毛诗音义》，贾岛《二南密旨》，张诉《毛诗别录》、《吉日诗图》等《诗》学著述。

综上所述，在两汉《诗》学研究的基础之上，魏晋至隋唐的《诗》学研究，经过郑、王之争，南、北之争，《诗》学一统三个阶段，实现了《诗》之"汉学"的集大成，产生了数量繁多、内容丰富的《诗》学文献。据粗略统计，魏晋至隋唐的《诗》学文献大概有 146 种，这在数量上是远远地超过了两汉。不过遗憾的是，这些文献大部分都已亡佚，流传至今的仅有陆玑《毛诗草木鸟兽虫鱼疏》、陆德明《毛诗音义》、孔颖达《毛诗正义》、成伯玙《毛诗指说》、贾岛《二南密旨》五部。其余仅马国翰《玉函山房辑佚书》、黄奭《黄氏逸书考》、王谟《汉魏遗书钞》、王仁俊《玉函山房辑佚书续编》、朱彝尊《经义考》等书中有所辑录。这对于我们研究魏晋至隋唐的《诗》学文献来说，不能不说是一件憾事。统观这一时期的《诗》学文献，大概有如下三个方面的特点：

其一，《毛诗》著作的一统天下。《毛诗》自郑玄融合古今作《笺》后，

---

① 邱光庭：《兼明书》卷二《沈朗新添》，文渊阁《四库全书》本。

② 马宗霍：《中国经学史》，上海书店，1984 年，第 105 页。

③ 林庆彰：《唐代后期经学的新发展》，载林庆彰编：《中国经学史论文选集》（上册），台北：文史哲出版社，1992 年，第 674 页。

大行于世，这就逐渐导致了三家《诗》的衰微与失传。"《齐诗》，魏代已亡；《鲁诗》亡于西晋；《韩诗》虽存，无传之者。"（《隋书·经籍志》）三家《诗》于魏晋亡其二，由此我们可以想见当时今古文《诗》学之传承情况。而从此时整个《诗》学文献的数量和内容来看，魏晋至隋唐可考的 146 种《诗》学文献中，《毛诗》著作有 144 种，《韩诗》著作却只有杜琼的《韩诗章句》和佚名的《韩诗图》两种。这一数字似乎也可以说明今文三家《诗》已极度式微，《毛诗》则占绝对优势，且最晚至唐初，已达到了一统天下的局面。

其二，义疏体的出现并盛行。汉人治《诗》，大多以本经为主，注重文字训诂，推究《诗》之本义，其实质都是为了解经而作。然到了魏晋，学术风气有所变化，今、古文论战代之以郑、王之争。他们对《诗》之文本本身似乎并不感兴趣，而只是热衷于笺注中郑、王两家之是非。这也就是说，此时的《诗》学研究已由两汉的解经转向了明注，乃解经向义疏的过渡时期。至南北朝，义疏之学大兴，学者说《诗》几乎不能超越汉魏诸家说解之一步。所谓的《诗》家，不过是守一家之注而反复诠释，或广征博引而不断发挥。因此，从这一时期开始，经学中的传注之体便日渐衰微，而所谓的六朝义疏之体则日益兴盛，《诗》学研究亦由汉代的解经完全转向了义疏。至唐，这种文体又发展为正义。孔颖达的《毛诗正义》即是对这一文体的继承和发展，只是它必须遵循"疏不破注"的原则，而义疏则不必如此而已。

其三，名物、诗音研究领域的新开辟。魏晋至隋唐四百年间，《诗》学研究的一个显著特点是开始超越传统的词义诗旨诠释，而兼及于各类专门问题的探讨。其表现在《诗》学文献上，那就是名物、诗音著作的大量出现。其中如陆玑的《毛诗草木鸟兽虫鱼疏》，可谓《诗》之博物学的开山之作。陆德明的《毛诗音义》，可谓我们探寻《诗》之古音的唯一现存之作。这都是此一时期《诗》学研究留给我们的宝贵财富。

三、宋元明的《诗》学与文献

《诗》之诠释，自汉以迄唐中叶，基本上是由《毛诗序》、《毛传》、《郑笺》以及《孔疏》所构建的"汉学"典范支配着。"汉学"强调师法，侧重考证训释。然到了北宋仁宗庆历年间，自中唐兴起的怀疑思辨之风，经过宋初的潜流涌动，此时则蔚然成风。学者释《诗》，渐出新意，既突破"汉学"典范的束缚，同时又对"汉学"典范有所批判，逐渐形成了《诗》之"宋学"传统。宋代是《诗》之"宋学"形成和发展的重要时期，从时间跨度上来讲，宋代的《诗》学研究当以南北两宋计。北宋大致以仁宗庆历为界点，南宋则为庆历以降变革之发扬和延续。北宋仁宗庆历以前的《诗》学研究，实为唐学之余音，治《诗》者多信守注疏，鲜有新意发明。庆历以后，由于疑古惑经学风的盛行，这就宣告了《诗》之"汉学"开始逐渐退居二线，《诗》之"宋学"则摆脱"汉学"的束缚而正式登上了历史的舞台。由此，宋代的《诗》学研究也就出现了汉、宋学齐相争艳的景象。至南宋，这一传统继续发扬和延续。大胆怀疑、自由研究、注重考证、提出新见，已成为南宋时期《诗》学研究的主要特色。由此一来，宋代的《诗》学文献就随着两宋社会《诗》学研究不同阶段的发展情况而呈现出不同的进展面貌。据笔者所考，宋代的《诗》学文献现存及辑录的为 68 种，散佚及未见的为 257 种，共计 325 种。如此众多的《诗》学文献，我们不便一一罗列，故此处仅以现存及辑录著作为限，按其不同阶段的进展面貌，略述两宋的《诗》学文献。

北宋初年的《诗》学研究，主流仍然是汉唐的章句注疏之学，正如近人马宗霍所云："宋初经学，犹是唐学，不得谓之宋学。"① 皮锡瑞也说："经学自唐以至宋初，已陵夷衰微矣。然笃守古义，无取新奇；各承师传，不凭胸臆，犹汉唐注疏之遗也。"② 至于如周尧卿所说："毛之传欲简，或寡于义理，非一言以蔽之也。郑之笺欲详，或远于性情，非以意逆志也。是可以无去取乎？"（《宋史·周尧卿传》）此类乃寥寥数种耳。不过可惜的是，北宋初年虽有胡旦《毛诗演圣通论》，周尧卿《诗说》，梅尧臣《毛诗小传》，宋咸《毛诗正纪》、《毛诗外义》，茅知至《周诗义》等一大批《诗》学文献，但因其几乎全部亡佚，我们已不能复见其原貌。

《诗》学发展至北宋仁宗庆历之际，经学研究领域中自中唐以来所兴起的怀疑思辨之风虽经宋初的短暂停滞，此时却成为学术界的普遍风气。如王应麟曾说："自汉儒至于庆历间，谈经者守训故而不凿。《七经小传》出而稍尚新奇矣。至《三经义》行，视汉儒之学若土梗。"③ 是庆历以来，学风之变，荒经蔑古，莫兹为甚。然怀疑之风既著，治学之道日新，诸儒乃能舍训诂而趋义理。如自欧阳修《诗本义》始，经刘敞《诗经小传》、苏辙《诗集传》，至晁说之《诗之序论》，一直被视为权威文献的《毛诗序》、《毛传》、《郑笺》开始受到质疑，学者对于经典的诠释与说解经历诸般转折变动逐渐迈向新的

---

① 马宗霍：《中国经学史》，上海书店，1984 年，第 110～111 页。
② 皮锡瑞：《经学历史》八《经学变古时代》，周予同注释，中华书局，2004年，第 156 页。
③ 王应麟：《困学纪闻》卷八。

道路。故此时的《诗》学研究，不仅对《毛传》、《郑笺》提出批驳，而且对《毛诗序》和经文本身都提出了不同程度的怀疑，盖宋人不信传注，一揆于"理"，进而议及本经也。于此，宋代的《诗》学研究也就进入了《诗》之"宋学"研究的新天地。除这些具有怀疑、创新意识的著述之外，庆历以降的《诗》学文献中亦有程颐《伊川诗说》这样谨守毛、郑，尊《序》为说的"汉学"之作，以及欧阳修《郑氏诗谱补亡》、蔡卞《毛诗名物解》等注重《诗》之谱系、名物训释的著作。而王安石《诗经新义》，张耒《诗说》、《柯山诗传》，廖刚《诗经讲义》，张纲《经筵诗讲义》等则是假《诗》以抒胸臆，以议时事，为宋人好以己意解经的最佳诠释之作。

南宋时期的《诗》学研究，继北宋欧阳修、苏辙等人开启了对《诗》之"汉学"的怀疑之风后，《诗》之学者始终围绕着废《序》和尊《序》展开激烈论争，对《诗》进行全面梳理、考证和阐释。两派论争的结果，是以朱熹为首的废《序》派的获胜而告终。由此，《诗》学研究即进入了"朱学"的时代，统踞《诗》坛达数百年之久。这一时期废《序》派的《诗》学著作主要有：郑樵《诗辨妄》、《诗经奥论》，王质《诗总闻》，朱熹《诗集传》、《诗序辨说》、《诗传纲领》，杨简《慈湖诗传》，李樗《毛诗详解》，朱鑑《诗传遗说》，辅广《诗童子问》，王柏《诗疑》等。尊《序》派的《诗》学著作主要有：周孚《非诗辨妄》，程大昌《诗论》，范处义《诗补传》，吕祖谦《吕氏家塾读诗记》、《东莱诗说》，黄櫄《诗解》，戴溪《续吕氏家塾读诗记》，袁燮《絜斋毛诗经筵讲义》，林岊《毛诗讲义》，魏了翁《毛诗要义》，刘克《诗说》，严粲《诗缉》，段昌武《毛诗集解》，李公凯《毛诗句解》等。

除了以废《序》和尊《序》为核心的《诗》学文献以外，南宋时期的《诗》学文献尚有一些注重音韵、名物、训诂和三家《诗》辑佚之作，代表了《诗》之"汉学"的成就。如吴棫《诗经古音》，辅广《诗经协韵考异》，孙奕《毛诗直音》，郑樵《诗名物志》，王应麟《诗地理考》、《诗经天文编》、《诗考》，项安世《项氏说诗》，毛居正《毛诗正误》等。其中《诗考》是首次对三家《诗》进行辑佚，《诗地理考》、《诗经天文编》也是首次将考据学的范畴扩大到地理和天文，这些都对清人的考据学产生深远影响。

此外，一些诸如缅怀时世、阐发一己之思的《诗》学著作，如唐仲友《诗解钞》、王应麟《困学纪诗》、黄震《读诗一得》、谢枋得《诗传注疏》等，体现了衰世中的学者情怀。还有一些以图说《诗》之作，如唐仲友《六义四始图说》，杨甲《毛诗正变指南图》，王柏《二南相配图》，佚名《纂图互注毛诗》、《毛诗举要图》等。

南宋时期其他现存和辑录的《诗》学著述还有：李石《左氏诗如例》、《诗补遗》，叶适《习学记言诗经》，章如愚《山堂诗考》，陈埴《木钟说诗》，王应麟《玉海纪诗》，俞德邻《佩韦斋辑闻诗说》，段昌武《诗义指南》，赵悳《诗辨说》，张文伯《诗经疑难》，车似庆《诗经论》，黄仲元《四如讲诗》等。

元、明《诗》学是《诗》之"宋学"的继承和延续。《四库全书总目》说："有元一代之说《诗》者，无非《朱传》之笺疏，至延祐行科举法，遂定为功令，而明制因之。"① 可见，元、明之《诗》学研究，基本上都是以朱熹《诗集传》为准则的，可谓羽翼《诗集传》的时代，而其中尤以元为最盛。这一时期，《诗》之学者从各个方面对《诗集传》进行补充、发挥，使其更加系统和完善。

元代的《诗》学著述，见于史籍载录的约有83种，其中现存或辑录的为21种。这些著作大多都是发扬朱熹《诗集传》的成说，或间有新意做些补充，属于羽翼《诗集传》这一体系。元代羽翼朱熹《诗集传》的著述主要有：许谦《诗集传名物钞》、刘瑾《诗传通释》、梁益《诗传旁通》、朱公迁《诗经疏义》、朱倬《诗疑问》、刘玉汝《诗缵绪》、梁寅《诗演义》、胡一桂《诗集传附录纂疏》、陈孚《诗传考》等。他们或者就名物，或者就文字训诂、故实考订、诗义训释，或者就引用诸儒之说，或者就体例创新，或者就一二点反复申说等角度入手，各显神通，各自发挥，延宋之风气，对朱熹《诗集传》进行补充和完善。在朱熹《诗集传》之外，亦有极少数学者别有所尊。如苏天爵《读诗疑问》，不专主《诗集传》。马端临《文献诗考》，尊崇《诗序》，攻击《诗集传》。这在独尊"朱学"的学术氛围内，可谓独树一帜。

元代于《诗》之名物、音韵也有很多著述，除前面提到的许谦《诗集传名物钞》外，其他尚有许谦《诗集传音释》、罗复《诗集传名物钞音释》、余谦《诗集传音考》等。另外，还有专为科举而设的《诗》学著述，如林泉生《明经题断诗义矜式》、刘贞仁《类编历举三场文选诗义》。上述列举元代之《诗》学著述的类型，主要是就现存和辑录文献而言之，因其他亡佚之作大概不出此范围，故不再赘举。

明代，由于朱熹《诗集传》悬于功令，施于"八股"取士，故其《诗》学研究仍是"宋学"的继续，是《诗集传》的天下。但从其发展历程来看，大致可分为前期和中晚期两个阶段。前期，主要是指明英宗以前的约七十年，此时《诗》学研究仍恪守元人的学风，仍以朱熹《诗集传》为主，为"述朱期"。其后，"朱学"的余绪，时盛时衰，延续整个明代。中晚期是指明英宗

---

① 永瑢等：《四库全书总目》卷一六《诗经大全》提要。

以后直至灭亡的两百年，此时复古之风日益强劲，宗《序》、宗毛、宗郑成为一时风尚，再加之思想上程朱"理学"的统治地位逐渐为阳明"心学"所替代，一些学者开始摆脱《诗集传》的束缚，或主毛郑，或无所专主，或杂采汉宋，实为《诗集传》之反动。由此，明代的《诗》学研究基于对朱熹《诗集传》的或遵或违，遂产生了数量约七百余种的《诗》学文献，不可谓不盛。以下即以明代《诗》学的发展历程为段，略举其要，以述其概。

明代前期的七十年，由于以朱熹《诗集传》为《诗》义的取士标准，《诗集传》仍被尊崇为绝对的权威，所以明前期的《诗》学文献仍是"述朱"的著作。如胡广等奉敕编撰的《诗经大全》，只是元代刘瑾《诗传通释》的抄袭本。此外，朱善《诗解颐》、孙鼎《诗义集说》、薛瑄《读诗录》等，都可称为此时"述朱"的代表作。这些著作，多附和《诗集传》，或申或补而已。

明英宗以后的中晚期，由于阶级矛盾和民族矛盾的深化，思想界发生了重大变革，阳明"心学"兴起，逐渐替代程、朱"理学"。与此相应，《诗》学研究亦出现了对朱熹《诗集传》的反动。如季本《诗说解颐》、李先芳《读诗私记》、朱谋㙔《诗故》、姚舜牧《诗经疑问》、何楷《诗经世本古义》、郝敬《毛诗原解》、吕柟《毛诗说序》、袁仁《毛诗或问》等，都能打破朱说的禁锢，开始以思辨的精神以己意说《诗》。这些著作动摇了朱熹的权威地位，《诗集传》不再是绝对遵信的了。

与此同时，《诗》学研究在阐经释义的著作之外，还出现了一批关于《诗》之音韵、名物、文学评点类的文献。音韵学方面，如陈第《毛诗古音考》，推倒了宋人的"叶音说"，开创了《诗》之音韵学。名物学方面，如林兆珂《毛诗多识编》、冯复京《六家诗名物疏》、吴雨《毛诗鸟兽草木考》、毛晋《毛诗陆疏广要》等，在考证《诗》之名物方面都很有成绩。《诗》学文学评点方面，如孙鑛《孙月峰先生批评诗经》、戴君恩《读风臆评》、沈守正《诗经说通》、钟惺《评点诗经》、万时华《诗经偶笺》等，他们不理会传统义疏，不拘泥于前人章句训诂之学，而强调本人读《诗》后的直接感受，重视作品的艺术感悟和审美特征，这就启发了后儒从文学角度论《诗》的途径。

明代晚期，学界流行作伪之风。如嘉靖年间，出现了两部丰坊伪托古人撰写的《诗》学著作，一部题名为《子贡诗传》，一部题名为《申培诗说》。这两部伪书的出现，给当时的学术造成了很大的影响，绝大多数《诗》学者都信以为真，甚至有人替其刊刻、诠释。如"张元平刻之成都，李本宁刻之白下，凌濛初为《圣门传诗嫡冢》，邹忠彻（当为邹忠允）为《诗传阐》，姚允恭为《传说合参》，使得以尽受其欺"①。后胡文焕又刻入《百家名书》，何镗刻入《汉魏丛书》，毛晋刻入《津逮秘书》，以致使这两部伪书流传广泛，迷信者众。据考，自嘉靖年间产生伊始，征引和阐扬这两部伪书的，就多达二十余家。他们或滥收误引，不知鉴别；或妄加推衍，有意宣扬。如张以诚《毛诗微言》、沈守正《诗经说通》、黄道周《诗经琅玕》等皆属滥收误引，不知鉴别类。而姚应仁《诗述》、钟惺《毛诗解》、邹忠允《诗传阐》、凌濛初《孔门两弟子言诗翼》和《圣门传诗嫡冢》等则属妄加推衍，有意宣扬类。这些著作，惑而不察，信以为真，从而更加扩大了《子贡诗传》、《申培诗说》这两部伪书的影响。

此外，明代晚期还出现了专门为科举考试服务的《诗》学著作。这些著作从形式和内容上看，大致可分为两类：一类是采用科举时文模式的论《诗》之作，如所谓的"高头讲章"和推敲文字、寻求语脉的著作；一类是为科举需要而编纂的训蒙读本或汇编、摘编、抄撮等著作。前者如魏浣初《诗经脉》、黄道周《诗经琅玕》、杨于庭《诗经主义》、叶羲昂《诗经能解》等，都是比较典型的讲章式作品。再如何大抡《诗经主意默雷》、钱天锡《诗牖》等，也是为科举制艺而作，属于注重推敲文字、寻求语脉的作品；后者如陈仁锡《陈太史订阅诗经旁训》、詹云程《诗经精意》等为训蒙读本，胡缵宗《诗识》、徐光启《诗经六帖》、钟惺《诗经图史合考》、胡文焕《诗识》、薛寀《诗经水月备考》、顾梦麟《说约》、张溥《诗经注疏大全合纂》、范王孙《诗志》等为汇编、摘编、抄撮之作。明代晚期，《诗》学为科举所用，朝廷以《诗》义取士，故科举时文以及为科举需要编纂的《诗》学读物数量繁多，不胜枚举。然因其多为科场应用之书而非研究性著作，故其学术价值不高。明代《诗》学的空疏浮泛，也由此可见一斑。

宋元明是《诗》之"宋学"形成、发展、鼎盛直至衰微的时期。综观这一时期的《诗》学文献，大概有如下四个方面的特色：

其一，文献数量剧增。宋元明三朝，历时六百余年，产生《诗》学文献约有1100多种，这相当于两汉至隋唐《诗》学文献总数的近六倍。从数量上来说，宋元明的《诗》学文献的确是进入到了一个高产期。

其二，文献体式多样。有宋以前，学者解《诗》体式比较单一，基本上沿用传、笺、注、疏的固有模式。至宋以后，学者解《诗》不仅在内容上强调有所创新，文献体式也采用多种样式。如集解体、集传体、纂集体、总闻体、论说体、通释体、博物体、目录体、辑佚体、讲义体、讲章体、音义体、

————————————

① 姚际恒：《古今伪书考》，《丛书集成初编》本。

校勘体、图解体，等等，都是这一时期学者经常采用的文献体式。

其三，《诗》学研究新领域的开辟。两汉至隋唐的《诗》学研究，在词义诗旨诠释之外，出现了名物、诗音的专门研究。到了宋元明时期，则又增加了三家《诗》的辑佚学、地理学、天文学、音韵学的新领域。如王应麟的《诗考》、《诗地理考》、《诗经天文编》，陈第的《毛诗古音考》，可谓这几个新领域的开山或翘楚之作。

其四，采用评点时文方法和科举时文模式评《诗》论《诗》著作的出现。明代《诗》学为科举所用，施行八股取士，因此，受其时势影响，学者以科举制艺的形式评《诗》论《诗》成为一时风尚，这也是此时《诗》学研究的新路向。而其中《诗》学的文学评点更富有特色，它的发展促进了《诗》学的文学化发展。

四、清代的《诗》学与文献

有清一代，二百六十余年，学术思想异常活跃，梁启超曾一言蔽之为"以复古为解放"①，周予同又概括为"求真"②。所谓"复古"，是"汉学"的复兴；所谓"求真"，是自由研究，讲求实证。清代的《诗》学研究，基于这种学术思想，也打上了浓重的时代印记，以"复古"和"求真"的思维方式来阐释《诗》学。故今之学者言清代《诗》学，大都以《诗》之"清学"③或"新汉学"④ 名之，并分为前期、中期、后期三个时期：前期指清初至雍

---

① 梁启超：《清代学术概论》，上海古籍出版社，2005 年，第 6 页。

② 周予同：《经今古文学》，载朱维铮编：《周予同经学史论著选集》，上海人民出版社，1983 年，第 18 页。

③ 洪湛侯认为："清代古文学派的《诗经》研究，历来习惯上称之为'诗经汉学'，按之实际，殊不尽然，改称'诗经清学'却较切合。""所谓清学，指的是以乾嘉学者为主体，以考据、训诂为特色的古文经学派，不包含晚清时期复兴的今文经学。'汉学'、'清学'都是学术流派的标志，而不作朝代的专称。""清学在汉学基础上形成，继承汉学的优良传统并且有了重大的发展。清学的研究范围、治学方法和学术成果，都不是汉学所能包含和替代的。清学的独立成学，是势所必然。""'诗经清学'与清代初期专讲推求义理的'诗经宋学'和清代后期信守'三家'遗说的'诗经今文学'都不相同。'诗经清学'这个概念又不同于'清代诗经学'，因为它并不包括整个清代《诗经》研究的各个派别。"见洪湛侯《诗经学史》，中华书局，2002 年，第 486～491、493 页。

④ 夏传才指出："清代学者要求摆脱宋明理学的桎梏，以复古为解放，他们努力复兴汉学，史称新汉学。"见夏传才：《二十世纪诗经学》，学苑出版社，2005 年，第 29 页。

正时代，此时《诗》之"宋学"逐渐向"清学"过渡，为汉宋兼采期；中期指乾、嘉时代，实际上是《诗》之"清学"形成和发展的时期，即"汉学"全盛期；后期指道、咸至清末的数十年间，此时《诗》之"清学"发生转变，今文学派纷纷致力于搜辑三家《诗》遗说，为今文三家《诗》大兴期。因此，就整个清代的《诗》学发展历程而言，清代乃《诗》之"清学"酝酿、形成、发展和转变的时期。这一时期，"经学号称极盛"①，《诗》学研究成果亦层出不穷，而且大家名作很多，堪称《诗》学绝响。现就将清代《诗》学文献中经眼过读之编、已知提要之什，稍作爬梳分类，分时分段述之。

清代前期，即顺、康、雍时代，是《诗》之"清学"的酝酿时期。此时，官方提倡的仍然是以朱子《诗集传》为中心的《诗》之"宋学"。然"宋学"末流的空疏、注疏的阙疑，已引起学者对《诗集传》的不满，并开始用汉儒的观点和方法来纠正"宋学"。这样就形成了清前期《诗》学汉宋兼采的局面。而康熙钦定的《诗经传说汇纂》，既以朱子《诗集传》为纲，又一一附录汉唐的传、笺、序、疏可取的训解，更是为《诗》家兼采汉宋开辟了道路。清代前期，论《诗》兼采汉宋，几乎是一种普遍倾向。所谓兼采汉宋，大概有两个方面。就整个学术发展面貌而言，《诗》家或坚守朱子《诗集传》，或遵循《毛传》、《郑笺》，二者共存共容。就个人论说而言，往往朱子《诗集传》、《毛传》、《郑笺》兼而及之，表现出一种综合兼容的现象。清代前期的近百年间，兼采汉宋、融而为一的《诗》学文献，多不胜举。如朱鹤龄《诗经通义》、钱澄之《田间诗学》、贺贻孙《诗触》、惠周惕《诗说》、阎若璩《毛朱诗说》、严虞惇《读诗质疑》、姜炳璋《诗序补义》、顾镇《虞东学诗》等皆属此类。这些著作，不专主朱子《诗集传》，亦不专主《诗序》、《毛传》、《郑笺》，持论大多杂采汉宋而取其长，或旨在调停两派之说，以解其纷争。此外，清前期理学宗朱，科举用朱，故还有一批坚守朱子《诗集传》的"宋学"之作。不过，这些被视为朱子《诗集传》一派的书籍，并不像宋元时期的著作那样完全固守"朱学"，他们名为宗朱，实则借《诗集传》或攻毛、郑，或自抒己见，透露出《诗》之"宋学"日渐衰微，"清学"逐渐兴起的迹象。如孙承泽《诗经朱传翼》、姜兆锡《诗蕴》、王应麟《诗经旁参》、陆奎勋《陆堂诗学》、王承烈《复庵诗说》、方苞《朱子诗义补正》等，都属于"宋

① 陈寅恪：《陈垣〈元西域人华化考〉序》，载《金明馆丛稿二编》，三联书店，2001年，第269页。

学"之作。又清前期复古考据之风渐起，遵循《诗序》、《毛传》、《郑笺》的"汉学"之作亦骤然增多。如陈启源《毛诗稽古编》、杨柱朝《诗经订讹》、诸锦《毛诗说》、李塨《诗经传注》、刘青芝《学诗阙疑》、龚鉴《毛诗序说》等，皆属于"汉学"之作。

在这些"宋学"、"汉学"以及汉宋兼采著作之外，清前期的音韵、名物等各类考证性著作亦较前代大为可观。如顾炎武《诗本音》，是继明陈第《毛诗古音考》之后，进一步研究《诗》之音韵的名著，它完全推翻了宋人的"叶韵说"，为后世音韵学的发展做出了重要贡献。再如王夫之《诗经稗疏》，毛奇龄《续诗传鸟名》、《毛诗写官记》、《诗札》、《国风省篇》，姚炳《诗识名解》，陈大章《诗传名物集览》，顾栋高《毛诗类释》，黄中松《诗疑辨证》等名物考证之作，不乏精辟之见。这些考证性著作的涌现，对于乾嘉"考据学"的兴起以及《诗》之"清学"的形成和发展，实起着重要的推动作用。其他见于《四库全书》著录或史籍记载的尚有一些资料汇编及科举用书类《诗》学著作，此不再举。

清代中期，即乾、嘉时代，是《诗》之"清学"的形成和发展时期。此时，随着对"宋学"的批判和对"汉学"的研究日益展开，"汉学"的复兴由萌芽逐渐取得压倒地位，乃至达到全盛。学者释《诗》，以古文经学为本，上承顾炎武的考证之学，对《诗》之文字、音韵、训诂、名物、典章制度、历史地理、天文等进行浩繁考证，最终形成了乾嘉"考据学派"，亦产生了一大批成就非凡的考据之作。如传说类有惠栋《毛诗古义》，戴震《毛郑诗考正》、《杲溪诗经补注》，段玉裁《毛诗故训传定本》，焦循《毛诗补疏》，胡承珙《毛诗后笺》，陈奂《诗毛氏传疏》，马瑞辰《毛诗传笺通释》等；文字音韵训诂类有段玉裁《诗经小学》、孔广森《诗声类》、江有诰《诗经韵读》、李富孙《诗经异文释》等；名物制度地理天文类有赵佑《毛诗草木鸟兽虫鱼疏校正》、焦循《陆氏草木鸟兽虫鱼疏疏》、徐鼎《毛诗名物图说》、陈奂《毛诗九谷考》、焦循《毛诗地理释》、洪亮吉《毛诗天文考》等；辑佚类有吴骞《诗谱补亡后订》、郝懿行《诗经拾遗》等。这些著作宗法毛、郑，崇尚古义，以名物训诂为主，注重考据，成为清代中期《诗》学研究的主流。

此外，随着当时复古考据之风的兴盛，《诗》学研究亦出现了今文三家《诗》的复古局面。如先有范家相《三家诗拾遗》，继之又有冯登府《三家诗遗说》、阮元《三家诗补遗》、迮鹤寿《齐诗翼氏学》，而后陈寿祺《三家诗遗说考》，陈乔枞《齐诗翼氏学疏证》、《四家诗异文考》、《诗纬集证》则对三家

第四章　《诗》学文献

《诗》贡献尤大，使其研究达到了一定规模，出现了繁荣的局面。这为清代后期三家《诗》的全面复兴打下了坚实的基础。

清代中期，"汉学"大显天下，《诗》学派别林立，无论是吴派、皖派，抑或是扬州学派，皆从《毛诗》、尚古义，但仍有极少数学者以朱熹《诗集传》为旨归，如桐城派大师方苞著《朱子诗义补正》，姚鼐著《毛诗说》等，治《诗》以"朱学"为宗，异于"汉学"。其他《诗》学文献笔者尚未述及的还有很多，这里就不再一一罗列了。

清代后期，即道、咸以后的时代，是《诗》之"清学"的转变期。此时，由于内忧外困的政治局势，今文学派逐渐走上思想运动的前哨。他们不满脱离实际的烦琐考据之风，开始以微言大义说《诗》，并对三家《诗》遗说进行搜集研究，实现了今文《诗》学的全面大兴。所以说，清代后期《诗》学的主流是今文《诗》学，古文《诗》学虽在继续发展，但已不再复见乾嘉时的盛况。清代今文《诗》学的兴起，始于乾、嘉时代的"常州学派"。如创始人庄存与作《毛诗说》，其子庄述祖作《毛诗考证》、《毛诗周颂口义》，述祖外甥刘逢禄又作《诗声衍》，由此常州学派大显于世，而刘逢禄俨然为天下大宗。道、咸以后，今文《诗》学进入全盛时期，如龚自珍有《诗非序》、《诗非毛》、《诗非郑》，魏源有《诗古微》、《诗比兴笺》，皮锡瑞有《诗经通论》，王先谦有《诗三家义集疏》等。这些著作或发挥三家《诗》的微言大义，或搜集三家《诗》的遗说，将有清一代的今文《诗》学推向了极至。而在今文《诗》学研究之外，古文《诗》学亦有一定发展，涌现出一批传说、文字、音韵、训诂、名物、制度、地理、人物、辑佚之作。如丁晏《毛郑诗释》、《毛诗草木鸟兽虫鱼疏校正》、《郑氏诗谱考正》，陈澧《读诗日录》，俞樾《毛诗平议》、《诗名物证古》、《达斋诗说》，陈玉树《毛诗异文笺》，苗夔《毛诗昀订》，多隆阿《毛诗多识》，牟应震《毛诗物名考》，包世荣《毛诗礼征》，朱濂《毛诗补礼》，朱右曾《诗地理征》，桂文灿《毛诗释地》，尹继美《诗地理考略》，李超孙《诗氏族考》等。这些著作虽不能完全与乾、嘉之作相抗衡，但仍从不同的专题角度展现了古文《诗》学在清后期的继续发展情况。

整个清代的《诗》学研究，贯穿着"汉学"与"宋学"之争、"古文学"与"今文学"之争、"考据"与"义理"之争，等等。这些论争，前后相袭两百余年，然其中颇有几位学者，能摆脱时代的束缚，跳出派别斗争的漩涡，不带宗派门户偏见，独立思考，自由研究。如清前期有姚际恒《诗经通论》发其轫，中期有崔述《读风偶识》继其武，后期有方玉润《诗经原始》踵其后。他们论《诗》，不依附于任何一派，注重涵泳诗文，以诗论《诗》，这在《诗》学史上可谓独树一帜，亦是清代《诗》学研究中的一束奇葩。

综上所述，清代的《诗》学文献，大概在如下三个方面取得了新的进展：

其一，考据学的兴起及专题文献的精彩纷呈。清初，顾炎武把治经与文字、音韵、训诂、名物、考古、校勘、历史、地理以及天文、历算等学科结合起来，以考据为手段释经，这就开辟了清代的考据学。乾嘉时代，考据之风达到极盛，大批学者竞来研究古文，揭起"汉学"的旗帜，以排斥"宋学"的空疏。他们从各个专题入手，阐释《诗》之本旨，从而产生了数量繁多、精彩纷呈的考据学专题文献。

其二，今文三家《诗》研究和辑佚的兴盛。今文三家《诗》的研究和辑佚自宋王应麟《诗考》始，经元明两代的中断，到了清代，随着"汉学"的兴起才逐渐兴盛起来。道、咸以后，更是成为《诗》学研究的主流。范家相、冯登府、阮元、迮鹤寿、陈寿祺、陈乔枞、龚自珍、魏源、王先谦等皆是清代今文三家《诗》派的杰出代表，而王先谦贡献尤大，其著《诗三家义集疏》为今文《诗》学上的一部集大成之作，在今文资料的汇辑以及今文《诗》义的系统阐释上具有划时代的意义。

其三，别树一帜的《诗》学文献。在清代的《诗》学文献中，姚际恒《诗经通论》、崔述《读风偶识》、方玉润《诗经原始》三部著作最有新意。他们能摆脱宗派之见，以诗论《诗》，开一代《诗》学研究之新风。

五、20 世纪的《诗》学与文献

20 世纪以来的百余年间，旧学式微，新学兴起，《诗经》这部历史悠久的文化作品，由于关涉经学与文学乃至史学等诸多领域，其研究一直处于兴盛势头。林庆彰主编的《经学研究论著目录》正编、续编和三编共著录1912—1997 年中国内地和港台地区及新加坡等地《诗》学研究论著目录近9000 条，寇淑慧所编的《二十世纪诗经研究文献目录》亦著录 1901—2000 年中国内地和香港地区正式出版及发表的有关《诗》学研究之专著和论文近6000 条。可见，20 世纪的《诗》学研究的确达到了一个比较繁荣的局面，故费振刚曾有"20 世纪的《诗经》研究史是一部学术史的缩影"① 的评论。而

---

① 费振刚主编：《先秦两汉文学研究》，北京出版社，2001 年，第 75 页。

从其研究分期上来看，20世纪的《诗》学研究，又大致可划分为四个时期①：新中国成立前，以"古史辨"派的出现为界，分为前后二期。新中国成立后，"文化大革命"之前是一个时期，拨乱反正之后又是一个时期。这四个时期的《诗》学研究，基于政治环境的变化、学术思潮的发展以及科学文化的进步，虽然各自的研究方法与关注焦点均不相同，却都不约而同地推动了传统《诗》学向现代《诗》学的演变和发展，以下即分期择要述之。

"古史辨"派出现之前，即20世纪最初的20年左右，《诗》学研究大体上还是延续晚清传统《诗》学的诠释路线，处于今古文经学的影响之下，其中以廖平、章太炎、刘师培影响最大。如今文经学派廖平著有《四益诗说》、《今文诗古义疏证凡例》、《诗学质疑》、《诗纬搜遗》、《诗纬新解》、《诗义》、《诗经经释》、《论诗序》、《续论诗序》、《山海经为诗经旧传考》、《国风五常分运考》等。古文经学派刘师培著有《毛诗札记》、《毛诗词例举要》、《邶鄘卫考》、《广释颂》、《诗分四家说》、《公羊齐诗相通考》、《毛诗荀子相通考》、《易卦应齐诗三基说》、《齐诗国风分主八节说》、《齐诗大小雅分主八节说》、《诗纬星象说》、《齐诗历用颛顼说》、《连鹤寿齐诗翼氏学书后》等。章太炎著有《六诗说》、《小弅大弅说（上、下）》、《答杨三立毛诗言字义》等。在今古文经学两派之外，王国维运用二重证据法对先秦古籍加以整理和研究，开创了古史研究的新风气。其对《诗》学的研究是其古史研究的一个重要组成部分，以精于考据训诂和运用地下出土新材料为显著特色，著有《说商颂》、《说周颂》、《释乐次》、《周大武乐章考》、《说勺舞象舞》、《汉以后所传周乐

---

① 关于20世纪《诗》学研究的分期，不同的学者基于不同的认识作有不同的划分。如高原、乔健《诗经研究误区综述》划分为两个阶段：从"五四"到70年代末是一个阶段，70年代末往后是一个阶段。费振刚《先秦两汉文学研究》划分为四个时期：1949年以前，以"古史辨"派的出现为界分为前后两期；1949年以后，"文化大革命"之前是一个时期，拨乱反正之后又是一个时期。毛妍君、王博《20世纪诗经研究述略》划分为20世纪最初的二三十年、20世纪三四十年代、50年代至70年代、80年代、90年代五个阶段。夏传才《20世纪诗经研究的发展》又认为有六个时期：清末民初是传统《诗经》学衰退和出现革新萌芽的时期；"五四"新文化运动使《诗经》研究的目的、内容、方法、模式都发生了本质的变化，《诗经》研究从此进入现代《诗经》学的历史时期；30年代到40年代是现代《诗经》学的建设时期；新中国成立前十七年是由兴旺到逐渐封冻的时期；"文化大革命"之后进入继往开来的新时代；自90年代中期现代《诗经》学进入研究方法和研究模式多元化的转型期。比较以上诸家所论，笔者多倾向于费振刚所分，故本文以四个时期论述20世纪的《诗》学研究概况。

考》、《书毛诗故训传后》、《与友人论诗书中成语书》、《肃霜涤场说》等数篇。王氏这一《诗》学研究方法为后世《诗》学的发展指出了一个新的方向，可谓促进了《诗经》史料学的研究。

除以上诸家之外，此时还有一批学者继续按照传统经学的原则和方法，或对《诗》之小学进行研究，或对《诗经》进行诠释，这可以丁以此《毛诗正韵》、杨恭恒《毛诗古音谐读》、罗振玉《毛郑诗斠议》、马其昶《诗毛氏学》、吴闿生《诗义会通》、林义光《诗经通解》等著作为代表。

"五四"新文化运动的爆发，揭开了中国新民主主义革命的序幕。它高举科学与民主的旗帜，猛烈抨击传统经学，倡导《诗》学自由研究。其最大的特色，是力图恢复《诗经》文学本质的真相，实现《诗》学研究从经学到文学的初步变革。而二三十年代以"古史辨"派学者为中心展开的《诗》学大讨论，则更是推动了《诗》学研究从经学到文学的彻底转变。再加之鲁迅、闻一多、郭沫若等学者关于《诗》之文学研究的卓越见解，《诗》学研究在这一时期已完全进入了现代《诗》学蓬勃发展的阶段。

"古史辨"派是以顾颉刚为代表的一批志趣相近的学者，他们吸取科学与民主的思想，继承传统朴学的学风，对古史进行全面清理和对古籍真伪予以考辨，目的是"层层剥开古史的真面目"。其对《诗经》的考辨，论著较多，内容也很广泛，几乎涉及了《诗经》的各个方面。如《诗经》性质问题有顾颉刚《从〈诗经〉中整理出歌谣的意见》；《诗》史问题有顾颉刚《〈诗经〉在春秋战国间的地位》、《读〈诗〉随笔》；《诗》乐问题有顾颉刚《论〈诗经〉所录全为乐歌》；《诗序》问题有顾颉刚《〈毛诗序〉之背景与旨趣》、郑振铎《读〈毛诗〉序》；删诗问题有张寿林《〈诗经〉是不是孔子删定的》；二南问题有陈槃《〈周〉〈召〉二南与文王之化》；《商颂》问题有俞平伯《论〈商颂〉的年代》；六义问题有刘大白《六义》；艺术手法问题有魏建功《歌谣表现法之最要紧者——重奏复沓》、张天庐《古代的歌谣与舞蹈》、钟敬文《关于〈诗经〉中章段复叠之诗篇的一点意见》和《谈谈兴诗》、顾颉刚《起兴》、何定生《关于诗的起兴》、朱自清《关于兴诗的意见》；研究方法问题有胡适《谈谈〈诗经〉》。此外，"古史辨"派还进行了《诗经》专篇和专书的研究。如专篇有《野有死麕》、《褰裳》、《鸡鸣》、《静女》等，而对《静女》一诗的讨论尤为热烈，先后发表的文章有十三篇之多。专书讨论影响较大的有顾颉刚《郑樵〈诗辨妄〉辑本》、《周孚〈非诗辨妄〉跋》、《重刻〈诗疑〉序》和何定生《关于〈诗经通论〉》等文。通过这些《诗》学考辨文章，我们明显看到传统《诗》学已发生了根本变化。二三十年代的"古史辨"派学者不再把

《诗经》奉为经书，视作"经夫妇、成孝敬、厚人伦、美教化、移风俗"的金科玉律，而是把它看作古代的一部歌谣来研究。他们怀疑旧说，辨别真伪，彻底反对《诗序》，摆脱《传》、《笺》、《疏》等成说的束缚，开展自由研究，掀起新的学风，实现了《诗》学由经学到文学研究的转型。

在"古史辨"派活跃的前后或同时，还出现了一批关于《诗经》新解、概论以及史料学、小学等研究的著作。如新解之作有郭沫若《卷耳集》、俞平伯《读诗札记》、刘大白《白屋说诗》等，他们用"五四"时代的新眼光，重新解释诗篇的题旨和诗义，这就犹如一股春风吹开了现代《诗》学诠释的新路。概论之作有谢无量《诗经研究》、蒋善国《三百篇演论》、胡朴安《诗经学》、金公亮《诗经学 ABC》、张寿林《论诗六稿》和《三百篇研究》、徐英《诗经学纂要》、朱东润《读诗四论》、朱自清《诗言志辨》等，这些著作的体例大抵类似，都是对《诗》学的相关概念和一般性问题加以梳理探讨，且皆以介绍和普及为目的，至于具体论述，则时有新见。史料学之作大致分为两种类型：一种是以历史研究的方法来研究《诗》；一种是运用《诗》中的史料来研究历史。二者密切结合，共同推动了《诗》之史料学的发展。其代表作品主要有傅斯年《诗经讲义》和《中国古代文学史讲义·诗部类说》、郭沫若《"诗""书"时代的社会变革与其思想上之反映》和《由周代农事诗论到周代社会》（载《郭沫若全集》第 1 卷《历史编》，人民出版社，1982 年）、易顺豫《周厉宣之际共和史诗发微》、万曼《诗经底史的研究》（载《文史》第 1 卷第 2～3 期，1934 年）、刘节《诗经中古史资料考释》（载《中国史学》第 1 期，1946 年）等。小学之作有徐昂《诗经形释》和《诗经声韵谱》、姜亮夫《诗骚联绵字考》和《毛诗引得》、徐永孝《毛诗重言下篇补录》、汪灼然《诗经篇章字句的统计》、屈疆《诗经韵论与韵谱》等。

此外，这一时期还有一位重要学者不得不提，那就是创始了《诗经》新诠释学的现代《诗》学大师闻一多。他继承了乾嘉学派的方法，以小学为手段，以经史为主攻对象，醉心于考据训诂之学，一方面从历代《诗经》传笺疏注和其他古文献中广征博引、比较验证、以经解经；一方面又广泛利用考古学、社会学、民俗学、神话学与文化人类学等方法，训释文字，阐发诗旨，且又提出了研究《诗经》的三个原则，即读懂文字、带读者到《诗经》时代、用文学的眼光。如此一来，闻氏解《诗》就跳离了传统训诂学的模式，创造了现代《诗经》诠释学。其具体注解《诗经》的著作主要有《风诗类钞》、《诗经新义》、《诗经通义》，这几部书几乎都体现了作者独特的研究风格，即长于文字训诂，在乾嘉学派的基础上，广泛利用甲骨、金文材料，博采时人胜说；又擅长采用民俗学、人类学的视角看问题，故见解新颖而有据。

新中国成立后的五六十年代，随着政治、经济上的全新变化，时代的学术风气亦为之一变。马克思主义成为意识形态领域法定的主导思想，人文社会科学界无不自觉地运用唯物史观、辩证法和阶级分析的方法，来系统整理各自的学说。如此一来，学术研究的系统性虽大大加强，但却又不可避免地造成了研究视角的单一化。所以，新中国前十几年的《诗》学研究亦具有了这样的时代烙印。其《诗》学研究成果主要表现在三个方面：一是《诗经》译注和普及读本的兴盛，如余冠英《诗经选译》、高亨《诗经选注》、金开诚《诗经》等；二是对《诗经》学基本问题的重新探讨，如夏承焘《采诗与赋诗》（载《中华文史论丛》第1辑，中华书局，1962年）、刘持生《风雅颂的分类及其时代意义》（载《西北大学学报》1957年第2期）、胡念贻《论赋比兴》（载《文学遗产增刊》第3辑，1957年）、郭晋稀《试从诗骚的创作方法谈中国古典文学中的现实主义和浪漫主义问题》（载《西北师院学报》1957年第1期）等；三是历史学的研究，50年代广泛流传的范文澜主编的《中国通史》和郭沫若主编的《中国史稿》以及相继出现的先秦史研究著述，都比较注意研究和利用《诗经》中的史料，《诗经》中的史料价值被充分重视和付诸实践。此外还有孙作云《诗经与周代社会》这部专著，采用了郭沫若式的历史学取向，以《诗经》为基础材料，探讨西周的社会性质，而在具体研究中，又对闻一多的民俗文化学视角多有借鉴，可谓兼顾到了文学、史学、民俗学和考古学的各个方面。

进入80年代以来，由于学术上拨乱反正的进行以及西方理论与新视角的再度引入，中国知识分子迎来了学术研究上的一个春天，《诗》学研究亦出现了前所未有的一个多元化取向的新局面，其研究领域不断扩展，研究内容日益深化，出现了不同观点、不同学派的百家争鸣。据夏传才具体统计，从1979年至2000年，共有《诗》学专著177部，论文4524篇，涉及通论概说、注释今译、基本问题（包括成书、删诗、体制、六义、诗序、诗教等）、专题研究（包括思想、社会、民俗文化、妇女婚恋、历史等）、诗经学史、诗乐、语言声韵、艺术文学（包括创作方法、艺术技巧、诗体、修辞、赋比兴、文学传承等）、分类分篇（风、雅、颂）、随笔札记、考古名物、古籍整理、目录索引、海外诸项。① 由此可见，20世纪的《诗》学研究，进入新中国拨乱

---

① 夏传才：《二十世纪诗经学》，学苑出版社，2005年，第189页。

反正后的时期以来，的确出现了春风回荡、百花齐放的蓬勃发展局面。以下即选取几类比较有代表性的著作略作综述以见其概：译注类如陈子展《诗经直解》、高亨《诗经今注》、程俊英《诗经注析》、袁梅《诗经译注》、王宗石《诗经分类诠释》、费振刚《诗经类传》等；赏析类如人民文学出版社编辑部编《诗经鉴赏集》、程俊英《诗经赏析集》、钱钟书《管锥编·毛诗正义六〇则》等；分类研究如姚小鸥《诗经三颂与先秦礼乐文化》、刘毓庆《雅颂新考》、张松如《商颂研究》等；基本问题研究如赵霈林《兴的源起》等；语言学研究如王力《诗经韵读》、于省吾《泽螺居诗经新证》、黄焯《毛诗郑笺平议》和《诗疏平议》、向熹《诗经语言研究》和《诗经词典》、冯浩菲《毛诗训诂研究》、杨合鸣《诗经句法研究》等；《诗经》学史类如夏传才《〈诗经〉研究史概要》、林叶连《中国历代诗经学》、戴维《诗经研究史》、洪湛侯《诗经学史》、谭德兴《汉代诗学研究》、傅丽英《明代诗经学》、刘毓庆《从经学到文学——明代〈诗经〉学史论》等；《诗》之文化研究如叶舒宪《诗经的文化阐释》、李湘《诗经特定名物应用系列新编》、廖群《诗经与中国文化》、李山《诗经的文化精神》、周蒙《诗经民俗文化论》、樊树云《诗经宗教文化探微》等。诸如此等，还有很多，兹不赘举。

除上述所举各时段之《诗》学文献外，20世纪的考古新发现，不仅出土了大量珍贵稀有的《诗》学文献资料，亦为《诗》学研究提供了更广阔的途径。百余年来，我国出土文献甚丰，其中与《诗》直接相关的考古发现主要有甲骨金文、敦煌卷子、阜阳汉简《诗经》、吐鲁番《毛诗》残卷、《鲁诗》石经和《鲁诗》镜、战国楚竹书《孔子诗论》等。这些出土的《诗》学文献一方面为学者研究《诗经》提供了大量的实证材料，另一方面亦成为新兴学术研究如甲骨学、简帛学、敦煌学的重要分支。20世纪围绕着出土文献专门进行《诗》学研究的专著和论文并不是很多，主要代表作有罗振玉《敦煌古写本毛诗校记》、潘重规《敦煌诗经卷子研究论文集》、胡平省和韩自强《阜阳汉简诗经研究》、黄瑞云《敦煌古写本诗经校释札记》（载《敦煌研究》1986年第2~3期）、刘操南《敦煌本毛诗传笺校录疏证》（载《敦煌研究》1990年第1期）、罗福颐《汉鲁诗镜考释》（载《文物》1980年第5期）、虞万里《吐鲁番雅尔湖旧城出土毛诗残纸考释》（载《孔子研究》1983年第1期）、胡平生《吐鲁番出土义熙写本毛诗郑笺小雅残卷的复原与考证》（载《第二届诗经国际学术研讨会论文集》，语文出版社，1996年，第421~428页）等。

综上所述，20世纪的《诗》学文献，大概主要有如下几方面的新特色：

其一,《诗》学研究从经学到文学的重大转变。自汉迄清,两千余年的《诗》学研究史,无论哪个朝代,哪个流派,几乎都是把《诗》奉为经书,视作"经夫妇、成孝敬、厚人伦、美教化、移风俗"的金科玉律,从而进行经学研究,以为专制王朝服务。然到了 20 世纪初期,由于辛亥革命推翻了专制王朝,经学也就失去了它赖以生存的土壤。这对于《诗》学研究而言,其结果即是逐渐摆脱经学的束缚,慢慢向文学的本质靠拢。再加之后来"五四"新文化运动的爆发,"古史辨"派的《诗》学大讨论,鲁迅、郭沫若、闻一多等学者对《诗》之文学性的定性,《诗》学研究就彻底实现了从经学到文学的重大转变,进入到现代《诗》学研究的崭新阶段,这可以说是《诗》学研究史上一次"质"的飞跃。

其二,《诗》学研究方法的多元化。20 世纪的《诗》学研究,由于学术文化的自身发展、新兴学科的建立以及西方理论与新视角的引进,《诗》学研究方法亦呈现出多元化的面貌。如王国维首先提出以出土文物与传统文献对刊的方法,即用"二重证据法"来整理《诗》学文献。到了二三十年代,"古史辨"派又以疑古思想极力破坏和廓清传统经学研究的影响,则是对传统经学研究方法的彻底否定,更是对现代《诗》学研究方法的开创。加之随后闻一多等一大批学者,明确而自觉地运用现代语言学、现代文艺学的观点和方法,并借鉴西方文化人类学的理论方法,综合运用民俗学、神话学、宗教学、民族学乃至人类学的某些观点,由此便产生了现代《诗经》的新诠释学。与此相应,《诗》学研究方法亦出现了多元化。

其三,文献体式的变革。自汉迄清,传统《诗》学的文献体式,主要有传、注、笺、疏、论、说、序、问等。然 20 世纪现代《诗》学的文献体式,则多采用今注、今译、概论、鉴赏、评论、专题研究等形式。这一变革,充分展现了 20 世纪《诗》之文学研究和欣赏的深入与发展,可谓从作品内容到著作形式都与传统的经解之作迥然不同。

其四,考古资料的新发现,为 20 世纪的《诗》学研究提供了强有力的实证材料和广阔的研究媒介,亦扩充了原有《诗》学文献的数量。

第三节　《诗》学文献的数量与分布

《诗》是我国最早的一部诗歌总集,也是儒家的重要经典之一。由于"诗言志"、"歌咏言"创作手法的自然成就，以及"发乎性情、止乎礼义"等创作原则的天然造化，《诗》这部文采义理自然天成的古老作品，被奉为诗歌中的绝唱、经典中的翘楚。因而自汉迄清的古代中国，无论是模仿《诗》而产生的文学创作，或者是依托《诗》而产生的经典诠释，可以说都是汗牛充栋，代不乏人，且分布亦极为广泛。因此，考察历史上到底产生了多少种《诗》学文献，探讨它们具体分布在哪里，这可以说是我们研究《诗》学文献以及《诗》学史首先必须要解决的基础问题。

一、《诗》学文献的数量

关于对历代《诗》学文献的数量考察，除古代各种公私书目有大致介绍外，近当代学人亦有一些专门论著予以考证。[①] 不过从总的方面来看，这些书目和论著仍还缺乏全面、系统、确切的考察和研究。因此，迄至今日，中国历史上到底曾经产生过多少《诗》学文献，现在保存下来的还有多少，一直都是一个未知数。近时学者在讨论《诗》学涉及到这一问题时，也是缺乏一个相对一致的意见。如著名《诗》学学者夏传才曾说："从汉初到清末，历代的《诗经》著述，于历代公私目录、书志和文献的零散记载，可考者约三千种，他们或存或佚，有真有伪；据中外各图书馆馆藏目录，现存有五百余

---

① 如专著方面有刘毓庆：《历代诗经著述考》（先秦至元代）（中华书局，2002年）、刘毓庆和贾培俊：《历代诗经著述考》（明代）（中华书局，2008年）、周何：《诗经著述考》（台北：鼎文书局，2004年）三书。只不过这三书除著录尚有缺失外，其中也都有各自的条件限制。刘书收录范围仅止于明代，周书在中国大陆又难于一见，因此这实在不便于我们通览历代《诗》学文献的总体数量。论文方面按其所考时代来看，主要有刘毓庆：《先秦两汉诗经著述考》（载《诗经研究集刊》第2辑）、刘立志：《见汉代诗经学著述考补》（见《汉代诗经学史论》附录，中华书局，2007年）、高启杰：《唐以前毛诗著述佚亡考》（载《经世季刊》第2卷第3期，1942年4月）、陈文采：《两宋诗经著述考》（台湾东吴大学中文研究所1988年硕士论文）、郝桂敏：《宋代诗经著述目录》（见《宋代诗经文献研究》附录，中国社会科学出版社，2006年）、李冬梅：《现存宋代〈诗经〉学著述目录、提要及主要版本》及《宋代〈诗经〉学著述佚目》（见《宋代〈诗经〉学专题研究》附录，四川大学古籍所2007年博士论文）、魏书菊：《明代诗经研究专著编目》（见《明代诗经学》附录，语文出版社，1996年）、刘毓庆：《明代诗经著述考目》（见《从经学到文学——明代〈诗经〉学史论》附录，商务印书馆，2003年）、张寿林：《清代诗经著述考略》（载《燕京大学图书馆报》第50～56期，1933年）、公方苓：《清代诗经著述考略》（载南京《中央日报》1948年11月17、18日）等。

种，分散世界各地。"① 由其主编的《诗经要籍提要》的《前言》也说："两千多年来，《诗经》学著述浩如烟海，据历代各种文献书目著录两千余种，大部分已经散佚。经调查，现尚存六百余种，分散各处。"② 同出一人或一个团体的学者，前者说曾著录约 3000 种，后又说 2000 余种；现存著作，前说 500 余种，后又说 600 余种，前后已自不同。洪湛侯为《续修四库全书》经部《诗》类作选目时，初"从一千余种《诗经》著作中筛选出 140 种"，后经删补，"最终确定《续修四库全书》收《诗》类著作 105 种"③。是洪氏又认为现存《诗》学著作实为"一千余种"。由此可见，夏、洪诸位《诗》学学者对于历来《诗》学文献的总体数量以及现存数量看法各不相同。他们之间也许存在着普查范围、计算方法的不同，但是对《诗》学文献至今缺乏系统的普查和统计，却是不争的事实。

近时笔者通过翻阅历代各种公私书目、序跋及其方志等文献，编制出《历代诗学著述目录》（未刊稿），实考得先秦两汉至清末《诗》学曾有文献约 3000 种，其中现存者 1000 余种，散佚者约 2000 种，这还不完全包括石经类及五经总类、文集、学术笔记中有关《诗》类部分之能独立成卷的内容。可见，现存《诗》学文献共有"一千余种"之说实为不假。以下就以时代为序，分时分段考察历代《诗》学文献的总体数量以及现存数量。

（一）两汉的《诗》学文献数量

汉代是我国经学确立和兴盛的时期，儒家五经皆立有博士，列于学官。《诗》作为五经之一，其经学阐释亦进入了全面、系统化的阶段。两汉之世，鲁、齐、韩、毛四家，相互论争，各领风骚，产生了一批《诗》学文献。关于两汉的《诗》学文献数量考察，除班固《汉书·艺文志》，王应麟《汉艺文志考证》，钱大昭《补续汉书艺文志》，侯康《补后汉书艺文志》，顾怀三《补后汉书艺文志》，姚振宗《后汉书艺文志》、《汉书艺文志拾补》、《汉书艺文志条理》，曾朴《补后汉书艺文志》等系列有专门的著录和考证外，清儒朱彝尊《经义考》以及现今学者刘毓庆《历代诗经著述考》（先秦至元代）、刘立志《汉代诗经学著述考补》亦有颇为详尽的考察。如朱彝尊《经义考》卷一〇〇、卷一〇一、卷一一九共著录两汉的《诗》学文献为 35 种，其中存 5

① 刘毓庆：《历代诗经著述考·序》，中华书局，2002 年，第 1 页。
② 夏传才、董志安主编：《诗经要籍提要·前言》，学苑出版社，2003 年，第 3 页。
③ 洪湛侯：《诗经学史·自序》，中华书局，2002 年，第 2 页。

种（申培《诗说》伪本、韩婴《诗外传》、毛苌《毛氏诗传》、郑玄《郑氏毛诗笺》、郑玄《毛诗谱》），佚 30 种。刘毓庆《历代诗经著述考》则著录两汉的《诗》学文献存 6 种（申培《诗说》1 卷、韩婴《韩诗外传》6 卷、《毛诗》20 卷、毛亨《毛诗故训传》30 卷、郑玄《毛诗笺》20 卷、郑玄《毛诗谱》1卷），佚 45 种，共 51 种。后刘立志又接踵而作《汉代诗经学著述考补》，共考得两汉《诗》学文献存 6 种（《毛诗故训传》30 卷、《诗传孔氏传》1 卷、《诗说》1 卷、《毛诗笺》、《毛诗谱》、《阜阳汉简诗经》），佚 47 种，共 53 种。笔者在综合以上诸家著录和考证的基础之上，又参考其他文献，以为今存之端木赐（即孔子弟子子贡）《诗传孔氏传》、申培《诗说》乃明人伪作，而刘毓庆收录的刘桢《毛诗义问》理应归属于三国魏时，故不应在这个考察范围之内。因此，笔者初步统计的两汉《诗》学文献数量是 59 种，包括存目 6 种（《毛诗》、《阜阳汉简诗经》、毛亨《毛诗故训传》、郑玄《毛诗笺》、郑玄《毛诗谱》、韩婴《韩诗外传》），佚目 53 种，其中考得诸家均未提及的有《齐说》28 卷、卫宏《毛诗传》、郑玄《诗纬注》3 卷、《诗纬图》1 卷 4 种。这相较于前面几家的考察不仅在数量上有了增加，而且就其存佚情况也有了些许变化。现具体表解如下：

表 2-4-1　两汉《诗》学文献数量考察表

作　者	存	佚	总量	备　　注
朱彝尊	5	30	35	申培《诗说》实为明代伪书
刘毓庆	6	45	51	刘桢《毛诗义问》应归于三国魏时，申培《诗说》实为明代伪书
刘立志	6	47①	53	端木赐《诗传孔氏传》、申培《诗说》实为明代伪书
笔　者	6	53②	59	申培《诗说》因为明人伪书，故未计算在内

（二）魏晋至隋唐的《诗》学文献数量

继两汉《诗》学的今古文论战后，魏晋至隋唐的《诗》学研究，经过郑、王之争，南、北之争，《诗》学一统三个阶段，实现了《诗》之"汉学"的集大成，产生了数量繁多、内容丰富的《诗》学文献。朱彝尊《经义考》卷一〇一至卷一〇三及卷一一九著录魏晋至隋唐的《诗》学文献共 108 种，其中存目 5 种（陆玑《毛诗草木鸟兽虫鱼疏》、孔颖达等《毛诗正义》、陆德明

---

①　其中 16 种有辑本。

②　其中 13 种有辑本

《毛诗释文》、成伯玙《毛诗指说》、韩愈《诗之序议》)，佚目103种。然因存目中韩愈《诗之序议》属于单篇文献，故其著作类《诗》学文献实共有107种。刘毓庆《历代诗经著述考》则著录为存目5种（陆玑《毛诗草木鸟兽虫鱼疏》2卷、陆德明《毛诗音义》3卷、孔颖达等《毛诗正义》40卷、成伯玙《毛诗指说》1卷、贾岛《二南密旨》1卷），佚目131种，共136种。不过笔者以为，刘氏收录的刘孝孙《毛诗正论》10卷、蔡元鼎《辨类诗》实可入于宋代。因此，笔者在刘氏考察的基础上，旁采诸书，细加考证，又增加了12种，为：王肃《毛诗杂义说》8卷、刘桢《毛诗义问》10卷、宋均《诗纬注》18卷、谢沈《毛诗答问驳谱合》8卷、殷仲堪《毛诗义疏》10卷、刘昌宗《毛诗音》、崔灵恩《毛诗义注》5卷、刘醜《毛诗义疏》、卢景裕《毛诗注》、王通《续诗》10卷、长孙无忌等《毛诗要义》20卷、佚名《毛诗辨义难》10卷。故笔者统计的魏晋至隋唐的《诗》学文献共146种，其中存目5种，内容、数量均与刘毓庆本相同，佚目141种，则较刘毓庆本增加了12种。列表如下：

表2-4-2 魏晋至隋唐《诗》学文献数量考察表

作　者	存	佚	总量	备　注
朱彝尊	5	103	108	存目中韩愈《诗之序议》为单篇
刘毓庆	5	131	136	佚目中刘孝孙《毛诗正论》10卷、蔡元鼎《辨类诗》理应入宋代
笔　者	5	141①	146	

（三）宋元明的《诗》学文献数量

"《诗》有四家，《毛诗》独传，唐以前无异论，宋以后则众说争矣"②。《诗》学研究到了宋代，的确出现了一个颇为热闹的新局面。这个新局面的标志之一，那就是有关《诗》学的研究著作骤然剧增。由汉至宋各正史的艺文志或经籍志的记载来看，《汉书·艺文志》著录《诗》6家，14部，416卷。《隋书·经籍志》著录《诗》39部，442卷，通计亡书合76部，683卷。《旧唐书·经籍志》著录《诗》30部，313卷。《新唐书·艺文志》著录《诗》25家，31部，332卷，失姓名3家，不著录3家，33卷。然《宋史·艺文志》则著录《诗》82部，1120卷，不著录14部，245卷，总共96部，1365卷，其中汉、唐著作不超过10部，150卷，另外绝大部分是宋人的新作。可见，

---

① 其中25种有辑本

② 永瑢等：《四库全书总目》卷一五《诗类》小序。

第四章　《诗》学文献

《诗》学研究到了宋代，的确出现了一个颇为热闹的新局面。且其研究规模之大，发展速度之快，着实令人赞叹。不过，这还仅仅是《宋史·艺文志》所著录的宋代《诗》学著作。除此之外，其他公、私目录书见于著录或未曾著录的宋代《诗》学著作以及各种文集、笔记中所记载的宋人单篇《诗》学论文亦不在少数。那么，宋代的《诗》学文献数量到底有多少呢？我们可以先看看比较有代表性的几家学人的考察。

据笔者统计，朱彝尊《经义考》卷一〇四至卷一一〇著录宋代《诗》学文献存35种，阙4种，未见13种，佚131种，共183种。另其卷一一九又补充存10种，未见1种，佚8种，共19种。这就是说，朱氏共考得宋代《诗》学文献存45种，阙4种，未见14种，佚139种，共202种。其中包括单篇文献5种6篇，分别为：李清臣《诗论》2篇（存）、张方平《诗正变论》1篇（存）、周紫芝《驺虞解》1篇（存）、胡铨《素冠说》1篇（存）、范处义《毛诗明序篇》1篇（存）。实际上，即现存、辑佚、阙类著作44种，未见、散佚类著作153种，另有单篇5种6篇，共计202种。在朱氏基础之上，陈文采《两宋诗经著述考》则著录现存和辑佚的书录49种，① 未见书录158种，共207种。其中包括单篇文献2种3篇，为：李清臣《诗论》2篇（未见）、张方平《诗正变论》1篇（未见）。实际上，这两种单篇文献皆存，陈氏误著录为未见。除却这两种现存单篇文献，陈氏著录未见著作实156种，共计207种。此外，刘毓庆《历代诗经著述考》著录现存及辑录的宋代《诗经》学著作为65种，散佚及未见的为215种，共计280种。另又著录单篇文献存24种，未见2种，共计36篇，然其中注明"未见"的周紫芝《驺虞解》和胡铨《素冠说》2篇文章实存而误认为未见。故刘氏著录的现存单篇文献共26种，36篇。郝桂敏《宋代诗经文献研究》则著录宋代《诗经》学著作现存及辑佚51种，散佚及未见139种，共190种，其中未著录单篇文献。

笔者在参核以上诸家著录的基础之上，通过检阅历代各种公私书目、序跋、方志以及宋人文集等文献，对宋代《诗》学的著作和现存单篇文献的数量亦做了考察。据粗略统计，宋代的《诗》学著作现存及辑录的为68种，散佚及未见的为257种，共计325种，而现存的单篇文献仅以四川大学古籍所

---

① 笔者据作者文中所列目录及书后附表统计，均为49种，然作者自云48种，不知何故。

编《全宋文》所收为限，就有 187 篇之多。① 这一数字不仅展现了宋代《诗》学文献的繁荣，而且也说明随着资料的最大占有，其文献数量以及存佚情况可能还会有变化。

表 2－4－3　宋代《诗》学文献数量考察表

作　者	现存、辑佚、阙（著作）	未见、散佚（著作）	现存单篇（种/篇）	著作总量	共计
朱彝尊	44	153	5（6）	197	202
陈文采	49	156	2（3）（实存）	205	207
刘毓庆	65	215	26（36）	280	316
郝桂敏	51	139		190	190
笔　者	68	257	198	325	523

元代的《诗》学研究，大多是围绕着朱熹《诗集传》而进行阐释的。此时的《诗》学文献数量，相较于宋代来说，并不是十分兴盛。朱彝尊《经义考》卷一一一及卷一一九著录元代的《诗》学文献为 46 种，其中现存和辑佚之作 10 种（包括方回《鹿鸣二十二篇乐歌考》、《彤弓考》两篇单篇），未见和散佚之作 36 种。而刘毓庆《历代诗经著述考》又著录为存目 21 种（包括胡一桂《读诗》、王义山《诗讲义》、戴表元《菁菁者莪讲义》、王恽《商鲁颂

---

①　据笔者粗略统计，《全宋文》所收宋代《诗经》学单篇论说之文为 146 篇，序跋之文 41 篇，共计 187 篇。不过，在此基础上，笔者又补充了 8 篇序跋之文和 3 篇论说之文，共计 198 篇。其中序跋之文为陈日强《诗总闻跋》（见《诗总闻》卷首、《居易录》卷二六、《经义考》卷一〇六、《古今图书集成·经籍典》卷一四一）、洪迈《诗外传跋》（见《诗外传》卷首、《文献通考·经籍考六》、《经义考》卷一〇〇、《古今图书集成·经籍典》卷一五八）、徐蕆《毛诗叶韵补音序》（见《经义考》卷一〇五）、郑樵《诗辨妄序》（见《通志·艺文略》、《文献通考·经籍考六》、《经义考》卷一〇六、《稗编》卷一〇、《古今图书集成·经籍典》卷一四一）、刘克《诗说序》（见《诗说》卷首、《经义考》卷一〇九、《古今图书集成·经籍典》卷一四二）、刘坦《诗说跋》（见《诗说》卷首、《经义考》卷一〇九）、黄震《读诗一得序》（见《读诗一得》卷首、《黄氏日钞》卷四、《经义考》卷一一〇、《古今图书集成·经籍典》卷一四二）、李石《左氏诗如例序》（见《左氏诗如例》卷首、《方舟集》卷二一）。论说之文为叶梦得《卫宏诗序说》（见《段氏毛诗集解》卷首、《文献通考·经籍考五》、《经义考》卷九九、《古今图书集成·经籍典》卷一五八）、《毛诗说》（见《经义考》卷一〇〇、《古今图书集成·经籍典》卷一五八）、苏辙《诗说》（见《唐宋八大家文钞·颍滨文钞》、《类编增广颍滨先生大全文集》、《三苏先生文粹》，其中《类编增广颍滨先生大全文集》题名为《诗》，《三苏先生文粹》题名为《诗论》）。此文刊载于《四川大学学报》2007 年第 4 期。

次序说》、王祎《诗草木鸟兽名急就章》5篇单篇），佚目56种，共77种。不过据笔者看来，刘氏所收录的何淑《诗义权舆》和《诗经衍义》、范祖幹《读诗记》1卷、陈谟《诗经演疏》、朱升《诗经旁训》8卷、汪克宽《诗集传音义会通》30卷6种理应入于明代，而《详音句读明本大字毛诗》4卷亦应属于《毛诗》版本系列，非著作系列，罗复《诗集传音释》20卷并非"未见"。因此，从实际上来说，刘氏著录的元代《诗》学文献著作类应是65种，存16种，佚49种。在刘氏基础之上，笔者又相继有所补充和考证，其中存目多出5种（梁寅《诗演义》15卷、陈孚《诗传考》6卷、许谦《诗集传音释》10卷、罗复《诗集传名物钞音释》8卷、余谦《诗集传音考》20卷），佚目多出13种（梁寅《诗考》5卷、董鼎《诗传辑录纂注》、李时翁《诗经疏》、李天筹《诗统》、凌云标《诗翼》15卷、虞槃《诗论》、林重器《诗经意说》、赵孟頫《豳风图》1卷、翟思忠《诗传旁通》8卷、王都中《诗集》3卷、熊凯《风雅遗音》、吴澄《校定诗经》、至元五年敕从臣秃忽思等录《毛诗》1部），共计考得元代《诗》学文献83种。现表示如下：

表2-4-4 元代《诗》学文献数量考察表

作 者	现存、辑佚	未见、散佚	现存单篇	著作总量	共计	备 注
朱彝尊	8	36	2	44	46	朱氏收录的李简《诗学备忘》、刘庄孙《诗传音指补》笔者已入宋代。而梁寅《诗演义》、《诗考》朱氏入了明代，笔者以为应入元代
刘毓庆	16	56	5	72	77	何淑《诗义权舆》和《诗经衍义》、范祖幹《读诗记》1卷、陈谟《诗经演疏》、朱升《诗经旁训》8卷、汪克宽《诗集传音义会通》30卷实应入明代，而《详音句读明本大字毛诗》4卷亦应属于《毛诗》版本系列，非著作系列，罗复《诗集传音释》20卷实存
笔 者	21	62		83	83	

明代的《诗》学研究，因学者多以"空疏"二字冠之，故其《诗》学文献多不为世所重，明清以来各家书目著录亦多零散不完。傅丽英《明代诗经研究专著编目》所考仅得113种。朱一清《历代诗经研究著作目录》明代部分共考得194种，其中除重复者（如孟鸣为林兆珂字，则误分为二人等）与解《诗》无关者（如《韩诗外传纂要》之类），仅得177种。① 刘毓庆《明代

---

① 参刘毓庆：《从经学到文学——明代〈诗经〉学史论》之《附一：明代〈诗经〉著述考目》，商务印书馆，2003年，第440页。

〈诗经〉著述考目》通过查阅数十种书目著作及地方志，数量大为增加，共得632种。基于前贤的广搜博考，笔者又旁采诸书，考得明代《诗》学文献概有720余种，其中存目约220多种。其后，刘毓庆随专著《历代诗经著述考》（明代）的出版，又有所增补。其《弁言》云："共得明代诗学著作七百四十余种，其中尚存者约二百二十余种。"由此可见，相较于明前诸代，明人的《诗》学研究不可谓不盛，《诗》学著述不可谓不多。只不过综观整个明代的《诗》学文献，能入汉宋阃奥而比肩汉宋名家的《诗》学著述却不多见，相反其制艺时文以及为科举需要而改编的《诗》学读物，则几乎数倍于前，然却谈不上有什么特别的学术价值。这也许就是由于朱熹《诗集传》悬于功令，施于"八股"取士的时代风气所致吧。

明、清两代《诗》学文献数量众多，各家书目著录或者数量欠缺甚多、或者存佚情况不明、或者缺乏全面系统的考察，由此以至于不便于列表详细比较。所以，关于明、清两代《诗》学文献的数量考察，笔者仅以统计数据展示，以见其研究之繁盛。

（四）清代的《诗》学文献数量

清代，前后历时二百六十余年，是我国古代《诗》学发展最为兴盛的一个时期。此时的《诗》学研究，以"复古"和"求真"为时代向标，创作了一大批内容丰富、种类繁多的《诗》学文献。不过可惜的是，关于清代的《诗》学文献数量，目前虽有张寿林《清代诗经著述考略》、公方苓《清代诗经著述考略》等的考察，但迄今为止却仍还没有一个比较全面、确凿的数据。《清史稿·艺文志》著录清代《诗》学著作为176部，除去清人辑佚的前人著作38部，清人著作共138部。武作成《清史稿艺文志补编》著录清代《诗》学著作是215部。王绍曾、章钰《清史稿艺文志拾遗》著录清代《诗》学著作为370部，除去清人辑佚的前人著作55部，清人著作共315部。根据这三种书目对清代《诗》学文献的数量统计，清人《诗》学著作共有668部，可谓为以往历代公私书目著录之冠。笔者在此基础上，又由其他各种公私书目、序跋、方志、文集等文献，共考得涉及清人《诗》学文献者约1260余部，其中现存约800部。可见，清代《诗》学文献的数量实为历代之最，几乎等于清前诸代《诗》学文献数量的总和。

综上所述，结合历代《诗》学文献的统计数据，自先秦两汉至有清一代，我国历史上大概曾产生了数量约3000种的《诗》学文献，其中现存者1000余种，散佚者约2000种，这可谓为我国灿烂辉煌的古代文化描上了浓墨重彩的一笔。

二、《诗》学文献的分布

《诗》学文献是指以《诗》为主要内容的文献。从流通形式上看，计有专著、篇章、目录、资料汇编等之分。前面我们主要就《诗》学文献中的专著做了简要回顾，然在众多的史书文集、诸子百家等著述中，尚有大量涉及《诗》学内容的文献。它们或为独立成卷、或为单篇论说、或为目录著录、或为资料汇集、或为题跋介绍，形式不拘一格，篇幅长短不一，具有很高的史料价值。因此，为全面展现我国古代《诗》学文献的发展情况，本节即按照《诗》学文献专著、篇章、目录、资料汇编等不同形式，从经、史、子、集等不同部类出发，① 概述它们于古代文献中的具体分布。

（一）经部中的《诗》学文献

《诗》自汉代演化为《诗经》，成为儒家的重要经典之一后，它在中国古代图书中的分类便有别于其他文学典籍而属于特殊的一类。刘歆作《七略》，将《诗》置于《六艺略》下，与《楚辞》等文集类作品分列。《隋书·经籍志》以经、史、子、集四部分类法著录图书，将《诗》隶属于经部，而非归属于集部。其后，宋、元、明、清历朝，无论是史志目录，还是官修目录、私人藏书目录，大都遵循《隋书·经籍志》确立的四部分类法著录《诗》学文献专著。至清乾隆年间《四库全书总目》问世后，经、史、子、集四部分类法的图书著录体系逐渐达到固定形态。由此，《诗》学文献专著隶属于四部分类中"经部"的类别地位便得到了清晰、稳固的确立。

《诗》学文献专著甚多，不胜枚举，大部分收录于各类丛书（如综合性丛书、专科性丛书、特殊性丛书），或以单行本（如刻本、抄本、稿本）存世。其中，综合性丛书多采用经、史、子、集的四部分类法，故这类丛书中的《诗》学文献专著多集中于"经部"下的"诗类"。以《四库全书》、《四库全书存目丛书》、《续修四库全书》为例，其"经部"之"诗类"就分别收录《诗》学文献专著63部、65部、105部。其他专科性丛书如《通志堂经解》、《皇清经解》、《皇清经解续编》、《诗经要籍集成》亦分别收录《诗》学文献专著11部、11部、26部、141部，特殊性丛书如《玉函山房辑佚书》、《玉函山房辑佚书续编》之"经编诗类"又分别收录《诗》学文献专著36部、11部。

---

① 自《隋书·经籍志》以经、史、子、集四部分类法著录群书后，四部分类法被广泛应用，至《四库全书总目》的问世而达到集大成。本节介绍《诗经》文献分布的具体情况，即主要是以《四库全书总目》所分部类为据，概而述之。

除上述列举的几种类型丛书外，尚有诸多《诗》学文献专著收录于其他丛书，具体可参见《中国丛书综录》及《中国丛书综录续编》，这里就不再一一罗列。

各类丛书除"经部诗类"收录有《诗》学文献外，其他如"经部"之"五经总义类"、"乐类"、"小学类"等与《诗》学内容相关的类别也多收录有《诗》学文献。如《四库全书》"五经总义类"所收的唐陆德明《经典释文》中的《毛诗音义》，宋刘敞《七经小传》中的《毛诗小传》、毛居正《六经正误》中的《毛诗正误》、郑樵《六经奥论》中的《诗经奥论》，明蒋悌生《五经蠡测》中的《毛诗》、邵宝《简端录》中的《诗》、朱睦㮮《五经稽疑》中的《毛诗》，清吴浩《十三经义疑》中的《诗经》、惠栋《九经古义》中的《毛诗古义》、郑方坤《经稗》中的《诗经》等《诗》学文献，皆能各自独立成卷，堪称《诗》学专门著述。

此外，如"五经总义类"之汉郑玄《驳五经异义》，魏郑小同《郑志》，宋岳珂《九经三传沿革例》，清顾炎武《九经误字》、陈祖范《经咫》等中的《诗》学文献，则或是诸经杂糅论说，或是单篇独自考证，亦不失为《诗》学文献的重要组成部分。其他如《四库全书》"乐类"中的《钦定诗经乐谱全书》，"小学类"中的明陈第《毛诗古音考》、清顾炎武《诗本音》等，又均为《诗》学文献专著。而某些"乐类"、"小学类"著述的部分篇章涉及《诗》学思想或《诗》学史事考证内容的，则举不胜举，兹不赘述。

可见，经部中的《诗》学文献以专著或独立成卷者居多，而单篇论说或偶有涉及者则为其次。推源究始，这似乎要归于《诗》在中国古代图书四部分类中隶属于经部的缘故吧。

(二）史部中的《诗》学文献

史部中的《诗》学文献不存在专著，多为篇章、目录和资料汇编。其主要分布于正史艺文（经籍）志类、政书类、方志类、目录题跋类之中。下面我们就以史部中的这四类文献为中心，简要考察分布于此中的《诗》学文献。

我国正史先后有十三史、十七史、二十一史、二十四史、二十五史、二十六史之称。不过这二十六史并不是全部都有艺文志（或经籍志），其中有艺文志（或经籍志）者共七史，为《汉书》、《隋书》、《旧唐书》、《新唐书》、《宋史》、《明史》、《清史稿》。[①] 从它们的著录形式上来看，大致可分为两类：

---

① 其他诸正史的艺文志（或经籍志），学者亦先后有所补充，具体可参见《二十五史补编》。

一类是部类之后有小序者，如《汉书·艺文志》、《隋书·经籍志》；一类是部类之后无小序者，如《旧唐书·经籍志》、《新唐书·艺文志》、《宋史·艺文志》、《明史·艺文志》、《清史稿·艺文志》。通观这七部正史艺文志（或经籍志），《诗》学文献主要分布于"六艺略"（或"经部"）下的"诗类"，这可视为《诗》学文献在古代图书目录学"六分法"或"四分法"体系中位置的典型体现。这里保存的《诗》学文献，除《汉书·艺文志》和《隋书·经籍志》各自有一篇小序叙述《诗》学源流外，余者皆是纯粹著录《诗》学著述。这看似不是系统地诠释《诗》学，但却使历代产生的《诗》学著述赖此得以很好地展现。

在史部的"政书"主要有十部，号称"十通"。除了杜佑《通典》和后续的《续通典》、《清通典》没有目录性篇章外，郑樵《通志》、马端临《文献通考》皆有"艺文"或"经籍"志，后来续修的"通志"二书和"通考"三书也都有目录类篇章。如《通志》、《续通志》和《清通志》皆有《艺文略》；《文献通考》、《续文献通考》、《清文献通考》和《清续文献通考》皆有《经籍考》。《通志》、《续通志》、《清通志》中的《诗》学文献主要保存在"艺文略"之"诗类"，不过内容仅为著录《诗》学著述，《通志》中在个别地方略有按语而已。《文献通考》、《续文献通考》、《清文献通考》、《清续文献通考》中的《诗》学文献主要保存在"经籍考"之"诗类"，内容虽也是著录《诗》学著述，不过部类之后有小序，书名之下有解题，文献资料较前更为齐全。所以从《诗》学的文献资料性来看，《文献通考》及其三部续作相对说来资料最为详尽，体系最为完备，价值也最大。

史部中还有一些地理类文献，也保存了较有价值的《诗》学文献。如各省通志、各府府志中的"艺文"（或《艺文志》、《艺文略》）、经籍下的"诗类"，几乎都著录了本地产生的《诗》学著述。它们的内容或仅著录《诗》学著述，或著述之下又有解题，文献记载或许有多有少，但这无疑都成为我们考察某地《诗》学文献情况的重要资料来源。

史部中的目录类文献包括各种官修目录和私人藏书目录，它们对于《诗》学文献的收录主要见载于其"经部"下的"诗类"。根据这些公私目录书的著录方式，这些《诗》学文献的内容大概有三种：一种是部类之后有小序，书名之下有解题者。如宋晁公武《郡斋读书志》、清永瑢等《四库全书总目》等；一种是无小序而有解题者。如明《钦定天禄琳琅书目》，清陆心源《䜑宋楼藏书志》、瞿镛《铁琴铜剑楼藏书目录》等；一种是小序、解题皆无者。如宋尤袤《遂初堂书目》、明《文渊阁书目》、清张之洞《书目答问》等。这三种《诗》学文献内容不仅考察了《诗》学的学术源流，也展现了历代《诗》学文献的著述情况及其具体特征，具有很高的史料价值。

可见，史部中的《诗》学文献大部分为目录形式，只不过其中有的仅著录《诗》学著述，有的部类之后有小序，有的书名之下有解题，这大概是由史部正史艺文（或经籍）志类、政书类、方志类、目录题跋类等文献的性质所决定的。

（三）子部中的《诗》学文献

子部中的《诗》学文献主要集中于儒家类、杂家类、类书类的著述中，它们或能独立成卷，或为单篇论说，或是某些篇章涉及，或属文献资料汇集，内容丰富，形式多样。

首先，从儒家类文献来看，《诗》是儒家的重要经典之一，蕴涵了儒家的哲学思想内容，历来备受学者重视。因此，儒家学者在其各自著述中引《诗》、解《诗》、论《诗》，自是无疑之事。如宋黎靖德《朱子语类》卷八〇及卷八一《诗》、项安世《项氏家说》卷四《说经篇四》、陈埴《木钟集》卷六《诗》、黄震《黄氏日钞》卷四《读毛诗》等《诗》学文献，皆能独立成卷。再如宋晁以道《儒言》中的《诗》、真德秀《西山读书记》卷二三中的《诗要指》等《诗》学文献，乃为某卷某章中之单篇论说。其他如《荀子》、《盐铁论》、《说苑》、《孔子家语》等中的《诗》学文献，则又是部分篇章有所涉及，像这种形式的，数量最多，举不胜举。如此说来，这些篇幅大小不一、内容多寡不同的《诗》学文献，虽不能与独立的《诗》学专著相媲美，但也从不同角度为我们研究儒家学者的《诗》学思想提供了宝贵的文献资料。

其次，从杂家类文献来看，由于《诗》文本所具有的经典地位以及其所蕴涵的丰富思想内容，以至于儒家以外的诸子百家也相继有引《诗》、解《诗》、论《诗》的文献，其中尤以杂家为显。如宋叶适《习学记言》卷六《诗》、程大昌《考古编》卷一至卷三《诗论》、王应麟《困学纪闻》卷三《诗》、俞德邻《佩韦斋辑闻》卷二《诗》，清顾炎武《日知录》卷三《诗》、徐文靖《管城硕记》卷六至卷八《诗》等《诗》学文献，为独立成卷者。再如唐邱光庭《兼明书》，宋王观国《学林》、洪迈《容斋随笔》等著述中，亦有诸多《诗》学文献的单篇论说之文。其他如明陶宗仪《说郛》卷一中的《诗小序》和《诗传》，则属于资料汇编性质。除此之外，杂学类著述之部分篇章中所涉及的《诗》学文献内容，更是不胜枚举，这里就不再一一罗列。

再者，从类书类文献来看，类书是一种汇编各种文献资料供人翻检使用的工具书。它将古书中的材料分门别类加以辑录，以便了解某一事物的来龙去脉。如唐代虞世南的《北堂书钞》，宋代章如愚的《群书考索》、王应麟的《玉海》，明代章潢的《图书编》，清代的《古今图书集成》等官私类书，都对《诗》设立专门部类，汇集许多历代古籍中的《诗》学文献资料。这不仅便于后人查阅，而且更重要的是保存了很多不传之书的《诗》学材料，成为后人辑佚的渊薮。如我们熟悉的《四库全书》中所收录的宋代杨简《慈湖诗传》、戴溪《续吕氏家塾读诗记》、袁燮《絜斋毛诗经筵讲义》、林岊《毛诗讲义》、谢枋得《诗传注疏》等著述，就是清四库馆臣从明永乐年间所修大型类书《永乐大典》中抄出的，是类书在保存文献资料方面确有重要价值。

可见，子部中的《诗》学文献，内容丰富，形式多样。它虽不像经部中的《诗》学文献以专著居多，但却比史部中的目录形式更注重于《诗》之内容的阐发。所以说，这类文献是我们于经部之外研究《诗》学的重要材料。

（四）集部中的《诗》学文献

集部中的《诗》学文献多为单篇论说，也有少部分能独立成卷，它们主要分布于总集类、别集类和诗文评类。

历代学者解《诗》论《诗》，除了撰写《诗》学专著外，他们还写有数量甚多的论《诗》文章。这些文章或散落在各自的文集之中，或收录于历代的总集之中，是我们研究历代学者《诗》学思想的重要材料。如总集类以《全宋文》为例，据笔者粗略统计，即收录宋人《诗》学单篇论说之文为146篇，序跋之文41篇，共计187篇。其他如《全上古三代秦汉三国六朝文》、《全唐文》、《全辽文》、《金文最》、《全辽金文》、《全元文》、《明文海》等亦收录有《诗》学文献，我们可借助于其各自目录或索引而检索之。别集类中的《诗》学文献，除了部分内容与总集类所收有所重复外，其他我们可通过《元人文集篇目分类索引》、《清人文集篇目分类索引》、《四库全书文集篇目分类索引》（学术文之部）等工具书检索。由此一来，总集类、别集类中的《诗》学文献就大概收罗的差不多了。

诗文评类中的《诗》学文献以历代诗话中存录最多，这些文献我们大可通过翻检《宋诗话全编》、《宋人诗话外编》、《宋诗话辑佚》、《明诗话全编》、《清诗话》、《清诗话续编》、《历代诗话》、《历代诗话续编》等著述获知。其他诗文评类著作如刘勰《文心雕龙》、钟嵘《诗品》中的论《诗》内容也是不容忽视的重要资料。

（五）出土文献中的《诗》学文献

20世纪以来，随着考古的陆续发现，一批批珍贵的出土文献得与世人重见。从这些出土文献的内容来看，《诗》学文献可谓其中的重要一部分。如阜阳双古堆汉简《诗经》、上海博物馆藏战国楚简《孔子诗论》、敦煌遗书《诗经》卷子等。

阜阳双古堆汉简《诗经》出土于安徽阜阳双古堆一号汉墓，共有简片170余枚。从文字上看，其与汉时鲁、齐、韩、毛四家《诗》互有异同。李学勤认为"可以肯定不属于齐、鲁、韩三家诗"，"它不属于传统上习知的经学传统"①。由此可知，汉时的《诗经》流传极广，除了通常所说的四家《诗》外，似还存在着其他文本和流传渠道。然这一重要推断，实乃得益于阜阳汉简《诗经》的发现。

战国楚简《孔子诗论》为上海博物馆于1994年从香港文物市场购得，共有31枚简（其中有两枚简为它篇论及《诗》的，被附于考释中）。全书计有文字980余字，诗60篇。整篇内容都是孔子弟子就孔子授《诗》内容的追记，其中有些孔子对诗歌的论述不见于以往的古书记载。与今本《毛诗》对照，楚简《孔子诗论》称《国风》、《小雅》、《大雅》、《颂》为《邦风》、《小夏》、《大夏》、《讼》，且次序完全颠倒。而且，《诗论》序中的论次和今本《诗经》中的《大序》亦相反，许多诗句用字也有不同。据诸位专家学者考证，《诗论》的作者很有可能就是孔子高徒子夏，其大概为《毛诗序》的早期形态。楚简原无书题，"孔子诗论"是马承源据竹简的内容所定的。

敦煌遗书中的《诗经》文献，目前尚存的相对还不少。如《毛诗》白文3卷、《毛诗》残7卷（存卷一至卷七）、《毛诗》残1卷（存卷八）、《毛诗豳风郑氏笺》残卷、《毛诗故训传》3卷、《毛诗》残1卷（存卷三）、《毛诗》残1卷（存卷九《鹿鸣》以下）、《毛诗》残1卷（存卷九《出车》以下）、《毛诗》残1卷（存卷一〇）、《毛诗音》残3卷等。其他出土文献还可列举的如石刻文献《汉石经鲁诗》残存2577字等。

国学大师王国维曾说："自汉以来，中国学问上之最大发现有三：一为孔子壁中书，二为汲冢书，三则今之殷墟甲骨文字、敦煌塞上及西域各处之汉晋木简、敦煌千佛洞之六朝及唐人写本书卷、内阁大库之元明以来书籍档册。"② 诚然，由于出土文献的大量发现，这不仅导致了如甲骨学、简帛学、

---

① 李学勤：《新发现简帛与秦汉文化史》，载《淮阴师专学报》增刊《活页文史丛刊》121号，1981年。

② 王国维：《最近二三十年中中国新发见之学问》，载《王国维遗书》第五册《静庵文集续编》，上海古籍书店，1983年。

敦煌学等专门学科的形成，而且也使人们看到了未经后世改动的古书原貌。所以说，出土文献中的《诗》学文献对研究《诗》的形成与发展具有很高的参考价值，是我们不可忽视的重要材料。

综上所述，我国古代的《诗》学文献，主要分散在经、史、子、集等各部，它们或为专著、或为篇章、或为目录、或为资料汇编等形式，形成了灿烂的《诗》学文化。

第四节　《诗》学文献举要

自汉迄清，《诗》作为儒家的重要经典之一而备受重视，其注释、解说的著述，层出不穷，历世无绝。据历代各种文献书目的著录，《诗》学文献约有3000 种，除了散佚的约 2000 种外，现存大概亦有 1000 余种之多。这些文献从内容上看，有阐述诗旨的，有抒发义理的，有研究训诂的，有校订文字的，有剖析音韵的，有考察名物的，有探讨天文地理的，有讨论典章制度的，有考证人物的，有论述创作手法的，有辨伪的，有辑佚的，还有其他各式各样的专题研究。从体式上看，有传、说、记、故、训、注、笺、章句、义疏、集解、集传、纂集、论说、通释、博物、目录、辑佚、讲义、校勘、图解，等等。从表现形式上看，有文字表述的，有图表表述的。此外，从流派上看，又有鲁、齐、韩三家《诗》和《毛诗》今古文两派。从作者身份上看，亦有儒者、文人、禅士、史家等之分。如此说来，对于这些内容纷繁、体式多样、形式不同、流派不一、作者各异的《诗》学文献，我们该以何种标准举其要、列其重才能凸显历代《诗》学研究的特色和成就，这似乎就不得不首先考虑《诗》学文献的类型，也就是《诗》学文献的种类划分这一问题了。

关于如何划分《诗》学文献的种类，如何辨别它们的不同，这不仅需要有通识别裁的学术鉴别能力，而且还需要考虑到《诗》学文献本身的具体特点，如研究主题的多元化、学术流派的复杂化等。我国古代对《诗》学文献进行分类，比较有代表性的主要有郑樵《通志·艺文略》、焦竑《国史经籍志》、朱睦㮮《授经图义例》、祁承煤《澹生堂藏书目》。郑樵《通志·艺文略》之"诗类"将《诗》学文献分为十二类：石经、故训、传、注、义疏、问辨、统说、谱、名物、图、音、纬学。焦竑《国史经籍志》又归为十类：石经、故训、传注、义疏、问辨、统说、名物、图谱、音、纬。朱睦㮮《授经图义例》则析为十五类：石经、故训、章句、传、注、集注、义疏、问辨、论说、序解、谱、名物、图、音、纬。祁承爜《澹生堂藏书目》又厘为五类：章句注疏、传解、考正图说、音义注释、外传。这四种分类，有相近相通之处，其中郑、焦、朱三人的分类，可谓一脉相承。焦竑是将郑樵之传、注与图、谱类分别合并，由郑樵的十二类减并至十类。朱睦㮮则是在郑樵基础上多出章句、集注、序解三类，并改统说为论说，由此而成十五类。可见，焦、朱二人对《诗》学文献的分类乃是从郑樵而来并稍加变通而已。不过我们细看这四家的分类，却有过于繁冗之嫌。如从大的归类来看，故训、章句、传、注、集注、义疏、问辨、统说（论说）、序解等皆属于释经阐义之类，名物、图、谱、音等都属于专题考证之类。如此等等，若加以同类整合，则会更趋于合理、简明。

近代以来对《诗》学文献进行分类的，当首推上海图书馆主编的《中国丛书综录》。① 其第二册"经部·诗经类"将《诗》学文献分为十类：正文之属、传说之属、分篇之属、专著之属、文字音义之属、诗序之属、诗谱之属、逸诗之属、三家诗之属、摘句之属。另其"经部·小学类"及"谶纬类"中也著录有《诗》类著作。《中国丛书综录》的这种分类方法实际上是照顾了《诗》学文献内容和形式两方面的特色，力求兼而顾之，全面而周到，然给人的印象总感觉在体例上不能完全做到整齐划一，也不能有针对性地重点突出《诗》学文献中那些极富特色、极具价值的专题研究，似乎有点歉歉然美中不足的味道。

因此，参照上述古今几种文献的分类方法，并结合《诗》学文献的主题特点、表现形式、学术流派特征以及文献目录学"辨章学术，考镜源流"的功能，笔者拟将《诗》学文献划分为八大类，即白文类、传说类、音韵类、专题类（包括名物、地理、天文、制度、人物、《诗谱》、比兴等）、《诗序》类、图表类、三家《诗》类和谶纬类。由此一来，不同主题、不同形式、不同流派的《诗》学文献按其自身特色就都大致有了各自归属，《诗》学文献的

① 除《中国丛书综录》外，现今尚有一些地方馆藏目录对《诗经》文献进行分类著录。如《江苏省立国学图书馆图书总目》分白文读本之属、传说之属、文字音义之属、三家诗逸诗之属、谶纬之属、沿革之属；《复旦大学图书馆善本书目》分三家诗、毛诗白文传说、后儒传说、考异、问辨稽疑、名物考释、音韵、评文释例、笔记杂录；《杭州大学图书馆线装书总目》分传说之属、文字音义之属、名物之属、三家诗之属；《四川图书馆书目》分毛诗之属、谱序名物地理之属、鲁齐韩三家诗之属；《东北地区古籍线装书联合目录》分白文之属、传说之属、分篇之属、专著之属、文字音义之属、诗序之属、诗谱之属、三家诗之属、合刻之属；《"国立中央"图书馆善本书目》分白文之属、传说之属、三家诗之属，等等。

种类也相对比较集中些、简明些，而且最关键的是强调和突出了专题研究这类非常有特色的《诗》学文献。下面我们就依据《诗》学文献的这八种分类，以今存各类《诗》学文献专著为主，选取一些极具代表性的著作概述其要，以见其创作旨趣、主要内容及学术价值等。本节在选目时，力求以时代为经，以类别为纬，兼及不同流派，希望能做到既分类例，自明学术。其中谶纬类因后面有专章探讨，故此节从略。

一、白文类

白文类《诗》学文献是指只有经文，没有任何阐释性文字的《诗》学文献。这类文献大多保存在丛书中，或者以单行本存世。如丛书《九经正文》、《宋刊巾箱本八经》、《篆文六经四书》、《五经正文》、《五经汇解》等中的《诗》学文献，再如单行本明初旧刻本《毛诗白文》不分卷、明凌刊朱墨本《诗经白文》、明崇祯十二年朱斯达抄本《诗经》不分卷等，就是《诗》学文献中的白文类。除此之外，历代石经与出土文献中亦保存了一部分白文类《诗》学文献。这类《诗》学文献由于刊刻时间和版本选择等原因，不仅具有较高的版本校勘价值，而且也能展现刊刻其时的《诗》学风貌，对于我们研究《诗经》经文以及《诗经》学史都具有重要的价值。如出土文献中的《阜阳汉简诗经》和《敦煌写本毛诗白文》可谓就是典型的例子，它们既有对汉、唐《诗经》学的展现，又有校正今本《诗经》误字的功能。

1. 《阜阳汉简诗经》

是简为 1977 年安徽阜阳双古堆一号汉墓所出土的文物。凡《诗经》残简 170 余片，包括《国风》和《小雅》两种。《国风》有《周南》、《召南》、《邶》、《鄘》、《卫》、《王》、《郑》、《齐》、《魏》、《唐》、《陈》、《曹》、《豳》残片，无《桧风》，计有残诗（有的仅存篇名）65 首。《小雅》则唯存《鹿鸣之什》中的 4 首诗残句。从文字上看，《阜阳汉简诗经》与汉时鲁、齐、韩、毛四家《诗》互有异同，编次亦与今《毛诗》传本不同，当是四家之外的另一家《诗经》传本。因此，依据《阜阳汉简诗经》异文的研究，实可校正今本《诗经》的误字。

《阜阳汉简诗经》残简，由胡平生、韩自强整理，今著有《阜阳汉简诗经研究》，此书对残简做了摹本、编次、今释和研究，并附《毛诗》、《阜诗》对照表、《阜阳汉简诗经复原图》，由上海古籍出版社 1988 年出版。

2. 《敦煌写本毛诗白文》3 卷

是卷不著撰写人，内容自《小雅·节南山之什·小旻》之第四章至《甫田之什·瞻彼洛矣》之卒章止，凡 19 首，为残卷。原题为《毛诗诂训传》，然除本文之外，仅有《小序》，《毛传》之文录之不及百分之一，故称"白文"较为合适。卷中"民"字不避，"渊"字缺笔，盖作于唐高祖时。与通行本相较，文字异同之处甚多，是此本足可与今本互相校正。

原卷藏法国巴黎国家图书馆，编目为 2978 号，今有摄影本，收于《续修四库全书》中。

二、传说类

传说类《诗》学文献是指对《诗》之经文进行训释的《诗》学文献，包括传、说、记、故、训、注、笺、章句、义疏、集注、集解、集传、问辨、论说等形式。这类文献或注释经文、或阐述诗旨、或抒发义理，为历来《诗》学文献的重中之重，是研究《诗经》经文以及《诗经》学史的重要资料。它们自两汉时期创作之始，至清代两千年来的蓬勃发展，由于时代风气、《诗》学自身发展以及政治文化环境等因素，《诗》学研究领域里先后充斥着的今文与古文之争、郑学与王学之争、南学与北学之争、汉学与宋学之争、考据学与义理学之争以及各派的各自内部之争等等，在这类文献中均有比较鲜明的体现。传说类《诗》学文献不仅反映了学术盛衰消长的演变脉络，而且也突出了不同时期《诗》学研究的特色。因此，下面就以占主导地位的《诗经》学术流派的盛衰消长为学术分期，以汉唐、宋元明、清三个时段为界点，对传说类《诗》学文献进行简要介绍。

（一）汉唐之传说类《诗》学文献

汉唐时期传说类的《诗》学文献基本上是由《毛诗故训传》、《毛诗传笺》、《毛诗正义》所构建的汉学典范支配着。《毛诗》为古文经学，私传于西汉，由毛亨最早为之作《故训传》，新莽时列于学官，光武兴即被罢之。东汉时期，经卫宏、贾逵、郑众、马融、郑玄弘扬阐发，大行于世。尤其是自郑玄作《毛诗传笺》后，"兼通今古文，沟合为一；于是经生皆从郑氏，不必更求各家"[①]，故《诗》学研究由两汉的今古文论争阶段进入到了"郑学"的小一统时代，《毛诗传笺》亦由此成为了"《诗经》研究史上的第一个里程碑"[②]。然至魏晋南北朝时期，在如何对待古文经学家法的问题上，在"郑

---

① 皮锡瑞：《经学历史》五《经学中衰时代》，周予同注释，中华书局，2004年，第 95 页。

② 夏传才：《〈诗经〉研究史概要》，中州书画社，1982 年，第 85 页。

学"是否还要继续发展的问题上，《诗》学研究出现了郑学与王学之争、南学与北学之争，他们或申郑难毛，或申毛难郑，或争议毛、郑异同，袒分左右，争论不休。直至唐代大儒孔颖达奉敕修纂《毛诗正义》，全面继承《诗经》汉学的优秀成果，吸取综合汉魏六朝训诂义疏的精粹，既尊《毛传》，又尊《郑笺》，调和两家之说，持论方归于一致，《诗》学遂达于一统，进入了孔颖达注疏之学的时代。《毛诗正义》是继《毛诗传笺》以后《诗经》汉学研究的一部集大成之作，可谓"《诗经》研究史上的第二个里程碑"①。所以说，汉唐时期的《诗》学研究，是以训诂为特色的《诗经》汉学占主导地位的，《毛诗故训传》、《毛诗传笺》、《毛诗正义》是古文《毛诗》的典型代表作。除此之外，亦有成伯玙的《毛诗指说》欲突破《正义》束缚而自出新义，预示了《诗》学研究发展的新方向。下面我们就简要概述这四部文献，以见《诗经》汉学的主要特色，这也是汉唐时期传说类《诗》学文献硕果仅存的四部。

1. 《毛诗故训传》30卷②，（汉）毛亨撰

毛亨③（生卒年不详），鲁人。相传其《诗》学传自子夏，西汉初年开门授徒，著《故训传》，传于侄赵人毛苌。毛苌被河间献王立为博士，开馆讲学。遂世有以毛亨为大毛公、毛苌为小毛公之称。毛公所传之《诗》为古文经学，世称《毛诗》，长期传授于民间。后由于东汉郑玄为之作《笺》，乃逐渐取代鲁、齐、韩三家《诗》而独行于世。今传之《诗》即为《毛诗》，所传之《传》即为毛亨之《故训传》。

《毛诗故训传》，简称《毛传》，是现存最早的《诗》之注本，亦是《诗》之汉学《毛诗》学派的代表之作。其内容主要涉及三个方面：首先，阐述诗义，不信荒诞神奇之说，重视"温柔敦厚"的诗教理论，发挥"圣道王化"

① 夏传才：《〈诗经〉研究史概要》，中州书画社，1982年，第102页。
② 《汉书·艺文志》著录为30卷，《郡斋读书志》、《崇文总目》著录为20卷。
③ 关于《毛传》作者，又有毛苌一说。《毛传》一书之所以出现作者不一的情形，这大概是由于史书最初未曾言及作者之名，而只是言及"毛公"姓氏所致。《汉书·儒林传》载："毛公，赵人也。治《诗》，为河间献王博士。"《汉书·艺文志》亦载："又有毛公之学，自谓子夏所传，而河间献王好之，未得立。"并著录"《毛诗故训传》三十卷"。是《汉书》始言《毛诗》出自毛公，《毛传》为毛公作，然尚未言及大小毛公之别。至郑玄《诗谱》，始有大毛公、小毛公之分，"鲁人大毛公为训诂，传于其家，河间献王得而献之，以小毛公为博士"。至三国吴人陆玑作《毛诗草木鸟兽虫鱼疏》，又举出大小毛公之名，"亨作《诂训传》，以授赵国毛苌，时人谓亨为大毛公，苌为小毛公"。故现据郑玄《诗谱》、陆玑《毛诗草木鸟兽虫鱼疏》所记，定《毛传》作者为大毛公毛亨。

的政治理想。这与三家《诗》采用阴阳灾异和谶纬迷信的内容说《诗》，形成了鲜明的对照。其次，训释字词，多取自先秦群籍，如《国语》、《礼记》、《周礼》、《论语》、《孟子》等，故其释义精当，可取者多，且又保存了诸多古义。其三，《毛传》释诗，独标兴体，其标"兴"者116篇，为历来释《诗》之创举。

《毛诗故训传》由于在阐述诗义、训释字词、独标兴体三个方面优胜于三家《诗》，故其能卓然于世，为历代称道。如郝敬《毛诗原解》曰："子贡、子夏之后，善言《诗》者，莫如孟子；孟子之后，知其解者莫如毛公。"① 臧琳《经义杂记》曰："十三经中，惟《毛诗传》最古，而最完好，其诂训能委曲顺经，不拘章句。"② 陈奂《诗毛氏传疏叙》亦盛赞之曰："《毛诗》多记古文，倍详前典，或引申，或假借，或互训，或通释，或文生上下而无害，或辞用顺逆而不违。要明乎世次得失之迹，而吟咏性情，有以合乎诗人之本志。故读《诗》不读《序》，无本之教也；读《诗》与《序》而不读《传》，失守之学也。文简而义赡，语正而道精，洵乎为小学之津梁，群书之钤键也。"③ 可见，诸家评价不可谓不高。然其释《诗》牵强者亦复不少，如张燧《千百年眼》即有"毛郑说诗之妄"条目，专刺其谬。不过，瑕不掩瑜，毛公之《传》，终以其精当之释、平实之说、独创之旨，毅然卓立于众《诗》家之林。

《毛诗故训传》版本甚多，且多为传、笺、疏三位一体。如《十三经注疏》本、明万历十七年刻本、清光绪淮南书局刊本等。

2.《毛诗传笺》20卷，（汉）郑玄撰

郑玄所注书凡百余万言，其中《诗》学著述以《毛诗传笺》、《毛诗谱》为要。

《毛诗传笺》简称《郑笺》，是郑玄以《毛传》为本，为《毛诗》所作的笺注。其"注《诗》宗毛为主，毛义若隐略，则更表明；如有不同，即下己意，使可识别"④。这实际上是表明了郑玄笺《诗》的目的和方法。其一，是将《毛传》中或隐或略的部分加以阐发、补充和订正，主要侧重于文字训诂的角度。其二，是如有与《毛传》不同的看法，就以自己的观点或吸取今文《诗》学的一些说法对《诗》进行解释。由是，郑玄笺《诗》不迷信经、传，

---

① 郝敬：《毛诗原解·读诗》，《四库全书存目丛书》本。
② 臧琳：《经义杂记》卷二三《毛传文例最古》，《续修四库全书》本。
③ 陈奂：《诗毛氏传疏叙》，见《诗毛氏传疏》卷首，《续修四库全书》本。
④ 郑玄：《六艺论》，见《毛诗正义》引，阮元校刻《十三经注疏》本。

在古文《毛诗》的基础上，又兼采鲁、齐、韩今文三家《诗》说。这就实现了今古文《诗》学的融合，创立了天下所宗的"郑学"。故自郑玄笺《诗》以后，《毛诗》日益流行，三家《诗》则逐渐退出历史舞台，《毛诗传笺》成为了天下通行的传本，并与《毛传》、《毛诗序》共同构成了《诗》之汉学《毛诗》学派的经典之作。

《毛诗传笺》发展、完善了《毛诗》，集中体现了《诗》学研究在汉代所达到的最高成就。它是先秦至两汉千余年来《诗》学研究的集大成之作，夏传才曾给予"《诗经》研究史上的第一个里程碑"① 的美誉。不过由于郑玄精于《礼》学，故每以《礼》说《诗》，学者多有异议。其他尚有牵强附会、曲解诗旨之处。然训诂名物，多存古义，瑜终不可掩也。

《毛诗传笺》的版本亦多，主要有《十三经注疏》本、明万历二十二年玄鉴室刻本、清乾隆四十八年武英殿刻本、稽古楼刊本等。

3.《毛诗正义》40 卷，(唐) 孔颖达撰

唐太宗时，孔颖达受诏与诸儒共同撰定《五经正义》，《毛诗正义》即为其一。

是书又名《毛诗注疏》，其以《毛传》、《郑笺》为疏之依据，坚持"疏不破注"的原则，广征博引诸家之说以疏通《传》、《笺》。在体例上是先列《毛传》(包括《毛诗序》)、《郑笺》(包括《毛诗谱》)，然后再是《孔疏》。疏中内容主要是对《传》、《笺》进行诠释引申，以阐明诗义。其训释以刘焯《毛诗义疏》、刘炫《毛诗述义》之说为本，文字以颜师古考定《五经定本》的文字为主，并附有陆德明的《毛诗释文》。这就实现了《诗》之训释、文字、音训的三统一，从而结束了自汉以来异说纷呈的派别之争，完成了《诗》学的统一。故皮锡瑞论之曰："自《正义》、《定本》颁之国胄，用以取士，天下奉为圭臬。唐至宋初数百年，士子皆谨守官书，莫敢异议矣。"②

《毛诗正义》是由朝廷敕编的一部官书，它在继承毛、郑遗说的基础上，又综合吸取了汉魏六朝以来诸家《诗经》研究的精粹，可谓《诗》之汉学研究的一部集大成之作，故有"《诗经》研究史上的第二个里程碑"③ 之誉。而且正是由于此书是汉魏以来关于《诗》学的一次总结，汇集了各家各派的主

---

① 夏传才：《〈诗经〉研究史概要》，中州书画社，1982 年，第 85 页。

② 皮锡瑞：《经学历史》七《经学统一时代》，周予同注释本，中华书局，2004年，第 146 页。

③ 夏传才：《〈诗经〉研究史概要》，中州书画社，1982 年，第 102 页。

要成果，这就使得后人对汉魏六朝时期很多已佚著述能略窥其斑。因此称其为"汉魏六朝毛诗学的文献库"①，实为不假。然物极必反，《毛诗正义》以它的权威统一了汉学的《诗》之研究，实际也是停止了《诗》的自由研究，从而造成了《诗》之汉学的终结。

《毛诗正义》的版本尤多，如《十三经注疏》本、《摛藻堂四库全书荟要》本、《四库全书》本、民国年间上海中华书局铅印本等。

4. 《毛诗指说》1卷，（唐）成伯玙撰

成伯玙，生平无考。著有《毛诗指说》1卷、《毛诗断章》2卷、《礼记外传》4卷、《尚书断章》13卷。

《毛诗指说》旨在探讨做诗之大旨、文体措辞以及齐鲁韩毛之师承源流。书凡4篇，为《兴述》、《解说》、《传受》、《文体》。《兴述》篇明先王陈诗观风之旨与孔子删诗正雅之由。《解说》篇首释诗义，而风、雅、颂、四始、六义、二南、序、诂、训、传等次之，并说明了风、雅、颂分为正、变的范围与含义、十五《国风》的编次及义理等。《传受》篇备详齐鲁韩毛四家《诗》之渊源与历代儒者注释之大略。《文体》篇凡三百篇中句法之长短、篇章之多寡、措辞之异同、用字之体例，皆胪陈而缕言之。其立言之有新意者，大致有四：其一认为孔子删诗，不仅仅删除诗篇，还刊正文辞；其二认为《国风》各国次序排列，基本上是按国土面积大小排列的；其三认为不但《风》、《雅》有正、变，《颂》亦有正、变。其四认为众诗之《小序》，子夏唯裁初句，其余为毛公所续。宋人或疑《诗序》非一人所作，并有废《序》言《诗》之行，成氏实乃启之。

《毛诗指说》以论文形式说《诗》，体例与刘勰《文心雕龙》颇似，后世以说《诗》之杂论称之。它的功绩除了上述提到的一些《诗》学新观点外，还在于开启了《诗》学一统情形下自由研究《诗》的新风气。自此以后，《诗》学研究逐渐由汉学向宋学过渡，成氏先锋启导的作用实不可没。

《毛诗指说》的版本主要有《通志堂经解》本、《四库全书》本、《摛藻堂四库全书荟要》本、清抄本等。

（二）宋元明之传说类《诗》学文献

宋元明时期的传说类《诗》学文献大体是围绕着《诗序》和朱熹《诗集传》进行阐发的。有宋以前，《诗》学研究基本上是汉学的天下。然到了北宋仁宗庆历年间，要求自由研究，注重考证，对汉学的经传重新阐释，这就逐

① 洪湛侯：《诗经学史》（上册），中华书局，2002年，第246页。

渐形成了《诗》之宋学传统。

宋代是《诗》之宋学萌芽、发展和成熟的重要时期，此时的《诗》学研究是在与汉学的不断论争中前进的，其论争主要是要突破《诗序》、《毛传》、《郑笺》以及《孔疏》等汉学权威的束缚，而其中又以《诗序》的尊废为核心。因此，宋代传说类《诗》学文献的最重要特征就是围绕着《诗序》的尊废而展开激烈的论争。宋代首先对《诗序》提出怀疑和批评的是北宋大儒欧阳修，其著《诗本义》认为《诗序》非子夏之作。随后，苏辙《诗集传》又以《诗》之《小序》反复繁重，类非一人之词，疑为毛公之学，卫宏所集录。因唯存其首一言，以下余文，悉从删汰。郑樵《诗辨妄》则主张《诗序》乃村野妄人所作。至王质《诗总闻》、朱熹《诗集传》，又尽去《诗序》以言《诗》，从而达到了废《序》言《诗》的顶峰。然同时，面对破旧立新的废《序》派的猛烈攻击，尊《序》派为了维护《诗序》的权威地位，也不遗余力地向废《序》派发起反攻。如周孚著《非诗辨妄》一书，专门攻击郑樵的观点。范处义著《诗补传》，极言《诗序》之不可废。吕祖谦著《吕氏家塾读诗记》，采集《诗经》汉学之说，坚守《诗序》、《毛传》、《郑笺》、《孔疏》，成为宋代《诗》学研究中尊《序》派的集大成之作。故有宋一代，尊《序》废《序》两派，壁垒分明，论争激烈。不过最后，由于时代特色、学术发展等原因，还是以朱熹为代表的废《序》派力挫群雄，获得了胜利，以至此后废《序》之风延续长达数百年之久。而随着朱熹《诗》学体系的形成，《诗》学研究也进入了朱熹《诗集传》一统天下的时代。

元、明是《诗》之宋学的继承和延续，此时的《诗》学研究基本上是以朱熹《诗集传》为准则的。《诗》之学者从各个方面对《诗集传》进行补充、发挥，于是产生了一大批羽翼《诗集传》的传说类《诗》学文献，如刘瑾《诗传通释》、刘玉汝《诗缵绪》、梁益《诗传旁通》、朱公迁《诗经疏义》、梁寅《诗演义》、朱倬《诗疑问》、胡广《诗经大全》、朱善《诗解颐》、薛瑄《读诗录》等。不过，到了明中叶以后，由于复古之风的日益强劲，宗《序》、宗毛、宗郑成为一时风尚，故有一些学者开始摆脱《诗集传》的束缚，他们或主毛郑、或无所专主、或杂采汉宋，创作了为数不少的反动《诗集传》的传说类《诗》学文献，如季本《诗说解颐》、李先芳《读诗私记》、朱谋㙔《诗故》、何楷《诗经世本古义》、姚舜牧《诗经疑问》、郝敬《毛诗原解》、袁仁《毛诗或问》等。所以说，元明的传说类《诗》学文献大多是围绕着《诗集传》的或尊或违展开的。

由此看来，宋元明时期的传说类《诗》学文献，依其释《诗》主旨，大致可分为废《序》派、尊《序》派、羽翼《诗集传》派、反动《诗集传》派。以下就按其类别，择其要者，略加介绍。

第一类：废《序》派

1. 《诗本义》16 卷[①]，（宋）欧阳修撰

欧阳修一生著述繁富，成绩斐然。其经学研究《诗》、《易》、《春秋》，皆能不拘前人旧说，独创新解。其著《诗本义》，不载经文，唯择其有可发明者先为论，以辨毛、郑之失，而后断以己意。其内容主要由两大部分组成：前 12 卷摭篇为论，为本义。其体例是先以"论曰"开始，主论毛郑之失，再以"本义曰"殿后，尽疏诗篇之意。13 卷至 15 卷为说《诗》总论，包括《一义解》、《取舍义》、《时世论》、《本末论》、《豳问》、《鲁问》、《序问》、《统解》。主要论述了毛郑异同得失、诗篇的时世、研治《诗》的方法、《豳风·七月》的归属、《鲁颂》的内容、《诗序》的作者等问题。末卷又称附录，为《郑氏诗谱补亡》并《后序》及《诗图总序》。

是书解《诗》论旨，敢于怀疑，勇于创新。其富有新意者，如对历来为学者所遵信的《诗序》、《毛传》、《郑笺》采取了大胆怀疑的态度，并勇于辨正其失。他认为：毛、郑于《诗》，其学固称渊博，但"考之于经而证之于序、谱，惜其不合者颇多"[②]。又认为：《毛诗》诸序，与孟子说诗多合，虽可据以论诗，但时有误失，亦当正之。由是，自唐定《毛诗正义》以后，欧阳修可谓是最早对《毛诗序》、《毛传》、《郑笺》提出批判、阐发新意的学者之一。这在"自唐以来说《诗》者莫敢议毛郑"[③] 的时代里，确有开风气之功。故朱熹评论云："旧来儒者不越注疏而已，至永叔（欧阳修）、原父（刘

---

① 古籍著录欧阳修《诗本义》的卷次有 14 卷、15 卷、16 卷之不同。如吴充所撰行状，韩琦所撰墓志铭，及欧阳修之子欧阳发所撰先公事迹，宋神宗实录，神宗旧史等，皆题《诗本义》14 卷。晁公武《郡斋读书志》作"欧阳《诗本义》十五卷"。陈振孙《直斋书录解题》作："《诗本义》十六卷，《图谱》附。"脱脱等《宋史·艺文志》云："欧阳修《诗本义》十六卷，又《补注毛诗谱》一卷。"清《四库全书》所录，题曰："《毛诗本义》十六卷。"所谓 14 卷者，当不包括《诗解》8 篇并《序》及《郑谱补亡》、《后序》、《诗图总序》。15 卷者，为不含《郑谱补亡》、《后序》及《诗图总序》。据历来学者所考，《诗本义》当以 14 卷为是。因为第 15 卷《统解》9 篇与前 14 卷或内容重复，或立论矛盾，又复见于欧公外集卷一〇，可能为欧阳修早年所作、晚年删弃不用之稿。而第 16 卷为是书附录，又能独立成卷，可另视为一书。

② 欧阳修：《诗谱补亡后序》，见《诗本义》附《郑氏诗谱》，文渊阁《四库全书》本。

③ 永瑢等：《四库全书总目》卷一五《诗本义》提要。

敞）、孙明复（孙复）诸公，始自出议论。"① 楼钥亦云："由汉以至本朝千余年间，号为通经者不过经述毛、郑，莫详于孔颖达之疏，不敢以一语违忤二家，自不相侔者，皆曲为说以通之。……惟欧阳公《本义》之作，始有以开百世之惑，曾不轻议二家之短长，而能指其不然，以深持诗人之意。其后王文公、苏文定公、伊川程先生各著其说，更相发明，愈益昭著，其实自欧阳氏发之。"② 所论当为公允。另外，欧阳修又倡诗有本末论、说诗重视人情常理等，这些对有宋一代的《诗》学发展都产生了深远的影响。

《诗本义》的版本主要有《通志堂经解》本、《四部丛刊三编》本、《四库全书》本、《摛藻堂四库全书荟要》本、明刻本、明蓝格抄本、清道光十四年钧源欧阳杰刻本等。

2. 《诗集传》③ 20 卷④，（宋）苏辙撰

苏辙（1039—1112），字子由，一字同叔，号栾城，晚号颍滨遗老，眉州（今四川眉山）人。年十九，与兄轼同登进士第，后又同举制科，可谓少年得意。然仕途却相当曲折，神宗熙宁新政中因政见不和，忤王安石意而出朝，辗转地方，沉沦下僚十数年。又坐其兄"乌台诗案"，贬监筠州盐酒税。哲宗立，召返京师，累官至尚书右丞，进门下侍郎。哲宗亲政，复见斥，贬居筠

① 黎靖德编、王星贤校点：《朱子语类》卷八〇《解诗》，中华书局，1986年，第2089页。

② 朱彝尊：《经义考》卷一〇四"欧阳氏《毛诗本义》"条，文渊阁《四库全书》本。

③ 苏辙《诗集传》，历代目录书均有著录，然书名却略有差异。其名大概有《诗解》、《苏氏诗解》、《苏辙诗解》、《苏子由诗解》、《苏黄门诗解》、《诗解集传》、《苏氏诗解集传》、《苏辙诗解集传》、《诗颍滨传》、《颍滨诗传》、《苏颍滨诗传》、《苏颍滨诗集解》、《诗集传》、《苏氏诗集传》、《苏文定公诗集传》、《颍滨先生诗集传》等。《诗解》、《诗传》、《诗集解》、《诗集传》、《诗解集传》，表明的是苏辙注解《诗经》所采取的文献体式。在文献体式前冠以苏辙的姓氏、名、字、号等，则是为了以示尊重或与其他《诗》学著作有所区别而已。故书名看似不同，实际却无多大分别。

④ 苏辙《诗集传》的卷帙有 19 卷和 20 卷之分。如晁公武《郡斋读书志》、陈振孙《直斋书录解题》、王应麟《玉海》、孙汝听《苏颍滨年表》、脱脱等《宋史·艺文志》、马端临《文献通考》、陆心源《皕宋楼藏书志》、沈德寿《抱经楼藏书志》以及《国史经籍志》、《世善堂藏书目录》、《万卷堂书目》、《授经图义例》、《绛云楼书目》等均称苏辙《诗集传》为 20 卷。而《澹生堂藏书目》、《会稽钮氏世学楼珍藏图书目》、《爱日精庐藏书志》、《昭仁殿天禄琳琅目录》、《天禄琳琅书目后编》等则著录苏辙《诗集传》为 19 卷。实际上，二者在内容上并无本质的区别，区别只是卷帙的分合不一。19 卷本将卷一一《祈父之什》和卷一二《小旻之什》合为 1 卷。

州、雷州、循州。徽宗继位，遇赦北归，寓居颍川，以大中大夫致仕。追复端明殿学士，谥"文定"。一生著述颇丰，除《诗集传》外，尚有《春秋集解》、《古史》、《龙川略志》、《龙川别志》、《栾城集》等。

《诗集传》的体例，是每篇先录《诗序》首句，然后下列诗文，再加以简注。此书最突出的特点是怀疑《诗序》，仅采首句，废《序》言《诗》。苏辙不相信子夏作《序》之说，他说："今《毛诗》之叙何其详之甚也！世传以为出于子夏，予窃疑之。子夏尝言《诗》于仲尼，仲尼称之，故后世之为《诗》者附之。"① 由此，苏辙认为《诗序》乃毛公之学，卫宏之所集录。又因《诗序》其言时有反复繁重，类非一人之词者，故唯存其首一言，以下余文，悉从删汰。这一辨析《诗序》内涵及废去余文之举，可谓《诗》学史上的一次革命性做法。自苏辙以后，郑樵力斥《诗序》之非，王质、朱熹尽废《诗序》以言《诗》，这就逐渐形成了《诗经》宋学反传统的发展脉络，将《诗经》研究推向了一个新的发展阶段。而苏辙《诗集传》于此的开创、启导之功，实具有不可磨灭的作用。

此书于经文说解，多采自《毛传》、《郑笺》。毛、郑有未安处，乃以己意说之。朱熹曾赞扬"子由《诗解》好处多"②。《四库全书总目》亦评之曰："辙于毛氏之学，亦不激不随，务持其平者。"③ 然周中孚却认为："其所为集解，亦不过融洽旧说，以就简约，未见有出人意表者。"④ 各家出发点不尽相同，故褒贬稍有差异也。

《诗集传》的版本主要有宋淳熙七年苏诩筠州公使库本、《续修四库全书》本、《两苏经解》本、《四库全书》本、明刻本等。

3.《诗总闻》20 卷，（宋）王质撰

王质（1135—1189）⑤，字景文，号雪山，其先东平府（今山东郓城）

———————————

① 苏辙：《诗集传》卷一，文渊阁《四库全书》本。

② 黎靖德编、王星贤校点：《朱子语类》卷八〇《解诗》，中华书局，1986 年，第 2090 页。

③ 永瑢等：《四库全书总目》卷一五《诗集传》提要。

④ 周中孚：《郑堂读书记》卷八，吴兴刘氏嘉业堂刊本。

⑤ 王质生年、卒年俱有二说：生年一说为 1127 年，一说为 1135 年；卒年一说为 1188 年，一说为 1189 年。据王质《雪山集》卷八《与赵丞相书》中云"某生于乙卯"，"乙卯"即绍兴五年（1135），是王质生于 1135 年。其卒年，友人王阮在《雪山集序》中云："时已病目，后忽寄诗，有'我疾不佳'之句，而讣至，盖淳熙十六年（1189）正月。"是王质卒于 1189 年。

人，后徙兴国（今湖北阳新）。宋绍兴三十年（1160）进士，博通经史，官至枢密院编修，出通判荆南府，改吉州。著有《雪山集》、《绍陶录》等，以《诗总闻》最为知名。

《诗总闻》体例新颖，所列凡闻音、闻训、闻章、闻句、闻字、闻物、闻用、闻迹、闻事、闻人十门，每篇又皆有总闻，述其大意。所列十门，陈振孙解释说："其书有闻音，谓音韵；闻训，谓字义；闻章，谓分段；闻句，谓句读；闻字，谓字画；闻物，谓鸟兽草木；闻用，谓凡器物；闻迹，谓凡在处山川土壤、州县、乡落之类；闻事，谓凡事实；闻人，谓凡人姓号。"① 于此之外，王质亦认为"南"与"风"、"雅"、"颂"一样，为《诗》之一体，是乐歌之名，故又撰"闻南"、"闻风"、"闻雅"、"闻颂"，分别冠于四个部分之前。

王质是书，乃南宋废《序》言《诗》的代表之作。他反对《诗序》，但不直接诋毁，而是采取"废序去传注"的方法，对三百篇逐篇重作解释，别立新意。而且他又以《左传》与《诗序》相对照，证实《诗序》之妄，进而主张说《诗》必先废《序》，可谓"毅然自用，别出心裁"，"以意逆志，自成一家"。这实际是反映了王质要摆脱传统汉学体系传、序、笺、疏的束缚，不循毛、郑，废弃《诗序》，完全按照自己的理解来阐释诗义，故此书不乏新意迭出之解，唯其中亦有不少穿凿附会之处。《四库全书总目》评之曰："然其冥思研索，务造幽深，穿凿者固多，悬解者亦复不少。故虽不可训，而终不可废焉。"② 诚为公允之论。

《诗总闻》的版本主要有《四库全书》本、《摛藻堂四库全书荟要》本、《武英殿聚珍版书》本、《经苑》本、《湖北先正遗书》本、《丛书集成初编》本、明山阴祁氏澹生堂蓝格抄本、清抄本等。

4.《诗集传》20卷③，（宋）朱熹撰

朱熹为南宋大儒，一生门生众多，著述等身，四部俱备。其《诗》学著作存世者主要有《诗集传》、《诗序辨说》、《诗传纲领》。另外，《朱文公文集》、《朱子语类》、《诗传遗说》中亦有朱子论《诗》之语。五者或详或略，互为补充，构成了朱熹《诗》学的完整体系。

---

① 马端临：《文献通考》卷一七九《经籍考六》，文渊阁《四库全书》本。
② 永瑢等：《四库全书总目》卷一五《诗总闻》提要。
③ 朱熹《诗集传》，有20卷与8卷之别。《宋史·艺文志》、《郡斋读书志》、《直斋书录解题》、《玉海》、《文献通考·经籍考》等皆著录为20卷。8卷本，盖坊间所刻，不知何人删并，《四库全书》有收录。

朱熹治《诗》，两易其稿，初稿全尊《诗序》，凡吕祖谦《读诗记》所引"朱氏曰"者是也，后改从郑樵废《序》之说，承认《诗序》果不足信，今本《诗集传》是也。其云："某向作《诗解》，文字初用《小序》，至解不行处，亦曲为之说。后来觉得不安，第二次解者，虽存《小序》，间为辨破，然终是不见诗人本意。后来方知，只尽去《小序》，便自可通。于是尽涤旧说，《诗》意方活。"① 因此，他主张废《序》言《诗》，涵泳本文，通其语脉，进而心领神会，求得诗篇本义，并初步运用文学的观点，这就使某些诗篇得到了较为合理的解释。废《序》言《诗》是《诗集传》的最主要特色，朱熹亦因此成为宋代废《序》派的集大成者。

朱熹治学，主张博采众说，取其所长。他认为："汉魏诸儒，正音读、通训诂、考制度、辨名物，其功博矣。学者苟不先涉其流，则亦何以用力于此。"② 故《诗集传》也本依训诂说字解经之法，重考据，重训诂。是书训诂多用毛、郑，亦间采三家。既引用古籍，亦采用同时诸家论《诗》之说，如欧阳修、张载、二程、苏辙、郑樵、吕祖谦等，其中以征引苏辙、吕祖谦二家最多。叶韵本之吴才老（吴棫）说，注赋比兴则以《周礼》之六义三经而三纬之。广征博引，择善而从，故自谓于《诗》独无遗憾。此外，对于《诗经》学上的一些基本问题，朱熹也提出了一些崭新的观点。如论《国风》，朱熹说："凡《诗》之所谓《风》者，多出于里巷歌谣之作，所谓男女相与咏歌、各言其情者也。"③ 论《风》、《雅》、《颂》提出以乐歌相别，认为《风》是"民俗歌谣之诗"，《雅》是"正乐之歌"，《颂》是"宗庙之乐"。如此等等，都是汉、唐学者所不能道的。

《诗集传》集众家之长，删繁就简，辞约意明，故其一出，即为世人瞩目，为论《诗》者推崇。如王应麟评论云："朱文公《集传》阔意眇指，卓然千载之上。"④ 何乔新亦云："赵宋欧阳氏、王氏、苏氏、吕氏于《诗》皆有训释，虽各有发明，而未能无遗憾者，自朱子之《传》一出，则三百篇之旨灿然复明。"⑤ 因此，车若水《脚气集》就说："《诗传》一出，诸书尽废，真

---

① 黎靖德编、王星贤校点：《朱子语类》卷八〇《论读诗》，中华书局，1986年，第 2085 页。

② 朱熹：《论孟精义序》，见《论孟精义》卷首，文渊阁《四库全书》本。

③ 朱熹：《诗集传序》，见《诗集传》卷首，上海古籍出版社，1980 年。

④ 王应麟：《诗考自序》，见《诗考》卷首，文渊阁《四库全书》本。

⑤ 何乔新：《椒邱文集》卷一，文渊阁《四库全书》本。

是著书手段。"① 亦有学者称"《诗集传》是在宋学批判汉学和宋代考据学兴起的基础上宋学《诗经》研究的集大成著作，是《毛诗传笺》、《毛诗正义》之后，《诗经》研究的第三个里程碑"②。评论不可谓不高。然而，由于《诗经》宋学本身的局限性以及朱熹道学家的身份和维护正统思想的需要，《诗集传》中也有不少自相矛盾、穿凿附会之处。如不尽废《序》，"淫诗"说等，无疑是其一大遗憾。

朱子《诗集传》版本甚多，重要及常见者主要有《四部丛刊三编》本、宋刊本、明正统十二年司礼监刊本、明嘉靖监赣州清献堂刊巾箱本、民国二十五年上海商务印书馆据日本东京静嘉堂文库藏宋本影印本、1955 年北京文学古籍刊行社影印宋刻本、1958 年中华书局上海编辑所铅印本、1980 年上海古籍出版社铅印本等。

第二类：尊《序》派

1. 《诗补传》30 卷③，（宋）范处义撰

范处义（生卒年不详），字子由，号逸斋，金华（今属浙江）人。宋绍兴二十四年（1154）进士，官殿中侍御史。庆元三年（1197），除秘书监，百秘阁修撰，出为江东提刑。精于经学，著有《诗补传》、《诗学》、《解颐新语》等《诗》学著作。

《诗补传》又名《逸斋诗补传》、《逸斋补传》，为南宋前期尊《序》派的代表之作。其《自序》论述写作目的与方法云："《补传》之作，以《诗序》为据，兼取诸家之长，揆之情性，参之物理，以平易求古诗人之意，文义有阙，补以六经、史传；诂训有阙，补以《说文》、《篇》、《韵》。异同者一之，隐奥者明之，室碍者通之，乖离者合之，谬误者正之，曼衍者削之，而意之所自得者亦错出其间。"④ 可见，范氏作《诗补传》大旨是病诸儒说《诗》好废《序》以就己说，故以《诗序》为据，旁征博引，阐释《诗》义，力求古诗人之意。

是书笃信《诗序》，对大小《序》的划分和作者均提出了不同于以往的观点。认为沈重引郑玄所分大小《序》是不对的，"其说以《关雎》一《序》为《大序》，余皆为《小序》，既已考之不审矣"⑤。进而提出："《诗》有《小

① 车若水：《脚气集》，文渊阁《四库全书》本。
② 夏传才：《〈诗经〉研究史概要》，中州书画社，1982 年，第 140 页。
③ 是书《千顷堂书目》作 22 卷，《授经图义例》又作 12 卷。
④ 范处义：《诗补传序》，见《诗补传》卷首，文渊阁《四库全书》本。
⑤ 范处义：《诗补传篇目》，见《诗补传》卷首，文渊阁《四库全书》本。

序》，有《大序》，《小序》一言，国史记作诗者之本义也，《小序》之下皆《大序》也，亦国史之所述，间有圣人之遗言可考而知。"① 既然《诗序》为国史所作，又间有圣人遗言，因此范氏主张《诗序》必不可废，阐释《诗》义必尊《诗序》。《四库全书总目》即评论说："盖南宋之初，最攻《序》者郑樵，最尊《序》者则处义矣。"② 然范氏说《诗》一尊《诗序》，不免穿凿牵合，故《四库全书总目》又说："至于《诗序》本经师之传，而学者又有所附益，中间得失，盖亦相参。处义必以为尼山之笔，引据《孔丛子》，既属伪书；牵合《春秋》，尤为旁义。矫枉过直，是亦一瑕。"实为公允之论。不过此书征引详博，辞义淳实，至若解《大序》、论《二南》、明《雅》之正变，皆与《毛传》相发明，亦不失为一家之言也。

《诗补传》的版本主要有《四库全书》本、《通志堂经解》本、《摛藻堂四库全书荟要》本、清初抄本、清同治间巴陵钟氏重刻通志堂本等。

2.《吕氏家塾读诗记》32 卷，（宋）吕祖谦撰

吕祖谦为南宋理学派别之一"吕学"的创始人，与朱熹、张栻世称"东南三贤"。吕氏说《诗》，一尊《诗序》，初与朱熹之说最合，后来朱子受郑樵影响，自变前说，并责祖谦："专信《序》，又不免牵合。伯恭凡百长厚，不肯非毁前辈，要出脱回护。不知道只为得个解经人，却不曾为得圣人本意。"③ 吕氏论《序》大抵本程颐之言，亦间采苏辙"非一人之辞之意"说，认为："三百篇之意，首句当时所作，或国史得诗之时载其事以示后人，其下则说诗者之辞也。说诗者非一人，其时先后亦不同。以《毛传》考之，有毛氏已见其说者，时在先也，有毛氏不见其说者，时在后也。……意者后之为毛学者如卫宏之徒附益之耳。"④ 是祖谦尊崇《诗序》，又以为《诗序》首句是当时国史所作，首句之下则有后人附加者。由是与朱熹展开多次论辩，将《诗》之宋学的尊《序》废《序》之争推向了顶峰。吕氏此书亦成为宋代尊《序》派的集大成之作。

吕祖谦经学绍承家学，说《诗》注重传注训诂。是书引用汉代以来四十多家注解，而以《毛传》、《郑笺》为主。各家如有不当，颇以己说正之。综观此书训诂注解，或考释单字词语，或串解诗文句义，或通释章义，或总述

---

① 范处义：《诗补传篇目》，见《诗补传》卷首，文渊阁《四库全书》本。

② 永瑢等：《四库全书总目》卷一五《诗补传》提要。

③ 黎靖德编、王星贤校点：《朱子语类》卷八〇《纲领》，中华书局，1986 年，第 2074 页。

④ 吕祖谦：《吕氏家塾读诗记》卷三，文渊阁《四库全书》本。

篇义，都有一些精辟之见。陈振孙评之曰："博采诸家，存其名氏，先列训诂，后陈文义，剪裁贯穿，如出一手，己意有所发明，则别出之。《诗》学之详正，未有逾于此书者也。"① 尤袤亦云："六经遭秦火多断缺，惟三百篇幸而获全。汉兴，言诗者三家，毛氏最著，后世求诗人之意于千百载之下，异论纷纭，莫知折衷，东莱吕伯恭病之，因取诸儒之说，择其善者萃为一书，间或断以己意，于是学者始知所归。"② 这都道出了吕氏《读诗记》折中合一，融会贯通的特点和在当时的影响。故论者推为宋代汉学家的代表性著作。

《吕氏家塾读诗记》的版本主要有《四库全书》本、《摛藻堂四库全书荟要》本、《墨海金壶》本、《经苑》本、《金华丛书》本、《四部丛刊续编》本、《丛书集成初编》本、宋刻本、明嘉靖十年傅氏刻本、明万历四十一年陈龙光苏进等刻本、清嘉庆十六年听彝堂刻本等。

第三类：羽翼《诗集传》派

1.《诗传通释》20卷，（元）刘瑾撰

刘瑾（生卒年不详），字公瑾，安福（今属江西）人。博通经史，隐居不仕，其学问渊源出于朱子。

是书大旨在发明朱子《诗集传》，而间出其所自得。其采录各经传及诸儒所发要义，又考正诸国世次、作者时世。陆心源《跋》曰："其书以朱子《集传》为主，而采诸经及《毛传》、《郑笺》、《史记》、《汉书》……数十家之说以释之。《诗小序》次每篇之后，《辨说》次《序》之后。"③《铁琴铜剑楼藏书目录》亦云：此书"专宗《集传》，博采众说以证明之。其所辑录诸家，互相援引习见者多，惟李宝之、刘后翁为诸家所未及。《诗序辨说》……分列各章之后，其为例亦独殊"④。不过刘氏此书，征实之学不足，清儒陈启源作《毛诗稽古编》多所驳诘。《四库全书总目》论之曰："然汉儒务守师传，唐疏皆遵注义，此书既专为《朱传》而作，其委曲迁就，固势所必然，亦无庸过为责备也。"⑤ 而且其"研究义理究有渊源，议论亦颇笃实，于诗人美刺之旨，尚有所发明，未可径废"⑥。所论还是比较客观。明胡广等奉敕撰《诗经

---

① 陈振孙：《直斋书录解题》卷二，徐小蛮、顾美华点校，上海古籍出版社，1987年，第39页。

② 瞿镛：《铁琴铜剑楼藏书目录》卷三，咸丰七年常熟瞿氏家塾本。

③ 陆心源：《元椠诗传通释跋》，见《仪顾堂续跋》卷二，《续修四库全书》本。

④ 瞿镛：《铁琴铜剑楼藏书目录》卷三，咸丰七年常熟瞿氏家塾本。

⑤ 永瑢等：《四库全书总目》卷一六《诗传通释》提要。

⑥ 永瑢等：《四库全书总目》卷一六《诗传通释》提要。

大全》，全袭此书。

《诗传通释》的版本主要有《四库全书》本、元至正十二年建安刘氏日新书堂刻本、元至正十二年建安刘氏日新书堂刻明修本、日本嘉永三年官版书籍发行所刻本、日本嘉泰重刊本等。

2.《诗缵绪》18卷，（元）刘玉汝撰

刘玉汝（生卒年不详），字成之，庐陵（今江西吉安）人，尝举乡贡进士。

此书大旨专以发明朱子《诗集传》，体例与辅广《诗童子问》相近。其于《诗集传》经义无多大贡献，最有发明、最能独树一帜者，为论比兴之例和明用韵之法。论比兴，谓有取义之兴，有无取义之兴，有一句兴通章，有数句兴一句，有兴兼比、赋兼比之类。明用韵，谓有隔句为韵，连章为韵，叠句为韵，重韵为韵之类。又论《风》、《雅》之殊，谓有腔调不同、词义不同之类。如此等等，皆能反复体究，缕析条分。故《四库全书总目》云其"虽未必尽合诗人之旨，而于《集传》一家之学，则可谓有所阐明矣"①。

刘氏《诗缵绪》早佚，清四库馆臣就《永乐大典》所载，"依经排纂"辑成，又"正其脱讹"，定为18卷。其版本主要有《四库全书》本、《四库全书珍本初集》本、新旧抄配本等。

3.《诗经大全》20卷，（明）胡广撰

《诗经大全》，又名《诗传大全》，乃明成祖永乐十二年（1414）官修《四书五经大全》之一，亦主于羽翼朱熹《诗集传》。

是书主要以元人刘瑾《诗传通释》为底本，稍变其例而成。刘氏书以《小序》分隶各篇，《诗经大全》则从朱子旧本，合为一篇，并且将刘瑾的"愚按"二字改成"安成刘氏曰"，余者极少变动。书成之后，经义试士，以此奉为准则，为有明一代钦定教科书。顾炎武《日知录》评论说："仅取已成之书，抄誊一过，上欺朝廷，下诳士子，唐宋之时，有是事乎？岂非骨鲠之臣已空于建文之代，而制义初行，一时人士尽弃宋元以来所传之实学，上下相蒙，以饕禄利而莫之问也。呜呼！经学之废，实自此始。"②《四库全书总目》亦认为"其书本不足存，惟是恭逢圣代，考定艺文，既括千古之全书，则当备历朝之沿革，而后是非得失，厘然具明。此书为前明取士之制，故仍录而存之"③。不过，总体言之，此书既然为奉敕编撰，颁行天下，科举取

① 永瑢等：《四库全书总目》卷一六《诗缵绪》提要。
② 顾炎武：《日知录》卷一八《四书五经大全》。
③ 永瑢等：《四库全书总目》卷一六《诗经大全》提要。

士，奉以为则，其影响之深之大，自不待言。

《诗经大全》的版本主要有《四库全书》本、明内府刻本、明嘉靖元年建宁书户刘辉刻本、明嘉靖二十七年书林宗正堂刻本、明万历三十三年书林余氏刻本、明永乐刻本、明诗瘦阁刻本、明德寿堂刻本、明洪武蜀府刻本、高丽刊本等。

4.《诗解颐》4卷，（明）朱善撰

朱善（1314—1385），字备万，号一斋，丰城（今属江西）人。明洪武八年（1375），廷对第一，授修撰。洪武十八年（1385），官至文渊阁大学士。明初以名儒出仕，与刘三吾、汪叡并称为"三老"。洪武末卒，谥"文恪"。著有《诗解颐》、《史辑》、《一斋集》等。

是书又名《诗经解颐》，以推衍朱熹《诗集传》为说。其不载经文，仅以诗之篇题标目，于一字一句或诗旨或故实，凡是有得处则书于篇题之下，无解说者则并篇题亦付之阙如。《四库全书总目》说："其说不甚训诂字句，惟意主借诗以立训，故反复发明，务在阐兴观群怨之旨、温柔敦厚之意，而于兴衰治乱尤推求原本，剀切著明，在经解中为别体。而实较诸儒之争竞异同者，为有裨于人事。"① 可见，本书全力宣扬的乃是儒家修齐治平的政治之道和孝悌节义的伦理道德，实为一部从伦理道德角度论《诗》之作。

本书于考据亦有所发明，对《诗集传》有所补充。如《四库全书总目》所举"其于'太王剪商'一条，引金履祥之言，补《集传》所未备。其据宣王在位四十六年，谓'节彼南山'之申伯、蹶父、皇父、尹氏，皆非当日之旧人，驳项安世之说，亦时有考据"②。是其在恪宗《诗集传》传统之时，亦保留了元儒的经学务实之风。

据其门人丁隆《跋》云："先生得家学之传，经籍无不考颐，至古诗三百篇，尤博极其趣，每授诸弟子，于发明肯綮处辄录之，……不数年成集。"③知此书乃为士子学《诗》而作，是朱善传授弟子的讲稿。其版本主要有《通志堂经解》本、《四库全书》本、《摛藻堂四库全书荟要》本、明初刻本、清初毛氏汲古阁抄本等。

第四类：反动《诗集传》派

1.《诗说解颐》40卷，（明）季本撰

季本（1485—1563），字明德，号彭山，会稽（今浙江绍兴）人。正德十

---

① 永瑢等：《四库全书总目》卷一六《诗解颐》提要。

② 永瑢等：《四库全书总目》卷一六《诗解颐》提要。

③ 丁隆：《诗解颐跋》，见《诗解颐》卷末，文渊阁《四库全书》本。

二年（1517）进士，历官建宁府推官、长沙知府等职。因锄击豪强过当，乃罢归。为王阳明弟子，崇尚心学。著有《易学四同》、《诗说解颐》、《说理会编》等书。

《诗说解颐》包括《总论》2卷、《正释》30卷、《字义》8卷。此书《自序》论其主旨及条例云："盖于旧说多所破之，而一以经文为主。书有《总论》二卷，以提其纲；《正释》三十卷，则说正经者也；别为《字义》八卷，附于其后，以补正说之所未备，而性情之本，名物之详，一览可尽矣。"① 是此书主旨乃以经文为主，就诗论诗，其实质就是想冲破元代以至明前期《诗》学研究谨守朱熹《诗集传》的学风，恢复到以经论经的说《诗》方式。其内容《总论》主要是就《诗经》的基本问题，如大小《序》、六义、诗乐、删诗等进行整体讨论。《正释》在于阐释诗旨，疏通诗义，训释字词，《字义》则是对名物的解释。书中论述多与朱熹《诗集传》不合，且有许多新的观点。故徐渭评论说："会稽季先生所著《诗说解颐》，其志正，其见远，其意悉本于经，而不泥于旧闻，深有得于孔氏之遗旨，有裨后学。"② 《四库全书总目》亦赞其曰："大抵多出新意，不肯剽袭前人，而征引该洽，亦颇足以自申其说。凡书中改定旧说者，必反复援据，明著其所以然。……虽间伤穿凿，而语率有征，尚非王学末流以狂禅解经者比也。"③

《诗说解颐》的版本有《四库全书》本、明嘉靖四十一年胡宗宪刻本、明刻本等。

2.《读诗私记》5卷④，（明）李先芳撰

李先芳（1510－1594），字伯承，初号东岱，后改北山，湖北监利人。嘉靖二十六年（1547）进士，官至尚宝司少卿。著有《读诗私记》、《江右诗稿》、《李氏山房诗选》、《东岱山房稿》、《清平阁集》等。

是书不载经文，不释全经，其旨不在训诂，而在义理阐发，故类似读书笔记，有感而发，有得而记。其卷一为总论，主要论述了八个方面的问题，如《诗序》《诗图序略》《读诗总论》、《删诗》、《毛诗始末》、《论小序》、《朱注国风多淫奔之词》、《读诗之法》、《辨诗本无变风变雅之名》、《疑雅降为风诸侯有风无雅颂》。卷二至卷五，大抵讨论各诗之诗旨，《风》、《雅》、《颂》

---

① 季本：《诗说解颐序》，见《诗说解颐》卷首，文渊阁《四库全书》本。
② 朱彝尊：《经义考》卷一一三"季氏《诗说解颐》"条，文渊阁《四库全书》本。
③ 永瑢等：《四库全书总目》卷一六《诗说解颐》提要。
④ 是书又有2卷之说，如《四库全书》所收即为2卷本。

前亦皆有一篇《考》。由于属于箚记性质，各诗篇并非全部论及，论述文字也详略不一。

《读诗私记》成书于隆庆四年（1570），此时《诗》学研究已逐渐脱离朱子《诗集传》的牢笼，出现上溯古义、复宗毛郑的倾向。李先芳适逢其时，故此书所释大抵多从毛、郑，毛、郑有所难通，则参之吕祖谦《吕氏家塾读诗记》及严粲《诗缉》诸书，而不甚主朱子《诗集传》。如论《诗序》不可废，质疑朱子淫诗说等，皆为尊汉抑宋之说。反映了明中叶以后，《诗》学逐渐背离朱子之学，恢复汉学的学风倾向。不过李氏之书虽大旨在于尊毛反朱，但又不全尊毛，对毛的部分观点也有辨正，对朱注亦有引用。所以，《四库全书总目》评论说："盖不专主一家者，故其议论平和，绝无区分门户之见。"①

《读诗私记》的版本主要有《四库全书》本、《湖北先正遗书》本等。

3.《诗故》10卷，（明）朱谋㙔撰

朱谋㙔（1500—1624），字郁仪，明太祖第十七子宁献王朱权七世孙，世居南昌，袭封镇国中尉，万历中管理石城府事。谋㙔孝友端直，束修自好，贯串群经，通晓朝廷典故，时称"贞静先生"。著有《周易象通》、《骈雅》、《诗故》等。

此书不录全经，仅录篇名，篇名之下录《诗序》首句，然后再申述辨正《诗序》及阐明诗篇旨意。其说《诗》多以汉学为主，采用《小序》首句，略同苏辙《诗集传》之例。其辨正《诗序》者，不赞同者，出以"非"字，并阐明其非之理。赞同者出以"何"字，以申述之。如诗义较明，与旧说亦不大谬者，则或径直申述之。此间有参用旧说以为考证者，亦有自出新见以为创说者，与朱子《诗集传》多所异同。故《四库全书总目》言朱氏："博极群书，学有根底，要异乎剽窃陈言。"此外，此书对诗之篇名、篇章错简、文字训释，也常有所发明，这为清代考据学的兴起可谓有先导意义。

《诗故》的版本主要有《四库全书》本、《豫章丛书》本、明万历刻本、清抄本等。

4.《诗经世本古义》28卷，（明）何楷撰

何楷（1594－1645），字玄子，漳州镇海卫（今属福建）人。天启五年（1625）进士，值宦官魏忠贤擅权，不仕而归，后官刑科给事中。楷博综群书，寒暑勿辍，尤邃于经学。著有《古周易订诂》、《诗经世本古义》、《春秋绎》等。

何氏论《诗》专主孟子"知人论世"之旨，排列诗篇依时代先后为次，

---

① 永瑢等：《四库全书总目》卷一六《读诗私记》提要。

故名曰《世本古义》。其书不依《毛诗》次第，略本郑玄《诗谱》而杂以己意，取三百零五篇，叙其时世，始于夏少康之世《公刘》篇，迄于周敬王之世《下泉》篇，凡二十八王，分二十八卷，各卷诗篇内容多寡悬殊。每篇诗前，皆有《小序》，或采自《诗序》、或采自朱子《诗集传》、或采自伪书《子贡诗传》和《申培诗说》、或采自前人之说、或为自己新说。《序》后录诗篇全文并加以详细注解，卷末有《属引》一篇，仿《序卦》传体，以韵语明所以比属牵缀之义。《诗》之诗篇时世次第，秦汉时已多数不可考，"楷乃于三千年后钩棘字句，牵合史传，以定其名姓时代"①，不免穿凿附会、武断自为。"然楷学问博通，引援赅洽，凡名物训诂，一一考证详明，典据精确，实非宋以来诸儒所可及"②。故此书虽多遭学人贬斥，然终不能废也。

《诗经世本古义》的版本主要有《四库全书》本、明崇祯刻本、清嘉庆十八年周氏书三味斋刻本、清嘉庆二十四年溪邑文林堂谢氏刻本、清光绪十九年上海鸿宝斋石印本等。

（三）清代之传说类《诗》学文献

清代的传说类《诗》学文献，大多是伴随着汉学与宋学之争、古文学与今文学之争、考据学与义理学之争而产生的。清代前期，《诗》之宋学日渐衰微，汉学逐渐复兴，故围绕汉学与宋学之争，传说类《诗》学文献或为宋学遗韵，或为汉学复古，或为汉宋兼采。然其中实以汉学复古和汉宋兼采之作如陈启源《毛诗稽古编》、朱鹤龄《诗经通义》等代表了清前期《诗》学发展的主流，为清代中期汉学的全面复兴奠定了基础。清代中期，汉学的复兴由萌芽达至全盛，最终形成了乾嘉"考据学派"。其间无论是吴派、皖派，抑或是扬州学派等的传说类《诗》学文献，如惠栋《毛诗古义》、戴震《毛郑诗考正》、焦循《毛诗补疏》、胡承珙《毛诗后笺》、马瑞辰《毛诗传笺通释》、陈奂《诗毛氏传疏》等，皆从《毛诗》，尚古义，这大大推动了清代《诗》之汉学的研究。清代后期，《诗》学研究的主流主要转向于今文三家《诗》的研究，古文《毛诗》虽也有一定的发展，但已不见乾嘉时期的盛况。因此，从《诗》学发展的主要脉络来看，清代的传说类《诗》学文献大多应以古文《毛诗》的汉学之作为重。不过，在汉学与宋学之争、古文学与今文学之争、考据学与义理学之争外，亦有几位学者之作能摆脱宗派之见，以诗论《诗》，如姚际恒《诗经通论》、崔述《读风偶识》、方玉润《诗经原始》，确为清代

---

① 永瑢等：《四库全书总目》卷一六《诗经世本古义》提要。
② 永瑢等：《四库全书总目》卷一六《诗经世本古义》提要。

《诗》学研究中的一束奇葩，有开一代《诗》学研究新风的功绩。故以下我们就按照清代《诗》学发展的主流，以时段为界，兼及流派，将此时的传说类《诗》学文献分为清前复古派、乾嘉考据派、独树一帜派，选取代表之作，略为介绍其要，以见清代《诗》学研究的主要特色。

第一类：清前复古派

1.《诗经通义》12卷，（清）朱鹤龄撰

朱鹤龄生性好学，平生致力于诸经注疏。其著《诗经通义》，又名《毛诗通义》、《诗经通论》，其说《诗》专主《小序》，力驳废《序》之非，引据诸家参停于汉、宋之间。如于汉用毛、郑，唐用孔颖达，宋用欧阳修、苏辙、吕祖谦、严粲，清用陈启源。其释音，明用陈第，清用顾炎武。可见其以古义说《诗》，又不尽废宋人之说，体现了清代前期论《诗》杂采汉宋的《诗》学风气，推动了清代的经学复古考据运动，为清前期复古考据的代表之作。《四库全书总目》评论此书书前《凡例》九条及考定郑玄《诗谱》"皆具有条理"，并说"惟鹤龄学问淹洽，往往嗜博好奇，爱不能割，故引据繁富而伤于芜杂者有之，亦所谓武库之兵，利钝互陈者也，要其大致，则彬彬矣"。①

《诗经通义》的版本有《四库全书》本、《碧琳琅馆丛书》本、《芋园丛书》本、手稿本等。

2.《毛诗稽古编》30卷，（清）陈启源撰

陈启源（生卒年不详），字长发，江苏吴江人。康熙时诸生。一生沉潜读书，精研经学。著有《毛诗稽古编》、《尚书辨略》、《读书偶笔》、《存耕堂稿》等。

是书乃驳宋申毛为《诗经》正义、训诂之作，成于康熙二十六年（1687）。前有朱鹤龄序。凡30卷，前24卷依次解经，不载经文，仅题篇名，有则解之，无则阙如。次为《总诂》5卷，分为举要、考异、正字、辨物、数典、稽疑六类，主要是关于《诗》之音韵、文字、名物的考证，兼及一些《诗经》各类基本问题的论述。末卷为附录，统论《风》、《雅》、《颂》之旨。其说《诗》专崇古义，训诂一准《尔雅》，篇义一准《小序》，诠释诗旨以《毛传》为主而辅之以《郑笺》，训释名物参照于《陆疏》，以辨正朱熹《诗集传》为主，旁及宋元其他诸家《诗》说，可谓清前期专宗汉学、高举复古旗帜的典型代表作，亦显现了清代汉学的复兴开始由萌芽走向压倒性地位。《四库全书总目》评论此书"其间坚持汉学，不容一语之出入，虽未免或有所偏，

---

① 永瑢等：《四库全书总目》卷一六《诗经通义》提要。

然引据赅博，疏正详明，一一皆有本之谈，盖明代说经，喜骋虚辨，国初诸家始变为征实之学，以挽颓波，古义彬彬，于斯为盛，此编尤其最著也"①。不过此书也有瑕疵，如附录论及"西方美人"一条、"捕鱼诸器"一条，皆横生异说，掺杂佛学，历来为论者所诟病。

《毛诗稽古编》的版本主要有《四库全书》本、《皇清经解》本、清抄本、清嘉庆十八年听天命斋刻本、清嘉庆十八年吴江庞佑清刻本、清光绪九年上海同文书局石印本等。

第二类：乾嘉考据派

1.《毛诗古义》1 卷②，（清）惠栋撰

惠栋一生无意仕进，潜心问学，博通诸经，著有《九经古义》等。《毛诗古义》即为《九经古义》之一种。

《毛诗古义》乃一部箚记性质的训诂学之作。书凡 127 条。其体例是先列《诗经》经文，然后博引经典旧说，解释古字古义，书中颇有对旧说加以补正之处。《四库全书总目》曾总论《九经古义》云："大抵原原本本，精核者多，较王应麟《诗考》、《郑氏易注》诸书有过之无不及。"③ 以此言《毛诗古义》，亦不失为朴实之论。

《毛诗古义》的版本有《昭代丛书》本、《贷园丛书》本、清嘉庆省吾堂刊本等。

2.《毛郑诗考正》4 卷，（清）戴震撰

戴震（1723—1777），字慎修，又字东原、杲溪，安徽休宁人。乾隆二十七年（1762）举人，《四库全书》编修官之一。其学识渊博，识断精审，长于考辨，为清代考据学大师，皖派创始人。著有《毛郑诗考正》、《杲溪诗经补注》、《声韵考》、《声类表》、《方言疏证》、《原善》、《孟子字义疏证》等。

是书乃戴氏对《毛传》、《郑笺》词语训诂进行考证之作，主要是考辨《传》、《笺》注释之非而提出自己的见解，很少涉及诗旨篇义。其体例是不列《诗》之经文，而以诗句为题，后列考辨《传》、《笺》之文。书中凡考辨《传》、《笺》误释 180 余条，其中以《笺》误为多。《传》、《笺》未注者，补之。所考、所补皆征引古书，言之有据，亦多颇有创见。这是戴氏在《诗经》

① 永瑢等：《四库全书总目》卷一六《毛诗稽古编》提要。

② 此书《续修四库全书总目提要》及《江苏省立国学图书馆图书总目》又著录为 2 卷，盖因版本不同而分卷有所不同也。

③ 永瑢等：《四库全书总目》卷三三《九经古义》提要。

学上的最主要贡献，推动了后世对《诗经》学切实深入的研究。

《毛郑诗考正》的版本主要有《微波榭丛书》本、《安徽丛书》本、《续修四库全书》本、《指海》本、《皇清经解》本、《昭代丛书》本、学海堂本、清抄本等。

3. 《毛诗后笺》30 卷，（清）胡承珙撰

胡承珙（1776—1832），字景孟，号墨庄，安徽泾县人。嘉庆十年（1805）进士，官御史、台湾兵备道等职。后乞假归，潜心著述，究于经学，于训诂学方面颇有造诣。著有《毛诗后笺》、《仪礼古今文疏义》、《尔雅古义》、《求是堂文集》等。

胡氏不满意《郑笺》，认为《郑笺》申毛而不得毛意，异毛而不如毛义，故著《毛诗后笺》以继郑玄后重新申述《毛传》之义。其未完者，《鲁颂·泮水》以后由好友陈奂补之。是书不载经文，仅标篇目。篇目后先依《诗序》讨论诗旨，后依《毛传》训释文辞名物。书中训释广引诸家之说以为证，包括宋元诸儒之说，不避门户，折中剖析，可采者甚多。《清史稿·儒林传·胡承珙》即评论此书说：“其书主于申述毛义，自注疏而外，于唐、宋、元诸儒之说，及近人为《诗》学者，无不广征博引，而于名物训诂及《毛》与三家《诗》文有异同，类皆剖析精微，折衷至当。而其最精者，能于《毛传》本文前后会出指归，又能于西汉以前古书中反复寻考，贯通《诗》义，证明毛旨。”诚为实评。不过由于此书太拘束于《诗序》与《毛传》，故也存在很多失误之处。

《毛诗后笺》的版本主要有《求是堂全集》本、《广雅书局丛书》本、《皇清经解续编》本、《墨庄遗书》本、《续修四库全书》本、清道光丁酉求是堂刊本、清光绪七年方氏椅园刻本等。

4. 《毛诗传笺通释》32 卷，（清）马瑞辰撰

马瑞辰（1782—1853），字元伯，一字献生，安徽桐城人。嘉庆十五年（1810）进士，选翰林院庶吉士，散馆改工部营缮司主事，擢都水司郎中。因事发送黑龙江，后获释归乡，潜心著述，博研经籍，尤精于《诗》，积十六年之功，著成《毛诗传笺通释》。

是书以《毛传》为宗，以《郑笺》为本，通过因声求义的方法，如用古音古义订正讹误、用双声叠韵别通借等，又辅以三家异同，不尽从《传》，亦不尽从《笺》，不尽从《序》，兼收并蓄、实事求是地对 305 篇逐篇进行疏释，注重文字训诂。书凡 32 卷，卷一为杂考各说 19 篇，通论《诗经》学上的一些基本理论问题及《毛诗》的源流，如诗篇入乐、十五国风次序、二南名称、风雅正变等，所论每多创见，常为《诗》家所取。卷二以下为本书正文，通释《诗经》。其体例是专释词语，不列经文，有新解方标专条，以所释诗句为

题，下列考释文字，体例与胡承珙《毛诗后笺》略同。其训诂，有纠毛、郑之失误者，有补毛、郑之阙遗者，大多立论有据，胜于毛、郑旧说，此为本书的最大成就。

《毛诗传笺通释》的版本主要有《续修四库全书》本、《广雅书局丛书》本、《皇清经解续编》本、《四部备要》本、清道光十五年学古堂刊本、民国年间上海中华书局铅印本等。

5.《诗毛氏传疏》30卷，（清）陈奂撰

陈奂（1786—1863），字硕甫，号师竹，晚自号南园老人，江苏长洲（今苏州）人。诸生，咸丰元年（1851）举孝廉方正。先后从江沅、段玉裁学，又在京获交王念孙父子及胡承珙、郝懿行、胡培翚等人，学识日进。奂精于训诂考证，专意治《毛诗》。《诗》学著述主要有《诗毛氏传疏》30卷、《释毛诗音》4卷、《毛诗说》1卷、《毛诗传义类》1卷、《郑氏笺考征》1卷、《毛诗九穀考》1卷、《毛诗释义》1卷、《补毛诗后笺》等。其中，《诗毛氏传疏》为代表作。

是书采用注疏之体，每篇之前，首列《诗序》，每章诗文之下，列《毛传》及自作之疏，逐字逐句加以训释。其训诂准之《尔雅》，通释证之《说文》，力从文字、音韵、训诂、名物等方面阐发诗篇本义。另卷首又有《自序》，略述学术源流和作书缘起。其谓所以专毛废郑者，以《郑笺》杂糅今文家说，不守师法，笺毛而复破毛。且康成又本《齐诗》风气，多生纠葛。故陈氏历十八载之功，撰此笃守《诗序》、推崇《毛传》之作，所谓"今置《笺》而疏《传》者，宗《毛诗》义也"①。此书引据赅博，疏证详明，论者视为专治《毛诗》的一家之言，并推其为清代研究《毛诗》的集大成之作。梁启超评论道咸间胡、马、陈三部《诗》学名著即说："三书比较，胡、马贵宏博而陈尚谨严，论者多以陈称最。"② 又说："毛传之于训诂名物，本极矜慎精审，可为万世注家法程。硕甫以极谨严的态度演绎他，而又常能广采旁征以证成其义，极洁净而极通贯，真可称疏家模范了。"③ 评价不可谓不高，然陈氏此书，一意固守《毛传》之说，坚持疏不破注，是故因循墨守之弊，亦在所难免。

---

① 陈奂：《诗毛氏传疏叙》，见《诗毛氏传疏》卷首，《续修四库全书》本。
② 梁启超：《中国近三百年学术史》十三《清代学者整理旧学之总成绩（一）》，东方出版社，2004年，第208页。
③ 梁启超：《中国近三百年学术史》十三《清代学者整理旧学之总成绩（一）》，东方出版社，2004年，第208页。

《诗毛氏传疏》的版本主要有《陈氏毛诗五种》本、《皇清经解续编》本、《续修四库全书》本、清道光二十六年陈氏扫叶山庄刻本、清光绪九年徐子静重刻本、民国年间上海商务印书馆铅印本等。

第三类：别树一帜派

1.《诗经通论》18 卷，（清）姚际恒撰

姚际恒（1647—约1715），字立方，又字首源，安徽桐城（一说安徽休宁）人，后迁居浙江杭州。诸生，少折节读书，泛览百家，好辨伪之学，复专研经术。年五十屏绝人事，始作《九经通论》，历十四载而书成，《诗经通论》即为其一。又著有《庸言录》、《古今伪书考》、《好古堂书画记》等。

是书卷前有姚氏《自序》，又有《诗经论旨》及《诗韵谱》。《自序》、《论旨》总结了历代解《诗》的源流及弊端，阐述了作者的《诗》学观点。其认为"《毛传》古矣，惟事训诂，与《尔雅》略同，无关经旨，虽有得失，可备观而弗论。《郑笺》卤莽灭裂，世多不从，又无论矣"①。又说："今日折中是非者，惟在《序》与《集传》而已。"② 故姚氏此书较信《毛传》，深恶《郑笺》，不信《诗序》，批评《诗集传》，以评论《诗序》、《诗集传》为重。其既斥《诗序》之讹，又攻朱熹《诗集传》之短。认为《诗序》是卫宏所作，驳杂不可信；对《诗集传》讥诋尤力，特重"淫诗"之说，以为朱子误读孔子"郑声淫"一语所致。并进而批评"汉人之失在于固，宋人之失在于妄"。于是姚氏论《诗》，主张排除汉、宋门户之见，从诗篇本文去探求诗旨。"惟是涵咏篇章，寻绎文义，辨别前说，以从其是而黜其非，庶使诗意不致大歧，埋没于若固、若妄、若凿之中"③。故此书论《诗》，既不依傍《诗序》，也不附和《诗集传》，而是认真研究诗篇本文，考证书史，然后以严谨的态度自由立论。由此，对于具体诗篇，或诠释诗旨，或分析作法，或圈评鉴赏，确能打破前人的误解，得出比较实事求是的创见。而且，姚氏能够不带宗派门户偏见，独立思考，勇于疑古，在清初有开风气之功，推动了《诗经》学的自由研究。不过此书在论说之间，常致自相矛盾，对于贞淫之辨，亦缺乏明确标准，如此等等，皆其美中不足之处。

《诗经通论》的版本主要有《续修四库全书》本、清道光十七年韩城王氏刊本、清道光十七年铁琴山馆原刻本、清同治六年成都书局刻本、民国十六

---

① 姚际恒：《诗经通论·自序》，见《诗经通论》卷首，《续修四库全书》本。
② 姚际恒：《诗经通论·自序》，见《诗经通论》卷首，《续修四库全书》本。
③ 姚际恒：《诗经通论·自序》，见《诗经通论》卷首，《续修四库全书》本。

年成都书局重刻韩城王氏本、民国十八年双流郑璋刻本、1958 年中华书局排印本、1994 年台湾"中央研究院"文哲所编印《姚际恒全集》本等。

2.《读风偶识》4 卷,(清)崔述撰

崔述治学,喜欢独抒己见,富有疑古辨伪精神。其治《诗》,力主撇开传疏而体会经文,打破汉、宋门户之见而就诗求义。其自述论《诗》方法说:"惟知体会经文,即词以求其意,如读唐宋人诗然者,了然绝无新旧汉、宋之念存于胸中,惟合于诗意者则从之,不合者则违之。"① 是故崔述能突破束缚,自由研究,涵泳经文,常有创见,为清代《诗经》学研究中上承姚际恒,下启方玉润的独立思考派的代表人物。

《读风偶识》为崔氏研究《国风》的专著。主要分《通论》和《篇旨章义的讨论》两个部分。前者有《通论诗序》、《通论二南》、《通论十三国风》、《通论读诗》诸篇,后者则对除了《桧风》、《曹风》以外的大部分诗进行了讨论。其大旨是从史学角度阐述《国风》意旨,发挥各篇内容,重在批评《诗序》之谬。如认为《诗序》以世次来划分"正变",以"正变"来定"美刺",与客观事实不符。再如考定文王终身未曾封王,周、召至成王时始分陕而治,驳斥《诗序》所谓"文王之化"。如此等等,考证精辟,立论坚实,足以自成一家。然而由于时代的局限,崔述虽然认识到传统《诗》说有许多弊病,可他也不能完全摆脱,有时也不免自相矛盾。

《读风偶识》的版本主要有《崔东壁遗书》本、《畿辅丛书》本、《丛书集成初编》本、《东壁先生全集》本、《续修四库全书》本、清道光四年浙江东阳县署刻本、1928 年北平文化学社铅印本等。

3.《诗经原始》18 卷,(清)方玉润撰

方玉润 (1811—1883),字黝石,号鸿濛,云南宝宁人。道光诸生,后投笔从戎,以军功铨选陇西州同。著有《诗经原始》、《鸿濛室文钞》、《诗钞》等。

方氏尝云:"历来说《诗》诸儒,非考据即讲学两家,而两家性情与《诗》绝不相近,故往往穿凿附会,胶柱鼓瑟,不失之固,即失之妄。"② 所以他"不揣固陋,反复涵泳,参论其间,务求得古人作诗本意而止。不顾《序》,不顾《传》,亦不顾《论》,唯其是者从,而非者正,名之曰《原始》,

---

① 崔述:《读风偶识》卷一,《续修四库全书》本。

② 方玉润:《诗经原始·凡例》,见《诗经原始》卷首,《续修四库全书》本。

盖欲原诗人始意也。虽不知其于诗人本意何如，而循文按义，则古人作诗大旨，要亦不外乎是"①。是方氏此书在论《诗》方法上，不迷信别人，重视涵泳经文，就诗以论《诗》，故多能跳出古人论辩的窠臼，接近诗人做诗的本意。梁启超即评论说："《诗经原始》稍带帖括气，训诂名物方面殊多疏舛，但论诗旨却有独到处。"② 此外，方氏论《诗》，亦能阐发诗篇的文学意义，颇与历来解经之家异趣，这主要集中在书中的眉批、旁批、圈点以及部分总评中，文字辞采斐然，引人入胜，所论创作方法，亦颇精到。这是此书最主要的特色，亦使方氏成为清代后期具有革新倾向的一位《诗》家。不过方氏既批《诗序》，却总括全诗大旨为立一序以补其阙，而所言又多所失误，不免为此书之瑕疵。

《诗经原始》的版本主要有《云南丛书初编》本、《续修四库全书》本、清同治辛未冬陇东分署刊本、民国十三年上海泰东图书局影印本、1981 年辽宁大学图书馆复印本等。

三、音韵类

音韵类《诗》学文献是指专门研究《诗》中文字音韵的《诗》学文献。众所周知，《诗》是讲究韵律的，然随着时代的发展，《诗》之语音亦发生了演变，用今音读古诗常有不能合韵协音者。于是，从音韵的角度研究《诗经》的著作便应运而生了。《经典释文·序录》曾记载说："为《诗》音者九人：郑玄、徐邈、蔡氏、孔氏、阮侃、王肃、江惇、干宝、李轨。"见于其他史籍记载的隋唐以前从事《诗》音创作的还有徐爱、刘芳、沈重等人。可见，从汉代郑玄开始，《诗》之学者就已初步留意于诗文的音韵问题，而到了魏晋南北朝时期，相继又出现徐邈等多家《诗》音方面的著作，这说明此时的《诗》学研究已经超越出传统的文字诠释和诗旨演说而深入于《诗》音专门问题的研究。可惜这些《诗》音著作中除徐邈《毛诗音》、刘芳《毛诗笺音义证》尚有敦煌残本或清人辑本外，其余皆散佚殆尽。至唐代，陆德明始总集诸家之说，作《毛诗音义》，以明三百篇之音。这是魏晋以来《诗》音研究的总结之作，它不仅保存了魏晋时期许多《诗》音研究的优秀成果，也是迄今为止保存最完整的一部汉唐《诗》音之作。现据徐邈、陆德明之作来看，汉唐学者

---

① 方玉润：《诗经原始·自序》，见《诗经原始》卷首，《续修四库全书》本。

② 梁启超：《中国近三百年学术史》十三《清代学者整理旧学之总成绩（一）》，东方出版社，2004 年。

主要是采用直音法和反切法注音《诗》之文字。不过到了宋代，《诗》之叶韵说则逐渐兴盛起来。吴棫继承陆德明古人韵缓的观点，认为古字无定音，必须改读才能协韵，于是以音母为本，以传声相协，而作《毛诗叶韵补音》，以补足《毛诗音义》之未叶音者。此后叶韵说经朱熹《诗集传》、《楚辞集注》等的应用和推广，大肆流行，以致在音韵学上居有数百年的统治地位，直到明代陈第作《毛诗古音考》才开始打破。陈第此书研究了《诗》之用韵与大致同时代的《易系辞》、《左传》、《国语》、《楚辞》等基本相合，从而推断出《诗经》的用韵是以当时的实际语音为基础的。用今音读古诗之所以不协，并不是因为古无定音，而正是语音演变的必然结果。因此他以"时有古今，地有南北，字有更革，音有转移，亦势所必至"① 的论点，论证古音，否定叶韵说，这就为清代音韵学的深入研究拉开了序幕。清代音韵学研究，由顾炎武发其端，他首先提出了"读九经自考文始，考文自知音始"② 这一重视音韵学的观点，并著《音学五书》来讨论音韵学上的重大问题。其中《诗本音》以《诗经》用韵为主，罗列其他古书中的韵语作为旁证，以考证《诗经》古音，彻底否定叶韵之说，同时又将古韵分为十部。其后，江永、戴震、段玉裁、王念孙、孔广森、江有诰等，皆有音韵学方面的著作，主要是探讨古韵的分部。这对于进一步分析和研究《诗经》的音韵，起到了巨大的推动作用。

从音韵的角度研究《诗经》是一个非常重要的途径。由汉至清，关于《诗》之音韵的论述，除了散载于传说类《诗》学文献中而未能独自标出外，音韵类的专门《诗》学文献亦不在少数，仅清代就有数十种之多。由此可见，《诗经》学者对于音韵是多么的重视。兹选取各个时期的《诗经》音韵学代表之作，略述如下：

1.《毛诗音》2 卷③，（晋）徐邈撰

徐邈（约 345—398），字仙民，姑幕（今山东诸城西北）人。曾得谢安举荐应选，补中书舍人，累官至骁骑将军。邈勤学力行，博涉多闻，撰正《五经音训》，学者宗之。所著《穀梁传注》，见重于时。

徐氏《毛诗音》主要是以直音法和反切法为《诗》中之字注音，书中反

① 陈第：《毛诗古音考·自序》，见《毛诗古音考》卷首，文渊阁《四库全书》本。
② 顾炎武：《答李子德书》，载《顾亭林诗文集》之《亭林文集》卷四，中华书局，1959 年，第 76 页。
③ 《隋书·经籍志》云："梁有《毛诗音》十六卷，徐邈等撰；《毛诗音》二卷，徐邈撰。"《隋书·经籍志》所录徐邈等《毛诗音》16 卷，盖为后人辑徐氏及其他诸家《诗音》所得卷数，而徐邈所著《毛诗音》，实应为 2 卷。

映了许多古代读音以及破读、又读等语音现象。是书《隋书·经籍志》著录，《旧唐书·经籍志》、《新唐书·艺文志》皆不著录，诸家并以为亡佚。清人马国翰据《颜氏家训》、《经典释文》、《匡谬正俗》、《六经正误》、《类篇》、《集韵》等书所引，辑得 250 余条，依《毛诗》编次，合为 1 卷，名曰《毛诗徐氏音》，收入《玉函山房辑佚书》中，卷首有马国翰序。

又今敦煌卷子中有《毛诗音》残 3 卷，为音近千事，不著撰人姓氏。王重民考证说："敦煌本《毛诗音》残卷……起《大雅·文王之什·旱麓》，讫《荡之什·召旻》，存九十八行。以陆德明《经典释文》所引旧音考之，盖晋徐邈所撰也。自《旱麓》至《召旻》，德明引徐氏《音》三十一则，持与此卷子本相校，文字同者八条，陆氏以今音改纽韵者十三条，以直音改切语者六条，误者一条，余三条盖为徐爰《音》也。"[1] 是王氏考定此本《毛诗音》乃徐邈所撰，所论多合情理。《敦煌秘籍留真新编本》、《续修四库全书》本均有收录。

2.《毛诗音义》3 卷，（唐）陆德明撰

陆德明（约 550—630），名元朗，字德明，以字行，吴（今江苏苏州）人。历仕陈、隋、唐三代，于陈为左常侍，入隋授国子助教，在唐任国子博士，兼太子中允。著名经学家和训诂学家。善言名理又长于音义。"研精六籍，采摭九流，搜访异同，校之《苍》、《雅》，辄撰集《五典》、《孝经》、《论语》及《老》、《庄》、《尔雅》等音，合为三帙三十卷，号曰《经典释文》"[2]，《毛诗音义》即为其中一种。另有《老子疏》15 卷、《易疏》20 卷等，并佚。

《毛诗音义》，又名《诗释文》、《毛诗释文》，《宋史·艺文志》作 3 卷，《直斋书录解题》作 2 卷，《经义考》作 1 卷。是书不仅简略概括了《诗经》从先秦至汉代乃至魏晋产生、传授的发展史，而且对于《诗经》学的一些基本理论问题，也保存了弥足珍贵的资料。更为重要的是，此书对《毛诗》音义的注释，可谓唐以前音义之作的简明总结，亦为后世音韵学研究提供了不可或缺的参考材料。《四库全书总目》言其"后来得以考见古义者，《注疏》以外，惟赖此书之存，真所谓残膏剩馥，沾溉无穷者也"[3]，正道其中特点。此书释音，既音经，又音注，其标音方法主要有反切、直音、如字三类。其中反切、如字两法清晰可辨，唯直音法所采用的"某音某"训式与明文字的

---

① 中国科学院图书馆整理：《续修四库全书总目提要·经部·诗类》之《毛诗音残卷》提要。

② 陆德明：《经典释文·序录》，中华书局，1983 年。

③ 永瑢等：《四库全书总目》卷三三《经典释文》提要。

正借法和明异文法有时所采用的训式相同，须细加区分。

《毛诗音义》原本以墨书经本，朱字辩注，用相分别，使较然可求，不过今本经注则通为一例，其传本附于《经典释文》和《毛诗注疏》中。

3. 《毛诗叶韵补音》10 卷，（宋）吴棫撰

吴棫（？—1154），字才老，福建建安（今福建建瓯）人。宋宣和六年（1124）进士（一说重和进士），官泉州通判。著有《书裨传》、《毛诗叶韵补音》、《论语指掌》、《考异》、《续解》、《楚辞释音》、《韵补》等书。

《毛诗叶韵补音》又名《诗补音》。其《自序》云："《诗》音旧有九家，唐陆德明以己见定为一家之学，《释文》是也。"① 故吴棫复继陆氏《释文》，推阐三百篇音义，以为《诗》韵无不叶者。其"所补之音皆陆氏未叶者，已叶者悉从陆氏。其用韵已见《集韵》诸书者皆不载，虽见韵书而训义不同，或诸书当作此读而注释未收者载之。凡字有一义即以一条为证，或二义三义，即以二三条为证"②。吴氏提倡《诗》之叶韵说，后人虽多有非议，然其影响却非常深远，朱熹《诗集传》、《楚辞集注》多有采用，钱大昕亦评论说："才老博考古音以补今韵之阙，虽未能尽得六书谐声之原本，而后儒因是知援《诗》、《易》、《楚辞》以求古音之正，其功已不细。"③ 直至明代陈第著《毛诗古音考》，才彻底打破叶韵说，倡导《诗》之古音，于此足见吴棫叶韵说的影响。

此书刻本久已散失，据《续修四库全书总目提要》张寿林言，清惠栋家藏有《诗经古音》抄本，小李山房从其传抄，《诗经古音》即《毛诗叶韵补音》。吴氏《诗经古音》不见于宋明诸家著录，是否为《毛诗叶韵补音》异名，不得确证，姑从张氏之说。此本现藏于天津图书馆。

4. 《毛诗古音考》4 卷，（明）陈第撰

陈第精通五经，尤长于《诗》、《易》。其《诗》学著作主要有《读诗拙言》、《毛诗古音考》等。

《毛诗古音考》主要为考证《诗》之古音，订正叶韵之说。其大旨谓古人之音与今异，凡今所谓叶韵者，皆古人之本音。认为用今音读古诗之所以不协，是由于古今语音演变的结果，因此提出了"时有古今，地有南北，字有更革，音有转移，亦势所必至"④ 的著名论点。书中列《诗经》韵字四百余条，每字

① 朱彝尊：《经义考》卷一〇五"吴氏《毛诗叶韵补音》"条。

② 朱彝尊：《经义考》卷一〇五"吴氏《毛诗叶韵补音》"条。

③ 钱大昕：《跋吴棫韵补》，载《嘉定钱大昕全集》第九册《潜研堂文集》卷二七，江苏古籍出版社，1997 年，第 451 页。

④ 陈第：《毛诗古音考·自序》，见《毛诗古音考》卷首，文渊阁《四库全书》本。

先注音讲解，然后列本证、旁证二例。"本证者，《诗》自相证，以探古音之源；旁证者，他经所载，以及秦汉以下去《风》、《雅》未远者，以竟古音之委。钩稽参验，本末秩然"①。古音学之兴，实自陈第始，清顾炎武、江永等，相继推阐，皆以此为祖本，这就使古音学的研究进入了一个新时期。

《毛诗古音考》的版本很多，常见者主要有《一斋集》本、《四库全书》本、《明辨斋丛书》本、《学津讨原》本、《音韵学丛书》本、明崇祯饭石轩刻本、明万历三十四年刊本等。

5.《诗本音》10 卷，（清）顾炎武撰

顾炎武学识渊博，精通音韵，所著《诗本音》为其《音学五书》之一，是顾氏音韵学的核心和基础。此书继承陈第的观点，反对叶韵之说，推求经传，探讨本源，以《诗经》用韵为主，罗列其他古书中的韵语作为旁证，来考定《诗经》古音。书中全录《诗》之经文，在每一篇他认为是押韵的字下，注明此字所属《唐韵》的韵部。对于古韵与今韵不相同的，则另行注音，并加简略考证。同时，顾氏也从音韵上考证了经字的正误以及探讨了《诗经》的用韵方式等。与陈第的《毛诗古音考》相较，《诗本音》资料更为翔实，论证更为周密，彻底推翻了叶韵说，奠定了清代音韵学的基础，故四库馆臣有"厥功甚钜"② 之美誉。

《诗本音》的版本主要有《四库全书》本、《皇清经解》本、《音韵学丛书》本、清乾隆三十二年张承纶抄本等。

6.《诗声类》12 卷、《诗声分例》1 卷，（清）孔广森撰

孔广森（1752—1786），字众仲，又字撝约，号顨轩，堂名仪郑，以希追踪郑玄。山东曲阜人。孔子第六十八代孙。清乾隆三十六年（1771）进士，改翰林院庶吉士，散馆，授检讨。无意仕进，师从戴震、姚鼐受学。聪颖特达，经史小学，无不深研，在礼学、历算、音韵等方面颇有造诣。尤精《公羊春秋》，多独到之见。著有《春秋公羊经传通义》11 卷、《大戴礼记补注》13 卷、《诗声类》12 卷、《礼学卮言》6 卷、《经学卮言》6 卷等书。《清儒学案》有传。

《诗声类》以魏李登《声类》之名而名之，大旨以为"书有六，谐声居其一焉，偏旁谓之形，所以读之谓之声，声者从其偏旁而类之者也"，故是书采用偏旁与声韵相结合的体例，在各类下详列《唐韵》中韵目以及《诗经》中偏旁，从而将《诗经》中从这一类偏旁的字归于这一韵目之下，并分古韵为

---

① 永瑢等：《四库全书总目》卷四二《毛诗古音考》提要。

② 永瑢等：《四库全书总目》卷四二《诗本音》提要。

18 部。关于古韵的分部，自宋郑庠将《广韵》206 部归并成 6 部后，至清，顾炎武、江永、段玉裁先后析为 10 部、13 部、17 部，而孔广森则分为阳声 9 部、阴声 9 部，共 18 部，相较前说越发精密。而其在音韵学上的主要贡献是冬部独立、合部独立以及确立阴阳对转之说。

《诗声类》后，附有《诗声分例》1 卷，主要探讨《诗经》的用韵规律，凡通例 10 门、别例 13 门、杂例 4 门，归纳出《诗经》的韵例有偶韵、奇韵等 20 余类，并各举诗章为证，这对于阅读和欣赏《诗经》十分有益。

《诗声类》、《诗声分例》的版本主要有《顨轩孔氏所著书》本、《皇清经解续编》本、《音韵学丛书》本、台湾“国立中央”图书馆藏清郑晓如批点稿本曲阜《郑氏遗书》本等。

7.《诗经韵读》4 卷，（清）江有诰撰

江有诰（？—1851），字晋三，号古愚，安徽歙县人。其生性狷介，无意仕进，专志古学，杜门著述，为清代著名的古音学家。著有《江氏音学十书》、《音学辨伪》等。

是书大旨为就《诗经》用韵以求古音，其体例是先列《诗》之经文，继之圈出所有韵字，然后在韵段后面注明古韵部，古音与今音不同的注明今音，分列四声，并订正误字。书分古韵为二十一部，异于其前顾炎武、江永、段玉裁、戴震、孔广森、王念孙诸家者主要有祭部独立，缉部、叶部独立，侯部有入，中部独立等说。这在韵部划分、韵字归属、入声分配等问题上，可谓独到，实乃发前人所未发，补前人之不足，故段玉裁赞其曰：“晋三集韵学之成，于前此五家皆有匡补之功。”①

《诗经韵读》的版本主要有《江氏音学十书》本、《音韵学丛书》本、清咸丰壬子重刻本、民国十七年上海中国书店影印原刻本等。

四、专题类

专题类《诗》学文献是指对《诗》中某一专门问题进行注释、考证的《诗》学文献，如名物、地理、天文、制度、人物、《诗谱》、比兴等。这类文献自吴陆玑《毛诗草木鸟兽虫鱼疏》开辟《诗》之名物学始，经宋王应麟《诗地理考》、《诗经天文编》探讨《诗》之地理、天文，欧阳修《郑氏诗谱补亡》辑佚整理《诗谱》，再到清乾嘉时代考据学的兴盛，《诗》学文献中的专题研究之属就出现了精彩纷呈的热闹景象，从而形成了若干个极具特色的

① 段玉裁：《诗经韵读序》，见《诗经韵读》卷首，《音韵学丛书》本。

《诗》学分支。专题类《诗》学文献注重考证，广征博引，这对于我们研究《诗经》不仅解决了基础性的考据学问题，而且也提供了丰富可信的参考材料，可谓《诗》学研究的基础文献。以下就分类予以介绍：

（一）《诗》之名物研究

《诗》之名物研究，导源甚久，孔子就曾教育弟子学《诗》要"多识于鸟兽草木之名"（《论语·阳货》），以增长博物知识。到了两汉时期，随着《诗》学研究的逐步深入，今古文学家在诠释《诗经》时也有对名物的简略训解。不过从先秦至两汉，《诗》之名物研究或仅为博学之用，或仅在训诂词句时附带叙述，专门研究之作还尚未出现。一直到三国时吴人陆玑作《毛诗草木鸟兽虫鱼疏》，《诗》之名物研究才真正登上了历史的舞台，有了专门著作，开创了《诗》之名物学研究这一新的分支。自此以后，《诗》之学者以陆玑《毛诗草木鸟兽虫鱼疏》为元祖，不断地丰富和修正《诗》中的名物训释。他们或围绕陆书作增补、订正和疏释，如明毛晋《毛诗草木鸟兽虫鱼疏广要》，清丁晏《毛诗草木鸟兽虫鱼疏校正》、赵佑《毛诗草木鸟兽虫鱼疏校正》、焦循《陆氏草木鸟兽虫鱼疏疏》、王泉之《增补鸟兽草木虫鱼疏残本》、陶福祥《毛诗草木鸟兽虫鱼疏考证》等；或突破陆书的内容和体例，自行诠释，广征博引，详加考证，扩大规模，产生了一部部自具特色的《诗》学名物专著，如蔡卞《毛诗名物解》、许谦《诗集传名物钞》、冯复京《六家诗名物疏》、徐鼎《毛诗名物图说》等，毋虑数十家。这些名物类《诗》学文献对《诗》中草、木、鸟、兽、虫、鱼、器物的古今命名和变迁所进行的考证训诂，不仅是我们现今理解《诗》之各篇文字和内容不可缺少的参考资料，也非常具有历史学、考古学和博物学的重要价值。现择其重要书籍分别评介于下：

1．《毛诗草木鸟兽虫鱼疏》2 卷，（三国吴）陆玑撰

陆玑①（生卒年不详），字元恪，三国时吴郡（今属江苏）人。曾任吴太子中庶子，乌程令。

《毛诗草木鸟兽虫鱼疏》，又名《毛诗草木虫鱼疏》、《草木鸟兽虫鱼疏》，书

---

① 关于此书作者，有陆玑和陆机两说。《隋书·经籍志》、《经典释文·序录》皆作陆玑，而《崇文总目》云："世或以玑为机，非也，机自为晋人，本不治《诗》，今应以玑为正。"由此开启争议之门。认为陆玑作者有《旧唐书·经籍志》、《新唐书·艺文志》、陈振孙《直斋书录解题》、《四库全书总目》、《资暇集》、周中孚《郑堂读书记》、马国翰《目耕帖》等。认为陆机作者有明代北监本、余嘉锡《四库提要辨证》等。今取俗成之说，定为陆玑作。

凡一万余言，其对《诗》中所涉及的动植物，从名称、形态、性质、产地、用途等方面都进行了详细训解，是《诗》学史上第一部专门解释《诗经》名物的著作，开创了《诗经》博物学研究的新领域。而且这些释文对《毛传》、《郑笺》等书，多所补正，于《诗》之名物训诂，具有一定的权威性。《四库全书总目》评论其价值说："虫鱼草木，今昔异名，年代迢遥，传疑弥甚，玑去古未远，所言犹不甚失真。《诗正义》全用其说，陈启源作《毛诗稽古编》，其驳正诸家，亦多以玑说为据。讲多识之学者，固当以此为最古焉。"① 故后世所谓辨证名物者，如蔡卞《毛诗名物解》、冯复京《六家诗名物疏》、毛奇龄《续诗传鸟名》等等著作，皆受陆书影响。此书后又附有四家《诗》源流，基本上是综合《史记》、《汉书》、《后汉书》这几种史书的《儒林传》而成。其中鲁、齐、韩三家源流都是从两汉初起至东汉末结束，而《毛诗》是从孔子起至东汉末结束，所说与《释文》中传授顺序微有不同，历来为研究《诗经》历史者所征引。

《毛诗草木鸟兽虫鱼疏》原本久佚，今传世者大抵为后人从《毛诗正义》等书中所辑录。其较早版本主要有《续百川学海》本、《唐宋丛书》本、《说郛》本等。然由于原辑本搜集并不完备，且有错讹之处，非复原本之貌。因此，后世学者对原辑本又多有增补、订正、疏释，如毛晋《毛诗草木鸟兽虫鱼疏广要》4卷②、赵佑《毛诗草木鸟兽虫鱼疏校正》2卷、丁晏《毛诗草木鸟兽虫鱼疏校正》2卷、焦循《陆氏草木鸟兽虫鱼疏疏》2卷、王泉之《增补鸟兽草木虫鱼疏残本》2卷、陶福祥《毛诗草木鸟兽虫鱼疏考证》1卷、罗振玉《毛诗草木鸟兽虫鱼疏新校正》2卷等。其中以赵佑、丁晏、罗振玉校本为佳。

2.《毛诗名物解》20卷，（宋）蔡卞撰

蔡卞（1058—1117），字元度，兴化仙游（今属福建）人。宋熙宁三年（1070）进士，官至观文殿学士。为蔡京之弟，王安石之婿。

是书盖取《毛传》之解名物者而详以证之，训释多用王安石《字说》，凡十一类，曰释天、释百谷、释草、释木、释鸟、释兽、释虫、释鱼、释马、杂释、杂解，大略似《尔雅》。陈振孙评之曰："琐碎穿凿，于经无补也。"③然《四库全书总目》认为"卞则倾邪奸险，犯天下之公恶，因其人以及其书，群相排斥"④，故陈氏之评，或有"因人废言"之嫌。蔡氏之作，"其书虽王

① 永瑢等：《四库全书总目》卷一五《毛诗草木鸟兽虫鱼疏》提要。

② 此书又有 2 卷之别。

③ 陈振孙：《直斋书录解题》卷二，徐小蛮、顾美华点校，上海古籍出版社，1987 年，第 37 页。

④ 永瑢等：《四库全书总目》卷一五《毛诗名物解》提要。

氏之学，而征引发明，亦有出于孔颖达《正义》、陆玑《草木虫鱼疏》外者，寸有所长，不以人废言也"①。纳兰成德《序》亦云："下为人固不足道，然为是书，贯穿经义，会通物理，颇有思致。"② 其论比较客观。

《毛诗名物解》的版本主要有《通志堂经解》本、《四库全书》本、明锡山秦氏雁里草堂抄本、清抄本等。

3. 《诗集传名物钞》8卷，（元）许谦撰

许氏之学力宗朱子，以朱子《诗集传》犹有未备者，因旁搜博采，以成是书。

书中内容主要是考证《诗经》的名物、音训，每一篇分经、传两部分，引诸儒之说，如陆德明、孔颖达、王柏、金履祥等，未尝株守一家，而附以己见，正音释，考名物度数，条分缕析，言必有据，足以补朱熹《诗集传》之阙遗。又以《小序》及郑玄、欧阳修《诗谱》世次多舛，一从朱子补定。于《周南》、《召南》卷后，列王柏《二南相配图》。然于王柏所删《国风》32篇，则仍依其旧次诠解，不在摒弃之列。是谦于王柏之说亦有疑之，盖如《四库全书总目》所评："正足见其是非之公。"③

《诗集传名物钞》的版本主要有《通志堂经解》本、《四库全书》本、《金华丛书》本、《丛书集成初编》本、明秦氏雁里草堂抄本等。

4. 《六家诗名物疏》55卷，（明）冯复京④撰

冯复京（1573—1622），字嗣宗，常熟（今属江苏）人。强学广记，不屑为章句小儒。少而业《诗》，钩贯笺疏，嗤宋人为固陋。著有《六家诗名物疏》等。

《六家诗名物疏》55卷，史载又有60卷、54卷之别。此书系据蔡卞《毛诗名物解》而广之，其征引颇为赅博，每条之末，间附考证。驳论立说，亦

---

① 永瑢等：《四库全书总目》卷一五《毛诗名物解》提要。

② 纳兰成德：《毛诗名物解序》，见《毛诗名物解》卷首，《通志堂经解》本。

③ 永瑢等：《四库全书总目》卷一六《诗集传名物钞》提要。

④ 此书作者或题冯复京，或题冯应京。如黄虞稷《千顷堂书目》、《明史·艺文志》、《天禄琳琅书目后编》、朱彝尊《经义考》、《浙江省第四次吴玉墀家呈送书目》、王重民《中国善本书提要》、台湾商务印书馆影印《文渊阁四库全书》之《索引》、《中国古籍善本书目》等，均认为当是冯复京。然《续文献通考》、《江苏采辑遗书目录简目》、《四库全书总目》、《四库全书简明目录》、《善本书室藏书志》、《藏园订补郘亭知见传本书目》、《中国丛书综录》等却指为冯应京。现据钱谦益《牧斋初学集》载《冯嗣宗墓志铭》以及诸家考辨，将此书定为冯复京作。

有所本，足可备考订《诗经》名物之用，为有明一代多识之学影响较大的一家。然书名六家，实谓《鲁》、《齐》、《韩》、《毛》、《郑笺》、朱熹《诗集传》。案毛、郑本属一家，朱熹《诗集传》与汉之《鲁》、《齐》、《韩》、《毛》并列，亦不伦不类。不知是书如此定名，用意何在？

《六家诗名物疏》的版本有《四库全书》本、明万历三十三年刻本等。

5.《毛诗多识编》7卷，（明）林兆珂撰

林兆珂（生卒年不详），字孟鸣，福建莆田人。明万历二年（1574）进士，历官廉州、安庆府知府。著有《毛诗多识编》、《考工记述注》等书。

此书系本陆玑《毛诗草木鸟兽虫鱼疏》而衍之，列草部2卷，木部、鸟部、兽部、虫部、鳞介部各1卷，多引郑樵、陆佃、罗愿之语，又兼取丰坊伪作《子贡诗传》、《申培诗说》。论者谓其贪多务博，颇乏持择。

《毛诗多识编》有《四库全书存目丛书》本、明刻本等。

6.《毛诗多识》12卷，（清）多隆阿撰

多隆阿（1794—1853），姓舒穆禄氏，字雯溪，又字文希。先世长白人，后至盛京，遂为岫岩（今属辽宁）人。清道光五年（1825）拔贡。专力治经，著有《易原》、《易图说》、《毛诗多识》等。

此书大旨为专释《毛诗》名物。其体例是以诗句为题，题后为考释文字。不过是书并不分别门类著录，而是悉依本经次第，具列草木鸟兽虫鱼。凡名称相同者，注曰见某篇，不列考释文字。据统计，全书收录《诗经》名物约四百余条，为历来考证《诗经》名物之最。故伦明评论说："综观全书，援古证今，实视自来释物名者为胜。"然"惟关左气候迥殊，似未可以例他方，而其中亦不免有考证偶疏者"。①

是书有刘承幹校刊本，内附程棫林、王筠按语，分上下2卷，止于《曹风》。又有张玉纶释本，内容大致相同，然《曹风》以下皆完，共为12卷，盖为多氏之足本也。此二本主要收录于《求恕斋丛书》以及《辽海丛书》和《续修四库全书》中。

7.《毛诗名物图说》9卷，（清）徐鼎撰

徐鼎（生卒年不详），字实夫，又字时东，或作峙东，号雪樵，吴县（今江苏苏州）人。贡生。聪颖好学，善画山水。著有《毛诗名物图说》、《霭云阁诗文集》等。

---

① 中国科学院图书馆整理：《续修四库全书总目提要》之《经部·诗类·毛诗多识》提要，中华书局，1993年。

此书共9卷，依次为鸟、兽、虫、鱼、草、木，皆置图于上，论说于下。图文并茂，别具一格。如遇异同疑似之说，则别加按语，做出判断。另书中对一物重出、同物异名、同名异物之物亦予以分别对待。如一物重出者，只图说最早出现的一次。同物异名者，集中图说一次。同名异物者，各分图说。可谓对事物之名称、形状、特点，辨析极细，考证甚佳。而且是书征引颇为广泛，凡经传、子史中有阐明经义者，悉据其辞，力求做到绘图务肖，论说务确，意欲于物辨其名，于名求其义，得诗人类取托咏之旨而后安。

《毛诗名物图说》的版本有《续修四库全书》本、清乾隆三十六年刻本、稿本等。

（二）《诗》之地理研究

《诗》之地理研究，从著录形式上看，无外乎两种类型：一种是随文作解，散见于历代《诗》家诠释《诗经》的专著中，数量几乎是难以枚举；一种是以地理专书的形式将《诗》中地名、山川、疆域以及风俗等，详加考证，荟萃成篇，开辟《诗经》考据学之地理学的又一个新分支，这以宋王应麟的《诗地理考》首开其例。入清以后，在顾炎武等人倡导的要把治经与文字、音韵、训诂、名物、考古、校勘、历史、地理以及天文、历算等学科结合起来的考据学风的影响下，《诗》之地理研究亦出现了繁荣的局面，产生了一些具有代表性的著作，如焦循《毛诗地理释》、朱右曾《诗地理征》、桂文灿《毛诗释地》、尹继美《诗地理考略》、潘继李《诗地理续考》、高朝瓔《十五国风诗经地理之图》等。其中以朱、桂、尹三家之书最为时人称颂。

1.《诗地理考》6卷①，（宋）王应麟撰

《诗地理考》是第一部关于《诗经》中地名、山川、疆域以及风俗方面的地理学著作。其《序》曰："据《传》、《笺》、《义疏》，参之《禹贡》、《职方》、《春秋》、《尔雅》、《说文》、《地志》、《水经》，网罗遗文古事，傅以诸儒之说，列郑氏《谱》十七首，为《诗地理考》。"② 可见此书兼采异闻，征引赅洽，足为考证之资。然皆采录遗文，得失往往并存，兼持两端，而不作决断，故周中孚讥其"博而寡要，劳而少功"③。不过，王氏《诗地理考》作为研究《诗经》地理的第一部专书，其开创之功实不容忽视。

《诗地理考》的版本主要有《玉海》本、《津逮祕书》本、《四库全书》

---

① 此书《宋史·艺文志》、《授经图义例》作5卷。
② 王应麟：《诗地理考序》，见《诗地理考》卷首，《玉海》本。
③ 周中孚：《郑堂读书记》卷八，吴兴刘氏嘉业堂刊本。

本、《学津讨原》本等。

2.《诗地理征》7卷，（清）朱右曾撰

朱氏精于训诂考据，所著《诗地理征》沿用王应麟《诗地理考》体例，博采古书文献，荟萃诸家之说，以考释《诗》中地名。但采录遗文案而有断，对旧说不妥者，多有辨正。其所释引征详赅，时多创见，足为治《诗》及地理者借鉴。

《诗地理征》的版本主要有《皇清经解续编》本、《续修四库全书》本、清抄本等。

3.《毛诗释地》6卷，（清）桂文灿撰

桂文灿（生卒年不详），字子白，广东南海人。清道光举人。长于考据，著有《郑氏诗笺礼注异义考》、《毛诗释地》、《潜心堂集》等。

此书无序跋、目录，以地理名词为题，各题均按诗篇传统次序排列。题后为诗句，诗句下罗列征引资料，再加按语为断。综观其书，考证地理多信而有征，分类标目亦颇具巧思。只不过得失并存，精疏不均，需善加采择才是。《毛诗释地》版本有《桂氏经学丛书》本、《续修四库全书》本等。

4.《诗地理考略》2卷、图1卷，（清）尹继美撰

尹继美（生卒年不详），字湜轩，江西永新人。

此书大旨是补王应麟《诗地理考》而稍变其例。王氏依经文为次，此则《国风》分国为次，二《雅》始依经文为次。其《凡例》又言"王书采辑众说，随手抄录，不置可否，不分优劣"，故自称"是编一手裁缀，窃有所折衷，或见诸正文，或详于注语"。[①] 是书所据有《汉书·地理志》、《后汉书·郡国志》、杜预《春秋左传集注》、《春秋释例》、《水经注》诸书而参以他说。唯搜集尚嫌阙漏，有时又涉泛滥，考证尤疏。然其于古地名下，证以今名，详其沿革，使学者寓目了然，不为无益。

《诗地理考略》的版本有《鼎吉堂全集》本、《续修四库全书》本等。

（三）《诗》之天文研究

《诗》之天文研究，历代《诗》家的诠释之作亦常有涉及，不过专门的研究之作实应肇始于宋王应麟《六经天文编》中的《诗经天文编》。这是《诗》之学者首次将考据学的范畴扩大到天文，开辟了《诗经》天文学研究的新途径。其后，清人洪亮吉又著有《毛诗天文考》，专考《诗》中的天文现象，为清代讨论《诗经》天文最有造诣的一家。

---

① 尹继美：《诗地理考略·凡例》，见《诗地理考略》卷首，《续修四库全书》本。

1. 《诗经天文编》，（宋）王应麟撰

此书即为王应麟《六经天文编》之《诗》中言天文部分。《六经天文编》，《宋史·艺文志》作 6 卷，盖为一经一卷，今传本则分为上下 2 卷，《诗》列于上卷。是书言《诗》凡十则，如《三五参昴》、《定之方中》、《挈壶漏刻》、《三星在天》、《七月流火》、《岁亦阳止》、《正月繁霜》、《十月之交》、《大东众星》、《云汉》，皆《诗》中之有关天文者。《四库全书总目》曰："此编虽以天文为名，而不专主于星象。凡阴阳、五行、风雨以及卦义，悉汇集之。采录先儒经说为多，义有未备，则旁涉史志以明之。"此书是《诗经》学者首次将考据学的范畴扩大到天文，开辟了《诗经》天文学研究的新途径。

《诗经天文编》，见于《六经天文编》，其版本有《四库全书》本、《丛书集成初编》本等。

2. 《毛诗天文考》1 卷，（清）洪亮吉撰

洪亮吉（1746—1809），字君直，又字稚存，号北江，晚又自号更生居士，阳湖（今属江苏常州）人。清乾隆六十年（1795）进士，授翰林院编修、督贵州学政。其学长于经史，尤擅考据、音韵、训诂、天文、地理之学。著有《春秋左传诂》、《汉魏音》、《毛诗天文考》、《补东晋疆域志》、《补十六国疆域志》、《洪北江全集》等。

此书是考释《诗经》中所载天文现象的第一部专著。近两万字，收列诗文、《诗序》、《诗谱》中有关天文现象的词句，共三十四题，并征引历代各种典籍以及各家有关《诗经》天文星象的论述，一一加以考释。其考释内容存而不断者居多，亦间有征引一家学说而加按语以为论断者。它的价值就在于首次全面考证了《诗经》中的天文星象，保存了许多稀见之书的资料，故此书不失为 18 世纪以前《诗经》天文学的总结性之作。

《毛诗天文考》的版本有《广雅书局丛书》本、《续修四库全书》本、清道光三十年淮宁张氏刻本等。

（四）《诗》之制度研究

《诗》之制度研究，主要是指对于《诗》中典章礼仪、文物制度的诠释。汉唐以来，此类诠释一般散见于《诗》学注疏笺释之中，很少有撰成专书的。直至清代，随着考据学的深入发展，《诗》之制度研究才相继出现包世荣《毛诗礼征》、朱濂《毛诗补礼》两部专书。这就为我们正确理解《诗》中所涉礼仪、礼制提供了专门、翔实的参考资料。

1. 《毛诗礼征》10 卷，（清）包世荣

包世荣（1784—1826），字季怀，安徽泾县人。清道光元年（1821）举

人，拣选知县。著有《学诗识小录》、《毛诗礼征》等。

据包氏从父兄世臣为此书所作《序》称，世荣原拟编写《诗礼原郑》一书，然撰成后总觉不足以发明郑氏，仅征旧文供制举家撷拾而已。故世臣刊刻此书，按世荣本意，冠以今名。是书共分郊天、大雩、大享明堂、大蜡、灵星、方丘、社稷、山川、籍田、亲蚕、天子宗庙、后妃庙、诸侯大夫士宗庙、立尸、时享、袷禘、天子七祀、诸侯助祭、大学、诸侯立学、巡狩、告祭、享司寒、高禖、祓禊、冠礼、昏礼、乡饮酒、封建、朝宗觐遇会同、聘问、飨食燕礼、军旅、田猎、射礼、马政、丧期、葬、乐章、宫室、车舆、衣服、饮食四十三目，又附十六目。每目之下节录《通典》相关内容以为"总叙"，述其要旨，其中宫室、车舆、衣服、饮食诸项，《通典》原载甚略者，则考核群书别为"总叙"以为释。各目皆选录有关诗句以及《诗序》、《传》、《笺》阐发题旨，偶引《正义》则用小字双行排列于诗文之后，纲目井然有序，内容翔实有据。综览全书，虽以类辑资料为主，然尚能折中旧说，表述己见。

《毛诗礼征》的版本主要有《木犀轩丛书》本、《续修四库全书》本、清道光七年小倦游阁刻本等。

2.《毛诗补礼》6 卷，（清）朱濂撰

朱濂（生卒年不详），字理堂，安徽歙县人。

此书依照诗篇传统次序，叙列说解。根据《毛传》、《郑笺》所训有关于礼者，加以阐伸发挥，谓古代礼制盖即如此云云。然其亦有补礼不当之处，遗漏也不少，不过信而有征之处还是很多。

《毛诗补礼》的版本有清道光十九年刻本、清道光十九年刻光绪修补本等。

（五）《诗》之人物研究

《诗》之人物研究，是指对于《诗经》本文、《诗序》以及其他典籍中所载的确与诗篇有直接关系的人物的考证。不过历来这些考证，大多仅散见于《诗经》的传注笺疏中，少有汇为专书者。以专书形式考证《诗》之人物的，据笔者所查，大概始于明代，如陈子龙《诗经人物备考》、林世陞《诗经人物考》。至清，又有周霈《诗经人物考》、李超孙《诗氏族考》。其中，以李超孙《诗氏族考》成就最大。这些《诗》之人物的专书研究，将众多的人物资料荟萃于一编，便于检索征引，以为"知人论世"之助，对于阅读诗文，理解诗旨，大有裨益。

《诗氏族考》6 卷，（清）李超孙撰

李超孙（生卒年不详），字奉墀，号引树，浙江嘉兴人。清乾隆六十年（1795）举人。官会稽县教谕。著有《诗氏族考》、《拙守斋集》等。

是书正文前李富孙《序》言，超孙"取诗人之氏族名字，博考经史诸子以及近儒所著述，并列国之世次，泊其人之行事，莫不搜罗荟萃"①，以成此书。书中所列人物姓氏，或出自诗篇本文，或出自《毛诗序》，尽量搜罗资料予以考释，而有助于以"知人论世"来理解诗义。然而，由于人物姓氏出处、考释、真假等客观条件的限制，其考证亦有欠精审处。不过，就全书而论，正如江瀚评论所说："凡此之类虽属可议，要其大致完备，诚足为读《诗》者论世知人之助，与名物、地理诸书同一有裨诗教焉。"②

《诗氏族考》的版本主要有《别下斋丛书》本、《翠琅玕馆丛书》本、《芋园丛书》本、《续修四库全书》本等。

（六）《诗》之《谱》研究

《诗》之《谱》研究，是指围绕着东汉郑玄《毛诗谱》所进行的注释、辑佚、考订、补充和整理工作。《毛诗谱》，又名《诗谱》，有1卷、2卷、3卷之别。其内容主要是郑玄上推孔子删诗正乐之旨，以为诗有讽喻君上、移风易俗的作用，故列述三百篇之国土、世次、风物，制为《诗谱》，从而使三百篇的正变、美刺昭明于世。《诗谱》原本单行，至唐孔颖达作《毛诗正义》，始拆分列置有关各部的卷首，然非全帙，其后单行本逐渐失传。关于《诗》之《谱》的研究，初有吴徐整诸家注，不过早已亡佚，今仅存清儒马国翰、王谟的辑本。至宋，欧阳修得绛州残本，作《郑氏诗谱补亡》，以补郑氏《诗谱》之亡者，这实有开《诗谱》辑补、考订工作的先声。此后，元代许谦、明代金蟠，清代戴震、吴骞、丁晏、胡元仪、袁钧、孔广林、李光廷、黄奭、王谟、汪龙、马徵庆等，皆有《诗谱》的辑本或佚文考证与疏证，其中以吴骞、丁晏两家之《谱》最为学人所称。

1. 《毛诗谱畅》3卷，（三国吴）徐整撰

徐整（生卒年不详），字文操，豫章（今江西）人。吴太常卿。

此书为徐氏畅演郑玄《毛诗谱》之作。据陆德明《经典释文·序录》的引录，徐整将《毛诗》的传授谱系说得十分有序，认为：子夏授高行子，高行子授薛仓子，薛仓子授帛妙子，帛妙子授河间人大毛公，毛公为《诗故训

---

① 李富孙：《诗氏族考序》，见《诗氏族考》卷首，《续修四库全书》本。

② 中国科学院图书馆整理：《续修四库全书总目提要·经部·诗类》之《诗氏族考》提要，第360页。

传》于家，以授赵人小毛公。不过有一点值得可疑的是，先秦以前《毛诗》的传授，从子夏到大毛公仅四传，中间似又缺略。

是书《旧唐书·经籍志》、《新唐书·艺文志》均无记载，似隋唐即已亡佚。后清人王谟从《经典释文》中抄出一条，辑为《毛诗谱注》1卷，收入《汉魏遗书钞》。马国翰亦辑为《毛诗谱畅》1卷，收入《玉函山房辑佚书》。

2.《郑氏诗谱补亡》1卷，（宋）欧阳修撰

是书为欧阳修所补郑玄《诗谱》之作。郑氏《诗谱》流传至宋已非原貌，欧阳修所见之降州本首尾残缺，颠倒错乱不可复考。为复郑《诗谱》原貌，欧阳修遂取其所作《诗图》14篇以补郑氏《诗谱》之亡者。凡补其谱15，补其文字207，增损涂乙改正者383，而郑氏之《谱》复完。欧阳修是第一个对郑玄《诗谱》进行补亡的人，这对于《诗谱》流传至今，功不可没。

此书卷数史志著录又有3卷之别，周中孚以为作1卷是，"三"乃"一"之误。今传本附于欧阳修《诗本义》之后，有《通志堂经解》本、《四库全书》本、《四部丛刊三编》本等。

3.《诗谱补亡后订》1卷、《拾遗》1卷①，（清）吴骞撰

吴骞（1733—1813），字槎客，浙江海宁人。

是书本宋欧阳修所撰《诗谱补亡》，就清戴震之《诗谱考正》，重加校正，或参以己见，而成此一编为1卷，书末又附《拾遗》十余则为1卷。书中所论有订郑氏《诗谱》之误者，亦有纠欧阳兼订戴氏之失者，俱极有见，然也有征引未当以致自蹈其误者。欧阳修所补三《颂》皆无图，本书从他本补三《颂》图于十五《国风》之次，以备参考。江瀚评论此书说："清代考订《诗谱》凡有数书，如骞此编，抑可谓尽心郑学矣。"②

另吴骞又撰有《许氏诗谱钞》1卷，盖元许谦《诗集传名物钞》中附有自纂诗谱，骞以为可资讨核，因辑成此书，盖与郑、欧二《谱》相参证也。此二书均有《拜经楼丛书》本等。

4.《郑氏诗谱考正》1卷③，（清）丁晏撰

丁晏精研《诗》、《礼》，以《六艺堂诗礼七编》名世。是书亦为订正欧阳修《郑氏诗谱补亡》之作。其正文分列各谱谱文之后，为诗谱图，按时代世

---

① 《续修四库全书总目提要》著录此书为3卷。

② 中国科学院图书馆整理：《续修四库全书总目提要·经部·诗类》之《诗谱补亡后订》提要，第354页。

③ 是书又有3卷之别。

次排列各诗，并间加按语，附于图后。这些按语或考订欧阳修《诗谱补亡》之世系，或补充欧阳修《诗谱》脱漏之诗，或考证《诗谱》旧次，是为本书精华所在。故江瀚评论其对欧阳修《诗谱补亡》匡失补正即云"皆援据确凿，非好为异论者比"①。这就使《诗谱》研究更进了一步。

此书版本很多，主要有《颐志斋丛书》本、《六艺堂诗礼七编》本、《邵武徐氏丛书初刻》本、《花雨楼丛钞》本、《皇清经解续编》本、《玲珑山馆丛书》本、《续修四库全书》本等。

（七）《诗》之比兴研究

《诗》之比兴研究，是指对于《诗》之艺术表现手法比、兴的探讨。自《毛诗序》提出"诗有六义"说后，历代学者对于比、兴之意，比、兴之别，均有诸多阐释。不过论述《诗》之比、兴的专门《诗》学文献，似以南朝梁许懋的《风雅比兴义》为始，其后又有宋代佚名的《比兴穷源》、明代李舜臣的《毛诗出比》等。只不过可惜的是，这些专著数量很少，且多亡佚，我们现今已无法窥见其对比、兴的具体阐释。至清，《诗》之比、兴研究随着《诗》学的发展，才逐渐为学者所重视，产生了魏源《诗比兴笺》、王千仞《诗经比义述》、林成章《诗同文比义》、黄应崇《毛诗兴体说》、林国赓《毛诗兴体说》等一批较有特色的比、兴《诗》学专著。现分别择取其一，予以介绍。

1.《诗经比义述》8 卷，（清）王千仞撰

王千仞（生卒年不详），字涵斋，江苏金匮（今无锡）人。

按《关雎序》云：《诗》有六义，二曰赋，三曰比，四曰兴。然此三体关系为何，甚难区别。是书博采众说，推阐比义，指出《诗》虽兼三体，然其实兴亦比也，赋中亦有比也，比实《诗》之义府也，并备举事例以证之，所论可取者甚多。唯其题曰"比义述"，考其内容，殊未尽合也。

《诗经比义述》的版本有清乾隆五十七年嘉德堂刊本等。

2.《毛诗兴体说》1 卷，（清）林国赓撰

林国赓（生卒年不详），字飔伯，广东番禺（今属广州）人。清光绪三十年（1904）进士，官翰林院庶吉士。

是书专论《诗》之兴，其归纳为"兴也"二字，俱在章首。又有章首非兴，而置"兴也"二字于二章、三章者。又有明著兴之情者，更有一章中摘

---

① 中国科学院图书馆整理：《续修四库全书总目提要·经部·诗类》之《诗谱考正》提要，第 406 页。

其一句为兴者，然此则少例也。而且认为在《毛传》所标兴 116 篇之外，仍多兴体，因就《郑笺》、《孔疏》而举之。再者，又论郑玄解兴、孔颖达释比、朱熹兼说比赋之义，但其论比、赋，往往与兴体无别。

《毛诗兴体说》有清光绪刊本等。

五、《诗序》类

《诗序》类《诗》学文献是指围绕着《诗序》的称谓、划分、作者、内容的是非以及尊废问题而产生的专门《诗》学文献。所谓《诗序》，即《毛诗序》的简称，① 是指《毛诗》每首诗前面题解式的序言，其内容多简述诗的题旨、时代背景或作者。其中第一篇《周南·关雎》题下的序文，除说明本篇意旨之外，还有数百言概括全书，总结"三百篇"的创作经验和有关的诗歌理论，可谓"总论诗之纲领"②。《诗序》问题是《诗经》学的重要课题之一，关于它的称谓、划分、作者、内容的是非以及尊废问题，历来学者众说纷纭，莫衷一是，使之成为一千多年来"说经之家第一争诟之端"③。而在就《诗序》这些问题展开激烈论争的同时，《诗》学家们在其特定的社会学术思潮下亦撰作了一部部《诗序》类的专门《诗》学文献。以现存《诗》学文献来看，《诗序》类文献约有三十部，它们或肯定《诗序》，或否定《诗序》，或部分肯定、部分否定，分别去取，取长补短，不仅共同促进了《诗》学的《诗序》研究，而且亦展现了不同时段《诗序》研究的各自特色。下面我们就分时段，简要叙述《诗序》的研究历程以及其重要代表作的内容和特色。

在《诗》学史上，自汉以迄唐中叶，关于《诗序》的作者及权威，咸少受到学者的质疑。学者读《诗》、说《诗》均在子夏作《诗序》及《诗序》传自孔子的信念下来进行，所作《诗经》的训解和注释，"皆不敢背弃《小序》，未有舍《序》而自为之说者"④。如《毛传》、《郑笺》和《孔疏》等《诗》学著作，皆依《序》说《诗》。而如周续之《毛诗序义》、刘瓛《毛诗序义疏》等《诗序》类专门之作，在训解、阐发、补充《诗序》时，亦皆尊《序》为说。由此可见，唐中叶以前的《毛诗》一派《诗》学文献，几乎是清一色地

---

① 汉时传《诗》共有鲁、齐、韩、毛四家，四家《诗》均有《诗序》。后因三家《诗》先后亡佚，其《诗序》也已失传，因此《毛诗序》遂成为《诗序》的专名，简称《诗序》。

② 陆德明：《经典释文》卷五《毛诗音义》，中华书局，1983 年，第 53 页。

③ 永瑢等：《四库全书总目》卷一五《诗序》提要。

④ 梁益：《诗传旁通叙》，见《诗传旁通》卷首，文渊阁《四库全书》本。

尊崇《诗序》，依《序》说解，这就形成了《序》、《传》、《笺》、《疏》四位一体的汉学说《诗》体系。只不过可惜的是，这一时期的《诗序》类《诗》学文献大多已散佚殆尽，今唯有上举之周、刘二作幸赖清人马国翰、王谟辑本而略见大概。

到了中唐大历年间，随着政治危机的逐步加深，笃守汉、唐章句注疏之学的经学传统则被打开了很大缺口，一些学者尝试以新的观点和方法去研究《诗经》。在《诗序》这个问题上，韩愈首开怀疑《诗序》之风，认为《诗序》非子夏所作。① 之后，成伯玙继而作《毛诗指说》，认为子夏仅作《诗大序》及《小序》的首句，首句以下是大毛公"自以《诗》中之意而系其辞"②。这种对《诗序》的怀疑思辨之风，经过宋初的潜流涌动，至北宋仁宗庆历以后，愈演愈烈，以致蔚然成风。如从欧阳修《诗本义》议论《诗序》之非，经苏辙《诗集传》辨析《诗序》有汉儒的附益，多所谬误，不可尽信，而废去《诗序》首句以下的余文不用；至郑樵的力斥《诗序》，王质、朱熹的尽去《诗序》以言《诗》，终于使《诗序》研究突破了汉学尊《序》的藩篱，形成了以宋学废《序》为主导的局面，而朱熹的《诗序辨说》也因此成了学者废《序》言《诗》的典范之作。不过此时尊《序》作为一种传统思想仍有很多学者不肯放弃，如二程、王安石、范处义、吕祖谦等就坚持依《序》说《诗》，并与废《序》派展开了激烈的论争。故一时之间，双方对垒，阵线分明，但最后还是以朱熹为代表的废《序》派获胜而告终，并将此风延续至元、明两代，时间长达数百年之久。《四库全书总目》总结这一时期《诗序》论争说："北宋以前，说《诗》者无异学。欧阳修、苏辙以后，别解渐生。郑樵、周孚以后，争端大起。绍兴、绍熙之间，左右佩剑，相笑不休。迄宋末年，乃古义黜而新学立，故有元一代之说《诗》者，无非《朱传》之笺、疏。至延祐行科举法，遂定为功令，而明制因之。"③ 确是符合实际的论断。

明代中期以后，《诗》之宋学日见式微，复古之风日益强劲，宗《序》、宗毛、宗郑成为一时风尚。由此，宋末以来已渐销声匿迹的《诗序》，又辗转重登《诗》学舞台。如吕柟撰《毛诗说序》6 卷，其书立论，以《小序》为主，设为与门人问答之辞以阐明《序》义，每章标举大意，务使《序》义得

---

① 李樗、黄櫄《毛诗李黄集解》所引韩愈作《诗之序议》认为《毛诗序》非子夏作，是"汉之学者，欲自显立其传，因借之子夏，故其序大国详、小国略，斯可见矣"。文渊阁《四库全书》本。
② 成伯玙：《毛诗指说·解说第二》，文渊阁《四库全书》本。
③ 永瑢等：《四库全书总目》卷一六《诗经大全》提要。

以疏通畅达为止。对于前人诸说的异同，都不辨证，名物训诂亦皆不详，四库馆臣以其疏解太略而列于存目。又郝敬撰《毛诗序说》8卷，大旨为依《序》以驳朱熹《诗集传》。其谓《诗序》首句为子夏所作，以下续申之词为毛公增补，断言"《笺》不如《传》，《传》不如《序》，毛公补《序》又不如《序》首一语"，主张"读《诗》惟当以首序为宗"。吕、郝二氏尊《序》之意，乃不辨自明。至清代，复古之风愈加发展，《诗》学研究逐渐过渡到清学阶段，而清学的最大特点就是汉学的复兴。清前期，官方虽仍提倡以朱子《诗集传》为中心的《诗》之宋学，不过学者说《诗》则多兼采汉宋，且有复宗毛、郑的趋势，其讨论《诗序》亦是如此。以姜炳璋《诗序补义》①为例，是书以《诗序》首句为国史所传，首句以下文字，空一字录之，并辨其疏误。个别地方，参用朱子《诗序辨说》之义以贯通《诗序》、《诗集传》两家，可谓明显调停汉宋之说。到了清中期，汉学大显天下，清学达至全盛，学者论《诗》，恪宗毛、郑，崇尚古义。故此时的专解《诗序》之书，亦大多相信《诗序》所论有据，不可废弃，如龚鉴《毛诗序说》、张澍《诗小序翼》、许致和《说诗循序》、汪大任《诗序辨正》、吕调阳《诗序议》等。可见，随着复古之风的发展，《诗》之汉学的复兴，明中期以至清代的《诗序》研究，又走上了尊《序》的道路。

不过自民国以来的近半个世纪，由于新文化运动的兴起和对传统文化的重新审视，以古史辨派学者为主流展开的《诗》学大讨论中所牵涉到的《诗序》问题，则又大多采取否定和批判的态度。如顾颉刚《〈毛诗序〉之背景与旨趣》、郑振铎《读〈毛诗序〉》、张西堂《关于〈毛诗序〉的一些问题》等文，可谓这方面极具代表性的论述。其中张文总结前人所论，附益己见，将《诗序》的错误，归纳为以下十点：一杂取传记，二叠见重复，三随文生义，四附经为说，五曲解诗意，六不合情理，七妄生美刺，八自相矛盾，九附会书史，十误解传记。他们如此不遗余力地批评《诗序》，以致很长一段时间内的《诗序》研究，几乎都采取一边倒的否定态度。只是到了近几十年，学术研究趋于辩证地看待问题。学者评论《诗序》，开始采取一分为二的态度。一般认为，《诗序》所释诗旨，虽多数难以据信，但也有一些符合史传记载的解释，不能一概否定。因此，如何正确认识《诗序》，取其精华，弃其糟粕，已成为当今学者研究《诗》学所要解决的主要任务之一。

综上所述，基于特定的社会学术思潮，围绕着《诗序》的称谓、划分、

---

① 是书又名《诗序广义》、《诗经读序私记》。

作者、内容的是非以及尊废问题，《诗》学史上的《诗序》研究，大致经历了如上四个阶段，期间亦产生了一些极具代表性的《诗序》类专门著作，如刘瓛《毛诗序义疏》、朱熹《诗序辨说》、郝敬《毛诗序说》、张澍《诗小序翼》等书，最能体现其时特色，亦最为时论所称。现分别具体评介四书于下：

1.《毛诗序义疏》1卷，（南朝宋）刘瓛撰

刘瓛（生卒年不详），字子珪，沛国相（今安徽濉溪县西北）人。南朝宋孝武帝大明四年（460）举秀才，不喜为官，仅任过彭城郡丞。少笃学，博通五经，儒学冠于一时，聚徒教授，常有数十人从学。年五十六卒，谥"贞简先生"。

是书有3卷和1卷之别，《隋书·经籍志》云："《毛诗序义疏》一卷，刘瓛等撰。残缺。梁三卷。"朱彝尊《经义考》据梁阮孝绪《七录》著为3卷。似瓛所撰《毛诗序义疏》初当为3卷，至隋唐之世，已非完本，仅有1卷之实，故此后诸家多沿袭《隋书·经籍志》，著录为1卷。书中内容大致是阐发、补充《序》义，但因现存相关材料太少，我们已无法确切得知原书的具体内容和体例。不过其崇尚《诗序》、阐释《毛诗》，为世所重，当为不假。张寿林马氏辑本提要曾评论说："按史称江左儒门，差池互出，虽于时不绝，而罕复专家。刘瓛承马、郑之后，一时学徒，以为师范。又梁元帝《金楼子·兴王篇》亦称沛国刘瓛。当时马、郑，每析疑义，雅相推揖。则瓛固以经义为当世所推重者。今其书不传，良可惋惜。然即就《释文》、《正义》所引二条观之，其释风为托音动物之讽，与其诠释《甘棠》一诗之旨，皆足与《毛诗》相发明。则史称当时都下士子贵游，莫不下席受业，推为大儒者，要非无因也。"①

此书原本已佚，今仅存清马国翰自《经典释文》、《毛诗正义》所引辑录的二节，合为1卷，编入《玉函山房辑佚书》。马国翰序云："《正义》止言《序义》，考《隋志》有《毛诗序义》二卷，雷次宗撰，《唐志》不著录。且《正义》于'郑氏笺'下云'相传是雷次宗题'，作传疑之辞，则当日未见雷《义》也。以《释文》引刘氏例之，定为刘瓛《义》，《正义》引《序义》，前有《郑志》一段，《序义》似为此而言，亦原书之所引也。并取录之于上方云。"②

---

① 中国科学院图书馆整理：《续修四库全书总目提要·经部·诗类》之《毛诗序义疏》提要，第309页。

② 马国翰：《毛诗序义疏序》，见马国翰辑《毛诗序义疏》卷首，《玉函山房辑佚书》本。

2. 《诗序辨说》1 卷，（宋）朱熹撰

《诗序辨说》，又名《诗序辨》、《诗序》，有 1 卷、2 卷、不分卷之别。原本附于《诗集传》后，今则单行。其旨主在批驳《诗序》。此书题词首先论及《诗序》的作者，认为旧说或以为孔子，或以为子夏，或以为国史，皆无明文可考。唯《后汉书·儒林列传》以为卫宏作《毛诗序》，今传于世，则《序》乃宏作矣。又指出《诗序》非经本文，原自为一编，别附经后。及至毛公引以入经，乃不缀篇后而超冠篇端，不为注文而直作经字，不为疑辞而遂为决辞，若诗人先所命题，而诗文反为因序而作，于是读者转相尊信，无敢拟疑，至于有所不通，则必为之委曲迁就，穿凿而附和之。故朱熹认为《诗序》往往有不得诗人之本意而肆为妄说之处，因而合诸诗之序为一编，以还其旧，并论其得失。

此书批驳《诗序》，认为其弊主要有二：一为以史证诗，往往不知其时、其人。二为美刺言诗，使诗无一篇不为美刺时君国政而作。这些观点，体现了朱熹实事求是的治学态度。不过朱熹在论证《诗序》时，仍承认二南为正风，言文王风化之盛，《邶风》以下为变风，多里巷狭邪之歌，圣人采之录之的目的在于导人止乎礼义，惩恶劝善。同时，他又把那些表现爱情的诗视为淫奔之作。凡此之类，亦反映了朱熹仍未能突破旧说的樊篱，甚至有以理言诗的趋向。故清儒姚际恒评论说："作为《辨说》，力诋《序》之妄，由是自为《集传》，得以肆然行其说；而时复阳违《序》而阴从之，而且违其所是，从其所非焉。武断自用，尤足惑世。"①

自汉至唐，学者言《诗》多尊《诗序》。宋代学风变古，学者或有辨疑之说，或有废《序》之作，开始打破《诗序》的绝对权威。朱熹《诗序辨说》乃宋代论及《诗序》的大成之作，它在全面辨析《诗序》的基础上又多所批判，这就为《诗》学的发展提供了新的途径。而其勇于创新的治学精神和废《序》言《诗》的《诗》学态度，亦引导了其后很长一段时间的《诗序》研究，实有里程碑式的作用。

《诗序辨说》的版本很多，常见的主要有《四库全书》本、《续修四库全书》本、《学津讨原》本、《丛书集成初编》本、《津逮秘书》本、《西京清麓丛书正编》本等。

3. 《毛诗序说》8 卷，（明）郝敬撰

郝敬（1558—1639），字仲舆，号楚望，京山（今属湖北）人。自幼聪

---

① 姚际恒：《诗经通论·自序》，见《诗经通论》卷首，《续修四库全书》本。

慧。明万历十七年（1589）进士，历任知县、礼部给事中，迁户部，谪宜兴县丞，移为江阴知县。后厌恶官场，挂冠归田，筑园著书。著有《九经解》等书，颇有影响。

《毛诗序说》为郝氏论《序》之作。他仿苏辙《诗集传》例，将《诗序》分为两部分。其首一句为《古序》，以下余文为《毛公序》，谓首句为子夏所作，余文为毛公增补。断言"《笺》不如《传》，《传》不如《序》，毛公补《序》又不如《序》首一语"。故主张"读《诗》惟当以首《序》为宗"，极力反对废《序》言《诗》者。此书大旨即为郝敬依《诗序》驳斥朱熹《诗集传》，因此只要《诗集传》与《诗序》间存在一点差异，他都要指出朱子"非也"。如朱子弃《序》不用，出以己意，而郝氏则一并尊《序》之意，认为朱子不通《古序》，学者谬承师说，浅陋枯索，无复兴致可风。再如朱子将写男女之情的几十篇诗作，归为淫奔之诗，他则说朱子于《国风》诸篇，语稍涉情致，即改为淫奔，遂使圣人经世之典，杂以谐谑。驳斥《诗集传》，可谓不遗余力。然由于郝氏过于强调《序》义，不免以经就《序》，本末倒置。其间亦有主观臆断之词，奇想怪诞之论。

自朱熹撰《诗序辨说》，力主废《序》言《诗》以来，《诗》学研究皆以朱子为宗，此书则一反常态，尊崇《诗序》，专力攻朱，可谓学风逆转的信号。它对于打破明中期以前经学领域的沉寂、结束朱学独尊的局面、开启清代汉学研究的风气，实有积极的意义。

《毛诗序说》的版本主要有《山草堂集内编》本、《续修四库全书》本等。

4.《诗小序翼》27 卷首 1 卷，（清）张澍撰

张澍（1781—1847），字介侯，武威（今属甘肃）人。清嘉庆四年（1799）进士，入翰林，任实录馆纂修。后改外职，历任玉屏、屏山、大足、兴文、永新、泸溪等县知县，有政声。晚年退隐西安，著述以终。

《诗小序翼》，又名《小序翼》，有 27 卷首 1 卷、26 卷、4 卷之别。此书为专解《小序》之作，认为《小序》的作者是子夏。其卷首为做诗时世图考，盖本《诗谱》之意而作。下分释《国风》、《小雅》、《大雅》、《颂》。每诗之下，先录《小序》原文，继而录《郑笺》、《孔疏》于下，并抒己见。又宋以来说《诗》之书，有可与相发挥者，如吕祖谦、严粲、范处义、苏辙、黄樵、李樗、曹粹中、王应麟以及顾炎武、陈启源、徐文靖等人所论，咸加采辑。至于郝敬、何楷，每多新说，则仅择其与《序》附离者入之，实集历代说《小序》者之大成。故王重民评论此书说："专解《小序》之书，仍当以此为首。至澍坚信《小序》为子夏所作，不能辨别是非，未免过从旧说。然唯其

如此，方能博考详征，而成一家之说。"①

《诗小序翼》的版本主要有《续修四库全书》本、稿本等。

六、图表类

图表类《诗》学文献是指采用图或者表的形式阐释《诗经》的《诗》学文献。据《历代名画记》所载，从汉代开始就有以图解《诗》的情况，如刘褒《云汉图》、《北风图》等。至魏晋隋唐时期，此法大为流行，相继有晋明帝《毛诗图》、《豳风七月图》，卫协《毛诗北风图》、《毛诗黍离图》，佚名《毛诗图》、《毛诗孔子经图》、《毛诗古圣贤图》、《韩诗图》、《吉日诗图》，陆探微《毛诗新台图》，程修己《毛诗草木虫鱼图》、《毛诗物象图》等，只可惜这些《诗》图之作没有一部能保存下来。现今我们能看到的时间较早的《诗》图之作大概就是宋唐仲友《六义四始图说》，杨甲《毛诗正变指南图》，王柏《二南相配图》，佚名《纂图互注毛诗》、《毛诗举要图》了。此后的元、明、清时期，则存有朱公迁《诗经大全图》、钟惺《诗经图史合考》、高朝瓔《诗经体注图考大全》等。这些《诗》图之作，不仅直观、形象地解说了《诗》中的某些问题，而且也提高了读者的兴趣，可谓《诗》学文献的一种别传。而相对于以图解《诗》的形式来说，用表解《诗》的形式起步似乎明显要晚一些，盖始于明，至清为盛。现存著作主要有明黄道周《诗表》，清郭志正《东迁后诗世次表》、夏炘《诗古韵表廿二部集说》、钱坫《诗音表》、李次山《毛诗韵表》、陈潮《毛诗衍声表》、成蓉镜《诗声类表》等。然其中夏、钱、李、陈、成五部表类《诗》学文献因可归属于音韵类，故此处从略。

1. 《纂图互注毛诗》20 卷，（宋）佚名撰

《纂图互注毛诗》，又名《监本纂图重言重意互注点校毛诗》。是书首之以《毛诗举要图》，曰《十五国风地理图》、《太王胥宇图》、《宣王考室图》、《文武丰镐之图》、《春藉田祈社稷图》、《巡守柴望祭告图》、《灵台辟雍之图》、《閟宫路寝之图》、《我将明堂之图》、《诸侯泮宫之图》、《兵器之图》、《周元戎图》、《秦小戎图》、《有瞽始作乐图》、《丝衣绎宾尸图》、《朝服之图》、《后夫人服之图》、《冠冕弁图》、《带佩芾图》、《衣裳弊帛之图》、《祭器之图》、《乐舞器图》、《器物之图》、《四诗传校图》。上下图或引注疏，或引礼书，详注其

① 中国科学院图书馆整理：《续修四库全书总目提要·经部·诗类》之《小序翼》提要，第 377 页。

下。次之以《毛诗》篇目，每诗题下采《毛诗》首句注之。其卷一至终，全录大小《序》及《毛传》、《郑笺》、陆氏《释文》，并采《左传》、《三礼》有涉及于《诗》者为互注，又标诗句之同者为重言，诗意之同者为重意。宋时各经诸子皆有重言、重意，盖经生帖括之书。

《纂图互注毛诗》，今存有宋刻本，刻画工整，纸墨精良，点校审慎，且原于监本，所录《毛传》、《郑笺》足证今本之误处尤多，附《释文》亦多胜于今本，其版本实为可贵。

2.《诗经大全图》1卷，（元）朱公迁撰

朱公迁（生卒年不详），字克升，乐平（今属江西）人。学于同郡吴中行。元至正元年（1341），领浙江乡试，教婺州，改处州。因尝题其室曰"阳明之所"，故学者称阳所先生。

《诗经大全图》乃朱氏《诗经疏义会通》之书卷前所附，共有二十三幅图，依次为：《思无邪图》、《四始图》、《正变风雅之图》、《诗有六义之图》、《十五国风地理之图》、《灵台辟雍之图》、《皋门应门图》、《泮宫图》、《大东总星之图》、《七月流火之图》、《楚丘定之方中图》、《公刘相阴阳图》、《幽公七月风化之图》、《冠服图》、《衣裳图》、《佩用之图》、《礼器图》、《乐器图》、《车制之图》、《周元戎图》、《秦小戎图》、《兵器服图》、《诸国世次图》。每幅图下，均有简要注释。

朱氏将《诗》中某些名物以及四始、六义、诸国世次等都以图绘出，相当直观，为其注解《诗经》的一大特色。不过，图中亦有图形失真，凭空想象之作。如《卷耳》中出现的"罍"，图侧文字解释是："酒器。刻为云雷之象，金罍，以金饰之。"而所绘图形仅是一只带双耳的大口杯，文饰亦绘为雷神像，实乃凭空想象，无可依据。然其作为保存至今不为多见的《诗》图之作，还是有其重要《诗》学价值的。

此图版本主要有《四库全书》本、明嘉靖二年书林刘氏安正书堂刊本等。

3.《诗表》1卷，（明）黄道周撰

《诗表》为黄氏青年时期之作。书以经分部，以篇分卷，以传分表，以表系载。凡为12部，36卷，有篇序，无章句训诂。其中，表始自文王，迄于春秋、列国世纪，大致以《诗序》所记为本，其间有世次倒置者，则以为毛公之失。载始于仲尼、左氏，止于汉儒所述，各以其辞系于本篇。

是书大旨是欲以序知诗之意，以表知诗之时，以载广诗之义。然《诗序》所云世次本无确据，古籍所称年代也不完全可靠。因此，书中所列世次，亦非完全符合实际。伦明即评论此书说："然《序》虽云古亦既知有增益，何可尽依？且世次淆乱，亦不止如篇中所举。又申公《诗说》，明人伪造，与《序》、《传》故为差池，一例滥及，虽曰存疑，殊欠明辨。"①

此书版本主要有清道光五年刊本、抄本等。

4.《东迁后诗世次表》1卷，（清）郭志正撰

郭志正（生卒年不详），字体吾，长沙人。廪生。

是表首有说，大旨以为平王东迁后之诗篇世次，世多异说，未有定论。又谓东周以后有《风》无《雅》，不知朱子即曾怀疑《小雅·雨无正》、《大雅·抑》篇，故列表予以考正。其所列世次，分平王之世、桓王之世、庄王之世、釐王之世、惠王之世、襄王之世、定王之世，而以《邶》、《鄘》、《卫》、《王》、《郑》、《陈》、《齐》、《唐》、《秦》、《曹》诸《国风》分系其下，并及《召南》、变《雅》、《鲁颂》，大抵本《小序》、郑玄《诗谱》和孔颖达《正义》论之，兼及其他诸儒之说。如论《大雅·抑》，从朱子说，系之平王之世。论《召南·何彼秾矣》，从郑樵说，系之庄王之世，等等。

《东迁后诗世次表》，现存有原稿本等。

七、三家《诗》类

三家《诗》类《诗》学文献是指对鲁、齐、韩三家《诗》进行诠释、辑佚、校改、评注、疏证、考订、研究的《诗》学文献。汉代，《诗》学有鲁、齐、韩今文三家《诗》，先于古文《毛诗》而兴盛。然自郑玄融合今古，为《毛诗》作笺后，《毛诗》遂大行于世，鲁、齐、韩三家《诗》则日渐式微，并先后亡佚于西晋、魏和北宋。其《诗》说除《韩诗外传》完整保存下来外，余者皆只剩下零碎遗说散见于前人著述的征引。宋末元初，王应麟作《诗考》，始开三家《诗》辑佚和研究的先河。不过元、明两代，由于《诗》之宋学的垄断，三家《诗》的研究基本上处于停滞阶段。直至清代，由于复古考据之风的日渐兴盛，三家《诗》才逐渐复兴起来。清初，三家《诗》的研究并没有专门著述，仅是在某些《诗》学文献中稍事涉猎而已。清代中期，则出现了繁荣，先有范家相《三家诗拾遗》，继之又有冯登府《三家诗遗说》、阮元《三家诗补遗》、迮鹤寿《齐诗翼氏学》，而后陈寿祺父子《三家诗遗说考》和陈乔枞《齐诗翼氏学疏证》、《四家诗异文考》、《诗纬集

---

① 中国科学院图书馆整理：《续修四库全书总目提要·经部·诗类》之《诗表》提要，第 324 页。

证》对三家《诗》贡献尤大，使其研究达到了一定规模，出现了兴盛的局面。清代后期，随着《诗》学研究的转型，三家《诗》的研究又步入全盛时期，如龚自珍有《诗非序》、《诗非毛》、《诗非郑》，魏源有《诗古微》，皮锡瑞有《诗经通论》，王先谦有《诗三家义集疏》等，其中以王先谦之作为集大成。这些著作或发挥三家《诗》的微言大义，或搜集三家《诗》的遗说，将有清一代的今文三家《诗》学推向了极至。以下即选取各个时期代表作，简要概述之。

1. 《韩诗外传》10 卷，（汉）韩婴撰

韩婴，燕人，《韩诗》创始人。文帝时为博士，景帝时为常山太傅。《汉书·儒林传·韩婴》称："婴推诗人之意，而作《内外传》数万言，其语颇与齐、鲁间殊，然归一也。"并著录其著有《韩故》36 卷、《韩内传》4 卷、《韩外传》6 卷。又有《韩说》41 卷，疑系韩婴传授，其门人编撰而成。其中《韩故》、《韩内传》、《韩说》皆已亡佚，现仅存《韩外传》。

《韩外传》，即《韩诗外传》，《汉书·艺文志》著录为 6 卷，而《隋书·经籍志》著录为 10 卷，学者以其"非韩氏原编，容有后人分并，且以他书厕入者"[①]。是书内容多是集春秋战国前后故事成语，杂然毂列，以衍《诗》作《传》。每条之末，仿《孝经》例，足以《诗》句。但引《诗》以证事，而不能引事以明《诗》。故《四库全书总目》云："其书杂引古事古语，证以诗词，与经义不相比附，故曰《外传》，所采多与周秦诸子相出入。班固论三家之诗，称其或取《春秋》，采杂说，咸非其本义，殆即指此类欤？"[②] 可见，此书就其性质而言，实非专门解经之作，而是引《诗》以证事。这实际上是继承和发扬了春秋以来以事明义、引《诗》为证的传统以及断章取义的说《诗》方法。陈乔枞即总结评论此书说："今观《外传》之文，记夫子之绪论与春秋杂说，或引《诗》以证事，或引事以明《诗》，使为法者彰显，为戒者著明。虽非专于解经之作，要其触类引申，断章取义，皆有合于圣门商、赐言《诗》之意也。"[③] 所论实当。

《韩诗外传》今存版本较多，最为常见者有《汉魏丛书》本、《四库全书》本、《学津讨原》本、《四部丛刊》本等。不过，明清学者于此又多有校改、辑佚、评注、疏证、考订之作。列表如下：

---

① 臧琳：《经义杂记》卷一九《韩子知命说》，《续修四库全书》本。
② 永瑢等：《四库全书总目》卷一六《韩诗外传》提要。
③ 陈乔枞：《韩诗遗说考自序》，见《三家诗遗说考》，《续修四库全书》本。

表 2-4-5　《韩诗外传》研究文献表

序号	书　目	作　者	著录方式
1	《鹿门茅先生批评韩诗外传》10卷	（明）茅坤	评
2	《韩诗外传旁注评林》10卷	（明）黄从诚	评注
3	《韩诗外传》10卷	（明）余寅	评
4	《韩诗外传节钞》2卷	（明）韩锡	辑
5	《韩诗外传》10卷	（明）程荣	校
6	《韩诗外传》10卷	（明）唐琳	校
7	《韩诗外传考证》	（清）郝懿行	考证
8	《韩诗外传补遗》	（清）郝懿行	辑
9	《韩诗外传佚文》1卷	（清）郝懿行	辑
10	《韩诗内外传补遗》	（清）陈乔枞	辑
11	《韩诗外传附录》	（清）陈乔枞	
12	《读韩诗外传》1卷	（清）俞樾	
13	《韩诗外传平议补录》	（清）俞樾	
14	《韩诗外传疏证》10卷	（清）陈士珂	疏证
15	《韩诗外传》10卷	（清）黄锡	校
16	《韩诗外传校注》10卷	（清）周廷寀	校注
17	《韩诗外传校注拾遗》1卷	（清）周宗杬	辑
18	《韩诗外传》10卷《补逸》1卷	（清）赵怀玉	校辑
19	《韩诗外传》3卷	（清）任兆麟	辑
20	《韩诗外传校议》1卷	（清）许瀚	校
21	《韩诗外传校注》10卷附《补逸》1卷	（清）吴棠	校辑
22	《韩诗外传逸文》	（清）顾观光	辑
23	《韩诗外传佚文》1卷	（清）王仁俊	辑

　　这些著作，或校、或辑、或评、或释、或考，皆尝用心于《韩诗外传》，而其版本亦多能补原本之缺失。

　　2.《诗考》1卷，（宋）王应麟撰

　　《诗考》，又名《韩鲁齐三家诗考》、《诗经考异》，有1卷、4卷、5卷、6卷之别。是书内容为考三家《诗》之遗说也。王氏《自序》言及此书撰作目的云："文公语门人：《文选注》多《韩诗章句》，尝欲写出。应麟窃观传记所述，三家绪言尚多有之，网罗遗轶，傅以《说文》、《尔雅》诸书，粹为一编，以扶微学，广异义，亦文公之意云尔。读《集传》者或有考于斯。"① 故检诸书所引，集以成帙，以存三家逸文。书先《韩诗》，次《鲁诗》，次《齐诗》。齐、鲁寥寥数条，唯《韩诗》较多。盖因《韩诗》最后亡，唐以来注书之家常引其说，因此所获颇多。又旁搜广讨，以《诗异字异义》、《逸诗》附缀其后，每条各著其所出。末又别为《补遗》，以掇拾所阙。书前卷末，皆有应麟《自序》。

此书是辑佚三家《诗》遗说的首部著作，所考颇为详核，然犹有未尽者，明董斯张尝摘其遗漏十九条。至清，今文经学兴起，考据之风大盛，继王氏《诗考》之后，又先后有范家相作《三家诗拾遗》、臧庸作《韩诗遗说》、宋绵初作《韩诗内传征》、阮元作《三家诗补遗》、冯登府作《三家诗遗说》、丁晏作《三家诗补注》、陈乔枞作《三家诗遗说考》、陶方琦作《韩诗遗说补》、沈清瑞作《韩诗故》、顾震福作《韩诗遗说续考》、王先谦作《诗三家义集疏》等，于三家《诗》或考证遗文，或采撷异义，使三家《诗》之学重新大显于世。而且，纯粹围绕着《诗考》之作，清人亦有增校、辑补、笺释之作，如卢文弨《卢抱经增校诗考》，臧庸、赵坦《诗考》，胡文英《诗考补》，丁晏《诗考补注》、《诗考补遗》，叶裕仁《诗考笺释》，周邵莲《诗考异字笺余》，严蔚《诗考异补》，陈岫《诗考异再补》等，以增补应麟之所未备。这正如《四库全书总目》评论说："古书散佚，搜采为难，后人踵事增修，较创始易于为力。筚路蓝缕，终当以应麟为首庸也。"②

《诗考》的版本，常见者主要有《玉海》本、《津逮祕书》本、《四库全书》本、《学津讨原》本、《丛书集成初编》本等。

3.《三家诗拾遗》10 卷，（清）范家相撰

·范家相（生卒年不详），字蘅洲，浙江会稽（今绍兴）人。清乾隆十九年（1754）进士，官至柳州知府。著有《诗沈》、《三家诗拾遗》、《环溪轩诗钞》等。

考辑三家《诗》遗说，昉自宋王应麟《诗考》，然其所辑亦有阙失，范氏《三家诗拾遗》即为订补《诗考》之作。是书改变王氏《诗考》体例，首列古文考异，次为古逸诗，次以《三百篇》为纲，其下一一罗举三家遗说。范氏如此编排，较之王应麟《诗考》以三家各自为篇者，易于对比三家异同。之

---

① 王应麟：《诗考自序》，见《诗考》卷首，文渊阁《四库全书》本。
② 永瑢等：《四库全书总目》卷一五《诗考》提要。

后王先谦作《诗三家义集疏》就采纳这一体例。不过，这种体例却也存在着杂而不纯的缺失。如古文考异不尽三家之文者，当为附录；逸诗不系于三家者，当为删除，而范氏则一并收入，实有名不副实之嫌。

《三家诗拾遗》是清人辑佚三家《诗》的第一部专著，其辑佚所得，较前人为多，可谓将三家《诗》的辑佚工作向前推进了一大步。《四库全书总目》评论它说："较王氏之书则详赡远矣。近时严虞惇作《诗经质疑》，内有《三家遗说》一篇，又惠栋《九经古义》、余萧客《古经解钩沉》，于三家亦均有采掇，论其赅备，亦尚不及是编也。"①

此书有清叶钧重订本，题为《重订三家诗拾遗》，亦 10 卷。叶钧字石亭，广东梅县人，乾隆乡试第一名，官直隶知县。是本盖叶氏据保定奎画楼所藏抄本，依范氏原序移其次第，并正讹补脱。首有韩崶序及叶钧自序，末有李士祯跋及罗暹春及家相原序，并凡例，俱仍之。刊于嘉庆十五年（1810），为范著的另一版本。

《三家诗拾遗》其他常见版本主要有《四库全书》本、《守山阁丛书》本、《范氏三种》本、《丛书集成初编》本等。

4.《齐诗翼氏学》4 卷，（清）迮鹤寿撰

迮鹤寿（1773—1836），字清崖，号兰宫，江苏吴江人。清道光六年（1826）进士，官池州府教授。精研古义，长于考据。著有《夏殷周九州经界疏证》、《齐诗翼氏学》、《蛾术编注》等。

《齐诗》为西汉今文三家《诗》之一，由齐人辕固所传。据《齐诗》传承源流，辕固传夏侯始昌，始昌明于阴阳之学。其后，始昌传后苍，苍又传匡衡、翼奉、白奇、萧望之，由是《齐诗》有翼氏之学。翼氏学派说《诗》上承夏侯始昌，夹杂阴阳五行学说，并进一步和谶纬神学相结合，发挥了《诗》的"四始"、"五际"和"六情"之说，曾在西汉后期盛极一时。然随着《齐诗》的亡佚，翼氏学也渐渐失传。迮鹤寿撰作《齐诗翼氏学》，就是意图阐明翼氏《诗》学。是书前有清嘉庆十七年（1812）迮氏自序，云："至四始五际，诗篇之部分，值岁之多寡，近代罕有言者，故诠次以备观览。"② 因此，他就从《汉书·翼奉传》、《郎颧传》、《诗纬》诸书，深入考察四始、五际、八部诸范畴，进而研究翼氏以八部与诗篇相配，来推度灾异。关于四始，他从《诗纬》的看法，认为："《大明》在亥，水始也；《四牡》在寅，木始也；

---

① 永瑢等：《四库全书总目》卷一六《三家诗拾遗》提要。
② 迮鹤寿：《齐诗翼氏学·自序》，见《齐诗翼氏学》卷首，《续修四库全书》本。

──

《嘉鱼》在巳，火始也；《鸿雁》在申，金始也。"关于五际，他从《齐诗内传》，认为："卯酉午戌亥也，阴阳终始际会之岁，于此则有变改之政也。"四始五际配合成八部，亥、寅、卯、巳、午、申、酉、戌，继而将《雅》诗110篇与八部相配，推演出八部诗篇循环图以及值岁表。依此对诗篇次序重新排列，以之又与世次、灾异相结合。

《齐诗翼氏学》是研究翼氏一家之学的第一本著作。迮氏采撷群书，详加考证，志在阐明翼氏学，其间虽有疏漏臆测之处，然其首创之功，足以称道。其后，专研三家《诗》的陈乔枞，亦撰有《齐诗翼氏学疏证》2卷，辑录、疏证西汉今文《齐诗》翼奉的《诗》说。此书从《汉书》本传及各传、《五行大义》、《汉书注》、《后汉书注》、《开元占经》等书，辑录翼奉《诗》说31条，每条之后附有疏证，引录各种有关文献，加按语予以疏解。有的疏解文字旁征博引，长达2000余字。书中内容，卷一为专门疏证翼奉以情性论诗之事，即五性六情十二律，卷二为专门疏证翼奉五际的观点。由是，《齐诗》翼氏学之源流、大要即勾勒而现。

《齐诗翼氏学》、《齐诗翼氏学疏证》常见版本均有《皇清经解续编》本、《续修四库全书》本等。

5.《三家诗遗说考》15卷、《叙录》3卷，（清）陈寿祺、陈乔枞撰

陈寿祺（1771—1834），字恭甫，号左海，闽县（今福建福州）人。嘉庆四年（1799）进士，官翰林院编修，曾充广东、河南乡试副考官。不乐仕进，40岁辞官归里，于书院主讲经学。著有《尚书大传笺》、《五经异义疏证》、《左海经辨》等书，而《三家诗遗说考》乃其未竟稿，后由其子乔枞最终完成。

《三家诗遗说考》由《鲁诗遗说考》、《齐诗遗说考》、《韩诗遗说考》三部分及《叙录》组成。书前有陈寿祺嘉庆二十四年（1819）序，说明撰作此书之目的以及材料来源。鲁、齐、韩三家遗说考前亦分别列有陈乔枞道光十八年（1838）、道光二十二年（1842）、道光二十年（1840）序，论述各家在汉代的师承家法，以及补辑原委。《叙录》乃从史传及百家著述中详细钩稽各家的传授源流，按时间顺序罗列。正文就是从这些人的著述及言论中汇辑出来的。经文正文随各家有无而列，有则列举，无则缺失。间加按语，以为考证。正文中所辑佚文顶格排列，前标篇名，后列考释文字，寿祺原加之按语称"案"，乔枞所加之按语称"乔枞谨案"，凡补辑之资料，末皆标一"补"字，厘然可别。

三家《诗》的辑佚工作，自宋王应麟始，经清范家相、阮元、冯登府、

丁晏诸家先后辑补，至陈寿祺、陈乔枞父子撰《三家诗遗说考》，采摭佚文，广其异义，已经达到了相当完备的程度。这为其后王先谦撰《诗三家义集疏》，奠定了坚实的基础。

《三家诗遗说考》的版本主要有《左海续集》本、《侯官陈氏遗书》本、《续修四库全书》本等。

6. 《诗古微》17 卷，（清）魏源撰

魏源（1794—1857），字默深，湖南邵阳人。清道光二十四年（1844）进士，曾任高邮知州。承常州学派余绪，主张通经致用，经学与龚自珍齐名。著有《诗古微》、《诗比兴笺》、《书古微》、《春秋古微》、《两汉今古文家法考》、《海国图志》等。

魏源《诗古微序》言是书撰作目的云："发挥齐、鲁、韩三家《诗》之微言大义，补苴其罅漏，张皇其幽渺，以豁除《毛诗》美刺正变之滞例，而揭周公、孔子制礼正乐之用心于来世也。"① 盖魏氏以为《毛诗》正变、美刺之说适足以使读者不知周公制礼作乐之情，故《诗古微》之作，旨在抑毛而宗三家，以便阐明周、孔礼乐之微学。这也是其在《诗经》学上享有高誉、影响深远的重要特点之一。

此书不附诗篇本文，亦不训释词句，内分《齐鲁韩毛异同论》、《夫子正乐论》、《毛诗义例篇》、《四始义例篇》、《二南义例篇》、《豳风三家诗发微》、《诗序集义》等 30 余篇，论述《诗经》的各类问题，所论颇有可许之处。如论诗乐问题，谓"夫子有正乐之功，无删诗之事"，谓"正乐即正诗"，谓"周时无不入乐之诗"，谓"'九夏'是乐而非诗"，"'狸首'非诗非乐"，皆有创见。又说古代嫁娶"必以燎炬为烛"，所以"《三百篇》言娶妻者，皆以析薪起兴"等，亦有见地。故胡承珙对其多所称许，说："发难释滞，迥出意表。所评四家异同，亦多持平，不愧通人之论。至于繁征博引，纵横莫尚。古人吾不敢知，近儒中已足与毛西河、全谢山并驱争先矣！"② 梁启超亦评论说："魏源著《诗古微》，始大攻《毛传》及《大小序》，谓为晚出伪作。其言博辩，比于阎氏之《书疏证》，且亦时有新理解。其论《诗》不为美刺而作……此深合'为文艺而作文艺'之旨，直破二千年来文家之束缚。又论诗乐合一，谓：'古者乐以诗为体，孔子正乐即正诗。'皆能自创新见，使古书

---

① 魏源：《诗古微序》，见《诗古微》卷首，《续修四库全书》本。

② 胡承珙：《求是堂文集》卷三《与魏默深书》，《续修四库全书》本。

顿滞活气。"①

《诗古微》初刻于道光初年，仅上下两卷，后魏源又有修订和增补，于道光二十年（1840）定为 20 卷，并作序文。其后再版时，对道光本又不断重新组合编次，有 15 卷、16 卷、17 卷、19 卷之别。现常见版本主要有《皇清经解续编》本、清光绪十三年宜都杨氏重刻本、扫叶山房席氏补刊本、《续修四库全书》本等。

7. 《诗三家义集疏》28 卷，（清）王先谦撰

《诗三家义集疏》，初名《三家诗义通绎》，始撰于王氏江苏学政任上，不过仅至《卫风·硕人》而止。后晚年续成全书，经两度修订，于民国四年（1915）刊行。此书采用注疏之体，书前为《序例》，叙述三家《诗》传授源流。王氏宗尚三家，极力非毛，认为"毛之训诂，非无可取，而当大同之世，敢立异说，贻误后来"②。其编排则将《邶》、《鄘》、《卫》合为 1 卷，以复三家 28 卷之旧观。章句、文字凡三家有说者，多断从三家。每篇诗文，前列篇名，后记章句。列注疏两栏，以三家遗说为注，以《毛传》、《郑笺》为疏，其他典籍引文及历代诸家说解，附于疏中。体例就如其在《序例》中所说："余研核全经，参汇众说，于三家旧义采而集之，窃附己意，为之通贯。"③是书所引典籍自汉至清约有数十百种，如《尔雅》、《说文》、《方言》、《经典释文》、《广雅》等书中的词义训诂，陈启源、惠栋、戴震、段玉裁、王念孙、王引之、胡承珙、马瑞辰、陈奂等人的精见卓识，阮元、冯登府、连鹤寿、陈乔枞、丁晏、魏源诸家的三家遗说，均有征引、采及。因此可以说，引证浩繁，乃是《诗三家义集疏》的最大特点。

《诗三家义集疏》，是今文《诗》学上一部集大成的著述。此书的主要贡献，不仅在于搜讨三家《诗》遗言遗说最为完备，更在于它考释精详，能折中众说而取其最善，此尤属难能可贵。故《诗三家义集疏》在今文资料的汇辑以及今文《诗》义的系统阐释上成为了一部划时代的著作。

《诗三家义集疏》的版本主要有民国四年长沙王氏虚受堂刊本、《续修四库全书》本、1987 年中华书局点校本等。

---

① 梁启超：《清代学术概论》，上海古籍出版社，2005 年，第 64 页。

② 王先谦：《诗三家义集疏序例》，见《诗三家义集疏》卷首，民国四年长沙王氏虚受堂刊本。

③ 王先谦：《诗三家义集疏序例》，见《诗三家义集疏》卷首，民国四年长沙王氏虚受堂刊本。